U0006656

百衲本二十四史

晉書

上海涵芬樓影印海
甯蔣氏衍芬艸堂藏
宋本原闕載記三十
卷以江蘇省立國學
圖書館藏宋本配補

《百衲本二十四史》新版刊印序

《百衲本二十四史》是近百年來校考最精良、版本最珍貴、蒐羅最廣泛的二十四史，先父王雲五先生於一九七六年〈重印補校百衲本二十四史序〉中已有論證。

一八九七年商務印書館在上海創立，創館元老張元濟先生於一九〇二年正式主持商務印書館編譯所，將商務帶入「出版好書、匡輔教育」的出版之路。一九二一年(民國十年)王雲五先生經胡適先生推薦，接替主持商務印書館編譯所，並於一九三〇年兼任總經理，與張元濟先生共同為商務印書館的百年大業作出貢獻。

張元濟先生入館後，積極蒐購民間珍貴藏書，一方面用來印製、廣泛發行，另一方面也為成立「涵芬樓」藏書室(後來開放為「東方圖書館」)預作準備。當年他並積極向各公私立圖書館商借影印各種版本的二十四史，逐一比較補正缺漏，然後在一九三〇年開始付印，至一九三七年全部出齊。校印工程之艱鉅與可貴，從他所撰寫的《校史隨筆》可以了解。

商務涵芬樓所珍藏的二十四史及各種珍貴版本，可惜在一九三二年日本發動淞滬戰爭時，被日軍炸毀，化為灰燼。《百衲本二十四史》的傳印，就顯得格外有意義。

王雲五先生於一九六四年在臺重新主持臺灣商務印書館，與當時總編輯楊樹人教授，依據臺北故宮博物院和中央圖書館珍藏的宋元版本，修補校正《百衲本二十四史》，並於一九七六年重版印行。

《百衲本二十四史》初印至今，已經八十年，雖經在臺補正重版，舊書均已售完，而各界索購者絡繹不絕，不得已先以隨需印刷供應，但仍然供不應求。

為了適應讀者的需要，本公司由副董事長施嘉明先生、總編輯方鵬程先生和舊書重印小組一起規劃，決定放大字體，以十八開精裝本重印《百衲本二十四史》，每種均加印目錄頁次，讓讀者方便查考，也讓我們與《百衲本二十四史》共同邁向百年大慶。值此付印前夕，特為之序。

臺灣商務印書館董事長王學哲謹序

二〇一〇年三月二十五日

晉書一百三十卷

唐房喬等奉勅撰。

劉知幾史通外篇謂：貞觀中，詔前後晉史十八家未能盡善，勅史官更加纂撰。自是言晉史者，皆棄其舊本，競從新撰。

然唐人如李善注文選、徐堅編初學記、白居易編六帖，於王隱、虞預、朱鳳、何法盛、謝靈運、臧榮緒、沈約之書，與夫徐廣、干寶、鄧粲、王韶、曹嘉之、劉謙之之紀，孫盛之晉陽秋、習鑿齒之漢晉陽秋、檀道鸞之續晉陽秋，並見徵引，是舊本實未嘗棄，毋乃書成之日，即有不愜於眾論者乎。

考書中惟陸機、王羲之兩傳，其論皆稱制曰，蓋出於太宗御撰。夫典午一朝政事之得失，人才之良楛，不知凡幾。而九重掞藻、宣王言以彰特筆者，僅一工文之士衡，一善書之逸少，則全書宗旨，大槩可知，其所褒貶，略實行而獎浮華，其所採擇，忽正典而取小說，波靡不返，有自來矣。

即如文選注馬汧督誄引臧榮緒，王隱書稱馬敦立功孤城，死於非罪，後加贈祭，而晉書不為立傳，亦不附見於周處、孟觀等傳。又太平御覽引王隱書云，武帝欲以郭琦為佐著作郎，問尚書郭彰，彰憎琦不附已，答以不識。上曰，若如卿言，烏丸家兒能事卿，即堪郎矣。及趙王倫篡位，又欲用琦，琦曰，我已為武帝吏，不能復為今世吏，終於家。琦蓋始終亮節之士也，而晉書亦削而不載。其所載者，大抵宏獎風流以資談柄，取劉義慶世說新語與劉孝標所註，一一互勘，幾於全部收入，是直稗官之體，安得目曰史傳乎。黃朝英緗素雜記詆其引世說，和嶠峩峩如千丈松，礌砢多節，目既載入和嶠傳中，又以嶠字相同，並載入溫嶠傳中，顛倒舛迕，竟不及檢，猶其枝葉之病，非其根本之病也。

正史之中，惟此書及宋史，後人紛紛改撰，其亦有由矣。特以十八家之書並亡，考晉事者，舍此無由。故歷代存之不廢耳。音義三卷，唐何超撰。超字令升，自稱東京人，楊齊宣為之序，其審音辨字，頗有發明，舊本所載，今仍附見於末焉。（摘自《文淵閣四庫全書》總目史部卷四十五，2-19頁）

重印補校百衲本二十四史序

百衲本者何？彙集諸種善本，有闕卷闕頁，復多方蒐求，以事配補，有如僧衣之補綴多處者也。

我國正史彙刻之存於今者，有汲古閣之十七史，有南北監之二十一史。清高宗初立，成明史，命武英殿開雕，至四年竣工；繼之者二十一史。其後又詔增劉昫唐書，與歐宋新唐書並行，越七年遂成武英殿二十三史。及四庫開館，諸臣復據永樂大典及太平御覽，冊府元龜等書，裒輯薛居正舊五代史，得旨刊布，以四十九年奏進；於是二十四史之名以立。

武英殿本以監本為依據。清高宗製序，雖有監本殘闕，併勅校讎之言，始意未嘗不思成一善本也。惟在事諸臣，既未能廣蒐善本，復不知慎加校勘，佚者未補，譌者未正，甚或彌縫缺乏，以譌亂真，誠可惜也。

本館前輩張菊生先生，以多年之時力，廣集佳槧，審慎校讎，自民十九年開始景印，迄二十六年甫竟全功。雖中經一二八之劫，抱書而走，亂定掇拾需時，然景印之初，海宇清寧，亦緣校讎精審，多費時日。嘗聞菊老葺印初稿，悉經手勘，朱墨爛然，盈闌溢幅，點畫纖細，鉤勒不遺，與同人共成校勘記，多至百數十冊，文字繁冗，尚待董理。爰取原稿若干條，集為校史隨筆，而付梓焉。

就隨筆所記，殿本訛闕殊多。分史言之，則史記正義多遺漏，漢書正文注文均有錯簡，三國志卷第淆亂，宋書誤註為正文，南齊書地名脫誤，北齊書增補字句均據北史，而仍與北史有異同。魏書考證有誤，舊唐書有闕文，訂正錯簡亦有小誤，唐書有衍文，舊五代史遜於嘉業堂劉氏刊本，元史有衍文及闕文，且多錯簡，重出之傳，亦未刪盡。綜此諸失，殿本二十四史不如衲史遠矣，況善本精美，古香古色，尤非殿本所能望其項背。

茲將百衲本二十四史據以景印之版本列述於後：

史　　記　宋慶元黃善夫刊本。

漢　　書　北宋景祐刊本，瞿氏鐵琴銅劍樓藏。

後 漢 書　宋紹興刊本，原闕五卷半，以北平國立圖書館元覆宋本配補。

三 國 志　宋紹熙刊本，日本帝室圖書寮藏，原闕魏志三卷，以涵芬樓藏宋紹興刊本配補。

晉　　書　宋本，海寧蔣氏衍芬草堂藏，原闕載記三十卷，以江蘇省立圖書館藏宋本配補。

宋　書　宋蜀大字本，北平國立圖書館吳興劉氏嘉業堂藏，闕卷以涵芬樓藏元明遞修本配補。
南齊書　宋蜀大字本，江安傅氏雙鑑樓藏。
梁　書　宋蜀大字本，北平國立圖書館及日本靜嘉堂文庫藏，闕卷以涵芬樓藏元明遞修本配補。
陳　書　宋蜀大字本，北平國立圖書館及日本靜嘉堂文庫藏。
魏　書　宋蜀大字本，北平國立圖書館江安傅氏雙鑑樓吳興劉氏嘉業堂及涵芬樓藏。
北齊書　宋蜀大字本，北平國立圖書館藏，闕卷以涵芬樓藏元明遞修本配補。
周　書　宋蜀大字本，吳縣潘氏范硯樓及自藏，闕卷以涵芬樓藏元明遞修本配補。
隋　書　元大德刊本，闕卷以北平國立圖書館江蘇省立圖書館藏本配補。
南　史　元大德刊本，北平國立圖書館及自藏。
北　史　元大德刊本，北平國立圖書館及自藏。
舊唐書　宋紹興刊本，常熟鐵琴銅劍樓藏，闕卷以明聞人詮覆宋本配補。
新唐書　北宋嘉祐刊本，日本岩崎氏靜嘉堂文庫藏，闕卷以北平國立圖書館江安傅氏雙鑑樓藏宋本配補。
舊五代史　原輯永樂大典有注本，吳興劉氏嘉業堂刻。
五代史記　宋慶元刊本，江安傅氏雙鑑樓藏。
宋　史　元至正刊本，北平國立圖書館藏，闕卷以明成化刊本配補。
遼　史　元至正刊本。
金　史　元至正刊本，北平國立圖書館藏，闕卷以涵芬樓藏元覆本配補。
元　史　明洪武刊本，北平國立圖書館及自藏。
明　史　清乾隆武英殿原刊本，附王頌蔚編集考證攟逸。

上開版本之搜求補綴，在彼時實已盡最大之能事。惟今者善本時有發見，前此認為業已失傳者，漸集於一隅，尤以中央圖書館及故宮博物院在抗戰期內，故家遺族，前此秘藏不宣，因播遷而割愛者不在少數；盡量收購，寄存盟邦，以策安全。近年悉數運回，使臺灣成為善本之總滙。百衲本後漢書原據本館前涵芬樓所藏宋紹興本影印，益以北平圖書館及日本靜嘉堂文庫殘本之配備，當時堪稱人間瑰寶；且志在存真，對其中未盡完善之處一仍其舊。然故宮博物院近藏宋福唐郡庠覆景祐監刊元代修補本及中央圖書館所藏錢大昕手跋北宋刊本與宋慶元間建安劉元起刊本，各有其長處。本館總編輯楊樹人教授特據以覆校百衲本原刊，計修正原影本因配補殘本而致首尾不貫者五處，其中重複者四處，共圈刪衍文三十六字，補足脫漏一處，缺文二字，原板存留墨丁四十六處，補正五十二字。另有顯屬雕刻錯誤者若干字，亦酌為改正。於是宋刊原面目，大致可復舊觀矣。又前漢書原景本闕漏目錄全份，亦據故宮博物院珍藏宋福唐郡庠覆景祐監刊元代修補本補印十有四頁，以成全璧。校書如掃落葉，愈掃愈落，礙難悉數掃清，然多費一番心力，對於鑽研史籍者，定可多一番裨益。區區之意，當為讀者所樂聞，亦可稍慰本館前輩張菊老在天之靈，喜其繼起有人也。

本館衲史原以三十二開本連史紙印製，訂為八百二十冊，流行雖廣，以中經多難，存者無多，臺省尤感缺乏，各國亦多訪購，爰應各方之需求，改訂為十六開大本，縮印二頁為一面，字體較縮本四部叢刊初編為大，用上等印書紙精印精裝，訂為四十一鉅冊，以便檢閱，經重版數次。茲為謀普及，再縮印為二十四開本五十八冊，字體仍甚清晰，而售價不及原印十六開本之半，莘莘學子，多有購置之力，誠不負普及之名矣。付印有日，謹述概要。

中華民國六十五年雙十節王雲五識

股東會全體股東獻禮

本公司董事長王岫廬（雲五）先生，學界巨擘，社會棟樑，歷任艱巨，功在國家。一生繫中國文化出版之命脈，惠澤士林。本公司三度罹國難而得復興。咸賴　先生之大力。每次復興，莫不聲光煥發，蔚為奇蹟。民國五十二年冬，　先生退出政壇。次年秋重主本公司，謀慮擘劃，晨夕辛勞，不取分文之酬，而甘之如飴；蓋純出於愛護本公司與宏揚文化之心願。無　先生之犧牲精神與卓越領導，不能有今日之商務書館，已為識者之定評。今歲欣逢　先生八秩華誕，社會同慶。股東會同人本崇功報德之念，群思有以祝賀。　先生謙辭至再至三，當以恭敬不如從命，爰於五十六年股東會議席上全體決議，利用重印之百衲本二十四史，作為　華誕獻禮。要不過體認　先生造福文化界之功績，聊表嵩祝悃誠於萬一耳。

臺灣商務印書館股份有限公司
股東會全體股東　謹啟

中華民國五十六年四月十五日

晉書上

帝紀十卷

志二十卷

列傳七十卷

載記三十卷

晉書目錄

唐太宗文皇帝御撰

帝紀十卷

志二十卷

第十三卷　樂下
第十四卷　職官
第十五卷　輿服
第十六卷　食貨
第十七卷　五行上
第十八卷　五行中
第十九卷　五行下
第二十卷　刑法

○列傳七十卷

第一卷　后妃上
宣穆張皇后　景懷夏侯皇后
景獻羊皇后　文明王皇后
武元楊皇后　武悼楊皇后 左貴嬪 胡貴嬪 諸葛夫人
惠賈皇后　惠羊皇后 謝夫人
懷王太后　元夏侯太妃

第二卷　后妃下
元敬虞皇后 豫章君　明穆庾皇后
成恭杜皇后 章周太妃　康獻褚皇后
穆章何皇后　哀靖王皇后
廢帝庾皇后　簡文宣鄭太后
簡文順王皇后　孝武文李太后
孝武定王皇后　安德陳太后
安僖王皇后　恭思褚皇后

第三卷
王祥 弟覽　鄭沖
何曾 子劭 遵　石苞 子崇 孫鑠 歐陽

第四卷
羊祜　杜預 子錫

第五卷
陳騫 子輿　裴秀 子頠 楷 子憲 秀從弟楷

第六卷
衛瓘 子恒 孫璪 玠　張華 子禕 韙 劉卞

第七卷　宗室
安平獻王孚 子邕 邕弟義陽成王望 望弟河間平王洪 洪子威 洪弟隨穆王整 整弟竟陵王楙 望弟太原成王輔 輔弟翼 翼弟下邳獻王晃 晃弟太原烈王瓌 瓌弟高陽元王珪 珪弟常山孝王衡 衡弟沛順王景
彭城穆王權 孫紘 紘子俊　高密文獻王泰 子孝王略 略兄新蔡武安王騰 騰子莊王確 略弟南陽王模 模子保
范陽康王綏 子虓
濟南惠王遂 曾孫勳　譙剛王遜 子閔王承 承子烈王無忌 無忌子敬王恬 恬子忠 尚之 允之 尚之弟恢之 休之 韓延之 恬弟愔
高陽王睦
任城景王陵 弟順 斌

第八卷　宣五王　文六王
平原王幹　琅邪王伷
清惠亭侯京　扶風王駿
梁王肜　齊王攸
城陽王兆　遼東王定國
廣漢王廣德　樂安王鑒
樂平王延祚
第九卷
王沉 子浚　荀顗
荀勗 子藩 藩弟組 藩子邃 闓 組子弈　馮紞
第十卷
賈充 孫謐 族子模 充弟混 郭彰　楊駿 弟珧 濟
第十一卷
魏舒　李憙
劉寔 弟智　高光
第十二卷
王渾 子濟　王濬
唐彬
第十三卷
山濤 子簡 簡子遐　王戎 從弟衍 衍弟澄 郭舒
樂廣
第十四卷
鄭袤 子默 默子球　李胤
盧欽 子浮 弟珽 珽子志 志子諶　華表 子廙 廙弟嶠 廙子恒

石鑒　溫羨
第十五卷
劉毅 子暾 程衛　和嶠　武陔
任愷　崔洪　郭弈
侯史光　何攀
第十六卷
劉頌　李重
第十七卷
傅玄 子咸 咸從父弟祗
第十八卷
向雄　段灼　閻纘
第十九卷
阮籍 兄子咸 從子脩 咸子瞻 族弟放 瞻弟孚 放弟裕　嵇康
向秀　劉伶　謝鯤
胡毋輔之 子謙之　畢卓　王尼
羊曼 弟聃　光逸
第二十卷
曹志　庾峻 子珉 珉弟敳　郭象
庾純 子旉　秦秀
第二十一卷
皇甫謐 子方回　摯虞　束晳
王接
第二十二卷
郤詵　阮种　華譚 袁甫

第四十一卷
孫惠　熊遠　王鑒
陳頵　高崧
第四十二卷
郭璞　葛洪
第四十三卷
庾亮子彬 羲 龢 弟懌 冰 條 翼
第四十四卷
桓彝子雲 雲弟豁 豁子石虔 虔子振 虔弟石秀 石民 石生 石綏 石康 豁弟祕 祕弟沖 沖子嗣 嗣子胤 嗣弟謙 謙弟脩 徐寧
第四十五卷
王湛子承 承子述 述子坦之 禕之 坦之子愷 愉 國寶 忱 愉子綏 承族子嶠 袁悅之 祖台之　荀崧子蕤 羡
范汪子寧 汪叔堅　劉惔　張憑

韓伯
第四十六卷
王舒子允之　王廙弟彬 彬子彪之　王棱
虞潭孫嘯父 兄子駿　顧衆　張闓
第四十七卷
陸曄曄弟玩 玩子納　何充　褚裒
蔡謨　諸葛恢　殷浩
顧悅之　蔡裔
第四十八卷
孔愉子汪 安國 弟袛 從子坦 嚴 從弟羣 羣子沉　丁潭　張茂
陶回
第四十九卷

第五十卷
謝尚　謝安安子琰 琰子混 安兄奕 奕子玄 安弟万 万弟石 石兄子朗 朗弟子邈
王羲之子玄之 凝之 徽之 徽之子楨之 徽之弟操之 獻之　許邁
第五十一卷
王遜　蔡豹　羊鑒
劉胤　桓宣族子伊　朱伺
毛寶子穆之 安之 孫璩 宗人德祖　劉遐　鄧嶽子遐
朱序
第五十二卷
陳壽　王長文　虞溥
司馬彪　王隱　虞預
孫盛　干寶　鄧粲

謝沉　習鑿齒　徐廣
第五十三卷
顧和　袁瓌子喬 喬孫崧 瓌弟猷 從祖準 準孫耽 耽子質 質子湛 豹
江逌從弟灌 灌子績　車胤　殷覬
王雅
第五十四卷
王恭　庾楷　劉牢之子敬宣
殷仲堪　楊佺期
第五十五卷
劉毅兄邁　諸葛長民　何無忌
檀憑之　魏詠
第五十六卷

張軌 軌子寔 寔弟茂 寔子駿 駿子重華 華子耀靈 靈伯父祚 靈弟玄靚 靚叔天錫

第五十七卷

涼武昭王李玄盛 子士業

第五十八卷　孝友

李密　盛彥　夏方

王裒　許孜　庾袞

孫晷　顏含　劉殷

王延　王談　桑虞

何琦　吳逵

第五十九卷　忠義

嵇紹 從子含　王豹　劉沈

麴允 焦嵩　賈渾　王育

韋忠　辛勉　劉敏元

周該　桓雄　韓階

周崎　易雄　樂道融

虞悝　沈勁　吉挹

王諒　宋矩　車濟

丁穆　辛恭靖　羅企生

張禕

第六十卷　良吏

魯芝　胡威　杜軫

竇允　王宏　曹攄

潘京　范晷　丁紹

喬智明　鄧攸　吳隱之

第六十一卷　儒林

范平　文立　陳邵　虞喜

劉兆　氾毓　徐苗　崔遊

范隆　杜夷　董景道　續咸

徐邈　孔衍　范宣　韋謏

范弘之　王歡

第六十二卷　文苑

應貞　成公綏　左思　趙至

鄒湛　棗據　褚陶　王沉

張翰　庾闡　曹毗　李充

袁宏　伏滔　羅含　顧愷之

郭澄之

第六十三卷　外戚

羊琇　王恂 弟虔 愷　楊文宗　羊玄之

虞豫 子潭　庾琛　杜乂　褚裒

何準 子澄　王濛 子脩　王遐　王蘊

褚爽

第六十四卷　隱逸

孫登　董京　夏統　朱沖

范粲 子喬　魯勝　董養　霍原

郭琦　伍朝　魯褒　氾騰

任旭　郭文　龔壯　孟陋

韓績　譙秀　翟湯 子莊　郭翻

辛謐　劉驎之　索襲　楊軻

載記三十卷

右晉十二世十五帝一百五十六年

中朝四帝都洛陽五十四年

江左十一帝都建康一百二年

有五涼四燕三秦二趙夏蜀十

六國附其書起乙酉盡庚申

晉書總目終

帝紀卷第一　晉書一　御撰

宣帝

宣皇帝諱懿字仲達河内温縣孝敬里人姓司馬氏其先出自帝高陽之子重黎為夏官祝融歷唐虞夏商世序其職及周以夏官為司馬其後程伯休父周宣王時以世官克平徐方錫以官族因而為氏楚漢間司馬卬為趙將與諸侯伐秦秦亡立為殷王都河内漢以其地為郡子孫遂家焉自卬八世生征西將軍鈞字叔平鈞生豫章太守量字公度量生潁川太守儁字元異儁生京兆尹防字建公帝即防之第二子也少有奇節聰朗多大略博學洽聞伏膺儒教漢末大亂常慨然有憂天下心南郡太守同郡楊俊名知人見帝未弱冠以為非常之器尚書清河崔琰與帝兄朗善亦謂朗曰君弟聰亮明允剛斷英特非子所及也漢建安六年郡舉上計掾魏武帝為司空聞而辟之帝知漢運方微不欲屈節曹氏辭以風痺不能起居魏武使人夜往密刺之帝堅卧不動及魏武為丞相又辟為文學掾勑行者曰

若復盤桓便收之帝懼而就職於是使與太子游處遷黄門侍郎轉議郎丞相東曹屬尋轉主簿從討張魯言於魏武曰劉備以詐力虜劉璋蜀人未附而遠爭江陵此機不可失也今若曜威漢中益州震動進兵臨之勢必瓦解因此之勢易為功力聖人不能違時亦不失時矣魏武曰人若無足既得隴右復欲得蜀言竟不從既而從討孫權破之軍還權遣使乞降上表稱臣陳說天命魏武帝曰此兒欲踞吾著爐炭上邪荅曰漢運垂終殿下十分天下而有其九以服事之權之稱臣天人之意也虞夏殷周不以謙讓者畏天知命也

魏國既建遷太子中庶子每與大謀輒有奇策為太子所信重與陳羣吳質朱鑠號曰四友遷為軍司馬言於魏武曰昔箕子陳謀以食為首今天下不耕者蓋二十餘萬非經國遠籌也雖戎甲未卷自宜且耕且守魏武納之於是務農積穀國用豐贍帝又言荆州刺史胡脩麤暴南鄉太守傅方驕奢並不可居邊魏武不之察及蜀將關羽圍曹仁於樊于禁等七軍皆沒脩方果降羽而仁圍甚急焉是時漢帝都許昌魏武以為近賊欲徙河北帝諫曰禁等為水所沒非戰守之所失於國家大計未有所損而便遷都既示敵以弱又淮沔之人大不安矣孫權劉備外親内踈羽之得意權所不願也可喻權所令掎其後則樊圍自解魏武從之權果遣將呂蒙西襲公安拔之羽遂為蒙所獲魏武以荆州遺黎及屯田在潁川者逼近南寇皆欲徙之帝曰荆楚輕脫易動難安關羽新破諸為惡者藏竄觀望今徙其善者既傷其意將令去者不敢復還從之其後諸亡者悉復業及魏武薨于洛陽朝野危懼帝綱紀喪事内外肅然乃奉梓宮還鄴

魏文帝即位封河津亭侯轉丞相長史會孫權帥兵西過朝議以樊襄陽無穀不可以禦寇時曹仁鎮襄陽請召仁還宛帝曰孫權新破關羽此其所自結之時也必不敢為患襄陽水陸之衝禦寇要害不可棄也言竟不從仁遂焚棄二城權果不為寇魏文悔之及魏受漢禪以帝為尚書頃之轉督軍御史中丞封安國鄉侯

黄初二年督軍官罷遷侍中尚書右僕射

五年天子南巡觀兵吳疆帝留鎮許昌改封向鄉侯轉撫軍假節領兵五千加給事中録尚書事帝固辭天子曰吾於庶事以夜繼晝無須臾寧息此非以為榮乃分憂耳

六年天子復大興舟師征吳復命帝居守内鎮百姓外供軍資臨行詔曰吾深以後事為念故以委卿曹參雖有戰功而蕭何為重使吾無西顧之憂不亦可乎天子自廣陵還洛陽詔帝曰吾東撫軍當總西事吾西撫軍當總東事於是帝留鎮許昌及天子疾篤帝與曹眞陳羣等見於崇華殿之南堂並受顧命輔政詔太子曰有間此三公者慎勿疑之明帝即位改封舞陽侯及孫權圍江夏遣其將諸葛瑾張霸并攻襄陽帝督諸軍討權走之進擊敗瑾斬霸并首級千餘遷驃騎將軍

太和元年六月天子詔帝屯于宛加督荆豫二州諸軍事初蜀將孟達之降也魏朝遇之甚厚帝以達言行傾巧不可任驟諫不見聽乃以達領新城太守封侯假節達於是連吳固蜀潛圖中國蜀相諸葛

亮惡其反覆又慮其爲患達與魏興太守申儀有隙亮欲促其事乃遣郭模詐降過儀因漏泄其謀達聞其謀漏泄將舉兵帝恐達速發以書喻之曰將軍昔棄劉備託身國家國家委將軍以疆埸之任任將軍以圖蜀之事可謂心貫白日蜀人愚智莫不切齒於將軍諸葛亮欲相破惟苦無路耳模之所言非小事也亮豈輕之而令宣露此殆易知耳達得書大喜猶與不決帝乃潛軍進討諸將言達於二賊交搆宜觀望而後動帝曰達無信義此其相疑之時也當及其未定促決之乃倍道兼行八日到其城下吳蜀各遣其將向西城安橋木闌塞以救達帝分諸將以距之初達與亮書曰宛去洛八百里去吾一千二百里聞吾舉事當表上天子比相反覆一月間也則吾城已固諸軍足辦則吾所在深險司馬公必不自來諸將來吾無患矣及兵到達又告亮曰吾舉事八日而兵至城下何其神速也上庸城三面阻水達於城外爲木柵以自固帝渡水破其柵直造城下八道攻之旬有六日達甥鄧賢將李輔等開門出降斬達首傳京師俘獲万餘人振旅還于宛乃勸農桑禁浮費南土悅附焉初申儀久在魏興專威疆埸輒承制刻印多所假授達既誅有自疑心時諸郡守以帝新克捷奉禮求賀皆聽之帝使人諷儀儀至問承制狀執之歸于京師又徙孟達餘衆七千餘家于幽州蜀將姚靜鄭他等帥其屬七千餘人來降時邊郡新附多無戶名魏朝欲加隱實屬帝朝于京師天子訪之於帝帝對曰賊以密網束下故下棄之宜弘以大綱則自然安樂又問二虜宜討何者爲先對曰吳以中國不習水戰故敢散居東關凡攻敵必扼其喉而摏其心夏口東關賊之心喉若爲陸軍以向皖城引權東下爲水戰軍向夏口乘其虛而擊之此神兵從天而墮破之必矣天子並然之復命帝屯于宛

四年遷大將軍加大都督假黃鉞與曹真伐蜀帝自西城斫山開道水陸並進泝沔而上至于朐䏰（上音蠢下如允反）拔其新豐縣軍次丹口遇雨班師明年諸葛亮寇天水圍將軍賈嗣魏平於祁山天子曰西方有事非君莫可付者乃使帝西屯長安都督雍梁二州諸軍事統車騎將軍張郃後將軍費曜征蜀護軍戴陵雍州刺史郭淮等討亮張郃勸帝分軍住雍郿爲後鎮帝曰料前軍獨能當之者將軍言是也若不能當而分爲前後此楚之三軍所以爲黥布擒也遂進軍隃麋亮聞大軍且至乃自帥衆將芟上邽之麥諸將皆懼帝曰亮慮多決少必安營自固然後芟麥吾得二日兼行足矣於是卷甲晨夜赴之亮望塵而遁帝曰吾倍道疲勞此曉兵者之所貪也亮不敢據渭水此易與耳進次漢陽與亮相遇帝列陣以待之使將牛金輕騎餌之兵才接而亮退追至祁山亮屯鹵城據南北二山斷水爲重圍帝攻拔其圍亮宵遁追擊破之俘斬萬計天子使使者勞軍增封邑時軍師杜襲督軍薛悌皆言明年麥熟亮必爲寇隴右無穀宜及冬豫運帝曰亮再出祁山一攻陳倉挫衄而反縱其後出不復攻城當求野戰必在隴東不在西也亮每以糧少爲恨歸必積穀以吾料之非三稔不能動矣於是表徙冀州農夫佃上邽興京兆天水南安監冶

青龍元年穿成國渠築臨晉陂溉田數千頃國以充實焉

二年亮又帥衆十餘万出斜谷壘于郿之渭水南原天子憂之遣征蜀護軍秦朗督步騎二万受帝節度諸將欲住渭北以待之帝曰百姓積聚皆在渭南此必爭之地也遂引軍而濟背水爲壘因謂諸將曰亮若勇者當出武功依山而東若西上五丈原則諸軍無事矣亮果上原將北渡渭帝遣將軍周當屯陽遂以餌之數日亮不動帝曰亮欲爭原而不向陽遂此意可知也遣將軍胡遵雍州刺史郭淮共備陽遂與亮會于積石臨原而戰亮不得進還于五丈原會有長星墜亮之壘帝知其必敗遣奇兵掎亮之後斬五百餘級獲生口千餘降者六百餘人時朝廷以亮僑軍遠寇利在急戰每命帝持重以候其變亮數挑戰帝不出因遺帝巾幗婦人之飾帝怒表請決戰天子不許乃遣骨鯁臣衛尉辛毗杖節爲軍師以制之後亮復來挑戰帝將出兵以應之毗杖節立軍門帝乃止初蜀將姜維聞毗來謂亮曰辛毗杖節而至賊不復出矣亮曰彼本無戰心所以固請者以示武於其衆耳將在軍君命有所不受苟能制吾豈千里而請戰邪帝

弟孚書問軍事帝復書曰亮志大而不見機多謀而少決好兵而無權雖提卒十萬已墮吾畫中破之必矣與之對壘百餘日會亮病卒諸將燒營遁走百姓奔告帝出兵追之亮長史楊儀反旗鳴鼓若將距帝者帝以窮寇不之逼於是楊儀結陣而去經日乃行其營壘觀其遺事獲其圖書糧穀甚衆帝審其必死曰天下奇才也辛毗以為尚未可知帝曰軍家所重軍書密計兵馬糧穀今皆棄之豈有人捐其五藏而可以生乎宜急追之關中多蒺藜帝使軍士二千人著軟材平底木屐前行蒺藜悉著屐然後馬步俱進追到赤岸乃知亮死審問時百姓為之諺曰死諸葛走生仲達帝聞而笑曰吾便料生不便料死故也先是亮使至帝問曰諸葛公起居何如食可幾米對曰三四升次問政事曰二十罰已上皆自省覽帝既而告人曰諸葛孔明其能久乎竟如其言亮部將楊儀魏延爭權儀斬延并其衆帝欲乘隙而進有詔不許

三年遷太尉累增封邑蜀將馬岱入寇帝遣將軍牛金擊走斬千餘級武都氐王苻雙強端帥其屬六千餘人來降關東饑帝運長安粟五百萬斛輸于京師

四年獲白鹿獻之天子曰昔周公旦輔成王有素雉之貢今君受陝西之任有白鹿之獻豈非忠誠協符千載同契俾乂邦家以永厥休邪及遼東太守公孫文懿反徵帝詣京師天子曰此不足以勞君事欲必克故以相煩耳君度其作何計對曰棄城預走上計也據遼水以距大軍次計也坐守襄平此成擒耳天子曰其計將安出對曰惟明者能深度彼己預有所棄此非其所及也今懸軍遠征將謂不能持久必先距遼水而後守此中下計也天子曰往還幾時對曰往百日還百日攻百日以六十日為休息一年足矣是時大修宮室加之以軍旅百姓饑弊帝將即戎乃諫曰昔周公營洛邑蕭何造未央今宮室未備臣之責也然自河以北百姓困窮外內有役勢不並興宜假絕內務以救時急

景初二年帥牛金胡遵等步騎四萬發自京都車駕送出西明門詔

弟孚子師送過溫賜以穀帛牛酒敕郡守典農已下皆往會焉見父老故舊讌飲累日帝歎息悵然有感為歌曰天地開闢日月重光遭遇際會畢力遐方將埽群穢還過故鄉肅清萬里總齊八荒告成歸老待罪舞陽遂進師經孤竹越碣石次于遼水文懿果遣步騎數萬阻遼隧堅壁而守南北六七十里以距帝帝盛兵多張旗幟出其南賊盡銳赴之乃泛舟潛濟以出其北與賊營相逼沉舟焚梁傍遼水作長圍棄賊而向襄平諸將言曰不攻賊而作圍非所以示衆也帝曰賊堅營高壘欲以老吾兵也攻之正入其計此王邑所以恥過昆陽也古人曰敵雖高壘不得不與我戰者攻其所必救也賊大衆在此則巢窟虛矣我直指襄平必人懷內懼懼而求戰破之必矣遂整陣而過賊見兵出其後果邀之帝謂諸將曰所以不攻其營正欲致此不可失也乃縱兵逆擊大破之三戰皆捷賊保襄平進軍圍之初文懿聞魏師之出也請救於孫權權亦出兵遙為之聲援遺文懿書曰司馬公善用兵變化若神所向無前深為弟憂之會霖潦大水平地數尺三軍恐欲移營帝令軍中敢有言徙者斬都督令史張靜犯令斬之中軍乃定賊恃水樵牧自若諸將欲取之皆不聽司馬陳珪曰昔攻上庸八部並進晝夜不息故能一旬之半拔堅城斬孟達今者遠來而更安緩愚竊惑焉帝曰孟達衆少而食支一年將士四倍於達而糧不淹月以一月圖一年安可不速以四擊一正令半解猶當為之是以不計死傷與糧競也今賊衆我寡賊飢我飽水雨乃爾功力不設雖當促之亦何所為自發京師不憂賊攻但恐賊走今賊糧垂盡而圍落未合掠其牛馬抄其樵采此故驅之走也夫兵者詭道善因事變賊憑衆恃雨故雖飢困未肯束手當示無能以安之取小利以驚之非計也朝廷聞師遇雨咸請召還天子曰司馬公臨危制變計日擒之矣既而雨止遂合圍起土山地道楯櫓鉤橦發矢石雨下晝夜攻之時有長星色白有芒鬣自襄平城西南流于東北墜于梁水城中震慴文懿大懼乃使其所署相國王建御史大夫柳甫乞降請解圍面縛不許執建等皆斬之檄告文懿曰昔楚鄭列國而鄭

伯猶內袒牽羊而迎之孤爲主人位則上公而建等欲孤解圍退舍豈楚鄭之謂邪二人老耄必傳言失旨已相爲斬之若意有未已可更遣年少有明決者來文懿復遣侍中衛演乞剋日送任帝謂演曰軍事大要有五能戰當戰不能戰當守不能守當走餘二事惟有降與死耳汝不肯面縛此爲決就死也不須送任文懿攻南圍突出帝縱兵擊敗之斬于梁水之上星墜之所既入城立兩標以別新舊焉男子年十五已上七千餘人皆殺之以爲京觀僞公卿已下皆伏誅戮其將軍畢盛等二千餘人收戶四萬口三十餘萬初文懿篡其叔父恭位而囚之及將反將軍綸直賈範等苦諫文懿皆殺之帝乃釋恭之囚封直等之墓顯其遺嗣令曰古之伐國誅其鯨鯢而已諸爲文懿所詿誤者皆原之中國人欲還舊鄉恣聽之時有兵士寒凍乞襦帝弗之與或曰幸多故襦可以賜之帝曰襦者官物人臣無私施也乃奏軍人年六十已上者罷遣千餘人將吏從軍死亡者致喪還家遂班師天子遣使者勞軍于薊增封食昆陽并前二縣初帝至襄平夢天子枕其膝曰視吾面俛視有異於常心惡之先是詔帝便道鎮關中及次白屋有詔召帝三日之間詔書五至手詔曰間側息望到到便直排閤入視吾面帝大遽乃乘追鋒車晝夜兼行自白屋四百餘里一宿而至引入嘉福殿臥內升御牀帝流涕問疾天子執帝手目齊王曰以後事相託死乃復可忍吾忍死待君得相見無所復恨矣命與大將軍曹爽並受遺詔輔少主及齊王即帝位遷侍中持節都督中外諸軍錄尚書事與爽各統兵三千人共執朝政更直殿中乘輿入殿爽欲使尚書奏事先由己乃言於天子徙帝爲大司馬朝議以爲前後大司馬累薨於位乃以帝爲太傅入殿不趨贊拜不名劍履上殿如漢蕭何故事嫁娶喪葬取給於官以世子師爲散騎常侍子弟三人爲列侯四人爲騎都尉帝固讓子弟官不受

魏正始元年春正月東倭重譯納貢焉耆危須諸國弱水以南鮮卑名王皆遣使來獻天子歸美宰輔又增帝封邑初魏明帝好脩宮室制度靡麗百姓苦之帝自遼東還役者猶萬餘人雕玩之物動以千計

至是皆奏罷之節用務農天下欣賴焉

二年夏五月吳將全琮寇芍陂朱然孫倫圍樊城諸葛瑾步騭掠柤中帝請自討之議者咸言賊遠來圍樊不可卒拔挫於堅城之下有自破之勢宜長策以御之帝曰邊城受敵而安坐廟堂疆埸騷動衆心疑惑是社稷之大憂也六月乃督諸軍南征車駕送出津陽門帝以南方暑濕不宜持久使輕騎挑之然不敢動於是休戰士簡精銳募先登申號令示必攻之勢吳軍夜遁走追至三州口斬獲萬餘人收其舟船軍資而還天子遣侍中常侍勞軍于宛秋七月增封食郾臨潁并前四縣邑萬戶子弟十一人皆爲列侯帝勳德日盛而謙恭愈甚以太常常林鄉邑舊齒見之每拜恒戒子弟曰盛滿者道家之所忌四時猶有推移吾何德以堪之損之又損之庶可以免乎

三年春天子追封謚皇考京兆尹爲舞陽成侯三月奏穿廣漕渠引河入汴溉東南諸陂始大佃於淮北先是吳遣將諸葛恪屯皖邊鄙苦之帝欲自擊恪議者多以賊據堅城積穀欲引致官兵今懸軍遠攻其救必至進退不易未見其便帝曰賊之所長者水也今攻城以觀其變若用其所長棄城奔走此爲廟勝也若敢固守湖水冬淺船不得行勢必棄水相救由其所短亦吾利也

四年秋九月帝督諸軍擊諸葛恪車駕送出津陽門軍次于舒恪焚燒積聚棄城而遁帝以滅賊之要在於積穀乃大興屯守廣開淮陽百尺二渠又脩諸陂於潁之南北萬餘頃自是淮北倉庾相望壽陽至于京師農官屯兵連屬焉

五年春正月帝至自淮南天子使持節勞軍尚書鄧颺李勝等欲令曹爽建立功名勸使伐蜀帝止之不可爽果無功而還

六年秋八月曹爽毀中壘中堅營以兵屬其弟中領軍羲帝以先帝舊制禁之不可冬十二月天子詔帝朝會乘輿升殿

七年春正月吳寇柤中夷夏萬餘家避寇北渡沔帝以沔南近賊若百姓奔還必復致寇宜權留之曹爽曰今不能脩守沔南而留百姓非長策也帝曰不然凡物致之安地則安危地則危故兵書曰成敗

形也安危勢也形勢御衆之要不可以不審設令賊以二萬人斷沔水三萬人與沔南諸軍相持萬人陸梁柤中將何以救之爽不從卒令還南賊果襲破柤中所失萬計

八年夏四月夫人張氏薨曹爽用何晏鄧颺丁謐之謀遷太后於永寧宮專擅朝政兄弟並典禁兵多樹親黨屢改制度帝不能禁於是與爽有隙五月帝稱疾不與政事時人為之謠曰何鄧丁亂京城

九年春三月黃門張當私出掖庭才人石英等十一人與曹爽為伎人爽晏謂帝疾篤遂有無君之心與當密謀圖危社稷期有日矣帝亦潛為之備爽之徒屬亦頗疑帝會河南尹李勝將莅荊州來候帝帝詐疾篤使兩婢侍持衣衣落指口言渴婢進粥帝不持杯飲粥皆流出霑胸勝曰衆情謂明公舊風發動何意尊體乃爾帝使聲氣纔屬說年老枕疾死在旦夕君當屈并州并州近胡善為之備恐不復相見以子師昭兄弟為託勝曰當還忝本州非并州帝乃錯亂其辭曰君方到并州勝復曰當忝荊州帝曰年老意荒不解君言今還為本州盛德壯烈好建功勳勝退告爽曰司馬公尸居餘氣形神已離不足慮矣他日又言曰太傅不可復濟令人愴然故爽等不復設備

嘉平元年春正月甲午天子謁高平陵爽兄弟皆從是日太白襲月帝於是奏永寧太后廢爽兄弟時景帝為中護軍將兵屯司馬門帝列陣闕下經爽門爽帳下督嚴世上樓引弩將射帝孫謙止之曰事未可知三注三止皆引其肘不得發大司農桓範出赴爽蔣濟言於帝曰智囊往矣帝曰爽與範內疏而智不及駑馬戀短豆必不能用也於是假司徒高柔節行大將軍事領爽營謂柔曰君為周勃矣命太僕王觀行中領軍攝羲營帝親帥太尉蔣濟等勒兵出迎天子屯于洛水浮橋上奏曰先帝詔陛下秦王及臣升于御牀握臣臂曰深以後事為念今大將軍爽背棄顧命敗亂國典內則僭擬外專威權群官要職皆置所親宿衛舊人并見斥黜根據槃牙縱恣日甚又以黃門張當為都監專共交關伺候神器天下洶洶人懷危懼陛下便為寄坐豈得久安此非先帝詔陛下及臣升御牀之本意也臣雖朽

邁敢忘前言昔趙高極意秦是以亡呂霍早斷漢祚永延此乃陛下之殷鑒臣受命之秋也公卿群臣皆以爽有無君之心兄弟不宜典兵宿衛奏皇太后皇太后勑如奏施行臣輒勑主者及黃門令罷爽羲訓吏兵各以本官侯就第若稽留車駕以軍法從事臣輒力疾將兵詣洛水浮橋伺察非常爽不通奏留車駕宿伊水南伐樹為鹿角發屯兵數千人以守桓範果勸爽奉天子幸許昌移檄徵天下兵爽不能用而夜遣侍中許允尚書陳泰詣帝觀望風旨帝數其過失事止免官泰還以報爽勸之通奏帝又遣爽所信殿中校尉尹大目諭爽指洛水為誓爽意信之桓範等援引古今諫說萬端終不能從乃曰司馬公正當欲奪吾權耳吾得以侯還第不失為富家翁範拊膺曰坐卿滅吾族矣遂通帝奏既而有司劾黃門張當并發爽與何晏等反事乃收爽兄弟及其黨與何晏丁謐鄧颺畢軌李勝桓範等誅之蔣濟曰曹真之勳不可以不祀帝不聽初爽司馬魯芝主簿楊綜斬關奔爽及爽之將歸罪也芝綜泣諫曰公居伊周之任挾天子杖天威孰敢不從舍此而欲就東市豈不痛哉有司奏收芝綜科罪帝赦之曰以勸事君者二月天子以帝為丞相增封潁川之繁昌鄢陵新汲父城并前八縣邑二萬戶奏事不名固讓丞相冬十二月加九錫之禮朝會不拜固讓九錫

二年春正月天子命帝立廟于洛陽置左右長史增掾屬舍人滿十人歲舉掾屬任御史秀才各一人增官騎百人鼓吹十四人封子肜平樂亭侯倫安樂亭侯帝以久疾不任朝請每有大事天子親幸第以諮訪焉兗州刺史令狐愚太尉王凌貳於帝謀立楚王彪

三年春正月王凌詐言吳人塞涂水請發兵以討之帝潛知其計不聽夏四月帝自帥中軍汎舟沿流九日而到甘城凌計無所出乃迎于武丘面縛水次曰凌若有罪公當折簡召凌何苦自來耶帝曰以君非折簡之客故耳即以凌歸于京師道經賈逵廟凌呼曰賈梁道王凌是大魏之忠臣惟爾有神知之至項仰鴆而死收其餘黨皆夷三族并殺彪悉錄魏諸王公置于鄴命有司監察不得交關天子遣侍

中韋誕持節勞軍于五池帝至自甘城天子又使兼大鴻臚大僕庾嶷持節策命帝為相國封安平郡公孫及兄子各一人為列侯前後食邑五萬戶侯者十九人固讓相國郡公不受六月帝寢疾夢賈逵王凌為祟甚惡之秋八月戊寅崩于京師時年七十三天子素服臨弔喪葬威儀依漢霍光故事追贈相國郡公弟孚表陳先志辭郡公及轀輬車九月庚申葬于河陰謚曰文貞後改謚文宣先是預作終制於首陽山為土藏不墳不樹作顧命三篇斂以時服不設明器後終者不得合葬一如遺命晉國初建追尊曰宣王武帝受禪上尊號曰宣皇帝陵曰高原廟稱高祖帝內忌而外寬猜忌多權變魏武察帝有雄豪志聞有狼顧相欲驗之乃召使前行令反顧面正向後而身不動又嘗夢三馬同食一槽甚惡焉因謂太子丕曰司馬懿非人臣也必預汝家事太子素與帝善每相全佑故免帝於是勤於吏職夜以忘寢至於芻牧之間悉皆臨履由是魏武意遂安及平公孫文懿大行殺戮誅曹爽之際支黨皆夷及三族男女無少長姑姊妹女

子之適人者皆殺之既而竟遷魏鼎云明帝時王導侍坐帝問前世所以得天下導乃陳帝創業之始及文帝末高貴鄉公事明帝以面覆牀曰若如公言晉祚復安得長遠迹其猜忍蓋有符於狼顧也

制曰夫天地之大黎元為本邦國之貴元首為先治亂無常興亡有運是故五帝之上居萬乘以為憂三王已來處其憂而為樂競智力爭利害大小相吞強弱相襲逮乎魏室三方鼎峙干戈不息氣霧交飛宣皇以天挺之姿應期佐命文以纘治武以棱威用人如在己求賢若不及情深阻而莫測性寬綽而能容和光同塵與時舒卷戢鱗潛翼思屬風雲飾忠於已詐之心延安於將危之命觀其雄略內斷英猷外決殄公孫於百日擒孟達於盈旬自以兵動若神謀無再計矣既而擁眾西舉與諸葛相持抑其甲兵本無鬬志遺其巾幗方發憤心杖節當門雄圖頓屈請戰千里詐欲示威且秦蜀之人勇懦非敵夷險之路勞逸不同以此爭功其利可見而返閉軍固壘莫敢爭鋒生怯實而未前死疑虛而猶遁良將之道失在斯乎文帝之世輔翼權重許昌同蕭何之委崇華甚霍光之寄當謂竭誠盡節伊傅可齊及明帝將終棟梁是屬受遺二主佐命三朝既承忍死之託曾無殉生之報天子在外內起甲兵陵土未乾遽相誅戮貞臣之體寧若此乎盡善之方以斯為惑夫征討之策豈東智而西愚輔佐之心何前忠而後亂故晉明掩面恥欺偽以成功石勒肆言笑姦回以定業古人有云積善三年知之者少為惡一日聞於天下可不謂然乎雖自隱過當年而終見嗤後代亦猶竊鍾掩耳以眾人為不聞銳意盜金謂市中為莫覩故知貪於近者則遺遠溺於利者則傷名若不損己以益人則當禍人而福己順理而舉易為力背時而動難為功況以未成之晉基逼有餘之魏祚雖復道格區宇德被蒼生而天未啓時寶位猶阻非可以智競不可以力爭雖則慶流後昆而身終於北面矣

帝紀卷第一　晉書一　虞喆書

景帝　文帝

景皇帝諱師字子元宣帝長子也雅有風彩沈毅多大略少流美譽與夏侯玄何晏齊名晏常稱曰惟幾也能成天下之務司馬子元是也魏景初中拜散騎常侍累遷中護軍為選用之法舉不越功吏無私焉宣穆皇后崩居喪以至孝聞宣帝之將誅曹爽深謀秘策獨與帝潛畫文帝弗之知也將發夕乃告之既而使人覘之帝寢如常而文帝不能安席晨會兵司馬門鎮靜內外置陣甚整宣帝曰此子竟可也初帝陰養死士三千散在人間至是一朝而集眾莫知所出也事平以功封長平鄉侯食邑千戶尋加衛將軍及宣帝薨議者咸云伊尹既卒伊陟嗣事天子命帝以撫軍大將軍輔政

魏嘉平四年春正月遷大將軍加侍中持節都督中外諸軍錄尚書事命百官舉賢才明少長卹窮獨理廢滯諸葛誕毌丘儉王昶陳泰胡遵都督四方王基州泰鄧艾石苞典州郡盧毓李豐掌選舉傅嘏虞松參計謀鍾會夏侯玄王肅陳本孟康趙酆張緝預朝議四海傾注朝野肅然或有請改易制度者帝曰不識不知順帝之則詩人之美也三祖典制所宜遵奉自非軍事不得妄有改革

五年夏五月吳太傅諸葛恪圍新城朝議慮其分兵以寇淮泗欲戍諸水口帝曰諸葛恪新得政於吳欲徼一時之利并兵合肥以冀萬一不暇復為青徐患也且水口非一多戍則用兵眾少戍則不足以禦寇恪果并力合肥卒如所度帝於是使鎮東將軍毌丘儉揚州刺史文欽等距之儉欽請戰帝曰恪卷甲深入投兵死地其鋒未易當且新城小而固攻之未可拔遂命諸將高壘以弊之相持數月恪攻城力屈死傷太半帝乃勑欽督銳卒趣合榆要其歸路儉帥諸將以為後繼恪懼而遁欽逆擊大破之斬首萬餘級

正元元年春正月天子與中書令李豐后父光祿大夫張緝黃門監蘇鑠永寧署令樂敦冗從僕射劉賢等謀以太常夏侯玄代帝輔政帝密知之使舍人王羨以車迎豐豐見迫隨羨而至帝數之豐知禍及因

肆惡言帝怒遣勇士以刀鐶築殺之逮捕玄緝等皆夷三族三月乃諷天子廢皇后張氏因下詔曰姦臣李豐等靖譖庸回陰構凶慝大將軍糾虔天刑致之誅辟周勃之克呂氏霍光之擒上官曷以過之其增邑九千戶并前四萬帝讓不受天子以玄緝之誅深不自安而帝亦慮難作潛謀廢立乃密諷魏永寧太后秋九月甲戌太后下令曰皇帝春秋已長不親萬機耽淫內寵沈嫚女德日近倡優縱其醜虐迎六宮家人留止內房毀人倫之敘亂男女之節又為群小所迫將危社稷不可以承奉宗廟帝召群臣會議流涕曰太后令如是諸君其如王室何咸曰伊尹放太甲以寧殷霍光廢昌邑以安漢權定社稷以清四海二代行之於古明公當之於今今日之事惟命是從帝曰諸君見望者重安敢避之乃與群公卿士共奏太后曰臣聞天子者所以濟育群生永安萬國皇帝春秋已長未親萬機日使小優郭懷袁信等裸袒淫戲又於廣望觀下作遼東妖婦道路行人莫不掩目清商令令狐景諫帝帝燒鐵炙之太后遭合陽君喪帝嬉樂自若清商丞龐熙諫帝帝弗聽太后還北宮殺張美人帝甚恚望熙諫帝怒復以彈彈熙每文書入帝不省視太后令帝在式乾殿講學帝又不從不可以承天序臣請依霍光故事收皇帝璽綬以齊王歸藩奏可於是有司以太牢策告宗廟王就乘輿副車群臣從至西掖門帝泣曰先臣受歷世殊遇先帝臨崩託以遺詔臣復忝重任不能獻可替否群公卿士遠惟舊典為社稷深計寧負聖躬使宗廟血食於是使使者持節衛送舍河內之重門誅郭懷袁信等是日與群臣議所立帝曰方今宇宙未清二虜爭衡四海之主惟在賢哲彭城王據太祖之子以賢則仁聖明允以年則皇室之長天位至重不得其才不足以寧濟六合乃與群公奏太后太后以彭城王先帝諸父於昭穆之序為不次則烈祖之世永無承嗣東海定王明帝之弟欲立其子高貴鄉公髦帝固爭不獲乃從太后令遣使迎高貴鄉公於元城而立之改元曰正元天子受璽惰舉趾高帝聞而憂之及將大會帝訓於天子曰夫聖王重始正本敬初古人所慎也明當大會萬衆瞻穆穆之容公卿聽玉振之音詩云示人不佻是則是效易曰出其言善則

千里之外應之雖禮儀周備猶宜加之以祇恪以副四海顒顒式仰癸巳天子詔曰朕聞創業之君必須股肱之臣守文之主亦賴匡佐之輔是故文武以呂召彰受命之功宣王倚山甫享中興之業大將軍世載明德應期作輔遭天降險帝室多難齊王蒞政不迪率典公履義執忠以寧區夏式是百辟揔齊庶事內摧寇虐外靜姦先日昃憂勤劬勞夙夜德聲光于上下勳烈施于四方深惟大議首建明策權定社稷援立朕躬宗廟獲安億兆慶賴伊摯之保乂殷邦公旦之綏寧周室蔑以尚焉朕甚嘉之夫德茂者位尊庸大者祿厚古今之通義也其登位相國增邑九千并前四萬戶進號大都督假黃鉞入朝不趨奏事不名劍履上殿賜錢五百萬帛五千匹以彰元勳帝固辭相國又上書訓於天子曰荊山之璞雖美不琢不成其寶顏冉之才雖茂不學不弘其量仲尼有云予非生而知之者好古敏以求之者也仰觀黃軒五代之主莫不有所稟則顓頊受學於綠圖高辛問道於柏招逮至周成旦望作輔故能離經辯志安道樂業夫然故君道明於上兆庶順於下刑措之隆實由於此宜遵先王下問之義使講誦之業屢聞於聽典謨之言日陳於側也時天子頗修華飾帝又諫曰履端初政宜崇玄樸並敬納焉十一月有白氣經天

二年春正月有彗星見于吳楚之分西北竟天鎮東大將軍毋丘儉揚州刺史文欽舉兵作亂矯太后令移檄郡國爲壇盟於西門之外各遣子四人質于吳以請救二月儉欽帥衆六萬渡淮而西帝會公卿謀征討朝議多謂可遣諸將擊之王肅及尚書傅嘏中書侍郎鍾會勸帝自行戊午帝統中軍步騎十餘萬以征之倍道兼行召三方兵大會于陳許之郊甲申次于㶏橋儉將史招李續相次來降儉欽移入項城帝遣荊州刺史王基進據南頓以逼儉帝深壁高壘以待東軍之集諸將請進軍攻其城帝曰諸君得其一未知其二淮南將士本無反志且儉欽欲蹈縱橫之迹習儀秦之說謂遠近必應而事起之日淮北不從史招李續前後瓦解內乖外叛自知必敗困獸思鬭速戰更合其志雖云必剋傷人亦多且儉等欺誑將士詭變萬端小與持久詐情自露此不戰而剋之也乃遣諸葛誕督豫州諸軍自安風向壽春征東將軍胡遵督青徐諸軍出譙宋之間絕其歸路帝屯汝陽遣兗州刺史鄧艾督太山諸軍進屯樂嘉示弱以誘之欽進軍將攻艾帝潛軍銜枚徑造樂嘉與欽相遇欽子鴦年十八勇冠三軍謂欽曰及其未定請登城鼓譟擊之可破也既謀而行三譟而欽不能應鴦退相與引而東帝謂諸將曰欽走矣命發銳軍以追之諸將皆曰欽舊將鴦少而銳引軍內入未有失利必不走也帝曰一鼓作氣再而衰三而竭鴦三鼓欽不應其勢已屈不走何待欽將遁鴦曰不先折其勢不得去也乃與驍騎十餘摧鋒陷陣所向皆披靡遂引去帝遣左長史司馬璉督驍騎八千翼而追之使將軍樂綝等督步兵繼其後比至沙陽頻陷欽陣弩矢雨下欽蒙楯而馳大破其軍衆皆投戈而降欽父子與麾下走保項儉聞欽敗棄衆宵遁淮南安風津都尉追儉斬之傳首京都欽遂奔吳淮南平初帝目有瘤疾使醫割之鴦之來攻也驚而目出懼六軍之恐蒙之以被痛甚齧被敗而左右莫知焉閏月疾篤使文帝揔統諸軍辛亥崩于許昌時年四十八二月帝之喪至自許昌天子素服臨弔詔曰公有濟世寧國之勳剋定禍亂之功重之以死王事宜加殊禮其令公卿議制有司議以爲忠安社稷功濟宇內宜依霍光故事追加大司馬之號以冠軍大將軍增邑五萬戶謚曰武公文帝表讓曰臣亡父不敢受丞相相國九命之禮亡兄不敢受相國之位誠以太祖常所階歷也今謚與二祖同必所祗懼昔蕭何張良霍光咸有匡佐之功何謚文終良謚文成光謚宣成必以文武爲謚請依何等就加詔許之謚曰忠武晉國既建追尊曰景王武帝受禪上尊號曰景皇帝陵曰峻平廟稱世宗

文皇帝諱昭字子上景帝之母弟也魏景初三年封新城鄉侯正始初爲洛陽典農中郎將值魏明奢侈之後帝蠲除苛碎不奪農時百姓大悅轉散騎常侍大將軍曹爽之伐蜀也以帝爲征蜀將軍副夏侯玄出駱谷次于興勢蜀將王林夜襲帝營帝堅臥不動林退帝謂玄曰費褘以據險距守進不獲戰攻之不可宜亟旋軍以爲後圖爽等引旋褘果馳兵趣三嶺爭險乃得過遂還拜議郎及誅曹爽帥衆衛二宮以功

增邑千戸蜀將姜維之寇隴右也征西將軍郭淮自長安距之進帝位安西將軍持節屯關中爲諸軍節度淮攻維別將句安於麴久而不決帝乃進據長城南趣駱谷以疑之維懼退保南鄭安軍絶援帥衆來降轉安東將軍持節鎭許昌及大軍討王淩帝督淮北諸軍事帥師會于項增邑三百戸假金印紫綬尋進號都督統征東將軍胡遵鎭東將軍諸葛誕伐吳戰于東關二軍敗績坐失侯蜀將姜維又寇隴右揚聲欲攻狄道以帝行征西將軍次長安雍州刺史陳泰欲先賊據狄道帝曰姜維攻羌收其質任聚穀作邸閣訖而復轉行至此正欲了塞外諸羌爲後年之資耳若實向狄道安肯宣露令外人知今揚聲言出此欲歸也維果燒營而去會新平羌胡叛帝擊破之遂耀兵靈州北虜震讋叛者悉降以功復封新城鄉侯高貴鄉公之立也以參定策進封高都侯增封二千戸毋丘儉文欽之亂大軍東征帝兼中領軍留鎭洛陽及景帝疾篤帝自京都省疾拜衞將軍景帝崩天子命帝鎭許昌尚書傅嘏帥六軍還京師帝用嘏及鍾會策自帥軍而還至洛陽進位大將軍加侍中都督中外諸軍錄尚書事輔政劒履上殿帝固辭不受

甘露元年春正月加大都督奏事不名夏六月進封高都公地方七百里加之九錫假斧鉞進號大都督劒履上殿又固辭不受秋八月庚申加假黃鉞增封三縣

二年夏五月辛未鎭東大將軍諸葛誕殺揚州刺史樂綝以淮南作亂遣子靚爲質於吳以請救議者請速伐之帝曰誕以毋丘儉輕疾傾覆今必外連吳寇此爲變大而遲吾當與四方同力以全勝制之乃表曰昔黥布叛逆漢祖親征隗囂違戾光武西伐烈祖明皇帝乘輿仍出皆所以奮揚赫斯震耀威武也陛下宜暫臨戎使將士得憑天威今諸軍可五十萬以衆擊寡蔑不克矣秋七月奉天子及皇太后東征徵兵青徐荊豫分取關中遊軍皆會淮北師次于項假廷尉何楨節使淮南宣慰將士申明逆順示以誅賞甲戌帝進軍丘頭吳使文欽唐咨全端全懌等三萬餘人來救誕諸將逆擊不能禦將軍李廣臨敵不進泰山太守常時稱疾不出並斬之以徇八月吳將朱異帥兵萬餘人留輜重於

都陸輕兵至黎漿監軍石苞兗州刺史州泰禦之異退泰山太守胡烈以奇兵襲都陸焚其糧運苞泰復進擊異大破之異之餘卒餒甚食葛葉而遁吳人殺異帝曰異不得至壽春非其罪也而吳人殺之適以謝壽春而堅誕意使其猶望救耳若其不爾彼當突圍決一旦之命或謂大軍不能久省食減口冀有他變料賊之情不出此三者今當多方以亂之備其越逸此勝計也因命合圍分遣羸疾就穀淮北廩軍士大豆人三升欽聞之果喜帝愈羸形以示之多縱反間揚言吳救方至誕等益寬恣食俄而城中乏糧石苞王基並請攻之帝曰誕之逆謀非一朝一夕也聚糧完守外結吳人自謂足據淮南欽既同惡相濟必不便走今若急攻之損游軍之力外寇卒至表裏受敵此危道也今三叛相聚於孤城之中天其或者將使同戮吾當以長策縻之但堅守三面若賊陸道而來軍糧必少吾以游兵輕騎絶其轉輸可不戰而破外賊外賊破欽等必成擒矣全懌母孫權女也得罪於吳全端兄子禕及儀奉其母來奔儀兄靜時在壽春用鍾會計作禕儀書以譎靜靜兄弟五人帥其衆來降城中大駭

三年春正月壬寅誕欽等出攻長圍諸軍逆擊走之初誕欽內不相協及至窮蹙轉相疑貳會欽計事與誕忤誕手刃殺欽欽子鴦攻誕不克踰城降以爲將軍封侯使鴦巡城而呼帝見城上持弓者不發謂諸將曰可攻矣二月乙酉攻而拔之斬誕夷三族吳將唐咨孫曼孫彌徐韶等帥其屬皆降表加爵位稟其餒疾或言吳兵必不爲用請坑之帝曰就令亡還適見中國之弘耳於是徙之三河夏四月歸于京師魏帝命改丘頭曰武丘以旌武功五月天子以并州之太原上黨西河樂平新興鴈門司州之河東平陽八郡地方七百里封帝爲晉公加九錫進位相國晉國置官司焉九讓乃止於是增邑萬戸食三縣諸子之無爵者皆封列侯秋七月奏錄先世名臣元功大勳之子孫隨才敘用

四年夏六月分荊州置二都督王基鎭新野州泰鎭襄陽使石苞都督揚州陳騫都督豫州鍾毓都督徐州宋鈞監青州諸軍事

景元元年夏四月天子復命帝爵秩如前又讓不受天子既以帝三世

宰輔政非已出情不能安又慮廢辱將臨軒召百寮而行放黜五月戊
子夜使冗從僕射李昭等發甲於陵雲臺召侍中王沉散騎常侍王業
尚書王經出懷中黃素詔示之戒嚴俟旦沉業馳告于帝帝召護軍賈
充等為之備天子知事泄帥左右攻相府稱有所討敢有動者族誅相
府兵將止不敢戰賈充叱諸將曰公畜養汝輩正為今日耳太子舍人
成濟抽戈犯蹕刺之刃出於背天子崩于車中帝召百寮謀其故僕射
陳泰不至帝遣其舅荀顗輿致之延于曲室謂曰玄伯天下其如我何
泰曰惟腰斬賈充微以謝天下帝曰卿更思其次泰曰但見其上不見
其次於是歸罪成濟而斬之太后令曰昔漢昌邑王以罪廢為庶人此
兒亦宜以庶人禮葬之使外內咸知其所行也殺尚書王經貳於我也
庚寅帝奏曰故高貴鄉公帥從駕人兵拔刃鳴鼓向臣所臣懼兵刃相
接即勑將士不得有所傷害違令者以軍法從事騎督成倅弟太子舍
人濟入兵陣傷公至隕臣聞人臣之節有死無貳事上之義不敢逃難
前者變故卒至禍同發機誠欲委身守死惟命所裁然惟本謀乃欲上

危皇太后傾覆宗廟臣忝當元輔義在安國即駱驛申勑不得迫近輿
輦而濟妄入陣間以致大變哀怛痛恨五內摧裂濟干國亂紀罪不容
誅輒收濟家屬付廷尉太后從之夷濟三族與公卿議立燕王宇之子
常道鄉公璜為帝六月改元景辰天子進帝為相國封晉公增十郡加
九錫如初群從子弟未侯者封亭侯賜錢千萬帛萬匹固讓乃止冬十
一月吳吉陽督蕭慎以書詣鎮東將軍石苞偽降求迎帝知其詐也使
苞外示迎之而內為之備

二年秋八月甲寅天子使太尉高柔授帝相國印綬司空鄭沖致晉公
茅土九錫固辭

三年夏四月肅慎來獻楛矢石砮弓甲貂皮等天子命歸於大將軍府

四年春二月丁丑天子復命帝如前又固辭三月詔大將軍府增置司馬
一人從事中郎二人舍人十人夏帝將伐蜀乃謀眾曰自定壽春已來
息役六年治兵繕甲以擬二虜略計取吳作戰船通水道當用千餘萬
功此十萬人百數十日事也又南土下溼必生疾疫今宜先取蜀三年

之後因巴蜀順流之勢水陸並進此滅虞定虢吞韓并魏之勢也計蜀
戰士九萬居守成都及備他境不下四萬然則餘衆不過五萬今絆姜
維於沓中使不得東顧直指駱谷出其空虛之地以襲漢中彼若嬰城
守險兵勢必散首尾離絕舉大衆以屠城散銳卒以略野劍閣不暇守
險關頭不能自存以劉禪之闇而邊城外破士女內震其亡可知也征
西將軍鄧艾以為未有釁屢陳異議帝患之使主簿師纂為艾司馬以
喻之艾乃奉命於是徵四方之兵十八萬使鄧艾自狄道攻姜維於沓
中雍州刺史諸葛緒自祁山軍于武街絕維歸路鎮西將軍鍾會帥前將
軍李輔征蜀護軍胡烈等自駱谷襲漢中秋八月軍發洛陽大賚將士
陳師誓眾將軍鄧敦謂蜀未可討帝斬以徇九月又使天水太守王頎
攻維營隴西太守牽弘邀其前金城太守楊欣趣甘松鍾會分為二隊入
自斜谷使李輔圍王含於樂城又使部將易愷攻蔣斌於漢城會直指
陽安護軍胡烈攻陷關城姜維聞之引還王頎追敗維於強川維與張
翼廖化合軍守劍閣鍾會攻之冬十月天子以諸侯獻捷交至乃申前命

曰朕以寡德獲承天序嗣我祖宗之洪烈遭家多難不明于訓曩者
姦逆屢興方寇內侮大懼淪喪四海以隤三祖之弘業惟公經德履哲
明允廣深迪宣武文世作保傅以輔乂皇家櫛風沐雨周旋征伐劬勞
王室二十有餘載毗翼前人仍斷大政克厭不端維安社稷暨儉欽之
亂公綏援有眾分命興師統紀有方用緝寧淮浦其後巴蜀屢侵西土
不靖公奇畫指授制勝千里是以段谷之戰乘釁大捷斬將搴旗效首萬
計孫峻猾夏致寇徐方戎車首路威靈先邁黃鉞未啟鯨鯢竄迹孫
壹構隙自相疑阻幽鑒遠照奇策洞微遠人歸命作藩南夏爰授銳卒
畢力戎行暨諸葛誕滔天作逆稱兵揚楚欽咨逋罪同惡相濟帥其蝥
賊以入壽春憑阻淮山敢距王命公躬擐甲胄龔行天罰玄謀廟筭遵
養時晦奇兵震擊而朱異摧破神變應機而全琮稽服取亂攻昧而高
墉不守兼九伐之弘略究五兵之正度用能戰不窮武而大敵殲潰旗
不再麾而元憝授首收勍吳之儁臣係亡命之逋虜交臂屈膝委命下
吏俘馘十萬積尸成京雪宗廟之滯恥拯兆庶之艱難掃平區域信威

吳會遂戢干戈靜我疆土天地鬼神罔不獲乂乃者王室之難變起蕭
牆賴公之靈弘濟艱險宗廟危而獲安社稷墜而復寧忠格皇天功濟
六合是用疇咨古訓稽諸典籍命公崇位相國加于群后啓土參虛封
以晉域所以方軌齊魯翰屏帝室而公遠蹈謙損深履沖讓固辭策
命至于八九朕重違讓德抑禮虧制以彰公志于今四載上闕在昔建
侯之典下違兆庶具瞻之望惟公嚴虔王度闡濟大猷敦尚純樸省繇
節用務穡勸分九野康乂耆叟荷崇養之德鰥寡蒙矜卹之施仁風
興於中夏流澤布於遐荒是以東夷西戎南蠻北狄狂狡貪悍世為寇
讎者皆感義懷惠款塞內附或委命納貢或求置官司九服之外絕域
之氓曠世所希至者咸浮海來享鼓舞王德前後至者八百七十餘萬
口海隅幽裔無思不服雖西旅遠貢越裳九譯義無以踰維翼朕躬下
匡萬國思靖殊方寧濟八極以庸蜀未賓蠻荊作猾潛謀獨斷整軍
經武簡練將帥授以成策始踐賊境應時摧陷狂狡奔北首尾震潰禽
其戎帥屠其城邑巴漢震疊江源雲徹地平天成誠在斯舉公有濟六

合之勳加以茂德實揔百揆允釐庶政敦五品以崇仁恢六典以敷訓
而靖恭夙夜勞謙昧旦雖尚父之左右文武周公之勤勞王家罔以加
焉昔宣王選建德光啓諸侯體國經野方制五等所以藩翼王畿垂祚
百世也故齊魯之封於周爲弘山川土田邦畿七百官司典策制殊群
后惠襄之難桓文以翼戴之勞猶受錫命之禮咸用光疇大德作範于
後惟公功邁於前烈而賞闕於舊式百辟於邑人神同恨焉豈可以公
謙沖而久淹弘典哉今以并州之太原上黨西河樂平新興鴈門司州
之河東平陽弘農雍州之馮翊凡十郡南至于華北至于陘東至于壺
口西踰于河提封之數方七百里皆晉之故壤唐叔受之世作盟主實
紀綱諸夏用率舊職爰胙茲土封公爲晉公命使持節兼司徒司隸校
尉陔即授印綬策書金獸符第一至第五竹使符第一至第十錫茲玄
土苴以白茅建爾國家以永藩魏室昔在周召並以公侯入作保傅其
在近代酇侯蕭何實以相國光尹漢朝隨時之制禮亦宜之今進公位
爲相國加綠綟綬又加公九錫其敬聽後命以公思弘大猷崇正典禮

儀刑作範旁訓四方是用錫公大輅戎輅各一玄牡二駟公道和陰陽
敬授人時嗇夫反本農殖維豐是用錫公袞冕之服赤舄副焉公光敷
顯德惠下以和敬信思順庶尹允諧是用錫公軒懸之樂六佾之舞公
鎮靖宇宙翼播聲教海外懷服荒裔款附殊方馳義諸夏順軌是用
錫公朱戶以居公簡賢料材營求俊逸爰升多士寘彼周行是用錫公
納陛以登公嚴恭寅畏底平四國式遏寇虐奸慝不作是用錫公武賁
之士三百人公明慎用刑簡恤大中章厥天威以糾不虔是用錫公鈇
鉞各一公爰整六軍典司征伐犯命陵正乃維誅殛是用錫公彤弓一
彤矢百玈弓十玈矢千公饗祀蒸蒸孝思維則篤誠之至通于神明是
用錫公秬鬯一卣珪瓚副焉晉國置官司以下率由舊式往欽哉祗服
朕命弘敷訓典光澤庶方永終爾明德丕顯余一人之休命公卿將校皆
詣府喻旨帝以禮辭讓司空鄭沖率群官勸進曰伏見嘉命顯至竊聞
明公固讓沖等眷眷實有愚心以爲聖王作制百代同風褒德賞功
有自來矣昔伊尹有莘氏之媵臣耳一佐成湯遂荷阿衡之號周公藉

已成之勢據既安之業光宅曲阜奄有龜蒙呂尚磻溪之漁者也一朝
指麾乃封營丘自是以來功薄而賞厚者不可勝數然賢哲之士猶
以爲美談況自先相國以來世有明德翼輔魏室以綏天下朝無秕政
人無謗言前者明公西征靈州北臨沙漠榆中以西望風震服羌戎來
馳迴首內向東誅叛逆全軍獨克禽闔閭之將虜輕銳之卒以萬萬計
威加南海名懾三越宇內康寧苛慝不作是以時俗畏懷東夷獻舞故
聖上覽乃昔以來禮典舊章開國光宅顯茲太原明公宜承奉聖旨受
茲介福允當天人元功盛勳光光如彼國土嘉祚巍巍如此內外協同
靡愆靡違由斯征伐則可朝服濟江掃除吳會西塞江源望祀岷山迴
戈弭節以麾天下遠無不服邇無不肅令大魏之德光于唐虞明公盛
勳超於桓文然後臨滄海而謝文伯登箕山而揖許由豈不盛乎至公
至平誰與爲鄰何必勤勤小讓也哉帝乃受命十一月鄧艾帥萬餘人
自陰平踰絕險至江由破蜀將諸葛瞻於綿竹斬瞻傳首進軍雒縣劉
禪降天子命晉公以相國總百揆於是上節傳去侍中大都督錄尚書之

號為表鄧艾為太尉鍾會為司徒會潛謀叛逆因密使譖艾

咸熙元年春正月檻車徵艾乙丑帝奉天子西征次于長安是時魏諸王侯悉在鄴城命從事中郎山濤行軍司事鎮於鄴遣護軍賈充持節督諸軍據漢中鍾會遂反於蜀監軍衛瓘右將軍胡烈攻會斬之初會之伐蜀也西曹屬邵悌言於帝曰鍾會難信不可令行帝笑曰取蜀如指掌耳而衆人皆言不可唯會與吾意同滅蜀之後中國將士人自思歸蜀之遺黎猶懷震恐縱有異志無能為也卒如所量景辰帝至自長安

三月己卯進帝爵為王增封并前二十郡夏五月癸未天子追加舞陽宣文侯為晉宣王舞陽忠武侯為晉景王秋七月帝奏司空荀顗定禮儀中護軍賈充正法律尚書僕射裴秀議官制太保鄭沖總而裁焉始建五等爵冬十月丁亥奏遣吳人相國參軍徐劭散騎常侍水曹屬孫彧使吳喻孫晧以平蜀之事致馬錦等物以示威懷景午天子命中撫軍新昌鄉侯炎為晉世子

二年春二月甲辰朐䏰縣獻靈龜歸於相府夏四月孫晧使紀陟來聘且獻方物五月天子命帝冕十有二旒建天子旌旗出警入蹕乘金根車駕六馬備五時副車置旄頭雲罕樂舞八佾設鍾虡宮懸位在燕王上進王妃為王后世子為太子王女王孫爵命之號皆如帝者之儀諸禁網煩苛及法式不便於時者帝皆奏除之晉國置御史大夫侍中常侍尚書中領軍衛將軍官秋八月辛卯帝崩于露寢時年五十五九月癸酉葬崇陽陵謚曰文王武帝受禪追尊號曰文皇帝廟稱太祖

史臣曰世宗以睿略創基太祖以雄才成務事殷之迹空存翦商之志彌遠三分天下功業在焉及踰劒銷氛浮淮靜亂桐宮胥怨或所不堪若乃體以名臣格之端揆周公流連於此歲魏武得意於茲日軒懸之樂大啓南陽師摯之圖於焉北面壯矣哉包舉天人者也為帝之主不亦難乎　贊曰世宗繼文邦權未分三千之士其從如雲世祖無外靈關靜氛及雖討賊終為弒君

武帝

武皇帝諱炎字安世文帝長子也寬惠仁厚沈深有度量魏嘉平中封北平亭侯歷給事中奉車都尉中壘將軍加散騎常侍累遷中護軍假節迎常道鄉公於東武陽遷中撫軍進封新昌鄉侯及晉國建立爲世子拜撫軍大將軍開府副貳相國初文帝以景帝既宣帝之嫡早世無後以帝弟攸爲嗣特加愛異自謂攝居相位百年之後大業宜歸攸每曰此景王之天下也吾何與焉將議立世子屬意於攸何曾等固爭曰中撫軍聰明神武有超世之才髮委地手過膝此非人臣之相也由是遂定

咸熙二年五月立爲晉王太子八月辛卯文帝崩太子嗣相國晉王位下令寬刑宥罪撫衆息役國內行服三日是月長人見於襄武長三丈告縣人王始曰今當太平九月戊午以魏司徒何曾爲丞相鎮南將軍王沈爲御史大夫中護軍賈充爲衛將軍議郎裴秀爲尚書令光祿大夫皆開府十一月初置四護軍以統城外諸軍乙未令諸郡中正以六條舉淹滯一曰忠恪匪躬二曰孝敬盡禮三曰友于兄弟四曰絜身勞謙五曰信義可復六曰學以爲己是時晉德既洽四海宅心於是天子知歷數有在乃使太保鄭沖奉策曰咨爾晉王我皇祖有虞氏誕膺靈運受終于陶唐亦以命于有夏惟三后陟配于天而咸用光敷聖德自茲厥後天又輯大命于漢火德既衰乃眷命我高祖方軌虞夏四代之明顯我不敢知惟王乃祖乃父服膺明哲輔亮我皇家勳德光于四海格爾上下神祇罔不克順地平天成萬邦以乂應受上帝之命協皇極之中肆予一人祗承天序以敬授爾位歷數實在爾躬允執其中天祿永終於戲王其欽順天命率循訓典底綏四國用保天休無替我二皇之弘烈帝初以禮讓魏朝公卿何曾王沈等固請乃從之

泰始元年冬十二月景寅設壇于南郊百僚在位及匈奴南單于四夷會者數萬人柴燎告類于上帝曰皇帝臣炎敢用玄牡明告于皇皇后帝魏帝稽協皇運紹天明命以命炎昔者唐堯熙隆大道禪位虞舜舜又以禪禹邁德垂訓多歷年載暨漢德既衰太祖武皇帝撥亂濟時扶翼劉氏又用受命于漢粵在魏室仍世多故幾於顛墜實賴有晉匡拯之德用獲保厥肆祀弘濟于艱難此則晉之有大造于魏也誕惟四方罔不祗順廓清梁岷包懷揚越八紘同軌祥瑞屢臻天人協應無思不服肆予憲章三后用集大命于茲炎維德不嗣辭不獲命於是羣公卿士百辟庶僚黎獻陪隸暨于百蠻君長僉曰皇天鑒下求人之瘼既有成命固非克讓所得距違天序不可以無統人神不可以曠主炎虔奉皇運寅畏天威敬簡元辰升壇受禪告類上帝永荅衆望禮畢即洛陽宮幸太極前殿詔曰昔朕皇祖宣王聖哲欽明誕膺期運熙帝之載肇啓洪基伯考景王履道宣猷緝熙諸夏至于皇考文王叡哲光遠允協靈祇應天順時受茲明命仁濟于宇宙功格于上下肆魏氏弘鑒于古訓儀刑于唐虞疇咨羣后爰輯大命于朕身予一人畏天之命用不敢違惟朕寡德負荷洪烈託于王公之上以君臨四海惴惴惟懼罔知所濟惟爾股肱爪牙之佐文武不貳之臣乃祖乃父實左右我先王光隆我大業思與萬國共饗休祚於是大赦改元賜天下爵人五級鰥寡孤獨不能自存者穀人五斛復天下租賦及關市之稅一年逋債宿負皆勿收除舊嫌解禁錮亡官失爵者悉復之丁卯遣太僕劉原告于太廟封魏帝爲陳留王邑万戶居于鄴宮魏氏諸王皆爲縣侯追尊宣王爲宣皇帝景王爲景皇帝文王爲文皇帝宣王妃張氏爲宣穆皇后尊太妃王氏曰皇太后宮曰崇化封皇叔祖父孚爲安平王皇叔父幹爲平原王亮爲扶風王伷爲東莞王駿爲汝陰王肜爲梁王倫爲琅邪王皇弟攸爲齊王鑒爲樂安王幾爲燕王皇從伯父望爲義陽王皇從叔父輔爲渤海王晃爲下邳王瓌爲太原王珪爲高陽王衡爲常山王子文爲沛王泰爲隴西王權爲彭城王綏爲范陽王遂爲濟南王遜爲譙王睦爲中山王凌爲北海王斌爲陳王皇從父兄洪爲河間王皇從父弟楙爲東平王以驃騎將軍石苞爲大司馬封樂陵公車騎將軍陳騫爲高平公衛將軍賈充爲車騎將軍魯公尚書令裴秀爲鉅鹿公侍中荀勗爲濟北公太保鄭沖爲太傅壽光公太尉王祥爲太保睢陵公丞相何曾爲太尉朗陵公御史大夫王沈爲驃騎將軍博陵公司空荀顗爲臨

淮公鎮北大將軍衛瓘爲菑防　其餘增封進爵各有差文武普增位二等改景初曆爲泰始曆臘以酉社以丑戊辰下詔大弘儉約出御府珠玉玩好之物頒賜王公以下各有差置中軍將軍以統宿衛七軍己巳詔陳留王載天子旌旗備五時副車行魏正朔郊祀天地禮樂制度皆如魏舊上書不稱臣賜山陽公劉康安樂公劉禪子弟一人爲駙馬都尉乙亥以安平王孚爲太宰假黃鉞大都督中外諸軍事詔曰昔王凌謀廢齊王而王竟不足以守位鄧艾雖矜功失節然束手受罪今大赦其家還使立後興滅繼絶約法省刑除魏氏宗室禁錮諸將吏遭三年喪者遣寧終喪百姓復其徭役罷部曲將長吏以下質任省郡國御調禁樂府靡麗百戲之伎及雕文游畋之具開直言之路置諫官以掌之是月鳳凰六青龍三白龍二麒麟各一見于郡國

二年春正月景戌遣兼侍中侯史光等持節四方循省風俗除禳祝之不在祀典者丁亥有司請建七廟帝重其役不許庚寅罷雞鳴歌辛丑尊景皇帝夫人羊氏曰景皇后宮曰弘訓景午立皇后楊氏二月除漢

宗室禁錮己未常山王衡薨詔曰五等之封皆錄舊勳本爲縣侯者傳封次子爲亭侯鄉侯爲關內侯亭侯爲關中侯皆食本戶十分之一丁丑郊祀宣皇帝以配天宗祀文皇帝於明堂以配上帝庚午詔曰古者百官官箴王闕然保氏特以諫諍爲職今之侍中常侍實處此位擇其能正色弼違匡救不逮者以兼此選三月戊戌吳人來弔祭有司奏爲答詔帝曰昔漢文光武懷撫尉佗公孫述皆未正君臣之儀所以羈縻未賓也皓遣使之始未知國慶但以書答之夏五月戊辰詔曰陳留王操尚謙沖毎事輒表非所以優崇之也主者喻意非大事皆使王官表上之壬子驃騎將軍博陵公王沈卒六月壬申濟南王遂薨秋七月辛巳營太廟致荊山之木采華山之石鑄銅柱十二塗以黃金鏤以百物綴以明珠戊戌譙王遜薨景午晦日有蝕之八月景辰省右將軍官初帝雖從漢魏之制既葬除服而深衣素冠降席撤膳哀敬如喪者戊辰有司奏改服進膳不許遂禮終而後復吉及太后之喪亦如之九月乙未散騎常侍皇甫陶傅玄領諫官上書諫諍有司奏請寢之詔曰凡

關言人主人臣所至難而苦不能聽納自古忠臣直士之所慷慨也每陳事出付主者多從深刻乃云恩貸當由主上是何言乎其詳評議戊戌有司奏大晉繼三皇之蹤蹈舜禹之迹應天順時受禪有魏宜一用前代正朔服色皆如虞遵唐故事奏可冬十月景午朔日有蝕之丁未詔曰昔舜葬蒼梧農不易畝禹葬成紀市不改肆上惟祖考清簡之旨所從陵十里內居人動爲煩擾一切停之十一月己卯倭人來獻方物并圜丘方丘於南北郊二至之祀合於二郊罷山陽公國督軍除其禁制己丑追尊景帝夫人夏侯氏爲景懷皇后辛卯遷祖禰神主于太廟十二月罷農官爲郡縣是歲鳳皇六青龍十黃龍九麒麟各一見于郡國

○三年春正月癸丑白龍二見于弘農澠池丁卯立皇子衷爲皇太子詔曰朕以不德託于四海之上兢兢祗畏懼無以康濟寓內思與天下式明王度正本清源於置胤樹嫡非所先務又近世每見太子寬宥施惠之事間不獲已順從王公卿士之議耳方今世運垂平將陳之以德義示之以好惡使百姓蠲多幸之慮篤終始之行曲惠小仁故無取焉咸

使知聞三月戊寅初令二千石得終三年喪丁未晝昏罷武衛將軍官以李熹爲太子太傅太山石崩夏四月戊午張掖太守焦勝上言氐池縣大柳谷口有玄石一所白畫成文實大晉之休祥圖之以獻詔以制幣告于太廟藏之天府秋八月罷都護將軍以其五署還光祿勳九月甲申詔曰古者以德詔爵以庸制祿雖下士猶食上農外足以奉公忘私內足以養親施惠今在位者祿不代耕非所以崇化之本也其議增吏俸賜王公以下帛各有差以太尉何曾爲太保義陽王望爲太尉司空荀顗爲司徒冬十月聽士卒遭父母喪者非在疆埸皆得奔赴十二月徙宗聖侯孔震爲奉聖亭侯山陽公劉康來朝禁星氣讖緯之學

四年春正月辛未以尚書令裴秀爲司空景戌律令成封爵賜帛各有差有星孛于軫丁亥帝耕于籍田戊子詔曰古設象刑而衆不犯今雖參夷而姦不絶何德刑相去之遠哉先帝深愍黎元哀矜庶獄乃命群后考正典刑朕守遺業永惟保乂皇基思與萬國以無爲爲政方今陽春養物東作始興朕親率王公卿士耕籍田千畝又律令既就班之天

下將以簡法務本惠育海內宜寬有罪使得自新其大赦天下長吏郡丞長史各賜馬一匹二月庚子增置山陽公國相郎中令雜工宰人鼓吹車馬各有差罷中軍將軍置北軍中候官甲寅以東海劉儉有至行拜為郎以中軍將軍羊祜為尚書左僕射東莞王伷為尚書右僕射三月戊子皇太后王氏崩夏四月戊戌太保睢陵公王祥薨己亥祔葬文明皇后王氏於崇陽陵罷振威揚威護軍官置左右積弩將軍六月甲申朔詔曰郡國守相三載一巡行屬縣必以春此古者所以述職宣風展義也見長吏觀風俗協禮律考度量存問耆老親見百年錄囚徒理冤枉詳察政刑得失知百姓所患苦無有遠近便若朕親臨之敦喻五教勸務農功勉勵學者思勤正典無為百家庸末致遠必泥士庶有好學篤道孝悌忠信清白異行者舉而進之有不孝敬於父母不長悌於族黨悖禮棄常不率法令者糾而罪之田疇闢生業修禮教設禁令行則長吏之能也人窮匱農事荒姦盜起刑獄煩下陵上替禮義不興斯長吏之否也若長吏在官公廉慮不及私正色直節不飾名譽者及身行貪穢諂黷求容公節不立而私門日富者並謹察之揚清激濁舉善彈違此朕所以垂拱總綱責成於良二千石也於戲戒哉秋七月太山石崩眾星西流戊午遣使者侯史光循行天下己卯謁崇陽陵九月青徐兗豫四州大水伊洛溢合於河開倉以振之詔曰雖詔有所欲及奏得可而於事不便者皆不可隱情冬十月吳將施績入江夏萬郁寇襄陽遣太尉義陽王望屯龍陂荊州刺史胡烈擊敗郁吳將顧容寇鬱林太守毛炅大破之斬其交州刺史劉俊將軍脩則十一月吳將丁奉等出芍陂安東將軍汝陰王駿與義陽王望擊走之己未詔王公卿尹及郡國守相舉賢良方正直言之士十二月班五條詔書於郡國一曰正身二曰勤百姓三曰撫孤寡四曰敦本息末五曰去人事庚寅帝臨聽訟觀錄廷尉洛陽獄囚親平決焉扶南林邑各遣使來獻

五年春正月癸巳申戒郡國計吏守相令長務盡地利禁游食商販景申帝臨聽訟觀錄囚徒多所原遣青龍二見於滎陽二月以雍州隴右五郡及涼州之金城梁州之平陽置秦州辛巳白龍二見於趙國青徐兗三州水遣使振恤之壬寅以尚書左僕射羊祜都督荊州諸軍事征東大將軍衛瓘都督青州諸軍事東莞王伷鎮東大將軍都督徐州諸軍事丁亥詔曰古者歲書群吏之能否三年而誅賞之諸令史前後但簡遺疏劣而無有勸進非黜陟之謂也其條勤能有稱尤異者歲以為常吾將議其功勞己未詔蜀相諸葛亮孫京隨才署吏夏四月地震五月辛卯朔鳳皇見于趙國曲赦交阯九真日南五歲刑六月鄴奚官督郭廙上疏陳五事以諫言甚切直擢為屯留令西平人麴路伐登聞鼓言多袄謗有司奏棄市帝曰朕之過也捨而不問罷鎮軍將軍復置左右將軍官秋七月延群公詢讜言九月有星孛于紫宮冬十月景子以汲郡太守王宏有政績賜穀千斛十一月追封謚皇弟兆為城陽哀王以皇子景度嗣十二月詔州郡舉勇猛秀異之才

六年春正月丁亥朔帝臨軒不設樂吳將丁奉入渦口揚州刺史牽弘擊走之三月赦五歲刑已下夏四月白龍二見於東莞五月立壽安亭侯承為南宮王六月戊午秦州刺史胡烈擊叛虜於萬斛堆力戰死之詔遣尚書石鑒行安西將軍都督秦州諸軍事與奮威護軍田章討之秋七月丁酉復隴右五郡遇寇害者租賦不能自存者廩貸之乙巳城陽王景度薨詔曰自泰始以來大事皆撰錄秘書寫副後有其事輒宜綴集以為常丁未以汝陰王駿為鎮西大將軍都督雍涼三州諸軍事九月大宛獻汗血馬焉耆來貢方物冬十一月幸辟雍行鄉飲酒之禮賜太常博士學生帛牛酒各有差立皇子東為汝南王十二月吳夏口督前將軍孫秀帥眾來奔拜驃騎將軍開府儀同三司封會稽公戊辰復置鎮軍官

七年春正月景午皇太子冠賜王公以下帛各有差匈奴帥劉猛叛出塞三月孫皓帥眾趨壽陽遣大司馬望屯淮北以距之三月景戌司空鉅鹿公裴秀薨癸巳以中護軍王業為尚書左僕射高陽王珪為尚書右僕射孫秀部將何崇帥眾五千人來降夏四月九真太守董元為吳將虞汜所攻軍敗死之北地胡寇金城涼州刺史牽弘討之群虜內叛圍弘於青山弘軍敗死之五月立皇子憲為城陽王雍梁秦三州饑赦

其境內殊死以下閏月大雩太官減膳詔交阯三郡南中諸郡無出今
年戶調六月詔公卿以下舉將帥各一人辛丑大司馬義陽王望薨大
雨霖伊洛河溢流居人四千餘家殺三百餘人有詔振貸給棺秋七月
癸酉以車騎將軍賈充為都督秦涼二州諸軍事吳將陶璜等圍交阯
太守楊稷與鬱林太守毛炅及日南等三郡降於吳八月景戌以征東大
將軍衞瓘為征北大將軍都督幽州諸軍事景申城陽王憲薨分益州
之南中四郡置寧州曲赦四郡殊死以下冬十月丁丑日有蝕之十一月
丁巳衞公姬署薨十二月大雩罷中領軍并北軍中候以光祿大夫鄭
袤為司空
八年春正月監軍何楨討匈奴劉猛累破之左部帥李恪殺猛而降癸
亥帝耕于籍田二月乙亥禁彫文綺組非法之物壬辰太宰安平王孚
薨詔內外羣官舉任邊郡者各三人帝與右將軍皇甫陶論事陶與帝
爭言散騎常侍鄭徽表請罪之帝曰讜言謇諤所望於左右也人主常
以阿媚為患豈以爭臣為損哉徽越職妄奏豈朕之意遂免徽官夏四
月置後將軍以備四軍六月益州牙門張弘誣其刺史皇甫晏反殺之
傳首京師弘坐伏誅夷三族壬辰大赦景申詔復隴右四郡遇寇害者
田租秋七月以車騎將軍賈充為司空九月吳西陵督步闡來降拜衞
將軍開府儀同三司封宜都公吳將陸抗攻闡遣車騎將軍羊祜帥衆
出江陵荊州刺史楊肇迎闡於西陵巴東監軍徐胤擊建平以救闡冬
十月辛未朔日有蝕之十二月肇攻抗不剋而還闡城陷為抗所禽
九年春正月辛酉司空密陵侯鄭袤薨二月癸巳司徒樂陵公石苞薨
立安平亭侯隆為安平王三月立皇子祗為東海王夏四月戊辰朔日
有蝕之五月旱以太保何曾領司徒六月乙未東海王祗薨秋七月丁
酉朔日有蝕之吳將魯淑圍弋陽征虜將軍王渾擊敗之罷五官左右
中郎將弘訓太僕衞尉大長秋等官鮮卑寇廣甯殺略五千人詔娉公
卿以下子女以備六宮采擇未畢權禁斷婚姻冬十月辛巳制女年十
七父母不嫁者使長吏配之十一月丁酉臨宣武觀大閱諸軍甲辰乃罷
○十年春正月辛亥帝耕于籍田閏月癸酉大傅壽光公鄭沖薨己卯高

陽王珪薨庚辰太原王瓌薨丁亥詔曰嫡庶之別所以辨上下明貴賤
而近世以來多皆內寵登妃后之職亂尊卑之序自今以後皆不得登
用妾媵以為嫡正二月分幽州五郡置平州三月癸亥日有蝕之夏四
月己未太尉臨淮公荀顗薨六月癸巳臨聽訟觀錄囚徒多所原遣是
夏大蝗秋七月景寅皇后楊氏崩壬午吳平虜將軍孟泰偏將軍王嗣
等帥衆降八月涼州虜寇金城諸郡鎮西將軍汝陰王駿討之斬其帥
乞文泥等戊申葬元皇后于峻陽陵九月癸亥以大將軍陳騫為太尉
攻拔吳枳里城獲吳立信校尉莊祐吳將孫遵李承帥衆寇江夏太守
嵇喜擊破之立河橋于富平津冬十一月立城東七里澗石橋庚午帝
臨宣武觀大閱諸軍十二月有星孛于軫置籍田令立太原王子緝為
高陽王吳威北將軍嚴聰揚威將軍嚴整偏將軍朱買來降是歲鑿
陝南山決河東注洛以通運漕
咸寧元年春正月戊午朔大赦改元二月以將士應已娶者多家有五
女者給復辛酉以故鄴令夏謖有清稱賜穀百斛以奉祿薄賜公卿以
下帛有差叛虜樹機能送質請降夏五月下邳廣陵大風拔木壞廬舍
六月鮮卑力微遣子來獻吳人寇江夏西域戊己校尉馬循討叛鮮卑
破之斬其渠帥戊申置太子詹事官秋七月甲申晦日有蝕之郡國螟
八月壬寅沛王子文薨以故太傅鄭沖太尉荀顗司徒石苞司空裴秀
驃騎將軍王沉安平獻王孚等及太保何曾司空賈充太尉陳騫中書
監荀勗平南將軍羊祜齊王攸等皆列於銘饗九月甲子青州螟徐州
大水冬十月乙酉常山王殷薨癸巳彭城王權薨十一月癸亥大閱於
宣武觀至于己巳十二月丁亥追尊宣帝廟曰高祖景帝曰世宗文帝
曰太祖是月大疫洛陽死者太半封裴頠為鉅鹿公
二年春正月以疾疫廢朝賜諸散吏至于士卒絲各有差二月景戌河
間王洪薨甲午赦五歲刑以下東夷八國歸化并州虜犯塞監并州諸
軍事胡奮擊破之初燉煌太守尹璩卒州以燉煌令梁澄領太守事議
郎令狐豐廢澄自領郡事豐死弟宏代之至是涼州刺史楊欣斬宏傳
首洛陽先是帝不豫及瘳群臣上壽詔曰每念頃遇疫氣死亡為之愴

然豈以一身之休息忘百姓之艱邪諸上禮者皆絕之夏五月鎮西大將軍汝陰王駿討北胡斬其渠帥吐敦立國子學庚午大雩六月癸丑薦荔支于太廟甲戌有星孛于氐自春旱至于是月始雨吴京下督孫楷帥衆來降以爲車騎將軍封丹楊侯白龍二見于新興井中秋七月有星孛于大角吴臨平湖自漢末壅塞至是自開父老相傳云此湖塞天下亂此湖開天下平癸丑安平王隆薨東夷十七國内附河南魏郡暴水殺百餘人詔給棺鮮卑阿羅多等寇邊西域戊巳校尉馬循討之斬首四千餘級獲生九千餘人於是來降八月庚辰河東平陽地震巳亥以太保何曾爲太傅太尉陳騫爲大司馬司空賈充爲太尉鎮軍大將軍齊王攸爲司空有星孛于太微九月又孛于翼丁未起太倉於城東常平倉於東西市閏月荆州五郡水流四千餘家冬十月以汝陰王駿爲征西大將軍平南將軍羊祜爲征南大將軍丁卯立皇后楊氏大赦賜王公以下及于鰥寡各有差十一月白龍二見于梁國十二月徵處士安定皇甫謐爲太子中庶子封后父鎮軍將軍楊駿爲臨晉侯是月以平州刺史傅詢前廣平太守孟桓清白有聞詢賜帛二百匹桓百匹

〇三年春正月景子朔日有蝕之立皇子裕爲始平王安平穆王隆弟敦爲安平王詔曰宗室戚屬國之枝葉欲令奉率德義爲天下式然處富貴而能慎行者寡召穆公糾合兄弟而賦棠棣之詩此姬氏所以本枝百世也今以衛將軍扶風王亮爲宗師所當施行皆諮之於宗師也庚寅始平王裕薨有星孛于西方使征北大將軍衛瓘討鮮卑力微三月平虜護軍文淑討叛虜樹機能等並破之有星孛于胃乙未帝將射雉慮損麥苗而止夏五月戊子吴將邵凱夏詳帥衆七千餘人來降六月益梁八郡水殺三百餘人没邸閣別倉秋七月以都督豫州諸軍事王渾爲都督揚州諸軍事中山王睦以罪廢爲丹水侯八月癸亥徙扶風王亮爲汝南王東莞王伷爲琅邪王汝陰王駿爲扶風王琅邪王倫爲趙王渤海王輔爲太原王太原王顒爲河間王北海王陵爲任城王陳王斌爲西河王汝南王柬爲南陽王濟南王耽爲中山王河間王威爲章武王立皇子瑋爲始平王允爲濮陽王該爲新都王遐爲清河王鉅平侯羊祜爲南城侯以汝南王亮爲鎮南大將軍大風拔樹暴寒且氷郡國五隕霜傷穀九月戊子以左將軍胡奮爲都督江北諸軍事兗豫徐青荆益梁七州大水傷秋稼詔振給之立齊王子蕤爲遼東王贊爲廣漢王冬十一月景戌帝臨宣武觀大閱至于壬辰十二月吴將孫慎入江夏汝南略千餘家而去是歲西北雜虜及鮮卑匈奴五溪蠻夷東夷三國前後十餘輩各帥種人部落内附

四年春正月庚午朔日有蝕之三月甲申尚書左僕射盧欽卒辛酉以尚書右僕射山濤爲尚書左僕射東夷六國來獻夏四月蚩尤旗見於東井六月丁未陰平廣武地震甲子又震涼州刺史楊欣與虜若羅拔能等戰于武威敗績死之弘訓皇后羊氏崩秋七月己丑祔葬景獻皇后羊氏于峻平陵庚寅高陽王緝薨癸巳范陽王綏薨荆揚郡國二十皆大水九月以太傅何曾爲太宰辛巳以尚書令李胤爲司徒冬十月以征北大將軍衛瓘爲尚書令揚州刺史應綽伐吴皖城斬首五千級焚穀米百八十萬斛十一月辛巳太醫司馬程據獻雉頭裘帝以奇技異服典禮所禁焚之于殿前甲申勑内外敢有犯者罪之吴昭武將軍劉翻厲武將軍祖始來降辛卯以尚書杜預都督荆州諸軍事征南大將軍羊祜卒十二月乙未西河王斌薨丁未太宰朗陵公何曾薨是歲東夷九國内附

五年春正月虜帥樹機能攻陷涼州乙丑使討虜護軍武威太守馬隆擊之二月甲午白麟見于平原三月匈奴都督拔弈虚帥部落歸化乙亥以百姓饑饉減御膳之半有星孛于柳夏四月又孛于女御大赦降除部曲督以下質任丁亥郡國八雨雹傷秋稼壞百姓廬舍秋七月有星孛于紫宮九月甲午麟見于河南冬十月戊寅匈奴餘渠都督獨雍等帥部落歸化汲郡人不准掘魏襄王冢得竹簡小篆古書十餘萬言藏于祕府十一月大舉伐吴遣鎮軍將軍琅邪王伷出涂中安東將軍王渾出江西建威將軍王戎出武昌平西將軍胡奮出夏口鎮南大將軍杜預出江陵龍驤將軍王濬廣武將軍唐彬率巴蜀之卒浮江而下東西凡二十餘萬以太尉賈充爲大都督行冠軍將軍楊濟爲副摠統

衆軍十二月馬隆擊叛虜樹機能大破斬之涼州平肅愼來獻楛矢石砮

○太康元年春正月己丑朔五色氣冠日癸丑王渾剋吳尋陽賴鄉諸城獲吳武威將軍周興二月戊午王濬唐彬等剋丹陽城庚申又剋西陵殺西陵都督鎭軍將軍留憲征南將軍成璩西陵監鄭廣壬戌濬又剋夷道樂鄉城殺夷道監陸晏水軍都督陸景甲戌杜預剋江陵斬吳江陵督伍延平南將軍胡奮剋江安於是諸軍並進樂鄉荆門諸戍相次來降乙亥以濬爲都督益梁二州諸軍事復下詔曰濬彬東下埽除巴丘與胡奮王戎共平夏口武昌順流長騖直造秣陵與奮戎審量其宜杜預當鎭靜零桂懷輯衡陽大兵既過荆州南境固當傳檄而定預當分萬人給濬七千給彬夏口既平奮宜以七千人給濬武昌既了戎當以六千人增彬太尉充移屯項總督諸方濬進破夏口武昌遂泛舟東下所至皆平王渾周浚與吳丞相張悌戰于版橋大敗之斬悌及其將孫震沈瑩傳首洛陽孫皓窮蹙請降送璽綬於琅邪王伷三月壬申王濬以舟師至于建鄴之石頭孫皓大懼面縛輿櫬降于軍門濬杖節解縛焚櫬送于京都收其圖籍剋州四郡四十三縣三百一十三戶五十二萬三千吏三萬二千兵二十三萬男女口二百三十萬其牧守已下皆因吳所置除其苛政示之簡易吳人大悅乙酉大赦改元大酺五日恤孤老困窮夏四月河東高平雨雹傷秋稼遣兼侍中張側黃門侍郎朱震分使揚越慰其初附白麟見于頓丘三河魏郡弘農雨雹傷粟麥五月辛亥封孫皓爲歸命侯拜其太子爲中郎諸子爲郎中吳之舊望隨才擢敘孫氏大將戰亡之家徙於壽陽將吏渡江復十年百姓及百工復二十年景寅帝臨軒大會引皓升殿群臣咸稱萬歲丁卯薦酃淥酒于太廟郡國大雹傷秋稼庚午詔諸士卒年六十以上罷歸于家庚辰以王濬爲輔國大將軍襄陽侯杜預當陽侯王戎安豐侯唐彬上庸侯賈充琅邪王伷以下增封於是論功行封賜公卿以下帛各有差六月丁丑初置翊軍校尉官封丹水侯睦爲高陽王甲申東夷十國歸化秋七月虜軻成泥寇西平浩亹殺督將以下三百餘人東夷二十國獻庚寅以尚書魏舒爲尚書右僕射八月車師前部遣子入侍己未封皇弟延祚爲樂平王白龍三見于永昌九月群臣以天下一統屢請封禪帝謙讓弗許冬十月丁巳除五女復十二月戊辰廣漢王贊薨

二年春二月淮南丹楊地震三月景申安平王敦薨賜王公以下吳生口各有差詔選孫皓妓妾五千人入宮東夷五國朝獻夏六月東夷五國內附郡國十六雨雹大風拔樹壞百姓廬舍江夏泰山水流居人三百餘家秋七月上黨又暴風雨雹傷秋稼八月有星孛于張冬十月鮮卑慕容廆寇昌黎十一月壬寅大司馬陳騫薨有星孛于軒轅鮮卑寇遼西平州刺史鮮于嬰討破之

三年春正月丁丑罷秦州并雍州甲午以尚書張華都督幽州諸軍事三月安北將軍嚴詢敗鮮卑慕容廆於昌黎殺傷數萬人夏四月庚午太尉魯公賈充薨閏月景子司徒廣陸侯李胤薨癸丑白龍二見于濟南秋七月罷平州寧州刺史三年一入奏事九月東夷二十九國歸化獻其方物吳故將莞恭帛奉舉兵反攻害建鄴令遂圍揚州徐州刺史嵇喜討平之冬十二月甲申以司空齊王攸爲大司馬督青州諸軍事鎭東大將軍琅邪王伷爲撫軍大將軍汝南王亮爲太尉光祿大夫山濤爲司徒尚書令衞瓘爲司空景申詔四方水旱甚者無出田租

四年春正月甲申以尚書右僕射魏舒爲尚書左僕射下邳王晃爲尚書右僕射戊午司徒山濤薨二月己丑立長樂亭侯寔爲北海王三月辛丑朔日有蝕之癸丑大司馬齊王攸薨夏四月任城王陵薨五月己亥大將軍琅邪王伷薨徙遼東王蕤爲東萊王六月增九卿禮秩牂柯獠二千餘落內屬秋七月壬子以尚書右僕射下邳王晃爲都督青州諸軍事景寅兗州大水復其田租八月鄯善國遣子入侍假其歸義侯以隴西王泰爲尚書右僕射冬十一月戊午新都王該薨以尚書左僕射魏舒爲司徒十二月庚午大閱于宣武觀是歲河南及荆州揚州大水

○五年春正月己亥青龍二見于武庫井中二月景寅立南宮王子玷爲長樂王壬辰地震夏四月任城魯國池水赤如血五月景午宣帝廟梁折六月初置黃沙獄秋七月戊申皇子恢薨任城梁國中山雨雹傷秋稼減天下戶課三分之一九月南安大風折木郡國五大水隕霜傷

秋稼冬十一月甲辰太原王輔薨十二月庚午大赦林邑大秦國各遣使來獻閏月鎮南大將軍當陽侯杜預卒

六年春正月庚申朔以比歲不登免租貸宿負戊辰以征南大將軍王渾爲尚書左僕射尚書褚䂮都督揚州諸軍事楊濟都督荆州諸軍事三月郡國六隕霜傷桑麥夏四月扶南等十國來獻參離四千餘落內附郡國四旱十大水壞百姓廬舍秋七月巴西地震八月景戌朔日有蝕之減百姓緜絹三分之一白龍見于京兆以鎮軍大將軍王濬爲撫軍大將軍九月景子山陽公劉康薨冬十月南安山崩水出南陽郡獲兩足獸龜茲焉耆國遣子入侍十二月甲申大閱于宣武觀旬日而罷庚子撫軍大將軍襄陽侯王濬卒

七年春正月甲寅朔日有蝕之乙卯詔曰比年災異屢發日蝕三朝地震山崩邦之不臧實在朕躬公卿大臣各上封事極言其故勿有所諱夏五月郡國十三旱鮮卑慕容廆寇遼東秋七月朱提山崩犍爲地震八月東夷十一國內附京兆地震九月戊寅驃騎大將軍扶風王駿薨郡國八大水冬十一月壬子以隴西王泰都督關中諸軍事十二月遣侍御史巡遭水諸郡出後宮才人妓女以下二百七十人歸于家始制大臣聽終喪三年己亥河陰雨赤雪二頃是歲扶南等二十一國馬韓等十一國遣使來獻

八年春正月戊申朔日有蝕之太廟殿陷三月乙丑臨商觀震夏四月齊國大水隕霜傷麥六月魯國大風拔樹木壞百姓廬舍郡國八大水秋七月前殿地陷深數丈中有破船八月東夷二國內附九月改營太廟冬十月南康平固縣吏李豐反聚衆攻郡縣自號將軍十一月海安令蕭輔聚衆反十二月吳興人蔣迪聚黨反圍陽羨縣州郡捕討皆伏誅南夷扶南西域康居國各遣使來獻是歲郡國五地震

九年春正月壬申朔日有蝕之詔曰興化之本由政平訟理也二千石長吏不能勤恤人隱而輕挾私故興長刑獄又多貪濁煩撓百姓其勑刺史二千石糾其穢濁舉其公清有司議其黜陟令內外群官舉清能拔寒素江東四郡地震二月尚書右僕射陽夏侯胡奮卒以尚書朱整爲尚書右僕射三月丁丑皇后親桑于西郊賜帛各有差壬辰初并二社爲一夏四月江南郡國八地震隴西隕霜傷粟麥五月義陽王奇有罪黜爲三縱亭侯詔內外群官舉守令之才六月庚子朔日有蝕之徙章武王威爲義陽王郡國三十二大旱傷麥秋八月壬子星隕如雨詔郡國五歲刑以下決遣無留庶獄九月東夷七國詣校尉內附郡國二十四螟冬十二月癸卯立河間平王洪子英爲章武王戊申青龍黃龍各一見于魯國

十年夏四月以京兆太守劉霄陽平太守梁柳有政績各賜穀千斛郡國八隕霜太廟成乙巳遷神主于新廟帝迎于道左遂祫祭大赦文武增位一等作廟者二等丁未尚書右僕射廣興侯朱整卒癸丑崇賢殿災五月鮮卑慕容廆來降東夷十一國內附六月庚子山陽公劉瑾薨復置二社冬十月壬子徙南宮王承爲武邑王十一月景辰守尚書令左光祿大夫荀勗卒帝疾瘳賜王公以下帛有差含章殿鞠室火甲申以汝南王亮爲大司馬大都督假黃鉞改封南陽王柬爲秦王始平王瑋爲楚王濮陽王允爲淮南王並假節之國各統方州軍事立皇太子乂爲長沙王穎爲成都王晏爲吳王熾爲豫章王演爲代王皇孫遹爲廣陵王立濮陽王子迪爲漢王始平王子儀爲毗陵王汝南王次子羕爲西陽公徙扶風王暢爲順陽王暢弟歆爲新野公琅邪王覲弟澹爲東武公繇爲東安公漼爲廣陵公卷爲東莞公改諸王國相爲內史十二月庚寅太廟梁折是歲東夷絕遠三十餘國西南夷二十餘國來獻虜壬戌奚軻男女十萬口來降

太熙元年春正月辛酉朔改元己巳以尚書左僕射王渾爲司徒司空衛瓘爲太保二月辛丑東夷七國朝貢琅邪王覲薨三月甲子以右光祿大夫石鑒爲司空夏四月辛丑以侍中車騎將軍楊駿爲太尉都督中外諸軍錄尚書事己酉帝崩于含章殿時年五十五葬峻陽陵廟號世祖

○帝宇量弘厚造次必於仁恕容納讜正未嘗失色於人明達善謀能斷大事故得撫寧萬國綏靜四方承魏氏奢侈刻弊之後百姓思古之遺風乃厲以恭儉敦以寡欲有司嘗奏御牛青絲紖斷詔以青麻代之

臨朝寬裕法度有恒高陽許允旣爲文帝所殺允子奇爲太常丞帝將有事於太廟朝議以奇受害之門不欲接近左右請出爲長史帝乃追述允夙望稱奇之才擢爲祠部郎時論稱其夷曠平吳之後天下乂安遂怠於政術耽於遊宴寵愛后黨親貴當權舊臣不得專任彝章紊廢請謁行矣爰至末年知惠帝弗克負荷然恃皇孫聰睿故無廢立之心復慮非賈后所生終致危敗遂與腹心共圖後事說者紛然久而不定竟用王佑之謀遣太子母弟秦王柬都督關中楚王瑋淮南王允並鎮守要害以彊帝室又恐楊氏之偪復以佑爲北軍中候以典禁兵旣而寢疾彌留至于大漸佐命元勳皆已先沒群臣惶惑計無所從會帝小差有詔以汝南王亮輔政又欲令朝士之有名望年少者數人佐之楊駿祕而不宣帝復尋至迷亂楊后輒以爲詔以駿輔政促亮進發帝尋小間問汝南王來未意欲見之有所付託左右答言未至帝遂困篤中朝之亂實始于斯矣

制曰武皇承基誕膺天命握圖御宇敷化導民以佚代勞以治易亂絕縑綸之貢去雕琢之飾制奢俗以變儉約止澆風而反淳朴雅好直言留心采擢劉毅裴楷以質直見容嵇紹許奇雖仇讎不棄仁以御物寬而得衆宏略大度有帝王之量焉於時民和俗靜家給人足聿脩武用思啓封疆決神筭於深衷斷雄圖於議表馬隆西伐王濬南征師不延時獯虜削迹兵無血刃揚越爲墟通上代之不通服前王之未服禎祥顯應風教肅淸天人之功成矣霸王之業大矣雖登封之禮讓而不爲驕泰之心因斯以起見土地之廣謂萬葉而無虞覩天下之安謂千年而永治不知處廣以思狹則廣可長廣居治而忘危則治無常治加之建立非所委寄失才志欲就於升平行先迎於禍亂是猶將適越者指沙漠以遵途欲登山者涉舟航而覓路所趣逾遠所尚轉難南北倍殊高下相反求其至也不亦難乎況以新習易動之基而無久安難拔之慮故賈充凶豎懷姦志以擁權楊駿豺狼苞禍心以專輔及乎宮車晚出諒闇未周藩翰變親以成疏連兵競滅其本棟梁回忠而起僞擁衆各舉其威曾未數年綱紀大亂海內版蕩宗廟播遷帝道王猷反居文身之俗神州赤縣翻成被髮之鄉棄所大以資人掩其小而自託爲天下笑其故何哉良由失愼於前所以貽患於後且知子者賢父知臣者明君子不肖則家亡臣不忠則國亂國亂不可以安也家亡不可以全也是以君子防其始聖人閑其端而世祖惑荀勗之姦謀迷王渾之僞策心屢移於衆口事不定於已圖元海當除而不除卒令擾亂區夏惠帝可廢而不廢終使傾覆洪基全一人者德之輕拯天下者功之重棄一子者忍之小安社稷者孝之大況乎資三世而成業延二孽以喪之所謂取輕德而捨重功畏小忍而忘大孝聖賢之道豈若斯乎雖則善始於初而乖令終於末所以殷勤史策不能無慷慨焉

晉書帝紀卷第三

惠帝

孝惠皇帝諱衷字正度武帝第二子也泰始三年立為皇太子時年九歲太熙元年四月己酉武帝崩是日皇太子即皇帝位大赦改元為永熙尊皇后楊氏曰皇太后立妃賈氏為皇后夏五月辛未葬武皇帝於峻陽陵景子增天下位一等預喪事者二等復租調一年二千石已上皆封關中侯以太尉楊駿為太傅輔政秋八月壬午立廣陵王遹為皇太子以中書監何劭為太子太師吏部尚書王戎為太子太傅衛將軍楊濟為太子太保遣南中郎將石崇射聲校尉胡奕長水校尉趙俊揚烈將軍趙歡將屯兵四出冬十月辛酉以司空石鑒為太尉前鎮西將軍隴西王泰為司空

永平元年春正月乙酉朔臨朝不設樂詔曰朕夙遭不造淹恤在疚賴祖宗遺靈宰輔忠賢得以眇身託于群后之上昧於大道不明于訓戰戰兢兢夕惕若厲乃者哀迷之際三事股肱惟社稷之重率遵翼室之典猶欲長奉先皇之制是以有永熙之號然日月踰邁已涉新年開元易紀礼之舊章其改永熙二年為永平元年又詔子弟及群官並不得謁陵景午皇太子冠丁未見于太廟二月甲寅賜王公已下帛各有差癸酉鎮南將軍楚王瑋鎮東將軍淮南王允來朝戊寅復置秘書監官三月辛卯誅太傅楊駿駿弟衛將軍瑤太子太保濟中護軍張劭散騎常侍段廣楊邈左將軍劉預河南尹李斌中書令蔣俊東夷校尉文淑尚書武茂皆夷三族壬辰大赦改元賈后矯詔廢皇太后為庶人徙于金墉城告于天地宗廟誅太后母龐氏壬寅徵大司馬汝南王亮為太宰與太保衛瓘輔政以秦王柬為大將軍東平王楙為撫軍大將軍鎮南將軍楚王瑋為衛將軍領北軍中候下邳王晃為尚書令東安公繇為尚書左僕射進封東安王督將侯者千八十一人庚戌免東安王繇及東平王楙繇徙帶方夏四月癸亥以征東將軍梁王肜為征西大將軍都督關西諸軍事太子少傅阮坦為平東將軍監青徐二州諸軍事己巳以太子太傅王戎為尚書右僕射五月甲戌毗陵王軌薨壬午除天下戶調綿絹賜孝悌高年鰥寡力田者帛人三匹六月賈后矯詔使楚王瑋殺太宰汝南王亮太保菑陽公衛瓘乙丑以瑋擅害亮瓘殺之曲赦洛陽以廣陵王師劉寔為太子太保司空隴西王泰錄尚書事秋七月分揚州荊州十郡為江州八月庚申以趙王倫為征東將軍都督徐兗二州諸軍事河間王顒為北中郎將鎮鄴太子太師何劭為都督豫州諸軍事鎮許昌徙長沙王乂為常山王己巳進西陽公羕爵為王辛未立隴西世子越為東海王九月甲午大將軍秦王柬薨辛丑徵征西大將軍梁王肜為衛將軍錄尚書事以趙王倫為征西大將軍都督雍梁二州諸軍事冬十二月辛酉京師地震是歲東夷十七国南夷二十四部並詣校尉內附

二年春二月己酉賈后弒皇太后于金墉城秋八月壬子大赦九月乙酉中山王耽薨冬十一月大疫是歲沛国雨雹傷麥

三年夏四月滎陽雨雹六月弘農郡雨雹深三尺冬十月太原王泓薨

○四年春正月丁酉朔侍中太尉安昌公石鑒薨夏五月蜀郡山移淮南壽春洪水出山崩地陷壞城府及百姓廬舍匈奴郝散反攻上黨殺長吏六月壽春地大震死者二十餘家上庸郡山崩殺二十餘人秋八月郝散帥衆降馮翊都尉殺之上谷居庸上庸並地陷裂水泉涌出人有死者大饑九月景辰赦諸州之遭地災者甲午枉矢東北竟天是歲京師及郡国八地震

五年夏四月彗星見于西方孛于奎至軒轅六月金城地震東海雨雹深五寸秋七月下邳暴風壞廬舍九月鴈門新興太原上黨大風傷禾稼冬十月武庫火焚累代之寶十二月景戌新作武庫大調兵器丹楊雨雹有石生于京師宜年里是歲荊揚兗豫青徐等六州大水詔遣御史巡行振貸

六年春正月大赦司空下邳王晃薨以中書監張華為司空太尉隴西王泰為尚書令衛將軍梁王肜為太子太保丁丑地震三月東海隕霜傷桑麥彭城呂縣有流血東西百餘步夏四月大風五月荊揚二州大水匈奴郝散弟度元帥馮翊北地馬蘭羌盧水胡反攻北地太守張損

死之馮翊太守歐陽建與度元戰建敗績徵征西大將軍趙王倫爲車騎將軍以太子太保梁王肜爲征西大將軍都督雍梁二州諸軍事鎮關中秋八月雍州刺史解系又爲度元所破秦雍氐羌悉叛推氐帥齊萬年僭號稱帝圍涇陽冬十月乙未曲赦雍涼二州十一月景子遣安西將軍夏侯駿建威將軍周處等討萬年梁王肜屯好畤關中饑大疫

七年春正月癸丑周處及齊萬年戰於六陌王師敗績處死之夏五月魯國雨雹秋七月雍梁州疫大旱隕霜殺秋稼關中饑米斛萬錢詔骨肉相賣者不禁丁丑司徒京陵公王渾薨九月以尚書右僕射王戎爲司徒太子太師何劭爲尚書左僕射

八年春正月景辰地震詔發倉廩賑雍州饑人三月壬戌大赦夏五月郊禖石破二秋九月荊豫揚徐冀等五州大水雍州有年

九年春正月左積弩將軍孟觀伐氐戰于中亭大破之獲齊萬年徵西大將軍梁王肜錄尚書事以北中郎將河間王顒爲鎮西將軍鎮關中城都王穎爲鎮北大將軍鎮鄴夏四月鄴人張承基等妖言署置聚黨

數千郡縣逮捕皆伏誅六月戊戌太尉隴西王泰薨秋八月以尚書裴頠爲尚書僕射冬十一月甲子朔日有食之京師大風發屋折木十二月壬戌廢皇太子遹爲庶人及其三子幽于金墉城殺太子母謝氏

○永康元年春正月癸亥朔大赦改元己卯日有蝕之景子皇孫霖卒二月丁酉大風飛沙拔木三月尉氏雨血妖星見于南方癸未賈后矯詔害庶人遹于許昌夏四月辛卯日有蝕之癸巳梁王肜趙王倫矯詔廢賈后爲庶人司空張華尚書僕射裴頠皆遇害侍中賈謐及黨與數十人皆伏誅甲午倫矯詔大赦自爲相國都督中外諸軍如宣文輔魏故事追復故皇太子位丁酉以梁王肜爲太宰左光祿大夫何劭爲司徒右光祿大夫劉寔爲司空淮南王允爲驃騎將軍己亥趙王倫矯詔害賈庶人于金墉城五月己巳立皇孫臧爲皇太孫尚爲襄陽王六月壬寅葬愍懷太子于顯平陵撫軍將軍清河王遐薨癸卯震崇陽陵標秋八月淮南王允舉兵討趙王倫不剋允及其二子秦王郁漢王迪皆遇害曲赦洛陽平東將軍彭城王植薨改封吳王晏爲賓徒縣王以

齊王冏爲東平將軍鎮許昌光祿大夫陳準爲太尉錄尚書事九月改司徒爲丞相以梁王肜爲之冬十月黃霧四塞十一月戊午大風飛沙石六日乃止甲子立皇后羊氏大赦大酺三日十二月彗星見于東方益州刺史趙廞與洛陽流人李庠害成都內史耿滕犍爲太守李宓汶山太守霍固西夷校尉陳總據成都反

永寧元年春正月乙丑趙王倫篡帝位景寅遷帝于金墉城號曰太上皇改金墉曰永昌宮廢皇太孫臧爲濮陽王五星經天縱橫無常癸酉倫害濮陽王臧略陽流人李特殺趙廞傳首京師三月平東將軍齊王冏起兵以討倫傳檄州郡屯于陽翟征北大將軍成都王穎征西大將軍河間王顒常山王乂豫州刺史李毅兗州刺史王彥南中郎將新野公歆皆舉兵應之衆數十萬倫遣其將閭和出伊闕張泓孫輔出堮坂以距冏孫會士猗許超出黃橋以距穎及穎將趙驤石超戰於溴水會等大敗棄軍走閏月景戌朔日有蝕之夏四月歲星晝見冏將何勖盧播擊張泓於陽翟大破之斬孫輔等辛酉左衞將軍王輿與尚書淮

陵王漼勒兵入宮擒倫黨孫秀孫會許超士猗駱休等皆斬之逐倫歸第即日乘輿反正群臣頓首謝罪帝曰非諸卿之過也癸亥詔曰朕以不德纂承皇統遠不能光濟大業靖綏四方近不能開明刑威式遏姦宄至使逆臣孫秀敢肆凶虐窺閭王室遂奉趙王倫饕據天位鎮東大將軍齊王冏征北大將軍成都王穎征西大將軍河間王顒並以明德茂親忠規允著首建大策匡救國難尚書漼共立大謀左衞將軍王輿與群公卿士協同謀略親勒本營斬秀及其二子前趙王倫爲秀所誤與其子等已詣金墉迎朕幽宮旋軫閶闔豈在余一人獨饗其慶宗廟社稷實有賴焉於是大赦改元孤寡賜穀五斛大酺五日誅趙王倫義陽王威九門侯質等及倫之黨與五月立襄陽王尚爲皇太孫六月戊辰大赦增吏位二等復封賓徒王晏爲吳王庚午東萊王蕤左衞將軍王輿謀廢齊王冏事泄蕤廢爲庶人輿伏誅夷三族甲戌以齊王冏爲大司馬都督中外諸軍事成都王穎爲大將軍錄尚書事河間王顒爲太尉罷丞相復置司徒官己卯以梁王肜爲太宰領司徒封齊王冏

功臣葛旟牟平公路秀小黃公衞毅平陰公劉真安鄉公韓泰封丘公
秋七月甲午立吳王晏子國爲漢王復封常山王乂爲長沙王八月大
赦戊辰原從邊者益州刺史羅尚討羌破之己巳徙南平王祥爲宜都
王下邳王韓薨以東平王楙爲平東將軍都督徐州諸軍事九月追東
安王繇復其爵丁丑封楚王瑋子範爲襄陽王冬十月流人李特反於
蜀十二月司空何劭薨封齊王冏子冰爲樂安王英爲濟陽王超爲淮
南王是歲郡國十二旱六蝗
太安元年春正月庚子安東將軍譙王隨薨三月癸卯赦司冀兖豫四
州皇太孫尚薨夏四月彗星晝見五月乙酉侍中太宰領司徒梁王肜
薨以右光祿大夫劉寔爲太傅太尉河間王顒遣將衙博擊李特於蜀
爲特所敗特遂陷梓潼巴西害廣漢太守張微自號大將軍癸卯以清
河王遐子覃爲皇太子賜孤寡帛大酺五日以齊王冏爲太師東海王
越爲司空秋七月兖豫徐冀等四州大水冬十月地震十二月丁卯河
間王顒表齊王冏窺伺神器有無君之心與成都王穎新野王歆范陽
王虓同會洛陽請廢冏還第長沙王乂奉乘輿屯南止車門攻冏殺之
幽其諸子于金墉城廢冏弟北海王寔大赦改元以長沙王乂爲太尉
都督中外諸軍事封東萊侯蕤子炤爲齊王
二年春正月甲子朔赦五歲刑三月李特攻陷益州荆州刺史宋岱擊
特斬之傳首京師夏四月特子雄復據益州五月義陽蠻張昌舉兵反
以山都人丘沉爲王改姓劉氏僞號漢建元神鳳攻破郡縣南陽太守
劉彬平南將軍羊伊鎮南大將軍新野王歆並遇害六月遣荆州刺史
劉弘等討張昌于方城王師敗績秋七月中書令卞粹侍中馮蓀河南
尹李含等貳於長沙王乂乂疑而害之張昌陷江南諸郡武陵太守賈
隆零陵太守孔紘豫章太守閻濟武昌太守劉根皆遇害昌別帥石冰
寇揚州刺史陳徽與戰大敗諸郡盡沒臨淮人封雲舉兵應之自阜陵
寇徐州八月河間王顒成都王穎舉兵討長沙王乂帝以乂爲大都督帥
軍禦之庚申劉弘及張昌戰於清水斬之顒遣其將張方穎遣其將陸
機率秀石超等來逼京師乙丑帝幸十三里橋遣將軍皇甫商距方於

宜陽己巳帝旋軍于宣武場庚午舍于石樓天中裂無雲而雷九月丁丑
帝次于河橋壬午皇甫商爲張方所敗甲申帝軍于芒山丁亥幸偃師
辛卯舍于豆田癸巳尚書右僕射興晉侯羊玄之卒帝旋于城東景申
進軍緱氏擊牽秀走之大赦張方入京城燒清明開陽二門死者萬計
石超逼乘輿于緱氏冬十月壬寅帝旋于宮石超焚緱氏服御無遺
丁未破牽秀范陽王虓于東陽門外戊申破陸機于建春門石超斬其
大將軍賈崇等十六人懸首銅駝街張方退屯十三里橋十一月辛巳
星晝隕聲如雷王師攻方壘不利方決千金堨水碓皆涸乃發王公奴
婢手舂給兵廩一品已下不從征者男子十三以上皆從役又發奴助
兵號爲四部司馬公私窮蹙米石萬錢詔命所至一城而已壬寅夜赤
氣竟天隱隱有聲景辰地震癸亥東海王越執長沙王乂幽於金墉城
尋爲張方所害甲子大赦景寅揚州秀才周玘前南平內史王矩前吳
興內史顧秘起義軍以討石冰冰退自臨淮趣壽陽征東將軍劉準遣
廣陵度支陳敏擊冰李雄自郫城攻益州刺史羅尚尚委城而遁雄盡
有成都之地封鮮卑段勿塵爲遼西公
永興元年春正月景午尚書令樂廣卒成都王穎自鄴諷于帝乃大赦
改元爲永安帝逼于河間王顒密詔雍州刺史劉沉秦州刺史皇甫重
以討之沉舉兵攻長安爲顒所敗張方大掠洛中還長安於是軍中大
餒人相食以成都王穎爲丞相穎遣從事中郎成夔等以兵五萬屯十
二城門殿中宿所忌者穎皆殺之以三部兵代宿衛二月乙酉廢皇后
羊氏幽于金墉城黜皇太子覃復爲清河王三月陳敏攻石冰斬之揚
徐二州平河間王顒表請立成都王穎爲太弟戊申詔曰朕以不德纂
承鴻緒于茲十有五載禍亂滔天姦逆仍起至乃幽廢重宮宗廟圮絕
成都王穎溫仁惠和剋平暴亂其以穎爲皇太弟都督中外諸軍事丞
相如故大赦賜鰥寡高年帛三匹大酺五日景辰盜竊太廟服器以太
尉顒爲太宰大傅劉寔爲太尉六月新作三城門秋七月景申朔右衛將
軍陳眕以詔召百寮入殿中因勒兵討成都王穎戊戌大赦復皇后羊
氏及皇太子覃己亥司徒王戎東海王越高密王簡平昌公模吳王晏

豫章王熾襄陽王範右僕射荀藩等奉帝北征至安陽衆十餘萬穎遣其將石超距戰己未六軍敗績于蕩陰矢及乘輿百官分散侍中嵇紹死之帝傷頰中三矢亡六璽帝遂幸超軍餒甚超進水左右奉秋桃超遣弟熙奉帝之鄴穎帥群官迎謁道左帝下輿涕泣其夕幸于穎軍穎府有九錫之儀陳留王送貂蟬文衣鶡尾明日乃備法駕幸于鄴唯豫章王熾司徒王戎僕射荀藩從庚申大赦改元為建武八月戊辰穎殺東安王繇張方復入洛陽廢皇后羊氏及皇太子覃匈奴左賢王劉元海反於離石自號大單于安北將軍王浚遣烏丸騎攻成都王穎于鄴大敗之穎與帝單車走洛陽服御分散倉卒上下無齎侍中黃門被囊中齎私錢三千詔貸用所在買飯以供宮人止食於道中客舍宮人有持升餘粇米飯及燥蒜鹽豉以進帝帝噉之御中黃門布被次獲嘉市麤米飯盛以瓦盆帝噉兩盂有老父獻蒸雞帝受之至溫將謁陵帝喪履納從者之履下拜流涕左右皆歔欷及濟河張方帥騎三千以陽燧青蓋車奉迎方拜謁帝躬止之辛巳大赦賞從者各有差冬十一月乙未方請帝謁廟因劫帝幸長安方以所乘車入殿中帝馳避後園竹中方逼帝升車左右中黃門鼓吹十二人步從唯中書監盧志侍側方以帝幸其壘帝令方具車載宮人寶物軍人因妻略後宮分爭府藏魏晉已來之積掃地無遺矣行次新安寒甚帝墮馬傷足尚書高光進面衣帝嘉之河間王顒帥官屬步騎三萬迎于霸上顒前拜謁帝下車止之以征西府為宮唯僕射荀藩司隸劉暾太常鄭球河南尹周馥與其遺官在洛陽為留臺承制行事號為東西臺焉是年留臺大赦改元復為永安辛丑復皇后羊氏李雄僭號成都王劉元海僭號漢王十二月丁亥詔曰天禍晉邦冢嗣莫繼成都王穎自在儲貳政績虧損四海失望不可承重其以王還第豫章王熾先帝愛子令問日新四海注意今以為皇太弟以隆我晉邦以司空越為太傅與太宰顒夾輔朕躬司徒王戎參録朝政光祿大夫王衍為尚書左僕射安南將軍虓安北將軍浚平北將軍騰各守本鎮高密王簡為鎮南將軍領司隸校尉權鎮洛陽東中郎將模為寧北將軍都督冀州鎮于鄴鎮南大將軍劉弘領荆州以鎮南土周馥綏緝各還本部百官皆復職齊王冏前應還第長沙王乂輕陷重刑封其子紹為樂平縣王以奉其嗣自頃戎車屢征勞費人力供御之物皆減三分之二戶調田租三分減一蠲除苛政愛人務本清通之後當還東京大赦改元以河間王顒都督中外諸軍事

二年春正月甲午朔帝在長安夏四月詔封樂平王紹為齊王景子張方廢皇后羊氏六月甲子侍中司徒安豐侯王戎薨隴西太守韓稚攻秦州刺史張輔殺之李雄僭即帝位國號蜀秋七月甲午尚書諸曹火燒崇禮闥東海王越嚴兵徐方將西迎大駕成都王穎部將公師藩等聚衆攻陷郡縣害陽平太守李志汲郡太守張延等轉攻鄴平昌公模遣將軍趙驤擊破之八月辛丑大赦驃騎將軍范陽王虓逐冀州刺史李義揚州刺史曹武殺丹楊太守朱建李雄遣其將李驤寇漢安車騎大將軍劉弘遣平南將軍彭城王釋于宛九月庚寅朔公師藩又害平原太守王景清河太守馮熊庚子豫州刺史劉喬攻范陽王虓於許昌敗之壬子以成都王穎為鎮軍大將軍都督河北諸軍事鎮鄴河間王顒遣將軍呂朗屯洛陽冬十月景子詔曰得豫州刺史劉喬檄稱穎川太守劉輿迫脅驃騎將軍虓距逆詔令造構凶逆擅劫郡縣合聚兵衆擅用苟晞為兗州斷截王命鎮南大將軍荆州刺史劉弘平南將軍彭城王釋等其各勤所統徑會許昌與喬并力今遣右將軍張方為大都督統精卒十萬建武將軍呂朗廣武將軍騫驢建威將軍刁默等為軍前鋒共會許昌除輿兄弟丁丑使前車騎將軍石超北中郎將王闡討輿等赤氣見于北方東西竟天有星孛于北斗平昌公模遣將軍宋胄等屯河橋十一月立節將軍周權詐被檄自稱平西將軍復皇后羊氏洛陽令何喬攻權殺之復廢皇后十二月呂朗等東屯滎陽成都王穎進據洛陽張方劉弘等並按兵不能禦范陽王虓濟自官渡拔滎陽斬石超襲許昌破劉喬於蕭喬奔南陽右將軍陳敏舉兵反自號楚公矯稱被中詔從沔漢奉迎天子逐揚州刺史劉機丹楊太守王曠遣弟恢南略江州刺史應邈奔弋陽

光熙元年春正月戊子朔日有蝕之帝在長安河間王顒聞劉喬破大

懼遂殺張方請和於東海王越越不聽宋胄等破穎將樓裒進逼洛陽
穎奔長安甲子越遣其將祁弘宋胄司馬纂等迎帝三月東萊惤令劉
柏根反自稱惤公襲臨淄高密王簡奔聊城王浚遣將討柏根斬之夏
四月己巳東海王越屯于溫顒遣弘農太守彭隨北地太守刁默距祁
弘等於湖五月枉矢西南流范陽國地燃可以爨壬辰祁弘等與刁默
戰默大敗顒穎走南山奔于宛弘等所部鮮卑大掠長安殺二萬餘人
是日日光四散赤如血甲午又如之己亥弘等奉帝還洛陽帝乘牛車
行宮藉草公卿跋涉戊申驃騎范陽王虓殺司隸校尉邢喬己酉盜取
太廟金匱及策文各四六月景辰朔至自長安升舊殿哀感流涕謁于
太廟復皇后羊氏辛未大赦改元秋七月乙酉朔日有蝕之太廟吏賈
苞盜太廟靈衣及劍伏誅八月以太傅東海王越錄尚書驃騎將軍范
陽王虓爲司空九月頓丘太守馮嵩執成都王穎送之于鄴進東嬴公
騰爵爲東燕王平昌公模爲南陽王冬十月司空范陽王虓薨長史
劉輿害成都王穎十一月庚午帝崩于顯陽殿時年四十八葬太陽陵

帝之爲太子也朝廷咸知不堪政事武帝亦疑焉嘗悉召東宮官屬
使以尚書事令太子決之帝不能對賈妃遣左右代對多引古義給使
張泓曰太子不學陛下所知今宜以事斷不可引書妃從之泓乃具草
令帝書之武帝覽而大悅太子遂安及居大位政出群下綱紀大壞貨
賂公行勢位之家以貴陵物忠賢路絕讒邪得志更相薦舉天下謂之
互市焉高平王沈作釋時論南陽魯褒作錢神論廬江杜嵩作任子春
秋皆疾時之作也帝又常在華林園聞蝦蟆聲謂左右曰此鳴者爲官
乎私乎或對曰在官地爲官在私地爲私及天下荒亂百姓餓死帝曰
何不食肉糜其蒙蔽皆此類也後因食𪍿中毒而崩或云司馬越之鴆
史臣曰不才之子則天稱大權非帝出政邇宵人褒姒共叔帶並興襄
后與犬戎俱運昔者丹朱不肖赧王逃責相彼凶德事關休咎方乎土
梗以墜其情溽暑之氣將闌淫蠹之音罕記乃彰嗤笑用符顛隕豈通
才俊彥猶形於前代增淫助虐獨擅於當今者歟物號忠良於茲拔本
人稱妖孽自此疏源長樂不祥承華非命生靈版蕩社稷丘墟古者敗
國亡身分鑣共軫不有亂常則多庸暗豈明神喪其精魄武皇不知
其子也
贊曰惠皇居尊臨朝聽言厥體斯昧其情則昏高臺望子長夜奚冤
金墉毀冕湯陰釋冑及爾皆亡滔天來遘

晉書帝紀卷第四

帝紀卷第五　　晉書五　　御撰

孝懷帝　孝愍帝

孝懷皇帝諱熾字豐度武帝二十五子也太熙元年封豫章郡王屬惠帝之時宗室構禍帝沖素自守門絕賓游不交世事專玩史籍有譽於時初拜散騎常侍及趙王倫篡見收倫敗爲射聲校尉累遷車騎大將軍都督青州諸軍事未之鎮永興元年改授鎮北大將軍都督鄴城守諸軍事十二月丁亥立爲皇太弟帝以清河王覃本太子也懼不敢當典書令廬陵脩肅曰二相經營王室志寧社稷儲貳之重宜歸時望親賢之舉非大王而誰清河幼弱未允衆心是以既升東宮復贊藩國今乘輿播越二宮久曠常恐氐羌飲馬於涇川蟻衆控弦於霸水宜及吉辰時登儲副上翼大駕早寧東京下允黔首喁喁之望帝曰卿吾之宋昌也乃從之

光熙元年十一月庚午孝惠帝崩羊皇后以於太弟爲嫂不得爲太后催清河王覃入巳至尚書閣侍中華混等急召太弟癸酉即皇帝位大赦尊皇后羊氏爲惠皇后居弘訓宮追尊所生太妃王氏爲皇太后立妃梁氏爲皇后十二月壬午朔日有蝕之己亥封彭城王植子融爲樂城縣王南陽王模殺河間王顒於雍谷辛丑以中書監溫羨爲司徒尚書左僕射王衍爲司空己酉葬孝惠皇帝于太陽陵李雄別帥李離寇梁州

永嘉元年春正月癸丑朔大赦改元除三族刑以太傅東海王越輔政殺御史中丞諸葛玫二月辛巳東萊人王弥起兵反寇青徐二州長廣太守宋羆東牟太守龐伉並遇害三月己未朔平東將軍周馥斬送陳敏首丁卯改葬武悼楊皇后庚午立豫章王詮爲皇太子辛未大赦庚辰東海王越出鎮許昌以征東將軍高密王簡爲征南大將軍都督荆州諸軍事鎮襄陽改封安北將軍東燕王騰爲新蔡王都督司冀二州諸軍事鎮鄴以征南將軍南陽王模爲征西大將軍都督秦雍梁益四州諸軍事鎮長安并諸州郡爲劉元海所陷刺史劉琨獨保晉陽夏五月馬牧帥汲桑聚衆及敗魏郡太守馮嵩遂陷鄴城害新蔡王騰燒鄴宮火旬日不滅又殺前幽州刺史石尠於樂陵入掠平原山陽公劉秋遇害洛陽步廣里地陷有二鵝出色蒼者沖天白者不能飛建寧郡夷攻陷寧州死者三千餘人秋七月己酉朔東海王越進屯官度以討汲桑己未以平東將軍琅邪王睿爲安東將軍都督揚州江南諸軍事假節鎮建鄴八月己卯朔撫軍將軍苟晞敗汲桑於鄴甲辰曲赦幽并司冀兗豫等六州分荆州江州八郡爲湘州九月戊申苟晞又破汲桑陷其九壘辛亥有大星如日小者如斗自西方流於東北天盡赤俄有聲如雷始修千金堨於許昌以通運冬十一月戊申朔日有蝕之甲寅以尚書右僕射和郁爲征北將軍鎮鄴十二月戊寅并州人田蘭薄盛等斬汲桑于樂陵甲午以前太傅劉寔爲太尉庚子以光祿大夫延陵公高光爲尚書令東海王越矯詔囚清河王覃于金墉城癸亥越自爲丞相以撫軍將軍苟晞爲征東大將軍

二年春正月景子朔日有蝕之丁未大赦二月辛卯清河王覃爲東海王越所害庚子石勒寇常山安北將軍王浚討破之三月東海王越鎮鄄城劉元海侵汲郡略有頓丘河內之地王弥寇青徐兗豫四州夏四月丁亥入許昌諸郡守將皆奔走五月甲子弥遂寇洛陽司徒王衍帥衆禦之弥退走秋七月甲辰劉元海寇平陽太守宋抽奔京師河東太守路述力戰死之八月丁亥東海王越自鄄城遷屯于濮陽九月石勒寇趙郡征北將軍和郁自鄴奔于衛國冬十月甲戌劉元海僭帝號於平陽仍稱漢十一月乙巳尚書令高光卒丁卯以太子少傅荀藩爲尚書令己酉石勒寇鄴魏郡太守王粹戰敗死之十二月辛未朔大赦立長沙王乂子碩爲長沙王尠爲臨淮王

三年春正月甲午彭城王釋薨三月戊申征南大將軍高密王簡薨以尚書左僕射山簡爲征南將軍都督荆湘交廣四州諸軍事司隸校尉劉暾爲尚書左僕射丁巳東海王越歸京師乙丑勒兵入宮於帝側收近臣中書令繆播帝舅王延等十餘人並害之景寅曲赦河南郡丁卯太尉劉寔請老以司徒王衍爲太尉東海王越領司徒劉元海寇黎陽遣車騎將軍王堪擊之王師敗績于延津死者三万餘人大旱江漢河

洛皆竭可涉夏四月左積弩將軍朱誕叛奔于劉元海石勒攻陷異州郡縣百餘壁秋七月戊辰當陽地裂三所各廣三丈長三百餘步辛未平陽人劉芒蕩自稱漢後誑誘羌戎僭帝號於馬蘭山支胡五斗叟郝索聚衆數千爲亂屯新豐與芒蕩合黨劉元海遣子聰及王弥寇上黨圍壺關并州刺史劉琨使兵救之爲聰所敗淮南內史王曠將軍施融曹超及聰戰又敗超融死之上黨太守龐淳以郡降賊九月景寅劉聰圍浚儀遣平北將軍曹武討之丁丑王師敗績東海王越入保京城聰至西明門越禦之戰于宣陽門外大破之石勒寇常山安北將軍王浚使鮮卑騎救之大破勒於飛龍山征西大將軍南陽王模使其將淳于定破劉芒蕩五斗叟並斬之使車騎將軍王堪平北將軍曹武討劉聰王師敗績堪奔還京師李雄別帥羅羕以梓潼歸順劉聰攻洛陽西明門不剋宜都夷道山崩荊湘二州地震冬十一月石勒陷長樂安北將軍王斌遇害因屠黎陽乞活帥李惲薄盛等帥衆救京師聰退走惲等又破王弥于新汲十二月乙亥夜有白氣如帶自地升天南北各二丈

○四年春正月乙丑朔大赦二月石勒襲鄄城兖州刺史袁孚戰敗爲其部下所害勒又襲白馬車騎將軍王堪死之李雄將文碩殺雄大將軍李國以巴西歸順戊午吳興人錢璯反自稱平西將軍三月丞相倉曹屬周玘帥鄉人討璯斬之夏四月大水將軍祁弘破劉元海將劉靈曜于廣宗李雄陷梓潼兖州地震五月石勒寇汲郡執太守胡寵遂南濟河滎陽太守裴純奔建鄴大風折木地震幽并司冀秦雍等六州大蝗食草木牛馬毛皆盡六月劉元海死其子和嗣僞位和弟聰弑和而自立秋七月劉聰從弟曜及其將石勒圍懷詔征虜將軍宋抽救之爲曜所敗抽死之九月河內人樂仰執太守裴整叛降于石勒徐州監軍王隆自下邳棄軍奔于周馥雍州人王如舉兵反于宛殺害令長自號大將軍司雍二州牧大掠漢沔新平人龐寔馮翊人嚴嶷京兆人侯脫等各起兵應之征南將軍山簡荊州刺史王澄南中郎將杜蕤並遣兵援京師及如戰於宛諸軍皆大敗王澄獨以衆進至沶口衆潰而歸冬十月辛卯晝昏至于庚子大星西南隊有聲壬寅石勒圍倉垣陳留內史王讚擊敗之勒走河北壬子以驃騎將軍王浚爲司空平北將軍劉琨爲平北大將軍京師饑東海王越羽檄徵天下兵帝謂使者曰爲我語諸征鎮若今日尚可救後則無逮矣時莫有至者石勒陷襄城太守崔曠遇害遂至宛王浚遣鮮卑文鴦帥騎救之勒退浚又遣別將王申始討勒於汶石津大破之十一月甲戌東海王越帥衆出許昌以行臺自隨宮省無復守衛荒饉日深殿內死人交橫府寺營署並掘壍自守盜賊公行枹鼓之音不絕越軍次項自領豫州牧以太尉王衍爲軍司丁丑流氐隗伯等襲宜都太守嵇晞奔建鄴王申始攻劉曜王弥於瓶壘破之鎮東將軍周馥表迎大駕遷都壽陽越使裴碩討馥爲馥所敗走保東城請救於琅邪王睿襄陽大疫死者三千餘人加涼州刺史張軌安西將軍十二月征東大將軍苟晞攻王弥別帥曹嶷破之乙酉平陽人李洪帥流人入定陵作亂

五年春正月帝密詔苟晞討東海王越壬申晞爲曹嶷所破乙未越遣從中郎將楊瑁徐州刺史裴盾共擊晞癸酉勒入江夏太守楊珉奔于

武昌乙亥李雄攻陷涪城梓潼太守譙登遇害湘州流人杜弢據長沙反戊寅安東將軍琅邪王睿使將軍甘卓攻鎮東將軍周馥於壽春馥衆潰庚辰太保平原王幹薨二月石勒寇汝南汝南王祐奔建鄴三月戊午詔下東海王越罪狀告方鎮討之以征東大將軍苟晞爲大將軍景子東海王越薨四月戊子石勒追東海王越喪及於東郡將軍錢端戰死軍潰太尉王衍吏部尚書劉望廷尉諸葛銓尚書鄭豫武陵王澹等皆遇害王公已下死者十餘萬人東海世子毗及宗室四十八王尋又沒于石勒賊王桑冷道陷徐州刺史裴盾遇害桑遂濟淮至于歷陽五月益州流人汝班梁州流人蹇撫作亂於湘州虜刺史苟眺南破零桂諸郡東掠武昌安城太守郭察邵陵太守鄭融衡陽內史滕育並遇害進司空王浚爲大司馬征西大將軍南陽王模爲太尉太子太傅傅祗爲司徒尚書令荀藩爲司空安東將軍琅邪王睿爲鎮東大將軍東海王越之出也使河南尹潘滔居守大將軍苟晞表遷都倉垣帝將從之諸大臣畏滔不敢奉詔且宮中及黃門戀資財不欲出至是饑甚人

相食百官流亡者十八九帝召群臣會議將行而警衛不備帝撫手歎曰如何曾無車輿乃使司徒傅祗出詣河陰修理舟楫為水行之備朝士數十人導從帝步出西掖門至銅駝街為盜所掠不得進而還六月癸未劉曜王弥石勒同寇洛川王師頻為賊所敗死者甚衆庚寅司空荀藩光祿大夫荀組奔轘轅太子左率溫畿夜開廣莫門奔小平津丁酉劉曜王弥入京師帝開華林園門出河陰藕池欲幸長安為曜等所追及曜等遂焚燒宮廟逼辱妃后吳王晏竟陵王楙尚書左僕射和郁右僕射曹馥尚書閭丘沖袁粲王緄河南尹劉默等皆遇害百官士庶死者三萬餘人帝蒙塵於平陽劉聰以帝為會稽公荀藩移檄州鎮以琅邪王為盟主豫章王端東奔苟晞晞立為皇太子自領尚書令具置官屬保梁國之蒙縣百姓饑儉米斛萬餘價秋七月大司馬王浚承制假立太子置百官署征鎮石勒寇穀陽沛王滋戰敗遇害八月劉聰使子粲攻陷長安太尉征西將軍南陽王模遇害長安遺人四千餘家奔漢中九月癸亥石勒襲陽夏至于蒙縣大將軍苟晞豫章王端並沒于賊冬十月勒寇豫州諸郡至江而還十一月猗盧寇太原平北將軍劉琨不能制徙五縣百姓於新興以其地居之

六年春正月帝在平陽劉聰寇太原故鎮南府牙門將胡亢聚衆寇荊土自號楚公二月壬子日有蝕之癸丑鎮東大將軍琅邪王睿上尚書檄四方以討石勒大司馬王浚移檄天下稱被中詔承制以荀藩為太尉汝陰王熙為石勒所害夏四月景寅征南將軍山簡卒秋七月歲星熒惑太白聚于牛斗石勒寇冀州劉粲寇晉陽平北將軍劉琨遣部將郝詵帥衆禦粲詵敗績死之太原太守高喬以晉陽降粲八月庚戌劉琨奔于常山己亥陰平都尉董沖逐太守王鑒以郡叛降于李雄辛亥劉琨乞師于猗盧表盧為代公九月己卯猗盧使子利孫赴琨不得進辛巳前雍州刺史賈疋討劉粲於三輔走之關中小定乃與衛將軍梁芬京兆太守梁綜共奉秦王鄴為皇太子於長安冬十月猗盧自將六萬騎次于盂城十一月甲午劉粲遁走劉琨收其遺衆保于陽曲是歲大疫

○七年春正月劉聰大會使帝著青衣行酒侍中庾珉號哭聰惡之丁

未帝遇弒崩于平陽時年三十帝初誕有嘉禾生於豫章之南昌先是望氣者云豫章有天子氣其後竟以豫章王為皇太弟在東宮恂恂謙損接引朝士講論書籍及即位始遵舊制臨太極殿使尚書郎讀時令又於東堂聽政至於宴會輒與群官論衆務考經籍黃門侍郎傅宣歎曰今日復見武帝之世矣祕書監荀崧又常謂人曰懷帝天姿清劭少著英猷若遭承平足為守文佳主而繼惠帝擾亂之後東海專政無幽厲之釁而有流亡之禍

孝愍皇帝諱鄴字彥旗武帝孫吳孝王晏之子也出繼後伯父秦獻王柬襲封秦王永嘉二年拜散騎常侍撫軍將軍及洛陽傾覆避難於滎陽密縣與舅荀藩荀組相遇自密南趨許潁豫州刺史閻鼎與前撫軍長史王毗司徒長史劉疇中書郎李昕及藩組等同謀奉帝歸于長安而疇等中塗復叛鼎追殺之藩組僅而獲免鼎遂挾帝乘牛車自宛趣武關頻遇山賊士卒亡散次于藍田鼎告雍州刺史賈疋疋遣州兵迎衛達于長安又使輔國將軍梁綜助守之時有玉龜出霸水神馬鳴城南焉六年九月辛巳奉秦王為皇太子登壇告類建宗廟社稷大赦加疋征西大將軍以秦州刺史南陽王保為大司馬賈疋討賊張連遇害衆推始平太守麴允領雍州刺史為盟主承制選置

建興元年夏四月景午奉懷帝崩問舉哀成禮壬申即皇帝位大赦改元以衛將軍梁芬為司徒雍州刺史麴允為使持節領軍將軍錄尚書事京兆太守索綝為尚書右僕射石勒攻龍驤將軍李惲於上白惲敗死之五月壬辰以鎮東大將軍琅邪王睿為侍中左丞相大都督陝東諸軍事大司馬南陽王保為右丞相大都督陝西諸軍事又詔二王曰夫陽九百六之厄雖在盛世猶可遘之朕以幼沖纂承洪緒庶憑祖宗之靈群公義士之力蕩滅凶寇拯拔幽宮瞻望未達肝心分裂昔周邵分陝姬氏以隆平王東遷晉鄭為輔今左右丞相茂德齊聖國之昵屬當侍二公掃除鯨鯢奉迎梓宮克復中興令幽并兩州勒卒三十萬直造平陽右丞相宜帥秦涼梁雍武旅三十萬徑詣長安左丞相帥所領精兵二十萬徑造洛陽分遣前鋒為幽并後駐赴同大限克成元勳又

詔琅邪王曰朕以沖昧纂承洪緒未能梟夷凶逆奉迎梓宮枕戈煩冤肝心抽裂前得魏浚表知公帥先三軍已據壽春傳檄諸侯協齊威勢想今漸進已達洛陽涼州刺史張軌乃心王室連旗萬里已到汧隴梁州刺史張光亦遣巴漢之卒屯在駱谷秦川驍勇其會如林間遣使適還具知平陽定問云幽并隆盛餘胡衰破然猶恃險當須大舉未知公今所到是以息兵秣馬未便進軍今為已至何許當須來旨便乘輿自出會除中原也公宜思弘謀猷勗濟遠略使山陵旋反四海有賴故遣殿中都尉劉蜀蘇馬等具宣朕意公茂德昵屬宣隆東夏恢融六合非公而誰但洛都陵廟不可空曠公宜鎮撫以綏山東右丞相當入輔弼追蹤周邵以隆中興也六月石勒害兗州刺史田徽是時山東郡邑相繼陷于勒秋八月癸亥劉蜀等達于揚州改建鄴為建康改鄴為臨章杜弢寇武昌焚燒城邑弢別將王眞襲沔陽荊州刺史周顗奔于建康九月司空荀藩薨于滎陽劉聰寇河南河南尹張髦死之冬十月荊州刺史陶侃討杜弢黨杜曾於石城為曾所敗己巳大雨雹庚午大雪十一

月流人楊武攻陷梁州十二月河東地震雨肉

二年春正月己巳朔黑霧著人如墨連夜五日乃止辛未庚時日隕于地又有三日相承出於西方而東行丁丑大赦楊武大略漢中遂奔李雄二月壬寅以司空王浚為大司馬衛將軍荀組為司空涼州刺史張軌為太尉封西平郡公并州刺史劉琨為大將軍三月癸酉石勒陷幽州殺侍中大司馬幽州牧博陵公王浚焚燒城邑害萬餘人杜弢別帥王眞襲荊州刺史陶侃於林鄣侃奔灄中夏四月甲辰地震五月壬辰太尉領護羌校尉涼州刺史西平公張軌薨六月劉曜趙冉寇新豐諸縣安東將軍索綝討破之秋七月曜冉等又逼京都領軍將軍麴允討破之冉中流矢而死九月北中郎將劉演剋頓丘斬石勒所署太守邵攀景戌麟見襄平單于代公猗盧遣使獻馬蒲子馬生人

三年春正月盜殺晉昌太守趙珮吳興人徐馥害太守袁琇以侍中宋哲為平東將軍屯華陰二月景子進左丞相琅邪王睿為大都督督中外諸軍事右丞相南陽王保為相國司空荀組為太尉大將軍劉琨為司空進封代公猗盧為代王荊州刺史陶侃破王眞於巴陵杜弢別將杜弘張彥與臨川內史謝擒戰于海昏擒敗績死之三月豫章內史周訪擊杜弘走之斬張彥於陳夏四月大赦五月劉聰寇并州六月盜發漢霸杜二陵及薄太后陵太后面如生得金玉綵帛不可勝紀時以朝廷草創服章多闕敕收其餘以實內府丁卯地震辛巳大赦敕雍州掩骼埋胔修復陵墓有犯者誅及三族秋七月石勒陷濮陽害太守韓弘劉聰寇上黨劉琨遣將救之八月癸亥戰于襄垣王師敗績荊州刺史陶侃攻杜弢弢敗走道死湘州平九月劉曜寇北地命領軍將軍麴允討之冬十月允進攻青白城以豫州牧征東將軍索綝為尚書僕射都督宮城諸軍事劉聰陷馮翊太守梁肅奔萬年十二月涼州刺史張寔送皇帝行璽一紐盜殺安定太守趙班

四年春三月代王猗盧薨其眾歸于劉琨夏四月丁丑劉曜寇上郡太守籍韋率其屬奔于南鄭涼州刺史張寔遣步騎五千來赴京都石勒陷廩丘北中郎將劉演出奔五月平東太守雷炤害南廣太守孟桓帥

二郡三千餘家叛降于李雄六月丁巳朔日有蝕之大蝗秋七月劉曜攻北地麴允帥步騎三萬救之王師不戰而潰北地太守麴昌奔于京師曜進至涇陽渭北諸城悉潰建威將軍魯充散騎常侍梁緯少府皇甫陽等皆死之八月劉曜偪京師內外斷絕鎮西將軍焦嵩平東將軍宋哲始平太守竺恢等同赴國難麴允與公卿守長安小城以自固散騎常侍華輯監京兆馮翊弘農上洛四郡兵東屯霸上鎮軍將軍胡崧帥城西諸郡兵屯遮馬橋並不敢進冬十月京師饑甚米斗金二兩人相食死者太半太倉有麴數十餅麴允屑為粥以供帝至是復盡帝泣謂允曰今窘厄如此外無救援死於社稷是朕事也朕念將士暴離斯酷今欲聞城未陷為羞死之事庶令黎元免屠爛之苦行矣遣書朕意決矣十一月乙未使侍中宋敞送牋於曜帝乘羊車肉袒銜璧輿櫬出降群臣號泣攀車執帝之手帝亦悲不自勝御史中丞吉朗自殺曜焚櫬受璧使宋敞奉帝還宮初有童謠曰天子何在豆田中時王浚在幽州以豆有藿殺隱士霍原以應之及帝如曜營營實在城東豆田壁辛

丑帝蒙塵於平陽麴允及群官並從劉聰假帝光祿大夫懷安侯壬寅聰臨殿帝稽首于前麴允伏地慟哭因自殺尚書辛賓梁允侍中梁濬散騎常侍嚴敦左丞相臧振黃門侍郎任播張偉杜曼及諸郡守並為曜所害華輯奔南山石勒圍樂平司空劉琨遣兵援之為勒所敗樂平太守韓據出奔司空長史李弘以并州叛降于勒十二月甲申朔日有蝕之己未劉琨奔薊依段匹磾

五年春正月帝在平陽庚子虹霓彌天三日並照平東將軍宋哲奔江左李雄使其將李恭羅寅寇巴東二月劉聰使其將劉暢攻滎陽太守李距擊破之三月琅邪王睿承制改元稱晉王于建康夏五月景子日有蝕之秋七月大旱司冀青雍等四州螽蝗石勒亦競取百姓禾時人謂之胡蝗八月劉聰使趙固襲衛將軍華薈於定穎遂害之冬十一月景子日有蝕之劉聰出獵令帝行車騎將軍戎服執戟為導百姓聚而觀之故老或歔欷流涕聰聞而惡之聰後因大會使帝行酒洗爵反而更衣又使帝執蓋晉臣在坐者多失聲而泣尚書郎辛賓抱帝慟哭為聰所害十二月戊戌帝遇弒崩于平陽時年十八帝之繼皇統也屬永嘉之亂天下崩離長安城中戶不盈百牆宇積毀蒿棘成林朝廷無車馬章服唯桑版署號而已衆唯一旅公私有車四乘器械多闕運饋不繼巨猾滔天帝京危急諸侯無釋位之志征鎮闕勤王之舉故君臣窘迫以至殺辱云

史臣曰昔炎暉杪暮英雄多假於宗室金德韜華顛沛共推於懷愍樊陽寂寥兵車靡會豈力不足而情有餘乎喋喋遺萌苟存其主譬彼詩人愛其棠樹夫有非常之事而無非常之功詳觀發迹用非天啟是以輿棺齒劒可得而言焉于時五嶽三塗並皆淪寇龍川牛首故以立君股肱非挑戰之秋劉石有滔天之勢瘠饑中斷嬰戈外絕兩京淪狄冉驚徂戎周王隕首於驪峯衛公亡肝於淇上思為一郡其可得乎干寶有言曰昔高祖宣皇帝以雄才碩量應時而仕值魏太祖創基之初籌畫軍国嘉謀屢中遂服輿軫驅馳三世性深阻有若城府而能寬綽以容納行任數以御物而知人善采拔故賢愚咸懷大小畢力爾乃取鄧艾於農瑣引州泰於行役委以文武各善其事故能西禽孟達東舉公孫內夷曹爽外襲王淩神略獨斷征伐四剋維御群后大權在己於是百姓與能大象始構世宗承基太祖繼業玄豐亂內欽誕寇外譖謀雖密而在機必兆淮浦再擾而許洛不震咸黜異圖用融前烈然後推轂鍾鄧長驅庸蜀三關電掃劉禪入臣天符人事於是信矣始當非常之禮終受備物之錫至于世祖遂享皇極仁以厚下儉以足用和而不弛寬而能斷故民詠惟新四海悅勸矣聿脩祖宗之志思輯戰國之苦腹心不同公卿異議而獨納羊祜之策杖王杜之決役不二時江湘來同掩唐虞之舊域班正朔於八荒天下書同文車同軌牛馬被野餘糧委畝故于時有天下無窮人之諺雖太平未洽亦足以明吏奉其法民樂其生矣武皇既崩山陵未乾而楊駿被誅母后廢黜尋以二公楚王之變宗子無維城之助師尹無具瞻之貴至乃易天子以太上之號而有免官之謠民不見德惟亂是聞朝為伊周夕成桀跖善惡陷於成敗毀譽協於世利內外混淆庶官失才名實反錯天綱解紐国政迭移於亂人禁兵外散於四方方岳無鈞石之鎮關門無結草之固李辰石冰傾之於荊揚元海王彌撓之於青冀戎羯稱制二帝失尊何哉樹立失權託付非才四維不張而苟且之政多也夫作法於治其弊猶亂作法於亂誰能救之彼元海者離石之將兵都尉王彌者青州之散吏也蓋皆弓馬之士驅走之人非有吳先主諸葛孔明之能也新起之寇烏合之衆非吳蜀之敵也脫耒為兵裂裳為旗非戰国之器也自下逆上非鄰國之勢也然而擾天下如驅群羊舉二都如拾遺芥將相王侯連頸以受戮后嬪妃主虜辱於戎卒豈不哀哉天下大器也群生重畜也愛惡相攻利害相奪其勢常也若積水於防燎火于原未嘗暫靜也器大者不可以小道治勢重者不可以爭競擾古先哲王知其然也是以扞其大患禦其大災百姓皆知上德之生己而不謂浚己以生也是以感而應之悅而歸之如晨風之鬱北林龍魚之趣藪澤也然後設禮文以理之斷刑罰以威之謹好惡以示之審禍福以喻之求明察以官之尊慈愛以固之故衆知向方皆樂其生而哀其死悅其教而安其俗君子勤

禮小人盡力廉恥篤於家閭邪僻消於胷懷故其民有見其危以授命而不求生以害義又況可奮臂大呼聚之以干紀作亂乎基廣則難傾根深則難拔理節則不亂膠結則不遷是以昔之有天下者之所以長久也夫豈無僻主賴道德典刑以維持之也昔周之興也后稷生於姜嫄而天命昭顯文武之功起於后稷至于公劉遭夏人之亂去邰之豳身服厥勞至于太王爲戎翟所逼而不忍百姓之命杖策而去之故從之者如歸市一年成邑二年成都三年五倍其初至于王季能貊其德音至于文王而惟新其命由此觀之周家世積忠厚仁及草木內隆九族外尊事黃耇以成其福祿者也而其妃后躬行四教尊敬師傅服澣濯之衣脩煩辱之事化天下以成婦道是以漢濱之女守絜白之志中林之士有純一之德始於憂勤終於逸樂以三聖之知伐獨夫之紂猶正其名教曰逆取順守及周公遭變陳后稷先公風化之所由致王業之艱難者則皆農夫女工衣食之事也故自后稷之始基靖民十五王而文始平之十六王而武始居之十八王而康克安之故其積基樹本經緯禮俗節理人情恤隱民事如此之纏緜也今晉之興也功烈於百王事捷於三代宣景遭多難之時誅庶孽以便事不及脩公劉太王之仁也受遺輔政屢遇廢置故齊王不明不獲思庸于亳高貴沖人不得復子明辟也二祖逼禪代之期不暇待參分八百之會也是其創基立本異於先代者也加以朝寡純德之人鄉乏不貳之老風俗淫僻恥尚失所學者以莊老爲宗而黜六經談者以虛蕩爲辨而賤名檢行身者以放濁爲通而狹節信進仕者以苟得爲貴而鄙居正當官者以望空爲高而笑勤恪是以劉頌屢言治道傅咸每糾邪正皆謂之俗吏其倚杖虛曠依阿無心者皆名重海內若夫文王日旰不暇食仲山甫夙夜匪懈者蓋共嗤點以爲灰塵矣由是毀譽亂於善惡之實情慝奔於貨欲之塗選者爲人擇官官者爲身擇利而秉鈞當軸之士身兼官以十數大極其尊小錄其要而世族貴戚之子弟陵邁超越不拘資次悠悠風塵皆奔競之士列官千百無讓賢之舉子眞著崇讓而莫之省子雅制九班而不得用其婦女莊櫛織紝皆取成於婢僕未嘗知女工絲枲之

業中饋酒食之事也先時而婚任情而動故皆不恥淫泆之過不拘妬忌之惡父兄不之罪也天下莫之非也又況責之聞四教於古修貞順於今以輔佐君子者哉禮法刑政於此大壞如水斯積而決其隄防如火斯畜而離其薪燎也國之將亡本必先顛其此之謂乎故觀阮籍之行而覺禮教崩弛之所由也察庾純賈充之爭而見師尹之多僻考平吳之功而知將帥之不讓思郭欽之謀而寤戎狄有釁覽傅玄劉毅之言而得百官之邪核傅咸之奏錢神之論而覩寵賂之彰民風國勢如此雖以中庸之才守文之主治之辛有必見之於祭祀季札必得之於聲樂范燮必爲之請死賈誼必爲之痛哭又況我惠帝以放蕩之德臨之哉懷帝承亂得位羈於彊臣愍帝奔播之後徒厠其虛名天下之政既去非命世之雄才不能取之矣淳耀之烈未渝故大命重集於中宗元皇帝

贊曰懷佩玉璽愍居黃屋鼇墜三山鯨吞九服獯入金商穹居未央圜顱盡仆方趾咸僵大夫反首徙我平陽主辱臣哭于何不臧

晉書帝紀卷第五

元帝　明帝

元皇帝諱睿字景文宣帝曾孫琅邪恭王覲之子也咸寧二年生於洛陽有神光之異一室盡明所藉藁如始刈及長白毫生於日角之左隆準龍顏目有精曜顧眄煒如也年十五嗣位琅邪王幼有令問及惠皇之際王室多故帝每恭儉退讓以免于禍沉敏有度量不顯灼然之迹故時人未之識焉惟侍中嵇紹異之謂人曰琅邪王毛骨非常殆非人臣之相也元康二年拜員外散騎常侍累遷左將軍從討成都王穎蕩陰之敗也叔父東安王繇為穎所害帝懼禍及將出奔其夜月正明而禁衛嚴警帝无由得去甚窘迫有頃雲霧晦冥雷雨暴至徼者皆弛因得潛出穎先令諸關无得出貴人帝既至河陽為津吏所止從者宋典後來以策鞭帝馬而笑曰舍長官禁貴人汝亦被拘邪吏乃聽過至洛陽迎太妃俱歸国東海王越之收兵下邳也假帝輔国將軍尋加平東將軍監徐州諸軍事鎮下邳俄遷安東將軍都督揚州諸軍事越西迎大駕留帝居守永嘉初用王導計始鎮建鄴以顧榮為軍司馬賀循為參佐王敦王導周顗刁協等為腹心股肱賓禮名賢存問風俗江東歸心焉屬太妃薨于国自表奔喪葬畢還鎮增封宣城郡二万戶加鎮東大將軍開府儀同三司受越命討征東將軍周馥走之及懷帝蒙塵于平陽司空荀藩等移檄天下推帝為盟主江州刺史華軼不從使豫章內史周廣前江州刺史衛展討禽之愍帝即位加左丞相歲餘進位丞相大都督中外諸軍事遣諸將分定江東斬叛者孫弼於宣城平杜弢於湘州承制赦荊揚及西都不守帝出師露次躬擐甲冑移檄四方徵天下之兵剋日進討于時有玉冊見于臨安白麒麟神璽出於江寧其文曰長壽萬年日有重暈皆以為中興之象焉

建武元年春二月辛巳平東將軍宋哲至宣愍帝詔曰遭運迍否皇綱不振朕以寡德奉承洪緒不能祈天永命紹隆中興至使凶胡敢帥犬羊逼迫京輦朕今幽塞窮城憂慮万端恐一旦崩潰卿指詔丞相具宣朕意使攝万機時據舊都脩復陵廟以雪大恥三月帝素服出次舉哀三日西陽王羕及群僚參佐州征牧守等上尊號帝不許羕等以死固請至于再三帝慨然流涕曰孤罪人也惟有蹈節死義以雪天下之恥庶贖鈇鉞之誅吾本琅邪王諸賢見逼不已乃呼私奴命駕將反國群臣乃不敢逼請依魏晉故事為晉王許之辛卯即王位大赦改元其殺祖父母父母及劉聰石勒不從此令諸參軍拜奉車都尉掾屬駙馬都尉辟掾屬百餘人時人謂之百六掾乃備百官立宗廟社稷于建康時四方競上符瑞帝曰孤負四海之責未能思愆何徵祥之有景辰立世子紹為晉王太子以撫軍大將軍西陽王羕為太保征南大將軍漢安侯王敦為大將軍右將軍王導都督中外諸軍事驃騎將軍左長史刁協為尚書左僕射封王子宣成公裒為琅邪王六月景寅司空并州刺史廣武侯劉琨幽州刺史左賢王渤海公段匹磾領護烏丸校尉鎮北將軍劉翰單于廣寧公段辰遼西公段眷冀州刺史祝阿子邵續青州刺史廣饒侯曹嶷兗州刺史定襄侯劉演東夷校尉崔毖鮮卑大都督慕廆等一百八十人上書勸進曰臣聞天生蒸民樹之以君所以對越天地司牧黎元聖帝明王監其若此知天地不可以乏饗故屈其身以奉之知蒸黎不可以无主故不得已而臨之社稷時難則戚藩定其傾郊廟或替則宗哲纂其祀是以弘振遐風式固万世三五以降靡不由之伏惟高祖宣皇帝肇基景命世祖武皇帝遂造區夏三葉重光四聖繼軌惠澤侔於有虞卜世過於周氏自元康以來艱難繁興永嘉之際氛厲彌昏宸極失御登遐醜裔國家之危有若綴旒賴先后之德宗廟之靈皇帝嗣建舊物克甄誕授欽明服膺聰哲玉質幼彰金聲夙振冢宰攝其綱百辟輔其政四海想中興之美群生懷來蘇之望不圖天不悔禍大災荐臻國未忘難寇害尋興逆胡劉曜縱逸西都敢肆犬羊陵虐天邑臣奉表使還乃承西朝以去年十一月不守主上幽劫復沉虜庭神器流離再辱荒逆臣每覽史籍觀之前載厄運之極古今未有苟在食土之毛含血之類莫不叩心絕氣行號巷哭況臣等荷寵三世位厠鼎司聞問震惶精爽飛越且驚且惋五情无主舉哀朔垂上下泣血臣聞昏明迭用否泰相濟天命无改曆數有歸或多難以固邦國或殷憂以

啓聖明是以齊有無知之禍而小白為五伯之長晉有驪姬之難而重耳以主諸侯之盟社稷靡安必將有以扶其危黔首幾絕必將有以繼其緒伏惟陛下玄德通於神明聖姿合於兩儀應命世之期紹千載之運符瑞之表天人有徵中興之兆圖讖垂典自京畿隕喪九服崩離天下囂然無所歸懷雖有夏之遘夷羿宗姬之離犬戎蔑以過之陛下撫征江左奄有舊吳柔服 德伐叛以刑抗明威以攝不類杖大順以號宇內純化既敷則率土宅心義風既暢則遐方企踵百揆時敘於上四門穆穆於下昔少康之隆夏訓以為美談宣王中興周詩以為休詠況茲動格于皇天清暉光于四海蒼生顒然莫不欣戴聲教所加願為臣妾者哉且宣皇之胤惟有陛下億兆攸歸曾無與二天祚大晉必將有主主晉祀者非陛下而誰是以邇無異言遠無異望謳歌者無不吟諷徽猷獄訟者無不思于聖德天地之際既交華裔之情允洽一角之獸連理之木以為休徵者蓋有百數冠帶之倫要荒之眾不謀同辭者動以萬計是以臣等敢考天地之心因函夏之趣昧死上尊號願陛下存舜禹至公之情狹由巢抗矯之節以社稷為務不以小行為先以黔首為憂不以克讓為事上慰宗廟乃顧之懷下釋普天傾首之勤則所謂生繁華於枯荑育豐肌於朽骨神人獲安無不幸甚臣聞尊位不可久虛萬機不可久曠虛之一日則尊位以殆曠之浹辰則萬機以亂方今踵百王之季當陽九之會狡寇窺窬伺國瑕隙黎元波蕩無所繫心安可廢而不恤哉陛下雖欲逡巡其若宗廟何其若百姓何昔惠公虜秦晉國震駭呂郤之謀欲立子圉外以絕敵人之志內以固闔境之情故曰喪君有君群臣輯睦好我者勸惡我者懼前事之不忘後代之元龜也陛下明並日月無幽不燭深謀遠猷出自胸懷不勝犬馬憂國之情遲覲人神開泰之路是以陳其乃誠布之執事臣等忝於方任久在遐外不得陪列闕廷與覩盛禮踊躍之懷南望罔極帝優令荅之語在琨傳石勒將石季龍圍譙城平西將軍祖逖擊走之己巳帝傳檄天下曰逆賊石勒肆虐河朔逋誅歷載游魂縱逸復遣凶黨石季龍犬羊之眾越河南渡縱其鴆毒平西將軍祖逖帥眾討擊應時潰散今遣車騎將

軍琅邪王裒等九軍銳卒三萬水陸四道徑造賊場受逖節度有能梟季龍首者賞絹三千匹金五十斤封縣侯食邑二千戶又賊黨能梟送季龍首封賞亦同之七月散騎侍郎朱嵩尚書郎顧球卒帝痛之將為舉哀有司奏舊尚書郎不在舉哀之例帝曰衰亂之弊特相痛悼於是遂舉哀哭之甚慟丁未梁王悝薨以太尉荀組為司徒弛山澤之禁八月甲午封梁王世子翹為梁王荊州刺史第五猗為賊帥杜曾所推遂與曾同反九月戊寅王敦使武昌太守趙誘襄陽太守朱軌陵江將軍黃峻討猗為其將杜曾所敗誘等皆死之石勒害京兆太守華譚梁州刺史周訪討杜曾大破之十月丁未琅邪王裒薨十一月甲子封汝南王子鄉為新蔡王丁卯以司空劉琨為太尉置史官立太學是歲揚州大旱

大興元年春正月戊申朔臨朝懸而不樂三月癸丑愍帝崩問至帝斬縗居廬景辰百寮上尊號令曰孤以不德當厄運之極臣節未立匡救未舉夙夜所以忘寢食也今宗廟廢絕億兆無係群官庶尹咸勉之以大政亦何以辭輒敬從所執是日即皇帝位詔曰昔我高祖宣皇帝誕應期運廓開王基景文皇帝弈世重光緝熙諸夏爰暨世祖應天順時受茲明命功格天地仁濟宇宙昊天不融降此鞠凶懷帝短世越去王都天禍荐臻大行皇帝崩殂社稷無奉肆群后三司六事之人疇諮庶允至于華戎致輯大命于朕躬余一人畏天之威用弗敢違遂登壇南嶽受終文祖焚柴頒瑞告類上帝惟朕寡德纘我洪緒若涉大川罔知攸濟惟爾股肱爪牙之佐文武熊羆之臣用能弼寧晉室輔余一人思與萬國共同休慶於是大赦改元文武增位二等庚午立王太子紹為皇太子壬申詔曰昔之為政者動人以行不以言應天以實不以文故我清靜而人自正其次聽言觀行明試以功其有政績可述刑獄得中人無怨訟久而日新及當官軟弱茹柔吐剛行身穢濁脩飾時與者各以名聞令在事之人仰鑒前烈同心勠力深思所以寬眾息役惠益百姓無廢朕命遠近禮贄一切斷之夏四月丁丑朔日有蝕之加大將軍王敦江州牧進驃騎將軍王導開府儀同三司戊寅初禁招魂葬乙酉西平地震五月癸丑使持節侍中都督太尉并州刺史廣武侯劉琨

為段匹磾所害六月旱帝親雩改丹楊內史為丹楊尹甲申以尚書左僕射刁協為尚書令平南將軍曲陵公荀崧為尚書左僕射庚寅以滎陽太守李矩為都督司州諸軍事司州刺史戊戌封皇子晞為武陵王初置諫鼓謗木秋七月戊申詔曰王室多故姦凶肆暴皇綱弛墜顛覆大猷朕以不德統承洪緒夙夜憂危思改其弊二千石令長當祗奉舊憲正身明法抑齊豪強存恤孤獨隱實戶口勸課農桑州牧刺史當互相檢察不得顧私虧公長吏有志在奉公而不見進用者有貪惏穢濁而以財勢自安者若有不舉當受故縱蔽善之罪有而不知當受闇塞之責各明慎奉行劉聰死其子粲嗣僞位八月冀徐青三州蝗靳準弒劉粲自號漢王冬十月癸未加廣州刺史陶侃平南將軍劉曜僭即皇帝位于赤壁十一月乙卯日夜出高三丈中有赤青珥新野王彌薨加大將軍王敦荊州牧庚申詔曰朕以寡德纂承洪緒上不能調和陰陽下不能濟育群生災異屢興咎徵仍見壬子乙卯雷震暴雨蓋天災譴誡所以彰朕之不德也群公卿士其各上封事具陳得失無有所諱將親覽焉新作聽訟觀故歸命侯孫皓子璠謀反伏誅十二月劉聰故將王騰馬忠等誅靳準送傳國璽於劉曜武昌地震丁丑封顯義亭侯渙為琅邪王己卯琅邪王渙薨癸巳詔曰漢高經大梁美無忌之賢齊師入魯脩柳下惠之墓其吳之高德名賢或未旌錄者具條列以聞江東三郡饑遣使賑給之彭城內史周撫殺沛國內史周默以反

二年春正月丁卯崇陽陵毀帝素服哭三日使冠軍將軍梁堪守太常馬龜等脩復山陵迎梓宮于平陽不剋而還二月太山太守徐龕斬周撫傳首京師夏四月龍驤將軍陳川以浚儀叛降於石勒太山太守徐龕以郡叛自號兗州刺史寇濟岱秦州刺史陳安叛降于劉曜五月癸丑太陽陵毀帝素服哭三日徐揚及江西諸郡蝗吳郡大饑平北將軍祖逖及石勒將石季龍戰于浚儀王師敗績壬戌詔曰天下凋弊加以災荒百姓困窮國用並匱吳郡饑人死者百數天生蒸黎而樹之以君選建明哲以左右之當深思以救其弊昔吳起於楚悼王明法審令損不急之官除廢公族疏遠以附益將士而國富兵彊況今日之弊百姓凋困邪且當去非急之

務非軍事所須者皆省之甲子梁州刺史周訪及杜曾戰於武當斬之禽第五猗六月景子加周訪安南將軍罷御府及諸郡丞置博士員五人己亥加太常賀循開府儀同三司秋七月乙丑太常賀循卒八月肅慎獻楛矢石砮徐龕寇東莞遣太子左衛率羊鑒行征虜將軍統徐州刺史蔡豹討之冬十月平北將軍祖逖使督護陳超襲石勒將桃豹超敗沒於陣十一月戊寅石勒僭即王位國號趙十二月乙亥大赦詔百官各上封事并省衆役鮮卑慕容廆襲遼東東夷校尉平州刺史崔毖奔高句驪是歲南陽王保稱晉王於祁山三吳大饑

三年春正月丁酉朔晉王保為劉曜所逼遷于桑城二月辛未石勒將石季龍寇猒次平北將軍冀州刺史邵續擊之續敗沒於陣三月慕容廆奉送玉璽三紐閏月以尚書周顗為尚書僕射夏四月壬辰枉矢流于翼軫五月景寅孝懷帝太子詮遇害于平陽帝三日哭庚寅地震是月晉王保為其將張春所害劉曜使陳安攻春滅之安因叛曜石勒將徐龕帥衆來降六月大水丁酉盜殺西中郎將護羌校尉涼州刺史西平張公寔寔弟茂嗣領平西將軍涼州刺史秋七月丁亥詔曰先公武正先考恭王臨君琅邪四十餘年惠澤加於百姓遺愛結於人情朕應天符創基江表兆庶宅心襁負子來琅邪國人在此者近有千戶今立為懷德縣統丹楊郡昔漢高祖以沛為湯沐邑光武亦復南頓優復之科一依漢氏故事祖逖部將衛策大破石勒別軍於汴水加逖為鎮西將軍八月戊午尊敬王后虞氏為敬皇后辛酉遷神主于太廟辛未梁州刺史安南將軍周訪卒皇太子釋奠于太學以湘州刺史甘卓為安南將軍梁州刺史九月徐龕又叛降于石勒冬十月景辰徐州刺史蔡豹以畏懦伏誅王敦殺武陵內史向碩

四年春二月徐龕又帥衆來降鮮卑末波奉送皇帝信璽庚戌告于太廟乃受之癸亥日鬬三月置周易儀禮公羊博士癸酉以平東將軍曹嶷為安東將軍夏四月辛亥帝親覽庶獄石勒攻猒次陷之撫軍將軍幽州刺史段匹磾沒于勒三月旱庚申詔曰昔漢二祖及魏武皆免良人武帝時涼州覆敗諸為奴婢亦皆復籍此累代成規也其免中州良人

遭難爲揚州諸郡僮客者以備征役秋七月大水甲戌以尚書戴若思爲征西將軍都督司兖豫并冀雍六州諸軍事司州刺史鎮合肥丹陽尹劉隗爲鎮北將軍都督青徐幽平四州諸軍事青州刺史鎮淮陰壬午以驃騎將軍王導爲司空八月常山崩九月壬寅鎮西將軍豫州刺史祖逖卒冬十月壬午以逖弟侍中約爲平西將軍豫州刺史十二月以慕容廆爲持節都督幽平二州東夷諸軍事平州牧封遼東郡公

永昌元年春正月乙卯大赦改元戊辰大將軍王敦舉兵於武昌以誅劉隗爲名龍驤將軍沈充帥衆應之三月徵征西將軍戴若思鎮北將軍劉隗還衛京都以司空王導爲前鋒大都督以戴若思爲驃騎將軍丹楊諸郡皆加軍號加僕射周顗尚書左僕射領軍王邃尚書右僕射以太子右衛率周莚行冠軍將軍統兵三千討沈充甲午封皇子昱爲琅邪王劉隗軍于金城右將軍周札守石頭帝親被甲徇六師於郊外遣平南將軍陶侃領江州安南將軍甘卓領荊州各帥所統以躡敦後四月敦前鋒攻石頭周札開城門應之奮威將軍侯禮死之敦據石頭戴若思劉隗帥衆攻之王導周顗郭逸虞潭等三道出戰六軍敗績尚書令刁協奔于江乘爲賊所害鎮北將軍劉隗奔于石勒遣使謂敦曰公若不忘本朝於此息兵則天下尚可共安也如其不然朕當歸於琅邪以避賢路辛未大赦敦乃自爲丞相都督中外諸軍錄尚書事封武昌郡公邑萬戶景子驃騎將軍秣陵侯戴若思尚書左僕射護軍將軍武城侯周顗爲敦所害敦將沈充陷吳國魏乂陷湘州吳國內史張茂湘州刺史譙王承並遇害五月壬申敦以太保西陽王羕爲太宰加司空王導尚書令乙亥鎮南大將軍甘卓爲襄陽太守周慮所害蜀賊張龍寇巴東建平太守柳純擊走之石勒遣騎寇河南六月旱秋七月王敦自加兖州刺史郗鑒爲安北將軍石勒將石季龍攻陷太山執守將徐龕兖州刺史郗鑒自鄒山退守合肥八月敦以其兄含爲衛將軍自領寧益二州都督琅邪太守孫默叛降于石勒冬十月大疫死者十二三己丑都督荊梁二州諸軍事平南將軍荊州刺史武陵侯王廙卒辛卯以下邳內史王邃爲征北將軍都督青徐幽平四州諸軍事鎮淮陰新昌太守梁碩起兵反京師大霧黑氣蔽天日月無光石勒攻陷襄城城父逐圍譙破祖約別軍約退據壽春十一月以司徒荀組爲太尉己酉太尉荀組薨罷司徒并丞相閏月己丑帝崩于內殿時年四十七葬建平陵廟號中宗帝性簡儉沖素容納直言虛己待物初鎮江東頗以酒廢事王導深以爲言帝命酌引觴覆之於此遂絕有司嘗奏太極殿廣室施絳帳帝曰漢文集上書皂囊爲帷遂令冬施青布夏施青練帷帳將拜貴人有司請市雀釵帝以煩費不許所幸鄭夫人衣無文綵從母弟王廙爲母立屋過制流涕止之然晉室遘紛皇輿播越天命未改人謀叶贊元戎屢動不出江畿經略區區僅全吳楚終於下陵上辱憂憤告謝恭儉之德雖充雄武之量不足始秦時望氣者云五百年後金陵有天子氣故始皇東游以厭之改其地曰秣陵塹北山以絕其勢及孫權之稱號自謂當之孫盛以爲始皇逮于孫氏四百三十七載考其歷數猶爲未及元帝之渡江也乃五百二十六年眞人之應在於此矣咸寧初風吹太社樹折社中有青氣占者以爲東莞有帝者之祥由是從封東莞王於琅邪即武王也及吳之亡王濬實先至建鄴而皓之降款遠歸璽於琅邪天意人事又符中興之兆太安之際童謠云五馬浮渡江一馬化爲龍及永嘉中歲鎮熒惑太白聚牛女之間識者以爲吳越之地當興王者是歲王室淪覆帝與西陽汝南南頓彭城五王獲濟而帝竟登大位焉初玄石圖有牛繼馬後故宣帝深忌牛氏遂爲二榼共一口以貯酒焉帝先飲佳者而以毒酒鴆其將牛金而恭王妃夏侯氏竟通小吏牛氏而生元帝亦有符云

史臣曰晉氏不虞自中流外五胡扛鼎七廟隳尊滔天方駕則民懷其舊德者矣昔光武以數郡加名元皇以一州臨極豈武宣餘化猶暢於琅邪文景垂仁傳芳於南頓所謂後乎天時先諸人事者也馳章獻號高蓋成陰星斗呈祥金陵表慶陶士行擁三州之旅郢外以安王茂弘爲分陝之計江東可立或高旌未拂而遐心斯偃迴首朝陽仰希乾棟帝猶六讓不居七辭而不免也布帳練帷詳刑簡化抑揚前軌光啓中興古者私家不畜甲兵大臣不爲威福王之常制以訓股肱中宗失馭

彊臣自立齊斧兩京胡羯風埃相望雖復六月之駕無聞而鴻鴈之歌方遠享國無幾哀哉

明皇帝諱紹字道畿元皇帝長子也幼而聰哲為元帝所寵異年數歲嘗坐置膝前屬長安使來因問帝曰汝謂日與長安孰遠對曰長安近不聞人從日邊來居然可知也元帝異之明日宴群僚又問之對曰日近元帝失色曰何乃異間者之言對曰舉目則見日不見長安由是益奇之建興初拜東中郎將鎮廣陵元帝為晉王立為晉王太子及帝即尊號立為皇太子性至孝有文武才略欽賢愛客雅好文辭當時名臣自王導庾亮溫嶠桓彝阮放等咸見親待嘗論聖人真假之意導等不能屈又習武藝善撫將士于時東朝濟濟遠近屬心焉及王敦之亂六軍敗績帝欲帥將士決戰升車將出中庶子溫嶠固諫抽劍斬鞅乃止敦素以帝神武明略朝野之所欽信欲誣以不孝而廢焉大會百官而問溫嶠曰皇太子以何德稱聲色俱厲必欲使有言嶠對曰鉤深致遠蓋非淺局所量以禮觀之可稱為孝矣衆皆以為信然敦謀遂止

永昌元年閏月己丑元帝崩庚寅太子即皇帝位大赦尊所生荀氏為建安郡君

太寧元年春正月癸巳黃霧四塞京師火李雄使其將李驤任回寇臺登將軍司馬玖死之越巂太守李釗漢嘉太守王載以郡叛降于驤二月葬元帝于建平陵帝徒跣至于陵所以特進華恒為驃騎將軍都督石頭水陸軍事乙丑黃霧四塞是宵隕霜壬申又隕霜殺穀三月戊寅朔改元臨軒停饗宴之禮懸而不樂景戌隕霜殺草饒安東光安陵三縣災燒七千餘家死者萬五千人石勒攻陷下邳徐州刺史卞敦退保盱眙王敦獻皇帝信璽一紐敦將謀篡逆諷朝廷徵己帝乃手詔徵之夏四月敦下屯于湖轉司空王導為司徒自領揚州牧巴東監軍柳純為敦所害以尚書陳眕為都督幽平二州諸軍事幽州刺史五月京師大水李驤等寇寧州刺史王遜遣將姚岳距戰於堂狼大破之梁碩攻陷交州刺史王諒死之六月壬子立皇后庾氏平南將軍陶侃遣參軍高寶攻梁碩斬之傳首京師進侃位征南大將軍開府儀同三司秋七月景子朔震太極殿柱是月劉曜攻陳安於隴城滅之八月以安北將軍郗鑒為尚書令石勒將石季龍攻陷青州刺史曹嶷遇害冬十一月王敦以其兄征南大將軍含為征東將軍都督揚州江西諸軍事以軍國饑乏調刺史以下米各有差

二年春正月丁丑帝臨朝停饗宴之禮懸而不樂庚辰赦五歲刑以下術人李脫造妖書惑衆斬于建康市石勒將石季龍寇兗州刺史劉遐自彭城退保泗口三月劉曜將康平寇魏興及南陽夏五月王敦矯詔拜其子應為武衛將軍兄含為驃騎大將軍帝所親信常從督公乘雄冊曾並為敦所害六月敦將舉兵內向帝密知之乃乘巴滇駿馬微行至于湖陰察敦營壘而出有軍士疑帝非常人又敦正晝寢夢日環其城驚起曰此必黃鬚鮮卑奴來也帝母荀氏燕代人帝狀類外氏鬚黃敦故謂帝云於是使五騎物色追帝帝亦馳去馬有遺糞輒以水灌之見逆旅賣食嫗以七寶鞭與之曰後有騎來可以此示也俄而追者至問嫗嫗曰去已遠矣因以鞭示之五騎傳玩稽留遂久又見馬糞冷以為信遠而止不追帝僅而獲免丁卯加司徒王導大都督假節領揚州刺史以丹楊尹溫嶠為中壘將軍與右將軍卞敦守石頭以光祿勳應詹為護軍將軍假節督朱雀橋南諸軍事以尚書令郗鑒行衛將軍都督從駕諸軍事以中書監庾亮領左衛將軍以尚書卞壼行中軍將軍徵平北將軍徐州刺史王邃平西將軍豫州刺史祖約北中郎將兗州刺史劉遐奮武將軍臨淮太守蘇峻奮威將軍廣陵太守陶瞻等還衛京師帝次于中堂秋七月壬申朔敦遣其兄含及錢鳳周撫鄧岳等水陸五萬至于南岸溫嶠移屯水北燒朱雀桁以挫其鋒帝躬率六軍出次南皇堂至癸酉夜募壯士遣將軍段秀中軍司馬曹渾左衛參軍陳嵩鍾寅等甲卒千人渡水掩其未畢平旦戰於越城大破之斬其前鋒將何康王敦憤惋而死前宗正虞潭起義師於會稽沈充帥萬餘人來會含等庚辰築壘于陵口丁亥劉遐蘇峻等帥精卒萬人以至帝夜見勞之賜將士各有差義興人周蹇殺敦所署太守劉芳平西將軍祖約逐敦所署淮南太守任台于壽春乙未賊衆濟水護軍將軍應詹帥

建威將軍趙胤等距戰不利賊至宣陽門北中郎將劉遐蘇峻等自南塘橫擊大破之劉遐又破沈充于青溪是日賊燒營宵遁丁酉帝還宮大赦惟敦黨不原於是分遣諸將追其黨與悉平之封司徒王導為始興郡公邑三千戶賜絹九千四百匹丹楊尹溫嶠建寧縣公尚書卞壼建興縣公中書監庾亮永昌縣公北中郎將劉遐泉陵縣公奮武將軍蘇峻邵陵縣公邑各一千八百戶絹各五千四百匹尚書令郗鑒高平縣侯護軍將軍應詹觀陽縣侯邑各千六百戶絹各四千八百匹建威將軍趙胤湘南縣侯右將軍卞敦益陽縣侯邑各千六百戶絹各三千二百匹其餘封賞各有差冬十月以司徒王導為太保領司徒太宰西陽王羕領太尉應詹為平南將軍都督江州諸軍事江州刺史劉遐為監淮北諸軍事徐州刺史庾亮為護軍將軍詔王敦群從一無所問是時石勒將石生屯洛陽豫州刺史祖約退保壽陽十二月壬子帝謁建平陵從大祥之禮梁水太守爨亮益州太守李還以興古叛降于李雄沈充故將顧颺反於武康攻燒城邑州縣討斬之

三年春二月戊辰復三族刑惟不及婦人三月幽州刺史段末波卒以弟牙嗣戊辰立皇子衍為皇太子大赦增文武位二等大酺三日賜鰥寡孤獨帛人二疋癸巳徵處士臨海任旭會稽虞喜並為博士夏四月詔曰大事初定其命惟新其令太宰司徒已下詣都坐參議政道諸所因革務盡事中又詔曰飡直言引亮正想群賢達吾此懷矣予違汝弼堯舜之相君臣也吾雖虛闇庶不距逆耳之謗稷契之任君居之矣望共勗之己亥雨雹石勒將石良寇兗州刺史檀贊力戰死之將軍李矩等並眾潰而歸石勒盡陷司兗豫三州之地五月以征南大將軍陶侃為征西大將軍都督荊湘雍梁四州諸軍事荊州刺史王舒為安南將軍都督廣州諸軍事廣州刺史六月石勒將石季龍攻劉曜將劉岳於新安陷之以廣州刺史王舒為都督湘州諸軍事湘州刺史湘州刺史劉顗為平越中郎將都督廣州諸軍事廣州刺史大旱自正月不雨至于是月秋七月辛未以尚書令郗鑒為車騎將軍都督青兗二州諸軍事假節鎮廣陵領軍將軍卞壼為尚書令詔曰三恪二王世代之所重興滅繼絕政道之所先又宗室哲王有功勳於大晉受命之際者佐命功臣碩德名賢三祖所與共維大業咸開國胙土誓同山河者而並廢絕禋祀不傳甚用懷傷主者其詳議諸應立後者以聞又詔曰郊祀天地帝王之重事自中興以來惟南郊未曾北郊四時五郊之禮都不復設五嶽四瀆名山大川載在祀典應望秩者悉廢而未舉主者其依舊詳處八月詔曰昔周武克殷封比干之墓漢祖過趙錄樂毅之後追顯既往以勸將來也吳時將相名賢之冑有能纂脩家訓又忠孝仁義靜己守真不聞於時者州郡中正亟以名聞勿有所遺閏月以尚書左僕射荀崧為光祿大夫錄尚書事尚書鄧攸為尚書左僕射壬午帝不悆祥茹切召太宰西陽王羕司徒王導尚書令卞壼車騎將軍郗鑒護軍將軍庾亮領軍將軍陸曄丹楊尹溫嶠並受遺詔輔太子丁亥詔曰自古有死賢聖所同壽夭窮達歸於一概亦何足特痛哉朕枕疾已久常慮忽然仰惟祖宗洪基不能克終堂構大恥未雪百姓塗炭所以有慨耳不幸之日斂以時服一遵先度務從簡約勞眾崇飾皆勿為也衍以幼弱猥當大

重當賴忠賢訓而成之昔周公匡輔成王霍氏擁育孝昭義存前典功冠二代豈非宗臣之道乎凡此公卿時之望也敬聽顧命任託付之重同心斷金以謀王室諸方嶽征鎮刺史將守皆朕扞城推轂於外雖事有內外其致一也故不有行者誰扞牧圉譬若脣齒表裏相須宜勠力一心若合符契思美焉之美以緝事為期百辟卿士其總己以聽於冢宰保祐沖幼弘濟艱難永令祖宗之靈寧於九天之上則朕沒于地下無恨黃泉戊子帝崩于東堂年二十七葬武平陵廟號肅祖帝聰明有機斷尤精物理于時兵凶歲饑死疫過半虛弊既甚事極艱虞屬王敦挾震主之威將移神器帝崎嶇遵養以弱制強潛謀獨斷廓清大祲尋改授荊湘等四州以分上流之勢撥亂反正強本弱枝雖享國日淺而規模弘遠矣

史臣曰維揚作寓憑帶洪流楚江恒戰方城對敵不得不推誠將相以總戎麾樓船萬計兵倍王室處其利而無心者周公其人也威權外假嫌隙內興彼有順流之師此無強藩之援商逢九亂堯止八音明皇負

圖屬在茲曰運龍韜於掌握起天旆於江滸燎其餘燼有若秋原去纓經而踐戎場斬鯨鯢而拜園闕鎮削威權州分江漢覆車不踐貽厥孫謀其後七十餘年終罹敬道之害或曰興亡在運非止上流豈創制不殊而弘之者異也

贊曰傾天起害猛獸呈災琅邪之子仁義歸來龍其行趙璧去命篲王桑切荆臺雲瞻北晦江望南開晉陽禦敵河西全壤胡寇雖艱靈心弗爽三方馳騖百蠻從響晉室命還昌金輝載朗明后岐嶷篳書接要奔首晨懸董臍昏燎厥德不回餘風可劭

帝紀卷第六　　晉書六

成帝　康帝　御撰

成皇帝諱衍字世根明帝長子也太寧三年三月戊辰立爲皇太子閏月戊子明帝崩己丑太子卽皇帝位大赦增文武位二等賜鰥寡孤老帛人二匹尊皇后庾氏爲皇太后秋九月癸卯皇太后臨朝稱制司徒王導錄尚書事與中書令庾亮參輔朝政以撫軍將軍南頓王宗爲驃騎將軍領軍將軍汝南王祐爲衞將軍辛丑葬明帝于武平陵冬十一月癸巳朔日有蝕之廣陵相曹渾有罪下獄死

咸和元年春二月丁亥大赦改元大酺五日賜鰥寡孤老米人二斛京師百里內復一年夏四月石勒遣其將石生寇汝南汝南人執內史祖濟以叛甲子尚書左僕射鄧攸卒五月大水六月癸亥持節散騎常侍監淮北諸軍事北中郎將徐州刺史泉陵公劉遐卒癸酉以車騎將軍郗鑒領徐州刺史征虜將軍郭默爲北中郎將假節監淮北諸軍劉遐部曲將李龍史迭奉遐子肇代遐位以距默臨太守劉矯擊破之斬龍傳首京師秋七月癸丑使持節都督江州諸軍事江州刺史平南將軍觀陽伯應詹卒八月以給事中前將軍丹楊尹溫嶠爲平南將軍假節都督江州刺史九月旱李雄將張龍寇涪陵執太守謝俊冬十月封魏武帝玄孫曹勱爲陳留王以紹魏景寅衞將軍汝南王祐薨己巳封皇帝岳爲吳王車騎將軍南頓王宗有罪伏誅貶其族爲馬氏免太宰西陽王羕降爲弋陽縣王庚辰赦百里內五歲以下刑是月劉曜將黃秀帛成寇酇平北將軍魏該帥衆奔襄陽十一月壬子大閱於南郊改定王侯國秩九分食一石勒將石聰攻壽陽不剋遂侵逡遒阜陵加司徒王導大司馬假黃鉞都督中外征討諸軍事以禦之歷陽太守蘇峻遣其將韓晃討石聰走之時大旱自六月不雨至于是月十二月濟岷太守劉闓殺下邳內史夏侯嘉叛降石勒梁王翹薨

二年春正月寧州秀才龐遺起義兵攻李雄將任回李謙等雄遣其將羅恒費黑救之寧州刺史尹奉遣裨將姚岳朱提太守楊術援遺戰于臺登岳等敗績術死之三月益州地震夏四月旱己未豫章地震五月

甲申朔日有蝕之景戌加豫州刺史祖約爲鎮西將軍戊子京師大水冬十月劉曜使其子胤侵枹罕遂略河南地十一月豫州刺史祖約歷陽太守蘇峻等反十二月辛亥蘇峻使其將韓晃入姑孰屠于湖壬子彭城王雄章武王休叛奔峻庚申京師戒嚴假護軍將軍庾亮節爲征討都督以右衞將軍趙胤爲冠軍將軍歷陽太守使與左將軍司馬流帥師距峻戰于慈湖流敗死之假驍騎將軍鍾雅節帥舟軍與趙胤爲前鋒以距峻丙寅徙封琅邪王昱爲會稽王吳王岳爲琅邪王辛未宣城內史桓彝及峻戰于蕪湖彝軍敗績車騎將軍郗鑒遣廣陵相劉矩帥師赴京師

三年春正月平南將軍溫嶠帥師救京師次于尋陽遣督護王愆期西陽太守鄧嶽鄱陽太守紀睦爲前鋒征西大將軍陶侃遣督護龔登受嶠節度鍾雅趙胤等次慈湖王愆期鄧嶽等次直瀆丁未峻濟自橫江登牛渚二月庚戌峻至于蔣山假領軍將軍卞壼節帥六軍及峻戰于西陵王師敗績景辰峻攻青溪柵因風縱火王師又大敗尚書令領軍將軍卞壼丹楊尹羊曼黃門侍郎周導廬江太守陶瞻並遇害死者數千人庾亮又敗于宣陽門內遂攜其諸弟與郭默趙胤奔尋陽於是司徒王導右光祿大夫陸曄荀崧等衞帝於太極殿太常孔愉守宗廟賊乘勝麾戈接於帝座突入太后後宮左右侍人皆見掠奪是時太官唯有燒餘米數石以供御膳百姓號泣響震都邑丁巳峻矯詔大赦又以祖約爲侍中太尉尚書令自爲驃騎將軍錄尚書事吳郡太守庾冰奔于會稽三月景子皇太后庾氏崩夏四月石勒攻宛南陽太守王國叛降于勒壬申葬明穆皇后于武平陵五月乙未峻逼遷天子于石頭帝哀泣升車宮中慟哭峻以倉屋爲宮遣管商張瑾弘徽寇晉陵韓晃寇義興吳興太守虞潭與庾冰王舒等起義兵於三吳景午征西大將軍陶侃平南將軍溫嶠護軍將軍庾亮平北將軍魏該舟軍四萬次于蔡州六月韓晃攻宣城內史桓彝力戰死之壬辰平北將軍雍州刺史魏該卒于師廬江太守毛寶攻賊合肥戍拔之秋七月祖約爲石勒將石聰所攻衆潰奔于歷陽石勒將石季龍攻劉曜於蒲坂八月曜及石季龍戰于高候季龍敗績曜遂圍石生於洛陽九月戊申司徒王導奔于

白石庚午陶侃使督護楊謙攻峻于石頭溫嶠庾亮陣于白石竟陵太守李陽距賊南偏峻輕騎出戰墜馬斬之衆遂大潰賊黨復立峻弟逸爲帥前交州刺史張璉據始興反進攻廣州鎮南司馬曾勰等擊破之冬十月李雄將張龍寇涪陵太守趙弼没於賊十二月乙未石勒敗劉曜於洛陽獲之是歲石勒將石季龍攻氐帥蒲洪於隴山降之

四年春正月帝在石頭賊將匡術以苑城歸順百官赴焉侍中鍾雅右衞將軍劉超謀奉帝出爲賊所害戊辰冠軍將軍趙胤遣將甘苗討祖約于歷陽敗之約奔于石勒其將牽騰帥衆降峻子碩攻臺城又焚太極東堂祕閣皆盡城中大饑米斗萬錢二月大雨霖景戌諸軍攻石頭李陽與蘇逸戰於柤浦陽軍敗建威長史滕含以銳卒擊之逸等大敗含奉帝御于溫嶠舟群臣頓首號泣請罪弋陽王羕有罪伏誅丁亥大赦時兵火之後宫闕灰燼以建平園爲宫甲午蘇逸以萬餘人自延陵湖將入吳興乙未將軍王允之及逸戰于溧陽獲之壬寅以湘州并荆州劉曜太子毗與其大司馬劉胤帥百官奔于上邽關中大亂三月壬子以征西大將軍陶侃爲太尉封長沙郡公車騎將軍郗鑒爲司空封南昌縣公平南將軍溫嶠爲驃騎將軍開府儀同三司封始安郡公其餘封拜各有差庚午以右光祿大夫陸曄爲衞將軍開府儀同三司復封高密王紘爲彭城王以護軍將軍庾亮爲平西將軍都督揚州之宣城江西諸軍事假節領豫州刺史鎮蕪湖夏四月乙未驃騎將軍始安公溫嶠卒秋七月有星孛于西北會稽吳興宣城丹楊大水詔復遭賊郡縣租稅三年八月劉曜將劉胤等帥衆侵石生次于雍九月石勒將石季龍擊胤斬之進屠上邽盡滅劉氏坑其黨三千餘人冬十月廬山崩十二月壬辰右將軍郭默害平南將軍江州刺史劉胤太尉陶侃帥衆討默是歲天裂於西北

○五年春正月乙亥大赦癸亥詔除諸將任子二月以尚書陸玩爲尚書左僕射孔愉爲右僕射夏五月旱且饑疫乙卯太尉陶侃擒郭默于尋陽斬之石勒將劉徵寇南沙都尉許儒遇害進入海虞六月癸巳初稅田畝三升秋八月石勒僭即皇帝位使其將郭敬寇襄陽南中郎將周撫退歸武昌中州流人悉降于勒郭敬遂寇襄陽屯于樊城九月造新宫

始繕苑城甲辰徙樂成王欽爲河間王封彭城王紘子浚爲高密王冬十月丁丑幸司徒王導第置酒大會李雄將李壽寇巴東建平監軍毋丘奥太守陽謙退歸宜都十二月張駿稱臣於石勒

六年春正月癸巳劉徵復寇婁縣遂掠武進乙未進司空郗鑒都督吳国諸軍事戊午以運漕不繼發王公已下千餘丁各運米六斛三月巳丑以幽州刺史大單于段遼爲驃騎將軍三月壬戌朔日有蝕之癸未詔舉賢良直言之士夏四月旱六月景申徙故河間王顒爵位封彭城王植子融爲樂成王章武王混子珍爲章武王秋七月李雄將李壽侵陰平武都氐帥楊難敵降之八月庚子以左僕射陸玩爲尚書令

七年春正月辛未大赦三月西中郎將趙胤司徒中郎匡術攻石勒馬頭塢尅之勒將韓雍寇南沙及海虞夏四月勒將郭敬陷襄陽五月大水秋七月景辰詔諸養獸之屬損費者多一切除之太尉陶侃遣子平西參軍祗與南中郎將桓宣攻石勒將郭敬破之尅樊城竟陵太守李陽拔新野襄陽因而戍之冬十一月壬子朔進太尉陶侃爲大將軍詔舉賢良十二月庚戌帝遷于新宫

八年春正月辛亥朔詔曰昔大賊縱暴宫室焚蕩元惡雖翦未暇營築有司屢陳朝會逼狹遂作斯宫子來之勞不日而成既獲臨御大饗群后九賓充庭百官象物知君子勤禮小人盡力矣思蠲密網咸同斯惠其赦五歲刑以下令諸郡舉力人能舉千五百斤以上者景寅李雄將李壽陷寧州刺史尹奉及建寧太守霍彪並降之癸酉以張駿爲鎮西大將軍景子石勒遣使致賂詔焚之夏四月詔封故新蔡王弼弟邈爲新蔡王以束帛徵處士尋陽翟湯會稽虞喜五月有星隕于肥鄉麒麟騶虞見于遼東乙未車騎將軍遼東公慕容廆卒子皝嗣位六月甲辰撫軍將軍王舒卒秋七月戊辰石勒死子弘嗣僞位其將石聰以譙來降冬十月石弘將石生起兵於關中稱秦州刺史遣使來降石弘將石季龍攻石朗於洛陽因進擊石生俱滅之十二月石生故部將郭權遣使請降

九年春正月隕石于涼州二以郭權爲鎮西將軍雍州刺史二月丁卯加鎮西大將軍張駿爲大將軍三月丁酉會稽地震夏四月石弘將石季

龍使石斌攻郭權於郿陷之六月李雄死其兄子班嗣僞位乙卯大尉長沙公陶侃薨大旱詔太官徹膳省刑恤孤寡貶費節用辛未加平西將軍庾亮都督江荆豫益梁雍六州諸軍事秋八月大雩自五月不雨至于是月九月戊寅散騎常侍衞將軍江陵公陸曄卒冬十月李雄子期弑李班而自立班弟玝與其將焦會羅凱等並來降十一月石季龍弑石弘自立爲天王十二月丁卯以東海王沖爲車騎將軍琅邪王岳爲驃騎將軍蘭陵人朱縱斬石季龍將郭祥以彭城來降

咸康元年春正月庚午朔帝加元服大赦改元增文武位一等大酺三日賜鰥寡孤獨不能自存者米人五斛二月甲子帝親釋奠揚州諸郡饑遣使賑給三月乙酉幸司徒府夏四月癸卯石季龍寇歷陽加司徒王導大司馬假黃鉞都督征討諸軍事以衞之癸丑帝觀兵于廣莫門分命諸將遣將軍劉仕救歷陽平西將軍趙胤屯慈湖龍驤將軍路永戍牛渚建武將軍王允之戍蕪湖司空郗鑒使廣陵相陳光帥衆衞京師賊退向襄陽戊午解嚴石季龍將石遇寇中廬南中郎將王國退保襄陽秋八月長沙武陵大水束帛徵處士翟湯郭翻冬十月乙未朔日有蝕之是歲大旱會稽餘姚尤甚米斗五百價人相賣

二年春正月辛巳彗星見于奎以吳國內史虞潭爲衞將軍二月筭軍用稅米空懸五十餘萬石尚書謝襃已下免官辛亥立皇后杜氏大赦增文武位一等庚申高句驪遣使貢方物三月旱詔太官減膳免所旱郡縣繇役戊寅大雩夏四月丁巳皇后見于太廟雨雹秋七月揚州會稽饑開倉賑給冬十月廣州刺史鄧嶽遣督護王隨擊夜郎新昌太守陶協擊興古並剋之詔曰歷觀先代莫不襃崇明祀賓禮三恪故杞宋啓土光于周典宗姬侯衞垂美漢冊自頃喪亂庶邦殄悴周漢之後絕而莫繼其詳求衞公山陽公近屬有履行脩明可以繼承其祀者依舊典施行新作朱雀浮桁十一月遣建威將軍司馬勳安集漢中爲李期將李壽所敗

三年春正月辛卯立太學夏六月旱冬十月丁卯慕容皝自立爲燕王

四年春二月石季龍帥衆七萬擊段遼于遼西遼奔于平崗夏四月李壽弑李期僭即僞位國號漢石季龍爲慕容皝所敗癸丑加皝征北大將軍五月乙未以司徒王導爲太傅都督中外諸軍事司空郗鑒爲太尉征西將軍庾亮爲司空六月改司徒爲丞相以太傅王導爲之秋八月景午分寧州置安州

五年春正月辛丑大赦三月乙丑廣州刺史鄧嶽伐蜀建寧人孟彥執李壽將霍彪以降夏四月辛未征西將軍庾亮遣參軍趙松擊巴郡江陽獲石季龍將李閎黃植等秋七月庚申使持節侍中丞相領揚州刺史始興公王導薨辛酉以護軍將軍何充錄尚書事八月壬午復改丞相爲司徒辛酉太尉南昌公郗鑒薨九月石季龍將夔安李農陷沔南張貉陷邾城因寇江夏義陽征虜將軍毛寶西陽太守樊俊義陽太守鄭進並死之夔安等進圍石城竟陵太守李陽距戰破之斬首五千餘級安乃退遂略漢東擁七千餘家遷于幽冀冬十二月景戌以驃騎將軍琅邪王岳爲司徒李壽將李弈寇巴東守將勞揚戰敗死之

六年春正月庚子使持節都督江豫益梁雍交廣七州諸軍事司空都亭侯庾亮薨辛亥以左光祿大夫陸玩爲司空二月慕容皝及石季龍將石成戰于遼西敗之獻捷于京師庚辰有星孛于太微三月丁卯大赦以車騎將軍東海王沖爲驃騎將軍李壽陷丹川守將孟彥劉齊李秋皆死之秋七月乙卯初依中興故事朔望聽政於東堂冬十月林邑獻馴象十一月癸卯復琅邪比漢豐沛

七年春二月甲午朔日有蝕之己卯慕容皝遣使求假燕王章璽許之三月戊戌杜皇后崩夏四月丁卯葬恭皇后于興平陵實編戶王公已下皆正土斷白籍秋八月辛酉驃騎將軍東海王沖薨九月罷太僕官冬十二月癸酉司空興平伯陸玩薨除樂府雜伎罷安州

八年春正月己未朔日有蝕之乙丑大赦三月初以武悼楊皇后配饗武帝廟夏六月庚寅帝不悆詔曰朕以眇年獲嗣洪緒託于公王之上於茲十有八年未能闡融政道翦除逋祲夙夜戰兢匪遑寧處今遘疾殆不興是用震悼于厥心千齡眇眇未堪艱難司徒琅邪王岳親則母弟體則仁長君人之風允塞時望肆爾王公卿士其輔之以祗奉祖宗明祀協和內外允執其中嗚呼敬之哉無墜祖宗之顯命壬辰引武陵王

睎會稽王昱中書監庾冰中書令何充尚書令諸葛恢並受顧命癸巳帝崩于西堂時年二十二葬興平陵廟號顯宗帝少而聰敏有成人之量南頓王宗之誅也帝不之知及蘇峻平問周庾亮曰常日白頭公何在亮對以謀反伏誅帝泣謂亮曰舅言人作賊便殺之人言舅作賊復若何亮懼變色庾懌嘗送酒於江州刺史王允之允之與犬犬斃懼而表之帝怒曰大舅已亂天下小舅復欲爾邪懌聞飲藥而死然少為舅氏所制不親庶政及長頗留心萬機務在簡約常欲於後園作射堂計用四十金以勞費乃止雄武之度雖有媿於前王恭儉之德足追蹤於往烈矣

康皇帝諱岳字世同成帝母弟也咸和元年封吳王二年徙封琅邪王九年拜散騎常侍加驃騎將軍咸康五年遷侍中司徒八年六月庚寅成帝不悆詔以琅邪王為嗣癸巳成帝崩甲午即皇帝位大赦諸屯戍文武及二千石官長不得輒離所局而來奔赴己亥封成帝子丕為琅邪王弈為東海王時帝諒陰不言委政于庾冰何充秋七月景辰葬成皇帝于興平陵帝親奉奠於西階既發引徒行至閶闔門升素輿至於陵所己未以中書令何充為驃騎將軍八月辛丑彭城王紘薨以江州刺史王允之為衛將軍九月詔琅邪國及府吏進位各有差冬十月甲午衛將軍王允之卒十二月增文武位二等壬子立皇后褚氏

建元元年春正月改元賑卹鰥寡孤獨三月以中書監庾冰為車騎將將軍夏四月益州刺史周撫西陽太守曹據伐李壽敗其將李恒于江陽五月旱六月壬午又以束帛徵處士南陽翟湯會稽虞喜有司奏成帝崩一周請改素服御進膳如舊壬寅詔曰禮之降殺因時而寢興誠無常矣至於君親相準名教之重莫之改也權制之作蓋出近代雖曰適事實弊薄之始先王崇之後世猶怠而況因循又從輕降義弗可矣石季龍帥衆伐慕容皝皝大敗之秋七月石季龍將戴開帥衆來降丁巳詔曰慕容皝摧殄羯寇乃云死没八萬餘人將是其天亡之始也中之事宜加籌量且戴開已帥部黨歸順宜見慰勞其遣使詣安西驃騎諮謀諸軍事以輔國將軍琅邪內史桓溫為前鋒小督假節帥衆入

臨淮安西將軍庾翼為征討大都督遷鎮襄陽庚申晉陵吳郡災八月李壽死子勢嗣偽位石季龍使其將劉寧攻陷狄道冬十月辛巳以車騎將軍庾冰都督荊江司雍益梁六州諸軍事江州刺史以驃騎將軍何充為中書監都督揚豫二州諸軍事揚州刺史錄尚書事輔政以琅邪內史桓溫都督青徐兗三州諸軍事徐州刺史褚裒為衛將軍領中書令十一月己巳大赦十二月石季龍侵張駿駿使其將軍謝艾拒之大戰于河西季龍敗績十二月高句驪遣使朝獻

二年春正月張駿遣其將和驎謝艾討南羌于闐和大破之二月慕容皝及鮮卑帥宇文歸戰于昌黎歸衆大敗奔于漠北四月張駿將張瓘敗石季龍將王擢于三交城秋八月景子進安西將軍庾翼為征將軍庚辰持節都督司雍梁三州諸軍事梁州刺史平北將軍竟陵公桓宣卒丁巳以衛將軍褚裒為特進都督徐兗二州諸軍事兗州刺史鎮金城九月巴東太守楊謙擊李勢勢將申陽走之獲其將樂高景申立皇子眀為皇太子戊戌帝崩于式乾殿時年二十三葬崇平陵初成帝有疾中書令庾冰自以舅氏當朝權侔人主恐異世之後戚屬將踈乃言國有彊敵宜立長君遂以帝為嗣制度年號再興中朝因改元曰建元或謂冰曰郭璞讖云立始之際丘山傾立者建也始者元也丘山諱也冰瞿然既而歎曰如有吉凶豈改易所能救乎至是果驗云

史臣曰肆虐滔天豈伊朝夕若乃詳刑不怨庶情猶仰又可以見逆順之機焉成帝因削弱之資守江淮之地政出渭陽聲乖威服凶徒既縱神器阽危京華無鼓庾之資宮室類咸陽之火桀犬吠堯封狐嗣亂方諸后羿曷若斯之甚也及我皇駕篤不有晉文之師繫于苞桑且賴陶公之力古之侯服不幸臣家天子宣遊則避宮北面聞諸遺策用為恒範顯宗於王導之門斂衣前拜豈魯公受玉之卑乎帝亦克儉于躬庶能激揚流獘者也

贊曰惟皇夙表余舅爲毗勤於致寇拙於行師火及君屋兵纏帝帷石頭之駕海內含悲康后天資居哀禮縟隧出典方輿降齡奚促

晉書帝紀卷第七

帝紀卷第八　晉書八　御撰

穆帝　哀帝　海西公

穆皇帝諱聃字彭子康帝子也建元二年九月景申立為皇太子戊戌康帝崩己亥太子即皇帝位時年二歲大赦尊皇后為皇太后壬寅皇太后臨朝攝政冬十月乙丑葬康皇帝于崇平陵十一月庚辰車騎將軍庾冰卒

○永和元年春正月甲戌朔皇太后設白紗帷於太極殿抱帝臨軒改元甲申進鎮軍將軍武陵王晞為鎮軍大將軍開府儀同三司以鎮軍將軍顧衆為尚書右僕射夏四月壬戌詔會稽王昱錄尚書六條事五月戊寅大雩尚書令金紫光祿大夫建安伯諸葛恢卒六月癸亥地震秋七庚午持節都督江荊司梁雍益寧七州諸軍事江州刺史征西將軍都亭侯庾翼卒翼部將千瓚戴羲等殺冠軍將軍曹據舉兵反安西司馬朱燾討平之八月豫州刺史路永叛奔于石季龍庚辰以輔國將軍徐州刺史桓溫為安西將軍持節都督荊司雍益梁寧六州諸軍事領護南蠻校尉荊州刺史石季龍將路永屯于壽春九月景申皇太后詔曰今百姓勞弊其共思詳所以振卹之宜及歲常調非軍國要急者並宜停之冬十二月李勢將爨頠來奔涼州牧張駿伐焉耆降之

二年春正月景寅大赦己卯使持節侍中都督揚州諸軍事揚州刺史驃騎將軍錄尚書事都鄉侯何充卒二月癸丑以左光祿大夫蔡謨領司徒錄尚書六條事撫軍大將軍會稽王昱及謨並輔政三月景子以前司徒左長史殷浩為建武將軍揚州刺史夏四月己酉朔日有蝕之五月景戌涼州牧張駿卒子重華嗣六月石季龍將王擢襲武街執張重華護軍胡宣又使麻秋孫伏都伐金城太守張沖降之重華將謝艾擊秋敗之秋七月以兗州刺史褚裒為征北大將軍開府儀同三司冬十月地震十一月辛未安西將軍桓溫帥征虜將軍周撫輔國將軍譙王無忌建武將軍袁喬伐蜀拜表輒行十二月枉矢自東南流于西北其長半天

三年春三月乙卯桓溫攻成都剋之丁亥李勢降益州平林邑范文攻陷日南害太守夏侯覽以尸祭天夏四月地震蜀人鄧定隗文舉兵反

桓溫又擊破之使益州刺史周撫鎮彭模丁巳鄧定隗文等入據成都征虜將軍楊謙棄涪城退保德陽五月戊申進慕容皝為安北將軍石季龍又使其將石寧麻秋等伐涼州次于曲柳張重華使將軍牛旋禦之退守枹罕六月辛酉大赦秋七月范文復陷日南害督護劉雄隗文立范賁為帝八月戊午張重華將謝艾進擊麻秋大敗之九月地震冬十月乙丑假涼州刺史張重華大都督隴右關中諸軍事護羌校尉大將軍武都氐王楊初為征南將軍雍州刺史平羌校尉仇池公並假節十二月振威護軍蕭敬文害征虜將軍楊謙攻涪城陷之遂取巴西通于漢中

四年夏四月范文寇九德多所殺害五月大水秋八月進安西將軍桓溫為征西大將軍開府儀同三司封臨賀郡公西中郎將謝尚為安西將軍九月景申慕容皝死子儁嗣偽位冬十月己未地震石季龍使其將苻健寇竟陵十二月豫章人黃韜自號孝神皇帝聚衆數千寇臨川太守庾條討平之

五年春正月辛巳朔大赦庚寅地震石季龍僭即皇帝位於鄴二月征北大將軍褚裒使部將王龕北伐獲石季龍將支重夏四月益州刺史周撫龍驤將軍朱燾擊范賁獲之益州平封周撫為建城公假慕容儁大將軍幽平二州牧大戰于燕王征西大將軍桓溫遣督護滕畯討范文為文所敗石季龍死子世嗣偽位五月石遵廢世而自立六月桓溫屯安陸遣諸將討河北石遵揚州刺史王浹以壽陽來降秋七月褚裒進次彭城遣部將王龕李邁及石遵將李農戰于代陂王師敗績王龕為農所執李邁死之八月褚裒退屯廣陵西中郎將陳逵焚壽春而遁梁州刺史司馬勳攻石遵長城戍仇池公楊初襲西城皆破之冬十月石遵將石遇攻宛陷之執南陽太守郭啓司馬勳進次懸鉤石季龍故將麻秋拒之勳退還梁州十一月景辰石鑒弒石遵而自立十二月己丑使持節都督徐兗二州諸軍事徐州刺史征北大將軍開府儀同三司都鄉侯褚裒卒以建武將軍吳國內史荀羨為使持節監徐兗二州諸軍事北中郎將徐州刺史

六年春正月帝臨朝以褚裒喪故懸而不樂閏月冉閔弒石鑒僭稱天王國號魏鑒弟祗僭帝號于襄國丁丑彗星見于亢己丑加中軍將軍殷浩督揚豫徐兖青五州諸軍事假節氐師苻洪遣使來降以爲氐王封廣川郡公假洪子健節監河北諸軍事右將軍封襄國縣公三月石季龍故將麻秋鴆殺苻洪于枋頭夏五月大水廬江太守袁眞攻合肥尅之六月石祗遣其弟琨攻冉閔將王泰於邯鄲琨師敗績秋八月輔國將軍譙王無忌薨苻健帥衆入關冬十一月冉閔圍襄國十二月免司徒蔡謨爲庶人是歲大疫

七年春正月丁酉日有蝕之辛丑鮮卑段龕以青州來降苻健僭稱王國號秦二月戊寅以段龕爲鎮北將軍封齊公石祗大敗冉閔于襄國夏四月梁州刺史司馬勳出步騎三萬自漢中入秦川與苻健戰于五丈原王師敗績加尚書令顧和開府儀同三司劉顯弒石祗五月祗兖州刺史劉啓自鄄城來奔秋七月尚書令左光祿大夫開府儀同三司顧和卒甲辰濤水入石頭溺死者數百人八月冉閔豫州牧張遇以許昌來降拜鎮西將軍九月峻陽太陽二陵崩甲辰帝素服臨於太極殿三日遣兼太常趙拔脩復山陵冬十月雷雨震電十一月石祗將姚弋仲冉閔將魏脫各遣使來降以弋仲爲車騎將軍大單于封高陵郡公弋仲子襄爲平北將軍都督并州諸軍事并州刺史平鄉縣公脫爲安北將軍監冀州諸軍事冀州刺史十二月辛未征西大將軍桓溫帥衆北伐次于武昌而止時石季龍故將周成屯廩丘高昌屯野王樂立屯許昌李歷屯衛國皆相次來降

八年春正月辛卯日有蝕之劉顯僭帝號於襄國冉閔擊破殺之苻健僭帝號於長安二月峻平崇陽二陵崩戊辰帝臨三日遣殿都尉王惠如洛陽以衛五陵鎮西將軍張遇反於許昌使其黨上官恩據洛陽樂弘攻督護戴施於倉垣三月使北中郎將荀羨鎮淮陰苻健別帥侵順陽太守薛珍擊破之夏四月冉閔爲慕容儁所滅儁僭帝號於中山稱燕安西將軍謝尚帥姚襄與張遇戰於許昌之誡橋王師敗績苻健使其弟雄襲遇虜之秋七月大雩石季龍故將王擢遣使請降拜鎮西將

軍秦州刺史丁酉以鎮軍大將軍武陵王晞爲大宰撫軍大將軍會稽王昱爲司徒征西大將軍桓温爲太尉八月平西將軍周撫討蕭敬文於涪城斬之冉閔子智以鄴降督護戴施獲其傳國璽送之文曰受天之命皇帝壽昌百僚畢賀九月冉智爲其將馬願所執降于慕容恪中軍將軍殷浩帥衆北伐次泗口遣河南太守戴施據石門滎陽太守劉遯戍倉垣冬十月秦州刺史王擢爲苻健所逼奔于涼州

九年春正月乙卯朔大赦張重華使王擢與苻健將苻雄戰擢師敗績景寅皇太后與帝同拜建平陵三月旱交州刺史阮敷討林邑范佛於日南破其五十餘壘夏四月以安西將軍謝尚爲尚書僕射五月大疫張重華復使王擢襲秦州取之仇池公楊初爲苻雄所敗秋七月丁酉地震有聲如雷八月遣兼太尉河間王欽修復五陵冬十月中軍將軍殷浩進次山桑使平北將軍姚襄爲前鋒襄叛反擊浩浩棄輜重退保譙城丁未涼州牧張重華卒子耀靈嗣是月張祚弒耀靈而自稱涼州牧十一月殷浩使部將劉啓王彬之討姚襄復爲襄所敗襄遂進據芍陂十二月加尚書僕射謝尚爲都督豫揚江西諸軍事領豫州刺史鎮歷陽

○十年春正月己酉朔帝臨朝以五陵未復懸而不樂涼州牧張祚僭帝位冉閔降將周成舉兵反自宛陵襲洛陽辛酉河南太守戴施奔鮪渚丁卯地震有聲如雷二月己丑太尉征西將軍桓温帥師伐關中廢揚州刺史殷浩爲庶人以前會稽內史王述爲揚州刺史夏四月己亥温及苻健子萇戰于藍田大敗之五月江西乞活郭敞等執陳留內史劉仕而叛京師震駭以吏部尚書周閔爲中軍將軍屯于中堂豫州刺史謝尚自歷陽還衛京師六月苻健將苻雄悉衆及桓温戰于白鹿原王師敗績秋九月辛酉桓温糧盡引還

十一年春正月甲辰侍中汝南王統薨平羌校尉仇池公楊初爲其部將梁式所害初子國嗣位因拜鎮北將軍秦州刺史齊公段龕襲慕容儁將榮國於郎山取之夏四月壬申隕霜乙酉地震姚襄帥衆寇外黃冠軍將軍高季大破之五月丁未地又震六月苻健死其子生嗣僞位秋七月宋混張瓘弒張祚而立耀靈弟玄靚爲大將軍涼州牧遣使來

降以吏部尚書周閔為尚書左僕射領軍將軍王彪之為尚書右僕射
冬十月進豫州刺史謝尚督并冀幽三州諸軍事鎮西將軍鎮馬頭十二
月慕容恪帥衆寇廣固壬戌上黨人馮鴦自稱太守背苻生遣使來降
○十二年春正月丁卯帝臨朝以皇太后母喪懸而不樂鎮北將軍段龕
及慕容恪戰于廣固大敗之恪退據安平二月辛丑帝講孝經三月姚
襄入于許昌以太尉桓溫為征討大都督以討之秋八月己亥桓溫及
姚襄戰於伊水大敗之襄走平陽徙其餘衆三千餘家於江漢之間執
周成而歸使揚武將軍毛穆之督護陳午輔國將軍河南太守戴施鎮
洛陽冬十月癸巳朔日有蝕之慕容恪攻段龕於廣固使北中郎將荀
羨帥師次于琅邪以救之十一月遣兼司空散騎常侍車灌龍驤將軍
袁真等持節如洛陽脩五陵十二月庚戌以有事於五陵告于太廟帝
及群臣皆服緦於太極殿臨三日是歲仇池公楊國為其從父俊所殺
俊自立
升平元年春正月壬戌朔帝加元服告于太廟始親萬機大赦改元增

文武位一等皇太后居崇德宮丁丑隕石于槐里一是月鎮北將軍齊
公段龕為慕容恪所陷遇害扶南天竺旃檀獻馴象詔曰昔先帝以殊
方異獸或為人患禁之今及其未至可令還本土三月帝講孝經壬申
親釋奠於中堂夏五月庚午鎮西將軍謝尚卒苻生將苻眉苻堅擊姚
襄戰于三原斬之六月苻堅殺苻生而自立以軍司謝奕為使持節都
督安西將軍豫州刺史秋七月苻堅將張平以并州降遂以為并州刺
史八月丁未立皇后何氏大赦賜孝悌鰥寡米人五斛逋租宿債皆勿
收大酺三日冬十月皇后見于太廟十一月雷十二月以太常王彪之
為尚書左僕射
二年春正月司徒會稽王昱稽首歸政帝不許二月慕容儁陷冀州諸
郡詔安西將軍謝奕北中郎將荀羨北伐三月佽飛督王饒獻鴆鳥帝
怒鞭之二百使殿中御史焚其鳥於四達之衢夏五月大水有星孛于
天船六月并州刺史張平為苻堅所逼帥衆三千奔于平陽堅追敗之
慕容恪進據上黨冠軍將軍苻鴦以衆叛歸慕容儁儁盡陷河北之地

秋八月安西將軍謝奕卒壬申以吳興太守謝万為西中郎將持節監
司豫冀并四州諸軍事豫州刺史以散騎常侍郗曇為北中郎將持節
都督徐兗青冀幽五州諸軍事徐兗二州刺史鎮下邳冬十月乙丑陳
留王曹勵薨十二月庚子雷辛酉地震十二月北中郎將荀羨及慕容
儁戰于山茌王師敗績
三年春三月甲辰詔以比年出軍糧運不繼五公已下十三户借一人
一年助運秋七月平北將軍高昌為慕容儁所逼自白馬奔于滎陽冬
十月慕容儁寇東阿遣西中郎謝万次下蔡北中郎將郗曇次高平以擊
之王師敗績十一月戊子進揚州刺史王述為衛將軍十二月又以中軍
將軍琅邪王丕為驃騎將軍東海王奕為車騎將軍封武陵王晞子
璲為梁王交州刺史溫放之帥兵討林邑參黎耽潦並降之
四年春正月仇池公楊俊卒子世嗣景戌慕容儁死子暐嗣僞位二月
鳳皇將九鶵見于豐城秋七月以軍役繁興省用徹膳八月辛丑朔日有
蝕之既冬十月天狗流于西南十一月封太尉桓溫為南郡公溫弟沖

為豐城縣公子濟為臨賀郡公鳳凰復見豐城衆鳥隨之
五年春正月戊戌大赦賜鰥寡孤獨不能自存者人米五斛北中郎將
都督徐兗青冀幽五州諸軍事徐兗二州刺史郗曇卒二月以鎮軍將
軍范汪為都督徐兗青冀幽五州諸軍事安北將軍徐兗二州刺史平
南將軍廣州刺史陽夏侯滕含卒夏四月大水太尉桓溫鎮宛使其弟
豁將兵取許昌鳳凰見于沔北五月丁巳帝崩于顯陽殿時年十九葬
永平陵廟號孝宗
哀皇帝諱丕字千齡成帝長子也咸康八年封為琅邪王永和元年拜
散散常侍十二年加中軍將軍升平三年除驃騎將軍五年五月丁巳
穆帝崩皇太后令曰帝奄不救疾胤嗣未建琅邪王丕中興正統明德
懋親昔在咸康屬當儲貳以年在幼冲未堪國難故顯宗高讓今義望
情地莫與為比其以王奉大統於是百官備法駕迎于琅邪第庚申即
皇帝位大赦壬戌詔曰朕獲承明入纂大統顧惟先王宗廟蒸嘗無主
太妃喪庭邈然靡寄悲痛感摧五內抽割宗國之尊情禮兼隆胤嗣之

重義無與二東海王弈戚屬親近宜奉本統其以弈為琅邪王秋七月戊午葬穆皇帝于永平陵慕容恪攻陷野王守將呂護退保滎陽八月己卯夜天裂廣數丈有聲如雷九月戊申立皇后王氏穆帝皇后何氏稱永安宮呂護叛奔于慕容暐冬十月安北將軍范汪有罪廢為庶人十一月景辰詔曰顯宗成皇帝顧命以時事多艱弘高世之風樹德博重以隆社稷而國故不已康穆早世胤祚不融朕以寡德復承先緒感惟永慕悲痛兼摧夫昭穆之義固宜本之天屬繼體承基古今常道宜上嗣顯宗以脩本統十二月加涼州刺史張玄靚為大都督隴右諸軍事護羌校尉西平公

隆和元年春正月壬子大赦改元甲寅減田稅畝收二升是月慕容暐將呂護傅末波攻陷小壘以逼洛陽二月辛未以輔國將軍吳國內史庾希為北中郎將徐兗二州刺史鎮下邳前鋒監軍龍驤將軍袁真為西中郎將監護豫司并冀四州諸軍事豫州刺史鎮汝南並假節景子尊所生周氏為皇太妃三月甲寅朔日有蝕之夏四月旱詔出輕繫振

困乏丁丑梁州地震浩亹山崩呂護復寇洛陽乙酉輔國將軍河南太守戴施奔于宛五月丁巳遣北中郎將庾希竟陵太守鄧遐以舟師救洛陽秋七月呂護等退守小平津進琅邪王弈為侍中驃騎大將軍開府鄧遐進屯新城庾希部將何謙及慕容暐將劉則戰于檀丘破之八月西中郎將袁真進次汝南運米五万斛以饋洛陽冬十月賜貧乏者米人五斛章武王珍薨十二月戊午朔日有蝕之詔曰戎旅路次未得輕簡賦役玄象失度亢旱為患豈政事未洽有版築渭濱之士邪其搜揚隱滯蠲除苛碎詳議法令咸從損要庾希自下邳退鎮山陽袁真自汝南退鎮壽陽

興寧元年春二月己亥大赦改元三月壬寅皇太妃薨于琅邪第癸卯帝奔喪詔司徒會稽王昱揔內外衆務夏四月慕容暐寇滎陽太守劉遠奔魯陽甲戌揚州地震湖瀆溢五月加征西大將軍桓溫侍中大司馬都督中外諸軍事錄尚書事假黃鉞復以西中郎將袁真都督司冀并三州諸軍事北中郎將庾希都督青州諸軍事癸卯慕容暐陷密城

滎陽太守劉遠奔于江陵秋七月張天錫弒涼州刺史西平公張玄靚自稱大將軍護羌校尉涼州牧西平公丁酉葬章皇太妃八月有星孛于角亢入天市九月壬戌大司馬桓溫帥衆北伐癸亥以皇子生大赦冬十月甲申立陳留王世子恢為王十一月姚襄故將張駿殺江州督護趙毗焚武昌略府藏以叛江州刺史桓沖討斬之是歲慕容暐將慕容塵攻陳留太守袁披于長平汝南太守朱斌承虛襲許昌克之

二年春二月庚寅江陵地震慕容暐將慕容評襲許昌潁川太守李福死之評遂侵汝南太守朱斌遁于壽陽又進圍陳郡太守朱輔嬰城固守桓溫遣江夏相劉岵擊退之改左軍將軍為游擊將軍罷右軍前軍後軍將軍五校三將官癸卯帝親耕籍田三月庚戌朔大閱戶人嚴法禁稱為庚戌制辛未帝不悆帝雅好黃老斷穀餌長生藥服食過多遂中毒不識萬機崇德太后復臨朝攝政夏四月甲辰慕容暐遣其將李洪侵許昌王師敗績于懸瓠朱斌奔于淮南朱輔退保彭城桓溫遣西中郎將袁真江夏相劉岵等鑿陽儀道以通運溫帥舟師次于合肥慕容

塵復屯許昌五月遷陳人于陸以避之戊辰以揚州刺史王述為尚書令衞將軍以桓溫為揚州牧錄尚書事壬申遣使喻溫入相溫不從秋七月丁卯復徵溫入朝八月溫至赭圻遂城而居之苻堅別帥侵河南慕容暐寇洛陽九月冠軍將軍陳祐留長史沈勁守洛陽帥衆奔新城

○三年春正月庚申皇后王氏崩二月乙未以右將軍桓豁監荊州揚州之義城雍州之京兆諸軍事領南蠻校尉荊州刺史桓沖監江州荊州之江夏隨郡豫州之汝南西陽新蔡潁川六郡諸軍事南中郎將江州刺史領南蠻校尉並假節景申帝崩于西堂時年二十五葬安平陵

廢帝諱奕字延齡哀帝之母弟也咸康八年封為東海王永和八年拜散騎常侍尋加鎮軍將軍升平四年拜車騎將軍五年改封琅邪王隆和初轉侍中驃騎大將軍開府儀同三司興寧三年二月景申哀帝崩無嗣丁酉皇太后詔曰帝遂不救厥疾艱禍仍臻遺緒泯然哀慟切心琅邪王弈明德茂親屬當儲嗣宜奉祖宗纂承大統便速正大礼以寧人神於是百官奉迎于琅邪第是日即皇帝位大赦三月壬申葬哀皇

帝于安平陵癸酉散騎常侍河間王欽薨景子慕容暐將慕容恪陷洛陽寧朔將軍竺瑤奔于襄陽冠軍長史揚武將軍沈勁死之夏六月戊子使持節都督益寧二州諸軍事鎮西將軍益州刺史建城公周撫卒秋七月匈奴左賢王衛辰右賢王曹轂帥眾二萬侵苻堅杏城己酉改封會稽王昱爲琅邪王壬子立皇后庾氏封琅邪王昱子昌明爲會稽王冬十月梁州刺史司馬勳反自稱成都王十一月帥眾入劒閣攻涪西夷校尉毋丘暐棄城而遁乙卯圍益州刺史周楚于成都桓溫遣江夏相朱序救之十二月戊戌以會稽內史王彪之爲尚書僕射

太和元年春二月己丑以涼州刺史張天錫爲大將軍都督隴右關中諸軍事西平郡公景申以宣城內史桓祕爲持節監梁益二州征討諸軍事三月辛亥新蔡王邈薨荊州刺史桓豁遣督護桓羆攻南鄭魏興人畢欽舉兵以應羆夏四月旱五月戊寅皇后庾氏崩朱序攻司馬勳於成都眾潰執勳斬之秋七月癸酉葬孝皇后于敬平陵九月甲午曲赦梁益二州冬十月辛丑苻堅將王猛楊安攻南鄉荊州刺史桓豁救之師次新野而猛安退以會稽王昱爲丞相十二月南陽人趙弘趙憶等據宛城反太守桓澹走保新野慕容暐將慕容厲陷魯郡高平

二年春正月北中郎將庾希有罪走入于海夏四月慕容暐將慕容塵寇竟陵太守羅崇擊破之苻堅將王猛寇涼州張天錫距之猛師敗績五月右將軍桓豁擊趙憶走之進獲慕容暐將趙槃送于京師秋九月以會稽內史郗愔爲都督徐兗青幽四州諸軍事平北將軍徐州刺史冬十月乙巳彭城王玄薨

三年春三月丁巳朔日有蝕之癸亥大赦夏四月癸巳雨雹大風折木秋八月壬寅尚書令衛將軍藍田侯王述卒

四年夏四月庚戌大司馬桓溫帥眾伐慕容暐秋七月辛卯暐將慕容垂帥眾距溫溫擊敗之九月戊寅桓溫裨將鄧遐朱序遇暐將傅末波於林渚又大破之戊子溫至枋頭景申以糧運不繼焚舟而歸辛丑慕容垂追敗溫後軍於襄邑冬十月大星西流有聲如雷己巳溫收散卒屯于山陽豫州刺史袁眞以壽陽叛十一月辛丑桓溫自山陽及會稽王昱會于涂中將謀後舉十二月遂城廣陵而居之

五年春正月己亥袁眞子雙之愛之害梁國內史朱憲汝南內史朱斌二月癸酉袁眞死陳郡太守朱輔立眞子瑾嗣事求救於慕容暐夏四月辛未桓溫部將竺瑤破瑾於武丘秋七月癸酉朔日有蝕之八月癸丑桓溫擊袁瑾於壽陽敗之九月苻堅將王猛伐慕容暐陷其上黨廣漢妖賊李弘與益州妖賊李金根聚眾反弘自稱聖王眾萬餘人梓潼太守周虓討平之冬十月王猛大破慕容暐將慕容評於潞川十一月猛剋鄴獲慕容暐盡有其地

六年春正月苻堅遣將王鑒來援袁瑾將軍桓伊逆擊大破之丁亥桓溫剋壽陽斬袁瑾三月壬辰監益寧二州諸軍事冠軍將軍益州刺史建城公周楚卒夏四月戊午大赦賜窮獨米人五斛苻堅將苻雅伐仇池仇池公楊纂降之六月京都及丹楊晉陵吳郡吳興臨海並大水秋八月以前寧州刺史周仲孫爲假節監益梁二州諸軍事益州刺史冬十月壬子高密王俊薨十一月癸卯桓溫自廣陵屯于白石丁未詣闕因圖廢立誣帝在藩夙有痿疾嬖人相龍計好朱靈寶等參侍內寢而二美人田氏孟氏生三男長欲封樹時人惑之溫因諷太后以伊霍之舉己酉集百官于朝堂宣崇德太后令曰王室艱難穆哀短祚國嗣不育儲宮靡立琅邪王奕親則母弟故以入纂大位不圖德之不建乃至於斯昏濁潰亂動違禮度有此三孽莫知誰子人倫道喪醜聲遐布既不可以奉守社稷敬承宗廟且昏孽並大便欲建樹儲藩誣罔祖宗傾移皇基是而可忍孰不可懷今廢奕爲東海王以王還第供衛之儀皆如漢朝昌邑故事但未亡人不幸罹此百憂感念存沒心焉如割社稷大計義不獲已臨紙悲塞如何可言於是百官入太極前殿即日桓溫使散騎侍郎劉享收帝璽綬帝著白帢單衣步下西堂乘犢車出神獸門群臣拜辭莫不歔欷侍御史殿中監將兵百人衛送東海第初桓溫有不臣之志欲先立功河朔以收時望及枋頭之敗威名頓挫遂潛謀廢立以長威權然憚帝守道恐招時議以宮闈重閟床第易誣乃言帝爲閹遂行廢辱初帝平生每以爲慮嘗召術人扈謙筮之卦成答曰晉室

有盤石之固陛下有出宮之象竟如其言咸安二年正月降封帝為海西縣公四月徙居吳縣勑吳國内史刁彝防衛又遣御史顧允監察之十一月妖賊盧悚遣弟子殿中監許龍晨到其門稱太后密詔奉迎興復帝初欲從之納保母諫而止龍曰大事將捷焉用兒女子言乎帝曰我得罪於此幸蒙寬宥豈敢妄動哉且太后有詔便應官屬來何獨使汝也汝必為亂因叱左右縛之龍懼而走帝知天命不可再深慮橫禍乃杜塞聰明無思無慮終日酣暢耽于内寵有子不育庶保天年時人憐之為作歌焉朝廷以帝安於屈辱不復為虞太元十一年十月甲申薨于吳時年四十五

史臣曰孝宗因繈抱之姿用母氏之化中外無事十有餘年以武安之才啓之疆埸以文王之風被乎江漢則孔子所謂吾無間然矣哀皇寬惠可以為君而鴻祀禳天用塵其德東海違許龍之駕屈放命之臣所謂柔弱勝剛彊得盡於天年者也

贊曰委裘稱化大孝為宗遵彼聖善成茲允恭西旌玉壘北旆金墉遷殷舊楚莫不來從哀后寬仁惟靈既集海西多故時災見及彼異阿衡我非昌邑

帝紀卷第八　晉書八

簡帝　孝武帝

簡文皇帝諱昱字道萬元帝之少子也幼而岐嶷爲元帝所愛郭璞見而謂人曰興晉祚者必此人也及長淸虚寡欲尤善玄言永昌元年元帝詔曰先公武王先考恭王君臨琅邪繼世相承國嗣未立蒸嘗靡主朕常悼心子昱仁明有智度可以虔奉宗廟以慰罔極之恩其封昱爲琅邪王食會稽宣城如舊咸和元年所生鄭夫人薨帝時年七歲號慕泣血固請服重元帝哀而許之故徙封會稽王拜散騎常侍九年遷右將軍加侍中咸康六年進撫軍將軍領秘書監建元元年夏五月癸丑康帝詔曰太常職奉天地兼掌宗廟其爲任也可謂重矣是以古今選建未嘗不妙簡時望兼之儒雅會稽王叔履尚淸虚志道无倦優游上列諷議朝肆其領太常本官如故永和元年崇德太后臨朝進位撫軍大將軍録尚書六條事二年驃騎何充卒康帝崩崇德太后詔帝專總萬機八年進位司徒固讓不拜穆帝始冠帝稽首歸政不許廢帝即位以琅邪王絶嗣復徙封琅邪而封王子昌明爲會稽王帝固讓故雖封琅邪而不去會稽之號太和元年進位丞相録尚書事入朝不趨讚拜不名劒履上殿給羽葆鼓吹班劒六十人又固讓及廢帝廢皇太后詔曰丞相録尚書會稽王體自中宗明德劭令英秀玄虚神棲事外以具瞻允塞故阿衡三世道化宣流人望攸歸爲日已久宜從天人之心以統皇極主者明依舊典以時施行於是大司馬桓溫率百官進太極前殿具乘輿法駕奉迎帝於會稽邸於朝堂變服著平巾幘單衣東向拜受璽綬

咸安元年冬十一月己酉即皇帝位桓溫出次中堂分兵屯衛乙卯溫奏廢太宰武陵王晞及子總詔魏郡太守毛安之帥所領宿衛殿内改元爲咸安庚戌使兼太尉周頤告于太廟辛亥桓溫遣弟秘逼新蔡王晃詣西堂自列与太宰武陵王晞等謀反帝對之流涕溫皆收付廷尉癸丑殺東海王三子及其母初帝以沖虚簡貴歷宰三世溫素所敬憚及初即位溫乃撰辭欲自陳述帝引見對之悲泣溫懼不能言至是有司承其旨奏誅武陵王晞帝不許溫固執至于再三帝手詔報曰若晉祚靈長公便宜奉行前詔如其大運去矣請避賢路溫覽之流汗變色不復敢言乙卯廢晞及其三子徙于新安景辰放新蔡王晃于衡陽戊午詔曰王室多故穆哀早世皇儲夙遷神器无主東海王以母弟近屬入纂大統嗣位經年昏闇亂常人倫虧喪大禍將及則我祖宗之靈靡知所託皇太后深懼皇基時定大計大司馬因順天人協同神略親帥群后恭承明命雲霧既除皇極載淸乃顧朕躬仰承洪緒雖伊尹之寧殷朝博陸之安漢室无以尚也朕以寡德猥居元首實懼眇然不克負荷戰戰兢兢罔知攸濟思与兆庶更始其大赦天下大酺五日增文武位二等孝順忠貞鰥寡孤獨米人五斛己未賜溫軍三萬人人布一匹米一斛庚申加大司馬桓溫爲丞相不受辛酉溫旋自白石因鎮姑孰以冠軍將軍毛武生都督荊州之沔中揚州之義城諸軍事十二月戊子詔以京都有經年之儲權停一年之運庚寅廢東海王奕爲海西公食邑四千戶辛卯初薦酃淥酒於太廟

二年春正月辛丑百濟林邑王各遣師貢方物二月苻堅伐慕容桓於遼東滅之三月丁酉詔曰朕居阿衡三世不能濟彼時雍乃至海西失德殆傾皇祚賴祖宗靈祇之德皇太后淑體應期藩輔忠賢百官戮力用能蕩氛霧於昊蒼耀晨輝於宇宙遂以眇身託于王公之上思賴群賢以弼其闕夫敦本息末抑絶華競使淸濁異流能否殊貫官无秕政士无謗讟不有懲勸則德礼焉施且強寇未殄勞役未息自非軍國戎祀之要其華飾煩費之用皆省之夫肥遯窮谷之賢滯泥揚波之士雖抗志玄霄潛默幽岫貞屈高尚之道以隆協贊之美孰与自足山水栖遲丘壑徇匹夫之絜而忘兼濟之大邪古人不借賢於異代朕所以虚想於今日内外百官各勤所司使善无不達惡无不聞令詩人无素餐之刺而吾獲虚心之求焉癸丑詔曰吾承祖宗洪基而昧于政道懼不能允釐天工克隆先業夕惕惟憂若涉泉水賴宰輔忠德道濟伊望群后竭誠協契斷金内外盡匡翼之規文武致匪躬之節異因斯道終克弘濟每念干戈未戢公私疲悴藩鎮有疆理之務征戍懷東山之勤或白

首戎陣忠勞未敘或行役彌久儋石靡儲何嘗不眛旦晨興夜分忘寢
雖未能撫而巡之且欲達其此心可遣大使詣大司馬并問方伯逮于
邊戍宣詔大饗求其所安又籌量賜給悉令周普乙卯詔曰往事故之
後百度未充群僚常俸並皆寡約蓋隨時之義也然退食在朝而祿不
代耕非經通之制今資儲漸豐可籌量增俸騶虞見豫章夏四月徙海
西公於吳縣西柴里追貶庾后曰夫人六月遣使拜百濟王餘句為鎮
東將軍領樂浪太守戊子前護軍將軍庾希舉兵反自海陵入京口晉
陵太守卞眈奔于曲阿秋七月壬辰桓溫遣東海內史周少孫討希擒
之斬于建康帝乙未立會稽王昌明為皇太子皇子道子為琅邪王領
會稽內史是日帝崩于東堂時年五十三葬高平陵廟號太宗遺詔以
桓溫輔政依諸葛亮王導故事帝少有風儀善容止留心典籍不以居
處為意凝塵滿席湛如也嘗與桓溫及武陵王晞同載遊版橋溫遽令
鳴鼓吹角車馳卒奔欲觀其所為晞大恐求下車而帝安然無懼色溫
由此憚服溫既杖文武之任屢建大功加以廢立威振內外帝雖處尊
位拱默守道而已常懼廢黜先是熒惑入太微尋而海西廢及帝登阼
熒惑又入太微帝甚惡焉時中書郎郗超在直帝乃引入謂曰命之脩
短本所不計故當無復近日事邪超曰大司馬臣溫方內固社稷外恢
經略非常之事臣以百口保之及超請急省其父帝謂之曰致意尊公
家國之事遂至於此由吾不能以道匡衞愧歎之深言何能喻因詠庾
闡詩云志士痛朝危忠臣哀主辱遂泣下霑襟帝雖神識恬暢而無濟
世大略故謝安稱為惠帝之流清談差勝耳沙門支道林嘗言會稽有
遠體而無遠神謝靈運迹其行事亦以為赧獻之輩云

孝武皇帝諱曜字昌明簡文帝第三子也興寧三年七月甲申初封會
稽王咸安二年秋七月己未立為皇太子是日簡文帝崩太子即皇帝
位詔曰朕以不造奄丁閔凶號天扣地靡知所訴藐然幼沖眇若綴旒
深惟社稷之重大懼不克負荷仰憑祖宗之靈積德之祀先帝淳風玄
化遺詠在民宰輔英賢勳隆德盛顧命之託寔賴匡訓群后率職百寮
勤政冀孤弱之躬有寄皇極之基不隊先恩遺惠播于四海思弘餘潤

以康黎庶其大赦天下與民更始九月甲寅追尊皇妣會稽王妃曰順
皇后冬十月丁卯葬簡文皇帝于高平陵十一月甲午妖賊盧悚晨入殿
庭游擊將軍毛安之等討擒之是歲三吳大旱人多餓死詔所在賑給
苻堅陷仇池執秦州刺史楊世

寧康元年春正月己丑朔改元二月大司馬桓溫來朝三月癸丑詔除
丹楊竹格等四桁稅夏五月旱秋七月己亥使持節侍中都督中外諸軍
事丞相錄尚書大司馬揚州牧平北將軍徐兗二州刺史南郡公桓溫
薨庚戌進右將軍桓豁為征西將軍以江州刺史桓沖為中軍將軍都
督揚豫江三州諸軍事揚州刺史鎮姑孰八月壬子崇德太后臨朝攝
政九月苻堅將楊安寇成都景申以尚書僕射王彪之為尚書令吏部
尚書謝安為尚書僕射吳國內史刁彝為北中郎將徐兗二州刺史鎮
廣陵復置光祿勳大司農少府官冬十月西平公張天錫貢方物十一
月苻堅將楊安陷梓潼及梁益二州刺史周仲孫帥騎五千南遁

二年春正月癸未朔大赦追封諡故會稽世子郁為臨川獻王己酉北
中郎將徐兗二州刺史刁彝卒二月癸丑以丹楊尹王坦之為北中郎
將徐兗二州刺史丁巳有星孛于女虛三月景戌星見於氐夏四月壬
戌皇太后詔曰頃玄象或愆上天表異仰觀所變震懼于懷夫因變致
休自古之道朕敢不克意復心以思厥中又三吳奧壤股肱望郡而水
旱併臻百姓失業夙夜惟憂不能忘懷宜時拯卹救其彫困三吳義興
晉陵及會稽遭水之縣尤甚者全除一年租布其次聽除半年受振貸
者即以賜之五月蜀人張育自號蜀王帥眾圍成都遣使稱藩秋七月
涼州地震山崩苻堅將鄧羌攻張育滅之八月以長秋將建權停婚姻
九月丁丑有星孛于天市冬十一月己酉天門蜑賊攻郡太守王匪死
之征西將軍桓豁遣師討平之長城人錢步射錢弘等作亂吳興太守
朱序討平之癸酉威遠將軍桓石虔破苻堅將姚萇於墊江

三年春正月辛亥大赦夏五月景午北中郎將徐兗二州刺史藍田侯
王坦之卒甲寅以中軍將軍揚州刺史桓沖為鎮北將軍徐州刺史鎮
丹徒尚書僕射謝安領揚州刺史秋八月癸巳立皇后王氏大赦加文

武位一等九月帝講孝經冬十月癸酉朔日有蝕之十二月甲申神獸
門災癸未皇太后詔曰頃日蝕告變水旱不適雖克己思救未盡其方
其賜百姓窮者米人五斛癸巳帝釋奠于中堂祠孔子以顏回配
太元元年春正月壬寅朔帝加元服見于太廟皇太后歸政甲辰大赦
改元景午帝始臨朝以征西將軍桓豁爲征西大將軍領軍將軍郗愔
爲鎮軍大將軍中軍將軍桓沖爲車騎將軍加尚書僕射謝安中書監錄
尚書事甲子謁建平等四陵夏五月癸丑地震甲寅詔曰頃者上天垂
監譴告屢彰朕有懼焉震惕于心思所以議獄緩死赦過宥罪庶因大
變與之更始於是大赦增文武位各一等六月封河間王欽子範之爲
章武王秋九月苻堅將苟萇陷涼州虜刺史張天錫盡有其地乙巳除
度田收租之制公王以下口税米三斛蠲在役之身冬十月移淮北流人
於淮南十一月己巳朔日有蝕之詔太官徹膳十二月苻堅使其將苻
洛攻代執代王涉翼犍
二年春正月繼絕世紹功臣三月以兗州刺史朱序爲南中郎將梁州
刺史監沔中諸軍鎮襄陽閏月壬午地震甲申暴風折木發屋夏四月
己酉雨雹五月丁丑地震六月己巳暴風揚沙石林邑貢方物秋七月
己卯老人星見八月壬辰車騎將軍桓沖來朝丁未以尚書僕射謝安
爲司徒景辰使持節都督荊梁寧益交廣六州諸軍事荊州刺史征西大
將軍桓豁卒冬十月辛丑以車騎將軍桓沖都督荊江梁益寧交廣七
州諸軍事領護南蠻校尉荊州刺史尚書王蘊爲徐州刺史督江南晉
陵諸軍征西司馬謝玄爲兗州刺史廣陵相監江北諸軍壬寅散騎常
侍左光祿大夫尚書令王彪之卒十二月庚寅以尚書王劭爲尚書僕射
○三年春正月乙巳作新宮帝移居會稽王邸三月乙丑雷雨暴風發屋
折木夏五月庚午陳留王曹恢薨六月大水秋七月辛巳帝入新宮乙
酉老人星見南方
四年春正月辛酉大赦郡縣遭水旱者減租税景子謁建平等七陵二
月戊午苻堅使其子丕攻陷襄陽執南中郎將朱序又陷順陽三月大
疫壬戌詔曰狡寇縱逸藩守傾没疆埸之虞事兼平日其内外衆官各

悉心勠力以康庶事又年穀不登百姓多匱其詔御所供事從儉約九
親供給衆官廩俸權可減半凡諸役費自非軍國事要皆宜停省以周
時務癸未使右將軍毛武生帥師伐蜀夏四月苻堅將韋鍾陷魏興太
守吉挹死之五月苻堅將句難彭超陷盱眙高密内史毛璪之爲賊所
執六月大旱戊子征虜將軍謝玄及超難戰于君川大破之秋八月丁
亥以左將軍王蘊爲尚書僕射乙未暴風揚沙石九月盜殺建安太守
傅湛冬十二月己酉朔日有蝕之
五年春正月乙巳謁崇平陵夏四月大旱癸酉大赦五歲刑以下五月
大水以司徒謝安爲衞將軍儀同三司六月甲寅震含章殿四柱并殺
内侍二人甲子以比歲荒儉大赦自太元三年已前逋租宿債皆蠲除之
其鰥寡窮獨孤老不能自存者人賜米五斛丁卯以驃騎將軍琅邪王
道子爲司徒秋九月癸未皇后王氏崩冬十月九真太守李遜據交州
反十一月乙酉葬定皇后于隆平陵
六年春正月帝初奉佛法立精舍於殿内引諸沙門以居之丁酉以尚
書謝石爲尚書僕射初置督運御史官夏六月庚子朔日有蝕之揚荊
江三州大水己巳改制度減煩費損吏士員七百人秋七月景子赦五
歲刑已下甲午交阯太守杜瑗斬李遜交州平大饑冬十一月己亥以
鎮軍大將軍郗愔爲司空會稽人檀元之反自號安東將軍鎮軍參軍
謝藹之討平之十二月甲辰苻堅遣其襄陽太守閻震寇竟陵襄陽
太守桓石虔討擒之
七年春三月林邑范熊遣使獻方物秋八月癸卯大赦九月東夷五國
遣使來貢方物苻堅將都貴焚燒沔北田穀略襄陽百姓而去冬十月
景子雷
八年春二月癸未黃霧四塞三月始興南康廬陵大水平地五丈丁巳
大赦夏五月輔國將軍楊亮伐蜀拔五城擒苻堅將魏光秋七月鷹揚
將軍郭洽及苻堅將張崇戰于武當大敗之八月苻堅帥衆渡淮遣征討
都督謝石冠軍將軍謝玄輔國將軍謝琰西中郎將桓伊等距之九月
詔司徒琅邪王道子錄尚書六條事冬十月苻堅弟融陷壽春乙亥諸

將及苻堅戰於肥水大破之俘斬數萬計獲堅輿輦及雲母車十一月
庚申詔衛將軍謝安勞旋師于金城壬子立陳留王世子靈誕爲陳留
王十二月庚午以寇難初平大赦以中軍將軍謝石爲尚書令開酒禁
始增百姓稅米口五石前句町王翟遼背苻堅舉兵於河南慕容垂自
鄴與遼合遂攻堅子暉於洛陽仇池公楊世奔還隴右遣使稱藩
九年春正月庚子封武陵王孫寶爲臨川王戊午立新寧王晞子遵爲新
寧王辛亥謁建平等四陵龍驤將軍劉牢之克譙城車騎將軍桓沖部
將郭寶伐新城魏興上庸三郡降之二月辛巳使持節都督荆江梁寧
益交廣七州諸軍事車騎將軍荆州刺史桓沖卒慕容垂自洛陽與翟
遼攻苻堅子丕於鄴三月以衛將軍謝安爲太保苻堅北地長史慕容
泓平陽太守慕容沖並起兵背堅夏四月巳卯增置太學生百人封張
天錫爲西平公使竟陵太守趙統伐襄陽克之苻堅將姚萇背堅起兵
於北地自立爲王國號秦六月癸丑崇德皇太后褚氏崩慕容泓爲其叔
父沖所殺沖自稱皇太弟秋七月戊戌遣兼司空高密王純之脩謁洛陽

五陵巳酉窆康獻皇后于崇平陵百濟遣使來貢方物苻堅及慕容沖
戰于鄭西堅師敗績八月戊寅司空郗愔薨九月辛卯前鋒都督謝玄
攻苻堅將兗州刺史張崇于鄄城克之甲午加太保謝安大都督揚江
荆司豫徐兗青冀幽并梁益雍涼十五州諸軍事冬十月辛亥朔日有
蝕之丁巳河間王曇之薨乙丑以玄象乖度大赦庚午立前新蔡王晃弟
崇爲新蔡王苻堅青州刺史苻朗帥衆來降十二月苻堅將呂光稱制
于河右自號酒泉公慕容沖僭即皇帝位于阿房
十年春正月甲午謁諸陵二月立國學蜀郡太守任權斬苻堅益州刺
史李平益州平三月滎陽人鄭燮以郡來降苻堅國亂使使奉表請迎
龍驤將軍劉牢之及慕容垂戰于黎陽王師敗績夏四月景辰劉牢之
與沛郡太守周次及垂戰于五橋澤王師又敗績壬戌太保謝安帥衆
救苻堅五月大水苻堅留太子宏守長安奔于五將山六月宏來奔慕
容沖入長安秋七月苻丕自枋頭西走龍驤將軍檀玄追之爲丕所敗
旱饑丁巳老人星見八月甲午大赦丁酉使持節侍中中書監大都督

十五州諸軍事衛將軍太保謝安薨庚子以琅邪王道子爲都督中外
諸軍事是月姚萇殺苻堅而僭即皇帝位九月呂光據姑臧自稱涼州
刺史苻丕僭即皇帝位于晉陽冬十月丁亥論淮肥之功追封謝安廬
陵郡公封謝石南康公謝玄康樂公謝琰望蔡公桓伊永脩公自餘封
拜各有差是歲乞伏國仁自稱大單于秦河二州牧
十一年春正月辛未慕容垂僭即皇帝位于中山壬午翟遼襲黎陽執
太守滕恬之乙酉謁諸陵慕容沖將許木末殺慕容沖於長安三月大
赦太山太守張願以郡叛降于翟遼夏四月以百濟王世子餘暉爲使
持節都督鎮東將軍百濟王代王拓拔圭始改稱魏癸巳以尚書僕射
陸納爲尚書左僕射譙王恬爲尚書右僕射六月己卯地震庚寅以前
輔國將軍楊亮爲西戎校尉雍州刺史鎮衛山陵秋八月庚午封孔靖
之爲奉聖亭侯奉宣尼祀丁亥安平王邃之薨翟遼寇譙龍驤將軍朱
序擊走之冬十月慕容垂破苻丕於河東丕走東垣揚威將軍馮該擊
斬之傳首京都甲申海西公奕薨十一月苻丕將苻登僭即皇帝位於

隴東
十二年春正月乙巳以豫州刺史朱序爲青兗二州刺史鎮淮陰丁未
大赦壬子暴風發屋折木戊午慕容垂寇河東濟北太守溫詳奔彭城
翟遼遣子釗寇陳潁朱序擊走之夏四月戊辰尊夫人李氏爲皇太妃
己丑雨雹高平人翟暢執太守徐含遠以郡降于翟遼六月癸卯束帛
聘處士戴逵龔玄之秋八月辛巳立皇子德宗爲皇太子大赦增文武
位二等大酺五日賜百官布帛各有差九月戊午復新寧王遵爲武陵
王立梁王璲子龢爲梁王冬十一月松滋太守王遐之討翟遼于洛口敗之
十三年夏四月戊午以青兗二州刺史朱序爲持節都督雍梁沔中九
郡諸軍事雍州刺史譙王恬之爲鎮北將軍青兗二州刺史夏六月旱
乞伏國仁死弟乾歸嗣僞位僭號河南王秋九月翟遼將翟發寇洛陽
河南太守郭給距破之冬十二月戊子濤水入石頭毀大桁殺人乙未
大風晝晦延賢堂災景申螽斯百堂客館驃騎庫皆災己亥加尚書令
謝石衛將軍開府儀同三司庚子尚書令衛將軍儀同三司謝石薨

十四年春正月癸亥詔淮南所獲俘虜付諸作部者一皆散遣男女自相配匹賜百日廩其沒爲軍賞者悉贖出之以襄陽淮南饒沃地各立一縣以居之彭城袄賊劉黎僭稱皇帝於皇丘龍驤將軍劉牢之討平之二月扶南獻方物呂光僭號三河王夏四月甲辰彭城王弘之薨翟遼寇滎陽執太守張卓六月壬寅使持節都督荆益寧三州諸軍事荆州刺史桓石虔卒秋七月甲寅宣陽門四柱災八月姚萇襲破苻登獲其僞后毛氏丁亥汝南王羲薨九月庚午以尚書左僕射陸納爲尚書令冬十二月乙巳雨木冰

十五年春正月乙亥鎮北將軍譙王恬之薨龍驤將軍劉牢之及翟遼張願戰于太山王師敗績征虜將軍朱序破慕容永於太行二月辛巳以中書令王恭爲都督青兗幽并冀五州諸軍事前將軍青兗二州刺史三月己酉朔地震戊辰大赦秋七月丁巳有星孛于北河八月永嘉人李耽舉兵反太守劉懷之討平之己丑京師地震有星孛于北斗犯紫微沔中諸郡及兗州大水龍驤將軍朱序攻翟遼于滑臺大敗之張願來降九月丁未以吳郡太守王珣爲尚書僕射冬十二月己未地震

十六年春正月庚申改築太廟夏六月慕容永寇河南太守楊佺期擊破之己未章武王範之薨秋九月癸未以尚書右僕射王珣爲尚書左僕射以太子詹事謝琰爲尚書右僕射新廟成冬十一月姚萇敗苻登于安定

十七年春正月己巳朔大赦除逋租宿債夏四月齊国内史蔣喆殺樂安太守辟閭濬據青州反北平原太守辟閭渾討平之五月丁卯朔日有蝕之六月癸卯京師地震甲寅濤水入石頭毀大桁永嘉郡潮水涌起近海四縣人多死者乙卯大風折木戊午梁王龢薨慕容垂襲翟釗于黎陽敗之釗奔于慕容永秋七月丁丑太白晝見八月新作東宮冬十月丁酉太白晝見辛亥都督荆益寧三州諸軍事荆州刺史王忱卒十一月癸酉以黃門郎殷仲堪爲都督荆益梁三州諸軍事荆州刺史庚寅徙封琅邪王道子爲會稽王封皇子德文爲琅邪王十二月己未地震是歲自秋不雨至于冬

十八年春正月癸卯朔地震二月乙未地又震三月翟釗寇河南夏六月己亥始興南康廬陵大水深五丈秋七月旱閏月妖賊司馬徽聚黨於馬頭山劉牢之遣部將討平之九月景戌龍驤將軍楊佺期擊氐帥楊佛嵩于潼谷敗之冬十月姚萇死子興嗣僞位

十九年夏六月壬子追尊會稽王太妃鄭氏爲簡文宣太后秋七月荆徐二州大水傷秋稼遣使振䘏之八月己巳尊皇太妃李氏爲皇太后宮曰崇訓慕容垂擊慕容永於長子斬之冬十月慕容垂遣其子惡奴寇廩丘東平太守韋簡及垂將尹国戰于平陸簡死之是歲苻登爲姚興所殺太子崇奔于湟中僭稱皇帝

二十年春二月作宣太后廟甲寅散騎常侍光祿大夫開府儀同三司尚書令陸納卒三月庚辰朔日有蝕之夏六月荆徐二州大水十一月魏王拓拔圭擊慕容垂子寶于黍谷敗之

二十一年春正月造清暑殿三月慕容垂攻平城拔之夏四月新作永安宮丁卯雨雹　慕容垂死子寶嗣僞位五月甲子以望蔡公謝琰爲尚書左僕射大水六月呂光僭即天王位秋九月庚申帝崩于清暑殿時年三十五葬隆平陵帝幼稱聰悟簡文之崩也時年十歲至晡不臨左右進諫荅曰哀至則哭何常之有謝安嘗歎以爲精理不減先帝既威權已出雅有人主之量既而溺於酒色殆爲長夜之飲末年長星見帝心甚惡之於華林園舉酒祝之曰長星勸汝一杯酒自古何有萬歲天子邪太白連年晝見地震水旱爲變者相屬醒日既少而傍無正人竟不能改焉時張貴人有寵年幾三十帝戲之曰汝以年當廢矣貴人潛怒向夕帝醉遂暴崩時道子昏惑元顯專權竟不推其罪人初簡文帝見讖云晉祚盡昌明及帝之在孕也李太后夢神人謂之曰汝生男以昌明爲字及產東方如明因以爲名焉簡文帝後悟乃流涕及爲清暑殿有識者以爲清暑反爲楚聲哀楚之徵也俄而帝崩晉祚自此傾矣

史臣曰前史稱不有廢也君何以興若乃天挺惟神光膺嗣位邁油雲而驤首濟沉川而能躍少康一旅之衆所以闡帝圖成湯七十之基所以興王業靜河海於既泄補穹圓於已紊事異於斯則弗由也簡皇以虛

白之姿在也如之會政由桓氏祭則寡人太宗晏駕寧康纂業天誘其衷姦臣自隕于時西踰劍岫而跨靈山北振長河而臨清洛荆吳戰旅嘯吒成雲名賢間出舊德斯在謝安可以鎮雅俗彪之足以正綱紀桓沖之夙夜王家謝玄之善斷軍事于時上天乃眷彊氐自泯五尺童子振袂臨江思所以挂旆天山封泥函谷而條綱弗垂威恩罕樹道子荒乎朝政国寶彙以小人拜授之榮初非天旨鬻刑之貨自走權門毒賦年滋愁民歲廣是以聞人許榮馳書詣闕烈宗知其抗直而惡聞逆耳肆一醉於崇朝飛千觴於長夜雖復昌明表夢安聽神言而金行頹弛抑亦人事語曰大国之政未陵夷小邦之亂已傾覆也屬苻堅百六之秋棄肥水之衆帝號為武不亦優哉

贊曰君若綴旒道非交泰簡皇凝寂不貽伊害荖武登朝姦雄自消燕之擊路鄭叔分鑣倡臨帝席酒勸天妖金風不競人事先凋

晉書帝紀卷第九

帝紀卷第十　晉書十

安帝　恭帝　御撰

安皇帝諱德宗字德宗孝武帝長子也太元十二年八月辛巳立爲皇太子二十一年九月庚申孝武帝崩辛酉太子即皇帝位大赦癸亥以司徒會稽王道子爲太傅攝政冬十月甲申葬孝武皇帝于隆平陵大雪

隆安元年春正月己亥朔帝加元服改元增文武位一等太傅會稽王道子稽首歸政以尚書左僕射王珣爲尚書令領軍將軍王國寶爲尚書左僕射二月呂光將禿髮烏孤自稱大都督大單于國號南涼擊光將竇苟于金昌大破之甲寅尊皇太后李氏爲太皇太后戊午立皇后王氏三月呂光子纂爲乞伏乾歸所敗光建康太守段業自號涼州牧慕容寶敗魏師于薊夏四月甲戌兗州刺史王恭豫州刺史庾楷舉兵以討尚書左僕射王國寶建威將軍王緒爲名甲申殺國寶及緒以悅于恭恭乃罷兵戊子大赦五月前司徒長史王廞以吳郡反王恭討平之慕容寶將慕容詳僭即皇帝位于中山寶奔黃龍秋八月呂光爲其僕射楊軌散騎常侍郭黁所攻光子纂擊走之九月慕容寶將慕容麟斬慕容詳于中山因僭即皇帝位冬十月慕容麟爲魏師所敗

二年春三月龍舟二災夏五月蘭汗弒慕容寶而自稱大將軍昌黎王秋七月慕容寶子盛斬蘭汗僭稱長樂王攝天子位兗州刺史王恭豫州刺史庾楷荊州刺史殷仲堪廣州刺史桓玄南蠻校尉楊佺期等舉兵反八月江州刺史王愉奔于臨川景子寧朔將軍鄧啓及慕容德將慕容法戰于管城王師敗績景戌慕容盛僭即皇帝位於黃龍桓玄大敗王師于白石九月辛卯加太傅會稽王道子黃鉞遣征虜將軍會稽王世子元顯前將軍王珣右將軍謝琰討桓玄等己亥破庾楷于牛渚景午會稽王道子屯中堂元顯守石頭己酉前將軍王珣守北郊右將軍謝琰備宣陽門輔國將軍劉牢之次新亭使子敬宣擊敗恭恭奔曲阿長塘湖湖尉收送京師斬之於是遣太常殷茂喻仲堪及玄玄等走于尋陽冬十月新野言騶虞見景子大赦壬午仲堪等盟于尋陽推桓玄爲盟主十一月以琅邪王德文爲衛將軍開府儀同三司領軍將軍王雅爲尚書左僕射十二月己丑魏王圭即尊位年號天興京兆人韋禮帥襄陽流人叛降于姚興己酉前新安太守杜烱反于京口會稽王世子元顯討斬之禿髮烏孤自稱武威王

三年春正月辛酉封宗室蘊爲淮陵王二月甲辰河間王國鎮薨林邑范達陷日南九眞遂寇交阯太守杜瑗討破之段業自稱涼王仇池公楊盛遣使稱藩獻方物三月己卯追尊所生陳夫人爲德皇太后夏四月乙未加尚書令王珣衛將軍以會稽王世子元顯爲揚州刺史六月戊子以琅邪王德文爲司徒慕容德陷青州害龍驤將軍辟閭渾遂僭即皇帝位于廣固秋八月禿髮烏孤死其弟利鹿孤嗣僞位冬十月姚興陷洛陽執河南太守辛恭靜十一月甲寅妖賊孫恩陷會稽內史王凝之死之吳國內史桓謙臨海太守新蔡王崇義興太守魏隱並委官而遁吳興太守謝邈永嘉太守司馬逸皆遇害遣衛將軍謝琰輔國將軍劉牢之逆擊走之十二月桓玄襲江陵荊州刺史殷仲堪南蠻校尉楊佺期並遇害呂光立其太子紹爲天王自號太上皇是日光死呂纂弒紹而自立是歲荊州大水平地三丈

四年春正月乙亥大赦二月己丑有星孛于奎婁進至紫微三月彗星見于太微夏四月地震孫恩寇浹口五月景寅散騎常侍衛將軍東亭侯王珣卒己卯會稽內史謝琰爲孫恩所敗死之恩轉寇臨海六月庚辰朔日有蝕之旱輔國司馬劉裕破恩于南山恩將盧循陷廣陵死者三千餘人以琅邪王師何澄爲尚書左僕射秋七月壬子太皇太后李氏崩丁卯大赦是月姚興伐乞伏乾歸降之八月丁亥尚書右僕射王雅卒壬寅葬文太后于脩平陵九月癸丑地震冬十一月寧朔將軍高雅之及孫恩戰於餘姚王師敗績以揚州刺史元顯爲後將軍開府儀同三司都督揚豫徐兗青幽冀并荊江司雍梁益交廣十六州諸軍事前將軍劉牢之爲鎮北將軍封元顯子彥璋爲東海王十二月戊寅有星孛于天市是歲河右諸郡奉涼武昭王李玄盛爲秦涼二州牧涼公年號庚子

五年春二月景子孫恩復寇浹口呂超弒呂纂以其兄隆僭即僞位三

月甲寅衆星西流歷太微夏五月孫恩寇吳國內史袁山松死之沮渠
蒙遜殺段業自號大都督北涼州牧六月甲戌孫恩至丹徒乙亥內外
戒嚴百官入居于省冠軍將軍高素右衛將軍張崇之守石頭輔國將
軍劉襲柵斷淮口丹楊尹司馬恢之戍南岸冠軍將軍桓謙輔國將軍
司馬允之游擊將軍毛邃備白石左衛將軍王嘏鎮軍將軍孔安國屯
中堂皇徵豫州刺史譙王尚之衛京師寧朔將軍高雅之擊孫恩於廣
陵之郁洲爲賊所執秋七月段興弒慕容盛叔父熙盡誅段氏因僭
稱尊號九月呂隆之降于姚興冬十月姚興帥師侵魏大敗而旋是歲
饑禁酒

元興元年春正月庚午朔大赦改元以後將軍元顯爲驃騎大將軍征
討大都督鎮北將軍劉牢之爲元顯前鋒前將軍譙王尚之爲後部以
討桓玄二月景午帝戎服餞元顯于西池丁巳遣兼侍中齊王柔之以
騶虞幡宣告荊江二州丁卯桓玄敗王師于姑孰譙王尚之齊王柔之
並死之以右將軍吳隱之爲都督交廣二州諸軍事廣州刺史三月己
巳劉牢之叛降于桓玄辛未王師敗績于新亭驃騎大將軍會稽王世
子元顯東海王彥璋冠軍將軍毛泰游擊將軍毛邃並遇害壬申桓玄
自爲侍中丞相錄尚書事以桓謙爲尚書僕射遷太傅會稽王道子于
安城玄俄又自稱太尉揚州牧總百揆以琅邪王德文爲太宰臨海太
守辛昺擊孫恩斬之是月禿髮利鹿孤死弟傉檀嗣僞位秋七月乙亥
新蔡王崇爲其奴所害八月庚子尚書下舍災冬十月冀州刺史劉軌
叛奔于慕容德十二月庚申會稽王道子爲桓玄所害曲赦廣陵彭城
大逆以下

二年春二月辛丑建威將軍劉裕破徐道覆于東陽乙卯桓玄自稱大
將軍丁巳冀州刺史孫無終爲桓玄所害夏四月癸巳朔日有蝕之秋
八月玄又自號相國楚王九月南陽太守庾仄起義兵爲玄所敗冬十
一月壬午玄遷帝于永安宮癸未移太廟神主于琅邪國十二月壬辰
玄簒位以帝爲平固王辛亥帝蒙塵于尋陽

三年春二月帝在尋陽庚寅夜濤水入石頭漂殺人戶乙卯建武將

軍劉裕帥沛國劉毅東海何無忌等舉義兵景辰斬桓玄所署徐州刺
史桓脩于京口青州刺史桓弘于廣陵丁巳義師濟江三月戊午劉裕
斬玄將吳甫之于江乘斬皇甫敷於羅落己未玄衆潰而逃庚申劉裕
置留臺具百官壬戌桓玄司徒王謐推劉裕行鎮軍將軍徐州刺史都
督揚徐兗豫青冀幽并八州諸軍事假節劉裕以謐領揚州刺史錄尚
書事辛酉劉裕誅尚書左僕射王愉愉子荊州刺史綏司州刺史溫詳
辛未桓玄逼帝西上景戌密詔以幽逼於玄萬機虛曠令武陵王遵依
舊典承制總百官行事加侍中餘如故并大赦謀反大逆已下惟桓玄
一祖之後不宥夏四月己丑大將軍武陵王遵稱制總萬機庚寅帝至
江陵庚戌輔國將軍何無忌振武將軍劉道規及桓玄將庾稚何澹之
戰于湓口大破之玄復逼帝東下五月癸酉冠軍將軍劉毅及桓玄戰
于崢嶸洲又破之己卯帝復幸江陵辛巳荊州別駕王康產南郡太守
王騰之奉帝居于南郡壬午督護馮遷斬桓玄於貊盤洲乘輿反正于
江陵甲申詔曰姦兇簒逆自古有之朕不能式遏杜漸以致播越賴鎮
軍將軍裕英略奮發忠勇絕世冠軍將軍毅等誠心宿著協同嘉謀義聲
既振士庶效節社稷載安四海齊慶其大赦凡諸畏逼事屈逆命者一
無所問戊寅奉神主入于太廟閏月己丑桓玄故將揚武將軍桓振陷
江陵劉毅何無忌退守尋陽帝復幽于賊營六月益州刺史毛璩討
僞梁州刺史桓希斬之秋七月戊申永安皇后何氏崩八月癸酉祔葬
穆帝章皇后于永平陵九月前給事中刁騁祕書丞王邁之謀反伏誅
冬十月盧循寇廣州刺史吳隱之爲循所敗執始興相阮腆之而還慕
容德死兄子超嗣僞位

義熙元年春正月帝在江陵南陽太守魯宗之起義兵襲破襄陽己丑
劉毅次于馬頭桓振以帝屯于江津辛卯宗之破振將溫楷于柞溪進
次紀南爲振所敗振武將軍劉道規擊桓謙走之乘輿反正帝與琅邪
王幸道規舟戊戌詔曰朕以寡德夙纂洪緒不能緝熙遐邇式遏姦宄
逆臣桓玄乘釁肆亂乃誣罔天人簒據極位朕躬播越淪胥荒裔宣皇
之基眇焉以墜賴鎮軍將軍裕忠武英斷誠冠終古運謀機始貞賢協

甘𣪊攸泯拯言衆義士感其心故霜戈一揮巨猾奔迸三率稜威大憝授首而孽振猖狂翩以荆郢幸天祚社稷義旗載捷狡徒沮潰朕獲反正斯實宗廟之靈勤王之勳豈朕一人獨享伊祐思與億兆幸茲更始其大赦改元唯玄振一祖及同黨不在原例賜百姓爵二級鰥寡孤獨穀人五斛大酺五日二月丁巳留臺備乘輿法駕迎帝於江陵弘農太守戴寧之建威主簿徐惠子等謀反伏誅平西參軍譙縱害平西將軍益州刺史毛璩以蜀叛三月桓振復襲江陵荆州刺史司馬休之奔于襄陽建威將軍劉懷肅討振斬之帝至自江陵乙未百官詣闕請罪詔曰此非諸卿之過其還率職戊戌與章皇后哀三日臨于西堂劉裕及何無忌等抗表遜位不許庚子以琅邪王德文爲大司馬武陵王遵爲太保加鎮軍將軍劉裕爲侍中車騎將軍都督中外諸軍事甲辰詔曰自頃國難之後人物彫殘常所供奉猶不改舊豈所以視人如傷爲湯歸過之誠哉可籌量減省夏四月劉裕旋鎮京口戊辰餞于東堂五月癸未禁絹扇及摴蒱游擊將軍章武王秀益州刺史司馬軌之謀反伏誅

桓玄故將桓亮符宏刃預寇湘州守將擊走之秋八月甲子封臨川王子脩之爲會稽王冬十一月乞伏乾歸伐仇池仇池公楊盛大破之是歲涼武昭王玄盛遣使奉表稱藩

二年春正月益州刺史司馬榮期擊譙縱將譙子明于白帝破之夏五月封高密王子法蓮爲高陽王秋七月梁州刺史楊孜敬有罪伏誅冬十月論匡復之功封車騎將軍劉裕爲豫章郡公撫軍將軍劉毅南平郡公右將軍何無忌安成郡郡公自餘封賞各有差乙亥以左將軍孔安國爲尚書左僕射十二月盜殺零陵太守阮野

三年春二月己酉車騎將軍劉裕來朝誅東陽太守殷仲文南蠻校尉殷叔文晉陵太守殷道叔永嘉太守駱球己丑大赦除酒禁夏五月大水六月姚興將赫連勃勃僭稱天王于朔方國號夏秋七月戊戌朔日有蝕之汝南王遵之有罪伏誅八月遣冠軍將軍劉敬宣持節監征蜀諸軍事冬十一月赫連勃勃大敗禿髮傉檀奔于南山是歲高雲馮跋殺慕容熙雲冠即帝位

四年春正月甲辰以琅邪王德文領司徒車騎將軍劉裕爲揚州刺史録尚書事庚申侍中大保武陵王遵薨夏四月散騎常侍尚書左僕射孔安國卒甲午加吏部尚書孟昶尚書左僕射冬十一月癸丑雷梁州刺史楊思平有罪棄市辛卯大風拔樹是月禿髮傉檀僭即涼王位十二月陳留王曹靈誕薨

五年春正月辛卯大赦庚戌以撫軍將軍劉毅爲衛將軍開府儀同三司加輔國將軍何無忌鎮南將軍戊戌尋陽地震二月慕容超將慕容興宗寇宿豫陽平太守劉千載南陽太守趙元並爲賊所執三月乙亥大雪平地數尺車騎將軍劉裕帥師伐慕容超夏六月景寅震于太廟劉裕大破慕容超于臨朐秋七月姚興將乞伏乾歸僭稱西秦王於苑川九月戊辰離班弒高雲雲將馮跋攻班弒之跋僭即王位仍號燕冬十月魏清河王紹弒其主圭

六年春二月丁亥劉裕攻慕容超剋之齊地悉平是月廣州刺史盧循反寇江州三月禿髮傉檀及沮渠蒙遜戰于窮泉傉檀敗績壬申鎮南

將軍江州刺史何無忌及循戰于豫章王師敗績無忌死之夏四月青州刺史諸葛長民兗州刺史劉藩并州刺史劉道憐入衛京師五月景子大風拔木戊子衛將軍劉毅及盧循戰于桑落洲王師敗績尚書左僕射孟昶懼自殺己未大赦乙丑循至淮口內外戒嚴大司馬琅邪王德文都督宮城諸軍事次中堂皇太尉劉裕次石頭梁王珍之屯南掖門冠軍將軍劉敬宣屯北郊輔国將軍孟懷玉屯南岸建武將軍王仲德屯越城廣武將軍劉懷默屯建陽門淮口築柤浦查浦廷尉三壘以距之景寅震大廟鴟尾秋七月庚申盧循遁走甲子使輔国將軍王仲德廣川太守劉鍾河間內史蒯恩等帥衆追之是月盧循寇荊州刺史劉道規雍州刺史魯宗之等敗之又破徐道覆于華容賊復走尋陽八月姚興將桓謙寇江陵劉道規敗之冬十一月蜀賊譙縱陷巴東守將溫祚時延祖死之十二月壬辰劉裕破盧循于豫章

七年春二月壬午右將軍劉藩斬徐道覆于始興傳首京師夏四月盧循走交州刺史杜慧度斬之秋七月丁卯以荊州刺史劉道規爲征西

大將軍開府儀同三司冬十月沮渠蒙遜伐涼涼武昭王玄盛與戰敗之
○八年春二月景子以吳興太守孔靖為尚書右僕射三月甲寅山陰地
陷四尺有聲如雷夏五月乞伏公府弑乞伏乾歸乾歸子熾盤誅公府
僭即偽位六月以平北將軍魯宗之為鎮北將軍秋七月甲午武陵王
季度薨庚子征西大將軍劉道規卒八月皇后王氏崩辛亥髙密王純
之薨九月癸酉葬僖皇后于休平陵己卯太尉劉裕害右將軍兗州刺
史劉藩尚書左僕射謝混庚辰裕矯詔曰劉毅包藏禍心搆逆南夏
藩混助乱志肆姦宄賴宰輔玄鑒撫機挫銳凶黨即戮社稷乂安夫好
生之德所因者本肆眚覃仁實資玄澤況事與大憝禍自元凶其大赦
天下唯劉毅不在其例晉增文武位一等孝順忠義隱滯遺逸必令聞
達己丑劉裕帥師討毅裕參軍王鎮惡陷江陵城毅自殺冬十一月沮
渠蒙遜僭號河西王十二月以西陵太守朱齡石為建威將軍益州刺
史帥師伐蜀分荊州十郡置湘州是歲廬陵南康地四震
九年春三月景寅劉裕害前將軍諸葛長民及其弟輔国大將軍黎民
從弟寧朔將軍秀之三月戊寅加劉裕鎮西將軍豫州刺史林邑范胡
達寇九真交州刺史杜慧度斬之夏四月壬戌罷臨沂湖熟皇后脂澤
田四十頃以賜貧人弛湖池之禁封鎮北將軍魯宗之為南陽郡公秋
七月朱齡石克成都斬譙縱益州平九月封劉裕次子義真為桂陽公
冬十二月安平王球之薨是歲高句麗倭国及西南夷銅頭大師並獻方物
○十年春三月戊寅地震夏六月乞伏熾盤帥師伐禿髮傉檀滅之秋七
月淮北大風壞廬舍九月丁巳朔日有蝕之林邑遣使來獻方物是歲
城東府
十一年春正月荊州刺史司馬休之雍州刺史魯宗之並舉兵貳於劉
裕裕帥師討之庚午大赦丁丑以吏部尚書謝裕為尚書左僕射二月
丁未姚興死子泓嗣偽位三月辛巳淮陵王蘊薨壬午劉裕及休之戰
於江津休之敗奔襄陽夏四月乙卯青冀二州刺史劉敬宣為其參軍
司馬道賜所害五月甲申彗星二見甲午休之宗之出奔于姚泓論平
蜀功封劉裕子義隆彭城公朱齡石豐城公己酉霍山崩出銅鍾六枚

秋七月景戌京師大水壞太廟辛亥晦日有蝕之八月丁未尚書左僕
射謝裕卒以尚書右僕射劉穆之為尚書左僕射九月己亥大赦
十二年春正月姚泓使其將魯軌寇襄陽雍州刺史趙倫之擊走之二
月加劉裕中外大都督夏六月赫連勃勃攻姚泓秦州陷之己酉新除
尚書令都鄉亭侯劉柳卒秋八月劉裕及琅邪王德文帥衆伐姚泓景
午大赦冬十月景寅姚泓將姚光以洛陽降己丑遣兼司空高密王恢
之脩謁五陵
十三年春正月甲戌朔日有蝕之二月涼武昭王李玄盛薨世子士業
嗣位為涼州牧涼公三月龍驤將軍王鎮惡大破姚泓將姚紹于潼關
夏劉裕敗魏將鵝青于河曲斬青裨將阿薄干是月涼公李士業大敗
沮渠蒙遜于鮮支澗夏五月劉裕克潼關丁亥會稽王脩之薨六月癸
亥林邑獻馴象白鸚鵡秋七月劉裕克長安執姚泓收其彝器歸諸京
師南海賊徐道期陷廣州始興相劉謙之討平之冬十二月辛未左僕
射前將軍劉穆之卒
十四年春正月辛巳大赦青州刺史沈田子害龍驤將軍王鎮惡于長
安夏六月劉裕為相国進封宋公冬十月以涼公士業為鎮西將軍封
酒泉公十一月赫連勃勃大敗王師于青泥北雍州刺史朱齡石焚長
安宮殿奔于潼關尋又大潰齡石死之十二月戊寅帝崩于東堂時年
三十七葬休平陵帝不惠自少及長口不能言雖寒暑之变無以辯也
凡所動止皆非己出故桓玄之篡因此獲全初讖云昌明之後有二帝
劉裕將為禪代故密使王韶之縊帝而立恭帝以應二帝云
恭帝諱德文字德文安帝母弟也初封琅邪王歷位中軍將軍散騎常侍
衛將軍開府儀同三司加侍中領司徒錄尚書六條事元興初遷車騎大
將軍桓玄執政進位太宰加衮冕之服綠綟綬玄篡其位以帝為石陽縣
公与安帝俱居尋陽及玄敗隨至江陵玄死桓振奄至躍馬奮戈直至
階下瞋目謂安帝曰臣門戶何負国家而屠滅若是帝乃下牀謂振曰
此豈我兄弟意邪振乃下馬致拜振平復為琅邪王又領徐州刺史尋
拜大司馬領司徒加殊禮義熙五年置左右長史司馬從事中郎四人

加羽葆鼓吹十二年詔曰大司馬明德懋親大尉道勳光大並徽序彝
倫燮和二氣髦俊引領思佐鼎飪而雅尚沖挹四門弗闢誠合大雅謙
虛之道實違急賢贊世之務昔蒲輪載徵異人並出東平開府奇士嚮
臻濟濟之盛朕有欽焉可敕二府依舊辟召以將明翼俊乂嗣軌前賢
矣於是始辟召掾屬時大尉裕都督中外諸軍詔曰大司馬地隆任重
親賢莫二雖府受節度可身無致敬劉裕之北征也帝上疏請帥所莅
啓行戎路脩敬山陵朝廷從之乃與裕俱發及有司以即戎不得奉辭
陵廟帝復上疏曰臣推轂閫外將華寒暑不獲展情擬遂私心罔極伏
願天慈特垂聽許使臣微誠粗申即路無恨許之及姚泓滅歸于京都
十四年十二月戊寅安帝崩劉裕矯稱遺詔曰惟我有晉誕膺明命業
隆九有光宅四海朕以不德屬當多難幸賴宰輔拯厥顛覆仍恃保祐
克黜禍亂遂冕旒宸極混一六合方憑阿衡惟新洪業而毒疢大漸將
遂弗興仰惟祖宗靈命親賢是荷咨爾大司馬琅邪王體自先皇明德
光懋屬惟儲貳衆望攸集其居臨晉邦奉係宗祀允執其中燮和天下
闡揚末誥無廢我高祖之景命是日即帝位大赦

元熙元年春正月壬辰朔改元以山陵未厝不朝會立皇后褚氏甲午
徵劉裕還朝戊戌有星孛于大微西藩庚申葬安皇帝于休平陵帝受
朝懸而不樂以驃騎將軍劉道憐為司空秋八月劉裕移鎮壽陽以劉
懷慎為前將軍北徐州刺史鎮彭城九月劉裕自解揚州冬十月乙酉
裕以其子桂陽公義眞為揚州刺史十一月丁亥朔日有蝕之十二月
辛卯裕加殊禮已卯大史奏黑龍四見于東方
二年夏六月壬戌劉裕至于京師傅亮承裕密旨諷帝禪位草詔請帝
書之帝欣然謂左右曰晉氏久已失之今復何恨乃書赤紙為詔甲子
遂遜于琅邪第劉裕以帝為零陵王居于秣陵行晉正朔車旗服色一
如其舊有其文而不備其禮帝自是之後深慮禍機褚后常在帝側飲
食所資皆出褚后故宋人莫得伺其隙宋永初二年九月丁丑裕使后
兄叔度請后有間兵人踰垣而入弑帝于內房時年三十六謚恭皇帝
葬沖平陵帝幼時性頗忍急及在藩国曽令善射者射馬為戲既而
有人云馬者國姓而自殺之不祥之甚帝亦悟甚悔之其後復深信浮
屠道鑄貨千萬造丈六金像親於瓦官寺迎之步從十許里安帝既不
惠帝每侍左右消息溫涼寢食之節以恭謹聞時人稱焉
始元帝以丁丑歲稱晉王置宗廟使郭璞筮之云享二百年自丁丑
至禪代之歲年在庚申為一百四歲然丁丑始係西晉庚申終入宋年
所餘惟一百有二歲耳璞蓋以百二之期促故婉而倒之為二百也
史臣曰安帝即位之辰鍾無妄之日道子元顯並傾朝政主昏臣亂未
有不如斯亡者也雖有手握戎麾心存舊國迴首無良忽焉蕭散於
是桓玄承釁勢踰飇指六師咸泯隻馬徂遷是以宋高非典午之臣
孫恩豈金行之寇若乃世遇顛覆則恭皇斯甚於越之民詎燻丹穴會
稽之侶寧歎入臣去皇屋而歸來灑丹書而不恨夫五運攸革三微數
盡猶髙秋彫候理之自然觀其搖落人有為之流漣者也
贊曰安承流湎大盜斯張恭乃寓命他人是綱猶有周報始立懷王虛
尊假號異術同亡

晉書帝紀卷第十

晉書十一

御撰

志第一

天文上 天體 儀象 天文經星 [illegible] 二十八宿外星 天漢起沒 十二次度數 [illegible]躔次

昔在庖犧觀象察法以通神明之德以類天地之情可以藏往知來開物成務故易曰天垂象見吉凶聖人象之此則觀乎天文以示變者也尚書曰天聰明自我人聰明此則觀乎人文以成化者也是故政教兆於人理祥變應乎天文得失雖微罔不昭著然則三皇邁德七曜順軌日月無薄蝕之變星辰靡錯亂之妖黃帝創受河圖始明休咎故其星傳尚有存焉降在高陽乃命南正重司天北正黎司地爰洎帝嚳亦式序三辰唐虞則羲和繼軌有夏則昆吾紹德年代綿邈文籍靡傳至于殷之巫咸周之史佚格言遺記于今不朽其諸侯之史則魯有梓慎晉有卜偃鄭有裨竈宋有子韋齊有甘德楚有唐昧趙有尹皋魏有石申夫皆掌著天文各論圖驗其巫咸甘石之說後代所宗暴秦燔書六經殘滅天官星占存而不毀及漢景武之際司馬談父子繼為史官著天官書以明天人之道其後中壘校尉劉向廣鴻範災條作皇極論以參往之行事及班固敘漢史馬遷續述天文而蔡邕譙周各有撰錄司馬彪採之以繼前志今詳眾說以著于篇

天體

古言天者有三家一曰蓋天二曰宣夜三曰渾天漢靈帝時蔡邕於朔方上書言宣夜之學絕無師法周髀術數具存考驗天狀多所違失惟渾天近得其情今史官候臺所用銅儀則其法也立八尺貟體而具天地之形以正黃道占察發斂以行日月以步五緯精微深妙百代不易之道也官有其器而無本書前志亦闕蔡邕所謂周髀者即蓋天之說也其本庖犧氏立周天歷度其所傳則周公受於殷商周人志之故曰周髀髀股也股者表也其言天似蓋笠地法覆槃天地各中高外下北極之下為天地之中其地最高而滂沲四隤三光隱映以為晝夜天中高於外衡冬至日之所在六萬里北極下地高於外衡下地亦六萬里外衡高於北極下地二萬里天地隆高相從日去地恒八萬里日麗天而平轉分冬夏之間日前行道為七衡六間每衡周徑里數各依算術用句股重差推晷影極游以為遠近之數皆得於表股者也故曰周髀

又周髀家云天貟如張蓋地方如棊局天旁轉如推磨而左行日月右行隨天左轉故日月實東行而天牽之以西沒譬之於蟻行磨石之上磨左旋而蟻右去磨疾而蟻遲故不得不隨磨以左迴焉天形南高而北下日出高故見日入下故不見天之居如倚蓋故極在人北是其證也極在天之中而今在人北所以知天之形如倚蓋也日朝出陽中暮入陰中陰氣暗冥故沒不見也夏時陽氣多陰氣少陽氣光明與日同輝故日出即見無蔽之者故夏日長也冬天陰氣多陽氣少陰氣暗冥掩日之光雖出猶隱不見故冬日短也

宣夜之書云惟漢秘書郎郄萌記先師相傳云天了無質仰而瞻之高遠無極眼瞀精絕故蒼蒼然也譬之旁望遠道之黃山而皆青俯察千仞之深谷而窈黑夫青非真色而黑非有體也日月眾星自然浮生虛空之中其行其止皆須氣焉是以七曜或逝或住或順或逆伏見無常進退不同由乎無所根繫故各異也故辰極常居其所而北斗不與眾星西沒也攝提填星皆東行日行一度月行十三度遲疾任情其無所繫著可知矣若綴附天體不得爾也

成帝咸康中會稽虞喜因宣夜之說作安天論以為天高窮於無窮地深測於不測天確乎在上有常安之形地魄焉在下有居靜之體當相覆冒方則俱方貟則俱貟無方貟不同之義也其光曜布列各自運行猶江海之有潮液萬品之有行藏也葛洪聞而譏之曰苟辰宿不麗於天天為無用便可言無何必復云有之而不動乎由此而談稚川可謂知言之選也

虞喜族祖河間相聳又立穹天論云天形穹隆如雞子幕其際周接四海之表浮于元氣之上譬如覆奩以抑水而不沒者氣充其中故也日繞辰極沒西而還東不出入地中天之有極猶蓋之有斗也天北下於地三十度極之傾在地卯酉之北亦三十度人在卯酉之南十餘萬里故斗極之下不為地中當對天地卯酉之位耳日行黃道繞極極北去黃道百一十五度南去黃道六十七度二至之所舍以為長短也

吳太常姚信造昕天論云人為靈蟲形最似天今人頤前多臨胷而項不能覆背近取諸身故知天之體南低入地北則偏高又冬至極

低而天運近南故日去人遠而斗去人近北天氣至故冰寒也夏至極起而天運近北而斗去人遠日去人近南天氣至故蒸熱也極之立時日行地中淺故夜短天去地高故晝長也極之低時日行地中深故夜長天去地下淺故晝短也自虞喜虞聳姚信皆好奇徇異之說非極數談天者也至於渾天理妙學者多疑漢王仲任據蓋天之說以駁渾儀云舊說天轉從地下過今掘地一丈輒有水天何得從水中行乎甚不然也日隨天而轉非入地夫人目所望不過十里天地合矣實非合也遠使然耳今視日入非入也亦遠耳當日入西方之時其下之人亦將謂之為中也四方之人各以其近者為出遠者為入矣何以明之今試使一人把大炬火夜行於平地去人十里火光滅矣非滅也遠使然耳今日西轉不復見是火滅之類也日月不員也望視之所以員者去人遠也夫日火之精也月水之精也水火在地不員在天何故員故丹楊葛洪釋之曰渾天儀注云天如雞子地如雞中黃孤居於天內天大而地小天表裏有水天地各乘氣而立載水而行周天三百六十五度四分度之一又中分之則半覆地上半繞地下故二十八宿半見半隱天轉如車轂之運也諸論天者雖多然精於陰陽者張平子陸公紀之徒咸以為推步七曜之道以度曆象昏明之證候校以四八之氣考以漏刻之分占晷影之往來求形驗於事情莫密於渾象者也張平子既作銅渾天儀於密室中以漏水轉之令伺之者閉戶而唱之其伺之者以告靈臺之觀天者曰璇璣所加某星始見某星已中某星今沒皆如合符也崔子玉為其碑銘曰數術窮天地制作侔造化高才偉藝與神合契蓋由於平子渾儀及地動儀之有驗故也若天果如渾者則天之出入行於水中為的然矣故黃帝書曰天在地外水在天外水浮天而載地者也又易曰時乘六龍夫陽爻稱龍龍者居水之物以喻天天陽物也又出入水中與龍相似故以龍比也聖人仰觀俯察審其如此故晉卦坤下離上以證日出於地也又明夷之卦離下坤上以證日入於地也需卦乾下坎上此亦天入水中之象也天為金金水相生之物也天出入水中當有何損而謂為不可乎故桓君山曰春分日出卯入酉此乃人之卯

酉天之卯酉常值斗極為天中今視之乃在北不正在人上而春秋分時日出入乃在斗極之南若如磨石轉則北方道遠而南方道近晝夜漏刻之數不應等也後奏事待報坐西廊廡下以寒故暴背有頃日光出去不復暴背君山乃告信蓋天者曰天若如推磨右轉而日西行者其光影當照此廊下稍而東耳不當拔出去拔出去是應渾天法也渾為天之真形於是可知矣然則天出入水中無復疑矣又今視諸星出於東者初但去地小許耳漸而西行先經人上後遂西轉而下焉不旁旋也其先在西之星亦稍下而沒無北轉者日之出入亦然若謂天磨石轉者日之出入亦然衆星日月宜隨天而迴初在於東次經於南次到於西次又於北而復還於東不應橫過去也今日出於東冉冉轉上及其入西亦復漸漸稍下都不繞邊北去了了如此王生必固謂為不然者疏矣今日徑千里圍周三千里中足以當小星之數十也若日以轉遠之故但當光曜不能復來照及人耳宜猶望見其體不應都失其所在也日光既盛其體又大於星多矣今見極北之小星而不見日之在北者明其不北行也若日以轉遠之故不復可見其比入之間應當稍小而日方入之時乃更大此非轉遠之徵也王生以火炬喻日吾亦將借子之矛以刺子之楯焉把火之去人轉遠其光轉微而日月自出至入不漸小也王生以火喻之謬矣又日之入西方視之稍稍去初尚有半如橫破鏡之狀須臾淪沒矣若如王生之言日轉北去有半者其北都沒之頃宜先如豎破鏡之狀不應如橫破鏡也如此言之日入西方不亦孤子乎又月之光微不及日遠矣月盛之時雖有重雲蔽之不見月體而夕猶朗然是光猶從雲中而照外也日若繞西及北者其光故應如月在雲中之狀不得夜便大暗也又日入則星月出焉明知天以日月分主晝夜相代而照也若日常出者不應日亦入而星月亦出也又按河洛之文皆云水火者陰陽之餘氣也夫言餘氣也則不能生日月可知也顧當言日陽精生火者可耳若水火是日月所生則亦何得盡如日月之員乎今火出於陽燧陽燧員而火不員也水出於方諸方諸方而水不方也又陽燧可以取火於日而無取日於火之理此則日精之

生火明矣方諸可以取水於月而無取月於水之道此則月精之生水
了矣王生又云遠故視之員若審然者月初生之時及既虧之後何以
視之不員乎而日食或上或下從側而起或如鉤至盡若遠視見員不
宜見其殘缺左右所起也此則渾天之躰信而有徵矣

儀象

虞書曰在旋璣玉衡以齊七政考靈曜云分寸之晷代天氣生以制方
員方員以成參以規矩昏明主時及命中星觀玉儀之游鄭玄謂以玉
爲渾儀也春秋文曜鉤云唐堯即位羲和立渾儀此則儀象之設其來
遠矣緜代相傳史官禁密學者不覩故宣蓋沸騰暨漢太初落下閎鮮
于妄人耿壽昌等造員儀以考歷度後至和帝時賈逵繫作又加黃道
至順帝時張衡又制渾象具內外規南北極黃赤道列二十四氣二十
八宿中外星官及日月五緯以漏水轉之於殿上室內星中出沒與天相
應因其關戾又轉瑞輪蓂莢於階下隨月虛盈依曆開落其後陸績亦
造渾象至吳時中常侍廬江王蕃善數術傳劉洪乾象歷依其法而制

渾儀立論考度曰前儒舊說天地之體狀如鳥卵天包地外猶殼之裹
黃也周旋無端其形渾渾然故曰渾天也周天三百六十五度五百八十
九分度之百四十五半覆地上半在地下其二端謂之南極北極北極
出地三十六度南極入地三十六度兩極相去一百八十二度半強繞
北極徑七十二度常見不隱謂之上規繞南極七十二度常隱不見謂
之下規赤道帶天之紘去兩極各九十一度少彊黃道日之所行也半
在赤道外半在黃道內與赤道東交於角五少弱西交於奎十四少強其
赤道外極遠者去赤道二十四度斗二十一度是也其入赤道內極遠
者亦二十四度井二十五度是也日南至在斗二十一度去極百一十五
度少彊是也日最南去極最遠故景最長黃道斗二十一度出辰入申
日晝行地上百四十六度彊故日短夜行地下二百一十九度少弱故夜
長自南至之後日去極稍近故景稍短日晝行地上度稍多故日稍長
夜行地下度稍少故夜稍短日所在度稍北故日稍北以至於夏至日
在井二十五度去極六十七度少彊是日最北去極最近景最短黃
道井二十五度出寅入戌故日亦出寅入戌日晝行地上二百一十九度
少弱故日長夜行地下百四十六度彊故夜短自夏至之後日去極稍遠故
景稍長日晝行地上度稍少故日稍短夜行地下度稍多故夜稍長日所
在度稍南故日出稍南以至於南至而復初焉斗二十一井二十五南北
相應四十八度春分日在奎十四少彊秋分日在角五少弱此黃赤二道
之交中也去極俱九十一度少彊南北處斗二十一井二十五之中故景
居二至長短之中奎十四角五出卯入酉故日亦出卯入酉日晝行地上
夜行地下俱百八十二度半彊故日見之漏五十刻不見之漏五十刻謂
之晝夜同夫天之晝夜以日出沒爲分人之晝夜以昏明爲限日未出二
刻半而明日入二刻半而昏故損夜五刻以益晝是以春秋分漏晝五十
五刻三光之行不必有常術家以筭求之各有同異故諸家歷法參差
不齊洛書甄曜度春秋考異郵皆云周天一百七萬一千里一度爲二千
九百三十二里七十一步二尺七寸四分四百八十七分分之三百六十
二陸績云天東西南北徑三十五萬七千里此言周三徑一也考之徑一

不啻周三率周百四十二而徑四十五則天徑三十二萬九千四百一里一
百二十二步二尺二寸一分七十一分分之十周禮日至之景尺有五寸謂之
地中鄭衆說土圭之長尺有五寸以夏至之日立八尺之表其景與土圭
等謂之地中今潁川陽城地也鄭玄云凡日景於地千里而差一寸景尺
有五寸者南戴日下萬五千里也以此推之日當去其下地八萬里矣日
邪射陽城則天徑之半也體員如彈丸地處天之半而陽城爲中則日春
秋冬夏昏明晝夜去陽城皆等無盈縮矣故知從日邪射陽城爲天徑
之半也以句股法言之旁萬五千里句也立八極萬里股也從日邪射陽
城弦也以句股求弦法入之得八萬一千三百九十四里三十步五尺三
寸六分天徑之半而地上去天之數也倍之得十六萬二千七百八十八
里六十一步四尺七寸二分天徑之數也以周率乘之徑率約之得五十
一萬三千六百八十七里六十八步一尺八寸二分周天之數也減甄耀度
考異郵五十五萬七千三百一十二里有奇一度凡千四百六里二十四步
六寸四分十萬七千五百六十五分分之萬九千四百十九減舊度千五百二

十五里二百五十六步二尺三寸二十一万五千一百三十分分之十六万七百三十分黃赤二道相与交錯其間相去二十四度以南儀推之二道俱三百六十五度有奇是以知天體員如彈丸也而陸績造渾象其形如鳥卵然則黃道應長於赤道矣績云天東西南北徑三十五万七千里然則績亦以天形正員也而渾象為鳥卵則為自相違背古舊渾象以二分為一度凡周七尺三寸半分張衡更制以四分為一度凡周一丈四尺六寸蕃以古制局小星辰稠概衡器傷大難可轉移更制渾象以三分為一度凡周大一丈九寸五分分之三也

天文経星

鴻範傳曰清而明者天之體也天勿怱变色是謂易常天裂陽不足是謂臣強天裂見人兵起国亡天鳴有声至尊憂且驚皆乱国之所生也馬績云天文在圖籍昭昭可知者經星常宿中外官凡一百一十八名積數七百八十三皆有州国官宮物類之象張衡云文曜麗乎天其動者有七日月五星是也日者陽精之宗月者陰精之宗五星五行之精衆星列布體生於地精成於列列居錯峙各有攸屬在野象物在朝象官在人象神其以神著有五列焉是為三十五名一居中央謂之北斗四布於方各七為二十八舍日月運行歷示吉凶　緯躔次用告禍福中外之官常明者百有二十四可名者三百二十為星二千五百微星之數蓋万一千五百二十庶物蠢蠢咸得繫命不然何得揔而理諸後武帝時太史令陳卓揔甘石巫咸三家所著星圖大凡二百八十三官一千四百六十四星以為定紀今略其昭昭者以備天官云

中宮

北極五星鉤陳六星皆在紫宮中北極北辰最尊者也其紐星天之樞也天運无窮三光迭耀而極星不移故曰居其所而衆星拱之第一星主月太子也第二星主日帝王也亦太一之坐謂最赤明者也第三星主五星庶子也中星不明主不用事右星不明太子憂鉤陳後宮也大帝之正妃也太帝之帝居也北四星曰女御宮八十一御妻之象也鉤陳口中一星曰天皇大帝其神曰耀魄寶主御群靈執万神圖抱北極四星曰四輔所以輔佐北極而出度授政也大帝上九星曰華蓋所以覆蔽大帝之坐也蓋下九星曰杠蓋之柄也華蓋下五星曰五帝内坐設敘順帝所居也客星犯紫宮中坐大臣犯主華蓋杠旁六星曰六甲可以分陰陽而配節候故在帝旁所以布政教而授農時也極東一星曰柱下史主記過左右史此之象也柱史北一星曰女史婦人之微者主傳漏故漢有侍史傳舍九星在華蓋上近河賓客之館主胡人入中国客星守之備姦使亦曰胡兵起傳舍南河中五星曰造父御官也一曰司馬或曰伯樂星亡馬大貴其西河中九星如鉤狀曰鉤星直則地動天一星在紫宮門右星南天帝之神也主戰鬬知人吉凶者也太一星在天一南相近亦天帝神也主使十六神知風雨水旱兵革饑饉疾疫災害所在之國也紫宮垣十五星其西蕃七東蕃八在北斗北一曰紫微大帝之坐也天子之常居也主命主度也一曰長垣一曰天營一曰旗星為蕃衛備蕃臣也宮闕兵起旗星直天子出自將宮中兵東垣下五星曰天柱建政教懸圖法門内東南維五星曰尚書主納言夙夜諮謀龍

作納言此之象也尚書西二星曰陰德陽德主周急振撫宮門左星内二星曰大理主平刑斷獄也門外六星曰天牀主寢舍解息燕休西南角外二星曰内厨主六宮之内飲食主后妃夫人与太子宴飲東北維外六星曰天厨主盛饌北斗七星在太微北七政之樞機陰陽之元本也故運乎天中而臨制四方以建四時而均五行也魁四星為琁璣杓三星為玉衡又曰斗為人君之象号令之主也又為帝車取乎運動之義也又魁第一星曰天樞二曰琁三曰璣四曰權五曰玉衡六曰開陽七曰搖光一至四為魁五至七為杓樞為天琁為地璣為人權為時玉衡為音開陽為律搖光為星石氏云第一曰正星主陽德天子之象也二曰法星主陰刑女主之位也三曰令星主中禍四曰伐星主天理伐无道五曰殺星主中央助四旁殺有罪六曰危星主天倉五穀七曰部星亦曰應星主兵又一主天二主地三主火四主水五主土六主木七主金又曰一主秦二主楚三主梁四主吳五主燕六主趙七主齊魁中四星為貴人之牢曰天理也輔星傅乎開陽所以佐斗成功丞相之象也七政星明其

國昌輔星明則臣強杓南三星及魁第一星西三星皆曰三公主宣德化調七政和陰陽之官也

文昌六星在北斗魁前天之六府也主集計天道一曰上將大將軍建威武二曰次將尚書正左右三曰貴相太常理文緒四曰司祿司中司隸賞功進五曰司命司怪太史主滅咎六曰司寇大理佐理寶所謂一者起北斗魁前近內階者也明潤大小齊天瑞臻文昌北六星曰內階天皇之階也相一星在北斗南相者揔領百司而掌邦教以佐帝王安邦國集衆事也其星明吉太陽守在相西大將大臣之象也主戒不虞設武備西北四星曰勢勢腐刑人也天牢六星在北斗魁下貴人之牢也

太微天子庭也五帝之坐也十二諸侯府也其外蕃九卿也一曰太微為衡衡主平也又為天庭理法平辭監升授德列宿受符諸神考節舒情稽疑也南蕃中二星間曰端門東曰左執法廷尉之象也西曰右執法御史大夫之象也執法所以舉刺凶姦者也左執法之東左掖門也右執法之西右掖門也東蕃四星南第一曰上相其北東太陽門也第二星曰次相其北中華東門也第三星曰次將其北東太陰門也第四星曰上將所謂四輔也西蕃四星南第一星曰上將其北西太陽門也第二星曰次將其北中華西門也第三星曰次相其北西太陰門也第四星曰上相次亦曰四輔也東西蕃有芒及動搖者諸侯謀執法移刑罰尤急月五星入太微軌道吉其所犯中坐成刑其西南角外三星曰明堂天子布政之宮明堂西三星曰靈臺觀臺也主觀雲物察符瑞候災變化左執法東北一星曰謁者主贊賓客也謁者東北三星曰三公內坐朝會之所居也三公北三星曰九卿內坐治万事九卿西五星曰內五諸侯內侍天子不之國也辟雍之禮得則太微諸侯明

黃帝坐在太微中含樞紐之神也天子動得天度止得地意從容中道則太微五帝坐明以光黃帝坐不明人主求賢士以輔法不然則奪勢四帝星夾黃帝坐東方蒼帝靈威仰之神也南方赤帝赤熛怒之神也西方白帝白招矩之神也北方黑帝叶光紀之神也五帝坐北一星曰太子帝儲也太子北一星曰從官侍臣也帝坐東北一星曰幸臣屏四星

在端門之內近右執法屏所以壅蔽帝庭也執法主刺舉臣尊敬君上則星光明潤澤郎位十五星在帝坐東北一曰依烏郎府也周官之元士漢官之光祿中散諫議議郎三署郎中是其職也郎主衛守也其星不具后妃死幸臣誅星明大及客星入之大臣為亂郎將在郎位北主閱具所以為武備也武賁一星在太微西蕃北下名南靜室旄頭之騎官也常陳七星如畢狀在帝坐北天子宿衛武賁之士以設強禦也星搖動天子自出明則武兵用微則兵弱三台六星兩兩而居起文昌列抵太微一曰天柱三公之位也在人曰三公在天曰三台主開德宣符也西近文昌二星曰上台為司命主壽次二星曰中台為司中主宗室東二星曰下台為司祿主兵所以昭德塞違也又曰三台為天階太一躡以上下一曰泰階上階上星為天子下星為女主中階上星為諸侯三公下星為卿大夫下階上星為士下星為庶人所以和陰陽而理萬物也君臣和集如其常度有變則占其人南四星曰內平近職執法平罪之官也中台之北一星曰太尊貴戚也

攝提六星直斗杓之南主建時節伺機祥攝提為楯以夾擁帝座也主九卿明大三公恣客星入之聖人受制西三星曰周鼎主流亡大角在攝提間大角者天王座也又為天棟正經紀也北三星曰帝席主宴獻酬酢北三星曰梗河天矛也一曰天鋒主胡兵又為喪故其變動應以兵喪也星亡其國有兵謀其北一星曰招搖一曰矛楯其北一星曰玄戈皆主胡兵占與梗河略相類也招搖與北斗杓間曰天庫星去其所則有庫開之祥也招搖欲與棟星梗河北斗相應則胡當來受命於中國玄戈又主北夷客星守之胡大敗天槍三星在北斗杓東一曰天鉞天之武備也故在紫宮之左右所以禦兵難也女牀三星在紀星北後宮御也主女事天棓五星在女牀北天子先驅也主分爭與刑罰藏兵亦所以禦兵亦所以禦兵難也槍棓皆以備非常也一星不具其國兵起東七星曰扶筐盛桑之器主勸蠶也七公七星在招搖東天之相也三公之象也主七政貫索九星在其前賤人之牢也一曰連索一曰連營一曰天牢主法律禁暴強也牢口一星為門欲其開也九星皆明天下獄煩七星見小

赦六星五星大赦動則斧鑕用中空則更元漢志云十五星天紀九星在貫索東九卿也主萬事之紀理怨訟也明則天下多辭訟亡則政理壞國紀亂散絕則地震山崩織女三星在天紀東端天女也主果蓏絲帛珍寶也王者至孝神祇咸喜則織女星俱明天下和平大星怒角布帛貴東足四星曰漸臺臨水之臺也主晷漏律呂之事西足五星曰輦道王者嬉游之道也漢輦道通南北宮其象也左右角間二星曰平道之官平道西一星曰進賢主卿相舉逸才亢東咸西咸各四星在房心北日月五星之道也房之戶所以防佚淫也星明則信吉月五星犯守之有陰謀鍵閉一星在房東北鉤鈐主關籥天市垣二十二星在房心東北主權衡主聚衆一曰天旗庭主斬戮之事也市中星衆潤澤則歲實熒惑守之戮不忠之臣彗星除之為徙市易都客星入之兵大起出之有貴喪帝坐一星在天市中星西天庭也光而潤則天子吉威令行候一星在帝坐東北主伺陰陽也明大輔臣強四夷開候細微則國安亡則主失位移則不安宦者四星在帝坐西南侍主刑餘之人也星微

吉非其常宦者有憂宗正二星在帝坐東南宗大夫也彗星守之若失色宗正有事客星守之更號令也宗人四星在宗正東主錄親疏享祀族人有序則如綺文而明正動則天子親屬有變客星守之貴人死宗星二在候星東宗室之象帝輔血脈之臣也客星守之宗支不和天江四星在尾北主太陰江星不具天下津河關道不通明若動搖大水出大兵起參差則馬貴熒惑守之有立主客星入之河津絕天籥八星在南斗柄西主關閉建星六星在南斗北亦曰天旗天之都關也為謀事為天鼓為天馬南二星天庫也中央二星市也鈇鑕也上二星旗跗也斗建之間三光道也星動則眾勞月暈之蛟龍見牛馬疫月五星犯之大臣相譖有謀亦為關梁不通有大水東南四星曰狗國主鮮卑烏丸沃且熒惑守之外夷為變狗國北二星曰天雞主候時天辨九星在建星北市官之長也以知市珍也星欲明吉彗星犯守之糴貴囚徒起兵河鼓三星旗九星在牽牛北天鼓也主軍鼓主鈇鉞一曰三武主天子三將軍中央大星為大將軍左星為左將軍右星為右將軍左星南星

也所以備關梁而距難也設守阻險知謀徵也旗即天鼓之旗所以為旌表也左旗九星在鼓左旁鼓欲正直而明色黃光澤將吉不正為兵憂也星怒馬貴動則兵起曲則將失計奪勢旗星差戾亂相陵旗端四星南北列曰天桴鼓桴也星不明漏刻失時前近河鼓若桴鼓相直皆為桴鼓用離珠五星在須女北須女之藏府女子之星也天津九星橫河中一曰天漢一曰天江主四瀆津梁所以度神通四方也一星不備津關道不通騰蛇二十二星在營室北天蛇也主水蟲王良五星在奎北居河中天子奉車御官也其四星曰天駟旁一星曰王良亦曰天馬其星動為策馬車騎滿野亦曰梁為天橋主御風雨水道故或占車騎或占津梁客星守之橋不通道前一星曰策星王良之御策也主天子之僕在王良旁若移在王良前居馬後是謂策馬則車騎滿野閣道六星在王良前飛道也從紫宮至河神所乘也一曰閣道星天子游別宮之道也傅路一星在閣道南旁別道也東壁北十星曰天廄主馬之官若今驛亭也主傳令置驛逐漏馳鶩謂其行急疾與晷漏競馳也天將

軍十二星在婁北主武兵中央大星天之大將也南一星曰軍南門主誰何出入大陵八星在胃北亦曰積京主大喪也積京中星衆則諸侯有喪民多疾兵起太陵中一星曰積尸明則死人如山北九星曰天船一曰舟星所以濟不通也中一星曰積水候水災昴西二星曰天街三光之道主伺候關梁中外之境卷舌六星在昴北主口語以知佞讒也曲而吉直而動天下有口舌之害中一曰天讒主巫醫五車五星三柱九星在畢北五車者五帝車舍也五帝坐也主天子五兵一曰主五穀豐耗西北大星曰天庫主太白主秦次東北星曰獄主辰星主燕趙次東星曰天倉主歲星主魯衛次東南星曰司空主鎮星主楚次西南星曰卿星主熒惑主魏五星有變皆以其所占之三柱一曰三泉天子得靈臺之禮則五車三柱均明有常其中五星曰天潢天潢南三星曰咸池魚囿也月五星入天潢兵起道不通天下亂五車南六星曰諸王察諸侯存亡其西八星曰八穀主候歲八穀一星亡一穀不登天關一星在五車南亦曰天門日月之所行也主邊事主關閉芒角有兵五星守之

貴人多死東井鉞前四星曰司怪主候天地日月星辰變異及鳥獸草木之妖明主闇臣僭德保福也司怪西北九星曰坐旗君臣設位之表也坐旗西四星曰天高臺榭之高主遠望氣象天高西一星曰天河主察山林妖變南河北河各三星夾東井一曰天高天之關門也主關梁南河曰南戍一曰南宮一曰陽門一曰越門一曰權星主火北河曰北戍一曰北宮一曰陰門一曰胡門一曰衡星主水兩河戍間日月五星之常道也河戍動搖中國兵起南河南三星曰闕丘主宮門外象魏也五諸侯五星在東井北主刺舉戒不虞又曰理陰陽察得失亦曰主帝心一曰帝師二曰帝友三曰三公四曰博士五曰太史此五者常為帝定疑議星明大潤澤則天下大治芒角則禍在中五諸侯南三星曰天樽主盛饘粥以給貧餒積水一星在北河西北水河也所以供酒食之正也積薪一星在積水東北供庖廚之正也水位四星在積薪東主水衡客星若水火守犯之百川流溢軒轅十七星在七星北軒轅黃帝之神黃龍之體也后妃之主士職也一曰東陵一曰權星主雷雨之神南大星女主也次北一星夫人也屏也上將也次北一星妃也次將也其次諸星皆次妃之屬也女主南小星女御也左一星少民后宗也右一星大民太后宗也欲其色黃小而明也軒轅右角南三星曰酒旗酒官之旗也主饗宴飲食五星守酒旗天下大酺有酒肉財物賜若爵宗室酒旗南三星曰天相丞相之象也軒轅西四星曰爟爟者烽火之爟也邊亭之警候爟北四星曰內平平罪之官明刑罰少微四星在太微西士大夫之位也一名處士亦天子副主或曰博士官一曰主衞掖門南第一星處士第二星議士第三星博士第四星大夫明大而黃則賢士舉也月五星犯守之處士女主憂宰相易南四星曰長垣主界域及胡夷熒惑入之胡入中國太白入之九卿謀

二十八舍

東方角二星為天關其間天門也其內天庭也故黃道經其中七曜之所行也左角為天田為理主刑其南為太陽道右角為將主兵其北為太陰道蓋天之三門猶房之四表其星明大王道太平賢者在朝動搖

移從王者行亢四星天子之內朝也總攝天下奏事聽訟理獄錄功者也一曰疏廟主疾疫星明大輔納忠天下寧氐四星王者之宿宮后妃之府休解之房前二星適也後二星妾也後二星大則臣奉度房四星為明堂天子布政之宮也亦四輔也下第一星上將也次次將也次次相也上星上相也南二星君位北二星夫人位又為四表中間為天衢為天關黃道之所經也南間曰陽環其南曰太陽北間曰陰間其北曰太陰七曜由乎天衢則天下平和由陽道則旱喪由陰道則水兵亦曰天駟為天馬主車駕南星曰左驂次左服次右服次右驂亦曰天廐又主開閉為蓄藏之所由也房星明則王者明驂星大則兵起星離民流又北二小星曰鉤鈐房之鈐鍵天之管籥主閉鍵天心也明而近房天下同心鉤鈐間有星及疏拆則地動河清心三星天王正位也中星曰明堂天子位為大辰主天下之賞罰天下變動心星見祥星明大天下同前星為太子後星為庶子心星直則王失勢尾九星後宮之場妃后之府上第一星后也次三星夫人次星嬪妾第三星傍一星名曰神宮解衣之內室尾亦為九子星色欲均明大小相承則後宮有叙多子孫箕四星亦後宮妃后之府亦曰天津一曰天雞主八風凡日月宿在箕東壁翼軫者風起又主口舌主客蠻夷胡貊故蠻胡將動先表箕焉北方南斗六星天廟也丞相太宰之位主褒賢進士禀授爵祿又主兵一曰天機南二星魁天梁也中央二星天相也北二星天府庭也亦為壽命之期也將有天子之事占於斗斗星盛明王道平和爵祿行牽牛六星天之關梁主犧牲事其北二星一曰即路一曰聚火又曰上一星主道路次二星主關梁次三星主南越搖動變色則占之星明大王道昌關梁通須女四星天少府也須賤妾之稱婦職之卑者也主布帛裁製嫁娶虛二星冢宰之官也主北方邑居廟堂祭祀祝禱事又主死喪哭泣危三星主天府天市架屋餘同虛占墳墓四星屬危之下主死喪哭泣為墳墓也營室二星天子之宮也一曰玄宮一曰清廟又為軍糧之府及土功事星明國昌小不明祠祀鬼神不享離宮六星天子之別宮主隱藏休息之所東壁二星主文章天下圖書之秘府也星明王者興道

術行國多君子星失色大小不同王者好武經士不用圖書隱星動則有土功

西方奎十六星天之武庫也一曰天豕亦曰封豕主以兵禁暴又主溝瀆西南大星所謂天豕目亦曰大將欲其明婁三星為天獄主苑牧犧牲供給郊祀胃三星天之廚藏主倉廩五穀府也明則和平昴七星天之耳也主西方主獄事又為旄頭胡星也昴畢間為天街天子出旄頭罕畢以前驅此其義也黃道之所經也昴明則天下牢獄平昴六星皆明與大星等大水七星皆黃兵大起一星亡為兵喪搖動有大臣下獄及有白衣之會大而數盡動若跳躍者胡兵大起畢八星主邊兵主弋獵其大星曰天高一曰邊將主四夷之尉也星明大則遠夷來貢天下安失色則邊兵亂附耳一星在畢下主聽得失伺愆邪察不祥星盛則中國微有盜賊邊候驚外國反移動佞讒行月入畢多雨觜觿三星為三軍之候行軍之藏府葆旅收斂萬物明則軍儲盈將得勢參十星一曰參伐一曰大辰一曰天市一曰鈇鉞主斬刈又為天獄主殺伐又主權衡所以

平理也又主邊城為九譯故不欲其動也參白獸之體其中三星橫列三將也東北曰左肩主左將西北曰右肩主右將東南曰左足主後將軍西南曰右足主偏將軍故黃帝占參應七將中央三小星曰伐天之都尉也主胡鮮卑戎狄之國故不欲明七將皆明大天下兵精也王道缺則芒角張伐星明與參等大臣皆謀兵起參星失色軍散敗參芒角動搖邊候有急兵起有斬伐之事參星移客伐主參左足入玉井中兵大起秦大水若有喪山石為怪參星差戾王臣貳

南方東井八星天之南門黃道所經天之亭候主水衡事法令所取平也王者用法平則井星明而端列鉞一星附井之前主伺淫奢而斬之故不欲其明明與井齊則用鉞於大臣月宿井有風雨輿鬼五星天目也主視明察姦謀東北星主積馬東南星主積兵西南星主積布帛西北星主積金玉隨變占之中央星為積尸主死喪祠祀一曰鈇鑕主誅斬鬼星明大穀成不明百姓散鑕欲其忽忽不明明則兵起大臣誅柳八星天之廚宰也主尚食和滋味又主雷雨七星七星一名天都主衣裳文繡又主急兵盜賊故星明王道昌闇則賢良不處天下空張六星主珍寶宗廟所用及衣服又主天廚飲食賞賚之事星明則王者行五禮得天之中翼二十二星天之樂府俳倡又主夷狄遠客負海之賓星明大禮樂興四夷賓動則蠻夷使來離徙則天子舉兵軫四星主冢宰輔臣也主車騎主載任有軍出入皆占於軫又主風主死喪軫星明則車駕備動則車駕用轄星傅軫兩傍主王侯左轄為王者同姓右轄為異姓星明兵大起遠軫凶轄舉南蠻侵長沙一星在軫之中主壽命明則主壽長子孫昌又曰車無轄國有憂軫就聚兵大起

星官在二十八宿之外者

○庫樓十星六大星為庫南四星為樓在角南一曰天庫兵車之府也旁十五星三三而聚者柱也中央四小星衡也主陳兵東北二星曰陽門主守隘塞也南門二星在庫樓南天之外門也主守兵平星二星在庫樓北平天下之法獄事廷尉之象也天門二星在平星北亢南七星曰折威主斬殺頓頑二星在折威東南主考囚情狀察詐偽也騎官二十七星在氐南若天子武賁主宿衛東端一星騎陣將軍騎將也南三星車騎

騎之將也陣車三星在騎官東北革車也積卒十二星在房心南主為衛也他星守之近臣誅從官二星在積卒西北龜五星在尾南主占以吉凶傅說一星在尾後傅說主章祝巫官也魚一星在尾後河中主陰事知雲雨之期也杵三星在箕南杵給庖舂客星入杵臼天下有急糠星在箕舌前杵西北鼈十四星在南斗南鼈為水蟲歸太陰有星守之白衣會主有水令農丈人一星在南斗西南老農主穡也狗二星在南斗魁前主吠守天田九星在牛南羅堰九星在牽牛東岠馬也以壅畜水潦灌溉溝渠也九坎九星在牽牛南坎溝渠也所以導達泉源疏盈瀉溢通溝洫也九坎間十星曰天池一曰三池一曰天海主灌溉田疇事虛南二星曰哭哭東二星曰泣泣哭皆近墳墓泣南十三星曰天壘城如貫索狀主北夷丁零匈奴南二星曰蓋屋治宮室之官也其南四星曰虛梁園陵寢廟之所也羽林四十五星在營室南一曰天軍主軍騎又主翼王也壘壁陣十二星在羽林北羽林之垣壘也主軍位為營壅也五星有在天軍中者皆為兵起熒惑大白辰星尤甚北落師門一星在羽

林西南北者宿在北方也落天之蕃落也師衆也師門猶軍門也長安城北門曰北落門以象此也主非常以候兵有星守之虜入塞中兵起其西北有十星曰天錢北落西南一星曰天綱主武帳北落東南九星曰八魁主張禽獸天倉六星在婁南倉穀所藏也南四星曰天庾積廚粟之所也天囷十三星在胃南囷倉廩之屬也主給御糧也天廩四星在昴南一曰天廥主蓄黍稷以供饗祀春秋所謂御廩此之象也天苑十六星昴畢南天子之苑囿養獸之所也苑南十三星曰天園植果菜之所也畢附耳南八星曰天節主使臣之所持者也天節下九星曰九州殊口曉方俗之官通重譯者也參旗九星在參西一曰天旗一曰天弓主司弓弩之張候變御難玉井四星在參左足下主水漿以給廚西南九星曰九斿天子之旗也玉井東南四星曰軍井行軍之井也軍井未達將不言渴名取此也軍市十三星在參東南天軍貿易之市使有無通也野雞一星主變怪在軍市中軍市西南二星曰丈人丈人東二星曰子子東二星曰孫東井西南四星曰水府主水之官也東井南垣之東

四星曰四瀆江河淮濟之精也狼一星在東井東南狼爲野將主侵掠色有常不欲動也北七星曰天狗主守財弧九星在狼東南天弓也主備盜賊常向於狼弧矢動移不如常者多盜賊胡兵大起狼弧張害及胡天下乖亂又曰天弓張天下盡兵弧南六星爲天社昔共工氏之子句龍能平水土故祀以配社其精爲星老人一星在弧南一曰南極常以秋分之旦見于景春分之夕而沒于丁見則治平主壽昌常以秋分候之南郊柳南六星曰外廚廚南一星曰天紀主禽獸之齒稷五星在七星南稷農正也取乎百穀之長以爲號也張南十四星曰天廟天子之祖廟也客星守之祠官有憂翼南五星曰東區蠻夷星也軫南三十二星曰器府樂器之府也青丘七星在軫東南蠻夷之國號也青丘西四星曰土司空主界域亦曰司徒土司空北二星曰軍門主營候彪尾威旗

天漢起沒

天漢起東方經尾箕之間謂之漢津乃分爲二道其南經傅說魚天龠天弁河鼓其北經龜貫箕下次絡南斗魁左旗至天津下而合南道乃西南行又分夾瓠瓜絡人星杵造父騰蛇王良傅路閣道北端太陵天船卷舌而南行絡五車經北河之南入東井水位而東南行絡南河闕丘天狗天紀天稷在七星南而沒

十二次度數

十二次班固取三統歷十二次配十二野其言最詳又有費直說周易蔡邕月令章句所言頗有先後魏太史令陳卓更言郡國所入宿度今附而次之

自軫十二度至氐四度爲壽星於辰在辰鄭之分野屬兗州（費直周易分野壽星起軫七度蔡邕月令章句壽星起軫六度）

自氐五度至尾九度爲大火於辰在卯宋之分野屬豫州（費直起氐十一度蔡邕起亢八度）

自尾十度至南斗十一度爲析木於辰在寅燕之分野屬幽州（費直起尾九度蔡邕起尾四度）

自南斗十二度至須女七度爲星紀於辰在丑吳越之分野屬揚州（費直起斗十度蔡邕起斗六度）

自須女八度至危十五度爲玄枵於辰在子齊之分野屬青州（費直起女六度蔡邕起女二度）

自危十六度至奎四度爲娵訾於辰在亥衛之分野屬并州（費直起危十四度蔡邕起危十度）

自奎五度至胃六度爲降婁於辰在戌魯之分野屬徐州（費直起奎二度蔡邕起奎八度）

自胃七度至畢十一度爲大梁於辰在酉趙之分野屬冀州（費直起婁十度蔡邕起胃一度）

自畢十二度至東井十五度爲實沈於辰在申魏之分野屬益州（費直起畢九度蔡邕起畢六度）

自東井十六度至柳八度爲鶉首於辰在未秦之分野屬雍州（費直起井十二度蔡邕起井十度）

自柳九度至張十六度爲鶉火於辰在午周之分野屬三河（費直起柳五度蔡邕起柳三度）

自張十七度至軫十一度爲鶉尾於辰在巳楚之分野屬荊州（費直起張十二度蔡邕起張十二度）

州郡躔次

陳卓范蠡鬼谷先生張良諸葛亮譙周京房張衡並云

角亢氐鄭兗州

東郡入角一度

東平任城山陰入角六度　泰山入角十二度　濟北陳留入亢五度

濟陰入氐一度　東平入氐七度

房心宋豫州

潁川入房一度　汝南入房二度　沛郡入房四度

梁國入房五度　淮陽入心一度　魯國入心三度

楚國入房四度

尾箕燕幽州

涼州入箕中十度　上谷入尾一度　漁陽入尾三度

右北平入尾七度　西河上郡北地遼西東入尾十度

涿郡入尾十六度　渤海入箕一度　樂浪入箕三度

玄菟入箕六度　廣陽入箕九度

斗牽牛須女吳越揚州

九江入斗一度　廬江入斗六度　豫章入斗十度

丹陽入斗十六度　會稽入牛一度　臨淮入牛四度

廣陵入牛八度　泗水入女一度　六安入女六度

虛危齊青州

齊國入虛六度　北海入虛九度　濟南入危一度

樂安入危四度　東萊入危九度　平原入危十度

菑川入危十四度

營室東壁衛并州

安定入營室一度　天水入營室八度　隴西入營室四度

酒泉入營室十一度　張掖入營室十二度　武都入東壁一度

金城入東壁四度　武威入東壁六度　敦煌入東壁八度

奎婁胃魯徐州

東海入奎一度　琅邪入奎六度　高密入婁一度

城陽入婁九度　膠東入胃一度

昴畢趙冀州

魏郡入昴一度　鉅鹿入昴三度　常山入昴五度

廣平入昴七度　中山入昴一度　清河入昴九度

信都入畢三度　趙郡入畢八度　安平入畢四度

河間入畢十度　眞定入畢十三度

觜參魏益州

廣漢入觜一度　越巂入觜三度　蜀郡入參一度

犍爲入參三度　牂柯入參五度　巴郡入參八度

漢中入參九度　益州入參七度

東井輿鬼秦雍州

雲中入東井一度　定襄入東井八度　鴈門入東井十六度

代郡入東井二十八度　太原入東井二十九度　上黨入輿鬼二度

柳七星張周三輔

弘農入柳一度　河南入七星三度　河東入張一度

河內入張九度

翼軫楚荆州

南陽入翼六度　南郡入翼十度　江夏入翼十二度

零陵入軫十一度　桂陽入軫六度　武陵入軫十度

長沙入軫十六度

晉書志第一　天文上　晉書十一

天文中　七曜　雜星氣　客星　流星　雲氣　十煇　雜氣　史傳事驗　　御撰

七曜

日為太陽之精主生養恩德人君之象也人君有瑕必露其慝以告示焉故日月行有道之國則光明人君吉昌百姓安寧人君乘土而王其政太平則日五色無主日變色有軍軍破無軍喪侯王其君無德其臣亂國則日赤無光日失色所臨之國不昌日晝昏行人無影到暮不止者上刑急下不聊生不出一年有大水日晝昏烏鳥羣鳴國失政日中烏見主不明為政亂國有白衣會將軍出旌旗舉日中有黑子黑氣黑雲乍三乍五臣廢其主日蝕陰侵陽臣掩君之象有亡國

月為太陰之精以之配日女主之象以之比德刑罰之義列之朝廷諸侯大臣之類故君明則月行依度臣執權則月行失道大臣用事兵刑失理則月行乍南乍北女主外戚擅權則或進或退月變色將有殃月晝明姦邪並作君臣爭明女主失行陰國兵強中國飢天下謀僭數月重見國以亂亡

歲星曰東方春木於人五常仁也五事貌也仁虧貌失逆春令傷木氣則罰見歲星歲星盈縮以其舍命國其所居久其國有德厚五穀豐昌不可伐其對為衝歲乃有殃歲星安靜中度吉盈縮失次其國有變不可舉事用兵又曰人主之象也色欲明光色潤澤德合同又曰進退如度姦邪息變色亂行主無福又主福主大司農主齊吳主司天下諸侯人君之過主歲五穀赤而角其國昌赤黃而沈其野大穰

○熒惑曰南方夏火禮也視也禮虧視失逆夏令傷火氣罰見熒惑熒惑法使行無常出則有兵入則兵散以舍命國為亂為賊為疾為喪為飢為兵所居國受殃環繞鉤已芒角動搖變色乍前乍後乍左乍右其為殃愈甚其南丈夫北女子喪周旋止息乃為死喪寇亂其野亡地其失行而速兵聚其下順之戰勝又曰熒惑主大鴻臚主死喪主司空又為司馬主楚吳越以南又司天下群臣之過司驕奢亡亂妖孽主歲成敗又曰熒惑不動兵不戰有誅將其出色赤怒逆行成鉤已戰凶有圍軍鉤已有芒角如鋒刃人主無出宮下有伏兵芒大則人眾怒又為李外則李兵內則理政為天子之理也故曰雖有明天子必視熒惑所在其入守犯太微軒轅營室房心主命惡之

填星曰中央季夏土信也思心也信義禮智以信為主貌言視聽以心為正故四星皆失填乃為之動動而盈侯王不寧縮有軍不復所居之宿國吉得地及女子有福不可伐去之失地若有女憂居宿久國福厚易則薄失次而上二三宿曰盈有主命不成不乃大水失次而下曰縮后戚其歲不復不乃天裂若地動一曰填為黃帝之德女主之象主德厚安危存亡之機司天下女主之過又曰天子之星也天子失信則填星大動

太白曰西方秋金義也言也義虧言失逆秋令傷金氣罰見太白太白進退以候兵高埤遲速靜躁見伏用兵皆象之吉其出西方失行夷狄敗出東方失行中國敗未盡期曰過參天病其對國若經天天下革民更王是謂亂紀人眾流亡晝見與日爭明強國弱小國強女主昌又曰太白主大臣其號上公也大司馬位謹候此

辰星曰北方冬水智也聽也智虧聽失逆冬令傷水氣罰見辰星辰星見則主刑主廷尉主燕趙又為燕趙代以比宰相之象亦為殺伐之氣戰鬭之象又曰軍於野辰星為偏將之象無軍為刑事和陰陽應效不效其時不和出失其時寒暑失其節邦當大飢當出不出是謂擊卒兵大起在於房心間地動亦曰辰星出入躁疾常主夷狄又曰蠻夷之星也亦主刑法之得失色黃而小地大動光明與月相逮其國大水

凡五星有色大小不同各依其行而順時應節色變有類

凡青皆比參左肩赤比心大星黃比參右肩白比狼星黑比奎大星不失本色而應其四時者吉色害其行凶

凡五星所出所行所直之辰其國為得位得位者歲星以德熒惑有禮填星有福太白兵強辰星陰陽和所行所直之辰順其色而有角者勝其色害者敗居實有德也居虛無德也色勝位行勝色行得盡勝之營室為清廟歲星廟也心為明堂熒惑廟也南斗為文太室填星廟也亢為疏廟太白廟也七星為員官辰星廟也五星行至其廟謹候其命

凡五星盈縮失位其精降于地為人歲星降為貴臣熒惑降為童兒

歌謠嬉戲填星降為老人婦女太白降為壯夫處於林麓墟谷辰星降為婦人吉凶之應隨其象告

凡五星木與土合為內亂飢與水合為變謀而更事與火合為飢為旱與金合為白衣之會合鬬國有內亂野有破軍為水太白在南歲星在北名曰牝牡年穀大孰太白在北歲星在南年或有或無火與金合為爍為喪不可舉事用兵從軍為軍憂離之軍却出太白陰分宅出其陽偏將戰與土合為憂主孽御與水合為北軍用兵舉事大敗一曰火與水合為焠取內切不可舉事用兵土與水合為壅沮不可舉事用兵有覆軍六師一曰為變謀更事必為旱與金合為疾為白衣會為內兵國亡地與木合國飢水與金合為變謀為兵憂入太白中而上出破軍殺將客勝下出客亡地視旗所指以命破軍環繞太白若與鬬大戰客勝

凡木火土金與水鬬皆為戰兵不在外皆為內亂凡同舍為合相陵為鬬二星相近其殃大相遠毋傷七寸以內必之

凡月蝕五星其國皆亡歲以飢熒惑以亂填以殺太白以強國戰辰以女亂

凡五星入月歲其野有逐相太白將僇

凡五星所聚其國王天下從歲以義從熒惑以禮從填以重從太白以兵從辰以法從各以其事致天下也三星若合是謂驚立絕行其國外內有兵與喪百姓飢乏改立侯王四星若合是謂大陽其國兵喪並起君子憂小人流五星若合是謂易行有德受慶改立王者奄有四方子孫蕃昌亡德受殃離其國家滅其宗廟百姓離去被滿四方五星皆大其事亦大皆小事亦小

凡五星色皆圜白為喪為旱赤中不平為兵青為憂為水黑為疾疫為多死黃為吉皆角赤犯我城黃地之爭白哭泣聲青有兵憂黑有水五星同色天下偃兵百姓安寧歌舞以行不見災疾五穀蕃昌

凡五星歲政緩則不行急則過分逆則占熒惑緩則不出急則不入逆則占填緩則不還急則過舍逆則占太白緩則不出急則不入逆則占辰緩則不出急則不入非時則占五星不失行則年穀豐昌

凡五星分天之中積于東方中國利積于西方外國用兵者利辰星不出太白為客其出太白為主出而與太白不相從及各出一方為格野雖有軍不戰

凡五星見伏留行逆順遲速應歷度者為得其行政合于常違歷錯度而失路盈縮者為亂行亂行則為天夭彗孛而有亡國革政兵飢喪亂之禍云雜星氣

圖緯舊說及漢末劉表為荊州牧命武陵太守劉叡集天文衆占名荊州占其雜星之體有瑞星有妖星有客星有流星有瑞氣有妖氣有日月傍氣皆略其名狀舉其占驗次之於此云

瑞星一曰景星如半月生於晦朔助月為明或曰星大而中空或曰有三星在赤方氣與青方氣相連黃星在赤方氣中亦名德星二曰周伯星黃色煌煌然所見之國大昌三曰含譽光耀似彗喜則含譽射四曰格澤如炎火下大上兌色黃白起地而上見則不種而穫有土功有大客

○妖星一曰彗星所謂埽星本類星末類彗小者數寸長或竟天見則兵起大水主埽除除舊布新有五色各依五行本精所主史臣按彗體無光傅日而為光故夕見則東指晨見則西指在日南北皆隨日光而指頓挫其芒或長或短光芒所及則為災二曰孛星彗之屬也偏指曰彗芒氣四出曰孛孛者孛孛然非常惡氣之所生內也內不有大亂則外有大兵天下合謀闇蔽不明有所傷害晏子曰君若不改孛星將出彗星何懼乎由是言之災甚於彗三曰天棓一名覺星本類星末銳長四丈或出東北方西方主奮爭四曰天槍其出不過三月必有破國亂君伏死其辜殃之不盡當有旱飢暴疾五曰天欃石氏曰雲如牛狀甘氏本類星末銳巫咸曰彗星出西方長可二三丈主捕制六曰蚩尤旗類彗而後曲象旗或曰赤雲獨見或曰其色黃上白下或曰若植雚而長名曰蚩尤之旗或曰如箕可長二丈末有星主伐枉逆主惑亂所見之方下有兵兵大起不然有喪七曰天衝出如人蒼衣赤頭不動見則臣謀主武卒發天子亡八曰國皇大而赤類南極老人星或曰去地三丈如炬火主內寇內難或曰其下起兵兵強或曰外內有兵喪九曰昭明

象如太白光芒不行或曰大而白無角乍上乍下一曰赤彗分爲昭明昭明滅光以爲起霸起德之徵所起國兵多變一曰大人凶兵大起十曰司危如太白有目或曰出正西西方之野星去地可六丈大而白或曰大而有毛兩角或曰類太白數動察之而赤爲乖爭之徵主擊強兵見則主失法豪桀起天子以不義失國有聲之臣行主德十一曰天讒彗出西北狀如劍長四五丈或曰如鉤長四丈或曰狀白小數動主殺罰出則其國內亂其下相讒爲飢兵赤地千里枯骨藉藉十二曰五殘一名五鋒出正東東方星之狀類辰可去地六七丈或曰蒼彗散爲五殘如辰星出角或曰星表有氣如暈有毛或曰大而赤數動察之而青主乖亡爲五分毀敗之徵亦爲備急兵見則主誅政在伯野亂成有急兵有喪不利衝十三曰六賊見出正南南方之星去地可六丈大而赤動有光或曰形如彗五殘六賊出禍合天下逆侵關樞其下有兵衝不利十四曰獄漢一名咸漢出正北北方之野星去地可六丈大而赤數動察之中青或曰赤表下有三彗從橫主逐王主刺王出則陰精橫兵起其下又爲喪動則諸侯驚十五曰旬始出斗北旁如雄雞其怒有青黑象伏鱉或曰怒雌也主爭兵又曰黃彗分爲旬始爲立主之題主亂主招橫見則目亂兵作諸侯虐期十年聖人起伐群猾橫恣或曰出則諸侯雄鳴十六曰天鋒彗象矛鋒天下從橫則天鋒星見十七曰燭星如太白其出也不行見則不久而滅或曰主星上有三彗上出所出城邑亂有大盜不成又以五色占十八曰蓬星大如二斗器色白一名王星狀如夜火之光多至四五少一二一曰蓬星在西南長數丈左右兌出而易處星見不出三年有亂臣戮死又曰所出大水大旱五穀不收人相食十九曰長庚如一匹布著天見則兵起二十曰四塡星出四隅去地六丈餘或曰可四丈或曰星大而赤去地二丈常以夜半時出見十月而兵起皆爲兵起其下二十一曰地維藏光出四隅或曰大而赤去地二三丈如月始出見則下有亂亂者亡有德者昌

河圖云歲星之精流爲天棓 天槍 天猾 天衝 國皇 及登 蒼彗

熒惑散爲昭旦 蚩尤之旗 昭明 司危 天欃 赤彗

塡星散爲五殘 獄漢 大賁 昭星 絀流 旬始 蚩尤 虹蜺 擊咎 黃彗

太白散爲天杵 天柎 伏靈 大敗 司姦 天狗 天殘 卒起 白彗

辰星散爲枉矢 破女 拂樞 滅寶 繞綖 驚理 大奮祀 黑彗

五色之彗各有長短曲折應象

漢京房著風角書有集星章所載妖星皆見於月旁互有五色方雲以五寅日見各有五星所生云

天槍 天根 天荆 眞若 天榬 天樓 天垣 皆歲星所生也見以甲寅其星咸有兩青方在其旁

天陰 晉若 官張 天惑 天崔 赤若 蚩尤 皆熒惑之所生也出在景寅日有兩赤方在其旁

天上 天伐 從星 天樞 天翟 天沸 荊彗 皆塡星所生也出在戊寅日有兩黃方在其旁

若星 帚星 若彗 竹彗 牆星 榬星 白雚 皆太白之所生也出在庚寅日有兩白方在其旁

天美 天毚 天杜 天麻 天林 天蒿 端下 皆辰星之所生也出以壬寅日有兩黑方在其旁

已前三十五星即五行氣所生皆出於月左右方氣之中各以其所生星將出不出日數期候之當其未出之前而見見則有水旱兵喪飢亂所指亡國失地王死破軍殺將

客星

張衡曰老子四星及周伯王蓬絮芮各一錯乎五緯之間其見無期其行無度荆州占云老子星色淳白然然所見之國爲飢爲凶爲善爲惡爲喜爲怒周伯星黃色煌煌然所至之國大昌蓬絮星色青而熒熒然所至之國風雨不節焦旱物不生五穀不登多蝗蟲又云東南有三星出名曰盜星出則天下有大盜西南有三大星出名曰種陵出則天下穀貴十倍西北三大星出而白名曰天狗出則人相食大凶東北有三大星

星出名曰女帛見則有大喪
流星
流星天使也自上而降曰流自下而升曰飛大者曰奔奔亦流星也星
大者使大星小者使小聲隆隆者怒之象也行疾者期速行遲者期遲
大而無光者衆人之事小而有光者貴人之事大而光者其人貴且衆
也乍明乍滅者賊成賊敗也前大後小者恐憂也前小後大者喜事也
蛇行者姦事也往疾者往而不反也長者其事長久也短者事疾也奔
星所墜其下有兵無風雲有流星見良久間乃入爲大風發屋折木小
流星百數四面行者衆庶流移之象流星之類有音如炬火下地野雉
鳴天保也所墜國安有喜若水流星色青赤名曰地鴈其所墜者起兵
流星有光青赤長二三丈名曰天鴈軍中之精華也其國起兵將軍當
從星所之流星暉然有光光白長竟天者人主之星也主相將軍從
星所之飛星大如缶若甕後皎然白前卑後高此謂頓頑其所從者多
死亡飛星大如缶若甕後皎然白星滅後白者曲環如車輪此謂解衜
其國人相斬爲爵祿飛星大如缶若甕其後皎然白長數丈星滅後白
者化爲雲流下名曰大滑所下有流血積骨枉矢類流星色蒼黑蛇行
望之如有毛目長數匹著天主反萌主射愚見則謀反之兵合射所誅
亦爲以亂伐亂
天狗狀如大奔星色黃有聲其止地類狗所墜望之如火光炎炎衝天
其上銳其下員如數頃田處或曰星有毛旁有短彗下有狗形者或曰
星出其狀赤白有光下即爲天狗一曰流星有光見人面墜無音若有
足者名曰天狗其色白其中黃黃如遺火狀主候兵討賊見則四方相
射千里破軍殺將或曰五將鬬人相食所往之鄉有流血其君失地兵
大起國易政戒守禦營頭有雲如壞山墮所謂營頭之星所墮其下覆
軍流血千里亦曰流星晝隕名營頭
雲氣
瑞氣一曰慶雲若煙非煙若雲非雲郁郁紛紛蕭索輪囷是謂慶雲亦
曰景雲此喜氣也太平之應二曰歸邪如星非星如雲非雲或曰星有兩

赤彗上向有蓋下連星見必有歸國者三曰昌光赤如龍狀聖人起帝
受終則見
妖氣一曰虹蜺日旁氣也斗之亂精主惑心主內淫主臣謀君天子詘
后妃顓妻不一二曰牂雲如狗赤色長尾爲亂君爲兵喪
十煇
周禮眡祲氏掌十煇之法以觀妖祥辨吉凶一曰祲謂陰陽五色之氣
浸淫相侵或曰抱珥背璚之屬如虹而短是也二曰象謂雲氣成形象
如赤烏夾日以飛之類是也三曰鑴日旁氣刺日形如童子所佩之鑴
四曰監謂雲氣臨在日上也五曰闇謂日月蝕或曰光脫也六曰瞢瞢
不光明也七曰彌謂白虹彌天而貫日也八曰序謂氣若山而在日上
或曰冠珥背璚重疊次序在于日旁也九曰隮謂暈氣也或曰虹也詩
所謂朝隮于西者也十曰想謂氣五色有形想也青飢赤兵白喪黑憂
黃熟或曰想思也亦氣爲人狩之形可思而知其吉凶也
凡遊氣蔽天日月失色皆是風雨之候也沉陰日月俱無光晝不見日
夜不見星有雲鄣之兩敵相當陰相圖議也日濛濛無光士卒內亂又
曰數日俱出若鬬天下兵起大戰日鬬下有拔城日戴戴者形如直狀其
上微起在日上爲戴戴者德也國有喜也一云立日上爲戴青赤氣抱
在日上小者爲冠國有喜事青赤氣小而交於日下爲纓青赤氣小而
員一二在日下左右者爲紐青赤氣如小半暈狀在日上爲負負者得地
爲喜又曰青赤氣長而斜倚日旁爲戟青赤氣員而小在日左右爲珥
黃白者有喜又曰有軍日有一珥爲喜在日西西軍戰勝在日東東軍
戰勝南北亦如之無軍而珥爲拜將又日旁如半環向日爲抱青赤氣
如月初生背日者爲背又曰背氣青赤而曲外向爲叛象分爲反城璚
者如帶璚在日四方青赤氣長而立旁爲直日旁有一直敵在一旁欲
自立從直所擊者勝日旁有二直三抱欲自立者不成順抱擊者勝殺
將氣形三角在日四方爲提青赤氣橫在日上下爲格氣如半暈在日
下爲承承者臣承君也又曰日下有黃氣三重若抱名曰承福人主有
吉喜且得地青白氣如履在日下者爲履履日旁抱五重戰順抱者勝日一

抱一背爲破走抱者順氣也背者逆氣也兩軍相當順抱擊逆者勝故曰破走日抱且兩珥一虹貫抱抱至日順虹擊者勝殺將日抱兩珥且璚二虹貫抱至日順虹擊者勝日重抱內有璚順抱擊者勝亦曰軍內有欲反者日重抱左右二珥有白虹貫抱順抱擊勝得一將有三虹得三將日抱黃白潤澤內赤外青天子有喜有和親來降者軍不戰敵降。軍罷色青黃將喜赤將兵爭白將有喪黑將死日重抱且背順抱擊者勝得地若有罷師日重抱抱內外有璚兩珥順抱擊者勝破軍軍中不和不相信日旁有氣員而周帀內赤外青名爲暈日暈者軍營之象周環帀日無厚薄敵與軍勢齊等若無軍在外天子失御民多叛日暈有五色有喜不得五色者有憂

凡占兩軍相當必謹審日月暈氣知其所起留止遠近應與不應疾遲大小厚薄長短抱背爲多少有無實虛久亟密疏澤枯相應等者勢等近勝遠疾勝遲大勝小厚勝薄長勝短抱勝背多勝少有勝無實勝虛久勝亟密勝疏澤勝枯重背大破重抱爲和親抱多親者益多背爲天下不和分離相去背於內者離於內背於外者離於外也

雜氣

天子氣內赤外黃四方所發之處當有王者若天子欲有遊往處其地亦先發此氣或如城門隱隱在氣霧中恒帶殺氣森森然或如華蓋在氣霧中或氣象青衣人無手在日西或如龍馬或雜色鬱鬱衝天者此皆帝王氣

猛將之氣如龍如猛獸或如火煙之狀或白如粉沸或如火光之狀夜照人或白而赤氣繞之或如山林竹木或紫黑如門上樓或上黑下赤狀似黑旌或如張弩或如埃塵頭銳而卑本大而高此皆猛將之氣也氣發漸漸如雲變作山形將有深謀

凡軍勝之氣如堤如坂前後磨地或如火光將軍勇士卒猛或如山堤山上若林木將士驍勇或如埃塵粉沸其色黃白或如人持斧向敵或如蛇舉首向敵或氣如覆舟雲如牽牛或有雲如鬬雞赤白相隨在氣中或發黃氣皆將士精勇

凡氣上黃下白名曰善氣所臨之軍敵欲求和退

凡負氣如馬肝色或如死灰色或類偃蓋或類偃魚或黑氣如壞山墮軍上者名曰營頭之氣或如群羊群猪在氣中此衰氣也或如懸衣如人相隨或紛紛如轉蓬或如揚灰或雲如卷席如匹布亂穰者皆爲敗徵氣如繫牛如人臥如雙蛇如飛鳥如決隄垣如壞屋如驚鹿相逐如兩雞相向此皆爲敗軍之氣

凡降人氣如人十十五五皆叉手低頭又云如人叉手相向或氣如黑山以黃爲緣者皆欲降伏之象也

凡堅城之上有黑雲如屋名曰軍精或白氣如旌旗或青雲黃雲臨城皆有大喜慶或氣青色如牛頭觸人或城上氣如煙火如雙蛇如杵形向外或有雲分爲兩彗狀者皆不可攻

凡屠城之氣或赤如飛鳥或赤氣如敗車或有赤黑氣如貍皮斑或城中氣聚如樓出見於營外上有雲如衆人頭赤色其城營皆可屠氣如雄雉臨城其下必有降者

凡伏兵有黑氣渾渾員長赤氣在其中或白氣粉沸起如樓狀或如幢節狀在烏雲中或如赤杵在烏雲中或如烏人在赤雲中

凡暴兵氣白如瓜蔓連結部隊相逐須臾罷而復出或白氣如仙人如仙人衣千萬連結部隊相逐罷而復興當有千里兵來或氣如人持刀楯雲如人色赤所臨城邑有卒兵至或赤氣如人持節兵來未息雲如方虹此皆有暴兵之象

凡戰氣青白如膏如人無頭如死人臥如丹蛇赤氣隨之必大戰殺將四望無雲見赤氣如狗入營其下有流血

凡連陰十日晝不見日夜不見月亂風四起欲雨而無雨名曰蒙臣有謀霧氣若晝若夜其色青黃更相奄冒乍合乍散亦然視四方常有大雲五色具者其下賢人隱也青雲潤澤蔽日在西北爲舉賢良雲氣如亂穰大風將至視所從來雲甚潤而厚大雨必暴至四始之日有黑雲氣如陣厚大重者多雨氣若霧非霧衣冠不濡見則其城帶甲而趨日出沒時有霧雲橫截之白者喪烏者驚三日內雨者各解有雲如蛟龍

所處將軍失魄有雲如鵲尾來蔭國上三日亡有雲赤黃色四塞終
日竟夜照地者大臣縱恣有雲如氣昧而濁賢人去小人在位
凡白虹者百殃之本衆亂所基霧者衆邪之氣陰來冒陽
凡白虹霧姦臣謀君擅權立威晝霧夜明臣志得申
凡夜霧白虹見臣有憂晝霧白虹見君有憂虹頭尾至地流血之象
凡霧氣不順四時逆相交錯微風小雨為陰陽氣亂之象積日不解晝
夜昏闇天下欲分離
凡天地四方昏濛若下塵十日五日已上或一月或一時雨不沾衣而
有土名曰霾故曰天地霾君臣乖
凡海旁蜃氣象樓臺廣野氣成宮闕北夷之氣如牛羊群畜穹廬南夷
之氣類舟船幡旗自華已南氣下黑上赤嵩高三河之郊氣正赤恒山
之北氣青勃碣海岱之間氣皆正黑江淮之間氣皆白東海氣如員登
附漢河水氣如引布江漢氣勁如杼濟水氣如黑豘渭水氣如狼白尾
淮南氣如白羊少室氣如白兔青尾恒山氣如黑牛青尾東夷氣如樹
西夷氣如室屋南夷氣如閣臺或類舟船陣雲如立垣杼軸雲類軸搏
兩端兊杓雲如繩居前亘天其半半天其蛪者類闕旗故鉤雲句曲諸
此雲見以五色占而澤摶密其見動人及有兵必起合鬭其直雲氣如
三疋帛廣前兊後大軍行氣也韓雲如布趙雲如牛楚雲如日宋雲如
車魯雲如馬衛雲如犬周雲如車輪秦雲如行人魏雲如鼠鄭雲如絳
衣越雲如龍蜀雲如囷車氣乍高乍下往往而聚騎氣卑而布卒氣摶
前卑後高者疾前方而高後銳而卑者卻其氣平者其行徐前高後卑
者不止而返校騎之氣正蒼黑長數百丈遊兵之氣如彗埽一云長數
百丈無根本喜氣上黃下赤怒氣上下赤憂氣上下黑土功氣黃白徙
氣白凡候氣之法氣初出時若雲非雲若霧非霧髣髴若可見初出森
森然在桑榆上高五六尺者是千五百里外平視則千里舉目望即五
百里仰瞻中天即百里內平望桑榆間二千里登高而望下屬地者三
千里敵在東日出候之在南日中候之在西日入候之在北夜半候之
軍上氣高勝下厚勝薄實勝虛長勝短澤勝枯氣見以知大占期內有

大風雨久陰則災不成
大變史傳事驗
惠帝元康二年二月天西北大裂案劉向說天裂陽不足地動陰有餘
是時人主昏弱妃后專制
太安二年八月庚午天中裂為二有聲如雷者三君道虧而臣下專僭
之象也是日長沙王奉帝出距成都河間二王後成都河間東海又迭
專威命是其應也
穆帝升平五年八月己卯夜天中裂廣三四丈有聲如雷野雉皆鳴是
後哀帝荒疾海西失德皇太后臨朝太宗總萬機桓溫專權威振內外
陰氣盛陽道微
元帝太興二年八月戊戌天鳴東南有聲如風水相薄京房易妖占曰
天有聲人主憂　三年十月壬辰天又鳴甲午止其後王敦入石頭王
師敗績元帝屈辱制於強臣既而晏駕大恥不雪
安帝隆安五年閏月癸丑天東南鳴　六年九月戊子天東南又鳴
是後桓玄篡位安帝播越憂莫大焉鳴每東南者蓋中興江外天隨
之而鳴也
義熙元年八月天鳴在東南京房易傳曰萬姓勞厥妖天鳴是時安
帝雖反政而兵革歲動衆庶勤勞也
日蝕
魏文帝黃初二年六月戊辰晦日有蝕之有司奏免太尉詔曰災異之
作以譴元首而歸過股肱豈禹湯罪己之義乎其令百官各虔厥職
後有天地眚勿復　三公　三年正月景寅朔日有蝕之十一月庚申
晦又日有蝕之　五年十一月戊申晦日有蝕之
明帝太和初太史令許芝奏曰應蝕與太尉於靈臺祈禳帝曰蓋聞
人主政有不德則天懼之以災異所以譴告使得自脩也故日月薄
蝕明治道有不當者朕即位以來既不能光明先帝聖德而施化有不
合於皇神故上天有以寤之宜勑政自脩有以報於神明天之於人猶
父之於子未有父欲有責其子而可獻盛饌以求免也今外欲遣上公

與太史令俱禳祠之於義未聞也群公卿士大夫其各勉脩厥職有司
以補朕不逮者各封上之
太和五年十一月戊戌晦日有蝕之六年正月戊辰朔日有蝕之見吳歷
青龍元年閏月庚寅朔日有蝕之
少帝正始元年七月戊申朔日有蝕之 三年四月戊戌朔日有蝕之
四年五月丁丑朔日有蝕之 五年四月景辰朔日有蝕之
六年四月壬子朔日有蝕之 十月戊申朔又日有蝕之
八年二月庚午朔日有蝕之是時曹爽專政丁謐鄧颺等轉改法度會
有日蝕之變詔群臣問得失蔣濟上疏曰昔大舜佐治戒在比周周公
輔政愼於其朋齊侯問災晏子對以布惠魯君問異臧孫荅以緩役
塞變應天乃實人事濟言雖切而君臣不悟終至敗亡
九年正月乙未朔日有蝕之
嘉平元年二月己未朔日有蝕之
高貴鄉公甘露四年七月戊子朔日有蝕之 五年正月乙酉朔日有
蝕之京房易占曰日蝕乙酉君弱臣強司馬將兵反征其王五月有成
濟之變

元帝景元二年五月丁未朔日有蝕之 三年十一月己亥朔日有蝕之
武帝泰始二年七月景午晦日有蝕之 十月景午朔日有蝕之
七年十一月丁丑朔日有蝕之 八年十月辛未朔日有蝕之
九年四月戊辰朔日有蝕之 又七月丁酉朔日有蝕之
十年正月乙未三月癸亥並日有蝕之
咸寧元年七月甲申晦日有蝕之 三年正月景子朔日有蝕之
四年正月庚午朔日有蝕之
太康四年三月辛丑朔日有蝕之 七年正月甲寅朔日有蝕之
八年正月戊申朔日有蝕之 九年正月壬申朔六月庚子朔並日有蝕之
永熙元年四月庚申帝崩
惠帝元康九年十一月甲子朔日有蝕之十二月廢皇太子遹爲庶人
尋殺之

永康元年正月己卯四月辛卯朔並日有蝕之
永寧元年閏月景戌朔日有蝕之
光熙元年正月戊子朔七月乙酉朔並日有蝕之十一月惠帝崩十二
月壬午朔又日有蝕之
懷帝永嘉元年十一月戊申朔日有蝕之 二年正月景子朔日有蝕之
六年二月壬子朔日有蝕之
愍帝建興四年六月丁巳朔十二月甲申朔並日有蝕之
五年五月景子十一月景子並日有蝕之時帝蒙塵于平陽
元帝太興元年四月丁丑朔日有蝕之
明帝太寧三年十一月癸巳朔日有蝕之在卯至斗斗吳分也其後蘇
峻作亂
成帝咸和二年五月甲申朔日有蝕之在井井主酒食女主象也明年
皇太后以憂崩 六年三月壬戌朔日有蝕之是時帝已年長每幸司
徒第猶出入見王導夫人曹氏如子弟之禮以人君而敬人臣之妻有
虧君德之象也 九年十月乙未朔日有蝕之是時帝既冠當親萬機
而委政大臣者君道有虧也

咸康元年十月乙未朔日有蝕之 七年二月甲子朔日有蝕之三月
杜皇后崩 八年正月乙未朔日有蝕之京都大雨郡國以聞是謂三
朝王者惡之六月而帝崩
穆帝永和二年四月己酉七年正月丁酉八年正月辛卯並日有蝕之
十二年十月癸巳朔日有蝕之在尾尾燕分北狄之象也是時邊表姚
襄苻生互相吞噬朝廷憂勞征伐不止
升平四年八月辛丑朔日有蝕之幾既在角凡蝕淺者禍淺深者禍大
角爲天門人主惡之明年而帝崩
哀帝隆和元年三月甲寅朔十二月戊午朔並日有蝕之明年而帝有
疾不識萬機
海西公太和三年三月丁巳朔五年七月癸酉朔並日有蝕之皆海西
被廢之應也

孝武帝寧康三年十月癸酉朔日有蝕之
太元四年閏月己酉朔日有蝕之是時符堅攻沒襄陽執朱序
六年六月庚子朔日有蝕之 九年十月辛亥朔日有蝕之
十七年五月丁卯朔日有蝕之 二十年三月庚辰朔日有蝕之明年
帝崩
安帝隆安四年六月庚辰朔日有蝕之是時元顯執政
元興二年四月癸巳朔日有蝕之其冬桓玄篡帝位
義熙三年七月戊戌朔日有蝕之 十年九月丁巳朔日有蝕之
十一年七月辛亥晦日有蝕之 十三年正月甲戌朔日有蝕之明年
帝崩
恭帝元熙元年十一月丁亥朔日有蝕之自義熙元年至是日蝕日從
上始皆為革命之徵
周禮眡祲氏掌十煇之法以觀妖祥辯吉凶有祲象鑴監闇瞢彌序隮
想凡十後代名變說者莫同今錄其著應以次之云
吳孫權赤烏十一年二月白虹貫日權發詔戒懼
武帝泰始五年七月甲寅日暈再重白虹貫之
太康元年正月己丑朔五色氣冠日自卯至酉占曰君道失明丑為斗
牛吳越分是時孫晧淫暴四月降
惠帝元康元年十一月甲申日暈再重青赤有光
九年正月日中有若飛燕者數日乃消王隱以為愍懷廢死之徵
永康元年正月癸亥朔日暈三重十月乙未日闇黃霧四塞占曰不及
三年下有拔城大戰十二月庚戌日中有黑氣京房易傳曰祭天不順
茲謂逆厥異日中有黑氣
永寧元年九月甲申日中有黑子京房易占黑者陰也臣不掩君惡令
下見百姓惡君則有此變又曰臣有蔽主明者
太安元年十一月日中有黑氣
永興元年十一月日中有黑氣分日
光熙元年五月壬辰癸巳日光四散赤如血流照地皆赤甲午又如之

占曰君道失明
懷帝永嘉元年十一月乙亥黃黑氣掩日所照皆黃案河圖占曰薄
也其說曰凡日蝕皆於朔晦有不於晦朔者為日薄雖非日月同宿時
陰氣盛掩日光也占類日食 二年正月戊申白虹貫日二月癸卯白
虹貫日青黃暈五重占曰白虹貫日近臣為亂不則諸侯有反者暈五
重有國者受其祥天下有兵破亡其地明年司馬越暴蔑人主 五年
劉聰破京都帝蒙塵于寇庭 五年三月庚申日散光如血下流所照
皆赤日中有若飛燕者
愍帝建興二年正月辛未辰時日隕于地又有三日相承出於西方而
東行 五年正月庚子三日並照虹蜺彌天日有重暈左右兩珥占曰
白虹兵氣也三四五六日俱出並爭天下兵作丁巳亦如其數又曰三
日並出不過三旬諸侯爭為帝日重暈天下有立王暈而珥天下有立
侯故陳卓曰當有大慶天下其三分乎三月而江東改元為建武劉聰
李雄亦跨曹劉疆宇於是兵連累葉
元帝太興元年十一月乙卯日夜出高三丈中有赤青珥
四年二月癸亥日鬭三月癸未日中有黑子辛亥帝親錄訊囚徒
永昌元年十月辛卯日中有黑子時帝寵幸劉隗擅威福虧傷君道王
敦因之舉兵逼京都禍及忠賢
明帝太寧元年正月己卯朔日暈無光癸巳黃霧四塞占曰君道失明
陰陽昏臣有陰謀京房曰下專刑茲謂分威蒙微而日不明先是王敦
害尚書令刁協僕射周顗驃騎將軍戴若思等是專刑之應敦既陵
上卒伏其辜十一月景子白虹貫日史官不見桂陽太守華包以聞
成帝咸和九年七月白虹貫日
咸康元年七月白虹貫日二年七月白虹貫日自後庾氏專政由后族
而貴蓋亦婦人擅國之義故頻年白虹貫日 八年正月壬申日中有
黑子景子乃滅夏帝崩
穆帝永和八年張重華在涼州日暴赤如火中有三足烏形見分明五
日乃止 十年十月庚辰日中有黑子大如雞卵 十一年三月戊申日

中有黑子大如桃二枚時天子幼弱久不親國政

升平三年十月丙午日中有黑子大如雞卵少時而帝崩

海西公太和三年九月戊辰夜二虹見東方　四年四月戊辰日暈厚密白虹貫日中十月乙未日中有黑子　五年二月辛酉日中有黑子大如李　六年三月辛未白虹貫日日暈五重十一月桓溫廢帝即簡文咸安元年也

簡文咸安二年十一月丁丑日中有黑子

孝武寧康元年十一月乙酉日中有黑子大如李　二年三月庚寅日中有黑子二枚大如鴨卵十一月己巳日中有黑子大如雞卵時帝已長而康獻皇后以從嫂臨朝實傷君道故日有瑕也

太元十三年二月庚子日中有黑子二大如李　十四年六月辛卯日中又有黑子大如李　二十年十一月辛卯日中又有黑子是時會稽王以母弟干政　安帝隆安元年十二月壬辰日有暈有背璚是後不親萬機會稽王世子元顯專行威罰　四年十一月辛亥日中有黑子

元興元年二月甲子日暈白虹貫日中三月庚子白虹貫日未幾桓玄剋京都王師敗績明年玄篡位

義熙元年五月庚午日有彩珥　六年五月景子日暈有璚時有盧循逼京都內外戒嚴七月循走　七年七月五虹見東方占曰天子黜其後劉裕代晉　十年日在東井有白虹十餘丈在南干日災在秦分秦亡之象

恭帝元熙二年正月壬辰白氣貫日東西有直珥各一丈白氣貫之交匝

月變　魏文帝黃初四年十一月月暈北斗占曰　大喪赦天下七年五月帝崩明帝即位大赦天下

孝懷帝永嘉五年三月壬申景夜月蝕既丁夜又蝕既占曰月蝕盡大人憂又曰其國貴人死

海西公太和四年閏月乙亥月暈軫復有白暈貫月北暈斗柄三星占曰王者惡之六年桓溫廢帝

安帝隆安五年三月甲子月生齒占曰月生齒天子有賊臣群下自相殘桓玄篡逆之徵也

義熙九年十二月辛卯朔月猶見東方是謂之仄慝則侯王其肅是時劉裕輔政威刑自己仄慝之應云

十一年十一月乙未月入輿鬼見而暈占曰主憂財寶出一曰月暈有赦

月奄犯五緯

凡月蝕五星其國皆亡五星入月其野有逐相

魏明帝太和五年十二月甲辰月犯塡星

青龍二年十月乙丑月又犯塡星占同上戊寅月犯太白占曰人君死又為兵景初元年七月公孫懿叛二年正月遣宣帝討之三年正月天子崩四年三月己巳太白與月俱加景晝見月犯太白占同上

景初元年十月丁未月犯熒惑占曰貴人死二年四月司徒韓暨薨

齊王嘉平元年正月甲午太白襲月宣帝奏永寧太后廢曹爽等

惠帝太安二年十一月庚辰歲星入月中占曰國有逐相十二月壬寅太白犯月占曰天下有兵　三年正月己卯月犯太白占同青龍元年七月左衛將軍陳眕率眾奉帝伐成都王六軍敗績兵逼乘輿後二年帝崩

元帝太興二年十一月辛巳月犯熒惑占曰有亂臣　三年十二月己未太白入月在斗郭璞曰月屬坎陰府法象也太白金行而來犯之天意若曰刑理失中自毀其法

四年十二月丁亥月犯歲星在房占曰其國兵飢人流亡

永昌元年三月王敦作亂率江荆之眾來攻敗京都殺將相又鎮北將軍劉隗出奔百姓並去南畝困於兵革四月又殺湘州刺史譙王司馬承鎮南將軍甘卓

成帝咸康元年二月乙未太白入月四月甲午月犯太白四年四月己巳七月乙巳月俱奄太白占曰人君死又為兵人主惡之明年石季龍之眾大寇沔南於是內外戒嚴　五年四月辛未月犯歲星在畢占曰國飢人流乙未月犯歲星在昴及冬有沔南邾城之敗百姓流亡萬餘家六年二月乙未太白入月占曰人主死四月甲午月犯太白占曰人主惡之

穆帝永和八年十二月月在東井犯歲星占曰秦飢人流亡是時兵革
連起十年十一月月奄塡星在輿鬼占曰秦有兵時桓溫伐苻健健堅
壁長安溫退十二年八月桓溫破姚襄
升平元年十一月壬午月奄歲星在房占曰人飢一曰豫州有災
二年閏三月乙亥月犯歲星在房占同上三年豫州刺史謝萬敗
三年三月乙酉月犯太白在昴占曰人君死一曰趙地有兵胡不安四
年正月慕容儁卒　五年正月乙丑辰時月在危宿奄太白占曰天下
靡散三月丁未月犯塡星在軫占曰爲大喪五月穆帝崩七月慕容恪
攻冀州刺史呂護於野王拔之護奔走時桓溫以大衆次宛閒護敗乃
退
哀帝興寧元年十月景戌月奄太白在須女占曰天下靡散一曰災在
揚州三年洛陽沒其後桓溫傾揚州資實北討敗績死亡太半及征袁
眞淮南殘破後慕容暐及苻堅互來侵境三年正月乙卯月奄歲星在
參占曰參益州分也六月鎭西將軍益州刺史周撫卒十月梁州刺史
司馬勳入益州以叛朱序率衆助刺史周楚討平之
海西太和元年二月景子月奄熒惑在參占曰爲內亂帝不終之徵
一曰參魏地五年慕容暐爲苻堅所滅
孝武太元十二年二月戊寅熒惑入月占曰有亂臣死若有相戮者一
曰女親爲政天下亂是時琅邪王輔政王妃從兄王國寶以姻昵受寵
又陳郡人袁悅昧私苟進交遘主相扇揚朋黨十三年帝殺悅於市於
是主相有隙亂階興矣　十三年十二月戊子辰星入月在危占曰賊
臣欲殺主不出三年必有內惡是後慕容垂翟遼姚萇苻登慕容永並
阻兵爭強　十四年十二月乙未月犯歲星占並同上　十五年翟遼據司
兗衆軍累討弗剋慕容氏又跨略并冀七月旱八月諸郡大水兗州又
蝗十八年正月乙酉熒惑入月占曰憂在宮中非賊乃盜也一曰有亂
臣若有戮者二十一年九月帝暴崩內殿兆庶宣言夫人張氏潛行大
逆又王國寶邪狡卒伏其辜　十九年四月己巳月奄歲星在尾占曰
爲飢燕國亡　二十年慕容垂遣息寶伐魏反爲所破死者數萬人二

十一年垂死國遂衰亡
安帝隆安元年六月庚午月奄太白在太微端門外占曰國受兵乙酉月
奄歲星在東壁占曰爲飢衞地有兵三年六月郗恢遣鄧啓方等以萬
人伐慕容寶於滑臺啓方敗三年九月桓玄等並舉兵於是內外戒嚴四
年正月丁亥月犯塡星在牽牛占曰吳越有兵喪女主憂六月乙未月
又犯塡星在牽牛十月乙未月奄歲星在北河占曰爲飢胡有兵其四
年五月孫恩破會稽殺內史謝琰後又破高雅之於餘姚死者十七八
七月太和太后李氏崩元興元年孫恩寇臨海人衆餓死散亡殆盡元
興元年四月辛丑月奄辰星七月大飢人相食
二年十一月辛巳月犯熒惑占悉同上三年十一月桓玄簒位放遷帝后於
尋陽以永安何皇后爲遷陵君三年二月劉裕盡誅桓氏
三年二月甲辰月奄歲星於左角占曰天下兵起是年二月景辰劉裕
起義兵殺桓脩等明年正月衆軍攻桓振卒滅諸桓
義熙元年四月己卯月犯塡星在東壁占曰其地亡國一曰貴人死七
月己未月奄塡星東壁占曰其國以伐亡一曰人流十月丁巳月奄塡星
在營室占同上十一月荊州刺史魏詠之卒二年十二月司馬國璠等攻沒弋陽
三年司徒揚州刺史王謐薨四年正月太保武陵王遵薨三月左僕射孔
安國薨
二年十二月景午月奄太白在危占曰齊國亡一曰彊國君死五年四
月劉裕大軍北討慕容超卒滅之
七年六月庚子月犯歲星在畢占曰有邊兵且飢八月乙未月犯歲星
在參占曰益州兵飢七月朱齡石剋蜀蜀人尋又討之
八年正月庚戌月犯歲星在畢占同上九年七月朱齡石滅蜀
十二年五月甲申月犯歲星在左角占曰爲飢
十四年四月壬申月犯塡星於張占曰天下有大喪其明年帝崩
恭帝元熙元年七月月犯歲星占悉同上十二月丁巳月犯太白于羽
林　二年六月帝遜位禪宋
五星聚舍

魏明帝太和四年七月壬戌太白犯歲星占曰太白犯五星有大兵五年三月諸葛亮以大衆寇天水時宣帝爲大將軍距退之

青龍二年二月己未太白犯熒惑占曰大兵起有大戰是年四月諸葛亮據渭南吳亦起兵應之魏東西奔命

惠帝元康三年塡星歲星太白三星聚于畢昴占曰爲兵喪畢昴趙地也後賈后陷殺太子趙王廢后又殺之斬張華裴頠遂篡位廢帝爲太上星天下從此遘亂連禍

永寧二年十一月熒惑太白鬬于虛危占曰大兵起破軍殺將虛危又齊分十二月熒惑襲太白于營室占曰天下兵起亡君之戒一曰易相初齊王冏之京都因留輔政遂專慠無君是月成都河間檄長沙王乂討之冏又交戰攻焚宮闕冏兵敗夷滅又殺其兄上軍將軍實以下二十餘人太安二年成都又攻長沙於是公私飢困百姓力屈

太安三年正月熒惑犯歲星占曰有戰七月左衞將軍陳眕奉帝伐成都六軍敗績

光熙元年九月塡星犯歲星占曰塡與歲合爲内亂是時司馬越專權終以無禮破滅内亂之應也十二月癸未太白犯塡星占曰爲内亂兵有大戰是後河間王爲東海王越所殺明年正月東海王越殺諸葛玫等五月汲桑破馮嵩殺東燕王八月苟晞大破汲桑

懷帝永嘉六年七月熒惑歲星太白聚牛女之間徘徊進退案占曰牛女揚州分是後兩都傾覆而元帝中興揚土

建武元年五月癸未太白熒惑合於東井占曰金火合曰爍爲喪是時愍帝蒙塵于平陽七月崩于寇庭

元帝太興二年七月甲午歲星熒惑會于東井八月乙未太白犯歲星合在翼占曰爲兵飢　三年六月景辰太白與歲星合于房占同上永昌元年王敦攻京師六軍敗績王敦尋死

成帝咸康三年十一月乙丑太白犯歲星于營室占曰爲兵飢四年十二月石季龍破幽州遷萬餘家以南五年季龍衆五萬寇沔南略七千餘家而去又騎二萬圍陷邾城殺略五千餘人　四年十二月癸丑太白犯塡星在箕占曰王者亡地七年慕容皝自稱燕王　七年三月太白熒惑合于太微中犯左執法明年顯宗崩　八年十二月己酉太白犯熒惑于胃占曰大兵起其後庾翼大發兵謀伐石季龍專制上流

康帝建元元年八月丁未太白犯歲星在軫占曰有大兵是年石季龍將劉寧寇沒狄道

穆帝永和四年五月熒惑入婁犯塡星占曰兵大起有喪災在趙其年石季龍死來年冉閔殺石遵及諸胡十萬餘人其後褚裒北伐喪衆而薨　六年三月戊戌熒惑犯歲星占曰爲戰　七年三月戊子歲星熒惑合于奎其年劉顯殺石祗及諸胡帥中土大亂　十二年七月丁卯太白犯塡星在柳占曰周地有大兵其年八月桓溫伐苻健退因破姚襄於伊水定周地

升平二年八月戊午熒惑犯塡星在張占曰兵大起　三年八月庚午太白犯塡星在太微中占曰王者惡之五年十月丁卯熒惑犯歲星在營室占曰大臣有匿謀一曰衞地有兵時桓溫擅權謀移晉室海西公太和元年八月戊午太白犯歲星在太微中　三年六月甲寅太白奄熒惑在太微端門中　六年海西公廢

簡文咸安二年正月己酉歲星犯塡星在須女占曰爲内亂七月帝崩桓溫擅權謀殺侍中王坦之等内亂之應

孝武寧康二年十一月癸酉太白奄熒惑在營室占曰金火合爲爍爲兵喪太元元年七月苻堅伐涼州破之虜張天錫　太元十一年十二月己丑太白犯歲星占曰爲兵飢是時河朔未平兵連在外冬大飢十七年九月丁丑歲星熒惑塡星同在亢氐十二月癸酉塡星去熒惑歲星猶合占曰三星合是謂驚立絶行内外有兵喪與飢改立王公十九年十月太白塡星熒惑辰星合于氐　十二月癸丑太白犯歲星在斗占曰爲亂飢爲内兵斗吳越分至　隆安元年王恭等舉兵顯王國寶之罪朝廷殺之是後連歲水旱飢

安帝隆安元年十二月歲星熒惑皆入羽林占曰中軍兵起四月王恭等舉兵内外戒嚴

元興元年八月庚子太白犯歲星在上將東南占曰楚兵飢一曰災在上將 二年桓玄簒位三年劉裕盡誅桓氏 二年十月丁丑太白犯塡星在婁占同上 三年二月壬辰太白熒惑合于羽林 二年十二月桓玄簒位放遷帝后三年二月劉裕起義兵桓玄逼帝東下

義熙三年十二月丁未熒惑太白皆入羽林又合于壁三年正月慕容超寇淮北徐州至下邳八月遣劉敬宣伐蜀 三年二月癸亥熒惑塡星太白辰星聚于奎婁從塡星也徐州分是時慕容超僭號於齊兵連徐兗連歲寇抄至于淮泗姚興譙縱僭號秦蜀盧循及魏南北交侵其五年劉裕北殄慕容超其六月辛卯熒惑犯辰星在翼占曰天下兵起八月己卯太白奄熒惑占曰有大兵其四年姚略遣衆征赫連勃勃大爲所破 五年四月甲戌熒惑犯辰星在東井占曰皆爲兵十二月辛丑太白犯歲星在奎占曰大兵起魯有兵是年四月劉裕討慕容超 六年二月滅慕容超于畱地 七年七月丁卯歲星犯塡星在參占曰歲塡合爲內亂一曰益州戰不勝亡地是時朱齡石伐蜀後貢滅之明年誅謝混劉毅 八年十月甲申太白犯塡星在東井占曰秦有大兵 九年二月景午熒惑塡星皆犯東井占曰秦有兵三月壬辰歲星熒惑塡星太白聚于東井從歲星也東井秦分 十三年劉裕定關中其後遂移晉祚十四年十月癸巳熒惑入太微犯西蕃上將仍順行至左掖門內留二十日乃逆行至恭帝元熙元年三月五日出西蕃上將西三尺許又順還入太微時塡星在太微熒惑繞塡星成鉤已其年四月景戌從端門出占曰熒惑與塡星鉤已天庭天下更紀十二月安帝崩母弟琅邪王踐阼是日恭帝來年禪于宋

志第三　天文下 月五星犯列舍 經星變附見 妖星客星 星流隕 雲氣

月五星犯列舍 經星變附見

魏文黃初四年三月癸卯月犯心大星占曰心爲天王位王者惡之六月甲申太白晝見案劉向五紀論曰太白少陰弱不得專行故以己未爲界不得經天而行經天則晝見其占爲兵喪爲不臣爲更王彊國弱小國彊是時孫權受魏爵號而稱兵距守其十二月景子月犯心大星占同上五年十月乙卯太白晝見占同上又歲星入太微逆行積百四十九日乃出占曰五星入太微從右入三十日已上人主有大憂一曰有赦至七年五月帝崩明帝即位大赦天下

六年五月壬戌熒惑入太微至壬申與歲星相及俱犯右執法至癸酉乃出占曰從右入三十日以上人主有大憂又日月五星犯左右執法大臣有憂一曰執法者誅金火尤甚十一月皇子東武陽王鑒薨七年正月驃騎將軍王洪免爲庶人四月征南大將軍夏侯尚薨五月帝崩蜀記稱明帝問黃權曰天下鼎立何地爲正對曰當驗天文往者熒惑守心而文帝崩吴蜀無事此其徵也案三國史並無熒惑守心之文宜是入太微八月吴遂圍江夏寇襄陽大將軍宣帝救襄陽斬吴將張霸等兵喪更王之應也

明帝太和五年五月熒惑犯房占曰房四星股肱臣將相位也月五星犯守之將相有憂其七月車騎將軍張郃追諸葛亮爲亮所害十二月太尉華歆薨其十一月乙酉月犯軒轅大星占曰女主憂

六年三月乙亥月又犯軒轅大星十一月景寅太白晝見南斗遂歷八十餘日恒見占曰吴有兵明年孫權遣張弥等將兵萬人錫授公孫文懿爲燕王文懿斬弥等虜其衆青龍三年正月太后郭氏崩

青龍三年三月辛卯月犯輿鬼輿鬼主斬殺占曰人多病國有憂又曰大臣憂是年夏及冬大疫四年五月司徒董昭薨其五月丁亥太白晝見積三十餘日以晷度推之非秦魏則楚也是時諸葛亮據渭南宣帝與相持孫權寇合肥又遣陸議孫昭等入淮沔天子親東征蜀本秦地則爲秦魏及楚兵悉起矣其七月己巳月犯楗閉占曰有火災三年七月崇華殿災

三年六月丁未填星犯井鉞戊戌太白又犯之占曰凡月五星犯井鉞悉爲兵災一曰斧鉞用大臣誅七月己丑填星犯東井距星占曰填星入井大人憂行近距爲行陰其占曰大水五穀不成

景初元年夏大水傷五穀其年十月壬申太白晝見在尾歷二百餘日恒晝見占曰尾爲燕有兵十二月戊辰月犯鉤鈐占曰王者憂

四年閏正月己巳填星犯井鉞三月癸卯填星犯東井己巳太白與月加景晝見五月壬寅太白犯畢左股第一星占曰畢爲邊兵又主刑罰九月涼州塞外胡阿畢師使侵犯諸國西域校尉張就討之斬首捕虜萬計其七月甲寅太白犯軒轅大星占曰女主憂景初元年皇后毛氏崩

景初元年二月乙酉月犯房第二星占曰將相有憂其七月司徒陳矯薨　二年四月司徒韓暨薨其七月辛卯太白晝見積二百八十餘日時公孫文懿自立爲燕王署置百官發兵距守宣帝討滅之

二年二月己丑月犯心距星又犯中央大星五月乙亥月又犯心距星及中央大星案占曰王者惡之犯前星太子有憂三年正月帝崩太子立卒見廢其年十月甲午月犯箕占曰將軍死

正始元年四月車騎將軍黃權薨其閏十一月癸丑月犯心中央大星

少帝正始元年四月戊午月犯昴東頭第一星十月庚寅月又犯昴北第四星占曰月犯昴胡不安二年六月鮮卑阿妙兒等寇西方敦煌太守王延破之斬二萬餘級三年又斬鮮卑大帥及千餘級

二年九月癸酉月犯輿鬼西北星三年二月丁未又犯西南星占曰有錢令一曰大臣憂三年三月太尉滿寵薨四年正月帝加元服賜群臣錢各有差

四年十月十一月月再犯井鉞是月宣帝討諸葛恪恪棄城走五年三月曹爽征蜀　五年十一月癸巳填星犯亢距星占曰諸侯有失国者

七年七月丁丑月犯左角占曰天下有兵左將軍死七月乙亥熒惑犯畢距星占曰有邊兵一曰刑罰用　九年正月辛亥月犯亢南星占曰兵起一曰軍將死七月癸丑填星犯楗閉占曰王者不宜出宮下殿嘉

平元天子謁陵宣帝奏誅曹爽等天子野宿於是失勢嘉平元年六月
壬戌太白犯東井距星占曰國失政大臣為亂四月辛巳太白犯輿鬼占
曰大臣誅一曰兵起　二年三月己未太白又犯井距星三年七月王陵與
楚王彪有謀皆伏誅人主遂卑

吳孫權赤烏十三年夏五月日北至熒惑逆行入南斗秋七月犯魁第三
星而東漢晉春秋云逆行案占熒惑入南斗三月吳王死一曰熒惑逆行
其地有死君太和二年權薨是其應也故國志書於吳是時王淩謀立
楚王彪謂斗中有星當有暴貴者以問知星人浩詳詳疑有故欲悅其
意不言吳有死喪而言淮南楚分吳楚同占當有王者興故淩計遂定

嘉平二年十二月景申月犯輿鬼三年四月戊寅月犯東井五月甲寅
月犯亢距星占曰軍將死一曰為兵是月王淩楚王彪等誅七月皇后甄
氏崩四年三月吳將為寇鎮東將軍諸葛誕破走之其年七月己巳月
犯輿鬼九月乙巳又犯之十月癸未熒惑犯亢南星占曰臣有亂四年
十月丁未月又犯鬼積尸五年六月戊午太白犯角占曰群臣有謀不
成庚辰月犯箕星占曰將軍死七月月犯井鉞是年月又犯鬼西北星
占曰國有憂十一月癸酉月犯東井距星占曰將軍死正元元年正月
鎮東將軍毋丘儉揚州刺史文欽反兵俱敗誅死二月李豐及弟翼
后父張緝等謀亂事泄悉誅皇后張氏廢九月帝廢為齊王蜀將姜維
攻隴西車騎將軍郭淮討破之

高貴鄉公正元二年二月戊午熒惑犯東井北轅西頭第一星甘露元年
七月乙卯熒惑犯東井鉞星壬戌月又犯鉞星八月辛亥月犯箕吳廢
孫亮太平元年九月壬辰太白犯南斗吳志所書也占曰太白犯斗國
有兵大臣有反者其明年諸葛誕反又明年孫綝廢亮吳魏並有兵事
也甘露元年九月丁巳月犯東井二年六月己酉月犯心中央大星八月
壬子歲星犯井鉞九月庚寅歲星逆行乘井鉞十月景寅太白犯亢距
星占曰逆臣為亂人君憂景元元年五月有成濟之變及諸葛誕誅皆其
應也二年三月庚子太白犯東井占曰國失政大臣為亂是夜歲星又
犯東井占曰兵起至景元元年高貴鄉公敗三年八月壬辰歲星犯輿
鬼鑕星占曰斧鑕用大臣誅四年四月甲申歲星又犯輿鬼東南星占
曰鬼東南星主兵木入鬼大臣誅景元元年殺尚書王經

元帝景元元年二月月犯建星案占月五星犯建星大臣相譖是後鍾
會鄧艾破蜀會譖艾　二年四月熒惑入太微犯右執法占曰人主有大
憂一云大臣憂　四年十月歲星守房占曰將相有憂一云有大赦明
年鄧艾鍾會皆夷滅赦蜀土五年帝遜位

武帝咸寧四年九月太白當見不見占曰是謂失舍不有破軍必有亡
國是時羊祜表求伐吳上許之五年十一月兵出太白始夕見西方太康
元年三月大破吳軍孫皓面縛請罪吳國遂亡

太康八年三月熒惑守心占曰王者惡之太熙元年四月乙酉帝崩

惠帝元康三年四月熒惑守太微六十日占曰諸侯三公謀其上必有
斬臣一曰天子亡國是春太白守畢至是百餘日占曰有急令之憂一
曰相死又為邊境不安後賈后陷殺太子　六年十月乙未太白晝見
九年六月熒惑守心占曰王者惡之八月熒惑入羽林占曰禁兵大起
其後帝見廢為太上皇俄而三王起兵討趙王倫倫悉遣中軍兵相距
累月

永康元年三月中台星拆太白晝見占曰台星失常三公憂太白晝見
為不臣是月賈后殺太子趙王倫尋廢殺后斬司空張華其五月熒惑
入南斗占曰宰相死兵大起斗又吳分野是時趙王倫為相明年篡位三
王興師誅之

太安二年石冰破揚州其八月熒惑入箕占曰人主失位兵起明年趙王
倫篡位改元　二年二月太白出西方逆行入東井占曰國失政大臣為
亂是時齊王冏起兵討趙王倫倫滅冏擁兵不朝專權淫奢明年誅死

永寧元年自正月至于閏月五星互經天縱橫無常星傳曰日陽君道
也星陰臣道也日出則星亡臣不得專也晝而星見午上者為經天其
占為不臣為更王今五星悉經天天變所未有也石氏說曰辰星晝見
其國不亡則大亂是後台鼎方伯互執大權二帝流亡遂至六夷更王
迭據華夏亦載籍所未有也其四月歲星晝見五月太白晝見占同前

七月歲星守虛危占曰木守虛危有兵憂虛危齊分一曰守虛饑守危徭役煩多下屈竭辰星入太微占曰爲内乱一曰群臣相殺太白守右掖門占曰爲兵爲乱爲賊八月戊午塡星犯左執法又犯上相占曰上相憂熒惑守昴卯占曰魏趙有灾辰星守輿鬼占曰秦有灾九月丁未月犯左角占曰人主憂一曰左衛將軍死天下有兵 二年四月癸酉歲星晝見占曰爲臣彊初齊王冏定京都因留輔政遂專慠无君是月成都河間檄長沙王乂討之冏乂交戰攻焚宮闕冏兵敗夷滅又殺其兄上軍將軍寔以下二千餘人太安二年成都攻長沙於是公私饑困百姓力屈 太安二年二月太白入昴占曰天下擾兵大起七月熒惑入東井占曰兵起國亂是秋太白守太微上將占曰上將以兵亡是年冬成都河間攻洛陽八月長沙王奉帝出距二王三年正月東海王越執長沙王乂張方又殺之 三年正月熒惑入南斗占同永康七月左衛將軍陳眕率衆奉帝伐成都六軍敗績兵偪乘輿是時天下盜賊群起張昌尤盛永興元年七月庚申太白犯角亢経房心歷尾箕九月入南斗占曰犯角天下大戰犯亢有大兵人君憂入房心爲兵喪犯尾箕女主憂一曰天下大亂入南斗有兵喪一曰將軍爲乱其所犯守又兖豫幽冀揚州之分野是年七月有蕩陰之役九月楊浚殺幽州刺史和演攻鄴鄴潰於是兖豫爲天下兵衝陳敏又乱揚土劉元海石勒李雄等並起微賤跨有州郡皇后羊氏數被幽廢皆其應也 二年四月景子太白犯狼星占曰大兵起九月歲星守東井占曰有兵井又秦分野是年苟晞破公師蕃張方破范陽王虓關西諸將攻河間王顒奔走東海王迎殺之

光熙元年四月太白失行自翼入尾箕占曰太白失行而北是謂反生不有破軍必有屠城五月汲桑攻鄴魏郡太守馮嵩出戰大敗桑遂害東燕王騰殺万餘人焚燒魏時宮室皆盡其九月丁未熒惑守心占曰王者惡之已亥塡星守房心占曰塡守房多禍喪守心国内乱天下赦是時司馬越專權終以无礼破滅内乱之應也十一月帝崩懷帝即位大赦天下

懷帝永嘉元年十二月丁亥星流震散案劉向說天官列宿在位之象

其衆小星无名者衆庶之類此百官衆庶將流散之象也是後天下大乱百官万姓流移轉死矣 二年正月庚午太白伏不見二月庚子始晨見東方是謂當見不見占同上條其後破軍殺將不可勝數帝崩虜庭中夏淪覆 三年正月庚子熒惑犯紫微占曰當有野死之王又爲火燒宮是時太史令高堂沖奏乘輿宜遷幸不然必无洛陽五年六月劉曜王弥入京都焚燒宮廟執帝歸平陽 三年塡星久守南斗占曰塡所居久者其国有福是時安東將軍琅邪王始有揚土其年十一月地動陳卓以爲是地動應也 五年十月熒惑守心 六年六月丁卯太白犯太微占曰兵入天子庭王者惡之七月帝崩于寇庭天下行服大臨

元帝太興元年七月太白犯南斗占曰吳越有兵大人憂 二年二月甲申熒惑犯東井占曰兵起貴臣相戮八月已卯太白犯軒轅大星占曰後宮憂 三年五月戊子太白入太微又犯上將星占曰天子自將上將誅九月太白犯南斗十月已亥熒惑在東井居五諸侯南踟蹰留積三十日占曰熒惑守井二十日以上大人憂守五諸侯諸侯有誅者 永昌元年三月王敦率江荆之衆來攻京都六軍距戰敗績人主謝過而已於是殺護軍將軍周顗尚書令刁協驃騎將軍戴若思又鎮北將軍劉隗出奔四月又殺湘州刺史譙王司馬承鎮南將軍甘卓閏十二月帝崩

明帝太寧三年正月熒惑逆行入太微占曰爲兵喪王者惡之閏八月帝崩後二年蘇峻反攻焚宮室太后以憂偪崩天子幽劫于石頭城遠近兵乱至四年乃息

成帝咸和六年正月景辰月入南斗占曰有兵是月石勒殺略婁武進二縣人明年石勒衆又抄略南沙海虞其十一月熒惑守胃昴占曰趙魏有兵八年七月石勒死石季龍自立是時雖二石僭號而其强弱常占於昴不關太微紫宮也 八年三月己巳月入南斗與六年占同其年七月石勒死彭彪以譙石生以長安郭權以秦州並歸順於是遣督護喬球率衆救彪彪敗球退又石季龍石斌攻滅生權其七月熒惑入昴占曰胡王死一曰趙地有兵是月石勒死石季龍多所攻没八月月又犯昴占曰胡不安九年三月已亥熒惑入輿鬼犯積尸占曰兵在西北有没

軍死將六月八月月又犯昴是時石弘雖襲勒位而石季龍擅威横暴
十一月廢弘自立遂幽殺之
咸康元年二月己亥太白犯昴占曰兵起歲中旱四月石季龍略騎至
歷陽加司徒王導大司馬治兵列戍衝要是時石季龍又圍襄陽六月
旱其年二月景戌月入昴占曰胡王死八月戊戌熒惑入東井占曰無
兵兵起有兵兵止十一月月犯昴　二年正月辛亥月犯房南第二星八
月月又犯昴九月庚寅太白犯南斗因晝見占曰斗為宰相又揚州分
金犯之死喪之象晝見為不臣又為兵喪其後石季龍僭稱天王發衆
七萬四年二月自隴西攻段遼于薊又襲慕容皝於棘城不克皝擊破其
將麻秋并虜段遼殺之　三年七月己酉月犯房上星八月熒惑入輿
鬼犯積尸甲戌月犯東井距星九月戊子月犯建星　四年四月己巳太
白晝見在柳占曰為兵為不臣明年石季龍大寇沔南於是內外戒嚴
其五月戊戌熒惑犯右執法占曰大臣死執政者憂九月太白又犯右
執法案占五星災同金火尤甚十一月戊子太白犯房上星占曰上相憂

五年四月乙未月犯畢距星占曰兵起七月己酉月犯房上星占曰將相
憂是月庚申丞相王導薨庾冰代輔政八月太尉郗鑒薨又有沔南邾
城之敗百姓流万餘家六年正月征西大將軍庾亮薨　六年三月甲辰
熒惑犯太微上將星占曰上將憂四月丁丑熒惑犯右執法占曰執政
者憂六月乙亥月犯牽牛中央星占曰大將憂是時尚書令何充為執
法有譴欲避其咎明年求為中書令其四月景午太白犯畢距星占曰
兵革起一曰女主憂六月乙卯太白犯軒轅大星占曰女主憂七年三月
皇后杜氏崩　七年二月壬午月犯房四月己丑太白入輿鬼五月太白
晝見八月辛丑月犯輿鬼　八年六月熒惑犯房上第二星占曰次相憂
八月壬寅月犯畢占曰下犯上兵革起十月月又掩畢大星占同上其
建元元年車騎將軍庾冰薨庾翼大發兵謀伐石季龍專制上流朝廷
憚之
康帝建元二年正月壬午太白入昴占曰趙地有兵一曰天下兵起四月
乙酉太白晝見是年石季龍殺其子邃又遣將寇沒狄道及屯薊東謀

慕容皝三年歲星犯天關安西將軍庾翼與兄冰書曰歲星犯天關占
云關梁當分比來江東无他故江道亦不艱難而石季龍頻年再閉關
不通信使此復天公憒憒无皁白之徵也其閏月乙酉太白犯斗占曰
為喪天下受爵祿九月帝崩太子立大赦賜爵
穆帝永和元年正月丁丑月入畢占曰兵大起戊寅月犯天關占曰有
乱臣更天子之法五月辛巳太白晝見在東井占曰為臣彊秦有兵六
月辛丑月入太微犯屏西南星占曰輔臣有免罷者七月八月月皆犯
畢占同上己未月犯輿鬼占曰大臣有誅九月庚戌月又犯畢是年初
庾翼在襄陽七月翼疾將終輙以子爰之為荊州刺史代己任爰之尋
被廢明年桓溫又輙率衆伐蜀執李勢送至京都蜀本秦地也
二年二月壬子月犯房上星四月景戌月又犯房上星八月壬申太白犯
右執法　三年正月壬午月犯南斗第五星占曰將軍死近臣去五月壬申
月犯南斗第四星因入魁占曰有兵一曰有大赦六月月犯東井距星占
曰將軍死國有憂戊戌月犯五諸侯占曰諸侯有誅九月庚寅太白犯

南斗第五星占曰為喪為兵　四年七月景申太白犯左執法甲寅月犯
房丁巳入南斗犯第二星乙丑太白犯左執法占悉同上十月甲辰月
犯亢占曰兵起將軍死十一月戊戌月犯上將星　五年六月大赦是月陳
逵征壽春敗而還七月氐蜀餘寇反乱益土九月石季龍伐涼州五年
征北大將軍褚裒卒　五年四月太白入昴是時戎晉相侵趙地連兵尤
甚七月太白犯軒轅占曰在趙及為兵喪甲寅月犯房十月甲戌月犯
亢占曰兵起將軍死八月石季龍太子宣殺弟韜宣亦死其十一月戊戌
月犯上將星五年正月石季龍僭號稱皇帝尋死五年四月丁未太白
犯東井占曰秦有兵九月戊戌太白犯左角占曰為兵十月月犯昴占曰
胡有憂將軍死是年八月褚裒北征兵敗十月關中二十餘壁舉兵內附
石遵攻沒南陽十一月冉閔殺石遵又盡殺胡十餘万人於是趙魏大乱
十二月褚裒薨八年劉顯苻健慕容儁並僭號殷浩北伐敗績見廢
六年二月辛酉月犯心大星占曰大人憂又豫州分野也丁丑月犯房占
曰將相憂六月己丑月犯昴占同上乙未月犯五諸侯占同上七月壬

寅月始出西方犯左角占曰大將軍死一曰天下有兵丁未月犯箕占曰將軍死景寅熒惑犯鉞星占曰大臣有誅八月辛卯月犯左角太白晝見在南斗月犯右執法占並同上是歲司徒蔡謨免爲庶人 七年二月太白犯昴占同上三月乙卯熒惑入輿鬼犯積尸占曰貴人有憂五月乙未熒惑犯軒轅大星占曰女主憂太白入畢口犯左股占曰將相當之六月乙亥月犯箕占曰國有兵景子月犯斗丁丑熒惑入太微犯右執法八月庚午太白犯軒轅戊子太白犯右執法占悉同上七年劉顯殺石祗及諸將帥山東大亂疾疫死亡 八年三月戊戌月犯軒轅大星癸丑月入南斗犯第二星五月月犯心星六月癸丑月犯房七月壬子歲星犯東井距星占曰內亂兵起八月戊戌熒惑犯輿鬼占曰忠臣戮死景辰太白入南斗犯第四星占曰將爲亂一曰丞相免 九年二月乙巳月入南斗犯第三星三月戊辰月犯房八月歲星犯輿鬼東南星占曰兵起是時帝幼沖母后稱制將相有隙兵革連起慕容儁僭號稱燕王攻伐不休 十年正月己卯月蝕昴星占曰趙魏有兵癸酉塡星奄鉞星占曰斧鉞用三月甲寅月犯心大星占曰王者惡之七月庚午太白晝見晷度推之災在秦鄭九月辛酉太白犯左執法是時桓溫擅命朝臣多見迫脅四月溫伐苻健破其嶢柳軍十二月慕容恪攻齊 十一年三月辛亥月奄軒轅占同上四月庚寅月犯牛宿南星占曰國有憂八月己未太白犯天江占曰河津不通 十二年六月庚子太白晝見在東井占如上己未月犯鉞星八月癸酉月奄建星九月戊寅熒惑入太微犯西蕃上將星十月丁丑熒惑犯太微東蕃上將星 十二年十一月齊城陷執段龕殺三千餘人

永和三年鮮卑侵略河冀升平元年慕容儁遂據臨漳盡有幽并青冀之地緣河諸將奔散河津隔絕時權在方伯九服交兵

升平元年四月壬子太白入輿鬼丁亥月奄井南轅西頭第二星占曰秦地有兵一曰將死六月戊戌太白晝見在軫占同上軫是楚分野壬子月犯畢占曰爲邊兵七月辛巳熒惑犯天江占曰河津不通十一月歲星犯房占曰豫州有災其年五月苻堅殺苻生而立十二月慕容儁

入屯鄴二年八月豫州刺史謝弈薨 二年十二月辛卯塡星犯軒轅大星占曰人主惡之甲午月犯東井六月辛酉月犯房十月己未太白犯哭星占曰有大哭泣 三年正月壬辰熒惑犯楗閉星按占曰人主憂三月乙酉熒惑逆行犯鉤鈐按占王者惡之六月太白犯東井七月乙酉熒惑犯天江景戌太白犯輿鬼占悉同上戊子月犯牽牛中央大星占曰牽牛天將也犯中央大星將軍死八月丁未太白犯軒轅大星甲子月犯畢大星占曰爲邊兵一曰下犯上三年十月諸葛攸舟軍入河敗績豫州刺史謝万入朝衆潰而歸万除名十一月司徒會稽王以郗曇謝万二鎮敗求自貶三等四年正月慕容儁死子暐代立慕容恪殺其尚書令陽騖等 四年正月乙亥月犯牽牛中央大星六月辛亥辰星犯軒轅占曰女主憂己未太白入太微右掖門從端門出占曰貴奪勢一曰有兵又曰出端門臣不臣八月戊申太白犯氐占曰國有憂景辰熒惑入太微西蕃上將星九月壬午太白入南斗口犯第四星占曰爲喪有赦天下受爵祿十二月甲寅熒惑犯房景寅太白晝見庚寅月犯楗閉占曰人君惡之 五年正月乙巳塡星逆行犯太微五月壬寅月犯太微庚戌月犯建星占曰大臣相謀是時殷浩敗績卒致遷徙其月辛亥月犯牽牛宿占曰國有憂六月癸亥月犯氐東北星占曰大將當之五年正月北中郎將郗曇薨五月帝崩哀帝立大赦賜爵褚后失勢七月慕容恪攻冀州刺史呂護於野王護奔滎陽是時桓溫以大衆次宛聞護敗乃退 五年六月癸酉月奄氐東北星占曰大將軍當之九月乙酉月奄畢占曰有邊兵十月丁未月犯畢大星占曰下犯上又曰有邊兵八月范汪廢隆和元年慕容暐遣將寇河陰

哀帝興寧三年七月庚戌月犯南斗占曰女主憂歲星犯輿鬼占曰人君憂十月太白晝見在亢占曰亢爲朝廷有兵喪爲臣彊明年五月皇后庾氏崩海西太和二年正月太白入昴卯五年慕容暐爲苻堅所滅又據冀幽并四州 六年閏月熒惑守入太微端門占曰天子亡國又曰諸侯三公謀其上一曰有斬臣辛卯月犯心大星占曰王者惡之十一月桓溫廢帝并奏誅武陵王簡文不許溫乃徙之新安皆臣彊之應也

簡文咸安元年十二月辛卯熒惑逆行入太微二年三月猶不退占曰國不安有憂是時帝有桓溫之逼　二年五月丁未太白犯天關占曰兵起歲星形色如太白占曰進退如度姦邪息變色亂行主无福歲星於仲夏當細小而不明此其失常也又爲臣彊六月太白晝見在七星乙酉太白犯輿鬼占曰國有憂七月帝崩桓溫以兵威擅權將誅王坦之等內外迫脅又庾希入京城盧悚入宮並誅滅之

孝武寧康元年正月戊申月奄心大星案占曰災不在王者則在豫州一曰主命惡之三月景午月奄南斗第五星占曰大臣有憂死亡一曰將軍死七月桓溫薨九月癸巳熒惑入太微是時女主臨朝政事多缺二年閏月己未月奄牽牛南星占曰左將軍死十二月甲申太白晝見在氐氐兗州分野三年五月景午北中郎將王坦之薨　三年六月辛卯太白犯東井占曰秦地有兵九月戊申熒惑奄左執法占曰執法者死

太元元年苻堅破涼州二年十月尚書令王彪之卒

太元元年四月景戌熒惑犯南斗第三星景申又奄第四星占曰兵大起中國饑一曰有赦八月癸酉太白晝見在氐氐兗州分野九月熒惑犯哭泣星遂入羽林占曰天子有哭泣事中軍兵起十一月己未月奄氐角占曰天下有兵一曰國有憂　三年正月熒惑守羽林占曰禁兵大起九月壬午太白晝見在角角兗州分野升平元年五月大赦三年八月秦人寇樊鄧襄陽彭城四年二月襄陽陷朱序沒四月魏興陷賊聚廣陵三河衆五六万於是諸軍外次衞要丹陽尹屯衞京都六月兗州刺史謝玄討賊大破之是時中外連兵比年荒儉　四年十一月丁巳太白犯哭星占曰天子有哭泣事　五年七月景子辰星犯軒轅占曰女主當之九月癸未皇后王氏崩　六年九月景子太白晝見　七年十一月太白又晝見在斗占曰吳有兵喪　八年四月甲子太白又晝見在參占曰魏有兵喪是月桓沖征沔漢楊亮伐蜀並拔城略地八月苻堅自將號百万九月攻沒壽陽十月劉牢之破苻堅將梁成斬之殺獲万餘人謝玄等又破堅於淝水斬其弟融堅大衆奔潰九年六月皇太后褚氏崩八月謝玄出屯彭城經略中州　九年七月景戌太白晝見十一月丁巳又晝見　十年四月乙亥又晝見于畢昴占曰魏國有兵喪是時苻堅大衆奔潰趙魏兵連相攻堅爲姚萇所殺　十一年三月戊申太白晝見在東井占曰秦有兵臣彊六月甲申又晝見于輿鬼占曰秦有兵臣彊時魏姚萇苻登連兵相征不息甲午歲星晝見在胃占曰魯有兵臣彊十二年慕容垂寇東阿翟遼寇河上姚萇假號安定苻登自立隴上呂光竊據涼土　十二年六月癸卯太白晝見在柳十月庚午太白晝見在斗　十三年正月景戌又晝見十二月熒惑在角亢形色猛盛占曰熒惑失其常吏且棄其法諸侯亂其政皆是後慕容垂翟遼姚萇苻登慕容永並阻兵爭彊十四年正月彭城妖賊又稱號於皇丘劉牢之破滅之三月張道破合鄉圍泰山向欽之擊走之是年翟遼又攻沒滎陽侵略陳項于時政事多敝君道陵遲矣　十四年四月己巳太白晝見于柳六月辛卯又晝見于翼九月景寅又晝見于軫十二月熒惑入羽林占並同上十五年翟遼掠司兗衆軍累討不尅慕容垂又跨略并冀等州七月旱八月諸郡大水兗州又蝗　十五年九月癸未熒惑入太微十月太

白入羽林　十六年四月癸卯朔太白晝見十一月癸巳月奄心前星占曰太子憂是時太子常有篤疾　十七年七月丁丑太白晝見十月丁酉又晝見　十八年六月又晝見　十九年五月又晝見于柳六月辛酉又晝見于輿鬼九月又見于軫　二十年六月熒惑入天囷占曰大饑七月丁亥太白晝見在太微占曰太白入太微國有憂晝見爲兵喪十二月己巳月犯楗閉及東西咸占曰楗閉司心腹喉舌東西咸主陰謀　二十一年二月壬申太白晝見三月癸卯太白連晝見在羽林占曰有彊臣有兵喪中軍兵起三月太白晝見于胃占曰中軍兵起四月壬午太白入天囷占曰爲饑六月歲星犯哭泣星占曰有哭泣事是年九月帝崩隆安元年王恭等舉兵脅朝廷於是內外戒嚴殺王國寶以謝之又連歲水旱三方動衆人饑

安帝隆安元年正月癸亥熒惑犯哭泣星占曰有哭泣事四月丁丑太白晝見在東井占曰秦有兵喪六月姚興攻洛陽郗恢遣兵救之冬姚萇死子略代立魏王圭即位於中山其年八月熒惑守井鉞占曰大臣

有誅　二年六月戊辰攝提移度失常歲星晝見在胃兖州分野是年六
月郗恢遣鄧啓方等以萬人伐慕容寶於滑臺敗而還閏月太白晝見
在羽林丁丑月犯東上相　三年五月辛酉月又奄東上相辛未辰星犯
軒轅大星占悉同上三年九月庚楷等舉兵表誅王愉等於是內外戒
嚴三年六月洛陽沒于寇桓玄破荆雍州殺郗仲堪等孫恩聚衆攻沒
會稽殺內史　四年六月辛酉月犯哭泣星五年正月太白晝見自去年
十二月在斗晝見至于是月乙卯客星占災在吳越七月癸亥大角星散
搖五色占曰王者流散丁卯月犯天關占曰王者憂九月庚子熒惑犯
少微又守之占曰處士誅十月甲子月犯東次相其年七月太皇太后
李氏崩十月妖賊大破高雅之於餘姚死者十七八五年孫恩攻侵郡
縣殺內史至京口進軍蒲洲於是內外戒嚴恩遣別將攻廣陵殺三千
餘人退據郁州是時劉裕又追破之九月桓玄表至逆旨陵上十月司
馬元顯大治水軍將以伐玄元興元年正月盧循自稱征虜將軍領孫
恩餘衆略有永嘉晉安之地二月帝戎服遣西軍三月桓玄剋京都殺
司馬元顯放太傅會稽王道子
元興元年三月戊子太白犯五諸侯因晝見占曰諸侯有誅七月戊寅
熒惑在東井熒惑犯輿鬼積尸占並同上八月景寅太白奄右執法九月
癸未太白犯進賢占曰進賢者誅　二年二月歲星犯西上將六月甲辰
月奄斗第四星占曰太臣誅不出三年八月癸丑太白犯房北第二星
九月己丑歲星犯進賢熒惑犯西上將十月甲戌太白犯泣星十一月
丁丑熒惑犯東上相十二月乙巳月奄軒轅第二星占悉同上升平元
年冬魏破姚興軍二年十二月桓玄篡位放遷帝后於尋陽以永安何
皇后爲零陵君三年二月劉裕盡誅桓氏　三年正月戊戌熒惑逆行犯
太微西上相占曰天子戰於野上相死二月景辰熒惑逆行在左執法
西北占曰執法者誅四月甲午月奄軒轅第二星五月壬申月奄斗第
二星填星入羽林占並同上是年二月景辰劉裕殺桓脩等三月己未玄
破走桓玄遣軍西討辛巳誅左僕射王愉桓玄劫天子如江陵五月玄
下至崢嶸洲義軍破滅之桓振又攻沒江陵幽劫天子七月永安何皇

后崩
義熙元年三月壬辰月奄左執法占同上丁酉月奄心前星占曰豫州
有災太白犯東井占曰秦有兵七月庚辰太白晝見在翼軫占曰爲臣
彊荆州有兵喪八月丁巳犯斗第一星占曰天下有兵一曰大臣憂九
月甲子熒惑犯少微占曰處士誅庚寅熒惑犯右執法癸卯熒惑犯左
執法占並同上十一月景戌太白犯鉤鈐占曰喉舌憂十二月己卯歲
星犯天關占曰有兵亂河津不通十一月荆州刺史魏詠之薨二年二
月司馬國璠等攻沒弋陽四月姚興伐仇池公楊盛擊走之九月益州
刺史司馬榮期爲其參軍楊承祖所害三年十二月司徒揚州刺史王
謐薨四年正月太保武陵王遵薨三月左僕射孔安國卒自後政在劉
裕人主端拱而已　二年二月太白犯南河占曰兵起己丑月犯心後星
占曰豫州有災四月癸丑月犯太微西上將己未月犯房南第二星乙
丑歲星犯天江占曰有兵亂河津不通五月癸未月犯左角占曰左將
軍死天下有兵壬寅熒惑犯氐占曰氐爲宿宮人主憂六月庚午熒惑
犯房北第二星八月癸亥熒惑犯南斗第五星丁巳犯建星占曰爲兵九
月壬午熒惑哭星又犯泣星是年二月甲戌司馬國璠等攻沒弋陽又
慕容超侵略徐兖三年正月又寇北徐州至下邳十二月司徒王謐薨
四年正月武陵王遵薨五年慕容超復寇淮北四月劉裕大軍討之拔
臨朐入圍廣固拔之　三年正月景子太白晝見在奎二月庚申月奄心
後星占同上五月癸未月犯左角己丑太白晝見在參占曰益州有兵
喪臣彊八月己卯太白犯左執法辛卯熒惑犯左執法九月壬子熒惑
犯進賢星是年八月劉敬宣伐蜀不剋而旋四年二月左僕射孔安國
卒七月司馬叔璠等攻沒鄒山魯郡太守徐邕破走之姚略遣衆征赫
連勃勃大爲所破五年劉裕討慕容超滅之　四年正月庚子熒惑犯天
關五月丁未月奄斗第二星壬子填星犯天廩占曰天下饑倉粟少
六月己丑太白犯太微西上將乙卯又犯左執法十月戊子熒惑入羽
林占悉同上五年劉裕討慕容超後南北軍旅運轉不息　五年十二月
甲子月犯昴卯占曰胡不安天子破匈奴五月戊戌歲星入羽林九月壬

寅月犯昴十月熒惑犯氐閏月丁酉月犯昴辛亥熒惑犯鉤鈐己巳月奄心大星占曰王者惡之是年四月劉裕討慕容超十月魏王圭遇弒殂六年五月盧循逼郊甸宮衛被甲　六年三月丁卯月奄房南第二星災在次相己巳又奄斗第五星占曰斗主吳吳地兵起太白犯五諸侯占曰諸侯有誅五月甲子月奄斗第五星己亥月奄昴第二星占曰国有憂一曰有白衣之會六月己丑月犯房南第二星甲午太白晝見七月己亥月犯輿鬼占曰国有憂一曰秦有兵八月壬午太白犯軒轅大星甲申月犯心前星災在豫州景戌月犯斗第五星占同上丁亥月奄牛宿南星占曰天下有大誅乙未太白犯少微景午太白在少微而晝見九月甲寅太白犯左執法丁丑塡星犯畢占曰有邊兵是年三月始興太守徐道覆反四月盧循寇湘中没巴陵率衆逼京畿是月左僕射孟昶懼王威不振仰藥自殺七年十二月劉蕃梟徐道覆首杜慧度斬盧循并傳首京都八年六月劉道規卒時為豫州刺史八月皇后王氏崩九月兖州刺史劉蕃尚書左僕射謝混伏誅劉裕西討劉毅斬首徇之

十二月遣益州刺史朱齡石伐蜀　七年四月辛丑熒惑入輿鬼占曰秦有兵一曰雍州有災六月太白晝見在翼己亥塡星犯天關占曰臣謀主八月太白犯房南第二星十一月景子太白犯哭星其七月朱齡石剋蜀蜀又反討滅之　八年七月癸亥月奄房北第二星己未月犯井鉞八月戊申月犯泣星十月辛亥月奄天關占曰有兵十一月丁丑塡星犯東井占曰大人憂十二月癸卯塡星犯井鉞是年八月皇后王氏崩九年誅劉蕃謝混討滅劉毅十二月朱齡石滅蜀　九年三月熒惑犯輿鬼占曰有兵喪太白犯南河占曰兵起五月壬辰太白犯右執法晝見七月庚午月奄鉤鈐占曰喉舌臣憂九月庚午歲星犯軒轅大星己丑月犯左角時劉裕擅命兵革不休十年裕討司馬休之王師不利休之等奔長安　十年正月丁卯月犯畢占曰將相有以家坐罪者二月己酉月犯房北星五月壬寅月犯牽牛南星乙丑歲星犯軒轅大星占悉同上六月景申月奄氐占曰將死之国有誅者七月庚辰月犯天關占曰兵起熒惑犯井鉞塡星犯輿鬼遂守之占曰大人憂宗廟改八月丁酉

月奄牽牛南星占同上九月塡星犯輿鬼占曰人主憂丁巳太白入羽林十二月己酉月犯西咸占曰有陰謀十一年林邑寇交州距敗之十一年三月丁巳月入畢占曰天下兵起一曰有邊兵己卯熒惑入輿鬼閏月景午塡星又入輿鬼占曰為旱大疫為乱臣五月癸卯熒惑入太微甲辰犯右執法六月己未太白犯東井占曰秦有兵戊寅犯輿鬼占曰国有憂七月辛丑月犯畢占同上八月壬子月犯氐占同上庚申太白順行從右掖門入太微丁卯奄左執法十一月癸亥月入畢占同上乙未月入輿鬼而暈　十二年五月甲申歲星留房心之間宋之分野始封劉裕為宋公六月壬子太白順行入太微右掖門己巳月犯畢占同上七月月犯牛宿十月景戌月入畢　十三年五月景子月犯軒轅丁亥犯牽牛癸巳熒惑犯右執法八月己酉月犯牽牛丁卯月犯太微占曰人君憂九月壬辰熒惑犯軒轅十月戊申月犯畢占悉同上月犯箕占曰国有憂甲寅月犯畢占同上乙卯塡星犯太微留積七十餘日占曰亡君之戒壬戌月犯太微　十四年三月癸巳太白犯五諸侯五月庚子

月犯太微七月甲辰熒惑犯輿鬼占曰秦有兵又為旱為兵喪亦曰大人憂宗廟改亦為乱臣時劉裕擅命軍旅數興饑旱相屬其後卒移晉室丁巳月犯東井占曰軍將死八月甲子太白犯軒轅癸酉塡星入太微犯右執法因留太微中積二百餘日乃去占曰塡星守太微亡君之戒有徙王九月乙未太白入太微犯左執法丁巳入太微占曰大人憂十月甲申月入太微癸巳熒惑入太微犯西蕃上將仍順至左掖門內留二十日乃逆行義熙十二年七月劉裕伐姚泓十三年八月擒姚泓司兖秦雍悉平　十四年劉裕還彭城受宋公十月左僕射前將軍劉穆之卒明年西虜寇長安雍州刺史朱齡石諸軍陷没官軍捨而東十二月帝崩

恭帝元熙元年正月景午三月壬寅五月景申月皆犯太微占悉同上乙卯辰星犯軒轅六月庚辰太白犯太微七月己卯月犯太微太白晝見自義熙元年至是太白經天者九月蝕者四皆從上始革更王臣災君之象也是夜太白犯哭星十二月丁巳月入太白俱入羽林　二年三

月庚午塡星犯太微占悉同上元年七月劉裕受宋王是年六月帝遜位于宋

妖星客星

魏文帝黃初三年九月甲辰客星見太微左掖門內占曰客星出太微國有兵喪十月帝南征孫權是後累有征役　六年十月乙未有星孛于少微歷軒轅占爲兵喪除舊布新之象時帝軍廣陵辛丑親御甲冑觀兵明年五月帝崩

明帝太和六年十一月景寅有星孛于翼近太微上將星占曰爲兵喪甘氏曰孛彗所當之國是受其殃翼又楚之分野孫權封略也明年權有遼東之敗又明年諸葛亮入秦川孫權發兵緣江淮屯要衝權自圍新城以應亮天子東征權

青龍四年十月甲申有星孛于大辰長三尺乙酉又孛于東方十一月己亥彗星見犯官者天紀星占曰大辰爲天王天下有喪劉向五紀論曰春秋星孛于東方不言宿者不加宿也官者在天市爲中外有兵天紀爲地震孛彗主兵喪

景初元年六月地震九月吳將朱然圍江夏皇后毛氏崩二年正月討公孫文懿三年正月明帝崩　景初二年八月彗見張長三尺逆西行四十一日滅占同上張周分野十月癸巳客星見危逆行在離宮北騰蛇南甲辰犯宗星己酉滅占曰客星所出有兵喪虛危爲宗廟又爲墳墓客星近離宮則宮中將有大喪就先君於宗廟之象也三年正月帝崩

少帝正始元年十月乙酉彗星見西方在尾長二丈拂牽牛犯太白十一月甲子進犯羽林占曰尾爲燕又爲吳牛亦吳越之分太白爲上相羽林中軍兵爲吳越有喪中軍兵動二年五月吳遣三將寇邊吳太子登卒六月宣帝討諸葛恪於皖太尉滿寵薨　六年八月戊午彗星見七星長二尺色白進至張積二十三日滅　七年十一月癸亥又見軫長一尺積百五十六日滅　九年三月又見昴長六尺色青白芒西南指七月又見翼長二尺進至軫積四十二日滅按占曰七星張爲周分野翼軫爲楚昴爲趙魏彗所以除舊布新主兵喪也嘉平元年宣帝誅曹爽兄弟及其黨與皆夷三族京師嚴兵三年誅楚王彪又襲王淩於淮南淮南東楚也魏氏諸王幽于鄴

嘉平三年十一月癸亥有星孛于營室西行積九十日滅占曰有兵喪室爲後宮後宮且有亂　四年二月丁酉彗星見西方在胃長五六丈色白芒南指貫參積二十日滅　五年十一月彗星又見軫長五丈在太微左執法西東南指積百九十日滅按占胃兗州之分野參主兵太微天子庭執法爲執政孛彗爲兵喪除舊布新之象正元元年二月李豐豐弟翼后父張緝等謀亂皆誅皇后亦廢九月廢帝爲齊王高貴鄉公正元元年十一月白氣出南斗側廣數丈長竟天王肅曰蚩尤之旗也東南其有亂乎二年正月有彗星見于吳楚分西北竟天鎮東大將軍毌丘儉等據淮南叛景帝討平之按占蚩尤旗見王者征伐四方自後又征淮南西平巴蜀是歲吳主孫亮五鳳元年斗牛吳越分按占吳有兵喪除舊布新之象也太平三年孫綝盛兵圍宮廢亮爲會稽王故國志又書於吳也淮南江東同揚州地故于時變見吳楚之分則魏之淮南多

與吳同災是以毌丘儉以孛爲己應遂起兵而敗後三年即魏甘露二年諸葛誕又反淮南吳遣將救之及城陷誕衆與吳兵死沒各數萬人猶前長星之應也

甘露二年十一月彗星見角色白占曰彗星見兩角間色白者軍起不戰邦有大喪景元元年高貴鄉公爲成濟所害　四年十月丁丑客星見太微中轉東南行歷軫宿積七日滅占曰客星出太微有兵喪景元元年高貴鄉公被害

元帝景元三年十一月壬寅彗星見亢色白長五寸轉北行積四十五日滅占曰爲兵喪一曰彗星見亢天子失德四年鍾會鄧艾伐蜀克之二將反乱皆誅

咸熙二年五月彗星見王良長丈餘色白東南指積十二日滅占曰王良天子御駟彗星埽之禪代之表除舊布新之象也白色爲喪王良在東壁宿又并州之分野八月文帝崩十二月武帝受魏禪

武帝泰始四年正月景戌彗星見軫青白色西北行又轉東行占曰爲

兵喪軫又楚分野三月皇太后王氏崩十月吳寇江夏襄陽
五年九月星孛于紫宮占如上紫宮天子內宮十年武元楊皇后崩十
年十二月有星孛于軫占曰天下兵起軫又楚分野
咸寧二年六月甲戌星孛于氐占曰天子失德易政氐又兖州分七月
星孛大角大角爲帝坐八月星孛太微至翼北斗三台占曰太微天子
庭大人惡之一曰有改王翼又楚分野北斗主殺罰三台爲三公
三年正月星孛于西方三月星孛于胃胃徐州分四月星孛女御女御
爲後宮五月又孛于東方七月星孛紫宮占曰天下易王　四年四月蚩
尤旗見于東井後年傾三方伐吳是其應也　五年三月星孛于柳四月
又孛于女御七月孛于紫宮占曰外臣陵主柳又三河分野大角太微
紫宮女御並爲王者明年吳亡是其應也孛主兵喪征吳之役三河徐
兖之兵悉出交戰於吳楚之地吳丞相都督以下梟戮十數偏裨行陣
之徒馘斬萬計皆其徵也
太康二年八月有星孛于張占曰爲兵喪十一月星孛于軒轅占曰後

宮當之　四年三月戊申星孛于西南是年齊王攸任城王陵琅邪王伷
新都王該薨　八年九月星孛于南斗長數十丈十餘日滅占曰斗主
爵祿國有大憂一曰孛于斗王者疾病天下易政大亂兵起
太熙元年四月客星在紫宮占曰爲兵喪太康末武帝耽宴遊多疾病
是月己酉帝崩永平元年賈后誅楊駿及其黨與皆夷三族楊太后亦
見弒又誅汝南王亮太保衞瓘楚王瑋王室兵喪之應也
惠帝元康五年四月有星孛于奎至軒轅太微經三台太陵占曰奎爲
魯又爲庫兵軒轅爲後宮太微天子庭三台爲三司太陵有積尸死喪
之事其後武庫火西羌反後五年司空張華遇禍賈后廢死魯公賈謐
誅又明年趙王倫篡位於是三王興兵討倫兵士戰死十餘萬人
永康元年三月妖星見南方占曰妖星出天下大兵將起是月賈后殺
太子趙王倫尋廢殺后斬司空張華又廢帝自立於是三王並起迭總
天權其十二月彗星出牽牛之西指天市占曰牛者七政始彗出之改
元易號之象也天市一名天府一名天子旗帝坐在其中明年趙王倫

篡位改元尋爲大兵所滅　二年四月彗星見齊分占曰齊有兵喪是
時齊王冏起兵討趙王倫倫滅冏擁兵不朝專權淫奢明年誅死
太安元年四月彗星晝見二年三月彗星見東方指三台占曰兵喪之
象三台爲三公三年正月東海王越執太尉長沙王乂張方又殺之
永興元年五月客星守畢占曰天子絕嗣一曰大臣有誅時諸王擁兵
其後惠帝失統終無繼嗣　二年八月有星孛于昴畢占曰爲兵喪昴
畢又趙魏分野十月丁丑有星孛于北斗占曰琁璣更授天子出走又
曰強國發兵諸侯爭權是後諸王交兵皆有應明年惠帝崩
成帝咸和四年七月有星孛于西北犯斗二十三日滅占曰爲兵亂十
二月郭默殺江州刺史劉胤荊州刺史陶侃討默斬之時石勒又始僭號
咸康二年正月辛巳彗星夕見西方在奎占曰爲兵喪奎又爲邊兵三
年正月石季龍僭天王位四年石季龍伐慕容皝不剋既退皝追擊之
又破麻秋時皝稱藩邊兵之應也　六年二月庚辰有星孛于太微
七年三月杜皇后崩

康帝建元元年十一月六日彗星見亢長七尺白色占曰亢爲朝廷主
兵喪二年康帝崩
穆帝永和五年十一月乙卯彗星見于亢芒西向色白長一丈六年正
月丁丑彗星又見于亢占曰爲兵喪疾疫其五年八月褚裒北征兵敗
十一月冉閔殺石遵又盡殺胡十餘萬人於是中土大亂十二月褚裒薨
是年大疫升平二年五月丁亥彗星出天船在胃占曰爲兵喪除舊布
新出天船外夷侵一曰爲大水四年五月天下大水五年穆帝崩
哀帝興寧元年八月有星孛于角亢入天市按占曰爲兵喪三年正月
皇后王氏崩二月帝崩三月慕容恪攻沒洛陽沈勁等戰死
海西太和四年二月客星見紫宮西垣至七月乃滅占曰客星守紫宮
臣弒主六年桓溫廢帝爲海西公
孝武寧康二年正月丁巳有星孛于女虛經氐亢角軫翼張至三月景
戌彗星見于氐九月丁丑有星孛于天市占曰爲兵喪太元元年七月
苻堅破涼州虜張天錫

太元十一年三月客星在南斗至六月乃没占曰有兵有赦是後司雍
兖冀常有兵役十二年正月大赦八月又大赦　十五年七月壬申有
星孛于北河或經太微三台文昌入北斗色白長十餘丈八月戊戌入
紫微乃滅占曰北河或一名胡門胡門有兵喪埽太微入紫微王者當
之三台爲三公文昌爲將相三公有災入北斗諸侯戮一曰埽北斗彊
国發兵諸侯爭權大人憂二十一年帝崩隆安元年王恭殷仲堪桓玄
等並發兵表以誅王国寶爲名朝廷順而殺之并斬其從弟緒司馬道
子由是失勢禍乱成矣　十八年二月客星在尾中至九月乃滅占曰
燕有兵喪　二十年慕容垂息寶伐魏爲所破死者數万人　二十一年
垂死国遂衰亡　二十年九月有蓬星如粉絮東行南歷女虛至哭星
占曰蓬星見不出三年必有乱臣戮死於市是時王国寶交構朝廷二
十一年九月帝崩
隆安元年王恭等興兵而朝廷殺王国寶王緒
安帝隆安四年二月己丑有星孛奎長三丈上至閣道紫宮西蕃入北

斗魁至三台三月遂經于太微帝坐端門占曰彗星埽天下庭閣道易
王之象經三台入北斗占同上條十二月戊寅有星孛于貫索天市天
津占曰貴臣獄死内外有兵喪天津爲賊斷王道天下不通按占災在
吳越五年二月有孫恩兵乱攻侵郡国於是内外戒嚴營陣屯守柵斷
淮口九月桓玄表至逆言陵上其後玄遂簒位乱京都大饑人相食
百姓流亡皆其應也
元興元年十月有客星色白如粉絮在太微西至十二月入太微占曰
兵入天子庭二年十二月桓玄簒位放遷帝后於尋陽以永安何皇后
爲迁陵君三年二月劉裕盡誅桓氏
義熙十一年五月甲申彗星二出天市埽帝坐在房心北房心宋之分
野按占得彗柄者興除舊布新宋興之象　十四年五月庚子有星孛于
北斗魁中七月癸亥彗星出太微西柄起上相星下芒漸長至十餘丈
進埽北斗紫微中台占曰彗出太微社稷亡天下易王入北斗紫微帝
宮空十四年劉裕還彭城受宋公十二月安帝崩

恭帝元年正月戊戌有星孛于太微西蕃占曰革命之徵其年宋有天下
星流隕
蜀後主建興十三年諸葛亮帥大衆伐魏屯于渭南有長星赤而芒角
自東北西南流投亮營三投再還往大還小占曰兩軍相當有大流星
來走軍上及墜軍中者皆破敗之徵也九月亮卒于軍焚營而退群帥
交怨多相誅殘
魏明帝景初二年宣帝圍公孫文懿於襄平八月丙寅夜有大星長數
十丈白色有芒鬣從首山東北流墜襄平城東南占曰圍城而有流星
來走城上及墜城中者破又曰星墜當其下有戰場又曰凡星所墜国
易姓九月文懿突圍走至星墜所被斬屠城坑其衆
元帝景元四年八月有大流星二並如斗見西方分流南北光照地隆
隆有声按占流星爲貴使星大者使大是年鍾會鄧艾克蜀二星蓋二帥之
象二帥相背又分流南北之應鍾會既叛三軍憤怒隆隆有声兵將怒之
徵也

武帝泰始四年七月星隕如雨皆西流占曰星隕爲百姓叛西流吳人
歸晉之象也二年吳夏口督孫秀率部曲二千餘人來降
太康九年八月壬子星隕如雨劉向傳云下去其上之象後三年帝崩
而惠帝立天下自此亂矣
惠帝元康四年九月甲午枉矢東北行竟天　六年六月丙午夜有枉
矢自斗魁東南行按占曰以乱伐乱北斗主執殺出斗魁居中執殺者
不直之象也是後趙王殺張裴廢賈后以理太子之冤因自簒盜以至
屠滅以乱伐乱之應一曰氐帥齊万年反之應也
太安二年十一月辛巳有星晝隕中天北下光變白有声如雷按占名曰營
首營首所在下有大兵流血明年劉元海石勒攻略并州多所殘滅王
浚起燕代引鮮卑攻略鄴中百姓塗地有声如雷怒之象也
永興元年七月乙丑星隕有聲　二年十月星又隕有声占同上是後
遂亡中夏
光熙元年五月枉矢西南流是時司馬越西破河間兵奉迎大駕尋收

繆胤何綏等肆無君之心天下惡之及死而石勒焚其屍柩是其應也
懷帝永嘉元年九月辛卯有大星如日自西南流于東北小者如斗相
隨天盡赤聲如雷占曰流星為貴使星大者使大是年五月汲桑殺東
燕王騰遂據河北十一月始遣和郁為征北將軍鎮鄴西田甄等大破
汲桑斬于樂陵於是以甄為汲郡太守弟蘭鉅鹿太守小星相隨者小
將別帥之象也司馬越忿魏郡以東平原以南皆黨於桑以賞甄等於
是侵掠桑地有聲如雷怒之象也　四年十月庚子大星西北墜有
聲尋而帝蒙塵于平陽
元帝太興三年四月壬辰枉矢出虛危沒翼軫占曰枉矢所觸天下之
所伐翼軫荊州之分野
太寧二年王敦殺譙王承及甘卓而敦又梟夷枉矢觸翼軫之應也
永昌元年七月甲午有流星大如瓮長百餘丈青赤色從西方來尾分
為百餘段或散時王敦之亂百姓流亡之應也
成帝咸康三年六月辛未流星大如二升魁色青赤光耀地出奎中沒
婁北按占為饑五穀不藏是月大旱饑　六年五月庚午朔有流星大
如斗光耀地出天市西行入太微占曰大人當之八年六月成帝崩
穆帝永和八年六月辛巳日未入有流星大如三斗魁從辰巳上東南
行以度推之在箕斗之間蓋燕分也按占為營首營首之下流血滂沲
是時慕容儁僭稱大燕攻伐無已　十年四月癸未流星大如斗色赤黃出
織女沒造父有聲如雷占曰燕齊有兵百姓流亡其年十二月慕容儁
遂據臨漳盡有幽并青冀之地緣河諸將奔散河津隔絕慕容恪攻齊
升平二年十二月枉矢自東南流于西北其長半天　四年十月庚戌
天狗見西南占曰有大兵流血
海西太和四年十月壬申有大流星西下有聲如雷明年遣使免袁真
為庶人桓溫征壽春真病死息瑾代立求救於苻堅溫破苻堅軍六月
壽春城陷
孝武太元六年十月乙卯有奔星東南經翼軫聲如雷占曰楚地有兵
軍破百姓流亡十二月苻堅荊州刺史梁成襄陽太守閻震率眾伐竟

陵桓石虔擊大破之生擒震斬首七千俘生口萬人聲如雷將帥怒之
象也　十三年閏月戊辰天狗東北下有聲占曰有大戰流血自是後
慕容垂翟遼姚萇苻登慕容永並阻兵爭疆十四年正月彭城妖賊又
稱偽號於皇丘劉牢之破滅之三月張道破合鄉太山向欽之擊走之
安帝隆安五年三月甲寅流星赤色眾多西行經牽牛虛危天津閣道
貫太微紫宮占曰星庶人類眾多西行眾將西流之象經天子庭主弱
臣強諸侯兵不制其年五月孫恩侵吳郡殺內史六月至京口於是內
外戒嚴營陣屯守劉裕追破之元興元年七月大饑人相食浙江以東
流亡十六七吳郡吳興戶口減半又流奔而西者萬計十月桓玄遣將
擊劉軌破走之軌奔青州
雲氣
惠帝永興元年十二月壬寅夜有赤氣亘天砰隱有聲　二年十月丁
丑赤氣見北方東西竟天占曰並為大兵砰隱有聲怒之象也是後四
海雲擾九服交兵
光熙元年十二月甲申有白氣若虹中天北下至地夜見五日乃滅占
曰大兵起明年王弥起青徐汲桑亂河北毒流天下
懷帝永嘉三年十一月乙亥有白氣如帶出南北方各二起地至天貫
參伐中占曰天下大兵起四年十二月司馬越收繆胤等又三方雲擾攻
戰不休　五年三月司馬越死於寧平城石勒攻破其眾死者十餘萬人
六月京都焚滅帝如虜庭
愍帝建興元年十月己巳夜有赤氣曜於西北荊州刺史陶侃討杜弢
之黨於石城戰敗

志第三　天文下　晉書十三

志第四　　晉書十四　　御撰

地理上（總敘　司州　兗州　豫州　冀州　幽州　平州　幷州　雍州　涼州　秦州　梁州　益州　寧州）

昔者元胎無象，太素流形，對越在天，以為元首，則記所謂冬居營窟，夏居橧巢，飲血茹毛，未有麻絲者也。及燧人鑽火，庖犧出震，風宗下武，炎胤昌基，畫野無聞，其歸一揆。黃帝則東海南江，登空躡岱，至於崑峯振轡，風山訪道，存諸汗竹，不可厚誣。高陽任地依神，帝嚳順天行義，東踰蟠木，西濟流沙，北至幽陵，南撫交阯，日月所經，舟車所至，莫匪王臣，不踰茲域。帝堯時，禹平水土，以為九州。虞舜登庸，厥功彌劭，表提類而分區宇，判山河而考疆域，冀北創幷部之名，燕齊起幽營之號，則書所謂肇十有二州，封十有二山者也。夏功在于唐堯，郡因無所損益。周武克商，自豐徂鎬，至成王時，改作禹貢，徐梁入於青雍，冀野析於幽幷，職方掌天下之土，以周厥利，保章辯九州之野，皆有分星。東南曰揚州，正南曰荊州，河南曰豫州，正東曰青州，河東曰兗州，正西曰雍州，東北曰幽州，河內曰冀州，正北曰幷州。始皇初幷天下，懲忿戰國，削罷列侯，分天下為三十六郡（三川　河東　南陽　南郡　九江　鄣郡　會稽　潁川　碭郡　泗水　薛郡　東郡　琅邪　齊郡　上谷　漁陽　右北平　遼西　遼東　代郡　鉅鹿　邯鄲　上黨　太原　雲中　九原　鴈門　上郡　隴西　北地　漢中　巴郡　蜀郡　黔中　長沙凡三十五郡，與內史為三十六郡也）。於是興師踰江，平取百越，又置閩中、南海、桂林、象郡，凡四十郡，郡一守焉。其地則西臨洮而北沙漠，東縈西帶，皆臨大海。漢祖龍興，革秦之弊，分內史為三部，更置郡國二十有三（桂陽　江夏　豫章　河內　魏郡　東海　楚國　平原　梁國　定襄　泰山　汝南　淮陽　千乘　東萊　燕國　清河　信都　常山　中山　勃海　廣漢　涿郡，合二十三也。三內史者，河上、渭南、中地。地理志曰高祖增二十六。武帝改河上、渭南、中地以為京兆、馮翊、扶風，是為三輔也）。文增厥九（廣平　城陽　淄川　濟南　膠西　膠東　河間　廬江　衡山，武帝改衡山曰六安），景加其四（濟北　濟陰　山陽　北海也。宣改濟北曰東平）。武帝開越攘胡，初置十七（南海　蒼梧　鬱林　合浦　交阯　九真　日南　朱崖　儋耳九郡。平西南夷，置牂柯　越巂　沈黎　汶山　犍為　益州六郡。西置武都郡，又分立零陵郡，合十七郡），拓土分疆，又增十四（弘農　臨淮　西河　朔方　酒泉　陳留　安定　天水　玄菟　樂浪　廣陵　敦煌　武威　張掖）。昭帝少事，又增其一（金城也）。至平帝元始二年，凡新置郡國七十有一，與秦四十，合一百一十一。改雍曰涼，改梁曰益，又置徐州，復禹舊號，南置交阯，北有朔方，凡為十三部（涼　益　荊　揚　青　豫　兗　徐　幽　幷　冀十一州，交阯、朔方二刺史，合十三部）。光武投戈之歲，在彫耗之辰，郡國蕭條，幷省者八（城陽　淄川　高密　膠東　六安　真定　泗水　廣陽）。建武十一年，省州牧，復為刺史，員十三人，各掌一州。明帝置一（永昌也），章帝置二（任城　吳郡），和、順改作，其名有九（和置濟北、廣陽，順改淮陽為陳，改楚為彭城，濟東為東平，臨淮為下邳，千乘為樂安，信都為安平，天水為漢陽）。省朔方刺史，合之於司隸，凡十三部（其與西漢不同者，司隸校尉部即治河南，朔方隸於幷部），而郡國百有八焉（省前漢八，分置五，改舊名七，因舊九十六，少前漢三也）。桓、靈頹增，於前復置其六郡（桓高陽　高涼　博陵，靈南安　鄱陽　廬陵）。魏武定霸，三方鼎立，生靈版蕩，關洛荒蕪，所置者十二（新興　樂平　西平　新平　略陽　陰平　帶方　譙　樂陵　章武　南鄉　襄陽），所省者七（上郡　朔方　五原　雲中　定襄　漁陽　廬江），而文帝置七（朝歌　陽平　弋陽　魏興　新城　義陽　安豐），明及少帝增二（明上庸也，少平陽也），得漢郡者五十四焉。蜀先主於漢建安之間初置郡九（巴東　巴西　梓潼　江陽　汶山　漢嘉　朱提　宕渠　涪陵），後主增二（雲南　興古），得漢郡者十有一焉。吳主大皇帝初置郡五（臨賀　武昌　珠崖　新安　廬陵南部），少帝、景帝各四（少臨川　臨海　衡陽　湘東，景天門　建安　建平　合浦北部），歸命侯亦置十有二郡（始安　始興　邵陵　安成　新昌　武平　九德　吳興　東陽　桂林　滎陽　宜都），得漢郡者十有八焉。晉武帝太康元年，既平孫氏，凡增置郡國二十有三（滎陽　上洛　頓丘　臨淮　東莞　襄城　汝陰　長廣　廣寧　昌黎　新野　隨郡　陰平　義陽　毗陵　宣城　南康　晉安　寧浦　始平　略陽　樂平　南平），省司隸，置司州，別立梁、秦、寧、平四州，仍吳之廣州，凡十九州（司　冀　兗　豫　荊　徐　揚　青　幽　平　幷　雍　涼　秦　梁　益　寧　交　廣州），郡國一百七十三（仍吳所置二十五，仍蜀新置十一，仍魏所置二十一，仍漢舊九十三，置二十三），以為冠帶之國，盡有殷周之土。若乃敦庬於天地之始，昭晰於犧農之世，用長黎元，未爭疆場，而玉環楛矢，夷裘風駕，鶩南暈表，則東風入律，光乎上德，奚遠弗臻。然則星象麗天，山河紀地，端披裁其弘敞，由判其都邑，仰觀俯察，萬物收歸。是以洛汭咸陽，宛然秦漢，晉濱河西，同知堯禹，于茲新邑，宅是鎬京，五尺童子皆能口誦者，史官弗之書也。昔庖犧氏生於成紀，而為天子，都於陳。神農氏都陳而別營于曲阜。黃帝生於壽丘，而都於涿鹿。少昊始自窮桑而遷都曲阜。顓頊始自窮桑而徙邑商丘。高辛即號，建都于亳。孫卿子曰：「不登高山，不知天之高；不臨深谿，不知地之厚也。」大哉坤象，萬物資生，載嶽華而不墜，傾河海而寧泄。考卜惟王，乘飛駐軫，睨崤山而鑴勒，覓曾城以為訊。時逢暨浸，道接陵夷，平王東遷，星離豆剖，當塗馭寓，瓜分鼎立。世祖武皇帝接千祀之餘，當八堯之禪，先王桑梓，馨宇來歸，斯固可得而言者矣。惠皇不虞，中州盡棄，永嘉南度，綸行建鄴，九分天下而有二焉。

○昔大禹觀於濁河而受綠字，寰瀛之內可得而言也。天有七星，地有七表，天有四維，地有四瀆，八紘之外，名為八極。地不足東南，天不足西北八極之廣東西二億三萬一千三百里南北二億三萬一千三百里自地至天半八極之數自下亦如之昔黃帝令豎亥步自東極至于西極五億十萬九千八百八步史臣按凡周天積百七萬九百一十三里徑三十五萬六千九百七十里所謂南北為經東西為緯天有十二次日月之所躔地有十二辰王侯之所國也或因生得姓因功命土祚酉燕齊在乎茲域昔黃帝旁行天下方制萬里得百里之国萬區則周易所謂首出庶物萬國咸寧者也昔在帝堯叶和萬邦制八家為鄰三鄰為朋三朋為里五里為邑十邑為都十都為師州十有二師焉夏后氏東漸于海西被于流沙南浮于江而朔南暨聲教窮豎亥所步莫不率俾會群臣於塗山執玉帛者萬國於是九州之內作為五服天子之國內五百里甸服百里賦納總二百里納銍三百里納秸服四百里粟五百里米甸服外五百里侯服百里采二百里任三百里侯侯服外五百里綏服三百里揆文教二百里奮武衛綏服外五百里要服三百里夷二百里蔡要服外五百里荒服三百里蠻二百里流訖于四海弼成五服五服至于五千里夏德中微遇有窮之亂少康中興不失舊物自孔甲之後以至於桀諸侯相兼其能存者三千餘國方於塗山十損其七矣成湯敗桀於焦遷鼎于亳伊摯仲虺之徒大明憲典王者之制爵祿公侯伯子男凡五等天子之田方千里公侯田方百里伯七十里子男五十里不能五十里者不合於天子附於諸侯曰附庸凡四海之內九州州方千里州建百里之國三十七十里之國六十五十里之國百有二十凡二百一十國名山大澤不以封其餘以為附庸閒田八州州二百一十國天子之縣內百里之國九七十里之國二十有一五十里之國六十有三凡九十三國名山大澤不以班其餘以祿士以為閒田凡九州千七百七十三國天子之元士諸侯之附庸不與天子百里之內以供官千里之內以為御千里之外設方伯五國以為屬屬有長十國以為連連有帥三十國以為卒卒有政二百一十國以為州州有伯八州八伯五十六正百六十八帥三百三十六長八伯各以其屬屬於天子之老二人分天下為左右曰二伯千里之內曰甸千里之外曰采曰流天子使其大夫為三監監於

方伯之國國三人天子之縣內諸侯祿也外諸侯嗣也武王歸豐監於二代設爵惟五分土惟三封同姓五十餘國周公康叔建於魯衛各數百里太公封於齊表東海者也凡一千八百國布列於五千里內而太昊黃帝之後唐虞侯伯猶存大司徒以諸公之地封疆方五百里其食者半諸侯之地方四百里其食者三之一諸伯之地方三百里其食者三之一諸子之地方二百里其食者四之一諸男之地方百里其食者四之一不易之地家百畝一易之地家二百畝再易之地家三百畝五家為比使之相保五比為閭使之相受四閭為族使之相葬五族為黨使之相救五黨為州使之相賙五州為鄉使之相賓小司徒以五人為伍五伍為兩四兩為卒五卒為旅五旅為師五師為軍以起軍旅以作田役以比追胥以令貢賦乃經土地而井收其田野九夫為井四井為邑四邑為丘四丘為甸四甸為縣四縣為都遺人則十里有廬廬有飲食三十里有宿宿有路室路室有委五十里有市市有候候有館館有積遂人則五家為鄰五鄰為里四里為酇五酇為鄙五鄙為縣五縣為遂大司馬以九畿之籍施邦國之政方千里曰國畿其外方五百里曰侯畿又其外方五百里曰甸畿又其外方五百里曰男畿又其外方五百里曰采畿又其外方五百里曰衛畿又其外方五百里曰蠻畿又其外方五百里曰夷畿又其外方五百里曰鎮畿又其外方五百里曰藩畿畿田限也自王城以外面五千里為界有分限者九也于時治致太平政稱刑措民口千三百七十一萬四千九百二十三蓋周之盛者也其衰也則禮樂征伐出自諸侯彊吞弱而衆暴寡春秋之初尚有千二百國迄獲麟之末二百四十二年弒君三十六亡國五十二諸侯奔走不得保其社稷者不可勝數而見於春秋經傳者百有七十國焉百三十九知其所居魯邾鄭宋紀衛西虢莒齊陳杞蔡邢鄘晉薛許鄧秦曹楚隨黃梁虞鄖小邾徐燕鄅蘖舒庸郯萊吳越有窮三苗瓜州有虞東虢共宿申夷向南燕滕凡戴息鄀芮魏淳于穀巴州蓼羅賴牟葛譚蕭遂滑權鄀霍耿江冀弦道柏微鄫厲項密任須句鄟申頓管雍畢豐邢應蔣茅胙蔓介焦沈六巢根牟鄅黎鄅鄤寒有鬲斟灌斟尋過有過戈偪陽鄅鑄豕韋唐杜楊鄶鄫觀扈邳胡黎大庭駘戎邶鍾吾蒲姑昆吾夸密須甲父鄅桐亳韓趙三十一國盡亡其處祭極鄐賈貳軫絞於餘丘陽其英氏毛聃莘偪封父仍有仍崇鄟庸姺奄商奄褒姒蓐有緡闞鞏飂駘夷窮桑蠻夷戎狄不在其間五伯迭興總其盟會陵夷至于戰國

遂有七王（韓魏趙燕齊秦楚）又有宋衛中山不斷如綫如三晉篡奪亦稱孤也

司馬法廣陳三代曰古者六尺為步步百為畝畝百為夫夫三為屋屋三為井井方一里是為九夫八家共之一夫一婦受私田百畝公田十畝是為八百八十畝餘二十畝為廬舍出入相友守望相助疾病相救民受田上田夫百畝中田夫二百畝下田夫三百畝歲受耕之爰自其處其家衆男為餘夫亦以口受田如此士工商家受田五口乃當農夫一口有賦有稅稅謂公田什一及工商衡虞之人也賦供車馬甲兵士從之役民年二十受田六十歸田種穀必雜五種以備災害田中不得有樹以妨五穀環廬種桑柘菜茹有畦瓜瓠果蓏植於疆場雞豚狗彘無失其時閭有序鄉有庠序以明教庠以行禮司馬之法官設六軍之衆因井田而制軍令地方一里為井井十為通通十為成成方十里成十為終終十為同同方百里同十為封封十為畿畿方千里故井四為邑邑四為丘丘十六井有戎馬一匹牛三頭四丘為甸甸六十四井也有戎馬四匹兵車一乘牛十二頭甲士三人卒七十二人是謂乘車之制

一同百里提封萬井除山川坑岸城池邑居園囿街路三千六百井定出賦六千四百井戎馬四百匹兵車百乘此卿大夫采地之大者也是謂百乘之家一封三百六十六里提封十萬井定出賦六萬四千井戎馬四千匹兵車千乘此謂諸侯之大者也謂之千乘之國天子畿內方千里提封百萬井定出賦六十四萬井戎馬四萬匹兵車萬乘戎卒七十二萬人故天子稱萬乘之主焉

秦始皇既得志於天下訪周之敗以為處士橫議諸侯爭戈四夷交侵以弱見奪於是削去五等焉

漢興創艾亡秦孤立而敗於是割裂封疆立爵二等功臣侯者百有餘邑于時民罹秦項戶口彫弊大侯不過萬家小者五六百戶而尊王子弟大啓九國古者有分土而無分民若乃跨州連郡小則十有餘城以戶口為差降略封疆之遠近所謂分民自漢始也起鴈門以東盡遼陽為燕代常山以南太行左轉渡河濟漸于海為齊趙穀泗以往奄有龜蒙為梁楚東帶江湖薄會稽為荊吳北界淮瀨略廬衡為淮南波漢之陽亘九嶷為長沙諸侯比境周匝三垂外接胡越天子自有三河東郡潁川南陽自江陵以西至巴蜀北至雲中西至隴西與京師內史凡十五郡文帝采賈生之議分齊趙景帝用鼂錯之計削吳楚武帝施主父之冊下推恩之令使諸侯王得分戶邑以封子弟不行黜陟而藩國自析自此以來齊分為七趙分為六梁分為五淮南分為三皇子始立者大國不過十餘城長沙燕代雖有舊名皆亡南北邊矣自文景與民休息至平帝元始二年民戶千二百二十三萬三千六十二口五千九百五十九萬四千九百七十八其地東西九千三百二里南北萬三千三百六十八里大率十里一亭亭有長十亭一鄉鄉有三老有秩嗇夫游徼各一人縣大率方百里民稠則減稀則曠鄉亭亦如之皆秦制也光武中興不踰前制東海王彊以去就有禮故優以大封兼食魯郡二十九縣其餘稱為寵錫者兼一郡而已至桓帝永壽三年戶千六十七萬七千九百六十口五千六百四十八萬六千八百五十六斯亦戶口之滋殖者也

獻帝建安元年拜曹操為鎮東將軍封費亭侯

魏文帝黃初三年初制封王之庶子為鄉公嗣王之庶子為侯公侯之庶子為亭伯

劉備章武元年亦以郡國封建諸王或遙採嘉名不由檢土地所出其戶二十萬男女口九十萬

孫權赤烏五年亦取中州嘉號封建諸王其戶五十二萬三千男女口二百四十萬

晉文帝為晉王命裴秀等建立五等之制惟安平郡公孚邑萬戶制度如魏諸王其餘縣公邑千八百戶地方七十五里大國侯邑千六百戶地方七十里次國侯邑千四百戶地方六十五里大國伯邑千二百戶地方六十里次國伯邑千戶地方五十五里大國子邑八百戶地方五十里次國子邑六百戶地方四十五里男邑四百戶地方四十里

武帝泰始元年封諸王以郡為國邑二萬戶為大國置上中下三軍兵五千人邑萬戶為次國置上軍下軍兵三千人五千戶為小國置一軍兵千五百人王不之國官於京師罷五等之制公侯邑萬戶以上為大

國五千戶以上為次國不滿五千戶為小國太康元年平吳大凡戶二
百四十五萬九千八百四十口一千六百一十六萬三千八百六十三
而江右諸國並三分食一元帝渡江太興元年始制九分食一
司州案禹貢豫州之地及漢武帝初置司隸校尉所部三輔三河諸郡
其界西得雍州之京兆馮翊扶風三郡北得冀州之河東河內二郡東
得豫州之弘農河南二郡郡凡七位望隆于牧伯銀印青綬及光武都
洛陽司隸所部與前漢不異魏氏受禪即都漢宮司隸所部河南河東
河內弘農并冀州之平陽合五郡置司州晉仍居魏都乃以三輔
還屬雍州分河南立滎陽分雍州之京兆立上洛廢東郡立頓丘遂定
名司州以司隸校尉統之州統郡一十二縣一百戶四十七萬五千七百
河南郡漢置統縣十二戶一十一萬四千四百置尹 洛陽置尉五部三市東西七里南北九有開陽平昌宣陽建陽四門西有
廣陽西明閶闔三門北有大夏廣莫二門司隸校尉河南尹及百官列城內也 河南周東都王城郟鄏也 鞏周考王封周桓公孫惠公
於鞏號東周故戰國時有東西周號芒山首陽其界也 河陰 新安函谷關所居 成皋有關鄭之武牢 緱氏有劉
聚周大夫劉子邑有延壽城仙人祠 陽城有鄂阪關此邑是為地中夏至景尺五寸有陽城山箕山許由墓在焉 新城有延壽關

故戎蠻子之國 陸渾故蠻子國楚莊王伐陸渾是也 梁戰國時謂為南梁別少梁也 陽翟
滎陽郡泰始二年置統縣八戶三萬四千 滎陽地名敖秦置敖倉者 京鄭太叔段所居 密故周畿內 卷有博
浪長沙張良擊秦始皇處 陽武 苑陵 中牟六國時趙獻侯都 開封宋滎地在東北或曰蓬澤
弘農郡漢置統縣六戶一萬四千 弘農本函谷關漢武帝徙於新安縣 湖故曰胡漢武更名湖 陝故虢國周分陝東西
二相主之 宜陽 黽池 華陰華山在縣南
上洛郡泰始二年分京兆南部置統縣三戶萬七千 上洛嶢關在縣西北 商秦相衛商鞅邑 盧氏熊耳山在東伊水所出
平陽郡故屬河東魏分立統縣十二戶四萬二千 平陽舊堯都侯國 楊故楊侯國 端氏韓魏趙既為諸侯以端氏封晉君也
永安故霍伯國霍山在東 蒲子 狐讘 襄陵公國相 絳邑晉武公自曲沃徙此 濩澤析城山在西南 臨汾
公國相 北屈壺口山在東南有南屈故稱北 皮氏故耿國
河東郡秦置統縣九戶四萬二千五百 安邑舊舜都 聞喜故曲沃晉武公自晉陽徙此 垣王屋山在東北沇水
所出 汾陽公國相 大陽吳山在西周武王封西周大伯後於此 猗氏古猗頓城 解有鹽池 蒲坂有歷山舜所耕
也有雷首山夷齊居其陽所謂首陽山 河北
汲郡泰始二年置統縣六戶三萬七千 汲有銅關 朝歌紂所都 共故國北山淇水所出 林慮 獲嘉故汲
新中鄉漢武帝行過時獲呂嘉首因改名 脩武晉所啓南陽秦改名脩武

河內郡漢置統縣九戶五萬二千 野王太行山在西北 州故晉邑 懷 平皋邢侯自襄國徙此 河陽
沁水 軹故周原邑 山陽 溫故國地蘇忿生封
廣平郡魏置統縣十五戶三萬五千二百 廣平 邯鄲秦置郡 易陽 武安 涉
襄國故邢侯國都 南和 任 曲梁 列人 肥鄉 臨水 廣年侯相 斥漳 平恩
陽平郡魏置統縣十七戶五萬一千 元城漢元后生邑 館陶 清泉 發干 東武陽 陽平
樂平
魏郡漢置統縣八戶四萬七百 鄴魏武受封居此 長樂 魏 斥丘 安陽
蕩陰 內黃黃澤在西 黎陽故黎侯國
頓丘郡泰始二年置統縣四戶六千三百 頓丘 繁陽 陰安 衛
永嘉之後司州淪沒劉聰聰以洛陽為荊州及石勒復以為司州石季
龍又分司州之河南河東弘農滎陽兗州之陳留東燕為洛州元帝渡
江亦僑置司州於徐非本所也後以弘農人流寓尋陽者僑立為弘農
郡又以河東人南寓者於漢武陵郡孱陵縣界上明地僑立河東郡統
安邑聞喜永安臨汾弘農譙松滋大戚八縣並寄居焉永和五年桓溫
入洛復置河南郡屬司州

兗州案禹貢濟河之地舜置十二牧則其一也周禮河東曰兗州春秋
元命包云五星流為兗州兗端也信也又云蓋取兗水以名焉漢武帝
置十三州以舊名為兗州自此不改州統郡國八縣五十六戶八萬三
千三百
陳留國漢置統縣十戶三萬魏武帝封 小黃 浚儀有洪溝漢高祖項羽欲分處 封丘 酸棗烏巢地在
東 濟陽 長垣故匡城孔子所厄也 雍丘故杞國 尉氏 襄邑 外黃
濮陽國故屬東郡晉初分東郡置統縣四戶二萬一千 濮陽古昆吾國師延為紂作靡靡之樂既而役此水公國相
廩丘公國相有羊角城 白馬有鄭子堤 鄄城公國相
濟陽郡漢置統縣九戶七千六百 定陶漢高帝封彭城為梁王都此 乘氏故侯國 句陽 離狐
宛句 已氏 成武有楚丘亭 單父故侯國 城陽舜所漁堯冢在西
高平國故屬梁國晉初分山陽置統縣七戶三千八百 昌邑侯相有甲父亭 鉅鹿獲麟所 方與 金鄉
陸湖 高平侯國 南平陽侯國有漆亭
任城國漢置統縣三戶一千七百 任城古任國 亢父 樊
東平國漢置統縣七戶六千四百 須昌 壽張有蚩尤祠 范 無鹽 富城 東平陸 剛平

濟北國漢置統縣五戶二千五百 盧扁鵲所生縣西有石門 臨邑 東阿 穀城有烏縣 蛇丘有下讙亭

泰山郡漢置統縣十一戶九千三百 奉高西南有明堂 博有龜山 嬴 南武城 梁父侯國有菟裘鄉 山茌茌山在東北 新泰故曰平陽 南武陽有顓臾城 萊蕪有原山 東牟故牟國 鉅平有陽關

惠帝之末，兗州闔境淪沒石勒。後石季龍改陳留郡為建昌郡，屬洛州。是時遺黎南渡，元帝僑置兗州，寄居京口。明帝以郗鑒為刺史，寄居廣陵。置濮陽、濟陰、高平、太山等郡。後改為南兗州，或還江南，或居盱眙，或居山陽。後始割地為境，常居廣陵，南與京口對岸。咸康四年，於北譙界立陳留郡。安帝分廣陵郡之建陵、臨江、如皐、寧海、蒲濤五縣置山陽郡，屬南兗州。

豫州。案禹貢為荊河之地。周禮：「河南曰豫州。」豫者舒也，言稟中和之氣，性理安舒也。春秋元命包云：「鉤鈐星別為豫州。」地界西自華山，東至于淮，北自濟，南界荊山。秦兼天下，以為三川、河東、南陽、潁川、碭、泗水、薛七郡。漢改三川為河南郡。武帝置十三州，豫州舊名不改，以河南、河東二郡屬司隸，又以南陽屬荊州。先是，改泗水曰沛郡，改碭郡曰梁，改薛曰魯，分梁沛立汝南郡，分潁川立淮陽郡。後漢章帝改淮陽曰陳郡。魏武分沛立譙郡。魏文分汝南立弋陽郡。及武帝受命，又分潁川立襄城郡，分汝南立汝陰郡，合陳郡於梁國。州統郡國十，縣八十五，戶十一萬六千七百九十六。

潁川郡秦置統縣九戶二萬八千三百 許昌漢獻帝都許魏禪徙都洛陽許宮室武庫存焉改為許昌 長社 潁陰 臨潁相 郾公國 邵陵相公國 鄢陵相 新汲 長平

汝南郡漢置統縣十五戶二萬一千五百 新息 南安陽 安成侯相 慎陽 北宜春 朗陵 陽安故江國有江亭 上蔡 平輿故沈子國有沈亭 定潁 灈陽 南頓 汝陽 吳房故房子國 西平故柏國有龍泉水可用淬刀劍

襄城郡泰始二年置統縣七戶一萬八千 襄城侯相有西不羹城 繁昌魏文受禪於此 郟 定陵侯相 父城侯相 昆陽 舞陽宣帝始封此邑

汝陰郡魏置郡後廢泰始二年復置統縣八戶八千五百 汝陰故胡子國 慎故楚邑 原鹿 固始 鮦陽 新蔡 宋侯相 褒信

梁國漢置統縣十二戶一萬三千 睢陽春秋時宋都 蒙 虞 下邑有碭山山有文石 寧陵故葛伯國 穀熟 陳 項 長平 陽夏 武平 苦東有賴鄉祠老子所生地

沛國漢置統縣九戶五千九十七 相 沛漢高祖所起處 豐 竹邑 符離 杼秋 洨 虹 蕭

譙郡魏置統縣七戶一千 譙 城父 酇 山桑 龍亢 蘄 銍

魯郡漢置統縣七戶三千五百 魯曲阜之地魯侯伯禽所居 汶陽 卞 鄒有繹山 蕃故小邾之國 薛仲奚所封 公丘

弋陽郡魏置統縣七戶一萬六千七百 西陽故弦子國 軑 蘄春 邔 西陵 期思 弋陽

安豐郡魏置統縣五戶一千二百 安風 雩婁 安豐侯相 蓼 松滋侯相

惠帝分汝陰立新蔡，分梁國立陳郡，分汝南立南頓。永嘉之亂，豫州淪沒石氏。元帝渡江，以春穀縣僑立襄城郡及繁昌縣。成帝乃僑立豫州於江淮之間，居蕪湖。時淮南入北，乃分丹楊僑立淮南郡，居于湖。又以舊當塗縣流人渡江，僑立為縣，并淮南、廬江、安豐，並屬豫州。寧康元年，移鎮姑孰。孝武改蘄春縣為蘄陽縣，因新蔡縣人於漢九江王黥布舊城置南新蔡郡，屬南豫州。又於漢廬江郡之南部置晉熙郡。

冀州。案禹貢、周禮並為河內之地，舜置十二牧，則其一也。春秋元命包云：「昴畢散為冀州，分為趙國。」其地有險有易，帝王所都，亂則冀安，弱則冀彊，荒則冀豐。舜以冀州南北闊大，分衞以西為并州，燕以北為幽州。周人因焉。及漢武置十三州，以其地依舊名為冀州。歷後漢至晉不改。州統郡國十三，縣八十三，戶三十二萬六千。

趙國漢置統縣九戶四萬二千 房子 元氏 平棘 高邑公國相 中丘 柏人 平鄉 下曲陽故鼓子國 鄡

○鉅鹿國秦置統縣二戶一萬四千 廮陶 鉅鹿

安平國漢置統縣八戶二萬一千 信都 下博 武邑 武遂 觀津侯相 扶柳 廣宗侯相 經

平原國漢置統縣九戶三萬一千 平原 高唐 茌平 博平 聊城 安德 西平昌 般 鬲

樂陵國漢置統縣五戶三萬三千 厭次 陽信 漯沃 新樂 樂陵有都尉居

勃海郡漢置統縣十戶四萬 南皮 東光 浮陽 饒安 高城 重合 東安陵 蓨 廣川侯相 阜城

章武國泰始元年置統縣四戶一萬三千 東平舒 文安 章武 東州

河間國漢置統縣六戶二萬七千 樂城侯相 武垣 鄚侯相 易城 中水 成平

高陽國泰始元年置統縣四戶七千 博陸 高陽 北新城侯相 蠡吾

博陵國漢置統縣四戶一萬 安平 饒陽 南深澤 安國

清河國漢置統縣六戶二萬二千 清河 東武城 繹幕侯相 貝丘 靈 鄃

中山國漢置統縣八戶三萬二千盧奴 魏昌 新市 安喜 蒲陰 望都 唐
北平 ○常山郡漢置統縣八戶二萬四千真定 石邑 井陘 上曲陽恒山在縣西北有坂
號飛狐口蒲吾 南行唐 靈壽 九門侯相
惠帝之後冀州淪沒於石勒勒以太興二年僭號於襄國稱趙後為慕
容儁所滅慕容氏又為苻堅所滅孝武太元八年堅敗其地入慕容垂
垂僭號於中山是為後燕後燕卒滅於魏
幽州案禹貢冀州之域舜置十二牧則其一也周禮東北曰幽州春秋
元命包云箕星散為幽州分為燕國言北方太陰故以幽冥為號武王
定殷封召公於燕其後與六國俱稱王及秦滅燕以為漁陽上谷右北
平遼西遼東五郡漢高帝分上谷置涿郡武帝置十三州幽州依舊名
不改其後開東邊置玄菟樂浪等郡亦皆屬焉元鳳元年改燕曰廣陽
郡幽州所部凡九郡至晉不改幽州統郡國七縣三十四戶五萬九千二十
范陽國漢置涿郡魏文更名范陽郡武帝置國封宣帝弟子綏為王統縣八戶一萬一千涿 良鄉 方城
長鄉 遒 故安 范陽 容城侯相

燕國漢置孝昭改為廣陽郡統縣十戶二萬九千薊 安次侯相昌平 軍都有關廣陽 潞
安國國相蜀主劉禪封此縣公泉州侯相雍奴 狐奴
北平郡秦置統縣四戶五千徐無 土垠 俊靡 無終
上谷郡秦置郡在谷之上頭故因名焉統縣二戶四千七十沮陽 居庸
廣寧郡故屬上谷太康中置郡都尉居統縣三戶三千九百五十下洛 潘 涿鹿
代郡秦置統縣四戶三千四百代 廣昌 平舒 當城
遼西郡秦置統縣三戶二千八百陽樂 肥如 海陽
惠帝之後幽州沒於石勒及穆帝永和五年慕容儁僭號於薊是為
前燕七年儁移都於鄴儁死子暐為苻堅所滅堅敗地復入慕容垂是
為後燕垂死寶遷于和龍
平州案禹貢冀州之域於周為幽州界漢屬右北平郡後漢末公孫度
自號平州牧及其子康康子文懿並擅據遼東東夷九種皆服事焉
魏置東夷校尉居襄平而分遼東昌黎玄菟帶方樂浪五郡為平州後
還合為幽州及文懿滅後有護東夷校尉居襄平咸寧二年十月分昌

黎遼東玄菟帶方樂浪等郡國五置平州統縣二十六戶一萬六千一百
昌黎郡漢屬遼東屬國都尉魏置郡統縣二戶九百昌黎 賓徒
遼東國秦立為郡漢光武以遼東等屬青州後還幽州統縣八戶五千四百襄平東夷校尉所居汶 居就 樂就
安市 西安平 新昌 力城
樂浪郡漢置統縣六戶三千七百朝鮮周封箕子地屯有 渾彌 遂城秦築長城之所起鏤方
駟望 ○玄菟郡漢置統縣三戶三千二百高句麗 望平 高顯
帶方郡公孫度置統縣七戶四千九百帶方 列口 南新 長岑 提奚 含資 海冥
平州初置以慕容廆為刺史遂屬永嘉之亂廆為衆所推及其孫儁移
都于薊其後慕容垂子寶又遷于和龍自幽州至於盧溥鎮以南地入
於魏慕容熙以幽州刺史鎮令支青州刺史鎮新城并州刺史鎮凡城營
州刺史鎮宿軍冀州刺史鎮肥如高雲以幽冀二州牧鎮肥如并州刺
史鎮白狼後為馮跋所篡跋僭號如和龍是為後燕卒滅於魏
并州案禹貢蓋冀州之域舜置十二牧則其一也周禮正北曰并州其
鎮曰恒山春秋元命包云營室流為并州分為衛國州不以衛水為號

又不以恒山為稱而云并者蓋以其在兩谷之間也漢武帝置十三州
并州依舊名不改統上黨太原雲中上郡鴈門代郡定襄五原西河朔
方十郡又別置朔方刺史後漢建武十一年省朔方入并州靈帝末羌
胡大擾定襄雲中五原朔方上郡等五郡並流徙分散建安十八年省
入冀州二十年始集塞下荒地立新興郡後又分上黨立樂平郡魏黃
初元年復置并州自陘嶺以北並棄之至晉因而不改并州統郡國六
縣四十五戶五萬九千三百
太原國秦置統縣十三戶一萬四千晉陽侯相陽曲 榆次 于離 盂 狼孟 陽邑
大陵 祁 平陶 京陵 中都 鄔
上黨郡秦置統縣十戶一萬三千潞 屯留 壺關 長子 泫氏 高都 銅鞮
涅 襄垣 武鄉
西河國漢置統縣四戶六千三百離石 隰城 中陽 介休
樂平郡泰始中置統縣五戶四千三百沾 上艾 壽陽 轑陽 樂平
鴈門郡秦置統縣八戶一萬二千七百廣武 崞 汪陶 平城 葰人 繁畤 原平

馬邑　○新興郡 魏置統縣五戶九千 九原　定襄　雲中　廣牧　晉昌
惠帝改新興爲晉昌郡及永興元年劉元海僭號於平陽稱漢於是幷
州之地皆爲元海所有元海乃以雍州刺史鎮平陽幽州刺史鎮離石
及劉聰攻陷洛陽置左右司隸各領戶二十餘萬萬戶置一內史凡內
史四十三又單于左右輔各主六夷又置殷衞東梁西河陽北兗五州
以懷安新附劉曜徙都長安其平陽以東地入石勒勒平朔方又置朔
州自惠懷之閒離石縣荒廢勒於其處置永石郡又別置武鄉郡及苻
堅姚興赫連勃勃幷州並徙置河東又姚興以河東爲幷冀二州云
雍州 按禹貢黑水西河之地舜置十二牧則其一也以其四山之地故
以雍名焉亦謂西北之位陽所不及陰陽氣雍閼也周禮西曰雍州蓋
幷禹梁州之地周自武王克殷都於酆鎬雍州爲王畿及平王東遷洛
邑以岐酆之地賜秦襄公則爲秦地累世都之至始皇遂平六國秦滅
漢又都之及武帝置十三州其地以西偏爲涼州其餘並屬司隸不統
於州後漢光武都洛陽關中復置雍州後罷復置司隸校尉統三輔如

舊獻帝時又置雍州自三輔距西域皆屬焉魏文帝即位分河西爲涼
州分隴右爲秦州改京兆尹爲太守馮翊扶風各除左右仍以三輔屬司
隸晉初於長安置雍州統郡國七縣三十九戶九萬九千五百
京兆郡 漢置統縣九戶四萬 長安　杜陵　霸城　藍田　高陸　萬年 故櫟陽縣
新豐　陰般　鄭 周宣王弟鄭桓公邑
馮翊郡 漢置名左馮翊統縣八戶七千七百 臨晉 故大荔秦獲之更名有河水祠臨晉水故名 下邽 秦武公伐邽戎置有
上邽故加下 重泉　頻陽 秦厲公置在頻水之陽 粟邑　蓮芍　郃陽　夏陽 故少梁秦惠文王更
名梁山在西北　○扶風郡 漢武帝以爲主爵都尉太初中更名右扶風統縣六戶二萬三千 池陽 漢惠帝置有嶻嶭山 郿
成國渠首受渭 雍 侯相有五畤太昊黃帝以下祠三百三所 汧 吳山在西古文以爲汧山 陳倉　美陽 岐山在西北周太王所邑
安定郡 漢置統縣七戶五千五百 臨涇　朝那　烏氏　都盧　鶉觚　陰密 周時密國 西川
北地郡 秦置統縣二戶二千六百 泥陽　富平
始平郡 泰始二年置統縣五戶一萬八千 槐里 秦曰廢丘漢高帝更名有黃山宮 始平　武功 太一山在東古文以爲終
南 鄠 古國夏啓所伐 蒯城　○新平郡 漢置統縣二戶二千七百 漆 漆水在西 洵邑
惠帝即位改扶風國爲秦國徙都建興之後雍州沒於劉聰及劉曜徙

都長安改號曰趙以秦涼二州牧鎮上邽朔州牧鎮高平幽州刺史鎮
北地幷州牧鎮蒲坂石勒剋長安復置雍州石氏既敗苻健僭據關中
又都長安是爲前秦於是乃於雍州置司隸校尉以豫州刺史鎮許昌
秦州刺史鎮上邽荆州刺史鎮豐陽洛州刺史鎮宜陽幷州刺史鎮蒲
坂苻堅時分司隸爲雍州分京兆爲咸陽郡洛州刺史鎮陜城滅燕之
後分幽州置平州鎮龍城幽州刺史鎮薊城河州刺史鎮枹罕幷州刺
史鎮晉陽豫州刺史鎮洛陽兗州刺史鎮倉垣雍州刺史鎮蒲坂於是
移洛州居豐陽以許昌置東豫州以荆州刺史鎮襄陽徐州刺史鎮彭
城既而姚萇滅苻氏是爲後秦及萇子興剋洛陽以幷冀二州牧鎮蒲
坂豫州牧鎮洛陽兗州刺史鎮倉垣分司隸領北五郡置雍州刺史鎮
安定及姚泓爲劉裕所滅其地尋入赫連勃勃勃勃僭號於統萬是爲
夏置幽州牧於大城又平劉義真於長安遣子璝鎮焉號曰南臺以朔
州牧鎮三城秦州刺史鎮杏城雍州刺史鎮陰密幷州刺史鎮蒲坂梁
州牧鎮安定北秦州刺史鎮武功豫州牧鎮李閏荆州刺史鎮陜其州

郡之名並不可知也然自元帝渡江所置州亦皆遙領初以魏該爲雍
州刺史鎮酇城尋省僑立始平郡寄居武當城有秦國流人至江南改
堂邑爲秦郡僑立尉氏縣屬焉康帝時庾翼爲荆州刺史遷鎮襄陽其
後秦雍流人多南出樊沔孝武始於襄陽僑立雍州仍立京兆始平扶
風河南廣平義成北河南七郡並屬襄陽襄陽故屬荆州
涼州 按禹貢雍州之西界周衰其地爲狄秦興美陽甘泉宮本匈奴鑄
金人祭天之處匈奴既失甘泉又使休屠渾邪王等居涼州之地二王
後以地降漢漢置張掖酒泉敦煌武威郡其後又置金城郡謂之河西
五郡漢改周之雍州爲涼州蓋以地處西方常寒涼也地勢西北邪出在
南山之間南隔西羌西通西域于時號爲斷匈奴右臂獻帝時涼州數
有亂河西五郡去州隔遠於是乃別以爲雍州末又依古典定九州乃
合關右以爲雍州魏時復分以爲涼州刺史領戊己校尉護西域如漢
故事至晉不改統郡八縣四十六戶三萬七百
金城郡 漢置統縣五戶二千 榆中　允街　金城　白土　浩亹

西平郡漢置統縣四戶四千 西都 臨羌 長寧 安夷
武威郡漢置統縣七戶五千九百 姑臧 宣威 揟次 倉松 顯美 驪靬 番禾
張掖郡漢置統縣三戶三千七百 永平 臨澤漢昭武縣避景帝諱改也 屋蘭漢因屋蘭名焉
西郡漢置統縣五戶一千九百 日勒 刪丹 仙提 萬歲 蘭池一云蘭池
酒泉郡漢置統縣九戶四千四百 福祿 會水 安彌 騂馬 樂涫 表氏 延壽
玉門 沙頭 ○敦煌郡漢置統縣十二戶六千三百 昌蒲 敦煌 龍勒 陽關
效穀 廣至 宜禾 冥安 深泉 伊吾 新鄉 乾齊
西海郡故屬張掖漢獻帝興平二年武威太守張雅請置統縣一戶二千五百 居延澤在東南尚書所謂流沙也
元康五年惠帝分敦煌郡之宜禾伊吾冥安深泉廣至等五縣分酒泉
之沙頭縣又別立會稽新鄉凡八縣爲晉昌郡永寧中張軌爲涼州刺
史鎮武威上表請合秦雍流移人於姑臧西北置武興郡統武興大城
烏支襄武晏然新鄣平狄司監等縣又分西平界置晉興郡統晉興枹
罕永固臨鄣廣昌大夏遂興罕唐左南等縣是時中原淪没元帝徙居
江左軌乃控據河西稱晉正朔是爲前涼及張寔分金城之令居枝楊
二縣又立永登縣合三縣立廣武郡張茂分武興金城西平安故爲定
州張駿分武威武興西平張掖酒泉建康西郡湟河晉興須武合十一
郡爲涼州興晉金城武始南安永晉大夏武成漢中爲河州敦煌晉昌
西域都護張茂以校尉玉門大護軍三郡三營爲沙州張駿假涼州都
督攝三州張祚又以敦煌郡爲商州永興中置漢陽縣以守牧地張玄
靚改爲祁連郡張天錫又別置臨松郡天錫降於苻氏其地尋爲呂光
所據呂光都於姑臧後以郭麐言讖改昌松爲東張掖郡及呂隆降於
姚興其地三分武昭王爲西涼建號於敦煌禿髮烏孤爲南涼建號於
樂都沮渠蒙遜爲北涼建號於張掖而分據河西五郡
秦州按禹貢本雍州之域魏始分隴右置焉刺史領護羌校尉中間暫
廢及泰始五年又以雍州隴右五郡及涼州之金城梁州之陰平合七
郡置秦州鎮冀城太康三年罷秦州并雍州七年復立鎮上邽統郡六
縣二十四戶三萬二千一百
隴西郡秦置統縣四戶四千

襄武 首陽鳥鼠山在東 臨洮 狄道
南安郡漢置統縣三戶四千三百 獂道 新興 中陶
天水郡漢武置孝明改爲漢陽晉復爲天水統縣六戶八千五百 上邽 冀秦州故居 始昌 新陽 顯新
略陽郡本名廣魏泰始中更名焉統縣四戶九千三百二十 臨渭 平襄 略陽 清水
成紀
武都郡漢置統縣五戶三千 下辯 河池 沮 武都 故道
陰平郡泰始中置統縣二戶三千 陰平 平廣
惠帝分隴西之狄道臨洮河關又立洮陽遂平武街始興第五真仇六
縣合九縣置狄道郡屬秦州張駿分屬涼州又以狄道縣立武始郡江
左分梁爲秦寄居梁州又立氐池爲北秦州
梁州按禹貢華陽黑水之地舜置十二牧則其一也梁者言西方金剛
之氣強梁故因名焉周禮職方氏以梁并雍漢不立州名以其地爲益
州及獻帝初平六年以臨江縣屬永寧郡建安六年劉璋改永寧爲巴
東郡分巴郡墊江置巴西郡劉備據蜀又分廣漢之葭萌涪城梓潼白
水四縣改葭萌曰漢壽又立漢德縣以爲梓潼郡割巴郡之宕渠宣漢
漢昌三縣置宕渠郡尋省以縣並屬巴西郡泰始三年分益州立梁州
於漢中改漢壽爲晉壽又分廣漢置新都郡梁州統郡八縣二十八
戶七萬六千三百
漢中郡秦置統縣八戶一萬五千 南鄭 蒲池 褒中 沔陽 成固 西鄉 黃金 興道
梓潼郡蜀置統縣八戶一萬二百 梓潼 涪城 武連 黃安 漢德 晉壽 劍閣 白水
廣漢郡漢置統縣三戶五千一百 廣漢 德陽 五城
新都郡泰始二年置統縣四戶二萬四千五百 雒 什方 緜竹 新都
涪陵郡蜀置統縣五戶四千二百 漢復 涪陵 漢平 漢葭 萬寧
巴郡秦置統縣四戶三千三百 江州 墊江 臨江 枳
巴西郡蜀置統縣九戶一萬二千 閬中 西充國 蒼溪 岐愜 南充國 漢昌
宕渠 安漢 平州
巴東郡漢置統縣三戶六千五百 魚復 朐忍 南浦
太康六年九月罷新都郡并廣漢郡惠帝復分巴西置宕渠郡統宕渠

漢昌宕渠漢三縣并以新城魏興上庸合四郡以屬梁州尋而梁州郡縣沒于李特永嘉中又分屬楊茂搜其晉人流寓於梁益者仍於二州立南北二陰平郡及桓溫平蜀之後以巴漢流人立晉昌郡領長樂安晉延壽安樂宣漢寧都新興吉陽東關永安十縣又置益昌晉興二縣屬蜀巴西郡於德陽界東南置遂寧郡又於晉壽置劍閣縣屬梁州後孝武分梓潼北界立晉壽郡統晉壽白水邵歡興安四縣梓潼郡徙居梓潼罷劍閣縣又別置南漢中郡分巴西梓潼爲金山郡及安帝時又立新巴汶陽二郡又有北新巴華陽南陰平北陰平四郡其後又立巴渠懷安宋熙白水上洛北上洛南宕渠懷漢新興安康等十郡

益州按禹貢及舜十二牧俱爲梁州之域周合梁於雍則又爲雍州之地春秋元命包云參伐流爲益州益之爲言阨也言其所在之地險阨也亦曰疆壤益大故以名焉始秦惠王滅蜀置郡以張若爲蜀守及始皇置三十六郡蜀郡之名不改漢初有漢中巴蜀高祖六年分蜀置廣漢凡爲四郡武帝開西南夷更置犍爲牂牁越巂益州四郡凡八郡遂置益州統焉益州蓋始此也及後漢明帝以新附置永昌郡安帝又以諸道置蜀廣漢犍爲三郡屬國都尉及靈帝又以汶江蠶陵廣柔三縣立汶山郡獻帝初平元年劉璋分巴郡立永寧郡建安六年改永寧爲巴東以巴郡爲巴西又立涪陵郡二十一年劉備分巴郡立固陵郡蜀章武元年又改固陵爲巴東郡巴西郡爲巴郡又分廣漢立梓潼郡分犍爲立江陽郡以蜀郡屬國爲漢嘉郡以犍爲屬國爲朱提郡劉禪建興二年改益州郡爲建寧郡廣漢屬國爲陰平郡分建寧永昌立雲南郡分建寧牂牁立興古郡分廣漢立東廣漢郡魏景元中蜀平省東廣漢郡及武帝泰始二年分益州置梁州以漢中屬焉七年又分益州置寧州益州統郡八縣四十四戶十四萬九千三百

蜀郡秦置統縣六戶五万 成都 廣都 繁 江原 臨邛 郫

犍爲郡漢置統縣五戶一万 武陽 南安 僰道 資中 牛鞞

汶山郡漢置統縣八戶一万六千 汶山 升遷 都安 廣陽 興樂 平康 蠶陵 廣柔

漢嘉郡蜀置統縣四戶一万三千 漢嘉 徙陽 嚴道 旄牛

江陽郡蜀置統縣三戶三千一百 江陽 符 漢安

朱提郡蜀置統縣五戶二千六百 朱提 南廣 漢陽 南秦 堂狼

越巂郡漢置統縣五戶五万三千四百 會無 邛都 卑水 定莋 臺登

牂牁郡漢置統縣八戶一千二百 萬壽 且蘭 揜談 夜郎 毋斂 并渠 鄨邑 平夷

惠帝之後李特僭號於蜀稱漢益州郡縣皆沒于特李雄又分漢嘉蜀二郡立沈黎漢原二郡是時益州郡縣雖沒李氏江左並遙置之桓溫滅蜀其地復爲晉有省漢原沈黎而立南陰平晉原寧蜀始寧四郡焉咸安二年益州復沒於苻氏太和八年復爲晉有隆安二年又立晉熙遂寧晉寧三郡云

寧州於漢魏爲益州之域泰始七年武帝以益州地廣分益州建寧興古雲南交州之永昌合四郡爲寧州統縣四十五戶八萬三千

雲南郡蜀置統縣九戶九千二百 雲平 雲南 梇棟 青蛉 姑復 邪龍 楪榆 遂久 永寧

興古郡蜀置統縣十一戶六千八百 律高 句町 宛溫 漏臥 毋掇 賁古 滕休 鐔封 漢興 進乘 都篖

建寧郡蜀置統縣十七戶二万九千 味 昆澤 存駹 新定 談稾 毋單 同瀨 漏江 牧麻 穀昌 連然 秦臧 雙柏 俞元 脩雲 泠丘 滇池

永昌郡漢置統縣八戶三万八千 不韋 永壽 比蘇 雍鄉 南涪 巂唐 哀牢 博南

太康三年武帝又廢寧州入益州立南夷校尉以護之太安二年惠帝復置寧州又分建寧以西七縣別立爲益州郡永嘉二年改益州郡曰晉寧分牂牁立平夷夜郎二郡然是時其地再爲李特所有其後李壽分寧州興古永昌雲南朱提越巂河陽六郡爲漢州咸康四年分牂牁夜郎朱提越巂四郡置安州八年又罷幷寧州以越巂還屬益州省永昌郡焉

地理下 青州 徐州 荆州 揚州 交州 廣州

青州。案禹貢為海岱之地，舜置十二牧，則其一也。舜以青州越海，又分為營州，則遼東本為青州矣。周禮：正東曰青州。蓋取土居少陽，其色為青，故以名也。春秋元命包云：虛危流為青州。漢武帝置十三州，因舊名。歷後漢至晉不改。州統郡國六，縣三十七，戶五萬三千。

齊國 秦置郡。漢以為國，景帝以為北海郡。統縣五，戶一萬四千。 臨淄 西安 有棘里亭 東安平 女水出東北 廣 饒 昌國 樂毅所封

濟南郡 漢置。統縣五，戶五千。或云魏平蜀，徙其豪將家於濟河北，故改為濟岷郡，而太康地理志無此郡名，未之詳。 平壽 古國寒浞封此 下密 有王石祠 膠東 侯國 即墨 有天山祠 祝阿

樂安國 漢置。統縣八，戶一萬一千。 高苑 臨濟 有蚩尤祠 博昌 有薄姑祠 利益 侯相 蓼城 侯國 鄒 壽光 古斟灌氏所封國 東朝陽

城陽郡 漢置，屬北海，魏分北海而立焉。郡統縣十，戶一萬二千。 莒 故莒子國 姑幕 古薄姑氏國 諸 昌安 淳于 故淳于公國 東武 高密 漢改為郡 壯武 黔陬 平昌

東萊國 漢置郡。統縣六，戶六千五百。 掖 侯相 當利 侯國 盧鄉 曲城 黃 有萊山松林萊君祠 惤 侯國。有百支萊王祠

○長廣郡 咸寧三年置。統縣三，戶四千五百。 不其 侯國 長廣 挺

惠帝元康十年，又置平昌郡，又分城陽之黔陬、壯武、淳于、昌安、高密、平昌、營陵、安丘、大劇、臨朐十一縣為高密國。自永嘉喪亂，青州淪沒石氏。東萊人曹嶷為刺史，造廣固城，後為石季龍所滅。季龍末，遼西段龕自號齊王，據青州。慕容恪滅龕，青州苻氏平燕，盡有其地。及苻氏敗，後刺史苻朗以州降，朝廷置幽州，以別駕辟閭渾為刺史，鎮廣固。隆安四年，為慕容德所滅，遂都之，是為南燕。復改為青州，德以并州牧鎮陰平，幽州刺史鎮發干，徐州刺史鎮莒城，青州刺史鎮東萊，兗州刺史鎮梁父。慕容超移青州於東萊郡，後為劉裕所滅，留長史羊穆之為青州刺史，築東陽城而居之。自元帝渡江，於廣陵僑置青州，至是始置北青州，鎮東陽城，以僑立州為南青州。而後省南青州，而北青州直曰青州。

徐州。案禹貢海岱及淮之地，舜十二牧則其一也。於周入青州之域。春秋元命包云：天氐流為徐州，蓋取舒緩之義。或云因徐丘以立名。秦兼

天下，以置泗水、薛、琅邪三郡。楚漢之際，分置東陽郡。漢又分置東海郡，改泗水為沛，改薛為魯，分沛置楚國，以東陽屬吳國。景帝改吳為江都。武帝分沛、東陽置臨淮郡，改江都為廣陵。及置十三州，以其地為徐州，統楚國及東海、琅邪、臨淮、廣陵四郡。宣帝改楚為彭城郡，後漢改為彭城國，以沛郡之廣戚縣來屬，改臨淮為下邳國。及太康元年，復分下邳屬縣在淮南者置臨淮郡，分琅邪置東莞郡。州凡領郡國七，縣六十一，戶八萬一千二十一。

彭城國 漢以為郡。統縣七，戶四千一百二十一。 彭城 故彭伯大彭國 留 張良所封 廣戚 傅陽 武原 呂 梧

○下邳國 漢置，為臨淮郡。統縣七，戶七千五百。 下邳 葛嶧山在西古嶧陽也韓信為楚王都之 凌 良城 侯相 睢陵 夏丘 取慮 僮

東海郡 漢置。統縣十二，戶一萬一千一百。 郯 故郯子國 祝其 羽山在縣之西 朐 襄賁 利城 贛榆 厚丘 蘭陵 承 昌慮 合鄉 戚

琅邪國 秦置郡。統縣九，戶二萬九千五百。 開陽 侯相 臨沂 陽都 繒 即丘 華 費 魯季氏邑 東安 蒙陰 蒙山在西南

東莞郡 太康中置。統縣八，戶一萬。 東莞 故魯鄆邑 朱虛 營陵 尚父呂望所封 安丘 故莒渠丘父封邑 蓋 臨朐 有海水祠 劇 廣

廣陵郡 漢置。統縣八，戶八千八百。 淮陰 射陽 輿 海陽 有江海會祠 廣陵 鹽瀆 淮浦 江都 有江水祠

○臨淮郡 漢置，章帝以合下邳，太康元年復立。統縣十，戶一萬。 盱眙 東陽 高山 贅其 潘旌 高郵 淮陵 司吾 下相 徐

太康十年，以青州城陽郡之莒、姑幕、諸、東武四縣屬東莞。元康元年，分東海置蘭陵郡。七年，又分東莞置東安郡，分臨淮置淮陵郡，以堂邑置堂邑郡。永嘉之亂，臨淮、淮陵並淪沒石氏。元帝渡江之後，徐州所得惟半，乃僑置淮陽、陽平、濟陰、北濟陰四郡。又琅邪國人隨帝過江者，遂置懷德縣及琅邪郡以統之。是時，幽、冀、青、并、兗五州及徐州之淮北流人相帥過江淮，帝並僑立郡縣以司牧之。割吳郡之海虞北境，立郯、朐、利城、祝其、厚丘、西隰、襄賁七縣，寄居曲阿，以江乘置南東海、南琅邪、南東平、南蘭陵等郡，分武進立臨淮、淮陵、南彭城等郡，屬南徐州，又置頓丘郡，屬北徐州。明帝又立南沛、南清河、南下邳、南東莞、南平昌、南濟陰、南濮

陽南太平南泰山南濟陽南魯等郡以屬徐兗二州初或居江南或居
江北或以兗州領州郗鑒都督青兗二州諸軍事兗州刺史加領徐州
刺史鎮廣陵蘇峻平後自廣陵還鎮京口又於漢故九江郡界置鍾離
郡屬南徐州江北又僑立幽冀青并四州穆帝時移南東海七縣出居京
口義熙七年始分淮北為北徐州淮南但為徐州統彭城沛下邳蘭陵
東莞東安琅邪淮陽陽平濟陰北濟陰十一郡以盱眙立盱眙郡統考
城直瀆陽城三縣又分廣陵界置海陵山陽二郡後又以幽冀合徐州
青州并合兗州

荊州案禹貢荊及衡陽之地舜置十二牧則其一也周禮正南曰荊州
春秋元命包云軫星散為荊州荊強也言其氣躁強亦曰警也言南蠻
數為寇逆其人有道後服無道先強常警備也又云取名於荊山六國
時其地為楚及秦取楚鄢郢為南郡又取巫中地為黔中郡以楚之漢
北立南陽郡滅楚之後分黔中為長沙郡漢高祖分長沙為桂陽郡改
黔中為武陵郡分南郡為江夏郡武帝又分長沙為零陵郡及置十三

州因舊名為荊州統南郡南陽零陵桂陽武陵長沙江夏七郡後漢
獻帝建安十三年魏武盡得荊州之地分南郡以北立襄陽郡又分南
陽西界立南鄉郡分枝江以西立臨江郡及敗於赤壁南郡以南屬吳
吳後遂與蜀分荊州於是南郡零陵武陵以西為蜀江夏桂陽長沙三
郡為吳南陽襄陽南鄉三郡為魏而荊州之名南北雙立蜀分南郡立宜都郡
劉備沒後宜都武陵零陵南郡四郡之地悉復屬吳魏文帝以漢中遺黎立
魏興新城二郡明帝分新城立上庸郡孫權分江夏立武昌郡又分蒼梧立臨
賀郡分長沙立衡陽湘東二郡孫休分武陵立天門郡分宜都立建平郡孫
皓分零陵立始安郡分桂陽立始興郡又分零陵立邵陵郡分長沙立
安成郡荊州統南郡武昌武陵宜都建平天門長沙零陵桂陽衡陽湘
東邵陵臨賀始興始安十五郡其南陽江夏襄陽南鄉魏興新城上庸
七郡屬魏之荊州及武帝平吳分南郡為南平郡分南陽立義陽郡改
南鄉為順陽郡又以始興始安臨賀三郡屬廣州以揚州之安成郡來
屬州統郡二十二縣一百六十七戶三十五萬七千五百四十八

江夏郡漢置統縣七戶二萬四千 安陸橫尾山在東北古之陪尾山 雲杜故鄖子國 曲陵 平春 鄳
竟陵章山在東北古之內方山 南新市

南郡漢置統縣十一戶五萬五千 江陵故楚都 編有雲夢官 當陽 華容 鄀故鄀子國 枝江故羅國
旌陽 州陵楚嬖人州侯所邑 監利 松滋 石首

襄陽郡魏置統縣八戶二萬二千七百 宜城故鄢也 中廬 臨沮荊山在東北 邔 襄陽侯相 山都
鄧城 鄾 ○南陽國秦置郡統縣十四戶二萬四千四百 宛 西鄂侯相 雉 魯陽公國相 犨 淯陽
公國相 博望公國相 堵陽 葉侯相有長城山號曰方城 舞陰公國相 比陽公國相 涅陽 冠軍 酈

順陽郡太康中置統縣八戶二萬一百 酇 順陽 南鄉 丹水 武當侯相 陰 筑陽 析

義陽郡太康中置統縣十二戶一萬九千 新野侯相 穰 鄧故鄧侯國 蔡陽 隨故隨國 安昌
棘陽 厥西 平氏桐柏山在南 義陽 平林 朝陽

新城郡魏置統縣四戶一萬五千二百 房陵 綏陽 昌魏 沶鄉

魏興郡魏置統縣六戶一萬二千 晉興 安康 西城 錫 長利 洵陽

上庸郡魏置統縣六戶一萬一千四百四十八 上庸侯相 安富 北巫 武陵 上廉 微陽

建平郡吳晉各有建平郡太康元年合統縣八戶一萬三千二百 巫 北井 泰昌 信陵 興山

建始 秭歸故楚子國 沙渠 ○宜都郡吳置統縣三戶八千七百 夷陵 夷道 佷山

南平郡吳置以為南郡太康元年改曰南平統縣四戶七千 作唐 孱陵 南安 江安

武陵郡漢置統縣十戶一萬四千 臨沅 龍陽 漢壽 沅陵 黚陽 酉陽 鐔城
沅南 遷陵 舞陽

天門郡吳置統縣五戶三千一百 零陽 漊中 充 臨澧 澧陽

長沙郡漢置統縣十戶三萬三千 臨湘 攸 下雋 醴陵 劉陽 建寧 吳昌
羅 蒲沂 巴陵 ○衡陽郡吳置故屬長沙統縣九戶二萬三千 湘鄉 重安
湘南 湘西 烝陽 衡山 連道 新康 益陽

湘東郡吳置故屬長沙統縣七戶一萬九千五百 酃 茶陵 臨烝 利陽 陰山 新平 新寧

零陵郡漢置統縣十一戶二萬五千一百 泉陵有香茅云古貢之以縮酒 祁陽 零陵 營浦 洮陽
永昌 觀陽 營道 春陽 泠道 應陽東界有鼻墟云象所封

邵陵郡吳置統縣六戶一萬二千 邵陵 都梁 夫夷 建興 邵陽 高平

桂陽郡漢置統縣六戶一萬一千二百 郴項羽封義帝之邑 耒陽 便 臨武 晉寧 南平

武昌郡吳置統縣七戶一萬四千二百 武昌故東鄂也楚子熊渠封中子紅於此 柴桑有盆口關 陽新 沙羨

有夏口對沔口有津　沙陽　鄂有新興馬頭鐵官　官陵
安成郡吳置統縣七戶三千　平都　宜春　新諭　永新　安復　萍鄉　廣興
惠帝分桂陽武昌安成三郡立江州以新城魏興上庸三郡屬梁州又分義陽立隨郡分南陽立新野郡分江夏立竟陵郡懷帝又分長沙衡陽湘東零陵邵陵桂陽及廣州之始安始興臨賀九郡置湘州時蜀亂又割南郡之華容州陵監利三縣別立豐都合四縣置成都郡爲成都王穎國居華容縣愍帝建興中併還南郡亦併豐都於監利元帝渡江又僑立新興南河東二郡穆帝時又分零陵立營陽郡以義陽流人在南郡者立爲義陽郡又以廣州之臨賀始興始安三郡及江州之桂陽益州之巴東合五郡來屬以長沙衡陽湘東零陵邵陵營陽六郡屬湘州桓溫又分南郡立武寧郡安帝又僑立南義陽東義陽長寧三郡義熙十三年省湘州置長沙衡陽湘東零陵邵陵營陽還入荊州
揚州案禹貢淮海之地舜置十二牧則其一也周禮東南曰揚州春秋元命包云牽牛流爲揚州分爲越國以爲江南之氣躁勁厥性輕揚亦

曰州界多水水波揚也於古則荒服之國戰國時其地爲楚分秦始皇幷天下以置鄣會稽九江三郡項羽封英布爲九江王盡有其地漢改九江曰淮南即封布爲淮南王六年分淮南置豫章郡十一年布誅立皇子長爲淮南王封劉濞爲吳王二國盡得揚州之地文帝十六年分淮南立廬江衡山二郡景帝四年封皇子非爲江都王幷得鄣會稽郡而不得豫章武帝改江都曰廣陵封皇子胥爲王而以屬徐州元封二年改鄣曰丹楊改淮南復爲九江後漢順帝分會稽立吳郡揚州統會稽丹楊吳豫章九江廬江六郡省六安幷廬江郡獻帝興平中孫策分豫章立廬陵郡孫權又分豫章立鄱陽郡分丹楊立新都郡孫亮又分豫章立臨川郡分會稽立臨海郡孫休又分會稽立建安郡孫皓分會稽立東陽郡分吳立吳興郡分豫章廬陵長沙立安成郡分廬江立廬陵南部都尉揚州統丹楊吳會稽吳興新都東陽臨海建安豫章鄱陽臨川安成廬陵南部十四郡江西廬江九江之地自合肥之北至壽春悉屬魏及晉平吳以安成屬荊州分丹楊之宣城宛陵陵陽安吳涇廣德寧國懷安石城臨城春穀十一縣立宣城郡理宛陵改新都曰新安郡改廬陵南部爲南康郡分建安立晉安郡又分丹楊立毗陵郡揚州合統郡十八縣一百七十三戶三十一萬一千四百

丹楊郡漢置統縣十一戶五萬一千五百　建鄴本秣陵孫氏改爲建業武帝平吳以爲秣陵太康三年分秣陵北爲建鄴改業爲鄴　江寧太康二年分建鄴置　丹楊丹楊山多赤柳在西也　于湖　蕪湖　永世　溧陽溧水所出　江乘　句容有茅山　湖熟　秣陵

宣城郡太康二年置統縣十一戶二萬三千五百　宛陵侯相彭澤聚在西南　宣城　陵陽淮水出東北入江仙人陵陽子明所居　安吳　臨城　石城　涇　春穀孝武改春穀爲陽穀　廣德　寧國　懷安

淮南郡秦置九江郡漢以爲淮南國漢武帝置爲九江郡武帝改爲淮南郡統縣十六戶三萬三千四百　壽春　成德　下蔡　義城　西曲陽　平阿有塗山　歷陽　全椒　阜陵漢明帝時淪爲麻湖　鍾離故州來邑　合肥　逡遒　陰陵　當塗古塗山國　東城　烏江

廬江郡漢置統縣十戶四千二百　陽泉　舒故舒國有桐鄉　灊天柱山在南有祠　皖　尋陽　居巢桀死於此　臨湖　襄安　龍舒　六故六國

毗陵郡吳分會稽無錫已西爲屯田置典農校尉太康二年省校尉爲毗陵郡統縣七戶一萬二千　丹徒故朱方　曲阿故雲陽

武進　延陵　毗陵　旣陽　無錫有歷山春申君祠

吳郡漢置統縣十一戶二萬五千　吳故國具區在西　嘉興　海鹽　鹽官　錢唐武林山武林水所出　富陽　桐廬　建德　壽昌　海虞　婁

吳興郡吳置統縣十戶二萬四千　烏程　臨安　餘杭　武康故防風氏國　東遷　於潛有潛水　故鄣　安吉　原鄉　長城

會稽郡秦置統縣十戶三萬　山陰會稽山在南上有禹冢　上虞有仇亭舜避丹朱於此地　餘姚有句餘山在南　句章　鄞有鮚埼亭　鄮　始寧　剡　永興　諸暨

東陽郡吳置統縣九戶一萬二千　長山有赤松子廟　永康　烏傷　吳寧　太末　信安　豐安　定陽　遂昌

新安郡吳置統縣六戶五千　始新　遂安　黟　歙　海寧　黎陽

臨海郡吳置統縣八戶一萬八千　章安　臨海　始豐　永寧　寧海　松陽　安固　橫陽

○建安郡故秦閩中郡漢高帝五年以立閩越王及武帝滅之徙其人名爲東冶又更名東城後漢改爲侯官都尉及吳置建安郡統縣七戶四千三百　建安　吳興　東平　建陽　將樂　邵武　延平

晉安郡太康三年置統縣八戶四千三百　原豐　新羅　宛平　同安　候官　羅江

晉安 溫麻
豫章郡漢置統縣十六戶三萬五千 南昌 海昏 新淦
建城 望蔡 永脩 建昌 吳平 豫章 彭澤 艾 康樂 豐城
新吳 宜豐 鍾陵
臨川郡吳置統縣十戶八千五百 臨汝 西豐 南城 東興 南豐 永成 宜黃
安浦 西寧 新建
鄱陽郡吳置統縣八戶六千一百 廣晉 鄱陽 樂安 餘汗 鄡陽 歷陵 葛陽
晉興
廬陵郡吳置統縣十戶一萬二千二百 西昌 高昌 石陽 巴丘
南野 東昌 遂興 吉陽 興平 陽豐
南康郡太康三年置統縣五戶一千四百 贛 雩都 平固 南康 揭楊

惠帝元康元年有司奏荊揚二州疆土曠遠統理尤難於是割揚州之豫章鄱陽廬陵臨川南康建安晉安荊州之武昌桂陽安成合十郡因江水之名而置江州永興元年分廬江之尋陽武昌之柴桑二縣置尋陽郡屬江州分淮南之烏江歷陽二縣置歷陽郡又以周玘創義討石冰割吳興之陽羨并長城縣之北鄉置義鄉國山臨津并陽羨四縣又分

丹楊之永世置平陵及永世凡六縣立義興郡以表玘之功並屬揚州又以毗陵郡封東海王世子毗避毗諱改為晉陵懷帝永嘉元年又以豫章之彭澤縣屬尋陽郡愍帝立避帝諱改建鄴為建康元帝渡江建都揚州改丹楊太守為尹江州又置新蔡郡尋陽郡又置九江上甲二縣尋又省九江縣入尋陽是時司冀雍涼青并兗豫幽平諸州皆淪沒江南所得但有揚荊湘江梁益交廣其徐州則有過半豫州惟得譙城而已明帝太寧元年分臨海立永嘉郡統永寧安固松陽橫陽等四縣而揚州統丹楊吳郡吳興新安東陽臨海永嘉宣城義興晉陵十一郡自中原亂離遺黎南渡並僑置牧司在廣陵丹徒南城非舊土也及胡寇南侵淮南百姓皆渡江成帝初蘇峻祖約為亂於江淮胡寇又大至百姓南渡者轉多乃於江南僑立淮南郡及諸縣又於尋陽僑置松滋郡遙隸揚州咸康四年僑置魏郡廣川高陽堂邑等諸郡并所統縣並寄居京邑改陵陽為廣陽孝武寧康二年又分永嘉郡之永寧縣置樂成縣是時上黨百姓南渡僑立上黨郡為四縣寄居蕪湖尋又省上黨郡為縣又罷襄城郡為繁昌縣並以屬淮南安帝義熙八年省尋陽縣入柴桑縣柴桑仍為郡後又省上甲縣入彭澤縣舊江州督荊州之竟陵郡及何無忌為刺史表以竟陵去州遼遠去江陵三百里荊州所立綏安郡人戶入境欲資此郡助江濱戍防以竟陵郡還荊州又司州之弘農揚州之松滋二郡寄在尋陽人戶雜居並宜見督安帝從之後又省松滋郡為松滋縣弘農郡為弘農縣並屬尋陽郡

交州案禹貢揚州之域是為南越之土秦始皇既略定揚越以謫戍卒五十萬人守五嶺自北徂南入越之道必由嶺嶠時有五處故曰五嶺後使任囂趙佗攻越略取陸梁地遂定南越以為桂林南海象等三郡非三十六郡之限乃置南海尉以典之所謂東南一尉也漢初以嶺南三郡及長沙豫章封吳芮為長沙王十一年以南武侯織為南海王陸賈使還拜趙佗為南越王割長沙之南三郡以封之武帝元鼎六年討平呂嘉以其地為南海蒼梧鬱林合浦日南九真交阯七郡蓋秦時三郡之地元封中又置儋耳珠崖二郡置交阯刺史以督之昭帝元始五

年罷儋耳并珠崖元帝初元三年又罷珠崖郡後漢馬援平定交部始調立城郭置井邑順帝永和九年交阯太守周敞求立為州朝議不許即拜敞為交阯刺史桓帝分立高興郡靈帝改曰高涼建安八年張津為刺史士燮為交阯太守共表立為州乃拜津為交州牧十五年移居番禺詔以邊州使持節郡給鼓吹以重城鎮加以九錫六佾之舞吳黃武五年割南海蒼梧鬱林三郡立廣州交阯日南九真合浦四郡為交州戴良為刺史值亂不得入呂岱擊平之復還并交部赤烏五年復置珠崖郡永安七年復以前三郡立廣州及孫皓又立新昌武平九德三郡蜀以李恢為建寧太守遙領交州刺史晉平蜀以蜀建寧太守霍弋遙領交州得以便宜選用長吏平吳後省珠崖入合浦交州統郡七縣五十三戶二萬五千六百

合浦郡漢置統縣六戶二千 合浦 南平 蕩昌 徐聞 毒質 珠官
交阯郡漢置統縣十四戶一萬二千 龍編 苟屚 望海 羸陵 西于 武寧
朱鳶 曲易 交興 北帶 稽徐 安定 南定 海平

新昌郡吳置統縣六戶三千 麊泠婦人徵側爲王馬援平之 嘉寧 吳定 封山 臨西 西道

武平郡吳置統縣七戶五千 武寧 武興 進山 根寧 安武 扶安 封溪

九眞郡漢置統縣七戶三千 胥浦 移風 津梧 建初 常樂 扶樂 松原

九德郡吳置周時越常氏地統縣八無戶 九德 咸驩 南陵 陽遂 扶苓 曲胥

浦陽 都洨 ○日南郡秦置象郡漢武帝改名焉統縣五戶六百 象林自此南有四國其人皆云漢人子孫今有銅柱亦是漢置此為界貢金供稅也 盧容象郡所居 朱吾 西卷 比景

廣州案禹貢揚州之域秦末趙他所據之地及漢武帝以其地為交阯郡至吳黃武五年分交州之南海蒼梧鬱林高梁四郡立為廣州俄復舊永安六年復分交州置廣州分合浦立合浦北部以都尉領之孫晧分鬱林立桂林郡及太康中吳平遂以荊州始安始興臨賀三郡來屬合統郡十縣六十八戶四萬三千一百二十

南海郡秦置統縣六戶九千五百 番禺 四會 增城 博羅 龍川 平夷

臨賀郡吳置統縣六戶二千五百 臨賀 謝沐 馮乘 封陽 興安 富川

始安郡吳置統縣七戶六千 始安 始陽 平樂 荔浦 常安 熙平 永豐

始興郡吳置統縣七戶五千 曲江 桂陽 始興 含洭 湞陽 中宿 陽山

蒼梧郡漢置統縣十二戶七千七百 廣信 端溪 高要 建陵 新寧 猛陵 鄣平 農城 元谿 臨允 都羅 武城

鬱林郡秦置桂林郡漢武帝更名統縣九戶六千 布山 阿林 新邑 晉平 始建 鬱平 領方 武熙 安廣

桂林郡吳置統縣八戶二千 潭中 武豐 粟平 羊平 龍剛 夾陽 武城 軍騰

高涼郡吳置統縣三戶二千 安寧 高涼 思平

高興郡吳置統縣五戶一千二百 廣化 海安 化平 黃陽 西平

寧浦郡吳置統縣五戶一千二百二十 寧浦 連道 吳安 昌平 平山

武帝後省高興郡懷帝永嘉元年又以臨賀始興始安三郡凡二十縣為湘州元帝分鬱林立晉興郡成帝分南海立東官郡以始興臨賀二郡還屬荊州穆帝分蒼梧立晉康新寧永平三郡哀帝太和中置新安郡安帝分東官立義安郡恭帝分南海立新會郡

志第五 地理下 晉書十五

志第六　晉書十六　御撰

律曆上

易曰形而上者謂之道形而下者謂之器夫神道廣大妙本於陰陽形
器精微義先於律呂聖人觀四時之變刻玉紀其盈虛察五行之聲鑄
金均其清濁所以遂八風而宣九德和大樂而成政道然金質從革侈
弇無方竹體圓虛脩短利制是以神瞽作律用寫鍾聲乃紀之以三平之
以六成於十二天之道也又叶時日於晷度效地氣於灰管故陰陽和
則景至律氣應則灰飛灰飛律通吹而命之則天地之中聲也故可以
範圍百度化成萬品則虞書所謂叶時月正日同律度量衡者也中聲
節以成文德音章而和備則可以動天地感鬼神導性情移風俗叶言
志於詠歌鑒盛衰於治亂故君子審聲以知音審音以知樂審樂以知
政蓋由茲道太史公律書云王者制事立物法度軌則一稟於六律六
律為萬事之本其於兵械尤所重焉故云望敵知吉凶聞聲效勝負百
王不易之道也及秦氏滅學其道浸微漢室初興丞相張蒼首言音律
未能審備孝武帝創置協律之官司馬遷言律呂相生之次詳矣及王
莽之際考論音律劉歆條奏大率有五一曰備數一十百千萬也二曰
和聲宮商角徵羽也三曰審度分寸尺丈引也四曰嘉量龠合升斗斛
也五曰權衡銖兩斤鈞石也班固因而志之蔡邕又記建武已後言律呂
者至司馬紹統採而續之漢末天下大亂樂工散亡器法堙滅魏武始
獲杜夔使定樂器聲調夔依當時尺度權備典章及武帝受命遵而
不革至泰始十年光祿大夫荀勖奏造新度更鑄律呂元康中勖子藩
嗣其事未及成功屬永嘉之亂中朝典章咸沒於石勒及元帝南遷皇
度草昧禮容樂器掃地皆盡雖稍加採掇而多所淪胥終于恭安竟不
能備今考古律相生之次及魏武已後言音律度量者以志于篇云傳
云十二律黃帝之所作也使伶倫自大夏之西乃之崑崙之陰取竹之
嶰谷生其竅厚均者斷兩節間長三寸九分而吹之以為黃鍾之宮曰
含少次制十二竹筩寫鳳之鳴雄鳴為六雌鳴亦六以比黃鍾之宮皆
可以生之定律呂則律之始造以竹為管取其自然圓虛也又云黃帝

作律以玉為管長尺六孔為十二月音至舜時西王母獻昭華之琯以
玉為之及漢章帝時零陵文學奚景於泠道舜祠下得白玉琯又武帝
太康元年汲郡盜發六國時魏襄王冢亦得玉律則古者又以玉為管
矣以玉者取其體含廉潤也而漢平帝時王莽又以銅為之銅者自名
也所以同天下齊風俗也為物至精不為燥濕寒暑改節介然有常似
士君子之行故用焉周禮太師掌六律六呂以合陰陽之聲六律陽聲
黃鍾太蔟姑洗蕤賓夷則無射也六呂陰聲大呂應鍾南呂林鍾仲呂
夾鍾也又有太師則執同律以聽軍聲而詔以吉凶其典同掌六律六
呂之和以辯天地四方陰陽之聲以為樂器皆以十有二律而為之數
度以十有二聲而為之齊量焉及周景王將鑄無射問律於泠州鳩對
曰夫六中之色故名之曰黃鍾所以宣養六氣九德也由是第之二
曰太蔟所以金奏贊陽出滯也三曰姑洗所以修絜百物考神納賓也
四曰蕤賓所以安靖神人獻酬交酢也五曰夷則所以詠歌九則平人
無貳也六曰無射所以宣布哲人之令德示人軌儀也為之六間以揚
沉伏而黜散越也元間大呂助宣物也二間夾鍾出四隙之細也三間
中呂宣中氣也四間林鍾和展百事俾莫不任肅純恪也五間南呂
贊陽秀也六間應鍾均利器用俾應復也此皆所以律述時氣效節物
也及秦始皇焚書蕩覆典策缺亡諸子瑣言時有遺記呂不韋春秋言
黃鍾之宮律之本也下生林鍾林鍾上生太蔟太蔟下生南呂南呂上
生姑洗姑洗下生應鍾應鍾上生蕤賓蕤賓下生大呂大呂下生夷則
夷則上生夾鍾夾鍾下生無射無射上生中呂三分其所生益其一分
以上生三分所生去其一分以下生後代之言音律者多宗此說又漢
興承秦之敝張蒼首治律曆頗未能詳故孝武帝正樂乃置協律之官
雖律呂清濁之體粗正金石高下之音有準然泱據採遺存以成時
之制而數猶用五時淮南王安延致儒博亦為律呂云黃鍾之律九寸
而宮音調因而九之九九八十一故黃鍾之數立焉位在子林鍾位在未
其數五十四太蔟其數七十二南呂之數四十八姑洗之數六十四應
鍾之數四十二蕤賓之數五十七大呂之數七十六夷則之數五十一

夾鍾之數六十八无射之數四十五中呂之數六十極不生以黃鍾為宮太蔟為商姑洗為角林鍾為徵南呂為羽宮生徵徵生商商生羽羽生角角生應鍾不比正音故為和應鍾生蕤賓不比正音故為繆日冬至音比林鍾浸以濁日夏至音比黃鍾浸以清以十二律應二十四時之變甲子中呂之徵也景子夾鍾之羽也戊子黃鍾之宮也庚子无射之商也壬子夷則之角也其為音也一律而生五音十二律而為六十音因而六之六六三十六故三百六十音以當一歲之日故律歷之數天地之道也司馬遷八書言律呂粗舉大經著於前史則以太極元氣函三為一而始動於子十二律之生必所起焉於是參一於丑得三因而九三之与本位合十辰得一万九千六百八十三謂之成數以為黃鍾之法又參之律於十二辰得十七萬七千一百四十七謂之該數以為黃鍾之實實如法而一得黃鍾之律長九寸十一月冬至之氣應焉蓋陰陽合德氣鍾於子而化生万物則物之生莫不函三故十二律空徑三分而上下相生皆損益以三其術則因黃鍾之長九寸以下生者

倍其實三其法以上生者四其實三其法所以明陽下生陰陰上生陽

起子為黃鍾九寸一

丑三分之二　寅九分之八

卯二十七分之十六　辰八十一分之六十四

巳二百四十三分之一百二十八　午七百二十九分之五百一十二

未二千一百八十七分之一千二十四　申六千五百六十一分之四千九十六

酉萬九千六百八十三分之八千一百九十二　戌五万九千四十九分之三万二千七百六十八

亥十七萬七千一百四十七分之六萬五千五百三十六

如是周十二辰在六律為陽則當位自得而下生陰在六呂為陰則得其所衝而上生於陽推算之術無重上生之法也所謂律取妻而呂生子陰陽升降律呂之大經也而遷又言十二律之長今依淮南九九之數則蕤賓為重上又言五音相生而以宮生角角生商商生徵徵生羽羽生宮求其理用因見通途及元始中王莽輔政博徵通知鍾律者考其音義使羲和劉歆典領調奏班固漢書採而志之其序論雖博而言十二律損益之第自黃鍾長九寸三分損一下生林鍾長六寸三分益一上生太蔟而左旋八八為位一上一下終於無射下生中呂校其相生所得與司馬遷正同班固採以為志元帝時郎中京房知五音六十律之數上使太子太傅玄成諫議大夫章雜試問房於樂府房對受學於故小黃令焦延壽六十律相生之法以上生下皆三生二以下生上皆三生四陽下生陰陰上生陽終於中呂而十二律畢矣中呂上生執始執始下生去滅上下相生終於南呂六十律畢矣夫十二律之變至於六十猶八卦之變至於六十四也宓羲作易紀陽氣之初以為律法建日冬至之聲以為黃鍾為宮太蔟為商姑洗為角林鍾為徵南呂為羽應鍾為變宮蕤賓為變徵此聲氣之元五音之正也故統一日其餘以次運行當日者各自為宮而商徵以類從焉禮運曰五聲六律十二管還相為宮此之謂也以六十律分朞之日黃鍾自冬至始及冬至而復陰陽寒燠風雨之占生焉於以檢攝羣音考其高下苟非草木之聲則無不有所合虞書曰律和聲此之謂也京房又曰竹聲不可以度調故作準以

定數準之狀如瑟長丈而十三弦隱閒九尺以應黃鍾之律九寸中央一弦下有畫分寸以為六十律清濁之節房言律詳於歆所奏其術施行於史官候部用之文多不悉載截管為律吹以考聲列以效氣道之本也術家以其聲微而體難知其分數不明故作準以代之準之聲明暢易達分寸又粗然弦以緩急清濁非管無以正也均其中弦令與黃鍾相得按畫以求諸律則無不如數而應者矣續漢志具載其六十律準度數其相生之次與呂覽淮南同

漢章帝元和元年待詔候鍾律殷肜上言官無曉六十律以準調音故待詔嚴嵩具以準法教子男宣宣願召宣補學官主調樂器詔曰嵩子學審曉律別其族協其聲者審試不得依託父學以聾為聰聲微妙獨非莫知獨見莫曉以律錯吹能知命十二律不失一乃為能傳嵩學耳試宣十二律其二中其四不中其六不知何律宣遂罷自此律家莫能為準〇靈帝熹平六年東觀召典律者太子舍人張光等問準意光等不知歸閱舊藏乃得其器形制如房書猶不能定其弦緩急音不可書以曉

人知之者欲教而無從心達者體知而無師故史官能辯清濁者遂絕其可以相傳者唯候氣而已漢末紛亂亡失雅樂

魏武時河南杜夔精識音韻為雅樂郎中令鑄銅工柴玉鑄鍾其聲均清濁多不如法數毀改作玉甚厭之謂夔清濁任意更相訴白於魏武王魏武王取玉所鑄鍾雜錯更試然後知夔為精於是罪玉

泰始十年中書監荀勖中書令張華出御府銅竹律二十五具部太樂郎劉秀等校試其三具與杜夔及左延年律法同其二十二具視其銘題尺寸是笛律也問協律中郎將列和辭昔魏明帝時令和承受笛聲以作此律欲使學者別居一坊歌詠講習依此律調至於都合樂時但識其尺寸之名則絲竹歌詠皆得均合歌聲濁者用長笛長律歌聲清者用短笛短律凡弦歌調張清濁之制不依笛尺寸名之則不可知也勖等奏昔先王之作樂也以振風蕩俗饗神祐賢必協律呂之和以節八音之中是故郊祀朝宴用之有制歌奏分叙清濁有宜故曰五聲十二律還相為宮此經傳記籍可得而知者也如和對辭笛之長短無所象則率意而作不由曲度考以正律皆不相應吹其聲均多不諧合又辭先師傳笛別其清濁直以長短工人裁制舊不依律是為作笛無法而和寫笛造律又令琴瑟歌詠從之為正非所以稽古先哲垂憲于後者也謹條牒諸律問和意狀如左及依典制用十二律造笛象十二枚聲均調和器用便利講肄彈擊必合律呂況乎宴饗萬國奏之廟堂者哉雖伶夔曠遠至音難精猶宜儀形古者以求厥衷合乎經禮於制為詳若可施用請更部笛工選竹造作下太樂樂府施行平議諸杜夔左延年律可皆留其御府笛正聲下徵各一具皆銘題作者姓名其餘無所施用還付御府毀奏可勖又問和作笛為可依十二律作十二笛令一孔依一律然後乃以為樂不和辭太樂東廂長笛正聲已長四尺二寸今當復取其下徵之聲於法聲濁者笛當長計其尺寸乃五尺有餘知昔日作之不可吹也又笛諸孔雖不校試意謂不能得一孔輒應一律也案太樂四尺二寸笛正聲均應蕤賓以十二律還相為宮推法下徵之孔當應律大呂大呂笛長二尺六寸有奇不得長五尺餘輒

令太樂郎劉秀鄧昊等依作大呂笛以示和又吹七律一孔一校聲皆相應然後令郝生鼓箏宋同吹笛以為雜引相和諸曲和乃辭曰自和父祖漢世以來笛家相傳不知此法而令調均與律相應實非所及也郝生魯基种整朱夏皆與和同

又問和笛有六孔及其體中之空為七和為能盡名其宮商角徵孔調與不調以何檢知和辭先師相傳吹笛但以作曲相語為某曲當舉某指初不知七孔盡應何聲也若當作笛其仰尚方笛工依按舊像訖但吹取鳴者初不復校其諸孔調與不調也

案周禮調樂金石有一定之聲是故造鍾磬者先依律調之然後施於廂懸作樂之時諸音皆受鍾磬之均即為悉應律也至於饗宴殿堂之上無廂懸鍾磬以笛有一定調故諸絃歌皆從笛為正是為笛猶鍾磬宜必合於律呂如和所對直以意造率短一寸七孔聲均不知其皆應何律調無以檢正唯取竹之鳴者為無法制輒部郎劉秀鄧昊王豔魏邵等與笛工參共作笛工人造其形律者定其聲然後器象有制音均和協

○又問和若不知律呂之義作樂音均高下清濁之調當以何名之和辭每合樂時隨歌者聲之清濁用笛有長短假令聲濁者用三尺二笛因名曰此三尺二調也聲清者用二尺九笛因名曰此二尺九調漢魏相傳施行皆然案周禮奏六樂乃奏黃鍾歌大呂乃奏太蔟歌應鍾皆以律呂之義紀歌奏清濁而和所稱以二尺三尺為名雖漢魏用之俗而不典部郎劉秀鄧昊等以律作三尺二寸者應無射之律若宜用長笛執樂者曰請奏無射二尺八寸四分四氂應黃鍾之律若宜用短笛執樂者曰請奏黃鍾則歌奏之義若合經禮考之古典於制為雅

書云予欲聞六律五聲八音在治忽周禮國語載六律同禮記又曰五聲十二律還相為宮劉歆班固撰律曆志亦紀十二律惟京房始創六十律至章帝時其法已絕蔡邕雖追紀其言亦曰今無能為者依按古典及今音家所用六十律者無施於樂謹依典記以五聲十二律還相為宮之法制十二笛象記注圖側如別省圖不如視笛之了故復重作蔡實伏孔笛其制云

黃鍾之笛正聲應黃鍾下徵應林鍾長二尺八寸四分四氂有奇正聲調法以黃鍾爲宮則姑洗爲角翕笛之聲應姑洗故以四角之長爲黃鍾之笛也其宮聲正而不倍故曰正聲

正聲調法黃鍾爲宮第一孔也應鍾爲變宮第二孔也南呂爲羽第三孔也林鍾爲徵第四孔也蕤賓爲變徵第五附孔也姑洗爲角笛體中聲太蔟爲商笛後出孔也商聲濁於角當在角下而角聲以在體中故上其商孔令在宮上清於宮也然則宮商正也餘聲皆倍也是故從宮以下孔轉濁也此章記笛孔上下次第之名也下章說律呂相生笛之制也正聲調法黃鍾爲宮作黃鍾之笛將求宮孔以姑洗及黃鍾律從笛首下度之盡二律之長而爲孔則得宮聲者也宮生徵黃鍾生林鍾以林鍾之律從宮孔下度之盡律作孔則得徵聲也徵生商林鍾生太蔟以太蔟律從徵孔上度之盡律以爲孔則得商聲也商生羽太蔟生南呂也以南呂律從商孔下度之盡律爲孔則得羽聲也羽生角南呂生姑洗也以姑洗律從羽孔上行度之盡律而爲孔則得角聲也然則於商孔之上吹笛者左手前不及也從羽孔下行度之盡律而爲孔亦得角聲出於商附孔之下則吹者右手所不逮也故不作角孔推而下之復倍其均是以角聲在笛體中古之制也音家舊法雖一倍再倍但令均同適足爲唱和之聲無害於曲均故也國語曰匏竹利器議宜謂便於事用從宜者也角生變宮姑洗生應鍾也上句所謂當爲角孔而出商下者墨點識之以應律也從此點下行度之應鍾律爲孔則得變宮之聲也變宮生變徵應鍾生蕤賓也以蕤賓律從變宮下度之盡律爲孔則得變徵之聲十二笛之制各以其宮爲主相生之法或倍或半其便事用例皆一者也

下徵調法林鍾爲宮第四孔也本正聲黃鍾之徵徵清當在宮上用笛之宜倍令濁下故曰下徵下徵更爲宮者記所謂五聲十二律還相爲宮也然則正聲清下徵爲濁也南呂爲商第三孔也本正聲黃鍾之羽今爲下徵之商也應鍾爲角第二孔也本正聲黃鍾之變宮今爲下徵之角也黃鍾爲變徵下徵之調林鍾爲宮大呂當爲變徵而黃鍾笛本无大呂之聲故假用黃鍾以爲變徵也假用之法當爲變徵之聲則俱發黃鍾及太蔟應鍾三孔黃鍾應濁而太蔟清大呂律在二律之間俱發三孔而微礚㨖之則得大呂變徵之聲矣諸笛下徵調求變徵之法皆如此也太蔟爲徵笛後出孔也本正聲之商今爲下徵之徵也姑洗爲羽笛體中翕聲本正聲之角今爲下徵之羽蕤賓爲變宮附孔是也本正聲之變徵也今爲下徵之變宮也然則正聲之調孔轉下轉濁下徵之調孔轉上轉清也

清角之調以姑洗爲宮即是笛體中翕聲於正聲爲角於下徵爲羽清角之調乃以爲宮而哨吹令清故曰清角惟得爲宛詩讌俗之曲不合雅樂也蕤賓爲商正也林鍾爲角非正也南呂爲變徵非正也應鍾爲徵正也黃鍾爲羽非正也太蔟爲變宮非正也清角之調唯宮商及徵與律相應餘四聲非正者皆濁一律哨吹令清假而用之其例一也

凡笛體用角律其長者八之蕤賓林鍾也短者四之其餘十笛皆四角也宮中實容長者十六短笛竹宜受八律之黍也若長短大小不合於此或器用不便聲均法度之齊等也然笛竹率上大下小不能均法度齊必不得也取其聲均合三宮一曰正聲二曰下徵三曰清角也二十一變也宮有七聲錯綜用之故二十一變也諸笛例皆一者也伏孔四所以便事用也一曰正角出於商上者也二曰倍角近笛下者也三曰變宮近於宮孔倍令下者也四曰變徵遠於徵孔倍令高者也或倍或半或四分一取則於琴徵也四者皆不作其孔而取其度以近進退上下之法所以協聲均便事用也其本孔隱而不見故曰伏孔也

大呂之笛正聲應大呂下徵應夷則長二尺六寸六分三氂有奇

太蔟之笛正聲應太蔟下徵應南呂長二尺五寸三分一氂有奇

夾鍾之笛正聲應夾鍾下徵應無射長二尺四寸

姑洗之笛正聲應姑洗下徵應應鍾長二尺三寸三分三氂有奇

蕤賓之笛正聲應蕤賓下徵應大呂長三尺九寸九分五氂有奇變宮近宮孔故倍半令下便於用也林鍾亦如之

林鍾之笛正聲應林鍾下徵應太蔟長三尺七寸九分七氂有奇

夷則之笛正聲應夷則下徵應夾鍾長三尺六寸變宮之法亦如蕤賓體用四角故四分益一也

南呂之笛正聲應南呂下徵應姑洗長三尺二寸七分

無射之笛正聲應無射下徵應中呂長三尺二寸

應鍾之笛正聲應應鍾下徵應蕤賓長二尺九寸九分六氂有奇

五音十二律

土音宮數八十一爲聲之始屬土者以其最濁君之象也季夏之氣和則宮聲調宮亂則荒其君驕黃鍾之宮律最長也

火音徵三分宮去一以生其數五十四屬火者以其徵清事之象也夏氣和則徵聲調徵亂則哀其事勤也

金音商三分徵益一以生其數七十二屬金者以其濁次宮臣之象也秋氣和則商聲調商亂則詖其官壞也

水音羽三分商去一以生其數四十八屬水者以爲最清物之象也冬氣和則羽聲調羽亂則危其財匱也

木音角三分羽益一以生其數六十四屬木者以其清濁中人之象也春氣和則角聲調角亂則憂其人怨也

凡聲尊卑取象五行數多者濁數少者清大不過宮細不過羽

十一月律中黃鍾律之始也長九寸仲冬氣至則其律應所以宣揚六

氣九德也班固三分損一下生林鍾

十二月律中大呂司馬遷未下生之律長四寸二百四十三分寸之五十二倍之為八寸分寸之二百四季冬氣至則其律應所以助宣物也三分益一上生夷則京房三分損一下生夷則

正月律中太蔟未上生之律長八寸孟春氣至則其律應所以贊陽出滯也三分損一下生南呂

二月律中夾鍾酉下生之律長三寸二千一百八十七分寸之一千六百三十一倍之為七寸分寸之一千七十五仲春氣至則其律應所以出四隙之細也三分益一上生無射京房三分損一下生無射

三月律中姑洗酉上生之律長七寸九分寸之一季春氣至則其律應所以脩絜百物考神納賓也三分損一下生應鍾

四月律中中呂亥下生之律長三寸萬九千六百八十三分寸之六千四百八十七倍之為六寸分寸之萬二千九百七十四孟夏氣至則其律應所以宣中氣也

五月律中蕤賓亥上生之律長六寸八十一分寸之二十六仲夏氣至則其律應所以安靜人神獻酬交酢也三分損一下生大呂京房三分益一上生大呂

六月律中林鍾丑下生之律長六寸季夏氣至則其律應所以和展百物俾莫不任肅純恪也三分益一上生太蔟

七月律中夷則丑上生之律長五寸七百二十九分寸之四百五十一孟秋氣至則其律應所以詠歌九則平百姓而無貳也三分損一下生夾鍾京房三分益一上生夾鍾

八月律中南呂卯下生之律長五寸三分寸之一仲秋氣至則其律應所以贊陽秀也三分益一上生姑洗

九月律中無射卯上生之律長四寸六分千五百六十一分寸之六千五百二十四季秋氣至則其律應所以宣布哲人之令德示人軌儀也三分損一下生中呂京房三分益一上生中呂

十月律中應鍾巳下生之律長四寸二十七分寸之二十孟冬氣至則其律應所以均利器用俾應復也三分益一上生蕤賓

淮南京房鄭玄諸儒言律曆皆上下相生至蕤賓又重上生大呂長八寸二百四十三分寸之百四夷則上生夾鍾長七寸千一百八十七分寸之千七十五無射上生中呂長六寸萬九千六百八十三分寸之萬二千九百七十四此三呂於司馬遷班固所生之寸數及分皆倍為餘則並同斯則泠州鳩所謂六間之道揚沉伏黜散越假之為用者也變通相半隨事之宜贊助之法也

凡音聲之體務在和韻益則加倍損則減半其於本音恒為無爽然則言一上一下者相生之道也言重上生者吹候之用也於蕤賓重上生者適會為用之數故言律者因焉非相生之正也

揚子雲曰聲生於日（謂甲己為角乙庚為商丙辛為徵丁壬為羽戊癸為宮也）律生於辰（謂子為黃鍾丑為大呂之類）聲以情質（質正也各以其行本情為正也）律以和聲（當以律管鍾均和其清濁之聲）聲律相協而八音生（協和也）宮商角徵羽謂之五聲金石匏革絲竹土木謂之八音聲和音諧是謂五樂

夫陰陽和則景至律氣應則灰除是故天子常以冬夏至日御前殿合八能之士陳八音聽樂均度晷景候鍾律權土灰效陰陽冬至陽氣應則灰除是故樂均清景長極黃鍾通土灰輕而衡仰夏至陰氣應則樂均濁景短極蕤賓通土灰重而衡低進退於先後五日之中八能各以候狀聞太史令封上效則和否則占

候氣之法為室三重戶閉塗釁必周密布緹縵室中以木為案每律各一內庳外高從其方位加律其上以葭莩灰抑其內端案曆而候之氣至者灰去其為氣所動者其灰散人及風所動者其灰聚殿中候用玉律十二惟二至乃候靈臺用竹律楊泉記云取弘農宜陽縣金門山竹為管河內葭莩為灰或云以律著室中隨十二辰埋之上與地平以竹莩灰實律中以羅縠覆律呂氣至吹灰動縠小動為和大動君弱臣強不動君嚴暴之應也

審度

起度之正漢志言之詳矣武帝泰始九年中書監荀勗校太樂八音不

和始知後漢至魏尺長於古四分有餘勗乃部著作郎劉恭依周禮制尺所謂古尺也依古尺更鑄銅律呂以調聲韻以尺量古器與本銘尺寸無差又汲郡盜發六國時魏襄王冢得古周時玉律及鐘磬與新律聲韻闇同于時郡國或得漢時故鐘吹律命之皆應勗銘其尺曰晉泰始十年中書考古器揆校今尺長四分半所校古法有七品一曰姑洗玉律二曰小呂玉律三曰西京銅望臬四曰金錯望臬五曰銅斛六曰古錢七曰建武銅尺姑洗微彊西京望臬微弱其餘與此尺同銘八十二字此尺者勗新尺也今尺者杜夔尺也

荀勗造新鍾律與古器諧韻時人稱其精密惟散騎侍郎陳留阮咸譏其聲高聲高則悲非興國之音亡國之音哀以思其人困今聲不合雅懼非德正至和之音必古今尺有長短所致也會咸病卒武帝以勗律與周漢器合故施用之後始平掘地得古銅尺歲久欲腐不知所出何代果長勗尺四分時人服咸之妙而莫能厝意焉

史臣案勗於千載之外推百代之法度數既宜聲韻又契可謂切密信

而有徵也而時人寡識據無聞之一尺忽周漢之兩器雷同臧否何其謬哉世說稱有田父於野地中得周時玉尺便是天下正尺荀勗試以校己所治金石絲竹皆短校一米又漢章帝時零陵文學史奚景於泠道舜祠下得玉律度以爲尺相傳謂之漢官尺以校荀勗尺勗尺短四分漢官始平兩尺長短度同又杜夔所用調律尺比勗新尺得一尺四分七氂魏景元四年劉徽注九章云王莽時劉歆斛尺弱於今尺四分五氂比魏尺其斛深九寸五分五氂即荀勗所謂今尺長四分半是也元帝後江東所用尺比荀勗尺一尺六分二氂趙劉曜光初四年鑄渾儀八年鑄土圭其尺比荀勗尺一尺五分荀勗新尺惟以調音律至於人間未甚流布故江左及劉曜儀表並與魏尺略相依準

嘉量

周禮栗氏爲量鬴深尺內方尺而圓其外其實一鬴其臀一寸其實一豆其耳三寸其實一升重一鈞其聲中黃鍾概而不稅其銘曰時文思索允臻其極嘉量既成以觀四國永啓厥後茲器維則春秋左氏傳曰齊舊四量豆區鬴鍾四升曰豆各自其四以登於鬴四豆爲區區斗六升也四區爲鬴鬴六斗四升也鬴十則鍾六十四斗也鄭玄以爲鬴方尺積千寸比九章粟米法少二升八十一分升之二十二以算術考之古斛之積凡一千五百六十二寸半方尺而圓其外減傍一釐八毫其徑一尺四寸一分四毫七秒二忽有奇而深尺即古斛之制也

九章商功法程粟一斛積二千七百寸米一斛積一千六百二十七寸菽荅麻麥一斛積二千四百三十寸此據精粗爲率使價齊而不等其器之積寸也以米斛爲正則同于漢志

魏陳留王景元四年劉徽注九章商功曰當今大司農斛圓徑一尺三寸五分五氂深一尺積一千四百四十一寸十分寸之三王莽銅斛於今尺爲深九寸五分五氂徑一尺三寸六分八氂七毫以徽術計之於今斛爲容九斗七升四合有奇魏斛大而尺長王莽斛小而尺短也

衡權

衡權者衡平也權重也衡所以任權而均物平輕重也古有黍絫錘錙

鐶鈞鋝溢之因歷代參差漢志言衡權名理甚備自後變更其詳未聞元康中裴頠以爲醫方人命之急而稱兩不與古同爲害特重宜因此改治權衡不見省趙石勒十八年七月造建德殿得圓石狀如水碓銘曰律權石重四鈞同律度量衡有辛氏造續咸議是王莽時物

志第六　律歷上　晉書十六

律歷中

昔者聖人擬宸極以運璿璣揆天行而序景曜分辰野辨躔歷敬農時興物利皆以繫順兩儀紀綱萬物者矣然則觀象設卦扐閏成爻歷數之原存乎此也逮乎炎帝分八節以始農功軒轅紀三綱而闡書契乃使羲和占日常儀占月車區占星氣伶倫造律呂大撓造甲子隸首作筭數容成綜斯六術考定氣象建五行察發斂起消息正閏餘述而著焉謂之調歷洎乎少昊則鳳鳥司歷顓頊則南正司天陶唐則分命羲和虞舜則因循堯法及夏殷承運周氏應期正朔既殊創法斯異傳曰火出於夏為三月於商為四月於周為五月是故天子置日官諸侯有日御以和萬國以協三辰至乎寒暑晦明之徵陰陽生殺之數啓閉升降之紀消息盈虛之節皆應躔次而無淫流故能該浹生靈堪輿天地周德既衰史官失職疇人分散禨祥不理秦并天下頗推五勝自以獲水德之瑞用十月為正漢代初興多所未暇百有餘載襲秦正朔爰及武帝始詔司馬遷等議造漢歷乃行夏正其後劉歆更造三統以說左傳辯而非實班固惑之采以為志逮光武中興太僕朱浮數言歷有乖謬于時天下初定未能詳考至永平之末改行四分七十餘年儀式乃備及光和中乃命劉洪蔡邕共修律歷其後司馬彪因之以繼班史今采魏文黃初已後言歷數行事者以續司馬彪云

漢靈帝時會稽東部尉劉洪考史官自古迄今歷注原其進退之行察其出入之驗視其往來度其終始始悟四分於天疏闊皆斗分太多故也更以五百八十九為紀法百四十五為斗分作乾象法冬至日日在十二十二度以術追日月五星之行推而上則合於古引而下則應於今其為之也依易立數遯行相號潛處相求名為乾象歷又創制日行遲疾兼考月行陰陽交錯於黃道表裏日行黃道於赤道宿度復進有退方於前法轉為精密矣獻帝建安元年鄭玄受其法以為窮幽極微又加注釋焉

魏文帝黃初中太史令高堂隆復詳議歷數更有改革太史丞韓翊以以為乾象減斗分太過後當先天造黃初歷以四千八百八十三為紀法千二百五為斗分其後尚書令陳羣奏以為歷數難明前代通儒多共紛爭黃初之元以四分歷久遠疏闊大魏受命宜改歷明時韓翊首建猶恐不審故以乾象互相參校其所校日月行度弦望朔晦按歷三年更相是非無時而決案三公議皆綜盡典理殊塗同歸欲使效之璿璣各盡其法一年之間得失足定奏可

太史令許芝云劉洪月行術用以來且四十餘年以復覺失一辰有奇

孫欽議史遷造太初其後劉歆以為疏復為三統章和中改為四分以儀天度考合符應時有差跌日蝕覺過半日至平中劉洪改為乾象推天七曜之符與天地合其敘

董巴議云聖人迹太陽於晷景效太陰於弦望明五星於見伏正是非於晦朔弦望伏見者歷數之綱紀檢驗之明著也

徐岳議劉洪以歷後天潛精內思二十餘載參校漢家太初三統四分歷術課弦望於兩儀郭間而月行九歲一終謂之九道九章百七十一歲九道小終九九八十一章五百六十七分而九終進退牛前四度五分學者務追合四分但減一道六十三分分不下通是以疏闊皆由斗分多故也課弦望當以昏明度月所在則知加時先後之意不宜用兩儀郭間洪加太初元十二紀減十斗下分元起己丑又為月行遲疾交會及黃道去極度五星術理實精密信可長行今韓翊所造皆用洪法小益斗下分所錯無幾翊所增減致亦留思然于術新立猶未就悉至於日蝕有不盡效效歷之要要在日蝕熹平之際時洪為郎欲改四分先上驗日蝕日蝕在晏加時在辰蝕從下上三分侵二事御之後如洪言海內識其莫不聞見劉歆已來未有洪比夫以黃初二年六月二十七日戊辰加時未日蝕乾象術加時申半強於消息就加未黃初以為加辛強乾象後天一辰半強為近黃初二辰半為遠消息與天近

三年正月景寅朔加時申北日蝕黃初加酉弱乾象加午少消息加未黃初後天半辰近乾象先天二辰少弱於消息先天一辰強為遠天

三年十一月二十九日庚寅加時西南維日蝕乾象加未初消息加申黃

初加未強乾象先天一辰遠黃初先天半辰近消息乾象近中天
二年七月十五日癸未日加壬月景蝕乾象月加申消息加未黃初月
加子強入甲申日乾象後天二辰消息後一辰為近黃初後天六辰遠
三年十月十五日乙巳日加丑月加未蝕乾象月加巳半於消息加午黃
初以景午月加酉強乾象先天一辰近黃初後天二辰強為遠於消息
於乾象先一辰

凡課日月蝕五事乾象四遠黃初一近翊於課難徐岳乾象消息但可減不可加加之無可說不可用岳云本術自有消息受師法以消息為奇辭不能改故列之正法消息翊術自踈

木以三年五月二十四日丁亥晨見黃初五月十七日庚辰見先七日乾象五月十五日戊寅見先九日

土以二年十一月二十五日壬辰見乾象十一月二十八日丁亥見先五日黃初十一月十八日甲申見先八日

土以三年十月十一日壬申伏乾象同壬申伏黃初巳下十月八日戊辰伏先四日

土以三年十一月二十二日壬子見乾象十一月十五日乙巳見先七日黃初十一月十二日壬寅見先十日

金以三年閏六月十五日丁丑晨伏乾象六月二十五日戊午伏先十九日黃初六月二十二日乙卯伏先二十三日

金以三年九月十一日壬寅見乾象以八月十八日庚辰見先二十三日黃初八月十五日丁丑見先二十五日

水以二年十一月十七日癸未晨見乾象十一月十三日己卯見先四日黃初十一月十二日戊寅見先五日

水以二年十二月十三日己酉晨伏乾象十二月十五日辛亥伏後二日黃初十二月十四日庚戌伏後一日

水以三年五月十八日辛巳夕見乾象亦以五月十八日見黃初五月十七日庚辰見先一日

水以三年六月十三日景午伏乾象六月二十日癸丑伏後七日黃初六月十九日壬子伏後六日

水以三年閏六月二十五日丁亥晨見乾象以閏月九日辛未見先十六日黃初閏月八日庚午見先十七日

水以三年七月七日己亥伏乾象七月十一日癸卯伏後四日黃初以七月十日壬寅伏後三日

水以三年十一月日於婁度十四日甲辰伏乾象以十一月九日己亥伏先五日黃初十月八日戊戌伏先六日

水以三年十二月二十八日戊子夕見二曆同以十二月壬申見俱先十六日

凡四星見伏十五乾象七近二中黃初五近一中

郎中李恩議以太史天度與相覆校二年七月三年十一月望黃與天度日皆差異月蝕加時乃後天六時半非從三度之謂定為後天過半日也

董巴議曰昔伏犧始造八卦作三畫以象二十四氣黃帝因之初作調曆歷代十一更年五千凡有七曆顓頊以今之孟春正月為元其時正月朔旦立春五星會于天曆營室也冰凍始泮蟄蟲始發雞始三號天曰作時地曰作昌人曰作樂鳥獸萬物莫不應和故顓頊聖人為曆宗也湯作殷曆弗復以正月朔旦立春為節也更以十一月朔旦冬至為元首下至周魯及漢皆從其節據正四時夏為得天以承堯舜從顓頊故也礼記大戴曰虞夏之曆建正於孟春此之謂也

楊偉請六十日中疏密可知不待十年若不從法是校方員棄規矩考輕重背權衡課長短廢尺寸論是非違分理若不先定校曆之本法而懸聽棄法之末爭則孟軻所謂方寸之基可使高於岑樓者也今韓翊據劉洪術者知貴其術珍其法而棄其論背其術廢其言違其事是非必使洪奇妙之式不傳來世若知而違之於挾故而背師也若不知據之是為挾不知而罔知也校議未定會帝崩而寢至明帝景初元年尚書郎楊偉造景初曆表上帝遂改正朔施行偉曆以建丑之月為正改其年三月為孟夏其孟仲季月雖與夏正不同至於郊祀蒐狩班宣時令皆以建寅為正三年正月帝崩復用夏正其劉氏在蜀仍漢四分曆吳中書令闞澤受劉洪乾象法於東萊徐岳又加解注中常侍王蕃以洪術精妙用推渾天之理以制儀象及論故孫氏用乾象曆至吳亡

武帝踐祚泰始元年因魏之景初曆改名泰始曆楊偉推五星尤踈闊故元帝渡江左以後更以乾象五星法代偉曆自黃初已後改作曆術皆斟酌乾象所減斗分朔餘月行陰陽遲疾以求折衷洪術為後代推步之師表故先列之云

乾象曆

上元己丑已來至建安十一年景戌歲積七千三百七十八年

乾法千一百七十　會通七千一百七十一

紀法五百八十九　周天二十一萬五千一百四十

通法四萬三千二十六　通數四十一

日法四百五十七　歲中十二

餘歲三千九十　章歲十九

沒法百三　章閏七

會數四十七　會歲八百九十三

章月二百四十五　　會率千八百八十二
朔望合數九百四十一　　會日萬一千四十五
紀月七千二百八十五　　元月一萬四千五百七十
月周七千八百七十四　　小周二百五十四

推入紀

置上元盡所求年以乾法除之不滿乾法以紀法除之餘不滿紀法者入內紀甲子年也滿法去之入外紀甲午年也

推朔

置入紀年外所求以章月乘之章歲而一所得爲定積月不盡爲閏餘閏餘十二以上歲有閏以通法乘定積月爲假積日滿日法爲定積日不盡爲小餘以六旬去積日爲大餘命以所入紀筭外所求年天正十一月朔日也

求次月加大餘二十九小餘七百七十三小餘滿日法從大餘小餘六百八十四已上其月大

推冬至

置入紀年外所求以餘數乘之滿紀爲大餘不盡爲小餘以六旬去之命以紀筭外天正冬至日也

求二十四氣

置冬至小餘加大餘十五小餘五百一十五滿二千三百五十六從大餘命如法

推閏月

以閏餘減章歲餘以歲中乘之滿章閏爲一月不盡半法已上亦一有進退以無中月

推弦望

加大餘七小餘五百五十七半小餘如日法從大餘餘命如前得上弦又加得望又加得下弦又加得後月朔其弦望定小餘四百一以下以百刻乘之滿蔀法得一刻不盡什之求分以課所近節氣夜漏未盡以筭上爲日

推没

置入紀年外所求以餘數乘之滿紀法爲積没有餘加盡積爲一以會通乘之滿没法爲大餘不盡爲小餘大餘命以紀筭外冬至後没日求次没加大餘六十九小餘六十滿其法大餘無分無滅

推日度

以紀法乘積日滿周天去之餘以紀法除之所得爲度命度以牛前五度起宿次除之不滿宿即天正夜半日所在

求次日加一度經斗除分分少損一度爲紀法加焉

推月度

以月周乘積日滿周天去之餘滿紀法爲度不盡爲分命如上則天正朔夜半月所在度

求次月小月加度二十二分二百五十八大月又加一日度十三分二百一十七滿法得一度其冬下旬夕在張心署之

推合朔度以章歲乘朔小餘滿會數爲大分不盡小分以大分從朔夜半日分滿紀法從度命如前天正合朔日月所共會也

求次月加度二十九大分三百一十二小分滿會數大分大分滿紀法後度經斗除大分

求弦望日所在度加合朔度七分二百二十五小分十七半大小分及度命如前則上弦日所在度又加得望下弦後月合

求弦望月行所在度加合朔度九十八大分四百八小分四十一大小分及度命如前合朔則上弦月所在又加得望下弦後月合

求日月昏明度日以紀法月以月周乘所近節氣夜漏二百而一爲明分日以減紀法月以減月周餘爲昏分各以加夜半如法爲度

推月蝕

置上元年外所求以會歲去之其餘年以會率乘之如會歲爲積蝕有餘加積一會月乘之如會率爲積月不盡爲月餘以章閏乘餘年滿章月爲積閏以減積月餘以歲中去之不盡數起天正

求次蝕加五月月餘千六百三十五滿會率得一月月以望

推卦用事日

因冬至大餘倍其小餘坎用事日也加小餘千七十五滿乾法從大餘

中孚用事日也

求次卦各加大餘六小餘百三其四正各因其中日而倍其小餘

推五行用事

置冬至大小餘加大餘二十七小餘九百二十七滿二千三百五十六從大餘得土用事日也加大餘十八小餘六百一十八得立春木用事日加大餘七十三小餘百一十六復得土又加土如得其火金水放此

推加時以十二乘小餘滿其法得一度辰數從子起筭外朔弦望以定小餘

推漏刻

以百乘小餘滿其法得一刻不盡什之求分課所近節氣起夜分盡夜上水未盡以所近言之推有進退進加退減所得也進退有差起分度後二率四度轉增少少每半者三而轉之差滿三止歷五度而減如初

月行三道術

月行遲疾周進有恒會數從天地凡數乘餘率自乘如會數而一為過周分以從周天月周除之歷日數也遲疾有衰其變者勢也以衰減加

月行率為日轉度分衰左右相加為損益率益轉相益損轉相損盈縮積也半小周乘通法如通數而一以歷周減焉為朔行分也

日轉度分	列衰	損益率	盈縮積	月行分
一日十四度分十	一退減	益二十二	盈初	三百七十六
二日十四度分九	二退減	益二十一	盈二十二	二百七十五
三日十四度分七	三退減	益十九	盈四十三	二百七十三
四日十四度分四	四退減	益十六	盈六十三	二百七十
五日十四度分八	四退減	益十二	盈七十八	二百六十六
六日十三度分十五	四退減	益八	盈九十	二百六十二
七日十三度分十一	四退減	益四	盈九十八	二百五十八
八日十三度分七	四退減	損四	盈百二	二百五十四
九日十三度分三	四退減	損四	盈百二	二百五十
十日十二度分十八	三退減	損八	盈九十八	二百四十六
十一日十二度分十五	四退加	損十一	盈九十	二百四十三
十二日十二度分十一	三退加	損十五	盈七十九	二百四十九
十三日十二度分八	二退加	損十八	盈六十四	二百四十六
十四日十二度分六	一退加	損二十	盈三十六	二百三十四
十五日十二度分五	一退加	損二十一	盈二十六	二百三十三
十六日十二度分六	二退減	損二十（損不足反減五為益盈有五謂益而損縮初二十故不足）	盈五縮初	二百四十四
十七日十二度分八	三退減	益十八	縮十五	二百三十六
十八日十二度分十一	四進減	益十三	縮三十三	二百三十九
十九日十二度分十五	二進減	益十一	縮四十八	二百四十三
二十日十二度分十八	四進減	益八	縮五十九	二百四十六
二十一日十三度分三	四進減	益四	縮六十七	二百五十
二十二日十三度分七	四進加	損	縮七十一	二百五十四
二十三日十三度分十一	四進加	損四	縮七十一	二百五十八
二十四日十三度分十五	四進加	損八	縮六十七	二百六十二
二十五日十四度	四進加	損十二	縮五十九	二百六十六
二十六日十四度分四	三進加	損十六	縮三十七	二百七十
二十七日十四度分七	三歷初進加 三大周日	損十九	縮三十一	二百七十三
周日十四度分九	少進加	損二十一	縮十二	二百七十五

周日分三千三百三　周虛二千六百六十六　周日法五千九百六十九

通周十八万五千三十九　歷周十六万四千四百六十六　少大法一千一百一

朔行大分一千八百一　周半一百二十七

推合朔入歷

以上元積月乘朔行大小分滿通數四十一從大分滿歷周去之餘滿周法得一日不盡為日餘日餘命筭外所求合朔入歷也

求次月加一日日餘五千二百三十三分二十五

求弦望各加七日日餘二千八百八十三小分二十九半分各如法成日日滿二十七日去之餘如周分不足除減一日加周虛

求弦望定大小餘

置所入歷盈縮稱以通周乘之為實令通數乘日餘分以乘損益率以損

益實為加時盈縮也章歲減月行分乘周半為差法以除之所得盈減縮加大小餘小餘如日法盈不足朔加時在前後日弦望進退大餘為定小餘

求朔弦望加時定度

以章歲乘加時盈縮差法除之所得滿會數為盈縮大小以盈減縮加本日月所在盈不足以紀法進退度為日月所在定度分

推月行夜半入歷

以周半乘朔小餘如通數而一以減入歷日餘餘不足加周法而減焉却一日却得周日加其分即得夜半入歷

求次日轉一日因日餘到二十七日日餘滿周日分去之不直周日也其不滿直之加周虛於餘餘皆次日入歷日餘也

求月夜半定度

以夜半入歷日餘乘損益率如周法得一不盡為餘以損益盈縮積餘無所損破全為法損之為夜半盈縮也滿章歲為度不盡為分通數乘分及餘餘如周法從分分滿紀法從度以盈加縮減本夜半度及餘為定度

求變衰法

以入歷日餘乘列衰如周法得一不盡為餘即各知其日變衰也

求次歷

以周虛乘列衰如周法為常數歷竟輒以加率衰滿列衰去之轉為次歷率衰也

求次日夜半定度

以變衰進加退減歷日轉分分盈不足章歲出入度也通數乘分及餘而日轉加夜定度為次日也竟歷不直周日減餘千三十八乃以通數乘之直周日者加餘八百三十七又以少大分八百九十九加次歷變衰轉求如前

求次日夜半盈縮

以變衰減加損益率為變損日益而以轉損益夜半盈縮歷竟損不足反減為入次歷減加餘如上數

求昏明月度

以歷月行分乘所近節氣夜漏二百而一為分以減月行分為昏分分如章歲為度以通數乘分以昏後以明加夜半定度餘分半法以上成不滿廢之

求月行遲疾

月經四表出入三道交錯分天以月率除之為歷之日周天乘朔望合如會月而一朔合分也通數乘合數餘如會數而一退分也以從月周為日進分會數而一為差率也

陰陽歷	衰	損益率	兼數
一日	一減	益十七	初
二日	一減	益十六	十七
三日	三減	益十五	三十七
四日	四減	益十二	三十八
五日	四減	益八	六十
六日	三減	益四	六十八
七日	三減（減不足反損為加謂益有一當加減三為不足）	益一（過極損之謂月行半周度已過極則當損之）	七十二
八日	四加	損二	七十三
九日	四加	損六	七十一
十日	三加	損十	六十五
十一日	二加	損十三	五十五
十二日	一	損十五	三十二
十三日（限餘三千九百二十三 微分千七百五十三）此為後限	一加（歷初大分日）	損十六	大二十七
分日五千二百而三	少加小者	損十六	大十一

少大法四百七十三　歷周十萬七千五百六十五　差率萬一千九百八十六

朔合分萬八千三百二十八　微分九百一十四　微分法二千二百九

推朔入陰陽歷

以會月去上元積月餘以朔合分及微分各乘之微分滿其法從合分合分滿周天去之其餘不滿歷周者為入陽歷餘去之餘為入陰歷餘皆如月周得一日筭外所求月合朔入歷不盡為日餘

求次月

加二日日餘二千五百八十微分九百一十四如法成日蒲十三去之除餘
如分日陰陽歷竟互入端入歷在前限餘前後限後者月行中道也

求朔望定數

各置入遲疾歷盈縮大小分會數乘小分爲微盈減縮加陰陽日餘日餘盈
不足進退日而定以定日餘乘損益率如月周得一以損益數爲加時定數

推夜半入歷以差率乘朔小餘如微分法得一以減入歷日餘不足加
月周而減之却得分日加其分以會數約微分爲小分即朔日夜半入
歷日日餘三十一小分如會數從會餘餘滿月周去之又加一日歷竟
下日餘蒲分日去之爲入歷初也不蒲分日者直之加餘二千七百二
小分三十一爲入次歷

求夜半定日以通數乘入遲疾歷夜半盈縮及餘餘蒲半爲小分以盈
加縮減入陰陽日餘日盈不足以月周進退日而定也以定日餘乘損
益兼數爲夜半定數也

求昏明數以損益率乘所近節氣夜偏二百而一爲明以減損益率爲
昏而以損益夜半數爲昏明定數

求月去極度

置加時若昏明定數以十二除之爲度其餘三日而一爲少不盡一爲
強二少弱也所得爲月去黃道度也其陽歷以加日所在黃道歷去極
度陰歷以減之則月去極度強正弱負強弱相并同名相從異名相消
其相減也同名相消異名相從無對互之二強進少而弱

上元己丑以來至建安十一年景戌歲積七千三百七十八

己丑　戊寅　丁卯　景辰　乙巳　甲午　癸未　壬申
辛酉　庚戌　己亥　戊子　丁丑　景寅

推五星

五行木歲星火熒惑土填星金太白水辰星各以終日与天度相約爲
日率章歲乘周爲月法章月乘日爲月分分如法爲月數通數乘月法
日度法也升分乘周率爲升分〔日度法用紀法乘同率故此同以分乘之〕
五星朔大餘小餘〔以通法各乘月數日法各除之爲大餘不盡爲小餘以六十去大餘〕

五星入月日日餘〔各以通法乘月餘以合月法朔小餘并之會數約之所得各以日度法除之則皆是〕
生度數度餘〔減多爲度餘分以周天乘之以日度法約之所得爲度不盡爲度餘過周天法之及十分〕
紀月七千二百八十五　章閏七
章月二百三十五　歲中十二
通法四万三千二十六　日法千四百五十七
會數四十七　周天二十萬五千一百三十
升分一百四十五

木
周率六千七百二十二　日率七千三百四十一
合月數十三　月餘六萬四千八百一
合月法十二万七千七百一十八　日度法三百九十五万九千二百五十八
朔大餘二十三　朔小餘一千三百七
入月日十五　日餘三百三十八萬四千四十六
朔虛分一百五十　升分九十七萬四千六百九十
度數三十三　度餘二百五十萬九千九百五十六

火
周率三千四百七　日率七千二百七十一
合月數二十六　月餘二萬五千六百二十七
合月法六萬四千七百三十三　日度法二百萬六千七百二十三
朔大餘四十七　朔小餘一千一百五十七
入月日十二〔景初十三〕　日餘九十七萬三千一十三
朔虛分三百　升分四十九萬四千二十五
度數四十八〔景初五十〕　度餘一百九十九萬一千七百六

土
周率三千五百二寸九　日率三千六百五十三
合月數十二　月餘五萬三千八百四十三
合月法六萬七千五十一　日度法二百七萬八千五百八十
朔大餘五十四　朔小餘五百三十四

入月二十四　日餘十六万六千二百七十二
朔虛分九百二十三　升分五十一万一千七百五
度數十二　度餘一百七十三万三千一百四十八
金
周率九千二十二　日率七千二百一十三
合月數九　月餘十五万二千二百九十三
合月法十七万一千四百一十六　日度法五百三十一万三千九百五十八
朔大餘二十五　朔小餘一千一百二十九
入月日二十七　日餘五万六千九百五十四
朔虛分三百二十八　升分一百三十万八千一百九十
度數二百九十二　度餘五万六千九百五十四
水
周率一万一千五百六十一　日率一千八百三十四
合月數一　月餘二十一万一千三百三十一
合月法二十一萬九千六百五十九　日度法六百八十萬九千四百二十九
朔大餘二十九　朔小餘七百七十三
入月日二十八　日餘六百三十一萬九千六百六十七
朔虛分六百八十四　升分一百六十七万六千三百四十五
度數五十七　度餘六百四十一万九千六百六十七
推五星
置上元盡所求年以周率乘之滿日率得一名積合不盡爲合餘以周率除之得一星合往年二合前往年無所得合其年合餘減周率爲度分金水積合奇爲晨耦爲夕
推星合月
以月數月餘各乘積合滿合月法從月不盡爲月餘以紀月去積月餘爲入紀月副以章閏乘之滿章月得一閏以減入紀月餘以歲中去之命以天正筭外合月也其在閏交際以朔御之
推入月日

以通法乘月餘合月法乘朔小餘并以會數約之所得滿日度法得一則星合入月日也不滿爲日餘命以朔筭外
推星合度以周天乘度分滿日度法得一度不盡爲餘命度以牛前五起右
求星法
求後合月以月數加月數以月餘加月餘滿合月法得一月不減滿歲中即合其年滿去之有餘計焉餘爲後年再滿在後二年金水加晨得夕加夕得晨
求合朔日以朔大小餘加合月大小餘上成月者又加大餘二十九小餘七百七十三小餘滿日法從大餘命如前
求入月日術以入月日日餘加合入月日及餘餘滿日度法得一日其前合朔小餘滿其虛分者減一日後小餘滿七百七十三以上者去三十日其餘則後合入月日也
求後度以度數加度餘加度餘滿日度法得一度
木伏三十二日　三百四十八萬四千六百四十六分
見三百六十六日　伏行五度
二百五十万九千九百五十六分　見行四十度除逆退十二度定行二十八度
火伏百四十三日　九十七万三千一十三分
見六百三十六日　伏行一百一十度
四十七万八千九百九十八分　見行三百二十度除逆十七度定行三百三度
土伏三十三日　十六万六千二百七十二分
見三百三十五日　伏行三度
百七十三万三千一百四十八分　見行十五度除逆六度定行九度
金晨伏東方八十二日　十一万三千九百八分
見西方二百四十六日除逆六度定行二百四十六度　晨伏行百度
十一万三千九百八分　見東方十日度加西伏十日退八度
水晨伏三十三日　六百一万二千五百五分
見西方三十二日除逆一度定行三十二度　伏行六十五
六百一万二千五百五分　見東方

五星曆步

以術法伏日度及餘加星合日度餘餘滿日度法得一從今命之如前得星見日及度也以星行分母乘見度餘如日度法得一分不盡半法以上亦得一而日加所行分分滿其母得一度逆順母不同以當行之母乘故分如母而一當行分也留者承前逆則減之伏不盡度經升除分以行母爲率分有損益前後相遇凡言如盈約滿皆求實之除也去及除之取盡之除也

木晨與日合順伏十六日百七十四萬二千三百二十三分行星三度三百二十三萬四千六百七分而晨見東方在日後順疾日行五十八分之十一五十八日行十一度更順遲日行九分五十八日行九度留不行二十五日而旋逆日行七分之一八十四日退十二度復留二十五日而順日行五十八分之九五十八日行九度順疾日行十一分五十八日行十一度在日前夕伏西方十六日百七十四萬二千三百二十三分行星三度三百二十三萬四千六百七分而與日合凡一終三百九十八日三百四十八萬四千六百四十六分行星四十三度二百五十萬九千九百五十六分

火晨與日合伏順七十一日百四十八萬九千八百六十八分行星五十度百二十四萬二千八百六十分半而晨見東方在日後順日行二十三分之十四百八十四日行一百一十二度更順遲日行二十三分之十二九十二日行四十八度留不行十一日旋逆日行六十二分之十七六十二日退十七度日行十二分九十二日行四十八度復順疾日行十四分百八十四日行百一十二度在日前夕伏西方七十一日百四十八萬九千八百六十八分行星五十五度百二十四萬二千八百六十分半而與日合凡一終七百七十九日九十七萬三千一十三分行星四百一十四度四十七萬八千九十八分

土晨與日合伏順十六日百一十二萬二千四百二十六分半行星一度百九十九萬五千八百六十四分半而晨見東方在日後順日行三十五分之三百八十七日半行七度半留不行三十四日旋逆日行十七分之一百二日退六度復三十四日而順日行三分八十七日逆行七度半在日前夕伏西方十六日百一十二萬二千四百二十六分半行星一度百九十九萬五千八百六十四分半而與日合也凡一終三百七十八日十六萬六千二百七十二分行星十二度百七十三萬三千一百三十八分

金晨與日合伏逆五日退四度而晨見東方在日後逆日行五分度之三十日退六度留不行八日旋順遲日行四十六分之三十三四十六日行三十三度而順疾日行一度九十一分之十五九十一日行一百六度更順益疾日行一度九十一分之二十二九十一日行百一十三度在日後晨伏東方順四十一日五萬六千九百三十四分行星五十度五萬六千九百五十四分而與日合一日五萬六千九百五十四分行星亦如之

金夕與日合伏順四十一日五萬六千九百五十四分行星五十度五萬六千九百五十四分而夕見西方在日前順疾日行一度九十一分之二十二九十一日行百一十三度更順減疾日行一度十五分九十一日行百六度而順遲日行四十六分之三十三四十六日行三十三度留不行八日旋逆日行五分之三十日退六度而與日合凡再合一終五百八十四日十一萬三千九百八分行星亦如之

水晨與日合伏逆九日退七度而晨見東方在日後更逆疾一日退一度留不行二日旋順遲日行九分之八九日行八度而順疾日行一度四分之一二十日行二十五度在日後晨伏東方順十六日六百四十一萬九百六十七分而與日合一合五十七日六百四十一萬九百六十七分行星三十二度六百四十一萬九百六十七分行星亦如之

水夕與日合伏順十六日六百四十一萬九百六十七分而夕見西方在日前順疾日行一度四分之一二十日行二十五度而順遲日行九分之八九日行八度留不行二日旋逆一日退一度在日前夕伏西方逆遲九日退七度與日合凡再合一終一百一十五日六百一萬二千五百五分行星亦如之

志第八　晉書十八　御撰

律曆下

魏尚書郎楊偉表曰臣覽載籍斷考歷數時以紀農月以紀事其所由來遐而尚矣乃自少昊則玄鳥司分顓頊帝嚳則重黎司天唐帝虞舜則羲和掌日三代因之則世有日官日官司歷則頒之諸侯諸侯受之則頒于境內夏后之世羲和湎淫廢時亂日則書載胤征由此觀之審農時而重人事歷代然之也逮至周室既衰戰國橫騖告朔之羊廢而不紹登臺之禮滅而不遵閏分乖次而不識孟陬失紀而莫悟大火猶西流而怪蟄蟲之不藏也是時也天子不協時司歷不協日諸侯不受職日御不分朔人事不恤廢棄農時仲尼之撥亂於春秋託褒貶糾黜司歷失閏則譏而書之登臺頒朔則謂之有禮自此以降暨于秦漢乃復以孟冬為歲首閏為後九月中節乖錯時月紕繆加時後天蝕不在朔累載相襲久而不革也至武帝元封七年始乃悟其繆焉於是改正朔更歷數使大才通人更造太初歷校中朔所差以正閏分課中星得度以考疏密以建寅之月為正朔以黃鍾之月為律曆初其歷斗分太多後遂疏闊至元和二年復用四分歷施而行之至于今日考察日蝕率常在晦是則斗分太多故先密後疏而不可用也是以臣前以制典餘日推考天路稽之前典驗之以蝕朔詳而精之更建密歷則不先不後古今中天以昔在唐帝協日正時允釐百工咸熙庶績也欲使當今國之典禮凡百制度皆韜合往古郁然備足乃改正朔更歷數以大呂之月為歲首以建子之月為歷初臣以為昔在往代則法曰顓頊曩自軒轅則歷曰黃帝暨至漢之孝武革正朔更歷數改元曰太初因名太初歷今改元為景初宜曰景初歷臣之所建景初歷法數則約要施用則近密治之則省功學之則易知雖復使研桑心算隸首運籌重黎司晷羲和察景以考天路步驗日月究極精微盡術數之極者皆未能並臣如此之妙也是以累代歷數皆疏而不密自黃帝以來常改革不已

壬辰元以來至景初元年丁巳歲積四千四十六筭上此元以天正建子黃鍾之月為歷初元首之歲夜半甲子朔旦冬至元法萬一千五十八

紀法千八百四十三

紀月二萬二千七百九十五

章歲十九

章月二百四十五

章閏七

通數十三萬四千六百三十

日法四千五百五十九

餘數九千六百七十

周天六十七萬三千一百五十一

紀歲中十二

氣法十二

沒分六萬七千三百一十五

沒法九百六十七

月周二萬四千六百三十八

通法四十七

會通七十九萬百一十

朔望合數六萬七千三百一十五

入交限數七十三萬二千七百九十五

通周十二萬五千六百二十一

周日日餘二千五百二十八

周虛二千三十一

升分四百五十五

甲子紀第一

紀首合朔月在日道裏　交會差率四十一萬二千九百一十九

遲疾差率十萬三千九百四十七

甲戌紀第二

紀首合朔月在日道裏　交會差率五十一萬六千五百二十九

遲疾差率七萬三千七百六十七

甲申紀第三

紀首合朔月在日道裏　交會差率六十二萬一百三十九

遲疾差率四萬三千五百八十七

甲午紀第四

紀首合朔月在日道裏　交會差率七十二萬三千七百三十九

遲疾差率一萬三千四百七

甲辰紀第五

紀首合朔月在日道裏　交會差率三萬七千二百四十九

遲疾差率一萬八千八百四十八

甲寅紀第六

紀首合朔月在日道裏　交會差率十四萬八百五十九

遲疾差率十萬八千六百六十八

交會紀差十萬三千六百一十求其數之所生者置一紀積月以通數乘之會通去之所去之餘紀差之數也以之轉加前紀則得後加之未滿會通者則紀首之歲天正合朔月在日道裏滿去之則月在日道表加表滿在裏加裏滿在表

遲疾紀差三萬一百八十求其數之所生者置一紀積月以通數乘之通周去之餘以減通周所減之餘紀差之數也以之轉減前紀則得後不足減者加通周

求次元紀差率轉減前元甲寅紀差率餘則次元甲子紀差率也求次紀如上法也

推朔積月術曰置壬辰元以來盡所求年外所求以紀法除之所得筭外所入紀第也餘則入紀年數也以章月乘之如章歲而一爲積月不盡爲閏餘閏餘十二以上其年有閏閏月以無中氣爲正

推朔術曰以通數乘積月爲朔積分如日法而一爲積日不盡爲小餘以六十去積日餘爲大餘大餘命以紀筭外所求年天正十一月朔日也

求次月加大餘二十九小餘二千四百一十九小餘滿日法從大餘命如前次月朔日也小餘二千一百四十以上其月大也

推弦望加朔大餘七小餘千七百四十四小分一小分滿二從小餘小餘滿日法從大餘大餘滿六十去之餘命以紀筭外上弦日也又加得望下弦後月朔其日蝕望者定小餘如在中節者定小餘如所近中節間限數限數以下者筭上爲日望在中節前後各四日以還者視限數望在中節前後各五日以上者視間限

推二十四氣術曰置所入紀年外所求以餘數乘之滿紀法爲大餘不盡爲小餘大餘滿六十去之餘命以紀筭外天正十一月冬至日也

求次氣加大餘十五小餘四百二小分十一小分滿氣法從小餘小餘滿紀法從大餘命如前次氣日也

推閏月術曰以閏餘減章歲餘以歲中乘之滿章閏得一月餘滿半法以上亦得一月數從天正十一月起筭外閏月也閏有進退以無中氣御之

大雪十一月節　限數千二百四十二　間限千二百四十八

冬至十一月中　限數千二百五十四　間限千二百四十五

小寒十二月節　限數千二百四十九　間限千二百二十四

大寒十二月中　限數千二百一十三　間限千一百九十二

立春正月節　限數千一百七十二　間限千一百四十七

雨水正月中　限數千一百二十九　間限千九十二

驚蟄二月節　限數千六十七　間限千四十六

春分二月中　限數千八　間限九百七十九

清明三月節　限數九百五十一　間限九百二十五

穀雨三月中　限數九百　間限八百七十九

立夏四月節　限數八百五十七　間限八百四十

小滿四月中　限數八百二十三　間限八百一十三

芒種五月節　限數八百　間限七百九十九

夏至五月中　限數七百九十八　間限八百一

小暑六月節　限數八百五　間限八百一十五

大暑六月中　限數八百二十五　間限八百四十五

立秋七月節　限數八百五十九　間限八百八十三

處暑七月中　限數九百七　間限九百三十五

白露八月節　限數九百六十三　間限九百九十三

秋分八月中　限數千二十一　間限千五十一

寒露九月節　限數千八十　間限千一百七

霜降九月中　限數千一百三十二　間限千一百五十七

立冬十月節　限數千一百八十一　間限千一百九十八

小雪十月中　限數千二百一十五　間限千二百三十九

推沒滅術曰因冬至積日有小餘者加積一以沒分乘之以沒法除之所得爲大餘不盡爲小餘大餘滿六十去之餘命以紀筭外即去年冬至後沒日也

求次沒加大餘六十九小餘五百九十二小餘滿沒法得一從大餘命如前小餘盡爲滅也

推五行用事日立春立夏立秋立冬者即木火金水始用事日也各減其大餘十八小餘四百八十三小分六命以紀筭外各四立之前土用事日也大餘不足減者加六十小餘不足減者減大餘一加紀法小分不足減者減小餘一加氣法

推卦用事日因冬至大餘六其小餘即坎卦用事日也加小餘萬九十一蔀元法從大餘即中孚用事日也

求坎卦各加大餘六小餘九百六十七其四正各因其中日六其小餘

○推日度術曰以紀法乘朔積日蔀周天去之餘以紀法除之所得為度不盡為分命度從牛前五起宿次除之不蔀宿則天正十一月朔夜半日所在度及分也

求次日日加一度分不加經斗除斗分分少進退一度

推月度術曰以月周乘朔積日蔀周天去之餘以紀法除之所得為度不盡為分命如上法則天正十一月朔夜半月所在度及分也

求次月小度加度二十二分八百六大月又加一日度十三分六百七十九分蔀紀法得一度則次月朔夜半月所在度及分也其冬下旬夕在張心署之

推合朔度術曰以章歲乘朔小餘蔀通法為大分不盡為小分以大分從朔夜半日夜分蔀紀法從度命如前則天正十一月合朔日月所共合度也

求次月加度二十九大分九百七十七小分四十二小分蔀通法從大分大分蔀紀法從度經斗除其分則次月合朔日月所共合度也

推弦望日所在度加合朔度七大分七百五小分十微分一微分蔀二從小分小分蔀通法從大分大分蔀紀法從度命如前則上弦日所在度也又加得望下弦後月合也

推弦望月所在度加合朔度九十八大分千二百七十九小分四十四數蔀命如前即上弦月所在度也又加得望下弦後月合也

推日月昏明度術曰日以紀法月以月周乘所近節氣夜漏二百而一為明分日以減紀法月以減月周餘為昏分各以分如夜半如法為度

○推合朔交會月蝕術曰置所以入紀朔積分以所入紀下交會差率之數加之以會通去之餘則所求年天正十一月合朔去交度分也以通數加之蔀會通去之餘則次月合朔去交度分也以朔望合數各加其月合朔去交度分蔀會通去之餘則各其月望去交度分也朔望去交分如朔望合數以下入交限數以上者朔則交會望則月蝕

推合朔交會月蝕月在日道表裏術曰置所入紀朔積分以所入紀下交會差率之數加之倍會通去之餘不蔀會通者紀首表天正合朔月在表紀首裏天正合朔月在裏蔀會通去之表蔀在裏裏蔀在表

求次月以通數加之蔀會通去之加裏在表加表蔀在裏先交會後月蝕者朔在表則望在裏朔在裏則望在表先月蝕後交會者看蝕月朔在裏則望在表朔在表則望在裏交會月蝕如朔望合數以下則前交後會如入交限數以上則前會後交其前交後會近於限數者則豫伺之前會後交近於限數者則後伺之

求去交度術曰其前交後會者今去交度分如日法而一所得則却去交度分也其前會後交者以去交度分減會通餘如日法而一所得則前去交度也餘皆度分也去交度十五以上雖交不蝕也十以下是蝕十以上虧蝕微少光晷相及而已虧之多少以十五為法

求日蝕虧起角術曰其月在外道先交後會者虧蝕西南角起先會後交者虧蝕東南角起其月在內道先交後會者虧蝕西北角起先會後交者虧蝕東北角起虧蝕分多少如上以十五為法會交中者蝕盡

月蝕在日之衝虧角與上反也

月行遲疾度	損益率	盈縮積分	月行分
一日十四度分十四	益二十六	盈初	二百八十
二日十四度分十一	益二十三	盈積分一十一萬八千五百四十四	二百七十七
三日十四度分八	益二十	盈積分二十一萬三千三百九十二	二百七十四
四日十四度分五	益十七	盈積分三十一萬四千五百七十一	二百七十一
五日十四度分一	益十三	盈積分三十九萬二千七十四	二百六十九
六日十三度分十四	益七	盈積分四十五萬一千三百四十一	二百六十一
七日十三度分十七	損一	盈積分四十八萬三千三百五十四	二百五十四

八日	十三度一分	損六	盈積分四十八萬三千三百五十四	二百四十八
九日	十二度十六分	損十	盈積分四十五萬五千九百	二百四十四
十日	十二度十三分	損十三	盈積分四十一萬三百一十	二百四十一
十一日	十二度十一分	損十五	盈積分四十五萬一千四十二	二百三十九
十二日	十二度八分	損十八	盈積分二十八萬二千六百五十八	二百三十六
十三日	十二度五分	損二十一	盈積分二十萬五百九十六	二百三十六
十四日	十二度三分	損二十三	盈積分十萬四千八百五十七	二百三十一
十五日	十二度五分	益二十一	縮初	二百三十三
十六日	十二度七分	益十九	縮積分九萬五千七百三十九	二百三十五
十七日	十二度九分	益十七	縮積分十八萬二千三百六十	二百三十七
十八日	十二度十二分	益十四	縮積分二十五萬九千八百六十三	二百四十
十九日	十二度十五分	益十一	縮積分三十二萬三千六百八十九	二百四十一
二十日	十二度十八分	益八	縮積分四十七萬三千八百四十八	二百四十六
二十一日	十三度三分	益四	縮積分三十一萬三百二十	二百五十
二十二日	十三度七分	損一	縮積分四十二萬八千五百四十六	二百五十四
二十三日	十三度十二分	損五	縮積分四十二萬八千五百四十六	二百五十九
二十四日	十三度十八分	損十一	縮積分四十萬五千七百五十一	二百六十五
二十五日	十四度五分	損十七	縮積分三十五萬五千六百三	一百七十一
二十六日	十四度十一分	損二十三	縮積分二十七萬八千九十九	二百七十七
二十七日	十四度十一分	損二十四	縮積分十七萬三千二百四十	二百七十八
周日	十四度十三有小分六百二十六	損二十五有小分六百二十六	縮積分六萬三千八百二十六	二百七十九有小分六百二十六

推合朔交會月蝕入遲疾歷術曰置所入紀朔積分以所入紀下遲疾差率之數加之以通周去之餘滿日法得一日不盡為日餘命日筭外則所求年天正十一月合朔入歷日也

求次月加一日餘四千四百五十求望加十四日日餘三千四百八十九日餘滿日法成日日滿二十七去之又除餘如周日餘日餘不足除者減一日加周虛

推合朔交會月餘定大小餘以歷日餘乘所入歷損益率以損益盈縮積分以章歲減所入歷月行分餘以除之所得以盈減縮加大小餘加之滿日法者交會加時在後日減之不足者交會加時在前日月蝕者隨定大小餘為日加時入歷在周日者以周日日餘乘縮積分為定積分以損率乘入歷日餘又以周日日餘乘之以周日日度小分并之以損定積分餘為後定積分以章歲減周日月行分餘以周日日餘乘之以周日度小分并之以除後定積分所得以加本小餘如上法

推加時以十二乘定小餘滿日法得一辰數從子起筭外則朔望加時所在辰也有餘不盡者四之如日法而一為少二為半三為太又有餘者三之如日法而一為強半法以上排成之不滿法廢棄之以強并少為少強并半為半強并太為太強得二強者為少弱以之并少為半弱以之并半為太弱以之并太為一辰弱以所在辰命之則各得其少太半及強弱也其月餘蝕望在中節前後四日以還日以上者視限數在中節前後五日以上者視間限定小餘如間限限數以下者以筭上為日

斗二十六分四百五十五　牛八　女十二　虛十　危十七　室十六　辟九

北方九十八度分四百五十五

奎十六　婁十二　胃十四　昴十一　畢十六　觜二　參九

西方八十度

井三十三　鬼四　柳十五　星七　張十八　翼十八　軫十七

南方百十二度

角十二　亢九　氐十五　房五　心五　尾十八　箕十一

東方七十五度

中節日所在度	日行黃道去極度	日中晷影	晝漏刻	夜漏刻	昏中星	明中星
冬至十一月中斗二十一少	百一十五度	丈三尺	四十五	五十五	奎六弱	亢二少強
小寒十二月節女二	百一十三強	丈二尺三寸	四十五八分	五十四二分	婁六半強	氐七強
大寒十二月中虛五半強	百一十一太強	丈一尺	四十六八分	五十三二分	胃十一太強	心半
立春正月節危十太弱	百六少弱	九尺六寸	四十八六分	五十一四分	畢五少弱	尾七半弱
雨水正月中室八太弱	百一強	七尺九寸五分	五十六分	四十九二分	參六半弱	箕半
驚蟄二月節壁八強	九十五強	六尺五寸五分	五十三三分	四十六七分	井十七少弱	斗少
春分二月中奎十四少強	八十九少強	五尺二寸五分	五十五八分	四十四二分	鬼四	斗十一弱

清明三月節胃一半 八十三弱少 四尺一寸五分 五十八三分 四十一七分 星四太 斗二十一半
穀雨三月節昴二大 七十七強太 三尺二寸 六十五分 三十九五分 張十七 斗六半
立夏四月節畢七 七十三強少 二尺五寸二分 六十二四分 三十七六分 翼十七太 女十弱少
小滿四月中參四少弱 六十九太 尺九寸八分 六十三九分 三十六一分 角弱太 危弱太
芒種五月節井少半弱 六十七弱少 尺六寸八分 六十四九分 三十五一分 亢五太 危十四強
夏至五月中井二十五半弱 六十七強 尺五寸 六十五 三十五 氐十二弱少 室十二強
小暑六月節柳三太弱 六十七強太 尺七寸 六十四七分 三十五三分 尾一強太 奎二強太
大暑六月中星四強 七十 二尺 六十三八分 三十六二分 尾十五強半 婁三太
立秋七月節張十二少 七十三強半 二尺五寸五分 六十二二分 三十七八分 箕九強太 胃九強太
處暑七月中翼九半 七十八強半 三尺三寸三分 六十三二分 三十九八分 斗十少 畢三太
白露八月節軫六太 八十四強少 四尺二寸五分 五十七八分 四十二二分 斗二十一強 參五強少
秋分八月中角五弱 九十強半 五尺五寸二分 五十五二分 四十四八分 牛五少 井十六強少
寒露九月節亢八少弱 九十六強太 六尺八寸五分 五十二六分 四十七四分 女七太 鬼三強少
霜降九月中氐十四少強 百二強少 八尺四寸 五十三分 四十九七分 虛六太 星三太
立冬十月節尾四半強 百七強少 丈八寸二分 四十八二分 五十一八分 危八強 張十五太
小雪十月中箕一太強 百一十一弱 丈一尺四寸 四十六七分 五十三三分 室三弱半 翼十五太
大雪十一月節斗六 百一十三強太 丈二尺五寸六分 四十五五分 五十四五分 辟強半 翼十五大

右中節二十四氣如術求之得冬至十一月中也加之得次月節加節得其月中星以日所在為正置所求年二十四氣小餘四之如法得一為少不盡少三之如法為強所得以減其節氣昏明中星各定

推五星術

五星者木曰歲星火曰熒惑星土曰塡星金曰太白星水曰辰星凡五星之行有遲有疾有留有逆曩自開闢淸濁始分則日月五星聚于星紀發自星紀並而行天遲疾留逆互相逮及星與日會同宿共度則謂之合從合至合之日則謂之終各以一終之日與一歲之日通分相約終而率之歲數歲則謂之合終歲數歲終則謂之合終合數二率既定則法數生焉以章歲乘合數為合月法以紀法乘合數為日度法以章月乘歲數為合月分如合月法為合月合月之餘為月餘以通數乘

合月數如日法而一為大餘以六十去大餘為星合朔大餘大餘之餘為朔小餘以通數乘月餘以合月法乘朔小餘并之以日法乘合月法除之所得星合入月日數也餘以朔通法約之為入月日以朔小餘減日法餘為朔虛分以麻斗分乘合數為星度斗分木火土各以合數減歲餘以周天乘歲數如日度法而一所得則行星度數也餘則度餘金水以周天乘歲數如日度法而一所得則行星度數也餘則度餘也

木合終歲數一千二百五十五　合終合數一千一百四十九
合月度法二萬一千八百四十一　日度法二百一十萬七千六百二十七
合月數十三　月餘一萬一千一百二十二
朔大餘二十三　朔小餘四千九十三
入月日十五　日餘一百九十九萬五千六百六十四
朔虛分四百六十六　斗分五十二萬二千七百九十五
行星度三十三　度餘一百四十七萬二千八百六十九
火合終歲數五千一百五　合終合數二千三百八十八
合月法四萬五千三百七十二　日度法四百三十萬一千八百一十四
合月數二十六　月餘二萬一
朔大餘四十七　朔小餘三千六百二十七
入月日十三　日餘三百五十八萬五千二百四十
朔虛分九百三十三　斗分一百八萬六千五百三十
行星度五十　度餘一百四十万二千一百五十
土合終歲數三千九百四十三　合終合數三千八百九
合月法七萬二千三百七十二　日度法七百一萬九百八十七
合月數十二　月餘五萬八千一百五十三
朔大餘五十四　朔小餘一千六百七十四
入月日二十四　日餘六十七萬五千三百六十四
朔虛分二千八百八十五　斗分一百七十三萬三千九十五
行星度一十二　度餘五百九十六萬二千二百五十六
金合終歲數一千九百七　合終合數二千三百八十五

合月法四万五千三百一十五　日度法四百三十九万五千五百五十五
合月數九　月餘四万三百一十
朔大餘二十五　朔小餘三千五百三十五
入月日二十五　日餘十九万四千九百九十
朔虛分一千二十四　斗分一百八万五千二百七十五
行星度三百九十三　度餘十九万四千九百九十
水合終歲數一千八百七十　合終合數一万一千七百八十九
合月法二十二万三千九百九十一　日度法二千一百七十二萬七千二百三十七
合月數一　月餘二十一万五千四百五十九
朔大餘二十九　朔小餘二千四百一十九
入月日二十八　日餘二千三十四万四千二百九十一
朔虛分二千　斗分五百三十六万三千九百九十五
行星度五十七　度餘二千三十四万四千三百六十一

推五星術曰置壬辰元以來盡所求年以合終合數乘之滿合終歲數得一名積合不盡名爲合餘以合終合數減合餘得一者星合往年得二者合前往年无所得合其年餘以減合終合數爲度分金水積合偶爲晨奇爲夕

推五星合月以月數月餘各乘積合餘滿合月法從月爲積月不盡爲月餘以紀月除積月所得筭外所入紀也餘爲入紀月副以章閏乘之滿章月得一爲閏以減入紀月餘以歲中去之餘爲入歲月命以天正起筭外星合月也其在閏交際以朔御之

推合月朔以通數乘入紀月滿日法得一爲積日不盡爲小餘以六十去積日餘爲大餘命以所入紀筭外星合朔日也

推入月日以通數乘月餘合月法乘朔小餘并之通法約之所得滿日度法得一則星合入月日也不滿日餘命日以朔筭外入月日也

推星合度以周天乘度分滿日度法得一爲度不盡爲餘命以牛前五度起筭外星所合度也

求後合月以月數加入歲月以餘加月餘餘滿合法得一月月不滿歲中即在其年滿去之有閏計焉餘爲後年再滿在後二年金水加晨得

夕加夕得晨也

求後合朔以朔大小餘數加合朔月大小餘其月餘上成月者又加大餘二十九小餘二千四百一十九小餘滿日法從大餘命如前法

求後入月日以入月日日餘加入月日及餘餘滿日度法得一其前合朔小餘滿其虛分者去一日後小餘滿二千四百一十九以上去二十九日不滿去三十日其餘則後合入月日命以朔求後合度以度數及分如前合宿次命之

木晨與日合伏順十六日九十九萬七千八百四十二分行星二度百七十九萬五千二百三十八分而晨見東方在日後順疾日行五十七分之十一五十七日行十一度順遲日行九分五十七日行九度而留不行二十七日而旋逆日行七分之一八十四日退十二度而復留二十七日後遲日行九分五十七日行九度而復順疾日行十一分五十七日行十一度在日前夕伏西方順十六日九十九萬七千八百三十二分行星二度百七十九萬五千二百三十八分而與日合凡一終三百九十八日九百九十九萬五千六百六十四分行星三十三度百四十七萬二千八百六十九分

火晨與日合伏七十二日一百七十九萬二千六百一十五分行星五十六度百二十四萬九千三百三十五分而晨見東方在日後順日行二十三分之十四二百八十四日行百一十二度更順遲日行十二分九十二日行四十八度而留不行十一日而旋逆日行六十二分之十七六十二日退十七度而復留十一日復順遲日行十二分九十二日行四十八度而復疾日行十四分百八十四日行百一十二度在日前夕伏西方順七十二日百七十九萬二千六百一十五分行星五十六度百二十四萬九千三百四十五分而與日合凡一終七百八十日三百五十八萬五千二百三十分行星四百一十五度二百四十九万八千六百九十分

土晨與日合伏十九日三百八十四萬七千六百七十五分半行星三度六百四十九萬一千一百二十一分半而晨見東方在日後順行百七十二分之十三八十六日行六度半而留不行三十二日半而旋逆日行七分之一百二日半而退六度而復留不行三十二日半復順日行十三分八十六日行六度半在日前夕伏西方順十九日三百八十四萬七千六百七十五分半行星三度六百四十九萬一千一百二十一分半而與日合凡一終三百七十八日六十七萬

五千三百六十四分行星十二度五百九十六萬二千二百五十六分
金晨與日合伏六日退四度而晨見東方在日後而逆遲日行五分之三
十日退六度留不行七日而旋順遲日行四十五分之三十三四十五日行三十
三度而順疾日行一度九十一分之十四九十一日行百五度而順益疾日行
一度九十一分之二十一九十一日行百一十二度在日後而晨伏東方順四十
二日十九萬四千九百九十八分行星五十二度十九萬四千九百九十八分而與日合
一合二百九十三日十九萬四千九百九十八分行星如之
金夕與日合伏順四十二日百十九萬四千九百九十八分行星五十二度十九
萬四千九百九十八分而夕見西方在日前順疾日行一度九十一分之二十一
九十一日行百一十二度而更順遲日行一度十四分九十一日行五度而順
益遲日行四十五分之三十三四十五日行三十三度而留不行七日旋逆日
行五分之三十日退六度在日前夕伏西方逆六日退四度而與日合再合一
終五百八十四日三十八萬九千八十分行星如之
水晨與日合伏十一日退七度而晨見東方在日後逆疾一日退一度而留
不行一日而旋順遲日行八分之七八日行七度而順疾日行一度十八分之
四十八日行二十二度在日後晨伏東方順十八日二千三十四萬四千二百
六十一分行星三十六度二千三十四萬四千二百六十一分而與日合凡一
合五十七日二千三十四萬四千二百六十一分行星如之
水夕與日合伏十八日二千三十四萬四千二百六十一分行星三十六度二
千三十四萬四千二百六十一分而夕見西方在日前順疾日行一度十八分
之四十八日行二十二度而更順遲日行八分之七八日行七度而留不行
一日而旋逆一日退一度在日前夕伏西方逆十一日退七度而與日合凡再
合一終百一十五日千八百九十六萬一千三百九十五分行星如之
五星曆步術以法伏日度餘加星合日度餘餘滿日度法得一從全命
之如前得星見日及餘度也以星行分母乘見度分如日度法得一分不
盡半法以上亦得一而日加所行分滿其母得一度逆順母不同以當行
之母乘故分如故母而一當行分也留者承前逆則減之伏不盡度除斗
分以行母為率分有損益前後相御武帝侍中平原劉智以斗曆改憲推

四分法三百年而減一日以百五十為度法三十七為斗分
推甲子為上元至泰始十年歲在甲午九萬七千四百一十一歲上元天正
甲子朔夜半冬至日月五星始于星紀得元首之端飾以浮說名為正
曆當陽侯杜預著春秋長曆說云日行一度月行十三度十九分之七有
奇日官當會集此之遲疾以考成晦朔以投閏月閏月無中而北斗邪
指兩辰之間所以異於他月積此以相通四時八節無違乃得成歲其
微密至矣得其精微以合天道則事敘而不悖故傳曰閏以正時時以作
事然陰陽之運隨動而差差而不已遂與曆錯故仲尼丘明每於朔閏發
文蓋矯正得失因以宣明曆數也劉子駿造三正曆以脩春秋日蝕有甲
乙者三十四而三正曆惟得一蝕此諸家既最疎又六千餘歲輒益一日凡
歲當累日為次而故益之此不可行之甚者自古已來諸論春秋者多述
謬誤或造家術或用黃帝已來諸曆以推經傳朔日皆不諧合日蝕於
朔此乃天驗經傳又書其朔蝕可謂得天而劉賈諸儒說皆以為月二
日或三日公違聖人明文其弊在於守一元不與天消息也余感春秋之
事嘗著曆論極言曆之通理其大指曰天行不息日月星辰各運其舍
皆動物也物動則不一雖行度有大量可得而限累日為月累月為歲
以新故相涉不得不有毫末之差此自然之理也故春秋日有頻月而蝕
者曠年不蝕者理不得一而筭守恒數故曆無不有先後也始失於毫毛
而尚未可覺積而成多以失弦望晦朔則不得不改憲以從之書所謂欽
若昊天曆象日月星辰易所謂治曆明時言當順天以求合非為合以
驗天者也推此論之春秋二百餘年其治曆變通多矣雖數術絕滅
遠尋經傳微旨大量可知時之違謬則經傳有驗學者固當曲循經
傳月日日蝕以考晦朔以推時驗而皆不然各據其學以推春秋此異
於度已之迹而欲削他人足也余為曆論之後至咸寧中善筭者李
脩卜顯依論體為術名乾度曆表上朝廷其術合日行四分數而微增
月術用三百歲改憲之意二元相推七十餘歲承以強弱強弱之差蓋少
而適足以遠通盈縮時尚書及史官以乾度與泰始曆參校古今記注
乾度曆殊勝泰始曆上勝官曆四十五事今其術具存又并考古今十

歷以驗春秋知三統之最疏也

春秋大凡七百七十九日三百九十三經 三百八十六傳 其四十七日蝕三無甲乙

黃帝歷得四百六十六日 一蝕

顓頊歷得五百九日 八蝕

夏歷得五百三十六日 十四蝕

眞夏歷得四百六十六日 一蝕

殷歷得五百三日 十三蝕

周歷得五百六日 十三蝕

眞周歷得四百八十五日 一蝕

魯歷得五百二十九日 十三蝕

三統歷得四百八十四日 一蝕

乾象歷得四百九十五日 七蝕

泰始歷得五百一十日 十九蝕

乾度歷得五百三十八日 十九蝕

今長歷得七百三十六日 三十日蝕失三十三日經傳誤 四日蝕三无甲乙

漢末宋仲子集七歷以考春秋案其夏周二歷術數皆与藝文志所記不同故更名爲眞夏眞周歷也

穆帝永和八年著作郎琅邪王朔之造通歷以甲子爲上元積九萬七千年四千八百八十三爲紀法千二百五爲斗分因其上元爲開闢之始

後秦姚興時當孝武太元九年歲在甲申天水姜岌造三紀甲子元歷其略曰治歷之道必審日月之行然後可以上考天時下察地化一失其本則四時變移故仲尼之作春秋日以繼月月以繼時時以繼年年以首事明天時者人事之本是以王者重之自皇羲以降暨于漢魏各自制歷以求厥中考其疏密惟交會日蝕可以驗之然書契所記惟春秋著日蝕之變自隱公訖于哀公凡二百四十二年之間日蝕三十有六考其晦朔不知用何歷也班固以爲春秋因魯歷魯歷不正故置閏失其序魯以閏餘一之歲爲蔀首檢春秋置閏不与此蔀相符也命歷序曰孔子爲治春秋之故退修殷之故歷使其數可傳於後如是春秋宜用殷歷正之今考其交會日不與殷歷相應以殷歷考春秋月朔多不及其日又以檢經率多一日傳率少一日但公羊經傳異朔於理可從而經有蝕朔之驗傳爲失之也服虔解傳用太極上元太極上元乃三統歷劉歆所造元也何緣施於春秋於春秋而用漢歷於義無乃遠乎傳之違失多矣不惟斯事而已襄公二十七年冬十有一月乙亥朔日有蝕之傳曰辰在申司歷過再失閏也考其去交分交會應在此月而不爲再失閏也案歆歷於春秋日蝕一朔其餘多在二日因附五行傳著朓與側匿之說云春秋時諸侯多失其政故月行恒遲歆不以歷失天而爲之差說日之蝕朔此乃天驗也而歆反以己歷非此究天而負時歷也杜預又以爲周衰世亂學者莫得其真今之所傳七歷皆未必是時王之術也今誠以七家之歷以考古今交會信無其驗也皆由斗分疏之所致也殷歷以四分一爲斗分三統以一千五百三十九分之三百八十五爲斗分乾象以五百八十九分之一百四十五爲斗分今景初以一千八百四十三分之四百五十五爲斗分疏密不同法數各異殷歷斗分麤故不施於今乾象斗分細故不得通於古景初斗分雖在麤細之中而日之所在乃差四度日月虧已皆不及其次假使日在東井而蝕以月驗之乃在參六度差違乃爾安可以考天時人事乎今治新歷以二千四百五十一分之六百五爲斗分日在斗十七度天正之首上可以考合於春秋下可以取驗於今世以之考春秋三十六蝕正朔者二十有五蝕二日者二蝕晦者二誤者五凡三十三蝕其餘蝕經无日諱之名无以考其得失圖緯皆云三百歲斗歷改憲以今新歷施於春秋之世日蝕多在朔春秋之世下至於今凡一千餘歲交會弦望故進退於二蝕之間此法乃可永載用之豈三百歲斗歷改憲者乎甲子上元以來至魯隱公元年己未歲凡八万二千七百三十六至晉孝武太元九年甲申歲凡八万三千八百四十一筭上

元法七千三百五十 紀法二千四百五十一

通數十七万九千四十四 日法六千六十三

月周三萬一千七百六十六 氣分萬四千八百六十

元月九萬九百四十五 紀月三萬三百一十五

没分四萬四千七百六十一　没法六百三十二(斗分六百五)

周天六十九万五千二百二十一(名紀日)　章月二百三十五

章歲十九　章閏七

歲中十二　會數四十七(日月八百九十三歲凡四十七會分盡)

氣中十二

甲子紀　交差九千一百五十七

甲申紀　交差六千三百四十七

甲辰紀　交差三千一百一十七

周半一百二十七　朔望合數九百四十一

周天八十万五千二百二十　會歲八百九十三

會月万一千四十五　日分法二千五百

章數一百二十七　小分二千一百八十三

周閏大分七萬六千一百六十九　歷周四十万七千六百一十(半周天)

會分三萬八千一百四十四　月周三萬二千七百六十六

差分一万一千九百八十六　會率一千八百八十三

小分法二千二百九　入交限一萬一百四

小周二百五十四

甲子紀　差率四萬九千一百七十八

甲申紀　差率五萬八千二百四十

甲辰紀　差率六万七千二百八十四

通周十六万七千六百三　周日日餘二千二百六十三

周虛二千七百一

五星約法

據出見以爲正不數於元本然則算步究於元初約法施於今用曲求其趣則各有宜故作者兩設其法也岁交以月蝕檢日宿度所在爲歷術者宗焉又著渾天論以步日於黃道駁前儒之失并得其中矣

志第八　律歷下　晉書

禮上

夫人含天地陰陽之靈有哀樂喜怒之情乃聖垂範以為民極節其驕淫以防其暴乱崇高天地虔敬鬼神列尊卑之序成夫婦之義然後為国為家可得而治也傳曰一日克己復礼天下歸仁若乃太一初分燧人鑽火志有暢於恭儉情不由乎玉帛而酌玄流於春澗之右焚封豕於秋林之外亦無得而闕焉軒頊依神唐虞稽古逮乎隆周其文大備或垂百官之範或置不刊之法或礼經三百威儀三千皆所以弘宣天意雕刻人理叔代澆訛王風陵謝事睽光国礼亦愆家趙簡子問太叔以揖讓周旋之礼對曰蓋所謂儀而非礼也天經地義之道自茲尤缺哀公十一年孔子自衛反魯迹三代之典垂百王之訓時无明后道噎不行若夫情尚分流隄防之仁是棄澆訛異術洙泗之風斯泯是以漢文罷再期之喪中興為一郊之祭隨時之義不其然歟而西京元鼎之辰中興永平之日疏璧流而延冠帶啓儒門而引諸生兩京之盛於斯為

美及山魚登俎澤豕睽經礼樂恆委浮華相尚而郊禋之制綱紀或存魏氏光宅憲章斯美王肅高堂隆之徒博通前載三千條之礼十七篇之文各以舊文增損當世豈所謂致君於堯舜之道焉世屬雕牆時逢秕政周因之典務多違俗而遺編殘冊猶有可觀者也景初元年營洛陽南委粟山以為圓丘祀之日以始祖帝舜配房俎生魚陶樽玄酒非搢紳為之綱紀其孰能與於此者哉宣景戎旅未遑伊制太康平吳九州共一礼經咸至樂器同歸於是齊魯諸生各攜緗素武皇帝亦初平寇乱意先儀範其吉礼也則三茅不翦日觀停瑄其凶礼也則深衣布冠降席撤膳明乎一謙三益之義而教化行焉元皇中興事多權道遺文舊典不斷如髮是以常侍戴邈詣闕上疏云方今天地更始万物權輿蕩近世之流弊創千齡之英範是故雙劒之節崇而飛白之俗成挾琴之容飾而赴曲之和作其所以興起礼文勸帝身先之也穆哀之後王猷漸替桓溫居揆政由己出而有司或曜斯文增暉執事主威長謝臣道專行記曰苟无其位不可以作礼樂豈斯之謂歟晉始則有荀顗鄭沖裁成国典江左則有荀崧刁協損益朝儀周官五礼吉凶賓軍嘉而吉礼之大莫過祭祀故洪範八政三曰祀祀者所以昭孝事祖通于神明者也漢興承秦滅學之後制度多未能復古歷東西京四百餘年故往往改變魏氏承漢末大乱舊章殄滅命侍中王粲尚書衛覬草創朝儀及晉国建文帝又命荀顗因魏代前事撰為新礼參考今古更其節文羊祜任愷庾峻應貞並共刊定成百六十五篇奏之太康初尚書僕射朱整奏付尚書郎摯虞討論之虞表所宜增損曰臣典校故太尉顗所撰五礼臣以為夫革命以垂統帝王之美事也隆礼以率教邦国之大務也是以臣前表礼事稽留求速訖施行又以喪服最多疑闕宜見補定又以今礼篇卷煩重宜隨類通合事久不出懼見寢嘿蓋冠婚祭會諸吉礼其制少變至於喪服世之要用而特易失旨故子張疑高宗諒陰三年子思不聽其子服出母子游謂異父昆弟大功而子夏謂之齊衰及孔子沒而門人疑於所服此等皆明達習礼仰讀周典俯師仲尼漸漬聖訓講肄積年及遇喪事猶尚若此明喪礼易惑不可不

詳也況自此已來篇章焚散去聖彌遠喪制詭謬固其宜矣是以喪服一卷卷不盈握而爭說紛然三年之喪鄭云二十七月王云二十五月改葬之服鄭云服緦三月王云葬訖而除繼母出嫁鄭云皆服王云從乎繼寄育乃為之服无服之殤鄭云子生一月哭之一日王云以哭之日易服之月如此者甚衆喪服本文省略必待注解事義乃彰其傳說差詳世稱子夏所作鄭王祖經宗傳而各有異同天下並疑莫知所定而顗直書古經文而已盡除子夏傳及先儒注說其事不可得行及其行事故當還頒異說一彼一此非所以定制也臣以為今宜參采礼記略取傳說補其未備一其殊義可依準王景侯所撰喪服變除使類統明正以斷疑爭然後制无二門咸同所由又有此礼當班於天下不宜繁多顗為百六十五篇篇為一卷合十五餘万言臣猶謂卷多文煩類皆重出案尚書堯典祀山川之礼惟於東嶽備稱牲幣之數陳所用之儀其餘則但曰如初周礼祀天地五帝享先王其事同者皆曰亦如之文約而義舉今礼儀事同而名異者輒別為篇卷煩而不典皆宜省文通事隨

類合之事有不同乃列其異如此所減三分之一虞預討論新禮訖以元康元年上之所陳惟明堂五帝二社六宗及吉凶王公制度凡十五篇有詔可其議後虞與傅咸續其事竟未成功中原覆沒虞之決疑注是其遺事也逮于江左僕射刁協太常荀崧補緝舊文光祿大夫蔡謨又踵修其事云

魏明帝太和元年正月丁未郊祀武帝以配天宗祀文帝於明堂以配上帝是時二漢郊禋之制具存魏所損益可知

四年八月天子東巡過繁昌使執金吾臧霸行太尉事以特牛祠受禪壇景初元年十月乙卯始營洛陽南委粟山為圓丘詔曰昔漢氏之初承秦滅學之後採摭殘缺以備郊祀自甘泉后土雍宮五畤神祇兆位多不經見並以興廢無常一彼一此四百餘年廢無禘禮古代之所更立者遂有闕焉曹氏世系出自有虞氏今祀圓丘以始祖帝舜配號圓丘曰皇皇帝天方丘所祭曰皇皇后地以舜妃伊氏配天郊所祭曰皇天之神以太祖武皇帝配地郊所祭曰皇地之祇以武宣皇后配宗祀皇考高祖文皇帝於明堂以配上帝十二月壬子冬至始祀皇皇帝天于圓丘以始祖有虞帝舜配自正始以後終魏世不復郊祀

魏元帝咸熙二年十二月甲子使持節侍中太保鄭沖兼太尉司隸校尉李憙奉皇帝璽綬策書禪位于晉景寅武皇帝設壇場于南郊柴燎告類于上帝是時尚未有祖配

泰始二年正月詔曰有司前奏郊祀權用魏禮朕不慮改作之難令便為永制眾議紛互遂不時定不得以時供饗神祇配以祖考日夕難企貶食忘安其便郊祀時羣臣又議五帝即天地王氣時異故殊其號雖名有五其實一神明堂南郊宜除五帝之坐五郊改五精之號皆同稱昊天上帝各設一坐而已地郊又除先后配祀帝悉從之二月丁丑郊祀宣皇帝以配天宗祀文皇帝於明堂以配上帝是年十一月有司又議奏古者丘郊不異宜并圓丘方丘於南北郊更修立壇兆其二至之祀合於二郊帝又從之一如宣帝所用王肅議也是月庚寅冬至帝親祠圓丘於南郊自是後圓丘方澤不別立

太康三年正月帝親郊祀皇太子皇子悉侍祠十年十月又詔曰孝經郊祀后稷以配天宗祀文王於明堂以配上帝而周官云祀天旅上帝又曰祀地旅四望四望非地則明堂上帝不得為天地往者眾議除明堂五帝位考之禮文不正且詩序曰文武之功起於后稷故推以配天焉宣帝以神武創業既已配天復以先帝配天於義亦所不安其復明堂及南郊五帝位愍帝都長安未及立郊廟而敗

元帝渡江太興二年始議立郊祀儀尚書令刁協國子祭酒杜夷議宜須旋都洛邑乃修之司徒荀組據漢獻帝都許即便立郊自宜於此修奉驃騎王導僕射荀崧太常華恒中書侍郎庾亮皆同組議事遂施行立南郊於巳地其制度皆太常賀循所定多依漢及晉初之儀三月辛卯帝親郊祀饗配之禮一依武帝始郊故事是時尚未立北壇地祇眾神共在天郊

明帝太寧三年七月始詔立北郊未及建而帝崩及成帝咸和八年正月追述前旨於覆舟山南立之天郊則五帝之佐日月五星二十八宿

文昌北斗三台司命軒轅后土太一天一太微鉤陳北極雨師雷電司空風伯老人凡六十二神也地郊則五嶽四望四海四瀆五湖五帝之佐沂山嶽山白山霍山醫無閭山蔣山松江會稽山錢唐江先農凡四十四神也江南諸小山蓋江左所立猶如漢西京關中小水皆有祭秩也是月辛未祀北郊始以宣穆張皇后配地魏氏故事非晉舊也

康帝建元元年正月將北郊有疑議太常顧和表泰始中合二至之禮於二郊北郊之月古無明文或以夏至或同用陽漢光武正月辛未始建北郊此則與南郊同月及中興草創百度從簡合七郊於一丘憲章未備權用斯禮蓋時宜也至咸和中議別立北郊同用正月魏承後漢正月祭天以地配時高堂隆等以為禮祭天不以地配而稱周禮三王之郊一用夏正於是從和議是月辛未南郊辛巳北郊帝皆親奉

安帝元興三年劉裕討桓玄走之己卯告義功于南郊是年帝蒙塵江陵未反其明年應郊朝議以為宜依周禮宗伯攝職三公行事尚書左丞王納之獨曰既殯郊祀自是天子當陽有君存焉稟命而行何所辯

也齊之與否豈如今日之比乎議者又云今宜郊故是承制所得命三公行事又郊天極尊推一而已故非天子不祀也庶人以上莫不蒸嘗嫡子居外介子執事未有不親受命而可祭天者納之又曰武皇受禪用二月郊元帝中興以三月郊今郊時未過日月望輿駕無爲欲速而使皇輿旋反更不得親奉也於是從納之議

郊廟牲幣璧玉之色雖有成文秦世多以騂駒漢則但云犢未辯其色江左南北郊同用玄牲明堂廟社同以赤牲

禮有事告祖禰宜社之文未有告郊之典也漢儀天子之喪使太尉告謚于南郊他無聞焉

魏文帝黃初四年七月帝將東巡以大軍當出使太常以一特牛告祠南郊及文帝崩太尉鍾繇告謚南郊皆是有事於郊也江左則廢

禮春分祀朝日於東秋分祀夕月於西漢武帝郊泰畤平旦出行宮東向揖日其夕西向揖月既郊日月又不在東西郊也後遂旦夕常拜故魏文帝詔曰漢氏不拜日於東郊而旦夕常於殿下東西拜日月煩褻似家人之事非事天神之道也

黃初二年正月乙亥祀朝日于東門之外又違禮二分之義

魏明帝太和元年二月丁亥祀朝日于東郊八月己丑祀夕月于西郊始得古禮及武帝太康二年有司奏春分依舊請車駕祀朝日寒溫未適可不親出詔曰禮儀宜有常若如所奏與故太尉所撰不同復爲無定制也間者方難未平故每從所奏今戎事弭息惟此爲大按此詔帝復爲親祀朝日也此後廢

禮郊祀后稷以配天宗祀文王於明堂以配上帝魏文帝即位用漢明堂而未有配

明帝太和元年始宗祀文帝於明堂齊王亦行其禮

晉初以文帝配後復以宣帝尋復還以文帝配其餘無所變革是則郊與明堂同配異配參差不同矣摯虞議以爲漢魏故事明堂祀五帝之神新禮五帝即上帝即天帝也明堂除五帝之位惟祭上帝案仲尼稱郊祀后稷以配天宗祀文王於明堂以配上帝周禮祀天旅上帝祀地旅

四望望非地則上帝非天斷可識矣郊丘之祀掃地而祭牲用繭栗器用陶匏事反其始故配以遠祖明堂之祭備物以薦三牲並陳籩豆成列禮同人理故配以近考郊堂兆位居然異體牲牢品物質文殊趣且祖考同配非謂尊嚴之美三日再祀非謂不黷之義其非一神亦足明矣昔在上古生爲明王沒則配五行故太昊配木神農配火少昊配金顓頊配水黃帝配土此五帝者配天之神同兆之於四郊報之於明堂祀天大裘而冕祀五帝亦如之或以爲五精之帝佐天育物者也前代相因莫之或廢晉初從始異議庚午詔書明堂及南郊除五帝之位惟祀天神新禮奉而用之前太醫令韓楊上書宜如舊祀五帝太康十年詔已施用宜定新禮明堂及郊祀五帝如舊議詔從之江左以後未遑脩建

漢儀太史每歲上其年曆先立春立夏大暑立秋立冬常讀五時令皇帝所服各隨五時之色帝升御坐尚書令以下就席位尚書三公郎以令置按上奉以入就席伏讀訖賜酒一卮魏氏常行其禮魏明帝景初元年通事白曰前後但見讀春夏秋冬四時令至於服黃之時獨闕不讀今不解其故散騎常侍領太史令高堂隆以爲黃於五行中央土也王四季各十八日土生於火故於火用事之末服黃三季則否其令則隨四時不以五行爲令也是以服黃無令斯則魏氏不讀大暑令也及晉受命亦有其制傅咸云立秋一日白路光於紫庭白旂陳於玉堦然則其日旂路皆白也

成帝咸和五年六月丁未有司奏讀秋令兼侍中散騎常侍荀弈兼黃門侍郎散騎侍郎曹宇駮曰尚書三公曹奏讀秋令儀注舊典未備臣等參議光祿大夫臣華恒議武皇帝以秋夏盛暑常闕不讀令在春冬不廢也夫先王所以順時讀令者蓋取後而奉天時正服尊嚴之所重今服章多闕如此熱隆赫臣等謂可如恒議依故事闕如不讀詔可

六年三月有司奏今月十六日立夏今正服漸備四時讀令是祗述天和隆殺之道謂今故宜讀夏令奏可

禮孟春之月乃擇元辰天子親載耒耜措之于參保介之御間帥三公九卿諸侯大夫躬耕帝籍至秦滅學其禮久廢漢文帝之後始行斯典

魏之三祖亦皆親耕耤田及武帝泰始四年有司奏耕祠先農可令有
司行事詔曰夫國之大事在祀與農是以古之聖王躬耕帝籍以供郊廟
之粢盛且以訓化天下近世以來耕籍止於數步之中空有慕古之名
曾無供祀訓農之實而有百官車徒之費今脩千畝之制當與羣公卿
士躬稼穡之艱難以帥天下主者詳具其制下河南處田地於東郊之
南洛水之北若無官田隨宜便換而不得侵人也於是乘輿御木輅以
耕以太牢祀先農自惠帝之後其事便廢

江左元帝將脩耕籍尚書符問籍田至尊應躬祠先農不賀循荅漢儀
无正有至尊應自祭之文然則周禮王者祭四望則毳冕祭社稷五祀
則絺冕以此不為無親祭之義也宜立兩儀注賀循等所上儀注又未
詳允事竟不行後哀帝復欲行其典亦不能遂

漢儀縣邑常以乙未日祠先農乃耕於乙地以丙戌日祠風伯於戌地以
己丑日祠雨師於丑地牲用羊豕立春之日皆青幡幘迎春于東郊外
野中迎春至自野中出則迎拜之而還弗祭三時不迎

魏氏雖天子耕籍藩鎮闕諸侯百畝之禮及武帝末有司奏古諸侯耕
籍田百畝躬執耒以奉社稷宗廟以勸率農功今諸王臨國宜依脩耕
籍之義然竟未施行

周禮王后帥內外命婦享先蠶於北郊漢儀皇后親桑東郊苑中蠶
室祭蠶神曰苑窳婦人寓氏公主祠用少牢

魏文帝黃初七年正月命中宮蠶于北郊依周典也及武帝太康六年
散騎常侍華嶠奏先王之制天子諸侯親耕籍田千畝后夫人躬蠶桑
宮今陛下以聖明至仁脩先王之緒皇后體資生之德合配乾之義而
坤道未光蠶禮尚闕以為宜依古式備斯盛典詔曰昔天子親籍以供
粢盛后夫人躬蠶以備祭服所以聿遵孝敬明教示訓也今籍田有制
而蠶禮不脩由中間務多未暇崇備今天下無事宜脩禮以示四海其
詳依古典及近代故事以參今宜明年施行於是蠶於西郊蓋與籍田
對其方也乃使侍中成粲草定其儀先蠶壇高一丈方二丈為四出
陛陛廣五尺在皇后採桑壇東南帷宮外門之外而東南去帷宮十丈

在蠶室西南桑林在其東取列侯妻六人為蠶母蠶將生擇吉日皇后
著十二笄步搖依漢魏故事衣青衣乘油畫雲母安車駕六騩馬女尚
書著貂蟬佩璽陪乘載筐鉤公主三夫人九嬪世婦諸太妃太夫人及
縣鄉君郡公侯特進夫人外世婦命婦皆步搖衣青各載筐鉤從蠶
先桑二日蠶宮生蠶著薄上桑日皇后未到太祝令質明以一太牢告
祠謁者一人監祠祠畢撤饌班餘胙於從桑及奉祠者皇后至西郊升
壇公主以下陪列壇東皇后東面躬桑採三條諸妃公主各採五條縣
鄉君以下各採九條悉以桑授蠶母還蠶室事訖皇后還便坐公主以
下乃就位設饗宴賜絹各有差

前漢但置官社而無官稷王莽置官稷後復省故漢至魏但太社有稷
而官社無稷故常二社一稷也

晉初仍魏無所增損至太康九年改建宗廟而社稷壇與廟俱徙乃
詔曰社實一神其并二社之祀於是車騎司馬傅咸表曰祭法王社太社
各有其義天子尊事郊廟故冕而躬耕躬耕也者所以重孝享之粢
盛親耕故自報自為立社者為籍田而報者也國以人為本人以穀為
命故又為百姓立社而祈報焉事異報殊此社之所以有二也王景侯
之論王社亦謂春祈籍田秋而報之也其論太社則曰王者布下圻內為
百姓立之謂之太社不自立之於京都也景侯此論據祭法祭法大夫
以下成羣立社曰置社景侯解曰今之里社是也景侯解祭法則以置
社為人間之社矣而別論復以太社為人間之社未曉此旨也太社天
子為百姓而祀故稱天子社郊特牲曰天子太社必受霜露風雨以群
姓之眾王者通為立社故稱太社也若夫置社其數不一蓋以里所為
名左氏傳盟于清丘之社是也眾庶之社既已不稱太矣若復不立之京
都當安所立乎祭法又曰王為羣姓立七祀王自為立七祀言自為而
祀也為羣姓者為羣姓而祀也太社與七祀其文正等說者窮此因云
墳籍但有五祀無七祀也按祭五祀國之大祀七者小祀周禮所云祭
凡小祀則墨冕之屬也景侯解大厲曰如周杜伯鬼有所歸乃不為厲今
云无二社者稱景侯祭法不謂無二則曰口傳無其文也夫以景侯之

明擬議而後爲解而欲以口論除明文如此非但二社當見思惟景侯
之解亦未易除也前被勑尚書召誥乃社于新邑惟一太牢不二社之
明義也按郊特牲曰社稷大牢必援一牢之文以明社之無二明稷無
牲矣說者曰舉社則稷可知苟可舉社以明稷何獨不舉一以明二國
之大事在祀與戎若有二而除之不若過而存之況存之有義而除之
無據乎周禮封人掌設社壝無稷字今帝社無稷蓋出於此然國主社
稷故經傳動稱社稷周禮王祭社稷則絺冕此王社有稷之文也封人
所掌壝之無稷字說者以爲略文從可知也謂宜仍舊立二社而加立
帝社之稷時成粲議稱景侯論太社不立京都欲破鄭氏學咸重表以
爲如祭法之論景侯之解文以此壞大雅云乃立冢土毛公解曰冢土
大社也景侯解詩即用此說禹貢惟土五色景侯解曰王者取五色土
爲太社封四方諸侯各割其方色王者覆四方也如此太社復爲立京
都也不知此論何從而出而與解乖上違經記明文下壞景侯之解臣
雖頑蔽少長學門不能默已謹復續上劉寔與咸議同詔曰社稷一神

而相襲二位衆議不同何必改作其使仍舊一如魏制其後摯虞奏以
爲臣按祭法王爲羣姓立社曰太社王自爲立社曰王社周禮大司徒
設其社稷之壝又曰以血祭社稷則太社也又曰封人掌設王之社壝
又有軍旅宜乎社則王社也太社爲羣姓祈報祈報有時主不可廢故
凡被社釁鼓主奉以從是也此皆二社之明文前代之所尊以尚書召
誥社于新邑三牲各文詩稱乃立冢土無兩社之文故廢帝社惟立太社
詩書所稱各指一事又皆在公旦制作之前未可以易周禮之明典祭
法之正義前改建廟社營一社之處朝議斐然執古匡今世祖武皇帝
躬發明詔定二社之義以爲永制宜定新禮從二社詔從之至元帝建
武元年又依洛京立二社一稷其太社之祝曰地德普施惠存無疆乃
建太社保祐萬邦悠悠四海咸賴嘉祥其帝社之祝曰坤德厚載邦畿
是保乃建帝社以神地道明祀惟辰景福來造
漢儀每月旦太史上其月曆有司侍郎尚書見讀其令奉行其正朔前
後二日牽牛酒至社下故以祭日日有變割羊以祠社用救日變執事

者長冠衣絳領袖緣中衣絳絝緣以行礼如故事自晉受命日月將交會
太史乃上合朔尚書先事三日宣攝內外戒嚴摯虞決疑曰凡救日蝕
者著赤幘以助陽也日將蝕天子素服避正殿內外嚴警太史登靈臺
伺候日變便伐鼓於門聞鼓音侍臣皆著赤幘帶劍入侍三臺令史以
上皆各持劍立其戶前衛尉卿驅馳繞宮伺察守備周而復始亦伐鼓
於社用周礼也又以赤絲爲繩以繫社祝史陳辭以責之勾龍之神天
子之上公故陳辭以責之日復常乃罷
漢建安中將正會而太史上言正旦當日蝕朝士疑會否共諮尚書令
荀彧時廣平計吏劉邵在坐曰梓慎裨竈古之良史猶占水火錯失天
時諸侯旅見天子入門不得終礼者四日蝕在一然則聖人垂制不爲
變異豫廢朝礼者或災消異伏或推術謬誤也彧及衆人咸善而從
之遂朝會如舊日亦不蝕邵由此顯名至武帝咸寧三年四年並以正
旦合朔却元會改魏故事也
元帝太興元年四月合朔中書侍郎孔愉奏曰春秋日有蝕之天子伐

鼓于社攻諸陰也諸侯伐鼓于朝臣自攻也按尚書符若日之有變便
擊鼓於諸門有違舊典詔曰所陳有正義輒勑外改之至康帝建元元
年太史上元日合朔後復疑應却會與否庾冰輔政寫劉邵議以示八
坐于時有謂邵爲不得礼意荀彧從之是勝人之一失故蔡謨遂著議
非之曰邵論災消異伏又以梓慎裨竈猶有錯失太史上言亦不必審
其理誠然也而云聖人垂制不爲變異豫廢朝礼此則謬矣災祥之發
所以譴告人君王者之所重誡故素服廢樂退避正寢百官降物用幣
伐鼓躬親而救之夫敬誡之事與其疑而廢之寧慎而行之故孔子老
聃助葬於巷黨以表不見星而行故日蝕而止柩曰安知其不見星也
而邵廢之是棄聖賢之成規也魯桓公壬申有災而以乙亥嘗祭春秋
譏之災事宜過猶追懼未已故廢宗廟之祭況聞天眚將至行慶樂會
於禮乖矣礼記所云諸侯入門不得終礼者謂日官不豫言諸侯既入
見蝕乃知耳非先聞當蝕而朝會不廢也引此可謂失其義旨劉邵所
執者禮記也夫子老聃巷黨之事亦礼記所言復違而反之進退無據

然荀令所言漢朝所從遂使此言至今見稱莫知其誤矣後君子將擬以爲式故正之云爾於是冰從衆議遂以却會至永和中殷浩輔政又欲從劉邵議不却會王彪之據咸寧建元故事又曰禮云諸侯旅見天子不得終禮而廢者四自謂卒暴有之非爲先存其事而僥倖史官推術繆錯故不豫廢朝禮也於是又從彪之議

尚書曰禋于六宗諸儒互說往往不同王莽以易六子遂立六宗祠魏明帝時疑其事以問王肅亦以爲易六子故不廢及晉受命司馬彪等表六宗之祀不應特立新禮於是遂罷其祀其後摯虞奏之又以爲按舜受終類于上帝禋于六宗望于山川則六宗非上帝之神又非山川之靈也周禮肆師職曰用牲于社宗黨正職曰春秋祭禜亦如之肆師之宗與社並列則班與社同也黨正之宗文不繫社則神與社異也周之命祀莫重郊社宗同於社則貴神明矣又月令孟冬祈于天宗則周禮祭禜月令天宗六宗之神也漢光武即位高邑依虞書禋于六宗安帝元初中立祀乾位禮同太社魏氏因之至景初二年大議其神朝士紛紜

各有所執惟散騎常侍劉邵以爲萬物負陰而抱陽沖氣以爲和六宗者太極沖和之氣爲六氣之宗者也虞書謂六宗周書謂之天宗是時考論異同而從其議漢魏相仍著爲貴祀凡崇祀百神放而不致有其興之則莫敢廢之宜定新禮祀六宗如舊詔從之

禮王者羣姓立七祀曰司命中霤國門國行太厲戶竈仲春玄鳥至之日以太牢祀高禖毛詩絲衣篇高子曰靈星之尸漢興高帝亦立靈星祠及武帝以李少君故始祠竈及生戾太子始立高禖漢儀云國家亦有五祀有司行事其禮頗輕於社稷則亦存其典矣又云常以仲春之月立高禖祠于城南祀以特牲又是月也祠老人星于國都南遂郊老人星廟立夏祭竈季秋祠心星于城南壇心星廟元康時洛陽猶有高禖壇百姓祠其旁或謂之落星是後諸祀無聞江左以來不立七祀靈星則配饗南郊不復特置焉

左氏傳龍見而雩經典尚矣漢儀自立春至立夏盡立秋郡國尚旱郡縣各掃除社稷其旱也公卿官長以次行雩禮求雨閉諸陽衣皁興土龍立土人舞僮二佾七日一變如故事

武帝咸寧二年春分久旱四月丁巳詔曰諸旱處廣加祈請五月庚午始祈雨于社稷山川六月戊子獲澍雨此雩之舊典也

太康三年四月十年二月又如之其雨多則禜祭赤幘朱衣閉諸陰朱索禜社伐朱鼓焉

周禮王者祭昊天上帝日月星辰司中司命風師雨師社稷五土五嶽山林川澤四方百物兆四類四望亦如之

魏文帝黃初二年六月庚子初禮五嶽四瀆咸秩羣祀瘞沉珪璧六年七月帝以舟軍入淮九月壬戌遣使者沉璧于淮

魏明帝太和四年八月帝東巡遣使者以特牛祠中嶽

魏元帝咸熙元年行幸長安使使者以璧幣禮祠華山及穆帝升平中何琦論備五嶽祠曰唐虞之制天子五載一巡狩順時之方柴燎五嶽望于山川徧于羣神故曰因名山升中于天所以昭告神祇饗報功德是以災厲不作而風雨寒暑以時降及三代年數雖殊而其禮不易五

嶽視三公四瀆視諸侯著在經記所謂有其舉之莫敢廢也及秦漢都西京涇渭長水雖不在祀典以近咸陽故盡得比大川之祠而正立之祀可以闕哉自永嘉之亂神州傾覆茲事替矣惟潛之天柱在王略之內也舊臺選百戶吏卒以奉其職中興之際未有官守廬江郡常遣太史兼假四時禱賽春釋寒而冬請冰咸和迄今又復隳替計今非典之祠可謂非一考其正名則淫昏之鬼推其糜費則百姓之蠹而山川大神更爲簡闕禮俗頹紊人神雜擾公私奔感漸以繁滋良由頃國家多難日不暇給草建廢滯事有未遑今元憝已殲宜修舊典嶽瀆之域風教所被來蘇之衆咸蒙德澤而神明禋祀未之或甄巡狩柴燎其廢尚矣崇明前典將俟皇輿北旋稽古憲章大釐制度俎豆牲牢祝嘏文辭舊章靡記可令禮官作式歸諸誠簡以達明德馨香如斯而已其諸妖孽可粗依法令先去其甚俾邪正不黷時不見省

昔武王入殷未及下車而封先代之後蓋追思其德也孔子以大聖而終於陪臣未有封爵至漢元帝孔霸以帝師賜爵號褒成君奉孔子後

魏文帝黃初二年正月詔以議郎孔羨為宗聖侯邑百戶奉孔子祀令魯郡脩舊廟置百戶吏卒以守衛之及武帝泰始三年十一月改宗聖侯孔震為奉聖亭侯又詔太學及魯國四時備三牲以祀孔子

明帝太寧三年詔給奉聖亭侯孔亭四時祠孔子祭宜如泰始故事

禮始立學必先釋奠于先聖先師及行事必用幣漢世雖立學斯禮無聞

魏齊王正始二年二月帝講論語通五年正月講尚書通七年十二月講禮記通並使太常釋奠以太牢祠孔子於辟雍以顏回配

武帝泰始七年皇太子講孝經通咸寧三年講詩通太康三年講禮記通惠帝元康三年皇太子講論語通元帝太興二年皇太子講論語通太子並親釋奠以太牢祠孔子以顏回配成帝咸康元年帝講詩通穆帝升平元年三月帝講孝經通孝武寧康三年七月帝講孝經通並釋奠如故事穆帝孝武並權以中堂為太學

故事祀皋陶於廷尉寺新禮移祀於律署以同祭先聖於太學也故事祀以社日新禮改以孟秋之月以應秋政摯虞以為按虞書皋陶作士師惟明克允國重其功人思其當是以獄官禮其神繫者致其祭功在斷獄之成不在律令之始也太學之設義重太常故祭於太學是崇聖而從重也律署之置卑於廷尉移祀於署是去重而就輕也律非正署廢興無常宜如舊祀於廷尉又祭用仲春義取重生改用孟秋以應刑殺理未足以相易宜定新禮皆如舊制可

歲旦常設葦茭桃梗磔雞於宮及百寺之門以禳惡氣按漢儀則仲夏設之有桃印無磔雞及魏明帝大脩禳禮故何晏禳祭議雞特牲供禳釁之事磔雞宜起於魏印本漢制所以輔卯金又宜魏所除也且未詳改仲夏在歲旦之所起耳

魏明帝青龍元年詔郡國山川不在祀典勿立祠

武帝泰始元年十二月詔曰昔聖帝明王脩五嶽四瀆名山川澤各有定制所以報陰陽之功故也然以道莅天下者其鬼不神其神不傷人故祝史薦而無媿辭是以其人敬慎幽冥而淫祀不作末世信道不篤僭禮瀆神縱欲祈請曾不敬而遠之徒偷以求幸祆妄相煽舍正為邪故魏朝疾之其按舊禮具為之制使功著於人者必有其報而祆淫之鬼不亂其間二年正月有司奏春分祠厲殃及禳祠詔曰不在祀典除之

○王制天子七廟諸侯以下各有等差禮文詳矣漢獻帝建安十八年五月以河北十二郡封魏武帝為魏公是年七月始建宗廟于鄴自以諸侯禮立五廟也後雖進爵為王無所改易

延康元年文帝繼王位七月追尊皇祖為大王夫人曰大王后黃初元年十一月受禪又追尊大王曰大皇帝皇考武王曰武皇帝二年六月以洛京宗廟未成乃祠武帝於建始殿親執饋奠如家人禮按禮將營宮室宗廟為先庶人無廟故祭於寢帝者行之非禮甚矣

明帝太和三年六月又追尊高祖大長秋曰高皇夫人吳氏曰高皇后並在鄴廟之所祠則文帝之高祖處士曾祖高皇祖太帝共一廟考太祖武皇帝特一廟百世不毀然則所祠止於親廟四室也其年十一月洛京廟成則以親盡遷處士主置園邑使行太傅太常韓暨行太常宗正曹恪持節迎高祖以下神主共一廟猶為四室而已至景初元年六月羣公有司始更奏定七廟之制曰大魏三聖相承以成帝業武皇帝肇建洪基撥亂夷險為魏太祖文皇帝繼天革命應期受禪為魏高祖上集成大命清定華夏興制禮樂宜為魏烈祖於太祖廟北為二祧其左為文帝廟號曰高祖昭祧其右擬明帝號曰烈祖穆祧三祖之廟萬世不毀其餘四廟親盡迭遷一如周后稷文武廟祧之禮

文帝甄后賜死故不列廟明帝即位有司奏請追謚曰文昭皇后使司空王朗持節奉策告祠于陵三公又奏曰自古周人歸祖后稷又特立廟以祀姜嫄今文昭皇后於後嗣聖德至化豈有量哉夫以皇家世妣之尊神靈遷化而無寢廟以承享祀非以報顯德昭孝敬也稽之古制宜依周禮別立寢廟奏可

太和元年二月立廟于鄴四月洛邑初營宗廟掘地得玉璽方一寸九分其文曰天子羨思慈親明帝為之改容以太牢告廟至景初元年十二月己未有司又奏文昭皇后立廟京師永傳享祀樂舞與祖廟同廢在鄴廟

魏元帝咸熙元年進文帝爵爲王追命舞陽宣文侯爲宣王忠武侯爲景王是年八月文帝崩謚曰文王

武帝泰始元年十二月景寅受禪丁卯追尊皇祖宣王爲宣皇帝伯考景王爲景皇帝考文王爲文皇帝宣王妃張氏爲宣穆皇后景王夫人羊氏爲景皇后　二年正月有司奏置七廟帝重其役詔宜權立一廟於是羣臣議奏上古清廟一宮尊遠神祇逮至周室制爲七廟以辯宗祧聖旨深弘遠跡上世敦崇唐虞舍七廟之繁華遵一宮之遠旨昔舜承堯禪受終于文祖遂陟帝位蓋三十載月正元日又格于祖遂陟帝位此則虞氏不改唐朝因仍舊宮可依有虞氏故事即用魏廟奏可於是追祭征西將軍豫章府君潁川府君京兆府君與宣皇帝景皇帝文皇帝爲三昭三穆是時宣皇未升太祖虛位所以祠六世與景帝爲七廟其禮則據王肅說也七月又詔曰主者前奏就魏舊廟誠亦有準然於祗奉明主情猶未安宜更營造於是改創宗廟十一月追尊景帝夫人夏侯氏爲景懷皇后任茂議以爲夏侯初嬪之時未有王業帝不從

太康元年靈壽公主脩麗祔于太廟周漢未有其準魏明帝則別立平原主廟晉又異魏也　六年因廟陷當改脩創羣臣又議奏曰古者七廟所建自宜如禮又曰古雖七廟自近代以來皆廟七室於禮無廢於情爲敘亦隨時之宜也其便仍舊至十年乃更改築於宣陽門內窮極壯麗然坎位之制猶如初耳廟成帝用摯虞議率百官遷神主于新廟自征西以下車服導從皆如帝者之儀及武帝崩則遷征西及惠帝崩又遷豫章而惠帝世愍懷太子二子哀太孫臧沖太孫尚並祔廟元帝世懷帝殤太子又祔廟號爲陰室四殤懷帝初又策謚武悼楊后曰武悼皇后改葬峻陽陵側別祠弘訓宮不列於廟元帝既即尊位上繼武於元爲禰如漢光武上繼元帝故事也是時西京神主堙滅虜庭江左建廟皆更新造尋以登懷帝之主又遷潁川位雖七室其實五世蓋從刀協以兄弟爲世數故也于時百度草創舊禮未備毀主權居側室至太興三年正月乙卯詔曰吾雖上繼世祖然於懷愍皇帝皆北面稱臣今祠太廟不親執觴酌而令有司行事於情禮不安可依禮更處太常恒言

今聖上繼武皇帝宜準漢世祖故事不親執觴爵又曰今上承繼武帝而廟之昭穆四世而已前太常賀循博士傅純並以爲惠懷及愍宜別立廟然臣愚謂廟室當以客主爲限無拘常數殷世有二祖三宗若拘七室則當祭禰而已推此論之宜還復豫章潁川全拘七廟之禮驃騎長史溫嶠議凡言兄弟不相入廟既非禮文且光武奮劍振起不策名於孝平務神其事已應九世之讖又古不共廟故別立焉今上以策名而言殊於光武之事躬奉烝嘗於繼既正於情又安矣太常恒欲還二府君以全七世嶠謂是宜驃騎將軍王導從嶠議嶠又曰其非子者可直言皇帝敢告某皇帝又若以一帝爲一世則不祭禰反不及庶人帝從嶠議悉施用之於是乃更定制還復豫章潁川于昭穆之位以同惠帝嗣武故事而惠懷愍三帝自從春秋尊卑之義在廟不替也及元帝崩則豫章復遷然元帝神位猶在愍帝之下故有坎室者十也至明帝崩而潁川又遷猶十室也于時續廣太廟故三遷主並還西儲名之曰祧以準遠廟成帝咸康五年始作武悼皇后神主祔于廟配饗世祖成帝崩而康帝承統以兄弟一世故不遷京兆始十一室也至康帝崩穆帝立永和二年七月有司奏十月殷祭京兆府君當遷祧室昔征西豫章潁川三府君毀主中興之初權居天府在廟門之西咸康中太常馮懷表續太廟奉還於西儲夾室謂之爲祧疑亦非礼今京兆遷入是爲四世遠祖長在太祖之上昔周室太祖世遠故迁有所歸今晉廟宣皇爲主而四祖居之是屈祖就孫也殷祫在上是代太祖也領司徒蔡謨議四府君宜改築別室若未展者當入就太廟之室人莫敢卑其祖文武不先不窋殷祭之日征西東面處宣皇帝之上其後迁廟之主藏於征西之祧祭薦不絕護軍將軍馮懷議礼无廟者爲壇以祭可立別室藏之至殷禘則祭于壇也輔国將軍譙王司馬無忌等議諸儒謂太王王季遷主藏於文武之祧如此府君遷主宜在宣帝廟中然今無寢室宜變通而改築又殷祫太廟征西東面尚書郎孫綽與無忌議同曰太祖雖位始九五而道以從暢替人爵之尊篤天倫之道所以成教本而光百代也尚書郎徐禪議禮去祧爲壇去壇爲墠歲祫則祭之今四祖遷

主可藏之石室有禱則祭於壇墠又遣禪至會稽訪處士虞喜喜答曰漢世韋玄成等以毀主瘞於園魏朝議者云應埋兩階之間且神主本在太廟若今側室而祭則不如永藏又四君無追號之禮益明應毀而無祭是時簡文爲撫軍將軍與尚書郎劉邵等奏四祖同居西祧藏主石室禘祫乃祭如先朝舊儀時陳留范宣兄子問此禮宣答曰舜廟所以祭皆是庶人其後世遠而毀不居舜廟上不序昭穆今四君號猶依本非以功德致祀也若依虞主之瘞則猶藏子孫之所若依夏主之埋則又非本廟之階宜思其變則築一室親未盡則禘祫處宣帝之上親盡則無緣下就子孫之列其後太常劉遐等同蔡謨議博士或疑陳於太祖者皆其後之毀主憑按古義無別前後之文也禹不先鯀則遷主居太祖之上亦何疑也於是京兆遷入西儲同謂之祧如前三祖遷主之禮故正室猶十一也穆帝崩而哀帝海西並爲兄弟無所登除咸安之初簡文皇帝上繼元皇世秩登進於是潁川京兆二主復還昭穆之位至簡文崩潁川又遷孝武帝太元十二年五月壬戌詔曰昔建太廟每事從儉太祖虛位明堂未建郊祀國之大事而稽古之制闕然便可詳議祠部郎中徐邈議圓丘郊祀經典無二宣皇帝嘗辨斯義而檢以聖典爰及中興備加研極以定南北二郊誠非異學所可輕改也謂仍舊爲安武皇帝建廟六世三昭三穆宣皇帝創基之主寔惟太祖而親則王考四廟在上未及遷也權虛東向之位世兄弟相及義非二世故當今廟祀世數未足而欲太祖正位則違事七之義矣又禮曰庶子王亦禘祖立廟蓋謂支胄授立則親近必復京兆府君於今六世宜復立此室則宣皇未在六世之上須前世既遷乃太祖位定耳京兆遷毀宜藏主於石室雖禘祫猶弗及何者傳稱毀主升合乎太祖升者自下之名不謂可降尊就卑也太子太孫陰室四主儲嗣之重升祔皇祖所託之廟世遠應遷然後從食之孫與之俱毀明堂方圓之制綱領已舉不闕配帝之祀且王者以天下爲家未必一邦故周平光武無廢於二京也明堂所祀之神積疑莫辨按易殷薦上帝以配祖考祖考同配則上帝亦爲天而嚴父之義顯周禮旅上帝者有故告天與郊祀常祀同

周四主故並言之若上帝是五帝經文何不言祀天旅五帝祀地旅四望乎侍中車胤議同又曰明堂之制既其難詳且樂主於和禮主於敬故質文不同音器亦殊既茅茨廣夏不一其度何必守其形範而不弘本從俗乎九服咸寧河朔無塵然後明堂辟雍可崇而脩之時朝議多同於是奏行所改十六年始改作太廟殿正室十四間東西儲各一間合十六間棟高八丈四尺備法駕遷神主于行廟征西至京兆四主及太孫各用其位之儀服四主不從帝者儀是與太康異也諸主既入廟設脯醢之奠及新廟成神主還室又設脯醢之奠十九年二月追尊簡文母會稽太妃鄭氏爲簡文皇帝宣太后立廟太廟道西及孝武崩京兆又遷如穆帝之世四祧故事

義熙元年四月將殷祠詔博士議遷毀之禮大司馬琅邪王德文議泰始之初虛太祖之位而緣情流遠上及征西故世盡則宜毀而宣帝正太祖之位又漢光武移十一帝主於洛邑則毀主不設理可推矣宜築室以居四府君之主永藏而弗祀也大司農徐廣議四府君嘗處廟堂之首歆率土之祭若埋之幽壤於情理未必咸盡謂可遷藏西儲以爲遠祧而禘饗永絕也太尉諮議參軍袁豹議仍舊無革殷祠猶及四府君情理爲允時劉裕作輔意與大司馬議同須後殷祠行事改制會安帝崩未及禘而天祿終焉

武帝咸寧五年十一月己酉弘訓羊太后崩宗廟廢一時之祀天地明堂去樂且不上胙

穆帝升平五年十月己卯殷祀以帝崩後不作樂

孝武太元十一年九月皇女亡及應烝祠中書侍郎范甯奏案喪服傳有死宮中者三月不舉祭不別長幼之與貴賤也皇女雖在嬰孩臣竊以爲疑於是尚書奏使三公行事

武帝泰始七年四月帝將親祠車駕夕牲而儀注還不拜詔問其故博士奏歷代相承如此帝曰非致敬宗廟之禮也於是實拜而還遂以爲制夕牲必躬臨拜而江左以來復止

魏故事天子爲次殿於廟殿之北東天子入自北門新禮設次殿於南

門中門外之右天子入自南門摯虞以為次殿所以為解息之處凡適尊以不顯為恭以由隱為順而設之於上位入自南門非謙厭之義宜定新禮皆如舊說從之　禮大事則告祖禰小事則特告禰秦漢久廢魏文帝黃初四年七月將東巡以大軍當出使太常以特牛告南郊及文帝崩又使太尉告謚策於南郊自是迄晉相承告郊之後仍以告廟至江左其禮廢至成帝咸和三年蘇峻覆亂京都溫嶠等立行廟於白石復行其典告先帝及后曰逆臣蘇峻傾覆社稷毀棄三正汙辱海內臣侃臣嶠臣亮等手刃戎首龔行天罰惟中宗元皇帝肅祖明皇帝明穆皇后之靈降鑒有罪勦絕其命翦此羣兇以安宗廟臣等雖隕首摧軀猶生之年

魏明帝太和三年詔曰禮王后無嗣擇建支子以繼大宗則當纂正統而奉公義何得復顧私親哉漢宣繼昭帝後加悼考以皇號哀帝以外藩援立而董宏等稱引亡秦惑誤朝議遂尊恭皇立廟京師又寵藩妾使比長信僭差無禮人神弗佑非罪師丹忠正之諫用致丁傅焚如之禍自是之後相踵行之其令公卿有司深以前世為戒後嗣萬一有由諸侯入奉大統則當為人後之義敢為佞邪導諛君上妄建非正之號謂考為皇稱妣為后則股肱大臣誅之無赦其書之金策藏之宗廟是後高貴公常道援立皆不外尊及愍帝建興四年司徒梁芬議追尊之禮帝既不從而右僕射索綝等亦稱引魏制以為不可故追贈吳王為太保而已

元帝太興二年有詔琅邪恭王宜稱皇考賀循議云禮典之義子不敢以已爵加其父號帝又從之

禮中　御撰

五禮之別二曰凶自天子至于庶人身體髮膚受之父母其理既均其情亦等生則養死則哀故曰三年之喪天下之達禮者也漢禮天子崩自不豫至于登遐及葬喪紀之制與夫三代變易魏晉以來大體同漢然漢文革喪禮之制後代遵之無復三年之禮及魏武臨終遺令天下尚未安定未得遵古百官當臨中者十五舉音葬畢便除其將兵屯戍者不得離部魏武以正月庚子崩辛丑即殯是月丁卯而葬是爲不踰月也及宣帝景帝之崩並從權制文帝之崩國內服三日武帝亦遵漢魏之典既葬除喪然猶深衣素冠降席撤膳太宰司馬孚太傅鄭沖太保王祥太尉何曾司徒領中領軍司馬望司空荀顗車騎將軍賈充尚書令裴秀尚書僕射武陔都護大將軍郭建侍中郭綏中書監荀勗中軍將軍羊祜等奏曰臣聞禮典軌度豐殺隨時虞夏商周咸不相襲蓋有由也大晉紹承漢魏有革有因期於足以興化而已故未得皆返太素同規上古也陛下既以俯遵漢魏降喪之典以濟時務而躬蹈大孝情過乎哀素冠深衣降席撤膳雖武丁行之於殷世曾閔履之於布衣未足以踰方今荊蠻未夷庶政未乂萬機事殷動勞神慮豈遑全遂聖旨以從至情臣等以爲陛下宜割情以康時濟俗輒敕御府易服內者改坐太官復膳諸所施行皆如舊制詔曰每感念幽冥而不得終苴絰於草土以存此痛況當食稻衣錦誠詭然激切其心非所以相解也本諸生家傳禮來久何心一旦便易此情於所天相從已多可試省孔子荅宰我之言無事紛紜也言及悲剝柰何柰何孚等重奏伏讀聖詔感以悲懷輒思仲尼所以抑宰我之問聖思所以不能已已甚深甚篤然今者干戈未戢武事未偃萬機至重天下至衆陛下以萬乘之尊履布衣之禮服麤席藁水飲蔬食殷憂內盈毀悴外表然而躬勤萬機坐而待旦降心接下仄不遑食所以劬勞力者如斯之甚是以臣等悚息不寧誠懼神氣用損以疚大事輒敕有司改坐復常率由舊典惟陛下察納愚款以慰皇太后之心又詔曰重覽奏議益以悲剝不能自勝柰何柰何何三年之喪自古達禮誠聖人稱情立衷明恕而行也神靈日遠無所訴告雖薄於情食旨服美所不堪也不宜反覆重傷其心言用斷絕柰何柰何帝遂以此禮終三年後居太后之喪亦如之

泰始二年八月詔曰此上旬先帝棄天下日也便以周年吾煢煢當復何時一得敘人子之情邪思慕煩毒欲詣陵瞻侍以盡哀憤主者具行備太宰安平王孚尚書令裴秀尚書僕射武陔等奏陛下至孝烝烝哀思罔極衰麻雖除哀毀疏食有損神和秋節尚有餘暑謁見山陵悲感摧傷羣下竊用悚息以爲宜降抑聖情以慰萬國詔曰孤煢忽爾日月已周痛慕摧感永無逮及欲奉瞻山陵以敘哀憤體氣自佳耳又已涼便當行不得如所奏也主者便具行備又詔曰漢文不使天下盡哀亦帝王至謙之志當見山陵何心而無服其禮以衰絰行秀等重奏曰臣聞上古喪期無數後世乃有年月之漸漢文帝隨時之義制爲短喪傳之于後陛下社稷宗廟之重萬方億兆之故既從權制除衰麻羣臣百姓吉服今者謁陵以敘哀慕若加衰絰進退無當不敢奉詔詔曰亦知不在此麻布耳然人子情思爲欲令哀喪之物在身蓋近情也羣臣自當案舊制秀等又奏曰臣聞聖人制作必從時宜故五帝殊樂三王異禮此古今所以不同質文所以迭用也陛下隨時之宜既降心克己俯就權制既除衰麻而行心喪之禮今復制服義無所依若君服而臣不服亦未之敢安也參議宜如前奏詔曰患情不能跂及耳衣服何在諸君勤勤之至豈苟相違

泰始四年皇太后崩有司奏前代故事倚廬中施白練帳蓐素牀以布巾裹草軺輦版輿細犢車皆施練裏詔不聽但令以布衣車而已其餘居喪之制不改禮文有司又奏大行皇太后當以四月二十五日安厝故事虞著衰服既虞而除其內外官僚皆就朝晡臨位御服訖各還所次除衰服詔曰夫三年之喪天下之達禮也受終身之愛而無數年之報柰何葬而便即吉情所不忍也有司又奏世有險易道有洿隆所遇之時異誠有由然非忽禮也方今戎馬未散王事至殷更須聽斷以熙庶績昔周康王始登翌室猶戴冕臨朝降于漢魏既葬除釋諒闇

之禮自遠代而廢矣惟陛下割高宗之制從當時之宜詔曰夫三年之喪所以盡情致禮葬已便除所以不堪也當敘吾哀懷言用斷絕柰何柰何有司又固請詔曰不能篤孝勿以毀傷為憂也誠知衰服未事耳然今思存草土率當以吉物奪之乃所以重傷至心非見念也每代禮典質文皆不同耳何為限以近制使達喪闕然乎羣臣又固請帝流涕久之乃許文明皇后崩及武元楊后崩天下將吏發哀三日止

穆帝崩哀帝立帝於穆帝為從父昆弟穆帝舅褚歆有表中書答表朝廷無其儀詔下議尚書僕射江虨等四人並云閔僖兄弟也而為父子則哀帝應為帝嗣衞軍王述等二十五人云成帝不私親愛越授天倫康帝受命顯宗社稷之重已移所授纂承之序宜繼康皇尚書謝奉等六人云繼體之正宜本天屬考之人情宜繼顯宗也詔從述等議上繼顯宗

寧康二年七月簡文帝崩再周而遇閏博士謝攸孔粲議曾襄二十八年十二月乙未楚子卒實閏月而言十二月者附正於前月也喪事先遠則應用博士吳商之言以閏月祥尚書僕射謝安中領軍王劭散騎常侍鄭襲右衞將軍殷康驍騎將軍袁宏散騎侍郎殷茂中書郎車胤左丞劉遵吏部郎劉耽意皆同康曰過七月而未及八月豈可謂之踰朞必所不了則當從其重者宏曰假值閏十二月而不取者此則歲未終固不可得矣漢書以閏為後九月明其同體也襲曰中宗肅祖皆以閏月崩祥除之變皆用閏之後月先朝尚用閏之後月今閏附七月取之何疑亦合遠日申情之言又閏是後七而非八也豈踰月之嫌乎尚書令王彪之侍中王混中丞譙王恬右丞戴謐等議異彪之曰吳商中才小官非名賢碩儒公輔重臣為時所準則者又取閏無證據直攣遠日之義越祥忌限外取不合卜遠之理又丞相桓公嘗論云禮二十五月大祥何緣越朞取閏乃二十六月乎於是啓曰或以閏附七月宜用閏月除者或以閏名雖附七月而實以三旬別為一月故應以七月除者臣等與中軍將軍沖參詳一代大禮宜準經典三年之喪十三月而練二十五月而畢礼之明文也陽秋之義閏在年內則略而不數明閏在年外則不應取之以越朞忌之重礼制祥除必正朞月故

也己酉晦帝除縞即吉徐廣論曰凡辯義詳理无顯據明文可以折中奪易則非疑如何礼疑從重喪易寧戚順情通物固有成言矣彪之不能徵援正義有以相屈但以名位格人君子虛受心无適莫豈其然哉執政從而行之其殆過矣魏武以正月崩魏文以其年七月設妓樂百戲是則魏不以喪廢樂也武帝以來国有大喪輒廢樂終三年惠帝太安元年太子喪未除及元會亦廢樂穆帝永和中為中原山陵未脩復頻年元會廢樂是時太后臨朝后父褚裒薨元會又廢樂也孝武太元六年為皇后王氏喪亦廢樂武崩太傅録尚書會稽王道子議山陵之後通婚嫁不得作樂以一朞為斷

漢儀太皇太后皇太后崩長樂太僕少府大長秋典喪事三公奉制度他皆如礼魏晉亦同天子之儀

泰始十年武元楊皇后崩及將遷于峻陽陵依舊制既葬帝及群臣除喪即吉先是尚書祠部奏從博士張靖議皇太子亦從制俱釋服博士陳逵議以為今制所依蓋漢帝權制興於有事非礼之正皇太子无有国事自宜終服有詔更詳議尚書杜預以為古者天子諸侯三年之喪始同齊斬既葬除喪服諒闇以居心喪終制不與士庶同礼漢氏承秦天下為天子脩服三年漢文帝見其下不可久行而不知古制更以意制祥禫除喪即吉魏氏直以訖葬為節嗣君皆不復諒闇終制學者非之久矣然竟不推究經傳考其行事專謂王者三年之喪當以衰麻終二十五月嗣君苟若此則天子群臣皆不得除喪雖志在居篤更逼而不行至今世主皆從漢文輕典由処制者非制也今皇太子與尊同體宜復古典卒哭除衰麻以諒闇終制於義既不應不除又无取於漢文乃所以篤喪礼也於是尚書僕射盧欽尚書魏舒問杜預證據所依預云傳稱三年之喪自天子達此謂天子絕朞唯有三年喪也非謂居喪衰服三年與士庶同也故后世子之喪而叔嚮稱有三年之喪二也周公不言高宗服喪三年而云諒闇三年此釋服心喪之文也叔嚮不譏景王除喪而譏其燕樂已早明既葬應除而違諒闇之節也春秋晉侯享

諸侯子産相鄭伯時簡公未葬請免喪以聽命君子謂之得礼宰咺來歸惠公仲子之賵傳曰弔生不及哀此皆既葬除服諒闇之證先儒舊說往往亦見爭若未之思耳喪服諸侯為天子亦斬衰豈可謂終服三年邪上考七代未知王者君臣上下衰麻三年者誰下推將來恐百世之主其理一也非必不能乃事勢不得故知聖人不虛設不行之制仲尼曰礼所損益雖百世可知此之謂也於是欽舒從之遂命預造議奏曰侍中尚書令司空魯公臣賈充侍中尚書僕射奉車都尉大梁侯臣盧欽尚書新沓伯臣山濤尚書奉車都尉平春侯臣胡威尚書劇陽子臣魏舒尚書堂陽子臣石鑒尚書豐樂亭侯臣杜預稽首言礼官參議博士張靖等議以為孝文權制三十六日之服以日易月道有汙隆礼不得全皇太子亦宜割情除服博士陳逵等議以為三年之喪人子所以自盡故聖人制礼自上逮下是以今制將吏諸遭父母喪皆假寧二二十五月敦崇孝道所以風化天下皇太子至孝著於內而衰服除于外非礼所謂稱情者也宜其不除臣欽臣舒臣預謹案靖逵等議各見所爭之一端未統帝者居喪古今之通礼也自上及下尊卑貴賤物有其宜故礼有以多為貴者有以少為貴者有以高為貴者有以下為貴者唯其稱也不然則本末不經行之不遠天子之與群臣雖哀樂之情若一而所居之宜實異故礼不得同易曰上古之世喪期无數虞書稱三載四海遏密八音其後无文至周公旦乃稱殷之高宗諒闇三年不言其傳曰諒信也闇默也下逮五百餘歲而子張疑之以問仲尼仲尼答云何必高宗古之人皆然君薨百官總己以聽於冢宰三年周景王有后世子之喪既葬除喪而樂晉叔嚮譏之曰三年之喪雖貴遂服礼也王雖弗遂宴樂已早亦非礼也此皆天子喪事見於古文者也稱高宗不云服喪三年而云諒闇三年此釋服心喪之文也譏景王不譏其除喪而譏其宴樂已早明既葬應除而違諒闇之節也堯崩舜諒闇三年故稱遏密八音由此言之天子居喪齊斬之制菲杖絰帶當遂其服既葬而除諒闇以終之三年无改父之道故百官總己聽於冢宰喪服已除故稱不言之美明不復寢苫枕 以荒大政也礼記三年之喪自天子

達又云父母之喪無貴賤一也又云端衰喪車皆無等此通謂天子居喪衣服之節同於凡人心喪之禮終於三年亦無服喪三年之文然繼體之君猶多荒寧自從廢諒闇之制至今高宗擅名於往代子張致疑於當時此乃賢聖所以為譏非譏天子不以服終喪也秦燔書籍率意而行亢上抑下漢祖草創因而不革乃至率天下皆終重服旦夕哀臨經罹寒暑禁塞嫁娶飲酒食肉制不稱情是以孝文遺詔斂畢便葬葬畢制紅禫之除雖不合高宗諒闇之義近於古典故傳之後嗣于時預脩陵廟故斂葬得在浹辰之內因以定制近至明帝存無陵寢五旬乃葬安在三十六日此當時經學疏略不師前聖之病也魏氏革命以既葬為節合於古典然不垂心諒闇同譏前代自泰始開元陛下追尊諒闇之禮慎終居篤允臻古制超絕於殷宗天下歌德誠非靖等所能原本也天子諸侯之禮當以具矣諸侯惡其害己而削其籍今其存者唯士喪一篇戴聖之記雜錯其間亦難以取正天子之位至尊萬機之政至大群臣之衆至廣不同之於凡人故大行既葬祔祭于廟則因疏而除之已不除則群臣莫敢除故屈己以除之而諒闇以終制天下之人皆曰我王之仁也屈己以從宜皆曰我王之孝也既除而心喪我王猶若此之篤也凡等臣子亦焉得不自勉以崇禮此乃聖制移風易俗之本高宗所以致雍熙豈惟衰麻而已哉若如難者更以權制自居疑於屈伸厭降欲以職事為斷則父在為母期父卒三年此以至親屈於至尊之義也出母之喪以至親為屬而長子不得有制體尊之義亦降皆從不敢獨也禮諸子之職掌國子之倅國有事則師國子而致之太子唯所用之傳曰君行則守有守則從從曰撫軍守曰監國不無事矣喪服母為長子妻為夫妾為主皆三年內宮之主可謂無事揆度漢制孝文之喪紅禫既畢孝景即吉於未央薄后竇后必不得齊斬於別宮此可知也況皇太子配貳之至尊與國為體固宜遠遵古禮近同時制屈除以寬諸下協一代之成典君子之於禮有直而行曲而報有經而等有順而去之存諸內而已禮云非玉帛之謂喪云唯衰麻之謂乎此既臣等所謂經制大義且即實近言亦有不安今皇太子至孝蒸蒸發於自

然號咷之慕匍匐殯宮大行既奠往而不反必想像平故彷徨寢殿若
不變從諒闇則東宮臣僕義不釋服此為永福官屬當獨衰麻從事出
入殿省亦難以繼今將吏雖蒙同二十五月之寧至於大臣亦奪其
制昔翟方進自以身為漢相居喪三十六日不敢踰國典而況於皇太
子臣等以為皇太子宜如前奏除服諒闇終制於是太子遂以厭降之議
從國制除衰麻諒闇終制于時外內卒聞預異議多怪之或者乃謂其
違禮以合時時預亦不自解說退使博士段暢博採典籍為之證據令
大義著明足以垂示將來暢承預旨遂撰集書傳舊文條諸實事成
言以為定證以弘指趣其傳記有與今議同者亦具列之博舉二隅明
其會歸以證斯事文多不載
武帝楊悼皇后既毋養懷帝后遇難時懷帝尚幼及即位中詔述后恩
愛及后祖載羣官議帝應為追制服或以庶母慈母已依禮制小功五
月或以謂慈母服如母服齊衰者衆議不同閭丘沖議云楊后母養聖
上蓋以曲情今以恩禮追崇不配世祖廟王者無慈養之服謂宜祖載

之日可三朝素服發哀而已於是從之
康帝建元元年正月晦成恭杜皇后周忌有司奏至尊朞年應改服詔
曰君親名教之重也權制出於近代耳於是素服如舊固非漢魏之典也
○興寧元年哀帝章皇太妃薨帝欲服重江虨啓先王制禮應在緦服
詔欲降朞虨又啓厭屈私情所以上嚴祖考於是制緦麻三月
孝武寧康中崇德太后褚氏崩后於帝為從嫂或疑其服博士徐藻
議以為資父事君而敬同又禮其夫屬父道者其妻皆母道也則夫屬
君道妻亦后道矣服后宜以資母之義魯譏逆祀以明尊尊今上躬奉
康穆哀皇及靖后之禮致敬同於所天豈可敬之以君道而服廢於本
親謂應服齊衰朞於是帝制朞服
隆安四年孝武太皇太后李氏崩疑所服尚書左僕射何澄右僕射
王雅尚書車胤孔安國祠部郎徐廣議太皇太后名位允正體同皇極
理制備盡情禮弥申陽秋之義母以子貴既稱夫人禮服從政故成風
顯夫人之號昭公服三年之喪子於父之所生體尊義重且禮祖不厭
孫固宜遂服無屈而緣情立制若嫌明文不存則疑斯從重謂應同於
為祖母後齊衰朞永安皇后無服但一舉哀百官亦一朞詔可
孝武帝太元十五年淑媛陳氏卒皇太子所生也有司參詳母以子貴贈
淑媛為夫人置家令典喪事太子前衞率徐邈議喪服傳稱與尊者
為體則不服其私親又君父所不服子亦不敢服故王公妾子服其所
生母練冠麻衣既葬而除非五服之常則謂之無服從之
太元二十一年孝武帝崩孝武太后制三年之服
惠帝太安元年三月皇太孫尚薨有司奏御服齊衰朞詔下通議散騎
常侍謝衡以為諸侯之太子誓與未誓尊卑體殊喪服云為嫡子長殤
謂未誓也已誓則不殤也中書令卞粹曰太子始生故已尊重不待命
誓若衡議已誓不殤則元服之子當斬衰三年未誓而殤則雖十九當
大功九月誓與不誓為其升降也微斬衰與大功其為輕重也遠而令
注云諸侯不降嫡殤重嫌於無服以大功為重嫡之服則雖誓無復有
三年之理明矣男能衞社稷女能奉婦道以可成之年而有已成之事

故可無殤非孩亂之謂也謂殤後者尊之如父猶無所加而止殤服況
以天子之尊而為服之殤行成人之制邪凡諸宜重之殤皆士大夫不
加服而令至尊獨居其重未之前聞也博士蔡克同粹秘書監摯虞云
太子初生舉以成人之禮則殤理除矣太孫亦體君傳重由位成而服
全非以年也天子無服殤之義絕朞故也於是從之
魏氏故事國有大喪羣臣凶服以帛為綬囊以布為劍衣新禮以傳稱
去喪無所不佩明在喪則無佩也更制齊斬之喪不佩劍綬摯虞以為
周禮武賁氏士大夫之職也皆以兵守王宮國有喪故則衰葛執戈楯
守門葬則從車而哭又成王崩太保命諸大夫以干戈內外警設明喪
故之際蓋重宿衞之防去喪無所不佩謂服飾之事不謂防禦之用宜
定新禮布衣劍如舊其餘如新制詔從之
漢魏故事將葬設吉凶鹵簿皆有鼓吹新禮以禮無吉駕導從之文臣
子不宜釋其衰麻以服玄黃除吉駕鹵簿又凶事無樂遏密八音除凶
服之鼓吹摯虞以為葬有祥車曠左則今之容車也既葬日中反虞逆

神而還春秋傳鄭大夫公孫蠆卒天子追賜大路使以行士喪禮葬有
稾輂車以載生之服此皆不唯載柩兼有吉駕之明文也既設吉駕則
宜有導從以象平生之容明不致死之義臣子衰麻不得為身而釋以
為君父則無不可顧命之篇足以明之宜定新禮設吉服導從如舊其
凶服鼓吹宜除詔從之

漢魏故事大喪及大臣之喪執紼者輓歌新禮以為輓歌出於漢武帝
役人之勞歌聲哀切遂以為送終之禮雖音曲摧愴非經典所制違禮
設銜枚之義方在號慕不宜以歌為名除不輓歌摯虞以為輓歌因倡和
而為摧愴之聲銜枚所以全哀此亦以感衆雖非經典所載是歷代故
事詩稱君子作歌惟以告哀以歌為名亦無所嫌宜定新禮如舊詔從之

咸寧二年安平穆王薨無嗣以母弟敦上繼獻王後移太常問應何服
博士張靖答宜依魯僖服閔三年例尚書符詰靖穆王不臣敦敦不繼
穆與閔僖不同孫毓宋昌議以穆王不之國敦不仕諸侯不應三年以
義處之敦宜服本服期而除主穆王喪祭三年畢乃吉祭獻王毓云

禮君之子孫所以臣諸兄者以臨國故也禮又與諸侯為兄弟服斬諸
謂鄰國之臣於鄰國之君有猶君之義故也今穆王既不之國不臣兄
弟敦不仕諸侯既鄰臣之義異於閔僖如符旨也但喪無主敦既奉詔
紹國受重主喪典其祭祀大功者主人之喪有三年者則必為之再祭鄭氏
注云謂死者之從父昆弟來為喪主也有三年者謂妻若子幼少也再
祭謂大小祥也穆妃及國臣於禮皆當三年此為有三年者敦當為之
主大小兩祥祭也且哀樂不相雜吉凶不相干凶服在宮哭泣未絕敦
據主穆王之喪而國制未除則不得以己本親服除而吉祭獻王也

咸寧四年陳留國上燕公是王之父王出奉明帝祀今於王為從祖父
有司奏應服期不以親疏尊卑為降詔曰王奉魏氏所承者重不得服
其私親穆帝時東海國言哀王薨踰年嗣王乃來不復追服羣臣皆已
反吉國妃亦宜同除詔曰朝廷所以從權制者以王事奪之非為變禮也
婦人傳重義大若從權制義將安託於是國妃終三年之禮孫盛以為
廢三年之禮開偷薄之源漢魏失之者也今若以大夫宜奪以王事婦
人可終本服是吉凶之儀雜陳於宮寢綵素之制乖異於內外無乃情
禮俱違哀樂失所乎

太元十七年太常車胤上言謹案喪服禮經庶子為母緦麻三月傳曰
何以緦麻以尊者為體不敢服其私親也此經傳之明文聖賢之格言
而自頃開國公侯至于卿士庶子為後各肆私情服其庶母同之於嫡
此末俗之弊溺情傷教縱而不革則流遁忘反矣且夫尊尊親親雖禮
之大本然厭親於尊由來尚矣禮記曰為父後出母無服也者不祭故
也又禮天子父母之喪未葬越紼而祭天地社稷斯皆崇嚴至敬不敢
以私廢尊也今身承祖宗之重而以庶母之私廢蒸嘗之事五廟闕祀
由一妾之終求之情禮失莫大焉舉世皆然莫之裁貶就心不同而事
不敢異故正禮遂頹而習非成俗此國風所以思古小雅所以悲歎當
今九服漸寧王化惟新誠宜崇明禮訓以一風俗請臺省考修經典式
明王度詔不答十八年胤又上言去年上自頃開國公侯至于卿士庶
子為後者服其庶母同之於嫡違禮犯制宜加裁抑事上經年未被告

報未審朝議以何為疑若以所陳或謬則經有文若以古今不同則晉
有成典升平四年故太宰武陵王所生母喪表求齊衰三年詔聽依昔
樂安王故事制大功九月興寧三年故梁王逢又所生母喪亦求三年庚
子詔書依太宰故事同服大功若謹案周禮則緦麻三月若奉晉制則
大功九月古禮今制並無居廬三年之文而頃年以來各申私情更相
擬襲漸以成俗縱而不禁則聖典滅矣夫尊尊親親立人之本王化所
由二端而已故先王設教務弘其極尊郊社之敬制越紼之禮嚴宗廟
之祀厭庶子之服所以經緯人文化成天下夫屈家事於王道厭私恩
於祖宗豈非上行乎下父行乎子若尊尊之心有時而替宜厭之情獨
事而申祖宗之敬微而君臣之禮虧矣嚴恪微於祖宗致敬虧於事上
而欲俗安化隆不亦難乎區區所惜實在於斯職之所司不敢不言請
臺省參詳尚書奏案如辭輒下主者詳尋依禮庶子與尊者為體不敢服
其私親此尊祖敬宗之義自頃陵遲斯禮遂廢封國之君廢五廟之重
士庶匹夫闕蒸嘗之禮習成頹俗宜被革正輒內外參詳謂宜聽胤所

上可依樂安王大功為正請為告書如左班下內外以定永制普令依
承事可奉行詔可
礼王為三公六卿裼裘為大夫士疑衰首服弁絰天子諸侯皆為貴臣
貴妾服三月漢為大臣制服无聞焉
漢明帝時東海恭王薨帝出幸津門亭發哀及武帝咸寧二年十一月
詔諸王公大臣薨應三朝發哀者踰月不舉樂其一朝發哀者三日不
舉樂也元帝姨廣昌鄉君喪未葬中丞熊遠表云案礼君於卿大夫比
葬不食肉比卒哭不舉樂惻隱之心未忍行吉事故也被尚書符冬至
後二日小會臣以為廣昌鄉君喪殯日聖恩垂悼礼大夫死廢一時之
祭祭猶可廢而況餘事冬至唯可群下奉賀而已未便小會詔以遠表
示賀循又曰咸寧三年武皇帝故事云王公大臣薨三朝發哀踰月不
舉樂其一朝發哀三日不舉樂此舊事明文賀循答曰案礼雜記君於
卿大夫之葬比葬不食肉比卒哭不舉樂古者君臣義重雖以至尊之
義降而无服三月之內猶裼衰以居不接吉事故春秋晉大夫智悼子

未葬平公作樂為屠蒯所譏如遠所啟合於古義咸寧詔書雖不會經
典然隨時立宜以為定制誠非群下所得稱論
升平元年帝姑廬陵公主未葬符問太常冬至小會應作樂不博士胡
訥議云君於卿大夫比卒哭不舉樂公主有骨肉之親宜闕樂太常王
彪之云案武帝詔三朝舉哀三旬乃舉樂其一朝舉哀者三日則舉樂
泰始十年春長樂長公主薨太康七年秋扶風王亮薨武帝並舉哀三
日而已中興已後更參論不改此制今小會宜作樂二議竟不知所取
喪服記公為所寓齊衰三月新礼以今无此事除此一章摯虞以為周
礼作於刑厝之時而著荒政十二礼備制待物不以時衰而除盛典
世隆而闕衰教也曩者王司徒失守播越自稱寄公是時天下又多此
比皆礼之所及宜定新礼自如舊經詔從之
漢魏故事无五等諸侯之制公卿朝士服喪親疏各如其親新礼王公
五等諸侯成國置卿者及朝廷公孤之爵皆傍親絕朞而傍親為之服
斬衰卿校位從大夫者皆絕緦摯虞以為古者諸侯君臨其國臣諸父
兄今之諸侯未同于古未同于古則其尊未全不宜便從絕朞之制而
令傍親服斬衰之重也諸侯既然則公孤之爵亦宜如舊昔魏武帝建
安中已曾表上漢朝依古為制事與古異皆不施行施行者著魏科大
晉采以著令宜定新禮皆如舊詔從之
喪服無弟子為師服之制新禮弟子為師齊衰三月摯虞以為自古無
師服之制故仲尼之喪門人疑於所服子貢曰昔夫子之喪顏回若喪
子而無服請喪夫子若喪父而無服遂心喪三年此則懷三年之哀而
無齊衰之制也群居則絰出則否所謂弔服加麻也先聖為禮必易
從而可傳師徒義誠重而服制不著歷代相襲不以為缺且尋師者以
彌高為得故屢遷而不嫌脩業者以日新為益故舍舊而不疑仲尼稱
三人行必有我師焉子貢云夫子何常師之有淺學之師暫學之師不
可皆為之服義有輕重服有廢興則臧否由之而起是非因之而爭愛
惡相攻悔吝生焉宜定新禮無服如舊詔從之
古者天子諸侯葬禮粗備漢世又多變革魏晉已下世有改變大體同

漢之制而魏武以礼送終之制襲稱之數繁而無益俗又過之豫自制
送終衣服四篋題識其上春秋冬夏日有不諱隨時以斂金珥珠玉銅
鐵之物一不得送文帝遵奉无所增加及受禪刻金璽追加尊號不敢
開埏乃為石室藏璽埏首以示陵中无金銀諸物也漢礼明器甚多自
是皆省之矣
魏文帝黃初三年又自作終制曰礼国君即位為椑存不忘亡也壽陵
因山為體無封樹無立寢殿造園邑通神道夫葬者藏也欲人之不得
見也礼不墓祭故存亡不黷也皇后及貴人以下不隨王之國者有終
沒皆葬澗西前又已表其處矣此詔藏之宗廟副在尚書祕書三府明
帝亦遵奉之明帝之性雖崇奢然未遽營陵墓之制也
宣帝預自於首陽山為土藏不墳不樹作顧命終制斂以時服不設明
器景文皆謹奉成命無所加焉景帝崩喪事制度又依宣帝故事
武帝泰始四年文明王皇后崩將合葬開崇陽陵使太尉司馬望奉祭
進皇帝密璽綬於便房神坐魏氏金璽此又儉矣

江左初元明崇儉且百度草創山陵奉終省約備矣
成帝咸康七年皇后杜氏崩詔外官五日一入臨內官旦一入而已過葬虞祭礼畢止有司奏大行皇后陵所作凶門柏歷門號顯陽端門詔曰門如所處凶門柏歷大為煩費停之案蔡謨說以二瓦器盛始死之祭繫於木裹以葦席置庭中近南名為重今之凶門是其象也礼既虞而作主今未葬未有主故以重當之礼稱為主道此其義也范堅又曰凶門非礼礼有懸重形似凶門後人出之門外以表喪俗遂行之薄帳即古弔幕之類也是時又詔曰重壤之下豈宜崇飾無用陵中唯潔埽而已有司又奏依舊選公卿以下六品子弟六十人為挽郎詔又停之
孝武帝太元四年九月皇后王氏崩詔曰終事唯從儉速又詔遠近不得遣山陵使有司奏選挽郎二十四人詔停之
古無墓祭之礼漢承秦皆有園寢正月上丁祠南郊禮畢次北郊明堂高廟世祖祠廟謂之五供
魏武葬高陵有司依漢立陵上祭殿至文帝黃初三年乃詔曰先帝躬

履節儉遺詔省約子以述父為孝臣以繫事為忠古不墓祭皆設於廟高陵上殿皆毀壞車馬還廄衣服藏府以從先帝儉德之志文帝自作終制又詔曰壽陵無立寢殿造園邑自後園邑寢殿遂絕齊王在位九年始一謁高平陵而曹爽誅其後遂廢終魏世及宣帝遺詔子弟群官皆不得謁陵於是景文遵旨至武帝猶再謁崇陽陵一謁峻平陵然遂不敢謁高原陵至惠帝復止也逮于江左元帝崩後諸公始有謁陵辭告之事蓋由眷同友執率情而舉非洛京之舊也成帝時中宮亦年年拜陵議者以為非礼於是遂止以為永制至穆帝時褚太后臨朝又拜陵帝幼故也至孝武崩驃騎將軍司馬道子曰今雖權制服至於朔望諸節自應展情陵所以周為斷於是至陵變服單衣煩黷無準非礼意也及安帝元興元年尚書左僕射桓謙奏百僚拜陵起於中興非晉舊典積習生常遂為近法尋武皇帝詔乃不使人主諸王拜陵豈唯百僚謂宜遵奉於是施行及義熙初又復江左之舊
太康七年大鴻臚鄭默母喪既葬當依舊攝職固陳不起於是始制大臣得終喪三年然元康中陳準傅咸之徒猶以權奪不得終礼自茲已往以為成比也
太康元年東平王楙上言相王昌父毖本居長沙有妻息漢末使入中國值吳叛仕魏為黃門郎與前妻息死生隔絕更娶昌母今江表一統昌聞前母久喪言疾求平議守博士謝衡議曰雖有二妻蓋有故而然不為害於道議宜更相為服守博士許猛以為地絕又無前母之制正以在前非沒則絕故也前母雖在猶不應服段暢秦秀騶沖從猛散騎常侍劉智安議礼為常事制不為非常設也亡母不知其死生者不著於礼平生不相見去其加隆以恭為斷都令史虞溥議曰臣以為礼不二嫡所以重正非徒如前議者防妒忌而已故曰一與之齊終身不改未有遭變而二嫡苟不二則昌父更娶之辰是前妻義絕之日也使昌父尚存二妻俱在必不使二嫡專堂兩婦執祭同為之齊也秦秀議二妾之子父命令相慈養而便有三年之恩使同所生昌父何義不命二嫡依此禮乎父之執友有如子之禮況事兄之母乎許猛又議夫少婦

稚則不可許以改娶更適矣今妻在許以更娉夫存而妻得改醮者非絕而何侍中領博士張惲議昔舜不告而娶婚禮蓋闕故堯典以釐降二女為文不殊嫡媵傳記以妃夫人稱之明不立正后也夫以聖人之弘帝者嫡子猶權事而變以定典礼黃昌之告新妻使避正室時論許之推姻氏之讓執黃卿之決宜使各自服其母黃門侍郎崔諒荀悝中書監荀勖領中書令和嶠侍郎夏侯湛皆如溥議侍郎山雄兼侍郎著作陳壽以為溥駁一與之齊非大夫也礼無二嫡不可以並耳若昌父及二母於今各存者則前母不廢已有明徵也設令昌父將前母之子來入中國尚在者當從出母之服苟昌父無棄前妻之命昌兄有服母之理則昌無疑於不服賊曹屬卞粹議昌父當莫審之時而娶後妻則前妻同之於死而義不絕若生相及而後妻不去則妾列於前志矣死而會乎則同祔於葬無並嫡之實必欲使子孫於沒世之後追討二母隔絕之時以為並嫡則背違死父追出母亡議者以為禮無前母之服者可謂以文害意愚以為母之不親而服三年非一無異於前母也

倉曹屬衛恒議或云嫡不可二前妻宜絕此為奪舊与新違母從子礼律所不許人情所未安也或云絕与死同无嫌二嫡據其相及欲令有服此為論嫡則死議服則生還自相伐理又不通愚以為地絕死絕誠无異也宜一如前母不復追服主簿劉卞議毖在南為邦族於北為羇旅以此名分言之前妻為元妃後婦為繼室何至王路既通更當逐其今妻廢其嫡子禾書姜氏絕不為親以其犯至惡也趙姬雖貴必推叔隗原同雖寵必嫡宣子孟若違礼苟讓何則春秋所當善也論者謂地絕其情終以不得往來今地既通何為故當追而絕之邪黃昌見美斯又近世之明比司空齊王攸議礼記生不及祖父母諸父昆弟而父稅喪已則否諸儒皆以為父以他故子生異域不及此親存時歸見之父雖追服子不從稅不責非時之恩也但不相見尚不服其先終而況前母非親所生義不踰祖莫往莫來恩絕殊隔而令追服殆非稱情立文之謂也以為昌不宜追服司徒李胤議毖為黃門侍郎江南已叛石厚与焉大義滅親況於毖之義可得以為妻乎大司馬騫不議太尉充撫軍

大將軍汝南王亮皆從王者傅玄駮粹曰喪從寧戚謂喪事尚哀耳不使服非其親也夫死者終也終事已故无絕道分居兩存則離否由人夫婦以判合為義今土隔人殊則配合理絕彼已更娶代已安得自同於此婦哉伯夷讓孤竹不可以為後王法也且既已為嫡後服復云為妾生則或娶或離死則同祔於葬妻專一以事夫夫懷貳以接已開偽薄之風傷貞信之教於以純化篤俗不亦難乎今昌二母雖土地殊隔據同時並存何得為前母後母乎設使昌母先亡以嫡合葬而前母不絕遠聞喪問當復相為制何服邪夫制不應礼動而愈失矣孝子不納親於不義貞婦不昧進而苟容今同前嫡於死婦使後妻居正而或廢於二子之心曾无恧乎而云誣父棄母恐此文致之言難以定臧否也礼違諸侯適天子不服舊君然則昌父絕前君矣更納後室廢舊妻矣又何取於宜誅宜撫乎且婦人之有惡疾乃慈夫之所愍也而在七出誠以人理應絕故也今夫婦殊域与无妻同方之惡疾理无以異據已更娶有絕前之證而云應服於義何居尚書八座以為設令有人於此父

為敦煌太守而子後任於洛若父娶妻非徙不見乃可不知及其死亡不得不服但鞠養己者情哀而不相見名制雖戚念之心殊而為之服一也又兩后匹嫡自謂違礼不謂非常之事而以常礼処之也昔子思哭出母於廟其門人曰庶氏之女死何為哭於孔氏之廟子思懼改哭於他室若昌不制服不得不告其父祖擗其前母之尸從之他地若其不從昌為罪人何則異族之女不得祔于先姑藏其墓次故也且夫婦人牽夫猶有所尊趙姬之牽礼得權通故先史詳之不議其事耳今昌之二母各以終亡尚无並主輕重之事也昌之前母宜依叔隗為比若亡在昌未生之前者則昌不應復服生及母存自應如礼以名服三年輒正定為文草下太常報楙奉行制曰凡事有非常當依準舊典為之立斷今議此事稱引趙姬叔隗者粗是也然後狄与晉和故姬氏得迎叔隗而下之吳寇隔塞毖必与前妻終始永絕必義无兩嫡則趙衰可以尊制隗氏昌為人子豈得擅替其母且毖二妻並以絕亡其子猶後母之子耳昌故不應制服也太興初著作郎干寶論之曰礼有經有變有權

王毖之事有為為之也有不可責以始終之義不可求以循常之文何羣議之紛錯同産者无嫡側之別而先生為兄諸侯同爵无等級之差而先封為長今二妻之入无貴賤之礼則宜以先後為秩順序義也今生而同室者寡死而同廟者衆及其神位固有上下也故春秋賢趙姬遭礼之変而得礼情也且夫吉凶哀樂動乎情者也五礼之制所以叙情而即事也今二母者本他人也以名來親而恩否於時敬不及生愛不及喪夫何追服之道哉張惲劉卞得其先後之節齊王衛恒通于服絕之制可以斷矣朝廷於此宜導之以趙姬齊之以詔命使先妻恢含容之德後妻崇卑讓之道室人達長少之序百姓見変礼之中若此可以居生又況於死乎古之王者有以師友之礼待其臣而臣不敢自尊今令先妻以一體接後而後妻不敢抗及其子孫交相為服礼之善物也然則王昌兄弟相得之日蓋宜祫祭二母等其礼饋序其先後配以左右兄弟肅雍交酬奏獻上以恕先父之志中以高二母之德下以齊兄弟之好使義風弘于王教慈讓洽乎急難不亦得礼之本乎是時沛

國劉仲武先娶毋丘氏生子正舒正則二人毋丘儉反敗仲武出其妻
娶王氏生陶仲武為毋丘氏別舍而不告絕及毋丘氏卒正舒求祔葬
焉而陶不許舒不釋服訟于上下泣血露骨縗裳綴絡數十年弗得從
以至死亡時吳國朱某娶妻陳氏生子東伯入晉晉賜妻某氏生子綏
伯太康之中某已亡綏伯將母以歸邦族兄弟交愛敬之道二母篤先
後之序雍雍人無間焉及其終也二子交相為服君子以為賢安豐太
守程諒先已有妻後又娶遂立二嫡前妻亡後妻子勳疑所服中書令
張華造甲乙之問曰甲娶乙為妻後又娶景居不說有乙居家如二嫡
无有貴賤之差乙亡景之子當何服本實並列嫡庶不殊雖二嫡非正
此失在先人人子何得專制析其親也若為庶母服又不成為庶進退
不知所從太傅鄭沖議曰甲失禮於家二嫡並在誠非人子所得正則
乙景之子並當三年禮疑從重車騎賈充侍中少傅任愷議略與鄭同
太尉荀顗議曰春秋並后匹嫡古之明典也今不可以犯禮並立二妻
不別尊卑而遂其失也故當斷之以禮先至為嫡後至為庶景子宜以
嫡母服乙乙子宜以庶母事景昔屈建去芰古人以為違禮而得禮景
子非為抑其親斯自奉禮先後貴賤順敘之義也中書監荀勗議曰昔
鄉里鄭子羣娶陳司空從妹後隔呂布之亂不復相知存亡更娶鄉里
蔡氏女徐州平定陳氏得還遂二妃並存蔡氏之子字元釁為陳氏服
嫡母之服事陳公以從舅之禮族兄宗伯曾責元釁謂抑其親鄉里
先達以元釁為合宜不審此事粗相似否
建武元年以溫嶠為散騎侍郎嶠以母亡值寇不臨殯葬欲營改葬固
讓不拜元帝詔曰溫嶠不拜以未得改卜葬近朝議又頗有異同為審
由此邪天下有闕寒行禮制物者當使理可經通古人之制三年非情
之所盡蓋存亡有斷不以死傷生耳要絰而服金革之役者豈營官邪
隨王事之緩急也今桀逆未梟平陽道斷奉迎諸軍猶未得徑進嶠
特一身於何濟其私艱而以理閡自疑不服王命邪其令三司八坐門
下三省外內羣官詳共通議如嶠比吾將親裁其中於是太宰西陽王
羕司徒臨潁公組驃騎將軍即丘子導侍中紀瞻尚書周顗散騎常侍

荀邃等議以昔伍員挾弓去楚為吳行人以謀楚誠志在報讎不苟滅
身也溫嶠遭難昔在河朔日尋干戈志刷讎恥方申投身歸赴朝廷將
欲因時竭力憑賴王威以展其情此乃嶠之志也無緣道路未通師旅
未進而更中辭王事寧志家巷也以為誠宜如明詔於是有司奏曰案
如衆議去建武元年九月下辛未令書依禮文父喪未葬唯喪主不除
以他故未葬人子之情不可居殯而除故期於畢葬无遠近之斷也若
亡遇賊難喪靈无處求索理絕固應三年而除不得故從未葬之例也
若骨肉殲於寇害死亡漫於中原而繼以遺賊未滅亡者无收殯之實
存者又闕於奔赴之禮而人子之情哀痛無斷輒依未葬之義久而不
除若遂其情則人居無限之喪非有禮無時不得之義也諸如此皆依
東關故事限行三年之禮畢而除也唯二親生離吉凶未分服喪則凶事
未據從吉則疑於不存心憂居素出自人情有如此者非官制之所裁
今嶠以未得改卜奔赴累設疾辭案辛未之制已有成斷皆不得復遂
其私情不服王命以虧法憲參議可如前詔嶠受拜重告以中丞司徒
諸如嶠比若依東關故事辛未令書是之制嶠不得已乃拜是時中原喪乱
室家離析朝廷議二親陷沒寇難應制服不太常賀循曰二親生離吉
凶未分服喪則凶事未據從吉則疑於不存心憂居素允當人情元帝
令以循議為然
太興二年司徒荀組云二親陷沒寇難方無一異者宜使依王法隨例
行喪庾蔚之云二親為戎狄所破存亡未可知者宜盡尋求之理尋求
之理絕三年之外便宜婚宦脊嗣不可絕王政不可廢故也猶宜以哀
素自居不豫吉慶之事待中壽而服之也若境內賊乱倩乎肆省之後
尋覓无蹤跡者便宜制服
咸康二年零陵李繁姊先適南平郡陳詵為妻產四子而遭賊於賊請
活姑命賊略將姊去詵既娶嚴氏生三子繁後得姊消息往迎還詵籍
注領二妻及李亡詵疑制服以事言征西大將軍庾亮府平議時議亦
往往異同司馬王愆期議曰案禮不二嫡故惠公元妃孟子孟子卒繼
室以聲子諸侯猶耳況庶人乎士喪禮曰繼母本實繼室故稱繼母事

之如嫡故曰如母也誅不能遠慮避難以亡其妻非犯七出見絕於誅始不見絕終又見迎養姑於堂子爲首嫡列名黃籍則誅之妻爲誅也妻則爲暉也母暉之制服無所疑矣禮爲繼母服而不爲前母服者如李比類曠世所希前母既終乃有繼母後子不及前母故先制服之文然礿祠烝嘗未有不以前母爲母者亡猶母之況其存乎誅有老母不可以莫之養妻無歸期納妾可也李雖沒賊尚有生冀誅尋求之理不盡而便娶妻誠誅之短也然隴畝之夫不達禮義考之傳記不勝旌孝叔之妻失身於卻犨而不棄者以非其罪也誅有兩妻非故犯法李鄙野人而能臨危請活姑命險不忘順可謂孝婦矣議者欲令在沒略之中必全苦操有隕无二是望凡人皆爲宋伯姬也誅雖不應娶妻要以嚴爲妻妻則繼室本非嫡也雖云非嫡義在始終事可以誅不應二妻而已然二庭乎若能下之則趙姬之義若云不能官當有制先嫡後繼有自來矣衆議貶譏大峻故略序異懷其從衍愆期議定

五經通義以爲有德則諡善無德則諡惡故雖君臣可同魏朝初諡宣

帝爲文侯景王爲武侯文王表不宜與二祖同於是改諡宣文忠武至文王受晉王之號魏帝又追命宣文爲宣王忠武爲景王

太康八年十月太常上諡故太常平陵男鄭默爲景侯有司奏云晉受命以來祖宗號諡群下未有同者故鄭默爲景與景皇同不可聽宜諡曰穆王濟羊璞等並云夫无窮之祚名諡不一若皆相避於制難全如悉不避復非推崇事尊之禮宜依諱名之義但及七廟祖宗而已不及遷毀之廟成粲武茂劉訥並云同諡非嫌號諡者國之大典所以厲時作教經天人之遠旨也固雖君父義有所不隆及在臣子或以行顯故能使上下邁德罔有殆荒臣願聖世同符堯舜行周同諡之禮舍漢魏近制相避之議又引周公父子同諡曰文武帝詔曰非言君臣不可同正以默諡景不相當耳宜諡曰簡及大元四年侍中王欣之表君臣不嫌同諡尚書奏以欣之言爲然詔可

驃騎將軍溫嶠前妻李氏在嶠微時便卒又娶王氏何氏並在嶠前死及嶠薨朝廷以問陳舒三人並得爲夫人不舒云礼記其妻爲夫人而卒而後其夫不爲大夫而祔於其妻則不易牲妻卒而後夫爲大夫而祔於其妻則以大夫牲然則夫榮於朝妻貴於室雖先夫殁榮辱常隨於夫也礼記曰妻祔於祖姑祖姑有三人則祔其親者如礼則三人皆爲夫人也自秦漢已來廢一娶九女之制近世无復繼室之禮先妻卒則更娶苟生加禮則亡不應貶庾蔚之云賤時之妻不得並爲夫人若有追贈之命則不論耳嶠傳贈王何二人夫人印綬不及李氏

永和十一年彭城國爲李太妃求諡博士曹耽之議夫婦行不必同不得以夫諡諡婦春秋婦人有諡甚多經無譏文知礼得諡也胡訥云礼婦人生以夫爵死以夫諡春秋夫人有諡不復依礼耳安平獻王李妃琅邪武王諸葛妃太傅東海王裴妃並無諡今宜率舊典王彪之云婦人有諡礼壞故耳聲子爲諡服虔諸儒以爲非杜預亦云礼婦人無諡春秋无譏之文所謂不待貶絕自明者也近世唯后乃有諡耳太尉荀顗上諡法云若賜諡而道遠不及葬者皆封策下屬遣所承長史奉策即家祭賜諡

太元十三年召孔安國爲侍中安國表以黃門郎王愉名犯私諱不得連署求解有司議云名終諱之有心所同聞名心瞿亦明前誥帝禮復云君所無私諱大夫之所有公諱无私諱又云詩書不諱臨文不諱豈非公義奪私情王制屈家礼哉尚書安衆男臣先表中兵曹郎王祐名犯父諱求解職明詔爰發聽許換曹蓋是恩出制外耳而頃者互相瞻式源流既啓莫知其極夫皇朝礼大百僚備職編官列署動相經涉若以私諱人遂其心則移官易職遷流莫已既違典法有虧政體請一斷之從之

志第十　禮志中　晉書二十

禮下

五禮之別三曰賓蓋朝宗覲遇會同之制是也自周以下其禮彌繁自秦滅學之後舊典殘缺漢興始使叔孫通制禮參用先代之儀然亦往往改異焉漢儀有正會禮正旦夜漏未盡七刻鍾鳴受賀公侯以下執贄來庭二千石以上升殿稱萬歲然後作樂宴饗魏武帝都鄴正會文昌殿用漢儀又設百華燈晉氏受命武帝更定元會儀咸寧注是也傅玄元會賦曰考夏后之遺訓綜殷周之典藝採秦漢之舊儀定元正之嘉會此則兼採衆代可知矣

咸寧注先正一日有司各宿設夜漏未盡十刻群臣集到庭燎起火上賀起謁報又賀皇后還從雲龍東中華門入詣東閤下便坐漏未盡七刻百官及受贄郎官以下至計吏皆入立其次其陛衛者如臨軒儀漏未盡五刻謁者僕射大鴻臚各各奏群臣就位定漏盡侍中奏外辦皇帝出鍾鼓作百官皆拜伏太常導皇帝升御坐鍾鼓止百官起大鴻臚跪奏請朝賀掌禮郎讚皇帝延王登大鴻臚跪讚藩王臣厶等奉白璧各一再拜賀太常報王悉登謁者引上殿當御坐皇帝興王再拜皇帝坐復再拜跪置璧御坐前復再拜成禮訖謁者引下殿還故位掌禮郎讚皇帝延太尉等於是公特進匈奴南單于金紫將軍當大鴻臚西中二千石二千石千石六百石當大行令西皆北面伏鴻臚跪讚太尉中二千石等奉璧皮帛羔鴈雉再拜賀太常讚皇帝延公等登掌禮引公至金紫將軍上殿皇帝興皆再拜皇帝坐又再拜跪置璧皮帛御坐前復再拜成禮訖謁者引下殿還故位公置璧成禮時大行令並讚殿下中二千石以下同成禮訖以贄授贄郎郎以璧帛付諸謁者羔鴈雉付太官太樂令跪奏雅樂樂以次作乘黃令乃出車皇帝罷入百官皆坐晝漏上水六刻諸蠻夷胡客以次入皆再拜訖坐御入後三刻又出鍾鼓作謁者僕射跪奏請群臣上謁者引王公二千石上殿千石六百石停本位謁者引王詣樽酌壽酒跪授侍中侍中跪置御坐前王還王自酌置位前謁者跪壽藩王臣厶等奉觴再拜上千万歲四廂樂作百官再拜已飲又再拜謁者引王等還本位陛下者傳就席群臣皆跪諸侍中中書令尚書令各於殿上上壽酒登歌樂升太官又行御酒御酒升階太官令跪授侍郎侍郎跪進御坐前乃行百官酒太樂令跪奏奏登歌三終乃降太官令跪請具御飯到階群臣皆起太官令持羹跪授司徒持飯跪授大司農尚食持案並授持節持節跪進御坐前群臣就席太樂令跪奏奏食舉樂太官行百官飯案遍食畢太樂令跪奏請進樂樂以次作鼓吹令又前跪奏請以次進衆妓乃召諸郡計吏前受勑戒於階下宴樂畢謁者一人跪奏請罷退鍾鼓作群臣北面再拜出然則夜漏未盡七刻謂之晨賀晝漏上三刻更出百官奉壽酒謂之晝會別置女樂三十人於黃帳外奏房中之歌江左多虞不復晨賀夜漏未盡十刻開宣陽門至平旦始開殿門晝漏上五刻皇帝乃出受賀皇太子出會者則在三恪下王公上正旦元會設白獸樽於殿庭樽蓋上施白獸若有能獻直言者則發此樽飲酒案禮白獸樽乃杜舉之遺式也為白獸蓋是後代所爲示忌憚也

魏制藩王不得朝覲魏明帝時有朝者皆由特恩不得以爲常及泰始中有司奏諸侯之國其王公以下入朝者四方各爲二番三歲而周周則更始若臨時有故却在明年明年來朝之後更滿三歲乃復朝不得違本數朝禮皆親執璧如舊朝之制不朝之歲各遣卿奏聘奏可江左王侯不之國其有受任居外則同方伯刺史二千石之禮亦無朝聘之制故此禮遂廢漢以高帝十月定秦旦爲歲首至武帝雖改用夏正然每月朔朝至於十月朔猶常饗會其儀夜漏未盡七刻受賀及贄公侯璧中二千石二千石羔千石六百石鴈四百石以下雉三公奉璧上殿御坐前北面太常讚曰皇帝爲君興三公伏皇帝坐乃前進璧百官皆賀二千石以上上殿稱萬歲舉觴御食司徒奉羹大司農奉飯奏食舉之樂百官受賜宴饗大作樂如元正之儀魏晉則冬至日受方國及百僚稱賀因小會其儀亞於獻歲之旦

古者帝王莫不巡狩魏文帝值天下三分方隅多事皇輿亟動役無寧歲蓋應時之務非舊章也明帝凡三東巡狩所過存問高年恤疾苦或

賜穀帛有古巡幸之風焉

齊王正始元年巡洛陽縣賜高年力田各有差及武帝泰始四年詔刺史二千石長吏曰古之王者以歲時巡狩方岳其次則二伯述職不然則行人順省故雖幽遐側微心無壅隔下情上通上指遠諭至于鰥寡罔不得所用垂風遺烈休聲猶存朕在位累載如臨深川夙興夕惕明發不寐坐而待旦思四方水旱災眚爲之怛然勤躬約己欲令事事當宜常恐衆吏用情誠心未著萬機兼猥慮有不周政刑失謬而弗獲備覽百姓有過在予一人惟歲之不易未遑卜征巡省之事下之未乂其何以恤之今使使持節侍中副給事黃門侍郎銜命四出周行天下親見刺史二千石長吏申諭朕心訪求得失損益諸宜觀省政教問人間患苦周典有之曰其萬姓之利害爲一書其禮俗政事刑禁之逆順爲一書其暴亂作慝犯令爲一書其札喪凶荒厄貧爲一書其康樂和親安平爲一書每國辨異之以返命于王舊章前訓令率由之還具條奏俾朕昭然鑒于幽遠若親行焉大夫君子其各悉乃心敬乃事嘉言令圖苦言至戒與使者盡之無所隱諱方將虛心以俟其勉哉勗之稱朕意焉新禮巡狩方嶽柴望告設壝宮如禮諸侯之觀者賓及執贄皆如朝議而不建旗摯虞以爲觀禮諸侯觀天子各建其旗旗章所以殊爵命示等威詩稱君子至止言觀其旂宜定新禮建旗如舊禮詔可其議然終晉代其禮不行

封禪之說經典無聞禮有因天事天因地事地因名山升中于天而鳳凰降龜龍格天子所以巡狩至於方嶽燔柴祭天以告其成功事似而非也讖緯諸說皆云王者封泰山禪梁甫易姓紀號秦漢行其典前史各陳其制矣

魏明帝黃初中護軍蔣濟曰夫帝王大禮巡狩爲先昭祖揚禰封禪爲首是以自古革命受符未有不蹈梁父登泰山刊無竟之名紀天人之際者也故司馬相如謂有文以來七十二君或順所繇於前謹遺教於後太史公曰主上有聖明而不宣布有司之過也然則元功懿德不刊梁山之石無以顯帝王之功示兆庶不朽之觀也語曰當君而歎堯舜

之美譬猶人子對厥親而生譽他人之父今大魏承百王之獘亂拯流遁之艱厄接千載之衰緒繼百代之廢業自武文至于聖躬所以參成天地之道綱維人神之化上天報應嘉瑞顯祥以比往古無所取喻至於歷世迄今未發大禮雖志在掃盡殘盜蕩滌餘穢未遑斯事若爾三苗屈強於江海大舜當廢東巡之儀徐夷跳梁於淮泗周成當止岱嶽之禮且去歲破吳虜於江漢今茲屠蜀賊於隴右其震蕩內潰在不復淹無累於封禪之事也此議久廢非倉卒所定宜下公卿廣撰其禮卜年考時昭告上帝以副天下之望臣待罪軍旅不勝大願冒死以聞詔曰聞蔣濟斯言使吾汗出流足自開闢以來封禪者七十餘君耳故太史公曰雖有受命之君而功有不洽是以中間廣遠者千有餘年近者數百載其儀闕不可得記吾何德之脩敢庶茲乎濟豈謂世無管仲以吾有桓公登太山之志乎吾不欺天也濟之所言華則榮矣非助我者也公卿侍中尚書常侍省之而已勿有所議亦不須答詔也天子雖距濟議而實使高堂隆草封禪之儀以天下未一不欲便行大禮會隆卒不復行之及武帝平吳混一區宇

太康元年九月庚寅尚書令衛瓘尚書左僕射山濤右僕射魏舒尚書劉寔司空張華等奏曰臣聞肇自生靈則有后辟年載之數莫之能紀立德濟世揮揚仁風以登封泰山者七十有四家其謚號可知者十有四焉沈淪寂寞曾無遺聲者不可勝記大晉之德始自重黎實佐顓頊至于夏商世序天地其在于周不失其緒金德將升世濟明聖外平蜀漢海內歸心武功之盛實由文德至于陛下受命踐阼弘建大業群生仰流惟獨江湖沅湘之表凶桀負固歷代不賓神謀獨斷命將出討兵威暫加數旬蕩定羈其鯨鯢赦其罪逆雲覆雨施八方來同聲教所被達于四極雖黃軒之征大禹遠略周之奕世何以尚今若夫玄石素文底號前載象以數表言以事告雖古河圖洛書之徵不是過也宜宣大典禮中嶽封泰山禪梁父發德號明至尊耳天休篤黎庶勒千載之表播流後之聲俾百世之下莫不興起斯帝王之盛業天人之至望也詔曰今逋寇雖殄外則障塞有警內則百姓未康此盛德之事所未議

也瓘等又奏曰今東漸于海西被于流沙大漠之陰日南北戶莫不通
屬茫茫禹跡今實過之天人之道已周巍巍之功已著宜脩禮地祇登
封泰山致誠上帝以答人神之願也乞如前奏詔曰今陰陽未和政刑
未當百姓未得其所豈可以勒功告成邪詔不許瓘等又奏曰臣聞處
帝王之位者必有歷運之期天命之應濟兆庶之功者必有盛德之容
告成之典無不可誣有不敢讓自古道也而明詔謙沖屢辭其禮雖
盛德攸在推而未居夫三公職典天地實掌人物國之大事取義於此
故漢氏封禪非是官也不在其事臣等前奏蓋陳祖考之功天命又應
陛下之德合同四海述古考今宜脩此禮至於克定歲月須五府上議
然後奏聞詔曰雖蕩清江表皆臨事者之勞何足以告成方望群后思
隆大化以寧區夏百姓獲乂與之休息斯朕日夜之望無所復下諸府
矣瓘等又奏臣聞唐虞三代濟世弘功之君莫不仰承天休俯協人志
登介丘履梁父未有辭焉者蓋不可讓也今陛下勳高百王德無與二
茂績宏規巍巍之業固非臣等所能究論而聖旨勞謙屢自抑損時

至弗應推美不居闕皇代之上儀塞靈祇之款望使大晉之典謨同風
於三五臣等誠不敢奉詔請如前奏施行詔曰方當共思弘道以康庶
績且俟他年無所復紛紜也王公有司又奏自古聖明光宅四海封禪
名山著於史籍作者七十四君矣舜禹之有天下也巡狩四嶽躬行其
道易著觀俗省方禮有升中于天詩頌陟其高山皆載在方策文王為
西伯以服事殷周公以魯藩列于諸侯或享于岐山或有事泰山徒以
聖德猶得為其事自是以來功薄而僭其義者不可勝數號謚不泯以
至于今況高祖宣皇帝肇開王業海外有截世宗景皇帝濟以大功輯
寧區夏太祖文皇帝受命造晉蕩定蜀漢陛下應期龍興混一六合
澤被群生威震無外昔漢氏失統吳蜀鼎峙兵興以來近將百年地險
俗殊人望絕塞今不羈之寇二代而平非聰明神武先天弗違孰能巍巍
其成功若茲者歟臣等幸以千載得遭運會親服大化目覩太平至公
至美誰與為讓宜祖述先明憲章古昔勒功岱嶽登封告成弘禮樂
之制正三雍之典揚名萬世以顯祖宗是以不勝大願敢昧死以聞請

告太常具禮儀復上詔曰所議誠列代之盛事也然今方未可以爾便報
絕之
哀帝即位欲尊崇章皇太妃桓溫議宜稱太夫人尚書僕射江虨議曰
虞舜體仁孝之性盡事親之禮貴為天子富有四海而瞽叟無立錐
之地一級之爵蒸蒸之心昊天罔極寧當忍父卑賤不以徽號顯之豈
不以子無爵父之道理窮義屈靡所厝情者哉春秋經曰紀季姜歸于
京師傳曰父母之於子雖為天王后猶曰吾季姜言子尊不加父母也
或以為子尊不加父母則武王何以追王太王王季文王乎周之三王德
配天地王跡之興自此始也是以武王仰尋前緒遂奉天命追崇祖考
明不以子尊加父母也按禮幼不誄長賤不誄貴幼賤猶不得表彰長
貴況敢錫之以榮命邪漢祖感家令之言而尊太公荀悅以為孝莫大
於嚴父而以子貴加之父母家令之言過矣爰逮孝章不上賈貴人以
尊號而厚其金寶幣帛非子道之不至也蓋聖典不可踰也當春秋時
庶子承國其母得為夫人不審直子命母邪故當告於宗桃以先君之

命命之邪竊見詔書當臨軒拜授貴人為皇太妃今稱皇帝策命命
貴人斯則子爵母也貴人北面拜授斯則母臣子也天尊地卑名位定
矣母貴子賤人倫序矣雖欲加崇貴人而實卑之雖顯明國典而實廢
之且人主舉動史必書之如當載之方策以示後世無乃不順乎竊謂應
告顯宗之廟稱貴人仁淑之至宜加殊禮以酬鞠育之惠奉先靈之命
事不在己妃后雖是配君之名然自后以下有夫人九嬪無稱妃焉桓公
謂宜進號太夫人非不允也如以夫人為少可言皇太夫人皇君也君太夫
人於名禮順矣帝特下詔拜皇太妃三月景辰使兼太保王恬授璽綬
儀服一如太后又詔曰朝臣不為太妃敬為合禮不太常江逌議位號不
極不應盡敬孝武追崇會稽鄭太妃為簡文太后詔問當開墓不
王珣答據三祖追贈及中宗敬后並不開墓但更為塋域制度耳褚
太后臨朝時議褚裒進見之典蔡謨王彪之並以虞舜漢高祖猶
執子道況后乎王者父無拜禮尚書八座議以為純子則王道缺純臣
則孝道虧謂公庭如臣私覿則嚴父為允

漢魏故事皇太子稱臣新禮以太子既以子爲名而又稱臣臣子兼稱於義不通除太子稱臣之制摯虞以爲孝經資於事父以事君義兼臣子則不嫌稱臣宜定新禮皇太子稱臣如舊詔從之

太寧三年三月戊辰明帝立皇子衍爲皇太子癸巳詔曰禮無生而貴者故帝元子方之於士而漢魏以來尊崇儲貳使官屬稱臣朝臣咸拜此甚無謂吾昔在東宮未及啟革今衍幼沖之年便臣先達將令日習所見謂之自然此豈可以教之邪吾者其下公卿內外通議使必允禮中尚書令卞壼議以爲周禮王后太子不會明禮同於君皆所以重儲貳異其正嫡苟奉之如君不得不拜矣太子若存謙沖故宜答拜臣以爲皇太子之立郊告天地正位儲宮豈得同之皇子揖讓而已謂宜稽則漢魏闔朝同拜從之太元中尚書符問王公已下見皇太子儀及所衣服侍中領國子博士車胤議朝臣宜朱衣構幘拜敬太子答拜按經傳不見其文故太傅羊祜嘗慶太子稱叩頭死罪此則拜之證也又太寧三年詔議其典尚書卞壼謂宜稽則漢魏闔朝同拜其朱衣冠冕

惟施之天朝宜構幘而已朝議多同

太元十二年議二王後與太子先後博士庾弘之及尚書負參議並以爲陳留國之上賓皇太子雖國之儲貳猶在臣位陳留王坐應在太子上陳留王勤表稱疾病積年求放罷詔禮官博士議之博士曹耽云勤爲祭主而無執祭之期宜與穆子孟縶事同王彪之云二王之後不宜輕致廢立記傳未見有已爲君而疾病退罷者當知古無此禮孟縶穆子是方應爲君非陳留之比

咸康四年成帝臨軒遣使拜太傅太尉司空儀注太樂宿縣於殿庭門下奏非祭祀宴饗則無設樂之制太常蔡謨議曰凡敬其事則備其禮禮備則制有樂樂者所以敬事而明義爲耳目之娛故冠亦用之不惟宴饗宴饗之有樂亦所以敬賓也故郤至使楚楚子饗之郤至辭曰不忘先君之好貺之以大禮重之以備樂尋斯辭也則宴樂之意可知矣公侯大臣人君所重故御坐爲起在輿爲下言稱伯舅傳曰國卿君之貳也是以命使之日御親臨軒百僚陪列此即敬事之意也古者天王饗下國之使及命將帥遣使臣皆有樂故詩序曰皇皇者華君遣使臣也又曰采薇以遣之出車以勞還杕杜以勤歸皆作樂而歌之今命大使拜輔相比於下國之臣輕重殊矣輕誠有之重亦宜然故謂臨軒遣使宜有金石之樂議奏從焉

漢魏故事王公群妾見於夫人夫人不答拜新禮以爲禮無不答更制妃公侯夫人答妾拜摯虞以爲禮妾事女君如婦之事姑妾服女君朞女君不報則敬與婦同而又加賤也名位不同本無酬報禮無不答義不謂此先聖殊嫡庶之別以絕陵替之漸峻明其防猶有僭違宜定新禮自如其舊詔可其議

五禮之別其四曰軍所以和外寧內保大定功者也但兵者凶事故因蒐狩而習之

漢儀立秋之日自郊禮畢始揚威武斬牲於東門以薦陵廟其儀乘輿御戎路白馬朱鬣躬執弩射牲牲以爲薦鹿麛太宰命謁者各一人載以獲車馳送陵廟還宮遣使者齎束帛以賜武官武官肄兵習戰陣之儀斬牲之禮名曰貙劉兵官皆肄孫吳兵法六十四陣既還公卿以

下陳雒陽前街乘輿到公卿以下拜天子下車公卿親識顏色然後還宮古語曰在車下車則惟此時施行漢世率以爲常至獻帝建安二十一年魏國有司奏古四時講武皆於農隙漢西京承秦制三時不講惟十月都講今金革未偃士衆素習可無四時講武但以立秋擇吉日大朝車騎號曰閱兵上合禮名下承漢制奏可是冬閱兵魏王親執金鼓以令進退

延康元年魏文帝爲魏王是年六月立秋閱兵於東郊公卿相儀王御華蓋親令金鼓之節

魏明帝太和元年十月又閱兵

武帝泰始四年九月咸寧元年太康四年六年冬皆自臨宣武觀大閱衆軍然不自令進退也自惠帝以後其禮遂廢

元帝太興四年詔左右衛及諸營教習依大習儀作鴈羽仗成帝咸和中詔內外諸軍戲兵於南郊之場故其地因名鬭場自後藩鎮桓

庾諸方伯往往閲習然朝廷無事焉

漢魏故事遣將出征符節郎授節鉞於朝堂其後荀顗等所定新禮遣將御臨軒尚書授節鉞依古兵書跪而推轂之義也

五禮之別其五曰嘉宴饗冠婚之道於是乎備周末崩離賓射宴饗之則罕復能行冠婚飲食之法又多遷變周禮雖有服冕之數而無天子冠文又儀禮云公侯之有冠禮夏之末造也王鄭皆以爲夏末上下相亂篡弒由生故作公侯冠禮則明無天子冠禮之審也大夫又無冠禮古者五十而後爵何大夫冠禮之有周人年五十而有賢才則試以大夫之事猶行士禮也故筮日筮賓冠於阼以著代醮於客位三加彌尊皆士禮耳然漢代以來天子諸侯頗採其儀正月甲子若景子爲吉日可加元服儀從冠禮是也漢順帝冠又兼用曹褒新禮乘輿初加緇布進賢次爵弁武弁次通天皆於高廟以禮謁見世祖廟王公已下初加進賢而已按此文始冠緇布從古制也冠於宗廟是也魏天子冠一加其說曰王禮三加加有成也至於天子諸侯無加數之文者將以踐阼臨下尊

極德備豈得與士同也魏氏太子再加皇子王公世子乃三加孫毓以爲一加再加皆非也禮醮辭曰令月吉日以歲之正以月之令按魯襄公冠以冬漢惠帝冠以三月明無定月而後漢以來帝加元服咸以正月及咸寧二年秋閏九月遣使冠汝南王柬此則非必歲首禮冠於廟然武惠冠太子太子皆即廟見斯亦擬在廟之儀也穆帝孝武將冠皆先以幣告廟訖又廟見也惠帝之爲太子將冠武帝臨軒使兼司徒高陽王珪加冠兼光祿大夫屯騎校尉華廙贊冠江左諸帝將冠金石宿設百僚陪位又豫於殿上鋪大牀御府令奉冕幘簪導袞服以授侍中常侍太尉加幘太保加冕將加冕太尉跪讀祝文曰令月吉日始加元服皇帝穆穆思弘袞職欽若昊天六合是式率遵祖考永永無極眉壽惟祺介茲景福加冕訖侍中繫玄紞侍中脫帝絳紗服加袞服冕冠事畢太保率群臣奉觴上壽王公以下三稱萬歲乃退按儀注一加幘冕而已

〇泰始十年南宮王承年十五依舊應冠有司奏議禮十五成童國君十五而生子以明可冠之宜又漢魏遣使冠諸王非古典於是制王十五而冠不復加使命王彪之云禮傳冠皆在廟按武帝既加元服車駕出拜于太廟以告成也蓋亦猶擬在廟之儀

魏齊王正始四年立皇后甄氏其儀不存武帝咸寧二年臨軒遣太尉賈充策立皇后楊氏納悼后也因大赦賜王公以下各有差百僚上禮太康八年有司奏婚納徵大婚用玄纁束帛加珪馬二駟王侯玄纁束帛加璧乘馬大夫用玄纁束帛加羊古者以皮馬爲庭實天子加以穀珪諸侯加大璋可依周禮改璧用璋其羊鴈酒米玄纁如故諸侯婚禮加納采告期親迎各帛五匹及納徵馬四匹皆令夫家自備惟璋官爲具致之尚書朱整議按魏氏故事王娶妃公主嫁之禮天子諸侯以皮馬爲庭實天子加以穀珪諸侯加以大璋漢高后制聘后黃金二百斤馬十二匹夫人金五十斤馬四匹魏氏王娶妃公主嫁之禮用絹百九十匹晉興故事用絹三百匹詔曰公主嫁由夫氏不宜皆爲備物賜錢使足而已惟給璋餘如故事

成帝咸康二年臨軒遣使持節兼太保領軍將軍諸葛恢兼太尉護

軍將軍孔愉六禮備物拜皇后杜氏即日入宮帝御太極殿群臣畢賀賀非禮也王者婚禮禮無其例春秋祭公逆王后于紀穀梁左氏傳說與公羊又不同而自漢魏遺事並皆闕略武惠納后江左又無復儀注故成帝將納杜后太常華恒始與博士參定其儀據杜預左氏傳說主婚是供其婚禮之幣而已又周靈王求婚於齊齊侯問於晏桓子桓子對曰夫婦所生若如人姑姊妹則稱先守某公之遺女若如人此則天子之命自得下達臣下之答徑自上通先儒以爲丘明詳錄其事蓋爲王者婚娶之禮也故成帝臨軒遣使稱制拜后然其儀注又不具存

康帝建元元年納皇后褚氏而儀注陛者不設旄頭殿中御史奏今迎皇后依成恭皇后入宮御物而儀注至尊袞冕升殿旄頭不設求量處又按昔迎恭皇后惟作青龍旂其餘皆即御物今當臨軒遣使而五牛旂旗旄頭罼罕並出即用故致今闕詔曰所以正法服升太極者以敬其始故備其禮也今云何更闕所重而撤法物邪又恭后神主入廟先帝詔后禮宜降不宜建五牛旗而今猶復設之邪既不設五牛旗則

旌頭罼罕之物易具也又詔曰舊制既難準且於今而備亦非宜府庫
之儲惟當以供軍國之費耳法服儀飾粗令舉其餘兼副雜器停之
○穆帝升平元年將納皇后何氏太常王彪之大引經傳及諸故事以定其
禮深非公羊婚禮不稱主人之義又曰王者之於四海無非臣妾雖復父
兄之親師友之賢皆純臣也夫崇三綱之始以定乾坤之儀安有天父之
尊而稱臣下之命以納伉儷安有臣下之卑而稱天父之名以行大禮遠
尋古禮無王者此制近求史籍無王者此比於情不安於義不通桉
咸寧二年納悼皇后時弘訓太后母臨天下而無命戚屬之臣為武皇
父兄主婚之文又考大晉已行之事咸寧故事不稱父兄師友則咸寧
華恒所上禮合於舊臣愚謂今納后儀制宜一依咸寧故事於是從之
華恒所定之禮依漢舊及晉已行之制故彪之多從咸寧由此也惟以
娶婦之家三日不舉樂而咸康群臣賀為失禮故但依咸寧上禮不
復賀其告廟六禮版文等儀皆彪之定也其納采版文璽書曰皇
帝咨前太尉參軍何琦渾元資始肇經人倫爰及夫婦以奉天地宗

廟社稷謀于公卿咸以宜率由舊典今使使持節太常彪之宗正綜以
禮納采主人曰皇帝嘉命訪婚陋族備數采擇臣從祖弟故散騎侍
郎準之遺女未閑教訓衣履若如人欽承舊章肅奉典制前太尉
參軍都鄉侯糞土臣何琦稽首頓首再拜承詔次問名版文曰皇帝
曰咨某官某姓兩儀配合承天統物正位于內必俟令族重章舊典今
使使持節太常某宗正某以禮問名主人曰皇帝嘉命使者某到重
宣中詔問臣名族臣族女父母所生先臣故光祿大夫雩婁侯御名之遺
玄孫先臣故豫州刺史關中侯惲之曾孫先臣安豐太守關中侯叡之孫
先臣故散騎侍郎準之遺女外出自先臣故尚書左丞胄之外曾孫先
臣故侍中關內侯夷之外孫女年十七欽承舊章肅奉典制次納吉版
文曰皇帝曰咨某官某姓人謀龜從僉曰貞吉敬從典禮今使使持節
太常某宗正某以禮納吉主人曰皇帝嘉命使者某重宣中詔太卜元吉
臣陋族卑鄙憂懼不堪欽承舊章肅奉典制次納徵版文曰皇帝曰
咨某官某姓之女有母儀之德窈窕之姿如山如河宜奉宗廟永承

天祚以玄纁皮帛馬羊錢璧以章典禮今使使持節司徒某太常某
以禮納徵主人曰皇帝嘉命降婚卑陋崇以上公寵以典禮備物典策
欽承舊章肅奉典制次請期版文皇帝曰咨某官某姓謀于公卿
泰筮元龜罔有不臧率遵典禮今使使持節太常某宗正某以禮請
期主人曰皇帝嘉命使者某重宣中詔吉日惟某可迎臣欽承舊章
肅奉典制次親迎版文皇帝曰咨某官某姓歲吉月令吉日惟某率
禮以迎今使使持節太保某太尉某以禮迎主人曰皇帝嘉命使者某
重宣中詔令月吉辰備禮以迎上公宗卿兼至副介近臣百兩臣螻蟻
之族猥承大禮憂懼戰悸欽承舊章肅奉典制某稽首承詔如
初孝武納王皇后其禮亦如之其納采問名納吉請期親迎皆用白鴈
白羊各一頭酒米各十二斛惟納徵羊一頭玄纁用帛三匹絳二匹絹二百匹
獸皮二枚錢二百萬玉璧一枚馬六匹酒米各十二斛鄭玄所謂五鴈六
禮也其馬之制備物之數校太康所奏又有不同古者婚冠皆有
醮鄭氏醮文三首具存

升平八年臺符問迎皇后大駕應作鼓吹不博士胡訥議臨軒儀注
闕無施安鼓吹處所又無舉麾鳴鍾之條太常王彪之以為婚禮不樂
鼓吹亦樂之總名儀注所以無者依婚禮今宜備設而不作時用此議
○永和二年納后議賀不王述云婚是嘉禮春秋傳曰娶妾者大吉非常吉
又傳曰鄭子罕如晉賀夫人鄰國猶相賀況臣下邪如此便應賀但不
在三日內耳今因廟見成禮而賀亦是一節也王彪之議云婚禮不樂
不賀禮之明文傳稱子罕如晉賀夫人既無經文又傳不云禮也禮
取婦三日不舉樂明三日之後自當樂至於不賀無三日之斷恐三日之
後故無應賀之禮又云禮記所以言賀取妻者是因就酒食而有慶
語也愚謂無直相賀之體而有禮貺共慶會之義今世所共行于時
竟不賀
穆帝納后欲用九月九月是忌月范汪問王彪之答云禮無忌月不敢以
所不見便謂無之博士曹耽荀訥等並謂無忌月之文不應有妨王洽
曰若有忌月當復有忌歲

太元十二年臺符問皇太子既拜廟朝臣奉賀應上禮與不國子博士車胤云百辟卿士咸預盛礼展敬拜伏不須復上禮惟方伯牧守不覲大禮自非酒牢貢羞無以表其乃誠故宜有上禮猶如元正大慶方伯莫不上礼朝臣奉璧而已太學博士庾弘之議按咸寧三年始平濮陽諸王新拜有司奏依故事聽京城近臣諸王公主應朝賀者復上禮今皇太子國之儲副既已崇建普天同慶諸應上禮奉賀徐邈同又引有元良慶在於此封諸王及新宮上禮既有前事亦皆已瞻仰致敬而又奉觴上壽應亦無疑也

江左以來太子婚納徵禮用玉璧一獸皮二未詳何所準況或者獸取其威猛有班彩玉以象德而有潤尋珪璋亦玉之美者豹皮采蔚以譬君子王肅納徵辭云玄纁束帛儷皮鴈羊前漢聘后黃金二百斤馬十二疋亦無用羊之旨鄭氏婚物贊曰羊者祥也然則婚之有羊自漢始也王者六禮尚未用焉是故太康中有司奏太子婚納徵用玄纁束帛加羊馬二駟

武帝泰始十年將聘拜三夫人九嬪有司奏禮皇后聘以穀珪無妾媵礼贄之制詔曰拜授可依魏氏故事於是臨軒使使持節兼太常拜三夫人兼御史中丞拜九嬪

漢魏之禮公主居第尚公主者來第成婚司空王朗以為不可其後乃革太元中公主納徵以獸豹皮各一其礼豈謂婚礼不辨王公之序故取獸豹以尊革其事乎

禮有三王養老膠庠之文鄉飲射飲酒之制周末淪廢漢明帝永平二年三月帝始率群臣躬養三老五更于辟雍行大射之禮郡国縣道行鄉飲酒于學校皆祠先聖先師周公孔子牲以太牢孟冬亦如之及魏高貴鄉公甘露二年天子親帥群司行養老之禮於太學於是王祥為三老鄭小同為五更其儀注不存然漢禮猶在

武帝泰始六年十二月帝臨辟雍行鄉飲酒之禮詔曰礼儀之廢久矣乃今復講肄舊典賜太常絹百匹丞博士及學生牛酒咸寧三年惠帝元康九年復行其禮魏正始中齊王每講經遍輒使太常釋奠先聖先師於辟雍弗躬親及惠帝明帝之為太子及愍懷太子講經竟並親釋奠於太學太子進爵於先師中庶子進爵於顏回成穆孝武三帝亦皆親釋奠孝武時以學在水南懸遠有司議依升平元年於中堂權立行太學于時無復国子生有司奏應須復二學生百二十人太學生取見人六十國子生權銓大臣子孫六十人事訖罷奏可釋奠禮畢會百官六品以上

漢儀季春上巳官及百姓皆禊於東流水上洗濯祓除去宿垢疢自魏以後但用三日不以上巳也晉中朝公卿以下至于庶人皆禊洛水之側趙王倫篡位三日會天泉池誅張林懷帝亦會天泉池賦詩陸機云天泉池南石溝引御溝水池西積石為禊堂本水流杯飲酒亦不言曲水元帝又詔罷三日弄具海西於鍾山立流水曲水延百僚皆其事也九月九日馬射或說云秋金之節講武習射象立秋之禮也

晉書禮志第十一　禮下

夫性靈之表不知所以發於詠歌感動之端不知所以關於手足生於心者謂之道成於形者謂之用譬諸天地其猶影響百獸率舞而況於人乎美其和平而哀其喪亂以茲援律乃播其聲焉農瑟羲琴倕鍾和磬達靈成性象物昭功由此言之其來自遠殷氏不綱遺風餘孽淫奏既興雅章奔散英莖之制蓋已微矣孔子曰人能弘道非道弘人周始二南風兼六代昔黃帝作雲門堯作咸池舜作大韶禹作大夏殷作大護周作大武所謂因前王之禮設俯仰之容和順積中英華發外書稱命夔典樂教冑子則周官所謂奏大呂歌黃鍾天既來下人祇動色抑揚周監以弘雅音及褒豔興災平王逢亂禮廢親疎樂沉河海是以延陵季子聞歌小雅曰其周德之衰乎猶有先王之遺風焉而列壤稱孤各興吟詠魏文侯聆古樂而恐臥晉平公聽新聲而忘食先王之道漸以陵夷八方殊風九州異則秦氏并吞遂專刑憲至於絃歌詩頌干戚旄羽投諸煙火埽地無遺漢祖提劍豪中削平天下文匪躬於德化武有心於制作太后擯儒家之道大臣排賈氏之言搢紳先生所以長歎而子政仲舒猶不能已也炎漢中興明皇帝即位表圭景而陳清廟樹槐陰而疏辟流祀光武於明堂以配上帝召桓榮於大學袒而割牲濟濟焉皇皇焉有足觀者自斯厥後禮樂彌秘永平三年官之司樂改名大予式揚典禮旁求圖讖道隣雅頌事適中和其有五方之樂者則所謂大樂九變天神可得而禮也其有宗廟之樂者則所謂肅雍和鳴先祖是聽者也其有社稷之樂者則所謂琴瑟擊鼓以迓田祖者也其有辟雍之樂者則所謂移風易俗莫善於樂者也其有黃門之樂者則所謂宴樂群臣蹲蹲舞我者也其有短簫鐃之樂者則所謂王師大捷令軍中凱歌者也魏武挾天子而令諸侯思一戎而匡九服時逢吞滅憲章咸盪及削平劉表始獲杜夔揚鼙總干式遵前記三祖紛綸咸工篇什聲歌雖有損益愛翫在乎雕章是以王粲等各造新詩抽其藻思吟詠神靈讚揚來饗武皇帝採漢魏之遺範覽景文之垂則鼎鼐唯新前音不改泰始九年光祿大夫荀勗始作古尺以調聲韻仍以張華等所制高文陳諸下管永嘉之亂伶官既減曲臺宣榭咸變洿萊雖復象舞歌工自胡歸晉至於孤竹之管雲和之瑟空桑之琴泗濱之磬其能備者百不一焉夫人受天地之靈蘊善華之氣剛柔迭用哀樂分情經春陽而自喜遇秋彫而不悅遊乎金石之端出乎管絃之外因物遷逝乘流不反是以楚王升輕軒於彭蠡漢順聽鳴鳥於樊衢聖人功成作樂化平裁曲乃揚節奏以暢中和飾其歡欣止於哀思者也凡樂之道五聲八音六律十二管爲之綱紀云

五聲宮爲君宮之爲言中也中和之道無往而不理焉商爲臣商之爲言強也謂金性之堅強也角爲民角之爲言觸也謂象諸陽氣觸物而生也徵爲事徵之爲言止也言物盛則止也羽爲物羽之爲言舒也言陽氣將復萬物孳育而舒生也古人有言曰禮樂不可斯須去身化上遷善有如不及是以聞其宮聲使人溫良而寬大聞其商聲使人方廉而好義聞其角聲使人惻隱而仁愛聞其徵聲使人樂養而好施聞其羽聲使人恭儉而好禮

八音八方之風也乾之音石其風不周坎之音革其風廣莫艮之音匏其風融震之音竹其風明庶巽之音木其風清明離之音絲其風景坤之音土其風涼兌之音金其風閶闔

陽六爲律謂黃鍾大蔟姑洗蕤賓夷則無射陰六爲呂謂大呂應鍾南呂林鍾仲呂夾鍾凡有十二以配十二辰焉律之爲言法也言陽氣施生各有法也呂之爲言助也所以助成陽功也正月之辰謂之寅寅者津也謂生物之津途也二月之辰名爲卯卯者茂也言陽氣生而孳茂也三月之辰名爲辰辰者震也謂時物盡震動而長也四月之辰謂爲巳巳者起也物至此時畢盡而起也五月之辰謂爲午午者長也大也言物皆長大也六月之辰謂爲未未者味也言時萬物向成有滋味也七月之辰謂爲申申者身也言時萬物身體皆成就也八月之辰謂爲酉酉者緧也謂時物皆緧縮也九月之辰謂爲戌戌者滅也謂時物皆衰滅也十月之辰謂爲亥亥者劾也言時陰氣劾殺萬物也十一月

之辰謂為子子者孳也謂陽氣至此更孳生也十二月之辰謂為丑丑者紐也言終始之際故以紐結為名也十一月之管謂為黃鍾黃者陰陽之中色也天有六氣地有五才而天地數畢焉或曰冬至德氣為土土色黃故曰黃鍾正月之管謂為太蔟蔟者蔟也謂萬物隨於陽氣太蔟而生也三月之管名為姑洗姑洗者姑枯也洗濯也謂物生新絜洗除其枯改柯易葉也五月之管名為蕤賓葳蕤垂下貌也賓敬也謂時陽氣下降陰氣始起相賓敬也七月之管名為夷則夷平也則法也謂萬物將成平均皆有法則也九月之管名為無射射者出也言時陽氣上升萬物收藏無復出也十二月之管名為大呂呂者助也謂陽氣方之陰氣助也十月之管名為應鍾應者和也謂歲功皆應和陽功收而聚之也八月之管名為南呂南者任也謂時物皆秀有懷任之象也六月之管名為林鍾者林茂也謂時物茂盛於野也四月之管名為仲呂者呂助也謂陽氣盛長陰助成功也二月之管名為夾鍾者夾佐也謂時物尚未盡出陰德佐陽而出物也漢自東京大亂絕無金石之樂樂章

亡缺不可復知及魏武平荊州獲漢雅樂郎杜夔能識舊法以為軍謀祭酒使創定雅樂時又有散騎郎鄧靜尹商善訓雅樂歌師尹胡能歌宗廟郊祀之曲舞師馮肅服養曉知先代諸舞夔悉總領之遠詳經籍近採故事考會古樂始設軒懸鍾磬而黃初中柴玉左延年之徒復以新聲被寵改其聲韻及武帝受命之初百度草創泰始二年詔郊祀明堂礼樂權用魏儀遵周室肇稱殷礼之義但改樂章而已使傅玄為之詞云

祠天地五郊夕牲歌

天命有晉　穆穆明明　我其夙夜　祗事上靈　常于時夏　迄用其成
於薦玄牡　進夕其牲　崇德作樂　神祇是聽

祠天地五郊迎送神歌

宣文烝哉　日靖四方　永言保之　夙夜匪康　光天之命　上帝是皇
嘉樂殷薦　靈祚景祥　神祇降假　享福無疆

饗天地五郊歌

天祚有晉　其命惟新　受終于魏　奄有黎民　燕及皇天　懷和百神
丕顯遺烈　之德之純　享其玄牡　式用肇禋　神祇來格　福祿是臻
時邁其猶　昊天子之　祐享有晉　肇庶戴之　畏天之威　敬授人時
不顯不承　於猶繹思　皇極斯建　庶績咸熙　庶幾夙夜　惟晉之祺
宣文惟后　克配彼天　撫寧四海　保有康年　於乎緝熙　肆用靖民
爰立典制　爰脩禮紀　作民之極　莫匪資始　克昌厥後　永言保之

天地郊明堂夕牲歌

皇矣有晉　時邁其德　受終于天　光濟萬國　萬國既光　神定厥祥
虔于郊祀　祗事上皇　祗事上皇　百福是臻　巍巍祖考　克配彼天
嘉牲匪歆　德馨惟饗　受天之祐　神化四方

天地郊明堂降神歌

於赫大晉　應天景祥　二帝邁德　宣此重光　我皇受命　奄有萬方
郊祀配享　禮樂孔章　神祇嘉享　祖考是皇　克昌厥後　保祚無疆

天郊饗神歌

整泰壇　禮皇神　精氣感　百靈賓　蘊朱火　燎芳薪　紫煙遊
冠青雲　神之體　靡象形　曠無方　幽以清　神之來　光景昭
聽無聞　視無兆　神之至　舉歆歆　靈爽協　動余心　神之坐
同歡娛　澤雲翔　化風舒　嘉樂奏　文中聲　八音諧　神是聽
咸絜齊　並芬芳　亨牷牲　享玉觴　神悅饗　歆禋祀　祐大晉
降繁祉　作京邑　廣四海　保天年　窮地紀

地郊饗神歌

整泰折　俟皇祗　眾神感　群靈儀　陰祀設　吉禮施　夜將極
時未移　祗之體　無形象　潛泰幽　洞忽荒　祗之出　薆若有
靈無遠　天下母　祗之來　遺光景　昭若存　終冥冥　祗之至
舉欣欣　舞象德　歌成文　祗既坐　同歡豫　澤雨施　化雲布
樂八變　聲教敷　物咸亨　祗是娛　齊既絜　侍者肅　玉觴進
咸穆穆　饗嘉豢　歆德馨　祚有晉　暨群生　溢九壤　格天庭
保萬壽　延億齡

明堂饗神歌

經始明堂 享祀匪懈 於皇烈考 光配上帝 赫赫上帝 既高既崇 聖考是配 明德顯融 率土敬職 萬方來祭 常于時假 保祚永世

祠廟夕牲歌

我夕我牲 猗歟敬止 嘉薦孔時 供茲享祀 神鑒厥誠 博碩斯歆 祖考降饗 以虞孝孫之心

祠廟迎送神歌

嗚呼悠哉 日監在茲 以時享祀 神明降之 神明斯降 既祐饗之 祚我無疆 受天之祜 赫赫太上 巍巍聖祖 明明烈考 丕承繼序

祠征西將軍登歌

經始宗廟 神時戾止 申錫無疆 祗承享祀 假哉皇祖 綏予孫子 燕及後昆 錫茲繁祉

祠豫章府君登歌

嘉樂肆筵 薦祀在堂 皇皇宗廟 乃祖乃皇 濟濟辟公 相予烝嘗 享祀不忒 降福穰穰

祠潁川府君登歌

於邈先后 實司于天 顯矣皇祖 帝祉肇臻 本枝克昌 資始開元 惠我無疆 享祚永年

祠京兆府君登歌

於惟曾皇 顯顯令德 高明清亮 匪競柔克 保乂命祐 基命惟則 篤生聖祖 光濟四國

祠宣皇帝登歌

於鑠皇祖 聖德欽明 勤施四方 夙夜敬止 載敷文教 載揚武烈 匡定社稷 躬行天罰 經始大業 造創帝基 畏天之命 于時保之

祠景皇帝登歌

執競景皇 克明克哲 旁作穆穆 惟祗惟畏 纂宣之緒 耆定厥功 登此俊乂 糾彼群凶 業業在位 帝既勤止 惟天之命 於穆不已

祠文皇帝登歌

於皇時晉 允文文皇 聰明叡智 聖敬神武 萬機莫綜 皇斯清之 虵豕放命 皇斯平之 柔遠能邇 簡授英賢 創業垂統 勳格皇天

祠廟饗神歌二篇

日晉是常 享祀時序 宗廟致敬 禮樂具舉 惟其來祭 普天率土 犧樽既奠 清酤既載 亦有和羹 薦羞斯備 烝烝永慕 感時興思 登歌奏舞 神樂其和 祖考來格 祐我邦家 溥天之下 罔不休嘉

肅肅在位 濟濟臣工 四海來格 禮儀有容 鍾鼓振 管絃理 舞開元 歌永始 神胥樂兮 肅肅在位 臣工濟濟 小大咸敬 上下有禮 理管絃 振鼓鍾 舞象德 歌詠功 神胥樂兮 肅肅在位 有來雍雍 穆穆天子 相維辟公 禮有儀 樂有則 舞象功 歌詠德 神胥樂兮

杜夔傳舊雅樂四曲一曰鹿鳴二曰騶虞三曰伐檀四曰文王皆古聲辭及太和中左延年改夔騶虞伐檀文王三曲更自作聲節其名雖存而聲實異唯因夔鹿鳴全不改易每正旦大會太尉奉璧群后行禮東

廂雅樂常作者是也後又改三篇之行禮詩第一曰於赫篇詠武帝聲節與古鹿鳴同第二曰巍巍篇詠文帝用延年所改騶虞聲第三曰洋洋篇詠明帝用延年所改文王聲第四曰復用鹿鳴鹿鳴之聲重用而除古伐檀及晉初食舉亦用鹿鳴至泰始五年尚書奏使太僕傅玄中書監荀勖黃門侍郎張華各造正旦行禮及王公上壽酒食舉樂歌詩荀勖云魏氏行禮食舉再取周詩鹿鳴以爲樂章又鹿鳴以宴嘉賓無取於朝考之舊聞未知所應勖乃除鹿鳴舊歌更作行禮詩四篇先陳三朝朝宗之義又爲正旦大會王公上壽歌詩并食舉樂歌詩合十三篇又以魏氏歌詩或二言或三言或四言或五言與古詩不類以問司律中郎將陳頎頎曰被之金石未必皆當故勖造晉歌皆爲四言唯王公上壽酒一篇爲三言五言焉張華以爲魏上壽食舉詩及漢氏所施用其文句長短不齊未皆合古蓋以依詠弦節本有因循而識樂知音足以制聲度曲法用率非凡近之所能改二代三京襲而不變雖詩章辭異興廢隨時至其韻逗留曲折皆繫於舊有由然也是以一皆因

就不敢有所改易此則華勗所明異旨也時詔又使中書侍郎成公綏亦作焉今並採列之云

四廂樂歌

正旦大會行禮歌 成公綏

穆穆天子 光臨萬國 多士盈朝 莫匪俊德 流化罔極 王猷允塞 嘉會置酒 嘉賓充庭 羽旄曜宸極 鍾鼓振泰清 百辟朝三朝 式明儀形 濟濟鏘鏘 金振玉聲 禮樂具 宴嘉賓 眉壽作聖皇 景福惟日新 群后戾止 有來雍雍 獻酬納贄 崇此禮容 豐羞萬俎 旨酒千鍾 嘉樂盡宴樂 福祿咸攸同 樂哉 天下安寧 道化行 風俗清 簫韶作 詠九成 年豐穰 世泰平 至治哉 樂無窮 元首聰明 股肱忠 樹豐澤 揚清風 嘉瑞出 靈應彰 麒麟見 鳳凰翔 醴泉湧 流中唐 嘉禾生 穗盈箱 降繁祉 祚聖皇 承天位 統萬國 受命應期 授聖德 四世重光 宣開洪業 景克昌 文欽明 德彌彰 肇啟晉邦

流祚無疆 泰始建元 鳳凰龍興 龍興伊何 享祚萬乘 奄有八荒 化育黎蒸 圖書既煥 金石有徵 德光大 道熙隆 被四表 格皇穹 弈弈萬嗣 明明顯融 高明令終 保茲永祚 與天比崇 聖皇君四海 應天期 三葉合重光 泰始開洪基 明曜參日月 功化侔四時 宇宙清且泰 黎庶咸雍熙 善哉雍熙 惟天降命 翼仁祐聖 於穆三皇 載德彌盛 總齊璇璣 光統七政 百揆時序 化若神聖 四海同風 興至仁 濟民育物 擬陶均 擬陶均 垂惠潤 皇皇群賢 峨峨英雋 德化宣 茲芳播來胤 播來胤 垂後昆 清廟何穆穆 皇極闢四門 皇極闢四門 萬機無不綜 亹亹翼翼 樂不及荒 饑不遑食 大禮既行 樂無極 登崑崙 上層城 乘飛龍 升泰清 冠日月 佩五星 揚虹蜺 建羽旗 披慶雲 蔭繁榮 覽八極 遊天庭 順天地 和陰陽 序四時 曜三光 張帝綱 正皇綱 播仁風 流惠康 邁洪化 振靈威 懷萬方 納九夷 朝閶闔 宴紫微 建五旗 羅鍾虡 列四懸 奏韶武 鏗金石 揚旗羽 縱八佾 巴渝舞 詠雅頌 和律呂 于胥樂 樂聖主 化蕩蕩 清風泄 總英雄 御俊傑 開宇宙 埽四裔 光緝熙 美聖哲 超百代 揚休烈 流景祚 顯萬世 皇皇顯祖 翼世佐時 寧濟六合 受命應期 神武鷹揚 大化咸熙 廓開皇衢 用成帝基 光光景皇 無競惟烈 匡時拯俗 休功蓋世 宇宙既康 九域有截 天命降監 啟祚明哲 穆穆烈考 克明克雋 實天生德 誕應靈運 肇建帝業 開國有晉 載德弈世 垂慶洪胤 明明聖帝 龍飛在天 與靈合契 通德幽玄 仰化青雲 俯育重川 受靈之祐 於萬斯年

正旦大會王公上壽酒歌 荀勗

踐元辰 延顯融 獻羽觴 祈令終 我皇壽而隆 我皇茂而嵩 本枝奮百世 休祚鍾聖躬

食舉樂東西廂歌 荀勗

煌煌七曜 重明交暢 我有嘉賓 是應是貺 邦政既圖 接以大饗 人之好我 式遵德讓 賓之初筵 藹藹濟濟 既朝乃宴 以洽百禮 頒以位敘 或庭或陛 登儐台叟 亦有兄弟 胥子陪寮 憲茲度楷 觀頤養正 降福孔偕 昔我三后 大業是維 今我聖皇 焜燿前暉 弈世重規 明照九畿 思輯用光 時罔有違 陟禹之迹 莫不來威 天被顯祿 福履是綏 赫矣太祖 克廣明德 廓開宇宙 正世立則 變化不經 民無瑕慝 創業垂統 兆我晉國 烈文伯考 時惟帝景 夷險平亂 威而不猛 御衡不迷 皇塗煥景 七德咸宣 其寧惟永 猗歟盛歟 先皇聖文 則天作孚 大哉為君 慎徽五典 帝載是勤 文武發揮 茂建嘉勳 脩己濟治 民用寧殷 懷遠燭幽 玄教氤氳 善世不伐 服事三分 德博化隆 道昌無垠 隆化洋洋 帝命溥將 登我晉道 越惟聖王 龍飛革運 臨燾八荒 歆詰欽明 配蹤虞唐

封建厥福　駿發其祥　三朝習吉　終然允臧　其臧惟何　揔彼萬方
元侯列辟　四嶽藩王　時見世享　率茲有常　旅揖在庭　嘉客在堂
宋衛既臻　陳留山陽　有賓有使　觀國之光　貢賢納計　獻璧奉璋
保祐命之　申錫無疆　振鷺于飛　鳴漸其翼　京邑穆穆　四方是式
無競惟人　王綱允勑　君子來朝　言觀其極　廩廩大君　民之攸暨
信理天工　惠康不匱　將遠不仁　訓以醇粹　幽明有倫　俊乂在位
九族既睦　庶邦順比　開元布憲　四海鱗萃　協時正統　殊塗同致
上教如風　下應如艸　一人有慶　群萌以遂　我后宴喜　令問不墜
厚德載物　靈心隆貴　敷奏讜言　納以無諱　樹之典象　誨之義類
既宴既喜　翕是萬邦　禮儀卒度　物有其容　晢晢庭燎　喤喤鼓鍾
笙磬詠德　萬舞象功　八音克諧　俗易化從　其和如樂　庶品時邕
時邕斌斌　六合同塵　往我祖宣　威靜殊鄰　首定荊楚　遂平燕秦
亹亹文皇　邁德流仁　爰造草昧　應乾順民　靈瑞告符　休徵饗震
天地弗違　以和神人　既禽庸蜀　吳會是賓　肅慎率職　楛矢來陳
韓濊進樂　宮徵清鈞　西旅獻獒　扶南效珍　蠻裔重譯　玄齒文身
我皇撫之　景命惟新　愔愔嘉會　有聞無聲　清酤既奠　籩豆既升
禮充樂備　簫韶九成　愷樂飲酒　酣而不盈　率土歡豫　邦國以寧
王猷允塞　萬載無傾

冬至初歲小會歌張華

日月不留　四氣回周　節慶代序　萬國同休　庶尹群后　奉壽升朝
我有壽禮　式宴百寮　繁肴綺錯　旨酒泉渟　笙鏞和奏　磬管流聲
上隆其愛　下盡其心　宣其壅滯　訓之德音　乃宣乃訓　配享交泰
永載仁風　長撫無外

宴會歌張華

亹亹我皇　配天垂光　留精日昃　經覽無方　聽朝有暇　延命眾臣
冠蓋雲集　罇俎星陳　肴蒸多品　八珍代變　羽爵無筭　究樂極宴
歌者流聲　舞者投袂　動容有節　絲竹並設　宣揚四體　繁手趣摯
懽足發和　酣不忘禮　好樂無荒　翼翼濟濟

命將出征歌張華

重華隆帝道　戎蠻或不賓　徐夷興有周　鬼方亦違殷　今在盛明世
寇虐動四垠　豺狼染牙爪　群生號穹旻　元帥統方夏　出車撫涼秦
衆貞必以律　臧否實在人　威信加殊類　疏狄思自親　單醪豈有味
挾纊感至仁　武功尚止戈　七德美安民　遠跡由斯舉　永世無風塵

勞還師歌張華

玁狁背天德　構亂擾邦畿　戎車震朔野　群帥贊皇威　將士齊心旅
感義忘其私　積勢如鞹弩　赴節如發機　囂聲動山谷　金光曜素暉
揮戟陵勁敵　武步蹈橫屍　鯨鯢皆授首　北土永清夷　昔往冒隆暑
今來白雪霏　征夫信勤瘁　自古詠采薇　收榮於舍爵　燕喜在凱歸

中宮所歌張華

先王統大業　玄化漸八維　儀刑孚萬邦　內訓隆壼闈　皇英垂帝典
大雅詠三妃　執德宣隆教　正位理厥機　含章體柔順　帥禮蹈謙祗
螽斯弘慈惠　樛木逮幽微　徽音穆清風　高義邈不追　遺榮參日月
百世仰餘暉

宗親會歌張華

族燕明禮順　啜食序親親　骨肉散不殊　昆弟豈他人　本枝篤同慶
棠棣著先民　於皇聖明后　天覆弘且仁　降禮崇親戚　旁施協族姻
式宴盡酣娛　飲御備羞珍　和樂既宣洽　上下同歡欣　德教加四海
敦睦被無垠

泰始九年光祿大夫荀勗以杜夔所制律呂校太樂揔章鼓吹八音與律呂乖錯乃制古尺作新律呂以調聲韻事具律歷志律成遂班下太常使太樂揔章鼓吹清商施用勗遂典知樂事啓朝士解音律者共掌之使郭夏宋識等造正德大豫二舞其樂章亦張華所作之云

正德舞歌張華

日皇上天　玄鑒惟光　神器周回　五德代章　祚命于晉　世有哲王
弘濟區夏　陶甄萬方　大明垂曜　旁燭無疆　蚩蚩庶類　風德永康
皇道惟清　禮樂斯經　金石在懸　萬舞在庭　象容表慶　協律被聲

軼武超護　取節六英　同進退讓　化漸無形　大和宣洽　通於幽冥

大豫舞歌張華

惟天之命　符運有歸　赫赫大晉　三后重暉　繼明紹世　光撫九圍　我皇紹期　遂在璇璣　群生屬命　奄有庶邦　慎徽五典　玄教遐通　萬方同軌　率土咸雍　爰制大豫　宣德舞功　醇化既穆　王道協隆　仁及草木　惠加昆蟲　億兆夷人　悅仰皇風　丕顯大業　永世彌崇

荀勗又作新律笛十二枚以調律呂正雅樂正會殿庭作之自謂宮商克諧然論者猶謂勗暗解時阮咸妙達八音論者謂之神解咸常心譏勗新律聲高高以爲高近哀思不合中和每公會樂作勗意咸謂之不調以爲異己乃出咸爲始平相後有田父耕於野得周時玉尺勗以校己所治鍾鼓金石絲竹皆短校一米於此伏咸之妙復徵咸歸勗既以新律造二舞次更修正鍾磬會勗薨未竟其業元康三年詔其子藩修定金石以施郊廟尋值喪亂莫有記之者

漢高祖自蜀漢將定三秦閬中范因率賨人以從帝爲前鋒及定秦中封因爲閬中侯復賨人七姓其俗喜舞高祖樂其猛銳數觀其舞後使樂人習之閬中有渝水因其所居故名曰巴渝舞舞曲有矛渝本歌曲安弩渝本歌曲安臺本歌曲行辭本歌曲摠四篇其辭既古莫能曉其句度魏初乃使軍謀祭酒王粲改創其詞粲問巴渝帥李管种玉歌曲意試使歌聽之以考校歌曲而爲之改爲矛渝新福歌曲弩渝新福歌曲安臺新福歌曲行辭新福歌曲行辭以述魏德黃初三年又改巴渝舞曰昭武舞至景初元年尚書奏考覽三代禮樂遺曲據功象德奏作武始咸熙章斌三舞皆執羽籥及晉又改昭武舞曰宣武舞羽籥舞曰宣文舞咸寧元年詔定祖宗之號而廟樂乃停宣武宣文二舞而同用荀勗所使郭瓊宋識等所造正德大豫二舞云

晉書志卷第十二　樂上

永嘉之亂海内分崩伶官樂器皆没於劉石江左初立宗廟尚書下太常祭祀所用樂名太常賀循荅云魏氏增損漢樂以為一代之禮未審大晉樂名所以為異遭離喪亂舊典不存然此諸樂皆和之以鍾律文之以五聲詠之於歌辭陳之於舞列宫懸在庭琴瑟在堂八音迭奏雅樂並作登歌下管各有常詠周人之舊也自漢氏以来依倣此禮自造新詩而已舊京荒廢今既散亡音韻曲折又无識者則於今難以意言于時以无雅樂器及伶人省太樂并鼓吹令是後頗得登歌食舉之樂猶有未備太寧末明帝又訪阮孚等增益之咸和中成帝乃復置太樂官鳩集遺逸而尚未有金石也庾亮為荊州与謝尚脩復雅樂未具而亮薨庾翼桓温專事軍旅樂器在庫遂至朽壞焉及慕容儁平冉閔兵戈之際而鄴下樂人亦頗有来者永和十一年謝尚鎮壽陽於是採拾樂人以備太樂并制石磬雅樂始頗具而王猛平鄴慕容氏所得樂聲又入關右太元中破苻堅又獲其樂工楊蜀等閑習舊樂於是四廂金石始備焉乃使曹毗王珣等增造宗廟歌詩然郊祀遂不設樂今列其詞於後云

歌宣帝 曹毗

於赫高祖 德協靈符 應運撥亂 董整天衢 勳格宇宙 化動八區 肅以典刑 陶以玄珠 神石吐瑞 靈芝自敷 肇基天命 道均唐虞

歌景帝 曹毗

景皇承運 纂隆洪緒 皇羅重抗 天暉再舉 蠢矣二寇 擾我揚楚 乃整元戎 以膏齊斧 亹亹神算 赫赫王旅 鯨鯢既平 功冠帝宇

歌文帝

太祖齊聖 王猷誕融 仁教四塞 天基累崇 皇室多難 嚴清紫宫 威厲秋霜 惠過春風 平蜀夷楚 以文以戎 奄有參墟 聲流无窮

歌武帝 曹毗

於穆武皇 允龔欽明 應期登禪 龍飛紫庭 百揆時序 聽斷以情 殊域既賓 僞吴亦平 晨流甘露 宵映朗星 野有擊壤 路垂頌聲

歌元帝 曹毗

運屯百六 天羅解貫 元皇勃興 網籠江漢 仰齊七政 俯平禍亂 化若風行 澤猶雨散 淪光更曜 金輝復煥 德冠千載 蔚有餘粲

歌明帝 曹毗

明明肅祖 闡弘帝祚 英風夙發 清暉載路 姦逆縱忒 罔式皇度 躬振朱旗 遂豁天步 宏猷允塞 高羅雲布 品物咸寧 洪基永固

歌成帝 曹毗

於休顯宗 道澤玄播 式宣德音 暢物以和 邁德蹈仁 匪禮不過 敷以純風 濯以清波 連理映阜 鳴鳳棲柯 同規放勛 義蓋山河

歌康帝 曹毗

康皇穆穆 仰嗣洪德 為而不宰 雅音四塞 閑邪以誠 鎮物以默 威靜區宇 道宣邦國

歌哀帝 曹毗

於穆哀皇 聖心虚遠 雅好玄古 大庭是踐 道尚无為 治存易簡 化若風行 時猶草偃 雖曰登遐 徽音弥闡 愔愔雲韶 盡美盡善

歌簡文帝 王珣

皇矣簡文 於昭于天 靈明若神 周淡如川 冲應其来 實与其迁 亹亹心化 日用不言 易而有親 簡而可傳 觀流弥遠 求本逾玄

歌孝武帝 王珣

天監有晉 欽哉烈宗 同規文考 玄默允恭 威而不猛 約而能通 神鉦一震 九域来同 道積淮海 雅頌自東 氣陶醇露 化協時雍

四時祠祀 曹毗

肅肅清廟 巍巍聖功 萬國来賓 禮儀有容 鍾鼓振 金石熙 宣兆祚 武開基 神斯樂兮 理管絃 有来斯和 説功德 吐清歌 神斯樂兮 洋洋玄化 潤被九壤 民无不悦 道无不往 禮有儀 樂有式 詠九功 求无極 神斯樂兮

漢時有短簫鐃歌之樂其曲有 朱鷺 思悲翁 艾如張

上之回　雍離　戰城南　巫山高　上陵　將進酒

君馬黃　芳樹　有所思　雉子班　聖人出　上邪

臨高臺　遠如期　石留　務成　玄雲　黃爵行

釣竿等曲列於鼓吹多序戰陣之事及魏受命改其十二曲使繆襲爲詞述以功德代漢改朱鷺爲楚之平言魏也改思悲翁爲戰滎陽言曹公也改艾如張爲獲呂布言曹公東圍臨淮擒呂布也改上之回爲克官渡言曹公與袁紹戰破之於官渡也改雍離爲舊邦言曹公勝袁紹於官渡還譙收藏死亡士卒也改戰城南爲定武功言曹公初破鄴武功之定始乎此也改巫山高爲屠柳城言曹公越北塞歷白檀破三郡烏桓於柳城也改上陵爲平南荊言曹公平荊州也改將進酒爲平關中言曹公征馬超定關中也改有所思爲應帝期言文帝以聖德受命應運期也改芳樹爲邕熙言魏氏臨其國君臣邕穆庶績咸熙也改上邪爲太和言明帝繼體承統太和改元德澤流布也其餘並同舊名是時吳亦使韋昭製十二曲名以述功德受命改朱鷺爲炎精缺言漢

室衰孫堅奮迅猛志合在匡救王迹始乎此也改思悲翁爲漢之季言堅悼漢之微痛董卓之亂興兵奮擊功蓋海內也改艾如張爲攄武師言權卒父之業而征伐也改上之回爲烏林言魏武既破荊州順流東下欲來爭鋒權命將周瑜逆擊之於烏林而破走也改雍離爲秋風言權悅以使人人忘其死也改戰城南爲克皖城言魏武志圖并兼而權親征破之於皖也改巫山高爲關背德言蜀將關羽背棄吳德權引師浮江而擒之也改上陵曲爲通荊州言權與蜀交好齊盟中有關羽自失之愆終復初好也改將進酒爲章洪德言權章其大德而遠方來附也改有所思爲順歷數言權順籙圖之符而建大號也改芳樹爲承天命言其時主聖德踐位道化至盛也改上邪曲爲玄化言其時主脩文武則天而行仁澤流洽天下喜樂也其餘亦用舊名不改及武帝受禪乃令傅玄製爲二十二篇亦述以功德代魏改朱鷺爲靈之祥言宣帝之佐魏猶虞舜之事堯既有石瑞之徵又能用武以誅孟達之逆命也改思悲翁爲宣受命言宣帝禦諸葛亮養威重運神兵亮震怖而

死也改艾如張爲征遼東言宣帝陵大海之表討滅公孫氏而梟其首也改上之回爲宣輔政言宣帝聖道深遠撥亂反正網羅文武之才以定二儀之序也改雍離爲時運多難言宣帝致討吳方有征无戰也改戰城南爲景龍飛言景帝克明威教賞順夷逆隆无疆崇洪基也改巫山高爲平玉衡言景帝一万国之殊風齊四海之乖心礼賢養士而纂洪業也改上陵爲文皇統百揆言文帝始統百揆用人有序以敷太平之化也改將進酒爲因時運言因時運變聖謀潛施解長蛇之交離群桀之黨以武濟文以邁其德也改有所思爲惟庸蜀言文帝既平万乘之蜀封建万国復五等之爵也改芳樹爲天序言聖皇應歷受禪弘濟大化用人各盡其才也改上邪爲大晉承運期言聖皇應籙受圖化象神明也改君馬黃爲金靈運言聖皇踐阼致敬宗廟而孝道行於天下也改雉子班爲於穆我皇言聖皇受禪德合神明也改聖人出爲仲春振旅言大晉申文武之教畋獵以時也改臨高臺爲夏苗田言大晉畋狩順時爲苗除害也改遠如期爲仲秋獮田言大晉雖有文

德不廢武事順時以殺伐也改石留爲順天道言仲冬大閱用武脩文大晉之德配天也改務成爲唐堯言聖皇陟帝位德化光四表也玄雲依舊名言聖皇用人各盡其材也改黃爵行爲伯益言赤烏銜書有周以興今聖皇受命神雀來也釣竿依舊名言聖皇德配堯舜又有呂望之佐濟大功致太平也其辭並列之於後云

靈之祥

靈之祥　石瑞章　旌金德　出西方　天降命　授宣皇　應期運
時龍驤　繼大舜　佐陶唐　讚文武　建帝綱　孟氏叛　據南疆
追有扈　亂五常　吳寇叛　蜀虜強　交誓盟　連遐荒　宣赫怒
奮鷹揚　震乾威　曜電光　陵九天　陷石城　梟逆命　拯有生
万国安　四海寧

宣受命

宣受命　應天機　風雲時動　神龍飛　御葛亮　鎮雍梁　邊境安
夷夏康　務節事　勤定傾　攬英雄　保持盈　深穆穆　赫明明

沖而泰　天之經　養威重　運神兵　亮乃震斃　天下安寧
征遼東
征遼東　敵失據　威靈邁日域　公孫既授首　群逆破膽
咸震怖　朔北響應　海表景附　武功赫赫　德雲布
宣輔政
宣皇輔政　聖烈深　撥乱反正　順天心　網羅文武才
慎厥所生　所生賢　遺教施　安上治民　化風移
肇創帝基　洪業垂　於鑠明明　時赫戲　功濟萬世
定二儀
定二儀　雲澤雨施　海外風馳
時運多難
時運多難　道教痡　天地變化　有盈虛　蠢爾吳蠻
武視江湖　我皇赫斯　致天誅　有征無戰　弭其圖
天威橫被　廓東隅
景龍飛
景龍飛　御天威　聰鑒玄察　動與神明協機　從之者顯
逆之者滅夷　文教敷　武功巍　弗違祥　享世永長
猛以致寬　道化光　赫明明　祚隆無疆　帝績惟期
有命既集　崇此洪基
平玉衡
平玉衡　糺姦回　萬國殊風　四海乖　禮賢養士
羈御英雄　思心齊　纂戎洪業　崇皇階　品物咸亨
聖敬日躋　聰鑒盡下情　明明綜天機
文皇統百揆
文皇統百揆　繼天理萬方　武將鎮四隅　英佐盈朝堂　謀言協秋蘭
清風發其芳　洪澤所漸潤　礫石為珪璋　大道侔五帝　盛德踰三王
咸光大　上參天與地　至化無內外　無內外　六合並康乂
並康乂　遘茲嘉會　在昔羲與農　大晉德斯邁　鎮征及諸州
為藩衞　功濟四海　洪烈流萬世

因時運
因時運　聖策施　長虵交解　群桀離　勢窮奔吳
獸騎厲　惟武進　審大計　時邁其德　清一世
惟庸蜀
惟庸蜀　僭號天一隅　劉備逆帝命　禪亮承其餘　擁衆數萬
闚隙乘我虛　驛騎進羽檄　天下不遑居　姜維屢寇邊　隴上為荒蕪
文皇愍斯民　歷世受罪辜　外謨蕃屏臣　內謨衆士夫　爪牙應指授
腹心獻良圖　良圖協成文　大興百萬軍　雷鼓震地起　猛勢陵浮雲
逋虜畏天誅　面縛造壘門　萬里同風教　逆命稱妾臣　光建五等
紀綱天人
天序歷
天序歷　應受禪　承靈祜　御群龍　勒螭武
弘濟大化　英雋作輔　明明統萬機　赫赫鎮四方　咎繇稷契之疇
協蘭芳
禮王臣　覆兆民　化之如天與地　誰敢愛其身
大晉承運期
大晉承運期　德隆聖皇　時清晏　白日垂光　應籙圖
陟帝位　繼天正玉衡　化行象神明　至哉道隆虞唐　元首敷洪化
百僚股肱並忠良　時太康　隆隆赫赫　福祚盈無疆
金靈運
金靈運　天符發　聖徵見　參日月　惟我皇　體神聖　受魏禪
應天命　皇之興　靈有徵　登大麓　御萬乘　皇之輔　若闞武
爪牙奮　莫之禦　皇之佐　讃清化　百事理　萬邦賀　神祇應
嘉瑞章　恭享禮　薦先皇　樂時奏　磬管鏘　鼓鼘鼘　鍾鍠鍠
奠樽俎　實玉觴　神歆饗　咸悅康　宴孫子　祐無疆　大孝烝烝
德教被萬方
於穆我皇
於穆我皇　盛德聖且明　受禪君世　光濟群生　普天率土

莫不來庭 顒顒六合內 望風仰泰清 萬國雍雍 興頌聲
大化洽 地平而天成 七政齊 玉衡惟平 峨峨佐命
濟濟群英 夙夜乾乾 萬機是經 雖治興 匪荒寧
謙道光 沖不盈 天地合德 日月同榮 赫赫煌煌
曜幽冥 三光克從 於顯天 垂景星 龍鳳臻
甘露宵零 肅神祇 祇上靈 萬物欣戴 自天效其成

仲春振旅

仲春振旅 大致人 武教於時日新 師執提 工執鼓
坐作從 節有序 盛矣允文允武 蒐田表禡 申法誓
遂圍禁 獻社祭 允以時 明國制 文武並用
禮之經 列車如戰 大教明 古今誰能去兵大晉繼天
濟群生

夏苗田

夏苗田 運將徂 軍國異容 文武殊 乃命群吏

撰車徒 辯其號名 讚契書 王軍啟八門 行同上帝居
時路建大麾 雲旗翳紫虛 百官象其事 疾則疾 徐則徐
四衡旋軫 罷陣弊車 獻禽享祀 烝烝配有虞 惟大晉
德參兩儀 化雲敷

仲秋獮田

仲秋獮田 金德常綱 涼風清且厲 凝露結為霜 白藏司辰
蒼隼時鷹揚 鷹揚猶尚父 順天以殺伐 春秋時序 雷霆震威曜
進退由鉦鼓 致禽祀祊 羽毛之用充軍府 赫赫大晉德 芬烈陵三五
敷化以文 雖安不廢武 光宅四海 永享天之祜

順天道

順天道 握神契 三時示講武事 冬大閱 鳴鐲振鼓鐸
旌旗象虹霓 文制其中 武不窮武 動軍誓眾 禮成而義舉
三驅以崇仁 進止不失其序 兵卒練 將如闞武 惟闞武
氣陵青雲 解圍三面 殺不殄群 偃旌麾 班六軍

獻享烝 脩典文 嘉大晉 德配天 祿報功
爵俟賢 饗燕樂 受茲百祿 壽萬年

唐堯

唐堯諮務成 謙謙德所興 積漸終光大 履霜致堅冰 神明道自然
河海猶可凝 舜禹統百揆 元凱以次升 禪讓應天曆 睿聖世相承
我皇陟帝位 平衡正準繩 德化飛四表 祥氣見其徵 興王坐俟旦
士主恬自矜 致遠由近始 覆簣成山陵 披圖按先籍 有其證靈液

玄雲

玄雲起丘山 祥氣萬里會 龍飛何蜿蜿 鳳翔何翩翩 昔在唐虞朝
時見青雲際 今親遊萬國 流光溢天外 鶴鳴在後園 清音隨風邁
成湯隆顯命 伊摯來如飛 先天天不違 躬耕綜地綱 解褐衿天維
元功配二王 芬馨世所稀 我皇敘群才 洪烈何巍巍 桓桓征四表
濟濟理萬機 神化感無方 髦才盈帝畿 丕顯惟昧旦 日新孔所諮
茂哉明聖德 日月同光輝

伯益

伯益佐舜禹 職掌山與川 德侔十六相 思心入無間 智理周萬物
下知眾鳥言 黃雀應清化 翔習何翩翩 和鳴棲庭樹 徘徊雲日間
夏桀為無道 密網施山河 酷祝振纖網 當奈黃雀何 殷湯崇天德
去其三面羅 逍遙群飛來 鳴聲乃復和 朱雀作南宿 鳳皇統羽群
赤烏銜書至 天命瑞周文 神雀今來遊 為我受命君 嘉祥致天和
膏澤隆青雲 蘭風發芳氣 蓋世同其芬

釣竿

釣竿何冉冉 甘餌芳且鮮 臨川運思心 微綸沈九泉 太公寶此術
乃在靈秘篇 機變隨物移 精妙貫未然 遊魚驚著釣 潛龍飛戾天
戾天安所至 撫翼翔太清 太清一何異 兩儀出渾成 玉衡正三辰
造化賦群形 退願輔聖君 與神合其靈 我君弘遠略 天人不足并
天人初并時 昧昧何芒芒 日月有徵兆 文象興二皇 蚩尤亂生靈
黃帝用兵征萬方逮夏禹而德衰 三世不及虞與唐 我皇盛德配堯舜

受禪即祚享天祥　率土蒙祐　靡不肅　庶事康　庶事康
穆穆明明　　荷伯祿　保無極　永太平

鼙舞未詳所起然漢代已施於燕享矣傅毅張衡所賦皆其事也舊典有五篇一關東有賢女二章和二年中三樂久長四四方皇五殿前生桂樹其辭並亡曹植鼙舞詩序云故漢靈帝西園鼓吹有李堅者能鼙舞遭世荒亂堅播越關西隨將軍段煨先帝聞其舊有技數下書召堅堅年踰七十中間廢而不為又古曲甚多謬誤異代之文未必相襲故依前曲作新歌五篇及泰始中又製其辭焉其舞故常二八桓玄將僭位尚書殿中郎袁明子啓增滿八佾泰始中歌辭今列之後云

鼙舞歌詩五篇

洪業篇 當魏曲明明魏皇帝古曲關中有賢女

宣文創洪業　盛德在泰始　聖皇應靈符　受命君四海　萬國何所樂
上有明天子　唐堯禪帝位　虞舜惟恭己　恭己正南面　道化與時移
大赦蕩萌漸　文教被黃支　象天則地　體無爲　聰明配日月
神聖參兩儀　雖有三凶類　靜言無所施　象天則地　體無爲
稷契並佐命　伊呂升王臣　蘭芷登朝肆　下無失宿人　聲發響自應
表立景來附　哮闞順羈制　潛龍升天路　備物立成器　變通極其數
百事以時敘　萬機有常度　訓之以克讓　納之以忠恕　群下仰清風
海外同歡慕　象天則地　化雲布　昔日貴彫飾　今尚儉與素
昔日多纖介　今去情與故　象天則地　化雲布　濟濟大朝士
夙夜綜萬機　萬機無廢理　明明降訓誥　臣譬列星景　君配朝日輝
事業並通濟　功烈何巍巍　五帝繼三皇　三皇世所歸　聖德應期運
天地不能違　仰之彌已高　猶天不可階　將復御龍氏　鳳皇在庭棲

天命篇 當魏曲太和有聖帝古曲章和二年中

聖祖受天命　應期輔魏皇　入則綜萬機　出則征四方　朝廷無遺理
方表寧且康　道隆舜臣堯　積德踰太王　孟度阻窮險　造亂天一隅
神兵出不意　奉命致天誅　赦善戮有罪　元惡宗為虛　威風震勁蜀

武烈懾強吳　諸葛不知命　肆逆亂天常　擁徒十餘萬　數來寇邊疆
我皇邁神武　秉鉞鎮雍涼　亮乃畏天威　未戰先仆僵　盈虛自然運
時變故多艱　東征陵海表　萬里克朝鮮　受遺齊七政　曹爽又滔天
群凶受誅殛　百祿咸來臻　黃華應福始　王淩為禍先

景皇篇 當魏曲魏歷長古曲樂久長

景皇帝　聰明命世生　盛德參天地　帝王道大　創基旣已難
繼世亦未易　外則夏侯玄　內則張與李　三凶構逆　亂帝紀
順天行誅　窮其奸宄　邊將御其漸　潛謀不得起　罪人咸伏辜
威風振萬里　平衡綜萬機　萬機無不理　召陵怕不君　內外何紛紛
眾小便成群　蒙昧恣心　治亂不分　叡聖獨斷　濟武常以文
順天惟廢立　掃霓披浮雲　雲霓旣已闢　清和未幾間　羽檄首尾至
變起東南藩　儉欽為長虵　外則憑吳蠻　萬國紛騷擾　戚戚天下懼不安
神武御六軍　我皇秉鉞征　儉欽起壽春　前鋒據項城　出其不意
並縱奇兵　奇兵誠難御　廟勝實難支　兩軍不期遇　敵退計無施
豹騎惟武進　大戰沙陽陂　欽乃亡魂走　奔虜若雲披　天因赦有罪
東土放鯨鯢

大晉篇 當魏曲天生烝民古曲四方皇

赫赫大晉　於穆文皇　蕩蕩巍巍　道邁陶唐　世稱三皇五帝
及今重其光　九德克明　文旣顯武又彰　恩弘六合　兼濟萬方
內舉元凱　朝政以綱　外簡武臣　時惟鷹揚　靡順不懷
逆命斯亡　仁配春日　威踰秋霜　濟濟多士　同茲蘭芳
唐虞至治　四凶滔天　致討儉欽　罔不肅虔　化感海內
海外來賓　獻其聲樂　並稱妾臣　西蜀僭號　方域
命將致討　委國稽服　吳人放命　馮海阻江　飛書告喻
響應來同　先王建萬國　九服為藩衛　亡秦壞諸侯　序祚不二世
歷代不能復　忽踰五百歲　我皇邁聖德　應期創典制　分土五等
藩國正封界　莘莘文武佐　千秋遘嘉會　洪澤溢區內　仁風翔海外

明君篇 當魏曲為君旣不易古曲殿前生桂樹

明君御四海 聽鑒盡物情 顧望有讒罰 竭忠身必榮 蘭芷生荒野
萬里升紫庭 逆草穢堂階 掃截不得生 能否莫相蒙 百官正其名
恭己慎有為 有為無不成 闇君不自信 群下執異端 正直羅浸潤
姦臣奪其權 雖欲盡忠誠 結舌不敢言 結舌亦何憚 盡忠為身患
清流豈不潔 飛塵濁其源 歧路令人迷 未遠勝不還 忠臣立君朝
正色不顧身 邪正不並存 譬若胡與秦 胡秦有合時 邪正各異津
忠臣遇明君 乾乾惟日新 群目統在綱 衆星共北辰 設令遭闇主
斥退為凡人 雖薄供時用 白茅猶為珍 冰霜晝夜結 蘭桂摧為薪
邪臣多端變 用心何委曲 便辟順情指 動隨君所欲 偷安樂目前
不問清與濁 積偽罔時主 養交以持祿 言行恒相違 難饜甚谿谷
昧死則乾沒 覺露則滅族

拂舞出自江左 舊云吳舞 檢其歌 非吳辭也 亦陳於殿庭 楊泓序云 自到江南 見白符舞 或言白鳧鳩舞 云有此來數十年矣 察其辭旨 乃是吳人患孫皓虐政 思屬晉也 今列之於後云

拂舞歌詩五篇 晉志十二 十一

白鳩篇

翩翩白鳩 再飛再鳴 懷我君德 來集君庭 白雀呈瑞
素羽明鮮 翔庭舞翼 以應仁乾 皎皎鳴鳩 或丹或黃
樂我君惠 振羽來翔 東壁餘光 魚在江湖 惠而不費
敬我微軀 策我良駟 習我驅馳 與君周旋 樂道志飢
我心虛靜 我志霑濡 彈琴鼓瑟 聊以自娛 陵雲登臺
浮遊太清 攀龍附鳳 自望身輕

濟濟篇

暢暢飛舞 氣流芳 追念三五 大綺黃 去失有
時可行 去來時同 此未央 時冉冉 近桑榆
但當飲酒 為歡娛 衰老逝 有何期 多憂耿耿
內懷思 深池曠 魚獨希 願得黃浦 衆所依
恩感人 世無比 悲歌且舞 無極已

獨祿篇

獨獨祿祿 水深泥濁 泥濁尚可 水深殺我 雍雍雙鴈 遊戲田畔
我欲射鴈 念子孤散 翩翩浮萍 得風遙輕 我心何合 與之同并
空牀低帷 誰知無人 夜衣錦繡 誰別偽真 刀鳴削中 倚牀無施
父冤不報 欲活何為 猛獸班班 遊戲山間 獸欲嚙人 不避豪賢

碣石篇

東臨碣石 以觀滄海 水何淡淡 山島竦峙 樹木叢生 百草豐茂
秋風蕭瑟 洪波涌起 日月之行 若出其中 星漢燦爛 若出其裏
幸甚至哉 歌以詠志 觀滄海
孟冬十月 北風徘徊 天氣肅清 繁霜霏霏 鵾雞晨鳴 鴻鴈南飛
鷙鳥潛藏 熊羆窟棲 錢鎛停置 農收積場 逆旅整設 以通賈商
幸甚至哉 歌以詠志 冬十月
鄉土不同 河朔隆寒 流澌浮漂 舟船行難 錐不入地 豐藾深奧
水竭不流 冰堅可蹈 士隱者貧 勇俠輕非 心常歎怨 戚戚多悲
幸甚至哉 歌以詠志 晉志十三 土不同 十二
神龜雖壽 猶有竟時 騰蛇乘霧 終為土灰 驥老伏櫪 志在千里
烈士暮年 壯心不已 盈縮之期 不但在天 養怡之福 可得永年
幸甚至哉 歌以詠志 龜雖壽

淮南王篇

淮南王 自言尊 百尺高樓與天連 後園鑿井銀作牀
金瓶素綆汲寒漿 汲寒漿 飲少年 少年窈窕何能賢
揚聲悲歌音絕天 我欲渡河河無梁 願化雙黃鵠還故鄉
還故鄉 入故里 徘徊故鄉 苦身不已 繁舞寄歌無不泰
徘徊桑梓遊天外

鼓角橫吹曲 鼓 按周禮以鼖鼓鼓軍事 角 說者云 蚩尤氏帥魑魅與黃帝戰於涿鹿 帝乃命始吹角為龍鳴以禦之 其後魏武北征烏丸 越沙漠而軍士思歸 於是減為中鳴 而尤更悲矣 胡角者 本以應胡笳之聲 後漸用之橫吹 有雙角 即胡樂也 張博

望入西域傳其法於西京惟得摩訶兜勒一曲李延年因胡曲更造新聲二十八解乘輿以為武樂後漢以給邊和帝時萬人將軍得之魏晉以來二十八解不復具存用者有黃鵠隴頭出關入關出塞入塞折楊柳黃覃子赤之楊望行人十曲按魏晉之世有孫氏善弘舊曲宋識善擊節唱和陳左善清歌列和善吹笛郝索善彈箏朱生善琵琶尤發新聲故傅玄著書曰人若欽所聞而忽所見不亦惑乎設此六人生於上世越古今而無儷何但夔牙同契哉按此說則自茲以後皆孫朱等之遺則也

相和漢舊歌也絲竹更相和執節者歌本一部魏明帝分為二更遞夜宿本十七曲朱生宋識列和等復合之為十三曲

但歌四曲自漢世無絃節作伎最先唱一人唱三人和魏武帝尤好之時有宋容華者清徹好聲善唱此曲當時之特妙自晉以來不復傳遂絕

凡樂章古辭今之存者並漢世街陌謠謳江南可採蓮烏生十五子白頭吟之屬是也

吳歌雜曲並出江南東晉以來稍有增廣

子夜歌者女子名子夜造此聲孝武太元中琅邪王軻之家有鬼歌子夜則子夜是此時人也鳳將雛歌者舊曲也應璩百一詩云言是鳳將雛然則其來久矣

前溪歌者車騎將軍沈充所制阿子及懽聞歌者穆帝升平初歌畢輒呼阿子汝聞不語在五行志後人衍其聲以為此二曲

團扇歌者中書令王珉與嫂婢有情愛好甚篤嫂捶撻婢過苦婢素善歌而珉好捉白團扇故制此歌

懊憹歌者隆安初俗聞訛謠之曲語在五行志長史變者司徒左長史王廞臨敗所制　凡此諸曲始皆徒歌既而被之管絃又有因絲竹金石造歌以被之魏世三調歌辭之類是也

杯柈舞按太康中天下為晉世寧舞務手以接杯柈反覆之此則漢世惟有柈舞而晉加之以杯反覆之也

公莫舞今之巾舞也相傳云項莊劍舞項伯以袖隔之使不得害漢高祖且語項莊云公莫古之相呼曰公言公莫害漢王也今之用巾蓋像項伯衣袖之遺式然按琴操有公莫渡河曲然則其聲所從來已久俗云項伯非也

白紵舞按舞辭有巾袍之言紵本吳地所出宜是吳舞也晉俳歌又云皎皎白緒節節為雙吳音呼緒為紵疑白紵即白緒也

鐸舞歌一篇幡舞歌一篇鼓舞伎六曲並陳於元會後漢正旦天子臨德陽殿受朝賀舍利從西方來戲於殿前激水化成比目魚跳躍嗽水作霧翳日畢又化成龍長八九丈出水遊戲炫耀日光以兩大絲繩繫兩柱頭相去數丈兩倡女對舞行於繩上相逢切肩而不傾魏晉訖江左猶有夏育扛鼎巨象行乳神龜抃舞背負靈嶽桂樹白雪畫地成川之樂

成帝咸康七年尚書蔡謨奏八年正會儀注惟作鼓吹鍾鼓其餘伎樂盡不作侍中張澄給事黃門侍郎陳逵駁以為王者觀時設教至於吉凶殊斷不易之道也今四方觀禮陵有償弔之位庭奏宮懸之樂二

禮兼用哀樂不分體國經制莫大於此詔曰今既以天下體大禮從權宜三正之饗宜盡用吉禮也至娛耳目之樂所不忍聞故闕之耳事之大者不過上壽酒稱萬歲已許其大不足復闕鍾鼓鼓吹也澄逵又啓今大禮雖降事吉於朝然償弔顯於園陵則未滅有哀禮服定於典文義無盡吉是以咸寧之會有徹樂之典實先朝稽古憲章垂式萬世者也詔曰若元日大饗萬國朝宗庭廢鍾鼓之奏遂闕起居之節朝無磬制之音賓無蹈履之度其於事義不亦闕乎惟可量輕重以制事中散騎侍郎顧臻表曰臣聞聖王制樂讚揚政道養以仁義防其淫佚上享宗廟下訓黎元體五行之正音協八風以陶物宮聲正方而好義角聲堅齊而率禮絃歌鍾鼓金石之作備矣故遠神至化有率舞之感移風易俗致和樂之極末世之伎設禮外之觀逆行連倒頭足入筥之屬皮膚外剔肝心內摧敦彼行葦猶謂勿踐矧伊生靈而不惻愴加四海朝覲言觀帝庭耳聆雅頌之聲目覩

威儀之序足以蹋天頭以履地反天地之至順傷彝倫之大方今夷狄對岸外禦爲急兵食七升忘身赴難過泰之戲日廪五斗方掃神州經略中甸若此之事不可示遠宜下太常纂備雅樂簫韶九成惟新於盛運功德頌聲永著于來葉此乃所以無及皇天克昌厥後者也諸伎而傷人者皆宜除之流簡儉之德邁康哉之詠清風既行下應如草此之謂也愚管之誠惟垂採察於是除高組紫鹿跂行鱉食及齊王捲衣笮兒等樂又減其廪其後復高組紫鹿焉

晉書志卷第十三

職官

書曰唐虞稽古建官惟百所以獎導民萌裁成庶政易曰天垂象聖人則之執法在南宮之右上相處端門之外而鳥龍居位雲火垂名前史詳之其以尚矣黃帝置三公之秩以親黎元少昊配九扈之名以爲農正命重黎於天地詔融冥於水火則可得而言焉伊尹曰三公調陰陽九卿通寒暑大夫知人事列士去其私而成湯居亳初置二相以伊尹仲虺爲之凡厥樞會仰承君命總及周武下逮成康垂則六卿分職二公弘化咸樹司存各題標準苟非其道人弗虛榮貽厥孫謀其固本也如此及秦變周官漢遵嬴舊或隨時適用或因務遷革霸王之典義在於斯既獲厥安所謂得其時制者也四征興於漢代四安起於魏初四鎮通於柔遠四平止於喪亂其渡遼凌江輕車強弩式揚遐外用表攻伐興而復毀厥號彌繁及當塗得志克平諸夏初有軍師祭酒參掌戎律建安十三年罷漢台司更置丞相而以曹公居之用兼端揆孫吳劉蜀多依漢制雖復臨時命氏而無忝舊章世祖武皇帝即位之初以安平王孚爲太宰鄭沖爲太傅王祥爲太保司馬望爲太尉何曾爲司徒荀顗爲司空石苞爲大司馬陳騫爲大將軍世所謂八公同辰攀雲附翼者也若乃成乎棟宇非一枝之勢處乎經綸稱萬夫之敵或牽羊以叶於夢或垂釣以申其道或空桑以獻其術或操版以啟其心臥龍飛鴻方金擬璧秦奚鄭產楚材晉用斯亦曩時之良具其又昭彰者焉宣王既誅曹爽政由己出網羅英俊以備天官及蘭卿受羈貴公顯戮雖復策名魏氏而乃心皇晉及文王纂業初啟晉臺始置二衞有前驅養由之弩及設三部有熊渠佽飛之衆是以武帝龍飛乘茲奮翼猶武王以周之十亂而理殷民者也是以泰始盡於太康喬柯茂葉來居斯位自太興訖于建元南金北銑用處茲秩雖未擬乎夔拊龍言天工人代亦庶幾乎任官惟賢莅事惟能者也

丞相相國並秦官也晉受魏禪並不置自惠帝之後省置無恒爲之者趙王倫梁王肜成都王穎南陽王保王敦王導之徒皆非復尋常人臣之職

太宰太傅太保周之三公官也魏初唯置太傅以鍾繇爲之末年又置太保以鄭沖爲之晉初以景帝諱故又採周官官名置太宰以代太師之任秩增三司與太傅太保皆爲上公論道經邦燮理陰陽無其人則闕以安平獻王孚居之自渡江以後其名不替而居之者甚寡

太尉司徒司空並古官也自漢歷魏置以爲三公及晉受命迄江左其官相承不替大司馬古官也漢制以冠大將軍驃騎車騎之上以代太尉之職故恒與太尉迭置不並列及魏有太尉而大司馬大將軍各自爲官位在三司上晉受魏禪因其制以安平王孚爲太宰鄭沖爲太傅王祥爲太保義陽王望爲太尉何曾爲司徒荀顗爲司空石苞爲大司馬陳騫爲大將軍凡八公同時並置唯無丞相焉自義陽王望爲大司馬之後定令如舊在三司上大將軍古官也漢武帝置冠以大司馬名爲崇重之職及漢東京大將軍不常置爲之者皆擅朝權至景帝爲大將軍亦受非常之任後以叔父孚爲太尉奏改大將軍在太尉下及晉受命猶依其制位次三司下後復舊在三司上太康元年琅邪王伷遷大將軍復制在三司下伷薨後如舊　開府儀同三司漢官也殤帝延平元年鄧騭爲車騎將軍儀同三司儀同之名始自此也及魏黃權以車騎將軍開府儀同三司開府之名起於此也驃騎車騎衞將軍伏波撫軍都護鎮軍中軍四征四鎮龍驤典軍上軍輔國等大將軍左右光祿光祿三大夫開府者皆爲位從公

太宰太傅太保司徒司空左右光祿大夫光祿大夫開府位從公者爲文官公冠進賢三梁黑介幘

大司馬大將軍太尉驃騎車騎衞將軍諸大將軍開府位從公者爲武官公皆著武冠平上黑幘

文武官公皆假金章紫綬著五時服其相國丞相皆衮冕綠盭綬所以殊於常公也諸公及開府位從公者品秩第一食奉日五斛太康二年又給絹春百匹秋絹二百匹綿二百斤元康元年給菜田十頃騶十人立夏後不及田者食奉一年置長史一人秩一千石西東閤祭酒西東曹掾戶倉賊曹令史屬各一人御屬閤下令史西東曹倉戶賊曹

令史門令史記室省事令史閤下記室書令史西東曹學事各一人給武賁二十人持班劒給朝車駕駟安車黑耳駕三各一乘祭酒掾屬白蓋小車七乘軺車施耳後戶皁輪犢車各一乘自祭酒已下令史已上皆皁零辟朝服太尉雖不加兵者吏屬皆降服司徒加置左右長史各一人秩千石主簿左西曹掾屬各一人西曹稱右西曹其左西曹令史已下人數如舊令司空加置導橋掾一人諸公及開府位從公加兵者增置司馬一人秩千石從事中郎二人秩比千石主簿記室督各一人舍人四人兵鎧士曹營軍刺姦帳下都督外都督令史各一人主簿已下令史已上皆絳服司馬給吏卒如長史從事中郎給侍二人主簿記室督各給侍一人其餘臨時增崇者則褒加各因其時為節文不為定制○諸公及開府位從公為持節都督增參軍為六人長史司馬從事中郎主簿記室督祭酒掾屬舍人如常加兵公制

特進漢官也二漢及魏晉以加官從本官車服無吏卒太僕羊琇遜位拜特進加散騎常侍無餘官故給吏卒車服其餘加特進者唯食其祿賜位其班位而已不別給特進吏卒車服後定令特進品秩第二位次諸公在開府驃騎上冠進賢兩梁黑介幘五時朝服佩水蒼玉無章綬食奉日四斛太康二年始賜春服絹五十匹秋絹百五十匹緜一百五十斤元康元年給菜田八頃田騶八人立夏後不及田者食奉一年置主簿功曹史門亭長門下書佐各一人給安車黑耳駕御一人軺車施耳後戶一乘

左右光祿大夫假金章紫綬光祿大夫加金章紫綬者品秩第二祿賜班位冠幘車服佩玉置吏卒羽林及卒諸所賜給皆與特進同其以為加官者唯假章綬祿賜班位而已不別給車服吏卒也又卒贈此位本已有卿官者不復重給吏卒其餘皆給

光祿大夫假銀章青綬者品秩第三位在金紫將軍下諸卿上漢時所置無定員多以為拜假賵贈之使及監護喪事魏氏以來轉復優重不復以為使命之官其諸公告老者皆家拜此位及在朝顯職復用加之及晉受命仍舊不改復以為優崇之制而諸公遜位不復加之或更拜上公或以本封食公祿其諸卿尹中朝大官年老致事者及內外之職加此者前後甚衆由是或因得開府或進加金章紫綬又復以為禮贈之位泰始中唯太子詹事楊珧加給事中光祿大夫加兵之制諸所供給依三品將軍其餘自如舊制終武惠孝懷三世

光祿大夫與卿同秩中二千石著進賢兩梁冠黑介幘五時朝服佩水蒼玉食奉日三斛太康二年始給春賜絹五十匹秋絹百匹緜百斤惠帝元康元年始給菜田六頃田騶六人置主簿功曹史門亭長門下書佐各一人驃騎已下及諸大將軍不開府非持節都督者品秩第二其祿與特進同置長史司馬各一人秩千石主簿功曹史門下督錄事兵鎧士賊曹營軍刺姦帳下都督功曹書佐門吏門下書吏各一人其假節為都督者所置與四征鎮加大將軍不開府為都督者同四征鎮安平加大將軍不開府持節都督者品秩第二置參佐吏卒幕府兵騎如常都督制唯朝會祿賜從二品將軍之例然則持節都督無定員前漢遣使始有持節光武建武初征伐四方始權時置督軍御史事竟罷

建安中魏武為相始遣大將軍督之二十一年征孫權還夏侯惇督二十六軍是也魏文帝黃初三年始置都督諸州軍事或領刺史又上軍大將軍曹真都督中外諸軍事假黃鉞則總統內外諸軍矣魏明帝太和四年秋宣帝征蜀加號大都督高貴鄉公正元二年文帝都督中外諸軍尋加大都督及晉受禪都督諸軍為上監諸軍次之督諸軍為下使持節為上持節次之假節為下使持節得殺二千石以下持節殺無官位人若軍事得與使持節同假節唯軍事得殺犯軍令者江左以來都督中外尤重唯王導等權重者乃居之三品將軍秩中二千石者著武冠平上黑幘五時朝服佩水蒼玉食奉春秋賜緜絹菜田田騶如光祿大夫諸卿制置長史司馬各一人秩千石主簿功曹門下都督錄事兵鎧士賊曹營軍刺姦吏帳下都督功曹書佐門吏門下書吏各一人

錄尚書案漢武時左右曹諸吏分平尚書奏事知樞要者始領尚書事張安世以車騎將軍霍光以大將軍王鳳以大司馬師丹以左將軍

並領尚書事後漢章帝以太傅趙憙太尉牟融並錄尚書事尚書有錄名蓋自憙融始亦西京領尚書之任猶唐虞大麓之職也和帝時太尉鄧彪爲太傅錄尚書事位上公在三公上漢制遂以爲常每少帝立則置太傅錄尚書事猶古冢宰摠己之義薨輒罷之自魏晉以後亦公卿權重者爲之尚書令秩千石假銅印墨綬冠進賢兩梁冠納言幘五時朝服佩水蒼玉食奉月五十斛受拜則策命之以在端右故也太康二年始給賜絹春三十匹秋七十匹緜七十斤元康元年始給菜田六頃田騶六人立夏後不及田者食奉一年始賈充爲尚書令以疾表置省事吏四人省事蓋自此始

僕射服秩印綬與令同案漢本置一人至漢獻帝建安四年以執金吾榮郃爲尚書左僕射僕射分置左右蓋自此始經魏至晉迄於江左省置無恒置二則爲左右僕射或不兩置但曰尚書僕射令闕則左爲省主若左右並闕則置尚書僕射以主左事

列曹尚書案尚書本漢承秦置及武帝遊宴後庭始用宦者主中書

以司馬遷爲之中閒遂罷其官以爲中書之職至成帝建始四年罷中書宦者又置尚書五人一人爲僕射而四人分爲四曹通掌圖書秘記章奏之事各有其任其一曰常侍曹主丞相御史公卿事其二曰二千石曹主刺史郡國事其三曰民曹主吏民上書事其四曰主客曹主外國夷狄事後成帝又置三公曹主斷獄是爲五曹後漢光武以三公曹主歲盡考課諸州郡事改常侍曹爲吏部曹主選舉祠祀事民曹主繕脩功作鹽池園苑事客曹主護駕羌胡朝賀事二千石曹主辭訟事中都官曹主水火盜賊事合爲六曹并令僕二人謂之八座尚書雖有曹名不以爲號靈帝以侍中梁鵠爲選部尚書於此始見曹名及魏改選部爲吏部主選部事又有左民客曹五兵度支凡五曹尚書二僕射一令爲八座及晉置吏部三公客曹駕部屯田度支六曹而無五兵咸寧二年省駕部尚書四年省一僕射又置駕部尚書太康中有吏部殿中及五兵田曹度支左民爲六曹尚書又無駕部三公客曹惠帝世又有右民尚書止於六曹不知此時省何曹也及渡江有吏部祠部五兵左民度支五尚書祠部尚書常與右僕射通職不恒置以右僕射攝之若右僕射闕則以祠部尚書攝知右事

左右丞自漢武帝建始四年置尚書而便置丞四人及光武始減其二唯置左右丞左右丞蓋自此始也自此至晉不改晉左丞主臺內禁令宗廟祠祀朝儀禮制選用署吏急假右丞掌臺內庫藏廬舍凡諸器用之物及廩振人租布刑獄兵器督錄遠道文書章表奏事八座郎初拜皆沿漢舊制並集都座交禮遷職又解交焉

尚書郎西漢舊置四人以分掌尚書其一人主匈奴單于營部一人主羌夷吏民一人主戶口墾田一人主財帛委輸及光武分尚書爲六曹之後合置三十四人秩四百石并左右丞爲三十六人郎主作文書起草更直五日於建禮門內尚書郎初從三署詣臺試守尚書郎中歲滿稱尚書郎三年稱侍郎選有吏能者爲之至魏尚書郎有殿中吏部駕部金部虞曹比部南主客祠部度支庫部農部水部儀曹三公倉部民曹二千石中兵外兵都兵別兵考功定課凡二十三郎青龍二年尚書陳

矯奏置都官騎兵合凡二十五郎每一郎缺白試諸孝廉能結文案者五人謹封奏其姓名以補之及晉受命武帝罷農部定課置直事殿中祠部儀曹吏部三公比部金部倉部度支都官二千石左民右民虞曹屯田起部水部左右主客駕部車部庫部左右中兵左右外兵別兵都兵騎兵左右士北主客南主客爲三十四曹郎後又置運曹凡三十五曹置郎二十三人更相統攝及江左無直事右民屯田車部別兵都兵騎兵左右士運曹十曹郎康穆以後又無虞曹二千石二郎但有殿中祠部吏部儀曹三公比部金部倉部度支都官左民起部水部主客駕部庫部中兵外兵十八曹郎後又省主客起部水部餘十五曹云

○侍中案黃帝時風后爲侍中於周爲常伯之任秦取古名置侍中漢因之秦漢俱無定員以功高者一人爲僕射魏晉以來置四人別加官者則非數掌儐贊威儀大駕出則次直侍中護駕正直侍中負璽陪乘不帶劒餘皆騎從御登殿與散騎常侍對扶侍中居左常侍居右備切問近對拾遺補闕及江左哀帝興寧四年桓溫奏省二人後復舊

給事黃門侍郎，秦官也。漢已後並因之，與侍中俱管門下衆事，無貟。及晉，置貟四人。

散騎常侍，本秦官也。秦置散騎，又置中常侍，散騎騎從乘輿車後，中常侍得入禁中，皆無貟，亦以爲加官。漢東京初，省散騎，而中常侍用宦者。魏文帝黃初初，置散騎，合之於中常侍，同掌規諫，不典事，貂璫插右，騎而散從，至晉不改。及元康中，惠帝始以宦者董猛爲中常侍，後遂止，常爲顯職。

給事中，秦官也。所加或大夫、博士、議郎，掌顧問應對，位次中常侍。漢因之。及漢東京省，魏世復置，至晉不改。在散騎常侍下，給事黃門侍郎上，無貟。

通直散騎常侍，案魏末散騎常侍又有在貟外者，泰始十年，武帝使二人與散騎常侍通貟直，故謂之通直散騎常侍。江左置四人。

貟外散騎常侍，魏末置，無貟。

散騎侍郎四人，魏初與散騎常侍同置。自魏至晉，散騎常侍、侍郎與侍中、黃門侍郎共平尚書奏事，江左乃罷。

通直散騎侍郎四人。初，武帝置貟外散騎侍郎，及太興元年，元帝使二人與散騎侍郎通貟直，故謂之通直散騎侍郎，後增爲四人。貟外散騎侍郎，武帝置，無貟。

奉朝請，本不爲官，無貟。漢東京罷三公、外戚、宗室、諸侯多奉朝請。奉朝請者，奉朝會請召而已。武帝亦以宗室外戚爲奉車、駙馬、騎三都尉而奉朝請焉。元帝爲晉王，以參軍爲奉車都尉，掾屬爲駙馬都尉，行參軍舍人爲騎都尉，皆奉朝請。後罷奉車、騎二都尉，唯留駙馬都尉奉朝請。諸尚公主者劉惔、桓溫皆爲之。

中書監及令，案漢武帝遊宴後庭，始使宦者典事尚書，謂之中書謁者，置令、僕射。成帝改中書謁者令曰中謁者令，罷僕射。漢東京省中謁者令，而有中宮謁者令，非其職也。魏武帝爲魏王，置秘書令，典尚書奏事。文帝黃初初改爲中書，置監、令，以秘書左丞劉放爲中書監，右丞孫資爲中書令。監、令蓋自此始也。及晉因之，並置貟一人。

中書侍郎，魏黃初初，中書既置監、令，又置通事郎，次黃門郎。黃門郎已署事過，通事乃署名。已署，奏以入，爲帝省讀，書可。及晉，改曰中書侍郎，貟

四人。中書侍郎蓋此始也。及江左初，改中書侍郎曰通事郎，尋復爲中書侍郎。中書舍人，案晉初初置舍人、通事各一人，江左令舍人通事，謂之通事舍人，掌呈奏案，後省，而以中書侍郎一人直西省，又掌詔命。

秘書監，案漢桓帝延熹二年置秘書監，後省。魏武爲魏王，置秘書令、丞。及文帝黃初初，置中書令，典尚書奏事，而秘書改令爲監。後以何御名爲秘書丞，而秘書先自有丞，乃以御名爲秘書右丞。及晉受命，武帝以秘書并中書省，其秘書著作之局不廢。惠帝永平中，復置秘書監，其屬官有丞，有郎，并統著作省。

著作郎，周左史之任也。漢東京圖籍在東觀，故使名儒著作東觀，有其名，尚未有官。魏明帝太和中，詔置著作郎，於此始有其官，隸中書省。及晉受命，武帝以繆徵爲中書著作郎。元康二年，詔曰：「著作舊屬中書，而秘書既典文籍，今改中書著作爲秘書著作。」於是改隸秘書省。後別自置省而猶隸秘書。著作郎一人，謂之大著作郎，專掌史任，又置佐著作郎八人。著作郎始到職，必撰名臣傳一人。

太常、光祿勳、衛尉、太僕、廷尉、大鴻臚、宗正、大司農、少府、將作大匠、太后三卿、大長秋，皆爲列卿，各置丞、功曹、主簿、五官等貟。

太常有博士、協律校尉貟，又統太學諸博士、祭酒及太史、太廟、太樂、鼓吹、陵等令，太史又別置靈臺丞。

太常博士，魏官也。魏文帝初置，晉因之。掌引導乘輿。王公已下應追謚者，則博士議定之。

協律校尉，漢協律都尉之職也，魏杜夔爲之。及晉，改爲協律校尉。

晉初承魏制，置博士十九人。及咸寧四年，武帝初立國子學，定置國子祭酒、博士各一人，助教十五人，以教生徒。博士皆取履行清淳，通明典義者，若散騎常侍、中書侍郎、太子中庶子以上，乃得召試。及江左初，減爲九人。元帝末，增儀禮、春秋公羊博士各一人，合爲十一人。後又增爲十六人，不復分掌五經，而謂之太學博士也。孝武太元十年，損國子助教貟爲十人。

光祿勳，統武賁中郎將、羽林郎將、冗從僕射、羽林左監、五官左右中郎將、東園匠、太官、御府、守宮、黃門、掖庭、清商、華林園、暴室等令。

哀帝興寧二年省光祿勳并司徒孝武寧康元年復置
衛尉統武庫公車衛士諸冶等令左右都候南北東西督冶掾及渡江
省衛尉
太僕統典農典虞都尉典虞丞左右中典牧都尉車府典牧乘黃廄驊
騮廄龍馬廄等令典牧又別置羊牧丞太僕自元帝渡江之後或省或
置太僕省故驊騮爲門下之職
廷尉主刑法獄訟屬官有正監評并有律博士員
大鴻臚統大行典客園池華林園鉤盾等令又有青宮列丞鄴玄武苑
丞及江左有事則權置無事則省
宗正統皇族宗人圖諜又統太醫令史又有司牧掾員及渡江哀帝省
并太常太醫以給門下省
大司農統太倉籍田導官三令襄国都水長東西南北部護漕掾及渡江
哀帝省并都水孝武復置少府統材官校尉中左右三尚方中黃左右
藏左校甄官平準奚官等令左校坊鄴中黃左右藏油官等丞及渡江
哀帝省并丹楊尹孝武復置自渡江唯置一尚方又省御府

將作大匠有事則置無事則罷
太后三卿衛尉少府太僕漢置皆隨太后宮爲官號在同名卿上無太
后則闕魏改漢制在九卿下及晉復舊在同號卿上
大長秋皇后卿也有后則置無后則省
御史中丞本秦官也秦時御史大夫有二丞其一御史丞其一爲中丞中
丞外督部刺史內領侍御史受公卿奏事舉劾按章漢因之及成帝
綏和元年更名御史大夫爲大司空置長史而中丞官職如故哀帝建
平二年復爲御史大夫元壽二年又爲大司空而中丞出外爲御史臺
主歷漢東京至晉因其制以中丞爲臺主
治書侍御史案漢宣帝幸宣室齋居而決事令侍御史二人治書侍側
後因別置謂之治書侍御史蓋其始也及魏又置治書執法掌奏劾而
治書侍御史掌律令二官俱置及晉唯置治書侍御史員四人泰始四
年又置黃沙獄治書侍御史一人秩與中丞同掌詔獄及廷尉不當者

皆治之後并河南遂省黃沙治書侍御史及太康中又省治書侍御史二員
侍御史案二漢所掌凡有五曹一曰令曹掌律令二曰印曹掌刻印
三曰供曹掌齋祠四曰尉馬曹掌廄馬五曰乘曹掌護駕魏置八人
及晉置員九人品同治書而有十三曹吏曹課第曹直事曹印曹中都
督曹外都督曹媒曹符節曹水曹中壘曹營軍曹法曹算曹及江
左初省課第曹置庫曹掌廄牧牛馬市租後分曹置外左庫內左庫云
○殿中侍御史案魏蘭臺遣二御史居殿中伺察非法即其始也及晉置
四人江左置二人又案魏晉官品令又有禁防御史第七品孝武太元中
有檢校御史吳崐則此二職亦蘭臺之職也符節御史秦符璽令之職
也漢因之位次御史中丞至魏別爲一臺位次御史中丞掌授節銅武符
竹使符及泰始九年武帝省并蘭臺置符節御史掌其事焉
司隸校尉案漢武初置十三州刺史各一人又置司隸校尉察三輔三河弘
農七郡歷漢東京及魏晉其官不替屬官有功曹都官從事諸曹
從事部郡從事主簿錄事門下書佐省事記室書佐諸曹書佐守從
事武猛從事等員凡吏一百人卒三十二人及渡江乃罷司隸校尉官其
職乃揚州刺史也

謁者僕射秦官也自漢至魏因之魏置僕射掌大拜授及百官班次統
謁者十人及武帝省僕射以謁者并蘭臺江左復置僕射後又省
都水使者漢水衡之職也漢又有都水長丞主陂池灌溉保守河渠屬
太常漢東京省都水置河隄謁者魏因之及武帝省水衡置都水使者
一人以河隄謁者爲都水官屬及江左省河隄謁者置謁者六人
中領軍將軍魏官也漢建安四年魏武丞相府自置及拔漢中以曹休
爲中領軍文帝踐阼始置領軍將軍以曹休爲之主五校中壘武衛等
三營武帝初省使中軍將軍羊祜統二衛前後左右驍衛等營即領
軍之任也懷帝永嘉中改中軍曰中領軍永昌元年改曰北軍中候尋
復爲領軍成帝世復爲中候尋復爲領軍
護軍將軍案本秦護軍都尉官也漢因之高祖以陳平爲護軍中
尉武帝復以爲護軍都尉屬大司馬魏武爲相以韓浩爲護軍史

奐爲領軍非漢官也建安十二年改護軍爲中護軍領軍爲中領軍置長史司馬魏初因置護軍將軍主武官選隸領軍晉世則不隸也元帝永昌元年省護軍并領軍明帝太寧二年復置領護各領營兵江左以來領軍不復別領營總統二衛驍騎材官諸營護軍猶別有營也資重者爲領軍護軍資輕者爲中領軍中護軍屬官有長史司馬功曹主簿五官受命出征則置參軍

左右衛將軍案文帝初置中衛及武帝受命分爲左右衛以羊琇爲左趙序爲右並置長史司馬功曹主簿員江左罷長史

驍騎將軍游擊將軍並漢雜號將軍也魏置爲中軍及晉以領護左右衛驍騎游擊爲六軍

左右前後軍將軍案魏明帝時有左軍則左軍魏官也至晉不改武帝初又置前軍右軍泰始八年又置後軍是爲四軍

屯騎步兵越騎長水射聲等校尉是爲五校並漢官也魏晉逮于江左猶領營兵並置司馬功曹主簿後省左軍右軍前軍後軍爲鎮衛軍其左右營校尉自如舊皆中領軍統之

二衛始制前驅由基強弩爲三部司馬各置督史左衛熊渠武賁右衛佽飛武賁二衛各五部督其命中武賁驍騎游擊各領之又置武賁羽林上騎異力四部并命中爲五督其衛鎮四軍如五校各置千人更制殿中將軍中郎校尉司馬比驍騎持椎斧武賁分屬二衛尉中武賁持鈒冗從羽林司馬常從人數各有差武帝甚重兵官故軍校多選朝廷清望之士居之先是陳勰爲文帝所待特有才用明解軍令帝爲晉王委任使典兵事及蜀破後令勰受諸葛亮圍陣用兵倚伏之法又甲乙校標幟之制勰悉闇練之遂以勰爲殿中典兵中郎將遷將軍久之武帝每出入勰持白獸幡在乘輿左右鹵簿陳列齊肅太康末武帝嘗出射雉勰時已爲都水使者散從車駕逼暗乃還漏已盡當合函停乘輿良久不得合乃詔勰合之勰舉白獸幡指麾須臾之間而函成皆謝勰閑解甚爲武帝所任

太子太傅少傅並古官也泰始三年武帝始建官各置一人尚未置詹事官事無大小皆由二傅並有功曹主簿五官太傅中二千石少傅二千石其訓導者太傅在前少傅在後皇太子先拜諸傅然後答之武帝後以儲副躰尊遂命諸公居之以本位重故或行或領時侍中任愷武帝所親敬復使領之蓋一時之制也咸寧元年以給事黃門侍郎楊珧爲詹事掌宮事二傅不復領官屬及楊珧爲衛將軍領少傅省詹事遂崇廣傅訓命太尉賈充領太保司空齊王攸領太傅所置吏屬復如舊二傅進賢兩梁冠黑介幘五時朝服佩水蒼玉食奉日三斛太康二年始給春賜絹五十匹秋絹百匹緜百斤其後太尉汝南王亮車騎將軍楊駿司空衛瓘石鑒皆領傅保猶不置詹事以終武帝之世惠帝元康元年復置詹事二傅給菜田六頃田騶六人立夏後不及田者食奉一年置丞一人秩千石主簿五官掾功曹史主記門下史錄事戶曹法曹倉曹賊曹功曹書佐門下亭長門下書佐省事各一人給赤耳安車一乘及愍懷建官乃置六傅三太三少以景帝諱師故改太師爲太保通省尚書事詹事文書關由六傅然自元康之後諸傅或二或三或四或六及永康中復不置詹事也自太安已來置詹事終孝懷之世渡江之後有太傅少傅不立師保

中庶子四人職如侍中

中舍人四人咸寧四年置以舍人才學美者爲之與中庶子共掌文翰職如黃門侍郎在中庶子下洗馬上

食官令一人職如太官令

庶子四人職比散騎常侍中書監令

舍人十六人職比散騎中書等侍郎

洗馬八人職如謁者秘書掌圖籍釋奠講經則掌其事出則直者前驅導威儀

率更令主宮殿門戶及賞罰事職如光祿勳衛尉

家令主刑獄穀貨飲食職比司農少府漢東京主食官令食官令及晉自為官不復屬家令

僕主車馬親族職如太僕宗正

左右衛率案惠帝建東宮置衛率初曰中衛率泰始五年分為左右各
領一軍惠帝時愍懷太子在東宮又加前後二率及江左省前後二率
孝武太元中又置
王置師友文學各一人景帝諱故改師為傅友者因文王仲尼四友之
名號改太守為內史省相及僕有郎中令中尉大農為三卿大国置左
右常侍各一人省郎中置侍郎二人典書典祠典衛學官令典書丞各
一人治書四人中尉司馬世子庶子陵廟牧長各一人謁者四人中大夫
六人舍人十人典府各一人咸寧三年衛將軍楊珧與中書監荀勗以
齊王攸有時望懼惠帝有後難因追故司空裴秀立五等封建之旨
從容共陳時宜於武帝以為古者建侯所以藩衛王室今吳寇未殄方
岳任大而諸王為帥都督封国既各不臣其統內於事重非宜又異姓
諸將居邊宜參以親戚而諸王公皆在京都非扞城之義万世之固帝
初未之察於是下詔議其制有司奏從諸王公更制戶邑皆中尉領兵
其平原汝南琅邪扶風齊為大国梁趙樂安燕安平義陽為次國其

餘為小國皆制所近縣益滿万戶又為郡公制度如小國王亦中尉領
兵郡侯如不滿五千戶王置一軍一千一百人亦中尉領之于時唯特增
魯公国戶邑追進封故司空博陵公王沈為郡公鉅平侯羊祜為南城
郡侯又南宮王承隨王万各於泰始中封為縣王邑千戶至是改正縣
王增邑為三千戶制度如郡侯亦置一軍自此非皇子不得為王而諸
王之支庶皆皇家之近屬至親亦各以土推恩受封其大国次国始封
王之支子為公承封王之支子為侯繼承封王之支子為伯小國五千
戶已上始封王之支子為子不滿五千戶始封王之支子及始封公侯之
支子皆為男非此皆不得封其公之制度如五千戶國侯之制度如不
滿五千戶國亦置一軍千人中尉領之伯子男以下各有差而不置軍大
國始封之孫罷下軍曾孫又罷上軍次國始封子孫亦罷下軍其餘皆
以一軍為常大國中軍二千人上下軍各千五百人次國上軍二千人下軍
千人其未之国者大國置守土百人次国八十人小國六十人郡侯縣公亦
如小國制度既行所增徙各如本奏遣就国而諸公皆戀京師涕泣

而去及吳平後齊王攸遂之國
中朝制典書令在常侍下侍郎上及渡江則侍郎次常侍而典書令居
三軍下公國則無中尉常侍三軍侯國又無大農侍郎伯子男唯典書
以下又無學官令史職皆以次損焉公侯以下置官屬隨國小大無定
制其餘官司各有差名山大澤不以封鹽鐵金銀銅錫始平之竹園別
都宮室園囿皆不為屬國其仕在天朝者與之國同皆自選其文武官
諸入作卿士而其世子年已壯者皆遣蒞國其王公已下茅社符璽車
旗命服一如泰始初故事
州置刺史別駕治中從事諸曹從事等員所領中郡以上及江陽朱提
郡郡各置部從事一人小郡亦置一人又有主簿門亭長錄事記室書
佐諸曹佐守從事武猛從事等凡吏四十一人卒二十人諸州邊遠或
有山險濱近寇賊羌夷者又置弓馬從事五十餘人徐州又置淮海涼
州置河津諸州置都水從事各一人涼益州置吏八十五人卒二十人荊
州又置監佃督一人郡皆置太守河南郡京師所在則曰尹諸王國以內

史掌太守之任又置主簿主記室門下賊曹議生門下史記室史錄
事史書佐循行幹小史五官掾功曹史功曹書佐循行小史五官掾
等員
郡國戶不滿五千者置吏職五十人散吏十三人五千戶以上則職吏六
十三人散吏二十一人萬戶以上職吏六十九人散吏三十九人郡國皆置
文學掾一人縣大者置令小者置長有主簿錄事史主記室史門下
書佐幹游徼議生循行功曹史小史廷掾功曹史小史書佐幹戶曹
掾史幹法曹門幹金倉賊曹掾史兵曹史吏曹史獄小史獄門亭長
都亭長賊捕掾等員戶不滿三百以下職吏十八人散吏四人三百以
上職吏二十八人散吏六人五百以上職吏四十人散吏八人千以上職吏
五十三人散吏十二人千五百以上職吏六十八人散吏一十八人三千已上
職吏八十八人散吏二十六人郡國及縣農月皆隨所領戶多少為差
散吏為勸農又縣五百以上皆置鄉三千以上置二鄉五千以上置三
鄉萬以上置四鄉鄉置嗇夫一人鄉戶不滿千以下置治書史一人千

以上置史佐各一人正一人五千五百以上置史一人佐二人縣率百戶置里吏一人其土廣人稀聽隨宜置里吏限不得減五十戶戶千以上置校官掾一人縣皆置方略吏四人洛陽縣置六部尉江左以後建康亦置六部尉餘大縣置二人次縣小縣各一人鄴長安置吏如三千戶以上之制四中郎將並後漢置歷魏及晉並有其職江左彌重

護羌夷蠻等校尉案武帝置南蠻校尉於襄陽西戎校尉於長安南夷校尉於寧州元康中護羌校尉為涼州刺史西戎校尉為雍州刺史南蠻校尉為荊州刺史及江左初省南蠻校尉尋又置於江陵改南夷校尉曰鎮蠻校尉及安帝時於襄陽置寧蠻校尉

護匈奴羌戎蠻夷越中郎將案武帝置四中郎將或領刺史或持節為之武帝又置平越中郎將居廣州主護南越

晉書志卷第十四

志第十五

輿服

史臣曰昔者乘雲效駕卷領垂衣則皇帝皁衣纁裳放勛彤車白馬叶三微之序舍寅丑之建玄戈玉刃作會相暉若乃參旗分景帝車含曜又所以營衛南宮增華北極月令季夏之月命婦官染綵績丹班次各有品章矣高旗有日月之象式視有威儀之選衮兼黼珮衡載鳴和是以閑邪屏棄不可入也若乃正名百物補緝四維疏懷山之水靜傾天之害功尤彰者飾彌煥德愈盛者服彌尊莫不質良用成其美書曰明試以功車服以庸禮記曰鸞車有虞氏之路也鉤車夏后氏之路也大路殷路也乘路周路也而鼓火山龍以通其意前史以爲聖人見鳥獸容貌草木英華始創衣冠而玄黃殊采見秋蓬孤轉杓攜旁建乃作輿輪而方圓異則遇物成象觸類興端周因於殷其來已舊昔成王之會壇垂陰而五方之盛有八十物者焉宗馬鳥旌奚往不格殷公曹叔此焉低首周禮巾車氏建太赤以朝大白以戎雅制弘多式遵遺範實入異憲師行殊則是以有嚴有翼用光其武鉤膺鞗革乃暢其文六服之冕五時之路王之常制各有等差逮禮業彫訛人情馳爽諸侯征伐憲度淪亡三紫亂於齊飾長纓混於鄒翫孔子曰君子其學也博其服也鄉若乃豪傑不經庶人干典聚鷸冠於鄭伯之門躡珠履於春申之第及秦皇并國攬其餘軌豐貂東至獬豸南來又有玄旗皁旒之制旄頭罕車之飾寫九王之廷於咸陽北坂車輿之綵各樹其文所謂秦人大備而陳戰國之後車者也及凝脂布網經書咸燼削滅三代以金根爲帝軫除棄六冕以袀玄爲祭服高祖入關既因秦制世祖挺英雄之略總文景之資負揚霓拂翳皮軒記鼓橫汾河而祠后土登甘泉而祭昊天奉常獻儀謂之大駕車千乘而騎萬匹以幸姬趙飛燕爲置屬車間豹尾中又楊雄所謂彈天狼之威弧張耀日之靈旌駢羅列布霧集雲合者也於後王氏擅朝武車常軔赤眉之亂文物無遺建武十三年吳漢平蜀始送葆車輿輦充庭之飾漸以周備明帝採周官禮記更服衮章太子冠通天而佩玉璽魏明以黼黻之美有疑於僭於是隨章償略而損者半焉高堂隆奏曰改正朔殊徽號者帝王所以神明其政變民耳目也帝從其議改青龍五年爲景初元年服色尚黃從地正也世祖武皇帝接天人之貺開典午之基受終之禮皆如唐虞故事晉氏金行而服色尚赤豈有司失其傳歟

玉金象革木等路是爲五路並天子之法車皆朱班漆輪畫爲樻文三十輻法月之數重轂貳轄以赤油廣八寸長三尺注地繫兩軸頭謂之飛軨金薄繆龍之爲輿倚較較重爲文獸伏軾龍首銜軛左右吉陽筩鸞雀立衡樻文畫輈及轓青蓋黃爲裏謂之黃屋金華施橑朱橑二十八以象宿兩箱之後皆玳瑁爲鶡翅加以金銀彫飾故世人亦謂之金鶡車斜注旂旗於車之左又加棨戟於車之右皆槖而施之棨戟韜以黻繡上爲亞字繫大蛙蟆幡軛長丈餘於戟之杪以犛牛尾大如斗置左騑馬軛上是爲左纛輈轅皆曲向上取禮緯山車垂句之義言不揉而能自曲玉金象三路各以其物飾車因以爲名革者漆革木者漆木其制玉路最尊建太常十有二旒九仞委地畫日月升龍以祀天金路建大旂九旒以會万國之賓亦以賜上公及王子母弟象路建大赤通赤無畫所以視朝亦以賜諸侯革路建大白以即戎兵事亦以賜四鎮諸侯木路建大麾以田獵其麾色黑亦以賜蕃國王路駕六黑馬餘四路皆駕四馬馬並以黃金爲文髦插以翟尾象鹿而鏤錫（錫在馬面所謂當顱者也）金鍐而方釳（金鍐謂以金鍐爲文釳以鐵爲之其大三寸中央兩頭高如山形貫中以翟尾而結著之也）繁纓赤罽易茸金就十有二（繁纓馬飾繁纓馬膺前在如索帬）五路皆有錫鑾之飾和鈴之響鉤膺玉瓖（鉤膺即繁纓也瓖衣馬帶玦名也）龍輈華轙（輈車轅也頭爲龍象轙謂車衡上環受轡者也）朱幘（幘飾也人君以朱纏鑣扇汗以爲飾也）法駕行則五路各有所主不俱出臨軒大會則陳乘輿車輦旌鼓於其殿庭

車坐乘者謂之安車倚乘者謂之立車亦謂之高車按周禮惟王后有安車也王亦無之自漢已來制乘輿乃有之有青立車青安車赤立車赤安車黃立車黃安車白立車白安車黑立車黑安車合十乘名爲五時車俗謂之五帝車天子所御則駕馬六其餘並駕四建旂十二各如車色立車則正豎其旂安車則邪注駕馬馬亦各隨五時之色白馬則朱其騣尾左右騑驂金鍐鏤錫黃屋左纛如金根之制行則從後五

牛旗平吳後所造以五牛建旗車設五牛青赤在左黃在中白黑在
右竪旗於牛背行則使人輿之牛之爲義蓋取其負重致遠而安穩也旗常纓不舒所謂德車結旌也天子親戎則舒所謂武車綏旌也
金根車駕四馬不建旗幟其上如畫輪車下猶金根之飾
耕根車駕四馬建赤旗十有二旒天子親耕所乘者也一名芝車一名三
蓋車置耒耜於軾上魏景初元年改正朔易服色色尚黃牲用白戎事
乘黑首白馬建大赤之旂朝會則建大白行郊之時也泰始二年有司
奏宜如有虞遵唐故事皆用前代正朔服色其金根耕根車並以
建赤旗帝從之
輦梭自漢以來爲人君之乘魏晉御小出即乘之
戎車駕四馬天子親戎所乘者也載金鼓羽旂幢翳置弩於軾上
其建矛麾毛悉斜注
獵車駕四馬天子校獵所乘也重輞漫輪緣龍繞之一名闟戟車一名
蹋猪車魏文帝改名蹋獸車記云國君不乘奇車奇車亦獵車也天子獵則乘木輅後人代以獵車也
遊車九乘駕四先驅之乘是也

雲罕車駕四　皮軒車駕四以獸皮爲軒
鸞旗車駕四先輅所載也鸞旗者謂析羽旄而編之列繫幢傍也
建華車駕四九二乘行則分居左右
輕車駕二古之戰車也前後二十乘分居左右輿輪洞朱不巾不蓋建
矛戟麾幢置弩箙於軾上大駕法駕出射聲校尉司馬吏士戰士載
以次屬車司南車一名指南車駕四馬其下制如樓三級四角金龍銜
羽葆刻木爲仙人衣羽衣立車上車雖回運而手常南指大駕出行爲
先啓之乘記里鼓車駕四形制如司南其中有木人執槌向鼓行一里則
打一槌
羊車一名輦車其上如軺伏兔箱漆畫輪軛武帝時護軍羊琇輒乘
羊車司隸劉毅糾劾其罪畫輪車駕牛以綵漆畫輪轂故名曰畫輪
車上起四夾杖左右開四望綠油幢朱絲絡青交路其上形制事事如
輦其下猶如犢車耳古之貴者不乘牛車漢武帝推恩之末諸侯寡弱
貧者至乘牛車其後稍見貴之自靈獻以來天子至士遂以爲常乘

至尊出朝堂舉哀乘之
屬車一曰副車一曰貳車一曰左車漢因秦制大駕屬車八十一乘行則
中央左右分爲行
法駕屬車三十六乘最後車懸豹尾豹尾以前比之省中屬車皆皁
蓋朱裏云御衣車御書車御軺車御藥車並駕牛
陽遂四望繐牎皁輪小形車駕牛
象車漢鹵簿最在前武帝太康中平吳後南越獻馴象詔作大車
駕之以載黃門鼓吹數十人使越人騎之元正大會駕象入庭
中朝大駕鹵簿先象車鼓吹一部十三人中道　次靜室令駕一中道式道
候二人駕一分左右也　次洛陽尉二人騎分左右　次洛陽亭長九人
赤車駕一分三道各吹正三人引　次洛陽令皁車駕一中道　次河南
中部掾中道河橋掾在左功曹史左右並駕一次河南尹駕駟戟吏六人
次河南主簿駕一中道　次河南主記駕一中道　次司隸部河南從事
中道都部從事居左別駕從事居右並駕一　次司隸校尉駕三戟吏

八人　次司隸主簿駕一中道　次司隸主記駕一中道　次廷尉明法掾
中道五官掾居左功曹史居右並駕一　次廷尉卿駕駟戟吏六人　次廷
尉主簿主記並駕一在左太僕引從如廷尉在中宗正引從如廷尉在右
次大常駕駟中道戟吏六人太常外部掾居左五官掾功曹史居右並駕一
次光祿引從中道太常主簿主記居左衞尉引從居右並駕一　次太尉
外督令史駕一中道　次西東賊倉戶等曹屬並駕一引從　次太尉
駕駟中道太尉主簿舍人各一人祭酒二人並駕一在左　次司徒引從駕駟
中道次司空引從駕駟中道三公騎令史戟各八人鼓吹各一部七人　次中
護軍中道駕駟鹵簿左右各二行戟楯在外弓矢在內鼓吹一部七人
次步兵校尉在左長水校尉在右並駕一各鹵簿左右二行戟楯在外刀楯
在內鼓吹各一部七人　次射聲校尉在左翊軍校尉在右並駕一各鹵
簿左右各二行戟楯在外刀楯在內鼓吹各一部七人　次驍騎將軍在
左游擊將軍在右並駕一皆鹵簿左右引各二行戟楯在外刀楯在內
鼓吹各一部七人　騎隊五在左五在右隊各五十匹命中督二人分領左右

各有戟吏二人麾氅幢獨揭鼓在隊前 次左將軍在左前將軍在右並駕馬皆鹵簿左右各二行戟楯在外刀楯在內鼓吹各一部七人 次黃門麾騎中道 次黃門前部鼓吹左右各一部十三人駕馬駟八校尉佐仗左右各四行外大戟楯次九尺楯次弓矢次弩並熊渠佽飛督領之 次司南車駕駟中道 護駕御史騎夾左右 次謁者僕射駕駟中道 次御史中丞駕一中道 次武賁中郎將騎中道 次九游車中道武剛車夾左右並駕駟 次雲罕車駕駟中道 次闟戟車駕駟中道長戟邪偃向後 次皮軒車駕駟中道 次鑾旗車中道建華車分左右並駕駟 次護駕尚書郎三人都官郎中道駕部在左中兵在右並騎又有護駕尚書一人騎督攝前後無常 次相風中道 次司馬督在前中道左右各司馬史三人引仗左右各六行外大戟楯三行次九尺楯 次刀楯 次弓矢 次弩 次五時車左右有遮列騎 次典兵中郎中道督攝前却無常 左殿中御史右殿中監並騎 次高蓋中道左罼右罕 次御史中道左右節郎各四人 次華蓋中道 次殿中司馬中道殿中都尉在左殿中校尉在右左右各四行 細楯一行在弩內又殿中司馬一行殿中都尉一行殿中校尉一行 次櫂鼓中道 次金根車駕六馬中道 太僕卿大將軍參乘左右又各增三行爲九行司馬史九人引大戟楯二行九尺楯一行刀楯一行由基一行細弩一行跡禽一行椎斧一行力人刀楯一行連細楯殿中司馬殿中都尉殿中校尉爲左右各十二行 金根車建青旂十二左將軍騎在左右將軍在右殿中將軍持鑿腦斧夾車車後衣書主職步從六行合左右三十二行 次曲華蓋中道侍中散騎常侍黃門侍郎並騎分左右 次黃鉞車駕一在左御麾騎在右 次相風中道 次中書監騎左秘書監騎右 次殿中御史騎左殿中監騎右 次五牛旗赤青在左黃在中白黑在右 次大輦中道太官令丞在左太醫令丞在右 次金根車駕駟不建旗 次青立車 次青安車 次赤立車 次赤安車 次黃立車 次黃安車 次白立車 次白安車 次黑立車 次黑安車合十乘並駕駟建旗十二如車色立車正

豎旗安車邪拖之 次蹋豬車駕駟中道無旗 次耕根車駕駟中道赤旗十二熊渠督左佽飛督右 次御軺車 次御四望車 次御衣車 次御書車 次御藥車並駕牛中道 次尚書令在左尚書僕射在右 又尚書郎六人分次左右並駕又治書侍御史二人分左右又侍御史二人分次左右又蘭臺令史分次左右並騎 次豹尾車駕一自豹尾車後而鹵簿盡矣但以神弩二十張夾道至後部鼓吹其五張神弩置一將左右各二將 次輕車二十乘左右分駕 次流蘇馬六十匹 次金鉞車駕三中道左右護駕尚書郎并令史並騎各一人 次金鉦車駕三中道左右護駕侍御史并令史等並騎各二人 次黃門後部鼓吹左右各十三人 次戟鼓車駕牛二乘分左右 次左大鴻臚外部掾右五官掾功曹史並駕 次大鴻臚駕駟鉞吏六人次大司農引從中道左大鴻臚主簿主記右少府引從 次三卿並騎吏四人鈴下二人執馬鞭辟車六人執方扇羽林十人朱衣 次領軍將軍中道鹵簿左右各二行九尺楯在外弓矢在內鼓次如護車 次後軍將軍在左右將軍在右各鹵簿鼓吹如左軍前軍 次越騎校尉在左屯騎校尉在右各鹵簿鼓吹如步兵射声 次領護驍騎游軍校尉皆騎吏四人乘馬夾道都督兵曹各一人乘馬在中騎將軍四人騎校鞭角金鼓鈴下信幡軍校並駕一功曹吏主簿並騎從幟扇幢麾各一騎鼓吹一部七騎 次領護軍加大車斧五官掾騎從 次騎十隊〻各五十匹將一人持幢一人鞭一人並騎在前督戟伯長各一人並騎在後羽林騎督幽州突騎督分領之郎簿十隊〻各五十人絳袍將一人騎鞭各一人在前督戟伯長一人步在後騎皆持矟 次大戟一隊 九尺楯一隊刀楯一隊 弓一隊 弩一隊隊各五十人黑褠褶將一人騎校鞭角各一人步在前督戟伯長各一人步在後金顏督將並領之

皇太子安車駕三左右騑朱班輪倚獸較伏鹿軾九旒畫降龍青蓋金華蚤二十八枚黑櫝文畫轓文輈黃金塗五采亦謂之鸞路非法駕則乘畫輪車上開四望綠油幢朱絲繩絡兩箱裏飾以金錦黃金塗五采其副車三乘形制如所乘但不畫輪耳

王青蓋車皇孫綠蓋車並駕三左右騑
雲母車以雲母飾犢車臣下不得乘以賜王公耳
皁輪車駕四牛形制猶如犢車但皁漆輪轂上加青油幢朱絲繩絡
諸王三公有勳德者特加之位至公或四望三望夾望車油幢車駕牛
形制如皁輪但不漆轂耳王公大臣有勳德者特給之
通幰車駕牛猶如今犢車制但舉其幰通覆車上也諸王三公並乘之
諸公給朝車駕四安車黑耳駕三各一乘皁輪犢車各一乘自祭酒掾
屬以下及令史皆皁零辟朝服其武官公又別給大車特進及車騎將
軍驃騎將軍以下諸大將軍不開府非持節都督者給安車黑耳駕
二軺車施耳後戶一乘三公九卿中二千石二千石河南尹謁者僕射郊
廟明堂法出皆大車立乘駕駟前後導從大車駕二右騑他出乘
安車其去位致仕告老賜安車駟馬郡縣公侯安車駕二右騑皆朱
班輪倚鹿較伏熊軾黑轓皁繒蓋
公旗旂八旒侯七旒卿五旒皆畫降龍

中二千石二千石皆皁蓋朱兩轓銅五采駕二中二千石以上右騑千石
六百石朱左轓車轓長六尺下屈廣八寸上業廣尺二寸九文十二初後
謙一寸若月初生示不敢自滿也
王公之世子攝命理國者安車駕三旗旂七旒其封侯之世子五旒
太康四年制依漢故事給九卿朝車駕四及安車各一乘
八年詔諸尚書軍校加侍中常侍者皆給傳事乘軺車給劒得入殿
省中與侍臣升降相隨
大使車立乘駕四赤帷裳騶騎導從舊公卿二千石郊廟上陵從駕乘大使車他出乘安車
小使車不立乘駕四輕車之流也蘭輿皆朱赤轂赤屛泥白蓋赤帷
裳從騶騎四十人又別有小使車赤轂皁蓋追捕考按有所執取者
之所乘也凡諸使車皆朱班輪赤衡軛
追鋒車去小平蓋加通幰如軺車駕二追鋒之名蓋取其迅速也施
於戎陣之間是為傳乘
軺車古之時軍車也一馬曰軺車二馬曰軺傳漢世貴輜軿而賤軺

車魏晉重軺車而賤輜軿三品將軍以上尚書令軺車黑耳有後戶僕
射但有後戶無耳並皁輪尚書及四品將軍則無後戶漆轂輪其中
書監令如僕射侍中黃門散騎初拜及謁陵廟亦得乘之
皇太后皇后法駕乘重翟羽蓋金根車駕青輅青帷裳雲㯶畫
轅黃金塗五采蓋爪施金華駕三左右騑其廟見小駕則乘紫罽
軿車雲㯶畫輈黃金塗五采駕三非法駕則皇太后乘䡴輦皇后乘
畫輪車皇后先蠶乘油畫雲母安車駕六騩馬騩淺黑色油畫兩轅安車
駕五騩馬為副又金薄石山軿紫絳罽軿車皆駕三騩馬為副女旄
頭十二人持棨戟二人共載安車儷駕為尚輦十二人乘輜車儷駕為女
長御八人乘安車儷駕三夫人油軿車駕兩馬左騑其貴人駕節畫
軿三夫人助蠶乘青交路安車駕三皆以紫絳罽軿車九嬪世婦乘
軿車駕三
長公主赤罽軿車駕兩馬公主王太妃王妃皆油軿車駕兩馬右騑公主
油畫安車駕三青交路以紫絳罽軿車駕三為副王太妃三夫人亦如

之公主助蠶乘油畫安車駕三公主有先置者乘青交路安車駕三
○諸王妃公太夫人夫人縣鄉君諸郡公侯特進夫人助蠶乘皁交路安
車駕二諸侯監國世子之世婦侍中常侍尚書中書監令御校世婦命
婦助蠶乘皁交路安車儷駕
郡縣公侯中二千石二千石夫人會朝及蠶各乘其夫之安車皆右騑
皁交路皁帷裳自非公會則不得乘軺車止乘漆布輜軿銅五采而
已王妃特進夫人封郡君安車駕三皁交路封縣鄉君油軿車駕兩
馬右騑自過江之後舊章多缺元帝踐極始造大路戎路各一皆即
古金根之制也無復充庭之儀至於郊祀大事則權飾餘車以周用
六師親征則用戎路去其蓋而乘之屬車但五乘而已加綠油幢朱絲
路飾青交路黃金塗五采其輪轂猶素兩箱無金錦之飾其車又
是軺車舊儀天子所乘駕六是時無復六馬之乘五路皆駕四而已
同用黑是為玄牡無復五時車有事則權以馬車代之建旗其上其
後但以五色木牛象五時車豎旗於牛背行則使人輿之牛之義蓋

取其負重致遠安而穩也旗常縿而不舒旆所謂德車結旌者也惟天子親戎五旗舒旆所謂武車綏旌者也指南車過江亡失及義熙五年劉裕屠廣固始復獲焉及使王人張綱補緝周用十二年裕定關中又獲司南記里諸車制度始備其輦過江亦亡制度太元中謝安率意造焉及破苻堅於淮上獲京都舊輦形制無差大小如時人服其精記義熙五年劉裕執慕容超獲金鉦輦豹尾舊式猶存

元帝大興三年皇太子釋奠制曰今草創未有高車可乘安車也太元中東宮建乘路有青赤旂致疑徐邈議太子既不備五路赤旂宜省漢制太子鸞路皆以安車爲名自晉過江禮儀疎舛王公以下車服卑雜惟有東宮禮秩崇異上次辰極下納侯王而安帝爲皇太子乘石山安車制如金路義不經見事無所出

中宮初建及祀先蠶皆用法駕大僕妻御大將軍妻驂乘侍中妻陪乘丹楊尹建康令及公卿之妻奉引各乘其夫車服多以宮人權領其職

周禮弁師掌六冕司服掌六服非古王之制爰至庶人各有等差及秦變古制郊祭之服皆以袀玄舊法掃地盡矣漢承秦弊西京二百餘年猶未能有所制立及中興後明帝乃始採周官禮記尚書及諸儒記說還備袞冕之服天子車乘冠服從歐陽氏說公卿以下從大小夏侯氏說始制天子三公九卿特進之服侍祠天地明堂皆冠旒冕兼五冕之制一服而已天子備十二章三公諸侯用山龍九章九卿以下用華蟲七章皆具五采

魏明帝以公卿袞衣黼黻之飾疑於至尊多所減損始制天子服刺繡文公卿服織成文及晉受命遵而無改天子郊祀天地明堂宗廟元會臨軒介幘通天冠平冕冕皁表朱綠裏廣七寸長二尺二寸加於通天冠上前圓後方垂白玉珠十有二旒以朱組爲纓無緌佩白玉垂珠黃大旒綬黃赤縹紺四采衣皁上絳下前三幅後四幅衣畫而裳繡爲日月星辰山龍華蟲藻火粉米黼黻之象凡十二章素帶廣四寸朱裏以朱綠裨飾其側中衣以絳緣其領袖赤皮爲韍絳袴襪赤舄未加元服者空頂介幘其釋奠先聖則皁紗袍絳緣中衣絳袴襪黑舄其臨軒亦袞冕也其朝服通天冠高九寸金博山顏黑介幘絳紗袍皁緣中衣其拜陵黑介幘單衣其雜服有青赤黃白緗黑色介幘五色紗袍五梁進賢冠遠遊冠平上幘武冠其素服白帢單衣後漢以來天子之冕前後旒用真白玉珠魏明帝好婦人之飾改以珊瑚珠晉初仍舊不改及過江服章多闕而冕飾以翡翠珊瑚雜珠侍中顧和奏舊禮冕十二旒用白玉珠今美玉難得不能備可用白璇珠從之

通天冠本秦制高九寸正豎頂少斜却乃直下鐵爲卷梁前有展筩冠前加金博山述乘輿所常服也

平冕王公卿助祭於郊廟服之王公八旒卿七旒以組爲纓色如其綬王公衣山龍以下九章卿衣華蟲已下七章

遠遊冠傅玄云秦冠也似通天而前無山述有展筩橫于冠前皇太子及王者後帝之兄弟帝之子封郡王者服之諸王加官者自服其官之冠服惟太子及王者後常冠焉太子則以翠羽爲緌綴以白珠其餘但青絲而已緇布冠蔡邕云即委貌冠也太古冠布齊則緇之緇布冠始冠之冠也其制有四形一似武冠又一似進賢其一上方其下如幘顏其一剌上而方下行鄉射禮則公卿委貌冠以皁絹爲之形如覆杯與皮弁同制長七寸高四寸衣黑而裳素其中衣以皁緣領袖其執事之人皮弁以鹿皮爲之

進賢冠古緇布遺象也斯蓋文儒者之服前高七寸後高三寸長八寸有五梁三梁二梁一梁人主元服始加緇布則冠五梁進賢三公及封郡公縣公郡侯縣侯鄉亭侯則冠三梁卿大夫八座尚書關中內侯二千石及千石以上則冠兩梁中書郎秘書丞郎著作郎尚書丞郎太子洗馬舍人六百石以下至于令史門郎小史並冠一梁漢建初中太官令冠兩梁親省御膳爲重也博士兩梁崇儒也宗室劉氏亦得兩梁冠示加服也

武冠一名武弁一名大冠一名繁冠一名建冠一名籠冠即古之惠文冠或曰趙惠文王所造因以爲名亦云惠者蟪也其冠文輕細如蟬翼故

名惠文或云齊人見千歲涸澤之神名曰慶忌冠大冠乘小車好疾馳因象其冠而服焉漢幸臣閎孺為侍中皆服大冠天子元服亦先加大冠左右侍中及諸將軍武官通服之侍中常侍則加金璫附蟬為飾插以貂毛黃金為竿侍中插左常侍插右胡廣曰昔趙武靈王為胡服以金貂飾首秦滅趙以其君冠賜侍臣應劭漢官云說者以為金取剛強百錬不耗蟬居高飲清口在掖下貂內勁悍而外溫潤又以蟬取清高飲露而不食貂則紫蔚柔潤而毛采不彰灼金則貴其寶瑩於義亦有所取或以為北土多寒胡人常以貂皮溫額後世效此遂以附冠漢貂用赤黑色王莽用黃貂各附服色所尚也

高山冠一名側注高九寸鐵為卷梁制似通天頂直豎不斜卻無山述展筩高山者詩云高山仰止取其矜莊賓遠者也中外官謁者謁者僕射所服胡廣曰高山齊王冠也傳曰桓公好高冠大帶秦滅齊以其君冠賜謁者近臣應劭曰高山今法冠也秦行人使官亦服之而漢官儀云乘輿冠高山之冠飛翮之纓然則天子亦有時服焉傅子曰

魏明帝以其制似通天遠遊故改令卑下

法冠一名柱後或謂之獬豸冠高五寸以縰為展筩鐵為柱卷取其不曲撓也侍御史廷尉正監平凡執法官皆服之或說獬豸神羊能觸邪佞異物志云北荒之中有獸名獬豸一角性別曲直見人鬭觸不直者聞人爭咋不正者楚王嘗獲此獸因象其形以制衣冠胡廣曰春秋左氏傳晉侯觀于軍府見鍾儀曰南冠而縶者誰也南冠即楚冠秦滅楚以其冠服賜執法臣也長冠一名齊冠高七寸廣三寸漆纚為之制如版以竹為裏漢高祖微時以竹皮為此冠其世因謂劉氏冠後除竹用漆纚司馬彪曰長冠蓋楚制人間或謂之鵲尾冠非也救日蝕則服長冠而祠宗廟諸祀冠之此高祖所造後世以為祭服尊敬之至也

建華冠以鐵為柱卷貫大銅珠九枚古用雜木珠原憲所冠華冠是也又春秋左氏傳鄭子臧好聚鷸冠謂建華是也祀天地五郊明堂舞人服之漢育命舞樂人所服

方山冠其制似進賢郊祀曰方山冠以五采穀為之漢天子八佾五行樂人所服冠衣各如其行方之色而舞焉

巧士冠前高七寸要後相通直豎此冠不常用漢氏惟郊天黃門從官四人冠之在鹵簿中夾乘輿車前以備宦者四星或云掃除從官所服卻非冠高五寸制似長冠宮殿門吏僕射冠之負赤幡青翅燕尾諸僕射幡皆如之

卻敵冠前高四寸通長四寸後高三寸制似進賢凡當殿門衛士服之

樊噲冠廣九寸高七寸前後出各四寸制似平冕昔楚漢會於鴻門項籍圖危高祖樊噲常持鐵楯聞急乃裂裳苞楯戴以為冠排入羽營因數羽罪漢王乘間得去後人壯其意乃制冠象焉凡殿門司馬衛士服之術氏冠前圓吳制差池四重趙武靈王好服之或曰楚莊王復讎冠是也鶡冠加雙鶡尾豎插兩邊鶡鳥名也形類鷂而微黑性果勇其鬭到死乃止上黨貢之趙武靈王以表顯壯士秦施漢猶施之武人

皮弁以鹿皮淺毛黃白色者為之禮王皮弁會五采玉璂象邸玉笄

謂之合皮為弁其縫中名曰會以采玉朱為璂璂結也天子五采諸侯三采（邸冠下柢也象骨為之音帝也）天子則縫有十二公九侯伯七子男五孤四卿大夫三

韋弁制似皮弁頂上尖韎草染之色如淺絳

爵弁一名廣冕高八寸長二寸如爵形前小後大增其上似爵頭色有收持笄所謂夏收殷冔者也祠天地五郊明堂雲翹舞樂人服之

幘者古賤人不冠者之服也漢元帝額有壯髮始引幘服之王莽頂禿又加其屋也漢注曰冠進賢者宜長耳今介幘也冠惠文者宜短耳今平上幘也始時各隨所宜遂因冠為別介幘服文吏平上幘服武官也童子幘無屋者示不成人也又有納言幘幘後收又一重方三寸又有赤幘騎吏武吏乘輿鼓吹所服救日蝕文武官皆免冠著幘對朝服示武威也漢儀立秋日獵服緗幘及江左哀帝從博士曹弘之等議立秋御讀令改用素白帢按漢末王公名士多委王服以幅巾為雅是以袁紹崔鈞之徒雖為將帥皆著縑巾魏武以天下凶荒資財乏匱擬古皮弁裁縑帛以為帢合乎簡易隨時之義以色別其貴賤本施軍飾非為

國容也徐爰曰俗說帽本未有歧荀文若巾之行觸樹枝成歧謂之為善因而弗改今通以為慶弔服

巾以葛為之形如㡊而橫著之古尊卑共服也故漢末妖賊以黃為巾世謂黃巾賊

帽名猶冠也義取於蒙覆其首其本纚也古者冠無幘冠下有纚以繒為之後世施幘於冠因或裁纚為帽自乘輿宴居下至庶人無爵者皆服之成帝咸和九年制聽尚書八座丞郎門下三省侍官乘車白㡊低幃出入掖門又二宮直官著烏紗㡊然則往往士人宴居皆著㡊矣而江左時野人已著帽人士亦往往而然但其頂圓耳後乃高其屋云

○漢制自天子至于百官無不佩劍其後惟朝帶劍晉世始代之以木貴者猶用玉首賤者亦用蚌金銀玳瑁為彫飾

乘輿六璽秦制也曰皇帝行璽皇帝之璽皇帝信璽天子行璽天子之璽天子信璽漢遵秦不改又有秦始皇藍田玉璽螭獸鈕在六璽之外文曰受天之命皇帝壽昌漢高祖佩之後世名曰傳國璽與斬白蛇劍俱為乘輿所寶斬白蛇劍至惠帝時武庫火燒之遂亡及懷帝沒胡傳國璽沒於劉聰後又沒於石勒及石季龍死胡亂穆帝世乃還江南

革帶古之鞶帶也謂之鞶革文武眾官牧守丞令下及騶寺皆服之其有囊綬則以綴於革帶其戎服則以皮絡帶代之八坐尚書荷紫以生紫為袷囊綴之服外加於左肩昔周公負成王制此服衣至今以為朝服或云漢世用盛奏事負之以行未詳也

車前五百者卿行旅從五百人為一旅漢氏一統故去其人留其名也

袴褶之制未詳所起近世凡車駕親戎中外戒嚴服之服無定色冠黑帽綴紫摽摽以繒為之長四寸廣一寸腰有絡帶以代鞶革中官紫摽外官絳摽又有纂嚴戎服而不綴摽行留文武悉同其畋獵巡幸則惟從官戎服帶鞶革文官不下纓武官脫冠

漢制一歲五郊天子與執事者所服各如方色百官不執事者服常服絳衣以從魏秘書監秦靜曰漢氏承秦改六冕之制但玄冠絳衣而已魏已來名為五時朝服又有四時朝服又有朝服自皇太子已下隨官受給百官雖服五時朝服據今止給四時朝服闕秋服三年一易

諸假印綬而官不給鞶囊者得自具作其但假印不給綬者不得佩綬鞶革古制也漢世著鞶囊者側在腰間或謂之傍囊或謂之綬囊然則以紫囊盛綬也或盛或散各有其時

笏古者貴賤皆執笏其有事則搢之於腰帶所謂搢紳之士者搢笏而垂紳帶也紳垂長三尺笏者有事則書之故常簪筆今之白筆是其遺象三臺五省二品文官簪之王公侯伯子男卿尹及武官不簪加內侍位者乃簪之手版即古笏矣尚書令僕射尚書手版頭復有白筆以紫皮裹之名曰笏

皇太子金璽龜鈕朱黃綬四采赤黃縹紺給五時朝服遠遊冠介幘翠緌佩瑜玉垂組朱衣絳紗褠皁緣白紗其中衣白曲領帶劍火珠素首革帶玉鉤爕獸頭鞶囊

其大小會祠宗廟朔望五日還朝皆朝服常還上宮則朱服謁上宮正會則於殿下脫劍舄又有三梁進賢冠其侍祀則平冕九旒袞衣九章白紗絳緣中單絳繒韠采畫織成袞帶金辟邪首紫綠二色帶采畫廣領曲領各一赤舄絳襪若講則著介幘單衣釋奠則遠遊冠玄朝服絳緣中單絳袴襪玄舄若未加元服則中舍人執冕從

諸王金璽龜鈕纁朱綬四采朱黃縹紺五時朝服遠遊冠介幘亦有三梁進賢冠朱衣絳紗褠皁緣中衣表素革帶黑舄佩山玄玉垂組大帶若加餘官則服其加官之服也

皇后謁廟其服皁上皁下親蠶則青上縹下皆深衣制隱領袖緣以絛首飾則假髻步搖俗謂之珠松是也簪珥步搖以黃金為山題貫白珠為支相繆八爵九華熊獸赤羆天鹿辟邪南山豐大特六獸諸爵獸皆以翡翠為毛羽金題白珠璫繞以翡翠為華元康六年詔曰魏以來皇后蠶服皆以文繡非古義也今宜純服青以為永制

貴人夫人貴嬪是為三夫人皆金章紫綬章文曰貴人夫人貴嬪之章佩于寘玉

淑妃淑媛淑儀修華修容修儀婕妤容華充華是爲九嬪銀印青綬佩采瓄玉貴人貴嬪夫人助蠶服純縹爲上與下皆深衣制太平髻七鐏蔽髻黑瑇瑁又加簪珥九嬪及公主夫人五鐏世婦三鐏助蠶之義自古而然矣

皇太子妃金璽龜鈕纁朱綬佩瑜玉諸王太妃妃諸長公主公主封君金印紫綬佩山玄玉

長公主公主見會太平髻七鐏蔽髻其長公主得有步揺皆有簪珥衣服同制自公主封君以上皆帶綬以綵組爲緄帶各如其綬色金辟邪首爲帶玦

郡公侯縣公侯太夫人夫人銀印青綬佩水蒼玉其特加乃金紫

公特進侯卿校世婦中二千石二千石夫人紺繒幗黄金龍首銜白珠魚須擿長一尺爲簪珥入廟佐祭者皁絹上下助蠶者縹絹上下皆深衣制緣自二千石夫人以上至皇后皆以蠶衣爲朝服

晉書志卷第十五　輿服

志第十六　　晉書二十六　　御撰

食貨

昔者先王量地以制邑，度地以居民，因三才以節其務，敬四序以成其業，觀其謠俗而正其紀綱，勗農桑之本，通魚鹽之利，登良山而采符玉，泛瀛海而罩珠璣，日中為市，總天下之隸，先諸布帛，繼以貨泉，貿遷有無，各得其所。周禮，正月始和，乃布教于象魏。若乃一夫之士，十畝之宅，三日之徭，九均之賦，施陽禮以興其讓，命春社以勗其耕，天之所貴者人也，明之所求者學也，治經入官，則君子之道焉。詩曰「三之日于耜，四之日舉趾」。是以農官咢虞各有攸次，兄之罰不讁而成，士五從務，始勝衣服，鄉無遊手，邑不廢時，所謂厥初生民，各從其事者也。是以太公通市井之貨，以致齊國之強；鴟夷善廢居之業，以盛中陶之業。昔在金天，勤於民事，命春扈以耕稼，夏扈以耘鋤，秋扈所以收斂，冬扈於焉蓋藏。書曰：「歷象日月星辰，敬授民時。」傳曰：「禹稷躬稼而有天下。」若乃九土既敷，四民承範，東吳有齒角之饒，西蜀有丹沙之富，兗豫漆絲之廥，燕齊怪石之府，秦邠旄羽，迫帶琨玕，荊郢桂林，旁通竹箭，江干橘柚，河外冊草，遼西旃罽之鄉，葱右蒲梢之駿，殖物怪錯，于何不有。若乃上法星象，下料無外，因天地之利而總山海之饒，百畝之田，十一而稅，九年躬稼而有三年之蓄，可以長孺齒，可以養耆年。因乎人民用之邦國，宮室有度，旗章有序，朝聘自其儀，宴饗由其制，家殷國阜，遠至邇安。救水旱之災，卹寰瀛之弊，然後王之常膳乃間笙鏞，商周之興，用此道也。辛紂暴虐，讁其經費，金鐳傾宮，廣延百里，玉飾鹿臺，崇高千仞，宮中九市，各有女司，厚賦以實鹿臺之錢，大斂以增鉅橋之粟，多發妖冶以充傾宮之麗，廣收珍玩以備沙丘之遊，懸肉成林，積醪為沼，使男女裸體相逐於其間，伏詣酒池中牛飲者三千餘人，宮中以錦綺為席，綾紈為薦。及周王誅紂，肅拜殷墟，乃盡振鹿財，並傾橋粟，上天降休，殷人大喜。王赧云季，徙都西周，九鼎淪沒，一南壓盡，貸於百姓，無以償之，乃上曾臺以避其責。周人謂王所居為逃責臺，室者也。昔周姬公制以兵典，職方陳其九貢，頒財內府，求為不刊，及刑政陵夷，菁茅罕至，齊侯初踐畝之稅，秦君收太半之入，前王之範，靡有孑遺。

史臣曰：班固為殖貨志，自三代至王莽之誅，網羅前載，其文詳悉。光武寬仁，龔行天討，王莽之後，赤眉新敗，雖復三暉乃矚，而九服蕭條，及得隴望蜀，黎民安堵，自此始行五銖之錢，田租三十稅一，民有產子者復以三年之筭。顯宗即位，天下安寧，民無橫徭，歲比登稔。永平五年，作常滿倉，立粟市於城東，粟斛直錢二十，草樹殷阜，牛羊彌望，作貢尤輕，府廩還積，姦回不用，禮義專行。于時東方既明，百官詣闕，戚里侯家，自相馳鶩，車如流水，馬若飛龍，照映軒廡，光華前載。傳曰：「三統之元，有陰陽之九焉，蓋天地之恒數也。」安帝永初三年，天下水旱，人民相食。帝以鴻陂之地假與貧民。以用度不足，三公又奏請令吏民入錢穀，得為關內侯。云桓帝永興元年，郡國少半遭蝗，河泛數千里，流人十餘萬戶，所在廩給。建寧永和之初，西羌反叛，二十餘年兵連師老，軍旅之費，三百二十餘億，府帑空虛，延及內郡。沖、質短祚，桓、靈不軌，中平二年，南宮災，延及北闕，於是復收天下田畝十錢，用營宮宇。帝出自侯門，居貧即位，常曰桓帝不能作家，曾無私蓄，故於西園造萬金堂，以為私藏。復寄小黃門私錢，家至巨億。於是懸鴻都之牓，開賣官之路，公卿以降，悉有等差。廷尉崔烈以錢五百萬以買司徒，刺史二千石遷除皆責助治宮室錢，大郡至二三千萬，錢不畢者或至自殺。獻帝作五銖錢，而有四道連於邊緣，有識者尤之曰：「豈京師破壞，此錢四出也。」及董卓尋戈，火焚宮室，乃劫鑾駕，西幸長安，悉壞五銖錢，更鑄小錢，盡取長安及洛陽銅人飛廉之屬，以充鼓鑄。又錢無輪郭文章，不便時人。以為秦始皇見長人於臨洮，乃鑄銅人。卓，臨洮人也，興毀不同，凶訛相類。及卓誅死，李傕、郭汜自相攻伐，於長安城中以為戰地。是時穀一斛五十萬，豆麥二十萬，人相食啖，白骨盈積，殘骸餘肉，臭穢道路。帝使侍御史侯汶出太倉米豆，為饑民作糜，經日頒布，而死者愈多。帝於是始疑有司盜其糧廩，乃親於御前自加臨給，饑者人皆泣曰：「今始得耳。」帝東歸也，李傕、郭汜等追敗乘輿於曹陽，夜潛渡河，六宮皆步，初出營欄，后手持縑數匹，董承使符節令孫徽以刃脅奪之，殺旁侍者，血濺后服。既至安邑，御衣穿敗，唯以野棗園菜以為餱糧。自此長安城中盡空，並皆四散，二三年間關中無復行人建安元年車駕至洛陽宮闕蕩滌百官披荊棘而居焉州郡各擁強兵而委輸不至尚書郎官自出採稆或不能自反死於墟巷魏武之初九州雲擾攻城略地保此懷民軍旅之資權時調給于時袁紹軍人皆資椹棗袁術戰士取給蠃蒲魏武於是乃募良民屯田許下又於州郡列置田官歲有數千萬斛以充兵戎之用及初平袁氏以定鄴都令收田租畝粟四升戶絹二匹而綿二斤餘皆不得擅興藏強賦弱文帝黃初二年以穀貴始罷五銖錢于時天下未并戎車歲動孔子曰加之以師旅因之以饑饉此言兵凶之謀而沴氣應之也于時三方之人志相吞滅戰勝攻取耕夫釋耒江淮之鄉尤缺儲峙吳上大將軍陸遜抗疏請令諸將各廣其田權報曰甚善今孤父子親自受田車中八牛以為四耦雖未及古人亦欲與衆均其勞也有吳之務農重穀始於此焉魏明帝不恭淫於宮籞百僚編於手役天下失其躬稼此後關東遇水民亡產業而興師遼陽坐甲江甸皆以國之經用胡可勝言

世祖武皇帝太康元年既平孫皓納百萬而罄三吳之資接千年而總西蜀之用韜干戈於府庫破舟船於江壑河濱海岸三丘八藪耒耨之所不至者人皆受焉農祥晨正平秩東作荷鍤贏糧有同雲布若夫因天而資五緯因地而興五材世屬升平物流倉府宮闈增飾服翫相輝於是王君夫武子石崇等更相誇尚輿服鼎俎之盛連衡帝室布金埒之泉粉珊瑚之樹物盛則衰固其宜也永寧之初洛中尚有錦帛四百萬珠寶金銀百餘斛惠后北征蕩陰反駕寒桃在御隻雞以給其布衾兩幅囊錢三千以為車駕之資焉懷帝為劉曜所圍王師累敗府帑既竭百官飢甚比屋不見火煙飢人自相啖食愍皇西宅餒饉弘多斗米二金死人太半劉曜陳兵內外斷絕十餅之麴屑而供帝君臣相顧莫不揮涕元后渡江軍事草創蠻陬賧布不有恒准中府所儲數四千匹于時石勒勇銳挻亂淮南帝懼其侵逼甚患之乃詔方鎮云有斬石勒首者賞布千匹云

漢自董卓之亂百姓流離穀石至五十餘萬人多相食魏武既破黃巾欲經略四方而苦軍食不足羽林監潁川棗祗建置屯田議魏武乃令

曰夫定國之術在於強兵足食秦人以急農兼天下孝武以屯田定西域此先世之良式也於是以任峻為典農中郎將募百姓屯田許下得穀百萬斛郡國列置田官數年之中所在積粟倉廩皆滿祗死魏武後追思其功封爵其子建安初關中百姓流入荊州者十餘萬家及聞本土安寧皆企望思歸而無以自業於是衛覬議為鹽者國之大寶自喪亂以來放散今宜如舊置使者監賣以其直益市犂牛百姓歸者以供給之勸耕積粟以豐殖關中遠者聞之必多競還於是魏武遣謁者僕射監鹽官移司隸校尉居弘農流人果還關中豐實既而又以沛國劉馥為揚州刺史鎮合肥廣屯田脩芍陂茹陂七門吳塘諸堨以溉稻田公私有蓄歷代為利賈逵之為豫州南與吳接脩守戰之具堨汝水造新陂又通運渠二百餘里所謂賈侯渠者也當黃初中四方郡守墾田又加以故國用不匱時濟北顏斐為京兆太守京兆自馬超之亂百姓不專農殖乃無車牛斐又課百姓令閑月取車材轉相教匠其無牛者令養猪投貴賣以買牛始者皆以為煩一二年中編戶皆有車牛於田役省贍京兆遂以豐沃鄭渾為沛郡太守郡居下濕水澇為患百姓飢乏渾於蕭相二縣興陂堨開稻田郡人皆不以為便渾以為終有經久之利遂躬帥百姓興功一冬皆成比年大收頃畝歲增租入倍常郡中賴其利刻石頌之號曰鄭陂魏明帝世徐邈為涼州土地少雨常苦乏穀邈上脩武威酒泉鹽池以收虜穀又廣開水田募貧民佃之家家豐足倉庫盈溢及度支州界軍用之餘以市金錦犬馬通供中國之費西域人入貢財貨流通皆邈之功也其後皇甫隆為敦煌太守敦煌俗不作耬犂及不知用水人牛功力既費而收穀更少隆到乃教作耬犂又教使溉灌歲終率計所省庸力過半得穀加五西方以豐嘉平四年關中饑宣帝表徙冀州農夫五千人佃上邽興京兆天水南安鹽池以益軍實青龍元年開成國渠自陳倉至槐里築臨晉陂引汧洛溉舄鹵之地三千餘頃國以充實焉正始四年宣帝又督諸軍伐吳將諸葛恪焚其積聚恪棄城遁走帝因欲廣田積穀為兼并之計乃使鄧艾行陳項以東至壽春地艾以為田良水少不足以盡地利宜開河渠可以大積軍糧又通

運漕之道乃著濟河論以喻其指又以為昔破黃巾因為屯田積穀許都以制四方今三隅已定事在淮南每大軍征舉運兵過半功費巨億以為大役陳蔡之間土下田良可省許昌左右諸稻田并水東下令淮北二萬人淮南三萬人分休且佃且守水豐常收三倍於西計除眾費歲完五百萬斛以為軍資六七年間可積三千萬斛於淮上此則十萬之眾五年食也以此乘敵無不克矣宣帝善之皆如艾計施行遂北臨淮水自鍾離而南橫石以西盡沘水四百餘里五里置一營營六十人且佃且守兼修廣淮陽百尺二渠上引河流下通淮潁大治諸陂於潁南潁北穿渠三百餘里溉田二萬頃淮南淮北皆相連接自壽春到京師農官兵田雞犬之聲阡陌相屬每東南有事大軍出征汎舟而下達于江淮資食有儲而無水害艾所建也及晉受命武帝欲平一江表時穀賤而布帛貴帝欲立平糴法用布帛市穀以為糧儲議者謂軍資尚少不宜以貴易賤泰始二年帝乃下詔曰夫百姓年豐則用奢凶荒則窮匱是相報之理也故古人權量國用取贏散滯有輕重平糴之法理財鈞施惠而不費政之善者也然此事久廢天下希習其宜加以官蓄未廣言者異同財貨未能達通其制更令國寶散於穰歲而上不收貧弱困於荒年而國無備豪人富商挾輕資蘊重積以管其利故農夫苦其業而末作不可禁也今者省徭務本并力墾殖欲令農功益登耕者益勸而猶或騰踊至於農人並傷今宜通糴以充儉法主者平議具為條制然事竟未行是時江南未平朝廷厲精於稼穡四年正月丁亥帝親耕藉田庚寅詔曰使四海之內棄末反本競農務功能奉宣朕志令百姓勸事樂業者其唯郡縣長吏乎先之勞之在於不倦每念其經營職事亦為勤矣其以中左典牧種草馬賜縣令長相及郡國丞各一匹是歲乃立常平倉豐則糴儉則糶以利百姓五年正月癸巳勅戒郡國計吏諸郡國守相令長務盡地利禁游食商販其休假者令與父兄同其勤勞豪勢不得侵役寡弱私相置名十月詔以司隸校尉石鑒所上汲郡太守王宏勤恤百姓導化有方督勸開荒五千餘頃遇年普饑而郡界獨無匱乏可謂能以勸教時同功異者矣其賜穀千斛布

告天下八年司徒石苞奏州郡農桑未有殿最之制宜增掾屬令史有所循行帝從之事見石苞傳苞既明於勸課百姓安之十年光祿勳夏侯和上脩新渠富壽遊陂三渠凡溉田千五百頃咸寧元年十二月詔曰出戰入耕雖自古之常然事力未息未嘗不以戰士為念也今以鄴奚官奴婢著新城代田兵種稻奴婢各五十人為一屯屯置司馬使皆如屯田法三年又詔曰今年霖雨過差又有蟲災潁川襄城自春以來略不下種深以為慮主者何以為百姓計促處當之杜預上疏曰臣輒思惟今者水災東南特劇非但五稼不收居業并損下田所在停汙高地皆多墝塉此即百姓困窮方在來年雖詔書切告長吏二千石為之設計而不廓開大制定其趣舍之宜恐徒文具所益蓋薄當今秋夏蔬食之時而百姓已有不贍前至冬春野無青草則必指仰官穀以為生命此乃一方之大事不可不豫為思慮者也臣愚謂既以水為困當恃魚菜螺蜯而洪波氾濫貧弱者終不能得今者宜大壞兗豫州東界諸陂隨其所歸而宣導之交令饑者盡得水產之饒百姓不出境界之內旦暮野食此目下日給之益也水去之後填淤之田畝收數鍾至春大種五穀五穀必豐此又明年益也臣前啟典牧種牛不供耕駕至於老不穿鼻者無益於用而徒有吏士穀草之費歲送任駕者甚少尚復不調習宜大出賣以易穀及為賞直詔曰孳育之物不宜減散事遂停寢問主者今典虞右典牧種產牛大小相通有四萬五千餘頭苟不益世用頭數雖多其費日廣古者匹馬丘牛居則以耕出則以戰非如猪羊類也今徒養宜用之牛終為無用之費甚失事宜東南以水田為業人無牛犢今既壞陂可分種牛三萬五千頭以付二州將吏士庶使及春耕穀登之後頭責三百斛是為化無用之費得運水次成穀七百萬斛此又數年後之益也加以百姓降丘宅土將來公私之饒乃不可計其所留好種萬頭可即令右典牧都尉官屬養之人多畜少可並佃牧地明其考課此又三魏近甸歲當復入數十萬斛穀牛又皆當調習動可駕用皆今日之可全者也預又言諸欲修水田者皆以火耕水耨為便非不爾也然此事施於新田草萊與百姓居相絕離者耳往者東南草創人

稀故得火田之利自頃戶口日增而陂堨歲決良田變生蒲葦人居沮澤之際水陸失宜放牧絕種樹木立枯皆陂之害也陂多則土薄水淺潦不下潤故每有水雨輒復橫流延及陸田言者不思其故因云此土不可陸種臣計漢之戶口以驗今之陂處皆陸業也其或有舊陂舊堨則堅完修固非今所謂當為人害者也臣前見尚書胡威啓宜壞陂其言懇至臣中者又見宋侯相應遵上便宜求壞泗陂徙運道時下都督度支共處當各據所見不從遵言臣案遵上事運道東詣壽春有舊渠可不由泗陂泗陂在遵地界壞地凡萬三千餘頃傷敗成業遵縣領應佃二千六百口可謂至少而猶患地狹不足肆力此皆水之為害也當所共恤而都督度支方復執異非所見之難直以不同害理也人心所見既不同利害之情又有異軍家之與郡縣士大夫之與百姓其意莫有同者此皆偏其利以忘其害者也此理之所以未盡而事之所以多患也臣又案豫州界二度支所領佃者州郡大軍雜士凡用水田七千五百餘頃耳計三年之儲不過二萬餘頃以常理言之無為多積無用之水況

於今者水潦瓫溢大為災害臣以為與其失當寧瀉之不滀宜發明詔勑刺史二千石其漢氏舊陂舊堨及山谷私家小陂皆當修繕以積水其諸魏氏以來所造立及諸因雨決溢蒲葦馬腸陂之類皆決瀝之長吏二千石躬親勸功諸食力之人並一時附功令比及水凍得粗枯涸其所修功實之人皆以俾之其舊陂堨溝渠當有所補塞者皆尋求微跡一如漢時故事豫為部分列上須冬東南休兵交代各留一月以佐之夫川瀆有常流地形有定體漢氏居人眾多猶以無患今因其所患而宣寫之跡古事以明近大理顯然可坐論而得臣不勝愚意竊謂最是今日之實益也朝廷從之及平吳之後有司又奏詔書王公以國為家京城不宜復有田宅今未暇作諸國邸當使城中有往來處近郊有芻藁之田今可限之國王公侯京城得有一宅之處近郊田大國田十五頃次國十頃小國七頃城內無宅城外有者皆聽留之又制戶調之式丁男之戶歲輸絹三匹緜三斤女及次丁男為戶者半輸其諸邊郡或三分之二遠者三分之一夷人輸賨布戶一匹遠者或一丈男子一人占

田七十畝女子三十畝其外丁男課田五十畝丁女二十畝次丁男半之女則不課男女年十六已上至六十為正丁十五已下至十三六十一已上至六十五為次丁十二已下六十六已上為老小不事遠夷不課田者輸義米戶三斛遠者五斗極遠者輸算錢人二十八文其官品第一至于第九各以貴賤占田品第一者占五十頃第二品四十五頃第三品四十頃第四品三十五頃第五品三十頃第六品二十五頃第七品二十頃第八品十五頃第九品十頃而又各以品之高卑蔭其親屬多者及九族少者三世宗室国賓先賢之後及士人子孫亦如之而又得蔭人以為衣食客及佃客品第六已上得衣食客三人第七第八品二人第九品及舉輦跡禽前驅由基強弩司馬羽林郎殿中冗從武賁殿中武賁持椎斧武騎武賁持鈒冗從武賁命中武賁武騎一人其應有佃客者官品第一第二者佃客無過五十戶第三品十戶第四品七戶第五品五戶第六品三戶第七品二戶第八品第九品一戶是時天下無事賦稅平均人咸安其業而樂其事及惠帝之後政教陵夷至

於永嘉喪亂彌甚雍州以東人多飢乏更相鬻賣奔迸流移不可勝數幽并司冀秦雍六州大蝗草木及牛馬毛皆盡又大疾疫兼以飢饉百姓又為寇賊所殺流尸滿河白骨蔽野劉曜之逼朝廷議欲迁都倉垣人多相食飢疫總至百官流亡者十八九元帝為晉王課督農功詔二千石長吏以入穀多少為殿最其非宿衛要任皆宜赴農使軍各自佃作即以為廩太興元年詔曰徐揚二州土宜三麥可督令熯地投秋下種至夏而熟繼新故之交於以周濟所益甚大昔漢遣輕車使者氾勝之督三輔種麥而關中遂穰勿令後晚其後頻年麥雖有旱蝗而為益猶多二年三吳大飢死者以百數吳郡太守鄧攸輒開倉廩賑之元帝時使黃門侍郎虞斐桓彝開倉廩振給并省眾役百官各上封事後軍將軍應詹表曰夫一人不耕天下必有受其饑者而軍興已來征戰運漕朝廷宗廟百官用度既已殷廣下及工商流寓僮僕不親農桑而遊食者以十萬計不思開立美利而望国足人給豈不難哉古人言曰飢寒並至堯舜不能使野無寇盜貧富并兼雖皋陶不能使強不陵弱

故有国有家者何嘗不務農重穀近魏武皇帝用棗祗韓浩之議廣建屯田又於征伐之中分帶甲之士隨宜開墾故下不甚勞而大功克舉也間者流人奔東吳東吳今儉皆已還反江西良田曠廢來久火耕水耨為功差易宜簡流人興復農官功勞報賞皆如魏氏故事一年中與百姓二年分稅三年計賦稅以使之公私兼濟則倉盈庾億可計日而待也又曰昔高祖使蕭何鎮關中光武令寇恂守河內魏武委鍾繇以西事故能使八表夷蕩區內輯寧今中州蕭條未蒙疆理此兆庶所以企望壽春一方之會去此不遠宜選都督有文武經略者遠以振河洛之形勢近以為徐豫之藩鎮綏集流散使人有攸依專委農功令事有所局趙充国農於金城以平西零諸葛亮耕於渭濱規抗上国今諸軍自不對敵皆宜齊課咸和五年成帝始度百姓田取十分之一率畝稅米三升六年以海賊寇抄運漕不繼發王公以下餘丁各運米六斛是後頻年水災旱蝗田收不至咸康初算度田稅米空懸五十餘萬斛尚書褚裒以下免官穆帝之世頻有大軍糧運不繼制王公以下十三戶

共借一人助度支運升平初荀羨為北府都督鎮下邳起田於東陽之石鼈公私利之哀帝即位乃減田租畝收二升孝武太元二年除度田收租之制王公以下口稅三斛唯不在役之身八年又增稅米口五石至於末年天下無事時和年豐百姓樂業穀帛殷阜幾乎家給人足矣

漢錢舊用五銖自王莽改革百姓皆不便之及公孫述僭號於蜀童謠曰黃牛白腹五銖當復好事者竊言王莽稱黃述欲繼之故稱白腹五銖漢貨言漢當復併天下也至光武中興除莽貨泉建武十六年馬援又上書曰富國之本在於食貨宜如舊鑄五銖錢帝從之於是復鑄五銖錢天下以為便及章帝時穀帛價貴縣官經用不足朝廷憂之尚書張林言今非但穀貴也百物皆貴此錢賤故爾宜令天下悉以布帛為租市買皆用之封錢勿出如此則錢少物皆賤矣又鹽者食之急也縣官可自賣鹽武帝時施行之名曰均輸於是事下尚書通議尚書朱暉議曰王制天子不言有無諸侯不言多少食祿者不與百姓爭利均輸之法與賈販無異以布帛為租則吏多姦官自賣鹽與下爭利非明主所宜行帝本以林言為是得暉議因發怒遂用林言少時復止和帝時有上書言人以貨輕錢薄故致貧困宜改鑄大錢事下四府群僚及太學能言之士孝廉劉陶上議曰臣伏讀鑄錢之詔平輕重之議訪覃幽微不遺窮賤是以藿食之人謬延逮及蓋以當今之憂不在於貨在乎人飢是以先王觀象育物敬授民時使男不逋畝女不下機故君臣之道行王路之教通由是言之食者乃有国之所寶百姓之至貴也竊以比年已來良苗盡於蝗螟之口杼柚空於公私之求所急朝夕之餐所患靡監之事豈謂錢之厚薄銖兩之輕重哉就使當今沙礫化為南金瓦石變為和玉使百姓渴無所飲飢無所食雖皇羲之純德唐虞之文明猶不能以保蕭牆之內也蓋百姓可百年無貨不可以一朝有飢故食為至急也議者不達農殖之本多言鑄冶之便或欲因緣行詐以賈国利国利將盡取者爭競造鑄之端於是乎生蓋萬人鑄之一人奪之猶不能給況今一人鑄之則万人奪之乎雖以陰陽為炭万物為銅役不食之民使不飢之士猶不能足無厭之求也夫欲民財殷阜要在止役禁奪則

七百五十

百姓不勞而足陛下聖德愍海內之憂戚傷天下之艱難欲鑄錢齊貨以救其弊此猶養魚沸鼎之中棲鳥烈火之上水木本魚鳥之所生也用之不時必至燋爛願陛下寬鍥薄之禁後冶鑄之議也帝竟不鑄錢及獻帝初平中董卓乃更鑄小錢由是貨輕而物貴穀一斛至錢數百万至魏武為相於是罷之還用五銖是時不鑄錢既久貨本不多又更无增益故穀賤無已及黃初二年魏文帝罷五銖錢使百姓以穀帛為市至明帝世錢廢穀用既久人間巧偽漸多競濕穀以要利作薄絹以為市雖處以嚴刑而不能禁也司馬芝等舉朝大議以為用錢非徒豐國亦所以省刑今若更鑄五銖錢則国豐刑省於事為便魏明帝乃更立五銖錢至晉用之不聞有所改創孫權嘉平五年鑄大錢一當五百赤烏元年又鑄當千錢故呂蒙定荊州孫權賜錢一億錢既太貴但有空名人間患之權聞百姓不以為便省息之鑄為器物官勿復出也私家有者並以輸藏平卑其直勿有所枉晉自中原喪亂元帝過江用孫氏舊錢輕重雜行大者謂之比輪中者謂之四文吳興沈充又鑄小錢謂之沈郎

錢錢既不多由是稍貴孝武太元三年詔曰錢國之重寶小人貪利銷壞無已監司當以爲意廣州夷人寶貴銅鼓而州境素不出銅聞官私賈人皆於此下貪比輪錢斤兩差重以入廣州貨與夷人鑄敗作鼓其重爲禁制得者科罪安帝元興中桓玄輔政立議欲廢錢用穀帛孔琳之議曰洪範八政貨爲食次豈不以交易所資爲用之至要者乎若使百姓用力於爲錢則是妨爲生之業禁之可也今農自務穀工自務器各隸其業何當致勤於錢故聖王制无用之貨以通有用之財既無毀敗之費又省難運之苦此錢所以嗣功龜貝歷代不廢者也穀帛爲寶本充衣食分以爲貨則致損甚多又勞毀於商販之手耗棄於割截之用此之爲弊著自於曩故鍾繇曰巧僞之人競濕穀以要利制薄絹以充資魏世制以嚴刑弗能禁也是以司馬芝以爲用錢非徒豐國亦所以省刑錢之不用由於兵乱積久自致於廢有由而然漢末是也今既用而廢之則百姓頓亡其利今括囊天下之穀以周天下之食或倉庫充溢或糧廩并儲以相資通則貧者仰富致富之道實假於

錢一朝斷之便爲弃物是有錢无糧之人皆坐而飢困以此斷之又立敝大也且據今用錢之處不以爲貧用穀之處不以爲富又人習來久革之必惑語曰利不百不易業況又錢便於穀邪魏明帝時錢廢穀用既久不以便於人乃舉朝大議精才達政之士莫不以宜復用錢下无異情朝无異論彼尚舍穀帛而用錢足以明穀帛之弊著於已誠也世或謂魏氏不用錢久積累巨萬故欲行之利公富国斯殆不然晉文後舅犯之謀而先成季之信以爲雖有一時之勳不如万世之益于時名賢在列君子盈朝大謀天下之利害將定經国之要術若穀實便錢義不昧當時之近利而廢永用之通業斷可知矣斯實貴由困而思革改而更張耳近孝武之末天下無事時和年豐百姓樂業穀帛殷阜幾乎家給人足驗之實事錢又不妨人也頃兵革屢興荒饉荐及飢寒未振實此之由公既援而拯之大革視聽弘敦本之教明廣農之科敬授人時各從其業游蕩知反務末自休因以南畝競力野無遺壤矣於此以往將升平必至何衣食之足恤愚謂救弊之術無取於廢錢朝議多同琳之故玄議不行

志第十七

五行上

夫帝王者配德天地叶契陰陽發號施令動關幽顯休咎之徵隨感而作故書曰惠迪吉從逆凶惟影響昔伏羲氏繼天而王受河圖則而畫之八卦是也禹治洪水賜洛書法而陳之洪範是也聖人行其道而寶其眞自天祐之吉無不利三五已降各有司存爰及殷之箕子在父師之位典斯大範周既克殷以箕子歸武王虛己而問焉箕子對以禹所得雒書授之以垂訓然則河圖雒書相為經緯八卦九章更為表裏殷道絕文王演周易周道敝孔子述春秋奉乾坤之陰陽效洪範之休咎天人之道粲然著矣漢興承秦滅學之後文帝時宓生創紀大傳其言五行庶徵備矣後景武之際董仲舒治公羊春秋始推陰陽為儒者之宗宣元之間劉向治穀梁春秋數其禍福傳以洪範與仲舒多所不同至向子歆治左氏傳其言春秋及五行又甚乖異班固據大傳采仲舒劉向劉歆著五行志而傳載眭孟夏侯勝京房谷永李尋之徒所陳行事訖于王莽博通祥變以傳春秋綜而為言凡有三術其一曰君治以道臣輔克忠萬物咸遂其性則和氣應休徵效國以安二曰君違其道小人在位衆庶失常則乖氣應咎徵效國以亡三曰人君大臣見災異退而自省責躬脩德共禦補過則消禍而福至此其大略也輒舉斯例錯綜時變婉而成章有足觀者及司馬彪纂光武之後以究漢事災眚之說不越前規今採黃初以降言祥異者著于此篇

經曰五行一曰水二曰火三曰木四曰金五曰土水曰潤下火曰炎上木曰曲直金曰從革土爰稼穡

傳曰田獵不宿飲食不享出入不節奪農時及有姦謀則木不曲直

說曰木東方也於易地上之木為觀於王事威儀容貌亦可觀者也故行步有佩玉之度登車有和鸞之節三驅之制飲食有享獻之禮出入有名使人以時務在勸農桑謀在安百姓如此則木得其性矣若乃田獵馳騁不反宮室飲食沈湎不顧法度妄興傜役以奪農時作為姦詐以傷人財則木失其性矣蓋工匠之為輪矢者多傷敗及木為變怪是為木不曲直

魏文帝黃初六年正月雨木冰按劉歆說上陽施不下通下陰施不上達故雨而木為之冰雰氣寒木不曲直也劉向曰冰者陰之盛木者少陽貴臣卿大夫象也此人將有害則陰氣脅木木先寒故得雨而冰也是年六月利成郡兵蔡方等殺太守徐質據郡反太守古之諸侯貴臣有害之應也一說以木冰為木介介者甲兵之象是歲既討蔡方又八月天子自將以舟師征吳戍卒十餘萬連旌數百里臨江觀兵又屬常雨也

元帝太興三年二月辛未雨木冰後二年周顗等遇害是陽施不下通也

穆帝永和八年正月乙巳雨木冰是年殷浩北伐明年軍敗十年廢黜又曰荀羨殷浩北伐桓溫入關之象也

孝武帝太元十四年十二月乙巳雨木冰明年二月王恭為北藩八月庾楷為西藩九月王國寶為中書令尋加領軍將軍十七年殷仲堪為荊州雖邪正異規而終同夷滅是其應也

吳孫亮建興二年諸葛恪征淮南後所坐聽事棟中折恪妄興徵役奪農時作邪謀傷國財力故木失其性致毀折也及旋師而誅滅於周易又為棟橈之凶也

武帝太康五年五月宣帝廟地陷梁折八年正月太廟殿又陷改作廟築基及泉其年九月遂更營新廟遠致名材雜以銅柱陳勰為匠作者六萬人至十年四月乃成十一月庚寅梁又折天戒若曰地陷者分離之象梁折者木不曲直也明年帝崩而王室遂亂

惠帝太安二年成都王穎使陸機率衆向京都擊長沙王乂及軍始引而牙竿折俄而戰敗機被誅穎遂奔潰卒賜死此姦謀之罰木不曲直也

元帝太興四年王敦在武昌鈴下儀仗生華如蓮華五六日而萎落此木失其性干寶以為狂華生枯木又在鈴閣之間言威儀之富榮華之盛皆如狂華之發不可久也其後王敦終以逆命加戮其尸一說亦華孽也於周易為枯楊生華

桓玄始篡龍旂竿折時玄田獵無度飲食奢恣土木妨農又多姦謀

故木失其性天戒若曰旂所以掛三辰章著明也旂竿之折高明去矣之象敗
傳曰弃法律逐功臣殺太子以妾爲妻則火不炎上
説曰火南方揚光煇爲明者也其於王者南面鄉明而治書云知人則哲能官人故堯舜舉群賢而命之朝遠四佞而放諸壄孔子曰浸潤之譖膚受之愬不行焉可謂明矣賢佞分別官人有序帥由舊章敬重功勳殊別嫡庶如此則火得其性矣若乃信道不篤或燿虛僞讒夫昌邪勝正則火失其性矣自上而降及濫炎妄起焚宗廟燒宮館雖興師衆不能救也是爲火不炎上
魏明帝太和五年五月清商殿災初帝爲平原王納河南虞氏爲妃及即位不以爲后更立典虞車工卒毛嘉女爲后后本仄微非所宜升以妾爲妻之罰也
青龍元年六月洛陽宮鞠室災二年四月崇華殿災延于南閣繕復之至三年七月此殿又災帝問高堂隆此何咎也於禮寧有祈禳之義乎對曰夫災變之發皆所以明教誡也惟率禮脩德可以勝之易傳曰上

不儉下不節孽火燒其室又曰君高其臺天火爲災此人君苟飾宮室不知百姓空竭故天應之以旱火從高殿起也按舊占曰災火之發皆以臺榭宮室爲誡今宜罷散作役務從節約清掃所災之處不敢於此有所營造萐莆嘉禾必生此地以報陛下虔恭之德帝不從遂復崇華殿改曰九龍以郡國前後言龍見者九故以爲名多弃法度疲衆逞欲以妾爲妻之應也
吳孫亮建興元年十二月武昌端門災改作端門又災內殿門者號令所出殿者聽政之所是時諸葛恪執政而矜慢放肆孫峻揔禁旅而險害終著武昌孫氏尊號所始天戒若曰宜除其貴要之首者恪果喪衆殄人峻授政於綝綝廢亮也或曰孫權毀徹武昌以增太初宮諸葛恪有遷都意更起門殿事非時宜故見災也京房易傳曰君不思道厥妖火燒宮
太平元年二月朔建鄴火人之火也是秋孫綝始執政矯以亮詔殺呂據滕胤明年又輒殺朱異弃法律逐功臣之罰也

孫休永安五年二月城西門北樓災六年十月石頭小城火燒西南百八十丈是時嬖人張布專擅國勢多行無禮而韋昭盛沖終斥不用兼遣察戰等爲内史驚擾州郡致使交阯反亂是其咎也
孫皓建衡二年三月大火燒萬餘家死者七百人按春秋齊火劉向以爲桓公好内聽女口妻妾數更之罰也時皓制令詭暴蕩弃法度勞臣名士誅斥甚衆後宮萬餘女謁數行其中隆寵佩皇后璽綬者又多矣故有大火
武帝太康八年三月乙丑震災西閣楚王所止坊及臨商觀牕
十年四月癸丑崇賢殿災十月庚辰含章鞠室脩成堂前廡景坊東屋暉章殿南閣火時有上書曰漢王氏五侯兄弟迭任今楊氏三公並在大位故天變屢見竊爲陛下憂之由是楊珧求退是時帝納馮紞之間廢張華之功聽楊駿之讒離衞瓘之寵此逐功臣之罰也明年宮車晏駕其後楚王承竊發之旨戮害二公身亦不免震災其坊又天意乎
○惠帝元康五年閏月庚寅武庫火張華疑有亂先命固守然後救火

是以累代異寶王莽頭孔子屐漢高祖斷白蛇劒及二百萬人器械一時蕩盡是後愍懷見殺太子之罰也天戒若曰夫設險擊柝所以固其國儲積戎器所以戒不虞今冢嗣將傾社稷將泯禁兵無所復施皇旅又將誰衞帝后不悟終喪四海是其應也張華閻纂皆曰武庫火而氐羌反太子見廢則四海可知　八年十一月高原陵火是時賈后凶恣賈謐擅朝惡積罪稔宜見誅絶天戒若曰臣妾之不可者雖親貴莫比猶宜忍而誅之如吾燔高原陵也帝既眊弱而張華又不納裴頠劉卞之謀故后遂與謐殺太子也干寶以爲高原陵火太子廢之應漢武帝世高園便殿火董仲舒對與此占同
永康元年帝納皇后羊氏后將入宮衣中忽有火衆咸怪之永興元年成都王遂廢后處之金墉城是後還立立而復廢者四又詔賜死荀藩表全之雖末還在位然憂逼折辱終古未聞此孽火之應也
永興二年七月甲午尚書諸曹火起延崇禮闥及閣道夫百揆王化之本王者弃法律之應也後清河王覃入嗣不終於位又殺太子之罰也

孝懷帝永嘉四年十一月襄陽火燒死者三千餘人是時王如自號大將軍司雍二州牧衆四五萬攻略郡縣此下陵上陽失其節之應也

元帝太興中王敦鎮武昌武昌災火起興衆救之救於此而發於彼東西南北數十處俱應數日不絕舊說所謂濫炎妄起雖興師衆不能救之之謂也干寶以為此臣而君行亢陽失節是為王敦陵上有無君之心故災也

永昌二年正月癸巳京都大火三月饒安東光安陵三縣火燒七千餘家死者萬五千人

明帝太寧元年正月京都火是時王敦威侮朝廷多行無禮內外臣下咸懷怨毒極陰生陽也

成帝咸和二年五月京師火

康帝建元元年七月庚申吳郡災

穆帝永和五年六月震災石季龍太武殿及兩廟端門震災月餘乃滅金石皆盡其後季龍死大亂遂滅亡

海西公太和中郗愔為會稽太守六月大旱災火燒數千家延及山陰倉米數百萬斛炎煙蔽天不可撲滅此亦桓溫強盛將廢海西極陰生陽之應也

孝武帝寧康元年三月京都風火大起是時桓溫入朝志在陵上少主踐位人懷憂恐此與太寧火事同

太元十年正月國子學生因風放火焚房百餘間是後考課不厲賞黜無章蓋有育才之名而無牧賢之實此不哲之罰先兆也

十三年十二月乙未延賢堂災是月景申螽斯則百堂及客館驃騎府庫皆災于時朝多弊政衰陵日兆不哲之罰皆有象類主相不悟終至亂亡會稽王道子寵幸尼及姏母各樹用其親戚乃至出入宮掖禮見人主天戒若曰登延賢堂及客館者多非其人故災之也又孝武帝更不立皇后寵幸微賤張夫人夫人驕妬皇子不繁乖螽斯則百之道故災其殿焉道子復賞賜不節故府庫被災斯亦其罰也

安帝隆安二年三月龍舟二乘災是水沴火也其後桓玄篡位帝乃播越天戒若曰王者流遷不復御龍舟故災之耳

元興元年八月庚子尚書下舍曹火時桓玄遙錄尚書故天火示不復居也　三年盧循攻略廣州刺史吳隱之閉城固守其十月壬戌夜火起時百姓避寇盈滿城內隱之懼有應賊者但務嚴兵不先救火由是府舍焚蕩燒死者萬餘人因遂散潰悉為賊擒

義熙四年七月丁酉尚書殿中吏部曹火　九年京都大火燒數千家　十一年京都所在大行火災吳界尤甚火防甚峻猶自不絕王弘時為吳郡晝在聽事見天上有一赤物下狀如信幡遙集路南人家屋上火即大發弘知天為之災故不罪火主此帝室衰微之應也

傳曰脩宮室飾臺榭內淫亂犯親戚侮父兄則稼穡不成

說曰土中央生萬物者也其於王者為內事宮室夫婦親屬亦相生者也古者天子諸侯宮廟大小高卑有制后夫人媵妾多少有度九族親疏長幼有序孔子曰禮與其奢也寧儉故禹卑宮室文王刑于寡妻此聖人之所以昭教化也如此則土得其性矣若乃奢淫驕慢則土失其性亡水旱之災而草木百穀不熟是為稼穡不成

吳孫皓時常歲無水旱苗稼豐美而實不成百姓以飢闔境皆然連歲不已吳人以為傷露非也按劉向春秋說曰水旱當書不書水旱而曰大無麥禾者土氣不養稼穡不成此其義也皓初遷都武昌尋還建鄴又起新館綴飾珠玉壯麗過甚破壞諸營增廣苑囿犯暑妨農官私疲怠月令季夏不可以興土功皓皆冒之此脩宮室飾臺榭之罰也

元帝太興二年吳郡吳興東陽無麥禾大飢

成帝咸和五年無麥禾天下大飢

穆帝永和十年三麥不登　十二年大無麥

孝武太元六年無麥禾天下大飢

安帝元興元年無麥禾天下大飢

傳曰好戰攻輕百姓飾城郭侵邊境則金不從革

說曰金西方萬物既成殺氣之始也故立秋而鷹隼擊秋分而微霜降

其於王事出軍行師把旄杖鉞誓士衆抗威武所以征叛逆止暴亂也詩云有虔秉鉞如火烈烈又曰載戢干戈載櫜弓矢動靜應宜說以犯難人忘其死金得其性矣若乃貪欲恣睢務立威勝不重人命則金失其性蓋工冶鑄金鐵冰滯涸堅不成者衆乃為變怪是為金不從革魏時張掖石瑞雖是晉之符命而於魏為妖好攻戰輕百姓飾城郭侵邊境魏氏三祖皆有其事石圖發於非常之文此不從革之異也

晉定大業多斃曹氏石瑞文大討曹之應也按劉歆以春秋石言于晉為金石同類也是為金不從革失其性也劉向以為石白色為主屬白祥

魏明帝青龍中盛脩宮室西取長安金狄承露盤折聲聞數十里金狄泣於是因留霸城此金失其性而為異也

吳時歷陽縣有巖穿似印咸云石印封發天下太平

孫晧天璽元年印發又陽羨山有石穴長十餘丈晧初脩武昌宮有遷都之意是時武昌為離宮班固云離宮與城郭同占飾城郭之謂也其寶鼎三年後晧出東關遣丁奉至合肥建衡三年晧又大舉出華里

侵邊境之謂也故令金失其性卒面縛而吳亡

惠帝元康三年閏二月殿前六鍾皆出涕五刻止前年賈后殺楊太后於金墉城而賈后為惡不止故鍾出涕猶傷之也

永興元年成都伐長沙每夜戈戟鋒有火光如懸燭此輕人命好攻戰金失其性而為光變也天戒若曰兵猶火也不戢將自焚成都不悟終以敗亡

○懷帝永嘉元年項縣有魏豫州刺史賈逵石碑生金可採此金不從革而為變也五月汲桑作亂群寇飈起清河王覃為世子時所佩金鈴忽生起如粟者康王母疑不祥毀弃之及後為惠帝太子不終于位卒為司馬越所殺

愍帝建興五年石言于平陽是時帝蒙塵亦在平陽故有非言之物而言妖之大者俄而帝為逆胡所弒

元帝永昌元年甘卓將襲王敦既而中止及還家多變怪照鏡不見其頭此金失其性而為妖也尋為敦所襲遂夷滅

石季龍時鄴城鳳陽門上金鳳皇二頭飛入漳河

海西太和中會稽山陰縣起倉鑿地得兩大船滿中錢錢皆輪文大形時日向莫鑿者馳以告官官夜遣防守甚嚴至明旦失錢所在惟有船存視其狀悉有錢處 安帝義熙初東陽太守殷仲文照鏡不見其頭尋亦誅翦占與甘卓同也

傳曰簡宗廟不禱祠廢祭祀逆天時則水不潤下

說曰水北方終藏萬物者也其於人道命終而形藏精神放越聖人為之宗廟以收魂氣春秋祭祀以終孝道王者即位必郊祀天地禱祈神祇望秩山川懷柔百神亡不宗事慎其齋戒致其嚴敬是故鬼神歆饗多獲福助此聖王所以順事陰氣和神人也及至發號施令亦奉天時十二月咸得其氣則陰陽調而終始成如此則水得其性矣若廼不敬鬼神政令逆時則水失其性霧水暴出百川逆溢壞鄉邑溺人民及淫雨傷稼穡是為水不潤下

京房易傳曰顓事有知誅罰絕理厥災水其水也雨殺人以隕霜大風天黃飢而不損茲謂泰厥大水水殺人辟遏有德茲謂狂厥水水流

殺人也已水則地生蟲歸獄不解茲謂追非厥水寒殺人追誅不解茲謂不理厥水五穀不收大敗不解茲謂皆陰厥水流入國邑隕霜殺穀

董仲舒曰交兵結讎伏尸流血百姓愁怨陰氣盛故大水也

魏文帝黃初四年六月大雨霖伊洛溢至津陽城門漂數千家殺人初帝即位自鄴遷洛營造宮室而不起宗廟太祖神主猶在鄴嘗於建始殿饗祭如家人禮終黃初不復還鄴又郊社神祇未有定位此簡宗廟廢祭祀之罰也

吳孫權赤烏八年夏茶陵縣鴻水溢出漂二百餘家 十三年秋丹楊故鄣等縣又鴻水溢出按權稱帝三十年竟不於建鄴創七廟惟父堅一廟遠在長沙而郊祀禮闕嘉禾初群臣奏宜郊祀又不許末年雖一南郊而北郊遂無聞焉吳楚之望亦不見秩反祀羅陽妖神以求福助天戒若曰權簡宗廟不禱祠廢祭祀故示此罰欲其感悟也

○太元元年又有大風涌水之異是冬權南郊宜是鑒咎徵乎還而寢疾明年四月薨一曰權時信納譖訴雖陸遜勳重子和儲貳猶不得其

終與漢安帝聽讒免楊震廢太子同事也是赤烏中無年不用兵百
姓愁怨八年秋將軍馬茂等又圖逆
魏明帝景初元年九月淫雨冀兖徐豫四州水出沒溺殺人漂失財產
帝自初即位便淫奢極欲多占幼女或奪士妻崇飾宮室妨害農戰
觸情恣欲至是彌甚號令逆時飢不損役此水不潤下之應也
吳孫亮五鳳元年夏大水亮即位四年乃立權廟又終吳世不上祖宗
之號不脩嚴父之禮昭穆之數有闕亮及休晧又並廢二郊不秩群神
此簡宗廟不祭祀之罰也又是時孫峻專政陰勝陽之應乎
孫休永安四年五月大雨水泉湧溢昔歲作浦里塘功費無數而田不
可成士卒死叛或自賊殺百姓愁怨陰氣盛也休又專任張布退盛
冲等吳人賊之應也　五年八月壬午大雨震電水泉湧溢
武帝泰始四年九月青州徐兖豫四州大水　七年六月大雨霖河洛伊
沁皆溢殺二百餘人自帝即尊位不加三后祖宗之號
泰始二年又除明堂南郊五帝座同稱昊天上帝一位而已又省先后配

地之祀此簡宗廟廢祭祀之罰也
咸寧元年九月徐州大水　二年七月癸亥河南魏郡暴水殺百餘
人閏月荊州郡國五大水流四千餘家去年采擇良家子女露面入殿
帝親簡閱務在姿色不訪德行有蔽匿者以不敬論搢紳愁怨天
下非之陰盛之應也　三年六月益梁二州郡國八暴水殺三百餘人
七月荊州大水九月始平郡大水十月青徐兖豫荊益梁七州又大水是
時賈充等用事專恣而正人疏外者多陰氣盛也　四年七月司冀
兖豫荊揚郡國二十大水傷秋稼壞屋室有死者
太康二年六月泰山江夏大水泰山流三百家殺六十餘人江夏亦殺人
時平吳後王濬爲元功而詆劾妄加荀賈爲無謀而並蒙重賞收
吳姬五千納之後宮此其應也　四年七月兖州大水十二月河南及荊
揚六州大水　五年九月郡國四大水又隕霜是月南安等五郡大水
六年四月郡國十大水壞廬舍　七年九月郡國八大水　八年六月郡
國八大水　惠帝元康二年有水災　五年五月潁川淮南大水

六月城陽東莞大水殺人荊揚徐兖豫五州又水是時帝即位已五載
猶未郊祀其烝嘗亦多不親行事此簡宗廟廢祭祀之罰
六年五月荊揚二州大水是時賈后亂朝寵樹賈郭女主專政陰氣
盛之應也　八年五月金墉城井溢漢志成帝時有此妖後王莽僭
逆今有此妖趙王倫簒位倫廢帝於此城井溢所在其天意也九月
荊揚徐冀豫五州大水是時賈后暴戾滋甚韓謐驕猜彌扇卒
害太子旋以禍滅　九年四月宮中井水沸溢　永寧元年七月南
陽東海大水是時齊王冏專政陰盛之應也　太安元年七月兖
豫徐冀四州水時將相力政無尊主心陰盛故也
孝懷帝永嘉四年四月江東大水時王導等潛懷翼戴之計陰
氣盛也
元帝太興三年六月大水是時王敦內懷不臣傲很陵上此陰氣盛也
四年七月又大水
永昌二年五月荊州及丹楊宣城吳興壽春大水
明帝太寧元年五月丹楊宣城吳興壽陽大水是時王敦威權震

主陰氣盛故也
成帝咸和元年五月大水是時嗣主幼冲母后稱制庾亮以元舅決
事禁中陰勝陽故也　二年五月戊子京都大水是冬以蘇峻
稱兵都邑塗地　四年七月丹楊宣城吳興會稽大水是冬郭
默作亂荊豫共討之半歲乃定兵役之應也　七年五月大水是時
帝未親機務政在大臣陰勝陽也
咸康元年八月長沙武陵大水
穆帝永和四年五月大水　五年五月大水　六年五月又大水時幼
主冲弱母后臨朝又將相大臣各執權政與咸和初同事也
七年七月甲辰夜濤水入石頭死者數百人是時殷浩以私忿廢蔡
謨遐邇非之又幼主在上而殷桓交惡選徒聚甲各崇私權陰勝陽
之應也一說濤水入石頭以爲兵占是後殷浩桓溫謝尚荀羨連
年征伐百姓愁怨也　升平二年五月大水　五年四月又大水是

時桓溫權制朝廷專征伐陰勝陽也　海西太和六年六月京師
大水平地數尺浸及太廟朱雀大航纜斷三艘流入大江丹楊晉陵
吳郡吳興臨海五郡又大水稻稼蕩沒黎庶饑饉初四年桓溫北伐
敗績十喪其九五年又征淮南踰歲乃克百姓愁怨之應也
簡文帝咸安元年十二月壬午濤水入石頭明年妖賊盧竦率其
屬數百人入殿略取武庫三庫甲仗游擊將軍毛安之討滅之兵
興陰盛之應也
孝武帝太元三年六月大水是時帝幼弱政在將相　五年五月大
水　六年六月楊荊江三州大水　八年三月始興南康廬陵大水平
地五丈　十年五月大水自八年破苻堅後有事中州役無寧歲愁
怨之應也　十三年十二月濤水入石頭毀大航殺人明年慕容氏
寇擾司兗鎮戍西北疲於奔命愁怨之應也　十五年七月沔中
諸郡及兗州大水是時緣河紛爭征戍勤悴之應也　十七年六月
甲寅濤水入石頭毀大航漂船舫有死者京口西浦亦濤入殺人永
嘉郡潮水涌起近海四縣人多死後四年帝崩而王恭再攻京師
京師亦發眾以禦之兵役頻興百姓怨愁之應也　十八年六月己
亥始興南康廬陵大水深五丈　十九年七月荊徐大水傷秋稼
二十年六月荊徐又大水　二十一年五月癸卯大水是時政事多歛兆
庶非之
安帝隆安三年五月荊州大水平地三丈去年殷仲堪舉兵向京師
是年春又殺郗恢陰盛作威之應也仲堪尋亦敗亡　五年五月
大水是時會稽王世子元顯作威陵上又桓玄擅西夏孫恩亂東國
陰勝陽之應也　元興二年十二月桓玄篡位其明年二月庚寅夜濤
水入石頭商旅方舟萬計漂敗流斷骸胔相望江左雖頻有濤變
未有若斯之甚三月義軍克京都玄敗走遂夷滅之　三年二月己
丑朔夜濤水入石頭漂沒殺人大航流敗　義熙元年十二月己未濤
水入石頭　二年十二月己未夜濤水入石頭明年駱球父環潛結桓
胤殷仲文等謀作亂劉稚亦謀反凡所誅滅數十家　三年五月
景午大水　四年十二月戊寅濤水入石頭明年王旅北討　六年五
月丁巳大水乙丑盧循至蔡州　八年六月大水　九年五月辛巳大
水　十年五月丁丑大水戊寅西明門地穿涌水出毀門扇及限亦
水沴土也七月乙丑淮北風災大水殺人　十一年七月景戌大水淹漬太
廟百官赴救明年王旅北討關河

經曰羞用五事一曰貌二曰言三曰視四曰聽五曰思貌曰恭言曰從視曰
明聽曰聰思曰睿恭作肅從作乂明作哲聰作謀睿作聖休徵曰肅
時雨若乂時暘若哲時燠若謀時寒若聖時風若咎徵曰狂恒雨若
僭恒暘若豫恒燠若急恒寒若霿恒風若
傳曰貌之不恭是謂不肅厥咎狂厥罰恒雨厥極惡時則有服妖時則
有龜孽時則有雞𩲡音禍時則有下體生上之痾時則有青眚青祥惟
金沴木
說曰凡草木之類謂之妖妖猶夭胎言尚微也蟲豸之類謂之孽孽則
芽孽矣及六畜謂之𩲡言其著也及人謂之痾痾病貌也言寖深也
甚則異物生謂之眚自外來謂之祥祥猶御名也氣相傷謂之沴沴猶臨
莅不和意也每一事云時則以絕之言非必俱至或有或亡或在前或
在後孝武時夏侯始昌通五經善推五行傳以傳族子夏侯勝下及許
商皆以教所賢弟子其傳與劉向同惟劉歆傳獨異貌之不恭是謂
不肅肅敬也內曰恭外曰敬人君行己體貌不恭怠慢驕蹇則不能敬
萬事失則狂易故其咎狂也上慢下暴則陰氣勝故其罰常雨也水傷
百穀衣食不足則姦宄並作故其極惡也一曰人多被刑或形貌醜惡亦
是也風俗狂慢變節易度則為剽輕奇怪之服故有服妖水類動故
有龜孽於易巽為雞雞有冠距文武之貌而不為威貌氣毀故有雞
𩲡一曰水歲多雞死及為怪亦是也上失威儀則有強臣害君上者故有
下體生於上之痾木色青故有青眚青祥凡貌傷者病木氣木氣病
則金沴之衝氣相通也於易震在東方為春為木兌在西方為秋為
金離在南方為夏為火坎在北方為冬為水春與秋日夜分寒暑平
是以金木之氣易以相變故貌傷則致秋陰常雨言傷則致春陽常旱

也至於冬夏日夜相反寒暑殊絶水火之氣不得相并故視傷常燠聽傷常寒者其氣然也逆之其極曰惡順之其福曰攸好德劉歆傳曰有鱗蟲之孼羊旤鼻痾說以為於天文東方辰為龍星故為鱗蟲於易兌為羊木為金所病故致羊旤與常雨同應此說非是春與秋氣陰陽相敵木病金盛故能相并惟此一事耳旤與妖痾祥眚同類不得獨異

魏尚書鄧颺行步弛縱筋不束體坐起傾倚若無手足此貌之不恭也管輅謂之鬼躁鬼躁者凶終之徵後卒誅也

惠帝元康中貴游子弟相與為散髮倮身之飲對弄婢妾逆之者傷好非之者負譏希世之士恥不與焉蓋貌之不恭胡狄侵中國之萌也其後遂有二胡之亂此又失在狂也

元康中賈謐親貴數入二宮與儲君遊戲無降下心又嘗因弈棊爭道成都王穎厲色曰皇太子國之儲貳賈謐何敢無禮謐猶不悛故及於禍貌不恭之罰也

齊王冏既誅趙王倫因留輔政坐拜百官符敕臺府淫縱專驕不朝覲此狂恣不肅之咎也天下莫不高其功而慮其亡也冏終弗改遂至夷滅

司馬道子於府園內列肆使姬人酤鬻身自買易干寶以為貴者失位降在皁隸之象也俄而道子見廢以庶人終此貌不恭之應也

安帝義熙七年將拜授劉毅世子毅以王命之重當設饗宴親請吏佐臨視至拜日國僚不重白默拜於廐中王人將反命毅方知之大以為恨免郎中令劉敬叔官夫戒若曰此惰略嘉禮不肅之妖也其後毅遂被殺焉

庶徵恒雨劉歆以為春秋大雨劉向以為大水

魏明帝太和元年秋數大雨多暴卒雷電非常至殺鳥雀案楊阜上疏此恒雨之罰也時天子居喪不哀出入弋獵無度奢侈繁興奪農時故水失其性而恒雨為罰

太和四年八月大雨霖三十餘日伊洛河漢皆溢歲以凶

吳孫亮太平二年二月甲寅大雨震電乙卯雪大寒案劉歆說此時當雨而不當大大雨恒雨之罰也於始震電之明日而雪大寒又常寒之罰也劉向以為既已雷電則雪不當復降皆失時之異也天戒若曰為君失時賊臣將起先震電而後雪者陰見閒隙起而勝陽逆弒之禍將成也亮不悟尋見廢此與春秋魯隱同

武帝泰始六年六月大雨霖甲辰河洛伊沁水同時並溢流四千九百餘家殺二百餘人沒秋稼千三百六十餘頃

太康五年七月任城梁國暴雨害豆麥九月南安郡霖雨暴雪樹木摧折害秋稼是秋魏郡西平郡九縣淮南平原霖雨暴水霜傷秋稼

惠帝永寧元年十月義陽南陽東海霖雨淹害秋麥

元帝太興三年春雨至于夏是時王敦執權不恭之罰也

永昌元年春雨四十餘日晝夜雷電震五十餘日是時王敦舉兵王師敗績之應也

成帝咸和四年春雨五十餘日恒雷電是時雖斬蘇峻其餘黨猶據守石頭至其滅後淫雨乃霽

咸康元年八月乙丑荊州之長沙攸醴陵武陵之龍陽三縣雨水浮漂屋室殺人損秋稼是時帝幼權在於下

服妖

魏武帝以天下凶荒資財乏匱始擬古皮弁裁縑帛為白帢以易舊服傅玄曰白乃軍容非國容也干寶以為縞素凶喪之象也名之為帢毀辱之言也蓋革代之後劫殺之妖也

魏明帝著繡帽披縹紈半袖常以見直臣楊阜諫曰此禮何法服邪帝默然近服妖也夫縹非禮之色褻服尚不以紅紫況接臣下乎人主親御非法之章所謂自作孼不可攘也帝既不享永年身沒而祿去王室後嗣不終遂亡天下

景初元年發銅鑄為巨人二號曰翁仲置之司馬門外案古長人見為國亡長狄見臨洮為秦亡之禍始皇不悟反以為嘉祥鑄銅人以象之魏法亡國之器而於義音無取焉蓋服妖也　尚書何晏好服婦人之服傅玄曰此妖服也夫衣裳之制所以定上下殊內外也大雅云玄袞赤舄鉤膺鏤錫歌其文也小雅云有嚴有翼共武之服詠其武也若內

外不殊王制失叙服妖既作身隨之亡末嬉冠男子之冠桀亡天下何晏服婦人之服亦亡其家其咎均也吳婦人脩容者急束其髮而劘角過于耳蓋其俗自操束太急而廉隅失中之謂也故吳之風俗相驅以急言論彈射以刻薄相尚居三年之喪者往往有致毀以死諸葛患之著正交論雖不可以經訓整亂蓋亦救時之作也

孫休後衣服之制上長下短又積領五六而裳居一二干寶曰上饒奢下儉逼上有餘下不足之妖也至孫皓果奢暴恣情於上而百姓彫困於下卒以亡國是其應也

武帝泰始初衣服上儉下豐著衣者皆厭䙅此君衰弱臣放縱下掩上之象也至元康末婦人出兩襠加乎交領之上此內出外也為車乘者苟貴輕細又數變易其形皆以白篾為純蓋古喪車之遺象也夫乘者君子之器蓋君子立心無恒事不崇實也干寶以為晉之禍徵也及惠帝踐阼權制在於寵臣下掩上之應也至永嘉末六宮才人流冗沒於戎狄內出外之應也及天下撓亂宰輔方伯多負其任又數改易不崇實之應也泰始之後中國相尚用胡牀貊槃及為羌煮貊炙貴人富室必畜其器吉享嘉會皆以為先

太康中又以氈為絈頭及絡帶袴口百姓相戲曰中國必為胡所破夫氈毳產於胡而天下以為絈頭帶身袴口胡既三制之矣能無敗乎至元康中氐羌互反

永嘉後劉石遂篡中都自後四夷迭據華土是服妖之應也

初作屐者婦人頭圓男子頭方圓者順之義所以別男女也至太康初婦人屐乃頭方與男無別此賈后專妒之徵也

太康中天下為晉世寧之舞手接杯盤而反覆之歌曰晉世寧舞杯盤識者曰夫樂生人心所以觀事也今接杯盤於手上而反覆之至危之事也杯盤者酒食之器而名曰晉世寧言晉世之士苟偷於酒食之間而知不及遠晉世之寧猶杯盤之在手也

惠帝元康中婦人之飾有五兵佩又以金銀瑇瑁之屬為斧鉞戈戟以當笄干寶以為男女之別國之大節故服物異等贄幣不同今婦人而以兵器為飾此婦人妖之甚者於是遂有賈后之事終亡天下是時婦人結髮者既成以繒急束其環名曰擷子紒始自中宮天下化之其後賈后廢害太子之應也

元康中天下始相傚為烏杖以柱掖其後稍施其鐓住則植之夫木東方之行金之臣也杖者扶體之器烏其頭者尤便用也必傍柱掖者旁救之象也施其金住則植之言木因於金能孤立也及懷愍之世王室多故而此中都喪敗元帝以藩臣樹德東方維持天下柱掖之應也至社稷無主海內歸之遂承天命建都江外獨立之應也

元康太安之間江淮之域有敗屩自聚于道多者至四五十量人或散投坑谷明日視之復如故或云見貍銜聚之干寶以為夫屩者人之賤服最處于勞辱黔庶之象也故者疲弊之象道者四方往來所以交通王命也今敗屩聚於道者象黔庶罷病將相聚為亂以絕王命也太安中發壬午兵百姓怨叛江夏張昌唱亂荊楚從之如流於是兵革歲起服妖也

初魏造白帢橫縫其前以別後名之曰顏帢傳行之至永嘉之間稍去其縫名無顏帢而婦人束髮其緩彌甚紒之堅不能自立髮被于額目出而已無顏者愧之言也覆額者慙之貌也其緩彌甚者言天下亡禮與義放縱情性及其終極至于大恥也永嘉之後二帝不反天下媿焉

孝懷帝永嘉中士大夫競服生箋單衣識者指之曰此則古者總衰諸侯所以服天子也今無故服之殆有應乎其後遂有胡賊之亂帝遇害焉

元帝太興中兵士以絳囊縛紒識者曰紒者在首為乾君道也囊者坤臣道也今以朱囊縛紒臣道上侵君之象也於是王敦陵上焉舊為羽扇柄者刻木象其骨形列羽用十取全數也自中興初王敦南征始改為長柄下出可捉而減其羽用八識者尤之曰夫羽扇翼之名也創為長柄者將執其柄以制羽翼也改十為八者將未備奪已備也此殆敦之擅權以制朝廷之柄又將以無德之材欲竊非據也是時為衣者又上短帶纔至于掖著帽者又以帶縛項下逼上上無地也為袴者直幅為口無殺下大之象尋而王敦謀逆再攻京師海西嗣位忘設豹尾天

戒若曰夫豹尾儀服之主大人所以豹變也而海西豹變之日非所宜忘而忘之非主社稷之人故忘其豹尾亦不終也尋而被廢焉

孝武太元中人不復著帩頭天戒若曰頭者元首帩者助元首爲儀飾者也今忽廢之若人君獨立無輔佐以至危亡也至安帝桓玄乃篡位焉

舊爲羽儀者齒皆達楄上名曰露卯太元中忽不徹名曰陰卯識者以爲卯謀也必有陰謀之事至烈宗末驃騎參軍袁悅之始攬搆內外隆安中遂謀詐相傾以致大亂

太元中公主婦女必緩鬢傾髻以爲盛飾用髲既多不可恆戴乃先於木及籠上裝之名曰假髻或名假頭至於貧家不能自辦自號無頭就人借頭遂布天下亦服妖也無幾時孝武晏駕而天下騷動刑戮無數多喪其元至於大殮皆刻木及蠟或縛菰草爲頭是假頭之應云桓玄篡立殿上施絳帳鏤黃金爲顏四角金龍銜五色羽葆流蘇群下相謂曰頗類轜車尋而玄敗此服之妖也

晉末皆冠小而衣裳博大風流相放輿臺成俗識者曰上小而下大此禪代之象也尋而宋受終焉

雞禍

魏明帝景初二年廷尉府中雌雞化爲雄不鳴不將干寶曰是歲宣帝平遼東百姓始有與能之義此其象也然晉三后並以人臣終不鳴不將又天意也

惠帝元康六年陳國有雞生雄雞無翅既大墜坑而死王隱以爲雄者胤嗣子之象坑者母象今雞生無翅墜坑而死此子無羽翼爲母所陷害乎於後賈后誣殺愍懷此其應也

太安中周玘家雌雞逃承霤中六七日而下奮翼鳴將獨毛羽不變其後有陳敏之事敏雖控制江表終無紀綱文章殆其象也卒爲玘所滅雞禍見玘家又天意也京房易傳曰牝雞雄鳴主不榮

元帝太興中王敦鎮武昌有雌雞化爲雄天戒若曰雌化爲雄臣陵其上其後王敦再攻京師

孝武太元十三年四月廣陵高平閻嵩家雌雞生無右翅彭城人劉象之家雞有三足京房易傳曰君用婦人言則雞生妖是時主相並用尼媼之言寵賜過厚故妖象見焉

安帝隆安元年八月琅邪王道子家青雌雞化爲赤雄雞不鳴不將桓玄將篡不能成業之象四年荊州有雞生角角尋墮落是時桓玄始擅西夏狂慢不肅故有雞禍天戒若曰角兵象尋墮落者暫起不終之妖也後皆應也

元興二年衡陽有雌雞化爲雄八十日而冠萎天戒若曰衡陽桓玄楚國之邦略也及桓玄篡位果八十日而敗此其應也

青祥

武帝咸寧元年八月丁酉大風折大社樹有青氣出焉此青祥也占曰東莞當有帝者明年元帝生是時帝大父武王封東莞由是徙封琅邪孫盛以爲中興之表晉室之亂武帝子孫無孑遺社樹折之應又常風之罰

惠帝元康中洛陽南山有蟲作聲曰韓尸尸識者曰韓氏將尸也言尸尸者盡死意也其後韓謐誅而韓族殲焉此青祥也

金沴木

魏文帝黃初七年正月幸許昌許昌城南門无故自崩帝心惡之遂不入還洛陽此金沴木木動之也五月宮車晏駕京房易傳曰上下咸悖厥妖城門壞

元帝太興二年六月吳郡米廡無故自壞天戒若曰夫米廡貨糴之屋無故自壞此五穀踊貴所以無糴賣也是歲遂大飢死者千數焉

明帝太寧元年周莚自歸王敦既立其宅宇所起五間六梁一時躍出墜地餘桁猶亘柱頭此金沴木也明年五月錢鳳謀亂遂族滅莚而湖熟尋亦爲墟矣

安帝元興元年正月丙子會稽王世子元顯將討桓玄建牙竿於揚州南門其東者難立良久乃正近沴妖也而元顯尋爲玄所擒

三年五月樂賢堂壞時帝嚚眊無樂賢之心故此堂見沴

義熙九年五月國子聖堂壞天戒若曰聖堂禮樂之本無故自壞業祚將墜之象未及十年而禪位焉

五行中

傳曰言之不從是謂不乂厥咎僭厥罰恒陽厥極憂時則有詩妖時則有介蟲之孽時則有犬禍時則有口舌之痾時則有白眚白祥惟木沴金言之不從從順也是謂不乂乂治也孔子曰君子居其室出其言不善則千里之外違之况其邇者乎詩曰如蜩如螗如沸如羹言上號令不順人心虚譁憒亂則不能治海内失在過差故其咎僭差也刑罰妄加群陰不附則陽氣勝故其罰常陽也旱傷百穀則有寇難上下俱憂故其極憂也君炕陽而暴虐臣畏刑而箝口則怨謗之氣發於歌謡故有詩妖介蟲孽者謂小蟲有甲飛揚之類陽氣所生也於春秋爲螽今謂之蝗皆其類也於易兌爲口犬以吠守而不可信言氣毁故有犬禍一曰旱歲犬多狂死及爲怪亦是也及人則多病口喉咳嗽者故有口舌痾金色白故有白眚白祥凡言傷者病金氣金氣病則木沴之其極憂者順之其福康寧劉歆言傳曰則時有毛蟲之孽説以爲於天文西方

參爲獸星故爲毛蟲

魏齊王嘉平初東郡有訛言云白馬河出妖馬夜過官牧邊鳴呼衆馬皆應明日見其跡大如斛行數里還入河楚王彪本封白馬兖州刺史令狐愚以彪有智勇及聞此言遂與王淩謀共立之事泄淩愚被誅彪賜死此言不從之罰也詩云人之訛言寧莫之懲

蜀劉禪嗣位譙周曰先主諱備其訓具也後主諱禪其訓授也若言劉已具矣當授與人甚於晉穆侯漢靈帝命子之祥也蜀果亡此言之不從也劉備卒劉禪即位未葬亦未踰月而改元爲建興此言之不從也禮國君即位踰年而後改元者緣臣子之心不忍一年而有二君也今可謂亟而不知禮義矣後遂降焉

魏明帝太和中姜維歸蜀失其母魏人使其母手書呼維令反并送當歸以譬之維報書曰良田百頃不計一畝但見遠志無有當歸維卒不免

景初元年有司奏帝爲烈祖與太祖高祖並爲不毁之廟從之案宗廟之制祖宗之號皆身没名成乃正其禮故雖功赫天壤德邁前王未有豫定之典此蓋言之不從失之甚者也後二年而宮車晏駕於是統微政逸吴孫休時烏程人有得困病及差能以響言者言於此而聞於彼自其所聽之不覺其聲之大也自遠聽之如人對言不覺聲之自遠來也聲之所往隨其所向遠者所過十數里其鄰人有責息於外歷年不還乃假之使爲責讓懼以禍福負物者以爲鬼神即傾倒畀之其人亦不自知所以然也言不從之咎也

魏時起安世殿武帝後居之安世武帝字也武帝每延群臣多説平生常事未嘗及經国遠圖此言之不從也何曾謂子遵曰国家無貽厥之謀及身而已後嗣其殆乎此子孫之憂也自永熙後王室漸亂永嘉中天下大壞及何綏以非辜被殺皆如曾言

趙王倫廢惠帝於金墉城改號金墉爲永安宫帝尋復位而倫誅

惠帝永興元年詔廢太子覃還爲清河王立成都王穎爲皇太弟猶加侍中大都督領丞相備九錫封二十郡如魏王故事案周禮傳国以

胤不以勳故雖公旦之聖不易成王之嗣所以遠絶覬覦永一宗祧後代遵履改之則亂今擬非其實僭差以甚且既爲国嗣則不應復開封土兼領庶職此言之不從進退乖爽故帝既播越穎亦不終是其咎僭也後猶不悟又立懷帝爲皇太弟懷終流弑不永厥祚又其應也語曰變古易常不亂則亡此之謂乎

元帝永昌二年大將軍王敦下據姑孰百姓訛言行蟲病食人大孔數日入腹入腹則死療之有方當得白犬膽以爲藥自淮泗遂及京都數日之間百姓驚擾人人皆自云已得蟲病又云始在外時當燒鐵以灼之於是翕然被燒灼者十七八矣而白犬暴貴至相請奪其價十倍或有自云能行燒鐵灼者賃灼百姓日得五六萬備而後已四五日漸靜説曰夫裸蟲人類而人爲之主今云蟲食人言本同臭類而相殘賊也自下而上明其逆也必入腹者言害由中不由外也犬有守衛之性白者金色而膽用武之主也帝王之運王霸會於戊戌主用兵金者晉行火燒鐵以療疾者言必去其類而來火與金合德共除蟲害也按中興

之際大將軍本以腹心受伊呂之任而元帝末年遂改京邑明帝諒闇又有異謀是以下逆上腹心內爛也及錢鳳沈充等逆兵四合而為王師所挫踰月而不能濟水北中郎劉遐及淮陵內史蘇峻率淮泗之衆以救朝廷故其謠言首作於淮泗也朝廷卒以弱制強罪人授首是用白犬膽可救之效也

海西公時庾晞四五年中喜為挽歌自搖大鈴為唱使左右齊和又讌會輒令倡妓作新安人歌舞離別之辭其聲悲切時人怪之後亦果敗太元中小兒以兩鐵相打於土中名曰鬬族後王國寶王孝伯一姓之中自相攻擊也

桓玄初改年為大亨遐邇讙言曰二月了故義謀以仲春發也玄篡立又改年為建始以與趙王倫同又易為永始永始復是王莽受封之年也始從司馬道子于安成永帝遜位出永安宮封為平固王琅邪王德文為石陽公並使住尋陽城識者皆以為言不從之妖僭也

武帝初何曾薄太官御膳自取私食子劭又過之而王愷又過劭王愷羊琇之疇盛致聲色窮珍極麗至元康中夸恣成俗轉相高尚石崇之侈遂兼王何而儷人主矣崇既誅死天下尋亦淪喪僭踰之咎也

庶徵恒陽劉向以為春秋大旱也其夏旱雩禮謂之大雩不傷二穀謂之不雨京房易傳曰欲德不用茲謂張厥災荒旱也其旱陰雲不雨變而赤因四際師出過時茲謂廣其旱不生上下皆蔽茲謂隔其旱天赤三月時有雹殺飛禽上緣求妃茲謂僭其旱三月大溫亡雲君高臺府茲謂犯陰侵陽其旱萬物根死數有火災庶位踰節茲謂僭其旱澤物枯為火所傷

魏明帝太和二年五月大旱元年已來崇廣宮府之應也又是春宣帝南擒孟達置二郡張郃西破諸葛亮斬馬謖亢陽自大又其應也

太和五年三月自去冬十月至此月不雨辛巳大雩

齊王正始元年二月自去冬十二月至此月不雨去歲正月明帝崩二月曹爽白嗣主轉宣帝為太傅外示尊崇內實欲令事先由己是時宣帝功蓋魏朝欲德不用之應也

高貴鄉公甘露三年正月自去秋至此月旱是時文帝圍諸葛誕衆出過時之應也初壽春秋夏常雨淹城而此旱踰年城陷乃大雨咸以誕為天亡

吳孫亮五鳳二年大旱百姓饑是歲征役煩興軍士怨叛此亢陽自大勞役失衆之罰也其役彌歲故旱亦竟年

孫晧寶鼎元年春夏旱是時晧遷都武昌勞役動衆之應也

武帝泰始七年五月閏月旱大雩

八年五月旱是時帝納荀勖邪說留賈充不復西鎮而任愷漸疎上下皆蔽之應也及李憙魯芝李胤等並在散職近厥德不用之謂也

九年自正月旱至于六月祈宗廟社稷山川癸未雨

十年四月旱去年秋冬采擇卿校諸葛冲等女是春五十餘人入殿簡選又取小將吏女數十人母子號哭於宮中聲聞于外行人悲酸是殆積陰生陽上緣求妃之應也

咸寧二年五月旱大雩至六月乃澍雨

太康二年旱自去冬旱至此春

三年四月旱乙酉詔司空齊王攸與尚書廷尉河南尹錄訊繫囚事從蠲宥

五年六月旱此年正月天陰解而復合劉毅上疏曰必有阿黨之臣姦以事君者當誅而不赦也帝不答是時荀勖馮紞僭作威福亂朝尤甚

六年三月青梁幽冀郡國旱六月濟陰武陵旱傷麥

七年夏郡國十三大旱

八年四月冀州旱

九年夏郡國三十三旱扶風始平京兆安定旱傷麥

十年二月旱

太熙元年三月旱自太康已後雖正人滿朝不被親仗而賈充荀勖楊駿馮紞等迭居要重所以無年不旱者欲德不用上下皆蔽庶位踰節之罰也

惠帝元康七年七月秦雍二州大旱疾疫關中饑米斛萬錢因此氐羌

反叛雍州刺史解系敗績而饑疫荐臻戎晉並困朝廷不能振詔聽
相賣鬻其九月郡國五旱
永寧元年自夏及秋青徐幽并四州旱十二月又郡國十二旱是年春
三王討趙王倫六旬之中數十戰死者十餘萬人
懷帝永嘉三年五月大旱襄平縣梁水淡池竭河洛江漢皆可涉是年
三月司馬越歸京都遣兵入京收中書令繆播等九人殺之皆僭踰之
罰也又四方諸侯多懷無君之心劉元海石勒王彌李雄之徒賊害百
姓流血成泥又其應也五年自去冬旱至此春去歲十一月司馬越以
行臺自隨斥黜宮衛無君臣之節
愍帝建武元年六月揚州旱去年十二月淳于伯冤死其年即旱而太
興元年六月又旱干寶曰殺淳于伯之後旱三年是也刑罰妄加群陰
不附則陽氣勝之罰也
元帝太興四年五月旱是時王敦陵僭已著
永昌元年夏大旱是年三月王敦有石頭之變二宮陵辱大臣誅死

僭踰無上故旱尤甚也其閏十一月京都大旱川谷並竭
明帝太寧三月自春不雨至于六月
成帝咸和元年夏秋旱是時庾太后臨朝稱制言不從而僭踰之罰也
二年夏旱　五年五月大旱　六年四月大旱
八年秋七月旱九年自四月不雨至于八月
咸康元年六月旱是時成帝沖弱未親萬機內外之政決之將相此僭
踰之罰連歲旱也至四年王導固讓太傅復子明辟是後不旱殆
其應也時天下普旱會稽餘姚特甚米斗直五百人有相鬻者
二年三月旱三年六月旱時王導以天下新定務在遵養不任刑罰
遂盜賊公行頻五年元旱亦舒緩之應也
康帝建元元年五月旱
穆帝永和元年五月旱是時帝在襁褓褚太后臨朝如明穆太后故事
五年七月不雨至于十月　六年夏旱　八年夏旱　九年春旱
升平三年冬大旱　四年冬大旱

哀帝隆和元年夏旱是時桓溫強恣權制朝廷僭踰之罰也
海西公太和元年夏旱　四年冬旱涼州春旱至夏
簡文帝咸安二年十月大旱饑自永和至是嗣主幼沖桓溫陵僭用兵
征伐百姓怨苦
孝武帝寧康元年三月旱是時桓溫入覲高平陵闔朝致拜踰僭
之應也　三年冬旱　太元四年夏大旱　八年六月旱
十年七月旱饑初八年破苻堅九年諸將略地有事徐豫楊亮趙統
攻討巴沔是年正月謝安又出鎮廣陵使子琰進次彭城頻有軍役
十三年六月旱去歲北府遣戍胡陸荊州經略河南是年夏郭銓置戍
野王又遣軍破黃淮
十五年七月旱十七年秋旱至冬是時烈宗仁恕信任會稽王道子政
事舒緩又茹千秋為驃騎諮議竊弄主相威福又比丘尼乳母親黨及
婢僕之子階緣近習臨部領眾又所在多上春竟囚不以其辜建康
獄吏枉暴既甚此又僭踰不從寃濫之罰

安帝隆安二年冬旱寒甚　四年五月旱
五年夏秋大旱十二月不雨時孫恩作亂桓玄疑貳迫殺殷仲堪內朝
廷即授以荊州之任司馬元顯又諷百僚悉使敬己內外騷動兵革煩
興此皆陵僭憂愁之應也
元興元年七月大饑九月十月不雨泉水涸
二年六月不雨冬又旱時桓玄奢僭十二月遂篡位　三年八月不雨
義熙四年冬不雨　六年九月不雨　八年十月不雨　九年秋冬不雨
十年九月旱十二月又旱井瀆多竭是時軍役煩興
詩妖
魏明帝太和中京師歌兜鈴曹子其唱曰其奈汝曹何此詩妖也其後
曹爽見誅曹氏遂廢
景初初童謠曰阿公阿公駕馬車不意阿公東渡河阿公來還當奈
何及宣帝遼東歸至白屋當還鎮長安會帝疾篤急召之乃乘
追鋒車東渡河終如童謠之言

齊王嘉平中有謠曰白馬素羈西南馳其誰乘者朱虎騎朱虎者楚王小字也王淩令狐愚聞此謠謀立彪事發淩等伏誅彪賜死

吳孫亮初童謠曰吁汝恪何若若蘆葦單衣篾鉤絡於何相求常子閣常子閣者反語石子堈也鉤絡鉤帶也及諸葛恪死果以葦席裹身篾束其要投之石子堈後聽恪故吏收斂求之此堈云

孫亮初公安有白鼉鳴童謠曰白鼉鳴龜背平南郡城中可長生守死不去義無成南郡城中可長生者有急易以逃也明年諸葛恪敗弟融鎮公安亦見襲融刮金印龜服之而死鼉有鱗介甲兵之象又曰白祥也

孫休永安二年將守質子群聚嬉戲有異小兒忽來言曰三公鋤司馬如又曰我非人熒惑星也言畢上昇仰視若曳一匹練有頃沒干寶曰後四年而蜀亡六年而魏廢二十一年而吳平於是九服歸晉魏與吳蜀並戰國三公鋤司馬如之謂也

孫晧遣使者祭石印山下妖祠使者因以丹書巖曰楚九州渚吳九州都揚州士作天子四世治太平矣晧聞之意益張曰從太皇帝至朕四世太平之主非朕復誰恣虐踰甚尋以降亡近詩妖也

孫晧天紀中童謠曰阿童復阿童銜刀游渡江不畏岸上獸但畏水中龍武帝聞之加王濬龍驤將軍及征吳江西衆軍無過者而王濬先定秣陵

武帝太康三年平吳後江南童謠曰局縮肉數横目中國當敗吳當復又曰宮門柱且當朽吳當復在三十年後又曰雞鳴不拊翼吳復不用力于時吳人皆謂在孫氏子孫故竊發為乱者相継按横目者四字自吳亡至元帝興幾四十年元帝興於江東皆如童謠之言焉元帝懦而少斷局縮肉者有所斥也

太康末京洛為折楊柳之歌其曲始有兵革苦辛之辭終以擒獲斬截之事是時三楊貴盛而被族滅太后廢黜幽死中宮折楊柳之應也

惠帝永熙中河内温縣有人如狂造書曰光光文長大戟為牆毒藥雖行戟還自傷又曰兩火没地哀哉秋蘭歸形街郵終為人歎及楊駿居内府以戟為衞死時又為戟所害傷楊后被廢賈后絶其膳八日而崩葬街郵亭北百姓哀之也兩火武帝諱蘭楊后字也其時又有童謠曰

二月末三月初荊筆楊板行詔書宮中大馬幾作驢此時楊駿專權楚王用事故言荊筆楊板二人不誅則君臣禮悖故云幾作驢也

元康中京洛童謠曰南風起吹白沙遥望魯國何嵯峨千歲髑髏生齒牙又曰城東馬子莫嚨哅比至來年纏汝鬉南風賈后字也白晉行也沙門太子小名也魯賈謐國也言賈后將與謐為亂以危太子而趙王因釁咀嚼豪賢以成篡奪不得其死之應也

元康中天下商農通著大鄣日時童謠曰屠蘇鄣日覆兩耳當見瞎兒作天子及趙王倫篡位其目實眇焉趙王倫既篡洛中童謠曰獸從北來鼻頭汗龍從南來登城看水從西來河灌灌數月而齊王成都河間義兵同會誅倫案成都西藩而在鄴故曰獸從北來齊東藩而在許故曰龍從南來河間水源而在關中故曰水從西來齊留輔政居于宮西又有無君心故言登城看也

太安中童謠曰五馬游渡江一馬化為龍後中原大亂宗藩多絶唯琅邪汝南西陽南頓彭城同至江東而元帝嗣統矣

司馬越還洛有童謠曰洛中大鼠長尺二若不早去大狗至及荀晞將破汲桑又謠曰元超兄弟大洛度上桑打椹為苟作由是越惡晞奪其兖州隙難遂構焉

愍帝初有童謠曰天子何在豆田中至建興四年帝降劉曜在城東豆田壁中

建興中江南謠歌曰訇如白坑破合集持作甒揚州破換敗吳興覆瓿甊案白者晉行坑器有口屬瓮瓦質剛亦金之類也訇如白坑破者言二都傾覆王室大壞也合集持作甒者元帝鳩集遺餘以主社稷未能克復中原但偏王江南故其諭也及石頭之事六軍大潰兵人抄掠京邑爰及二宮其後三年錢鳳復攻京邑阻水而守相持月餘日焚燒城邑井堙木刊矣鳳等敗退沈充將其黨還吳興官軍踵之蹈藉郡縣充父子授首黨與誅者以百數所謂揚州破換敗吳興覆瓿甊瓿甊瓦器又小於甒也

明帝太寧初童謠曰惻惻力力放馬山側大馬死小馬餓高山崩石自破及明帝崩成帝幼為蘇峻所逼遷于石頭御膳不足此大馬死小馬餓

也高山峻也又言峻壽死石峻弟蘇碩石也峻死後石據石頭尋爲諸公所破復是崩山石破之應也

成帝之末又有童謠曰磕磕何隆隆駕車入梓宮少日而宮車晏駕

咸康二年十二月河北謠云麥入土殺石武後如謠言

庾亮初鎮武昌出至石頭百姓於岸上歌曰庾公上武昌翩翩如飛鳥庾公還揚州白馬牽旒旐又曰庾公初上時翩翩如飛鳥庾公還揚州白馬牽流蘇後連徵不入及薨於鎮以喪還都葬皆如謠言

穆帝升平中童兒輩忽歌於道曰阿子聞曲終輒云阿子汝聞不無幾而帝崩太后哭之曰阿子汝聞不

升平末俗間忽作廉歌有扈謙者聞之曰廉者臨也歌云白門廉宮庭廉内外悉臨國家其大諱乎少時而穆帝晏駕

哀帝隆和初童謠曰升平不滿斗隆和那得久桓公入石頭陛下徒跣走朝廷聞而惡之改年曰興寧人復歌曰雖復改興寧亦復無聊生哀帝尋崩升平五年而穆帝崩不滿斗升平不至十年也

海西公太和中百姓歌曰青青御路楊白馬紫遊韁汝非皇太子那得甘露漿識者曰白者金行馬者國族紫爲奪正之色明以紫閒朱也海西公尋廢其三子並非海西公之子縊以馬韁死之明日南方獻甘露焉

太和末童謠曰犂牛耕御路白門種小麥及海西公被廢百姓耕其門以種小麥遂如謠言

海西公初生皇子百姓歌云鳳皇生一雛天下莫不喜本言是馬駒今定成龍子其歌甚美其旨甚微海西公不男使左右向龍與内侍接生子以爲已子

桓石民爲荊州鎮上明百姓忽歌曰黃曇子曲中又曰黃曇英揚州大佛來上明頃之而桓石民死王忱爲荊州黃曇子乃是王忱字也忱小字佛大是大佛來上明也

孝武帝太元末京口謠曰黃雌雞莫作雄父啼一旦去毛衣衣被拉颯栖尋而王恭起兵誅王國寶旋爲劉牢之所敗故言拉颯栖也

會稽王道子於東府造土山名曰靈秀山無幾而孫恩作亂再踐會

稽會稽道子所封靈秀恩之字也

庾楷鎮歷陽百姓歌曰重羅黎重羅黎使君南上無還時後楷南奔桓玄爲玄所誅

殷仲堪在荊州童謠曰芒籠目繩縛腹殷當敗桓當復未幾而仲堪敗桓玄遂有荊州

王恭鎮京口舉兵誅王國寶百姓謠云昔年食白飯今年食麥麩天公誅讁汝教汝捻嚨喉嚨喉喝復喝京口敗復敗識者曰昔年食白飯言得志也今年食麥麩麩麤穢其精已去明將敗也天公將加譴讁而誅之也捻嚨喉氣不通死之祥也敗復敗丁寧之辭也恭尋死京都又大行欬疾而喉並喝焉

王恭在京口百姓間忽云黃頭小兒欲作賊阿公在城下指縛得又云黃頭小人欲作亂賴得金刀作藩扞黃字上恭字頭也小人恭字下也尋如謠言者焉

安帝隆安中百姓忽作懊憹之歌其曲曰草生可攬結女兒可攬擷尋而桓玄篡位義旗以三月一日掃定京都誅之玄之宮女及逆黨之家子女妓妾悉爲軍賞東及甌越北流淮泗皆人有所獲故言時則草可結事則女可擷也桓玄既篡童謠曰草生及馬腹烏啄桓玄目及玄敗走至江陵時正五月中誅如其期焉

安帝義熙初童謠曰官家養蘆化成荻蘆生不止自成積其時官養盧龍寵以金紫奉以名州養之極也而龍不能懷我好音舉兵內伐遂成讎敵也蘆生不止自成積及盧龍之敗斬伐其黨猶如草木以成積也

盧龍據廣州人爲之謠曰蘆生漫漫竟天半後擁上流數州之地內逼京輦應天半之言

義熙二年小兒相逢於道輒舉其兩手曰盧健健次曰鬬歎鬬歎末曰翁年老翁年老當時莫知所謂其後盧龍內逼舟艦蓋川健健之謂也既至查浦屢剋期欲與官鬬鬬歎之應也翁年老群公有期頤之慶知妖逆之徒自然消殄也其時復有謠言曰盧橙橙逐水流東風

忽如起那得入石頭盧龍果敗不得入石頭也
昔溫嶠令郭景純卜己與庾亮吉凶景純云元吉嶠語亮曰景純每筮
是不敢盡言吾等與國家同安危而曰元吉是事有成也於是協同
討滅王敦

苻堅初童謠曰阿堅連牽三十年後若欲敗時當在江湖邊及堅在位
凡三十年敗於淝水是其應也又謠語云河水清復清苻堅死新城及
堅為姚萇所殺死於新城復謠歌云魚羊田斗當滅秦識者以為魚
羊鮮也田斗卑也堅自號秦言滅之者鮮卑也其群臣諫堅令盡誅鮮
卑堅不從及淮南敗還初為慕容沖所攻又為姚萇所殺身死國滅

毛蟲之孽

武帝太康六年南陽獻兩足猛獸此毛蟲之孽也識者為其文曰武
形有虧金獸失儀聖主應天斯異何為言兆亂也京房易傳曰足少
者下不勝任也干寶以為獸者陰精居于陽金獸也南陽火名也金精
入火而失其形王室亂之妖也其水數言水數既極火慝得作而金受

晉志十八　十一

其敗也至元康九年始殺太子距此十四年二七十四火始終相乘之數
也自帝受命至愍懷之廢凡三十五年焉

太康七年十一月景辰四角獸見于河間河間王顒獲以獻天戒若曰
角兵象也四者四方之象當有兵亂起於四方後河間王遂連四方之
兵作為亂階殆其應也

懷帝永嘉五年蝘鼠出延陵郭景純筮之曰此郡東之縣當有妖人
欲稱制者亦尋自死矣其後吳興徐馥作亂殺太守袁琇馥亦時
滅是其應也

成帝咸和六年正月丁巳會稽郡秀孝於樂賢堂有麏見於前獲之
孫盛以為吉祥夫秀孝天下之彥士樂賢堂所以樂養賢也自喪亂
以後風教陵夷秀孝策試之四科之實貢麏興於前或斯故乎

哀帝隆和元年十月甲申有麏入東海第百姓讙言曰主入東海第
識者怪之及海西廢為東海王乃入其第

孝武太元十三年四月癸巳祠廟畢有兔行廟堂上天戒若曰兔野物
也而集宗廟之堂不祥莫之甚焉

犬禍

公孫文懿家有犬冠幘絳衣上屋此犬禍也屋上亢陽高危之地天戒
若曰亢陽無上偷自尊高狗而冠者也及文懿自立為燕王果為魏所
滅京房易傳曰君不正臣欲篡厥妖狗出朝門魏侍中應璩在直
廬欻見一白狗出門問衆人無見者踰年卒近犬禍也

吳諸葛恪征淮南歸將朝會見犬銜引其衣恪曰犬不欲我行乎還坐有
頃復起犬又銜衣乃令逐犬遂升車入而被害

武帝太康九年幽州有犬鼻行地三百餘步天戒若曰是時帝不思
和嶠之言卒立惠帝以致衰亂是言不從之罰也

惠帝元康中吳郡婁縣人家聞地中有犬子聲掘之得雌雄各一還
置窟中覆以磨石經宿失所在天戒若曰帝既衰弱藩王相譖故有
犬禍

永興元年丹楊內史朱逵家犬生三子皆無頭後逵為楊州刺史曹

晉志十八　十二

武所殺

孝懷帝永嘉五年吳郡嘉興張林家狗人言云天下人餓死於是果有
二胡之亂天下饑荒焉

愍帝建興元年狗與豬交案漢書景帝時有此以為悖亂之氣亦犬豕
禍也犬兵革之占也豕北方匈奴之象逆言失聽異類相交必生害也
俄而帝沒于胡是其應也

元帝太興中吳郡太守張懋聞齋內床下犬聲求而不得既而地自坼
見有二犬子取而養之皆死尋而懋為沈充所害京房易傳曰讒臣
在側則犬生妖

太興四年廬江灊縣何旭家忽聞地中有犬子聲掘之得一母犬青蒼
色狀甚羸瘦走入草中不知所在視其處有二犬子一雄一雌哺而養
之雌死雄活及長為犬善噬獸其後旭里中為蠻所沒

安帝隆安初吳郡治下狗恒夜吠聚高橋上人家狗有限而吠聲甚衆
或有夜覘視之云一狗假有兩三頭皆前向亂吠無幾孫恩亂於吳會

焉是時輔國將軍孫無終家于旣陽地中聞犬子聲尋而地坼有二犬子皆白色一雄一雌取而養之皆死後無終爲桓玄所誅滅案尸子曰地中有犬名曰地狼夏鼎志曰掘地得犬名曰賈此蓋自然之物也不應出而出爲犬禍也

桓玄將拜楚王已設拜席群官陪位玄未及出有狗來便其席莫不驚怪玄性猜暴竟無言者逐狗改席而已天戒若曰桓玄無德而叨竊大位故犬便其席示其妄據之甚也八十日玄敗亡焉

白眚白祥

魏明帝青龍二年正月乙亥隕石于壽光案左氏傳隕石星也劉歆說曰庶衆惟星隕於宋者象宋襄公將得諸侯而不終也秦始皇時有隕石班固以爲石陰類也又白祥臣將危君是後宣帝得政云

武帝太康五年五月丁巳隕石于溫及河陽各二六年正月隕石于溫三

成帝咸和八年五月星隕于肥鄉一九年正月隕石于涼州二

吳孫亮五鳳二年五月陽羨縣離里山大石自立案京房易傳曰庶士爲天子之祥也其說曰石立於山同姓平地異姓干寶以爲孫晧承廢故之家得位其應也或曰孫休見立之祥也

武帝太康十年洛陽宮西宜秋里石生地中始高三尺如香鑪形後如偃人槃薄不可掘案劉向說此白眚也明年宮車晏駕王室始騷卒以亂亡京房易傳曰石立如人庶士爲天下雄此近之矣

惠帝元康五年十二月有石生于宜年里

永康元年襄陽郡上言得鳴石撞之聲聞七八里

太安元年丹楊湖熟縣夏架湖有大石浮二百步而登岸民驚譟相告曰石來干寶曰尋有石冰入建鄴

車騎大將軍東嬴王騰自并州遷鎮鄴行次真定時久積雪而當門前方數丈獨消釋騰怪而掘之得玉馬高尺許口齒缺騰以馬者國姓上送之以爲瑞然馬無齒則不得食妖祥之兆衰亡之徵案占此白祥也是後騰爲汲桑所殺而天下遂亂

武帝泰始八年五月蜀地雨白毛此白祥也時益州刺史皇甫晏伐汶山胡從事何旅固諫不從牙門張弘等因衆之怨誣晏謀逆害之京房易傳曰前樂後憂厥妖天雨羽又曰邪人進賢人逃天雨毛其易妖曰天雨毛羽貴人出走三占皆應

惠帝永寧元年齊王冏舉義軍軍中有小兒出於襄城繁昌縣年八歲髮體悉白頗能卜於洪範白祥也

成帝咸康初地生毛近白祥也孫盛以爲人勞之異也是後石季龍滅而中原向化將相皆甘心焉於是方鎮屢革邊戍仍遷皆擁帶部曲動有萬數其間征伐徵賦役無寧歲天下勞擾百姓疲怨

咸康三年六月地生毛

孝武太元二年五月京都地生毛至四年而氐賊次襄國圍彭城向廣陵征戍仍出兵連年不解　太元十四年四月京都地生毛是時苻堅滅後經略多事人勞之應也　十七年四月地生毛

安帝隆安四年四月乙未地生毛或白或黑　元興三年五月江陵地生毛是後江陵見襲交戰者數矣　義熙三年三月地生白毛

十三年三月地生毛明年王旅西討司馬休之又明年北掃關洛

木沴金

魏齊王正始末河南尹李勝治聽事有小材激墮檛受符石彪頭斷之此木沴金也勝後旬日而敗

惠帝元康八年五月郊禖壇石中破爲二此木沴金也郊禖壇者求子之神位無故自毀太子將危之妖也明年愍懷廢死

孝武帝太元十年四月謝安出鎮廣陵始發石頭金鼓無故自破此木沴金之異也天意也天戒若曰安徒揚經略之聲終無其實鉦鼓不用之象也月餘以疾還而薨

傳曰視之不明是謂不哲厥咎舒厥罰恒燠厥極疾時則有草妖時則有羸蟲之孽時則有羊禍時則有目痾時則有赤眚赤祥惟水沴火

視之不明是謂不哲哲知也詩云爾德不明以亡陪亡卿不明爾德以亡背亡側言上不明暗昧蔽惑則不能知善惡親近習長同類亡功者受賞有罪者不殺百官廢亂失在舒緩故其咎舒也盛夏日長暑以養

物政弛緩故其罰常燠也燠則冬溫春夏不和傷病疾人其極病疾也
誅不行則霜不殺草繇臣下則殺不以時故有草妖
凡妖貌則以服言則以詩聽則以聲視則以色者五色物之大分也在
於眚祥故聖人以爲草妖失物柄之明者也溫燠生蟲故有蠃蟲之
孽謂螟螣之類當死不死當生而不生或多於故而爲災也劉歆以
爲屬思心不容於易剛而苞柔爲離離爲火爲目羊上角下蹄剛而苞
柔羊大目而不精明視氣毀故有羊𤕤一曰暑歲羊多疫死及爲怪亦
是也及人則多病目者故有目痾火色赤故有赤祥凡視傷者病火氣
火氣傷則水沴之其極疾者順之其福曰壽劉歆視傳曰有羽蟲之孽
雞𤕤說以爲於天文南方朱張爲鳥星故爲羽蟲𤕤亦從羽故爲雞
雞於易自在巽說非是庶徵之恒燠劉向以爲春秋無冰也小燠不書
無冰然後書舉其大者也京房易傳曰祿不遂行茲謂欺厥咎燠其
燠雨雲四至而溫臣安祿樂逸茲謂亂燠而生蟲知罪不誅茲謂舒其
燠夏則暑殺人冬則物華實重過不誅茲謂亡徵其咎當寒而燠盡
六日也

吳孫亮建興元年九月桃李華孫權世政煩賦重人彫於役是時諸葛
恪始輔政息校官原逋責除關梁崇寬厚此舒緩之應也一說桃李
寒華爲草妖或屬蜀孽
魏文帝景元三年十月桃李華時文帝深樹恩德事崇優緩此其應也
惠帝元康二年二月巴西郡界草皆生華結子如麥可食時帝初即位
楚王瑋矯詔誅汝南王亮及太保衛瓘帝不能察今非時草結實此
恒燠寬舒之罰
穆帝永和九年十二月桃李華是時簡文輔政事多弛略舒緩之應也
草妖
漢獻帝建安二十五年春正月魏武帝在洛陽起建始殿伐濯龍而
血出又掘徙梨根傷亦血出帝惡之遂寢疾是月崩蓋草妖又赤祥
是歲魏文帝黃初元年也
吳孫亮五鳳元年六月交阯稗草化爲稻昔三苗將亡五穀變種此
草妖也其後亮廢
蜀劉禪景耀五年宮中大樹無故自折譙周憂之無所與言乃書柱
曰衆而大期之會具而授若何復言曹者衆也魏者大也衆而大天下
其當會也具而授如何復有立者乎蜀果亡如周言此草妖也
吳孫晧天璽元年吳郡臨平湖自漢末穢塞是時一夕忽開除無草長
老相傳此湖塞天下亂此湖開天下平吳尋亡而九服爲一
天紀三年八月建鄴有鬼目菜於工黃狗家生依緣棗樹長丈餘莖
廣四寸厚二分又有買菜生工吳平家高四尺如枇杷形上圓莖一尺八寸
莖廣五寸兩邊生葉綠色東觀案圖名鬼目作芝草買菜作平慮草遂
以狗爲侍芝郎平爲平慮郎皆銀印青綬干寶曰明年平吳王濬止
船正得平渚姓名顯然指事之徵也黃狗者吳以土運承漢故初有黃
龍之瑞及其季年而有鬼目之妖託黃狗之家黃稱不改而貴賤大殊
天道精微之應也
惠帝元康二年春巴西郡界竹生花紫色結實如麥外皮青中赤白味甘

元康九年六月庚子有桑生東宮西廂日長尺餘甲辰枯死此與殷太
戊同妖太子不能悟故至廢戮也班固稱野木生朝而暴長小人將暴
居大臣之位危國亡家之象朝將爲墟也是後孫秀張林用事遂至大亂
永康元年四月立皇孫臧爲皇太孫五月甲子就東宮桑又生於西廂
明年趙王倫篡位鴆殺臧此與愍懷同妖也是月壯武國有桑化爲柏
而張華遇害壯武華之封邑也
孝懷帝永嘉二年冬項縣桑樹有聲如解材人謂之桑樹哭案劉向說
桑者喪也又爲哭聲不祥之甚是時京師虛弱胡寇交侵東海王越無
衞國之心四年冬季而南出五年春薨于此城石勒邀其衆圍而射之王
公以下至衆庶死者十餘萬人又剖越棺焚其屍是敗也中原無所請
命洛京亦尋覆沒桑哭之應也
六年五月無錫縣有四株茱萸樹相樛而生狀若連理先是郭景純筮
延陵蝘鼠遇臨之益曰後當復有妖樹生若瑞而非辛螫之木也儻有此
東西數百里必有作逆者及此木生其後徐馥果作亂亦草妖也郭又

以爲木不曲直其七月豫章郡有樟樹久枯是月忽更榮茂與漢昌邑枯社復生同占是懷愍淪陷之徵元帝中興之應也

明帝太寧元年九月會稽剡縣木生如人面是後王敦稱兵作逆禍敗無成昔漢哀成之世並有此妖而人貌備具故其禍亦大今此但如人面而已故其變也輕矣

成帝咸和六年五月癸亥曲阿有柳樹枯倒六載是日忽復起生至九年五月甲戌吳縣吳雄家有死榆樹是日因風雨起生與漢上林斷柳起生同象初康帝爲吳王于時雖改封琅邪而猶食吳郡爲邑是帝越正體饗國之象也曲阿先亦吳地象見吳邑雄之舍又天意乎

哀帝興寧三年五月癸卯廬陵西昌縣脩明家有僵栗樹是日忽復起生時孝武年始四歲俄而哀帝崩海西即位未幾而廢簡文越自藩王入纂大業登阼享國又不踰二年而孝武嗣統帝諱昌明識者竊謂西昌脩明之祥帝諱實應焉是亦與漢宣帝同象也

海西太和元年涼州楊樹生松天戒若曰松者不改柯易葉楊者柔脆之木今松生於楊豈非永久之業將集危亡之地邪是時張天錫稱雄於涼州尋而降苻堅

孝武太元十四年六月建寧郡銅樂縣枯樹斷折忽然自立相屬京房易傳曰棄正作淫厥妖木斷自屬妃后有專木仆反立是時正道多僻其後張夫人專寵及帝崩兆庶歸咎張氏焉

安帝元興三年荊江二州界竹生實如麥　義熙二年九月揚武將軍營士陳蓋家有苦蕒菜莖高四尺六寸廣三尺二寸厚二寸亦草妖也此殆與吳終同象識者以爲苦蕒者買勤苦也自後歲歲征討百姓勞苦是買苦也十餘年中姚泓滅兵始戢是苦蕒之應也　義熙中宮城上及御道左右皆生蒺藜亦草妖也蒺藜有刺不可踐而行生宮牆及馳道天戒若曰人君不聽政雖有宮室馳道若空廢也故生蒺藜

羽蟲之孽

魏文帝黃初四年五月有鵜鶘鳥集靈芝池案劉向說此羽蟲之孽又青祥也詔曰此詩人所謂汙澤者也曹詩刺共公遠君子近小人今豈

有賢智之士處于下位否則斯鳥胡爲而至哉其博舉天下儁德茂才獨行君子以答曹人之刺於是楊彪管寧之徒咸見薦舉此所謂覩妖知懼者也雖然猶不能優容亮直而多溺偏私矣京房易傳曰辟退有德厥妖水鳥集于國中　黃初元年未央宮中又有燕生鷹口爪俱赤此與商紂宋隱同象　景初元年又有燕生巨鷇於衞國李蓋家形若鷹吻似燕此羽蟲之孽又赤眚也高堂隆曰此魏室之大異宜防鷹揚之臣於蕭牆之內其後宣帝起誅曹爽遂有魏室

漢獻帝建安二十三年禿鶖鳥集鄴宮文昌殿後池明年魏武王薨

魏文帝黃初三年又集雒陽芳林園池七年又集其夏文帝崩

景初末又集芳林園池已前再至輒有大喪帝惡之其年明帝崩

蜀劉禪建興九年十月江陽至江州有鳥從江南飛渡江北不能達墮水死者以千數是時諸葛亮連年動衆志吞中夏而終死渭南所圖不遂又諸將分爭頗喪徒旅鳥北飛不能達墮水死者皆有其象也亮竟不能過渭又其應乎此與漢時楚國烏鬭墮泗水粗類矣

景初元年陵霄闕始構有鵲巢其上鵲體白黑雜色此羽蟲之孽又白黑祥也帝以問高堂隆對曰詩云惟鵲有巢惟鳩居之今興起宮室而鵲來巢此宮室未成身不得居之象也天戒若曰宮室未成將有他姓制御之不可不深慮於是帝改容動色　吳孫權赤烏十二年四月有兩烏銜鵲墮東館權使領丞相朱據燎鵲以祭按劉歆說此羽蟲之孽又黑祥也視不明聽不聰之罰也是時權意溢德衰信讒好殺二子將危將相俱殆覩妖不悟加之以燎昧道之甚者也明年太子和廢魯王霸賜死朱據左遷陸議憂卒是其應也東館典教之府鵲墮東館又天意乎

吳孫權太元二年正月封前太子和爲南陽王遣之長沙有鵲巢其帆檣和故官僚聞之皆憂慘以爲檣末傾危非久安之象是後果不得其死

孫亮建興二年十一月有大鳥五見于春申吳人以爲鳳皇明年改元爲五鳳漢桓帝時有五色大鳥司馬彪云政道衰缺先以致鳳乃羽蟲孽耳孫亮未有德政孫峻驕暴方甚此與桓帝同事也按瑞應圖大鳥似

鳳而為孽者非一宜皆是也　孫晧建衡三年西苑言鳳皇集以之
改元義同於亮　武帝泰始四年八月有翟雉飛上閶闔天戒若
曰閶闔門非雉所止猶殷宗雉登鼎耳之戒也
惠帝永康元年趙王倫既篡京師得異鳥莫能名倫使人持出周旋城
邑市以問人積日宮西有小兒見之遂自言曰服留鳥翳持者即還白
倫倫使更求又見之乃將入宮密籠鳥并閉小兒戶中明日視之悉不
見此羽蟲之孽時趙王倫有目瘤之疾言服留者謂倫留將服其罪
也尋而倫誅趙王倫篡位有鶉入太極殿雉集東堂天戒若曰太極東
堂皆朝享聽政之所而鶉雉同日集之者趙王倫不當居此位也詩云
鶉之疆疆鵲之奔奔人之無良我以為君其此之謂乎尋而倫滅
孝懷帝永嘉元年二月洛陽東北步廣里地陷有蒼白二色鵝出蒼者
飛翔沖天白者止焉此羽蟲之孽又黑白祥也陳留董養曰步廣周之
狄泉盟會地也白者金色國之行也蒼為胡象其可盡言乎是後劉元
海石勒相繼亂華

明帝太寧三年八月庚戌有大鳥二蒼黑色翼廣一丈四尺其一集司
徒府射而殺之其一集市北家人舍亦獲焉此羽蟲之孽又黑祥也及
閏月戊子而帝崩後遂有蘇峻祖約之亂
成帝咸和二年正月有五鷗鳥集殿庭此又白祥也是時庾亮苟違眾
謀將召蘇峻有言不從之咎故白祥先見也三年二月峻果作亂宮掖
焚毀化為汙萊此其應也　咸康八年七月有白鷺鳥集殿屋是時康
帝始即位不永之祥也後涉再朞而帝崩案劉向曰野鳥入處宮室將
空此其應也　海西初以興寧三年二月即位有野雉集于相風此羽
蟲之孽也尋為桓溫所廢也
孝武帝太元十六年六月鵲巢太極東頭鴟尾又巢國子學堂西頭十
八年東宮始成十九年正月鵲又巢其西門此殆與魏景初同占學堂
風教之所聚西頭又金行之祥及帝崩後安皇嗣位桓玄遂篡風教乃
頹金行不競之象也
安帝義熙三年龍驤將軍朱猗戍壽陽婢炊飯忽有群鳥集竈競來
啄噉婢驅逐不去有獵狗咋殺兩烏餘烏因共啄殺狗又噉其肉唯餘
骨存此亦羽蟲之孽又黑祥也明年六月猗死此其應也
羊禍
成帝咸和二年五月司徒王導廄羊生無後足此羊禍也京房易傳曰
足少者下不勝任也明年蘇峻破京都導與帝俱幽石頭僅乃得免是
其應也
赤眚赤祥
公孫文懿時襄平北市生肉長圍各數尺有頭目口喙無手足而動搖
此赤祥也占曰有形不成有體不聲其國滅亡文懿尋為魏所誅
吳戍將鄧喜殺豬祠神治畢縣之忽見一人頭往食肉喜引弓射中
之咋咋作聲繞屋三日近赤祥也後人白喜謀北叛闔門被誅京房易
妖占曰山見葆江于邑邑有兵狀如人頭赤色
武帝太康五年四月壬子魯國池水變赤如血七年十月河陰有赤
雪二頃此赤祥也是後四載而帝崩王室遂亂

惠帝元康五年三月呂縣有流血東西百餘步此赤祥也至元康末窮
凶極亂僵屍流血之應也干寶以為後八載而封雲亂徐州殺傷數萬
人是其應也
永康元年三月尉氏雨血夫政刑舒緩則有常燠赤祥之妖此歲正月送
愍懷太子幽于許宮天戒若曰不宜緩恣姦人將使太子冤死惠帝愚
眊不寤是月愍懷遂斃於是王室成釁禍流天下淖齒殺齊湣王曰
天雨血沾衣天以告也此之謂乎京房易傳曰歸獄不解茲謂追非厥
咎天雨血茲謂不親下有惡心不出三年無其宗又曰佞人祿功臣戮天
雨血也
愍帝建興元年十二月河東地震雨肉　四年十二月景寅丞相府斬
督運令史淳于伯血逆流上柱二丈三尺此赤祥也是時後將軍褚裒
鎮廣陵丞相揚聲北伐伯以督運稽留及役使贓罪依軍法戮之其
息訴稱督運事訖無所稽乏受賕役使罪不及死兵家之勢先督後
實每見是屯戍非為征軍自四年已來運漕稽停皆不以軍興法論僚

佐莫之理及有蘷司直彈劾衆官元帝不問遂頻旱三年干寶以爲寃
氣之應也郭景純曰血者水類同屬於坎坎爲法像水平潤下不宜逆
流此政有咎失之徵也
劉聰僞建元元年正月平陽地震其崇明觀陷爲池水赤如血赤氣至
天有赤龍奮迅而去流星起于牽牛入紫微龍形委蛇其光照地落
于平陽北十里視之則肉臭聞于平陽長三十步廣二十七步肉旁常
有哭聲晝夜不止數日聰后劉氏產一虵一獸各害人而走尋之不得
頃之見於隕肉之旁是時劉聰納劉殷三女並爲其后天戒若曰聰既
自稱劉姓三后又俱劉氏逆骨肉之綱亂人倫之則隕肉諸妖其眚亦
大俄而劉氏死哭聲自絕

晉書志卷第十八　　五行中

傳曰聽之不聰是謂不謀厥咎急厥罰恒寒厥極貧時則有鼓妖時則有魚孽時則有豕禍時則有耳痾時則有黑眚黑祥惟火沴水聽之不聰是謂不謀言上偏聽不聰下情隔塞則謀慮利害失在嚴急故其咎急也盛冬日短寒以殺物政促迫故其罰常寒也寒則不生百穀上下俱貧故其極貧也君嚴猛而閉下臣戰慄而塞耳則妄聞之氣發於音聲故有鼓妖寒氣動故有魚孽而龜能為孽龜能陸處非極陰也魚去水而死極陰之孽也於易坎為水為豕豕大耳而不聰察聽氣毀故有豕禍也一曰寒歲豕多死及為怪亦是也及人則多病耳者故有耳痾水色黑故有黑眚黑祥凡聽傷者病水氣水氣病則火沴之其極貧者順之其福曰富劉歆聽傳曰有介蟲之孽也庶徵之恒寒劉歆以為大雨雪及未當雨雪而雨雪及大雨雹隕霜殺菽草皆常寒之罰也京房易傳曰有德遭險茲謂逆命厥異寒誅罰過深當燠而寒盡六日亦為雹害正不誅茲謂養賊寒七十二日殺飛禽道人始去茲謂傷其寒物無霜而死涌水而出戰不量敵茲謂辱命其寒雖雨物不茂聞善不予厥咎聾

吳孫權嘉禾三年九月朔隕霜傷穀案劉向說誅罰不由君出在臣下之象也是時校事呂壹專作威福與漢元帝時石顯用事隕霜同應班固書九月二日陳壽言朔皆明未可以傷穀也壹後亦伏誅京房易傳曰興兵妄誅茲謂亡法厥災霜夏殺五穀冬殺麥誅不原情茲謂不仁其霜夏先大雷風冬先雨乃隕霜有芒角賢聖遭害其霜附木不下地佞人依刑茲謂私賊其霜在草根土隙間不教而誅茲謂虐其霜反在草下

四年七月雨雹又隕霜案劉向說雹者陰脅陽也是時呂壹作威用事詆毀重臣排陷無辜自太子登以下咸患毒之而壹反獲封侯寵異與春秋時公子遂專任雨雹同應也漢安帝信讒多殺無辜亦雨雹董仲舒曰凡雹皆為有所脅行專壹之政故也

赤烏四年正月大雪平地深三尺鳥獸死者太半是年夏全琮等四將軍攻略淮南襄陽戰死者千餘人其後權以讒邪數責讓陸議議憤恚致卒與漢景武大雪同事　十一年四月雨雹是時權聽讒將危太子其後朱據屈晃以迕意黜辱陳正陳象以忠諫族誅而太子終廢此有德遭險誅罰過深之應也

武帝泰始六年冬大雪七年十二月又大雪明年有步闡楊肇之敗死傷甚衆不聰之罰也　九年四月辛未隕霜是時賈充親黨比周用事與魯定公漢元帝時隕霜同應也

咸寧三年八月平原安平上黨泰山四郡霜害三豆是月河間暴風寒冰郡國五隕霜傷穀是後大舉征吳馬隆又帥精勇討涼州

五年五月丁亥鉅鹿魏郡雨雹傷禾麥辛卯鴈門雨雹傷秋稼六月庚戌汲郡廣平陳留滎陽雨雹景辰又雨雹隕霜傷秋麥千三百餘頃壞屋百二十餘間癸亥安定雨雹七月庚申魏郡又雨雹閏月壬子新興又雨雹八月庚子河南河東弘農又雨雹兼傷秋稼三豆

太康元年三月河東高平霜雹傷桑麥四月河南河內河東魏郡弘農雨雹傷麥豆是月庚午畿內縣二及東平范陽雨雹癸酉畿內縣五又雨雹五月東平平陽上黨鴈門濟南雨雹傷禾麥三豆是時王濬有大功而權戚互加陷抑帝從容不斷陰脅陽之應也　二年二月辛酉隕霜于濟南琅邪傷麥壬申琅邪雨雹傷麥三月甲午河東隕霜害桑五月景戌城陽章武琅邪傷麥庚寅河東樂安東平濟陰弘農濮陽齊國頓丘魏郡河內汲郡上黨雨雹傷禾稼六月郡國十七雨雹七月上黨雨雹　三年十二月大雪五年七月乙卯中山東平雨雹傷秋稼甲辰中山雨雹九月南安大雪折木　六年二月東海隕霜傷桑麥三月戊辰齊郡臨淄長廣不其等四縣樂安梁鄒等八縣琅邪臨沂等八縣河間易城等六縣高陽北新城等四縣隕霜傷桑麥六月滎陽汲郡鴈門雨雹　八年四月齊國天水二郡隕霜十二月大雪九年正月京都大風雨雹發屋拔木四月隴西隕霜　十年四月郡國八隕霜

惠帝元康二年八月沛及蕩陰雨雹　三年四月滎陽雨雹六月弘農
湖城華陰又雨雹深三尺是時賈后凶婬專恣與春秋魯桓夫人同事
陰氣盛也　五年六月東海雨雹深五寸十二月丹楊建鄴雨雹是月
丹楊建鄴大雪　六年三月東海隕雪殺桑麥　七年五月魯國
雨雹七月秦雍二州隕霜殺稼也　九年三月旬有八日河南滎陽
潁川隕霜傷禾五月雨雹是時賈后凶躁滋甚及冬遂廢愍懷
永寧元年七月襄城河南雨雹十月襄城河南高平平陽又風雹折
木傷稼　光熙元年閏八月甲申朔霰雪劉向曰盛陽雨水湯熱陰
氣脅之則轉而為雹盛陰雨雪凝滯陽氣薄之則散而為霰今
雪非其時此聽不聰之應是年帝崩
孝懷帝永嘉元年十二月冬雪平地三尺　七年十月庚午大雪
元帝太興二年十二月丁未成都風雹殺人　三年三月海鹽雨雹是
時王敦陵上　永昌二年十二月幽冀并三州大雨
明帝太寧元年十二月幽冀并三州大雪　二年四月庚子京都大
雨雹燕雀死　三年三月丁丑雨雪癸巳隕霜四月大雨雹是年帝
崩尋有蘇峻之亂
成帝咸和六年三月癸未雨雹是時帝幼弱政在大臣
咸和九年八月成都大雪是歲李雄死
咸康二年正月丁巳皇后見于太廟其夕雨雹
康帝建元元年八月大雪是時政在將相陰氣盛也劉向曰凡雨陰
也雪又雨之陰也出非其時迫近象也
穆帝永和三年八月冀方大雪人馬多凍死　五年六月臨漳暴風震
電雨雹大如升　十年五月涼州雪明年八月張祚枹罕護軍張瓘
帥宋混等攻滅祚更立張曜靈弟玄靚京房易傳曰夏雪戒臣
為亂此其亂之應也　十一年四月壬申朔霜　十二月戊午雷己未雪
是時帝幼母后稱制政在大臣陰盛故也　升平二年正月大雪
海西太和三年四月雨雹折木
孝武太元二年四月己酉雨雹十二月大雪是時帝幼政在將相陰之

盛也　十二年四月己丑雨雹　二十年五月癸卯上虞雨雹　二十一
年四月丁亥雨雹是時張夫人專幸及帝暴崩兆庶尤之　十二月連
雪二十三日是時嗣主幼冲冢宰專政
安帝隆安二年三月乙卯雨雹是秋王恭殷仲堪稱兵內侮終皆誅之
也　元興二年十二月酷寒過甚是時桓玄篡位政事煩苛識者以為
朝政失在舒緩玄則反之以酷案劉向曰周衰無寒歲秦滅無燠年此
之謂也　三年正月甲申霰雪又雷雷霰同時皆失節之應也
四月景午江陵雨雹是時安帝蒙塵　義熙元年四月壬申雨雹
是時四方未一征鼓日戒　五年三月己亥雪深數尺五月癸巳溧
陽雨雹　九月己丑廣陵雨雹明年盧循至蔡洲　六年正月景寅
雪又雷　五月壬申雨雹　八年四月辛未朔雨雹六月癸亥雨雹
大風發屋是秋誅劉藩等　十年四月辛卯雨雹
雷震
魏明帝景初中洛陽城東橋城西洛水浮橋桓楹同日三處俱時震尋
又震西城上候風木飛鳥時勞役大起帝尋晏駕
吳孫權赤烏八年夏又震宮門柱又擊南津大橋桓楹
孫亮建興元年十二月朔大風震電是月又雷雨義同前說亮終廢
武帝太康六年十二月甲申朔淮南郡震電　七年十二月己亥毗陵雷
電南沙司鹽都尉戴亮以聞　十年十二月癸卯廬江建安雷電大雨
惠帝永康元年六月癸卯震崇陽陵標西南五百步標破為七十
片是時賈后陷害鼎輔寵樹私戚與漢桓帝時震憲陵寢同事也
后終誅滅　永興二年十月丁丑雷震
懷帝永嘉四年十月震電
愍帝建興元年十一月戊午會稽大雨震電己巳夜赤氣曜於西北是
夕大雨震電庚午大雪案劉向說雷以二月出八月入今此月震電者
陽不閉藏也既發泄而明日便大雪皆失節之異也是時劉載僭號平
陽李雄稱制於蜀九州幅裂西京孤微為君失時之象也赤氣赤祥也
元帝太興元年十一月乙卯暴雨雷電

永昌二年七月景子朔雷震太極殿柱　十二月會稽吳郡雷震電
成帝咸和元年十月己巳會稽郡大雨震電　三年六月辛卯臨海
大雷破郡府內小屋柱十枚殺人九月二日壬午立冬會稽雷電
四年十一月吳郡會稽又震電
穆帝永和七年十月壬午雷雨震電
升平元年十一月庚戌雷乙丑又雷　五年十月庚午雷發東南方
孝武帝太元五年六月甲寅雷震含章殿四柱并殺內侍二人
十年十二月雷聲在南方　十四年七月甲寅雷震燒宣陽門西柱
安帝隆安二年九月壬辰雷雨
元興三年永安皇后至自巴陵將設儀導入宮天雷震人馬各一俱殪焉
義熙四年十一月辛卯朔西北方疾風發癸丑雷六月景寅雷震太廟
破東鴟尾徹柱又震太子西池合堂是時帝不親蒸嘗故天震之明簡
宗廟也西池是明帝為太子時所造次故號太子池及安帝多病患無
嗣故天震之明無後也　六年正月景寅雷又雪十二月壬辰大雷

九年十二月甲戌雷乙亥又雷
鼓妖
惠帝元康九年三月有聲若牛出許昌城十二月廢愍懷太子幽于許
宮明年賈后遣黃門孫慮殺太子擊以藥杵聲聞于外是其應也
蘇峻在歷陽外營將軍鼓自鳴如人弄鼓者峻手自破之曰我鄉土時
有此則城空矣俄而作亂夷滅此聽不聰之罰也
石季龍末洛陽城西北九里石牛在青石趺上忽鳴聲聞四十里季龍
遣人打落兩耳及尾鐵釘釘四腳尋而季龍死
孝武太元十五年三月己酉朔東北方有聲如雷桉劉向說以為雷當
託於雲猶君託於臣無雲而雷此君不恤於下下人將叛之象也及帝
崩而天下漸亂孫恩桓玄交陵京邑
吳興長城夏架山有石鼓長丈餘面徑三尺所下有盤石為足鳴則聲
如金鼓三日天有兵至安帝隆安中大鳴後有孫恩之亂
魚孽

魏齊王嘉平四年五月有二魚集于武庫屋上此魚孽也王肅曰魚生
於水而亢於屋介鱗之物失其所也邊將其殆有棄甲之變乎後果有
東關之敗干寶又以為高貴鄉公兵禍之應二說皆與班固旨同
武帝太康中有鯉魚二見武庫屋上干寶以為武庫兵府魚有鱗甲
亦兵類也魚既極陰屋上太陽魚見屋上象至陰以兵革之禍干太陽
也至惠帝初誅楊駿廢太后矢交館閣元康末賈后謗殺太子尋亦誅
廢十年之間母后之難再興是其應也自是禍亂構矣京房易妖曰魚
去水飛入道路兵且作
蝗蟲　春秋文蟲劉歆從介蟲之孽與魚同占
魏文帝黃初三年七月冀州大蝗人飢桉蔡邕說蝗者在上貪苛之所
致也是時孫權歸順帝因其有西陵之役舉大眾襲之權遂背叛也
武帝泰始十年六月蝗是時荀賈任政疾害公直
惠帝永寧元年郡國六蝗
懷帝永嘉四年五月大蝗自幽并司冀至于秦雍草木牛馬毛鬣皆

盡是時天下兵亂漁獵黔黎存亡所繼惟司馬越苟晞而已競為暴刻
經略無章故有此孽
愍帝建興四年六月大蝗去歲劉曜頻攻北地馮翊麴允等悉眾御之
卒為劉曜所破西京遂潰　五年帝在平陽司冀青雍螽
元帝太興元年六月蘭陵合鄉蝗害禾稼乙未東莞蝗蟲縱廣三百里
害苗稼七月東海彭城下邳臨淮四郡蝗蟲害禾豆八月冀青徐三州
蝗食生草盡至于二年是時中州淪喪暴亂滋甚也　二年五月淮陵
臨淮淮南安豐廬江等五郡蝗蟲食秋麥是月癸丑徐州及揚州江西
諸郡蝗吳郡百姓多餓死去年王敦并領荊州苛暴之釁自此興矣
孝武帝太元十五年八月兗州蝗是時慕容氏逼河南征戍不已故有斯
孽　十六年五月飛蝗從南來集堂邑縣界害苗稼是年春發江州
兵營甲士二千人家口六七千配護軍及東宮後尋散亡殆盡又邊將
連有征役故有斯孽
豕禍

吳孫晧寶鼎元年野豕入右大司馬丁奉營此豕禍也後奉見遣攻穀陽無功而反晧怒斬其導軍及舉大衆北出奉及萬彧等相謂曰若至華里不得不各自還也此謀泄奉時雖已死晧追討穀陽事殺其子溫家屬皆遠徙豕禍之應也龔遂曰山野之獸來入宮室宮室將空又其象也

懷帝永嘉中壽春城內有豕生兩頭而不活周馥取而觀之時識者云豕北方畜胡狄象兩頭者無上也生而死不遂也天戒若曰勿生專利之謀將自致傾覆也周馥不寤遂欲迎天子令諸侯俄爲元帝所敗是其應也石勒亦尋渡淮百姓死者十有其九

元帝建武元年有豕生八足此聽不聰之罰又所任邪也是後有劉隗之變

成帝咸和六年六月錢唐人家猳豕產兩子而皆人面如胡人狀其身猶豕京房易妖曰豕生人頭豕身者危且亂今此猳豕而產異之甚者也

孝武帝太元十年四月京都有豚一頭二脊八足

十三年京都人家豕產子一頭二身八足並與建武同妖也是後宰相沈酗不恤朝政近習用事漸亂國綱至於大壞也

黑眚黑祥

孝懷帝永嘉五年十二月黑氣四塞近黑祥也帝尋淪陷王室丘墟是其應也

愍帝建興二年正月己巳朔黑霧著人如墨連夜五日乃止此近黑祥也其四年帝降劉曜

元帝永昌元年十月京師大霧黑氣蔽天日月無光十一月帝崩

火沴水

武帝太康五年六月任城魯國池水皆赤如血按劉向說近火沴水聽之不聰之罰也京房易傳曰君淫於色賢人潛國家危厥異水流赤

穆帝升平三年二月涼州城東池中有火

四年四月姑臧澤水中又有火此火沴水之妖也明年張天錫殺中護軍張邕邕執政之人也

安帝元興二年十月錢唐臨平湖水赤桓玄諷吳郡使言開除以爲己瑞俄而桓玄敗

傳曰思心之不容是謂不聖厥咎霿厥罰恆風厥極凶短折時則有脂夜之妖時則有華孽時則有牛禍時則有心腹之痾時則有黃眚黃祥時則有金木水火沴土思心不容是謂不聖思心者心思慮也容寬也孔子曰居上不寬吾何以觀之哉言上不寬大包容臣下則不能居聖位貌言視聽以心爲主四者皆失則區霿無識故其咎霿也雨旱寒燠亦以風爲本四氣皆亂故其罰常風也常風傷物故其極凶短折也傷人曰凶禽獸曰短草木曰折一曰凶夭也兄喪弟曰短父喪子曰折在人腹中肥而包裹心者脂也心區霿則冥晦故有脂夜之妖一曰有脂物而夜爲妖若脂夜汙人衣淫之象也一曰夜妖者雲風並起而杳冥故與常風同象也溫而風則生螟螣有裸蟲之孽劉向以爲於易巽爲風爲木卦在三月四月繼陽而治主木之華實風氣盛至秋冬木復華故有華孽一曰地氣盛則秋冬復華一曰華者色也土爲內事謂女孽也於易坤爲土爲牛牛大心而不能思慮思心氣毀故有牛禍一曰牛多死及爲怪亦是也及人則多病心腹者故有心腹之痾土色黃故有黃眚黃祥凡思心傷者病土氣土氣病則金木水火沴之故曰時則有金木水火沴土不言惟而獨曰時則有者非一衝氣所沴明其異大也其極凶短折者順之其福曰考終命劉歆思心傳曰時有臝蟲之孽謂螟螣之屬也

庶徵恆風

魏齊王正始九年十一月大風數十日發屋折樹十二月戊午晦尤甚動太極東閤

嘉平元年正月壬辰朔西北大風發屋折樹木昏塵蔽天按管輅說此爲時刑大臣執政之憂也是時曹爽區霿自專驕僭過度天戒數見終不改革此思心不睿恆風之罰也後踰旬而爽等誅滅京房易傳曰衆逆同志至德乃潛厥異風其風也行不解物不長雨小而傷政悖德隱茲謂亂厥風先風不雨大風暴起發屋折木守義不進茲謂耗厥風與雲俱起折五穀莖臣易上政茲謂不順厥風大焱發屋賦斂不理茲

謂禍厥風絶經紀止即温温即蟲侯專封茲謂不統厥風疾而樹不搖
穀不成辟不思道利茲謂無澤厥風不搖水旱無雲傷禾公常於利茲
謂亂厥風微而温生蟲蝗害五穀棄正作淫茲謂惑厥風温螟蟲起
害有益人之物諸侯不朝茲謂畔厥風無恒地變赤雨殺人
吳孫權太元元年八月朔大風江海涌溢平地水深八尺拔高陵樹二
千株石碑蹉動吳城兩門飛落案華覈對役繁賦重區霿不容之
罰也明年權薨
孫亮建興元年十二月景申大風震電是歲魏遣大衆三道來攻諸葛
恪破其東興軍二軍亦退明年恪又攻新城喪衆太半還伏誅
孫休永安元年十一月甲午風四轉五復蒙霧連日是時孫綝一門五侯
權傾吳主風霧之災與漢五侯丁傅同應也十二月丁卯夜有大風發
木揚沙明日綝誅
武帝泰始五年五月辛卯朔廣平大風折木
咸寧元年五月下邳廣陵大風壞千餘家折樹木其月甲申廣陵司

吾下邳大風折木　三年八月河間大風折木
太康二年五月濟南暴風折木傷麥六月高平大風折木發壞邸閣四
十餘區七月上黨又大風傷秋稼　八年六月郡國八大風
九年正月京都風雹發屋拔樹後二年宮車晏駕
惠帝元康四年六月大風雨拔樹
五年四月庚寅夜暴風城東渠波浪殺人七月下邳大風壞廬舍九月
鴈門新興太原上黨災風傷稼明年氐羌反叛大兵西討
九年六月飈風吹賈謐朝服飛數百丈明年謐誅十一月甲子朔京都
連大風發屋折木十二月愍懷太子廢幽于許昌
永康元年二月大風拔木三月愍懷被害已卯喪柩發許昌還洛是日
又大風雷電幃蓋飛裂四月張華第舍飈風起折木飛繒折軸六七
是月華遇害十一月戊午朔大風從西北來折木飛沙石六日止明年正
月趙王倫篡位
永寧元年八月郡國三大風　永興元年正月乙丑西北大風

趙王倫建始元年正月癸酉趙王倫祠太廟災風暴起塵霾四合其年四
月倫伏辜
元帝永昌元年七月景寅大風拔木屋瓦皆飛八月暴風壞屋拔御道
柳樹百餘株其風縱橫無常若風自八方來者是時王敦專權害尚書
令刁協僕射周顗等故風縱橫若非一處也此臣易上政諸侯不朝之
罰也十一月宮車晏駕
成帝咸康四年三月壬辰成都大風發屋折木四月李壽襲殺李期自立
康帝建元元年七月庚寅晉陵吳郡災風
穆帝升平元年八月丁未策立皇后何氏是日疾風後桓玄篡位乃降
后為零陵縣君不睿之罰也　五年正月戊午朔疾風
海西公太和六年二月大風迅急是年被廢
孝武帝寧康元年三月京都大風火大起是時桓温入朝志在陵上帝
又幼少人懷憂恐斯不睿之徵也
三年三月戊申朔暴風迅起從丑上來須臾逆轉從子上來飛沙揚礫

太元二年二月乙丑朔暴風折木　閏三月甲子朔暴風疾雨俱至發屋
折木　三年六月長安大風拔苻堅宮中樹其後堅再南伐遂有肥水
之敗身戮國亡　四年八月乙未暴風揚沙石　十二年正月壬午夜暴
風七月甲辰大風折木　十三年十二月己未大風晝晦其後帝崩而
諸侯違命權奪於元顯禍成於桓玄是其應也　十七年六月乙未
大風折木
安帝元興二年二月夜大風雨大航門屋瓦飛落明年桓玄篡位由此
門入　三年正月桓玄出遊大航南飄風飛其轓蓋經三月而玄敗
歸江陵　五月江陵又大風折木是月桓玄敗於崢嶸洲身亦屠裂十
一月丁酉大風江陵多死者
義熙四年十一月辛卯朔西北疾風起　五年閏十一月丁亥大風發屋
明年盧循至蔡洲　六年五月壬申大風拔北郊樹樹幾百年也并
吹瑯邪揚州二射堂倒壞是日盧循大艦漂沒甲戌又風發屋折木是
冬王師南討　九年正月大風白馬寺浮圖剎柱折壞　十年四月己

丑朔大風拔木六月辛亥大風拔木七月谁北大風壞廬舍明年西討
司馬休之應
夜妖
魏高貴鄉公正元二年正月戊戌景帝討毋丘儉大風晦瞑行者皆頓
伏近夜妖也劉向曰正晝而瞑陰爲陽臣制君也
元帝景元三年十月京都大震晝晦此夜妖也班固曰夜妖者雲風並
起而杳冥故與常風同象也劉向春秋說云天戒若曰勿使大夫世官
將令專事瞑晦公室卑矣魏見此妖晉有天下之應也
懷帝永嘉四年十一月辛卯晝昏至于庚子此夜妖也後年劉曜寇
洛川王師頻爲賊所敗帝蒙塵于平陽
孝武帝太元十三年十二月乙未大風晦瞑其後帝崩而諸侯違命干
戈內侮權奪於元顯禍成於桓玄
蠃蟲之孽
京房易傳曰臣安祿位茲謂貪厥災蟲蟲食根德無常茲謂煩蟲食葉
晉志十九　十一
不絀無德蟲食本與東作爭茲謂不時蟲食莖蔽惡生孽蟲食心
武帝咸寧元年七月郡國螟九月青州又螟是月郡國有青蟲食其禾
稼　四年司兗豫荊揚郡國二十螟
太康四年會稽彭蜞及蟹皆化爲鼠甚衆復大食稻爲災
九年八月郡國二十四螟九月蟲又傷秋稼是時帝聽讒諛寵任賈充
楊駿故有蟲蝗之災不絀無德之罰
惠帝元康三年九月帶方等六縣螟食禾葉盡　永寧元年七月
梁益涼三州螟是時齊王冏執政貪苛之應也　永寧元年十月南
安巴西江陽太原新興北海青蟲食禾葉甚者十傷五六十二月郡國
六螟
牛禍
武帝太康九年幽州塞北有死牛頭語近牛禍也是時帝多疾病深以
後事爲念而託付不以至公思瞀亂之應也按師曠曰怨讟動於人則
有非言之物而言又其義也京房易傳曰殺無罪牛生妖

惠帝太安中江夏張騁所乘牛言曰天下亂乘我何之騁懼而還犬又
言曰歸何早也尋後牛又人立而行騁使善卜者卦之謂曰天下將有
兵亂爲禍非止一家其年張昌反先略江夏騁爲將帥於是五州殘亂
騁亦族滅京房易妖曰牛能言如其言占吉凶易萌氣樞曰人君不好
士走馬被文繡犬狼食人食則有六畜談言時天子諸侯不以惠下爲
務又其應也
元帝建武元年七月晉陵陳門才牛生犢一體兩頭按京房易傳言牛
生子二首一身天下將分之象也是時愍帝蒙塵於平陽尋爲逆胡
所殺元帝即位江東天下分爲二是其應也
太興元年武昌太守王諒牛生子兩頭八足兩尾共一腹三年後死又有
牛一足三尾皆生而死按司馬彪說兩頭者政在私門上下無別之象
也京房易傳曰足多者所任邪也足少者不勝任也其後王敦等亂政
此其祥也　四年十二月郊牛死按劉向說春秋郊牛死曰宣公區霿
昏亂故天不饗其祀今元帝中興之業實王導之謀也劉隗探會上
晉志十九　十二
意以得親幸導見疏外此區霿不睿之禍
成帝咸和二年五月護軍牛生犢兩頭六足是冬蘇峻作亂
七年九德人袁榮家牛產犢兩頭八足二尾共身
桓玄之國在荊州詣刺史殷仲堪行至鶴穴逢一老公驅青牛形色瓌
異桓玄即以所乘牛易取乘至零陵涇溪駿駛非常息駕飲牛牛逕入
江水不出玄遣人覘守經日無所見於後玄敗被誅
黃眚黃祥
蜀劉備章武二年東伐二月自秭歸進屯夷道六月秭歸有黃氣見
長十餘里廣數十丈後踰旬備爲陸議所破近黃祥也
魏齊王正始中中山王周南爲襄邑長有鼠從穴出語曰王周南爾以
某日死周南不應鼠還穴後至期更冠幘皁衣出語曰周南汝日中當
死又不應鼠復入穴斯須更出語如向日適欲中鼠入須臾復出出復
入轉更數語如前日適中鼠曰周南汝不應我復何道言絕顛蹶而死
即失衣冠取視具如常鼠按班固說此黃祥也是時曹爽專政競爲比

周故鼠作變也
惠帝元康四年正月大霧帝時昏眊政非己出故有區霧之妖
元帝太興四年八月黃霧四塞埃氛蔽天
永昌元年十月京師大霧黑氣冊貫天日无光
明帝太寧元年正月癸巳黃霧四塞二月又黃霧四塞是時王敦擅權謀逆愈甚
穆帝永和七年三月涼州大風拔木黃霧下塵是時張重華納譖出謝艾為酒泉太守而所任非其人至九年死嗣子見殺是其應也京房易傳曰聞善不予茲謂有知厥異黃厥咎聾厥災不嗣黃者有黃濁氣四塞天下蔽賢絕道故災至絕世也
孝武泰元八年二月癸未黃霧四塞是時道子專政親近佞人朝綱方替
安帝元興元年十月景申朔黃霧昏濁不雨是時桓玄謀逆之應
義熙五年十月大霧十年十一月又大霧是時帝室衰微臣下權盛兵及土地略非君有此其應也

地震

劉向曰地震金木水火沴土者也伯陽甫曰天地之氣不過其序若過其序人之亂也陽伏而不能出陰迫而不能升於是有地震
吳孫權黃武四年江東地連震是時權受魏爵命為大將軍吳王改元專制不脩臣迹京房易傳曰臣事雖正專必震其震於水則波於木則搖於屋則瓦落大經在辟而易臣茲謂陰動厥震搖政宮大經搖政茲謂不陰厥震搖山出涌水嗣子無德專祿茲謂不順厥震動丘陵涌水出劉向並云臣下強盛將動而為害之應也
魏明帝青龍二年十一月京都地震從東來隱隱有聲搖屋瓦
景初元年六月戊申京都地震是秋吳將朱然圍江夏荊州刺史胡質擊退之又公孫文懿叛自立為燕王改年置百官明年討平之
吳孫權嘉禾六年五月江東地震
赤烏二年正月地再震是時呂壹專事步騭上疏曰伏聞校事吹毛求瑕趣欲陷人成其威福无罪无辜橫受重刑雖有大臣不見信任如此天地焉得无變故地連震動臣下專政之應也冀所以警悟人主可不深思其意哉壹後卒敗
魏齊王正始二年十一月南安郡地震　三年七月甲申南安郡地震十二月魏郡地震　六年二月丁卯南安郡地震是時曹爽專政遷太后于永寧宮太后與帝相泣而別連年地震是其應也
吳孫權赤烏十一年二月江東地仍震是時權聽讒譖黜朱據廢太子
蜀劉禪炎興元年蜀地震是時宦人黃皓專權桉司馬彪說閹官無陽施游婦人也皓見任之應與漢和帝時同事也是冬蜀亡
武帝泰始五年四月辛酉地震是年冬新平氐羌叛明年孫皓遣大衆入渦口　七年六月景申地震
咸寧二年八月庚辰河南河東平陽地震
四年六月丁未陰平廣武地震甲子又震
太康二年二月庚申淮南丹楊地震　五年正月朔壬辰京師地震
六年七月己丑地震　七年七月南安犍為地震八月京兆地震

八年五月壬子建安地震七月陰平地震八月丹楊地震　九年正月會稽丹楊吳興地震四月辛酉長沙南海等郡國八地震七月至于八月地又四震其三有聲如雷九月臨賀地震十二月又震　十年十二月己亥丹楊地震
太熙元年正月地又震武帝世始於賈充終於楊駿阿黨昧利苟竊朝權至於末年所任轉弊故頻年地震過其序也終喪天下
惠帝元康元年十二月辛酉京都地震此夏賈后使楚王瑋殺汝南王亮及太保衞瓘此陰道盛陽道微故也　四年二月上谷上庸遼東地震五月蜀郡山移淮南壽春洪水出山崩地陷壞城府八月上谷地震水出殺百餘人十月京都地震十一月滎陽襄城汝陰梁國南陽地皆震十二月京都又震是時賈后亂朝終至禍敗之應也漢鄧太后攝政時郡國地震李固以為地陰也法當安靜今乃越陰之職專陽之政故應以震此同事也京房易傳曰小人剝廬厥妖山崩茲謂陰乘陽弱勝彊又曰陰背陽則地裂父子分離夷羌叛去

元康五年五月丁丑地震六月金城地震
六年正月丁丑地震八年正月景辰地震
太安元年十二月地震時齊王冏專政之應
二年十二月景辰地震是時長沙王乂專政之應也
孝懷帝永嘉三年十月荆襄二州地震時司馬越專政
四年四月兗州地震五月石勒寇汲郡執太守胡寵遂南濟河是其應也
愍帝建興二年四月甲辰地震　三年六月丁卯長安又地震是時
主幼權傾於下四方雲擾兵亂不息之應也
元帝太興元年四月西平地震湧水出十二月廬陵豫章武昌西陵地
震湧水出山崩干寶以為王敦陵上之應也　二年五月己丑祁山
地震山崩殺人是時相國南陽王保在祁山稱晉王不終之象也
三年四月庚寅丹楊吳郡晉陵又地震
成帝咸和二年二月江陵地震三月益州地震四月己未豫州地震是
年蘇峻作亂　九年三月丁酉會稽地震

穆帝永和元年六月癸亥地震是時嗣主幼冲母后稱制政在臣下所
以連年地震　二年十二月地震　三年正月景辰地震　九月地
又震　四年十月己未地震　五年正月庚寅地震是時石季龍僭
即皇帝位亦過其序也　九年八月丁酉京都地震有聲如雷
十年正月丁卯地震聲如雷雞雉皆鳴呴　十一年四月乙酉地震
五月丁未地震
升平二年十一月辛酉地震　五年八月涼州地震
哀帝隆和元年四月甲戌地震是時政在將相人主南面而已
興寧元年四月甲戌揚州地震湖瀆溢
二年二月庚寅江陵地震是時桓溫專政
海西公太和元年二月涼州地震水涌是海西將廢之應也
簡文帝咸安二年十月辛未安成地震是年帝崩
孝武帝寧康元年十月辛未地震　二年二月丁巳地震七月
甲午涼州地又震山崩是時嗣主幼冲權在將相陰盛之應也

太元二年閏三月壬午地震五月丁丑地震
十一年六月己卯地震是後緣河諸將連歲兵役人勞之應也
十五年三月己酉朔夜地震八月京都地震十二月己未地震
十七年六月癸卯地震十二月己未地又震是時群小弄權天下側目
十八年正月癸亥朔地震二月乙未夜地震
安帝隆安四年四月乙未地震九月癸丑地震是時幼主冲昧政在臣下
義熙四年正月壬子夜地震有聲十月癸亥地震
五年正月戊戌夜尋陽地震有聲如雷明年盧循下
八年自正月至四月南康廬陵地四震明年王旅西討荆益
十年三月戊寅地震

山崩地陷裂

吳孫權赤烏十三年八月丹楊句容及故鄣寧國諸山崩鴻水溢按劉
向說山陽君也水陰百姓也天戒若曰君道崩壞百姓將失其所與春
秋梁山崩漢齊楚衆山發水同事也夫三代命祀祭不越望吉凶禍福

不是過也吳雖稱帝其實列國以災發丹楊其天意矣劉歆以為國主山
川山崩川竭亡之徵也後二年而權薨又二十六年而吳亡
魏元帝咸熙二年二月太行山崩此魏亡之徵也其冬晉有天下
武帝泰始三年三月戊午大石山崩
四年七月泰山崩墜三里京房易傳曰自上下者為崩厥應泰山之石
顛而下聖王受命人君虜及帝晏駕而禄去王室惠皇懷愍三帝
俱辱虜庭淪胥於北元帝中興於南此其應也
太康五年景午宣帝廟地陷
六年十月南安新興山崩湧水出
七年二月朱提之大瀘山崩震壞郡舍陰平之仇池崖隕
八年七月大雨殿前地陷方五尺深數丈中有破船
惠帝元康四年蜀郡山崩殺人五月壬子壽春山崩洪水出城壞地陷
方三十丈殺人六月壽春大雷山崩地坼人家陷死上庸郡亦如之八
月居庸地裂廣三十六丈長八十四丈水出大飢上庸四處山崩地墜

廣三十丈長百三十丈水出殺人皆賈后亂朝之應也
太安元年四月西墉崩
懷帝永嘉元年三月洛陽東北步廣里地陷
二年八月乙亥鄄城城無故自壞七十餘丈司馬越惡之遷于濮陽此見沴之異也越卒以陵上受禍
三年七月戊辰當陽地裂三所廣三丈長三百餘步京房易傳曰地坼裂者臣下分離不肯相從也其後司馬越苟晞交惡四方牧伯莫不離散王室遂亡
三年十月宜都夷道山崩
四年四月湘東酃黑石山崩
元帝太興元年二月廬陵豫章武昌西陽地震山崩
二年五月祁山地震山崩殺人
三年南平郡山崩出雄黃數千斤時王敦陵傲帝優容之示含養禍萌也　四年八月常山崩水出滹沲盈溢大木傾拔
成帝咸和四年十月柴桑廬山西北崖崩十二月劉胤爲郭默所殺
穆帝永和七年九月峻平崇陽二陵崩
十二年十一月遣散騎常侍車灌脩峻平陵開埏道崩壓殺數十人
升平五年二月南掖門馬足陷地得鍾一有文四字
哀帝隆和元年四月丁丑浩亹山崩張天錫亡徵也
安帝義熙八年二月壬寅山陰地陷方四丈有聲如雷
十年五月戊寅西明門地穿湧水出毀門扇及限此水沴土也
十一年五月霍山崩出銅鍾六枚
十二年七月漢中城固縣水涯有聲若雷既而岸崩出銅鍾有十二枚
惠帝元康九年六月夜暴雷雨賈謐齋屋柱陷入地壓謐牀帳此木沴土土失其性不能載也明年謐誅焉
光熙元年五月范陽國地燃可以爨此火沴土也是時禮樂征伐自諸侯出
傳曰皇之不極是謂不建厥咎眊厥罰恒陰厥極弱時則有射妖時則有龍蛇之孽時則有馬禍時則有下人伐上之痾時則有日月亂行星辰逆行皇之不極是謂不建皇君極中建立也人君貌言視聽思心五事皆失不得其中不能立萬事失在眊悖故其咎眊也王者自下承天理物雲起於山而彌於天天氣亂故其罰常陰一曰上失中則下彊盛而蔽君明也易曰亢龍有悔貴而亡位高而亡民賢人在下位而亡輔如此則君有南面之尊而亡一人之助故其極弱也盛陽動進輕疾禮春而大射以順陽氣上微弱則下奮驚動故有射妖易曰雲從龍又曰龍蛇之蟄以存身也陰陽氣動故有龍蛇之孽於易乾爲君爲馬任用而強力君氣毀故有馬禍一曰馬多死及爲怪亦是也君亂且弱人之所叛天之所去不有明王之誅則有篡殺之禍故有下人伐上之痾凡君道傷者病天氣不言五行沴天而日月亂行星辰逆行者爲若下不敢沴天猶春秋曰王師敗績于貿戎不言敗之者以自敗爲文尊尊之意也劉歆皇極傳曰有下體生於上之痾說以爲下人伐上天誅已成不得復爲痾云

常陰

吳孫亮太平三年自八月沈陰不雨四十餘日是時將誅孫綝謀泄九月戊午綝以兵圍宮廢亮爲會稽王此常陰之罰也
吳孫皓寶鼎元年十二月太史奏久陰不雨將有陰謀孫皓驚懼時陸凱等謀因其謁廟廢之及出留平領兵前驅凱先語平平不許是以不果皓既肆虐羣下多懷異圖終至降亡

射妖

蜀車騎將軍鄧芝征涪陵見玄猿緣山手射中之猿拔其箭卷木葉塞其創芝曰嘻吾違物之性其將死矣俄而卒此射妖也一曰猿母抱子芝射中之子爲拔箭取木葉塞創芝歎息投弩水中自知當死
恭帝爲琅邪王好奇戲嘗閉一馬於門內令人射之欲觀幾箭死左右有諫者曰馬國姓也今射之不祥於是乃止而馬已被十許箭矣此蓋射妖也俄而禪位於宋焉

龍蛇之孽

魏明帝青龍元年正月甲申青龍見郟之摩陂井中凡瑞興非時則爲

妖孽況困于井非嘉祥矣魏以改年非也干寶曰自明帝終魏世青龍
黃龍見者皆其主廢興之應也魏土運青木色而不勝于金黃得位青
失位之象也青龍多見者君德國運內相剋伐也故高貴鄉公卒敗于
兵按劉向說龍貴象而困井中諸侯將有幽執之禍也魏世龍莫不在
井此居上者逼制之應高貴鄉公著潛龍詩即此旨也
高貴鄉公正元元年戊戌黃龍見于鄴井中
甘露元年正月辛丑青龍見軹縣井中六月乙丑青龍見元城縣界井中
二年二月青龍見溫縣井中
三年黃龍青龍仍見頓丘冠軍陽夏縣界井中
四年正月黃龍二見寧陵縣界井中
元帝景元元年十二月甲申黃龍見華容縣井中三年二月龍見軹縣井中
吳孫晧天冊中龍乳於長沙人家啖雞鶵京房易妖曰龍乳人家王者
為庶人其後晧降晉
武帝咸寧二年六月景午白龍二見于九原井中
晉志十九
十九
太康五年正月癸卯二龍見武庫井中帝觀之有喜色百寮將賀劉
毅獨表曰昔龍漦夏庭禍發周室龍見鄭門子產不賀帝荅曰朕德政
未脩未有以應受嘉祥遂不賀也孫盛曰龍水物也何與於人子產言
之當矣但非其所處是為妖災夫龍以飛翔顯見為瑞今則潛伏幽處
非休祥也漢惠帝二年兩龍見蘭陵井中本志以為其後趙王幽死之
象武庫者帝王威御之器所寶藏也屋宇邃密非龍所處是後七年藩
王相害二十八年東有二胡僭竊神器二逆皆字曰龍此之表異為有證矣
愍帝建興二年十一月枹罕羌妓產一龍子色似錦文常就母乳遙見
神光少得就視此亦皇之不建於是帝竟淪沒
呂纂末龍出東廂井中到其殿前蟠臥比旦失之俄又有黑龍升其宮
門纂咸以為美瑞或曰龍者陰類出入有時今而屢見必有下人謀上
之變後纂果為呂超所殺
武帝咸寧中司徒府有二大蛇長十許丈居聽事平橑上而人不知但
數年怪府中數失小兒及豬犬之屬後有一蛇夜出被刃傷不能去乃

覺之發徒攻擊移時乃死夫司徒五教之府此皇極不建故蛇孽見之
漢靈帝時蛇見御座楊賜之為帝溺於色之應也魏代宮人猥多晉又
過之燕遊是湎此其孽也詩云惟虺惟蛇女子之祥也
惠帝元康五年三月癸巳臨淄有大蛇長十餘丈負二小蛇入城北門逕
從市入漢城陽景王祠中不見天戒若曰昔漢景王有定傾之功而不
厲節忠慎以至失職奪功之辰今齊王冏不寤雖建興復之功而驕陵
取禍此其徵也
明帝太寧初武昌有大蛇常居故神祠空樹中每出頭從人受食京房
易妖曰蛇見於邑不出三年有大兵國有大憂尋有王敦之逆
馬禍
武帝太熙元年遼東有馬生角在兩耳下長三寸按劉向說曰此兵象
也及帝晏駕之後王室毒於兵禍是其應也京房易傳曰臣易上政
不順厥妖馬生角茲謂賢士不足又曰天子親伐馬生角呂氏春秋曰
人君失道馬有生角及惠帝踐阼昏愚失道又親征伐成都是其應也
晉志十九
二十
惠帝元康八年十二月皇太子將釋奠太傅趙王倫驂乘至南城門馬
止力士推之不能動倫入軺車乃進此馬禍也天戒若曰倫不知義方終
為亂逆非傅導行禮之人也
九年十一月戊寅忽有牡騮馬驚奔至廷尉訊堂悲鳴而死天戒若曰
愍懷冤死之象也見廷尉訊堂其天意乎
懷帝永嘉六年二月神馬鳴南城門
愍帝建興二年九月蒲子縣馬生人京房易傳曰上亡天子諸侯相伐
厥妖馬生人是時帝室衰微不絕如線胡狄交侵兵戈日逼尋而帝亦
淪陷故此妖見也
元帝太興二年丹楊郡吏濮陽演馬生駒兩頭自項前別生而死司馬
彪說曰此政在私門二頭之象也其後王敦陵上
成帝咸康八年五月甲戌有馬色赤如血自宣陽門直走入于殿前盤
旋走出尋逐莫知所在己卯帝不豫六月崩此馬禍又赤祥也是年張
重華在涼州將誅其西河相張祚廄馬數十匹同時悉無後尾也

安帝隆安四年十月梁州有馬生角刺史郭銓送示桓玄按劉向說曰馬不當生角猶玄不當舉兵向上也玄不寤以至夷滅

石季龍在鄴有一馬尾有燒狀入其中陽門出顯陽門東宮皆不得入走向東北俄爾不見術者佛圖澄歎曰災其及矣踰年季龍死其國遂滅

人痾

魏文帝黃初初清河宋士宗母化爲鼈入水

明帝太和三年曹休部曲兵奚農女死復生時又有開周世冢得殉葬女子數日而有氣數月而能言郭太后愛養之又太原人發冢破棺棺中有一生婦人問其本事不知也視其墓木可三十歲按京房易傳曰至陰爲陽下人爲上宣帝起之象也漢平帝獻帝並有此異占以爲王莽曹操之徵

孫休永安四年安吳民陳焦死七日復生穿冢出干寶曰此與漢宣帝同事烏程侯皓承廢故之家得位之祥也

孫皓寶鼎元年丹楊宣騫母年八十因浴化爲黿兄弟閉戶衛之掘堂上作大坎實水其中黿入坎遊戲一二日恒延頸外望伺戶小開便輪轉自躍入于遠潭遂不復還與漢靈帝時黃氏母同事吳亡之象也

魏元帝咸熙二年八月襄武縣言有大人見長三丈餘跡長三尺二寸髮白著黃巾黃單衣柱杖呼王始語曰今當太平晉尋代魏

武帝泰始五年元城人年七十生角殆趙王倫篡亂之象也

咸寧二年十二月琅邪人顏畿病死棺斂已久家人咸夢畿謂己曰我當復生可急開棺遂出之漸能飲食屈伸視瞻不能行語二年復死京房易傳曰至陰爲陽下人爲上厥妖人死復生其後劉元海石勒僭逆遂亡晉室下爲上之應也

惠帝元康中安豐有女子周世寧年八歲漸化爲男至十七八而氣性成京房易傳曰女子化爲丈夫茲謂陰昌賤人爲王此亦劉元海石勒蕩覆天下之妖也

永寧初齊王冏唱義兵誅除亂逆乘輿反正忽有婦人詣大司馬門求寄產門者詰之婦曰我截臍便去耳是時齊王冏匡復王室天下歸功識者爲其惡之後果斬戮

永寧元年十二月甲子有白頭公入齊王冏大司馬府大呼曰有大兵起不出甲子旬冏殺之明年十二月戊辰冏敗即甲子旬也

太安元年四月癸酉有人自雲龍門入殿前北面再拜曰我當作中書監即收斬之干寶以爲禁庭尊秘之處今賤人徑入而門衛不覺者宮室將虛而下人踰之妖也是後帝北遷鄴又遷長安宮闕遂空焉

元康中梁國女子許嫁已受禮娉尋而其夫戍長安經年不歸女家更以適人女不樂行其父母逼強不得已而去尋得病亡後其夫還問其女所在其家具說之其夫徑至女墓不勝哀情便發冢開棺女遂活因與俱歸後壻聞知詣官爭之所在不能決秘書郎王導議曰此是非常事不得以常理斷之宜還前夫朝廷從其議

惠帝世杜錫家葬而婢誤不得出後十年開冢祔葬而婢尚生始如瞑有頃漸覺問之自謂再宿耳初婢之埋年十五六及開冢更生猶十五六

也嫁之有子

光熙元年會稽謝眞生子頭大而有髮兩蹠反向上有男女兩體生便作丈夫聲經一日死此皇之不極下人伐上之痾於是諸王有僭亂之象也

惠帝之世京洛有人兼男女體亦能兩用人道而性尤淫此亂氣所生自咸寧太康之後男寵大興甚於女色士大夫莫不尚之天下相倣效或至夫婦離絕多生怨曠故男女氣亂而妖形作也

懷帝永嘉元年吳郡吳縣萬詳婢生子鳥頭兩足馬蹄一手無毛尾黃色大如枕此亦人妖亂之象也

五年五月枹罕令嚴根妓產一龍一女一鵝京房易傳曰人生他物非人所見者皆爲天下大兵是時帝承惠皇之後四海沸騰尋而陷於平陽爲逆胡所害此其徵也

愍帝建興四年新蔡縣吏任僑妻產二女腹與心相合自胸以上臍以下各分此蓋天下未一之妖也時內史呂會上言按瑞應圖異根同體謂之連理異畝同穎謂之嘉禾草木之異猶以爲瑞今二人同心易稱

二人同心其利斷金蓋四海同心之瑞也時皆哂之俄而四海分崩帝亦
淪没
元帝太興初有女子其陰在腹當臍下自中國來至江東其性淫而不
產又有女子陰在首渡在揚州性亦淫京房易妖曰人生子陰在首天
下大亂在腹天下有事在背天下無後子時王敦據上流將欲為亂是
其徵
三年十二月尚書騶謝平妻生女墮地濞濞有聲須臾便死鼻目皆
在頂上面處如項口有齒都連為一胷如鼈手足爪如鳥爪皆下勾此
亦人生他物非人所見者後二年有石頭之敗
明帝太寧二年七月丹楊江寧侯紀妻死經三日復生
成帝咸康五年四月下邳民王和僑居暨陽息女可年二十自云上天
來還得徵瑞印綬當母天下晉陵太守以為妖收付獄至十月有人
持柘杖絳衣詣止車門口列為聖人使求見天子門候受辭辭稱姓呂
名賜其言王和女可右足下有七星星皆有毛長七寸天令命可為天

下母奏聞即伏誅并下晉陵誅可
康帝建元二年十月衛將軍營督過望所領兵陳瓚女臺有文在其
足曰天下之母灸之愈明京都讙譁有司收繫以聞俄自建康縣獄亡
去明年帝崩獻后臨朝此其祥也
孝武帝寧康初南郡州陵女唐氏漸化為丈夫
安帝義熙七年無錫人趙未年八歲一旦暴長八尺髭鬚蔚然三日
而死
義熙中東陽人莫氏生女不養埋之數日於土中啼取養遂活
義熙末豫章吳平人有二陽道重累生
恭帝元熙元年建安人陽道無頭正平本下作女人形體

晉書志第十九　五行下

刑法

傳曰齊之以禮有恥且格刑之不可犯不若禮之不可踰則昊歲比於犧年宜有降矣若夫穹圓肇判肖貌攸分流形播其喜怒稟氣彰其善惡則有自然之理焉念室後刑衢樽先惠將以屏除災害引導休和取譬琴瑟不忘銜策擬陽秋之成化若堯舜之爲心也郊原布肅軒皇有轡野之師雷電揚威高辛有觸山之務陳乎兵甲而肆諸市朝具嚴天刑以懲亂首論其本意蓋有不得已而用之者焉是以丹浦興仁羽山咸服而世屬僥倖事關攸蠹政失禮微獄成刑起則孔子曰聽訟吾猶人也必也使無訟乎及周氏龔行刧收鋒刃祖述生成憲章堯禹政有膏露威兼禮樂或觀辭以明其趣或傾耳以照其微或彰善以激其情或除惡以崇其本至夫取威定霸一匡九合寓言成康不由凝網此所謂酌其遺美而愛民治國者焉若乃化蔑彝倫道睽明慎則夏癸之虐劉百姓商辛之毒痛四海衛鞅之無所自容韓非之不勝其虐與夫甘棠流詠未或同歸秦文初造參夷始皇加之抽脅囹圄如市悲哀盈路漢王以三章之法以弔之文帝以刑厝之道以臨之于時百姓欣然將逢交泰而犴逐情遷科隨意往獻瓊杯於闕下徙青衣於蜀路覆醢裁刑傾宗致獄況乃數囚於京兆之夜五日於長安之市北闕相引中都繼及者亦往往而有焉而將亡之國典刑咸棄刊章以急其憲適意以寬其網桓靈之季不其然歟魏明帝時宮室盛興而期會迫急有稽限者帝親召問言猶在口身首已分王肅抗疏曰陛下之所行刑皆宜死之人也然衆庶不知將爲倉卒願陛下下之於吏而暴其罪均其死也不汙宮掖不爲搢紳驚惋不爲遠近所疑人命至重難生易殺氣絶而不續者也是以聖王重之孟軻云殺一不辜而取天下者仁者不爲也世祖武皇帝接三統之微酌千年之範乃命有司大明刑憲于時詔書頒新法於天下海内同軌人甚安之條綱雖設稱爲簡惠仰昭天睠下濟民心道有法而無敗德俟刑而久立及晉圖南徙百有二年仰止前規挹其流潤江左無外蠻陬來格孝武時會稽王道子傾弄

朝權其所樹之黨貨官私獄烈祖惛迷不聞司敗晉之綱紀大亂焉

傳曰三皇設言而民不違五帝畫象而民知禁則書所謂象以典刑流宥五刑鞭作官刑朴作教刑者也然則犯黥者皁其巾犯劓者丹其服犯臏者墨其體犯宮者雜其屨大辟之罪殊刑之極布其衣裾而無領緣投之於市與衆棄之舜命皋陶曰五刑有服五服三就五流有宅五宅三居者乎前載事既參倍夏后氏之王天下也則五刑之屬三千殷因於夏有所損益周人以三典刑邦國以五聽察民情左嘉右肺事均鎔造而五刑之屬猶有二千五百焉乃置三刺三宥三赦之法一刺曰訊群臣再刺曰訊群吏三刺曰訊萬民一宥曰不識再宥曰過失三宥曰遺忘一赦曰幼弱再赦曰老耄三赦曰惷愚司馬法或起甲兵以征不義廢貢職則討不朝會則誅亂嫡庶則縶變禮刑則放

傳曰殷周之質不勝其文及昭后徂征穆王斯耄爰制刑辟以詰四方姦宄弘多亂離斯永則所謂夏有亂政而作禹刑商有亂政而作湯刑周有亂政而作九刑者也古者大刑用甲兵中刑用刀鋸薄刑用鞭朴自茲厥後狙詐彌繁武皇帝並以爲往憲猶疑不可經國乃命車騎將軍守尚書令魯公徵求英俊刊律定篇云爾漢自王莽篡位之後舊章不存光武中興留心庶獄常臨朝聽訟躬決疑事是時承離亂之後法網弛縱罪名既輕無以懲肅梁統乃上疏曰臣竊見元帝初元五年輕殊刑三十四事哀帝建平元年盡四年輕殊死者刑八十一事其四十二事手殺人皆減死罪一等著爲常法自是以後人輕犯法吏易殺人吏民俱失至於不羈臣愚以爲刑罰不苟務輕務其中也君人之道仁義爲主仁者愛人義者理務愛人故當爲除害理務亦當爲去亂是以五帝有流殛放殺之誅三王有大辟刻肌之刑所以爲除殘去亂也故孔子稱仁者必有勇又曰理財正辭禁人爲非曰義高帝受命制約令定法律傳之後世可常施行文帝寬惠溫克遭世康平因時施恩省去肉刑除相坐之法他皆率由舊章天下幾致升平武帝值中國隆盛財力有餘出兵命將征伐遠方軍役數興百姓罷弊豪桀犯禁姦吏弄法故設遁匿之科著知縱之律宣帝聰明正直履道握要以御海内臣下

奉憲不失繩墨元帝法律少所改更天下稱安孝成孝哀承平繼體即
位日淺聽斷尚寡丞相王嘉等猥以數年之間虧除先帝舊約穿令
斷律凡百餘事或不便於政或不厭人心臣謹表取其尤妨政事害良
善者傅奏如左伏惟陛下苞五常履九德推時撥亂博施濟時而反因
循季世末節衰微軌迹誠非所以還初反本據元更始也願陛下宣詔
有司悉舉初元建平之所穿鑿考其輕重察其化俗足以知政教所虧
擇其善者而從之其不善者而改之定不易之典施之無窮天下幸甚
事下三公廷尉議以爲隆刑峻法非明王急務不可開許統復上言曰有
司猥以臣所上不可施行今臣所言非曰嚴刑竊謂高帝以後至乎宣
帝其所施行考合經傳比方今事非隆刑峻法不勝至願願得召見若
對尚書近臣口陳其意帝令尚書問狀統又對極言政刑宜改議竟不
從及明帝即位常臨聽訟觀錄洛陽諸獄帝性既明察能得下姦故尚
書奏決罰近於苛碎至章帝時尚書陳寵上疏曰先王之政賞不僭刑
不濫與其不得已寧僭不濫故唐堯著典曰流宥五刑眚災肆赦帝舜

命皋陶以五宅三居惟明克允文王重易六爻而列叢棘之聽周公作
立政戒成王勿誤乎庶獄陛下即位率由此義而有司執事未悉奉承
斷獄者急於榜格酷烈之痛執憲者繁於詐欺放濫之文違本離實
箠楚爲姦或因公行私以逞威福夫爲政也猶張琴瑟大弦急者小絃
絕故子貢非臧孫之猛法而美鄭僑之仁政方今聖德充塞假于上下
宜因此時隆先聖之務蕩滌煩苛輕薄箠楚以濟群生廣至德也帝
納寵言決罪行刑務於寬厚其後遂詔有司禁絕鉆鑽諸酷痛舊制
解祅惡之禁除文致請讞五十餘事定著于令是後獄法和平永元六
年寵又代郭躬爲廷尉復校律令刑法溢於甫刑者奏除之曰臣聞禮
經三百威儀三千故甫刑大辟二百五刑之屬三千禮之所去刑之所
取失禮則入刑相爲表裏者也今律令犯罪應死刑者六百一十耐罪
千六百九十八贖罪以下二千六百八十一溢於甫刑千九百八十九其四百
一十大辟千五百七耐罪七十九贖罪春秋保乾圖曰王者三百年一
蠲法漢興以來三百二年憲令稍增科條無限又律有三家說各駮異

刑法繁多宜令三公廷尉集平律令應經合義可施行者大辟二百耐
罪贖罪二千八百合爲三千與禮相應其餘千九百八十九事悉可詳
除使百姓改易視聽以成大化致刑措之美傳之無窮未及施行會寵
抵罪遂寢寵子忠忠後復爲尚書略依寵意奏上三十三條爲決事
比以省請讞之敝又上除蠶室刑解臧吏三世禁錮狂易殺人得減重
論母子兄弟相代死聽赦所代者事皆施行雖時有蠲革而舊律繁
蕪未經纂集獻帝建安元年應劭又刪定律令以爲漢議表奏之曰
夫國之大事莫尚載籍也載籍也者決嫌疑明是非賞刑之宜允執厥
中俾後之人永有鑒焉故膠東相董仲舒老病致仕朝廷每有政議數
遣廷尉張湯親至陋巷問其得失於是作春秋折獄二百三十二事動
以經對言之詳矣逆臣董卓蕩覆王室典憲焚燎靡有孑遺開闢以
來莫或茲酷今大駕東邁巡省許都拔出險難其命惟新臣竊不自揆
輒撰具律本章句尚書舊事廷尉板令決事比例司徒都目五曹詔書
及春秋折獄凡二百五十篇蠲去復重爲之節文又集議駁三十篇以

類相從凡八十二事其見漢書二十五漢記四皆刪敘潤色以全本體其
二十六博採古今瓌瑋之士德義可觀其二十七臣所創造左氏云雖有
姬姜不弃憔悴雖有絲麻不弃菅蒯蓋所以代匱也是用敢露頑才廁
于明哲之末雖未足綱紀國體宣洽時雍庶幾觀察增闡聖德惟因萬
機之餘暇遊意省覽獻帝善之於是舊事存焉是時天下將亂百姓
有土崩之勢刑罰不足以懲惡於是名儒大才故遼東太守崔寔大司
農鄭玄大鴻臚陳紀之徒咸以爲宜復行肉刑漢朝既不議其事故無
所用矣及魏武帝匡輔漢室尚書令荀彧博訪百官復欲申之而少府
孔融議以爲古者敦厖善否區別吏端刑清政無過失百姓有罪
皆自取之末世陵遲風化壞亂政撓其俗法害其教故曰上失其道民
散久矣而欲繩之以古刑投之以殘弃非所謂與時消息也紂斮朝涉之
脛天下謂爲無道夫九牧之地千八百君若各刖一人是天下常有千八
百紂也求世休和弗可得已且被刑之人慮不念生志在思死類多趨
惡莫復歸正夙沙亂齊伊戾禍宋趙高英布爲世大患不能止人遂爲

非也雖忠如鬻拳信如卞和智如孫臏冤如巷伯才如史遷達如子正一罹刀鋸沒世不齒是太甲之思庸穆公之霸秦陳湯之都賴魏尚之臨邊無所復施也漢開改惡之路凡為此也故明德之君遠度深惟弃短就長不苟革其政者也朝廷善之卒不改焉及魏國建陳紀子群時為御史中丞魏武帝下令又欲復之使群申其父論群深陳其便時鍾繇為相國亦贊成之而奉常王脩不同其議魏武帝亦難以藩國改漢朝之制遂寢不行於是乃定甲子科犯釱左右趾者易以木械是時乏鐵故易以木焉又嫌漢律太重故令依律論者聽得科半使從半減也魏文帝受禪又議肉刑詳議未定會有軍事復寢時有大女劉朱撾子婦酷暴前後三婦自殺論朱減死輸作尚方因是下怨毒殺人減死之令魏明帝改士庶罰金之令男聽以罰金婦人加笞還從鞭督之例以其形體裸露故也是時承用秦漢舊律其文起自魏文侯師李悝悝撰次諸國法著法經以為王者之政莫急於盜賊故其律始於盜賊盜賊須劾捕故著網捕二篇其輕狡越城博戲借假不廉淫侈踰制以為雜律一篇又以其律具其加減是故所著六篇而已然皆罪名之制

也商君受之以相秦漢承秦制蕭何定律除參夷連坐之罪增部主見知之條益事律興廐戶三篇合為九篇叔孫通益律所不及傍章十八篇張湯越宮律二十七篇趙禹朝律六篇合六十篇又漢時決事集為令甲以下三百餘篇及司徒鮑公撰嫁娶辭訟決為法比都目凡九百六卷世有增損率皆集類為篇結事為章一章之中或事過數十事類雖同輕重乖異而通條連句上下相蒙雖大體異篇實相採入盜律有賊傷之例賊律有盜章之文興律有上獄之法廐律有逮捕之事若此之比錯糅無常後人生意各為章句叔孫宣郭令卿馬融鄭玄諸儒章句十有餘家家數十萬言凡斷罪所當由用者合二萬六千二百七十二條七百七十三萬二千二百餘言言數益繁覽者益難天子於是下詔但得用鄭氏章句不得雜用餘家衛覬又奏曰刑法者國家之所貴重而私議之所輕賤獄吏者百姓之所懸命而選用者之所卑下王政之弊未必不由此也請置律博士轉相教授事遂施行然而律文煩

廣事比衆多離本依末決獄之吏如廷尉獄吏范洪受囚絹二丈附輕法論之獄吏劉象受屬偏考囚張茂物故附重法論之洪象雖皆弃市而輕枉者相繼是時太傅鍾繇又上疏求復肉刑詔下其奏司徒王朗議又不同時議者百餘人與朗同者多帝以吳蜀未平又寢其後天子又下詔改定刑制命司空陳群散騎常侍劉邵給事黃門侍郎韓遜議郎庾嶷中郎黃休荀詵等刪約舊科傍采漢律定為魏法制新律十八篇州郡令四十五篇尚書官令軍中令合百八十餘篇其序略曰舊律所難知者由於六篇篇少故也篇少則文荒文荒則事寡事寡則罪漏是以後人稍增更與本體相離今制新律宜都總事類多其篇條舊律因秦法經就增三篇而具律不移因在第六罪條例既不在始又不在終非篇章之義故集罪例以為刑名冠於律首盜律有劫略恐猲和賣買人科有持質皆非盜事故分以為劫略律賊律有欺謾詐偽踰封矯制囚律有詐偽生死令景有詐自復免事類衆多故分為詐律賊律有賊伐樹木殺傷人畜產及諸亡印金布律有毀傷亡失縣官財物故分為

毀亡律囚律有告劾傳覆廐律有告反逮受科有登聞道辭故分為告劾律囚律有繫囚鞫獄斷獄之法興律有上獄之事科有考事報讞宜別為篇故分為繫訊斷獄律盜律有受所監受財枉法雜律有假借不廉令乙有呵人受錢科有使者驗賂其事相類故分為請賕律盜律有劫辱強賊興律有擅興徭役具律有出賣呈科有擅作脩舍事故分為興擅律興律有乏徭稽留賊律有儲峙不辦廐律有乏軍之興及舊典有奉詔不謹不承用詔書漢氏施行有小愆之反不如令輒劾以不承用詔書乏軍要斬又減以丁酉詔書丁酉詔書漢文所下不宜復以為法故別為之留律秦世舊有廐置乘傳副車食廚漢初承秦不改後以費廣稍省故後漢但設騎置无車馬而律猶著其文則為虛設故除廐律取其可用合科者以為郵驛令其告反逮驗別入告劾律上言變事以為變事令以驚事告急與興律烽燧及科令者以為驚事律盜律有還贓畀主金布律有罰贖入責以呈黃金為價科有平庸坐贓事以為償贓律律之初制无免坐之文張湯趙禹始作監臨部主

見知故縱之例其見知而故不舉劾各與同罪失不舉劾各以贖論其不見不知不坐也是以文約而例通科之為制每條有違科不覺不知從坐之免不復分別而免坐繁多宜總為免例以省科文故更制定其由例以為免坐律諸律令中有其教制本條無從坐之文者皆從此取法也凡所定增十三篇就故五篇合十八篇於正律九篇為增於旁章科令為省矣改漢舊律不行於魏者皆除之更依古義制為五刑其死刑有三髡刑有四完刑作刑各三贖刑十一罰金六雜抵罪七凡三十七名以為律首又改賊律但以言語及犯宗廟園陵謂之大逆無道要斬家屬從坐不及祖父母孫至於謀反大逆臨時捕之或汙瀦或梟菹夷其三族不在律令所以嚴絕惡跡也賊鬬殺人以劾而亡許依古義聽子弟得追殺之會赦及過誤相殺不得報讎所以止殺害也正殺繼母與親母同防繼假之隙也除異子之科使父子無異財也毆兄姊加至五歲刑以明教化也囚徒誣告人反罪及親屬異於善人所以累之使省刑息誣也改投書弃市之科所以輕刑也正篡囚弃市之罪斷凶強為

義之蹤也二歲刑以上除以家人乞鞫之制省所煩獄也改諸郡不得自擇伏日所以齊風俗也斯皆魏世所改其大略如是其後正始之間天下無事於是征西將軍夏侯玄河南尹李勝中領軍曹羲尚書丁謐又追議肉刑卒不能決其文甚多不載及景帝輔政是時魏法犯大逆者誅及已出之女毋丘儉之誅其子甸妻荀氏應坐死其族兄顗與景帝姻通表魏帝以匄其命詔聽離婚荀氏所生女芝為潁川太守劉子元妻亦坐死以懷妊繫獄荀氏辭詣司隸校尉何曾乞恩求沒為官婢以贖芝命曾哀之使主簿程咸上議曰夫司寇作典建三等之制甫侯脩刑通輕重之法叔世多變秦立重辟漢又脩之大魏承秦漢之弊未及革制所以追戮已出之女誠欲殄醜類之族也然則法貴得中刑慎過制所以為女人有三從之義無自專之道出適他族還喪父母降其服紀所以明外成之節異在室之恩而父母有罪追刑已出之女夫黨見誅又有隨姓之戮一人之身內外受辟今女既嫁則為異姓之妻如或產育則為他族之母此為元惡之所忽戮無辜之所重於防則不

足懲姦亂之源於情則傷孝子之心男不得罪於他族而女獨嬰戮於二門非所以哀矜女弱蠲明法制之本分也臣以為在室之女從父母之誅既醮之婦從夫家之罰宜改舊科以為永制於是有詔改定律令文帝為晉王患前代律令本注煩雜陳群劉邵雖經改革而科網本密又叔孫郭馬杜諸儒章句但取鄭氏又為偏黨未可承用於是令賈充定法律令與太傅鄭沖司徒荀顗中書監荀勖中軍將軍羊祜中護軍王業廷尉杜友守河南尹杜預散騎侍郎裴楷潁川太守周雄齊相郭頎騎都尉成公綏尚書郎柳軌及吏部令史榮邵等十四人典其事就漢九章增十一篇仍其族類正其體號改舊律為刑名法例辨囚律為告劾繫訊斷獄分盜律為請賕詐偽水火毀亡因事類為衛宮違制撰周官為諸侯律合二十篇六百二十條二萬七千六百五十七言蠲其苛穢存其清約事從中典歸於益時其餘未宜除者若軍事田農酤酒未得皆從人心權設其法太平當除故不入律悉以為令施行制度以此設教違令有罪則入律其常事品式章程各還其府為故事減梟

斬族誅從坐之條除謀反適養母出女嫁皆不復還坐父母弃市省禁固相告之條去捕亡亡沒為官奴婢之制輕過誤老小女人當罰金杖罰者皆令半之重姦伯叔母之令弃市淫寡女三歲刑崇嫁娶之要一以下娉為正不理私約峻禮教之防准五服以制罪也凡律令合二千九百二十六條十二萬六千三百言六十卷故事三十卷泰始三年事畢表上武帝詔曰昔蕭何以定律令受封叔孫通制儀為奉常賜金五百斤弟子百人皆為郎中夫立功立事古今之所重宜加祿賞其詳考差敘輒如詔簡異弟子百人隨才品用賞帛萬餘匹武帝親自臨講使裴楷執讀四年正月大赦天下乃班新律其後明法掾張裴又注律表上之其要曰律始於刑名者所以定罪制也終於諸侯者所以畢其政也王政布於上諸侯奉於下禮樂撫於中故有三才之義焉其相須而成若一體焉刑名所以經略罪法之輕重正加減之等差明發眾篇之多義補其章條之不足較舉上下綱領其犯盜賊詐偽請賕者則求罪於此作役水火畜養守備之細事皆求之作本名告訊為之心

舌捕繫為之手足斷獄為之定罪名例齊其制自始及終往而不窮變
動無常周流四極上下無方不離于法律之中也其知而犯之謂之故意
以為然謂之失違忠欺上謂之謾背信藏巧謂之詐虧禮廢節謂之不
敬兩訟相趣謂之鬬兩和相害謂之戲無變斬擊謂之賊不意誤犯謂
之過失逆節絶理謂之不道陵上僭貴謂之惡逆將害未發謂之戕
唱首先言謂之造意二人對議謂之謀制衆建計謂之率不和謂之強
攻惡謂之略三人謂之群取非其物謂之盜貨財之利謂之贓凡二十者
律義之較名也夫律者當慎其變審其理若不承用詔書無故失之刑
當從贖謀反之同伍實不知情當從刑此故失之變也卑與尊鬬皆為
賊鬬之加兵刃水火中不得為戲戲之重也向人室廬道徑射不得為
過失之禁也都城人衆中走馬殺人當為賊賊之似也過失似賊戲似
鬬鬬而殺傷傍人又似誤盜傷縛守似強盜呵人取財似受賕囚辭所連
似告劾諸勿聽理似故縱持質似恐猲如此之比皆為無常之格也五
刑不簡正于五罰五罰不服正于五過意善功惡以金贖之故律制生
罪不過十四等死刑不過三徒加不過六囚加不過五累作不過十一歲
累笞不過千二百刑等不過一歲金等不過四兩月贖不計日日作
不拘月歲數不疑閏不以加至死并死不復加不可累者故有并數不
可并數乃累其加以加論者但得其加與加同者連得其本不在次者
不以通論以人得罪與人同以法得罪與法同侵生害死不可齊其防
親疏公私不可常其教禮樂崇於上故降其刑刑法閑於下故全其法
是故尊卑敘仁義明九族親王道平也律有事狀相似而罪名相涉者
若加威勢下手取財為強盜不自知亡為縛守將中有惡言為恐猲不
以罪名呵為呵人以罪名呵為受賕劫召其財為持質此六者以威勢
得財而名殊者也即不求自與為受求所監求而後取為盜贓輸入呵
受為留難斂人財物積藏於官為擅賦加毆擊之為戮辱諸如此類皆
為以威勢得財而罪相似者也夫刑者司理之官理者求情之機情者
心神之使心感則情動於中而形於言暢於四支發於事業是故姦人
心愧而面赤內怖而色奪論罪者務本其心審其情精其事近取諸身

遠取諸物然後乃可以正刑仰手似乞俯手似奪捧手似謝擬手似訴
拱臂似自首攘臂似格鬬矜莊似威怡悅似福喜怒憂懽貌在聲色
姦真猛弱候在視息出口有言當為告下手有禁當為賊喜子殺怒
子當為戲怒子殺喜子當為賊諸如此類自非至精不能極其理也律
之名例非正文而分明也若八十非殺傷人他皆勿論即誣告謀反者反
坐十歲不得告言人即奴婢捍主主得謁殺之賊燔人廬舍積聚盜賊
贓五匹以上棄市即燔官府積聚盜亦當與同歐人教令者與同罪即
令人歐其父母不可與行者同得重也若得遺物強取強乞之類無還
贓法隨例畀之文法律中諸不敬違儀失式及犯罪為公為私贓入身
不入身皆隨事輕重取法以例求其名也夫理者精玄之妙不可以一方
行也律者幽理之奧不可以一體守也或計過以配罪或化略不循常或
隨事以盡情或趣舍以從時或推重以立防或引輕以就下公私廢避
之宜除削重輕之變皆所以臨時觀釁使用法執詮者幽於未制之中
采其根牙之微致之於機格之上稱輕重於豪銖考輩類於參伍然
後乃可以理直刑正夫奉聖典者若操刀執繩刀妄加則傷物繩妄彈則
侵直梟首者惡之長斬刑者罪之大棄市者死之下髡作者刑之威
贖罰者誤之誡王者立此五刑所以寶君子而逼小人故為敕慎之經
皆擬周易有變通之體焉欲令提綱而大道清舉略而王法齊其旨遠
其辭文其言曲而中其事肆而隱通天下之志唯忠也斷天下之疑唯
文也切天下之情唯遠也彌天下之務唯大也變無常體唯理也非天下
之賢聖孰能與於斯夫形而上者謂之道形而下者謂之器化而財之
謂之格刑殺者是冬震曜之象髡罪者似秋彫落之變贖失者是春
陽悔吝之疵也五刑成章輒相依准法律之義焉是時侍中盧珽中書
侍郎張華又表抄新律諸死罪條目懸之亭傳以示兆庶有詔從之
及劉頌為廷尉頻表宜復肉刑不見省又上言曰臣昔上行肉刑從來
積年遂寢不論臣竊以為議者拘孝文之小仁而輕違聖王之典刑
未詳之甚莫過於此今死刑重故非命者衆生刑輕故罪不禁姦所以
然者肉刑不用之所致也今為徒者類性元惡不軌之族也去家懸

遠作役山谷飢寒切身志不聊生又有廉夫介者苟慮不首死則皆為盜賊豈況本性姦凶無賴之徒乎又令徒富者輸財解日歸家乃無役之人也貧者起為姦盜又不制之虜也不刑則罪無所禁不制則群惡橫肆為法若此近不盡善也是以徒亡日屬賊盜日煩亡之數者至有十數得輒加刑日益一歲此為終身之徒也自顧反善無期而災困逼身其志亡思盜勢不得息事使之然也古者用刑以止刑今反於此諸重犯亡者髮過三寸輒重髡之此以刑生刑加作一歲此以徒生徒也亡者積多繫囚猥畜議者曰囚不可不赦復從而赦之此為刑不制罪法不勝姦下知法之不勝相聚而謀為不軌月異而歲不同故自頃以來姦惡陵暴所在充斥議者不深思此故而曰肉刑於名忤聽忤聽孰與賊盜不禁聖王之制肉刑遠有深理其事可得而言非徒懲其畏剝割之痛而不為也乃去其為惡之具使夫姦人無用復肆其志止姦絕本理之盡也亡者刖足無所用復亡盜者截手無所用復盜淫者割其勢理亦如之除惡塞源莫善於此非徒然也此等已刑之後便各歸家

志二十　十一

父母妻子共相養恤不流離於塗路有今之困創愈可役上準古制隨宜業作雖已刑殘不為虛弃而所患都塞又生育繁阜之道自若也今宜取死刑之限輕及三犯逃亡淫盜悉以肉刑代之其三歲刑以下已自杖罰遣又宜制其罰數使有常限不得減此其有宜重者又任之官長應四五歲刑者皆髡笞笞至一百稍行使各有差悉不復居作然後刑不復生刑徒不復生徒而殘體為戮終身作誡人見其痛畏而不犯必數倍於今且為惡者隨發被刑去其為惡之具此為諸已刑者皆良士也豈與全其為姦之手足而蹴居必死之窮地同哉而猶曰肉刑不可用臣竊以為不識務之甚也臣昔常侍左右數聞明詔謂肉刑宜用事便於政願陛下信獨見之斷使夫能者得奉聖慮行之於今比填溝壑冀見太平周禮三赦三宥施於老幼悼耄黔黎不屬逮者此非為惡之所出故刑法逆舍而宥之至於自非此族犯罪則必刑而無赦此政之理也暨至後世以時嶮多難因赦解結權以行之又不以寬罪人也至今恒以罪積獄繁赦以散之是以赦愈數而獄愈塞如此不已

將至不勝原其所由肉刑不用之故也今行肉刑之徒不積且為惡無具則姦息去此二端獄不得繁故無取於數赦於政體勝矣疏上又不見省至惠帝之世政出群下每有疑獄各立私情刑法不定獄訟繁滋尚書裴頠表陳之曰夫天下之事多塗非一司之所管中才之情易撓賴恒制而後定先王知其所以然也是以辨方分職為之準局準局既立各掌其務刑賞相稱輕重無二故下聽有常群吏安業也昔宮掖陵廟有水火毀傷之變然後尚書乃躬自奔赴其非此也皆止於郎令史而已刑罰所加各有常刑去元康四年大風之後廟闕屋瓦有數枚傾落免太常荀寓于時以嚴詔所譴莫敢據正然內外之意僉謂事輕責重有違於常會五年二月有大風主者懲懼前事臣新拜尚書始三日本曹尚書有疾權令兼出按行蘭臺主者乃瞻望阿棟之間求索瓦之不正者得棟上瓦小邪十五處或是始瓦時邪蓋不足言風起倉卒臺官更往太常按行不及得周文書未至之頃便競相禁止臣以權兼暫出出還便罷不復得窮其事而本曹據執却問無已臣時具加

志二十　十二

解遣而主者畏咎不從臣言禁止太常復興刑獄昔漢氏有盜廟玉環者文帝欲族誅釋之但處以死刑曰若侵長陵一抔土何以復加文帝從之大晉垂制深惟經遠山陵不封園邑不飾墓而不墳同乎山壤是以丘阪存其陳草使齊乎中原矣雖陵兆尊嚴唯毀發然後族之此古典也若登踐犯損失盡敬之道事止刑罪可也去八年奴聽教加誣周龍燒草廷尉遂奏族龍一門八口并命會龍獄翻然後得免考之情理準之前訓所處實重今年八月陵上荊一枝圍七寸二分者被斫司徒太常奔走道路雖知事小而案劾難測搔擾驅馳各競免負于今太常禁止未解近日太祝署失火燒屋三間半署在廟北隔道在重牆之內又即已滅頻為詔旨所問主者以詔旨使問頻繁便責尚書不即按行輒禁止尚書免皆在法外刑書之文有限而舛違之故無方故有臨時議處之制誠不能皆得循常也至於此事皆為過當每相逼迫不復以理上替聖朝畫一之德下損崇禮大臣之望臣愚以為犯陵上草木不應乃用同產異刑之制按行奏劾應有定準相承務重體例遂虧或因餘

事得容淺深頗雖有此表曲議猶不止時劉頌爲三公尚書又上疏曰自近世以來法漸多門令甚不一臣今備掌刑斷職思其憂謹具啓聞臣竊伏惟陛下爲政每盡善故事求曲當則例不得直盡善故法不得全何則失法者固以盡理爲法而上求盡善則諸下牽文就意以赴主之所許是以法不得全刑書徵文徵文必有乖於情聽之斷而上安於曲當故執平者因文可引則生二端是法多門令不一則吏不知所守下不知所避姦僞者因法之多門以售其情所欲淺深苟斷不一則居上者難以檢下於是事同議異獄犴不平有傷於法古人有言人主詳其政荒人主期其事理詳匪他盡善則法傷故其政荒也期者輕重之當雖不厭情苟入於文則循而行之故其事理也夫善用法者忍違情不厭聽之斷輕重雖不允人心經於凡覽若不可行法乃得直又君行之分各有所司法欲必奉故令主者平文理有窮塞故使大臣釋滯事有時宜故人主權斷主者守文若釋之執犯蹕之平也大臣釋滯若公孫弘斷郭解之獄也人主權斷若漢祖戮丁公之爲也天下萬事自非斯格重爲故不近似此類不得出以意妄議其餘皆以律令從事然後法信於下人聽不惑吏不容姦可以言政人主軌斯格以責羣下大臣小吏各守其局則法一矣古人有言善爲政者看人設教看人設教制法之謂也又曰隨時之宜當務之謂也然則看人隨時在大量也而制其法法軌既定則行之信如四時執之堅如金石羣吏豈得在成制之內復稱隨時之宜傍引看人設教以亂政典哉何則始制之初固已看人而隨時矣今若設法未盡當則宜改之若謂已善不得盡以爲制而使奉用之司公得出入以差輕重也夫人君所與天下共者法也已令四海不可以不信以爲教方求天下之不慢不可繩以不信之法且先識有言人至愚而不可欺也不謂平時背法意斷不勝百姓願也上古議事以制不爲刑辟夏殷及周書法象魏三代之君齊聖然咸弃曲當之妙鑒而任徵文之直準非聖有殊所遇異也今論時敦弊不及中古而執平者欲適情之所安自託於議事以制臣竊以爲聽言則美論理則違然天下至大事務衆雜時有不得悉循文如令故臣謂宜立

格爲限使主者守文死生以之不敢錯思於成制之外以差輕重則法恒全事無正據名例不及大臣論當以釋不滯則事無閡至如非常之斷出法賞罰若漢祖戮楚臣之私己封趙氏之无功唯人主專之非奉職之臣所得擬議然後情求傍請之跡絕似是而非之奏塞此蓋齊法之大準也主者小吏處事无常何則无情則法徒克有情則撓法積克似无私然乃所以得其私又恒所岨以衛其身斷當恒克世謂盡公時一曲法迺所不疑故人君不善倚深似公之斷而責守文如令之奏然後得爲有檢此又平法之一端也夫出法權制指施一事厭情合聽可適耳目誠有臨時當意之快勝於徵文不允人心也然起爲經制終年施用恒得一而失十故小有所得者必大有所失近有所漏者必遠有所苞故諳事識體者善權輕重不以小害大不以近妨遠忍曲當之近適以全簡直之大準不牽於凡聽之所安必守徵文以正例每臨其事恒御此心以決斷此又法之大槩也又律法斷罪皆當以法律令正文若无正文依附名例斷之其正文名例所不及皆勿論法吏以上所執不同得爲異議如律之文守法之官唯當奉用律令至於法律之內所見不同迺得爲異議也今限法曹郎令史意有不同爲駁唯得論釋法律以正所斷不得援求諸外論隨時之宜以明法官守局之分詔下其事侍中太宰汝南王亮奏以爲夫礼以訓世而法以整俗理化之本事實由之若斷不斷常隨輕重意則王憲不一人无所錯矣故觀人設教在上之舉守文直法臣吏之節也臣以去太康八年隨事異議周懸象魏之書漢詠畫一之法誠以法與時共義不可二今法素定而法爲議則有所開長以爲宜如頌所啓爲永久之制於是門下屬三公曰昔先王議事以制自中古以來執法斷事既以立法誠不宜復求法外小善也若常以善奪法則人逐善而不忌法其害甚於无法也按啟事欲令法令斷一事无二門郎令史以下應復出去駁按隨事以聞也及于江左元帝爲丞相時朝廷草創議斷不循法律人立異議高下无狀主簿熊遠奏曰礼以崇善法以閑非故礼有典法有常防人知惡而无邪心是以周建象魏之制漢創畫一之法故能闡弘大道以

至刑書律令之作由來尚矣經賢智歷夷險隨時斟酌最爲周備自軍
興以來法度陵替至於處事不用律令競作屬命人立異議曲適物
情虧傷大例府立節度復不奉用臨事改制朝作夕改至於主者不
敢任法每輒關諮委之大官非爲政之體若本曹處事不合法令監司
當以法彈違不得動用開塞以壞成事按法蓋麤術非妙道也矯割物
情以成法耳若每隨物情輒改法制此爲以情壞法法之不一是謂多門
開人事之路廣私請之端非先王立法之本意也凡爲駁議者若違律
令節度當合經傳及前比故事不得任情以破成法愚謂宜令錄事更
立條制諸立議者皆當引律令經傳不得直以情言無所依準以虧舊
典也若開塞隨宜權道制物此是人君之所得行非臣子所宜專用主者唯
當徵文據法以事爲斷耳是時帝以權宜從事尚未能從而河東衞展
爲晉王大理考擿故事有不合情者又上書曰今施行詔書有考子正
父死刑或鞭父母問子所在近主者所稱庚寅詔書舉家逃亡家長斬
若長是逃亡之主斬之雖重猶可設子孫犯事將考祖父逃亡逃亡是子
孫而父祖嬰其酷傷順破教如此者衆相隱之道離則君臣之義廢君
臣之義廢則犯上之姦生矣秦網密文峻漢興掃除煩苛風移俗易幾
於刑厝大人革命不得不蕩其穢匿通其圯滯今詔書宜除者多有便
於當今著爲正條則法差簡易元帝令曰礼樂不興則刑罰不中是以
明罰勑法先王所慎自元康已來事故薦臻法禁滋漫大理所上宜朝
堂會議蠲除詔書不可用者此孤所虛心者也及帝即位展爲廷尉又
上言古者肉刑事經前聖漢文除之增加大辟今人戶彫荒百不遺一而
刑法峻重非句踐養胎之義也愚謂宜復古施行以隆太平之化詔內
外通議於是驃騎將軍王導太常賀循侍中紀瞻中書郎庾亮大將
軍諮議參軍梅陶散騎郎張嶷等議以肉刑之典由來尚矣肇自古先
以及三代聖哲明王所未曾改也豈是漢文常主所能易者乎時蕭曹已
沒絳灌之徒不能正其義逮班固深論其事以爲外有輕刑之名內實
殺人又死刑太重生刑太輕生刑縱於上死刑怨於下輕重失當故刑政
不中也且原先王之造刑也非以過怒也非以殘人也所以救姦所以當

罪今盜者竊人之財淫者好人之色亡者避叛之役皆無殺害也則刖之
以刑刑之則止而加之斬戮戮過其罪死不可生縱虐於此歲以巨計
此乃仁人君子所不忍聞而況行之於政乎若乃惑其名而不練其實
惡其生而趣其死此畏水投舟避坎蹈井愚夫之不若何取於政哉今
大晉中興遵復古典率由舊章起千載之滯義拯百殘之遺黎使
皇典廢而復存黥首死而更生至義暢於三代之際遺風播乎百世之
後生肉枯骨惠侔造化豈不休哉或者乃曰死猶不懲而況於刑然
人者冥也其至愚矣雖加斬戮忽爲灰土死事日往生欲日存未以爲
改若刑諸市朝朝夕鑒戒刑者詠爲惡之永痛惡者覩殘刖之長廢
故足懼也然後知先王之輕刑以御物顯誡以懲愚其理遠矣尚書令
刁協尚書薛兼等議以爲聖上悼殘荒之遺黎傷犯死之繁衆欲行
刖以代死刑使犯死之徒得存性命則率土蒙更生之澤兆庶必懷恩以
反化也今中興祚隆大命惟新誠宜設寬法以育人然懼群小愚蔽習
翫所見而忽異聞或未能咸服愚謂行刑之時先明申法令樂刑者刖
甘死者殺則心必服矣古典刑不上大夫今士人有犯者謂宜如舊不在
刑例則進退爲允尚書周顗郎曹彥中書郎桓彝等議以爲復肉刑
以代死誠是聖王之至德哀矜之弘私然竊以爲刑罰輕重隨時而作
時人少罪而易威則從輕而寬之時人多罪而難威則宜化刑而濟之肉
刑平世所應立非救弊之宜也方今聖化草創人有餘姦習惡之徒爲
非未已截頭絞頸尚不能禁而乃更斷足劓鼻輕其刑罰使欲爲惡者
輕犯寬刑蹈罪更衆是爲輕其刑以誘人於罪殘其身以加楚酷也昔
之畏死刑以爲善人者今皆犯輕刑而殘其身畏重之常人反爲犯輕
而致囚此則何異斷刖常人以爲恩仁邪受刑者轉廣而爲非者日多
踊貴屨賤有鼻者醜也徒有輕刑之名而實開長惡之源不如以殺止
殺重以全輕權小停之須聖化漸著兆庶易威之日徐施行也議奏元
帝猶欲從展所上大將軍王敦以爲百姓習俗日久忽復肉刑必駭遠
近且逆寇未殄不宜有慘酷之聲以聞天下於是乃止咸康之世庾冰
好爲糾察近於繁細後益矯違復存寬縱疎密自由律令無用矣

至安帝元興末桓玄輔政又議欲復肉刑斬左右趾之法以輕死刑命百官議蔡廓上議曰建邦立法弘教穆化必隨時置制德刑兼施長貞一以閑其邪教禁以檢其慢灑湛露以流潤厲嚴霜以肅威雖復質文迭用而斯道莫革肉刑之設肇自哲王蓋由曩世風淳人多惇謹圖像既陳則機心直戢刑人在塗則不逞改操故能勝殘去殺化隆無爲季末澆偽設網彌密利巧之懷日滋恥畏之情轉寡終身劇役不足止其姧況乎黥劓豈能反於善徒有酸慘之聲而無濟俗之益至於弃市之條實非不赦之罪事非手殺考律同歸輕重約科減降路塞鍾陳以之抗言元皇所爲留愍今英輔翼贊道邈伊周誠宜明慎用刑愛人弘育申哀矜以革濫移大辟於支體全性命之至重恢繁息於將來而孔琳之議不同用王朗夏侯玄之旨時論多與琳之同故遂不行

晉書志第二十　刑法

列傳第一　晉書三十一　御撰

后妃上

宣穆張皇后　景懷夏侯皇后　景獻羊皇后
文明王皇后　武元楊皇后　武悼楊皇后 左貴嬪
胡貴嬪　諸葛夫人　惠賈皇后　惠羊皇后 謝夫人
懷王皇太后　元夏侯太妃

夫乾坤定位男女流形伉儷之義同歸貴賤之名異等若乃作配皇極齊體紫宸象玉牀之連後星喻金波之合羲璧爰自夐古是謂元妃降及中年乃稱王后四人並列光于帝嚳之宮二妃同降著彼有虞之典夏商以上六宮之制其詳靡得而聞焉姬劉以降五翟之規其事可略而言矣周禮天子立一后三夫人九嬪二十七世婦八十一御妻以聽王者內政故婚義曰天子之與后如日之與月陰之與陽由斯而譚其所從來遠矣故能母儀天寓助宣王化德均載物比大坤維宗廟歆其薦羞宮壤俟其交泰是以哲王垂憲尤重造舟之禮詩人立言先獎葛覃之訓後燭流景所以裁其宴私房樂希聲是用節其容止履端正本抑斯之謂歟若乃娉納有方防閑有禮肅尊儀而脩四德體柔範而弘六義陰教洽於宮闈淑譽騰於區域則玄雲入戶上帝錫母萌之符黃神降徵坤靈贊壽丘之道終能鼎祚惟永衍嗣克昌至若儷極虧閑憑天作孽倒裳衣於衽席感朓側於弦望則龍漦結釁宗周覯爲黍苗鷰尾擬災隆漢墜其枌社矣自曹劉內主位以色登甄衛之家榮非德舉淫荒挺性蔑西郊之禮容婉孌合辭作南國之奇態誠謂由斯外入纖德於是內宣椒掖播晨牝之風蘭殿絕河雎之響晉永言彤史大練之範逾微緬視青蒲朓珥之猷替矣晉承其末與世汙隆宣皇創基功弘而道屈穆后一善勤倅於十亂洎乎太祖始親選良家既而帝掩紈扇躬行請託后採長白彰妒忌之情貫納短青成覆亡之轍得失遺迹煥在緗緗興滅所由義同畫一故列其本事以爲后妃傳云

宣穆張皇后諱春華河內平皐人也父汪魏粟邑令母河內山氏司

徒濤之從祖姑也后少有德行智識過人生景帝文帝平原王榦南陽公主宣帝初辭魏武之命託以風痺嘗暴書遇暴雨不覺自起收之家惟有一婢見之后乃恐事泄致禍遂手殺之以滅口而親自執爨帝由是重之其後柏夫人有寵后罕得進見帝嘗卧病后往省病帝曰老物可憎何煩出也后慙恚不食將自殺諸子亦不食帝驚而致謝后乃止帝退而謂人曰老物不足惜慮困我好兒耳魏正始八年崩時年五十九葬洛陽高原陵追贈廣平縣君咸熙元年追號宣穆妃及武帝受禪追尊皇后

景懷夏侯皇后諱徽字媛容沛國譙人也父尚魏征南大將軍母曹氏魏德陽鄉主后雅有識度帝每有所為必豫籌畫魏明帝世宣帝居上將之重諸子並有雄才大略后知帝非魏之純臣而后既魏氏之甥帝深忌之青龍二年遂以鴆崩時年二十四葬峻平陵武帝登阼初未追崇弘訓太后每以為言泰始二年始加號謚后無男生五女

景獻羊皇后諱徽瑜泰山南城人父衜上黨太守后母陳留蔡氏漢左中郎將邕之女也后聰敏有才行景懷皇后崩景帝更娶鎮北將軍濮陽吳質女見黜復納后無子武帝受禪居弘訓宮號弘訓太后泰始九年追贈蔡氏濟陽縣君謚曰穆咸寧四年太后崩時年六十五祔葬峻平陵

文明王皇后諱元姬東海郯人也父肅魏中領軍蘭陵侯后年八歲誦詩論尤善喪服苟有文義目所一見必貫於心年九歲遇母疾扶侍不捨左右衣不解帶者久之每先意候指動中所適由是父母令攝家事每盡其理祖朗甚愛異之曰興吾家者必此女也惜不為男矣年十二朗薨后哀戚哭泣發於自然其父益加敬異既笄歸于文帝生武帝及遼東悼王定國齊獻王攸城陽哀王兆廣漢殤王廣德京兆公主后事舅姑盡婦道謙沖接下嬪御有序及居父喪身不勝衣言與淚俱時鍾會以才能見任后每言於帝曰會見利忘義好事端寵過必亂不可大任會後果反武帝受禪尊為皇太后宮曰崇化初置宮卿重選其職以太常諸葛緒為衛尉太僕劉原為太僕宗正曹楷為少府后雖處尊位不忘素業躬執紡績器服無文御浣濯之衣食不參味而敦睦九族垂心萬物言必典禮浸潤不行帝以后母羊氏未崇謚號泰始三年下詔曰昔漢文追崇靈文之號武宣有平原博平之封咸所以奉尊尊之敬廣親親之恩也故衛將軍蘭陵景侯夫人羊氏含章體順仁德醇備內承世胄出嬪大國三從之行率禮無違仍遭不造頻喪統嗣撫育眾胤克成家道母儀之教光于邦族誕啓聖明祚流萬國而早世殂隕不遇休寵皇太后孝思烝烝永慕罔極朕感存遺訓追遠傷懷其封夫人為縣君依德紀謚主者詳如舊典於是使使持節謁者何融追謚為平陽靖君四年后崩時年五十二合葬崇陽陵將遷祔帝手疏后德行命史官為哀策曰明明先后興我晉道暉章淑問以翼皇考邁德宣猷大業有造貽慶孤朦堂構是保庶資貞復顧永享難老奄然登遐棄我何早沉哀罔訴如何穹昊嗚呼哀哉厥初生民樹之惠康帝遷明德顧予先皇天立厥配

我皇是光作邦作對德音無疆慭予不弔天篤降殃日沒明夷中年隕喪煢煢在疚永懷摧傷尋惟景行於穆不已海岱降靈世荷繁祉永錫祚胤篤生文母誕膺純和淑慎容止質直不渝躬茲孝友詩書是悅禮籍是紀三從無違中饋允理追惟先后勞謙是尚爰初在室竭力致養嬪于大邦皇基是相謐靜隆化帝業以創內敘嬪御外協時望履信居順德行洽暢寔勿先荒劬勞克讓崇儉抑華沖素是放雖享崇高歡嘉未饗胡寧棄之我將曷仰咨余不造大罰荐臻皇考背世始踰三年仰奉慈親冀無後艱凶災仍集何辜于天嗚呼哀哉靈轜夙駕設祖中闈輼輬動軫既往不追哀哀皇妣永潛靈暉進攀梓宮顧援素旂屏營窮痛誰告誰依訴情贈策以紓傷悲尚或有聞顧予孤遺嗚呼哀哉其後帝追慕不已復下詔曰外曾祖母故司徒王朗夫人楊氏舅氏尊屬鄭劉二從母先后至愛每惟聖善敦睦遺旨渭陽之感永懷靡及其封楊夫人及從母為鄉君邑各五百戶太康七年追贈繼祖母夏侯氏為滎陽鄉君

武元楊皇后諱豔字瓊芝弘農華陰人也父文宗見外戚傳母天水趙氏早卒后依舅家舅妻仁愛親乳養后遣他人乳其子及長又隨後母段氏依其家后少聰慧善書姿質美麗閑於女工有善相者嘗相后當極貴文帝聞而為世子聘焉甚被寵遇生毗陵悼王軌惠帝秦獻王柬平陽新豐陽平公主　武帝即位立為皇后有司奏依漢故事皇后太子各食湯沐邑四十縣而帝以非古典不許后追懷舅氏之恩顯官趙俊納俊兄虞女粲於後宮為夫人帝以皇太子不堪奉大統密以語后后曰立嫡以長不以賢豈可動乎初賈充妻郭氏使賂后求以女為太子妃及議太子婚帝欲娶衛瓘女然后盛稱賈后有淑德又密使太子太傅荀顗進言上乃聽之泰始中帝博選良家以充後宮先下書禁天下嫁娶使宦者乘使車給騶騎馳傳州郡召充選者使后揀擇后性妒惟取潔白長大其端正美麗者並不見留時卞藩女有美色帝掩扇謂后曰卞氏女佳后曰藩三世后族其女不可枉以卑位帝乃止司徒李胤鎮軍大將軍胡奮廷尉諸葛沖

太僕臧權侍中馮蓀祕書郎左思及世族子女並充三夫人九嬪之列司冀兗豫四州二千石將吏家補良人以下名家盛族子女多敗衣瘁貌以避之及后有疾見帝素幸胡夫人恐後立之慮太子不安臨終枕帝膝曰叔父駿女男胤有德色願陛下以備六宮因悲泣帝流涕許之泰始十年崩于明光殿絕于帝膝時年三十七詔曰皇后逮事先后常冀能終始永奉宗廟一旦殂隕痛悼傷懷每自以夙喪二親於家門之情特隆又有心欲改葬父祖以頃者務崇儉守初不有言近垂困說此意情益愍之其使領前軍將軍駿等自克改葬之宜至時主者供給葬事賜謚母趙氏為縣君以繼母段氏為鄉君傳不云乎慎終追遠民德歸厚且使亡者有知尚或嘉之於是有司卜吉窀穸有期乃命史臣作哀策敘懷其辭曰天地配序成化兩儀王假有家道在伉儷姜嫄佐嚳二妃為嬀仰希古昔冀亦同規今胡不然景命夙虧嗚呼哀哉我應圖籙臨統萬方正位于內實在嬪嬙天作之合駿發之祥河嶽降靈啟祚華陽奕世豐衍朱紱斯煌纘女惟行受命溥將來翼家邦憲度是常緝熙陰教德聲顯揚昔我先妣暉曜休光后承前訓奉述遺芳宜嗣徽音繼序無荒如何不弔背世隕喪望齊無主長去烝嘗追懷永悼率土摧傷嗚呼哀哉陵兆既窆將遷幽都宵陳夙駕元妃其徂宮闈遏密階庭空虛設祖布綍告駕啟塗服翬褕狄寄象容車金路晻藹裳帳不舒千乘動軫六騶躊躇銘旌樹表翣柳雲敷祁祁同軌岌岌烝徒孰不云懷哀感萬夫寧神虞卜安軀玄廬土房陶簋齊制遂初依行紀謚聲被八區雖背明光亦歸皇姑沒而不朽世德作謨嗚呼哀哉乃葬于峻陽陵

武悼楊皇后諱芷字季蘭小字男胤元后從妹父駿別有傳以咸寧二年立為皇后婉嫕有婦德美映椒房甚有寵生渤海殤王早薨遂無子太康九年后率內外夫人命婦躬桑于西郊賜帛各有差太子妃賈氏妒忌帝將廢之后言於帝曰賈公閭有勳社稷猶當數世宥之賈妃親是其女正復妒忌之間不足以一眚掩其大德后又數誡厲妃妃不知后之助己因以致恨謂后構之於帝忿怨彌深及帝崩

尊為皇太后賈后凶悍忌后父駿執權遂誣駿為亂使楚王瑋與東安王繇稱詔誅駿內外隔塞后題帛為書射之城外曰救太傅者有賞賈后因宣言太后同逆駿既死詔使後軍將軍荀悝送后于永寧宮特全后母高都君龐氏之命聽就后居止賈后諷群公有司奏曰皇太后陰漸姦謀圖危社稷飛箭繫書要募將士同惡相濟自絕于天魯侯絕文姜春秋所許蓋以奉順祖宗任至公於天下陛下雖懷無已之情臣下不敢奉詔可宣敕王公於朝堂會議詔曰此大事更詳之有司又奏駿藉外戚之資居冢宰之任陛下既居諒闇委以重權至乃陰圖凶逆布樹私黨皇太后內為脣齒協同逆謀禍變既彰背捍詔命阻兵負眾血刃宮省而復流書募眾以獎凶黨上背祖宗之靈下絕億兆之望昔文姜與亂春秋所貶呂宗叛戾高后降配宜廢皇太后為峻陽庶人中書監張華等以為太后非得罪於先帝者也今黨惡所親為不母於聖世宜依孝成趙皇后故事曰武帝皇后處之離宮以全貴終之恩尚書令下邳王晃等議曰皇太后與

駿潛謀欲危社稷不可復奉承宗廟配合先帝貶尊號廢詣金墉城於是有司奏請從晃等議廢太后為庶人遣使者以太牢告于郊廟以奉承祖宗之命稱萬國之望至於諸所供奉可順聖恩務從豐厚詔不許有司又固請乃可之又奏楊駿造亂家屬應誅詔原其妻龐命以慰太后之心今太后廢為庶人請以龐付廷尉行刑詔曰聽龐與庶人相隨有司希賈后旨固請乃從之龐臨刑太后抱持號叫截髮稽顙上表詣賈后稱妾請全母命不見省初太后尚有侍御十餘人賈后奪之絕膳而崩時年三十四在位十五年賈后又信妖巫謂太后必訴冤先帝乃覆而殯之施諸厭劾符書藥物永嘉元年追復尊號別立廟神主不配武帝至成帝咸康七年下詔使內外詳議衞將軍虞潭議曰世祖武皇帝光有四海元皇后應乾作配元后既崩悼后繼作至楊駿肆逆禍延天母孝懷皇帝追復號謚豈不以鯀殛禹興義在不替者乎又太寧二年臣忝宗正帝譜泯棄罔所循按時博諮舊齒以定昭穆與故驃騎將軍華恒尚書荀崧侍中荀邃

因舊譜參論撰次尊號之重一無改替今聖上孝思祗肅禋祀詢及群司將以恢定大禮臣輒思詳伏見惠皇帝起居注群臣議奏列駿作逆謀危社稷引魯之文姜漢之呂后臣竊以文姜雖莊公之母實為父讎呂后寵樹私戚幾危劉氏按此二事異於今日昔漢章帝竇后殺和帝之母和帝即位盡誅諸竇當時議者欲貶竇后及后之亡欲不以禮葬和帝以奉事十年義不可違臣子之道務從豐厚仁明之稱表於往代又見故尚書僕射裴頠議悼后故事稱繼母雖出追服無改是以孝懷皇帝尊崇號謚還葬峻陵此則母子道全而廢事蕩華也于時祭於弘訓之宮未入太廟蓋是事之未盡非義典也若以悼后復立為宜則應配食世祖若以復之為非則譜謚宜闕未有位號居正而偏祠別室者也若以孝懷皇帝私隆母子之道特為立廟者此苟崇私情有虧國典則國譜帝諱皆宜除棄匪徒不得同祀於世祖之廟也會稽王昱中書監庾冰中書令何充尚書令諸葛恢尚書謝廣光祿勳留擢丹楊尹殷融護軍將軍馮懷散騎常侍鄧逸等咸從潭議由是太后配食武帝

左貴嬪名芬兄思別有傳芬少好學善綴文名亞於思武帝聞而納之泰始八年拜脩儀受詔作愁思之文因為離思賦曰生蓬戶之側陋兮不閑習於文符不見圖畫之妙像兮不聞先哲之典謨既愚陋而寡識兮謬忝廁於紫廬非草苗之所處兮恒怵惕以憂懼懷思慕之忉怛兮兼始終之萬慮嗟隱憂之沉積兮獨鬱結而靡訴意慘憒而無聊兮思纏綿以增慕夜耿耿而不寐兮魂憧憧而至曙風騷騷而四起兮霜皚皚而依庭日晻曖而無光兮氣懰慄以冽清懷愁戚之多感兮患涕淚之自零昔伯瑜之婉孌兮每綵衣以娛親悼今日之乖隔兮奄與家為參辰豈相去之云遠兮曾不盈乎數尋何宮禁之清切兮欲瞻覲而莫因仰行雲以歔欷兮涕流射而沾巾惟屈原之哀感兮嗟悲傷於離別彼城闕之作詩兮亦以日而喻月況骨肉之相於兮永緬邈而兩絕長含哀而抱戚兮仰蒼天而泣血亂曰骨肉至親化為他人永長辭兮慘愴愁悲夢想魂歸見所思兮驚寤號咷心不自聊泣漣洏兮援筆舒情涕淚增零訴斯詩兮後為貴嬪姿陋無寵以才德見禮體羸多患常居薄室帝每游華林輒回輦過之言及文義辭對清華左右侍聽莫不稱美及元楊皇后崩芬獻誄曰惟泰始十年秋七月景寅晉元皇后楊氏崩嗚呼哀哉昔有莘適殷姜姒歸周宣德中闈徽音永流樊衞二姬匡齊翼楚馬鄧兩妃亦毗漢主峨峨元后光嬪晉宇伉儷聖皇比蹤往古遭命不永背陽即陰六宮號咷四海慟心嗟余鄙妾銜恩特深追慕三良甘心自沉何用存思不忘德音何用紀述託辭翰林乃作誄曰赫赫元后出自有楊奕世朱輪耀彼華陽惟嶽降神顯茲禎祥篤生英媛休有烈光含靈握文異于庶姜和暢春日操厲秋霜疾彼攸遂敦此義方率由四教匪怠匪荒行周六親徽音顯揚顯揚伊何京室是臧乃娉乃納聿嬪聖皇正位閨闥惟德是將鳴珮有節發言有章仰觀列圖俯覽篇籍顧問女史咨詢竹帛思媚皇姑虔恭朝夕允釐中饋執事有恪于禮斯勞于敬斯勤雖曰齊聖邁德日新日新伊何克廣弘仁終溫且惠

帝妹是親經緯六宮罔不彌綸羣妾惟仰譬彼北辰亦既青陽鳴鳩告時躬執桑曲率導媵姬修成蠶蔟分繭理絲女工是察祭服是治祗奉宗廟永言孝思于彼六行靡不蹈之皇英佐舜塗山翼禹惟衛惟樊二霸是輔明明我后異世同矩亦能有亂謀及天府內敷陰教外毗陽化綢繆庶正密勿夙夜恩從風翔澤隨雨播中外禔福遐邇詠歌天祚貞吉克昌克繁則百斯慶育聖育賢教踰妊姒訓邁姜嫄堂堂太子惟國之元濟濟南陽爲屏爲藩本枝菴藹四海蔭焉微斯皇妣孰茲克臻曰睿蓋聰曰聖允誠積善之堂五福所幷宜享高年匪隕匪傾如彭之齒如聃之齡云胡不造于茲禍殃寢疾彌留寤寐不康巫咸騁術和鵲奏方祈禱無應嘗藥無良形神將離載昏載荒奄忽崩徂湮精滅光哀哀太子南陽繁昌攀援不寐擗踊摧傷嗚呼哀哉闔宮號咷宇內震驚奔者塡衢赴者塞庭哀慟雷駭流淚雨零歔欷不已若喪所生惟帝與后契闊在昔比翼白屋雙飛紫閣悼后傷后早即窀穸言斯既及弟四隕落追惟我后是聰是哲通于性命達

于儉節送終之禮比素上世襚無珍寶唅無明月潛輝梓宮永背昭晰臣妾哀號同此斷絕庭宇過密幽室增陰空設幃帳虛置衣衾人亦有言神道難尋悠悠精爽豈浮豈沉豐奠日陳冀魂之臨孰云元后不聞其音乃議景行景行已溢乃考龜筮龜筮襲吉爰宅兆克成玄室魂之往矣于以令日仲秋之晨啓明始出星陳夙駕靈輿結駟其輿伊何金根玉箱其駟伊何二駱雙黃習習容車朱服丹章隱隱轜軒弁絰繐裳華轂曜野素蓋被原方相仡仡旌旐翻翻輓童引歌白驥鳴鑣觀者夾塗士女涕漣千乘萬騎迄彼峻山峻山峨峨曾阜重阿弘高顯敞據洛背河左瞻皇姑右睇帝家推存揆亡明神所嘉諸姑姊妹娣姒媵御追送塵軌號咷衢路王侯卿士雲會星布羣官庶僚縞蓋無數咨嗟通夜東方云曙百祇奉迎我后安厝中外俱臨同哀並慕涕如連雲淚如湛露高闕既闔窈窈冥冥有夜無晝曷用其明不封不樹山坂同形昔后之崩大火西流寒往暑過今亦孟秋自我銜卹憯怨一周衣服將變痛心若抽逼彼禮制惟以增憂去此素衣結戀靈丘有始有終天地之經自非三光誰能不零存播令德沒圖丹青先哲之志以此爲榮溫溫元后寔宜茲爲撫育羣生恩惠滋焉遺愛不已永見思焉懸名日月垂萬春焉嗚呼庶妾感四時焉言思言慕涕漣洏焉咸寧二年納悼后芬於座受詔作頌其辭曰峨峨華嶽峻極泰清巨靈導流河瀆是經惟瀆之神惟嶽之靈鍾于楊族載育盛明穆穆我后應期挺生含聰履喆岐嶷夙成如蘭之茂如玉之榮越在幼沖休有令名飛聲八極翕習紫庭超任邈姒比德皇英京室是嘉備禮致娉令月吉辰百僚奉迎周生歸韓詩人是詠我后戾止車服暉暎登位太微明德日盛羣黎欣戴函夏同慶翼翼聖皇敷喆孔純愍茲狂戾闡惠播仁蠲釁滌穢與時惟新沛然洪赦恩詔遐震后之踐祚囹圄虛陳萬國齊歡六合同欣坤神抃儛天人載悅興瑞降祥表精日月和氣烟熅三光朗烈既獲嘉時尋播甘雪玄雲曖藹靈液霏霏既儲既積待陽而晞瞻覩沾濡柔閏中畿長享豐年福祿永綏及帝女萬年公主薨帝痛悼不已詔芬爲誄其文甚麗

帝重芬詞藻每有方物異寶必詔爲賦頌以是屢獲恩賜焉答兄思詩書及雜賦頌數十篇並行於世

胡貴嬪名芳父奮別有傳泰始九年帝多簡良家子女以充內職自擇其美者以絳紗繫臂而芳既入選下殿號泣左右止之曰陛下聞聲芳曰死且不畏何畏陛下帝遣洛陽令司馬肇策拜芳爲貴嬪帝每有顧問不飾言辭率爾而答進退方雅時帝多內寵平吳之後復納孫晧宮人數千自此掖庭殆將萬人而並寵者甚衆帝莫知所適常乘羊車恣其所之至便宴寢宮人乃取竹葉插戶以鹽汁灑地而引帝車然芳最蒙愛幸殆有專房之寵焉侍御服飾亞于皇后帝嘗與之樗蒲爭矢遂傷上指帝怒曰此固將種也芳對曰北伐公孫西距諸葛非將種而何帝甚有慚色芳生武安公主

諸葛夫人名婉琅邪陽都人也父沖字茂長廷尉卿婉以泰始九年春入宮帝臨軒使使持節洛陽令司馬肇拜爲夫人兄銓字德林散騎常侍銓弟玫字仁林侍中御史中丞玫婦弟周穆清河王覃之舅

也永嘉初穆與玫勸東海王越廢懷帝立覃越不許重言之越怒遂斬玫及穆臨刑玫謂穆曰我語御何道穆曰今日復何所說時人方知謀出於穆非玫之意

惠賈皇后諱南風平陽人也小名旹父充別有傳初武帝欲爲太子取衛瓘女元后納賈郭親黨之說欲婚賈氏帝曰衛公女有五可賈公女有五不可衛家種賢而多子美而長白賈家種妬而少子醜而短黑元后固請荀顗荀勗並稱充女之美乃定婚始欲娉后妹午午年十二小太子一歲短小未勝衣更娶南風時年十五大太子二歲泰始八年二月辛卯冊拜太子妃妬忌多權詐太子畏而惑之嬪御罕有進幸者帝常疑太子不慧且朝臣和嶠等多以爲言故欲試之盡召東宮大小官屬爲設宴會而密封疑事使太子決之停信待反妃大懼倩外人作荅荅者多引古義給使張泓曰太子不學而荅詔引義必責作草主更益譴負不如直以意對妃大喜語泓便爲我好荅富貴與汝共之泓素有小才具草令太子自寫帝省之甚悅先示太子少傅衛瓘瓘大踧踖衆人乃知瓘先有毀言殿上皆稱万歲充密遣語妃云衛瓘老奴幾破汝家妃性酷虐嘗手殺數人或以戟擲孕妾子隨刃墮地帝聞之大怒已修金墉城將廢之充華趙粲從容言曰賈妃年少妬是婦人之情耳長自當差願陛下察之其後楊珧亦爲之言曰陛下忘賈公閭耶荀勗深救之故得不廢惠帝即位立爲皇后生河東臨海始平公主哀獻皇女后暴戾日甚侍中賈模后之族兄右衛郭彰后之族舅並以才望居位與楚王瑋東安公繇分掌朝政后母廣城君養孫賈謐干預國事權侔人主繇密欲廢后賈氏憚之及太宰亮衛瓘等表繇徙帶方奪楚王中候后知瑋怨之乃使帝作密詔令瑋誅瓘亮以報宿憾模知后凶暴恐禍及己乃與裴頠王衍謀廢之衍悔而謀寢后遂荒淫放恣與太醫令程據等乱彰內外洛南有盜尉部小吏端麗美容止既給廝役忽有非常衣服衆咸疑其竊盜尉嫌而辯之賈后疎親欲求盜物往聽對辭小吏云先行逢一老嫗說家有疾病師卜云宜得城南少年厭之欲暫相煩

必有重報於是隨去上車下帷內簏箱中行可十餘里過六七門限開簏箱忽見樓闕好屋問此是何處云是天上即以香湯見浴好衣美食將入見一婦人年可三十五六短形青黑色眉後有疵見留數夕共寢歡宴臨出贈此衆物聽者聞其形狀知是賈后慚笑而去尉亦解意時他人入者多死惟此小吏以后愛之得全而出及河東公主有疾師巫以爲宜施寬令乃稱詔大赦天下初后詐有身內槀物爲產具遂取妹夫韓壽子慰祖養之託諒闇所生故弗顯遂謀廢太子以所養代立時洛中謠曰南風烈烈吹黃沙遙望魯國鬱嵯峨前至三月滅汝家后母廣城君以后無子甚敬重愍懷每勸厲后使加慈愛賈謐恃貴驕縱不能推崇太子廣城君恒切責之及廣城君病篤占術謂不宜封廣城乃改封宜城后出侍疾十餘日太子常往宜城第將醫出入恂恂盡禮宜城臨終執后手令盡意於太子言甚切至又曰趙粲及午必亂汝事我死後勿復聽入深憶吾言后不能遵之遂專制天下威服內外更與粲午專爲姦謀誣害太子衆惡彰著初誅楊駿及汝南王亮太保衛瓘楚王瑋等皆臨機專斷宦人董猛參預其事猛武帝時爲寺人監侍東宮得親信於后預誅楊駿封武安侯猛三兄皆爲亭侯天下咸怨及太子廢黜趙王倫孫秀等因衆怒謀欲廢后后數遣宮婢微服於人間視聽其謀頗泄后甚懼遂害太子以絕衆望趙王倫乃率兵入宮使翊軍校尉齊王冏入殿廢后后與冏母有隙故倫使之后驚曰卿何爲來冏曰有詔收后后曰詔當從我出何詔也后至上閤遙呼帝曰陛下有婦使人廢之亦行自廢又問冏曰起事者誰冏曰梁趙后曰繫狗當繫頸今反繫其尾何得不然至宮西見謐尸再舉聲而哭遽止倫乃矯詔遣尚書劉弘等持節齎金屑酒賜后死后在位十一年趙粲賈午韓壽董猛等皆伏誅臨海公主先封清河洛陽之亂爲人所略傳賣吳興錢溫溫以送女女遇主甚酷元帝鎮建鄴主詣縣自言元帝誅溫及女改封臨海宗正曹統尚之

惠羊皇后諱獻容泰山南城人祖瑾父玄之並見外戚傳賈后既廢

孫秀議立后后外祖孫旂與秀合族又諸子自結於秀故以太安元年立爲皇后將入宮衣中有火成都王穎伐長沙王乂以討玄之爲名乂敗穎奏廢后爲庶人處金墉城陳昣等唱伐成都大赦復后位張方入洛又廢后方逼遷大駕幸長安留臺復后位永興初張方又廢后河間王顒矯詔以后屢爲姦人所立遣尚書田淑敕留臺賜后死詔書累至司隸校尉劉暾與尚書僕射荀藩河南尹周馥馳上奏曰奉被手詔伏讀惶悴臣按古今書籍亡國破家毀喪宗祊皆由犯衆違人之所致也陛下遷幸舊京廓然衆庶悠悠罔所依倚家有跂踵之心人想鑾輿之聲思望大德釋兵歸農而兵纏不解處處互起豈非善者不至人情猜隔故邪今上官已犯闕稱兵焚燒宮省百姓諠駭宜鎮之以靜而大使卒至赫然執藥當詣金墉內外振動謂非聖意羊庶人門戶殘破廢放空宮門禁峻密若絕天地無緣得與姦人搆亂衆無愚智皆謂不然刑書猥至罪不值辜人心一憤易致興動夫殺一人而天下喜悅者宗廟社稷之福也今殺一枯窮之人而令天下傷慘臣懼凶豎承間妄生變故臣忝司京輦觀察衆心實以深憂宜當含忍不勝所見謹密啓聞願陛下更深與太宰參詳勿令遠近疑惑取謗天下顒見表大怒乃遣陳顏呂朗東收暾暾奔青州后遂得免帝還洛迎后復位後洛陽令何喬又廢后及張方首至其日復后位會帝崩后慮太弟立爲嫂叔不得稱太后催前太子清河王覃入將立之不果懷帝即位尊后爲惠帝皇后居弘訓宮洛陽敗沒于劉曜曜僭位以爲皇后因問曰吾何如司馬家兒后曰胡可並言陛下開基之聖主彼亡國之暗夫有一婦一子及身三耳不能庇之貴爲帝王而妻子辱於凡庶之手遣妾爾時實不思生何圖復有今日妾生於高門常謂世間男子皆然自奉巾櫛已來始知天下有丈夫耳曜甚愛寵之生曜二子而死僞諡獻文皇后

謝夫人名玖家本貧賤父以屠羊爲業玖清惠貞正而有淑姿選入後庭爲才人惠帝在東宮將納妃武帝慮太子尚幼未知帷房之事乃遣往東宮侍寢由是得幸有身賈后妬忌之玖求還西宮遂生愍懷太子年三四歲惠帝不知也入朝見愍懷與諸皇子共戲執其手武帝曰是汝兒也及立爲太子拜玖爲淑媛賈后不聽太子與玖相見處之一室及愍懷遇酷玖亦被害焉永康初詔改葬太子因贈玖夫人印綬葬顯平陵

懷王皇太后諱媛姬不知所出初入武帝宮拜中才人早卒懷帝即位追尊曰皇太后

元夏侯太妃名光姬沛國譙人也祖威兗州刺史父莊字仲容淮南太守清明亭侯妃生自華宗幼而明慧琅邪武王爲世子覲納焉生元帝及恭王薨元帝嗣立稱王太妃永嘉元年薨于江左葬琅邪國初有讖云銅馬入海建鄴期太妃小字銅環而元帝中興於江左焉

列傳第一　后妃上　晉書三十一

后妃下

元敬虞皇后 荀豫章君　明穆庾皇后　成恭杜皇后 周太妃
康獻褚皇后　穆章何皇后　哀靖王皇后
廢帝孝庾皇后　簡文宣鄭皇后　簡文順王皇后
孝武文李太后　孝武定王皇后　安德陳太后
安僖王皇后　恭思褚皇后

元敬虞皇后諱孟母濟陽外黃人也父豫見外戚傳帝為琅邪王納后為妃無子永嘉六年薨時年三十五帝為晉王追尊為王后有司奏王后應別立廟令曰今宗廟未成不宜更興作便脩飾陵上屋以為廟太興三年冊曰皇帝咨前琅邪王妃虞氏朕祗順昊天成命用陟帝位悼妃夙徂徽音潛翳御于家邦雍所儀刑陰教有虧用傷于懷追號制謚先王之典今遣使持節兼太尉萬勝奉冊贈皇后璽綬祀以太牢魂而有靈嘉茲寵榮乃祔于太廟葬建平陵太寧中明帝追懷母養之恩贈豫妻王氏為邵陽縣君從母散騎常侍新野王罕妻為平陽鄉君

豫章君荀氏元帝宮人也初有寵生明帝及琅邪王裒由是為虞后所忌自以位卑每懷怨望為帝所譴漸見疏薄及明帝即位封建安君別立弟宅太寧元年帝迎還臺內供奉隆厚及成帝立尊重同於太后咸康元年薨詔曰朕少遭憫凶慈訓無稟撫育之勤建安君之仁也一旦薨殂實思報復永惟平昔感痛哀摧其贈豫章郡君別立廟于京都

明穆庾皇后諱文君潁川隱陵人也父琛見外戚傳后性仁慧美姿儀元帝聞之聘為太子妃以德行見重明帝即位立為皇后冊曰妃庾氏昔承明命作嬪東宮虔恭中饋思媚軌則履信思順以成肅雍之道正位閨房以著協德之美朕夙罹不造煢煢在疚羣公卿士稽之往代僉以崇嫡明統載在典謨宜建長秋以奉宗廟是以追述先志不替舊命使使持節兼太尉授皇后璽綬夫坤德尚柔婦道承姑崇粢盛之禮敦螽斯之義是以利在永貞克隆堂基母儀天下潛暢陰教鑒于六列考之篇籍禍福無門盛衰由人雖休勿休其敬之哉可不慎歟及成帝即位尊后曰皇太后羣臣奏天子幼冲宜依漢和熹皇后故事辭讓數四不得已而臨朝攝萬機后兄中書令亮管詔命公卿奏事稱皇太后陛下咸和元年有司奏請追贈后父及夫人毋丘氏后陳讓不許三請不從及蘇峻作逆京都傾覆后見逼辱遂以憂崩時年三十二后即位凡六年其後帝孝思罔極贈琛驃騎大將軍儀同三司母丘氏安陵縣君從母荀氏永寧縣君何氏建安縣君亮表陳先志讓而不受

成恭杜皇后諱陵陽京兆人鎮南將軍預之曾孫也父乂見外戚傳成帝以后奕世名德咸康二年備禮拜為皇后即日入宮帝御太極前殿羣臣畢賀畫漏盡懸籥百官乃罷后少有姿色然長猶無齒有來求婚者輒中止及帝納采之日一夜齒盡生改宣城陵陽縣為廣陽縣七年三月后崩年二十一外官五日一臨內官旦入葬訖止后在位六年無子先是三吳女子相與簪白花望之如素柰傳言天公織女死為之著服至是而后崩帝下詔曰吉凶典儀誠宜備設然豐約之度亦當隨時況重壤之下而崇飾無用邪今山陵之事一從節儉陵中唯潔掃而已不得施塗車芻靈有司奏造凶門柏歷及調挽郎皆不許又禁遠近遣使明年元會有司奏廢樂詔廢管絃奏金石如故孝武帝立寧康二年以后母裴氏為廣德縣君裴氏名穆長水校尉綽孫太傅主簿遐女太尉王夷甫外孫中表之美高於當世遐隨東海王越遇害無子唯穆渡江遂享榮慶立第南掖門外世所謂杜姥宅云

章太妃周氏以選入成帝宮有寵生哀帝及海西公始拜為貴人哀帝即位詔有司議貴人位號太尉桓溫議宜稱夫人尚書僕射江虨議應曰太夫人詔崇為皇太妃儀服與太后同又詔朝臣不為太妃敬合禮典不太常江逌議位號不極不應盡敬興寧元年薨帝欲服重江虨啟應緦麻三月詔欲降為朞年虨又啟厭屈私情所以上嚴祖考帝從之

康獻褚皇后諱蒜子河南陽翟人也父裒見外戚傳后聰朗有器識少以名家入為琅邪王妃及康帝即位立為皇后封母謝氏為尋陽鄉君及穆帝即位尊后曰皇太后時帝幼冲未親國政領司徒蔡謨等上奏曰嗣皇誕哲岐嶷繼承天統率土宅心兆庶蒙賴陛下體茲坤道訓隆

文毋昔塗山光夏簡狄熙殷寔由宣哲以隆休祚伏惟陛下德侔二嬀淑美關雎臨朝攝政以寧天下今社稷危急兆庶懸命臣等章惶一日萬機事運之期天祿所鍾非復冲虛高讓之日漢和熹順烈並亦臨朝近明穆故事以為先制臣等不勝悲怖謹伏地上請乞陛下上順祖宗下念臣吏推公弘道以協天人則萬邦承慶羣黎更生太后詔曰帝幼冲當賴羣公卿士將順匡救以酬先帝禮賢之意且是舊德世濟之美則莫重之命不墜祖宗之基有奉是其所以欲正位于內而已所奏懇到形于翰墨執省未究以悲以懼先后允恭謙挹思順坤道所以不距羣情固為國計豈敢執守冲闇以違先旨輒敬從所奏於是臨朝稱制有司奏謝夫人既封荀卞二夫人亦應追贈皆后之前毋也太后不許太常殷融議依鄭玄義衞將軍裒在宮庭則盡臣敬太后歸寧之日自如家人之禮太后詔曰典禮誠所未詳如所奏是情所不能安也更詳之征西將軍翼南中郎尚議謂父尊盡於一家君敬重於天下鄭玄義合情禮之中太后從之自後朝臣皆敬裒焉帝既冠太后詔曰昔遭不造帝在幼冲皇緒之微眇若綴旒百辟卿士率遵前朝勸喻攝政以社稷之重先代成義僶俛敬從弗遑固守仰憑七廟之靈俯仗羣后之力帝加元服禮成德備當陽親覽臨御萬國今歸事反政一依舊典於是居崇德宮手詔羣公曰昔以皇帝幼冲從羣后之議既以闇弱又頻丁極艱銜恤歷祀沉憂在疚司徒親尊德重訓救其弊王室之不壞寔公是憑帝既備茲冠禮而四海未一五胡叛逆豺狼當路費役日興百姓困苦願諸君子思量遠算戮力一心輔翼幼主匡救不逮未亡人永歸別宮以終餘齒仰惟家國故以一言託懷及哀帝海西公之世太后復臨朝稱制桓溫之廢海西公也太后方在佛屋燒香內侍啓云外有急奏太后乃出尚倚戶前視奏數行乃曰我本自疑此至半便止索筆答奏云未亡人罹此百憂感念存沒心焉如割溫始呈詔草慮太后意異悚動流汗見於顏色及詔出溫大喜簡文帝即位尊后為崇德太后及帝崩孝武帝幼冲桓溫又薨羣臣啓曰王室多故禍艱仍臻國憂始周復喪元輔天下恇然若無攸濟主上雖聖資奇挺固天誕縱而春秋尚

富如在諒闇蒸蒸之思未遑庶事伏惟陛下德應坤厚宣慈聖善遭家多艱臨朝親覽光大之美化洽在昔謳歌流詠播溢無外雖有莘熙邦妊姒隆周未足以喻是以五謀克從人鬼同心仰望來蘇懸心日月夫隨時之義周易所尚寧固社稷大人之任伏願陛下撫綜萬機釐和政道以慰祖宗以安兆庶不勝憂國喁喁至誠太后詔曰王室不幸仍有艱屯覽省啓事感增悲歎內外諸君並以主上春秋冲富加蒸蒸之慕未能親覽號令宜有所由苟可安社稷利天下亦豈有所執輒敬從所啓但闇昧之闕望盡弼諧之道於是太后復臨朝帝既冠乃詔曰皇帝婚冠礼備遐邇宅心宜當陽親覽緝熙惟始今歸政事率由舊典於是復稱崇德太后太元九年崩于顯陽殿年六十一在位凡四十年太后於帝為從嫂朝議疑其服太學博士徐藻議曰資父事君而敬同又礼云其夫屬父道者妻皆母道也則夫屬君道妻亦后道矣服后以齊母之義也魯譏逆祀以明尊卑今上躬奉康穆哀皇及靖后之祀致敬同於所天豈可敬之以君道而服廢於本親謂應齊衰朞從之

穆章何皇后諱法倪廬江灊人也父準見外戚傳以名家膺選升平元年八月下璽書曰皇帝咨前太尉參軍何琦混元資始肇經人倫爰及夫婦以奉天地宗廟社稷謀于公卿咸以宜率由舊典今使使持節太常彪之宗正綜以禮納采琦答曰前太尉參軍都鄉侯糞土臣何琦稽首頓首再拜皇帝嘉命訪婚陋族備數采擇臣從祖弟故散騎侍郎準之遺女未閑教訓衣履若如人欽承舊章肅奉典制又使兼太尉武陵王晞兼太尉中領軍洽持節奉冊立為皇后后無子哀帝即位稱穆皇后居永安宮桓玄篡位移后入司徒府路經太廟后停輿慟哭哀感路人玄聞而怒曰天下禪代常理何預何氏女子事耶乃降后為零陵縣君與安帝俱西至巴陵及劉裕建議殷仲文奉后還京都下令曰戎車屢警黎元阻饑而膳御豐靡豈與百姓同其儉約減損供給勿令游過后后以遠還欲奉拜陵廟有司以寇難未平奏停永興三年崩年六十六在位凡四十八年

哀靖王皇后諱穆之太原晉陽人也司徒左長史濛之女也后初為琅

邪王妃哀帝即位立為皇后追贈母荽氏為安國鄉君后在位三年無子興寧二年崩

廢帝孝庾皇后諱道憐潁川鄢陵人也父冰自有傳初為東海王妃及帝即位立為皇后太和六年崩葬于敬平陵帝廢為海西公追貶后曰海西公夫人太元九年海西公薨于吳又以后合葬于吳陵

簡文宣鄭太后諱阿春河南滎陽人也世為冠族祖合臨濟令父愷字祖元安豐太守后少孤無兄弟唯姊妹四人后最長先適渤海田氏生一男而寡依于舅濮陽吳氏元帝為丞相敬后先崩將納吳氏女為夫人后及吳氏女並游後園或見之言於帝曰鄭氏女雖鼇賢於吳氏遠矣建武元年納為琅邪王夫人甚有寵后雖貴幸而恒有憂色帝問其故對曰妾有妹中者已適長沙王褒餘二妹未有所適恐姊為人妾無復求者帝因從容謂劉隗曰鄭氏二妹卿可為求佳對使不失舊隗舉其從子傭娶第三者以小者適漢中李氏皆得舊門帝召王褒為尚書郎以悅后意后生琅邪悼王簡文帝尋陽公主帝稱尊號后雖為夫人

詔太子及東海武陵王皆母事之帝崩后稱建平國夫人咸和元年薨簡文帝時為琅邪王制服重有司以王出繼宜降所生國臣不能匡正奏免國相諸葛頤王上疏曰亡母生臨臣國沒留國第臣雖出後亦無所厭則私情得叙昔敬后崩孝王已出繼亦還服重此則明比臣所憲章也明穆皇后不奪其志乃徙琅邪王為會稽王追號曰會稽太妃及簡文帝即位未及追尊臨崩封皇子道子為琅邪王領會稽國奉太妃祀太元十九年孝武帝下詔曰會稽太妃文母之德徽音有融誕載聖明光延于晉先帝追尊聖善朝議不一道以疑屈朕述遵先志常惕于心今仰奉遺旨依陽秋二漢孝懷皇帝故事上太妃尊號曰簡文太后於是立廟於太廟路西陵曰嘉平時群臣希旨多謂鄭太后應配食於元帝者帝以問太子前率徐邈邈曰臣案陽秋之義母以子貴魯隱尊桓母別考仲子之宮而不配食於惠廟又平素之時不伉儷於先帝至於子孫豈可為祖考立配其崇尊盡礼由於臣子故得稱太后陵廟備典若乃祔葬配食則義所不可從之

簡文順王皇后諱簡姬太原晉陽人也父遐見外戚傳后以冠族初為會稽王妃生子道生為世子永和四年母子並失帝意俱被幽廢后遂以憂薨咸安二年孝武帝即位追尊曰順皇后合葬高平陵追贈后父遐特進光祿大夫加散騎常侍

孝武文李太后諱陵容本出微賤始簡文帝為會稽王有三子俱夭自道生廢黜獻王早世其後諸姬絕孕將十年帝令卜者扈謙筮之曰後房中有一女當育二貴男其一終盛晉室時徐貴人生新安公主以德美見寵帝常冀之有娠而彌年無子會有道士許邁者朝臣時望多稱其得道帝從容問焉答曰邁是好山水人本無道術斯事豈所能判但殿下德厚慶深宜隆奕世之緒當從扈謙之言以存廣接之道帝然之更加採納又數年無子乃令善相者召諸愛妾而示之皆云非其人又悉以諸婢媵示焉時后為宮人在織坊中形長而色黑宮人皆謂之崐崘既至相者驚云此其人也帝以大計召之以侍寢后數夢兩龍枕膝日月入懷意以為吉祥向儕類說之帝聞而異焉遂生孝武帝及會稽

文孝王鄱陽長公主及孝武帝初即位尊為淑妃太元三年進為貴人九年又進為夫人十二年加為皇太妃儀服一同太后十九年會稽王道子啓母以子貴慶厚礼崇伏惟皇太妃純德光大休祐攸鍾啓嘉祚於聖明嗣徽音於上列雖幽顯同謀而稱謂未盡非所以仰述聖心允荅天人宜崇正名號詳案舊典八月辛巳帝臨軒遣兼太保劉耽尊為皇太后稱崇訓宮安帝即位尊為太皇太后隆安四年崩于含章殿朝議疑其服制左僕射何澄右僕射王雅尚書車胤孔安國祠部郎徐廣等議曰太皇太后名位允正體同皇極理制備盡情礼兼申陽秋之義母以子貴既稱夫人礼服從正故成風顯夫人之號昭公服三年之喪子於父母之所生體尊義重且礼祖不厭孫固宜追服無屈而緣情立制若嫌明文不存則疑斯從重謂應同於為祖母後齊衰三年從之皇后及百官皆服齊衰朞永安皇后一舉哀於是設廬於西堂凶儀施于神獸門葬脩平陵神主祔于宣太后廟

孝武定王皇后諱法慧哀靖皇后之姪也父蘊見外戚傳初帝將納后

訪于公卿于時蘊子恭以弱冠見僕射謝安安深敬重之既而謂人曰昔毛嘉恥於魏朝楊駿幾傾晉室若帝納后有父者唯廞望如王蘊乃可既而訪蘊女容德淑令乃舉以應選寧康三年中軍將軍桓沖等奏曰臣聞天地之道蓋相須而化成帝后之德必相協而政隆然後品物流形彝倫攸序靈根長固本枝百世天人同致莫不由此是以塗山作儷而夏族以興妊姒配周而姬祚以昌今長秋將建宜時簡擇伏聞試守晉陵太守王蘊女天性柔順四業允備且盛德之胄美善先積臣等參議可以配德乾元恭承宗廟徽音六宮母儀天下於是帝始納焉封蘊妻劉氏為樂平鄉君后性嗜酒驕妬帝深患之乃召蘊於東堂具說后過狀令加訓誡蘊免冠謝焉后於是少自改飾太元五年崩年二十一葬隆平陵

安德陳太后諱歸女松滋潯陽人也父廣以倡進仕至平昌太守后以美色能歌彈入宮為淑媛生安恭二帝太元十五年薨贈夫人追崇曰皇太后神主祔于宣太后廟陵曰熙平

安僖王皇后諱神愛琅邪臨沂人也父獻之見別傳母新安愍公主后以太元二十一年納為太子妃及安帝即位立為皇后無子義熙八年崩於徽音殿時年二十九葬休平陵

恭思褚皇后諱靈媛河南陽翟人義興太守爽之女也后初為琅邪王妃元熙元年立為皇后生海鹽富陽公主及帝禪位于宋降為零陵王妃宋元嘉十三年崩時年五十三祔葬沖平陵

史臣曰方祇體安儷乾儀而合德圓舒循晷配羲曜以齊明故知陽爍陰凝萬物假其陶鑄火炎水潤六氣由其調理取辟賢淑作伉文思靈根式固宜資於此宣穆閱禮偶德潛鱗翊天造之艱虞嗣塗山之逸響寶運歸其後亂蓋有母儀之助焉武元楊、預聞朝政明不逮遠愛溺私情深杜衛瓘之言不曉張泓之詐運其陰沴韜映乾明晉道中微基於是矣惠皇稟質天縱其嚚識暗鳴蛙智昏文蛤南風肆狡扇禍稽天初踐椒宮逞梟心於長樂方觀梓樹須鴆羽於離明褒后滅周方之蓋小未妃傾夏曾何足喻中原陷於鳴鏑其兆彰於此焉昔者高宗諒闇總百官于元老成王沖眇託萬機于上公太后御宸諒知非古而明穆康獻仍世臨朝時屬委裘躬行負扆名免華陽之釁竟躡和熹之蹤保陵遲以克終所幸實為多矣

贊曰二妃光舜三母翼周末外炎癸褒進亡幽家邦興滅職此之由穆后沈斷忘情執變故劬辭恩他蒲起歎崇化繁祉肇基商亂二楊繼寵福極災生南風熾虐国喪身傾獻容幸亂居辱疑榮援肇廢主持尺威帝執閻終罹殃憂以斃芬實致雛芽非婉嬿呂姿戀嬴黃姬化芊石丈遠著金行潛從婦德傾城迷朱奪紫

列傳第二　后妃下　晉書三十二

列傳第三　　晉書三十三　　御撰

王祥 弟覽　　鄭沖
何曾 子劭 遵　　石苞 子崇 孫綽　　歐陽建

王祥字休徵琅邪臨沂人漢諫議大夫吉之後也祖仁青州刺史父融
公府辟不就祥性至孝早喪親繼母朱氏不慈數譖之由是失愛於父
每使掃除牛下祥愈恭謹父母有疾衣不解帶湯藥必親嘗母常欲生
魚時天寒冰凍祥解衣將剖冰求之冰忽自解雙鯉躍出持之而歸母
又思黃雀炙復有黃雀數十飛入其幕復以供母鄉里驚歎以為孝感
所致焉有丹柰結實母命守之每風雨祥輒抱樹而泣其篤孝純至如
此漢末遭亂扶母攜弟覽避地廬江隱居三十餘年不應州郡之命母
終居喪毀瘁杖而後起徐州刺史呂虔檄為別駕祥年垂耳順固辭不
受覽勸之為具車牛祥乃應召虔委以州事于時寇盜充斥祥率勵兵
士頻討破之州界清靜政化大行時人歌之曰海沂之康實賴王祥邦
國不空別駕之功舉秀才除溫令累遷大司農高貴鄉公即位與定策

功封關內侯拜光祿勳轉司隸校尉從討毌丘儉增邑四百戶遷太常
封萬歲亭侯天子幸太學命祥為三老祥南面几杖以師道自居天子
北面乞言祥陳明王聖帝君臣政化之要以訓之聞者莫不砥礪及高
貴鄉公之弒也朝臣舉哀祥號哭曰老臣無狀涕淚交流眾有愧色頃
之拜司空轉太尉加侍中五等建封睢陵侯邑一千六百戶及武帝為
晉王祥與荀顗往謁顗謂祥曰相王尊重何侯既已盡敬今便當拜也
祥曰相國誠為尊貴然是魏之宰相吾等魏之三公公王相去一階而
已班例大同安有天子三司而輒拜人者損魏朝之望虧晉王之德君
子愛人以禮吾不為也及入顗遂拜而祥獨長揖帝曰今日方知君見
顧之重矣武帝踐阼拜太保進爵為公加置七官之職帝新受命虛己
以求讜言祥與何曾鄭沖等耆艾篤老希復朝見帝遣侍中任愷諮問
得失及政化所先祥以年老疲耄累乞遜位帝不許御史中丞侯史光
以祥久疾闕朝會禮請免祥官詔曰太保元老高行朕所毗倚以隆政
道者也前後遜讓不從所執此非有司所得議也遂寢光奏祥固乞骸

骨詔聽以睢陵公就第位同保傅在三司之右祿賜如前詔曰古之致
仕不事王侯今雖以國公留居京邑不宜復苦以朝請其賜几杖不朝
大事皆諮訪之賜安車駟馬第一區錢百萬絹五百匹牀帳簟褥以舍
人六人為睢陵公舍人置官騎二十人以公子騎都尉肇為給事中使
常優游定省又以太保高絜清素家無宅宇其權留本府須所賜第成
乃出及疾篤著遺令訓子孫曰夫生之有死自然之理吾年八十有五
啟手何恨不有遺言使爾無述吾生值季末登庸歷試無毗佐之勳沒
無以報氣絕但洗手足不須沐浴勿纏尸皆澣故衣隨時所服所賜山
玄玉佩衛氏玉玦綬笥皆勿以斂西芒上土自堅貞勿用甓石勿起墳
隴穿深二丈椁取容棺勿作前堂布几筵置書箱鏡奩之具棺前但可
施牀榻而已糒脯各一盤玄酒一杯為朝夕奠家人大小不須送喪大
小祥乃設特牲無違余命高柴泣血三年夫子謂之愚閔子除喪出見
援琴切切而哀仲尼謂之孝故哭泣之哀日月降殺飲食之宜自有制
度夫言行可覆信之至也推美引過德之至也揚名顯親孝之至也兄

弟怡怡宗族欣欣悌之至也臨財莫過乎讓此五者立身之本顏子所
以為命未之思也夫何遠之有其子皆奉而行之泰始五年薨詔賜東
園祕器朝服一具衣一襲錢三十萬布帛百匹時文明皇太后崩始踰
月其後詔曰為睢陵公發哀事乃至今雖每為之感傷要未得特敘哀
情今便哭之明年策謚曰元祥之薨奔赴者非朝廷之賢則親親故吏
而已門無雜弔之賓族孫戎歎曰太保可謂清達矣又稱祥在正始不在
能言之流及與之言理致清遠將非以德掩其言乎祥有五子肇夏馥
烈芬肇孽庶夏早卒馥嗣爵咸寧初以祥家甚貧儉賜絹三百匹拜馥
上洛太守卒謚曰孝子根嗣散騎郎肇仕至始平太守肇子俊守太子
舍人封永世侯俊子遐鬱林太守烈芬並幼知名為祥所愛二子亦同
時而亡將死烈欲還葬舊土芬欲留葬京邑祥流涕曰不忘故鄉仁也
不戀本土達也惟仁與達吾二子有焉

覽字玄通母朱遇祥無道覽年數歲見祥被楚撻輒涕泣抱持
至于成童每諫其母其母少止凶虐朱屢以非理使祥覽輒與祥俱又

虐使祥妻覽妻亦趨而共之朱患之乃止祥喪父之後漸有時譽朱深
疾之密使酖祥覽知之徑起取酒祥疑其有毒爭而不與朱遽奪反之
自後朱賜祥饌覽輒先嘗朱懼覽致斃遂止覽孝友恭恪名亞於祥及
祥仕進覽亦應本郡之召稍遷司徒西曹掾清河太守五等建封即丘
子邑六百戶泰始末除弘訓少府職省轉太中大夫祿賜與卿同咸寧
初詔曰覽少篤至行服仁履義貞素之操長而彌固其以覽爲宗正卿
頃之以疾上疏乞骸骨詔聽之以太中大夫歸老賜錢二十萬牀帳薦
褥遣殿中醫療疾給藥後轉光祿大夫門施行馬咸寧四年卒時年七
十三謚曰貞有六子

裁字士初撫軍長史基字士先治書御史會字士和侍御史正字士則
尚書郎彥字士治中護軍琛字士璋國子祭酒初呂虔有佩刀工相之
以爲必登三公可服此刀虔謂祥曰苟非其人刀或爲害卿有公輔之
量故以相與祥始固辭彊之乃受祥臨薨以刀授覽曰汝後必興足稱
此刀覽後弈世多賢才興於江左矣裁子導別有傳

鄭沖字文和滎陽開封人也起自寒微卓爾立操清恬寡欲耽翫經史
遂博究儒術及百家之言有姿望動必循理任真自守不要鄉曲之譽
由是州郡久不加禮及魏文帝爲太子搜揚仄陋命沖爲文學累遷尚
書郎出補陳留太守沖以儒雅爲德蒞職無幹局之譽簞食縕袍不營
資產世以此重之大將軍爽引爲從事中郎轉散騎常侍光祿勳嘉平
三年拜司空及高貴鄉公講尚書沖執經親授與侍中鄭小同俱被賞
賜俄轉司徒常道鄉公即位拜太保位在三司之上封壽光侯沖雖位
階台輔而不預世事時文帝輔政平蜀之後命賈充羊祜等分定禮儀
律令皆先諮於沖然後施用及魏帝告禪使沖奉策武帝踐阼拜太傅
進爵爲公頃之司隸李憙中丞侯史光奏沖及何曾荀顗等各以疾病
俱應免官帝不許沖遂不視事表乞骸骨優詔不許遣使申喻沖固辭
上貂蟬印綬詔又不許泰始六年詔曰昔漢祖以知人善任尅平宇宙
推述勳勞歸美三俊遂與功臣剖符作誓藏之宗廟副在有司所以明
德庸勳藩翼王室者也昔我祖考遭世多難攬授英儁與之斷金遂濟
時務克定大業太傅壽光公鄭沖太保朗陵公何曾太尉臨淮公荀顗
各尚德依仁明允篤誠翼亮先皇光濟帝業故司空博陵元公王沈衞
將軍鉅平侯羊祜才兼文武忠肅居正朕甚嘉之書不云乎天秩有禮
五服五章哉其爲壽光朗陵臨淮博陵鉅平國置郎中令假夫人世子
印綬食本秩三分之一皆如郡公侯比九年沖又抗表致仕詔曰太傅
韞德深粹履行高潔恬遠清虛確然絕世艾服王事六十餘載忠肅在
公慮不及私遂應衆舉歷登三事仍荷保傅之重綢繆論道之任光輔
弈世亮茲天工迪宣謀猷弘濟大烈可謂朝之儁老衆所具瞻者也朕
昧于政道庶事未康祗仰耆訓導揚厥家朕賴顯德緝熙有成而公屢
以年高疾篤致仕告退惟從公志則朕孰與諮謀譬彼涉川罔知攸濟
是用未許迄于累載而高讓彌篤至意難違覽其盛指俾朕憮然夫功
成弗有上德所隆成人之美君子與焉豈必遂朕憑賴之心以枉大雅
進止之度哉今聽其所執以壽光公就第位同保傅在三司之右公宜
頤精養神保御太和以究遐福其賜几杖不朝古之哲王欽祇國老憲
行乞言以彌縫其闕若朝有大政皆就諮之又賜安車駟馬第一區錢
百萬絹五百匹牀帳簟褥置舍人六人官騎二十人以世子徽爲散騎
常侍使常優游定省祿賜所供策命儀制一如舊典而有加焉明年薨
帝於朝堂發哀追贈太傅賜秘器朝服衣一襲錢三十萬布百匹謚曰成
咸寧初有司奏沖與安平王孚等十二人皆存銘太常配食于廟初沖
與孫邕曹羲荀顗何晏共集論語諸家訓注之善者記其姓名因從其
義有不安者輒改易之名曰論語集解成奏之魏朝于今傳焉沖無子
以從子徽爲嗣位至平原內史徽卒子簡嗣

何曾字頴考陳國陽夏人也父夔魏太僕陽武亭侯曾少襲爵好學博
聞與同郡袁侃齊名魏明帝初爲平原侯曾爲文學及即位累遷散騎
侍郎汲郡典農中郎將給事黃門侍郎上疏曰臣聞爲國者以清靜爲
基而百姓以良吏爲本今海內虛耗事役衆多誠宜恊養黎元悅以使
人郡守之權雖輕猶專任千里比之於古則列國之君也上當奉宣朝
恩以致惠和下當興利而除其害得其人則可安非其人則爲患故漢

宣稱曰百姓所以安其田里而無歎息愁恨之心者政平訟理也與我
共此者其惟良二千石乎此誠可謂知政之本也方今國家大舉新有
發調軍師遠征上下劬勞夫百姓可與樂成難與慮始愚惑之人能厭
目前之小勤而忘為亂之大禍者是以郡守益不可不得其人才雖難
備猶宜粗有威恩為百姓所信憚者臣聞諸郡守有年老或疾病皆委
政丞掾不恤庶事或體性疏怠不以政理為意在官積年惠澤不加於
人然於考課之限罪亦不至黜免故得經延歲月而無斥罷之期臣愚
以為可密詔主者使隱核參訪郡守其有老病不隱親人物及宰牧少
恩好脩人事煩擾百姓者皆可徵還為更選代頃之遷散騎常侍及宣
帝將伐遼東曾上疏曰臣聞先王制法必全於慎故建官受任則
置副佐陳師命將則立監貳宣命遣使則設介副臨敵交刃又參御右
蓋以盡思謀之功防安危之變也是以在險當難則權足相濟隕缺不
豫則才足相代其為國防至深至遠及至漢氏亦循舊章韓信伐趙張
耳為貳馬援討越劉隆副軍前世之迹著在篇志今太尉奉辭誅罪精

甲銑鋒步騎數萬道路迴阻且四千里雖假天威有征無戰寇或潛遁
消引日月命無常期人非金石遠慮詳備誠宜有副今北軍諸將及太
尉所督皆為寮屬名位不殊素無定分統御之尊卒有變急不相鎮
攝存不忘亡聖達所戒臣愚以為宜選大臣名將威重宿著者成其禮
秩遣詣北軍進同謀略退為副佐雖有萬一不虞之變軍主有儲則
無患矣帝不從出補河內太守在任有威嚴之稱徵拜侍中母憂去官
嘉平中為司隸校尉撫軍校事尹模憑寵作威姦利盈積朝野畏憚莫
敢言者曾奏劾之朝廷稱焉時曹爽專權宣帝稱疾曾亦謝病爽誅乃
起視事魏帝之廢也曾預其謀焉時步兵校尉阮籍負才放誕居喪無
禮曾面質籍於文帝座曰卿縱情背禮敗俗之人今忠賢執政綜核名
實若卿之曹不可長也因言於帝曰公方以孝治天下而聽阮籍以重
哀飲酒食肉於公座宜擯四裔無令汙染華夏帝曰此子羸病若此君
不能為吾忍邪曾重引據辭理甚切帝雖不從時人敬憚之毌丘儉誅
子甸妻荀應坐死其族兄顗族父虞並景帝姻通其表魏帝以匄其命

詔聽離婚荀所生女芝芝為潁川太守劉子元妻亦坐死以懷妊繫獄荀
辭詣曾乞恩曰芝繫在廷尉顧影知命計日備法乞沒為官婢以贖芝
命曾哀之騰辭上議朝廷僉以為當遂改法語在刑法志曾在司隸積
年遷尚書正元年中為鎮北將軍都督河北諸軍事假節將之鎮文帝
使武帝齊王攸辭送數十里曾盛為賓主備太牢之饌侍從吏騶莫不
醉飽帝既出又過其子劭曾先敕劭曰客必過汝汝當豫嚴劭不冠帶
停帝良久曾深以譴劭曾見崇重如此遷征北將軍進封潁昌鄉侯咸
熙初拜司徒改封朗陵侯文帝為晉王曾與高柔鄭冲俱為三公將入
見曾獨致拜盡敬二人猶揖而已武帝襲王位以曾為晉丞相加侍中
與裴秀王沈等勸進踐祚拜太尉進爵為公食邑千八百戶泰始初詔
曰蓋謨明弼諧王躬是保所以宣崇大訓克咸四海也侍中太尉何曾
立德高峻執心忠亮博物洽聞明識弘遠翼佐先皇勳庸顯著朕纂洪
業首相王室迪惟前人施于朕躬實佐命興化光贊政道夫三司之任
雖左右王事若乃予違汝弼匡救不逮則存乎保傅故將明袞職未如

用乂厥辟之重其以曾為太保侍中如故久之以本官領司徒曾固讓
不許遣散騎常侍諭旨乃視事進位太傅曾以老年屢乞遜位詔曰太
傅明朗高亮執心弘毅可謂舊德老成國之宗臣者也而高尚其事屢
辭祿位朕以寡德憑賴保佑省覽章表實用憮然雖欲成人之美豈得
遂其雅志而忘翼佐之益哉又司徒所掌務煩不可久勞耆艾其進太
宰侍中公如故朝會劍履乘輿上殿如漢相國蕭何田千秋魏太傅鍾
繇故事賜錢百萬絹五百匹及八尺牀帳簟褥自副置長史掾屬祭酒
及員吏一依舊制所給親兵官騎如前主者依次按禮典務使優備後
每召見敕以常所飲食服物自隨令二子侍從咸寧四年薨時年八十
帝於朝堂素服舉哀賜東園祕器朝服一具衣一襲錢三十萬布百匹
將葬下禮官議謚博士秦秀謚為繆醜帝不從策謚曰孝太康末子劭
自表改謚為元曾性至孝閨門整肅自少及長無聲樂嬖幸之好年老
之後與妻相見皆正衣冠相待如賓己南向妻北面再拜上酒酬酢既畢
便出一歲如此者不過再三焉初司隸校尉傅玄著論稱曾及荀顗曰

以文王之道事其親者其潁昌何侯乎其荀侯乎古稱曾閔今曰荀何內盡其心以事其親外崇禮讓以接天下孝子百世之宗仁人天下之命有能行孝之道君子之儀表也詩云高山仰止景行行止令德不遵二夫子之景行者非樂中正之道也又曰荀何君子之宗也又曰潁昌侯之事親其盡孝子之道乎存盡其和事盡其敬亡盡其哀予於潁昌侯見之矣又曰見其親之黨如見其親六十而孺慕予於潁昌侯見之矣然性奢豪務在華侈帷帳車服窮極綺麗廚膳滋味過於王者每燕見不食大官所設帝輒命取其食蒸餅上不坼作十字不食食日萬錢猶曰無下箸處人以小紙為書者勑記室勿報劉毅等數劾奏曾侈忲無度帝以其重臣一無所問都官從事劉享嘗奏曾華侈以銅鉤紖車瑩牛蹄角後曾辟享為掾或勸勿應享謂至公之體不以私憾遂應辟曾常因小事加享杖罰其外寬內忌亦此類也時司空賈充權擬人主曾卑充而附之及與庾純因酒相競曾議黨充而抑純以此為正直所非二子遵劭劭嗣

劭字敬祖少與武帝同年有總角之好帝為王太子以劭為中庶子及即位轉散騎常侍甚見親待劭雅有姿望遠客朝見必以劭侍直每諸方貢獻帝輒賜之而觀其占謝焉咸寧初有司奏劭及兄遵等受故鬲令袁毅貨雖經赦宥宜皆禁止事下廷尉詔曰太保與毅有累世之交遵等所取差薄一皆置之遷侍中尚書惠帝即位初建東宮太子年幼欲令親萬機故盛選六傅以劭為太子太師通省尚書事後轉特進累遷尚書左僕射劭博學善屬文陳說近代事若指諸掌永康初遷司徒趙王倫篡位以劭為太宰及三王交爭劭以軒冕而游其間無怨之者而驕奢簡貴亦有父風衣裘服翫新故巨積食必盡四方珍異一日之供以錢二萬為限時論以為太官御膳無以加之然優游自足不貪權勢常語鄉人王詮曰僕雖名位過幸少無可書之事惟與夏侯長容諫授博士可傳史冊耳所撰荀粲王弼傳及諸奏議文章並行於世永寧元年薨贈司徒謚曰康子岐嗣劭初亡表粲弔岐岐辭以疾粲獨哭而出曰今年決下婢子品王詮謂之曰知死弔死何必見生岐前多罪爾時不下何公新亡便下岐品人謂忠正畏彊易弱粲乃止

遵字思祖劭庶兄也少有幹能起家散騎黃門郎散騎常侍侍中累轉大鴻臚性亦奢忲役使御府工匠作禁物又鬻行器為司隸劉毅所奏免官太康初起為魏郡太守遷太僕卿又免官卒於家四子嵩綏機羨嵩字泰基寬弘愛士博觀墳籍尤善史漢少歷清官領著作郎綏字伯蔚位至侍中尚書自以繼世名貴奢侈過度性既輕物翰札簡傲城陽王尼見綏書疏謂人曰伯蔚居亂而矜豪乃爾豈其免乎劉輿潘滔譖之於東海王越越遂誅綏初曾侍武帝宴退而告遵等曰國家應天受禪創業垂統吾每宴見未嘗聞經國遠圖惟說平生常事非貽厥孫謀之兆也及身而已後嗣其殆乎此子孫之憂也汝等猶可獲沒指諸孫曰此輩必遇亂亡也及綏死嵩哭之曰我祖其大聖乎機為鄴令性亦矜傲責鄉里謝鯤等拜或戒之曰禮敬年爵以德為主令鯤拜勢懼傷風俗機不以為慚羨為離狐令既驕且吝陵駕人物鄉閭疾之如讎永嘉之末何氏滅亡無遺焉

石苞字仲容勃海南皮人也雅曠有智局容儀偉麗不脩小節故時人為之語曰石仲容姣無雙縣召為吏給農司馬會謁者陽翟郭玄信奉使求人為御司馬以苞及鄧艾給之行十餘里玄信謂二人曰子後並當至卿相苞曰御隸也何卿相乎既而又被使到鄴事久未決乃販鐵於鄴市市長沛國趙元儒名知人見苞異之因與結交歎苞遠量當至公輔由是知名見吏部郎許允求為小縣允謂苞曰卿是我輩人當相引在朝廷何欲小縣乎苞還歎息不意允之知己乃如此也稍遷景帝中護軍司馬宣帝聞苞好色薄行以讓景帝帝荅曰苞雖細行不足而有經國才略夫貞廉之士未必能經濟世務是以齊桓忘管仲之奢僭而錄其匡合之大謀漢高捨陳平之汙行而取其六奇之妙算苞雖未可以上儔二子亦今日之選也意乃釋徙鄴典農中郎將時魏世王侯多居鄴下尚書丁謐貴傾一時並較時利苞奏列其事由是益見稱歷東萊琅邪太守所在皆有威惠遷徐州刺史文帝之敗於東關也苞獨全軍而退帝指所持節謂苞曰恨不以此授卿以究大事乃遷苞為奮武將軍假節監青州諸軍事及諸葛誕舉兵淮南苞統青州諸軍督兗

州刺史州泰徐州刺史胡質簡銳卒為游軍以備外寇吳遣大將朱異丁奉等來迎誕等留輜重於都陸輕兵渡黎水苞等逆擊大破之泰山太守胡烈以奇兵詭道襲都陸盡焚其委輸異等收餘衆而退壽春平拜苞鎮東將軍封東光侯假節頃之代王基都督揚州諸軍事苞因入朝當還辭高貴鄉公留語盡日既出白文帝曰非常主也數日而有成濟之事後進位征東大將軍俄遷驃騎將軍文帝崩賈充荀勗議葬禮未定苞時奔喪慟哭曰基業如此而以人臣終乎葬禮乃定後每與陳騫諷魏帝以歷數已終天命有在及禪位苞有力焉武帝踐阼遷大司馬進封樂陵郡公加侍中羽葆鼓吹自諸葛誕破滅苞便鎮撫淮南士馬彊盛邊境多務苞既勤庶事又以威惠服物淮北監軍王琛輕苞素微又聞童謠曰宮中大馬幾作驢大石壓之不得舒因是密表苞與吳人交通先時望氣者云東南有大兵起及琛表至武帝甚疑之會荊州刺史胡烈表吳人欲大出為寇苞亦聞吳師將入乃築壘遏水以自固帝聞之謂羊祜曰吳人每來常東西相應無緣偏爾豈石苞果有不順乎祜深明之而帝猶疑焉會苞子喬為尚書郎上召之經日不至帝謂為必叛欲討苞而隱其事遂下詔以苞不料賊勢築壘遏水勞擾百姓策免其官遣太尉義陽王望率大軍徵之以備非常又勑鎮東將軍琅邪王伷自下邳會壽春苞用掾孫鑠計放兵步出住都亭待罪帝聞之意解及苞詣闕以公還第苞自恥受任無效而無怨色時鄴奚官督郭廙上書理苞帝詔曰前大司馬苞忠允清亮才經世務幹用之績所歷可紀宜掌教典以讚時政其以苞為司徒有司奏苞前有折撓不堪其任以公還第已為弘厚不宜擢用詔曰吳人輕脃終無能為故疆場之事但欲完固守備使不得越逸而已以苞計畫不同慮敵過甚故徵還更授昔鄧禹撓於關中而終輔漢室豈以一眚而掩大德哉於是就位苞奏州郡農桑未有賞罰之制宜遣掾屬循行皆當均其土宜舉其殿最然後黜陟焉詔曰農殖者為政之本有國之大務也雖欲安時興化不先富而教之其道無由而至今四海多事軍國用廣加承征役之後屢有水旱之事倉庫不充百姓無積古者稼穡樹藝司徒掌之今雖登

論道然經國立政惟時所急故陶唐之世稷官為重今司徒位當其任乃心王事有毀家紓國乾乾匪躬之志其使司徒督察州郡播殖將委事任成垂拱仰辦若宜有所循行者其增置掾屬十人聽取王官更練事業者苞在位稱為忠勤帝每委任焉泰始八年薨帝發哀於朝堂賜秘器朝服一具衣一襲錢三十萬布百匹及葬給節幢麾曲蓋追鋒車鼓吹介士大車皆如魏司空陳泰故事車駕臨送於東掖門外策謚曰武咸寧初詔苞等並為王功列於銘饗苞豫為終制曰延陵薄葬孔子以為達禮華元厚葬春秋以為不臣古之明義也自今死亡者皆斂以時服不得兼重又不得飯唅為愚俗所為又不得設牀帳明器也定窆之後復土滿坎一不得起墳種樹昔王孫裸葬矯時其子奉命君子不譏況於合禮典者邪諸子皆奉遵遺令又斷親戚故吏設祭有六子越喬統浚儁崇以統為嗣統字弘緒歷位射聲校尉大鴻臚子順為尚書郎越字弘倫早卒喬字弘祖歷尚書郎散騎侍郎帝既召喬不得深疑苞反及苞至有慚色謂之曰卿子幾破卿門苞遂廢之終身不聽仕又以有臧行徙頓丘與弟崇同被害二子超熙亡走得免成都王穎之起義也以超為折衝將軍討孫秀以功封侯又為振武將軍征荊州賊李辰穎與長沙王乂相攻超常為前鋒遷中護軍陳昣等挾惠帝北伐超走還鄴穎使超距帝於蕩陰王師敗績超逼帝幸鄴宮會王浚攻穎於鄴穎以超為右將軍以距浚大敗而歸從駕之洛陽西遷長安河間王顒以超領北中郎將使與穎共距東海王越超於滎陽募兵右將軍王闡與典兵中郎趙則並受超節度為豫州刺史劉喬繼援范陽王虓逆擊斬超而熙得走免永嘉中為太傅越參軍浚字景倫清儉有鑒識敬愛人物位至黃門侍郎為當世名士早卒儁字彥倫少有名譽議者稱為令器官至陽平太守早卒

崇字季倫生於青州故小名齊奴少敏惠勇而有謀苞臨終分財物與諸子獨不及崇其母以為言苞曰此兒雖小後自能得年二十餘為脩武令有能名入為散騎郎遷城陽太守伐吳有功封安陽鄉侯在郡雖有職務好學不倦以疾自解頃之拜黃門郎兄統忤扶風王駿有司承

言奏統將加重罰既而見原以崇不詣闕謝恩有司欲復加統罪崇自
表曰臣兄統以先父之恩早被優遇出入清顯歷位盡勤伏度聖心有
以垂察近爲扶風王駿橫所誣謗司隸中丞等飛筆重奏劾案深文累
塵天聽臣兄弟跼蹐憂心如悸駿戚屬尊重權要赫奕內外有司望風
承旨苟有所惡易於投卵自統枉劾以來臣兄弟不敢一言稍自申理
戢舌鉗口惟須刑書古人稱榮華於順旨枯槁於逆違誠哉斯言於今
信矣是以雖董司直繩不能不深其文抱枉含謗不得不輸其理幸賴
陛下天聽四達靈鑒昭遠存先父勳德之重察臣等勉勵之志中詔申
料罪譴澄雪臣等刻肌碎首未足上報臣即以今月十四日與兄統浚
等詣公車門拜表謝恩伏度奏御之日暫經天聽此月二十日忽被蘭
臺禁止符以統蒙宥恩出非常臣晏然私門曾不陳謝復見彈奏訕辱
理盡臣始聞此惶懼狼狽靜而思之固無怪也苟尊勢所驅何所不至
望奉法之直繩不可得也臣以凡才累荷顯重不能負載析薪以荅萬
分一月之中奏劾頻加曲之與直非臣所計所愧不能承奉戚屬自陷

於此不媚於竈實愧王孫隨巢子稱明君之德察情爲上察事次之所
懷具經聖聽伏待罪黜無所多言由是事解累遷散騎常侍侍中武帝
以崇功臣子有幹局深器重之元康初楊駿輔政大開封賞多樹黨援
崇與散騎郎蜀郡何攀共立議奏於惠帝曰陛下聖德光被皇靈啓祚
正位東宮二十餘年道化宣流萬國歸心今承洪基此乃天授至於班
賞行爵優於泰始革命之初不安一也吳會僭逆幾於百年邊境被其
荼毒朝廷爲之旰食先帝決獨斷之聰奮神武之略蕩滅逋寇易於摧
枯然謀臣猛將猶有致思竭力之效而今恩澤之封優於滅吳之功不
安二也上天眷祐實在大晉卜世之數莫知其紀今之開制當垂于後
若尊卑無差有爵必進數世之後莫非公侯不安三也臣等敢冒陳聞
竊謂泰始之初及平吳論功制度名牒皆悉具存縱不能遠遵古典尚
當依準舊事書奏弗納出爲南中郎將荊州刺史領南蠻校尉加鷹揚
將軍崇在南中得鴆鳥雛以與後軍將軍王愷時制鴆鳥不得過江爲
司隸校尉傅祗所糾詔原之燒鴆於都街崇穎悟有才氣而任俠無行

檢在荊州劫遠使商客致富不貲徵爲大司農以徵書未至擅去官免
頃之拜太僕出爲征虜將軍假節監徐州諸軍事鎮下邳崇有別館在
河陽之金谷一名梓澤送者傾都帳飲於此焉至鎮與徐州刺史高誕
爭酒相侮爲軍司所奏免官復拜衛尉與潘岳諂事賈謐謐與之親善
號曰二十四友廣城君每出崇降車路左望塵而拜其卑佞如此財產
豐積室宇宏麗後房百數皆曳紈繡珥金翠絲竹盡當時之選庖膳窮
水陸之珍與貴戚王愷羊琇之徒以奢靡相尚愷以飴澳釜崇以蠟代
薪愷作紫絲布步鄣四十里崇作錦步障五十里以敵之崇塗屋以椒
愷用赤石脂崇愷爭豪如此武帝每助愷嘗以珊瑚樹賜之高二尺許
枝柯扶疏世所罕比愷以示崇崇便以鐵如意擊之應手而碎愷既惋
惜又以爲疾己之寶聲色方厲崇曰不足多恨今還卿乃命左右悉取
珊瑚樹有高三四尺者六七株條幹絕俗光彩耀日如愷比者甚衆愷
恍然自失矣崇爲客作豆粥咄嗟便辦每冬得韭蓱齏嘗與愷出游爭
入洛城崇牛迅若飛禽愷絕不能及愷每以此三事爲恨乃密貨崇帳下

問其所以答云豆至難煑豫作熟末客來但作白粥以投之耳韭蓱齏
是擣韭根雜以麥苗耳牛奔不遲良由馭者逐不及反制之可聽蹁蒲
田轅則駃矣於是悉從之遂爭長焉崇後知之因殺所告者嘗與王敦
入太學見顏回原憲之象顧而歎曰若與之同升孔堂去人何必有間
敦曰不知餘人云何子貢去卿差近崇正色曰士當身名俱泰何至甕
牖哉其立意類此劉輿兄弟少時爲王愷所嫉愷召之宿因欲坑之崇
素與輿等善聞當有變夜馳詣愷問二劉所在愷迫卒不得隱崇徑進
於後齋索出同車而去語曰年少何以輕就人宿輿深德之及賈謐誅
崇以黨與免官時趙王倫專權崇甥歐陽建與倫有隙崇有妓曰綠珠
美而豔善吹笛孫秀使人求之崇時在金谷別館方登凉臺臨清流婦
人侍側使者以告崇盡出其婢妾數十人以示之皆蘊蘭麝被羅縠曰
在所擇使者曰君侯服御麗則麗矣然本受命指索綠珠不識孰是崇
勃然曰綠珠吾所愛不可得也使者曰君侯博古知今察遠照邇願加
三思崇曰不然使者出而又反崇竟不許秀怒乃勸倫誅崇建崇建亦

潛知其計乃與黃門郎潘岳陰勸淮南王允齊王冏以圖倫秀秀覺之遂矯詔收崇及潘岳歐陽建等崇正宴於樓上介士到門崇謂綠珠曰我今為爾得罪綠珠泣曰當效死於官前因自投于樓下而死崇曰吾不過流徙交廣耳及車載詣東市崇乃歎曰奴輩利吾家財收者答曰知財致害何不早散之崇不能答崇母兄妻子無少長皆被害死者十五人崇時年五十二初崇家稻米飯在地經宿皆化為螺時人以為族滅之應有司簿閱崇水碓三十餘區蒼頭八百餘人他珍寶貨賄田宅稱是及惠帝復阼詔以卿禮葬之封崇從孫演為樂陵公苞曾孫樸字玄真為人謹厚無他材藝沒於胡石勒以與樸同姓俱出河北引樸為宗室特加優寵位至司徒

歐陽建字堅石世為冀方右族雅有理思才藻美贍擅名北州時人為之語曰渤海赫赫歐陽堅石辟公府歷山陽令尚書郎馮翊太守甚得時譽及遇禍莫不悼惜之年三十餘臨命作詩文甚哀楚

孫鑠字巨鄰河內懷人也少樂為縣吏太守吳奮轉以為主簿鑠自微賤登綱紀時僚大姓猶不與鑠同坐奮大怒遂薦鑠為司隸都官從事司隸校尉劉訥甚知賞之時奮又薦鑠於大司馬石苞苞辟為掾鑠將應命行達許昌會臺已密遣輕軍襲苞于時汝陰王鎮許鑠過謁之王先識鑠以鄉里之情私告鑠曰無與禍鑠既出即馳詣壽春為苞畫計苞賴而獲免遷尚書郎在職駁議十有餘事為當時所稱

史臣曰若夫經為帝師鄭沖於焉無愧孝為德本王祥所以當仁何曾善其親而及其親之黨者也夏禹恭儉郡因損益牲牢服用各有品章諸侯不常牛命士不恒豕御而驕奢其關乎治政秉時立制莫不由之石崇學乃多聞情乖寡悔超四豪而取富踰五侯而競爽春畦靃靡列於凝沍之晨錦鄣逶迤亘以山川之外撞鍾舞女流宕忘歸至於金谷含悲吹樓將墜所謂高蟬處乎輕陰不知螳蜋襲其後也

贊曰鄭沖含素王祥邁暮百行斯融雙飛天路何石殊操芳飪標奇帝風流靡崇心載馳矜奢不極寇害成貲邦分身墜樂往哀隨

羊祜　杜預 子錫

羊祜字叔子泰山南城人也世吏二千石至祜九世並以清德聞祖續仕漢南陽太守父衜上黨太守祜蔡邕外孫景獻皇后同產弟祜年十二喪父孝思過禮事叔父耽甚謹嘗遊汶水之濱遇父老謂之曰孺子有好相年未六十必建大功於天下既而去莫知所在及長博學能屬文身長七尺三寸美鬚眉善談論郡將夏侯威異之以兄霸之子妻之舉上計吏州四辟從事秀才五府交命皆不就太原郭奕見之曰此今之顏子也與王沉俱被曹爽辟沉勸就徵祜曰委質事人復何容易及爽敗沉以故吏免因謂祜曰常識卿前語祜曰此非始慮所及其先識不伐如此夏侯霸之降蜀也姻親多告絕祜獨安其室恩禮有加焉尋遭母憂長兄發又卒毀慕寢頓十餘年以道素自居恂恂若儒者文帝爲大將軍辟祜未就公車徵拜中書侍郎俄遷給事中黃門郎時高貴鄉公好屬文在位者多獻詩賦汝南和逌以忤意見斥祜在其間不得

而親疏有識尚爲陳留王立賜爵關中侯邑百戶以少帝不願爲侍臣求出補吏徙秘書監及五等建封鉅平子邑六百戶鍾會有寵而忌祜祜亦憚之及會誅拜相國從事中郎與荀勖共掌機密遷中領軍悉統宿衛入直殿中執兵之要事兼內外武帝受禪以佐命之勳進號中軍將軍加散騎常侍改封郡公邑二千戶固讓封不受乃進本爵爲侯置郎中令備九官之職加夫人印綬泰始初詔曰夫總齊機衡允釐六職朝政之本也祜執德清劭忠亮純茂經緯文武謇謇正直雖處腹心之任而不總樞機之重非垂拱無爲委任責成之意也其以祜爲尚書右僕射衛將軍給本營兵時王佑賈充裴秀皆前朝名望祜每讓不處其右帝將有滅吳之志以祜爲都督荊州諸軍事假節散騎常侍衛將軍如故祜率營兵出鎮南夏開設庠序綏懷遠近甚得江漢之心與吳人開布大信降者欲去皆聽之時長吏喪官後人惡之多毀壞舊府祜以死生有命非由居室書下征鎮普加禁斷吳石城守去襄陽七百餘里每爲邊害祜患之竟以詭計令吳罷守於是戍邏減半分以墾田八百餘頃

大獲其利祜之始至也軍無百日之糧及至季年有十年之積詔罷江北都督置南中郎將以所統諸軍在漢東江夏者皆以益祜祜在軍常輕裘緩帶身不被甲鈴閤之下侍衛者不過十數而頗以畋漁廢政嘗欲夜出軍司徐胤執棨當營門曰將軍都督萬里安可輕脫將軍之安危亦國家之安危也胤今日若死此門乃開耳祜改容謝之此後稀出矣後加車騎將軍開府如三司之儀祜上表固讓曰臣伏聞恩詔拔臣使同台司臣自出身以來適十數年受任外內每極顯重之任常以智力不可頓進恩寵不可久謬夙夜戰悚以榮爲憂臣聞古人之言德未爲人所服而受高爵則使才臣不進功未爲人所歸而荷厚祿則使勞臣不勸今臣身託外戚事連運會誡在過寵不患見遺而猥降發中之詔加非次之榮臣有何功可以堪之何心可以安之身辱高位傾覆尋至願守先人弊廬豈可得哉違命誠忤天威曲從即復若此蓋聞古人申於見知大臣之節不可則止臣雖小人敢緣所蒙念存斯義今天下自服化以來方漸八年雖側席求賢不遺幽賤然臣不能推有德達有

功使聖聽知勝臣者多未達者不少假令有遺德於版築之下有隱才於屠釣之間而朝議用臣不以爲非臣處之不以爲愧所失豈不大哉臣忝竊雖久未若今日兼文武之極寵等宰輔之高位也且臣雖所見者狹據今光祿大夫李熹執節高亮在公正色光祿大夫魯芝潔身寡欲和而不同光祿大夫李胤清亮簡素立身在朝皆服事華髮以禮終始雖歷位外內之寵不異寒賤之家而猶未蒙此選臣更越之何以塞天下之望少益日月是以誓心守節無苟進之志今道路行通方隅多事乞留前恩使臣得速還屯不爾留連必於外虞有闕匹夫之志有不可奪不聽及還鎮吳西陵督步闡舉城來降吳將陸抗攻之甚急詔祜迎闡祜率兵五萬出江陵遣荊州刺史楊肇攻抗不剋闡竟爲抗所擒有司奏祜所統八萬餘人賊衆不過三萬祜頓兵江陵使賊備得設乃遣楊肇偏軍入險兵少糧懸軍人挫衂背違詔命無大臣節可免官以侯就第竟坐貶爲平南將軍而免楊肇爲庶人祜以孟獻營武牢而鄭人懼晏弱城東陽而萊子服乃進據險要開建五城收其膏腴之地奪吳

人之資石城以西盡為晉有自是前後降者不絕乃增脩德信以懷初附慨然有吞并之心每與吳人交兵剋日方戰不為掩襲之計將帥有欲進譎詐之策者輒飲以醇酒使不得言人有略吳二兒為俘者祜遣送還其家後吳將夏詳邵顗等來降二兒之父亦率其屬與俱吳將陳尚潘景來寇祜追斬之美其死節而厚加殯斂景尚子弟迎喪祜以禮遣還吳將鄧香掠夏口祜募生縛香既至宥之香感其恩甚率部曲而降祜出軍行吳境刈穀為糧皆計所侵送絹償之每會眾江沔遊獵常止晉地若禽獸先為吳人所傷而為晉兵所得者皆封還之於是吳人翕然悅服稱為羊公不之名也祜與陸抗相對使命交通抗稱祜之德量雖樂毅諸葛孔明不能過也抗嘗病祜饋之藥抗服之無疑心人多諫抗抗曰羊祜豈酖人者時談以為華元子反復見於今抗每告其戍曰彼專為德我專為暴是不戰而自服也各保分界而已無求細利孫皓聞二境交和以詰抗抗曰一邑一鄉不可以無信義況大國乎臣不如此正是彰其德於祜無傷也祜貞愨無私疾惡邪佞荀勖馮紞之徒

甚忌之從甥王衍嘗詣祜陳事辭甚俊辯祜不然之衍拂衣而起祜顧謂賓客曰王夷甫方以盛名處大位然敗俗傷化必此人也步闡之役祜以軍法將斬王戎故戎衍並憾之每言論多毀祜時人為之語曰二王當國羊公無德咸寧初除征南大將軍開府儀同三司得專辟召初祜以伐吳必藉上流之勢又時吳有童謠曰阿童復阿童銜刀浮渡江不畏岸上獸但畏水中龍祜聞之曰此必水軍有功但當思應其名者耳會益州刺史王濬徵為大司農祜知其可任濬又小字阿童因表留濬監益州諸軍事加龍驤將軍密令脩舟楫為順流之計祜繕甲訓卒廣為戎備至是上疏曰先帝順天應時西平巴蜀南和吳會海內得以休息兆庶有樂安之心而吳復背信使邊事更興夫期運雖天所授而功業必由人而成不一大舉掃滅則眾役無時得安亦所以隆先帝之勳成無為之化也故堯有丹水之伐舜有三苗之征咸以寧靜宇宙戢兵和眾者也蜀平之時天下皆謂吳當并亡自此來十三年是謂一周平定之期復在今日矣議者常言吳楚有道後服無禮先強此乃諸侯之時耳當今一統不得與古同諭夫適道之論皆未應權是故謀之雖多而決之欲獨凡以險阻得存者謂所敵者同力足自固苟其輕重不齊強弱異勢則智士不能謀而險阻不可保也蜀之為國非不險也高山尋雲霓深谷肆無景束馬懸車然後得濟皆言一夫荷戟千人莫當及進兵之日曾無藩籬之限斬將搴旗伏尸數萬乘勝席卷徑至成都漢中諸城皆鳥栖而不敢出非皆無戰心誠力不足相抗至劉禪降服諸營堡者索然俱散今江淮之難不過劍閣山川之險不過岷漢孫皓之暴侈於劉禪吳人之困甚於巴蜀而大晉兵眾多於前世資儲器械盛於往時今不於此平吳而更阻兵相守征夫苦役日尋干戈經歷盛衰不可長久宜當時定以一四海今若引梁益之兵水陸俱下荊楚之眾進臨江陵平南豫州直指夏口徐揚青兗並向秣陵鼓旆以疑之多方以誤之以一隅之吳當天下之眾勢分形散所備皆急巴漢奇兵出其空虛一處傾壞則上下震蕩吳緣江為國無有內外東西數千里以藩籬自持所敵者大無有寧息孫皓恣情任意與下多忌名臣重將不復自信是以孫秀之徒皆畏逼而至將疑於朝士困於野無有保世之計一定之心平常之日猶懷去就兵臨之際必有應者終不能齊力致

死已可知也其俗急速不能持久弓弩戟楯不如中國唯有水戰是其所便一入其境則長江非復所固還保城池則去長入短而官軍懸進人有致節之志吳人戰於其內有憑城之心如此軍不踰時克可必矣帝深納之會秦涼屢敗祜復表曰吳平則胡自定但當速濟大功耳而議者多不同祜歎曰天下不如意恆十居七八故有當斷不斷天與不取豈非更事者恨於後時哉其後詔以泰山之南武陽牟南城梁父平陽五縣為南城郡封祜為南城侯置相與郡公同祜讓曰昔張良請受留萬戶漢祖不奪其志臣受鉅平於先帝敢辱重爵以速官謗固執不拜帝許之祜每被登進常守沖退至心素著故特見申於分列之外是以名德遠播朝野具瞻搢紳僉議當居台輔帝方有兼并之志杖祜以東南之任故寢之祜歷職二朝任典樞要政事損益皆諮訪焉勢利之求無所關與其嘉謀讜議皆焚其草故世莫聞凡所進達人皆不知所

由或謂祜慎密太過者祜曰是何言歟夫入則造膝出則詭辭君臣不密之誡吾惟懼其不及不能舉賢取異豈得不愧知人之難哉且拜爵公朝謝恩私門吾所不取祜女夫嘗勸祜有所營置令有歸戴者可不美乎祜默然不應退告諸子曰此可謂知其一不知其二人臣樹私則背公是大惑也汝宜識吾此意嘗與從弟琇書曰既定邊事當角巾東路歸故里為容棺之墟以白士而居重位何能不以盛滿受責乎疏廣是吾師也祜樂山水每風景必造峴山置酒言詠終日不倦嘗慨然歎息顧謂從事中郎鄒湛等曰自有宇宙便有此山由來賢達勝士登此遠望如我與卿者多矣皆湮滅無聞使人悲傷如百歲後有知魂魄猶應登此也湛曰公德冠四海道嗣前哲令問令望必與此山俱傳至若湛輩乃當如公言耳祜當討吳賊有功將進爵土乞以賜舅子蔡襲詔封襲關內侯邑三百戶會吳人寇弋陽江夏略戶口詔遣侍臣移書詰祜不追討之意并欲移州復舊之宜祜曰江夏去襄陽八百里比知賊問賊去亦已經日矣步軍方往安能救之哉勞師以免責恐非事宜也昔魏武帝置都督類皆與州相近以兵勢好合惡離疆場之間一彼一此慎守而已古之善教也若輒徙州賊出無常亦未知州之所宜據也使者不能詰祜寢疾求入朝既至洛陽會景獻宮車在殯哀慟至篤中詔申諭扶疾引見命乘輦入殿無下拜甚見優禮及侍坐面陳伐吳之計帝以其病不宜常入遣中書令張華問其籌策祜曰今主上有禪代之美而功德未著吳人虐政已甚可不戰而克混一六合以興文教則主齊堯舜臣同稷契為百代之盛軌如舍之若孫皓不幸而沒吳人更立令主雖百萬之衆長江未可而越也將為後患乎華深贊成其計祜謂華曰成吾志者子也帝欲使祜臥護諸將祜曰取吳不必須臣自行但既平之後當勞聖慮耳功名之際臣所不敢居若事了當有所付授願審擇其人疾漸篤乃舉杜預自代尋卒時年五十八帝素服哭之甚哀是日大寒帝涕淚霑鬚鬢皆為冰焉南州人征市日聞祜喪莫不號慟罷市巷哭者聲相接吳守邊將士亦為之泣其仁德所感如此賜以東園秘器朝服一襲錢三十萬布百匹詔曰征南大將軍南城侯祜蹈

德沖素思心清遠始在內職值登大命乃心篤誠左右王事入綜機密出統方岳當終顯烈永輔朕躬而奄忽殂隕悼之傷懷其追贈侍中太傅持節如故祜立身清儉被服率素祿俸所資皆以贍給九族賞賜軍士家無餘財遺令不得以南城侯入柩從弟琇等述祜素志求葬於先人墓次帝不許賜去城十里外近陵葬地一頃謚曰成祜喪既引帝於大司馬門南臨送祜甥齊王攸表祜妻不以侯斂之意帝乃詔曰祜固讓歷年志不可奪身沒讓存遺操益厲此夷叔所以稱賢季子所以全節也今聽復本封以彰高美初文帝崩祜謂傅玄曰三年之喪雖貴遂服自天子達而漢文除之毀禮傷義常以歎息今主上天縱至孝有曾閔之性雖奪其服實行喪禮喪禮實行除服何為邪若因此革漢魏之薄而興先王之法以敦風俗垂美百代不亦善乎玄曰漢文以末世淺薄不能行國君之喪故因而除之除之數百年一旦復古難行也祜曰不能使天下如禮且使主上遂服不猶善乎玄曰主上不除而天下除此為但有父子無復君臣三綱之道虧矣祜乃止祜所著文章及為老子傳並行於世襄陽百姓於峴山祜平生游憩之所建碑立廟歲時饗祭焉望其碑者莫不流涕杜預因名為墮淚碑荊州人為祜諱名屋室皆以門為稱改戶曹為辭曹焉祜開府累年謙讓不辟士始有所命會卒不得除署故參佐劉儈趙寅劉弥孫勃等牋詣預曰昔以謬選忝備官屬各得與前征南大將軍祜參同庶事祜執德沖虛操尚清遠德高而體卑位優而行恭前膺顯命來撫南夏既有三司之儀復加大將軍之號雖居其位不行其制至今海內渴佇群俊望風涉其門者貪夫反廉懦夫立志雖夷惠之操無以尚也自鎮北境政化被乎江漢潛謀遠計闢國開疆諸所規摹皆有軌量志存公家以死勤事始辟四掾未至而隕夫舉賢報國台輔之遠任也搜揚側陋亦台輔之宿心也中道而廢亦台輔之私恨也履謙積稔晚節不遂此遠近所以為之感痛者也昔召伯所憩愛流甘棠宣子所游封殖其樹夫思其人尚及其樹況生存所辟之士便當隨例放棄者乎乞蒙列上得依已至掾屬表曰祜雖開府而不備僚屬引謙之至宜見顯明及扶疾辟士未到而沒家無

亂嗣官無命士此方之望隱憂載懷夫篤終追遠人德歸厚漢祖不惜四千戶之封以慰趙子弟心請議之詔不許祜卒二歲而吳平羣臣上壽帝執爵流涕曰此羊太傅之功也因以剋定之功策告祜廟仍依蕭何故事封其夫人策曰皇帝使謁者杜宏告故侍中太傅鉅平成侯祜昔吳為不恭負險稱號郊境不闢多歷年所祜受任南夏思靜其難外揚王化內經廟略著德推誠江漢歸心舉有成資謀有全策昊天不弔所志不卒朕用悼恨于厥心乃班命羣帥致天之討兵不踰時一征而滅疇昔之規若合符契夫賞不失勞國有彝典宜增啟土宇以崇前命而重違公高讓之素今封夫人夏侯氏萬歲鄉君食邑五千戶又賜帛萬匹穀萬斛祜年五歲時令乳母取所弄金環乳母曰汝先無此物祜即詣鄰人李氏東垣桑樹中探得之主人驚曰此吾亡兒所失物也云何持去乳母具言之李氏悲惋時人異之謂李氏子則祜之前身也又有善相墓者言祜祖墓所有帝王氣若鑿之則無後祜遂鑿之相者見曰猶出折臂三公而祜竟墮馬折臂位至公而無子帝以祜兄子暨為嗣暨以父沒不得為人後帝又令暨弟伊為祜後又不奉詔帝怒並收免之太康二年以伊弟篇為鉅平侯奉祜嗣篇歷官清慎有私牛於官舍產犢及遷而留之位至散騎常侍早卒孝武太元中封祜兄玄孫之子法興為鉅平侯邑五千戶以桓玄黨誅國除尚書祠部郎荀伯子上表訟之曰臣聞咎繇亡嗣臧文以為深歎伯氏奪邑管仲所以稱仁功高可百世不泯濫賞無得崇朝故太傅鉅平侯羊祜明德通賢國之宗主勳參佐命功成平吳而後嗣闕然烝嘗莫寄漢以蕭何元功故絕世輒繼愚謂鉅平封宜同酇國故太尉廣陵公準黨翼賊倫禍加淮南因逆為利竊饗大邦值西朝政刑失裁中興因而不奪今王道惟新豈可不大判臧否謂廣陵國宜在削除故太保衛瓘本爵菑陽縣公既被橫害乃進茅土始贈蘭陵又轉江夏中朝名臣多非理終瓘功德無殊而獨受偏賞謂宜罷其郡封復邑菑陽則與奪有倫善惡分矣竟寢不報祜前母孔融女生兄發官至都督淮北護軍初發與祜同母兄承俱得病祜母度不能兩存乃專心養發故得濟而承竟死發長子倫高陽相倫

弟暨陽平太守暨弟伊初為車騎賈充掾後歷平南將軍都督江北諸軍事鎮宛為張昌所殺追贈鎮南將軍祜伯父祕官至京兆太守子祉魏郡太守祕孫亮字長玄有才能多計數與之交者必偽盡款誠人皆謂得其心而殊非其實也初為大傅楊駿參軍時京兆多盜竊駿欲更重其法盜百錢加大辟請官屬會議亮曰昔楚江乙母失布以為盜由令尹公若無欲盜宜自止何重法為駿慚而止累轉大鴻臚時惠帝在長安亮與關東連謀內不自安奔于并州為劉元海所害亮弟陶為徐州刺史

杜預字元凱京兆杜陵人也祖畿魏尚書僕射父恕幽州刺史預博學多通明於興廢之道常言德不可以企及立功立言可庶幾也初其父與宣帝不相能遂以幽死故預久不得調文帝嗣立預尚帝妹高陸公主起家拜尚書郎襲祖爵豐樂亭侯在職四年轉參相府軍事鍾會伐蜀以預為鎮西長史及會反僚佐並遇害唯預以智獲免增邑千一百五十戶與車騎將軍賈充等定律令既成預為之注解乃奏之曰法者蓋繩墨之斷例非窮理盡性之書也故文約而例直聽省而禁簡例直易見禁簡難犯易見則人知所避難犯則幾於刑厝刑之本在於簡直故必審名分審名分者必忍小理古之刑書銘之鍾鼎鑄之金石所以遠塞異端使無淫巧也今所注皆網羅法意格之以名分使用之者執名例以審趣舍伸繩墨之直去析薪之理也詔班于天下泰始中守河南尹預以京師王化之始自近及遠凡所施論務崇大體受詔為黜陟之課其略曰臣聞上古之政因循自然虛己委誠而信順之道應神感心通而天下之理得逮至淳樸漸散彰美顯惡設官分職以頒爵祿弘宣六典以詳考察然猶倚明哲之輔建忠貞之司使名不得越功而獨美功不得後名而獨隱皆疇咨博詢敷納以言及至末世不能紀遠而求於密微疑諸心而信耳目疑耳目而信簡書簡書愈繁官方愈偽法令滋章巧飾彌多昔漢之制史亦歲終奏事不制算課而清濁粗舉魏氏考課即京房之遺意其文可謂至密然由於累細以違其體故歷代不能通也豈若申唐堯之舊去密就簡則簡而易從也夫宜盡物理

神而明之存乎其人去人而任法則以傷理今科舉優劣莫若委任達官各考所統在官一年以後每歲言優者一人為上第劣者一人為下第因計偕以名聞如此六載主者揔集採案其六歲處優舉者超用之六歲處劣舉者奏免之其優多劣少者敘用之劣多優少者左遷之今考課之品所對不鈞誠有難易若以難取優以易而否主者固當準量輕重微加降殺不足復曲以法盡也己丑詔書以考課難成聽通薦例薦例之理即亦取於風聲六年頓薦黜陟無漸又非古者三考之意也今每歲一考則積優以成陟累劣以取黜以士君子之心相處未有官故六年六黜清能六進否劣者也監司將亦隨而彈之若令上下公相容過此為清議大頹亦無取於黜陟也司隸校尉石鑒以宿憾奏預免職時虜寇隴右以預為安西軍司給兵三百人騎百匹到長安更除秦州刺史領東羌校尉輕車將軍假節屬虜兵強盛石鑒時為安西將軍使預出兵擊之預以虜乘勝馬肥而官軍懸乏宜并力大運須春進討陳五不可四不須鑒大怒復奏預擅飾城門官舍稽乏軍興遣御史檻

車徵詣廷尉以預尚主在八議以侯贖論其後隴右之事卒如預策是時朝廷皆以預明於籌略會匈奴帥劉猛舉兵反自并州西及河東平陽詔預以散侯定計省闥俄拜度支尚書預乃奏立籍田建安邊論處軍國之要又作人排新器興常平倉定穀價較鹽運制課調內以利國外以救邊者五十餘條皆納焉石鑒自軍還論功不實為預所糾遂相讎恨言論諠譁並坐免官以侯兼本職數年復拜度支尚書元皇后梓宮將遷于峻陽陵舊制既葬帝及羣臣即吉尚書奏皇太子亦宜釋服預議皇太子宜復古典以諒闇終制從之預以時曆差舛不應晷度奏上二元乾度歷行於世預又以孟津渡險有覆沒之患請建河橋于富平津議者以為殷周所都歷聖賢而不作者必不可立故也預曰造舟為梁則河橋之謂也及橋成帝從百寮臨會舉觴屬預曰非君此橋不立也對曰非陛下之明臣亦不得施其微巧周廟欹器至漢東京猶在御坐漢末喪亂不復存形制遂絕預創意造成奏上之帝甚嘉歎焉咸寧四年秋大霖雨蝗蟲起預上疏多陳農要事在食貨志預在內七年

損益萬機不可勝數朝野稱美號曰杜武庫言其無所不有也時帝密有滅吳之計而朝議多違唯預羊祜張華與帝意合祜病舉預自代因以本官假節行平東將軍領征南軍司及祜卒拜鎮南大將軍都督荊州諸軍事給追鋒車第二駙馬預既至鎮繕甲兵耀威武乃簡精銳襲吳西陵督張政大破之以功增封三百六十五戶政吳之名將也據要害之地恥以無備取敗不以所喪之實告于孫晧預欲間吳邊將乃表還其獲之眾於晧晧果召政遣武昌監劉憲代之故大軍臨至使其將帥移易以成傾蕩之勢預處分既定乃啟請伐吳之期帝報待明年方欲大舉預表陳至計曰自閏月以來賊但敕嚴下無兵上以理勢推之賊之窮計力不兩完必先護上流勤保夏口以東以延視息無緣多兵西上空其國都而陛下過聽便用委棄大計縱敵患生此誠國之遠圖使舉而有敗勿舉可也事為之制務從完牢若或有成則開太平之基不成不過費損日月之間何惜而不一試之若當須後年天時人事不得如常臣恐其更難也陛下宿議分命臣等隨界分進其

所禁持東西同符萬安之舉未有傾敗之慮臣心實了不敢以曖昧之見自取後累惟陛下察之預旬月之中又上表曰羊祜與朝臣多不同不先博畫而密與陛下共施此計故益令多異凡事當以利害相校今此舉十有八九利其一二止於無功耳其言破敗之形亦不可得直是計不出己功不在身名恥其前言故守之也自頃朝廷事無大小異意鋒起雖人心不同亦由恃恩不慮後難故輕相同異也昔漢宣帝議趙充國所上事效之後詰責諸議者皆叩頭而謝以塞異端也自秋已來討賊之形頗露若今中止孫晧怖而生計或徙都武昌更完脩江南諸城遠其居人城不可攻野無所掠積大船於夏口則明年之計或無所及時帝與中書令張華圍棊而預表適至華推枰斂手曰陛下聖明神武朝野清晏國富兵強號令如一吳主荒淫驕虐誅殺賢能當今討之可不勞而定帝乃許之預以太康元年正月陳兵于江陵遣將軍樊顯尹林鄧圭襄陽太守周奇等率眾循江西上授以節度旬日之間累尅城邑皆如預策焉又遣牙門管定周旨伍巢等率奇兵八百泛舟夜渡

以襲樂鄉多張旗幟起火巴山出於要害之地以奪賊心吳都督孫歆震恐與伍延書曰北來諸軍乃飛渡江也吳之男女降者萬餘口旨巢等伏兵樂鄉城外歆遣軍出距王濬大敗而還旨等發伏兵隨歆軍而入歆不覺直至帳下虜歆而還故軍中為之謠曰以計代戰一當萬於是進逼江陵吳督將伍延僞請降而列兵登陴預攻剋之既平上流於是沅湘以南至于交廣吳之州郡皆望風歸命奉送印綬預杖節稱詔而綏撫之凡所斬及生獲吳都督監軍十四牙門郡守百二十餘人又因兵威徙將士屯戍之家以實江北南郡故地各樹之長吏荊土肅然吳人赴者如歸矣王濬先列上得孫歆頭預後生送歆洛中以為大笑時衆軍會議或曰百年之寇未可盡剋今向暑水潦方降疾疫將起宜俟來冬更為大舉預曰昔樂毅藉濟西一戰以并強齊今兵威已振譬如破竹數節之後皆迎刃而解無復著手處也遂指授群帥徑造秣陵所過城邑莫不束手議者乃以書謝之孫晧既平振旅凱入以功進爵當陽縣侯增邑并前九千六百戶封子耽為亭侯千戶賜絹八千匹初攻江陵吳人知預病癭憚其智計以瓠繫狗頸示之每大樹似癭輒斫使白題曰杜預頸及城平盡捕殺之預既還鎮累陳家世吏職武非其功請退不許預以天下雖安忘戰必危勤於講武修立泮宮江漢懷德化被萬里攻破山夷錯置屯營分據要害之地以固維持之勢又修邵信臣遺跡激用滍淯諸水以浸原田萬餘頃分疆刊石使有定分公私同利衆庶賴之號曰杜父舊水道唯沔漢達江陵千數百里北無通路又巴丘湖沅湘之會表裏山川實為險固荊蠻之所恃也預乃開楊口起夏水達巴陵千餘里內瀉長江之險外通零桂之漕南土歌之曰後世無叛由杜翁孰識智名與勇功預公家之事知無不為凡所興造必考度始終鮮有敗事或譏其意碎者預曰禹稷之功期於濟世所庶幾也預好為後世名常言高岸為谷深谷為陵刻石為二碑紀其勳績一沉萬山之下一立峴山之上曰焉知此後不為陵谷乎預身不跨馬射不穿札而每在大事輒居將率之列結交接物恭而有禮問無所隱誨人不倦敏於事而慎於言既立功之後從容無事乃耽思經籍為春秋左

氏經傳集解又參考衆家譜第謂之釋例又作盟會圖春秋長曆備成一家之學比老乃成又撰女記讚當時論者謂預文義質直世人未之重唯秘書監摯虞賞之曰左丘明本為春秋作傳而左傳遂自孤行釋例本為傳設而所發明何但左傳故亦孤行時王濟解相馬又甚愛之而和嶠頗聚斂預常稱濟有馬癖嶠有錢癖武帝聞之謂預曰卿有何癖對曰臣有左傳癖預在鎮數餉遺洛中貴要或問其故預曰吾但恐為害不求益也預初在荊州因宴集醉臥齋中外人聞嘔吐聲竊窺於戶止見一大蛇垂頭而吐聞者異之其後徵為司隸校尉加位特進行次鄧縣而卒時年六十三帝甚嗟悼追贈征南大將軍開府儀同三司謚曰成預先為遺令曰古不合葬明於終始之理同於無有也中古聖人改而合之蓋以別合無在更緣生以示教也自此以來大人君子或合或否未能知生安能知死故各以己意所欲也吾往為臺郎嘗以公事使過密縣之邢山山上有冢問耕父云是鄭大夫祭仲或云子產之冢也遂率從者祭而觀焉其造冢居山之頂四望周達連山體南北之正而邪東北向新鄭城意不忘本也其隧道唯塞其後而空其前不填之示藏無珍寶不取於重深也山多美石不用必集洧水自然之石以為冢藏貴不勞工巧而此石不入世用也君子尚其有情小人無利可動歷千載無毀儉之致也吾去春入朝因郭氏喪亡緣陪陵舊義自表營洛陽城東首陽之南為將來兆域而所得地中有小山上無舊冢其高顯雖未足比邢山然東奉二陵西瞻宮闕南觀伊洛北望夷叔曠然遠覽情之所安也故遂表樹開道為一定之制至時皆用洛水圓石開隧道南向儀制取法於鄭大夫欲以儉自完耳棺器小斂之事皆當稱此子孫一以遵之子錫嗣

錫字世嘏少有盛名起家長沙王乂文學累遷太子中舍人性亮直忠烈屢諫愍懷太子言辭懇切太子患之後置針著錫常所坐處氈中刺之流血他日太子問錫向著何事錫對醉不知太子詰之曰君喜責人何自作過也後轉衛將軍長史趙王倫篡位以為治書御史孫秀求交於錫而錫距之秀雖銜之憚其名高不敢害也惠帝反政遷吏部郎城

陽太守不拜仍遷尚書左丞年四十八卒贈散騎常侍子乂嗣在外戚
傳

史臣曰泰始之際人祇呈貺羊公起平吳之策其見天地之心焉昔齊
有黔夫燕人祭北門之鬼趙有李牧秦王罷東并之勢桑枝不競瓜潤空
慚垂大信於南服傾吳人於漢渚江衢如砥襁袂同歸而在乎成功弗
居幅巾窮巷落落焉其有風飈者也杜預不有生知用之則習振長策
而攻取兼儒風而轉戰孔門稱四則仰止其三春秋有五而獨擅其一
不其優歟夫三年之喪云無貴賤雖纖奪於在位可以興嗟既葬釋於
儲君何其斯酷徇以苟合不求其正以當代之元良爲諸侯之庶子檀
弓習於變禮者也杜預其有焉

贊曰漢池西險吳江左堀羊公恩信百萬歸來昔之誓旅懷經罕素元
凱文場稱爲武庫

列傳第四　　晉書三十四

陳騫　子輿　[illegible]秀　從弟楷

陳騫臨淮東陽人也父矯魏司徒矯本廣陵劉氏爲外祖陳氏所養因而改焉騫沈厚有智謀初矯爲尚書令侍中劉曄見幸於魏明帝譖矯專權矯憂懼以問騫騫曰主上明聖大人大臣今若不合意不過不作公耳後帝意果釋騫尚少爲夏侯玄所侮意色自若玄以此異之起家尚書郎遷中山安平太守並著稱績徵爲相國司馬長史御史中丞遷尚書封安國亭侯蜀賊寇隴右以尚書持節行征蜀將軍破賊而還會諸葛誕之亂復以尚書行安東將軍壽春平拜使持節都督淮北諸軍事安東將軍進爵廣陵侯轉都督豫州諸軍事豫州刺史持節將軍如故又轉都督江南諸軍事徙都督荊州諸軍事征南大將軍封郯侯武帝受禪以佐命之勳進車騎將軍封高平郡公遷侍中大將軍出爲都督揚州諸軍事餘如故假黃鉞攻拔吳枳里城破涂中屯戍賜騫兄子悝爵關中侯咸寧初遷太尉轉大司馬騫因入朝言於帝曰胡烈牽弘皆勇而無謀彊於自用非綏邊之材將爲國恥願陛下詳之時弘爲揚州刺史不承順騫命帝以爲不協相構於是徵弘既至尋復以爲涼州刺史騫竊歎息以爲必敗二人後果失羌戎之和皆被寇喪沒征討連歲僅而得定帝乃悔之騫少有度量含垢匿瑕所在有績與賈充石苞裴秀等俱爲心膂而騫智度過之充等亦自以爲不及也累處方任爲士庶所懷既位極人臣年踰致仕思欲退身咸寧三年求入朝因乞骸骨賜袞冕之服詔曰騫元勳舊德統乂東夏方弘遠績以一吳會而所苦未除每表懇切重勞以方事今聽留京城以前太尉府爲大司馬府增置祭酒二人帳下司馬官騎大車鼓吹皆如前親兵百人廚田十頃廚園五十畝廚士十人器物經用皆留給焉又給乘輿輦出入殿中加鼓吹如漢蕭何故事騫累稱疾辭位詔曰騫履德論道朕所諮詢方賴謀猷以弘庶績宜時視事可遣散騎常侍諭意騫輒歸第詔又遣侍中敦諭還府遂固請許之位同保傅在三司之上賜以几杖不朝安車駟馬以高平公還第帝以其勳舊耆老禮之甚重又以騫有疾聽乘輿上殿騫素無謇諤之風然與帝語傲及見皇太子加敬時人以爲諂弟稚與其子輿忿爭遂說騫子女穢行騫表徙弟以此獲譏於世元康二年薨年八十一加以衮斂贈太傅謚曰武及葬帝於大司馬門臨喪望柩流涕禮依大司馬石苞故事子輿嗣爵

輿字顯初拜散騎侍郎洛陽令遷黃門侍郎歷將校左軍將軍大司農侍中坐與叔父不睦出爲河內太守輿雖無檢正而有力致勁卒子植字弘先嗣官至散騎常侍卒子粹嗣永嘉中遇害孝武帝以騫玄孫襲爵卒弟子浩之嗣宋受禪國除

裴秀字季彥河東聞喜人也祖茂漢尚書令父潛魏尚書令秀少好學有風操八歲能屬文叔父徽有盛名賓客甚衆秀年十餘歲有詣徽者出則過秀然秀母賤嫡母宣氏不之禮嘗使進饌於客見者皆爲之起秀母曰微賤如此當應爲小兒故也宣氏知之後遂止時人爲之語曰後進領袖有裴秀渡遼將軍毋丘儉嘗薦秀於大將軍曹爽曰生而岐嶷長蹈自然玄靜守眞性入道奧博學彊記無文不該孝友著於鄉黨高聲聞於遠近誠宜弼佐謨明助和鼎味既贊大府光昭盛化非徒子奇甘羅之儔兼包顏冉游夏之美爽乃辟爲掾襲父爵清陽亭侯遷黃門侍郎爽誅以故吏免頃之爲廷尉正歷文帝安東及衛將軍司馬軍國之政多見信納遷散騎常侍帝之討諸葛誕也秀與尚書僕射陳泰黃門侍郎鍾會以行臺從豫參謀略及誕平轉尚書進封魯陽鄉侯增邑千戶常道鄉公立以豫議定策進爵縣侯增邑七百戶遷尚書僕射魏咸熙初釐革憲司時荀顗定禮儀賈充正法律而秀改官制焉秀議五等之爵自騎督已上六百餘人皆封於是封秀濟川侯地方六十里邑千四百戶以高苑縣濟川墟爲侯國初文帝未定嗣而屬意舞陽侯攸武帝懼不得立問秀曰人有相否因以奇表示之秀後言於文帝曰中撫軍人望既茂天表如此固非人臣之相也由是世子乃定武帝既即王位拜尚書令右光祿大夫與御使大夫王沈衛將軍賈充俱開府加給事中及帝受禪加左光祿大夫封鉅鹿郡公邑三千戶時安遠護軍郝詡與故人書云與尚書令裴秀相知望其爲益有司奏免秀官詔

曰不能使人之不加諸我此古人所難交關人事詡之罪耳豈尚書令能防乎其勿有所問司隸校尉李憙復上言騎都尉劉尚爲尚書令裴秀占官稻田求禁止秀詔又以秀幹翼朝政有勳績於王室不可以小疵掩大德使推正尚罪而解秀禁止焉久之詔曰夫三司之任以翼宣皇極弼成王事者也故經國論道賴之明喆苟非其人官不虛備尚書令左光祿大夫裴秀雅量弘博思心通遠先帝登庸贊事前朝朕受明命光佐大業勳德茂著配蹤元凱宜正位居體以康庶績其以秀爲司空秀儒學洽聞且留心政事當禪代之際總納言之要其所裁當禮無違者又以職在地官以禹貢山川地名從來久遠多有變易後世說者或彊牽引漸以闇昧於是甄擿舊文疑者則闕古有名而今無者皆隨事注列作禹貢地域圖十八篇奏之藏於祕府其序曰圖書之設由來尚矣自古立象垂制而賴其用三代置其官國史掌厥職暨漢屠咸陽丞相蕭何盡收秦之圖籍今祕書既無古之地圖又無蕭何所得惟有漢氏輿地及括地諸雜圖各不設分率又不考正準望亦不備載名山大川雖有麤形皆不精審不可依據或荒外迂誕之言不合事實於義無取大晉龍興混一六合以清宇宙始於庸蜀罙入其岨文皇帝乃命有司撰訪吳蜀地圖蜀土既定六軍所經地域遠近山川險易征路迂直校驗圖記罔或有差今上考禹貢山海川流原隰陂澤古之九州及今之十六州郡國縣邑疆界鄉陬及古國盟會舊名水陸徑路爲地圖十八篇制圖之體有六焉一曰分率所以辯廣輪之度也二曰準望所以正彼此之體也三曰道里所以定所由之數也四曰高下五曰方邪六曰迂直此三者各因地而制宜所以校夷險之異也有圖象而無分率則無以審遠近之差有分率而無準望雖得之於一隅必失之於他方有準望而無道里則施於山海絕隔之地不能以相通有道里而無高下方邪迂直之校則徑路之數必與遠近之實相違失準望之正矣故以此六者參而考之然遠近之實定於分率彼此之實定於道里度數之實定於高下方邪迂直之算故雖有峻山鉅海之隔絕域殊方之迥登降詭曲之因皆可得舉而定者準望之法既正則曲直遠近無所

隱其形也秀創制朝儀廣陳刑政朝廷多遵用之以爲故事在位四載爲當世名公服寒食散當飲熱酒而飲冷酒泰始七年薨時年四十八詔曰司空經德履哲體蹈儒雅佐命翼世勳業弘茂方將宣猷敷制爲世宗範不幸薨徂朕甚痛之其賜祕器朝服一具衣一襲錢三十萬布百匹謚曰元初秀以尚書三十六曹統事準例不明宜使諸卿任職未及奏而薨其友人料其書記得表草言平吳之事其詞曰孫皓酷虐不及聖明御世兼弱攻昧使遺子孫將遂不能臣時有否泰非萬安之勢也臣昔雖已屢言未有成旨今既疾篤不起謹重尸啓願陛下時共施用乃封以上聞詔報曰司空薨痛悼不能去心又得表草雖在危困不忘王室盡忠憂國省益傷切輒當與諸賢共論也咸寧初與石苞等並爲王公配享廟庭有二子濬頠濬嗣位至散騎常侍早卒濬庶子憬不惠別封高陽亭侯以濬少弟頠嗣

頠字逸民弘雅有遠識博學稽古自少知名御史中丞周弼見而歎曰頠若武庫五兵縱橫一時之傑也賈充即頠從母夫也表秀有佐命之勳不幸嫡長喪亡遺孤稚弱頠才德英茂足以興隆國嗣詔頠襲爵頠固讓不許太康三年徵爲太子中庶子遷散騎常侍惠帝即位轉國子祭酒兼右軍將軍初頠兄子憬爲白衣頠論述世勳賜爵高陽亭侯楊駿將誅也駿黨左軍將軍劉豫陳兵在門遇頠問太傅所在頠紿之曰向於西掖門遇公乘素車從二人西出矣豫曰吾何之頠曰宜至廷尉豫從頠言遂委而去尋而詔頠代豫領左軍將軍屯萬春門及駿誅以功當封武昌侯頠請以封憬帝竟封頠次子該頠苦陳憬本承嫡宜襲鉅鹿先帝恩旨辭不獲命武昌之封己之所蒙特請以封憬該時尚主故帝不聽累遷侍中時天下暫寧頠奏脩國學刻石寫經皇太子既講釋奠祀孔子飲饗射侯甚有儀序又令荀藩終父勗之志鑄鐘鑿磬以備郊廟朝享禮樂頠通博多聞兼明醫術荀勗之修律度也檢得古尺矩世所用四分有餘頠上言宜改諸度量若未能悉革可先改太醫權衡此若差違遂失神農岐伯之正藥物輕重分兩乖互所可傷夭爲害尤深古壽考而今短折者未必不由此也卒不能用樂廣嘗與頠清言

欲以理服之而頠辭論豐博廣奕而不言時人謂頠爲言談之林藪頠
以賈后不悅太子抗表請增崇太子所生謝淑妃位號仍啓增置後衞
率吏給三千兵於是東宮宿衞萬人遷尚書侍中如故加光祿大夫每
授一職未嘗不殷勤固讓表疏十餘上博引古今成敗以爲言覽之者
莫不寒心頠深慮賈后亂政與司空張華侍中賈模議廢之而立謝淑
妃華模皆曰帝自無廢黜之意若吾等專行之上心不以爲是且諸王
方剛朋黨異議恐禍如發機身死國危無益社稷頠曰誠如公慮但昏
虐之人無所忌憚亂可立待將如之何華曰卿二人猶且見信然勤爲
左右陳禍福之戒冀無大悖幸天下尚安庶可優遊卒歲此謀遂寢頠
旦夕勸說從母廣城君令戒諭賈后親待太子而已或說頠曰幸與中
宮內外可得盡言言若不行則可辭病屏退若二者不立雖有十表難
乎免矣頠慨然久之而竟不能行遷尚書左僕射侍中如故頠雖后之
親屬然雅望素隆四海不謂之以親戚進也惟恐其不居位俄復使頠
專任門下事固讓不聽頠上言賈模適亡復以臣代宗外戚之望彰偏

私之舉后族何常有能自保皆知重親無脫者也然漢二十四帝惟孝
文光武明帝不重外戚皆保其宗豈將獨賢實以安理故也昔穆叔不
拜越禮之饗臣亦不敢聞殊常之詔又表云咎繇謨虞伊尹相商呂望
翊周蕭張佐漢咸播功化光格四極暨于繼體咎單傅說祖己樊仲亦
隆中興或明揚仄陋或起自無族豈非尚德之舉以臻斯美哉歷觀近
世不能慕遠溺於近情多任后親以致不靜昔疏廣戒太子以舅氏爲
官屬前世以爲知禮況朝廷何取於外戚正復才均尚當先其疏者以
明至公漢世不用馮野王即其事也表上皆優詔敦譬時以陳準子匡
韓蔚子嵩並侍東宮頠諫曰東宮之建以儲皇極其所與遊接必簡英
儁宜用成德匡嵩幼弱未識人理立身之節東宮實體夙成之表而今
有童子侍從之聲未是光闡遐風之弘理也愍懷太子之廢也頠與張
華苦爭不從語在華傳頠深患時俗放蕩不尊儒術何晏阮籍素有高
名於世口談浮虛不遵禮法尸祿耽寵仕不事事至王衍之徒聲譽太
盛位高勢重不以物務自嬰遂相放效風教陵遲乃著崇有之論以釋

其蔽曰夫總混羣本宗極之道也方以族異庶類之品也形象著分有
生之體也化感錯綜理迹之原也夫品而爲族則所稟者偏偏無自足
故憑乎外資是以生而可尋所謂理也理之所體所謂有也有之所須
所謂資也資有攸合所謂宜也擇乎厥宜所謂情也識智既授雖出處
異業默語殊塗所以寶生存宜其情一也衆理並而無害故貴賤形焉
失得由乎所接故吉凶兆焉是以賢人君子知欲不可絕而交物有會
觀乎往復稽中定務惟夫用天之道分地之利躬其力任勞而後饗居
以仁順守以恭儉率以忠信行以敬讓志無盈求事無過用乃可濟乎
故大建厥極綏理羣生訓物垂範於是乎在斯則聖人爲政之由也若
乃淫抗陵肆則危害萌矣故欲衍則速患情佚則怨博擅恣則興攻專
利則延寇可謂以厚生而失生者也悠悠之徒駭乎若茲之釁而尋
艱爭所緣察夫偏質有弊而覩簡損之善遂闡貴無之議而建賤有之
論賤有則必外形外形則必遺制遺制則必忽防忽防則必忘禮禮制
弗存則無以爲政矣衆之從上猶水之居器也故兆庶之情信於所習

習則心服其業業服則謂之理然是以君人必慎所教班其政刑一切
之務分宅百姓各授四職能令稟命之者不肅而安忽然忘異莫有遷
志況於據在三之尊懷所隆之情敦以爲訓者哉斯乃昏明所階不可
不審夫盈欲可損而未可絕有也過用可節而未可謂無貴也蓋有講
言之具者深列有形之故盛稱空無之美形器之故有徵空無之義難
檢辯巧之文可悅似象之言足惑衆聽眩焉溺其成說雖頗有異此心
者辭不獲濟屈於所狎因謂虛無之理誠不可蓋唱而有和多往弗反
遂薄綜世之務賤功烈之用高浮游之業埤經實之賢人情所殉篤夫
名利於是文者衍其辭訥者讚其旨染其衆也是以立言藉於虛無謂
之玄妙處官不親所司謂之雅遠奉身散其廉操謂之曠達故砥礪之
風彌以陵遲放者因斯或悖吉凶之禮而忽容止之表瀆棄長幼之序
混漫貴賤之級其甚者至於裸裎言笑忘宜以不惜爲弘士行又虧矣
老子既著五千之文表摭穢雜之弊甄舉靜一之義有以令人釋然自
夷合於易之損謙艮節之旨而靜一守本無虛無之謂也損艮之屬蓋

君子之一道非易之所以為體守本無也觀老子之書雖博有所經而云有生於無以虛為主偏立一家之辭豈有以而然哉人之既生以保生為全全之所階以順感為務若味近以虧業則沉溺之釁興懷末以忘本則天理之真滅故動之所交存亡之會也夫有非有於無非無於無非無於有非有是以申縱播之累而著貴無之文將以絕所非之盈謬存大善之中節收流遁於既過反澄正于胷懷宜其以無為辭而旨在全有故其辭曰以為文不足若斯則是所寄之塗一方之言也若謂至理信以無為宗則偏而害當矣先賢達識以非所滯示之深論惟班固著難未足折其情孫卿揚雄大體抑之猶偏有所許而虛無之言日以廣衍衆家扇起各到其說上及造化下被萬事莫不貴無所存僉同情以衆固乃號凡有之理皆義之埤者薄而鄙焉辯論人倫及經明之業遂易門肆頠用矍然申其所懷而攻者盈集或以為一時口言有客幸過咸見命著文擿列虛無不允之徵若未能每事釋正則無家之義弗可奪也頠退而思之雖君子宅情無求於顯及其立言在乎達旨而

已然去聖久遠異同紛糾苟少有仿佛可以崇濟先典扶明大業有益於時則惟患言之不能為得靜默及未舉一隅略示所存而已哉夫至無者無以能生故始生者自生也自生而必體有則有遺而生虧矣生以有為已分則虛無是有之所謂遺者也故養既化之有非無用之所能全也理既有之衆非無為之所能循也心非事也而制事必由於心然不可以制事以非事謂心為無也匠非器也而制器必須於匠然不可以制器以非器謂匠非有也是以欲收重泉之鱗非偃息之所能獲也隕高墉之禽非靜拱之所能捷也審投弦餌之用非無知之所能覽也由此而觀濟有者皆有也虛無奚益於已有之羣生哉王衍之徒攻難交至並莫能屈又著辯才論古今精義皆辯釋焉未成而遇禍初趙王倫諂事賈后頠甚惡之倫數求官頠與張華復固執不許由是深為倫所怨倫又潛懷篡逆欲先除朝望因廢賈后之際遂誅之時年三十四二子嵩該倫亦欲害之梁王肜東海王越稱頠父秀有勳王室配食太廟不宜滅其後嗣故得不死徙帶方惠帝反正追復頠本官改葬以卿禮諡曰成以嵩嗣爵為中書黃門侍郎該出後從伯凱為散騎常侍並為乞活賊陳午所害

楷字叔則父徽魏冀州刺史楷明悟有識量弱冠知名尤精老易少與王戎齊名鍾會薦之於文帝辟相國掾遷尚書郎賈充改定律令以楷為定科郎事畢詔楷於御前執讀平議當否楷善宣吐左右屬目聽者忘倦武帝為撫軍妙選僚采以楷為參軍事吏部郎缺文帝問其人於鍾會會曰裴楷清通王戎簡要皆其選也於是以楷為吏部郎楷風神高邁容儀俊爽博涉羣書特精理義時人謂之玉人又稱見裴叔則如近玉山映照人也轉中書郎出入宮省見者肅然改容武帝初登阼探策以卜世數多少既而得一帝不悅羣臣失色莫有言者楷正容儀和其聲氣從容而進曰臣聞天得一以清地得一以寧王侯得一以為天下貞武帝大悅羣臣皆稱萬歲俄拜散騎侍郎累遷散騎常侍河內太守入為屯騎校尉右軍將軍轉侍中石崇以功臣子有才氣與楷志趣各異不與之交長水校尉孫季舒嘗與崇酣讌慢傲過度崇欲表免之

楷聞之謂崇曰足下飲人狂藥責人正禮不亦乖乎崇乃止楷性寬厚與物無忤不持儉素每游榮貴輒取其珍玩雖車馬器服宿昔之間便以施諸窮乏嘗營別宅其從兄衍見而悅之即以宅與衍梁趙二王國之近屬貴重當時楷歲請二國租錢百萬以散親族人或譏之楷曰損有餘以補不足天之道也安於毀譽其行已任率皆此類也與山濤和嶠並以盛德居位帝嘗問曰朕應天順時海內更始天下風聲何得何失楷對曰陛下受命四海承風所以未比德於堯舜者但以賈充之徒尚在朝耳方宜引天下賢人與弘政道不宜示人以私時任愷庾純亦以充為言帝乃出充為關中都督充納女於太子乃止平吳之後帝方修太平之化每延公卿與論政道楷陳三五之風次敘漢魏盛衰之迹帝稱善坐者皆歎服焉楷子瓚娶楊駿女然楷素輕駿與之不平駿既執政乃轉為衞尉遷太子少師優遊無事默如也及駿誅楷以婚親收付廷尉將加法是日事起倉卒誅戮縱橫衆人為之震恐楷容色不變舉動自若索紙筆與親故書賴侍中傅祗救護得免猶坐去官太保衞

瓘太守亮稱楷貞正不阿附且蒙爵土乃封臨海侯食邑二千戶代楚王瑋為北軍中候加散騎常侍瑋怨瓘亮斥已任楷楷聞之不敢拜轉為尚書楷長子輿先娶亮女女適衛瓘子楷慮內難未已求出外鎮除安南將軍假節都督荊州諸軍事垂當發而瑋果矯詔誅亮瓘瑋以楷前奪已中候又与亮瓘婚親密遣討楷楷素知瑋有望於已聞有變單車入城匿于妻父王渾家與亮小子一夜八徙故得免難瑋既伏誅以楷為中書令加侍中與張華王戎並管機要楷有渴利疾不樂處勢王渾為楷請曰楷受先帝拔擢之恩復蒙陛下寵遇誠竭節之秋也然楷性不競於物昔為常侍求出為河內太守後為侍中復求出為河南尹與楊駿不平求為衛尉及轉東宮班在時類之下安於淡退有識有以見其心也楷今委頓臣深憂之光祿勳缺以為可用今張華在中書王戎在尚書足举其契無為復令楷入名臣不多當見將養不違其志要其遠濟之益不聽就加光祿大夫開府儀同三司及疾篤詔遣黃門郎王衍省疾楷迴眸矚之曰竟未相識衍深歎其神儁楷有知人之鑒初在河南樂廣僑居郡界未知名楷見而奇之致之於宰府嘗目夏侯玄云肅肅如入宗廟中但見礼樂器鍾會如觀武庫森森但見矛戟在前傅嘏汪翔靡所不見山濤若登山臨下幽然深遠初楷家炊黍在甑或變如拳或作血或作蕪菁子其年而卒時年五十五謚曰元有五子輿瓚憲礼遜輿字祖明少襲父爵官至散騎侍郎卒謚曰簡瓚字國寶中書郎風神高邁見者皆敬之特為王綏所重每從其遊綏父戎謂之曰國寶初不來汝數往何也對曰國寶雖不知綏綏自知國寶楊駿之誅為亂兵所害

憲字景思少而穎悟好交輕俠及弱冠更折節嚴重脩尚儒學足不踰閾者數年陳郡謝鯤潁川庾敳皆儁朗士也見而奇之相謂曰裴憲鯁亮宏達通機識命不知其何如父至於深弘保素不以世物嬰心者其殆過之初侍講東宮歷黃門吏部郎侍中東海王越以為豫州刺史北中郎將假節王浚承制以憲為尚書永加末王浚為石勒所破棗嵩等莫不謝罪軍門貢賂交錯惟憲及荀綽恬然私室勒素聞其名召而謂之曰王浚虐暴幽州人鬼同疾孤恭行乩憲拯茲黎元羈舊咸歡慶謝交路二君齊惡傲威誠信岨絕防風之戮將誰歸乎憲神色侃然泣而對曰臣等世荷晉榮恩遇隆重王浚凶麤醜正尚晉之遺藩雖欣聖化義嶇誠心且武王伐紂表商容之閭未聞商容在倒戈之例也明公既不欲以道化厲物必於刑忍為始者防風之戮臣之分也請就辟有司不拜而出勒深嘉之待以賓禮勒乃簿王浚官寮親屬皆貲至巨萬惟憲與荀綽家有書百餘袠鹽米各十數斛而已勒聞之謂其長史張賓曰名不虛也吾不喜得幽州喜獲二子署從事中郎出為長樂太守及勒僭號未遑制度憲與王波為之撰朝儀於是憲章文物擬於王者勒大悅署太中大夫遷司徒及季龍之世彌加禮重憲有二子挹瑴並以文才知名瑴仕季龍為太子中庶子散騎常侍挹瑴俱豪俠躭酒好臧否人物與河間邢魚有隙魚竊乘瑴馬奔段遼為人所獲魚誣瑴使已以季龍當襲鮮卑告之為備時季龍適謀伐遼而與魚辭正會季龍悉誅挹瑴憲亦坐免未幾復以為右光祿大夫司徒太傅封安定郡公憲歷官無幹績之稱然在朝玄默未嘗以物務經懷但以德重名高動見尊礼竟卒於石氏以族人峙子邁為嗣楷長兄黎次兄康並知名康子盾少歷顯位永嘉中為徐州刺史委任長史司馬奧奧勸盾刑殺立威大發良人為兵有不奉法者罪便至死在任三年百姓嗟怨東海王越盾妹夫也越既薨騎督滿衡便引所發良人東還尋而劉元海遣將王桑趙固向彭城前鋒數騎至下邳文武不堪苛政悉皆散走盾與奔淮陰妻子為賊人所得奧又誘盾降趙固固妻盾女有寵盾向女涕泣固遂殺之盾弟邵字道期元帝為安東將軍以邵為長史王導為司馬二人相與為深交徵為太子中庶子復轉散騎常侍使持節都督揚州江西淮北諸軍事東中郎將隨越出項而卒於軍中及王導為司空既拜歎曰裴道期劉王喬在吾不得獨登此位導子仲豫與康同字導思舊好乃改為敬豫焉

楷弟綽字季舒器宇宏曠官至黃門侍郎長水校尉綽子遐善言玄理音辭清暢泠然若琴瑟嘗與河南郭象談論一坐嗟服又嘗在平東將

軍周顗坐與人圍棊顗司馬行酒遐未即飲司馬醉怒因曳遐墮地遐徐起還坐顏色不變復棊如故其性虛和如此東海王越引爲主簿後爲越子毗所害初裴王二族盛於魏晉之世時人以爲八裴方八王徽比王祥楷比王衍康比王綏綽比王澄瓚比王敦遐比王導頠比王戎邈比王玄云

史臣曰周稱多士漢曰得人取類星象頡頏符契時之名流多以幹翮相許自家光國豈陳蹇之謂歟秀則聲蓋朋儕稱爲領袖楷則機神幼發目以清通俱爲晉代名臣良有以也

贊曰世既順才才膺世至高平沉敏蘊茲名器鉅鹿自然亦云經笥嫺皇鍊石晉圖開秘頠有清規承家來媚

列傳第五　　晉書三十五

衛瓘 子恒 孫璪 玠　張華 子禕 韙 劉卞

衛瓘字伯玉河東安邑人也高祖暠漢明帝時以儒學自代郡徵至河東安邑卒因賜所亡地而葬之子孫遂家焉父覬魏尚書瓘年十歲喪父至孝過人性貞靜有名理以明識清允稱襲父爵閿鄉侯弱冠為魏尚書郎時魏法嚴苛母陳氏憂之瓘自請得徙為通事郎轉中書郎時權臣專政瓘優遊其間无所親疏甚為傅嘏所重謂之甯武子在位十年以任職稱累遷散騎常侍陳留王即位拜侍中持節慰勞河北以定議功增邑戶數歲轉廷尉卿瓘明法理每至聽訟小大以情鄧艾鍾會之伐蜀也瓘以本官持節監艾會軍事行鎮西軍司給兵千人蜀既平艾輒承制封拜會陰懷異志因艾專擅密與瓘俱奏其狀詔使檻車徵之會遣瓘先收艾會以瓘兵少欲令艾殺瓘因加艾罪瓘知欲危己然不可得而距乃夜至成都檄艾所統諸將稱詔收艾其餘一无所問若來赴官軍爵賞如先敢有不出誅及三族比至雞鳴悉來赴瓘唯艾帳內在焉平旦開門瓘乘使者車徑入至成都殿前艾卧未起父子俱被執艾諸將圖欲劫艾整仗趣瓘營瓘輕出迎之偽作表草將申明艾事諸將信之而止俄而會至乃悉請諸將胡烈等因執之囚益州解舍遂發兵反於是士卒思歸內外騷動人情憂懼會留瓘謀議乃書板云欲殺胡烈等舉以示瓘瓘不許因相疑貳瓘如廁見胡烈故給使使宣語三軍言會反會逼瓘定議經宿不眠各橫刀膝上在外諸軍已潛欲攻會瓘既不出未敢先發會使瓘慰勞諸軍瓘心欲去且堅其意曰卿三軍主宜自行會曰卿監司且先行吾當後出瓘便下殿會悔遣之使呼瓘瓘辭眩疾動詐仆地比出閤數十信追之瓘至外解服鹽湯大吐瓘素羸便似困篤會遣所親人及醫視之皆言不起會由是无所憚及暮門閉瓘作檄宣告諸軍諸軍並已唱義陵旦共攻會會率左右距戰諸將擊敗之唯帳下數百人隨會繞殿而走盡殺之瓘於是部分諸將羣情肅然鄧艾本營將士復追破檻車出艾還向成都瓘自以與會共陷艾懼為變又欲專誅會之功乃遣護軍田續至緜竹夜襲艾於三造

亭斬艾及其子忠初艾之入江由也以續不進將斬之既而赦焉及瓘遣續謂之曰可以報江由之辱矣事平朝議封瓘瓘以克蜀之功羣帥之力二將跋扈自取滅亡雖運智謀而無搴旗之效固讓不受除使持節都督關中諸軍事鎮西將軍尋遷都督徐州諸軍事鎮東將軍增封菑陽侯以餘爵封弟寔開陽亭侯泰始初轉征東將軍進爵為公都督青州諸軍事青州刺史加征東大將軍青州牧所在皆有政績除征北大將軍都督幽州諸軍事幽州刺史護烏桓校尉至鎮表立平州後兼督之于時幽并東有務桓西有力微並為邊害瓘離間二虜遂致嫌隙於是務桓降而力微以憂死朝廷嘉其功賜一子亭侯瓘乞以封弟未受命而亡子密受封為亭侯瓘六男無爵悉讓二弟遠近稱之累求入朝既至武帝善遇之俄使旋鎮咸寧初徵拜尚書令加侍中性嚴整以法御下視尚書若參佐尚書郎若掾屬瓘學問深博明習文藝與尚書郎敦煌索靖俱善草書時人號為一臺二妙漢末張芝亦善草書論者謂瓘得伯英筋靖得伯英肉太康初遷司空侍中令如故為政清簡甚得朝野聲譽武帝敕瓘第四子宣尚繁昌公主瓘自以諸生之胄婚對微素抗表固辭不許又領太子少傅加千兵百騎鼓吹之府以日蝕瓘與太尉汝南王亮司徒魏舒俱遜位帝不聽瓘以魏立九品是權時之制非經通之道宜復古鄉舉里選與太尉亮等上疏曰昔聖王崇賢舉善而教用使朝廷德讓野無邪行誠以閭伍之政足以相檢詢事考言必得其善人知名不可虛求故還脩其身是以崇賢而俗益穆黜惡而行彌篤斯則鄉舉里選者先王之令典也自茲以降此法陵遲魏氏承顛覆之運起喪乱之後人士流移考詳無地故立九品之制粗具一時選用之本耳其始造也鄉邑清議不拘爵位褒貶所加足為勸勵猶有鄉論餘風中間漸染遂計資定品使天下觀望唯以居位為貴人棄德而忽道業爭多少於錐刀之末傷損風俗其獘不細今九域同規大化方始臣等以為宜皆蕩除下法一擬古制以土斷定自公卿以下皆以所居為正無復懸客遠屬異土者如此則同鄉鄰伍皆為邑里郡縣之宰即以居長盡除中正九品之制使舉善進才各由鄉論然則下敬其

上人安其教俗與政具清化與法並濟人知善否之教不在交遊即華
競自息各求於已矣今除九品則宜準古制使朝臣共相舉任於出才
之路既博且可以厲進賢之公心覈在位之明闇誠令典也武帝善之
而卒不能改惠帝之為太子也朝臣咸謂純質不能親政事瓘每欲陳
啓廢之而未敢發後會宴陵雲臺瓘託醉因跪帝牀前曰臣欲有所啓
帝曰公所言何邪瓘欲言而止者三因以手撫牀曰此座可惜帝意乃
悟因謬曰公真大醉邪瓘於此不復有言賈后由是怨瓘宣尚公主數
有酒色之過楊峻素與瓘不平駿復欲自專權重宣若離婚瓘必遜位
於是遂與黃門等毀之諷帝奪宣公主瓘慚懼告老遜位乃下詔曰司
空瓘年未致仕而遜讓歷年欲及神志未衰以果本情至真之風實感
吾心今聽其所執進位太保以公就第給親兵百人置長史司馬從事
中郎掾屬及大車宮騎麾蓋鼓吹諸威儀一如舊典給廚田十頃園五
十畝錢百萬絹五百匹牀帳簟褥主者務令優備以稱吾崇賢之意焉
有司又奏收宣付廷尉免瓘位詔不許帝後知黃門虛構欲還復主而

宣疾亡惠帝即位復瓘千兵及楊駿誅以瓘録尚書事加緑綟綬劒屨
上殿入朝不趨給騎司馬與汝南王亮共輔朝政亮奏遣諸王還藩與
朝臣廷議無敢應者唯瓘贊其事楚王瑋由是憾焉賈后素怨瓘且忌
其方直不得騁己淫虐又聞瓘與瑋有隙遂謗瓘與亮欲為伊霍之事
啓帝作手詔使瑋免瓘等官黃門齎詔授瑋瑋性輕險欲騁私怨夜使
清河王遐收瓘左右疑遐矯詔咸諫曰礼律刑名台輔大臣未有此比
且請距之須自表得報就戮未晚也瓘不從遂與子恒嶽裔及孫等九
人同被害時年七十二恒二子璪玠時在醫家得免初杜預聞瓘殺鄧
艾言於衆曰伯玉其不免乎身為名士位居總帥既無德音又不御下
以正是小人而乘君子之器當何以堪其責乎瓘聞之不俟駕而謝終
如預言初瓘家人炊飯墮地盡化為螺歲餘而及禍太保主簿劉繇等
冒難收瓘而葬之初瓘為司空時帳下督榮晦有罪瓘斥遣之及難作
隨兵討瓘故子孫皆及于禍楚王瑋之伏誅也瓘女與國臣書曰先公
名謚未顯無異凡人每怪一國蔑然無言春秋之失其咎安在悲憤感

慨故以示意於是繇等執黃幡撾登聞鼓上言曰初矯詔者至公承詔
當免即便奉送章綬雖有兵仗不施一刃重勑出第單車從命如矯詔
之文唯免公官右軍已下即承詐偽違其本文輒戮宰輔不復表上橫
收公子孫輒皆行刑賊害大臣父子九人伏見詔書為楚王所誑誤非
本同謀者皆弛遣如書之旨謂里舍人被驅逼齎白杖者耳律受教殺
人不得免死況乎手害功臣賊殺忠良雖云非謀理所不赦今元惡雖
誅殺賊猶存臣懼有司未詳事實或有縱漏不加精盡使公父子讎賊
不滅冤魂永恨訴於穹蒼酷痛之臣悲於明世臣等身被創痍殯斂始
訖謹條瓘前在司空時帳下給使榮晦無情被黜知瓘家人數小孫名
字晦後轉給右軍其夜晦在門外揚聲大呼宣詔免公還第及門開晦
前到中門復讀所齎偽詔手取公章綬貂蟬催公出第晦按次録瓘家
口及其子孫皆兵仗將送著東亭道北圍守一時之間便皆斬斫害公
子孫實由於晦及將人劫盜府庫皆晦所為考晦一人衆姦皆出乞驗
盡情偽加以族誅詔從之朝廷以瓘舉門無辜受禍乃追瓘伐蜀勳封

蘭陵郡公增邑三千戶謚曰成贈假黃鉞
恒字巨山少辟司空齊王府轉太子舍人尚書郎祕書丞太子庶子黃
門郎恒善草隸書為四體書勢曰昔在黃帝創制造物有沮誦倉頡者
始作書契以代結繩蓋覩鳥跡以興思也因而遂滋則謂之字有六義
焉一曰指事上下是也二曰象形日月是也三曰形聲江河是也四曰
會意武信是也五曰轉注老考是也六曰假借令長是也夫指事者在
上為上在下為下象形者日滿月虧效其形也形聲者以類為形配以
聲也會意者止戈為武人言為信也轉注者以老壽考也假借者數言
同字其聲雖異文意一也自黃帝至三代其文不改及秦用篆書焚燒
先典而古文絕矣漢武時魯恭王壞孔子宅得尚書春秋論語孝經時
人以不復知有古文謂之科斗書漢世祕藏希得見之魏初傳古文者
出於邯鄲淳恒祖敬侯寫淳尚書後以示淳而淳不別至正始中立三
字石經轉失淳法因科斗之名遂效其形太康元年汲縣人盜發魏襄
王冢得策書十餘萬言案敬侯所書猶有髣髴古書亦有數種其一卷

論楚事者最爲工妙恒竊悅之故竭愚思以贊其美愧不足厠前賢之作冀以存古人之象焉古無別名謂之字勢云黃帝之史沮誦倉頡眺彼鳥跡始作書契紀綱萬事垂法立制帝典用宣質文著世爰暨暴秦滔天作戾大道既泯古文亦滅魏文好古世傳丘墳歷代莫發眞僞靡分大晉開元弘道敷訓天垂其象地耀其文其文乃耀粲矣其章因聲會意類物有方日處君而盈其度月執臣而虧其旁雲委蛇而上布星離離以舒光禾卉苯䔿以垂穎山嶽峨嵯而連岡蟲跂跂其若動鳥似飛而未揚觀其錯筆綴墨用心精專勢和體均發止無間或守正循檢矩折規旋或方貟靡則因事制權其曲如弓其直如弦矯然特出若龍騰于川森尔下頹若雨墜于天或引筆奮力若鴻鴈高飛邈邈翩翩或縱肆阿那若流蘇懸羽靡靡緜緜是故遠而望之若翔風厲水清波漪漣就而察之有若自然信黃唐之遺跡爲六藝之範先籀篆蓋其子孫隸草乃其曾玄覩物象以致思非言辭之所宣昔周宣王時史籀始著大篆十五篇或與古同或與古異世謂之籀書者也及平王東遷諸侯力政家殊國異而文字乖形秦始皇帝初兼天下丞相李斯乃奏益之罷不合秦文者斯作倉頡篇中車府令趙高作爰歷篇太史令胡毋敬作博學篇皆取史籀大篆或頗省改所謂小篆者或曰下土人程邈爲衙獄吏得罪始皇幽繫雲陽十年從獄中作大篆少者增益多者損減方者使貟貟者使方奏之始皇始皇善之出以爲御史使定書或曰邈所定乃隸字也自秦壞古文有八體一曰大篆二曰小篆三曰刻符四曰蟲書五曰摹印六曰署書七曰殳書八曰隸書王莽時使司空甄豐校文字部改定古文復有六書一曰古文孔氏壁中書也二曰奇字即古文而異者也三曰篆書秦篆書也四曰佐書即隸書也五曰繆篆所以摹印也六曰鳥書所以書幡信也及許慎撰說文用篆書爲正以爲體例最可得而論也秦時李斯號爲工篆諸山及銅人銘皆斯書也漢建初中扶風曹喜少異於斯而亦稱善邯鄲淳師焉略究其妙韋誕師淳而不及也太和中誕爲武都太守以能書留補侍中魏氏寶器銘題皆誕書也漢末又有蔡邕采斯喜之法爲古今雜形然精密閑理不如

淳也邕作篆勢曰鳥遺跡皇頡循聖作則制斯文體有六篆爲眞形要妙巧入神或龜文鍼列櫛比龍鱗紓體放尾長短複身頹若黍稷之垂穎蘊若蟲蛇之棼緼揚波振激鷹跱鳥震延頸脅翼勢似陵雲或輕筆內投微本濃末若絕若連似水露緣絲凝垂下端從者如懸衡者如編杳杪邪趣不方不貟若行若飛跂跂翩翩遠而望之象鴻鵠羣游駱驛遷延迫而視之端際不可得見指撝不可勝原研桑不能數其詰屈離婁不能覩其郤間般倕揖讓而辭巧籀誦拱手而韜翰處篇籍之首目粲斌斌其可觀擒華豔於紈素爲學藝之範先喜文德之弘懿慍作者之莫刊思字體之頫仰舉大略而論旃秦既用篆奏事繁多篆字難成即令隸人佐書曰隸字漢因行之獨符印璽幡信題署用篆隸書者篆之捷也上谷王次仲始作楷法至靈帝好書時多能者而師宜官爲最大則一字徑丈小則方寸千言甚矜其能或時不持錢詣酒家飲因書其壁雇觀者以讎酒討錢足而滅之每書輒削而焚其柎梁鵠乃益爲版而飲之酒候其醉而竊其柎鵠卒以書至選部尚書宜官後爲袁術將今鉅鹿宋子有耿球碑是術所立其書甚工云是宜官也梁鵠奔劉表魏武帝破荊州募求鵠鵠之爲選部也魏武欲爲洛陽令而以爲北部尉故懼而自縛詣門署軍假司馬在祕書以勤書自效是以今者多有鵠手跡魏武帝懸著帳中及以釘壁玩之以爲勝宜官今宮殿題署多是鵠篆鵠宜爲大字邯鄲淳宜爲小字鵠謂淳得次仲法然鵠之用筆盡其勢矣鵠弟子毛弘教於祕書今八分皆弘法也漢末有左子邑小與淳鵠不同然亦有名魏初有鍾胡二家爲行書法俱學之於劉德升而鍾氏小異然亦各有巧今大行於世云作隸勢曰鳥跡之變乃惟佐隸蠲彼繁文崇此簡易厥用既弘體象有度煥若星陳鬱若雲布其大徑尋細不容髮隨事從宜靡有常制或穹隆恢廓或櫛比鍼列或砥平繩直或蜿蜒膠戾或長邪角趣或規旋矩折脩短相副異體同勢奮筆輕舉離而不絕纖波濃點錯落其間若鍾虡設張庭燎飛煙嶄巖巇嵯高下屬連似崇臺重宇增雲冠山遠而望之若飛龍在天近而察之心乱目眩奇姿譎詭不可勝原研桑所不能計宰賜所不能言何草篆之

足筭而斯文之未宣豈體大之難覩將秘奧之不傳聊俯仰而詳觀舉大較而論旃漢興而有草書不知作者姓名至章帝時齊相杜度號善作篇後有崔瑗崔寔亦皆稱工杜氏殺字甚安而書體微瘦崔氏甚得筆勢而結字小疎弘農張伯英者因而轉精甚巧凡家之衣帛必書而後練之臨池學書池水盡黑下筆必為楷則號忩忩不暇草書寸紙不見遺至今世尤寶其書韋仲將謂之草聖伯英弟文舒者次伯英又有姜孟頴梁孔達田彥和及韋仲將之徒皆伯英弟子有名於世然殊不及文舒也羅叔景趙元嗣者與伯英並時見稱於西州而矜巧自與衆頗惑之故英自稱上比崔杜不足下方羅趙有餘河間張超亦有名然雖與崔氏同州不如伯英之得其法也崔瑗作草書勢曰書契之興始自頡皇寫彼鳥跡以定文章爰暨末葉典籍彌繁時之多僻政之多權官事荒蕪勦其墨翰惟作佐隸舊字是删草書之法蓋又簡略應時諭指用於卒迫兼功并用愛日省力純儉之變豈必古式觀其法象俯仰有儀方不中矩員不副規抑左揚右望之若崎竦企鳥峙志在飛移狡

獸暴駭將奔未馳或黝黭點黮狀似連珠絕而不離畜怒怫鬱放逸生奇或凌邃惴慄若據槁臨危旁點邪附似蜩螗揭枝絕筆收勢餘綖糾結若杜伯揵毒緣巇騰蛇赴穴頭沒尾垂是故遠而望之摧焉若沮岑崩崖就而察之一畫不可移幾微要妙臨時從宜略舉大較髣髴若斯

及瓘為楚王瑋所構恒闔門以何劭嫂之父也從牆孔中詣之以問消息劭知而不告恒還經廚下收人正食因而遇害後贈長水校尉謚蘭陵貞世子二子璪玠

璪字仲寶襲瓘爵後東海王越以蘭陵益其國改封江夏郡公邑八千五百戸懷帝即位為散騎侍郎永嘉五年沒於劉聰元帝以瓘玄孫崇嗣

玠字叔寶年五歲風神秀異祖父瓘曰此兒有異於衆顧吾年老不見其成長耳總角乘羊車入市見者皆以為玉人觀之者傾都驃騎將軍王濟玠之舅也儁爽有風姿每見玠輒歎曰珠玉在側覺我形穢又嘗語人曰與玠同遊冏若明珠之在側朗然照人及長好言玄理其後多病體羸母恒禁其語遇有勝日親友時請一言無不咨嗟以為入微琅邪王澄有高名少所推服每聞玠言輒歎息絕倒故時人為之語曰衛玠談道平子絕倒澄及王玄王濟並有盛名皆出玠下世云王家三子不如衛家一兒玠妻父樂廣有海內重名議者以為婦公冰清女壻玉潤辟命屢至皆不就久之為太傅西閤祭酒拜太子洗馬璪為散騎侍郎內侍懷帝玠以天下大亂欲移家南行母曰我不能舍仲寶去也玠啟論深至為門戸大計母涕泣從之臨別玠謂兄曰在三之義人之所重今可謂致身之日兄其勉之乃扶輿母轉至江夏玠妻先亡征南將軍山簡見之甚相欽重簡曰昔戴叔鸞嫁女唯賢是與不問貴賤況衛氏權貴門戸令望之人乎於是以女妻焉遂進豫章是時大將軍王敦鎮豫章長史謝鯤先雅重玠相見欣然言論彌日敦謂鯤曰昔王輔嗣吐金聲於中朝此子復玉振於江表微言之緒絕而復續不意永嘉之末復聞正始之音何平叔若在當復絕倒玠嘗以人有不及可以情恕非意相干可以理遣故終身不見喜慍之容以王敦豪爽不羣而好居

物上恐非國之忠臣求向建鄴京師人士聞其姿容觀者如堵玠勞疾遂甚永嘉六年卒時年二十七時人謂玠被看殺葬於南昌謝鯤哭之慟人問曰子有何恤而致斯哀荅曰棟梁折矣不覺哀耳咸和中改塋於江寧丞相王導教曰衛洗馬明當改葬此君風流名士海內所瞻可脩薄祭以敦舊好後劉惔謝尚共論中朝人士或問杜乂可方衛洗馬不尚曰安得相比其間可容數人惔又云杜乂膚清叔寶神清其為有識者所重若此于時中興名士唯王承及玠為當時第一云恒族弟展字道舒歷尚書郎南陽太守永嘉中為江州刺史累遷晉王大理詔有考子證父或鞭父母問子所在展以為恐傷正教並奏除之中興建為廷尉上疏宜復肉刑語在刑法志卒贈光祿大夫

張華字茂先范陽方城人也父平魏漁陽郡守華少孤貧自牧羊同郡盧欽見而器之鄉人劉放亦奇其才以女妻焉華學業優博辭藻溫麗朗贍多通圖緯方伎之書莫不詳覽少自脩謹造次必以禮度勇於赴義篤於周急器識弘曠時人罕能測之初未知名著鷦鷯賦以自寄

其詞曰何造化之多端播羣形於萬類惟鷦鷯之微禽亦攝生而受氣育翩翾之陋體無玄黃以自貴毛無施於器用肉不登乎俎味鷹鸇過猶戢翼尚何懼於罿罻翳薈蒙蘢是焉游集飛不飄揚翔不翕習其居易容其求易給巢林不過一枝每食不過數粒棲無所滯游無所盤匪陋荆棘匪榮茝蘭動翼而逸投足而安委命順理與物無患伊茲禽之無知而處身之似智不懷寶以賈害不飾表以招累靜守性而不矜動因循而簡易任自然以為資無誘慕於世偽鵰鶡介其觜距鵠鷺軼於雲際鶤雞竄於幽險孔翠生乎遐裔彼晨鳧與歸鴈又矯翼而增逝咸美羽而豐肌故無罪而皆斃徒銜蘆以避繳終為戮於此世蒼鷹鷙而受紲鸚鵡惠而入籠屈猛志以服養塊幽縶於九重變音聲以順旨思摧翮而為庸戀鍾岱之林野慕隴坻之高松雖蒙幸於今日未若疇昔之從容海鳥鶢鶋避風而至條支巨爵踰嶺自致提挈萬里飄颻逼畏夫惟體大妨物而形瓌足瑋也陰陽陶烝萬品一區巨細舛錯種繁類殊鷦螟巢於蚊睫大鵬彌乎天隅將以上方不足而下比有餘普天壤而遐觀吾又安知大小之所如陳留阮籍見之歎曰王佐之才也由是聲名始著郡守鮮于嗣薦華為太常博士盧欽言之於文帝轉河南尹丞未拜除佐著作郎頃之遷長史兼中書郎朝議表奏多見施用遂即真晉受禪拜黃門侍郎封關內侯華強記默識四海之內若指諸掌武帝嘗問漢宮室制度及建章千門萬戶華應對如流聽者忘倦畫地成圖左右屬目帝甚異之時人比之子產數歲拜中書令後加散騎常侍遭母憂哀毀過禮中詔勉勵逼令攝事初帝潛與羊祜謀伐吳而羣臣多以為不可唯華贊成其計其後祜疾篤帝遣華詣祜問以伐吳之策語在祜傳及將大舉以華為度支尚書乃量計運漕決定廟筭眾軍既進而未有克獲賈充等奏誅華以謝天下帝曰此是吾意華但與吾同耳時大臣皆以為未可輕進華獨堅執以為必克及吳滅詔曰尚書關內侯張華前與故太傅羊祜共創大計遂典掌軍事部分諸方筭定權略運籌決勝有謀謨之勳其進封為廣武縣侯增邑萬戶封子一人為亭侯千五百戶賜絹萬匹華名重一世眾所推服晉史及儀禮憲章

並屬於華多所損益當時詔誥皆所草定聲譽益盛有台輔之望焉而荀勖自以大族恃帝恩深憎疾之每伺間隙欲出華外鎮會帝問華誰可託寄後事者對曰明德至親莫如齊王攸既非上意所在微為忤旨間言遂行乃出華為持節都督幽州諸軍事領護烏桓校尉安北將軍撫納新舊戎夏懷之東夷馬韓新彌諸國依山帶海去州四千餘里歷世未附者二十餘國並遣使朝獻於是遠夷賓服四境無虞頻歲豐稔士馬彊盛朝議將欲徵華入相又欲進號儀同初華毀徵士馮紞於帝紞即恢之弟也深有寵於帝紞嘗侍帝從容論魏晉事因曰臣竊謂鍾會之釁頗由太祖帝變色曰卿何言邪紞免冠謝曰臣愚冗瞽言罪應萬死然臣微意猶有可申帝曰何以言之紞曰臣以為善御者必識六轡盈縮之勢善政者必審官方控帶之宜故仲由以兼人被抑冉求以退弱被進漢高八王以寵過夷滅光武諸將由抑損克終非上有仁暴之殊下有愚智之異蓋抑揚與奪使之然耳鍾會才見有限而太祖誇獎太過嘉其謀猷盛其名器居以重勢委以大兵故使會自謂筭無遺策功在不賞輈張跋扈遂搆凶逆耳向令太祖錄其小能節以大礼抑之以權勢納之以軌則則亂心無由而生亂事無由而成矣帝曰然紞稽首曰陛下既已然微臣之言宜思堅冰之漸無使如會之徒復致覆喪帝曰當今豈有如會者乎紞曰東方朔有言談何容易易曰臣不密則失身帝乃屏左右曰卿極言之紞曰陛下謀謨之臣著大功於天下海內莫不聞知據方鎮摠戎馬之任者皆在陛下聖慮矣帝默然頃之徵華為太常以太廟屋棟折免官遂終帝之世以列侯朝見惠帝即位以華為太子少傅與王戎裴楷和嶠俱以德望為楊駿所忌皆不與朝政及駿誅後將廢皇太后會羣官於朝堂議者皆承望風指以為春秋絕文姜今太后自絕於宗廟亦宜廢黜惟華議以為夫婦之道父不能得之於子子不能得之於父皇太后非得罪於先帝者也今黨其所親為不母於聖世宜依漢廢趙太后為孝成后故事貶皇太后之號還稱武皇后居異宮以全貴終之恩不從遂廢太后為庶人楚王瑋受密詔殺太宰汝南王亮太保衛瓘等內外兵擾朝廷大恐計無所出華白帝

以瑋矯詔擅害二公將士倉卒謂是國家意故從之耳今可遣騶虞幡使外軍解嚴理必風靡上從之瑋兵果散及瑋誅華以首謀有功拜右光祿大夫開府儀同三司侍中中書監金章紫綬固辭開府賈謐與后共謀以華庶族儒雅有籌略進無逼上之嫌退為眾望所依欲倚以朝綱訪以政事疑而未決以問裴頠頠素重華深贊其事華遂盡忠匡輔彌縫補闕雖當闇主虐后之朝而海內晏然華之功也華懼后族之盛作女史箴以為諷賈后雖凶妒而知敬重華久之論前後忠勳進封壯武郡公華十餘讓中詔敦譬乃受數年代下邳王晃為司空領著作及賈后謀廢太子左衛率劉卞甚為太子所信遇每會宴卞必預焉屢見賈謐驕傲太子恨之形于言色謐亦不能平卞以賈后謀問華華曰不聞卞曰卞以寒悴自須昌小吏受公成拔以至今日士感知己是以盡言而公更有疑於卞邪華曰假令有此君欲如何卞曰東宮俊乂如林四率精兵萬人公居阿衡之任若得公命皇太子因朝入錄尚書事廢賈后於金墉城兩黃門力耳華曰今天子當陽太子人子也吾又不受阿衡之命忽相與行此是無其君父而以不孝示天下也雖能有成猶不免罪況權戚滿朝威柄不一而可以安乎及帝會群臣於式乾殿出太子手書徧示群臣莫敢有言者惟華諫曰此國之大禍自漢武以來每廢黜正嫡恒至喪亂且國家有天下日淺願陛下詳之尚書左僕射裴頠以為宜先檢校傳書者又請比校太子手書不然恐有詐妄賈后乃內出太子素啟事十餘紙眾人比視亦無敢言非者議至日西不決后知華等意堅因表乞免為庶人帝乃可其奏初趙王倫為鎮西將軍撓亂關中氐羌反叛乃以梁王肜代之或說華曰趙王貪昧信用孫秀所在為亂而秀變詐姦人之雄今可遣梁王斬秀刈趙之半以謝關右不亦可乎華從之肜許諾秀友人辛冉從西來言於肜曰氐羌自反非秀之為故得免死倫既還諂事賈后因求錄尚書事後又求尚書令華與裴頠皆固執不可由是致怨倫秀疾華如讎武庫火華懼因此變作列兵固守然後救之故累代之寶及漢高斬蛇劍王莽頭孔子屐等盡焚焉時華見劍穿屋而飛莫知所向初華所封壯武郡有桑化為柏識者以

為不祥又華第舍及監省數有妖怪少子韙以中台星坼勸華遜位華不從曰天道玄遠惟脩德耳不如靜以待之以俟天命及倫秀將廢賈后秀使司馬雅夜告華曰今社稷將危趙王欲與公共匡朝廷為霸者之事華知秀等必成篡奪乃距之雅怒曰刃將加頸而吐言如此不顧而出華方晝臥忽夢見屋壞覺而惡之是夜難作詐稱詔召華遂與裴頠俱被收華將死謂張林曰卿欲害忠臣耶林稱詔詰之曰卿為宰相任天下事太子之廢不能死節何也華曰式乾之議臣諫事具存非不諫也林曰諫若不從何不去位華不能答須臾使者至曰詔斬公華曰臣先帝老臣中心如丹臣不愛死懼王室之難禍不可測也遂害之於前殿馬道南夷三族朝野莫不悲痛之時年六十九華性好人物誘進不倦至于窮賤候門之士有一介之善者便咨嗟稱詠為之延譽雅愛書籍身死之日家無餘財惟有文史溢于机篋嘗徙居載書三十乘祕書監摯虞撰定官書皆資華之本以取正焉天下奇祕世所希有者悉在華所由是博物洽聞世無與比惠帝中人有得鳥毛長三丈以示華華見慘然曰此謂海鳧毛也出則天下亂矣陸機嘗餉華鮓于時賓客滿坐華發器便曰此龍肉也眾未之信華曰試以苦酒濯之必有異既而五色光起機還問鮓主果云園中茅積下得　魚質狀殊常以作鮓過美故以相獻武庫封閉甚密其中忽有雉雊華曰此必蛇化為雉也開視雉側果有蛇蛻焉吳郡臨平岸崩出一石鼓搥之無聲帝以問華華曰可取蜀中桐材刻為魚形扣之則鳴矣於是如其言果聲聞數里初吳之未滅也斗牛之間常有紫氣道術者皆以吳方強盛未可圖也惟華以為不然及吳平之後紫氣愈明華聞豫章人雷煥妙達緯象乃要煥宿屏人曰可共尋天文知將來吉凶因登樓仰觀煥曰僕察之久矣惟斗牛之間頗有異氣華曰是何祥也煥曰寶劍之精上徹於天耳華曰君言得之吾少時有相者言吾年出六十位登三事當得寶劍佩之斯言豈效與因問曰在何郡煥曰在豫章豐城華曰欲屈君為宰密共尋之可乎煥許之華大喜即補煥為豐城令煥到縣掘獄屋基入地四丈餘得一石函光氣非常有雙劍並刻題一曰龍泉一曰太阿其夕

斗牛間氣不復見焉煥以南昌西山北巖下土以拭劍光芒豔發大盆盛水置劍其上視之者精芒炫目遣使送一劍并土與華留一自佩或謂煥曰得兩送一張公豈可欺乎煥曰本朝將亂張公當受其禍此劍當繫徐君墓樹耳靈異之物終當化去不永為人服也華得劍寶愛之常置坐側華以南昌土不如華陰赤土報煥書曰詳觀劍文乃干將也莫邪何復不至雖然天生神物終當合耳因以華陰土一斤致煥煥更以拭劍倍益精明華誅失劍所在煥卒子華為州從事持劍行經延平津劍忽於腰間躍出墮水使人沒水取之不見劍但見兩龍各長數丈蟠縈有文章沒者懼而反須臾光彩照水波浪驚沸於是失劍華歎曰先君化去之言張公終合之論此其驗乎華之博物多此類不可詳載焉後倫秀伏誅齊王冏輔政摯虞致箋於冏曰間於張華沒後入中書省得華先帝時荅詔本草先帝問華可以輔政持重付以後事者華荅明德至親莫如先王宜留以為社稷之鎮其忠良之謀款誠之言信於幽冥沒而後彰與苟且隨時者不可同世而論也議者有責華以愍懷

太子之事不抗節廷爭當此之時諫者必得違命之死先聖之教死而無益者不以責人故晏嬰齊之正卿不死崔杼之難季札吳之宗臣不爭逆順之理理盡而無所施者固聖教之所不責也冏於是奏曰臣聞興微繼絕聖王之高政貶惡嘉善春秋之美義是以武王封比干之墓表商容之閭誠幽明之故有以相通也孫秀逆亂滅佐命之國誅骨鯁之臣以斲喪王室肆其虐戾功臣之後多見泯滅張華裴頠各以見憚取誅於時解系解結同以羔羊並被其害歐陽建等無罪而死百姓憐之今陛下更日月之光布惟新之命然此等諸族未蒙恩理昔欒郤降在皁隸而春秋傳其違幽王絕功臣之後棄賢者子孫而詩人以為刺臣備忝在職思納愚誠若合聖意可令群官通議議者各有所執而多冊其冤壯武國臣竺道又詣長沙王求復華爵位依違者久之太安二年詔曰夫愛惡相攻佞邪醜正自古而有故司空壯武公華竭其忠貞思翼朝政謀謨之動每事賴之前以華彌濟之功宜同封建而華固讓至于八九深陳大制不可得爾終有顛敗危辱之慮辭義懇誠足勸遠近華之至心誓於神明華以伐吳之勳受爵於先帝後封既非國體又不宜以小功踰前大賞華之見害俱以姦逆圖亂濫被枉賊其復華侍中中書監司空公廣武侯及所沒財物與印綬符策遣使弔祭之初陸機兄弟志氣高爽自以吳之名家初入洛不推中國人士見華一面如舊欽華德範如師資之禮焉華誅後作誄又為詠德賦以悼之華著博物志十篇及文章並行於世二子禕韙

禕字彥仲好學謙敬有父風歷位散騎常侍韙儒博曉天文散騎侍郎同時遇害禕子輿字公安襲華爵避難過江辟丞相掾太子舍人

劉卞字叔龍東平須昌人也本兵家子質直少言少為縣小吏功曹夜醉如廁使卞執燭不從功曹銜之以他事補亭子有祖秀才者於亭中與刺史箋久不成卞教之數言卓犖有大致秀才謂縣令曰卞公府掾之精者卿云何以為亭子令即召為門下史百事疏簡不能周密令問卞能學不荅曰願之即使就學無幾卞兄為太子長兵既死兵例須代功曹請以卞代兄役令曰祖秀才有言遂不聽卞後從令至洛得入太

學試經為臺四品吏訪問令寫黃紙一鹿車卞曰劉卞非為人寫黃紙者也訪問知怒言於中正退為尚書令史或謂卞曰君才簡略堪大不堪小不如作守舍人卞從其言後為吏部令史遷齊王攸司空主簿轉太常丞司徒左西曹掾尚書郎所歷皆稱職累遷散騎侍郎除并州刺史入為左衛率知賈后廢太子之謀甚憂之以計干張華而不見用益以不平賈后親黨微服聽察外間頗聞卞言乃遷卞為輕車將軍雍州刺史卞知言泄恐為賈后所誅乃飲藥卒初卞之并州昔同時為須昌小史者十餘人祖餞之其一人卿卞卞遣扶出之人以此少之

史臣曰夫忠為令德學乃國華譬眾星之有禮義人倫之有冠冕也衛瓘撫武帝之牀張華距趙倫之命進諫則伯玉居多臨危則茂先為美遵乎險轍理有可言昏亂方凝則事暌其趣松筠無改則死勝於生固以赴蹈為期而不辭乎傾覆者也俱陷淫網同嗟承劍邦家殄瘁不亦傷哉

贊曰賢人委質道映陵寒尸祿觀敗吾生未安衛以賈滅張由趙殘忠於亂世自古為難

列傳第六　　晉書三十六

列傳第七　宗室　　晉書三十七　　御撰

安平獻王孚 子邕 邕弟義陽成王望 望子河間平王洪 洪子威 洪弟隨穆王整 整弟竟陵王楙 望弟太原成王輔 輔弟翼 翼弟下邳獻王晃 晃弟太原烈王瓌 瓌弟高陽元王珪 珪弟常山孝王衡 衡弟沛順王景

彭城穆王權 孫紘 紘子俊　高密文獻王泰 子孝王略 略兄新蔡武哀王騰 騰子莊王確 騰弟南陽王模 模子保　范陽康王綏 子虓

濟南惠王遂 曾孫勳　譙剛王遜 子閔王承 承子烈王無忌 無忌子敬王恬 恬子忠王尚之 休之 允之 韓延之 尚之弟恢之 恬弟憺　高陽王睦

任城景王陵 弟順 斌

安平獻王孚字叔達宣帝次弟也初孚長兄朗字伯達宣帝字仲達孚弟馗字季達恂字顯達進字惠達通字雅達敏字幼達俱知名故時號為八達焉孚溫厚廉讓博涉經史漢末喪亂與兄弟處危亡之中簞食瓢飲而披閱不勌性通恕以貞白自立未嘗有怨於人陳留殷武有名於海內嘗罹罪譴孚往省之遂與同處分食談者稱焉魏陳思王植有俊才清選官屬以孚為文學掾植負才陵物孚每切諫初不合意後乃謝之遷太子中庶子魏武帝崩太子號哭過甚孚諫曰大行晏駕天下恃殿下為命當上為宗廟下為萬國奈何效匹夫之孝乎太子良久乃止曰卿言是也時群臣初聞帝崩相聚號哭無復行列孚厲聲於朝曰今大行晏駕天下震動當早拜嗣君以鎮海內而但哭邪孚與尚書和洽罷群臣備禁衛具喪事奉太子以即位是為文帝時當選侍中常侍等官太子左右舊人頗諷諭主者便欲就用不調餘人孚曰雖有堯舜必有稷契今嗣王新立當進用海內英賢猶患不得如何欲因際會自相薦舉邪官失其任得者亦不足貴遂更他選轉孚為中書郎給事常侍宿省內除黃門侍郎中騎都尉時孫權稱藩請送任子當遣前將軍于禁還久而不至天子以問孚孚曰先王設九服之制誠以要荒難以德懷不以諸夏禮責也陛下承緒遠人率貢權雖未送任子于禁不至猶宜以寬待之畜養士馬以觀其變不可以嫌疑責讓恐傷懷遠之義自孫策至權奕世相繼惟彊與弱不在一禁禁之未至當有他故耳後禁至果以疾遲留而任子竟不至大軍臨江責其違言吳遂絕不貢獻後出為河內典農賜爵關內侯轉清河太守初魏文帝置度支尚書專掌軍國支計朝議以征討未息動須節量及明帝嗣位欲用孚問左右曰有兄風不答云似兄天子曰吾得司馬懿二人復何憂哉轉為度支尚書孚以為擒敵制勝宜有備預每諸葛亮入寇關中邊兵不能制敵中軍奔赴輒不及事機宜預選步騎二萬以為二部為討賊之備又以關中連遭賊寇穀帛不足遣冀州農丁五千屯於上邽秋冬習戰陣春夏脩田桑由是關中軍國有餘待賊有備矣後除尚書右僕射進爵昌平亭侯遷尚書令及大將軍曹爽擅權李勝何晏鄧颺等亂政孚不視庶事但正身遠害而已及宣帝誅爽孚與景帝屯司馬門以功進爵長社縣侯加侍中時吳將諸葛恪圍新城以孚督諸軍二十萬防禦之孚次壽春遣毌丘儉文欽等進討諸將欲速擊之孚曰夫攻者借人之力以為功且當詐巧不可爭力也故稽留月餘乃進軍吳師望風而退魏明悼后崩議書銘旌或欲去姓而書魏或欲兩書孚以為經典正義皆不應書凡帝王皆因本國之名以為天下之號而與往代相別耳非為擇美名以自光也天稱皇天則帝稱皇帝地稱后土則后稱皇后此乃所以同天地之大號流無二之尊名不待稱國號以自表不俟稱氏族以自彰是以春秋隱公三年經曰三月庚戌天王崩尊而稱天不曰周王者所以殊乎列國之君也八月庚辰宋公和卒書國稱名所以異乎天王也襄公十五年經曰劉夏逆王后于齊不云逆周王后姜氏者所以異乎列國之夫人也至乎列國則曰夫人姜氏至自齊又曰紀伯姬卒書國稱姓此所以異乎天王后也由此考之尊稱皇帝赫赫無二何待於魏乎尊稱皇后彰以謚號何待於姓乎議者欲書魏者此以為天皇之尊同於往古列國之君也或欲書姓者此以為天皇之后同於往古之夫人也乖經典之大義異乎聖人之明制非所以垂訓將來為萬世不易之式者也遂從孚議遷司空代王淩為太尉及蜀將姜維寇隴右雍州刺史王經戰敗遣孚西鎮關中統諸軍事征西將軍陳泰與安西將軍鄧艾進擊維維退孚還京師轉太傅及高貴鄉公遭害百官莫

敢奔赴孚枕尸於股哭之慟曰殺陛下者臣之罪奏推主者會太后令以庶人禮葬孚與羣公上表乞以王禮葬從之孚性至慎宣帝執政常自退損後逢廢立之際未嘗預謀景文二帝以孚屬尊亦不敢逼後進封長樂公及武帝受禪陳留王就金墉城孚拜辭執王手流涕歔欷不能自勝曰臣死之日固大魏之純臣也詔曰太傅勳德弘茂朕所瞻仰以光導弘訓鎮靜宇內願奉以不臣之禮其封為安平王邑四萬戶進拜太宰持節都督中外諸軍事有司奏諸王未之國者所置官屬權未有備帝以孚明德屬尊當宣化樹教為羣后作則遂備置官屬焉又以孚內有親戚外有交游惠下之費而經用不豐奉絹二千匹及元會詔孚乘輿車上殿帝於阼階迎拜既坐帝親奉觴上壽如家人禮帝每拜孚跪而止之又給以雲母輦青蓋車孚雖見尊寵不以為榮常有憂色臨終遺令曰有魏貞士河內溫縣司馬孚字叔達不伊不周不夷不惠立身行道終始若一當以素棺單槨斂以時服泰始八年薨時年九十三帝於太極東堂舉哀三日詔曰王勳德超世尊寵無二期頤在位

朕之所倚庶永百齡諮仰訓導奄忽殂隕哀慕感切其以東園溫明祕器朝服一具衣一襲緋練百匹絹布各五百匹錢百萬穀千斛以供喪事諸所施行皆依漢東平獻王蒼故事其家遵孚遺旨所給器物一不施用帝再臨喪親拜盡哀及葬又幸都亭望柩而拜哀動左右給鑾輅輕車介士武賁百人吉凶導從二千餘人前後鼓吹配饗太廟九子邕望輔翼晃瓌珪衡景

邕字子魁初為世子拜步兵校尉侍中先孚卒追贈輔國將軍諡曰貞邕子崇為世孫又早夭泰始九年立崇弟平陽亭侯隆為安平王立四年咸寧二年薨諡曰穆無子國絕

義陽成王望字子初出繼伯父朗寬厚有父風仕郡上計吏舉孝廉辟司徒掾歷平陽太守洛陽典農中郎將從宣帝討王淩以功封永安亭侯遷護軍將軍改封安樂鄉侯加散騎常侍時魏高貴鄉公好才愛士望與裴秀王沈鍾會並見親待數侍宴筵公性急秀等居內職急有召便至以望外官特給追鋒車一乘武賁五人時景文相繼輔政未嘗朝覲權歸晉室望雖見寵待每不自安由是求出為征西將軍持節都督雍涼二州諸軍事在任八年威化明肅先是蜀將姜維屢寇關中及望至廣設方略維不得為寇關中賴之進封順陽侯徵拜衞將軍領中領軍典禁兵尋加驃騎將軍開府頃之代何曾為司徒武帝受禪封義陽王邑萬戶給兵二千人泰始三年詔曰夫尚賢尊德崇茂親所以體國經化式是百辟也且台司之重存乎天官故周建六職政典為首司徒中領軍以明德近屬世濟其美祖考創業翼佐大命出典方任入贊朝政文德既著武功宣暢逮朕嗣位彌道惟明宜登上司兼統軍戎內輔帝室外隆威重其進位太尉中領軍如故置太尉軍司一人參軍事六人騎司馬五人又增置官騎十人并前三十假羽葆鼓吹吳將施績寇江夏邊境騷動以望統中軍步騎二萬出屯龍陂為二方重鎮假節加大都督諸軍事會荊州刺史胡烈距績破之望乃班師俄而吳將丁奉寇芍陂望又率諸軍以赴之未至而奉退拜大司馬孫晧率眾向壽春詔望統中軍二萬騎三千據淮北晧退軍罷泰始七年薨時年六十七

賻贈有加望性儉吝而好聚斂身亡之後金帛盈溢以此獲譏四子弈洪整楙弈至黃門郎先望卒整亦早亡以弈子奇襲爵奇亦好畜聚不知紀極遣三部使到交廣商貨為有司所奏太康九年詔貶為三縱亭侯更以章武王威為望嗣後威誅復立奇為棘陽王以嗣望

河間平王洪字孔業出繼叔父昌武亭侯遺仕魏歷位典農中郎將原武太守封襄賁男武帝受禪封河間王立十二年咸寧二年薨二子威混威嗣徙封章武其後威既繼義陽王望更立混為洪嗣混歷位散騎常侍薨及洛陽陷混諸子皆沒於胡而小子滔初嗣新蔡王確亦與其兄俱沒後得南過與新蔡太妃不協太興二年上疏以兄弟並沒在遼東章武國絕宜還所生太妃訟之事下太常太常賀循議章武新蔡俱承一國不絕之統義不得替其本宗而先後傍親按滔既已被命為人後矣必須無復兄弟大國永絕然後得還所生今兄弟在遠不得言無道理雖阻復非絕域且鮮卑恭命信使不絕自宜詔下遼東依劉羣盧諶等例發遣令還繼嗣本封謂滔今未得便委離所後也元帝詔曰滔

雖出養自有所生母新蔡太妃相待甚薄爲執意如此如其不聽終當紛紜更爲不可今便順其所執還襲章武爲歷位散騎常侍薨子休嗣休與彭城王雄俱奔蘇峻峻平休已戰死弟珍時年八歲以小弗坐咸和六年襲爵位至大宗正薨無子河間王欽以子範之繼位至游擊將軍薨子秀嗣義熙元年爲桂陽太守秀妻桓振之妹振作逆秀不自安謀反伏誅國除

威字景曜初嗣洪咸寧三年徙封章武太康九年嗣義陽王望威凶暴無操行諂附趙王倫元康末爲散騎常侍倫將篡使威與黃門郎駱休逼帝奪璽綬倫以威爲中書令倫敗惠帝反正曰阿皮捩吾指奪吾璽綬不可不殺阿皮威小字也於是誅威

隨穆王整兄弈卒以整爲世子歷南中郎將封清泉侯先父望薨追贈冠軍將軍武帝以義陽國一縣追封爲隨縣王子邁嗣太康九年以義陽之平林益邁爲隨郡王

竟陵王楙字孔偉初封樂陵亭侯起家參相國軍事武帝受禪封東平

王邑三千九十七戶入爲散騎常侍尚書楙善諂諛曲事楊駿及駿誅依法當死東安公繇與楙善故得不坐尋遷大鴻臚加侍中繇欲擅朝政與汝南王亮不平亮託以繇討駿顧望免繇楙等官遣楙就國楙遂殖財貨奢僭踰制趙王倫篡位召還及義兵起倫以楙爲衛將軍都督諸軍事倫敗楙免官齊王冏輔政繇復爲僕射舉楙爲平東將軍都督徐州諸軍事鎮下邳成都王穎輔政進楙爲衛將軍會惠帝北征即以楙爲車騎將軍都督如故使率衆赴鄴蕩陰之役東海王越奔于下邳楙不納越乃還國帝既西幸越總兵謀迎大駕楙甚懼長史王脩說曰東海宗室重望今將興義公宜舉徐州以授之此克讓之美也楙從之乃身承制都督兗州刺史車騎將軍表於天子時帝在長安遣使者劉虔即拜焉楙慮兗州刺史苟晞不避己及給虔兵使稱詔誅晞晞時已避位楙在州徵求不已郡縣不堪命范陽王虓遣晞還兗州徙楙都督青州諸軍事楙不受命背山東諸侯與豫州刺史劉喬相結虓遣將田徽擊楙破之楙走還國帝還洛陽楙乃詣闕及懷帝踐阼改封竟陵王

詔聽離婚荀所生女芝爲潁川太守劉子元妻亦坐死以懷妊繫獄荀辭詣曾乞恩曰芝繫在廷尉顛影知命計日備法乞沒爲官婢以贖芝命曾哀之騰辭上議朝廷僉以爲當遂改法語在刑法志曾在司隸積年遷尚書正元年中爲鎮北將軍都督河北諸軍事假節將之鎮文帝使武帝齊王攸辭送數十里曾盛爲賓主備太牢之饌侍從吏騶莫不醉飽帝既出又過其子劭曾先敕劭曰客必過汝汝當豫嚴劭不冠帶停帝良久曾深以譴劭曾見崇重如此遷征北將軍進封潁昌鄉侯咸熙初拜司徒改封朗陵侯文帝爲晉王曾與高柔鄭沖俱爲三公將入見曾獨致拜盡敬二人猶揖而已武帝襲王位以曾爲晉丞相加侍中與裴秀王沈等勸進踐阼拜太尉進爵爲公食邑千八百戶泰始初詔曰蓋謨明弼諧王躬是保所以宣崇大訓克咸四海也侍中太尉何曾立德高峻執心忠亮博物洽聞明識弘遠翼佐先皇勳庸顯著朕纂洪業首相王室迪惟前人施于朕躬實佐命興化光贊政道夫三司之任雖左右王事若乃予違汝弼匡救不逮則存乎保傅故將明袞職未如

用乂厥辟之重其以曾爲太保侍中如故久之以本官領司徒曾固讓不許遣散騎常侍諭旨乃視事進位太傅曾以老年屢乞遜位詔曰太傅明朗高亮執心弘毅可謂舊德老成國之宗臣者也而髙尚其事屢辭祿位朕以寡德憑賴保佑省覽章表實用憮然雖欲成人之美豈得遂其雅志而忘翼佐之益哉又司徒所掌務煩不可久勞耆艾其進太宰侍中公如故朝會劍履乘輿上殿如漢相國蕭何田千秋魏太傅鍾繇故事賜錢百萬絹五百匹及八尺牀帳簟褥自副置長史掾屬祭酒及員吏一依舊制所給親兵官騎如前主者依次按禮典務使優備後每召見敕以常所飲食服物自隨令二子侍從咸寧四年薨時年八十帝於朝堂素服舉哀賜東園秘器朝服一具衣一襲錢三十萬布百匹將葬下禮官議謚博士秦秀謚爲繆醜帝不從策謚曰孝太康末子劭自表改謚爲元曾性至孝閨門整肅自少及長無聲樂嬖幸之好年老之後與妻相見皆正衣冠相待如賓已南向妻北面再拜上酒酬酢既畢便出一歲如此者不過再三焉初司隸校尉傅玄著論稱曾及荀顗曰

督鄴城守諸軍事泰始六年入朝以父孚年高乞留供養拜尚書遷右僕射十年薨詔遣兼大鴻臚持節監護喪事贈車騎將軍儀同三司珪有美譽於世而帝甚悼惜之无子詔以太原王輔子緝襲爵緝立五年咸寧四年薨謚曰哀无子太康二年詔以太原王瓌世子顒子謐爲緝後封眞定縣侯

常山孝王衡字子平魏封德陽鄉侯進封汝陽子爲駙馬都尉武帝受禪封常山王邑三千七百九十戶二年薨無子以安平世子邕弟四子敦爲嗣

沛順王景字子文魏樂安亭侯歷諫議大夫武帝受禪封沛王邑三千四百戶立十一年咸寧元年薨子韜立

彭城穆王權字子輿宣帝弟魏魯相東武城侯馗之子也初襲封拜冗從僕射武帝受禪封彭城王邑二千九百戶出爲北中郎將都督鄴城守諸軍事泰始中入朝賜衮冕之服咸寧元年薨子元王植立歷位後將軍尋拜国子祭酒太僕卿侍中尚書出爲安東將軍都督楊州諸軍事代淮南王允鎮壽春未發或云植助允攻趙王倫遂以憂薨贈車騎將軍增封万五千戶子康王釋立官至南中郎將持節平南將軍分督國藩薛二縣以益其國九二萬三千戶薨子雄立坐奔蘇峻伏誅更以釋子紘嗣

紘字偉德初封堂邑縣公建興末元帝承制以紘繼高密王據及帝即位拜散騎侍郎遷翊軍校尉前將軍雄之誅也紘入繼本宗拜国子祭酒加散騎常侍尋遷大宗正秘書監有風疾性理不恒或欲上疏陳事歷示公卿又杜門讓還章印貂蟬著杜門賦以顯其志由是更拜光祿大夫領大宗師常侍如故後疾甚馳騁無度或攻劫軍寺或打傷官屬醜言悖詈誹謗上下又乘車突入端門至大極殿前於是御史中丞車灌奏劾請免紘官下其國嚴加防錄成帝詔曰王以明德茂親居宗師之重宜敦道養德靜一其操而頃游行煩數冒履風塵宜令官屬邑下各以職奉衞不得令王復有此勞內外職司各慎其局王可解常侍光祿宗師先所給車牛可錄取賜采布牀帳以養疾咸康八年薨贈散騎常侍金紫光祿大夫二子玄俊玄嗣立會庚戌制不得藏戶玄匿五戶桓溫表玄犯禁收付廷尉既而宥之位至中書侍郎薨子弘之立位至散騎常侍薨子邵之立薨子崇之立薨子緝之立宋受禪國除

恭王俊字道度出嗣高密王略官至散騎常侍薨子敬王純之立歷臨川內史司農少府卿大宰右長史薨子恢之立義熙末以給事中兼太尉脩謁洛陽園陵宋受禪國除

高密文獻王泰字子舒彭城穆王權之弟魏陽亭侯補陽翟令遷扶風大守武帝受禪封隴西王邑三千二百戶拜游擊將軍出爲兖州刺史加鷹揚將軍遷使持節都督寧益二州諸軍事安西將軍領益州刺史稱疾不行轉安北將軍代兄權督鄴城守事遷安西將軍都督關中事太康初入爲散騎常侍前將軍領鄴城門校尉以疾去官後代下邳王晃爲尚書左僕射出爲鎮西將軍領護西戎校尉假節代扶風王駿都督關中軍事以疾還京師永熙初代石鑒爲司空尋領太子太保及楊駿誅泰領駿營加侍中給步兵二千五百人騎五百匹泰固辭乃給千兵百騎楚王瑋之被收泰嚴兵將救之祭酒丁綏諫曰公爲宰相不可輕動且夜中倉卒宜遣人參審定問泰從之瑋既誅乃以泰錄尚書事遷太尉守尚書令改封高密王邑萬戶元康九年薨追贈太傅泰性廉靜不近聲色雖爲宰輔食大國之租服飾肴膳如布衣寒士任眞簡率每朝會不識者不知其王公也事親恭謹居喪哀戚謙虛下物爲宗室儀表當時諸王惟泰及下邳王晃以節制見稱雖並不能振施其餘莫得比焉泰四子越騰略模越自有傳騰出後叔父悌略立

孝王略字元簡孝敬慈順小心下士少有父風元康初愍懷太子在東宮選大臣子弟有名稱者以爲賓友略與華恒等並侍左右歷散騎黃門侍郎散騎常侍祕書監出爲安南將軍持節都督沔南諸軍事遷安北將軍都督青州諸軍事略逼青州刺史程牧牧避之略自領州永興初惤令劉根起兵東萊誑惑百姓衆以萬數攻略於臨淄略不能距走保聊城懷帝即位遷使持節都督荊州諸軍事征南大將軍開府儀同三司京兆流人王逌與叟人郝洛聚衆數千屯于冠軍略遣參軍崔曠

率將軍皮初張洛等討逌爲逌所敗略更遣左司馬曹攄統曠等進逼逌將大戰曠在後密自退走攄軍無繼戰敗死之略乃赦曠罪復遣部將韓松又督曠攻逌逌降尋進開府加散騎常侍永嘉三年薨追贈侍中太尉子據立薨無子以彭城康王子紘爲嗣其後紘歸本宗立紘子俊以奉其祀

新蔡武哀王騰字元邁少拜冗從僕射封東嬴公歷南陽魏郡太守所在稱職徵爲宗正遷太常轉持節寧北將軍都督并州諸軍事并州刺史惠帝討成都王穎六軍敗績騰與安北將軍王浚共殺穎所署幽州刺史和演率衆討穎穎遣北中郎將王斌距戰浚率鮮卑騎擊斌騰爲後係大破之穎懼挾帝歸洛陽進騰位安北將軍永嘉初遷車騎將軍都督鄴城守諸軍事鎮鄴又以迎駕之勳改封新蔡王初騰發并州次於真定值大雪平地數尺營門前方數丈雪融不積騰怪而掘之得玉馬高尺許表獻之其後公師藩與平陽人汲桑等爲羣盜起於清河鄃縣衆千餘人寇頓丘以葬成都王穎爲辭載穎主而行與張泓故將李豐等將攻鄴騰曰孤在并州七年胡圍城不能剋汲桑小賊何足憂也及豐等至騰不能守率輕騎而走爲豐所害四子虞矯紹確虞有勇力騰之被害虞逐豐豐投水而死是日虞及矯紹并鉅鹿太守崔曼車騎長史羊恒從事中郎蔡克等又爲豐餘黨所害及諸名家流移依鄴者死亡並盡初鄴中雖府庫虛竭而騰資用甚饒性儉嗇無所振惠臨急乃賜將士米可數升帛各丈尺是以人不爲用遂致於禍及苟晞救鄴桑還平陽于時盛夏尸爛壞不可復識騰及三子骸骨不獲庶子確立

莊王確字嗣安歷東中郎將都督豫州諸軍事鎮許昌永嘉末爲石勒所害無子初以章武王混子滔奉其祀其後復以汝南威王祐子弼爲確後太興元年薨無子又以弼弟邈嗣確位至侍中薨子晃立拜散騎侍郎桓溫廢武陵王免晃爲庶人徙衡陽孝武帝立晃弟崇繼邈後爲奴所害子惠立宋受禪國除

南陽王模字元表少好學與元帝及范陽王虓俱有稱於宗室初封平昌公惠帝末拜冗從僕射累遷太子庶子員外散騎常侍成都王穎奔

長安東海王越以模爲北中郎將鎮鄴永興初成都王穎故帳下督公師藩樓權郝昌等攻鄴模左右謀應之廣平太守丁劭率衆救模范陽王虓又遣兗州刺史苟晞援之藩等散走遷鎮東大將軍鎮許昌進爵南陽王永嘉初轉征西大將軍開府都督秦雍梁益諸軍事代河間王顒鎮關中模感丁劭之德勑國人爲劭生立碑時關中飢荒百姓相噉加以疾癘盜賊公行模力不能制乃鑄銅人鍾鼎爲釜器以易穀議者非之東海王越表徵模爲司空遣中書監傅祗代之模謀臣淳于定說模曰關中天府之國霸王之地今以不能綏撫而還既於聲望有虧又公兄弟唱起大事而並在朝廷若自彊則有專權之罪弱則受制於人非公之利也模納其言不就徵表遣世子保爲西中郎將東羌校尉鎮上邽秦州刺史裴苞距之模使帳下都尉陳安率衆攻苞苞奔安定太守賈疋以郡迎苞模遣軍司謝班伐疋疋退奔盧水其年進位太尉大都督洛京傾覆模使牙門趙染戍蒲坂染求馮翊太守不得怒率衆降于劉聰聰使其子粲及染攻長安模使淳于定距之爲染所敗士衆離叛倉庫虛竭軍祭酒韋輔曰事急矣早降可以免模從之遂降于染染箕踞攘袂數模之罪送詣粲粲殺之以模妃劉氏賜胡張本爲妻子保立

保字景度少有文義好述作初拜南陽國世子模遇害保在上邽其後賈疋死裴苞又爲張軌所殺保全有秦州之地自號大司馬承制置百官隴右氐羌並從之涼州刺史張寔遣使貢獻及愍帝即位以保爲右丞相加侍中都督陝西諸軍事尋進位相國模之敗也都尉陳安歸於保保命統精勇千餘人以討羌寵遇甚厚保將張春等疾之譖安有異志請除之保不許春等輒伏刺客以刺安安被創馳還隴城遣使詣保貢獻不絕愍帝之蒙塵也保自稱晉王時上邽大飢士衆窘困張春奉保之南安陳安自號秦州刺史稱藩於劉曜春復奉保奔桑城將投于張寔寔使兵迎保實禦之也是歲保病薨時年二十七保體質豐偉嘗自稱重八百斤喜睡痿疾不能御婦人無子張春立宗室司馬瞻奉保後陳安舉兵攻春春走瞻降于安安送詣劉曜曜殺之安迎保喪以天

子禮葬於上邽謚曰元

范陽康王綏字子都彭城王權季弟也初爲諫議大夫泰始元年受封在位十五年咸寧五年薨子虓立焉

虓字武會少好學馳譽研考經記清辯能言論以宗室選拜散騎常侍累遷尚書出爲安南將軍都督豫州諸軍事持節鎮許昌進位征南將軍河間王顒表立成都王穎爲太弟爲王浚所破挾天子還洛陽虓與東平王楙鎮東將軍周馥等上言曰自愍懷被害皇儲不建委重前相輒失臣節是以前年太宰與臣永惟社稷之貳不可久空所以共啓成都王穎以爲國副受重之後而弗克負荷小人勿用而以爲腹心骨肉宜敦而猜佻荐至險詖宜遠而讒說殄行此皆臣等不聰不明失所宗賴遂令陛下謬於降授雖戮臣等不足以謝天下今大駕還宮文武空曠制度荒破靡有孑遺臣等雖劣足匡王室而道路之言謂張方與臣等不同既惜所在興異又以太宰惇德允元著於具瞻每當義節輒爲社稷宗盟之先張方受其指教爲國效節昔年之舉有死無貳此即太宰之良將陛下之忠臣但以受性彊毅不達變通遂守前志已致紛紜然退思惟既是其不易之節且慮事亂之後爲天下所罪故未即西還耳原其本事實先深責臣聞先代明主未嘗不全護功臣令福流子孫自中間以來陛下功臣初无全者非獨人才皆劣其於取禍實由朝廷策之失宜不相容恕以一旦之咎喪其積年之勳既違周礼議功之典且使天下之人莫敢復爲陛下致節者臣等此言豈獨爲一張方實爲社稷遠計欲令功臣長守富貴臣愚以爲宜委太宰以關右之任一方事重及自州郡已下選舉授任一皆仰成若朝之大事廢興損益每輒疇諮此則二伯述職周召分陝之義陛下復行於今時遣方還郡令羣后申志時定王室所加方官請悉如舊此則忠臣義士有勸功臣必全矣司徒戎異姓之賢司空越公族之望並忠国愛主小心翼翼宜幹機事委以朝政安北將軍王浚佐命之胤率身履道忠亮清正遠近所推如今日之大舉實有定社稷之勳此是臣等所以歎息歸高也浚宜特崇重之以副羣望遂撫幽朔長爲北藩臣等竭力扞城藩屏皇家陛下垂拱而四海自正則四祖之業必隆於今日月之暉昧而復曜乞垂三思察臣所言又可以臣表西示太宰又表曰成都王失道爲姦邪所誤論王之身不宜深責且先帝遺體陛下羣弟自元康以來罪戮相尋實海內所爲匈匈而臣等所以痛心今廢城都更封一邑宜其必許若廢黜尋有禍害既傷陛下矜慈之恩又令遠近恒謂公族无復骨肉之情此實臣等內省悲慚无顏於四海也乞陛下察臣忠款於是虓先率衆自許屯于滎陽會惠帝西遷虓與從兄平昌公模長史馮嵩等刑白馬喢血而盟推東海王越爲盟主虓都督河北諸軍事驃騎將軍持節領豫州刺史劉喬不受越等節度乘虛破許虓自拔渡河王浚表虓領冀州刺史資以兵馬虓入冀州發兵又南濟河破喬等河間王顒聞喬敗斬張方傳首於越越與虓西迎帝而顒出奔於是奉天子還都拜虓爲司徒永興三年暴疾薨時年三十七无子養模子黎爲嗣黎隨模就國於長安遇害

濟南惠王遂字子伯宣帝弟魏鴻臚丞恂之子也仕魏關內侯進封平昌亭侯歷典軍郎將景元二年轉封武城鄉侯督鄴城守諸軍事北中郎將五等建封祝阿伯累遷冠軍將軍武帝受禪封濟南王泰始二年薨二子耽緝耽嗣立咸寧三年徙爲中山王是年薨无子緝繼成都王穎以緝爲建威將軍与石熙等率衆距王浚没於陣薨无子國除後遂之曾孫勳字偉長年十餘歲愍帝末長安陷劉曜將令狐泥養爲子及壯便弓馬能左右射咸和六年自關右還自列云是大長秋恂之玄孫冠軍將軍濟南惠王遂之曾孫略陽大守瓘之子遂拜謁者僕射以勇聞庾翼之鎮襄陽以梁州刺史援桓宣卒請勳代之初屯西城退守武當時石季龍死中國亂雍州諸豪帥馳告勳勳率衆出駱谷壁于懸鉤去長安二百里遣部將劉煥攻長安又拔賀城於是關中皆殺季龍太守令長以應勳勳兵少未能自固復還梁州永和中張琚據隴東遣使招勳勳復入長安初京兆人杜洪以豪族陵琚琚以勇俠侮洪洪知勳憚琚兵彊因說勳曰不殺張琚關中非國家有也勳乃僞請琚於坐殺之琚弟走池陽合衆攻勳勳頻戰不利請和歸梁州後桓溫伐關中命勳

出子午道而為苻雄所敗退屯于女媧堡俄遷征虜將軍監關中軍事領西戎校尉賜爵通吉亭侯為政暴酷至於治中別駕及州之豪右言語忤意即於坐梟斬之或引弓自射西土患其凶虐在州常懷據蜀有僭僞之意桓溫聞之務相綏懷以其子康為漢中太守勳逆謀已成憚益州刺史周撫未發及撫卒遂擁眾入劍閣梁州別駕雍端西戎司馬隗粹並切諫勳皆誅之自號梁益二州牧成都王桓溫遣朱序討勳勳兵潰為序所獲及息龍子長史梁憚司馬金壹等送于溫溫並斬之傳首京都

譙剛王遜字子悌宣帝弟魏中郎進之子也仕魏關內侯改封城陽亭侯參鎮東軍事拜輕車將軍羽林左監五等建徙封涇陽男武帝受禪封譙王邑四千四百戶泰始二年薨二子隨承定王隨立薨子邃立沒於石勒元帝以承嗣遜

閔王承字敬才少篤厚有志行拜奉車都尉奉朝請稍遷廣威將軍安夷護軍鎮安定從惠帝還雒陽拜游擊將軍永嘉中天下漸亂間行依征南將軍山簡會簡卒進至武昌元帝初鎮揚州承歸建康補

軍諮祭酒愍帝徵為龍驤將軍不行元帝為晉王承制更封承為譙王太興初拜屯騎校尉加輔國將軍領左軍將軍承居官儉約家无別室尋加散騎常侍輔國左軍如故王敦有无君之心表疏輕慢帝夜召承以敦表示之曰王敦頃年位任足矣而所求不已言至於此將若之何承曰陛下不早裁之難將作矣帝欲樹藩屏會敦表以宣城內史沈充為湘州帝謂承曰湘州南楚險固在上流之要控三州之會是用武之國也今以叔父居之何如承曰臣幸託末屬身當宿衛未有驅馳之勞頻受過厚之遇夙夜自厲思報天德君之所命惟力是視敢有辭焉然湘州蜀寇之餘人物彫盡若上憑天威得之所莅比及三年請從戎役若未及此雖復灰身亦无益也於是詔曰夫王者體天理物非羣才不足濟其務外建賢哲以樹風聲內睦親親以廣藩屏是以太公封齊伯禽君魯此先王之令典古今之通義也我晉開基列國相望乃授琅邪武王鎮統東夏汝南文成總一淮許扶風梁王迭據關右爰暨東嬴作司并州今公族雖寡不逮曩時豈得替舊章乎散騎常侍左將軍譙王

承貞素款亮志存忠恪便蕃左右恭肅彌著今以承監湘州諸軍事南中郎將湘州刺史初劉隗以王敦威權太盛終不可制勸帝出諸心腹以鎮方隅故先以承為湘州續用隗及戴若思等並為州牧承行達武昌釋戎備見王敦敦與之宴欲觀其意謂承曰大王雅素佳士恐非將帥才也承曰公未見知耳鉛刀豈不能一割乎承以敦欲測其情故發此言敦果謂錢鳳曰彼不知懼而學壯語此之不武何能為也聽承之鎮時湘土荒殘公私困弊承躬自儉約乘葦茭車而傾心綏撫甚有能名敦恐其為己患詐稱北伐悉召承境內船乘承知其姦計分半與之敦尋構難遣參軍桓羆說承以劉隗專寵今便討擊請承以為軍司以軍期上道承歎曰吾其死矣地荒人鮮勢孤援絕赴君難忠也死王事義也惟忠與義夫復何求便欲唱義而眾心疑惑承曰吾受國恩義無有貳府長史虞悝慷慨有志節謂承曰王敦居分陝之任而一旦作逆天地所不容人神所痛疾大王宗室藩屏寧可從其偽邪便宜電奮存亡以之於是與悝及弟前丞相掾望建昌太守長沙王循衡陽太守淮

陵劉翼等共盟誓囚桓羆馳檄湘川指期至巴陵零陵太守尹奉首同義謀出軍營陽於是一州之內皆同義舉乃使虞望討諸不服斬湘東太守鄭澹澹敦姊夫也敦遣南蠻校尉魏乂將軍李恒田嵩等甲卒二萬以攻承承且戰且守待救於尹奉虞望而城池不固人情震恐或勸承南投陶侃又云可退據零桂承曰吾舉義眾志在死節寧偷生苟免為奔敗之將乎事之不濟其令百姓知吾心耳初安南將軍甘卓與承書勸使固守當以兵出沔口斷敦歸路則湘圍自解承答書曰季思足下勞於王事天綱暫圮中原丘墟四海義士方謀剋復中興江左草創始爾豈圖惡逆萌自寵臣吾以闇短託宗皇屬仰豫密命作鎮南夏親奉中詔成規在心伯仁諸賢扼腕歧路至止尚淺凡百茫然豺狼易驚遂肆醜毒闚知駭踊神氣衝越子來之義人思自百不命而至眾過數千誠足以決一旦之機攄山海之憤矣然迫於倉卒舟檝未備魏乂李恒尋見圍逼是故事與意違志力未展猥辱來使深同大趣嘉謀英算發自深衷執讀周復欣無以量足下若能卷甲電赴猶或有濟若其狐

疑求我枯魚之肆矣兵聞拙速未覩工遲季恵足下勉之勉之書不盡意絕筆而已卓軍次賭口聞王師敗績停師不進乂等攻戰曰逼敦又送所得臺中人書跡令乂射以示承城內知朝廷不守莫不悵惋劉翼臨陣戰死相持百餘日城遂沒乂檻送承荆州刺史王廙承敦旨於道中害之時年五十九敦平詔贈車騎將軍子無忌立

烈王無忌字公壽承之難以年小獲免咸和中拜散騎侍郎累遷屯騎校尉中書黃門侍郎江州刺史褚裒當之鎮無忌及丹楊尹桓景等餞於版橋時王廙子丹楊丞耆之在坐無忌志欲復讎拔刀將手刃之裒景命左右救捍獲免御史中丞車灌奏無忌欲專殺人付廷尉科罪成帝詔曰王敦作亂閔王遇禍尋事原情今王何責然公私憲制亦已有斷王當以體國為大豈可尋繹由來以亂朝憲主者其申明法令自今已往有犯必誅於是聽以贖論建元初遷散騎常侍轉御史中丞出為輔國將軍長沙相又領江夏相尋轉南郡河東二郡太守將軍如故隨桓溫伐蜀以勳賜少子愔爵廣晉伯進號前將軍永和六年薨贈衛將軍二子恬愔恬立

敬王恬字元愉少拜散騎侍郎累遷散騎常侍黃門郎御史中丞值海西廢簡文帝登阼未解嚴大司馬桓溫屯中堂吹警角恬奏劾溫大不敬請科罪溫視奏歎曰此兒乃敢彈我真可畏也恬忠正有幹局在朝憚之遷右衛將軍司雍秦梁四州大中正拜尚書轉侍中領左衛將軍補吳國內史又領太子詹事恬既宗室勳望有才用孝武帝時深杖之以為都督兗青冀幽并揚州之晉陵徐州之南北郡軍事領鎮北將軍兗青二州刺史假節太元十五年薨追贈車騎將軍四子尚之恢之允之休之尚之立

忠王尚之字伯道初拜祕書郎遷散騎侍郎恬鎮京口尚之為振威將軍廣陵相父憂去職服闋為驃騎諮議參軍宗室之內世有人物王國寶之誅也散騎常侍劉鎮之彭城內史劉涓子徐州別駕徐放並以同黨被收將加大辟尚之言於會稽王道子曰刑獄不可廣宜釋鎮之等道子以尚之昆季並居列職每事杖焉乃從之兗州刺史王恭忌其盛也與豫州刺史庾楷並稱兵以討尚之為名南連荆州刺史殷仲堪南郡公桓玄等道子命前將軍王珣右將軍謝琰討恭尚之距楷允之與楷子鴻戰於當利鴻敗走斬楷將段方楷單馬奔桓玄道子以尚之為建威將軍豫州刺史假節一依楷故事尋進號前將軍允之為吳國內史恢之驃騎司馬丹楊尹休之襄城太守各擁兵馬勢傾朝廷後將軍元顯執政亦倚以為援元顯寵倖張法順每宴會坐起無別尚之入朝正色謂元顯曰張法順驅走小人有何才異而暴被拔擢當今聖世不宜如此元顯默然尚之又曰宗室雖多匡諫者少王者尚納芻蕘之言況下官與使君骨肉不遠蒙眷累世何可坐視得失而不盡言因叱法順令下輿坐失色尚之言笑自若元顯深銜之後符下西府令出勇力二千人尚之不與曰西蕃濱接荒餘寇虜無常兵止數千不足戍衛無復可分徹者元顯尤怒會欲伐桓玄故無他及元顯稱詔西伐命尚之為前鋒尚之子文仲為寧遠將軍宣城內史桓玄至姑孰遣馮該等攻歷陽斷洞浦焚尚之舟艦尚之率步卒九千陣於浦上先遣武都太守

楊秋屯橫江秋奔于玄軍尚之衆潰逃于涂中十餘日譙國人韓連丁元等以告玄玄害之於建康市玄上疏以閔王不宜絕祀乃更封尚之從弟康之為譙縣王安帝反正追贈尚之衛將軍以休之長子文思為尚之嗣襲封譙郡王

文思性凶暴每違軌度多殺弗辜好田獵燒人墳墓數為有司所糾遂與羣小謀逆劉裕聞之誅其黨與送文思付父休之令自訓厲後與休之同怨望稱兵為裕所敗而死國除

恢之字季明歷官驃騎司馬丹楊尹尚之為桓玄所害徙恢之等於廣州而於道中害之安帝反正追贈撫軍將軍

休之字季預少仕清塗以平王恭庾楷功拜龍驤將軍襄城太守鎮歷陽桓玄攻歷陽休之嬰城固守及尚之戰敗休之以五百人出城力戰不捷乃還城攜子姪奔于慕容超聞義軍起復還京師大將軍武陵王令曰前龍驤將軍休之才幹貞審功業既成歷陽之戰事在幾捷及至勢乖力屈奉身出奔猶鳩集義徒崎嶇險阻既應懇親賢之舉宜委分陝

之重可監荊益梁寧秦雍六州軍事領護南蠻校尉荊州刺史假節到鎮無幾桓振復襲江陵休之戰敗出奔襄陽寧朔將軍張暢之高平相劉懷肅自沔攻振走之休之還鎮御史中丞王楨之奏休之失戍免官朝廷以豫州刺史魏詠之代之徵休之還京師拜後將軍會稽內史御史中丞阮歆之奏休之與尚書虞嘯父犯禁嬉戲降號征虜將軍尋復爲後將軍及盧循作逆加督浙江東五郡軍事坐公事免劉毅誅復以休之都督荊雍梁秦寧益六州軍事平西將軍荊州刺史假節以子文思爲亂上疏謝曰文思不能聿脩自貽罪戾憂懼震惶惋愧交集臣御家無方威訓不振致使子姪愆法仰負聖朝悚赧兼懷胡顏自處請解所任歸罪闕庭不許後以文思事怨望遂結淮州刺史魯宗之將共誅執政時休之次子文寶及兄子文祖並在都收付廷尉賜死劉裕親自征之密使遺休之治中韓延之書曰文思事意遠近所知去秋遣康之送還司馬君者推至公之極也而了無愧心久絕表疏此是天地所不容吾受命西征止其父子而已彼士僑舊爲之驅逼一無所問往年郗

僧施謝劭任集之等交搆積歲專爲劉毅規謀所以至此今卿諸人一時逼迫本無纖釁吾虛懷期物自有由來今在近路是諸賢濟身之日若大軍相臨交鋒接刃蘭艾雜糅或恐不分故白此意并可示同懷諸人延之報曰聞親率戎馬遠履西畿闔境士庶莫不恇駭何者莫知師出之名故也辱來疏始委以譙王前事良增歎息司馬平西體國忠貞款懷待物以君有匡復之勳家國蒙賴推德委誠每事詢仰譙王往以微事見劾猶自遜位況以大過而當默然也但康之前言有所不盡故重使胡道申白所懷道未及反已奏表廢之所不盡者命耳推寄相與正當如此有何不可便及兵戈自義旗以來方伯誰敢不先相諮疇而逕表天子可謂欲加之罪其無辭乎劉裕足下海內之人誰不見足下此心而復欲誑國士天地所不容在彼不在此矣來言虛懷期物自有由來今伐人之君啗人以利眞可謂虛懷期物自有由來矣劉藩死於閶闔之門諸葛斃於左右之手甘言詫語方伯襲之以輕兵遂使席上靡款懷之士閫外無自信諸侯以是爲得算良可恥也吾誠鄙劣嘗聞道於君子以平西之至德寧可無授命之臣乎假令天長喪亂九流渾濁當與臧洪游於地下耳裕得書歎息以示諸佐曰事人當應如此宗之聞裕向荊州自襄陽就休之共屯江陵使文思及宗之子軌以兵距裕戰于江津休之大敗遂與宗之俱奔于姚興裕平姚泓休之將奔于魏未至道死

允之字季度出後叔父愔襲爵廣晉伯歷位輔國將軍吳國宣城譙梁內史王恭庾楷桓玄等內伐也會稽王道子命允之兄弟距楷破之元興初與兄恢之同徙廣州於道被害義軍起追贈太常卿從弟康之以子文惠襲爵宋受禪國除

韓延之字顯宗南陽赭陽人魏司徒暨之後也少以分義稱安帝時爲建威將軍荊州治中轉平西府錄事參軍以劉裕父名翹字顯宗延之遂字顯宗名兒爲翹以示不臣劉氏與休之俱奔姚興劉裕又奔于魏

愔字敬王初封廣晉伯早卒無子兄恬以子允之嗣

高陽王睦字子友譙王遜之弟也魏安平亭侯歷侍御史武帝受禪封

中山王邑五千二百戶睦自表乞依六蓼祀臯陶鄅杞祀相立廟事下太常依禮典平議博士祭酒劉熹等議禮記王制諸侯五廟二昭二穆與太祖而五是則立始祖之廟謂嫡統承重一人得立耳假令支弟並爲諸侯始封之君不得立廟也今睦非爲正統若立祖廟中山不得並也後世中山乃得爲睦立廟爲後世子孫之始祖耳詔曰禮文不明此度大事宜令詳審可下禮官博議乃處當之咸寧三年睦遣使募徙國內八縣受逋逃私占及變易姓名詐冒復除者七百餘戶冀州刺史杜友奏睦招誘逋亡不宜君國有司奏事在赦前應原詔曰中山王所行何乃至此覽奏甚用憮然廣樹親戚將以上輔王室下惠百姓也豈徒榮崇其身而使民踰典憲乎此事當大論得失正臧否所在耳苟不宜君國何論於赦令之間邪其貶睦爲縣侯乃封丹水縣侯及吳平太康初詔復爵有司奏封江陽王帝曰睦退靜思愆改脩其德今有爵土不但以赦江陽險遠其以高陽郡封之乃封爲高陽王元康元年爲宗正薨於位世子蔚早卒孫毅立拜散騎侍郎永嘉中沒於石勒隆安元年

詔以譙敬王恬次子恢之子文深繼毅後立五年薨無嗣復以高密王純之子法蓮繼之宋受禪國除

任城景王陵字子山宣帝弟魏司隸從事安城亭侯通之子也初拜議郎泰始元年封北海王邑四千七百戶三年轉封任城王之國咸寧五年薨子濟立拜散騎侍郎給事中散騎常侍輔國將軍隨東海王越在項為石勒所害二子俱沒有二弟順斌

順字子思初封習陽亭侯及武帝受禪順歎曰事乖唐虞而假為禪名遂悲泣由是廢黜徙武威姑臧縣雖受罪流放守意不移而卒

西河繆王斌字子政魏中郎武帝受禪封陳王邑千七百一十戶三年改封西河咸寧四年薨子隱立薨子喜嗣立

史臣曰泰始之初天下少事革魏餘弊遵周舊典並建宗室以為藩翰諸父同虞虢之尊兄弟受魯衛之社以為歷紀長久本支百世安平風度宏邈器宇高雅內弘道義外闡忠貞洎高貴薨殂則枕尸流慟陳留就國則拜辭隕涕語曰疾風彰勁草獻王其有焉故能位班上列享年

眉壽清徽至範為晉宗英子孫遵業世篤其慶高密風監清遠簡素寡欲孝以承親忠以奉上方諸枝庶實謂國楨新蔡南陽俱在方嶽值王室多難中原蕪梗表義勳節效績艱危于時醜類寔繁凶威日逞勢懸衆寡相繼淪亡悲夫譙閔沉雄壯勇作鎮南服屬姦回肆亂稱兵內侮懷忠憤發建義湘川荊沔響應羣才致力雖元勳不立而誠節克彰垂裕後昆邪世貞烈豈不休哉勳託末屬稟性凶暴仍荷朝寄推轂梁岷遂棄親背主負恩放命憑庸蜀之饒苞藏不逞恃江山之固姦謀日深是以搢紳切齒據積憤之志義士思奮厲忘身之節天道禍淫應時蕩定昔汲黯猶在淮南寢謀周撫若存凶渠未發以邪忌正異代同規詩云自貽伊戚其勳之謂矣習陽憑慶枝葉守約懷逸棲情塵外希蹤物表顧匹夫之獨善貴達節之弘規言出身播猶為幸也

贊曰安平立節雅性貞亮高密沖和宗室之望新蔡[illegible]譙閔徇義功虧式微勳自貽戚名隳業亡[illegible]恤忌流[illegible]

列傳第七

列傳第八　晉書三十八

宣五王　文六王

宣帝九男穆張皇后生景帝文帝平原王幹伏夫人生汝南文成王亮琅邪武王伷清惠亭侯京扶風武王駿張夫人生梁王肜柏夫人生趙王倫汝南王亮亮及倫別有傳

平原王幹字子良少以公子魏時封安陽亭侯稍遷撫軍中郎將進爵平陽鄉侯五等建改封定陶伯武帝踐阼封平原王邑萬一千三百戶給鼓吹駙馬二匹加侍中之服咸寧初遣諸王之國幹有篤疾性理不恒而頗清虛靜退簡於情欲故特詔留之太康末拜光祿大夫加侍中特假金章紫綬班次三司惠帝即位進左光祿大夫侍中如故劍履上殿入朝不趨幹雖王大國不事其務有所調補必以才能雖有爵祿若不在己秩奉布帛皆露積腐爛陰雨則出犢車而內露車或問其故對曰露者宜內也朝士造之雖通姓名必令立車馬於門外或終夕不見時有得覲與人物訓接亦恂恂恭遜初無闕失前後愛妾死既斂輒不釘棺置後空室中數日一發視或行淫穢須其尸壞乃葬之趙王倫輔政以幹為衛將軍惠帝反正復為侍中加太保齊王冏之平趙王倫也宗室朝士皆以牛酒勞冏幹獨懷百錢見冏出之曰趙王逆亂汝能義舉是汝之功今以百錢賀汝雖然大勢難居不可不慎冏既輔政幹詣之冏出迎拜幹入踞其牀不命冏坐語之曰汝勿效白女兒其意指倫也及冏誅幹哭之慟謂左右曰宗室日衰唯此兒最可而復害之從今殆矣東海王越興義至洛陽往視幹幹閉門不通越駐車良久幹乃使人謝遣而自於門間闚之當時莫能測其意或謂之有疾或以為晦迹焉永嘉五年薨時年八十會劉聰寇洛不追贈謚有二子世子廣早卒次子永以太熙中封安德縣公散騎常侍皆為善士遇難合門堙滅

琅邪武王伷字子將正始初封南安亭侯早有才望起家為寧朔將軍監守鄴城有綏懷之稱累遷散騎常侍進封東武鄉侯拜右將軍監兗州諸軍事兗州刺史五等初建封南皮伯轉征虜將軍假節武帝踐阼封東莞郡王邑萬六百戶始置二卿特詔諸王自選令長伷表讓不許

入為尚書右僕射撫軍將軍出為鎮東大將軍假節徐州諸軍事代衛瓘鎮下邳伷鎮御有方得將士死力吳人憚之加開府儀同三司改封琅邪王以東莞益其國平吳之役率衆數萬出涂中孫晧奉箋送璽綬詣伷請降詔曰琅邪王伷督率所統連據涂中使賊不得相救又使琅邪相劉弘等進軍逼江賊震懼遣使奉偽璽綬又使長史王恒率諸軍渡江破賊邊守獲督蔡機斬首降附五六萬計諸葛靚孫弈等皆歸命請死功勳茂著其封子二人為亭侯各三千戶賜絹六千匹頃之并督青州諸軍事加侍中之服進拜大將軍開府儀同三司伷既戚屬尊重加有平吳之功克己恭儉無矜滿之色僚吏盡力百姓懷化疾篤賜牀帳衣服錢帛秔粱等物遣侍中問焉太康四年薨時年五十七臨終表求葬母太妃陵次并乞分國封四子帝許之子恭王覲立又封次子澹為武陵王繇為東安王漼為淮陵王

覲字思祖拜冗從僕射太熙元年薨時年三十五子睿立是為元帝中興初帝以皇子裒為琅邪王奉恭王祀裒早薨更以皇子煥為琅邪王其日薨復以皇子昱為琅邪王咸和之初既徙封會稽成帝又以康帝為琅邪王康帝即位封成帝長子哀帝為琅邪王哀帝即位以廢帝為琅邪王廢帝即位以會稽王攝行琅邪國祀簡文帝登阼琅邪王無嗣及帝臨崩封少子道子為琅邪王道子後為會稽王更以恭帝為琅邪王帝既即位琅邪國除

武陵莊王澹字思弘初為冗從僕射後封東武公邑五千二百戶轉前將軍中護軍性忌害無孝友之行弟東安王繇有令名為父母所愛澹惡之如讎遂譖繇於汝南王亮亮素與繇有隙奏廢徙之趙王倫作亂以澹為領軍將軍澹妻與河內郭俶俶弟侃親善酒酣俶等言張華之冤澹性酗酒因並殺之送首於倫其酗虐如此澹妻郭氏賈后內妹也初恃勢無禮於澹母齊王冏輔政澹母諸葛太妃表澹不孝乞還繇由是澹與妻子徙遼東其子禧年五歲不肯隨去曰要當為父求還無為俱徙陳訴歷年太妃薨繇被害然後得還拜光祿大夫尚書太子太傅改封武陵王永嘉末為石勒所害子哀王喆立喆字景林拜散騎常侍

亦為勒所殺無子其後元帝立皇子晞為武陵王以奉澹祀焉

東安王繇字思玄初拜東安公歷散騎黃門侍郎遷散騎常侍美鬚髯性剛毅有威望博學多才事親孝居喪盡禮誅楊駿之際繇屯雲龍門兼統諸軍以功拜右衞將軍領射聲校尉進封郡王邑二萬戶加侍中兼典軍大將軍領右衞如故遷尚書右僕射加散騎常侍是日誅賞三百餘人皆自繇出東夷校尉文俶父欽為繇外祖諸葛誕所殺繇慮俶為舅家之患是日亦以非罪誅俶繇兄澹屢構繇於汝南王亮亮不納至是以繇專行誅賞澹因隙譖之亮惑其說遂免繇官以公就第坐有悖言廢徙帶方永康初徵繇復封拜宗正卿遷尚書轉左僕射惠帝之討成都王穎時繇遭母喪在鄴勸穎解兵而降及王師敗績穎怨繇乃害之後立琅邪王覲子長樂亭侯渾為東安王以奉繇祀尋薨國除

淮陵元王漼字思沖初封廣陵公食邑二千九百戶歷左將軍散騎常侍趙王倫之篡也三王起義漼與左衞將軍王輿攻殺孫秀因而廢倫以功進封淮陵王入為尚書加侍中轉宗正光祿大夫薨子貞王融立

薨無子安帝時立武陵威王孫蘊為淮陵王以奉元王之祀位至散騎常侍薨無子以臨川王寶子安之為嗣宋受禪國除

清惠亭侯京字子佐魏末以公子賜爵年二十四薨追贈射聲校尉以文帝子機字太玄為嗣泰始元年封燕王邑六千六百六十三戶機之國咸寧初徵為步兵校尉以漁陽郡益其國加侍中之服拜青州都督鎮東將軍假節以北平上谷廣寧郡一萬三百四十七戶增燕國為二萬戶薨無子齊王冏表以子幾嗣後冏敗國除

扶風武王駿字子臧幼聰惠年五六歲能書疏諷誦經籍見者奇之及長清貞守道宗室之中最為儁望魏景初中封平陽亭侯齊王芳立駿年八歲為散騎常侍侍講焉尋遷步兵屯騎校尉常侍如故進爵鄉侯出為平南將軍假節都督淮北諸軍事改封平壽侯轉安東將軍咸熙初徙封東牟侯轉安東大將軍鎮許昌武帝踐阼進封汝陰王邑萬戶都督豫州諸軍事吳將丁奉寇芍陂駿督諸軍距退之遷使持節都督揚州諸軍事代石苞鎮壽春尋復都督豫州還鎮許昌遷鎮西大將軍使持節都督雍涼等州諸軍事代汝南王亮鎮關中加袞冕侍中之服駿善撫御有威恩勸督農桑與士卒分役已及寮佐并將帥兵士等人限田十畝具以表聞詔遣普下州縣使各務農事咸寧初羌虜樹機能等叛遣衆討之斬三千餘級進位征西大將軍開府辟召儀同三司持節都督如故又詔駿遣七千人代涼州守兵樹機能侯彈勃等欲先劫佃兵駿命平虜護軍文俶督涼秦雍諸軍各進屯以威之機能乃遣所領二十部及彈勃面縛軍門各遣入質子安定北地金城諸胡吉軻羅侯金多及北虜熱冏等二十萬口又來降其年入朝徙封扶風王以氐戶在國界者增封給羽葆鼓吹太康初進拜驃騎將軍開府持節都督如故駿有孝行母伏太妃隨兄亮在官駿常涕泣思慕若聞有疾輒憂懼不食或時委官定省少好學能著論與荀顗論仁孝先後文有可稱及齊王攸出鎮駿表諫懇切以帝不從遂發病薨追贈大司馬加侍中假黃鉞西土聞其薨也泣者盈路百姓為之樹碑長老見碑無不下拜其遺愛如此有子十人暢歆最知名

暢字玄舒改封順陽王拜給事中屯騎校尉游擊將軍永嘉末劉聰入洛不知所終

新野莊王歆字弘舒武王薨後兄暢推恩請分國封歆太康中詔封新野縣公邑千八百戶儀比縣王歆雖少貴而謹身履道母臧太妃薨居喪過禮以孝聞拜散騎常侍趙王倫篡位以為南中郎將齊王冏舉義移檄天下歆未知所從嬖人王綏曰趙親而強齊疏而弱公宜從趙參軍孫洵大言於衆曰趙王凶逆天下當共討之大義滅親古之明典歆從之乃使洵詣冏冏迎執其手曰使我得成大節者新野公也冏入洛歆躬貫甲冑率所領導冏以勳進封新野郡王邑二萬戶遷使持節都督荊州諸軍事鎮南大將軍開府儀同三司歆將之鎮與冏同乘謁陵因說冏曰成都至親同建大勳今宜留之與輔政若不能爾當奪其兵權冏不從我而冏敗歆懼自結於成都王穎歆為政嚴刻蠻夷並怨及張昌作亂於江夏歆表請討之時長沙王乂執政與成都王穎有隙疑歆與穎連謀不聽歆出兵昌衆日盛時孫洵為從事中郎謂歆曰古人

有言一日縱敵數世之患公荷藩屏之任居推轂之重拜表輒行有何不可而使姦凶滋蔓禍釁不測豈維翰王室鎮靜方夏之謂乎歆將出軍王綏又曰昌等小賊偏裨自足制之不煩違帝命親矢石也乃止昌至樊城歆出距之衆潰爲昌所害追贈驃騎將軍無子以兄子劭爲後永嘉末沒於石勒

梁孝王肜字子徽清脩恭慎無他才能以公子封平樂亭侯及五等建改封開平子武帝踐阼封梁王邑五千三百五十八户及之国遷北中郎將督鄴城守事時諸王自選官屬肜以汝陰上計吏張蕃爲中大夫蕃素無行本名雄妻劉氏解音樂爲曹爽教伎蕃又往來何晏所而恣爲姦淫晏誅徙河間乃變名自結於肜爲有司所奏詔削一縣咸寧中復以陳國汝南南頓增封爲次國太康中代孔恂監豫州軍事加平東將軍鎮許昌頃之又以本官代下邳王晃監青徐州軍事進號安東將軍元康初轉征西將軍代秦王柬都督關中軍事領護西戎校尉加侍中進督梁州尋徵爲衛將軍錄尚書事行太子太保給千兵百騎久之

復爲征西大將軍代趙王倫鎮關中都督涼雍諸軍事置左右長史司馬又領西戎校尉屯好畤督建威將軍周處振威將軍盧播等伐氐賊齊萬年於六陌肜與處有隙促令進軍而絕其後播又不救之故處見害朝廷尤之尋徵拜大將軍尚書令領軍將軍錄尚書事肜嘗大會謂參軍王銓曰我從兄爲尚書令不能啖大臠大臠故難銓曰公在此獨嚼尚難矣肜曰長史大臠爲誰曰盧播是也肜曰是家吏隱之耳銓曰天下咸是家吏便恐王法不可復行肜又曰我在長安作何等不善因指單衣補幰以爲清銓荅曰朝野望公舉薦賢才使不仁者遠而位居公輔以衣補幰以此爲清無足稱也肜有慚色永康初共趙王倫廢賈后詔以肜爲太宰守尚書令增封二萬户趙王倫輔政有星變占曰不利上相孫秀懼倫受災乃省司徒爲丞相以授肜猥加崇進欲以應之或曰肜無權不益也肜固讓不受及倫篡位以肜爲阿衡給武賁百人軒懸之樂十人倫滅詔肜以太宰領司徒又代高密王泰爲宗師永康二年薨喪葬依汝南文成王亮故事博士陳留蔡克議謚曰肜位爲宰相責深任重屬尊親近且爲宗師朝所仰望下所具瞻而臨大節無不可奪之志當危事不能舍生取義愍懷之廢不聞一言之諫淮南之難不能因勢輔義趙王倫篡逆不能引身去朝宋有蕩氏之亂華元自以不能居官曰君臣之訓我所司也公室卑而不正吾罪大矣夫以區區之宋猶有不素餐之臣而況帝王之朝而有苟容之相此而不貶法將何施謹案謚法不勤成名曰靈肜見義不爲不可謂勤宜謚曰靈梁國常侍孫霖及肜親黨稱枉臺乃下符曰賈氏專權趙王倫篡逆皆力制朝野肜勢不得去而責其不能引身去朝義何所據克重議曰肜爲宗臣而國亂不能匡主顛不能扶非所以爲相故春秋譏華元樂舉謂之不臣且賈氏之酷烈不甚於呂后而王陵猶得杜門趙王倫之無道不甚於殷紂而微子猶得去之近者太尉陳準異姓之人加弟徽有射鉤之隙亦得託疾辭位不涉僞朝何至於肜親倫之兄而獨不得去乎趙盾入諫不從出亡不遠猶不免於責況肜不能去位北面事僞主乎宜如前議加其貶責以廣爲臣之節明事君之道於是朝廷從克

議肜故吏復追訴不已故改焉無子以武陵王澹子禧爲後是爲懷王拜征虜將軍與澹俱沒於石勒元帝時以西陽王羕子悝爲肜嗣是爲殤王至是懷王子翹自石氏歸國得立是爲聲王官至散騎常侍薨無子詔以武陵威王子璲爲翹嗣歷永安太僕與父晞俱廢徙新安薨太元中復國子龢立薨子珍之立桓玄篡位國臣孔璞奉珍之奔于壽陽義旗初乃歸累遷左衛將軍太常卿劉裕伐姚泓請爲諮議參軍爲裕所害國除

文帝九男文明王皇后生武帝齊獻王攸城陽哀王兆遼東悼惠王定國廣漢殤王廣德其樂安平王鑒燕王機皇子永祚樂平王延祚不知母氏燕王機繼清惠亭侯別有傳永祚早亡無傳

齊獻王攸字大猷少而岐嶷及長清和平允親賢好施愛經籍能屬文善尺牘爲世所楷才望出武帝之右宣帝每器之景帝無子命攸爲嗣從征王淩封長樂亭侯及景帝崩攸年十歲哀動左右大見稱歎襲封舞陽侯奉景獻羊后於別第事后以孝聞復歷散騎常侍步兵校尉時

年十八綏撫營部甚有威惠五等建改封安昌侯遷衛將軍居文帝喪哀毀過禮杖而後起左右以稻米乾飯雜理中丸進之攸泣而不受太后自往勉喻曰若萬一加以他疾將復如何宜遠慮深計不可專守一志常遣人逼進飲食司馬嵇喜又諫曰毀不滅性聖人之教且大王地即密親任惟元輔匹夫猶惜其命以為祖宗況荷天下之大業輔帝室之重任而可盡無極之哀與顏閔爭孝不可令賢人笑愚人幸也喜躬自進食攸不得已為之強飯喜退攸謂左右曰嵇司馬將令我不忘居喪之節得存區區之身耳武帝踐阼封齊王時朝廷草創而攸總統軍事撫寧內外莫不景附焉詔議藩王令自選國內長吏攸奏議曰昔聖王封建萬國以親諸侯軌迹相承莫之能改誠以君不世居則人心偷幸人無常主則風俗偽薄是以先帝深覽經遠之統思復先哲之軌分土畫疆建爵五等或以進德或以酬功伏惟陛下應期創業樹建親戚聽使藩國自除長吏而今草創制度初立雖庸蜀順軌吳猶未賓宜俟清泰乃議復古之制書比三上輒報不許其後國相上長吏缺典書令請求差選攸下令曰忝受恩禮不稱惟憂至於官人敘才皆朝廷之事非國所宜裁也其令自上請之時王家人衣食皆出御府攸表租秩足以自供求絕之前後十餘上帝又不許攸雖未之國文武官屬下至士卒分租賦以給之疾病死喪賜與之而時有水旱國內百姓則加振貸須豐年乃責十減其二國內賴之遷驃騎將軍開府辟召禮同三司降身虛己待物以信常歎公府不案吏然以董御戎政復有威克之宜乃下教曰夫先王馭世明罰飭法鞭扑作教以正逋慢且唐虞之朝猶須督責前欲撰次其事使粗有常懼煩簡之宜未審其要故令劉程二君詳定然思惟之鄭鑄刑書叔向不韙范宣議制仲尼譏之令皆如舊無所增損其常節度所不及者隨事處決諸吏各竭乃心思同在公古人之節如有所闕以賴股肱匡佐之規庶以免負於是內外祗肅時驃騎當罷營兵兵士數千人戀攸恩德不肯去遮京兆主言之帝乃還攸兵攸每朝政大議悉心陳之詔以比年饑饉議所節省攸奏議曰臣聞先王之教莫不先正其本務農重本國之大綱當今方隅清穆武夫釋甲

廣分休假以就農業然守相不能勤心恤公以盡地利昔漢宣歎曰與朕理天下者惟良二千石乎勤加賞罰黜陟幽明于時翕然用多名守計今地有餘羨而不農者衆加附業之人復有虛假通天下之謀則饑者必不少矣今宜嚴敕州郡檢諸虛詐害農之事督實南畝上下同奉所務則天下之穀可復古政豈患於暫一水旱便憂饑餒哉考績黜陟畢使嚴明畏威懷惠莫不自厲又都邑之內游食滋多巧伎末業服飾奢麗富人兼美猶有魏之遺弊染化日淺靡財害穀動復萬計宜申明舊法必禁絕之使去奢即儉不奪農時畢力稼穡以實倉廩則榮辱礼節由之而生興化反本於茲為盛轉鎮軍大將軍加侍中羽葆鼓吹行太子少傅數年授太子太傅獻箴於太子曰伊昔上皇建國立君仰觀天文俯察地理創業垂道以安人承祀祚延統重故援立太子尊以弘道固以貳己儲德既立邦有所恃夫親仁者功成邇佞者國傾故保相之材必擇賢明昔在周成旦奭作傅外以明德自輔內以親親立固德以義濟親則自然嬴廢公族其崩如山劉建子弟漢祚永傳楚以無極作亂宋以伊戾興難張禹佞給卒危強漢輔弼不忠禍及乃躬匪徒乃躬乃喪乃邦無曰父子不間昔有江充無曰至親匪貳或容潘崇諫言亂真譖潤離親驪姬之讒晉侯疑申固親以道勿固以恩脩身以敬勿託以尊自損者有餘自益者彌昏庶事不可以不恤大本不可以不敦見亡戒危覩安思存冢子司義敢告在閽世以為工咸寧二年代賈充為司空侍中太傅如故初攸特為文帝所寵愛每見攸輒撫牀呼其小字曰此桃符座也幾為太子者數矣及帝寢疾慮攸不安為武帝敘漢淮南王魏陳思故事而泣臨崩執攸手以授帝先是太后有疾既瘳帝與攸奉觴上壽攸以太后前疾危篤因歔欷流涕帝有愧焉攸嘗侍帝疾恒有憂感之容時人以此稱歎之及太后臨崩亦流涕謂帝曰桃符性急而汝為兄不慈我若遂不起恐必不能相容以是屬汝勿忘我言及帝晚年諸子並弱而太子不令朝臣內外皆屬意於攸中書監荀勖侍中馮紞皆諂諛自進攸素疾之勖等以朝望在攸恐其為嗣禍必及已乃從容言於帝曰陛下萬歲之後太子不得立也帝曰何故勖曰百

僚內外皆歸心於齊王太子焉得立乎陛下試詔齊王之國必舉朝以為不可則臣言有徵矣紞又言曰陛下遣諸侯之國成五等之制者宜先從親始親莫若齊王帝既信勗言又納紞說太康三年乃下詔曰古者九命作伯或入毗朝政或出御方嶽周之呂望五侯九伯實得征之侍中司空齊王攸明德清暢忠允篤誠以母弟之親受台輔之任佐命立勳劬勞王室宜登顯位以稱具瞻其以為大司馬都督青州諸軍事侍中如故假節將本營千人親騎帳下司馬大車皆如舊增鼓吹一部官騎滿二十人置騎司馬五人餘主者詳案舊制施行攸不悅主簿丁頤曰昔太公封齊猶表東海桓公九合以長五伯況殿下誕德欽明恢弼大藩穆然東軫莫不得所何必絳闕乃弘帝載攸曰吾無匡時之用御言何多明年策攸曰於戲惟命不于常天既遷有魏之祚我有晉既受順天明命光建群后越造王國于東土錫茲青社用藩翼我邦家茂哉無怠以永保宗廟又詔下太常議崇錫之物以濟南郡益齊國又以攸子寔為北海王於是備物典策設軒懸之樂六佾之舞黃鉞朝車乘

輿之副從焉攸知勗紞構己憤怨發病乞守先后陵不許帝遣御醫診視諸醫希旨皆言無疾疾轉篤猶催上道攸自強入辭素持容儀疾雖困尚自整厲太子止如常帝益疑無疾辭出信宿歐血而薨時年三十六帝哭之慟馮紞侍側曰齊王名過其實而天下歸之今自薨殞社稷之福也陛下何哀之過帝收淚而止詔喪禮依安平王孚故事廟設軒懸之樂配饗太廟子冏立別有傳攸以禮自拘鮮有過事就人借書必手刊其謬然後反之加以至性過人有觸其諱者輒泫然流涕雖武帝亦敬憚之每引之同處必擇言而後發三子蕤贊寔

蕤字景回出繼遼東王定國太康初徙封東萊王元康中歷步兵屯騎校尉蕤性強暴使酒數陵侮弟冏冏以兄故容之冏起義兵趙王倫收蕤及弟北海王寔繫廷尉當誅倫太子中庶子祖納上疏諫曰罪不相及惡止其身此先哲之弘謨百王之達制也是故鯀既殛死禹乃嗣興二叔誅放而邢衛無責逮乎戰國及至秦漢明恕之道寖猜嫌之情用乃立質任以御衆設從罪以發姦其所由來蓋三代之弊法耳蕤寔獻王之子明德之胤宜蒙特宥以全穆親之典會孫秀死蕤等悉得免冏擁衆入洛蕤於路迎之冏不即見須符付前頓蕤恚曰吾坐爾殆死曾無友于之情及冏輔政詔以蕤為散騎常侍加大將軍領後軍侍中特進增邑滿二萬戶又從冏求開府冏曰武帝子吳豫章尚未開府宜且須後蕤以是益怨密表冏專擅與左衞將軍王輿謀共廢冏事覺免為庶人尋詔曰大司馬以經識明斷高謀遠略猥率同盟安復社稷自書契所載周召之美未足比勳故授公上宰東萊王蕤潛懷忌妬苞藏禍心與王輿密謀圖欲譖害收輿之日蕤與青衣共載微服奔走經宿乃還蕤凶赫然妖惑外內又前表冏所言深重雖管蔡失道牙慶亂宗不復過也春秋之典大義滅親其徙蕤上庸後封微陽侯永寧初上庸內史陳鍾承冏旨害蕤冏死詔誅鍾復蕤封改葬以王禮

贊字景期繼廣漢殤王廣德後年六歲太康元年薨謚沖王

寔字景深初為長樂亭侯攸以贊薨又以寔繼廣漢殤王後改封北海王永寧初為平東將軍假節加散騎常侍代齊王冏鎮許昌尋進安南將

軍都督豫州軍事增邑滿二萬戶未發留為侍中上軍將軍給千兵百騎

城陽哀王兆字千秋年十歲而夭武帝踐阼詔曰亡弟千秋少聰慧有夙成之質不幸早亡先帝先后特所哀愍先后欲紹立其後而竟未遂每追遺意情懷感傷其以皇子景度為千秋後雖非典禮亦近世之所行且以述先后本旨也於是追加兆封謚景度以泰始六年薨復以第五子憲繼哀王後薨復以第六子祗為東海王繼哀王後薨咸寧初又封第十三子遐為清河王以繼兆後

遼東悼惠王定國年三歲薨咸寧初追加封謚齊王攸以長子蕤為嗣

蕤薨子遵嗣

廣漢殤王廣德年二歲薨咸寧初追加封謚齊王攸以第五子贊紹封薨攸更以第二子寔嗣廣德

樂安平王鑒字大明初封臨泗亭侯武帝踐阼封樂安王帝為鑒及燕王機高選師友下詔曰樂安王鑒燕王機並以長大宜得輔導師友取明經儒學有行義節儉使足嚴憚昔韓起與田蘇遊而好善宜必得其

人泰始中拜越騎校尉咸寧初以齊之梁鄒益封因之國服侍中之
服元康初徵爲散騎常侍上軍大將軍領射聲校尉尋遷使持節都
督豫州軍事安南將軍代清河王遐鎮許昌以疾不行七年薨子殤
王籍立薨無子齊王冏以子冰紹鑒後以濟陰萬一千二百一十九
戶改爲廣陽國立冰爲廣陽王冏敗廢

樂平王延祚字大思少有篤疾不任封爵太康初詔曰弟祚早孤無
識情所哀愍幼得篤疾日冀其差今遂廢痼無復後望意甚傷之其
封爲樂平王使有名號以慰吾心尋薨無子

史臣曰平原性理不恒世莫之測及其處亂離之際屬交爭之秋而
能遠害全身享茲介福其愚不可及已琅邪武功既暢飾之以溫恭
扶風文教克宣加之以孝行抑宗室之可稱者也齊王以兩獻之親
弘二南之化道光雅俗望重台衡百辟具瞻萬方屬意既而地疑
致逼文雅見疵糺勗陳蔓草之邪謀武皇深翼子之滯愛遂乃褫
龍章於袞職徙侯服於下藩未及戒塗終於憤恚惜哉若使天假之
年而除其害奉綴衣之命膺負圖之託光輔嗣君允釐邦政求諸冥
兆或廢興之有期徵之人事庶勝殘之可及何八王之敢力爭五胡
之能競逐哉詩云人之云亡邦國殄瘁攸實有之讒人罔極交亂
四國其荀馮之謂也

贊曰文宣孫子或賢或鄙扶風遺愛琅邪克己澹謟凶魁彤黍釁始
幹雖靜退性乖恒理彼美齊獻卓爾不羣自家刑國緯武經文木摧
於秀蘭燒以薰

列傳第八　　晉書三十八

王沈 子浚　荀顗　荀勗 子藩 藩弟組 藩子邃 組子弈 闓　馮紞

王沈字處道太原晉陽人也祖柔漢匈奴中郎將父機魏東郡太守沈少孤養於從叔司空昶事昶如父奉繼母寡嫂以孝義稱好書善屬文大將軍曹爽辟爲掾累遷中書黃門侍郎及爽誅以故吏免後起爲治書侍御史轉祕書監正元中遷散騎常侍侍中典著作與荀顗阮籍共撰魏書多爲時諱未若陳壽之實錄也時魏高貴鄉公好學有文才引沈及裴秀數於東堂講讌屬文號沈爲文籍先生秀爲儒林丈人及高貴鄉公將攻文帝召沈及王業告之沈業馳白帝以功封安平侯邑二千戶沈既不忠於主甚爲衆論所非尋遷尚書出監豫州諸軍事奮武將軍豫州刺史至鎮乃下教曰自古賢聖樂聞誹謗之言聽輿人之論芻蕘有可錄之事負薪有廊廟之語故也自至鎮日未聞逆耳之言豈未明虛心故令言者有疑其宣下屬城及士庶若能舉遺逸於林藪黜姦佞於州國陳長吏之可否說百姓之所患興利害損益昭然者給穀五百斛若達一至之言說刺史得失朝政寬猛令剛柔得適者給穀千斛謂余不信明如皎日主簿陳廞褚䂮曰奉省教旨伏用感歎勞謙日昃思聞苦言愚謂上之所好下無不應而近未有極諫之辭遠無傳言之箴者誠得失之事將未有也今使教命班下示以賞勸將恐拘介之士或憚賞而不言貪賕之人將慕利而妄舉苟不合宜賞不虛行則遠聽者未知當否之所在徒見言之不用謂設有而不行愚以告下之事可小須後沈又教曰夫德薄而位厚功輕而祿重貪夫之所徇高士之所不處也若陳至言於刺史興益於本州達幽隱之賢去祝鮀之佞立德於上受分於下斯乃君子之操何不言之有直言至理也惠加一州仁也功成辭賞廉也兼斯而行仁智之事何故懷其道而迷其國哉褚䂮復白曰堯舜周公所以能致忠諫者以其款誠之心著也冰炭不言而冷熱之質自明者以其有實也若好忠直如冰炭之自然則諤諤之臣將濟濟而盈庭逆耳之言不求而自至若德不足以配唐虞明不足以

並周公實不可以同冰炭雖懸重賞忠諫之言未可致也昔魏絳由和戎之功蒙女樂之賜管仲有興齊之勳而加上卿之禮功勳明著然後賞勸隨之未聞張重賞以待諫臣懸穀帛以求盡言也沈無以奪之遂從䂮議沈探尋善政案賈逵以來法制禁令諸所施行擇善者而從之又教曰後生不聞先王之教而望政道日興不可得也文武並用長久之道也俗化陵遲不可不革革俗之要實在敦學昔原伯魯不悅學閔馬父知其必亡將吏子弟優閑家門若不教之必致游戲傷毀風俗矣於是九郡之士咸悅道教移風易俗遷征虜將軍持節都督江北諸軍事五等初建封博陵侯班在次國平蜀之役吳人大出聲爲救蜀振蕩邊境沈鎮御有方寇聞而退轉鎮南將軍武帝即王位拜御史大夫守尚書令加給事中沈以才望顯名當世是以創業之事羊祜荀勗裴秀賈充等皆與沈諮謀焉及帝受禪以佐命之勳轉驃騎將軍錄尚書事加散騎常侍統城外諸軍事封博陵郡公固讓不受乃進爵爲縣公邑千八百戶帝方欲委以萬機泰始二年薨帝素服舉哀賜祕器朝服一具衣一襲錢三十萬布百匹葬田一頃諡曰元明年帝追思沈勳詔曰夫表揚往行所以崇賢垂訓愼終紀遠厚德興教也故散騎常侍驃騎將軍博陵元公沈蹈禮居正執心清粹經綸墳典才識通洽入歷常伯納言之位出幹監牧方嶽之任內著謀猷外宣威略建國設官首登公輔兼統中朝出納大命實有翼亮佐世之勳其贈沈司空公以寵靈既往使沒而不朽又前以翼贊之勳當受郡公之封而固辭懇至嘉其讓德不奪其志可以郡公官屬送葬沈素清儉不營產業其使所領兵作屋五十間子浚嗣後沈夫人荀氏卒將合葬沈棺櫬已毀更賜東園祕器咸寧中復追封沈爲郡公

浚字彭祖母趙氏婦良家女也貧賤出入沈家遂生浚沈初不齒之年十五沈薨無子親戚共立浚爲嗣拜駙馬都尉太康初與諸王侯俱就國三年來朝除員外散騎侍郎元康初轉員外常侍遷越騎校尉右軍將軍出補河內太守以郡公不得爲二千石轉東中郎將鎮

許昌及愍懷太子幽于許昌浚承賈后旨與黃門孫慮共害太子遷寧北將軍青州刺史尋徙寧朔將軍持節都督幽州諸軍事于時朝廷昏亂盜賊蜂起浚為自安之計結好夷狄以女妻鮮卑務勿塵又以一女妻蘇恕延及趙王倫篡位三王起義浚擁衆挾兩端遏絕檄書使其境內士庶不得赴義成都王穎欲討之而未暇也倫誅進號安北將軍及河間王顒成都王穎興兵內向害長沙王乂而浚有不平之心穎表請幽州刺史石堪為右司馬以右司馬和演代堪密使演殺浚并其衆演與烏丸單于審登謀之於是與浚期游薊城南清泉水上薊城內西行有二道演浚各從一道演與浚欲合鹵簿因而圖之值天暴雨兵器霑濕不果而還單于由是與其種人謀曰演圖殺浚事垂克而天卒雨使不得果是天助浚也違天不祥我不可久與演同乃以謀告浚浚密嚴兵與單于圍演演持白幡詣浚降遂斬之自領幽州大營器械召務勿塵率胡晉合二万人進軍討穎以主簿祁弘為前鋒遇穎將石超於平棘擊敗之浚乘勝遂克鄴城士衆暴掠死者甚多鮮卑大略婦女浚命敢有挾藏者斬於是沉於易水者八千人黔庶荼毒自此始浚還薊聲實益盛東海王越將迎大駕浚遣祁弘率烏丸突騎為先驅惠帝旋洛陽轉浚驃騎大將軍都督東夷河北諸軍事領幽州刺史以燕國增博陵之封懷帝即位以浚為司空領烏丸校尉務勿塵為大單于浚又表封務勿塵遼西郡公其別部大飄滑及其弟渴末別部大屠瓮等皆為親晉王永嘉中石勒寇冀州浚遣鮮卑文鴦討勒勒走南陽明年勒復寇冀州刺史王斌為勒所害浚又領冀州詔進浚為大司馬加侍中大都督督幽冀諸軍事使者未及發會洛京傾覆浚大樹威令專征伐遣督護王昌中山太守阮豹等率諸軍及務勿塵世子疾陸眷并弟文鴦從弟末柸攻石勒於襄國勒率衆來距昌逆擊敗之末柸逐北入其壘門為勒所獲勒質末柸遣間使求和疾陸眷遂以鎧馬二百四十匹金銀各一簏贖末柸結盟而退其後浚布告天下稱受中詔承制乃以司空荀藩為太尉光祿大夫荀組為司隸大司農華薈為太常中書令

李絙為河南尹又遣祁弘討勒及於廣宗時大霧弘引軍就道卒與勒遇為勒所殺由是劉琨與浚爭冀州琨使宗人劉希還中山合衆代郡上谷廣寧三郡人皆歸于琨浚患之遂輟討勒之師而與琨相距浚遣燕相胡矩督護諸軍與疾陸眷并力攻破希驅略三郡士女出塞琨不復能爭浚還欲討勒使棗嵩督諸軍屯易水召疾陸眷將與之俱攻襄國浚為政苛暴將吏又貪殘並廣占山澤引水灌田潰陷冢墓調發殷煩下不堪命多叛入鮮卑從事韓咸切諫浚怒殺之疾陸眷自以前後違命恐浚誅之勒亦遣使厚賂疾陸眷等由是不應召浚怒以重幣誘單于猗盧子右賢王日律孫令攻疾陸眷反為所破時劉琨大為劉聰所迫諸避亂游士多歸于浚浚以彊盛乃設壇告類建立皇太子備置衆官浚自領尚書令以棗嵩裴憲並為尚書使其子居王宮持節領護匈奴中郎將以妻舅崔毖為東夷校尉又使嵩監司冀并兗諸軍事行安北將軍以田徽為兗州李惲為青州惲為石勒所殺以薄盛代之浚以父字處道為當塗高應王者之讖謀將僭號胡矩諫浚盛陳其不可浚忿之出矩為魏郡守前渤海太守劉亮從子北海太守搏司空掾高柔並切諫浚怒誅之浚素不平長史燕國王悌遂因他事殺之時童謠曰十囊五囊入棗郎棗嵩浚之子婿也浚聞責嵩而不能罪之也又謠曰幽州城門似藏戶中有伏尸王彭祖有狐踞府門翟雉入聽事時燕國霍原北州名賢浚以僭位事示之原不答浚遂害之由是士人憤怨內外無親而矜豪日甚不親為政所任多苛刻加亢旱災蝗士卒衰弱浚之承制也參佐皆內敘唯司馬游統外出統怨密與石勒通謀勒乃詐降於浚許奉浚為主時百姓內叛疾陸眷等侵逼浚喜勒之附己勒遂偽卑辭以事之獻遺珍寶使驛相繼浚以勒為誠不復設備勒乃遣使剋日上尊號於浚浚許之勒屯兵於易水督護孫緯疑其詐馳白浚而引軍逆勒浚不聽使勒直前衆議皆曰胡貪而無信必有詐請距之浚怒欲斬諸言者衆遂不敢復諫盛張設以待勒勒至城便縱兵大掠浚左右復請討之不許及勒登聽事浚乃走出堂皇勒衆執以見勒勒

遂與浚妻並坐立浚于前浚罵曰胡奴調汝公何凶逆如此勒數浚不忠於晉并責以百姓餒乏積粟五十萬斛而不振給遂遣五百騎先送浚于襄國收浚麾下精兵萬人盡殺之停二日而還孫緯遮擊之勒僅而得免勒至襄國斬浚而浚竟不爲之屈大罵而死無子太元二年詔興滅繼絕封沉從孫道素爲博陵公卒子崇之嗣義熙十一年改封東莞郡公宋受禪國除

荀顗字景倩潁川人魏太尉彧之第六子也幼爲姊壻陳羣所賞性至孝總角知名博學洽聞理思周密魏時以父勳除中郎宣帝輔政見顗奇之曰荀令君之子也擢拜散騎侍郎累遷侍中爲魏少帝執經拜騎都尉賜爵關內侯難鍾會易無互體又與扶風王駿論仁孝孰先見稱於世時曹爽專權何晏等欲害太常傅嘏顗營救得免及高貴鄉公立顗言於景帝曰今上踐阼權道非常宜速遣使宣德四方且察外志毋丘儉文欽果不服舉兵反顗預討儉等有功進爵萬歲亭侯邑四百戶文帝輔政遷尚書帝征諸葛誕留顗鎮守顗甥陳泰卒顗代泰爲僕射領吏部四辭而後就職顗承泰後加之淑慎綜核名實風俗澄正咸熙中遷司空進爵鄉侯顗年踰耳順孝養蒸蒸以母憂去職毀幾滅性海內稱之文帝奏宜依漢太傅胡廣喪母故事給司空吉凶導從及蜀平興復五等命顗定禮儀顗上請羊祜任愷庾峻應貞孔顥共刪改舊文撰定晉禮咸熙初封臨淮侯武帝踐阼進爵爲公食邑一千八百戶又詔曰昔禹命九官契敷五教所以弘崇王化示人軌儀也朕承洪業昧于大道思訓五品以康四海侍中司空顗明允篤誠思心通遠翼亮先皇遂輔朕躬實有佐命弼導之勳宜掌教典以隆時雍其以顗爲司徒尋加侍中遷太尉都督城外牙門諸軍事置司馬親兵百人頃之又詔曰侍中太尉顗溫恭忠允至行純備博古洽聞耆艾不殆其以公行太子太傅侍中太尉如故時以正德大序雅頌未合命顗定樂事未終以泰始十年薨帝爲舉哀皇太子臨喪二宮賻贈禮秩有加詔曰侍中太尉行太子太傅臨淮公顗清純體道忠允立朝歷司外內茂績既崇訓傅東宮徽猷

弘著可謂行歸于周有始有卒者矣不幸薨殂朕甚痛之其賜溫明秘器朝服一具衣一襲謚曰康又詔曰太尉不恤私門居無館宇素絲之志沒而彌顯其賜家錢二百萬使立宅舍咸寧初詔論次功臣將配饗宗廟所司奏顗等十二人銘功太常配饗清廟顗明三禮知朝廷大儀而無質直之操唯阿意苟合於荀勗賈充之間初皇太子將納妃顗上言賈充女姿德淑茂可以參選以此獲譏於世顗無子以從孫徽嗣中興初以顗兄玄孫序爲顗後封臨淮公序卒又絕孝武帝又封序子恆繼顗後恆卒子龍符嗣宋受禪國除

荀勗字公曾潁川潁陰人漢司空爽曾孫也祖棐射聲校尉父肸早亡勗依于舅氏岐嶷夙成年十餘歲能屬文從外祖魏太傅鍾繇曰此兒當及其曾祖既長遂博學達於從政仕魏辟大將軍曹爽掾遷中書通事郎爽誅門生故吏無敢往者勗獨臨赴衆乃從之至安陽令轉驃騎從事中郎勗有遺愛安陽生爲立祠遷廷尉正參文帝大將軍軍事賜爵關內侯轉從事中郎領記室高貴鄉公欲爲變時大將軍掾孫佑守閶闔門帝弟安陽侯幹聞難欲入佑謂幹曰未有入者可從東掖門及幹至帝遲之幹以狀白帝欲族誅佑勗諫曰孫佑不納安陽誠宜深責然事有逆順用刑不可以喜怒爲輕重今成倅刑止其身佑乃族誅恐義士私議乃免佑爲庶人時官騎路遺求爲刺客入蜀勗言於帝曰明公以至公宰天下宜杖正義以伐違貳而名以刺客除賊非所謂刑于四海以德服遠也帝稱善及鍾會謀反審問未至而外人先告之帝待會素厚未之信也勗曰會雖受恩然其性未可許以見得思義不可不速爲之備帝即出鎮長安主簿郭弈參軍王深以勗是會從甥少長舅氏勸帝斥出之帝不納而使勗陪乘待之如初先是勗啓伐蜀宜以衞瓘爲監軍及蜀中亂賴瓘以濟會平還洛與裴秀羊祜共管機密時將發使聘吳並遣當時文士作書與孫晧帝用勗所作晧既報命和親帝謂勗曰君前作書使吳思順勝十萬之衆也帝即晉王位以勗爲侍中封安陽子邑千戶武帝受禪改封濟北郡公勗以羊祜讓乃固辭爲侯拜中書監加侍中

領著作與賈充共定律令充將鎮關右也勗謂馮紞曰賈公遠放吾等失勢太子婚尚未定若使充女得為妃則不留而自停矣勗與紞伺帝間並稱充女才色絕世若納東宮必能輔佐君子有關雎后妃之德遂成婚當時甚為正直者所疾而獲佞媚之譏焉久之進位光祿大夫既掌樂事又修律呂並行於世初勗於路逢趙賈人牛鐸識其聲及掌樂音韻未調乃曰得趙之牛鐸則諧矣遂下郡國悉送牛鐸果得諧者又嘗在帝坐進飯謂在坐人曰此是勞薪所炊咸未之信帝遣問膳夫乃云實用故車腳舉世伏其明識俄領祕書監與中書令張華依劉向別錄整理記籍又立書博士置弟子教習以鍾胡為法勗與石苞等並為佐命功臣列於銘饗及王濬表請伐吳勗與賈充固諫不可帝不從而吳果滅以專典詔命論功封子一人為亭侯邑一千戶賜絹千匹又封孫顯為潁陽亭侯及得汲郡冢中古文竹書詔勗撰次之以為中經列在祕書時議遣王公之國帝以問勗勗對曰諸王公已為都督而使之國則廢方任又分割郡縣人心戀本必用嗷嗷國皆置軍官兵還當給國而闕邊守帝重使勗思之勗又陳曰如詔準古方伯選才使君國各隨方面為都督誠如明旨至於割正封疆使親疏不同誠為佳矣然分裂舊土猶懼多所搖動必使人心恐擾思惟竊宜如前若於事不得不時有所轉封而不至分割土域有所損奪者可隨宜節度其五等體國經遠實不成制度然但虛名其於實事略與舊郡縣鄉亭無異若造次改奪恐不能不以為恨今方了其大者以為五等可須後裁度凡事雖有久而益善者若臨時或有不解亦不可忽帝以勗言為允多從其意時又議省州郡縣半吏以赴農功勗議以為省吏不如省官省官不如省事省事不如清心昔蕭曹相漢載其清靜致畫一之歌此清心之本也漢文垂拱幾致刑措此省事也光武并合吏員縣官國邑裁置十一此省官也魏太和中遣王人四出減天下吏員正始中亦并合郡縣此省吏也今必欲求之於本則宜以省事為先凡居位者使務思蕭曹之心以翼佐大化篤義行崇敦睦使昧寵忘本者不得容而偽行自息浮華者懼矣重敬讓尚止足令賤不妨貴少不陵長遠不間親新不

間舊小不加大淫不破義則上下相安遠近相信矣位不可以進趣得譽不可以朋黨求則是非不妄而明官人不惑於聽矣去奇技抑異說好變舊以徼非常之利者必加其誅則官業有常人心不遷矣事留則政稽政稽則功廢處位者而孜孜不怠奉職司者而夙夜不懈則雖在挈瓶而守不假器矣使信若金石小失不害大政忍忿捐以容之簡文案略細苛令之所施必使人易視聽願之如陽春畏之如雷震勿使微文煩撓為百吏所黷二三之命為百姓所厭則吏竭其誠下悅上命矣設官分職委事責成君子心競而不力爭量能受任思不出位則官無異業政典不奸矣凡此皆愚心謂省事之本也苟此無愆雖不省吏天下必謂之省矣若欲省官私謂九寺可并於尚書蘭臺宜省付三府然施行歷代世之所習是以久抱愚懷而不敢言至於省事實以為善若直作大例皆減其半恐文武眾官郡國職業及事之興廢不得皆同凡發號施令典而當則安儻有駁者或致壅否凡職所臨履先精其得失使忠信之官明察之長各裁其中先條上言之然後混齊大體詳宜所省則令下必行不可搖動如其不爾恐適惑人聽比前行所省皆須更輒復或激而滋繁亦不可不重勗論議損益多此類太康中詔曰勗明哲聰達經識天序有佐命之功兼博洽之才久典內任著勳弘茂詢事考言謀猷允誠宜登大位毗贊朝政今以勗為光祿大夫儀同三司開府辟召守中書監侍中侯如故時太尉賈充司徒李胤並薨太子太傅又缺勗表陳三公保傅宜得其人若使楊珧參輔東宮必當仰稱聖意尚書令衞瓘吏部尚書山濤皆可為司徒若以瓘新為令未出者濤即其人帝並從之明年秋諸州郡大水兗土尤甚勗陳宜立都水使者其後門下啓通事令史伊羨趙咸為舍人對掌文法詔以問勗勗曰今天下幸賴陛下聖德六合為一望道化隆洽垂之將來而門下上稱程咸張惲下稱此等欲以文法為政皆愚臣所未達昔張釋之諫漢文謂獸圈嗇夫不宜見用邴吉住車明調和陰陽之本此二人豈不知小吏之惠誠重惜大化也昔魏武帝使中軍司荀攸典刑獄明帝時猶以

付內常侍以臣所聞明帝時唯有通事劉泰等官不過與殿中同號耳又頃言論者皆云省官減事而求益吏者相尋矣多云尚書郎大令史不親文書乃委付書令史及幹誠吏多則相倚也增置文法之職適恐更耗擾臺閣臣竊謂不可時帝素知太子闇弱恐後亂國遣勗及和嶠往觀之勗還盛稱太子之德而嶠云太子如初於是天下貴嶠而賤勗帝將廢賈妃勗與馮紞等諫請故得不廢時議以勗傾國害時孫資劉放之匹然性慎密每有詔令大事雖已宣布然終不言不欲使人知己豫聞也族弟良曾勸勗曰公大失物情有所進益者自可語之則懷恩多矣其壻武統亦說勗宜有所營置令有歸戴者勗並默然不應退而語諸子曰人臣不密則失身樹私則背公是大戒也汝等亦當宦達人間宜識吾此意久之以勗守尚書令勗久在中書專管機事及失之甚罔々悵々或有賀之者勗曰奪我鳳皇池諸君賀我邪及在尚書課試令史以下覈其才能有闇於文法不能決疑處事者即時遣出帝嘗謂曰魏武帝言荀文若之進善不進不止荀公達之退惡不退不休二令

君之美亦望於君也居職月餘以母憂上還印綬帝不許遣常侍周恢喻旨勗乃奉詔視職勗久管機密有才思探得人主微旨不犯顏迕爭故得始終全其寵祿太康十年卒詔贈司徒賜東園秘器朝服一具錢五十万布百匹遣兼御史持節護喪謚曰成勗有十子其達者輯藩組輯嗣官至衞尉卒謚曰簡子畯嗣卒謚曰烈无適子以弟息識為嗣輯子綽字彥舒博學有才能撰晉後書十五篇傳於世永嘉末為司空從事中郎沒於石勒勒為勒參軍

藩字大堅元康中為黃門侍郎受詔成父所治鍾磬以從駕討齊王冏勳封西華縣公累遷尚書令永嘉末轉司空未拜而洛陽陷沒藩出奔密王浚承制奉藩為留臺太尉及愍帝為太子委藩督攝遠近建興元年薨於開封年六十九因葬焉亡所謚曰成追贈太保藩二子邃闓

邃字道玄解音樂善談論弱冠辟趙王倫相國掾遷太子洗馬長沙王乂以為參軍乂敗成都王為皇太弟精選僚屬以邃為中舍人鄴城不守隨藩在密元帝召為丞相從事中郎以道險不就愍帝就加左將軍陳留相父憂去職服闋襲封愍帝欲納邃女先徵為散騎常侍邃懼西都危逼故不應命而東渡江元帝以為軍諮祭酒太興初拜侍中邃與刁協婚親時協執權欲以邃為吏部尚書邃深距之尋而王敦討協協黨與並及於難唯邃以疎協獲免敦表為廷尉以疾不拜遷太常轉尚書蘇峻作亂邃與王導荀崧並侍天子於石頭峻平後卒贈金紫光祿大夫謚曰靖子汪嗣

闓字道明亦有名稱京都為之語曰洛中英々荀道明大司馬齊王冏辟為掾冏敗暴尸已二日莫敢收葬闓與冏故吏李述嵇含等露板請葬朝議聽之論者稱焉為太傅主簿中書郎與邃俱渡江拜丞相軍諮祭酒中興建遷右軍將軍轉少府明帝嘗從容問王廙曰二荀兄弟孰賢廙荅以闓才明過邃帝以語庾亮亮曰邃真粹之地亦闓所不及由是議者莫能定其兄弟優劣歷御史中丞侍中尚書封射陽公太寧二年卒追贈衞尉謚曰定子達嗣

組字大章弱冠太尉王衍見而稱之曰夷雅有才識初為司徒左西屬

補太子舍人司徒王渾請為從事中郎轉左長史歷太子中庶子滎陽太守趙王倫為相國欲收大名選海內德望之士以江夏李重及組為左右長史東平王楙沛國劉謨為左右司馬倫篡以組為侍中及長沙王乂敗惠帝遣組及散騎常侍閭丘沖詣成都王穎慰勞其軍帝西幸長安以組為河南尹遷尚書轉衞尉賜爵成陽縣男加散騎常侍中書監轉司隸校尉加特進光祿大夫常侍如故于時天下已亂組兄弟貴盛懼不容於世雖居大官並諷議而已永嘉末復以組為侍中領太子太保未拜會劉曜王彌逼洛陽組與藩俱出奔懷帝蒙塵司空王浚以組為司隸校尉組與藩移檄天下以琅邪王為盟主愍帝稱皇太子組即太子之舅又領司隸校尉行豫州刺史事與藩共保滎陽之開封建興初詔藩行留臺事俄而藩薨帝更以組為司空領尚書左僕射又兼司隸復行留臺事州征郡守皆承制行焉進封臨潁縣公加太夫人世子印綬明年進位太尉領豫州牧假節元帝承制以組都督司州諸軍加散騎常侍餘如故頃之又除尚書令表讓不拜及西都不守組乃遣

使移檄天下共勸進帝欲以組為司徒以問太常賀循〻曰組舊望清重忠勤顯著遷訓五品實允眾望於是拜組為司徒組逼於石勒不能自立太興初自許昌率其屬數百人渡江給千兵百騎組先所領仍皆統攝頃之詔組與太保西陽王羕並錄尚書事各加班劍六十人永昌初遷太尉領太子太保未拜薨年六十五謚曰元子弈嗣

弈字玄欣少拜太子舍人駙馬都尉侍講東宮出為鎮東參軍行揚武將軍新汲令愍帝為皇太子召為中舍人尋拜散騎侍郎皆不就隨父渡江元帝踐位拜中庶子遷給事黃門郎父憂去職服闋補散騎常侍侍中時將繕宮城尚書符下陳留王使出城夫弈駁曰昔虞賓在位書稱其美詩詠有客載在雅頌今陳留王位在三公之上坐在太子之右故荅表曰書賜物曰與此古今之所崇體國之高義也謂宜除夫役時尚書張闓僕射孔愉難弈以為昔宋不城周陽秋所譏特蠲非體宜應減夫弈重駁以為陽秋之末文武之道將墜于地新有子朝之亂于時諸侯逋替莫肯率職宋之於周實有列國之權且同已勤王而主之者

晉客而辭役責之可也今之陳留無列國之勢此之作否何益有無臣以為宜除於國職為全詔從之時又通議元會日帝應敬司徒王導不博士郭熙杜援等以為禮無拜臣之文謂宜除敬中馮懷議曰天子脩禮莫盛於辟雍當爾之日猶拜三老況今先帝師傅謂宜盡敬事下門下弈議曰三朝之首宜明君臣之體則不應敬若他日小會自可盡禮又至尊與公書手詔則曰頓首言中書為詔則云敬問散騎優冊則曰制命今詔文尚異況大會之與小會理豈得同詔從之咸和七年卒追贈太僕謚曰定

馮紞字少胄安平人也祖浮魏司隸校尉父員汲郡太守紞少博涉經史識悟機辯歷仕為魏郡太守轉步兵校尉從越騎得幸於武帝稍遷左衛將軍承顏悅色寵愛日隆賈充荀勖並與之親善充女之為皇太子妃也紞有力焉及妃之將廢紞勖乾沒救請故得不廢伐吳之役紞領汝南太守以郡兵隨王濬入秣陵遷御史中丞轉侍中帝病篤得愈紞與勖見朝野之望屬在齊王攸攸素薄勖勖以太子愚劣恐攸得立

有害於己乃使紞言於帝曰陛下前者疾若不差太子其廢矣齊王為百姓所歸公卿所仰雖欲高讓其得免乎宜遣還藩以安社稷帝納之及攸薨朝野悲恨初帝友于之情甚篤既納紞勖邪說遂為身後之慮以固儲位既聞攸殞哀慟特深紞侍立因言曰齊王名過於實今得自終此乃大晉之福陛下何乃過哀帝收淚而止初謀伐吳紞與賈充荀勖同共苦諫不可吳平紞內懷慙懼疾張華如讎及華外鎮威德大著朝論當徵為尚書令紞從容侍帝論晉魏故事因諷帝言華不可授以重任帝默然而止事具華傳太康七年紞疾詔以紞為散騎常侍賜錢二十萬牀帳一具尋卒二子播熊播大長秋熊字文羆中書郎紞兄恢自有傳

史臣曰夫立身之道曰仁與義動靜既形悔吝斯及有莘之媵殊北門之情渭濱之叟匪西山之節湯武有以濟其功夷齊不能識其志王沉才經文武早尸人爵在魏參席上之珍居晉為幄中之士桐宮之謀遠泄武闈之禍遂臻是知田光之口豈燕丹之可絕豫讓之形非智氏之能變動靜之際有據蕪焉仁義之方求之彌遠矣彭祖謂由捧雉令本資絲因家乏主遂登顯秩擁北州之士馬偶東京之糜沸自可感召諸侯宣力王室而乘間伺隙潛圖不軌放肆獯虜遂播乘輿遂使漳滏蕭然黎元塗地縱貪夫於藏戶戮高士於燕垂阻越石之內難邀世龍之外府惡稔毒痛坐致焚燎假手仇敵方申凶獷慶封之戮僞何補哉公曾慈明之孫景倩文若之子踐隆堂而高視齊逸軌而長騖孝敬足以承親周慎足以事主刊姬公之舊典採蕭相之遺法然而援朱均以貳極煽褒閻而偶震雖發興有在隆替靡常晉之人事乃二荀之力也至於斗粟興謠踰里成詠勖之階禍又已甚焉馮紞外騁威施內窮狙詐斃攸安賈交勖讎張心諂楚書過踰晉伍委絲獻書空取慰於仁心紞之陳說幸收哀於迷慮投畀之罰無聞青蠅之詩不作矣

贊曰處道文林胡貳爾心彭祖凶孽自貽伊戚臨淮翼翼孝形乎色安陽英英匪懈其職頎齊附魯貝為蟊賊紞之不臧交亂罔極

列傳第九　　晉書三十九

列傳第十　　晉書四十　　御撰

賈充（孫謐 郭彰）　充弟混　族子模　楊駿（弟珧 濟）

賈充字公閭平陽襄陵人也父逵魏豫州刺史陽里亭侯逵晚始生充言後當有充閭之慶故以為名字焉充少孤居喪以孝聞襲父爵為侯拜尚書郎典定科令兼度支考課辯章節度事皆施用累遷黃門侍郎汲郡典農中郎將參大將軍軍事從景帝討毌丘儉文欽於樂嘉帝疾篤還許昌留充監諸軍事以勞增邑三百五十戶後為文帝大將軍司馬轉右長史帝新執朝權恐方鎮有異議使充詣諸葛誕圖欲伐吳陰察其變充既論說時事因謂誕曰天下皆願禪代君以為如何誕厲聲曰卿非賈豫州子乎世受魏恩豈可欲以社稷輸人乎若洛中有難吾當死之充默然及還白帝曰誕再在揚州威名夙著能得人死力觀其規略為反必也今徵之反速而事小不徵事遲而禍大帝乃徵誕為司空而誕果叛復從征誕充進計曰楚兵輕而銳若深溝高壘以逼賊城可不戰而尅也帝從之城陷帝登壘以勞充帝先歸洛陽使充統後事

進爵宣陽鄉侯增邑千戶遷廷尉充雅長法理有平反之稱轉中護軍魏高貴鄉公之攻相府也充率衆距戰於南闕軍將敗騎督成倅弟太子舍人濟謂充曰今日之事何如充曰公等養汝正擬今日復何疑濟於是抽戈犯蹕及常道鄉公即位進封安陽鄉侯增邑千二百戶統城外諸軍加散騎常侍鍾會謀反於蜀帝假充節以本官都督關中隴右諸軍事西據漢中未至而會死時軍國多事朝廷機密皆與籌之帝甚信重充與裴秀王沈羊祜荀勖同受腹心之任帝又命充定法律假金章賜甲第一區五等初建封臨沂侯為晉元勳深見寵異祿賜常優於群官充有刀筆才能觀察上旨初文帝以景帝恢贊王業方傳位舞陽侯攸充稱武帝寬仁且又居長有人君之德宜奉社稷及文帝寢疾武帝請問後事文帝曰知汝者賈公閭也帝襲王位拜充晉國衞將軍儀同三司給事中改封臨潁侯及受禪充以建明大命轉車騎將軍散騎常侍尚書僕射更封魯郡公母柳氏為魯國太夫人充所定新律既班于天下百姓便之詔曰漢氏以來法令嚴峻故自元成之世及建安嘉平之間咸欲辯章舊典刪革刑書述作體大歷年無成先帝愍元元之命陷於密網親發德音釐正名實車騎將軍賈充獎明聖意諮詢善道太傅鄭沖又與司空荀顗中書監荀勖中軍將軍羊祜中護軍王業及廷尉杜友守河南尹杜預散騎侍郎裴楷潁川太守周雄齊相郭頎騎都尉成公綏荀煇尚書郎柳軌等典正其事朕每鑒其用心常慨然嘉之今法律既成始班天下刑寬禁簡足以克當先旨昔蕭何以定律受封叔孫通以制儀為奉常賜金五百斤弟子皆為郎夫立功立事古之所重自太傅車騎以下皆加祿賞其詳依故典於是賜充子弟一人關內侯絹五伯匹固讓不許後代裴秀為尚書令常侍車騎將軍如故尋改常侍為侍中賜絹七百匹以母憂去職詔遣黃門侍郎慰問又以東南有事遣典軍將軍楊囂宣諭使六旬還內充為正務農節用并官省職帝善之又以文武異容求罷所領兵及羊祜等出鎮充復上表欲立勳邊境帝並不許從容任職褒貶在己頗好進士每有薦達必終始經緯之是以士多歸焉帝舅王恂嘗毀充而充更進恂或有背充以要權

貴者充皆陽以素意待之而充無公方之操不能正身率下專以諂媚取容侍中任愷中書令庾純等剛直守正咸共疾之又以充女為齊王妃懼後益盛及氐羌反叛時帝深以為慮愷因進說請充鎮關中乃下詔曰秦涼二境比年屢敗胡虜縱暴百姓荼毒遂使異類扇動害及中州雖復吳蜀之寇未嘗至此誠由所任不足以內撫夷夏外鎮醜逆輕用其衆而不能盡其力非得腹心之重推轂委成大臣其敝恐為患未已每慮斯難忘寢與食侍中守尚書令車騎將軍賈充雅量弘高達見明遠武有折衝之威文懷經國之慮信結人心名震域外使權統方任綏靜西夏則吾無西顧之念而遠近獲安矣其以充為使持節都督秦涼二州諸軍事侍中車騎將軍如故假羽葆鼓吹給第一駙馬朝之賢良欲進忠規獻替者皆幸充此舉望隆惟新之化充既外出自以為失職深銜任愷計無所從將之鎮百寮餞于夕陽亭荀勖私焉充以憂告勖曰公國之宰輔而為一夫所制不亦鄙乎然是行也辭之實難獨有結婚太子不頓駕而自留矣充曰然孰可寄懷對曰勖請言之俄而侍

宴論太子婚姻事勗因言充女才質令淑宜配儲宮而揚皇后及荀顗亦並稱之帝納其言會京師大雪平地二尺軍不得發旣而皇儲當婚遂不西行詔充居本職先是羊祜密啓留充及是帝以語充充謝祜曰始知君長者時吳將孫秀降拜爲驃騎大將軍帝以充舊臣欲改班使車騎居驃騎之右充固讓見聽尋遷司空侍中尚書令領兵如故會帝寢疾充及齊王攸荀勗參醫藥及疾愈賜絹各五百匹初帝疾篤朝廷屬意於攸河南尹夏侯和謂充曰卿二女壻親踈等耳立人當立德充不答及是帝聞之徙和光祿勳乃奪充兵權而位遇無替尋轉太尉行太子太保錄尚書事咸寧三年日蝕於三朝充請遜位不許更以沛國之公丘益其封寵倖愈甚朝臣咸側目焉河南尹王恂上言弘訓太后入廟合食於景皇帝齊王攸不得行其子禮充議以爲禮諸侯不得祖天子公子不得禰先君皆謂奉統承祀非謂不得復其父祖也攸身宜服三年喪事自如臣制有司奏若如充議服子服行臣制未有前比宜如恂表攸喪服從諸侯之例帝從充議伐吳之役詔充爲使持節假黃鉞大都督總統六師給羽葆鼓吹緹幢兵萬人騎二千置左右長史司馬從事中郎增參軍騎司馬各十人帳下司馬二十人大車官騎各三十人充慮大功不捷表陳西有昆夷之患北有幽并之戍天下勞擾年穀不登興軍致討懼非其時又臣老邁非所克堪詔曰君不行吾便自出充不得已乃受節鉞將中軍爲諸軍節度以冠軍將軍楊濟爲副南屯襄陽吳江陵諸守皆降充乃徙屯項王濬之剋武昌也充遣使表曰吳未可悉定方夏江淮下濕疾疫必起宜召諸軍以爲後圖雖要斬張華不足以謝天下華豫平吳之策故充以爲言中書監荀勗奏宜如充表帝不從杜預聞充有奏馳表固爭言平在旦夕使及至轘轅而孫皓已降吳平軍罷帝遣侍中程咸犒勞賜充帛八千匹增邑八千戶分封從孫暢新城亭侯蓋安陽亭侯弟陽里亭侯混從孫關內侯衆增戶邑充本無南伐之謀固諫不見用及師出而吳平大慚懼議欲請罪帝聞充當詣闕豫幸東堂以待之罷節鉞僚佐仍假鼓吹麾幢充與羣臣上告成之禮請有司具其事帝謙讓不許及疾篤上印綬遜位帝遣侍臣

諭旨問疾殿中太醫致湯藥賜牀帳錢帛自皇太子宗室躬省起居太康三年四月薨時年六十六帝爲之慟使使持節太常奉策追贈太宰加袞冕之服綠綟綬御劒賜東園秘器朝服一具衣一襲大鴻臚護喪事假節鉞前後部羽葆鼓吹緹麾大路鑾路轀輬車帳下司馬大車椎斧文衣武賁輕車介士葬禮依霍光及安平獻王故事給塋田一頃與石苞等爲王功配饗廟庭謚曰武追贈充子黎民爲魯殤公充婦廣城君郭槐性妬忌初黎民年三歲乳母抱之當閤黎民見充入喜笑充就而拊之槐望見謂充私乳母卽鞭殺之黎民戀念發病而死後又有生男過朞復爲乳母所抱充以手摩其頭郭疑乳母又殺之兒亦思慕而死充遂無胤嗣及薨槐輒以外孫韓謐爲黎民子奉充後郎中令韓咸中尉曹軫諫槐曰禮大宗無後以小宗支子後之無異姓爲後之文無令先公懷腆后土良史書過豈不痛心槐不從咸等上書求改立嗣事寢不報槐遂表陳是充遺意帝乃詔曰太宰魯公充崇德立勳勤勞佐命背世殂隕每用悼心又胤子早終世嗣未立古者列國無嗣取始封支庶以紹其統而近代更除其國至於周之公旦漢之蕭何或豫建元子或封爵元妃蓋尊顯勳庸不同常制太宰素取外孫韓謐爲世子黎民後吾退而斷之外孫骨肉至近推恩計情合於人心其以謐爲魯公世孫以嗣其國自非功如太宰始封無後如太宰所取必以己自出不如太宰皆不得以爲比及下禮官議充謚博士秦秀議謚曰荒帝不納博士段暢希旨建議謚曰武帝乃從之自充薨至葬賻賜二千萬惠帝卽位賈后擅權加充廟備六佾之樂母郭爲宜城君及郭氏亡謚曰宣特加殊禮時人譏之而莫敢言者初充前妻李氏淑美有才行生二女褒裕褒一名荃裕一名濬父豐誅李氏坐流徙後娶城陽太守郭配女卽廣城君也武帝踐阼李以大赦得還帝特詔充置左右夫人充母亦勑充迎李氏郭槐怒攘袂數充曰刊定律令爲佐命之功我有其分李那得與我並充乃荅詔託以謙沖不敢當兩夫人盛禮實畏槐也而荃爲齊王攸妃欲令充遣郭而還其母時沛國劉含母及帝舅羽林監王虔前妻皆毋丘儉孫女此例旣多質之禮官俱不能決雖不遣後妻

多異居私通充自以宰相為海內準則乃為李築室於永年里而不往來荃濬每號泣請充充竟不往會充當鎮關右公卿供帳祖道荃濬懼充遂去乃排幔出於坐中叩頭流血白充及羣寮陳母應還之意衆以荃王妃皆驚起而散充甚愧愕遣黃門將宮人扶去既而郭槐女為皇太子妃帝乃下詔斷如李比皆不得還後荃憤恚而薨初槐欲省李氏充曰彼有才氣卿往不如不往及女為妃槐乃盛威儀而去既入戶李氏出迎槐不覺腳屈因遂再拜自是充每出行槐輒使人尋之恐其過李也初充母柳見古今重節義竟不知充與成濟事以濟不忠數追罵之侍者聞之無不竊笑及將亡充問所欲言柳曰我教汝迎李新婦尚不肯安問他事遂無言及充薨後李郭二女乃欲令其母祔葬賈后弗之許也及后廢李氏乃得合葬李氏作女訓行於世

謐字長深母賈午充少女也父韓壽字德真南陽堵陽人魏司徒暨曾孫美姿貌善容止賈充辟為司空掾充每讌賓寮其女輒於青璅中窺之見壽而悅焉問其左右識此人不有一婢說壽姓字云是故主人

女大感想發於寤寐婢後往壽家具說女意并言其女光麗豔逸端美絕倫壽聞而心動便令為通殷勤婢以白女女遂潛脩音好厚相贈結呼壽夕入壽勁捷過人踰垣而至家中莫知惟充覺其女悅暢異於常日時西域有貢奇香一著人則經月不歇帝甚貴之惟以賜充及大司馬陳騫其女密盜以遺壽充寮屬與壽讌處聞其芬馥稱之於充自是充意知女與壽通而其門閤嚴峻不知所由得入乃夜中陽驚託言有盜因使循牆以觀其變左右白曰無餘異惟東北角如狐狸行處充乃考問女之左右具以狀對充祕之遂以女妻壽壽官至散騎常侍河南尹元康初卒贈驃騎將軍謐好學有才思既為充嗣繼佐命之後又賈后專恣謐權過人主至乃鏁繫黃門侍郎其為威福如此負其驕寵奢侈踰度室宇崇僭器服珍麗歌僮舞女選極一時開閤延賓海內輻湊貴遊豪戚及浮競之徒莫不盡禮事之或著文章稱美謐以方賈誼渤海石崇歐陽建滎陽潘岳吳國陸機陸雲蘭陵繆徵京兆杜斌摯虞琅邪諸葛詮弘農王粹襄城杜育南陽鄒捷齊國左思清河崔基沛國劉瓌汝南和郁周恢安平索秀潁川陳昣太原郭彰高陽許猛彭城劉訥中山劉輿劉琨皆傅會於謐號曰二十四友其餘不得預焉歷位散騎常侍後軍將軍廣城君薨去職喪未終起為秘書監掌國史先是朝廷議立晉書限斷中書監荀勗謂宜以魏正始起年著作郎王瓚欲引嘉平已下朝臣盡入晉史于時依違未有所決惠帝立更使議之謐上議請從泰始為斷於是事下三府司徒王戎司空張華領軍將軍王衍侍中樂廣黃門侍郎嵇紹國子博士謝衡皆從謐議騎都尉濟北侯荀畯侍中荀藩黃門侍郎華混以為宜用正始開元博士荀熙刁協謂宜嘉平起年謐重執奏戎華之議事遂施行尋轉侍中領祕書監如故謐時從帝華宣武觀校獵諷尚書於會中召謐受拜誡左右勿使人知於是衆疑其有異志矣謐既親貴數入二宮共愍懷太子遊處無屈降心常與太子弈碁爭道成都王穎在坐正色曰皇太子國之儲君賈謐何得无禮謐懼言之於后遂出穎為平北將軍鎮鄴及為常侍侍講東宮太子意有不悅謐患之而其家數有妖異飄風吹其朝服飛上數百丈墜于

中丞臺又蚍出其被中夜暴雷震其室柱陷入地壓毀牀帳謐益恐及遷侍中專掌禁內遂與后成謀誣陷太子及趙王倫廢后以詔召謐於殿前將戮之走入西鍾下呼曰阿后救我乃就斬之韓壽少弟蔚有器望及壽兄鞏令保弟散騎侍郎預吳王友鑒謐母賈午皆伏誅初充伐吳時嘗屯項城軍中忽失充帳下都督周勤時晝寢夢見百餘人錄充引入一逕勤驚覺聞失充乃出尋索忽覩所夢之道遂往求之果見充行至一府舍侍衞甚盛府公南面坐聲色甚厲謂充曰將亂吾家事必爾與荀勗既惑吾子又亂吾孫間使任愷黜爾而不去又使庾純詈汝而不改今吳寇當平汝方表斬張華汝之闇戇皆此類也若不悛慎當旦夕加罪充因叩頭流血公曰汝所以延日月而名器如此者是衞府之勳耳終當使係嗣死於鍾虡之間大子斃於金酒之中小子困於枯木之下荀勗亦宜同然其先德小濃故在汝後數世之外國嗣亦替言畢命去充忽然得還營顏色憔悴性理昏喪經日乃復及是謐死於鍾下賈后服金酒而死賈午考竟用大杖終皆如所言趙王倫之敗朝廷追

述充勳議立其後欲以充從孫散騎侍郎衆爲嗣衆陽狂自免以子禿後充封魯公又病死永興中立充從曾孫湛爲魯公奉充後遭亂死國除泰始中人爲充等謠曰賈裴王亂紀綱王裴賈濟天下言亡魏而成晉也

充弟混字宮奇篤厚自守無殊才能太康中爲宗正卿歷鎮軍將軍領城門校尉加侍中封永平侯卒贈中軍大將軍儀同三司充從子彝遵並有鑒裁俱爲黃門郎遵弟模最知名

模字思範少有志尚頗覽載籍而沈深有智算確然難奪深爲充所信愛每事籌之焉充年衰疾劇恒憂己謚傳模曰是非久自見不可掩也起家爲邵陵令遂歷仕二宮尚書吏部郎以公事免起爲車騎司馬豫誅楊駿封平陽鄉侯邑千戶及楚王瑋矯詔害汝南王亮太保衛瓘詔使模將中騶三百人救之是時賈后既豫朝政欲委信親黨拜模散騎常侍二日擢爲侍中模乃盡心匡弼推張華裴頠同心輔政數年之中朝野寧靜模之力也乃加授光祿大夫然模潛執權勢外形欲遠之每有啓奏賈后事入輒取急或託疾以避之至於素有嫌忿多所中陷朝廷甚憚之加貪冒聚斂富擬王公但賈后性甚彊暴模每盡言爲陳禍福后不能從反謂模毀己於是委任之情日衰而讒間之徒遂進模不得志憂憤成疾卒追贈車騎將軍開府儀同三司謚曰成子遊字彥將嗣歷官太子侍講員外散騎侍郎

郭彰字叔武太原人賈后從舅也與賈充素相親遇充妻待彰若同生歷散騎常侍尚書衛將軍封冠軍縣侯及賈后專朝彰豫參權勢物情歸附賓客盈門世人稱爲賈郭謂謐及彰也卒謚曰烈

楊駿字文長弘農華陰人也少以王官爲高陸令驍騎鎮軍二府司馬後以后父超居重位自鎮軍將軍遷車騎將軍封臨晉侯識者議之曰夫封建諸侯所以藩屏王室也后妃所以供粢盛弘內教也后父始封而以臨晉爲侯兆於亂矣尚書褚䂮郭奕並表駿小器不可以任社稷之重武帝不從帝自太康以後天下無事不復留心萬機惟耽酒色始寵后黨請謁公行而駿及珧濟勢傾天下時人有三楊之號及帝疾篤未有顧命佐命功臣皆已沒矣朝臣惶惑計無所從而駿盡斥羣公親侍左右因輒改易公卿樹其心腹會帝小間見所用者非乃正色謂駿曰何得便爾乃詔中書以汝南王亮與駿夾輔王室駿恐失權寵從中書借詔觀之得便匿藏中書監華廙恐懼自往索之終不肯與信宿之間上疾遂篤后乃奏帝以駿輔政帝頷之便召中書監華廙令何劭口宣帝旨使作遺詔曰昔伊望作佐勳垂不朽周霍拜命名冠往代侍中車騎將軍行太子太保領前將軍楊駿經德履喆鑒識明遠毗翼二宮忠肅茂著宜正位上台擬跡阿衡其以駿爲太尉太子太傅假節都督中外諸軍事侍中錄尚書領前將軍如故置參軍六人步兵三千人騎千人移止前衛將軍珧故府若止宿殿中宜有翼衛其差左右衛三部司馬各二十人殿中都尉司馬十人給駿令得持兵仗出入詔成后對廙劭以呈帝帝親視而無言自是二日而崩駿遂當寄託之重居太極殿梓宮將殯六宮出辭而駿不下殿以武賁百人自衛不恭之迹自此而始惠帝即位進駿爲太傅大都督假黃鉞錄朝政百官總己慮左右間己乃以其甥段廣張劭爲近侍之職凡有詔命帝省訖入呈太后然後乃出駿知賈后情性難制甚畏憚之又多樹親黨皆領禁兵於是公室怨望天下憤然矣駿弟珧濟並有俊才數相諫止駿不能用因廢於家駿闇於古義動違舊典武帝崩未踰年而改元議者咸以爲違春秋踰年書即位之義朝廷惜於前失令史官沒之故明年正月復改年焉駿自知素無美望懼不能輯和遠近乃依魏明帝即位故事遂大開封賞欲以悅衆爲政嚴碎愎諫自用不允衆心馮翊太守孫楚素與駿厚說之曰公以外戚居伊霍之重握天權輔弱主當仰思古人至公至誠謙順之道於周則周召爲宰在漢則朱虛東牟未有庶姓專朝而克終慶祚者也今宗室親重藩王方壯而公不與共參萬機內懷猜忌外樹私昵禍至無日矣駿不能從弘訓少府蒯欽駿之姑子少而相昵直亮不回屢以正言犯駿珧濟爲之寒心欽曰楊文長雖闇猶知人之無罪不可妄殺必當疏我我得疏外可以不與俱死不然傾宗覆族其能久乎殿中中郎孟觀李肇素不爲駿所禮陰構駿將圖社稷賈后欲預政事而

憚駿未得逞其所欲又不肯以婦道事皇太后黃門董猛始自帝之為太子即為寺人監在東宮給事於賈后密通消息於猛謀廢太后猛乃與殿肇觀潛相結託賈后又令肇報大司馬汝南王亮使連兵討駿亮曰駿之凶暴死亡無日不足憂也肇報楚王瑋瑋然之於是求入朝駿素憚瑋先欲召入防其為變因遂聽之及瑋至觀肇乃啓帝夜作詔中外戒嚴遣使奉詔廢駿以侯就第東安公繇率殿中四百人隨其後以討駿段廣跪而言於帝曰楊駿受恩先帝竭心輔政且孤公無子豈有反理願陛下審之帝不荅時駿居曹爽故府在武庫南聞內有變召衆官議之太傅主簿朱振說駿曰今內有變其趣可知必是閹豎為賈后謀不利於公宜燒雲龍門以示威索造事者首開萬春門引東宮及外營兵公自擁翼皇太子入宮取姦人殿內振懼必斬送之可以免難駿素怯懦不決乃曰魏明帝造此大功奈何燒之侍中傅祗夜白駿請與武茂俱入雲龍門觀察事勢祗因謂羣寮宮中不宜空便起揖於是皆走尋而殿中兵出燒駿府又令弩士於閣上臨駿府而射之駿兵皆不得

出駿逃于馬廄以戟殺之觀等受賈后密旨誅駿親黨皆夷三族死者數千人又令李肇焚駿家私書賈后不欲令武帝顧命手詔聞于四海也駿既誅莫敢收者惟太傅舍人巴西閻纂殯斂之初駿徵高士孫登遺以布被登截被於門大呼曰斫斫刺刺旬日託疾詐死及是其言果驗永熙中溫縣有人如狂造書曰光光文長大戟為牆毒藥雖行戟還自傷及駿居內府以戟為衞焉永寧初詔曰舅氏失道宗族隕墜渭陽之恩孔懷感傷其以蓩亭侯楊超為奉朝請騎都尉以慰蓼莪之思焉

○珧字文琚歷位尚書令衞將軍素有名稱得幸於武帝時望在駿前以兄貴盛知權寵不可居自乞遜位前後懇至終不獲許初聘后珧表曰歷觀古今一族二后未嘗以全而受覆宗之禍乞以表事藏之宗廟若如臣之言得以免禍從之右軍督趙休上書陳王莽五公兄弟相代今楊氏三公並在大位而天變屢見臣竊為陛下憂之由此珧益懼固求遜位聽之賜錢百萬絹五千匹珧初以退讓稱晚乃合朋黨構出齊王攸中護軍羊琇與北軍中候成粲謀欲因見珧而手刃之珧知而辭疾不出諷有司奏琇轉為太僕自是舉朝莫敢枝梧而素論盡矣珧臨刑稱冤云事在石函可問張華當時皆謂宜為申理合依鍾毓事例而賈氏族黨待諸楊如讎促行刑者遂斬之時人莫不嗟歎焉

濟字文通歷位鎮南征北將軍遷太子太傅濟有才藝嘗從武帝校獵北芒下與侍中王濟俱著布袴褶騎馬執角弓在輦前猛獸突出帝命王濟射之應弦而倒須臾復一出濟受詔又射殺之六軍大叫稱快帝重兵官多授貴戚清望濟以武藝號為稱職與兄珧深慮盛滿乃與諸甥李斌等共切諫駿斥出王佑為河東太守建立皇儲皆濟謀也初駿忌大司馬汝南王亮催使之藩濟與斌數諫止之駿遂疏濟濟謂傅咸曰若家兄徵大司馬入退身避之門戶乃得免耳不爾行當赤族咸曰但徵還共崇至公便立太平無為避也夫人臣不可有專豈獨外戚今宗室踈因外戚之親以得安外戚危倚宗室之重以為援所謂脣齒相依計之善者濟益懼而問石崇曰人心云何崇曰賢兄執政踈外宗室宜與四海共之濟曰見兄可及此崇見駿及焉駿不納後與諸兄俱見

害難發之夕東宮召濟濟謂裴楷曰吾將何之楷曰子為保傅當至東宮濟好施久典兵馬所從四百餘人皆秦中壯士射則命中皆欲救濟濟已入宮莫不歎恨

史臣曰賈充以諂諛陋質刀筆常材幸屬昌辰濫叨非據抽戈犯順曾無猜憚之心杖鉞推亡遽有知難之請非惟魏朝之悖逆抑亦晉室之罪人者歟然猶身極寵光任兼文武存荷台衡之寄沒有從享之榮可謂無德而祿殃將及矣逮乎貽厥乃乞丐之徒嗣惡稔之餘基縱姦邪之凶德煽茲哲婦索彼惟家雖及誅夷曷云塞責昔當塗闕翦公閭實肆其勞典午分崩南風亦盡其力可謂君以此始必以此終信乎其然矣楊駿階緣寵幸遂荷棟梁之任敬之猶恐弗逮驕奢淫泆庸可免乎括母以明智全身會昆以先言獲宥文琚識同曩烈而罰異昔人悲夫

贊曰公閭便佞心乖雅正邀遇時來遂階榮命乞丐承緒凶家亂政瑣瑣文長遂居棟梁據其非位乃底滅亡珧雖先覺亦罹禍殃

列傳第十　　晉書四十

魏舒　李憙　劉寔　弟智　高光

魏舒字陽元任城樊人也少孤爲外家甯氏所養甯氏起宅相宅者云當出貴甥外祖母以盛氏甥小而慧意謂應之舒曰當爲外氏成此宅相久乃別居身長八尺二寸姿望秀偉飲酒石餘而遲鈍質朴不爲鄉親所重從叔父吏部郎衡有名當世亦不之知使守水碓每歎曰舒堪數百戶長我願畢矣舒亦不以介意不脩常人之節不爲皎厲之事每欲容才長物終不顯人之短性好騎射著韋衣入山澤以漁獵爲事唯太原王乂謂舒曰卿終當爲台輔然今未能令妻子免飢寒吾當助卿營之常振其匱乏舒受而不辭舒嘗詣野王主人妻夜產俄而聞車馬之聲相問曰男也女也曰男書之十五以兵死復問寢者爲誰曰魏公舒後十五載詣主人問所生兒何在曰因條桑爲斧傷而死舒自知當爲公矣年四十餘郡上計掾察孝廉宗黨以舒無學業勸令不就可以爲高耳舒曰若試而不中其負在我安可虛竊不就之高以爲己榮乎

於是自課百日習一經因而對策升第除澠池長遷浚儀令入爲尚書郎時欲沙汰郎官非其才者罷之舒曰吾即其人也襆被而出同寮素無清論者咸有愧色談者稱之累遷後將軍鍾毓長史毓每與參佐射舒常爲畫籌而已後遇朋人不足以舒滿數毓初不知其善射舒容範閑雅發無不中舉坐愕然莫有敵者毓歎而謝曰吾之不足以盡卿才有如此射矣豈一事哉轉相國參軍封劇陽子府朝碎務未嘗見是非至於廢興大事眾人莫能斷者舒徐爲籌之多出眾議之表文帝深器重之每朝會坐罷目送之曰魏舒堂堂人之領袖也遷宜陽滎陽二郡太守甚有聲稱徵拜散騎常侍出爲冀州刺史在州三年以簡惠稱入爲侍中武帝以舒清素特賜絹百匹遷尚書以公事當免官詔以贖論舒三娶妻皆亡是歲自表乞假還本郡葬妻詔賜葬地一頃錢五十萬太康初拜右僕射舒與衛瓘山濤張華等以六合混一宜用古典封禪東嶽前後累陳其事帝謙讓不許以舒爲左僕射領吏部舒上言今選六宮婢以玉帛而舊使御府丞奉婢宣成嘉禮贄重使輕以爲拜三夫人宜使卿九嬪使五官中郎將美人良人使謁者於典制爲弘有詔詳之眾議異同遂寢加右光祿大夫儀同三司及山濤薨以舒領司徒有頃即真舒有威重德望祿賜散之九族家無餘財陳留周震累爲諸府所辟辟書既下公輒喪亡僉號震爲殺公掾莫有辟者舒乃命之而竟無患識者以此稱其達命以年老每稱疾遜位中復暫起署兗州中正尋又稱疾尚書左丞郤詵與舒書曰公久疾小差視事是也唯上所念何意起訖還臥曲身廻法甚失具瞻之望公少立巍巍一旦棄之可不惜哉舒稱疾如初後以災異遜位帝不聽後因正旦朝罷還第表送章綬帝手詔敦勉而舒執意彌固乃下詔曰司徒劇陽子舒體道弘粹思量經遠忠肅居正在公盡規入管銓衡官人允敘出贊袞職敷弘五教惠訓播流德聲茂著可謂朝之俊乂者也而屢執沖讓辭旨懇誠申覽反覆省用憮然蓋成人之美先典所與難違至情今聽其所執以劇陽子就第位同三司祿賜如前几杖不朝賜錢百萬牀帳簟褥百副以舍人四人爲劇陽子舍人置官騎十人使光祿勳奉策主者詳案典禮令皆

如舊制於是賜安車駟馬門施行馬舒爲事必先行而後言遜位之際莫有知者時論以爲晉興以來三公能辭榮善終者未之有也司空衛瓘與舒書曰每與足下共論此事日日未果可謂瞻之在前忽焉在後矣太熙元年薨時年八十二帝甚傷悼賵賻優厚諡曰康子混字延廣清惠有才行爲太子舍人年二十七先舒卒朝野咸爲舒悲惜舒每哀慟退而歎曰吾不及莊生遠矣豈以無益自損乎於是終服不復哭詔曰舒唯一子薄命短折舒告老之年處窮獨之苦每念怛然爲之嗟悼思所以散愁養氣可更增滋味品物仍給陽燧四望繐牕戶皁輪車牛一乘庶出入觀望或足散憂也以庶孫融嗣又早卒從孫晃嗣

李憙字季和上黨銅鞮人也父佺漢大鴻臚憙少有高行博學研精與北海管寧以賢良徵不行累辟三府不就宣帝復辟憙爲太傅屬固辭疾郡縣扶輿上道時憙母疾篤乃竊踰泫氏城而徒還遂遭母喪論者嘉其志節後爲并州別駕時驍騎將軍秦朗過并州州將畢軌敬焉令乘車至閤憙固諫以爲不可軌不得已從之景帝輔政命憙爲大將軍

從事中郎憙到引見謂憙曰昔先公辟君而君不應今孤命君而君至何也對曰先君以禮見待憙得以禮進退明公以法見繩憙畏法而至帝甚重之轉司馬尋拜右長史從討毋丘儉還遷御史中丞當官正色不憚強禦百僚震肅焉薦樂安孫璞亦以道德顯時人稱爲知人尋遷大司馬以公事免司馬伷爲寧北將軍鎮鄴以憙爲軍司頃之除涼州刺史加揚威將軍假節領護羌校尉綏御華夷甚有聲績羌虜犯塞憙因其隙會不及啓聞輒以便宜出軍深入遂大剋獲以功重免譴時人比之漢朝馮甘焉於是請還許之居家月餘拜冀州刺史累遷司隸校尉及魏帝告禪于晉憙以本官行司徒事副太尉鄭沖奉策泰始初封祁侯憙上言故立進令劉友前尚書山濤中山王睦故尚書僕射武陔各占官三更稻田請免濤睦等官陔已亡請貶謚詔曰法者天下取正不避親貴然後行耳吾豈將枉縱其間哉然案此事皆是友所作侵剝百姓以繆惑朝士姦吏乃敢作此其考竟友以懲邪佞濤等不貳其過者皆勿有所問易稱王臣蹇蹇匪躬之故今憙亢志在公當官而行可謂邦之司直者矣光武有云貴戚且斂手以避二鮑豈其然乎其申勑羣寮各慎所司寬宥之恩不可數遇也憙爲二代司隸朝野稱之以公事免其年皇太子立以憙爲太子太傅自魏明帝以後久曠東宮制度廢闕官司不具詹事左右率庶子中舍人諸官並未置唯置衛率令典兵二傅幷攝衆事憙在位累年訓道盡規遷尚書僕射拜特進光祿大夫以年老遜位詔曰光祿大夫特進李憙杖德居義當升台司毗亮朕躬而以年尊致仕雖優游無爲可以頤神而虛心之望能不憮然其因光祿之號改假金紫置官騎十人賜錢五十萬祿賜班禮一如三司門施行馬初憙爲僕射時涼州虜寇邊憙唱義遣軍討之朝士謂出兵不易虜未足爲患竟不從之後虜果大縱逸涼州覆沒朝廷深悔焉以憙清素貧儉賜絹百匹及齊王攸出鎮憙上疏諫爭辭甚懇切憙自歷仕雖清非異衆而家無儲積親舊故人乃至分衣共食未嘗私以王官及卒追贈太保謚曰成子贊嗣少子儉字仲約歷左積弩將軍屯騎校尉儉子弘字世彥少有清節永嘉中歷給事黃門侍郎散騎常侍

劉寔字子眞平原高唐人也漢濟北惠王壽之後也父廣斥丘令寔少貧苦賣牛衣以自給然好學手約繩口誦書博通古今清身潔己行無瑕玷郡察孝廉州舉秀才皆不行以計吏入洛調爲河南尹丞遷尚書郎廷尉正後歷吏部郎參文帝相國軍事封循陽子鍾會鄧艾之伐蜀也有客問寔曰二將其平蜀乎寔曰破蜀必矣而皆不還客問其故笑而不荅竟如其言寔之先見多此類也以世多進趣廉遜道缺乃著崇讓論以矯之其辭曰古之聖王之化天下所以貴讓者欲以出賢才息爭競也夫人情莫不皆欲已之賢也故勸令讓賢以自明賢也豈假讓不賢哉故讓道興賢能之人不求而自出矣至公之舉自立矣百官之副亦豫具矣一官缺擇衆官所讓最多者而用之審之道也在朝之士相讓於上草廬之人咸皆化之推能讓賢之風從此生矣爲一國所讓則一國士也天下所共推則天下士也推讓之風行則賢與不肖灼然殊矣此道之行在上者無所用其心因成清議隨之而已故曰蕩蕩乎堯之爲君莫之能名言天下自安矣不見堯所以化之故不能名也又曰舜禹之有天下而不與焉無爲而化者其舜也歟賢人相讓於朝大才之人恒在大官小人不爭於野天下無事矣以賢才化無事至道興矣已仰其成復何與焉故可以歌南風之詩彈五弦之琴也成此功者非有他崇讓之所致耳孔子曰能以禮讓爲國則不難也在朝之人不務相讓久矣天下化之自魏代以來登進辟命之士及在職之吏臨見受敘雖自辭不能終莫肯讓有勝己者夫推讓之風息爭競之心生孔子曰上興讓則下不爭明讓不興下必爭也推讓之道興則賢能之人日見推舉爭競之心生則賢能之人日見謗毀夫爭者之欲自先甚惡能者之先不能無毀也故孔墨不能免世之謗己況不及孔墨者乎議者僉然言世少高名之才朝廷不有大才之人可以爲大官者山澤人小官吏亦復云朝廷之士雖有大官名德皆不及往時人也余以爲此二言皆失之矣非時獨乏賢也時不貴讓一人有先衆之譽毀必隨之名不得成使之然也雖令稷契復存亦不復能全其名矣能否渾雜優劣不分士無素定之價官職有缺主選之吏不知所用但案

官次而舉之同才之人先用者非勢家之子則必爲有勢者之所念也非能獨賢因其先用之資而復遷之無已遷之無已不勝其任之病發矣觀在官之人政績無聞自非勢家之子率多因資次而進也向令天下貴讓士必由於見讓而後名成名成而官乃得用之諸名行不立之人在官無政績之稱讓之者必矣官無因得而用之也所以見用不息者由讓道廢因資用人之有失久矣故自漢魏以來時開大舉令衆官各舉所知唯才所任不限階次如此者甚數矣其所舉必有當者不聞時有擢用不知何誰最賢故也所舉必有不當而罪不加不知何誰最不肖也所以不可得知由當時之人莫肯相推賢愚之名不別令其如此舉者知在上者察不能審故敢漫舉而進之或舉所賢因及所念一頓而至人數猥多各言所舉者賢加之高狀相似如一難得而分矣參錯相亂眞偽同貫更復由此而甚雖舉者不能盡忠之罪亦由上開聽察之路濫令其爾也昔齊王好聽竽聲必令三百人合吹而後聽之廩以數人之俸南郭先生不知吹竽者也以三百人合吹可以容其不

知因請爲王吹竽虛食數人之俸嗣王覺而改之難彰先王之過乃下令曰吾之好聞竽聲有甚於先王欲一一列而聽之先生於此逃矣推賢之風不立濫舉之法不改則南郭先生之徒盈於朝矣才高守道之士日退馳走有勢之門日多矣雖國有典刑弗能禁矣夫讓道不興之弊非徒賢人在下位不得時進也國之良臣荷重任者亦將以漸受罪退矣何以知其然也孔子以爲顏氏之子不貳過耳明非聖人皆有過寵貴之地欲之者多矣惡賢能者塞其路過而毀之者亦多矣夫謗毀之生非徒空設必因人之微過而甚之者也毀謗之言數聞在上者雖欲弗納不能不扶所聞因事之來而微察之也無以其驗至矣得其驗安得不理其罪若知而縱之王之威日衰令之不行自此始矣知而皆理之受罪退者稍多大臣有不自固之心夫賢才不進貴臣日疏此有國者之深憂也詩曰受祿不讓至于己斯亡不讓之人憂亡不暇而望其益國朝不亦難乎竊以爲改此俗甚易耳何以知之夫一時在官之人雖雜有凡猥之才其中賢明者亦多矣豈可謂皆不知讓賢爲貴邪直

以其時皆不讓習以成俗故遂不爲耳人臣初除皆通表上聞名之謝章所由來尚矣原謝章之本意欲進賢能以謝國恩也昔舜以禹爲司空禹拜稽首讓于稷契及咎繇使益爲虞官讓于朱虎熊羆使伯夷典三禮讓于夔龍唐虞之時衆官初除莫不皆讓也謝章之義蓋取於此書記之者欲以永世作則季世所用不賢不能讓賢虛謝見用之恩而已相承不變習俗之失也夫敘用之官得通章表者其讓賢推能乃通其不能有所讓徒費簡紙者皆絕不通人臣初除各思推賢能而讓之矣讓之文付主者掌之三司有缺擇三司所讓最多者而用之此爲一公缺三公已豫選之矣且主選之吏不必任公而選三公不如令三公自共選一公爲詳也四征缺擇四征所讓最多者而用之此爲一征缺四征已豫選之矣必詳於停缺而令主者選四征也尚書缺擇尚書所讓最多者而用之此爲八尚書共選一尚書詳於臨缺令主者選八尚書也郡守缺擇衆郡所讓最多者而用之詳於任主者令選百郡守也夫以衆官百郡之讓與主者共相比不可同歲而論也雖復令三府參

舉官本不委以舉選之任各不能以根其心也其所用心者裁之不二三但令主者案官次而舉之不用精也賢愚皆讓百姓耳目盡爲國耳目夫人情爭則欲毀己所不知讓則競推於勝己故世爭則毀譽交錯優劣不分難得而讓也時讓則賢智顯出能否之美歷歷相次不可得而亂也當此時也能退身脩己者讓之者多矣雖欲守貧賤不可得也馳騖進趣而欲人見讓猶卻行而求前也夫如此愚智咸知進身求通非脩之於己則無由矣游外求者於此相隨而歸矣浮聲虛論不禁而自息矣人無所用其心任衆人之議而天下自化矣不言之化行巍巍之美於此著矣讓可以致此豈可不務之哉春秋傳曰范宣子之讓其下皆讓欒黶雖汰弗敢違也晉國以平數世賴之上世之化也君子尚能而讓其下小人力農以事其上上下有禮讒慝遠黜由不爭也及其亂也國家之弊恒必由之篤論了了如此在朝君子典選大官能不以人廢言舉而行之各以讓賢舉能爲先務則羣才猥出能否殊別蓋世之功莫大於此泰始初進爵爲伯累遷少府咸寧中爲太常轉尚書

杜預之伐吳也寔以本官行鎮南軍司初寔妻盧氏生子躋而卒華氏將以女妻之寔弟智諫曰華家類貪必破門戶辭之不得竟婚華氏而生子夏寔竟坐夏受賂免官頃之為大司農又以夏罪免寔每還州里鄉人載酒肉以候之寔難逆其意輒共啖而返其餘或謂寔曰君行高一世而諸子不能遵何不旦夕切磋使知過而自改邪寔曰吾之所行是所聞見不相祖習豈復教誨之所得乎世以寔言為當後起為國子祭酒散騎常侍愍懷太子初封廣陵王高選師友以寔為師元康初進爵為侯累遷太子太保加侍中特進右光祿大夫開府儀同三司領冀州都督九年策拜司空遷太保轉太傅太安初寔以老病遜位賜安車駟馬錢百萬以侯就第及長沙成都之相攻也寔為軍人所掠潛歸鄉里惠帝崩寔赴山陵懷帝即位復授太尉寔自陳年老固辭不許左丞劉坦上言曰夫堂高級遠主尊相貴是以古之哲王莫不師其元臣崇養老之教訓示四海使少長有禮七十致仕亦所以優異舊德厲廉高之風太尉寔體清素之操執不渝之槩懸車告老二十餘年浩然之志老而彌篤可謂國之碩老邦之宗模臣聞老者不以筋力為禮寔年踰九十命在日制遂自扶輿冒險而至展哀山陵致敬闕庭大臣之節備矣聖詔殷勤必使寔正位上台光飪鼎實斷章敦喻經涉二年而寔頻上露板辭旨懇誠臣以為古之養老以不事為優不以吏之為重謂宜聽寔所守三年詔曰昔虞任五臣致垂拱之化漢相蕭何興寧一之譽故能光隆於當時垂裕于百代朕紹天明命臨御萬邦所以崇顯政道者亦賴之於元臣庶尹畢力股肱以副至望而君年耆告老確然難違今聽君以侯就第位居三司之上秩祿準舊賜几杖不朝及宅一區國之大政將就諮于君副朕意焉歲餘薨時年九十一謚曰元寔少貧窶杖策徒行每所憩止不累主人薪水之事皆自營給及位望通顯每崇儉素不尚華麗嘗詣石崇家如廁見有絳紋帳裀褥甚麗兩婢持香囊寔便退笑謂崇曰誤入卿內崇曰是廁耳寔曰貧士未嘗得此乃更如他廁雖處榮寵居無第宅所得俸祿贍卹親故雖禮教陵遲而行己以正喪妻為廬杖之制終喪不御內輕薄者笑之寔不以介意自少及老

篤學不倦雖居職務卷弗離手尤精三傳辨正公羊以為衛輒不應辭以王父命祭仲失為臣之節舉此二端以明臣子之體遂行於世又撰春秋條例二十卷有二子躋夏躋字景雲官至散騎常侍夏以貪污棄放於世

弟智字子房貞素有兄風少貧窶每負薪自給讀誦不輟竟以儒行稱歷中書黃門吏部郎出為潁川太守平原管輅嘗謂人曰吾與劉潁川兄弟語使人神思清發昏不假寐自此之外殆白日欲寢矣入為祕書監領南陽王師加散騎常侍遷侍中尚書太常著喪服釋疑論多所辨明太康末卒謚曰成

高光字宣茂陳留圉城人魏太尉柔之子也光少習家業明練刑理初以太子舍人累遷尚書郎出為幽州刺史潁川太守是時武帝置黃沙獄以典詔囚以光歷世明法用為黃沙御史秩與中丞同遷廷尉元康中拜尚書典三公曹時趙王倫篡逆光於其際守道貞全及倫賜死齊王冏輔政復以光為廷尉遷尚書加奉車都尉後從駕討成都王穎有勳封延陵縣公邑千八百戶于時朝廷咸推光明於用法故頻典理官惠帝為張方所逼幸長安朝臣奔散莫有從者光獨侍帝而西遷尚書左僕射加散騎常侍光兄誕為上官巳等所用歷徐雍二州刺史誕性任放無倫次而決烈過人與光異操常謂光小節恒輕侮之光事誕愈謹帝既還洛陽時太弟新立重選傳訓以光為少傅加光祿大夫常侍如故及懷帝即位加光祿大夫金章紫綬與傅祗並見推崇尋為尚書令本官如故以疾卒贈司空侍中屬京洛傾覆竟未加謚子韜字子遠放佚無檢光為廷尉時韜受貨賕有司奏案之而光不知時人雖非光不能防閑其子以其用心有素不以為累初光詣長安留臺以韜兼右衛將軍韜與殿省小人交通及光卒仍於喪中往來不絕時東海王越輔政不朝覲韜知人心有望密與太傅參軍姜賾京兆杜概等謀討越事泄伏誅

史臣曰下士競而文中庸靜而質不若進不足而退有餘也魏舒劉寔發慮精華結綬登槐覽止成務季和切問近對當官正色詩云貪人敗

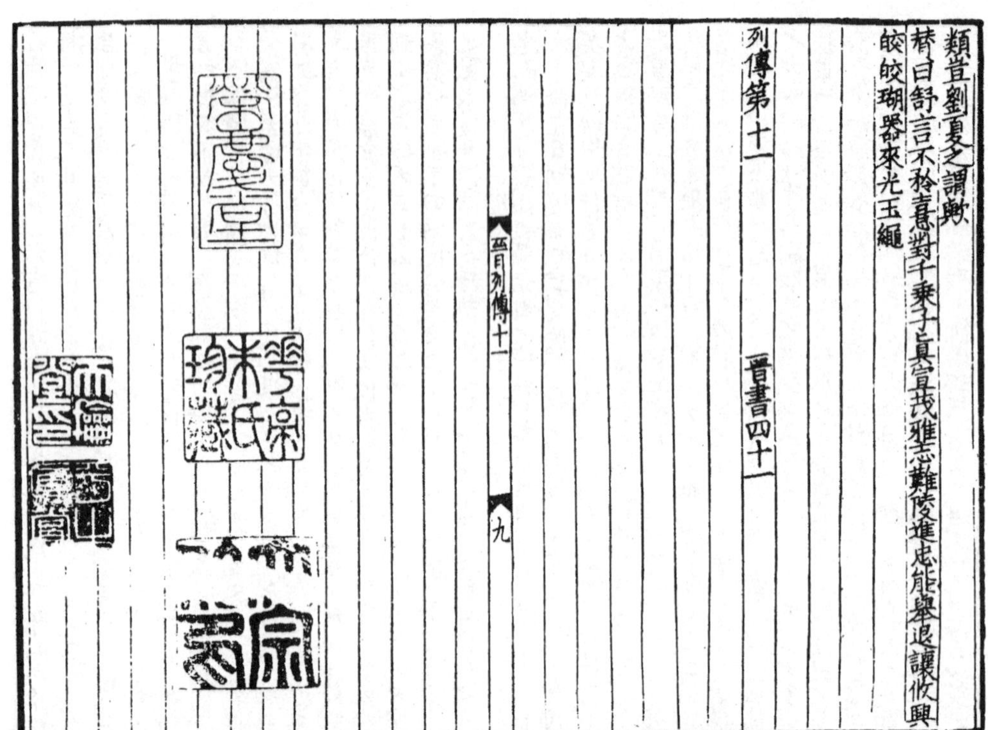

類豈劉夏之謂歟

贊曰舒言不矜憙對千乘子眞宣茂雅志難陵進忠能舉退讓攸與

皎皎瑚器來光玉繩

列傳第十一　　晉書四十一

王渾 子濟　王濬　唐彬

王渾字玄沖太原晉陽人也父昶魏司空渾沉雅有器量襲父爵京陵侯辟大將軍曹爽掾爽誅隨例免起為懷令參文帝安東軍事累遷散騎黃門侍郎散騎常侍咸熙中為越騎校尉武帝受禪加揚烈將軍遷徐州刺史時年荒歲饑渾開倉振贍百姓賴之泰始初增封邑千八百戶久之遷東中郎將監淮北諸軍事鎮許昌數陳損益多見納用轉征虜將軍監豫州諸軍事假節領豫州刺史渾與吳接境宣布威信前後降附甚多吳將薛瑩魯淑衆號十万淑向弋陽瑩向新息時州兵並放休息衆裁一旅浮淮潛濟出其不意瑩等不虞晉師之至渾擊破之以功封次子尚為關內侯遷安東將軍都督揚州諸軍事鎮壽春吳人大佃皖城圖為邊害渾遣揚州刺史應綽督淮南諸軍攻破之并破諸別屯焚其積穀百八十餘万斛稻苗四千餘頃船六百餘艘渾遂陳兵東疆視其地形險易歷觀敵城察攻取之勢及大舉伐吳渾率師出橫江遣參軍陳慎都尉張喬攻尋陽瀨鄉又擊吳牙門將孔忠皆破之獲吳將周興等五人又遣殄吳護軍李純據高望城討吳將俞恭破之多所斬獲吳厲武將軍陳代平虜將軍朱明懼而來降吳丞相張悌大將軍孫震等率衆數万指城陽渾遣司馬孫疇揚州刺史周浚擊破之臨陣斬二將及首虜七千八百級吳人大震孫皓司徒何植建威將軍孫晏送印節詣渾降既而王濬破石頭降孫皓威名益振明日渾始濟江登建鄴宮釃酒高會自以先據江上破皓中軍案甲不進致在王濬之後意甚愧恨有不平之色頻奏濬罪狀時人譏之帝下詔曰使持節都督揚州諸軍事安東將軍京陵侯王渾督率所統遂逼秣陵令賊孫皓救死自衛不得分兵上赴以成西軍之功又摧大敵獲張悌使皓塗窮勢盡面縛乞降遂平定秣陵功勳茂著其增封八千戶進爵為公封子澄為亭侯弟湛為關內侯賜絹八千匹轉征東大將軍復鎮壽陽渾不尚刑名處斷明允時吳人新附頗懷畏懼渾撫循羇旅虛懷綏納座無空席門不停賓於是江東之士莫不悅附徵拜尚書左僕射加散騎常侍

會朝臣立議齊王攸當之藩渾上書諫曰伏承聖詔憲章古典進齊王攸為上公崇其禮儀遣攸之國昔周氏建國大封諸姬以藩帝室永世作憲至於公旦武王之弟左右王事輔濟大業不使歸藩明至親義著不可遠朝故也是故周公得以聖德光弼幼主忠誠著於金縢光述文武仁聖之德攸於大晉姬旦之親也宜贊皇朝與聞政事實為陛下腹心不貳之臣且攸為人修絜義信加以懿親志存忠貞今陛下出攸之國假以都督虛號而無典戎幹方之實去離天朝不預王政傷母弟至親之體虧友于款篤之義懼非陛下追述先帝文明太后待攸之宿意也若以攸望重於事宜出者今以汝南王亮代攸亮宣皇帝子文皇帝弟伷駿各處方任有內外之資論以後慮亦不為輕攸今之國適足長異同之論以損仁慈之美耳而令天下窺陛下有不崇親親之情臣竊為陛下不取也若以妃后外親任以朝政則有王氏傾漢之權呂產專朝之禍若以同姓至親則有吳楚七國逆亂之殃歷觀古今苟事輕重所在無不為害也不可事事曲設疑防慮方來之患者也唯當任正道而求忠良若以智計猜物雖親見疑至於疏遠者亦何能自保乎人懷危懼非為安之理此最有國有家者之深忌也愚以為太子太保缺宜留攸居之與太尉汝南王亮衞將軍楊珧共為保傅幹理朝事三人齊位足相持正進有輔納廣義之益退無偏重相傾之勢令陛下有篤親親之恩使攸蒙仁覆之惠臣同國休戚義在盡言心之所見不能默已私慕魯女存國之志敢陳愚見觸犯天威欲陛下事每盡善與万分之助臣而不言誰當言者帝不納太熙初遷司徒惠帝即位加侍中又京陵置士官如睢陵比及誅楊駿崇重舊臣乃加渾兵渾以司徒文官主吏不持兵持兵乃吏屬絳衣自以偶因時寵權得持兵非是舊典皆令皁服論者美其謙而識體楚王瑋將害汝南王亮等也公孫宏說瑋曰昔宣帝廢曹爽引太尉蔣濟參乘以增威重大王今舉非常事宜得宿望鎮厭衆心司徒王渾宿有威名為三軍所信服可請同乘使物情有憑也瑋從之渾辭疾歸第以家兵千餘人閉門距瑋瑋不敢逼俄而瑋以矯詔伏誅渾乃率兵赴宮帝嘗訪渾元會問郡國計吏方俗之宜渾

奏曰陛下欽明聖哲光于遠近明詔沖虛詢及芻蕘斯乃周文疇咨之求仲尼不恥下問也舊三朝元會前計吏詣軒下侍中讀詔計吏跪受臣以詔文相承已久無他新聲非陛下留心方國之意也可令中書指宣明詔問方土異同賢才秀異風俗好尚農桑本務刑獄得無寃濫守長得無侵虐其勤心政化興利除害者授以紙筆盡意陳聞以明聖指垂心四遠不復因循常辭且察其荅對文義以觀計吏人才之實又先帝時正會後東堂見征鎮長史司馬諸王國卿諸州別駕今若不能別見可前詣軒下使侍中宣問以審察方國於事為便帝然之又詔渾錄尚書事渾所歷之職前後著稱及居台輔聲望日減元康七年薨時年七十五謚曰元長子尚早亡次子濟嗣

濟字武子少有逸才風姿英爽氣蓋一時好弓馬勇力絕人善易及莊老文詞俊茂伎藝過人有名當世與姊夫和嶠及裴楷齊名尚常山公主年二十起家拜中書郎以母憂去官起為驍騎將軍累遷侍中與侍中孔恂王恂楊濟同列為一時秀彥武帝嘗會公卿藩牧於式乾殿顧

濟恂而謂諸公曰朕左右可謂恂恂濟濟矣每侍見未嘗不諮論人物及萬機得失濟善於清言脩飾辭令諷議將順朝臣莫能尚焉帝益親貴之仕進雖速論者不以主壻之故咸謂才能致之然外雖弘雅而內多忌刻好以言傷物儕類以此少之以其父之故每排王濬時議譏焉齊王攸當之藩濟既陳請又累使公主與甄德妻長廣公主俱入稽顙泣請帝留攸帝怒謂侍中王戎曰兄弟至親今出齊王自是朕家事而甄德王濟連遣婦來生哭人以忤旨左遷國子祭酒常侍如故數年入為侍中時渾為僕射主者處事或不當濟性峻厲明法繩之素與從兄佑不平佑黨頗謂濟不能顧其父由是長同異之言出為河南尹未拜坐鞭王官吏免官而王佑始見委任而濟遂被斥外於是乃移第北芒山下性豪侈麗服玉食時洛京地甚貴濟買地為馬埒編錢滿之時人謂為金溝王愷以帝舅奢豪有牛名八百里駁常瑩其蹄角濟請以錢千万与牛對射而賭之愷亦自恃其能令濟先射一發破的因據胡牀叱左右速探牛心來須臾而至一割便去和嶠性至儉家有好李帝求之不過數十濟候其上直率少年詣園共啖畢伐樹而去帝嘗幸其宅供饌甚豐悉貯琉璃器中蒸肫甚美帝問其故荅曰以人乳蒸之帝色甚不平食未畢而去濟善解馬性嘗乘一馬著連乾鄣泥前有水終不肯渡濟云此必是惜鄣泥使人解去便渡故杜預謂濟有馬癖帝嘗謂和嶠曰我將罵濟而後官爵之何如嶠曰濟俊爽恐不可屈帝因召濟切讓之既而曰知愧不濟荅曰尺布斗粟之謠常為陛下恥之他人能令親疏臣不能使親親以此愧陛下耳帝默然帝嘗與濟棊而孫晧在側謂晧曰何以好剝人面皮晧曰見無禮於君者則剝之濟時伸腳局下而晧譏焉尋使白衣領太僕年四十六先渾卒追贈驃騎將軍及其將葬時賢無不畢至孫楚雅敬濟而後來哭之甚悲賓客莫不垂涕哭畢向靈牀曰卿常好我作驢鳴我為卿作之體似聲真客皆笑楚顧曰諸君不死而令王濟死乎初濟尚主主兩目失明而妬忌尤甚然終無子有庶子二人卓字文宣嗣渾爵拜給事中次聿字茂宣尚襄公主封敏陽侯濟二弟澄字道深汶字茂深皆辯惠有才藻並歷清顯

王濬字士治弘農湖人也家世二千石濬博涉墳典美姿貌不脩名行不為鄉曲所稱晚乃變節疏通亮達恢廓有大志嘗起宅開門前路廣數十步人或謂之何太過濬曰吾欲使容長戟幡旗眾咸笑之濬曰陳勝有言燕雀安知鴻鵠之志州郡辟河東從事守令有不廉潔者皆望風自引而去刺史燕國徐邈有女才淑擇夫未嫁邈乃大會佐吏令女於內觀之女指濬告母邈遂妻之後參征南軍事羊祜深知待之祜兄子暨白祜濬為人志大奢侈不節不可專任宜有以裁之祜曰濬有大才將欲濟其所欲必可用也轉車騎從事中郎識者謂祜可謂能舉善焉除巴郡太守郡邊吳境兵士苦役生男多不養濬乃嚴其科條寬其傜課其產育者皆與休復所全活者數千人轉廣漢太守垂惠布政百姓賴之濬夜夢懸三刀於其卧屋梁上須臾又益一刀濬驚覺意甚惡之主簿李毅再拜賀曰三刀為州字又益一者明府其臨益州乎及賊張弘殺益州刺史皇甫晏果遷濬為益州刺史濬設方略悉誅弘等以勳封關內侯懷輯殊俗待以威信蠻夷徼外多來歸降徵拜右衛將軍

除大司農車騎將軍羊祜雅知濬有奇略乃密表留濬於是重拜益州刺史武帝謀伐吳詔濬脩舟艦濬乃作大船連舫方百二十步受二千餘人以木為城起樓櫓開四出門其上皆得馳馬來往又畫鷁首怪獸於船首以懼江神舟楫之盛自古未有濬造船於蜀其木柹蔽江而下吳建平太守吾彥取流柹以呈孫晧曰晉必有攻吳之計宜增建平兵建平不下終不敢渡晧不從尋以謠言拜濬為龍驤將軍監益梁諸軍事語在羊祜傳時朝議咸諫伐吳濬乃上疏曰臣數參訪吳楚同異孫晧荒淫凶逆荊揚賢愚無不嗟怨且觀時運宜速征伐若今不伐天變難預令晧卒死更立賢主文武各得其所則強敵也臣作船七年日有朽敗又臣年已七十死亡無日三者一乖則難圖也誠願陛下無失事機帝深納焉賈充荀勗陳諫以為不可唯張華固勸又杜預表請帝乃發詔分命諸方節度濬於是統兵先在巴郡之所全育者皆堪徭役供軍其父母戒之曰王府君生爾爾必勉之無愛死也太康元年正月濬發自成都率巴東監軍廣武將軍唐彬攻吳丹陽剋之禽其丹陽監盛紀吳人於江險磧要害之處並以鐵鎖橫截之又作鐵錐長丈餘暗置江中以逆距船先是羊祜獲吳間諜具知情狀濬乃作大筏數十亦方百餘步縛草為人被甲持杖令善水者以筏先行筏遇鐵錐錐輒著筏去又作火炬長十餘丈大數十圍灌以麻油在船前遇鎖然炬燒之須臾融液斷絕於是船無所礙二月庚申剋吳西陵獲其鎮南將軍留憲征南將軍成據宜都太守虞忠壬戌剋荊門夷道二城獲監軍陸晏乙丑剋樂鄉獲水軍督陸景平西將軍施洪等來降乙亥詔進濬為平東將軍假節都督益梁諸軍事濬自發蜀兵不血刃攻無堅城夏口武昌無相支抗於是順流鼓棹徑造三山晧遣游擊將軍張象率舟軍萬人禦濬象軍望旗而降晧聞濬軍旌旗器甲屬天滿江威勢甚盛莫不破膽用光祿勳薛瑩中書令胡沖計送降文於濬曰吳郡孫晧叩頭死罪昔漢室失御九州幅裂先人因時略有江南遂阻山河與魏乖隔大晉龍興德覆四海闇劣偷安未喻天命至於今者猥煩六軍衡蓋露次遠臨江渚舉國震惶假息漏刻敢緣天朝含弘光大謹遣私署太常張夔

等奉所佩璽綬委質請命壬寅濬入于石頭晧乃備亡國之禮素車白馬肉袒面縛銜璧牽羊大夫衰服士輿櫬率其偽太子瑾瑾弟魯王虔等二十一人造于壘門濬躬解其縛受璧焚櫬送于京師收其圖籍封其府庫無私焉帝遣使者犒濬軍初詔書使濬下建平受杜預節度至秣陵受王渾節度預至江陵謂諸將帥曰若濬得下建平則順流長驅威名已著不宜令受制於我若不能剋則無緣得施節度濬至西陵預與之書曰足下既摧其西藩便當徑取秣陵討累世之逋寇釋吳人於塗炭自江入淮逾于泗汴泝河而上振旅還都亦曠世一事也濬大悅表呈預書及濬將至秣陵王渾遣信要令暫過論事濬舉帆直指報曰風利不得泊也王渾久破晧中軍斬張悌等頓兵不敢進而濬乘勝納降渾恥而且忿乃表濬違詔不受節度誣罪狀之有司遂案濬檻車徵帝弗許詔讓濬曰伐國事重宜令有一前詔使將軍受安東將軍渾節度渾思謀深重案甲以待將軍云何徑前不從渾命違制昧利甚失大義將軍功勳簡在朕心當率由詔書崇成王法而於事終恃功肆意朕將何以令天下濬上書自理曰臣前被庚戌詔書曰軍人乘勝猛氣益壯便當順流長騖直造秣陵臣被詔之日即便東下又前被詔書云太尉賈充總統諸方自鎮東大將軍伷及渾濬彬等皆受充節度無令臣別受渾節度之文臣自達巴丘所向風靡知孫晧窮踧勢無所至十四日至牛渚去秣陵二百里宿設部分為攻取節度前至三山見渾軍在北岸遣書與臣可暫來過共有所議亦不語臣當受節度之意臣水軍風發乘勢造賊城加宿設部分行有次第無緣得於長流之中迴船過渾令首尾斷絕須臾之間晧遣使歸命臣即報渾書并寫晧牋具以示渾使速來當於石頭相待軍以日中至秣陵暮乃被渾所下當受節度之符欲令臣明十六日悉將所領還圍石頭備晧越逸又索蜀兵及鎮南諸軍人名定見臣以為晧已來首都亭無緣共合空圍又兵人定見不可倉卒皆非當今之急不可承用中詔謂臣忽棄明制專擅自由伏讀嚴詔驚怖悚慄不知軀命當所投厝豈唯老臣獨懷戰灼三軍上下咸盡喪氣臣受國恩任重事大常恐託付不效孤負聖朝故投身死地

轉戰萬里被蒙寬恕之恩得從臨履之宜是以憑賴威靈幸而能濟皆
是陛下神策妙筭臣承指授效鷹犬之用耳有何勳勞而恃功肆意寧
敢昧利而違聖詔臣以十五日至秣陵而詔書以十二日起洛陽其間
懸闊不相赴接則臣之罪責宜蒙察恕假令孫晧猶有螳蜋舉斧之勢
而臣輕軍單入有所虧喪罪之可也臣所統八萬餘人乘勝席卷晧以
衆叛親離無復羽翼匹夫獨坐不能庇其妻子雀鼠貪生苟乞一活耳
而江北諸軍不知其虛實不早縛取自為小誤臣至便得更見怨恚並
云守賊百日而令他人得之言語噂𠴲不可聽聞案春秋之義大夫出
疆由有專輒臣雖愚蠢以為事君之道唯當竭節盡忠奮不顧命量力
受任臨事制宜苟利社稷死生以之若其顧護嫌疑以避咎責此是人
臣不忠之利實非明主社稷之福也臣不自料忘其鄙劣披布丹心輸
寫肝腦欲竭股肱之力加之以忠貞庶必掃除凶逆清一宇宙願令聖
世與唐虞比隆陛下粗察臣之愚款而識其欲自效之誠是以授臣以
方牧之任委臣以征討之事雖燕王之信樂毅漢祖之任蕭何無以加

焉受恩深重死且不報而以頑疏舉錯失宜陛下弘恩財加切讓惶怖
怔營無地自厝願陛下明臣赤心而已渾又騰周浚書云濬軍得吳寶
物濬復表曰被戊戌詔書下安東將軍所上揚州刺史周浚書謂臣諸
軍得孫晧寶物又謂牙門將李高放火燒晧偽宮輒公文上尚書具列
本末又聞渾案陷上臣臣受性愚忠行事舉動信心而前期於不負神
明而已秣陵之事皆如前所表而惡直醜正實繁有徒欲構南箕成此
貝錦公於聖世反白為黑夫佞邪害國自古而然故無極破楚宰嚭滅
吳及至石顯傾亂漢朝皆載在典籍為世作戒昔樂毅伐齊下城七十
而卒被讒間脫身出奔樂羊既反謗書盈篋況臣頑疏能免讒慝之口
然所望全其首領者實賴陛下聖哲欽明使浸潤之譖不得行焉然臣
孤根獨立朝無黨援久棄遐外人道斷絕而結恨彊宗取怨豪族以累
卵之身處雷霆之衝繭栗之質當豺狼之路其見吞噬豈抗脣齒夫犯
上干主其罪可救乖忤貴臣則禍在不測故朱雲折檻嬰逆鱗之怒慶
忌救之成帝不問望之周堪違忤石顯雖闔朝嗟歎而死不旋踵此臣

之所大怖也今渾之支黨姻族內外皆根據磐互並處世位聞遣人在
洛中專共交構盜言孔甘疑惑觀聽夫曾參之不殺人亦以明矣然三
人傳之其母投杼今臣之信行未若曾參之著而讒構沸騰非徒三夫
之對外內扇助為二五之應夫猛獸當途麒麟恐懼況臣脆弱敢不悚
偽吳君臣今皆生在便可驗問以明虛實前偽中郎將孔攄說去二月
武昌失守水軍行至晧案行石頭還左右人皆跳刀大呼云要當為陛
下一死戰決之晧意大喜謂必能然便盡出金寶以賜與之小人無狀
得便持走晧懼乃圖降首降使適去左右劫奪財物略取妻妾放火燒
宮晧逃身竄首恐不脫死臣至遣參軍主者救斷其火耳周浚以十六
日前入晧宮臣時遣記室吏往視書籍浚使收縛若有遺寶則浚前得
不應移蹤後人欲求苟免也臣前在三山得浚書云晧散寶貨以賜將
士府庫略虛而今復言金銀篋笥動有萬計疑臣軍得之言語反覆無
復本末臣復與軍司張牧汝南相馮沈等共入觀晧宮乃無席可坐後
日又與牧等共視晧舟船渾又先臣一日上其船船上之物皆渾所知

見臣之案行皆出其後若有寶貨渾應得之又臣將軍素嚴兵人不得
妄離部陣間在秣陵諸軍凡二十萬衆臣軍先至為土地之主百姓之
心皆歸仰臣臣切勑所領秋毫不犯諸有市易皆有伍任證左明從券
契有違犯者凡斬十三人皆吳人所知也餘軍縱橫詐稱臣軍而臣軍
類皆蜀人幸以此自別耳豈獨浚之將士皆是夷齊而臣諸軍悉聚盜
跖邪時有八百餘人緣石頭城劫取布帛臣牙門將軍馬潛即收得二
十餘人并疏其督將姓名移以付浚使得自科結而寂無反報疑皆縱
遣絕其端緒也又聞吳人言前張悌戰時所殺財有二千人而渾浚露
布言以萬計以吳剛子為主簿而遣剛至洛欲令剛增斬級之數可具
問孫晧及其諸臣則知其定審若信如所聞浚等虛詐尚欺陛下豈惜
於臣云臣屯聚蜀人不時送晧欲反狀又恐動吳人言臣皆當誅殺取
其妻子冀其作亂得騁私忿謀反大逆尚以見加其餘謗𠴲故其宜耳
渾案臣瓶罌小器蒙國厚恩頻繁擢敘遂過其任渾此言最信內省慙
懼今年平吳誠為大慶於臣之身更受咎累既無孟側策馬之好而令

濟濟之朝有讜邪之人虧穆穆之風損皇代之美由臣頑疎使致於此
拜表流汗言不識次濬至京都有司奏濬表既不列前後所被七詔月
日又赦後違詔不受渾節度大不敬付廷尉科罪詔曰濬前受詔徑造
秣陵後乃下受渾節度詔書稽留所下不至便令與不受詔同責未為
經通濬不即表上被渾宣詔此可責也濬有征伐之勞不足以一眚掩
之有司又奏濬赦後燒賊船百三十五艘輒勑付廷尉禁推詔曰勿推
拜濬輔國大將軍領步兵校尉舊校唯五置此營自濬始也有司又奏
輔國依比未為達官不置司馬不給官騎詔依征鎮給五百大車增兵
五百人為輔國營給親騎百人官騎十人置司馬封為襄陽縣侯邑
萬戶封子彝楊鄉亭侯邑千五百戶賜絹萬匹又賜衣一襲錢三十
萬及食物濬自以功大而為渾父子及豪強所抑屢為有司所奏每
進見陳其攻伐之勞及見枉之狀或不勝忿憤徑出不辭帝每容恕
之益州護軍范通濬之外親也謂濬曰卿功則美矣然恨所以居美
者未盡善也濬曰何謂也通曰卿旋旆之日角巾私第口不言平吳
之事若有問者輒曰聖主之德群帥之力老夫何力之有焉如斯顏
老之不伐龔遂之雅對將何以過之藺生所以屈廉頗王渾能無愧乎
濬曰吾始懼鄧艾之事畏禍及不得無言未不能遣諸胷中是吾褊也
時人咸以濬功重報輕博士秦秀太子洗馬孟康前溫令李密等並表
訟濬之屈帝乃遷濬鎮軍大將軍加散騎常侍領後軍將軍王渾詣濬
濬嚴設備衛然後見之其相猜防如此濬平吳之後以勳高位重不復
素業自居乃玉食錦服縱奢侈以自逸其有辟引多是蜀人示不遺故
舊也後又轉濬撫軍大將軍開府儀同三司加特進散騎常侍後軍將
軍如故太康六年卒時年八十謚曰武葬柏谷山大營塋域葬垣周四
十五里面別開一門松柏茂盛子矩嗣矩弟暢散騎郎暢子粹太康十
年武帝詔粹尚潁川公主仕至魏郡太守濬有二孫過江不見齒錄安
西將軍桓溫鎮江陵表言之曰臣聞崇德賞功為政之所先興滅繼絕
百王之所務故德參時雍則奕世承祀功烈一代則永錫祚胤案故撫
軍王濬歷職內外任兼文武料敵制勝明勇獨斷義存社稷之利不顧

專輒之罪荷戈長騖席卷萬里僭號之吳面縛象魏今皇澤被於九州
玄風洽於區外襄陽之封廢而莫續恩寵之號墜於近嗣遐邇酸懷臣
竊悼之濬今有二孫年出六十室如懸罄餬口江濱四節蒸嘗菜羹不
給昔漢高定業求樂毅之嗣世祖旌賢建葛亮之胤夫效忠異代立功
異國尚通天下之善使不泯棄況濬建元勳於當年著嘉慶於身後靈
基託根於南垂皇祚中興於江左舊物克彰神器重耀豈不由伊人之
功力也哉誠宜加恩少垂矜憫追錄舊勳纂錫茅土則聖朝之恩宣暢
於上忠臣之志不墜于地矣卒不見省

唐彬字儒宗魯國鄒人也父臺太山太守彬有經國大度而不拘行檢
少便弓馬好游獵身長八尺走及奔鹿強力兼人晚乃敦悅經史尤明
易經隨師受業還家教授恒數百人初為郡門下掾轉主簿刺史王沈
集諸參佐盛論距吳之策以問九郡吏彬與譙郡主簿張惲俱陳吳有
可兼之勢沈善其對又使彬難言吳未可伐者而辭理皆屈還遷功曹
舉孝廉州辟主簿累遷別駕彬忠肅公亮盡規匡救不顯諫以自彰又
奉使詣相府計事于時僚佐皆當世英彥見彬莫不欽悅稱之於文帝
薦為掾屬帝以問其參軍孔顥顥忌其能良久不荅陳騫在坐斂板而
稱曰彬之為人勝騫甚遠帝笑曰但能如卿固未易得何論於勝因辟
彬為鎧曹屬帝問曰卿何以致辟對曰脩業陋巷觀古人之遺迹言滿
天下無口過行滿天下無怨惡帝顧四坐曰名不虛行他日謂孔顥曰
近見唐彬卿受蔽賢之責矣初鄧艾之誅也文帝以艾久在隴右素得
士心一旦夷滅恐邊情搔動使彬密察之彬還白帝曰鄧艾忌克詭狹
矜能負才順從者謂為見事直言者謂之觸迕雖長史司馬參佐牙門
荅對失指輒見罵辱處身無禮大失人心又好施行事役數勞眾力隴
右甚患苦之喜聞其禍不肯為用今諸軍已至足以鎮壓外內願無以
為慮俄除尚書水部郎泰始初賜爵關內侯出補鄴令彬道德齊禮朞
月化成遷弋陽太守明設禁防百姓安之以母喪去官益州東接吳寇
監軍位缺朝議用武陵太守楊宗及彬武帝以問散騎常侍文立立曰
宗彬俱不可失然彬多財欲而宗好酒惟陛下裁之帝曰財欲可足酒

者難改遂用彬尋又詔彬監巴東諸軍事加廣武將軍上征吳之策甚合帝意後與王濬共伐吳彬屯據衝要為衆軍前驅每設疑兵應機制勝陷西陵樂鄉多所擒獲自巴陵沔口以東諸賊所聚莫不震懼倒戈肉袒彬知賊寇已殄孫晧將降未至建鄴二百里稱疾遲留以示不競果有先到者爭物後到者爭功于時有識莫不高彬此舉吳平詔曰廣武將軍唐彬受任方隅東禦吳寇南臨蠻越撫寧疆埸有綏禦之績又每慷慨志在立功頃者征討扶疾奉命首啓戎行獻俘授馘動效顯著其以彬為右將軍都督巴東諸軍事徵拜翊軍校尉改封上庸縣侯食邑六千戶賜絹六千匹朝有疑議每參預焉北虜侵掠北平以彬為使持節監幽州諸軍事領護烏丸校尉右將軍彬既至鎮訓卒利兵廣農重稼震威耀武宣喻國命示以恩信於是鮮卑二部大莫廆擿何等並遣侍子入貢兼修學校誨誘無倦仁惠廣被遂開拓舊境却地千里復秦長城塞自溫城洎于碣石緜亘山谷且三千里分軍屯守烽堠相望由是邊境獲安無犬吠之警自漢魏征鎮莫之比焉鮮卑諸種畏懼遂

殺大莫廆彬欲討之恐列上俟報虜必逃散乃發幽冀車牛參軍許祗密奏之詔遣御史檻車徵彬付廷尉以事直見釋百姓追慕彬功德生為立碑作頌彬初受學於東海閻德門徒甚多獨目彬有廊廟才及彬官成而德已卒乃為之立碑元康初拜使持節前將軍領西戎校尉雍州刺史下教曰此州名都士人林藪處士皇甫申叔嚴舒龍姜茂時梁子遠等並志節清妙履行高潔踐境望風虛心饑渴思加延致待以不臣之典幅巾相見論道而已豈以吏職屈染高規郡國備禮發遣以副於邑之望於是四人皆到彬敬而待之元康四年卒官時年六十謚曰襄賜絹二百匹錢二十萬長子嗣官至廣陵太守少子岐征虜司馬

史臣曰孫氏負江山之阻隔恃牛斗之妖氛奄有水鄉抗衡上國二王屬當戎旅受律遄征渾既獻捷橫江濬亦尅清建鄴于時討吳之役將帥雖多定吳之勞此焉為最向使弘范父之不伐慕陽夏之推功上稟廟堂下憑將士豈非勲懋德善始善終者歟此而不存彼焉是務或矜功負氣或恃勢驕陵競構南箕成茲貝錦遂乃喧黷宸扆斁亂彝倫既為戒於功臣亦致譏於清論豈不惜哉王濟遂驕父之褊心乖爭子之明義儁材雖多亦奚以為也唐彬畏避交爭屬疾遲留退讓之風賢於渾濬遠矣傳云不拘行檢安得長者之行哉

贊曰二王總戎淮海攸同渾既害善濬亦矜功武子豪桀夙參朝列遅欲牛心紆情馬埒儒宗知退避名全節

列傳第十二　　晉書四十二

山濤　子簡　簡子遐　王戎　從弟衍　衍弟澄　郭舒　樂廣

山濤字巨源河内懷人也父曜宛句令濤早孤居貧少有器量介然不羣性好莊老毎隱身自晦與嵇康呂安善後遇阮籍便為竹林之交著忘言之契康後坐事臨誅謂子紹曰巨源在汝不孤矣濤年四十始為郡主簿功曹上計掾舉孝廉州辟部河南從事與石鑒共宿濤夜起蹴鑒曰今為何等時而眠邪知太傅卧何意鑒曰宰相三不朝與尺一令歸第卿何慮也濤曰咄石生無事馬蹄間邪投傳而去未二年果有曹爽之事遂隱身不交世務與宣穆后有中表親是以見景帝帝曰呂望欲仕邪命司隸舉秀才除郎中轉驃騎將軍王昶從事中郎久之拜趙國相遷尚書吏部郎文帝與濤書曰足下在事清明雅操邁時念多所乏今致錢二十萬穀二百斛魏帝嘗賜景帝春服帝以賜濤又以母老并贈藜杖一枚晚與尚書和逌交又與鍾會裴秀並申款昵以二人居勢爭權濤平心處中各得其所而俱無恨焉遷大將軍從事中郎鍾會作亂於蜀而文帝將西征時魏氏諸王公並在鄴帝謂濤曰西偏吾自了之後事深以委卿以本官行軍司馬給親兵五百人鎮鄴咸熙初封新沓子轉相國左長史典統別營時帝以濤鄉閭宿望命太子拜之帝以齊王攸繼景帝後素又重攸嘗問裴秀曰大將軍開建未遂吾但承奉後事耳故立攸將歸功於兄何如秀以為不可又以問濤濤對曰廢長立少違礼不祥國之安危恒必由之太子位於是乃定太子親拜謝濤及武帝受禪以濤守大鴻臚護送陳留王詣鄴泰始初加奉車都尉進爵新沓伯及羊祜執政時人欲危裴秀濤正色保持之由是失權臣意出為冀州刺史加寧遠將軍冀州俗薄無相推轂濤甄拔隱屈搜訪賢才旌命三十餘人皆顯名當時人懷慕尚風俗頗革轉北中郎將督鄴城守事入為侍中遷尚書以母老辭職詔曰君雖乃心在於色養然職有上下旦夕不廢醫藥且當割情以隆在公濤心求退表疏數十上久乃見聽除議郎帝以濤清儉無以供養特給日契加賜牀帳茵褥礼秩崇重時莫為比後除太常卿以疾不就會遭母喪歸鄉里濤年踰耳順居喪過礼負土成墳手植松柏詔曰吾所共致化者官人之職是也方今風俗陵遲人心進動宜崇明好惡鎮以退讓山太常雖尚居諒闇情在難奪方今務殷何得遂其志邪其以濤為吏部尚書濤辭以喪病章表懇切會元皇后崩遂扶輿還洛逼迫詔命自力就職前後選舉周徧内外而並得其才咸寧初轉太子少傅加散騎常侍除尚書僕射加侍中領吏部固辭以老疾上表陳情章表數十上久不攝職為左丞白褒所奏帝曰濤以病自聞但不聽之耳使濤坐執銓衡則可何必上下邪不得有所問濤不自安表謝曰古之王道正直而已陛下不可以一老臣為加曲私臣亦何心屢塵日月乞如所表以章典刑帝再手詔曰白褒奏君甚妄所以不即推直不喜凶赫耳君之明度豈當介意邪便當攝職令斷章表也濤志必欲退因發從弟婦喪輒還外舍詔曰山僕射近日暫出遂以微苦未還豈吾側席之意其遣丞掾奉詔喻旨若躰力故未平康者便以輿車輿還寺舍濤辭不獲已乃起視事濤再居選職十有餘年每一官缺輒啓擬數人詔旨有所向然後顯奏隨帝意所欲為先故帝之所用或非舉首衆情不察以濤輕重任意或譖之於帝故帝手詔戒濤曰夫用人惟才不遺踈遠單賤天下便化矣而濤行之自若一年之後衆情乃寢濤所奏甄拔人物各為題目時稱山公啓事濤中立於朝晚值后黨專權不欲任楊氏多有諷諫帝雖悟而不能改後以年衰疾篤上疏告退曰臣年垂八十救命旦夕若有毫末之益豈遺力於聖時迫以老耄不復任事今四海休息天下思化從而靜之百姓自正但當崇風尚教以敦之耳陛下亦復何事臣耳目聾瞑不能自勵君臣父子其間無文是以直陳愚情乞聽所請乃免冠徒跣上還印綬詔曰天下事廣加吳土初平凡百草創當共盡意化之君不深識往心而以小疾求退豈所望於君邪朕猶側席未得垂拱君亦何得高尚其事乎當崇至公勿復為虚飾之煩濤苦表請退詔又不許尚書令衛瓘奏濤以微苦久不視職手詔頻煩猶未順旨參議以為無專節之尚違在公之義若實沉篤亦不宜居位可免濤官中詔瓘曰濤以德素為朝之望而常深退讓至于懇切故比有詔欲必奪其志以匡輔不逮主

者旣不忠明詔首而反深加詆案虧崇賢之風以重吾不德何以示遠近邪濤不得已又起視事太康初遷右僕射加光祿大夫侍中掌選如故濤以老疾固辭手詔曰君以道德爲世模表況自先帝識君遠意吾將倚君以穆風俗何乃欲舍遠朝政獨高其志邪吾之至懷故不足以喻乎何來言至懇切也且當以時自力深副至望君不降志朕不安席濤又上表固讓不許吳平之後帝詔天下罷軍役示海內大安州郡悉去兵大郡置武吏百人小郡五十人帝嘗講武于宣武場濤時有疾詔乘步輦從因與盧欽論用兵之本以爲不宜去州郡武備其論甚精于時咸以濤不學孫吳而闇與之合帝稱之曰天下名言也而不能用及永寧之後屢有變難寇賊猋起郡國皆以無備不能制天下遂以大亂如濤言焉後拜司徒濤復固讓詔曰君年耆德茂朝之碩老是以授君台輔之位而遠崇克讓至于反覆良用於邑君當終始朝政翼輔朕躬濤又表曰臣事天朝三十餘年卒無毫釐以崇大化陛下私臣無已猥授三司臣聞德薄位高力少任重上有折足之凶下有廟門之咎願陛下

垂累世之恩乞臣骸骨詔曰君翼贊朝政保乂皇家匡佐之勳朕所倚賴司徒之職實掌邦教故用敬授以答羣望豈宜沖讓以自指損邪已勑斷章表使者乃卧加章綬濤曰垂沒之人豈可污官府乎輿疾歸家以太康四年薨時年七十九詔賜東園祕器朝服一具衣一襲錢五十万布百匹以供喪事策贈司徒蜜印紫綬侍中貂蟬新沓伯蜜印青朱綬祭以太牢謚曰康將葬賜錢四十万布百匹左長史范晷等上言濤舊第屋十間子孫不相容帝爲之立室初濤布衣家貧謂妻韓氏曰忍饑寒我後當作三公但不知卿堪公夫人不耳及居榮貴貞慎儉約雖爵同千乘而无嬪媵祿賜俸秩散之親故初陳郡袁毅嘗爲鬲令貪濁而賂遺公卿以求虛譽亦遺濤絲百斤濤不欲異於時受而藏於閣上後毅事露檻車送廷尉凡所受賂皆見推檢濤乃取絲付吏積年塵埃印封如初濤飲酒至八斗方醉帝欲試之乃以酒八斗飲濤而密益其酒濤極本量而止有五子該淳允謨簡

該字伯倫嗣父爵仕至并州刺史太子左率贈長水校尉該子瑋字彥祖翊軍校尉次子世回吏部郎散騎常侍淳字子玄不仕允字叔眞奉車都尉並少尫病形甚短小而聰敏過人武帝聞而欲見之濤不敢辭以問於允允自以尫陋不肯行濤以爲勝已乃表曰臣二子尫病宜絕人事不敢受詔謨字季長明惠有才智官至司空掾

簡字季倫性溫雅有父風年二十餘濤不之知也簡歎曰吾年幾三十而不爲家公所知後與譙國嵇紹沛郡劉謨弘農楊準齊名初爲太子舍人累遷太子庶子黃門郎出爲青州刺史徵拜侍中頃之轉尚書歷鎮軍將軍荊州刺史領南蠻校尉不行復拜尚書光熙初轉吏部尚書永嘉初出爲雍州刺史鎮西將軍徵爲尚書左僕射領吏部簡欲令朝臣各舉所知以廣得才之路上疏曰臣以爲自古興替實在官人苟得其才則無物不理書言知人則哲惟帝難之唐虞之盛元愷登庸周室之隆濟濟多士秦漢已來風雅漸喪至於後漢女君臨朝尊官大位出於阿保斯乱之始也是以郭泰許劭之倫明清議於草野陳蕃李固之徒守忠節於朝廷然後君臣名節古今遺典可得而言自初平之元訖

於建安之末三十年中万姓流散死亡略盡斯乱之極也世祖武皇帝應天順人受禪于魏泰始之初躬親万機佐命之臣咸皆率職時黃門侍郎王恂庾純始於太極東堂聽政評尚書奏事多論刑獄不論選舉臣以爲不先所難而辨其所易陛下初臨万國人思盡誠每於聽政之日命公卿大臣先議選舉各言所見後進儁才鄉邑尤異才堪任用者皆以名奏主者隨缺先叙是爵人於朝與衆共之之義也朝廷從之永嘉三年出爲征南將軍都督荊湘交廣四州諸軍事假節鎮襄陽于時四方寇乱天下分崩王威不振朝野危懼簡優游卒歲唯酒是耽諸習氏荊土豪族有佳園池簡每出嬉游多之池上置酒輒醉名之曰高陽池時有童兒歌曰山公出何許往至高陽池日夕倒載歸茗艼無所知時時能騎馬倒著白接䍦舉鞭向葛彊何如并州兒彊家在并州簡愛將也尋加督寧益軍事時劉聰入寇京師危逼簡遣督護王万率師赴難次于涅陽爲宛城賊王如所破遂嬰城自守及洛陽陷沒簡又爲賊嚴嶷所逼乃遷于夏口招納流亡江漢歸附時華軼以江州作難或

勸簡討之簡曰與彥夏舊友爲之惆悵簡豈利人之機以爲功伐乎其篤厚如此時樂府伶人避難多奔沔漢讌會之日寮佐或勸奏之簡曰社稷傾覆不能匡救有晉之罪人也何作樂之有因流涕慷慨坐者咸愧焉年六十卒追贈征南大將軍儀同三司子遐

遐字彥林爲餘姚令時江左初基法禁寬弛豪族多挾藏戶口以爲私附遐繩以峻法到縣八旬出口萬餘縣人虞喜以藏戶當棄市遐欲繩喜諸豪強莫不切齒於遐言於執事以喜有高節不宜屈辱又以遐輒造縣舍遂陷其罪遐與會稽內史何充牋乞留百日窮翦逋逃退而就罪無恨也充申理不能得竟坐免官後爲東陽太守爲政嚴猛康帝詔曰東陽頃來竟囚每多入重豈郡多罪人將捶楚所求莫能自固邪遐處之自若郡境肅然卒於官

史臣曰若夫居官以絜其務將以啓天下之方事親以終其身將以勸天下之俗非山公之具美其孰能與於此者哉自東京喪亂吏曹堙滅西園有三公之錢蒲陶有一州之任貪饕方駕寺署斯滿時移三代世歷九王拜謝私庭此焉成俗若乃餘風稍殄理或可言委以銓綜則羣情自抑通乎魚水則專用生疑將矯前失歸諸後正惠絕臣名恩馳天口世稱山公啓事者豈斯之謂歟若盧子家之前代何足算也

王戎字濬沖琅邪臨沂人也祖雄幽州刺史父渾涼州刺史貞陵亭侯戎幼而穎悟神彩秀徹視日不眩裴楷見而目之曰戎眼爛爛如巖下電年六七歲於宣武場觀戲猛獸在檻中虓吼震地衆皆奔走戎獨立不動神色自若魏明帝於閣上見而奇之又嘗與羣兒戲於道側見李樹多實等輩競趣之戎獨不往或問其故戎曰樹在道邊而多子必苦李也取之信然阮籍素與渾爲友戎年十五隨渾在郎舍戎少籍二十歲而籍與之交籍每適渾俄頃輒去過視戎良久然後出謂渾曰濬沖清賞非卿倫也共卿言不如共阿戎談及渾卒於涼州故吏賻贈數百萬戎辭而不受由是顯名爲人短小任率不脩威儀善發談端賞其要會朝賢嘗上巳禊洛或問王濟曰昨游有何言談濟曰張華善說史漢裴頠論前言往行袞袞可聽王戎談子房季札之間超然玄著其爲識鑒者所賞如此戎嘗與阮籍飲時兗州刺史劉昶字公榮在坐籍以酒少酌不及昶昶無恨色戎異之他日問籍曰彼何如人也荅曰勝公榮不可不與飲若減公榮則不敢不共飲惟公榮可不與飲戎每與籍爲竹林之游戎嘗後至籍曰俗物已復來敗人意戎笑曰卿輩意亦復易敗耳鍾會伐蜀過與戎別問計將安出戎曰道家有言爲而不恃非成功難保之難也及會敗議者以爲知言襲父爵辟相國掾歷吏部黃門郎散騎常侍河東太守荊州刺史坐遣吏脩園宅應免官詔以贖論遷豫州刺史加建威將軍受詔伐吳戎遣參軍羅尚劉喬領前鋒進攻武昌吳將楊雍孫述江夏太守劉朗各率衆詣戎降戎督大軍臨江吳牙門將孟泰以蘄春邾二縣降吳平進爵安豐縣侯增邑六千戶賜絹六千匹戎渡江綏慰新附宣揚威惠吳光祿勳石偉方直不容晧朝稱疾歸家戎嘉其清節表薦之詔拜偉爲議郎以二千石祿終其身荊土悅服徵爲侍中南郡太守劉肇賂戎筒中細布五十端爲司隸所糾以知而未納故得不坐然議者尤之帝謂朝臣曰戎之爲行豈懷私苟得正當不欲爲異耳帝雖以是言釋之然爲清慎者所鄙由是損名戎在職雖無殊能而庶績脩理後遷光祿勳吏部尚書以母憂去職性至孝不拘禮制飲酒食肉或觀弈棊而容貌毀悴杖然後起裴頠往弔之謂人曰若使一慟能傷人濬沖不免滅性之譏也時和嶠亦居父喪以禮法自持量米而食哀毀不踰於戎帝謂劉毅曰和嶠毀頓過禮使人憂之毅曰嶠雖寢苫食粥乃生孝耳至於王戎所謂死孝陛下當先憂之戎先有吐疾居喪增甚帝遣醫療之并賜藥物又斷賓客楊駿執政拜太子太傅駿誅之後東安公繇專斷刑賞威振外內戎誡繇曰大事之後宜深遠之繇不從果得罪轉中書令加光祿大夫給恩信五十人遷尚書左僕射領吏部戎始爲甲午制凡選舉皆先治百姓然後授用司隸傅咸奏戎曰書稱三載考績三考黜陟幽明今內外羣官居職未朞而戎奏還既未定其優劣且送故迎新相望道路巧詐由生傷農害政戎不仰依堯舜典謨而驅動浮華虧敗風俗非徒無益乃有大損宜免戎官以敦風俗戎與賈郭通親竟得不坐尋轉司徒以王政將圮苟

媚取容屬愍懷太子之廢竟無一言匡諫裴頠戎之壻也頠誅戎坐免官齊王冏起義孫秀錄戎於城內趙王倫子欲取戎爲軍司博士王繇曰濬沖譎詐多端安肯爲少年用乃止惠帝反宮以戎爲尚書令旣而河間王顒遣使就說成都王穎將誅齊王冏檄書至冏謂戎曰孫秀作逆天子幽逼孤糾合義兵埽除元惡臣子之節信著神明二王聽讒造搆大難當賴忠謀以和不協卿其善爲我籌之戎曰公首舉義衆匡定大業開闢已來未始有也然論功報賞不及有勞朝野失望人懷貳志今二王帶甲百萬其鋒不可當若以王就第不失故爵委權崇讓此求安之計也冏謀臣葛旟怒曰漢魏以來王公就第寧有得保妻子乎議者可斬於是百官震悚戎僞藥發墮廁得不及禍戎以晉室方亂慕蘧伯玉之爲人與時舒卷無蹇諤之節自經典選未嘗進寒素退虛名但與時浮沉戶調門選而已尋拜司徒雖位摠鼎司而委事僚寀間乘小馬從便門而出游見者不知其三公也故吏多至大官道路相遇輒避之性好興利廣收八方園田水碓周徧天下積實聚錢不知紀極

每自執牙籌晝夜筭計恒若不足而又儉嗇不自奉養天下人謂之膏肓之疾女適裴頠貸錢數萬久而未還女後歸寧戎色不悅女遽還直然後乃歡從子將婚戎遺其一單衣婚訖而更責取家有好李常出貨之恐人得種恒鑽其核以此獲譏於世其後從帝北伐王師敗績於蕩陰戎後詣鄴隨帝還洛陽車駕之西遷也戎出奔于郟在危難之間親接鋒刃談笑自若未嘗有懼容時召親賓歡娛永日永興二年薨于郟縣時年七十二謚曰元戎有人倫鑒識常目山濤如璞玉渾金人皆欽其寶莫知名其器王衍神姿高徹如瑤林瓊樹自然是風塵表物謂裴頠拙於用長荀勗工於用短陳道寧纚纚如束長竿族弟敦有高名戎惡之敦每候戎輒託疾不見敦後果爲逆亂其鑒賞先見如此嘗經黃公酒壚下過顧謂後車客曰吾昔與嵇叔夜阮嗣宗酣暢於此竹林之游亦預其末自嵇阮云亡吾便爲時之所羈紲今日視之雖近邈若山河初孫秀爲琅邪郡吏求品於鄉議戎從弟衍將不許戎勸品之及秀得志朝士有宿怨者皆被誅而戎衍獲濟焉子萬有美名少而大肥戎令食糠而肥愈甚年十九卒有庶子興戎所不齒以從弟陽平太守愔子爲嗣

衍字夷甫神情明秀風姿詳雅摠角嘗造山濤濤嗟歎良久旣去目而送之曰何物老嫗生寧馨兒然誤天下蒼生者未必非此人也父乂爲平北將軍常有公事使行人列上不時報衍年十四時在京師造僕射羊祜申陳事狀辭甚清辯祜名德貴重而衍幼年無屈下之色衆咸異之楊駿欲以女妻焉衍恥之遂陽狂自免武帝聞其名問戎曰夷甫當世誰比戎曰未見其比當從古人中求耳泰始八年詔舉奇才可以安邊者衍初好論從橫之術故尚書盧欽舉爲遼東太守不就於是口不論世事唯雅詠玄虛而已嘗因宴集爲族人所怒舉樏擲其面衍初無言引王導共載而去然心不能平在車中攬鏡自照謂導曰爾看吾目光乃在牛背上矣父卒於北平送故甚厚爲親識之所借貸因以捨之數年之間家資罄盡出就洛城西田園而居焉後爲太子舍人還尚書郎出補元城令終日清談而縣務亦理入爲中庶子黃門侍郎魏正始

中何晏王弼等祖述老莊立論以爲天地萬物皆以無爲爲本無也者開物成務無往不存者也陰陽恃以化生萬物恃以成形賢者恃以成德不肖恃以免身故無之爲用無爵而貴矣衍甚重之唯裴頠以爲非著論以譏之而衍處之自若衍旣有盛才美貌明悟若神常自比子貢兼聲名藉甚傾動當世妙善玄言唯談老莊爲事每捉玉柄麈尾與手同色義理有所不安隨即改更世號口中雌黃朝野翕然謂之一世龍門矣累居顯職後進之士莫不景慕放效選舉登朝皆以爲稱首矜高浮誕遂成風俗焉衍嘗喪幼子山簡弔之衍悲不自勝簡曰孩抱中物何至於此衍曰聖人忘情最下不及於情然則情之所鍾正在我輩簡服其言更爲之慟衍妻郭氏賈后之親藉中宮之勢剛愎貪戾聚斂無厭好干預人事衍患之而不能禁時有鄉人幽州刺史李陽京師大俠也郭氏素憚之衍謂郭曰非但我言卿不可李陽亦謂不可郭氏爲之小損衍疾郭之貪鄙故口未嘗言錢郭欲試之令婢以錢繞牀使不得行衍晨起見錢謂婢曰舉阿堵物却其措意如此後歷北軍中候中領軍

尚書令女爲愍懷太子妃太子爲賈后所誣衍懼禍自表離婚賈后既廢有司奏衍曰衍與司徒梁王肜書寫呈皇太子手與妃及衍書陳見誣之狀肜等伏讀辭旨懇惻衍備位大臣應以義責也太子被誣得罪衍不能守死善道即求離婚得太子手書隱蔽不出志在苟免无忠蹇之操宜加顯責以厲臣節可禁錮終身從之衍素輕趙王倫之爲人及倫簒位衍陽狂斫婢以自免及倫誅拜河南尹轉尚書又爲中書令時齊王冏有匡復之功而專權自恣公卿皆爲之拜衍獨長揖焉以病去官成都王穎以衍爲中軍師累遷尚書僕射領吏部後拜尚書令司空司徒衍雖居宰輔之重不以經國爲念而思自全之計說東海王越曰中國已乱當賴方伯宜得文武兼資以任之乃以弟澄爲荊州族弟敦爲青州因謂澄敦曰荊州有江漢之固青州有負海之險卿二人在外而吾留此足以爲三窟矣識者鄙之及石勒王弥寇京師以衍都督征討諸軍事持節假黃鉞以距之衍使前將軍曹武左衛將軍王景等擊賊退之獲其輜重遷太尉尚書令如故封武陵侯辭封不受時洛陽危逼多欲遷都以避其難而衍獨賣車牛以安衆心越之討苟晞也衍以太尉爲太傅軍司及越薨衆共推衍爲元帥衍以賊寇鋒起懼不敢當辭曰吾少无官情隨牒推移遂至於此今日之事安可以非才處之俄而舉軍爲石勒所破勒呼王公與之相見問衍以晉故衍爲陳禍敗之由云計不在已勒甚悅之與語移日衍自說少不豫事欲求自免因勸勒稱尊號勒怒曰君名蓋四海身居重任少壯登朝至於白首何得言不豫世事邪破壞天下正是君罪使左右扶出謂其黨孔萇曰吾行天下多矣未嘗見如此人當可活不萇曰彼晉之三公必不爲我盡力又何足貴乎勒曰要不可加以鋒刃也使人夜排牆填殺之衍將死顧而言曰嗚呼吾曹雖不如古人向若不祖尚浮虛戮力以匡天下猶可不至今日時年五十六衍俊秀有令望希心玄遠未嘗語利王敦過江常稱之曰夷甫處衆中如珠玉在瓦石間顧愷之作畫贊亦稱衍巖巖清峙壁立千仞其爲人所尚如此子玄字眉子少慕簡曠亦有俊才与衛玠齊名荀藩用爲陳留太守屯尉氏玄素名家有豪氣荒弊之時人情

不附將赴祖逖爲盜所害焉

澄字平子生而警悟雖未能言見人舉動便識其意衍妻郭性貪鄙欲令婢路上擔糞澄年十四諫郭以爲不可郭大怒謂澄曰昔夫人臨終以小郎屬新婦不以新婦屬小郎因捉其衣裾將杖之澄爭得脫踰牕而走衍有重名於世時人許以人倫之鑒尤重澄及王敦庾敳嘗爲天下人士目曰阿平第一子嵩第二處仲第三澄嘗謂衍曰兄形似道而神鋒太儁衍曰誠不如卿落落穆穆然也澄由是顯名有經澄所題目者衍不復有言輒云已經平子矣少歷顯位累遷成都王穎從事中郎穎嬖豎孟玖譖殺陸機兄弟天下切齒澄發玖私姦勸穎殺玖穎乃誅之士庶莫不稱善及穎敗東海王越請爲司空長史以迎大駕勳封南鄉侯遷建威將軍雍州刺史不之職時王敦謝鯤庾敳阮脩皆爲衍所親善號爲四友而亦與澄狎又有光逸胡毋輔之等亦豫焉酣讌縱誕窮歡極娛惠帝末衍白越以澄爲荊州刺史持節都督領南蠻校尉敦爲青州衍因問以方略敦曰當臨事制變不可豫論澄辭義鋒出算略無方一坐嗟服澄將之鎮送者傾朝澄見樹上鵲巢便脫衣上樹探鷇而弄之神氣蕭然傍若无人劉琨謂澄曰卿形雖散朗而內實動俠以此處世難得其死澄默然不荅澄既至鎮日夜縱酒不親庶事雖寇戎急務亦不以在懷擢順陽人郭舒於寒悴之中以爲別駕委以州府時京師危逼澄率衆軍將赴国難而飄風折其節柱會王如寇襄陽澄前鋒至宜城遣使詣山簡爲如黨嚴嶷所獲嶷僞使人從襄陽來而問之曰襄陽拔未荅云昨且破城已獲山簡乃陰緩澄使令得亡去澄聞襄陽陷以爲信然散衆而還既而恥之託糧運不贍委罪長史蔣俊而斬之竟不能進巴蜀流人散在荊湘者與土人忿爭遂殺縣令屯聚樂鄉澄使成都内史王機討之賊請降澄僞許之既而襲之於寵洲以其妻子爲賞沉八千餘人於江中於是益梁流人四五萬家一時俱反推杜弢爲主南破零桂東掠武昌敗王機于巴陵澄亦无憂懼之意但與機日夜縱酒投壺博戲數十局俱起殺富人李才取其家貲以賜郭舒南平太守應詹驟諫不納於是上下離心內外怨叛澄望實雖損猶

傲然自得後出軍擊杜弢次于作塘山簡參軍王沖叛于豫州自稱荊州刺史澄懼使杜蕤守江陵澄遷于孱陵尋奔沓中郭舒諫曰使君臨州雖無異政未失衆心今西收華容向義之兵足以擒此小醜奈何自棄澄不能從初澄命武陵諸郡同討杜弢天門太守扈瓌次于益陽武陵內史武察為其郡吏所害瓌以孤軍引還澄怒以杜曾代瓌夷袁遂瓌故吏也託為瓌報仇遂舉兵逐曾自稱平晉將軍澄使司馬毋丘邈討之為遂所敗會元帝徵澄為軍諮祭酒於是赴召時王敦為江州鎮豫章澄過詣敦澄夙有盛名出於敦右士庶莫不傾慕之兼勇力絕人素為敦所憚澄猶以舊意侮敦敦益忿怒請澄入宿陰欲殺之而澄左右有二十人持鐵馬鞭為衛澄手恒捉玉枕以自防故敦未之得發後敦賜澄左右酒皆醉借玉枕觀之因下牀而謂澄曰何與杜弢通信澄曰事自可驗敦欲入內澄手引敦衣至于絕帶乃登于梁因罵敦曰行事如此殃將及焉敦令力士路戎搤殺之時年四十四載尸還其家劉琨聞澄之死歎曰澄自取之及敦平澄故吏佐著作郎桓稚上表理澄請加贈謚詔復澄本官謚曰憲長子詹早卒次子徽右軍司馬

郭舒字稚行幼請其母從師歲餘便歸粗識大義鄉人少府范晷宗人武陵太守郭景咸稱舒當為後來之秀終成國器始為領軍校尉坐擅放司馬彪繫廷尉世多義之刺史夏侯含辟為西曹轉主簿含坐事舒自繫理含事得釋刺史宗岱命為治中喪母去職劉弘牧荊州引為治中弘卒舒率將士推弘子璠為主討逆賊郭勱滅之保全一州王澄聞其名引為別駕澄終日酣飲不以衆務在意舒常切諫之及天下大亂又勸澄脩德養威保完州境澄以為亂自京都起非復一州所能匡禦雖不能從然重其忠亮荊土士人宗廞甞因酒忤澄澄怒叱左右棒廞舒厲色謂左右曰使君過醉汝輩何敢妄動澄恚曰別駕狂邪誑言我醉因遣掐其鼻灸其眉頭舒跪而受之澄意少釋而廞遂得免澄之奔敗也以舒領南郡澄又欲將舒東下舒曰舒為萬里紀綱不能匡正令使君奔亡不忍渡江乃留屯沌口采稆湖澤以自給鄉人盜食舒牛事覺來謝舒曰卿饑所以食牛耳餘肉可共啖之世以此服其弘量舒少與杜曾厚曾甞召之不往曾銜之至是澄又轉舒為順陽太守曾密遣兵襲舒遁逃得免王敦召為參軍轉從事中郎襄陽都督周訪卒敦遣舒監襄陽軍甘卓至乃還朝廷徵舒為右丞敦留不遣敦謀為逆舒諫不從使守武昌荊州別駕宗澹忌舒才能數譖之於王廙廙疑舒與甘卓同謀密以白敦敦不受高官督護繆坦常請武昌城西地為營太守樂凱言於敦曰百姓久買此地種菜自贍不宜奪之敦大怒曰王處仲不來江湖當有武昌地不而人云是我地邪凱懼不敢言舒曰公聽舒一言敦曰平子以卿病狂故掐鼻灸眉頭舊疾復發邪舒曰古之狂也直周昌汲黯朱雲不狂也昔堯立誹謗之木舜置敢諫之鼓然後事無枉縱公為勝堯舜邪乃逆折舒使不得言何與古人相遠敦曰卿欲何言舒曰繆坦可謂小人疑誤視聽奪人私地以強陵弱晏子稱君曰其可臣獻其否以成其可是以舒等不敢不言敦即使還地衆咸壯之敦重舒公亮給賜轉豐數詣其家表為梁州刺史病卒

樂廣字彥輔南陽淯陽人也父方參魏征西將軍夏侯玄軍事廣時年

八歲玄常見廣在路因呼與語還謂方曰向見廣神姿朗徹當為名士卿家雖貧可令專學必能興卿門戶也方早卒廣孤貧僑居山陽寒素為業人無知者性沖約有遠識寡嗜欲與物無競尤善談論每以約言析理以厭人之心其所不知默如也裴楷甞引廣共談自夕申旦雅相欽挹歎曰我所不如也王戎為荊州刺史聞廣為夏侯玄所賞乃舉為秀才楷又薦廣於賈充遂辟太尉掾轉太子舍人尚書令衛瓘朝之耆舊逮與魏正始中諸名士談論見廣而奇之曰自昔諸賢既沒常恐微言將絕而今乃復聞斯言於君矣命諸子造焉曰此人之水鏡見之瑩然若披雲霧而覩青天也王衍自言與人語甚簡至及見廣便覺已之煩其為識者所歎美如此出補元城令遷中書侍郎轉太子中庶子累遷侍中河南尹廣善清言而不長於筆將讓尹請潘岳為表岳曰當得君意廣乃作二百句語述已之志岳因取次比便成名筆時人咸云若廣不假岳之筆岳不取廣之旨無以成斯美也甞有親客久闊不復來廣問其故荅曰前在坐蒙賜酒方欲飲見盃中有蛇意甚惡之既飲而

疾于時河南聽事壁上有角漆畫作蛇廣意盃中蛇即角影也復置酒於前處謂客曰酒中復有所見不答曰所見如初廣乃告其所以客豁然意解沉痾頓愈衛玠總角時嘗問廣夢廣云是想玠曰神形所不接而夢豈是想邪廣曰因也玠思之經月不得遂以成疾廣聞故命駕為剖析之玠病即愈廣歎曰此賢胷中當必無膏肓之疾廣所在為政無當時功譽然每去職遺愛為人所思凡所論人必先稱其所長則所短不言而自見矣人有過先盡弘恕然後善惡自彰矣廣與王衍俱宅心事外名重於時故天下言風流者謂王樂為稱首焉少與弘農楊準相善準之二子曰喬曰髦皆知名於世準使先詣裴頠頠性弘方愛喬有高韻謂準曰喬當及卿髦少減也又使詣廣廣性清淳愛髦有神檢謂準曰喬自及卿然髦亦清出準笑曰我二兒之優劣乃裴樂之優劣也論者以為喬雖有高韻而神檢不足樂為得之矣是時王澄胡毋輔之等皆亦任放為達或至裸體者廣聞而笑曰名教內自有樂地何必乃爾其居才愛物動有理中皆此類也值世道多虞朝章紊亂清己中立

任誠保素而已時人莫有見其際焉先是河南官舍多妖怪前尹皆不敢處正寢廣居之不疑甞外户自閉左右皆驚廣獨自若顧見牆有孔使人掘牆得狸而殺之其怪亦絕愍懷太子之廢也詔故臣不得辭送衆官不勝憤歎皆冒禁拜辭司隸校尉滿奮勑河南中部收縛拜者送獄廣即便解遣衆人代廣危懼孫琰說賈謐曰前以太子罪惡有斯廢黜其臣不懼嚴詔冒罪而送今若繫之是彰太子之善不如釋去謐然其言廣故得不坐遷吏部尚書左僕射後東安王繇當為僕射轉廣為右僕射領吏部代王戎為尚書令始戎薦廣而終踐其位時人美之成都王穎廣之壻也及與長沙王乂搆難而廣既處朝望羣小讒謗之乂以問廣廣神色不變徐荅曰廣豈以五男易一女乂猶以為疑廣竟以憂卒荀藩聞廣之不免也為之流涕三子凱肇謨凱字弘緒大司馬齊王掾參驃騎軍事肇字弘茂太傅東海王掾洛陽陷兄弟相攜南渡江謨字弘範征虜將軍吳郡內史

史臣曰漢相清靜見機於曠務周史清虛不嫌其尸祿豈台揆之任有異於常班者歟濬沖善發談端夷甫仰教方外登槐庭之顯列顧漆園而高視彼既憑虛朝章已亂戎則取容於世旁委貨財衍則自保其身寧論宗稷及三方構亂六戎藉手犬羊之侶鋒鏑如雲夷甫區區焉佞彼兇渠以求容貸頹牆之隕猶有礼也平子肆情傲物對境難堪終失厥生自貽伊敗且夫衣服表容珪璋範德聲移宮羽彩照山華布武有章立言成訓澄之箕踞不已甚矣若乃解袒登枝裸形捫鵲以此為達謂之高致輕薄是效風流詎及道睽將聖事乖跰拍操情獨往自夭其生者焉昔晏嬰哭莊公之尸樂令解愍懷之客豈聞伯夷之風歟懦夫能立志者也

贊曰晉家求士乃構仙臺陵雲切漢山叟知材濬沖居鼎談優務劣夷甫兩顧退求三穴神亂當年忠乖曩列平子陵侮多於用拙樂令披雲高天澄澈

列傳第十三　晉書四十三

鄭袤字林叔滎陽開封人也高祖衆漢大司農父泰揚州刺史有高名袤少孤早有識鑒荀攸見之曰鄭公業不亡矣隨叔父渾避難江東時華歆為豫章太守渾往依之歆素與泰善撫養袤如己子年十七乃還鄉里性清正時濟陰魏諷為相國掾名重當世袤同郡任覽與結交袤以諷姦雄終必為禍勸覽遠之及諷敗論者稱焉魏武帝初封諸子為侯精選賓友袤與徐幹俱為臨淄侯文學轉司隸功曹從事司空王朗辟為掾袤舉高陽許允扶風魯芝東萊王基朗皆命之後咸至大位有重名袤遷尚書郎出為黎陽令吏民悅服太守班下屬城特見甄異為諸縣之最遷尚書右丞轉濟陰太守下車旌表孝悌敬禮賢能興立庠序開誘後進調補大將軍從事中郎拜散騎常侍會廣平太守缺宣帝謂袤曰賢叔大匠垂稱於陽平魏郡百姓蒙惠化且盧子家王子雍繼踵此郡使世不乏賢故復相屈袤在廣平以德化為先善作條教郡中愛之徵拜侍中百姓戀慕涕泣路隅遷少府高貴鄉公即位袤與河南尹王肅備法駕奉迎於元城封廣昌亭侯從光祿勳領宗正毌丘儉作亂景帝自出征之百官祖送於城東袤疾病不任會帝謂中領軍王肅曰唯不見鄭光祿為恨肅以語袤袤自輿追帝及於近道帝笑曰故知侯生必來也遂與袤共載曰計將何先袤曰昔與儉俱為臺郎特所知悉其人好謀而不達事情自昔建勳幽州志望無限文欽勇而無算今大軍出其不意江淮之卒銳而不能固深溝高壘以挫其氣此亞夫之長也帝稱善轉太常高貴鄉公議立明堂辟雍精選博士袤舉劉毅劉寔程咸庾峻後並至公輔大位及常道鄉公立與議定策進封安成鄉侯邑千戶景元初疾病失明屢乞骸骨不許拜光祿大夫五等初建封密陵伯武帝踐阼進爵為侯雖寢疾十餘年而時賢並相推薦泰始中詔曰光祿大夫密陵侯袤履行純正守道沖粹退有清和之風進有素絲之節宜登三階之曜補袞職之闕今以袤為司空天子臨軒遣五

官中郎將國坦就第拜授袤前後辭讓遣息稱上送印綬至于十數謂坦曰魏以徐景山為司空吾時為侍中受詔譬旨徐公語吾曰三公當上應天心苟非其人實傷和氣不敢以垂死之年累辱朝廷也終於不就遵大雅君子之跡可不務乎固辭久之見許以侯就第拜儀同三司置舍人官騎賜牀帳簟褥錢五十萬九年薨時年八十五帝於東堂發哀賜秘器朝服一具衣一襲錢三十萬絹布各百匹以供喪事謚曰元

有子六人長子默嗣次質舒詡稱予並列卿

默字思元起家秘書郎考覈舊文刪省浮穢中書令虞松謂曰而今而後朱紫別矣轉尚書考功郎專典伐蜀事封關內侯遷司徒左長史武帝受禪與太原郭弈俱為中庶子朝廷以太子官屬宜稱陪臣默上言皇太子體皇極之尊無私於天下宮臣皆受命天朝不得同之藩國事遂施行出為東郡太守值歲荒人饑默輒開倉振給乃舍都亭自表待罪朝廷嘉默憂國詔書褒歎比之汲黯班告天下若郡縣有此比者皆聽出給入為散騎常侍初帝以貴公子當品鄉里莫敢與為輩求之州內於是十二郡中正僉共舉默文帝與袤書曰小兒得廁賢子之流愧有竊賢之累及武帝出祠南郊詔使默驂乘因謂默曰卿知何以得驂乘乎昔州里舉卿相輩常愧有累清談遂問政事對曰勸穡務農為國之基選人得才濟世之道居官久職政事之宜明慎黜陟勸戒之由崇尚儒素化導之本如此而已矣帝善之後以父喪去官尋起為廷尉是時鬲令袁毅坐交通貨賂大興刑獄在朝多見引逮唯默兄弟以潔慎不染其流遷太常時僕射山濤欲舉一親親為博士謂默曰卿似尹翁歸令吾不敢復言默為人敦重而能整皆此類也及齊王攸當之國下禮官議崇錫典制博士祭酒曹志等並立異議默容過其事坐免尋拜大鴻臚遭母喪舊制既葬還職默自陳懇至終而見許遂改法定令聽大臣終喪自默始也服闋為大司農轉光祿勳太康元年卒時年六十八謚曰成尚書令衛瓘奏默才行名望且居論道五升九卿位未稱德宜贈三司而后父楊駿先欲以女妻默子豫默曰吾每讀雋不疑傳常想其人畏遠權貴奉世所守遂辭之駿深為恨至此駿議不同遂不

施行默寬沖博愛謙虛溫謹不以才地矜物事上以禮遇下以和雖僮豎廝養不加聲色而猶有嫌怨故士君子以為居世之難子球

球字子瑜少辟宰府入侍二宮成都王為大將軍起義討趙王倫球自頓丘太守為右長史以功封平壽公累遷侍中尚書散騎常侍中護軍尚書右僕射領吏部永嘉二年卒追贈金紫光祿大夫謚曰元球弟豫永嘉末為尚書

李胤字宣伯遼東襄平人也祖敏漢河內太守去官還鄉里遼東太守公孫度欲彊用之敏乘輕舟浮滄海莫知所終胤父信追求積年浮海出塞无所見欲行喪制服則疑父尚存情若居喪而不婚娶後有鄰居故人與其父同年者亡因行喪制服燕国徐邈與之州里以不孝莫大於无後勸使娶妻既生胤遂絕房室恒如居喪禮不堪其憂數年而卒胤既幼孤母又改行有識之後降食哀戚亦以喪禮自居又以祖不知存亡設木主以事之由是以孝聞容貌質素頹然若不足者而知度沉邃言必有則初仕郡上計掾州辟部從事治中舉孝廉參鎮北軍事遷樂平侯相政尚清簡入為尚書郎遷中護軍司馬吏部郎銓綜廉平賜爵關中侯出補安豐太守文帝引為大將軍從事中郎遷御史中丞恭恪直繩百官憚之伐蜀之役為西中郎將督關中諸軍事後為河南尹封廣陸伯泰始初拜尚書進爵為侯胤奏以為古者三公坐而論道內參六官之事外與六卿之教或處三槐兼聽獄訟稽疑之典謀及卿士陛下聖德欽明垂心万機猥發明詔儀刑古式雖唐虞疇諮周文翼翼無以加也自今以往国有大政可親延羣公詢納讜言其軍国所疑延詣省中使侍中尚書諮論所宜若有疾疢不任覲會臨時遣侍臣訊訪詔從之遷吏部尚書僕射尋轉太子少傅詔以胤忠允高亮有匪躬之節使領司隸校尉胤屢自表讓忝傅儲宮不宜兼監司之官武帝以二職並須忠賢故每不許咸寧初皇太子出居東宮帝以司隸事任峻重而少傅有旦夕輔道之務胤素羸不宜久勞之轉拜侍中加特進俄遷尚書令侍中特進如故胤雖歷職內外而家至貧儉兒病无以市藥帝聞之賜錢十万其後帝以司徒舊丞相之職詔以胤為司徒在位五年簡亮持重稱為任職以吳會初平大臣多有勳勞宜有登進乃上疏遜位帝不聽遣侍中宣旨優詔敦諭絕其章表胤不得已起視事太康三年薨詔遣御史持節監喪致祠謚曰成皇太子命舍人王贊誄之文義甚美帝後思胤清節詔曰故司徒李胤太常彭灌並履忠清儉身沒家無餘積賜胤家錢二百萬穀千斛灌家半之三子固眞長脩固字万基散騎郎先胤卒固子志嗣爵志字彥道歷位散騎侍郎建威將軍陽平太守眞長位至太僕卿脩黃門侍郎太弟中庶子

盧欽字子若范陽涿人也祖植漢侍中父毓魏司空世以儒業顯欽清澹有遠識篤志經史舉孝廉不行魏大將軍曹爽辟為掾爽弟嘗有所屬請欽白爽子弟不宜干犯法度爽深納之而罰其弟除尚書郎爽誅免官後為侍御史襲父爵大利亭侯累遷琅邪太守宣帝為太傅辟從事中郎出為陽平太守遷淮北都督伏波將軍甚有稱績徵拜散騎常侍大司農遷吏部尚書進封大梁侯武帝受禪以為都督沔北諸軍事平南將軍假節給追鋒輕車各一乘第二駙馬二乘騎具刀器御府人馬鎧等及錢三十万欽在鎮寬猛得中疆場无虞入為尚書僕射加侍中奉車都尉領吏部以清貧特賜絹百匹欽舉必以材稱為廉平咸寧四年卒詔曰欽履道清正執德貞素文武之稱著於方夏入躋機衡惟允庶事肆勤內外有匪躬之節不幸薨沒朕甚悼心其贈衛將軍開府儀同三司賜祕器朝服一具衣一襲布五十匹錢三十万謚曰元又以欽忠清高潔不營產業身沒之後家無所庇特賜錢五十万為立第舍復下詔曰故司空王基衛將軍盧欽領典軍將軍楊囂並素清貧身沒之後居无私積頃者饑饉聞其家大匱其各賜穀三百斛欽歷宰州郡不尚功名唯以平理為務祿俸散之親故不營資產動循禮典妻亡制廬杖終喪居外所著詩賦論難數十篇名曰小道子浮嗣

浮字子雲起家太子舍人病疽截手遂廢然朝廷器重之以為国子博士祭酒祕書監皆不就欽弟珽字子笏衛尉卿珽子志

志字子道初辟公府掾尚書郎出為鄴令成都王穎之鎮鄴也愛其才量委以心膂遂為謀主齊王冏起義遣使告穎穎召志計事志曰趙王

無道肆行篡逆四海人神莫不憤怒今殿下摠率三軍應期電發子來之衆不召自至埽夷凶逆必有征無戰然兵事至重聖人所慎宜旌賢任才以收時望穎深然之乃選上佐高辟掾屬以志為諮議參軍仍補左長史專掌文翰穎前鋒都督趙驤為倫所敗士衆震駭議者多欲還保朝歌志曰今我軍失利敵新得勝必有輕易陵轢之情若頓兵不進三軍畏衄懼不可用且戰何能無勝負宜更選精兵星行倍道出賊不意此用兵之奇也穎從之及倫敗志勸穎曰齊王衆号百万与張泓等相持不能決大王逕得濟河此之大勳莫之與比而齊王今當與大王共輔朝政志聞兩雄不俱處功名不並立今宜因太妃微疾求還定省推崇齊王徐結四海之心此計之上也穎納之遂以母疾還藩委重於冏由是穎獲四海之譽天下歸心朝廷封志為武強侯加散騎常侍及河間王顒納李含之說欲內除二王樹穎儲副遣報穎穎將應之志正諫不從及冏滅穎遥執朝權遂懷觖望之心以長沙王乂在內不得恣其所欲密欲去乂時荊州有張昌之乱穎表求親征朝廷許之會昌等

平乃迴兵以討乂志諫曰公前有復皇祚之大勳及事平歸功於齊辭九錫之賞不當朝政之權振陽翟饑人葬黃橋白骨皆盛德之事四海之人莫不荷賴矣逆寇縱肆猾擾荊楚今公埽清羣難南土以寧振旅而旋頓軍關外文服入朝此霸王者之事也穎不納及乂死穎表志為中書監留鄴參署相府事乘輿敗於蕩陰穎遣志督兵迎帝及王浚攻鄴志勸穎奉天子還洛陽時甲士尚萬五千人志夜部分至曉衆皆成列而程太妃戀鄴不欲去穎未能決俄而衆潰唯志與子謐兄子綝殿中武賁千人而已志復勸穎早發時有道士姓黃號曰聖人太妃信之及使呼入道士求兩杯酒飲訖拋杯而去於是志計始決而人馬復散志於營陣間尋索得數乘鹿車司馬督韓玄收集黃門得百餘人志入帝問志曰何故散敗至此志曰賊去鄴尚八十里而人士一朝駭散太弟今欲奉陛下還洛陽帝曰甚佳於是御犢車便發屯騎校尉郝昌先領兵八千守洛陽帝召之至汲郡而昌至兵仗甚盛志喜於復振啓天子宜下赦書與百姓同其休慶既達洛陽志啓以滿奮為司隸校尉奔散

者多還百官粗備帝悅賜志絹二百匹緜百斤衣一襲鶴綾袍一領初河間王顒聞王浚起兵遣右將軍張方救鄴方聞成都軍敗頓兵洛陽不敢進縱兵虜掠密欲遷都長安將焚宗廟宮室以絕人心志說方曰昔董卓無道焚燒洛陽怨毒之聲百年猶存何為襲之乃止方遂逼天子幸其壘帝垂泣就輿唯志侍側曰陛下今日之事當一從右將軍臣駑怯無所云補唯知盡微誠不離左右而已停方壘三日便西志復從至長安穎被黜志亦免官及東海王越奉迎大駕顒啓帝復穎還鄴以志為魏郡太守加左將軍隨穎北鎮行達洛陽而平昌公模遣前鋒督護馮嵩距穎穎還長安未至而聞顒斬張方求和於越穎住華陰志進長安詣闕陳謝即還就穎於武關奔南陽復為劉陶所驅迴詣河北及穎薨官屬奔散唯志親自殯送時人嘉之越命志為軍諮祭酒遷衞尉永嘉末轉尚書洛陽沒志將妻子北投并州刺史劉琨至陽邑為劉粲所虜与次子謐詵等俱遇害於平陽長子諶

諶字子諒清敏有理思好老莊善屬文選尚武帝女滎陽公主拜駙馬

都尉未成礼而公主卒後州舉秀才辟太尉掾洛陽沒隨志北依劉琨與志俱為劉粲所虜粲據晉陽留諶為參軍琨收散卒引猗盧騎還攻粲粲敗走諶得赴琨先父母兄弟在平陽者悉為劉聰所害琨為司空以諶為主簿轉從事中郎琨妻即諶之從母既加親愛又重其才地建興末隨琨投段匹磾匹磾自領幽州取諶為別駕匹磾既害琨尋亦敗喪時南路阻絕段末波在遼西諶往投之元帝之初末波通使於江左諶因其使抗表理琨文旨甚切於是即加弔祭累徵諶為散騎中書侍郎而為末波所留遂不得南渡末波死弟遼代立諶流離世故且二十載石季龍破遼西復為季龍所得以為中書侍郎國子祭酒侍中中書監屬冉閔誅石氏諶隨閔軍於襄国遇害時年六十七是歲永和六年也諶名家子早有聲譽才高行絜為一時所推值中原喪乱與清河崔悅潁川荀綽河東裴憲北地傅暢並淪陷非所雖俱顯於石氏恒以為辱諶每謂諸子曰吾身沒之後但稱晉司空從事中郎爾撰祭法注莊子及文集皆行於世悅字道儒魏司空林曾孫劉琨妻之姪也與諶俱

爲琅邪司空從事中郎後爲末波佐史沒石氏亦居大官其緯憲暢並別
有傳
華表字偉容平原高唐人也父歆清德高行爲魏太尉表年二十拜散
騎黃門郎累遷侍中正元初石苞來朝盛稱高貴鄉公以爲魏武更生
時聞者流汗沾背表懼禍作頻稱疾歸下舍故免於大難後遷尚書五
等建封觀陽伯坐供給喪事不整免泰始中拜太子少傅轉光祿勳遷
太常卿數歲以老病乞骸骨詔曰表清貞履素有老成之美久幹王事
靜恭匪懈而以疾固辭章表懇至今聽如所上以爲太中大夫賜錢二
十万牀帳褥席祿賜與卿同門施行馬表以苦節垂名司徒李胤司隸
王宏等並歎美表清澹退靜以爲不可得貴賤而親疏也咸寧元年八
月卒時年七十二諡曰康詔賜朝服有六子廙岑嶠鑒澹簡
廙字長駿弘敏有才義妻父盧毓典選難舉姻親故廙年三十五不得
調晚爲中書通事郎泰始初遷冗從僕射少爲武帝所礼歷黃門侍郎
散騎常侍前軍將軍侍中南中郎將都督河北諸軍事父疾篤輒還遂之

遭喪舊例葬訖復任廙固辭迕旨初表有賜客在鬲使廙因縣令袁毅
錄名三客各代以奴及毅以貨賕致罪獄辭迷謬不復顯以奴代客直
言送三奴與廙而毅亦盧氏壻也又中書監荀勖先爲中子求廙女廙
不許爲恨因密啓帝以袁毅貨賕者多不可尽罪宜責最所親者一人
因指廙當之又緣廙有違忤之咎遂於喪服中免廙官削爵土大鴻臚
何遵奏廙免爲庶人不應襲封請以表世孫混嗣表有司奏曰廙所坐
除名削爵一時之制廙爲世子著在名簿不聽襲嗣此爲刑罰再加諸
侯犯法八議平處者褒功重爵也嫡統非犯終身棄罪廢之爲重依
律應聽襲封詔曰諸侯薨子踰年即位此古制也應即位而廢之爵命
皆去矣何爲罪罰再加且吾之責廙以肅貪穢本不論常法也諸賢不
能將明此意乃更詭易礼律不顧憲度君命廢之而羣下復之此爲上
下正相反也於是有司奏免議者官詔皆以贖論混以世孫當受封逃
避斷髮陽狂病瘖不能語故得不拜世咸稱之廙棲遲家巷垂十載敎
誨子孫講誦經典集經書要事名曰善文行於世與陳勰共造睹蘭於

宅側帝嘗出視之問其故左右以實對帝心憐之帝後又登陵雲臺望
見廙苜蓿園阡陌甚整依然感舊太康初大赦乃得襲封久之拜城門
校尉遷左衛將軍數年以爲中書監惠帝即位加侍中光祿大夫尚書
令進爵爲公廙應楊駿召不時還有司奏免官尋遷太子少傅加散騎
常侍動遵礼典得傅導之義後年衰病篤詔遣太醫療病進位光祿大
夫開府儀同三司時河南尹韓壽因託賈后求以女配廙孫陶廙距而
不許后深以爲恨故遂不登台司年七十五卒謚曰元三子混薈恒混字敬
倫嗣父爵清貞簡正歷位侍中尚書卒官子陶嗣補輩令沒於石勒
薈字敬叔爲河南尹與荀藩荀組俱避賊至臨潁父子並遇害
恒字敬則博學以清素爲稱尚武帝女滎陽長公主拜駙馬都尉元康
初東宮建恒以選爲太子賓友賜爵關內侯食邑百戶辟司徒王渾倉
曹掾屬除散騎侍郎累遷散騎常侍北軍中候俄拜領軍加散騎常侍
愍帝即位以恒爲尚書進爵苑陵縣公頃之劉聰逼長安詔出恒爲鎮
軍將軍領潁川太守以爲外援恒興合義軍得二千人未及西赴而關

中陷沒時群賊方盛所在州郡相繼奔敗恒亦欲棄郡東渡而從兄軼
爲元帝所誅以此爲疑先書與驃騎將軍王導導言於帝帝曰兄弟罪
不相及況羣從乎即召恒補光祿勳恒到未及拜更以爲衛將軍加散
騎常侍本州大中正尋拜太常議立郊祀尚書刁協國子祭酒杜夷議
須還洛乃修郊祀恒議漢獻帝居許即便郊柴宜於此修立司徒荀組
驃騎將軍王導同恒議遂定郊祀尋以疾求解詔曰太常職主宗廟蒸
嘗敬重而華恒所疾不堪親奉職事夫子稱吾不預祭如不祭況宗伯
之任職所司邪今轉恒爲廷尉頃之加特進太寧初遷驃騎將軍加散
騎常侍督石頭水陸諸軍事王敦表轉恒爲護軍疾病不拜授金紫光
祿大夫又領太子太保成帝即位加散騎常侍領國子祭酒咸和初以
愍帝時賜爵進封一皆削除恒更以討王敦功封苑陵縣侯復領太常
蘇峻之亂恒侍帝左右從至石頭備履艱危困悴踰年初恒爲州大中
正鄉人任讓輕薄無行爲恒所黜及讓在峻軍中任勢多所殺害見恒
輒恭敬不肆其虐鍾雅劉超之死亦將及恒讓盡心救衛故得免及

帝加元服又將納后寇難之後典籍亡遺婚冠之礼無所依據惟尋
舊典撰定礼儀并郊廟辟雍朝廷軌則事並施用遷左光祿大夫開府
常侍如故固讓未拜會卒時年六十九冊贈侍中左光祿大夫開府諡
曰敬恒清格儉素雖居顯列常布衣蔬食年老彌篤死之日家无餘財
唯有書數百卷時人以此貴之子俊嗣為尚書郎俊子仰之大長秋
嶠字叔駿才章深博少有令聞文帝為大將軍辟為掾屬補尚書郎轉
車騎從事中郎泰始初賜爵關內侯遷太子中庶子出為安平太守
辭親老不行更拜散騎常侍典中書著作領国子博士遷侍中太康末
武帝頗親宴樂又多疾病屬小瘳嶠與侍臣表賀因微諫曰伏惟聖
躬漸就平和上下同慶不覺抃舞臣等愚戇竊有微懷以為收功於
所忽事乃无悔慮福於垂成祚乃日新唯願陛下深垂聖明遠思所忽
之悔以成日新之福沖靜和氣噕養精神頤身於清簡之宇留心於虛
曠之域無厭世俗常戒以忽羣下之言則豐慶日延天下幸甚帝手詔
報曰輒自消息無所為慮元康初封宣昌亭侯誅楊駿改封樂鄉侯遷

尚書後以嶠博聞多識屬書典實有良史之志轉秘書監加散騎常
侍班同中書寺為內臺中書散騎著作及治礼音律天文數術南省文
章門下撰集皆典統之初嶠以漢紀煩穢慨然有改作之意會為臺郎
典官制事由是得徧觀秘籍遂就其緒起于光武終於孝獻一百九十
五年為帝紀十二卷皇后紀二卷十典十卷傳七十卷及三譜序傳目
錄凡九十七卷嶠以皇后配天作合前史作外戚傳以繼末編非其義
也故易為皇后紀以次帝紀又改志為典以有堯典故也而改名漢後
書奏之詔朝臣會議時中書監荀勗令和嶠太常張華侍中王濟咸以
嶠文質事核有遷固之規實錄之風藏之秘府後太尉汝南王亮司空
衛瓘為東宮傅列上通講事遂施行嶠所著論議難駁詩賦之屬數十
萬言其所奏官制太子宜還宮及安邊雩祭明堂辟雍浚導河渠巡禹
之舊跡置都水官脩蠶宮之礼置長秋事多施行元康三年卒追贈少
府諡曰簡嶠性嗜酒率常沉醉所撰書十典未成而終秘書監荀勗奏
嶠中子徹為佐著作郎使踵成之未竟而卒後監繆徵又奏嶠少子暢

為佐著作郎克成十典并草魏晉紀傳與著作郎張載等俱在史官永
嘉喪亂經籍遺沒嶠書存者三十餘卷嶠有三子頤徹暢頤嗣官至長
樂內史暢有才思所著文章數萬言遭寇亂避難荊州為賊所害時
年四十

石鑒字林伯樂陵厭次人也出自寒素雅志公亮仕魏歷尚書郎侍御
史尚書左丞御史中丞多所糾正朝廷憚之出為并州刺史假節護匈
奴中郎將武帝受禪封堂陽子入為司隸校尉轉尚書時秦涼為虜
所敗遣鑒都督隴右諸軍事坐論功虛偽免官後為鎮南將軍豫州刺
史坐討吳賊虛張首級詔曰昔雲中守魏尚以斬首不實受刑武牙將
軍田順以詐增虜獲自殺誣罔敗法古今所疾鑒備大臣吾所取信往
者西事公欺朝廷以敗為得竟不推究中間黜免未久尋復授用冀能
補過而乃與下同詐所謂大臣義得爾乎有司奏是也顧未忍耳今遣
歸田里終身不得復用勿削爵土也久之拜光祿勳復為司隸校尉稍
加特進遷右光祿大夫開府領司徒前代三公冊拜皆設小會所以崇

宰輔之制也自魏末已後廢不復行至鑒有詔令會遂以為常太康末
拜司空領太子太傅武帝崩鑒與中護軍張劭監統山陵時大司馬汝
南王亮為太傅楊駿所疑不敢臨喪出營城外時有告亮欲舉兵討駿
駿大懼白太后令帝為手詔詔鑒及張劭使率陵兵討亮劭駿甥也便
率所領催鑒速發鑒以為不然保持之遣人密覘視亮已別道還許昌
於是駿止論者稱之山陵訖封昌安縣侯元康初為太尉年八十餘克
壯慷慨自遇若少年時人美之尋薨諡曰元子陋字處賤襲封歷屯
騎校尉

溫羨字長卿太原祁人漢護羌校尉序之後也祖恢魏揚州刺史父恭
濟南太守兄弟六人並知名於世號曰六龍羨少以朗寤見稱齊王攸
辟為掾遷尚書郎惠帝即位拜豫州刺史入為散騎常侍累遷尚書及
齊王冏輔政以羨攸之故吏意特親之轉吏部尚書先是張華被誅冏
建議欲復其官爵論者或以為非羨駁之曰自天子已下爭臣各有
差不得歸罪於一人也故晏子曰為己死亡非其親暱誰能任之里克

之殺二庶陳乞之立陽生漢朝之誅諸呂皆積年之後乃得立事未有事主見存而得其志於數月之內者也式乾之會張華獨諫上宰不和不能承風贊善望其指麾從命不亦難乎況今皇后譖害其子內難不預禮非所在且后體齊於帝尊同皇極罪在枉子事不爲逆義非所討今以華不能廢枉子之后與趙盾不討殺君之賊同而貶責之於義不經通也華竟得追復爵位其後以從駕討成都王穎有勳封大陵縣公邑千八百戶出爲冀州刺史加後將軍范陽王虓敗於許昌也自牧冀州羨乃避之惠帝之幸長安以羨爲中書令不就及帝還洛陽徵爲中書監加散騎常侍未拜會帝崩懷帝即位遷左光祿大夫開府領司徒論者僉謂爲速在位未幾病卒贈司徒謚曰元有三子祗允裕祗字敬齊太傅西曹掾允字敬咸太子舍人裕字敬嗣尚武安長公主官至左光祿大夫

史臣曰晉氏中朝承累世之資建兼并之業衣冠斯盛英彥如林此數公者或以雅望處台槐或以高名居保傅自非一時之秀亦曷能至于斯惜其參緘於論道之辰獨善於兼濟之日良圖靡議無足多談然退已進賢林叔弘推讓之美自家刑國宣伯協恭孝之規子若之儒素爲基偉容之苦節流譽慶垂來葉不亦宜哉石鑒以公兊升溫羨以明寤顯竄子危亂不隕其名歲寒見松柏之後彫斯人之謂矣

贊曰讓矣密陵孝哉廣陸欽既博雅表亦貞肅緊績克宣溫聲載穆同鏘玉振爭芬蘭郁

列傳第十四　　晉書四十四

劉毅子暾　程衞　和嶠　武陔　任愷
崔洪　郭奕　侯史光　何攀

劉毅字仲雄東萊掖人漢陽城景王章之後父喈丞相屬毅幼有孝行少厲清節然好臧否人物王公貴人望風憚之僑居平陽太守杜恕請為功曹沙汰郡吏百餘人三魏稱焉為之語曰但聞劉功曹不聞杜府君魏末本郡察孝廉辟司隸都官從事京邑肅然毅將彈河南尹司隸不許曰攫獸之犬鼷鼠蹈其背毅曰既能攫獸又能殺鼠何損於犬投傳而去同郡王基薦毅於公府曰毅方正亮直介然不羣言不苟合行不苟容往日僑仕平陽為郡股肱正色立朝舉綱引墨朱紫有分鄭衞不雜孝悌著於邦族忠貞效於三魏昔孫陽取騏驥於吳坂秦穆拔百里於商旅毅未遇知己無所自呈前已口白謹復申請太常鄭袤舉博士文帝辟為相國掾辭疾積年不就時人謂毅忠於魏氏而帝怒其顧望將加重辟毅懼應命轉主簿武帝受禪為尚書郎駙馬都尉遷散騎常侍國子祭酒帝以毅忠蹇正直使掌諫官轉城門校尉遷太僕拜尚書坐事免官咸寧初復為散騎常侍博士祭酒轉司隸尉糾正豪右京師肅然司部守令望風投印綬者甚衆時人以毅方之諸葛豐蓋寬饒皇太子朝鼓吹將入東掖門毅以為不敬止之於門外奏劾保傅以下詔赦之然後得入帝嘗南郊禮畢喟然問毅曰卿以朕方漢何帝也對曰可方桓靈帝曰吾雖德不及古人猶克己為政又平吳會混一天下方之桓靈其已甚乎對曰桓靈賣官錢入官庫陛下賣官錢入私門以此言之殆不如也帝大笑曰桓靈之世不聞此言今有直臣故不同也散騎常侍鄒湛進曰世談以陛下比漢文帝人心猶不多同昔馮唐荅文帝云不能用頗牧而文帝怒今劉毅言犯順而陛下歡然以此相校聖德乃過之矣帝曰我平天下而不封禪焚雉頭裘行布衣禮卿初无言今於小事何見褒之甚湛曰臣聞猛獸在田荷戈而出凡人能之蜂蠆作於懷袖勇夫為之驚駭出於意外故也夫君臣有自然之尊卑言語有自然之逆順向劉毅始言臣等莫不變色陛下發不世之詔出思慮

之表臣之喜慶不亦宜乎在職六年遷尚書左僕射時龍見武庫井中帝親觀之有喜色百官將賀毅獨表曰昔龍降鄭時門之外子產不賀龍降夏庭沫流不禁卜藏其漦至周幽王禍釁乃發易稱潛龍勿用陽在下也證據舊典无賀龍之禮詔報曰正德未修誠未有以膺受嘉祥省來示以為瞿然賀慶之事宜詳依典義動靜數示尚書郎劉漢等議以為龍躰既蒼雜以素文意者大晉之行戢武興文之應也而毅乃引衰世妖異以疑今之吉祥又以龍在井為潛皆失其意潛之為言隱而不見今龍彩質明煥示人以物非潛之謂也毅應推處詔不聽後陰氣解而復合毅上言必有阿黨之臣姦以事君者當誅而不誅故也毅以魏立九品權時之制未見得人而有八損乃上䟽曰臣聞立政者以官才為本官才有三難而興替之所由也人物難知一也愛憎難防二也情偽難明三也今立中正定九品高下任意榮辱在手操人主之威福奪天朝之權勢愛憎決於心情偽由於己公无考校之負私無告訐之忌用心百態求者万端廉讓之風滅苟且之俗成天下訩訩但爭品位不聞推讓竊為聖朝恥之夫名狀以當才為清品輩以得實為平安危之要不可不明清平者政化之美也枉濫者亂敗之惡也不可不察然人才異能備躰者寡器有大小達有早晚前鄙後修宜受日新之報抱正違時宜有質直之稱度遠闕小宜得殊俗之狀任直不飾宜得清實之譽行寡才優宜獲器任之用是以三仁殊塗而同歸四子異行而均義陳平韓信笑侮於邑里而收功於帝王屈原伍胥不容於人主而顯名於竹帛是篤論之所明也今之中正不精才實務依黨利不均稱尺務隨愛憎所欲與者獲虛以成譽所欲下者吹毛以求疵高下逐強弱是非由愛憎隨世興衰不顧才實衰則削下興則扶上一人之身旬日異狀或以貨賂自通或以計協登進附託者必達守道者困悴无報於身必見割奪有私於己必得其欲是以上品无寒門下品无勢族曁時有之皆曲有故慢主罔時實為亂源損政之道一也置州都者取州里清議咸所歸服將以鎮異同一言議不謂一人之身了一州之才一人不審便坐之若然自仲尼以上至于庖犧莫不有失則皆不堪何獨責

於中人者哉若殊不脩自可更選今重其任而輕其人所立品格還訪刁攸攸非州里之所歸非職分之所置今訪之歸正於所不服決事於所不職以長讒構之源以生乖爭之兆似非立都之本旨理俗之深防也主者既善刁攸攸之所下而復選以二千石已有數人劉良上攸之所下石公罪攸之所行駮違之論橫于州里嫌讎之隙結於大臣夫桑妾之訟禍及吳楚鬬雞之變難興魯邦況乃人倫交爭而部黨興刑獄滋生而禍根結損政之道二也本立格之體將謂人倫有序若貫魚成次也爲九品者取下者爲格謂才德有優劣倫輩有首尾今之中正務自遠者則抑割一國使無上人穢劣下比則拔舉非次并容其身公以爲格坐成其私君子無小人之怨官政無繩姦之防使得上欺明主下亂人倫乃使優劣易地首尾倒錯推貴異之器使在九品之下負戴不肖越在成人之首損政之道三也陛下踐阼開天地之德弘不諱之詔納忠直之言以覽天下之情太平之基不世之法也然賞罰自王公以至于庶人無不加法置中正委以一國之重無賞罰之防人心多故清

平者寡故怨訟者衆聽之則告訐無已禁絕則侵枉無極與其理訟之煩猶愈侵枉之害今禁訟訴則杜一國之口培一人之勢使得從橫無所顧憚諸受枉者抱怨積直獨不蒙天地無私之德而長壅蔽於邪人之銓使上明不下照下情不上聞損政之道四也昔在前聖之世欲敦風俗鎮靜百姓隆鄉黨之義崇六親之行禮教庠序以相率賢不肖於是見矣然鄉老書其善以獻天子司馬論其能以官於職有司考績以明黜陟故天下之人退而脩本州黨有德義朝廷有公正浮華邪佞無所容厝今一國之士多者千數或流徙異邦或取給殊方面猶不識況盡其才力而中正知與不知其當品狀采譽於臺府納毀於流言任已則有不識之蔽聽受則有彼此之偏所知者以愛憎奪其平所不知者以人事亂其度既無鄉老紀行之譽又非朝廷考績之課遂使進官之人棄近求遠背本逐末位以求成不由行立品不校功黨譽虛妄損政五也凡所以立品設狀者求人才以理物也非虛飾名譽相爲好醜雖孝悌之行不施朝廷故門外之事以義斷恩既以在官職有大小事

有劇易各有功報此人才之實效功分之所得也今則反之於限當報雖職之高還附卑品無績於官而獲高敘是爲抑功實而隆虛名也上奪天朝考績之分下長浮華朋黨之事損政六也凡官不同事人不同能得其能則成失其能則敗今品不狀才能之所宜而以九等爲例以品取人或非才能之所長以狀取人則爲本品之所限若狀得其實猶品狀相妨繫縶選舉使不得精於才宜況今九品所疏則削其長所親則飾其短徒結白論以爲虛譽則品不料能百揆何以得理萬機何以得脩損政七也前九品詔書善惡必書以爲褒貶當時天下少有所忌今之九品所下不彰其罪所上不列其善廢褒貶之義任愛憎之斷清濁同流以植其私故反違前品大其形勢以驅動衆人使必歸己進者無功以表勸退者無惡以成懲懲勸不明則風俗汙濁天下人焉得不解德行而銳人事損政八也由此論之選中正而非其人授權勢而無賞罰或缺中正而無禁檢故邪黨得肆枉濫從橫雖職名中正實爲姦府事名九品而有八損或恨結於親親猜生於骨肉當身困於敵讎

子孫離其殃咎斯乃歷世之患非徒當今之害也是以時主觀時立法防姦消亂靡有常制故周因於殷有所損益至於中正九品上聖古賢皆所不爲豈蔽於此事而有不周哉將以政化之宜無取於此也自魏立以來未見其得人之功而生讎薄之累毀風敗俗無益於化古今之失莫大於此愚臣以爲宜罷中正除九品棄魏氏之弊法立一代之美制疏奏優詔答之後司空衛瓘等亦共表宜省九品復古鄉議里選竟不施行毅夙夜在公坐而待旦言議切直無所曲撓爲朝野之所式瞻嘗散齋而疾其妻省之毅便奏加妻罪而請解齋妻子有過立加杖捶其公正如此然以峭直故不至公輔帝以毅清貧賜錢三十萬日給米肉年七十告老久之見許以光祿大夫歸第門施行馬復賜錢百萬後司徒舉毅爲青州大中正尚書以毅懸車致仕不宜勞以碎務陳留相樂安孫尹表曰禮凡卑者執勞尊者居逸是順敘之宜也司徒魏舒司隸校尉嚴詢與毅年齒相近往者同爲散騎常侍後分授外內之職資途所經出處一致今詢管四十萬戶州兼董司百寮總攝機要舒所

統都廣兼執九品銓十六州論議主者不以爲劇毅但以知一州便謂不宜累以碎事於毅太優詢舒太劣若以前聽致仕不宜復與遷授位者故光祿大夫鄭袤爲司空是也夫知人則哲惟帝難之尚可復委以宰輔之任不可諮以人倫之論臣竊所未安昔鄭武公年過八十入爲周司徒雖過縣車之年必有可用毅前爲司隸直法不撓當朝之臣多所按劾諺曰受堯之誅不能稱堯直臣無黨古今所患是以汲黯死於淮陽董仲舒裁爲諸侯之相而毅獨遭聖明不離輦轂當世之士咸以爲榮毅雖身偏有風疾而志氣聰明一州品第不足勞其思慮毅疾惡之心小過主者必疑其論議傷物故高其優禮令去事實此爲机閣毅使絕人倫之路也臣州茂德惟毅越毅不用則清談倒錯矣於是青州自二品已上光祿勳石鑒等共奏曰謹按陳留相孫尹表及與臣等書如左臣州履境海岱而參風齊魯故人俗務本而世敦德讓今雖不充於舊而遺訓猶存是以人倫歸行士識所守也前被司徒符當參舉州大中正僉以光祿大夫毅純孝至素著在鄉閭忠允亮直竭於事上仕不爲榮惟期盡節正身率道崇公忘私行高義明出處同揆故能令義士宗其風景州閭歸其清流雖年耆偏疾而神明克壯實臣州人士所思準繫者矣誠以毅之明格不言而信風之所動清濁必偃以稱一州咸同之望故也竊以爲礼賢尚德教之大典王制奪與動爲開塞而士之所歸人倫爲大臣等虛劣雖言廢於前今承尹書敢不列啓按尹所執非惟惜名議於毅之身亦通陳朝宜奪與大準以爲尹言當否應蒙評議由是毅遂爲州都銓正人流清濁區別其所彈貶自親貴者始太康六年卒武帝撫机驚曰失吾名臣不得生作三公即贈儀同三司使者監護喪事羽林左監北海王宮上疏曰中詔以毅忠允匪躬贈班台司斯誠聖朝考績以毅著勳之美事也臣謹按謚者行之迹而號者功之表今毅功德並立而有號無謚於義不體臣竊以春秋之事求之謚法主於行而不繼爵然漢魏相承爵非列侯則皆沒而高行不加之謚至使三事之賢臣不如野戰之將銘跡所殊臣願聖世舉春秋之遠制改列爵之舊限使夫功行之實不相掩替則莫不率賴若以革舊毀制非所倉卒則毅之忠益雖不攻城略地論德進爵亦應在例臣敢惟行甫請周之義謹牒毅功行如右帝出其表使八坐議之多同宮議奏寢不報二子暾總

暾字長升正直有父風太康初爲博士會議齊王攸之國加崇典禮暾與諸博士坐議迕旨武帝大怒收暾等付廷尉會赦得出免官初暾父毅疾馮紞姦佞欲奏其罪未果而卒至是紞位宦日隆暾慨然曰使先人在不令紞得無患後爲酸棗令轉侍御史會司徒王渾主簿劉輿獄辭連暾將收付廷尉渾不欲使府有過欲距劾自舉之與暾更相曲直渾怒便遜位還第暾乃奏渾曰謹按司徒王渾蒙國厚恩備位鼎司不能上佐天日調和陰陽下遂万物之宜使卿大夫各得其所敢因劉輿拒扞詔使私欲大府興長獄訟昔陳平不荅漢文之問邴吉不問死人之變誠得宰相之體也既興刑獄怨懟而退舉動輕速無大臣之節請免渾官右長史楊丘亭侯劉肇便辟善柔苟於阿順請大鴻臚削爵土詔聞暾此奏者皆歎美之其後武庫火尚書郭彰率百人自衞而

不救火暾正色詰之彰怒曰我能截君角也暾勃然謂彰曰君何敢恃寵作威作福天子法冠而欲截角乎求紙筆奏之彰伏不敢言衆人解釋乃止彰久貴豪侈每出輒從百餘人自此之後務從簡素暾遷太原內史趙王倫篡位假征虜將軍不受與三王共舉義惠帝復阼暾爲左丞正色立朝三臺清肅尋兼御史中丞奏免尚書僕射東安公繇及王粹董艾等十餘人朝廷嘉之遂即真遷中庶子左衞將軍司隸校尉奏免武陵王澹及何綏劉坦溫畿李晅等長沙王乂討齊王冏暾豫謀封朱虛縣公千八百戶乂死坐免頃之復爲司隸及惠帝之幸長安也留暾守洛陽河間王顒遣使鴆羊皇后暾乃與留臺僕射荀藩河南尹周馥等上表理后無罪語在后傳顒見表大怒遣陳顏呂朗率騎五千收暾暾東奔高密王略會劉根作逆略以暾爲大都督加鎮軍將軍討根暾戰失利還洛至酸棗值東海王越奉迎大駕及帝還洛羊后反宮后遣使謝暾曰賴劉司隸忠誠之志得有今日以舊勳復封爵加光祿大夫暾妻前卒先陪陵葬子更生初婚家法婦當拜墓攜賓客

親屬數十乘載酒食而行先是洛陽令王稜爲越所信而輕暾暾每欲繩之稜以爲怨時劉聰王弥屯河北京邑危懼稜告越云暾與弥鄉親而欲投之越嚴騎將追暾右長史傅宣明暾不然暾聞之未至基而反以正義責越越甚慙及劉曜寇京師以暾爲撫軍將軍假節都督城守諸軍事曜退遷尚書僕射越憚暾久居監司又爲衆情所歸乃以爲右光祿大夫領太子少傅加散騎常侍外示崇進實奪其權懷帝又詔暾領衞尉加特進後復以暾爲司隸加侍中暾五爲司隸允協物情故也王弥入洛百官殲焉弥以暾鄉里宿望故免於難暾因說弥曰今英雄競起九州幅裂有不世之功者宇內不容將軍自興兵已來何攻不剋何戰不勝而復與劉曜不協宜思文種之禍以范蠡爲師且將軍可無帝王之意東王本州以觀事勢上可以混一天下下可以成鼎峙之事豈失孫劉乎蒯通有言將軍宜圖之弥以爲然使暾于青州與曹嶷謀且徵之暾至東阿爲石勒遊騎所獲見弥與嶷書而大怒乃殺之暾有二子佑白佑爲太傅屬白太子舍人白果烈有才用東海王越忌之竊遣上軍何倫率十餘人入暾弟爲劫取財物殺白而去總字弘紀好學直亮後叔父彪位至北軍中候

程衞者字長玄廣平曲周人也少立操行彊正方嚴劉毅聞其名辟爲都官從事毅奏中護軍羊琇犯憲應死武帝與琇有舊乃遣齊王攸喻毅毅許之衞正色以爲不可徑自馳車入護軍營收琇屬吏考問陰私先奏琇所犯狼籍然後言於毅由是名振遐邇百官厲行遂辟公府掾遷尚書郎侍御史在職皆以事幹顯補洛陽令歷安定頓丘太守所莅著績卒於官

和嶠字長輿汝南西平人也祖洽魏尚書令父逌魏吏部尚書嶠少有風格慕舅夏侯玄之爲人厚自崇重有盛名於世朝野許其能整風俗理人倫襲父爵上蔡伯起家太子舍人累遷潁川太守爲政清簡甚得百姓懽心太傅從事中郎庾顗見而歎曰嶠森森如千丈松雖磥砢多節目施之大厦有棟梁之用賈充亦重之稱於武帝入爲給事黃門侍郎遷中書令帝深器遇之舊監令共車入朝時荀勖爲監嶠

鄙勖爲人以意氣加之每同乘高抗專車而坐乃使監令異車自嶠始也吳平以參謀議功賜弟郁爵汝南亭侯嶠轉侍中愈被親禮與任愷張華相善嶠見太子不令因侍坐曰皇太子有淳古之風而季世多僞恐不了陛下家事帝默然不答後與荀顗荀勖同侍帝曰太子近入朝差長進卿可俱詣之粗及世事既奉詔而還顗勖並稱太子明識弘雅誠如明詔嶠曰聖質如初耳帝不悅而起嶠退居恒懷慨歎知不見用猶不能已在御坐言及社稷未嘗不以儲君爲憂帝知其言忠每不酬和後與嶠語不及來事或以告賈妃妃銜之太康末爲尚書以母憂去職及惠帝即位拜太子少傅加散騎常侍光祿大夫太子朝西宮嶠從入賈后使帝問嶠曰卿昔謂我不了家事今日定云何嶠曰臣昔事先帝曾有斯言言之不效國之福也臣敢逃其罪乎元康二年卒贈金紫光祿大夫加金章紫綬本位如前永平初策謚曰簡嶠家產豐富擬於王者然性至吝以是獲譏於世杜預以爲嶠有錢癖以弟郁子濟嗣位至中書郎郁字仲輿才望不及嶠而以清幹稱歷尚書左右僕射中書令尚書令洛陽傾沒奔于苟晞疾卒

武陔字元夏沛國竹邑人也父周魏衞尉陔沈敏有器量早獲時譽與二弟韶叔夏茂季夏並總角知名雖諸父兄弟及鄉閭宿望莫能覺其優劣同郡劉公榮有知人之鑒常造周周見其三子焉公榮曰皆國士也元夏最優有輔佐之才陳力就列可爲亞公叔夏季夏不減常伯納言也陔少好人倫與潁川陳泰友善魏明帝世累遷下邳太守景帝爲大將軍引爲從事中郎累遷司隸校尉轉太僕卿初封亭侯五等建改封薛縣侯文帝甚親重之數與詮論時人常問陳泰孰若其父羣陔各稱其所長以爲羣泰略無優劣帝然之泰始初拜尚書掌吏部遷左僕射左光祿大夫開府儀同三司陔以宿齒舊臣名位隆重自以無佐命之功又在魏已爲大臣不得已而居位深懷遜讓終始全潔當世以爲美談卒於位謚曰定子輔嗣歷吏部郎太子右衞率散騎常侍茂以德素稱名亞於陔爲上洛太守散騎常侍侍中尚書潁川荀愷年少於茂即武帝姑子自負貴戚欲與茂交距而不答由是

致怨及楊駿誅愷時爲僕射以茂駿之姨弟陷爲逆黨遂見害茂清正方直聞於朝野一旦枉酷天下傷焉侍中傅祗上表申明之後追贈光祿勳

任愷字元裒樂安博昌人也父昊魏太常愷少有識量尚魏明帝女累遷中書侍郎員外散騎常侍晉國建爲侍中封昌國縣侯愷有經國之幹萬機小大多管綜之性忠正以社稷爲已任帝器而昵之政事多諮焉泰始初鄭沖王祥何曾荀顗裴秀等各以老疾歸第帝優寵大臣不欲勞以筋力數遣愷諭旨於諸公諮以當世大政參議得失愷惡賈充之爲人也不欲令久執朝政每裁抑焉充病之不知所爲後承間言愷忠貞局正宜在東宮使護太子帝從之以爲太子少傅而侍中如故充計畫不行會秦雍寇擾天子以爲憂愷因曰秦涼覆敗關右騷動此誠國家之所深慮宜速鎮撫使人心有庇自非威望重臣有計略者無以康西土也帝曰誰可任者愷曰賈充其人也中書令庾純亦言之於是詔充西鎮長安充用荀勖計得留充既爲帝所遇欲專名勢而庾純張華溫顒向秀和嶠之徒皆與愷善楊珧王恂華廙等充所親敬於是朋黨紛然帝知之召充愷宴於式乾殿而謂充等曰朝廷宜一大臣當和充愷各拜謝而罷既而充愷等以帝已知之而不責結怨愈深外相崇重內甚不平或爲充謀曰愷總門下樞要得與上親接宜啓令典選便得漸疎此一都令史事耳且九流難精間隙易乘充因稱愷才能宜在官人之職帝不之疑謂充舉得其才即日以愷爲吏部尚書加奉車都尉愷既在尚書選舉公平盡心所職然侍覲轉希充與荀勖馮紞承間浸潤謂愷豪侈用御食器充遣尚書右僕射高陽王珪奏愷遂免官有司收太官宰人檢覈是愷妻齊長公主得賜魏時御器也愷既免而毀謗益至帝漸薄之然山濤明愷爲人通敏有智局舉爲河南尹坐賊發不獲又免官復遷光祿勳愷素有識鑒加以在公勤恪甚得朝野稱譽而賈充朋黨又諷有司奏愷與立進令劉友交關事下尚書愷對不伏尚書杜友廷尉劉良並忠公士也知愷爲充所抑欲申理之故遲留而未斷以是愷及友良皆免官愷既失職乃縱酒耽樂極滋味以自奉養初何劭以公子奢侈每食必盡四方珍饌愷乃踰之一食萬錢猶云無可下箸處愷時因朝請帝或慰諭之愷初無復言惟泣而已後起爲太僕轉太常初魏舒雖歷位郡守而未被任遇愷爲侍中薦舒爲散騎常侍至是舒爲右光祿開府領司徒帝臨軒使愷拜授舒雖以弘量寬簡爲稱時以愷有佐世器局而舒登三公愷止守散卿莫不爲之憤歎也愷不得志竟以憂卒時年六十一謚曰元子罕嗣罕字子倫幼有門風才望不及愷以淑行致稱爲清平佳士歷黃門侍郎散騎常侍兗州刺史大鴻臚

崔洪字良伯博陵安平人也高祖寔著名漢代父讚魏吏部尚書左僕射以雅量見稱洪少以清厲顯名骨鯁不同於物人之有過輒面折之而退无後言武帝世爲御史治書時長樂馮恢父爲弘農太守愛少子淑欲以爵傳之恢父終服闋乃還鄉里結草爲廬陽瘖不能言淑得襲爵恢始仕爲博士祭酒散騎常侍翟嬰薦恢高行邁俗侔繼古烈洪奏恢不敦儒業令學生番直左右雖有讓侯微善不得稱無倫輩嬰爲浮華之目遂免嬰官朝廷憚之尋爲尚書左丞時人爲之語曰叢生棘刺來自博陵在南爲鷂在北爲鷹遷吏部尚書舉用甄明門无私謁薦雍州刺史郤詵代已爲左丞詵後糾洪洪謂人曰我舉郤丞而還奏我是挽弩自射也詵聞曰昔趙宣子任韓厥爲司馬以軍法戮宣子之僕宣子謂諸大夫曰可賀我矣吾選厥也任其事崔侯爲國舉才我以才見舉惟官是視各明至公何故私言乃至此洪聞其言而重之洪口不言貨財手不執珠玉汝南王亮常讌公卿以瑠璃鍾行酒酒及洪洪不執亮問其故對曰慮有執玉不趨之義故尔然實乖其常性故爲詭說楊駿誅洪與都水使者王佑親坐見黜後爲大司農卒官子廓散騎侍郎亦以正直稱

郭奕字大業太原陽曲人也少有重名　濤稱其高簡有雅量初爲野王令羊祜常過之奕歎曰羊叔子何必減郭大業少選復往又歎曰羊叔子去人遠矣遂送祜出界數百里坐此免官咸熙末爲文帝相國主簿時鍾會反於蜀荀勖即會之從甥少長會家勖爲文帝掾奕啓

出之帝雖不用然知其雅正武帝踐阼初建東宮以奕及鄭默並爲中庶子遷右衛率驍騎將軍封平陵男咸寧初遷雍州刺史鷹揚將軍尋假赤幢曲蓋鼓吹奕有寡姊隨其之官姊下僮僕多有姦犯而爲人所糾奕省按畢曰大丈夫豈當以老姊求名遂遣而不問時亭長李含有俊才而門寒爲豪族所排奕用爲別駕含後果有名位時以奕爲知人太康中徵爲尚書奕有重名當世朝臣皆出其下時帝委任楊駿奕表駿小器不可任以社稷帝不聽駿後果誅及奕疾病詔賜錢二十万日給酒米太康八年卒太常上謚爲景有司議以貴賤不同號謚與景皇同不可請謚曰穆詔曰謚所以旌德表行按謚法一德不懈爲簡奕忠毅清直立德不渝於是遂賜謚曰簡

侯史光字孝明東萊掖人也幼有才悟受學於同縣劉夏舉孝廉州辟別駕咸熙初爲洛陽典農中郎將封關中侯泰始初拜散騎常侍尋兼侍中與皇甫陶荀廙持節循省風俗及還奏事稱旨轉城門校尉進爵臨海侯其年詔曰光忠亮篤素有居正執義之心歷職內外恪勤在

公其以光爲御史中丞雖屈其列校之位亦所以伸其司直之才光在職寬而不縱太保王祥久疾廢朝光奏請免之詔優祥而寢光奏後遷少府卒官詔賜朝服一具衣一襲錢三十萬布百匹及葬又詔曰光厲志守約有清忠之節家極貧儉其賜錢五十万光儒學博古歷官著績文筆奏議皆有條理長子玄嗣官至玄菟太守卒子施嗣東莞太守

何攀字惠興蜀郡郫人也仕州爲主簿屬刺史皇甫晏爲牙門張弘所害誣以大逆時攀適丁母喪遂詣梁州拜表證晏不反故晏冤理得申王濬爲益州辟爲別駕濬謀伐吳遣攀奉表詣臺口陳事機詔再引見乃令張華與攀籌量進討之宜濬兼遣攀過羊祜面陳伐吳之策攀善於將命帝善之詔攀參濬軍事及孫晧降於濬而王渾恚於後機將攻濬攀勸濬送晧與渾由是事解以攀爲濬輔國司馬封關內侯轉滎陽令上便宜十事甚得名稱除廷尉平時廷尉卿諸葛沖以攀蜀士輕之及共斷疑獄沖始歎服遷宣城太守不行轉散騎侍郎楊駿執政多樹親屬大開封賞欲以恩澤自衛攀以爲非乃與石崇共立議奏之語在崇傳帝不納以豫誅駿功封西城侯邑萬戶賜絹萬匹弟逢平鄉侯兄子逵關中侯攀固讓所封戶及絹之半餘所受者分給中外宗親略不入已遷翊軍校尉頃之出爲東羌校尉徵爲揚州刺史在任三年遷大司農轉兗州刺史加鷹揚將軍固讓不就太常成粲左將軍卞粹勸攀莅職中詔又加切厲攀竟稱疾不起及趙王倫篡位遣使召攀更稱疾篤倫怒將誅之攀不得已扶疾赴召卒于洛陽時年五十八攀居心平允莅官整肅愛樂人物敦儒貴才爲梁益二州中正引致遺滯巴西陳壽閻乂犍爲費立皆西州名士並被鄉閭所謗清議十餘年攀申明曲直咸免冤濫攀雖居顯職家甚貧素無妾媵伎樂惟以周窮濟乏爲事子璋嗣亦有父風

史臣曰幽厲不君上德猶懷進善共驩在位大聖之所不堪況乎志士仁人寧求苟合懷其寵秩所以繫其存亡者也雖復自口銷金投光撫劒馳書北闕敗車猶踐而諫主不易譏臣實難劉毅一遇寬容任和兩遭虞受詳觀餘烈亦各其心焉若夫武陔懷魏臣之志崔洪愛郤詵

之道長升勸王弥之尊何攀從趙倫之命君子之人觀乎臨事者也

贊曰仲雄初令忠謇揚庭身方諸葛帝擬桓靈大業非楊元凱謂賈和氏條暢堪施大廈崔門不謁聲飛朝野侯史武陔輔佐之才何攀平允冤濫多迴

列傳第十五　晉書四十五

列傳第十六　晉書四十六　御撰

劉頌　李重

劉頌字子雅廣陵人漢廣陵厲王胥之後也世為名族同郡有雷蔣穀魯四姓皆出其下時人為之語曰雷蔣穀魯劉最為祖父觀平陽太守頌少能辨物理為時人所稱察孝廉舉秀才皆不就文帝辟為相府掾奉使于蜀時蜀新平人饑土荒頌表求振貸不待報而行由是除名武帝踐阼拜尚書三公郎典科律申冤訟累遷中書侍郎咸寧中詔頌與散騎郎白褒巡撫荆揚以奉使稱肯轉黄門郎遷議郎守廷尉時尚書令史扈寅非罪下獄詔使考竟頌執據无罪寅遂得免時人以頌比張釋之在職六年號為詳平會滅吳諸將爭功遣頌校其事以王渾為上功王濬為中功帝以頌持法失理左遷京兆太守不行轉任河内臨發上便宜多所納用郡界多公主水碓遏塞流水轉為浸害頌表罷之百姓獲其便利尋以母憂去職服闋除淮南相在官嚴整甚有政績舊修芍陂年用數萬人豪彊兼并孤貧失業頌使大小戮力計功受分百姓歌其平惠頌在郡上疏曰臣昔忝河内臨辭受詔卿所言悉要事宜小大數以聞恒苦多事或不能悉有報勿以為疑臣受詔之日喜懼交集益思自竭用忘其鄙顧以螢燭增暉重光到郡草具所陳如左未及書上會臣嬰丁天罰寢頓累年今謹封上前事臣雖才不經國言淺多違猶願陛下垂省使臣微誠得經聖鑒不總棄於常案如有足採萁補萬一伏見詔書開啓土宇以支百世封建戚屬咸出之藩夫豈不懷公理然也樹國全制始成於今超秦漢魏氏之局節紹五帝三代之絶跡功被无外光流後裔巍巍盛美三五之君殆有慙德何則彼因自然而就之異乎絶跡之後更創之雖然封幼稚皇子於吳蜀臣之愚慮謂未盡善夫吳越剽輕庸蜀險絶此故變釁之所出易生風塵之地且自吳平以來東南六州將士更守江表此時之至患也又内兵外守吳人有不自信之心宜得壯主以鎮撫之使内外各安其舊又孫氏為國文武衆職數擬天朝一旦堙替同於編户不識所蒙更生之恩而災困逼身自謂失地用懷不

靖今得長王以臨其國隨才授任文武並叙士卒百役不出其鄉求富貴者取之於國内内兵得散新邦又安兩獲其所於事為宜宜取同姓諸王年二十以上人才高者分王吳蜀以其去近就遠割裂土宇令倍於舊以徙封故地用王幼稚須皇子長乃遣君之於事无晚也急所須地交得長主此事宜也臣所陳封建今大義已舉然餘衆事儻有足採以參成制故皆并列本事臣聞不憚危悔之患而願獻所見者盡忠之臣也垂聽逆耳甘納苦言者濟世之君也臣以期運幸遇无諱之朝雖當抗疏陳辭氾論政體猶未悉所見指言得失徒荷恩寵不異凡流臣竊自愧不盡忠規无以上報謹列所見如左臣誠未自許所言必當然要以不隱為懷為上報之節若萬一足採則微臣更生之年如皆瞽妄則國之福也願陛下缺卒日之間垂省臣言伏惟陛下雖應天順人龍飛踐阼為創業之主然所遇之時實是叔世何則漢末陵遲閹豎用事小人專朝君子在野政荒衆散遂以亂亡魏武帝以經畧之才撥煩理亂兼肅文教積數十年至于延康之初然後吏清下順法始大行逮至文明二帝奢淫驕縱傾殆之主也然内盛臺榭聲色之娛外當三方英豪嚴敵事成克舉少有愆違其故何也實賴前緒以濟勲業然法物政刑固已漸頹矣自嘉平之初晉祚始基逮于咸熙之末其間累年雖鈇鉞屢斷翦除凶醜然其存者咸蒙遭時之恩不軌於法泰始之初陛下踐阼其所服乘皆先代功臣之胤非其子孫則其曾玄古人有言膏粱之性難正故曰時遇叔世當此之秋天地之位始定四海洗心整綱之會也然陛下猶以用才因宜法寬有由積之在素異於漢魏之先三祖崛起易朝之為未可一旦直繩御下誠時宜也然至所以為政矯世衆務自宜漸出公塗法正威斷日遷就肅譬由行舟雖不横截迅流然俄向所趣漸靡而往終得其濟積微稍著以至於今可以言政而自泰始以來將三十年政功美績未稱聖旨凡諸事業不茂既往以陛下明聖猶未及叔世之弊以成始初之隆傳之後世不无慮乎意者臣言豈不少槩聖心夫顧惟萬載之事

理在二端天下大器一安難傾一傾難正故慮經後世者必精目下之政政安遺業使數世賴之若乃兼建諸侯而樹藩屏深根固蒂則祚延无窮可以比跡三代如或當身之政遺風餘烈不及後嗣雖樹親戚而成國之制不建使夫後世獨任智力以安大業若未盡其理雖經異時憂責猶追在陛下將如之何願陛下善當今之政樹不拔之勢則天下无遺憂矣夫聖明不世及後嗣不必賢此天理之常也故善為天下者任勢而不任人任勢者諸侯是也任人者郡縣是也郡縣之察小政理而大勢危諸侯為邦近多違而遠慮固聖王推終始之弊權輕重之理包彼小違以據大安然後足以藩固內外維鎮九服夫武王聖主也成王賢王也然武王不恃成王之賢而廣封建者慮經无窮也且善言今者必有驗之於古唐虞以前書文殘缺其事難詳至於三代則並建明德及興王之顯親列爵五等開國承家以藩屏帝室延祚久長近者五六百歲遠者僅將千載逮至秦氏罷侯置守子弟不分尺土孤立无輔二世而亡漢承周秦之後雜

而用之前後二代各二百餘年揆其封建不用雖彊弱不適制度舛錯不盡事中然跡其衰亡恒在同姓失職諸侯微時不在彊盛昔呂氏作乱幸賴齊代之援以寧社稷七國叛逆梁王捍之卒弭其難自是之後威權削奪諸侯止食租俸甚者至乘牛車是以王莽得擅本朝遂其姦謀傾蕩天下毒流生靈光武紹起雖封樹子弟而不建成國之制祚亦不延魏氏承之圈閉親戚幽囚子弟是以神器速傾天命移在陛下長短之應禍福之徵可見於此又魏氏雖正位居體南面稱帝然三方未賓正朔有所不加實有戰國相持之勢大晉之興宣帝定燕太祖平蜀陛下滅吳可謂功格天地土廣三王舟車所至人迹所及皆為臣妾四海大同始于今日宜承大勳之籍及陛下盛明之時開啓土宇使同姓必王建久安於萬載垂長世於无窮臣又聞國有任臣則安有重臣則乱而王制人君立子以適不以長立適以長不以賢此事情之不可易者也而賢明至少不肖至衆此固天理之常也物類相求感應而至又自然也是以

闇君在位則重臣盈朝明后臨政則任臣列職夫任臣之與重臣俱執國統而立斷者也然成敗相反邪正相背其故何也重臣假所資以樹私任臣因所籍以盡公盡公者政之本也樹私者乱之源也推斯言之則泰日少乱日多政教漸頹欲國之无危不可得也又非徒唯然而已借令愚劣之嗣蒙先哲之遺緒得中賢之佐而樹國本根不深无幹輔之固則所謂任臣者化而為重臣矣何則國有可傾之勢則執權者見疑衆疑難以自信而甘受死亡者非人情故也若乃建基既厚藩屏彊禦雖置幼君赤子而天下不懼曩之所謂重臣者悉令反忠而為任臣矣何則理无危勢懷不自猜忠誠得著不惕於邪故也聖王知賢哲之不世及故立相持之勢以御其臣是以五等既列臣无忠慢同於昷節以狥其上羣后既建繼体賢鄙亦均一契等於无慮且樹國苟固則所任之臣得賢益理次委中智亦足以安何則勢固易持故也然則建邦苟盡其理則无向不可是以周室自成康以下逮至宣王宣王之後到于赧王其間

歷載朝无名臣而宗廟不隕者諸侯維持之也故曰為社稷計莫若建國夫邪正逆順者人心之所繫服也今之建置宜審量事勢使諸侯率義而動同忿俱奮令其力足以維帶京邑若包藏禍心惕於邪而起孤立无黨所蒙之籍不足獨以有為然齊此甚難陛下宜與達古今善識事勢之士深共籌之建侯之理使君樂其國臣榮其朝各流福祚傳之无窮上下一心愛國如家視百姓如子然後能保荷天祿兼翼王室今諸王裂土皆兼於古之諸侯而君賤其爵臣耻其位莫有安志其故何也法同郡縣无成國之制故也今之建置宜使率由舊章一如古典然人心繫常不累十年好惡未改情願未移臣之愚慮以為宜早創大制遲迴衆望猶在十年之外然後能令君臣各安其位榮其所蒙上下相持用成藩輔如今之為適足以虧天府之藏徒棄穀帛之資无補鎮國衛上之勢也古者封建既定各有其國後雖王之子孫无復尺土此今事之必不行者也若推親踈轉

有所廢以有所樹則是郡縣之職非建國之制今宜豫開此地令十世之內使親者得轉處近十世之遠近郊地盡然後親疎相維不得復如十世之內然猶樹親有所遜天下都滿已彌數百千年矣今方始封而親疎倒施甚非所宜宜更大量天下土田方里之數都更裂土分人以王同姓使親疎遠近不錯其宜然後可以永安古者封國大者不過土方百里然後人數殷衆境內必盈其力足以備充制度今雖一國周環近將千里然力實寡不足以奉國典所遇不同故當因時制宜以盡事適今宜令諸王國容少而軍容多然於古典所應有者悉立其制然非急所須漸而備之不得頓設也須車甲器械既具羣臣乃服綵章倉廩已實乃營宮室百姓已足乃備官司境內充實乃作禮樂唯宗廟社稷則先建之至於境內之政官人用才自非內史國相命於天子其餘衆職及死生之斷穀帛資實慶賞刑威非封爵者悉得專之今臣所舉二端蓋事之大較其所不載應在二端之屬者以此為率今諸國本一郡之政耳若備舊典則官司以數事所不須而以虛制損實力至於慶賞刑斷

所以衛下之權不重則無以威衆人而衛上故臣之愚慮欲令諸侯權具國容少而軍容多然亦終於必備今事為宜周之建侯長享其國與王者竝遠者暨將千載近者猶數百年漢之諸王傳祚僅至曾玄人性不甚相遠古今一揆而短長甚違其故何邪立意本殊而制不同故也周之封建使國重於君公侯之身輕於社稷故無道之君不免誅放敦興滅繼絕之義故國祚不泯不免誅放則羣后思懼胤嗣必繼是无亡國也諸侯思懼然後軌道下无亡國天子乘之理勢自安此周室所以長在也漢之樹置君國輕重不殊故諸王失度陷於罪戮國隨以亡不崇興滅繼絕之序故下无固國下无固國天子居上勢孤无輔故姦臣擅朝易傾大業今宜反漢之弊修周舊跡國君雖或失道陷於誅絕又无子應除苟有始封支胤不問遠近必紹其祚若无遺類則虛建之須皇子生以繼其統然後建國无滅又班固稱諸侯夫國亦猶網密今又宜都寬其檢且建侯之理本經盛衰大制都定班之羣后著誓丹青書之玉版藏之金匱置諸宗廟副在有司寡弱小國猶不可危豈況萬乘之

主承難傾之邦而加其上則自然永久居重固之安可謂根深華嶽而四維之也臣之愚願陛下置天下於自安之地寄大業於固成之勢則可以无遺憂矣今閻閭少名士官司无高能其故何也清議不肅人不立德行在取容故无名士下不專局又无考課吏不竭節故无高能无高能則有疾世事少名士則後進无準故臣思立吏課而肅清議夫欲富貴而惡貧賤人理然也聖王大諳物情知不可去故直同公私之利而詭其求道使夫欲富者必先由貧欲貴者必先安賤安賤則不矜不矜然後廉耻厲守貧者必節欲節欲然後操全以此處務乃得盡公盡公者富貴之徒也為无私者終得其私故公私之利同也今欲富者不由貧自得富欲貴者不安賤自得貴公私之塗既乖而人情不能無私私利不可以公得則恒背公而橫務是以風節日頹公理漸替人士富貴非軌道之所得以此為政小在難期然教頹來既久難反一朝又世放都靡營欲比肩羣士渾然庸行相似不可頓肅甚殊黜陟也且教不求盡善善在抑尤同侈之中猶有甚泰使夫昧適情之樂者損其顯榮

之貴俄在不鮮之地約已潔素者蒙儉德之報列于清官之上二業分流令各有蒙然俗放都奢不可頓肅故臣私慮願先從事於漸也天下至大萬事至衆人君至少同於天日故非垂聽所得周覽是以聖王之化執要而已委務於下而不以事自嬰也分職既定無所與焉非憚日昃之勤而牽於逸豫之虞誠以政體宜然事勢致之也何則夫造創謀始逆闇是非以別能否甚難察也既以施行因其成敗以分功罪甚易識也易識在考終難察在造始故人君恒居其易則安人臣不處其難則亂今陛下每精事始而略於考終故羣吏慮事懷成敗之懼輕飾文采以避目下之譴重此政功所以未善也今人主能恒居易執要以御其下然後人臣功罪形於成敗之徵無逃其誅賞故罪不可蔽功不可誣則能者勸罪不可蔽則違慢日肅此為國之大略也臣竊惟陛下聖心意在盡善懼政有違故精事始以求无失又以衆官勝任者少故不委務寧居日昃也臣之愚慮竊以為今欲盡善故宜考終何則精始難校故也又羣官多不勝任亦宜委務使能者得以成功不能者得以著

敗敗著可得而廢功成可得遂任然後賢能常居位以善事闇劣不得以尸祿害政如此不已則勝任者漸多經年少久即羣司徧得其人矣此校才考實政之至務也今人主不委事仰成而與諸下共造事始則功罪難分下不專事居官不久故能否不別何以驗之今世士人決不悉良能也又決不悉疲軟也然今欲舉一忠賢不知所賞求一負敗不知所罰及其免退自以犯法耳非不能也登進者自以累資及人間之譽耳非功實也若謂不然則當今之政未稱聖旨此其徵也陛下御今法爲政將三十年而功未日新其咎安在古人有言琴瑟不調甚者必改而更張凡臣所言誠政體之常然古今異宜所遇不同陛下縱未得盡仰成之理都委務於下至於今事應奏御者蠲除不急使要事得精可三分之二古者六卿分職冢宰爲師秦漢已來九列執事丞相都總今尚書制斷諸卿奉成於古制爲重事所不須然今未能省并可出衆事付外寺使得專之尚書爲其都統若丞相之爲惟立法創制死生之斷除名流徙退免大事及連度支之事臺乃奏處其餘外官皆專斷之歲終臺閤課功校簿而已此爲九卿造創事始斷而行之尚書書主賞罰繩之其勢必愈考成司非而已於今親掌者動受成於上下之所失不得復以罪下歲終事功不建不知所責也夫監司以法舉罪獄官案劾盡實法吏據辭守文大較雖同然至於施用監司與夫法獄體宜小異獄官唯實法吏唯文監用則欲舉大而略小何則夫細過微闕謬妄之失此人情之所必有而悉糾以法則朝野无立人此所謂欲理而反亂者也故善爲政者綱舉而網疏綱舉則所羅者廣網疏則小必漏所羅者廣則爲政不苛此爲政之要也而自近世以來爲監司者類大綱不振而微過必舉微過不足以害政舉之則微而益亂大綱不振則豪彊橫肆豪彊橫肆則百姓失職矣此錯所急而倒所務之由也今宜令有司反所常之政使天下可善化及此非難也人主不善碎密之案必責犯彊舉尤之奏當以盡公則害政之姦自然禽矣夫大姦犯政而亂兆庶之罪者類出富彊而豪富者其力足憚其貨足欲是以官長顧勢而頓筆下吏縱姦懼所司之不舉則謹密網以羅微罪使奏劾相接狀

似盡公而撓法不亮固已在其中矣非徒無益於政體清議乃由此而益傷古人有言曰君子之過如日之蝕焉又曰過而能改又曰不貳過凡此數者皆是賢人君子不能無過之言也苟不至於害政則皆天網之所漏所犯在甚泰然後王誅所必加此舉罪淺深之大例者也故君子得全美以善事不善者必夷戮以警衆此爲政誅赦之準式也何則所爲賢人君子苟不能無過小疵不可以廢其身而輒繩以法則愧於明時何則雖有所犯輕重甚殊於士君子之心受責不同而名不異者故不軌之徒得引名自方以惑衆聽因名可亂假力取直故清議益傷也凡舉過彈違將以肅風論而整世教今舉小過清議益穢是以聖人深識人情而達政體故其稱曰不以一眚掩大德又曰赦小過舉賢才又曰無求備於一人故冕而前旒充纊塞耳意在善惡之報必取其尤然後簡而不漏大罪必誅法禁易全也何則害法在犯尤而謹搜微過何異放兕豹於公路而禁鼠盜於隅隙古人有言鈇鉞不用而刀鋸日弊不可以爲政此言大事緩而小事急也時政所失少有此類陛下宜反而求之乃得所務也夫權制不可以經常政乖不可以守安此言攻守之術異也百姓雖愚望不虛生必因時而發有因而發則望不可奪事變異前則時不可違明聖達政應赴之速不及下車故能動合事機大得人情昔魏武帝分離天下使人役居戶各在一方既事勢所須且意有曲爲權假一時以赴所務非正典也然逡巡至今積年未改百姓雖身丁其困而私怨不生誠以三方未悉蕩并知時未可以求安息故也是以甘役如歸視險若夷至於平吳之日天下懷靜而東南二方六州郡兵將士武吏戍守江表或給京城運漕父南子北室家分離咸更不寧又不習水土運役勤瘁並有死亡之患勢不可久此宜大見處分以副人望魏氏錯役亦應改舊此二者各盡其理然黔首感恩懷德謳吟樂生必十倍於今也自董卓作亂以至今近出百年四海勤瘁丁難極矣六合渾并始於今日兆庶思寧非虛望也然古今異宜所遇不同誠亦未可以希遵在昔息放馬牛然使受百役者不出其國兵備待事其鄉實在可爲縱復不得悉然爲之苟盡其理可盡三分之二吏役

可不出千里之內但如斯而已天下所蒙已不訾矣政務多端世事之
未盡理者難徧以疏舉振領總綱要在三條凡政欲靜靜在息役息役
在无爲倉廩欲實實在利農利農在平糴爲政欲著信著信在簡賢簡
賢在官久官久非難也連其班級自非才宜不得傍轉以終其課則事
善矣平糴已有成制其未備者可就周足則穀積矣无爲匪他卻功作
之勤抑似益而損之利如斯而已則天下靜矣此三者既舉雖未足以
厚化然可以爲安有餘矣夫王者之利在生天地自然之財農是也所
立爲指於此事誠有功益苟或妨農皆務所息此悉似益而損之謂也
然今天下自有事所必須不得止已或用功甚少而所濟至重目下爲之
雖少有廢而計終已大益農官有十百之利及有妨害在始似如未急
終作大患宜逆加功以塞其漸如河汴將合沉菜苟善則役不可息諸
如此類亦不得已已然事患緩急權計輕重自非近如此類準以爲率
乃可興爲其餘皆務在靜息然能善算輕重權審其宜知可興可廢
甚難了也自非上智遠才不幹此任夫創業之美勳在垂統使夫後世

蒙賴以安其爲安也雖昏猶明雖愚若智濟世功者寔在善化之爲要
在靜國至夫修飾宮署凡諸作役務爲恒傷過泰不患不舉此將來所
不須於陛下而自能者也至於仰蒙前緒所憑日月者實在遺風繫人
心餘烈匡幼弱而今勤所不須以傷所憑鈞此二者何務孰急陛下少垂
恩迴慮詳擇所安則大理盡矣世之私議竊比陛下於孝文臣以爲聖
德隆殺將在乎後不在當今何則陛下龍飛鳳翔應期踐阼有創業
之勳矣掃滅彊吳奄征南海又有之矣以天子之貴而躬行布衣之所
難者儉之德冠于百王又有之矣屢復宜无細動成軌度又有之矣若善
當身之政建藩屏之固使晉代久長後世仰瞻遺跡校功考事實與
湯武比隆何孝文足云臣之此言非臣下褒上虛美常辭其事實然若
所以資爲安之理或未盡善則恐良史書勳不得遠盡弘美甚可惜也然
不可使夫知政之士得參聖慮經年少久終必有成願陛下少察臣言又
論肉刑見刑法志詔答曰得表陳封國之制宜如古典任刑齊法宜復
肉刑及六州將士之役居職之宜諸所陳聞具之知卿乃心爲國也

動靜數以聞元康初從淮南王允入朝會誅楊駿頌屯衛殿中其夜詔
以頌爲三公尚書又上疏論律令事爲時論所美久之轉吏部尚書建
九班之制欲令百官居職希遷考課能否明其賞罰賈郭專朝任者欲
速竟不施行及趙王倫之害張華也頌哭之甚慟聞華子得逃喜曰茂
先卿尚有種也倫黨張林聞之大怒憚頌持正而不能害也孫秀等推
崇倫功宜加九錫百僚莫敢異議頌獨曰昔漢之錫魏魏之錫晉皆一
時之用非可通行今宗廟乂安雖嬖后被退勢臣受誅周勃誅諸呂
而尊孝文霍光廢昌邑而奉孝宣並無九錫之命違舊典而習權變
非先王之制九錫之議請無所施張林積忿不已以頌爲張華之黨將
害之孫秀曰誅張裴已傷時望不可復誅頌林乃止於是以頌爲光祿
大夫門施行馬尋病卒使使者弔祭賜錢二十萬朝服一具謚曰貞中
書侍郎劉沈議頌當時少輩應贈開府孫秀素恨之不聽頌無子養
弟和子雍早卒更以雍弟詡子隲爲適孫襲封永康元年詔以頌誅
賈謐督攝衆事有功追封梁鄒縣侯食邑千五百戶頌弟彪字仲雅

參安東軍事伐吳獲張悌累官積弩將軍及武庫火彪建計斷屋得
出諸寶器歷荊州刺史次弟仲字世混歷黃門郎滎陽太守未之官卒
初頌嫁女臨淮陳矯矯本劉氏子與頌近親出養於姑改姓陳氏中正
劉友譏之頌曰舜後姚虞陳田本同根系而世皆爲婚禮律不禁今
與此同義爲婚可也友方欲列上爲陳騫所止故得不劾頌問明法
掾陳默蔡畿曰鄉里誰最屈二人俱云劉友屈頌作色呵之畿曰友以
私議冒犯明府爲非然鄉里公論稱屈友辟公府掾尚書郎黃沙御史
李重字茂曾江夏鍾武人也父景秦州刺史都亭定侯重少好學有文
辭早孤與羣弟居以友愛著稱弱冠爲本國中正遜讓不行後爲始平
王文學上疏陳九品曰先王議制以時因革因革之理唯變所適九品
始於喪亂軍中之政誠非經國不刊之法也且其檢防轉碎徵刑失實
故朝野之論僉謂驅動風俗爲弊已甚而至於議改又以爲疑臣以革
法創制當先盡開塞利害之理舉而錯之使體例大通而無否滯亦
未易故也古者諸侯之治分土有常國有定主人無異望卿大夫世祿

仕無出位之思臣無越境之交上下體固人德歸厚秦反斯道罷侯置
守風俗淺薄自此來矣漢革其弊斟酌周秦竝建侯守亦使分土有定
而牧司必各舉賢貢士任之鄉議事合聖典比蹤三代方今聖德之隆
光被四表兆庶顒顒欣覩太平然承魏氏彫弊之跡人物播越仕无常
朝人無定處郎吏蓄於軍府豪右聚於都邑事體駁錯與古不同謂
九品既除宜先開移徙聽相并就且明貢舉之法不濫於境外則冠帶
之倫將不分而自均即土斷之實行矣又建樹官司功在簡久階級少
則人心定久其事則政化成而能否著在三代所以直道而行也以為
選例九等當今之要所宜施用也聖王知天下之難常從事於其易
故寄隱括於閭伍則邑屋皆為有司若任非所由事非所覈則雖
竭聖智猶不足以贍其事由此而觀誠令二者既行即人思反本修之
於鄉譁競自息而禮讓日隆矣遷太子舍人轉尚書郎時太中大夫恬
和表陳便宜稱漢孔光魏徐幹等議使王公已下制奴婢限數及禁百姓
賣田宅中書啟可屬主者為條制重奏曰先王之制士農工商有分不遷

其業所以利用厚生各肆其力也周官以土均之法經其土地井田之
制而辨其五物九等貢賦之序然後分司制定率土均齊自秦立阡陌
建郡縣而斯制已沒降及漢魏因循舊跡王法所峻者唯服物車器有
貴賤之差令不僭擬以亂尊卑耳至於奴婢私產則實皆未嘗畫為之
立限也八年已巳詔書申明律令諸士卒百工以上所服乘皆不得違
制若一縣一歲之中有違犯者三家洛陽縣十家已上官長免如詔書
之旨法制已嚴令如和所陳而稱光幹之議此皆衰世踰侈當時之患
然盛漢之初不議其制光等作而不行非漏而不及能而不用也蓋以
諸侯之軌既滅而井田之制未復則王者之法不得制人之私也人之
田宅既無定限則奴婢不宜偏制其數懼徒為之法實碎而難檢方
今聖明垂制每尚簡易法禁已具和表無施又司隸校尉石鑒奏鬱
林太守介登役使所監求召還尚書荀愷以為遠郡非人情所樂奏登
貶秩居官重駁曰臣聞立法無制所以齊眾檢邪非必曲尋事情而
理無所遺也故所滯者寡而所濟者眾今如登郡比者多若聽其貶

秩居官動為準例懼庸才負遠必有黷貨之累非所以肅清王化輯寧
殊域也臣愚以為宜聽鑒所上先召登還且使體例有常不為遠近異
制詔從之太熙初遷廷尉平駁廷尉奏邯鄲醉等文多不載再遷中
書郎每大事及疑議輒參以經典處決多皆施行遷尚書吏部郎務
抑華競不通私謁特留心隱逸由是羣才畢舉拔用北海西郭湯琅
邪劉珩燕國霍原馮翊吉謀等為祕書郎及諸王文學故海內莫不
歸心時燕國中正劉沉舉霍原為寒素司徒府不從沉又抗詣中書
奏原而中書復下司徒參論司徒左長史荀組以為寒素者當謂
門寒身素無世祚之資原為列侯顯佩金紫先為人間流通之事晚
乃務學少長異業年踰始立草野之譽未洽德禮無聞不應寒素之
目重奏曰案如癸酉詔書廉讓宜崇浮競宜黜其有履謙寒素靖恭
求已者應有以先之如詔書之旨以二品繫資或失廉退之士故開寒
素以明尚德之舉司徒總御人倫實掌邦教當務峻準評以一風流然
古之厲行高尚之士或棲身巖穴或隱跡丘園或克己復禮或耄期稱

道出處語默唯義所在未可以少長異操疑其所守之美而遠同終始
之實非所謂擬人必於其倫之義也誠當考之於邦黨之倫審之於任
舉之主沉為中正親執銓衡陳原隱居求志篤古好學學不為利行
不要名絕迹窮山韞韜道藝外无希世之容內全遁逸之節行成名立
搢紳慕之委質受業者千里而應有孫孟之風嚴鄭之操始舉原先詣
侍中領中書監華前州大中正後將軍嬰河南尹軼去三年諸州還朝
幽州刺史許猛特以原名聞擬之西河求加徵聘如沉所列州黨之議
既舉又刺史班詔表薦如此而猶謂草野之譽未洽德禮无聞舍所徵
檢之實而無明理正辭以奪沉所執且應二品非所求備但原定志窮
山修述儒道義在可嘉若遂抑替將負幽邦之望傷敦德之教如詔
書所求之旨應為二品詔從之重與李毅同為吏部郎時王戎為尚書
重以清尚見稱毅淹通有智識雖二人操異然俱處要職戎以識會
待之各得其所毅字茂彥舊史闕其行事于時內官重外官輕兼
階級繁多重議之見百官志又上疏曰凡山林避寵之士雖違世背

時出處殊軌而先王許之者嘉其服膺高義也昔先帝患風流之弊而思反純朴乃諮詢朝衆搜求隱逸咸寧二年始以太子中庶子徵安定皇甫謐四年又以博士徵安南朱冲太康元年復以太子庶子徵冲雖皆以病疾不至而朝野悅服陛下遠邁先帝禮賢之旨臣訪冲州邑言其雖年近耄耋而志氣克壯耽道窮數老而彌新操尚貞純所居成化誠山棲者德足以表世篤俗者也臣以為宜垂聖恩及其未沒顯加優命時朝廷政亂竟不能從出為行討虜護軍平陽太守崇德化修學校表篤行拔賢能清簡無欲正身率下在職三年彈黜四縣弟幾亡表去官永康初趙王倫用為相國左司馬以憂逼成疾而卒時年四十八家貧宅宇狹小无殯斂之地詔於典客署營喪追贈散騎常侍謚曰成子式有美名官至侍中咸和初卒

史臣曰子雅束髮登朝竭誠奉國廣陳封建深中機宜詳辨刑名該覈政體雖文慚華婉而理歸切要遊目西京望賈誼而非遠眷言東國顧郎顗而有餘逮元康之間賊臣專命舉朝戰慄苟避菹醢須以

此時忠鯁不撓哭張公之非罪拒趙王之妄錫雖古遺直何以尚茲至於緣其私議不平劉友異夫憎而知善舉不避讎者尠李重言因華之理駁田產之制詞愜事當蓋亹亹可觀及銳志銓衡留心隱逸濬沖期之識會豈虛也哉

贊曰劉頌剛直義形於詞自下摩上彼實有之李重清雅志迺无私推賢拔滯嘉言在茲懋哉兩哲邦家之基

列傳第十六　　晉書四十六

傅玄 子咸 咸從父弟祗

傅玄字休奕北地泥陽人也祖爕漢漢陽太守父韓魏扶風太守玄少孤貧博學善屬文解鍾律性剛勁亮直不能容人之短郡上計吏再舉孝廉太尉辟皆不就州舉秀才除郎中與東海繆施俱以時譽選入著作撰集魏書後參安東衛軍軍事轉温令再遷弘農太守領典農校尉所居稱職數上書陳便宜多所匡正五等建封鶉觚男武帝爲晉王以玄爲散騎常侍及受禪進爵爲子加駙馬都尉帝初即位廣納直言開不諱之路玄及散騎常侍皇甫陶共掌諫職玄上疏曰臣聞先王之臨天下也明其大敎長其義節道化隆于上清議行于下上下相奉人懷義心亡秦蕩滅先王之制以法術相御而義心亡矣近者魏武好法術而天下貴刑名魏文慕通達而天下賤守節其後綱維不攝而虚无放誕之論盈于朝野使天下无復清議而亡秦之病復發于今陛下聖德龍興受禪弘堯舜之化開正直之路體夏禹之至儉綜殷周之典文臣詠歎而已將又奚言惟未舉清遠有礼之臣以敦風節未退虚鄙以懲不恪臣是以猶敢有言詔報曰舉清遠有礼之臣者此尤今之要也乃使玄草詔進之玄復上疏曰臣聞舜舉五臣无爲而化用人得其要也天下羣司猥多不可不審得其人也不得其人一日則損不貲況積日乎典謨曰无曠庶官言職之不可久廢也諸有疾病滿百日不差宜令去職優其礼秩而寵存之既差而後更用臣不廢職于朝國无曠官之累此王政之急也臣聞先王分士農工商以經國制事各一其業而殊其務自士已上子弟爲之立太學以教之選明師以訓之各隨其材優劣而授用之農以豊其食工以足其器商賈以通其貨故雖天下之大兆庶之衆无有一人游手分數之法周備如此漢魏不定其分百官子弟不修經藝而務交遊未知莅事而坐享天禄農工之業多廢或逐淫利而離其事徒繫名于太學然不聞先王之風今聖明之政資始而漢魏之失未改散官衆而學校未設游手多而親農者少工器不盡其宜臣以爲亟定其制通計而天下若干人爲士足以副在官之吏若干人

爲農三年足有一年之儲若干人爲工足其器用若干人爲商賈足以通貨而已尊儒尚學貴農賤商此皆事業之要務也前皇甫陶上事欲令賜拜散官皆課使親耕天下享足食之利禹稷躬稼祚流後世是以明堂月令著帝籍之制伊尹古之名臣耕于有莘晏嬰齊之大夫避莊公之難亦耕于海濱昔者聖帝明王賢佐俊士皆嘗從事于農矣王人賜官冗散无事者不督使學則當使耕无緣放之使坐食百姓也今文武之官既衆而拜賜不在職者又多加以服役爲兵不得耕稼當農者之半南面食禄者參倍于前使冗散之官農而收其租稅家得其實而天下之穀可以无乏矣夫家足食爲子則孝爲父則慈爲兄則友爲弟則悌天下足食則仁義之教可不令而行也爲政之要計人而置官分人而授事士農工商之分不可斯須廢也若未能精其防制計天下文武之官足爲副貳者使學其餘皆歸之于農若百工商賈有長者亦皆歸之于農務農若此何有不贍乎虞書曰三載考績三考黜陟幽明是爲九年之後乃有遷叙也故居官久則念立慎終之化居不見久則競爲一切之政六年之限日月淺近不周黜陟陶之所上義合古制夫儒學者王教之首也尊其道貴其業重其選猶恐化之不崇忽而不以爲急臣懼日有陵遲而不覺也仲尼有言人能弘道非道弘人然則尊其道者非惟尊其書而已尊其人之謂也貴其業者不妄教非其人也重其選者不妄用非其人也若此而學校之綱舉矣書奏帝下詔曰二常侍懇懇于所論可謂乃心欲佐益時事者也而主者率以常制裁之豈得不使發憤耶二常侍所論或舉其大較而未備其條目亦可便令作之然後主者八坐廣共研精凡關言于人主人臣之所至難而人主若不能虚心聽納自古忠臣直士之所慷慨至使杜口結舌每念于此未嘗不歎息也故前詔敢有直言勿有所距庶幾得以發懞補過獲保高位苟有言偏善情在忠益雖文辭有謬誤言語有失得皆當曠然恕之古人猶不拒誹謗況皆善意在可採録乎近者孔晁綦毋和皆按以輕慢之罪所以皆原欲使四海知區區之朝无諱言之忌也俄遷侍中初玄進皇甫陶及入而抵玄以事與陶爭言諠譁爲有司所奏二人竟

坐免官泰始四年以爲御史中丞時頗有水旱之災玄復上疏曰臣聞聖帝明王受命天時未必无災是以堯有九年之水湯有七年之旱惟能濟之以人事耳故洪水滔天而免沉溺野无生草而不困匱伏惟陛下聖德欽明時小水旱人未大飢下祇畏之詔求極意之言同禹湯之罪己侔周文之夕惕臣伏懽喜上便宜五事其一曰耕夫務多種而耕曠不熟徒喪功力而无收又舊兵持官牛者官得六分士得四分自持私牛者與官中分施行來久衆心安之今一朝減持官牛者官得八分士得二分持私牛及无牛者官得七分士得三分人失其所必不懽樂臣愚以爲宜佃兵持官牛者與四分持私牛與官中分則天下兵作懽然悅樂愛惜成穀无有損棄之憂其二曰以二千石雖奉務農之詔猶不勤心以盡地利昔漢氏以墾田不實徵殺二千石以十數臣愚以爲宜與漢氏舊典以警戒天下郡縣皆以死刑督之其三曰以魏初未留意于水事先帝統百揆分河堤爲四部并本凡五謁者以水功至大與農事並興非一人所周故也今謁者一人之力行天下諸水无時得徧伏見河堤謁者車誼不知水勢轉爲他職更選知水者代之可分爲五部使各精其方宜其四曰古以步百爲畝今以二百四十步爲一畝所覺過倍近魏初課田不務多其頃畝但務修其功力故白田收至十餘斛水田收數十斛自頃以來日增田頃畝之課而田兵益甚功不能修理至畝數斛已還或不足以償種非與曩時異天地橫遇災害也其病正在于務多頃畝而功不脩耳竊見河堤謁者石恢甚精練水事及田事知其利害乞中書召恢委曲問其得失必有所補益其五曰臣以爲胡夷獸心不與華同鮮卑最甚本鄧艾苟欲取一時之利不慮後患使鮮卑數萬散居人間此必爲害之勢也秦州刺史胡烈素有恩信于西方今烈往諸胡雖已无惡必且消弭然獸心難保不必其可久安也若後有動釁烈計能制之惟恐胡虜適困于討擊便能東入安定西赴武威外名爲降可動復動此二郡非烈所制則惡胡東西有窟穴浮游之地故復爲患无以禁之也宜更置一郡于高平川因安定西州都尉募樂徙民重其復除以充之以通北道漸以實邊詳議此二郡及新置郡

皆使并屬秦州令烈得專御邊之宜詔曰得所陳便宜言農事得失及水官興廢又安邊御胡政事寬猛之宜申省周備一二具之此誠爲國大本當今急務也如所論皆善深知乃心廣思諸宜動靜以聞也五年遷太僕時比年不登羌胡擾邊詔公卿會議玄應對所問陳事切直雖不盡施行而常見優容轉司隸校尉獻皇后崩于弘訓宮設喪位舊制司隸于端門外坐在諸卿上絕席其入殿按本品秩在諸卿下以次坐不絕席而謁者以弘訓宮爲殿內制玄位在卿下玄恚怒厲聲色而責謁者謁者妄稱尚書所處玄對百僚而罵尚書以下御史中丞庾純奏玄不敬玄又自表不以實坐免官然玄天性峻急不能有所容每有奏劾或值日暮捧白簡整簪帶竦踊不寐坐而待旦于是貴游懾伏臺閣生風尋卒于家時年六十二謚曰剛玄少時避難于河內專心誦學後雖顯貴而著述不廢撰論經國九流及三史故事評斷得失各爲區例名爲傅子爲內外中篇凡有四部六錄合百四十首數十萬言并文集百餘卷行于世玄初作內篇成子咸以示司空王沉沉與玄書曰省足下所著書言富理濟經綸政體存重儒教足以塞楊墨之流遁齊孫孟于往代每開卷未嘗不歎息也不見賈生自以過之乃今不及信矣其後追封清泉侯子咸嗣

咸字長虞剛簡有大節風格峻整識性明悟疾惡如仇推賢樂善常慕季文子仲山甫之志好屬文論雖綺麗不足而言成規鑒潁川庾純常歎曰長虞之文近乎詩人之作矣咸寧初襲父爵拜太子洗馬累遷尚書右丞出爲冀州刺史繼母杜氏不肯隨咸之官自表解職三旬之間遷司徒左長史時帝留心政事詔訪朝臣政之損益咸上言曰陛下處至尊之位而脩布衣之事親覽萬機勞心日昃在昔帝王躬自菲薄以利天下未有踰陛下也然泰始開元以暨于今十有五年矣而軍國未豐百姓不贍一歲不登便有菜色者誠由官衆事殷復除猥濫蠶食者多而親農者少也臣以頑疎謬忝近職每見聖詔以百姓饑饉爲慮无能云補伏用慙恧敢不自竭以對天問舊都督有四今并監軍乃盈于十夏禹敷土分爲九州今之刺史幾向一倍戶口比漢十分之一而置

郡縣吏多空校牙門无益宿衛而虛立軍府動有百數五等諸侯復坐
置官屬諸所寵給皆生于百姓一夫不農有受其饑今之不農不可勝
計縱使五稼普收僅足相接暫有災患便不繼贍以為當今之急先并
官省事靜事息役上下用心惟農是務也咸在位多所執正豫州大中
正夏侯俊上言魯國小中正司空司馬孔毓四移病所不能接賓求以
尚書郎曹馥代毓旬日復上毓為中正司徒三卻俊故據正咸以俊與
奪惟意乃奏免俊大中正司徒魏舒俊之姻屬屢卻不署咸據正甚苦
舒終不從咸遂獨上舒奏咸激訕不直詔轉咸為車騎司馬咸以世俗
奢侈又上書曰臣以為穀帛難生而用之不節无緣不匱故先王之化
天下食肉衣帛皆有其制竊謂奢侈之費甚于天災古者堯有茅茨今
之百姓競豐其屋古者臣无玉食今之賈豎皆厭粱肉古者后妃乃有
殊飾今之婢妾被服綾羅古者大夫乃不徒行今之賤隸乘輕驅肥古
者人稠地狹而有儲蓄由于節也今者土廣人稀而患不足由于奢也
欲時之儉當詰其奢奢不見詰轉相高尚昔毛玠為吏部尚書時无敢
好衣美食者魏武帝歎曰孤之法不如毛尚書令使諸部用心各如毛
玠風俗之移在不難矣又議移縣獄于郡及二社應立朝廷從之遷尚
書左丞惠帝即位楊駿輔政咸言于駿曰事與世變礼隨時宜諒闇之
不行尚矣由世道彌薄權不可假故雖斬焉在疚而躬覽萬機也逮至
漢文以天下體大服重難久遂制既葬而除世祖武皇帝雖大孝烝烝
亦從時釋服制心喪三年至于萬機之事則有不遑今聖上欲委政于
公諒闇自居此雖謙尚之心而天下未以為善天下未以為善者以億
兆顒顒戴仰宸極聽于冢宰懼天光有蔽人心既已若此而明公處之
固未為易也竊謂山陵之事既畢明公當思隆替之宜周公聖人猶不
免謗以此推之周公之任既未易而處況聖上春秋非成王之年乎得
意忘言言未易盡苟明公有以察其悾款言豈在多時司隸荀愷從兄
喪自表赴哀詔聽之而未下愷乃造駿咸因奏曰死喪之戚兄弟孔懷
同堂亡隕方在信宿聖恩矜憫聽使臨喪詔未下而便以行造急諂媚
之敬无友于之情宜加顯貶以隆風教帝以駿管朝政有詔不問駿甚

憚之咸復與駿箋諷切之駿意稍折漸以不平由是欲出為京兆弘農
太守駿甥李斌說駿不宜斥出正人乃止駿弟濟素與咸善與咸書曰
江海之流混混故能成其深廣也天下大器未可稍了而相觀每事欲
了生子癡了官事官事未易了也了事正作癡復為快耳左丞總司天
臺維正八坐此未易居以君盡性而處未易居之任益不易也想慮破
頭故具有白咸答曰衛公云酒色之殺人此甚于作直坐酒色死人不
為悔逆畏以直致禍此由心不直正欲以苟且為明哲耳自古以直致
禍者當自矯枉過直或不忠允欲以亢厲為聲故致忿耳安有悾悾為
忠益而當見疾乎居无何駿誅咸轉為太子中庶子遷御史中丞時太
宰汝南王亮輔政咸致書曰咸以為太甲成王年在蒙幼故有伊周之
事聖人且猶不免疑況臣既不聖王非孺子而可以行伊周之事乎上
在諒闇聽于冢宰而楊駿无狀便作伊周自為居天下之安所以至死
其罪既不可勝亦是殿下所見駿之見討發自天聰孟觀李肇與知密
旨耳至于論功當歸美于上觀等已數千户縣侯聖上以駿死莫不欣
悅故論功寧厚以敘其歡心此羣下所宜以實裁量而遂扇動東安封
王孟李郡公餘侯伯子男既妄有加復又三等超遷此之熏赫震動天
地自古以來封賞未有若此者也无功而厚賞莫不樂國有禍禍起當
復有大功也人而樂禍其可極乎作此者皆由東安公謂殿下至止當
有以正之正之以道衆亦何所怒乎衆之所怒在于不平耳而今皆更
倍論莫不失望咸之愚冗不惟失望而已竊以為憂又討駿之時殿下
在外實所不綜今欲委重故令殿下論功論功之事實未易可處莫若
坐觀得失有居正之事宜也咸復以亮輔政專權又諫曰楊駿有震主
之威委任親戚此天下所以諠譁今之處重宜反此失謂宜靜默頤神
有大得失乃維持之自非大事一皆抑遣比四造詣及經過尊門冠蓋
車馬填塞街衢此之翕習既宜弭息又夏侯長容奉使為先帝請命祈
禱无感先帝崩背宜自咎責而自求請命之勞而公以為少府私竊之
論云長容則公之姻故至于此一犬吠形羣犬吠聲懼于羣吠遂至叵
聽也咸之為人不能面從而有後言嘗觸楊駿幾為身禍況于殿下而

當有惜往從駕殿下見語卿不識韓非逆鱗之言耶而欲摩天子逆鱗
自知所陳誠頷頷觸猛獸之鬚耳所以敢言庶殿下當識其不勝區區
前摩天子逆鱗欲以盡忠今觸猛獸之鬚非欲爲惡必將以此見恕竟
不納長容者夏侯駿也會丙寅詔羣僚舉郡縣之職以補內官咸復上
書曰臣咸以爲夫興化之要在于官人才非一流職有不同譬諸林木
洪纖枉直各有攸施故明揚逮于仄陋疇咨无拘內外之任出處隨宜
中間選用惟內是隆外舉既頽復多節目競內薄外遂成風俗此弊誠
宜亟革之當內外通塞无所偏耳既使通塞无偏若選用不平有以深
責責之苟深无憂不平也且膠柱不可以調瑟況乎官人而可以限乎
伏思所限者以防選用不能出人不能出人當隨事而制无須限法法
之有限其于致遠无乃泥乎或謂不制其法以何爲貴臣聞刑懲小人
義責君子君子之責在心不在限也正始中任何晏以選舉內外之衆
職各得其才粲然之美于斯可觀如此非徒御之以限法之所致乃委
任之由也委任之懼甚于限法是法之失非己之尤尤不在己責之无
懼所謂齊之以刑人免而无恥者也苟委任之一則慮罪之及二則懼
致怨謗已快則朝野稱詠不善則衆惡見歸此之戰戰孰與倚限法以
苟免乎咸再爲本郡中正遭繼母憂去官頃之起以議郎長兼司隸校
尉咸前後固辭不聽勑使者就拜咸復送還印綬公車不通催使攝職
咸以身无兄弟喪祭无主重自陳乞乃使于官舍設靈坐咸又上表曰
臣既駑弱不勝重任加在哀疚假息日闋陛下過意授非所堪披露丹
款歸窮上聞謬詔既往終然无改臣雖不能滅身以全礼教義无腼然
虛忝隆寵前受嚴詔視事之日私心自誓隕越爲報以貨賂流行所宜
深絕切勑都官以此爲先而經彌日月未有所得斯由陛下有以獎厲
慮于愚戇將必死繫故自掩檢以避其鋒耳在職有日既无赫然之舉
又不應弦垂翅人誰復憚故光祿大夫劉毅爲司隸聲震內外遠近清
肅非徒毅有王臣匪躬之節亦由所奏見從威風得伸也詔曰但當思
必應繩中理威風自伸何獨劉毅時朝廷寬弛豪右放恣交私請託朝
野溷淆咸奏免河南尹澹左將軍倩廷尉高光兼河南尹何攀等京都

肅然貴戚懾伏咸以聖人久于其道天下化成是以唐虞三載考績九
年黜陟其在周礼三年大比孔子亦云三年有成而中間以來長吏到
官未幾便遷百姓困于无定吏卒疲于送迎時僕射王戎兼吏部咸奏
戎備位台輔兼掌選舉不能謐靜風俗以凝庶績至今人心傾動開張
浮競中郎李重李義不相匡正請免戎等官詔曰政道之本誠宜久于
其職咸奏是也戎職在論道吾所崇委其解禁止御史中丞解結以咸
劾戎爲違典制越局侵官干非其分奏免咸官詔亦不許咸上事以爲
按令御史中丞督司百僚皇太子以下其在行馬內有違法憲者彈糾
之雖在行馬外而監司不糾亦得奏之如令之文行馬之內有違法憲
謂禁防之事耳宮內禁防外司不得而行故專施中丞今道路橋梁不
修鬬訟屠沽不絕如此之比中丞推責州坐即今所謂行馬內語施于
禁防既云中丞督司百僚矣何復說行馬之內乎既云百僚而不得復
說行馬之內者內外衆官謂之百僚則通內外矣司隸所以不復說行
馬內外者禁防之事已于中丞說之故也中丞司隸俱糾皇太子以下
則共對司內外矣不爲中丞專司內百僚司隸專司外百僚自有中丞
司隸以來更互奏內外衆官維所糾得无內外之限也而結一旦橫挫
臣臣前所以不羅縷者冀因結奏得從私願也今既所願不從而勑云
但爲過耳非所不及也以此見原臣忝司直之任宜當正己率人若其
有過不敢受原是以申陳其愚司隸與中丞俱共糾皇太子以下則從
皇太子以下无所不糾也得糾皇太子而不得糾尚書臣之闇塞既所
未譬皇太子爲在行馬之內邪皇太子在行馬之內而得糾之尚書在
行馬之內而不以糾无有此理此理灼然而結以此挫臣臣可无恨耳
其于觀聽无乃有怪邪臣識石公前在殿上脫衣爲司隸荀愷所奏先
帝不以爲非于時莫謂侵官今臣裁糾尚書而當有罪乎咸累自上稱
引故事條理灼然朝廷无以易之吳郡顧榮常與親故書曰傅長虞爲
司隸勁直忠果劾按驚人雖非周才偏亮可貴也元康四年卒官時年
五十六詔贈司隸校尉朝服一具衣一襲錢二十萬謚曰貞有三子敷
晞纂長子敷嗣

數字穎根清靜有道素解屬文除太子舍人轉尚書郎太傅參軍皆不起永嘉之乱避地會稽元帝引爲鎮東從事中郎素有羸疾頻見敦喻辭不獲免輿病到職數月卒時年四十六晞亦有才思爲上虞令甚有政績卒于司徒西曹屬

祇字子莊父暇魏太常祇性至孝早知名以才識明練稱武帝始建東宮起家太子舍人累遷散騎黃門郎賜爵關內侯食邑三百户母憂去職及葬母詔給太常五等吉凶導從其後諸卿大夫葬給導從自此始也服終爲滎陽太守自魏黃初大水之後河濟汎溢鄧艾常著濟河論開石門而通之至是復浸壞祇乃造沉菜堰至今兖豫无水患百姓爲立碑頌焉尋表兼廷尉遷常侍左軍將軍及帝崩梓宮在殯而太傅楊駿輔政欲悅衆心議普進封爵祇與駿書曰未有帝王始崩臣下論功者也駿不從入爲侍中時將誅駿而駿不之知祇侍駿坐而雲龍門閉內外不通祇請與尚書武茂聽國家消息揖而下階茂猶坐祇顧曰君非天子臣邪今內外隔絕不知國家所在何得安坐茂乃驚起駿既伏誅裴楷息瓚駿之壻也爲乱兵所害尚書左僕射荀愷與楷不平因奏楷是駿親收付廷尉祇證楷无罪有詔赦之時又收駿官屬祇復啓曰昔魯芝爲曹爽司馬斬關出赴爽宣帝義之尚遷青州刺史駿之僚佐不可加罰詔又赦之祇多所維正皆如此除河南尹未拜遷司隸校尉以討楊駿勳當封郡公八千户固讓減半降封靈川縣公千八百户餘二千二百户封少子暢爲武鄉亭侯又以本封賜兄子儁爲東明亭侯楚王瑋之矯詔也祇以聞奏稽留免官朞年遷光祿勳復以公事免氐人齊萬年舉兵反以祇爲行安西軍司加常侍率安西將軍夏侯駿討平之遷衛尉以風疾遜位就拜常侍食卿祿秩賜錢及牀帳等尋加光祿大夫門施行馬及趙王倫輔政以爲中書監常侍如故以鎮衆心祇辭之以疾倫遣御史輿祇就職王戎陳準等相與言曰傅公在事吾屬无憂矣其爲物所倚信如此倫篡又爲右光祿開府加侍中惠帝還宮祇以經受僞職請退不許初倫之篡也孫秀與義陽王威等十餘人預撰儀式禪文及倫敗齊王冏收侍中劉逵常侍騶捷杜育黃門郎陸機右丞周導王尊等付廷尉以禪文出中書復議處祇罪會赦得原後以禪文草本非祇所撰于是詔復光祿大夫子宣尚弘農公主尋遷太子少傅上章遜位還第及成都王穎爲太傅復以祇爲少傅加侍中懷帝即位遷光祿大夫侍中未拜加右僕射中書監時太傅東海王越輔政祇既居端右每宣君臣謙光之道由此上下雍穆祇明達國体朝廷制度多所經綜歷左光祿開府行太子太傅侍中如故疾篤遜位不許遷司徒以足疾詔版輿上殿不拜大將軍荀晞表請遷都使祇出詣河陰脩理舟楫爲水行之備及洛陽陷沒遂共建行臺推祇爲盟主以司徒持節大都督諸軍事傳檄四方遣子宣將公主與尚書令和郁赴告方伯徵義兵祇自屯盟津小城宣弟暢行河陰令以待宣祇以暴疾薨時年六十九祇自以義誠不終力疾手筆勑厲其二子宣暢辭旨深切覽者莫不感激慷慨祇著文章駮論十餘萬言

宣字世弘年六歲喪繼母哭泣如成人中表異之及長好學趙王倫以爲相國掾尚書郎太子中舍人遷司徒西曹掾去職累遷爲秘書丞驃騎從事中郎惠帝至自長安以宣爲左丞不就遷黃門郎懷帝即位轉吏部郎又爲御史中丞卒年四十九无子以暢子沖爲嗣

暢字世道年五歲父友見而戲之解暢衣取其金環與侍者暢不之惜以此賞之年未弱冠甚有重名以選入侍講東宮爲秘書丞尋沒于石勒勒以爲大將軍右司馬諳識朝儀恒居機密勒甚重之作晉諸公讚敘二十二卷又爲公卿故事九卷咸和五年卒子詠過江爲交州刺史太子右率

史臣曰武帝鑒觀四方平章百姓永言啓沃任切爭臣傅玄体彊直之姿懷匪躬之操抗辭正色補闕弼違諤諤當朝不忝其職者矣及乎位居三獨彈擊是司遂能使臺閣生風貴戚歛手雖前代鮑葛何以加之然而惟此褊心乏弘雅之度驟聞競爽爲物議所譏惜哉古人取戒于韋弦良有以也長虞風格凝峻弗墜家聲及其納諫汝南獻書臨晉居諒直之地有先見之明矣傅祇名父之子早樹風猷崎嶇危乱之朝匡救君臣之際卒能保全祿位可謂有道存焉

賛曰鶉觚貞諒實惟朝望志厲彊直性乖夷曠長虞剛簡无虧風尚子莊才識爰膺袞職忠績未申泉途遽逼

列傳第十七　　　　晉書四十七

向雄　段灼　閻纘

向雄字茂伯河內山陽人也父韶彭城太守雄初仕郡爲主簿事太守王經及經之死也雄哭之盡哀市人咸爲之悲後太守劉毅嘗以非罪笞雄及吳奮代毅爲太守又以少譴繫雄于獄司隸鍾會于獄中辟雄爲都官從事會死无人殯斂雄迎喪而葬之文帝召雄而責之曰往者王經之死卿哭王經于東市我不問也今鍾會躬爲叛逆又輒收葬若復相容其如王法何雄曰昔者先王掩骼埋胔仁流朽骨當時豈先卜其功罪而後葬之哉今王誅既加于法已備雄感義收葬教亦无闕法立于上教弘于下何必使雄違生背死以立于時殿下讎枯骨而捐之中野爲將來仁賢之資不亦惜乎帝甚悅與談宴而遣之累遷黃門侍郎時吳奮劉毅俱爲侍中同在門下雄初不交言武帝聞之勑雄令復君臣之好雄不得已乃詣毅再拜曰向被詔命君臣義絕如何于是即去帝聞而大怒問雄曰我令卿復君臣之好何以故絕雄曰古之君子進人以礼退人以礼今之進人若加諸膝退人若墜諸川劉河內于臣不爲戎首亦已幸甚安復爲君臣之好帝從之泰始中累遷秦州刺史假赤幢曲蓋鼓吹賜錢二十萬咸寧初入爲御史中丞遷侍中又出爲征虜將軍太康初爲河南尹賜爵關內侯齊王攸將歸藩雄諫曰陛下子弟雖多然有名望者少齊王卧在京邑所益實深不可不思帝不納雄固諫忤旨起而徑出遂以憤卒弟匡惠帝世爲護軍將軍

段灼字休然敦煌人也世爲西土著姓果直有才辯少仕州郡稍遷鄧艾鎮西司馬從艾破蜀有功封關內侯累遷議郎武帝即位灼上疏追理艾曰故征西將軍鄧艾心懷至忠而荷反逆之名平定巴蜀而受三族之誅臣竊悼之惜哉言艾之反也以艾性剛急矜功伐善而不能恊同朋類輕犯雅俗失君子之心故莫肯理之臣敢冒死言艾所以不反之狀艾本屯田掌犢人宣皇帝拔之于農吏之中顯之于宰府之職處內外之官據文武之任所在輙有名績固足以明宣皇帝之知人矣會值洮西之役官兵失利刺史王經困于圍城之中當爾之時二州危懼隴右懔懔幾非國家之有也先帝以爲深憂重慮思惟可以安邊殺敵莫賢于艾故授之以兵馬解狄道之圍圍解留屯上邽承官軍大敗之後士卒破膽將吏无氣倉庫空虛器械殫盡艾欲積穀彊兵以待有事是歲少雨又爲區種之法手執耒耜率先將士所統萬數而身不離僕虜之勞親執士卒之役故落門段谷之戰能以少擊多摧破彊賊斬首萬計遂委艾以廟勝成圖指授長策艾受命忘身龍驤麟振前无堅敵蜀地阻險山高谷深而艾步乘不滿二萬束馬懸車自投死地勇氣淩雲將士乘勢故能使劉禪震怖君臣面縛軍不踰時而巴蜀蕩定此艾固足以彰先帝之善任矣艾功名已成亦當書之竹帛傳祚萬世七十老公復何所求哉艾以禪初降遠郡未附矯令承制權安社稷雖違常科有合古意原心定罪事可詳論故鎮西將軍鍾會有吞天下之心恐艾威名知必不同因其疑似構成其事艾被詔書即遣彊兵束身就縛不敢顧望誠自知奉見先帝必无當死之理也會受誅之後艾參佐官屬部曲將吏愚戇相聚自共追艾破壞檻車解其囚執艾在困地是以狼狽失據夫反非小事若懷惡心即當謀及豪傑然後乃能興動大衆不聞艾有腹心一人臨死口无一言獨受腹背之誅豈不哀哉故見之者垂涕聞之者歎息此賈誼所以慷慨于漢文天下之事可爲痛哭者良有以也陛下龍興闡弘大度受誅之家不拘叙用聽艾立後祭祀不絕昔秦人憐白起之无罪吳人傷子胥之冤酷皆爲之立祠天下之人爲艾悼心痛恨亦由是也謂可聽艾門生故吏收艾尸柩歸葬舊墓還其田宅以平蜀之功繼封其後使艾闔棺定謚死无所恨赦冤魂于九泉收信義于後世則天下徇名之士思立功之臣必投湯火樂爲陛下死矣帝省表甚嘉其意灼後復陳時宜曰臣聞天時不如地利地利不如人和三里之城五里之郭圜圍而攻之有不尅者此天時不如地利城非不高池非不深穀非不多兵非不利委而去之此地利不如人和然古之王者非不先推恩德結固人心人心苟和雖三里之城五里之郭不可攻也人心不和雖金城湯池不能守也臣推此以廣其義舜彈五弦之琴咏南風之詩而天下自理由堯人可比屋而封也曩者多難

姦雄屢起擾乱衆心刀鋸相乘流死之孤哀聲未絶故臣以爲陛下當深思遠念杜漸防萌彈琴咏詩垂拱而已其要莫若推恩以協和黎庶故推恩足以保四海不推恩不足以保妻子是故唐堯以親睦九族爲先周文以刑于寡妻爲急明王聖主莫不先親後疎自近及遠臣以爲太宰司徒衞將軍三王宜留洛中鎭守其餘諸王自州征足任者年十五以上悉遣之國爲選中郎傅相才兼文武以輔佐之聽于其國繕脩兵馬廣布恩信必抚下猶子愛國如家君臣分定百姓不遷連城開地爲晉魯衞所謂盤石之宗天下服其彊矣雖云割地譬猶囊漏貯中亦一家之有耳若慮後世彊大自可豫爲制度使得推恩以分子弟如此則枝分葉布稍自削小漸使轉至萬國亦後世之利非所患也昔在漢世諸呂自疑内有朱虛東牟之親外有諸侯九國之彊故不敢動搖于今之宜諸侯彊大是爲太山之固非我族類其心必異而魏法禁錮諸王親戚隔絶不祥莫大焉閒者无故又瓜分天下立五等諸侯上不象賢下不議功而是非雜糅例受茅土似權時之宜非經久之制將遂不改此亦煩擾之人漸乱之階也夫國之興也由于九族親睦黎庶協和其衰在于骨肉疏絶百姓離心故夏邦不安伊尹歸殷殷邦不和呂氏入周殷監在于夏后去事之誡誡來事之鑒也又陳曰昔伐蜀募取凉州兵馬羌胡鍵兒許以重報五千餘人隨艾討賊功皆第一而乙亥詔書州郡將督不與中外軍同雖在上功无應封者唯金城太守楊欣所領兵以逼江由之勢得封者三十人自金城以西非在欣部无一人封者苟在中軍之例雖下功必侯如州郡雖下功高不封非所謂近不重施遠不遺恩之謂也臣聞魚懸由于甘餌勇夫死于重報故荆軻慕燕丹之義專諸感闔閭之愛七首振于秦庭吳刀耀于魚腹視死如歸豈不有由也哉夫功名重賞士之所競不平致怨由來久矣詩云尸鳩在桑其子七兮淑人君子其儀一兮臣以爲此等宜蒙爵封灼前後陳事輙見省覽然身微官孤不見進序乃取長假還鄉里臨去遣息上表曰臣受恩三世剖符守境試用无績沉伏數年犬馬之力无所復堪陛下弘廣納之聽採狂夫之言原臣侵官之罪不問干忤之愆天

地恩厚于臣足矣臣聞忠臣之于其君猶孝子之于其親進則有欣然之慶非貪官也退則有慼然之憂非懷祿也其意在于不忘光君榮親情所不能已已者也臣伏自悼私懷至恨生長荒裔而久在外任自還抱疾未嘗覲見陛下竟不知臣何人此臣之恨一也遭逢會之世值有事之時而不能垂功名于竹帛此臣之恨二也逮事聖明之君而尫悴羸劣陳力又不能當歸死于地下此臣之恨三也哀二親早亡隕兄弟並凋喪孝敬无復施于家門此臣之恨四也夏之日忽以過冬之夜尋復來人生百歲尚以爲不足而臣中年嬰災此臣之恨五也懃日月之所養愧昊蒼而无報此臣之所以懷五恨而歎息臨歸路而自悼者也語有之曰華言虛也至言實也苦言藥也甘言疾也臣欲言天下太平而靈龜神狐未見仙芝蓂莢未生麒麟未游乎靈禽之囿鳳皇未儀於太極之庭此臣之所以不敢華言而爲佞者也昔漢高祖初定天下于時成卒婁敬上書諫曰陛下取天下不與成周同而欲比隆成周臣竊以爲不侔于是漢祖感悟深納其言賜姓爲劉氏又顧謂陸賈曰爲我著秦所以亡而吾所以得之者賈乃作新語之書述叙前世成敗以爲勸戒又田肯建一言之計非親子弟莫可使王齊者而受千金之賜故世稱漢祖之寛明慱納所以能成帝業也今之言世者皆曰堯舜復興天下已太平矣臣獨以爲未亦竊有所勸焉且百王垂制聖賢吐言來事之明鑒也孟子曰堯不能以天下與舜則舜之有天下也天與之也昔舜爲相堯崩三年之喪畢舜避堯之子于南河天下諸侯朝覲者獄訟者不之堯之子而之舜舜曰天也乃之中國踐天子位焉若居堯之宮逼堯之子非天所與者也曩昔西有不臣之蜀東有僭號之吳三主鼎足並稱天子魏文帝率萬乘之衆受禪于靡陂而自以德同唐虞以爲漢獻即是古之堯自謂即是今之舜乃謂孟軻孫卿不通禪代之變遂作禪代之文刻石垂戒班示天下傳之後世亦安能使將來君子皆曉然心服其義乎然魏文徒希慕堯舜之名推新集之魏欲以同于唐虞之盛忽骨肉之恩忘藩屏之固竟不能使四海賓服混一皇化而于時羣臣莫有諫者不其過矣哉孫卿曰堯

舜禪讓是不然矣天下者至重也非至彊莫之能任至大也非至辯莫之能分至衆也非至明莫之能見此三至者非聖人莫之能盡由此言之孫卿孟軻亦各有所不取焉陛下受禪從東府入西京兵刃耀天旌旗翳日雖應天順人同符唐虞然法度損益則亦不異于昔魏文矣故宜資三至以彊制之而今諸王有立國之名而无襟帶之實又蜀地有自然之險是歷世姦雄之所闚闢逋逃之所聚也而无親戚子弟之守此豈深思遠慮杜漸防萌者乎昔漢文帝據已成之業六合同風天下一家而賈誼上疏陳當時之勢猶以爲譬如抱火厝于積薪之下而寢其上火未及然因謂之安此言誠存不忘亡安不忘乱者也然臣之慺慺亦竊願居安思危无曰高高在上常念臨深之義不忘履冰之戒盡除魏世之弊法綏以新政之大化使萬邦欣欣喜戴洪惠昆蟲草木咸蒙恩澤朝廷詠康哉之歌山藪无伐檀之人此固天下所視望者也陛下自初踐祚發无諱之詔置箴諫之官赫然寵異謇諤之臣以明好直言之信恐陳事者知直言之不用皆杜口結舌祥瑞亦曷由來

哉臣无陸生之才不在顧問之地葢聞主聖臣直義在于有犯无隱臣不惟疏遠未信而言敢歷論前代隆名之君及亡敗之主廢興所由又慱陳舉賢之路廣開養老之制崇必信之道又張設議者之難凡五事以聞臣之所言皆直陳古今已行故事非新聲異端也辭義實淺不足採納然臣私心誠謂有可發起覺悟遺忘願陛下察臣愚忠愍臣狂直无使天下以言者爲戒疾痛增篤退念桑梓之詩惟狐死之義輙取長休歸近墳墓顧瞻宮闕繫情皇極不勝丹款遣息頡表言其一曰臣聞善有章也著在經典惡有罰也戒在刑書上自遠古下洎秦漢其明王霸主及亡國闇君故可得而稱至于忠謇賢相及佞謟姦臣亦可得而言故朝有謇諤盡規之臣无不昌也任用阿諛唯唯之士无不亡也是有國者皆欲求忠以自輔舉賢以自佐而亡國破家者相繼皆由任失其人所謂賢者不賢忠者不忠也臣謹言前任賢所由興任不肖所以亡者堯之末年四凶在朝而不去八元在家而不舉然致天平地寧四門穆穆其功固在重華之爲相夏癸放于鳴條商辛梟

于牧野此俱萬乘之主而國滅身擒由不能屬任賢相用婦人之言荒淫无道肆志沉宴作靡靡之樂長夜之飲于是登糟丘臨酒池觀牛飲望肉林龍逢忠而被害比干諫而剖心天下之所以歸惡者也太甲暴虐顛覆湯之典制于是伊尹放之桐宮而能改悔反善三年而後歸于亳既已放而復還殷道微而復興諸侯咸服號稱太宗實賴阿衡之盡忠也周室既衰諸侯並爭天王微弱政遂陵遲齊桓公淫乱之主耳然所以能九合一匡之功有尊周之名誠管夷吾之力及其死也蟲流出門豈非任豎貂之過乎且一桓公之身得管仲其功如彼用豎貂其乱如此夫榮辱存亡實在所任可不審哉秦本伯翳之後微微小邑至秦仲始大有車馬礼樂侍御之好焉自穆公至于始皇皆能留心待賢遠求異士招由余于西戎致五羖于宛市取丕豹于晉卿迎蹇叔于宗里由是四方雄俊繼踵而至故能世爲彊國吞滅諸侯奄有天下兼稱皇帝由謀臣之助也道化未淳崩于沙丘胡亥乘虐用詐自立不能弘濟統緒克成堂構而乃殘賊仁義毒流黔首故陳勝吳廣奮臂

大呼而天下響應于是趙高逆乱閻樂承指二世窮迫自戮望夷子嬰雖立去帝爲王孤危无輔四旬而亡此由邪臣擅命指鹿爲馬所以速秦之禍也秦失其鹿豪傑競逐項羽既得而失之其咎在烹韓生而范增之謀不用假令羽既距項伯之邪說斬沛公于鴻門都咸陽以號令諸侯則天下无敵矣而羽距韓生之忠諫背范增之深計自謂霸王之業已定都彭城還故鄉爲晝被文繡此葢世俗兒女之情耳而羽榮之是故五載爲漢所擒至死尚不知覺悟乃曰天亡我非戰之罪甚痛矣哉且夫士之歸仁猶水之歸下禽之走曠野故曰爲川驅魚者獺也爲藪驅雀者鸇也爲湯武驅人者桀紂也漢高祖起于布衣提三尺之劒而取天下用六國之資无唐虞之禪豈徒賴良平之奇謀盡英雄之智力而已乎亦由項氏爲驅人也子孫承基二百餘年逮成帝委政舅家使權勢外移安昌侯張禹者漢之三公成帝保傅也帝親幸其家拜禹牀下深問天災人事禹當惟大臣之節爲社稷深慮忠言嘉謀陳其災患則王氏不得專權寵王莽无緣乘勢位遂託雲龍而登天衢令漢祚

中絕也禹佞諂不忠挾懷私計徒低仰于五侯之間苟取容媚而已是以朱雲抗節求尚方斬馬劍欲以斬禹以戒其餘可謂忠矣而成帝嘗復不寤乃以爲居下訕上廷辱保傅罪死无赦詔御史將雲下欲急烹之雲攀殿折檻辛慶忌叩頭流血以死爭之若不然則雲已摧碎矣後雖釋檻不脩欲以彰明直臣誠足以爲後世之戒何益于漢室所由亡也哉然世之論者以爲亂臣賊子无道之甚者莫過于莽此亦猶紂之不善不如是之甚也傳稱莽始起外戚折節力行以要名譽宗族稱孝朋友歸仁及其輔政成哀之際勤勞國家動見稱述然遇漢室中微國嗣三絕而太后壽考爲之宗主故莽得遂策命孺子而于時人士詣闕上書薦莽者不可稱紀內外羣臣莫不歸莽功德遂奪其位也昔湯武之興亦逆取而順守之耳向莽深惟殷周取守之術崇道德務仁義履信實去華偽施惠天下十有八年恩足以感百姓義足以結英雄人懷其德豪傑並用如此宗廟社稷宜未滅也光武雖復賢才大業詎可冀哉莽即位之後自謂得天人之助以爲功廣三王德茂唐虞乃自驕矜奮其威詐班宣符讖震暴殘酷窮凶極惡人怨神怒冬雷電以驚其耳目夏地動以惕其心腹而莽猶不知覺悟方復重行不順時之令竟連伍之刑佞媚者親幸忠諫者誅夷由是天下忿憤內外俱發四海分崩城池不守身死于四夫之手爲天下笑豈不異哉其所由然者非取之過而守之非道也莽既屠肌六合雲擾劉聖公已立而不辯盆子承之而覆敗公孫述又稱帝于蜀漢如此數子固非所謂應天順人者徒爲光武之驅除者耳夫天下者蓋亦天下之天下非一人之天下也殷商之旅其會如林矢于牧野維予侯興又曰侯服于周天命靡常由此言之主非常人也有德則天下歸之无德則天下叛之故古之明王其勞心遠慮常如臨川无津涯于是法天地象四時隆恩德敬大臣近忠直遠佞人仁孝著乎宮牆弘化洽乎兆庶爲平直如砥矢信義感人神雖有椒房外戚之寵不受其委曲之言雖有近習愛幸之竪不聽其姑息之辭四門穆穆闢而不闔待諫者而无忌恒戰戰慄慄不忘戒懼所以欲永終天祿恐爲將來賢聖之驅除也且臣聞之懼危

者常安者也憂亡者恒存者也使夫有國之君能安不忘危則本枝百世長保榮祚名位與天地无窮亦何慮乎爲來者之驅除哉傳有之曰狂夫之言明主察焉其二曰士之立業行非一槩吳起貪官毋死不歸殺妻求將不孝之甚然在魏使秦人不敢東向在楚則三晉不敢南謀曾參閔騫誠孝子也不能宿夕離其親豈肯出身致死涉危險之地哉今大晉應期運之所授齊聖美于有虞而吳人不臣稱帝私附此亦國之羞也陛下誠欲致羆熊之士不二心之臣使奮威淮浦震服荊蠻者故宜疇咨博采廣開貢士之路薦巖穴舉賢才徵命考試匪俊莫用今臺閣選舉徒塞耳目九品訪人唯問中正故據上品者非公侯之子孫則當塗之昆弟也二者苟然則蓽門蓬户之俊安得不有陸沉者哉其三曰昔田子方養老馬而窮士知所歸况居天下之廣居立天下之正位行天下之大道乎昔明王聖主无不養老老人衆多未必皆賢不可悉養故父事三老所以明孝宗事五更所以明敬孟子曰吾老以及人之老吾幼以及人之幼今天下雖定而華山之陽无放馬之羣桃林之下未有休息之牛故以吳人尚未臣服故也夫饑者易爲食渴者易爲飲天下元元瞻望新政願陛下思子方之仁念犬馬之勞思帷蓋之報發仁惠之詔廣開養老之制其四曰法令賞罰莫大乎信古人有言人而无信不知其可况有養人以惠使人以義而可以不信行之哉臣前爲西郡太守被州所下已未詔書羌胡道遠其但募取樂行不樂勿彊臣被詔書輒宣恩廣募示以賞信所得人名即條言征西其晉人自可差簡丁彊如法調取至於羌胡非恩意告諭則无欲度金城河西者也自往每興軍渡河未曾有変故刺史郭綏勸帥有方深加奬厲要許重報是以所募感恩利賞遂立績效功在第一今州郡督將並已受封羌胡健兒或王或侯不蒙論敘也晉文猶不負原而失信齊桓不惜地而背盟况聖主乎其五曰昔周漢之興樹親建德周有五等之爵漢有河山之誓及其衰也神器奪於重臣國祚移于他人故滅周者秦非姬姓也代漢者魏非劉氏也于今國家大計使異姓无裂土專封之邑同姓並據有連城之地縱復令諸王後世子孫還自相并蓋亦楚人失繫

弱于雲夢尚未爲亡其弓也其于神器不移他族則始祖不遷之廟萬
年億兆不改其名矣大晉諸王二十餘人而公侯伯子男五百餘國欲
言其國皆小乎則漢祖之起俱无尺土之地况有國者哉將謂大晉世
世賢聖而諸侯之胤常不肖邪則放勳欽明而有丹朱瞽叟頑凶而
有虞舜天下有事无不由兵而无故多樹兵本廣開乱原臣故曰五等
不便也臣以爲可如前表諸王宜大其國增益其兵悉遣守藩使形勢
足以相接則陛下可高枕而卧耳臣以爲諸侯伯子男名號皆宜改易
之使封爵之制祿奉礼秩並同天下諸侯之例臣聞與覆車同軌者未
嘗安也與死人同病者未嘗生也與亡國同法者未嘗存也况夫魏魏
大晉方將登太山禪梁父刻石書勳垂示无窮宜遠鑒往代興廢深爲
嚴防使著事奮筆必有紀焉昔伊尹耻其君不爲堯舜此臣所以私懷
慷慨自忘輕賤者也灼書奏帝覽而異焉擢爲明威將軍魏興太守
卒于官

閻纘字續伯巴西安漢人也祖圃爲張魯功曹勸魯降魏封平樂鄉侯
父璞嗣爵仕吳至牂牁太守纘僑居河南新安少游英豪多所交結博
覽墳典該通物理父卒繼母不慈纘恭事彌謹而母疾之愈甚乃誣纘
盜父時金寶訟于有司遂被清議十餘年纘无怨色孝謹不怠母後
意解更移中正乃得復品爲太傅楊駿舍人轉安復令駿之誅也纘棄
官歸要駿故主簿潘岳掾崔基等共葬之基岳畏罪推纘爲主墓成
當葬駿從弟模告武陵王澹將表殺造意者衆咸懼填冢而逃纘獨以
家財成墓葬駿而去國子祭酒鄒湛以纘才堪佐著薦于秘書監華嶠
嶠曰此職閑廩重貴勢多爭之不暇求其才遂不能用河間王顒引
爲西戎校尉司馬有功封平樂鄉侯愍懷太子之廢也纘輿棺詣闕上
書理太子之冤曰伏見赦文及牓下前太子遹手疏以爲驚愕自古以
來臣子悖逆未有如此之甚也幸賴天慈全其首領臣伏念遹生于聖
父而至此者由于長養深宮沉淪富貴受饒先帝父母驕之每見選師
傅下至羣吏率取膏粱擊鍾鼎食之家希有寒門儒素如衛綰周
文石奮疏廣洗馬舍人亦无汲黯鄭莊之比遂使不見事父事君之道

臣案古典太子居以士礼與國人齒以此明先王欲令知先賤然後乃
貴自頃東宮亦微太盛所以致敗也非但東宮歷觀諸王師友文學皆
豪族力能得者率非龔遂王陽能以道訓友无亮直三益之節官以文
學爲名實不讀書但共鮮衣好馬縱酒高會嬉遊博奕豈有切磋能相
長益臣常恐公族遲陵以此歎息今遹可以爲戒恐其被斥棄遂遠郊
始當悔過无所復及昔戾太子无狀稱兵距命而壺關三老上書有田
千秋之言猶曰子弄父兵罪應笞耳漢武感悟之築思子之臺今遹无
狀言語悖逆受罪之日不敢失道猶爲輕于戾太子尚可禁持重選保
傅如司空張華道德深遠乃心忠誠以爲之師光祿大夫劉寔寒苦自
立終始不衰年同呂望經籍不廢以爲之保尚書僕射裴頠明允恭肅
體道居正以爲之友置游談文學皆選寒門孤宦以學行自立者及取
服勤更事涉履艱難事君事親名行素聞者使與共處使嚴御史監
護其家絶貴戚子弟輕薄賓客如此左右前後莫非正人師傅文學可
令十日一講使共論議于前勅使但道古今孝子慈親忠臣事君及思
愆改過之義皆聞善道庶幾可全昔太甲有罪放之三年思庸克復爲
殷明王又魏文帝懼于見廢夙夜自祗竟能自全及至明帝因母得罪
廢爲平原侯爲置家臣庶子師友文學皆取正人共相匡矯競競慎罰
事父以孝父没事母以謹聞于天下于今稱之漢高皇帝數置酒于庭
欲廢太子後四皓爲師子房爲傅竟復成就前事不忘後事之戒孟軻
有云孤臣孽子其操心也危慮患也深故多善功李斯云慈母多敗子
嚴家无格虜由陛下驕遹使至于此庶其受罪以來足自思改方今天
下多虞四夷未寧將伺國隙儲副大事不宜空虛宜爲大計小復停留
先加嚴誨依平原侯故事若不悛改棄之未晚也臣素寒門无力仕宦
不經東宮情不私遹念昔楚國處女諫其王曰有龍无尾言年四十未
有太子臣嘗備近職雖未得自結天日情同閹寺悾悾之誠皆爲國計
臣老母見臣爲表乃爲臣卜卦云書御即死妻子守臣涕泣見止臣獨
以爲頻見拔擢嘗爲近職此恩難忘何以報德唯當陳誠以死獻忠輒
具棺絮伏須刑誅書御不省及張華遇害賈謐被誅朝野震悚纘獨抚

華戶慟哭曰早語君遜位而不肯今果不免命也夫過叱賈謐戶曰小兒乱國之由誅其晚矣皇太孫立纘復上疏曰臣前上書訟太子之枉不見省覽昔壺關三老陳衛太子之寃而漢武築思子之臺高廟令田千秋上書不敢正言託以鬼神之敎而孝武大感月中三遷位至丞相乘車入殿號曰車氏恨臣精誠微薄不能有感竟使太子流離没命許昌向令陛下即納臣言不致此禍天賛聖意三公獻謀庶人賜死罪人斯得太子以明臣恨其晚无所復及詔書慈悼迎喪反葬復其礼秩誠副衆望不意吕霍之変復生于今日伏見詔書建立太孫斯誠陛下上順先典以安社稷中慰慈悼寃魂之痛下令萬國心有所繫追惟庶人所爲无狀幾傾宗廟頼相國太宰至忠憤發潛謀俱斷奉賛聖意以成神武雖周誅二叔漢掃諸吕未足以喻臣願陛下因此大更釐改以爲永制礼置太子居以士礼與國人齒爲置官屬皆如朋友不爲純臣既使上厭至望以崇孝道又令不相嚴憚易相規正昔漢武既信奸讒危害太子復用望氣之言欲盡誅詔獄中囚邴吉以皇孫在焉閉門距命後遂擁護皇孫督罰乳母卒至成人立爲孝宣皇帝苟志于忠无往不可歴觀古人雖不避死亦由世敎寛以成節吉雖距詔書事在于忠故宥而不責自晉興已來用法太嚴遲速之間輙加誅斬一身伏法猶可彊爲今世之誅動輙滅門昔吕后臨朝肆意无道周昌相趙三召其王而昌不遣先徵昌入乃後召王此由漢制本寛得使爲快假令如今吕后必謂昌已反夷其三族則誰敢復爲殺身成義者哉此法宜改可使經遠又漢初廢趙王張敖其臣貫高謀弑高祖高祖不誅以明臣道田叔孟舒十人爲奴髡鉗隨王隱親侍養故令平安向使晉法得容爲義東宮之臣得如周昌固護太子得如邴吉距詔不坐伏死諫爭則聖意必变太子以安如田叔孟舒侍從不罪者則隱親左右姦凶毒藥无緣得設太子不夭也臣每責東宮臣故无侍從者後聞頗有于道路望車拜辭而有司收付洛陽獄奏科其罪然臣故莫從良有以也又本置三率盛其兵馬所以宿衛防虞而使者卒至莫有警嚴覆請審者此由恐畏滅族今皇孫冲幼去事多故若有不虞彊臣專制姦邪矯詐雖有

相國保訓東宮擁佑之恩同于邴吉適可使玉體安全宜開來防可著于令自今已後諸有興廢倉卒羣臣皆得輙嚴須録詣殿前面受口詔然後爲信得同周昌不遣王節下聽臣子隱親得如田叔孟舒不加罪責則求固儲副以安後嗣之遠慮也來事難知往事可改臣前每見詹事裴權用心懇惻舍人秦戢數上疏啓諫而爰倩贈以九列權有忠意獨不蒙賞謂宜依倩爲比以寵其魂推尋表疏如秦戢輩及司隷所奏諸敢拜辭于道路者明詔稱揚使微異于衆以勸爲善以奬將來也纘又陳今相國雖已保傅東宮保其安危至于旦夕訓誨輔導出入動静劬勞宜選寒苦之士忠貞清正老而不衰如城門校尉梁柳白衣南安朱冲比者以爲師傅其侍臣以下文武將吏且勿復取盛戚豪門子弟若吳太妃家室及賈郭之黨如此之輩生而富溢无念修已率多輕薄浮華相驅放縱皆非所補益于吾少主者也皆可擇寒門篤行學問素士更履險易節義足稱者以備羣臣可輕其礼儀使與古同于相切磋爲益昔魏文帝之在東宮徐幹劉楨爲友文學相接之道竝如氣類吳太子登顧譚爲友諸葛恪爲賓卧同床帳行則參乘交如布衣相呼以字此則近代之明比也天子之子不患不富貴不患人不敬畏患于驕盈不聞其過不知稼穡之艱難耳至于甚者乃不知名六畜可不勉哉昔周公親撻伯禽曹參笞窋二百聖考慈父皆不傷恩今亦忍小相維持令至闕失頓相罪責不亦誤哉在礼太子朝夕視膳昏定晨省跪問安否于情得盡五日一朝于敬既簡于恩亦疎易致構間故曰一朝不朝其間容刀五日之制起漢高祖身爲天子父爲庶人萬機事多故闕私敬耳今主上臨朝太子无事專主孝養宜改此俗文王世子篇曰王季一飯亦一飯再飯亦再飯安有逸豫五日一覲哉纘又陳今迎太子神柩孤魂獨行太孫幼冲不可渉道謂可遣妃奉迎遠路令其父衍隨行衛護皇太子初見誣陷臣家門无祐三世假親具嘗辛苦以家覯國固知太子有变臣故求副監國欲依邴吉故事距違來使供養擁護身親飲食醫藥冀足救危主者以臣名資輕淺不肯見與世人見笑謂爲此職進退難居有必死憂臣獨以爲苟全儲君賈氏所誅甘心所願

今監國御史直副皆當三族侍衛无狀實自宜然臣謂其小人不足具責故孔子曰可以託六尺之孤臨大節而不可奪是以聖王慎選故河南尹向雄昔能犯難葬故將鍾會文帝嘉之始拔顯用至于先帝以爲右率如閻之事若得向雄之比則豈可觸哉此二使者但爲愚怯亦非與謀但可誅身自全三族如郭俶郭斌則于刑爲當又東宮亦宜妙選忠直亮正如向雄比陛下千秋萬歲之後太孫幼冲選置兵衛宜得柱石之士如周昌者世俗淺薄士无廉節賈謐小兒恃寵恣睢而淺中弱植之徒更相翕習故世號魯公二十四友又謐前見臣表理太子曰閻兒作此爲健然觀其意欲與諸司馬家同皆爲臣寒心伏見詔書稱明滿奮樂廣侍郎賈胤與謐親理而亦疏遠往免父喪之後停家五年雖爲小屈有識貴之潘岳繆徵等皆謐父黨共相沉浮人士羞之聞其晏然莫不爲怪今詔書暴揚其罪並皆遣出百姓咸云清當臣獨謂非但岳徵二十四人宜皆齊黜以肅風教朝廷善其忠烈擢爲漢中太守趙王倫死既葬纘以車轢其冢時張華兒子景後徙漢中纘又表宜還纘

不護細行而慷慨好大節卒于官時年五十九纘五子皆開朗有才力長子亨爲遼西太守屬王浚自用其人亨不得之官依青州刺史苟晞刑政苛虐亨數切諫爲晞所害

史臣曰愍懷之廢也天下稱其冤然皆懼乱政之慘夷懾淫嬖之凶忍遂使謀臣懷忠而結舌義士蓄憤而吞聲閻續伯官既微于侍郎位不登于執戟輕生重義視死如歸伏奏而侍嚴誅輿棺以趨鼎鑊察言觀行豈非忠直壯乎顧視晉朝公卿曾不得與其徒隸齒也茂伯篤終哭王經以全節休然追遠理鄧艾以成名故得義感明時仁流枯骨雖朱勃追論新息欒布奏事彭王弗之尚也

贊曰感義收會篤終理艾道既相侔名亦俱泰續伯區區輿棺陳謇偪玆淫嬖弗遂良圖毁其泣矣何嗟及乎

列傳第十八　　晉書四十八

阮籍 咸 瞻 孚 脩 放 裕　嵇康　向秀
劉伶　謝鯤　胡毋輔之 子謙之
畢卓　王尼　羊曼 弟聃　光逸

阮籍字嗣宗陳留尉氏人也父瑀魏丞相掾知名於世籍容貌瓌傑志氣宏放傲然獨得任性不羈而喜怒不形於色或閉戶視書累月不出或登臨山水經日忘歸博覽羣籍尤好莊老嗜酒能嘯善彈琴當其得意忽忘形骸時人多謂之癡惟族兄文業每歎服之以為勝己由是咸共稱異籍嘗隨叔父至東郡兗州刺史王昶請與相見終日不開一言自以不能測太尉蔣濟聞其有儁才而辟之籍詣都亭奏記曰伏惟明公以含一之德據上台之位英豪翹首俊賢抗足開府之日人人自以為掾屬辟書始下而下走為首昔子夏在於西河之上而文侯擁篲鄒子處於黍谷之陰而昭王陪乘夫布衣韋帶之士孤居特立王公大人所以禮下之者為道存也今籍無鄒卜之道而有其陋猥見採擇無以稱當方將耕於東皋之陽輸黍稷之餘稅負薪疲病足力不彊補吏之召非所克堪乞迴謬恩以光清舉初濟恐籍不至得記欣然遣卒迎之而籍已去濟大怒於是鄉親共喻之乃就吏後謝病歸復為尚書郎少時又以病免及曹爽輔政召為參軍籍因以疾辭屏於田里歲餘而爽誅時人服其遠識宣帝為太傅命籍為從事中郎及帝崩復為景帝大司馬從事中郎高貴鄉公即位封關內侯徙散騎常侍籍本有濟世志屬魏晉之際天下多故名士少有全者籍由是不與世事遂酣飲為常文帝初欲為武帝求婚於籍籍醉六十日不得言而止鍾會數以時事問之欲因其可否而致之罪皆以酣醉獲免及文帝輔政籍嘗從容言於帝曰籍平生曾游東平樂其風土帝大悅即拜東平相籍乘驢到郡壞府舍屏鄣使內外相望法令清簡旬日而還帝引為大將軍從事中郎有司言有子殺母者籍曰嘻殺父乃可至殺母乎坐者怪其失言帝曰殺父天下之極惡而以為可乎籍曰禽獸知母而不知父殺父禽獸之類也殺母禽獸之不若眾乃悅服籍聞步兵廚營人善釀有貯酒三

百斛乃求為步兵校尉遺落世事雖去佐職恒游府內朝宴必與焉會帝讓九錫公卿將勸進使籍為其辭籍沈醉忘作臨詣府使取之見籍方據案醉眠使者以告籍便書案使寫之無所改竄辭甚清壯為時所重籍雖不拘禮教然發言玄遠口不臧否人物性至孝母終正與人圍棊對者求止籍留與決賭既而飲酒二斗舉聲一號吐血數升及將葬食一蒸肫飲二斗酒然後臨訣直言窮矣舉聲一號因又吐血數升毀瘠骨立殆致滅性裴楷往弔之籍散髮箕踞醉而直視楷弔唁畢便去或問楷凡弔者主哭客乃為禮籍既不哭君何為哭楷曰阮籍既方外之士故不崇禮典我俗中之士故以軌儀自居時人歎為兩得籍又能為青白眼見禮俗之士以白眼對之及嵇喜來弔籍作白眼喜不懌而退喜弟康聞之乃齎酒挾琴造焉籍大悅乃見青眼由是禮法之士疾之若讎而帝每保護之籍嫂嘗歸寧籍相見與別或譏之籍曰禮豈為我設邪鄰家少婦有美色當壚沽酒籍嘗詣飲醉便臥其側籍既不自嫌其夫察之亦不疑也兵家女有才色未嫁而死籍不識其父兄徑往哭之盡哀而還其外坦蕩而內淳至皆此類也時率意獨駕不由徑路車跡所窮輒慟哭而反嘗登廣武觀楚漢戰處歎曰時無英雄使豎子成名登武牢山望京邑而歎於是賦豪傑詩景元四年冬卒時年五十四籍能屬文初不留思作詠懷詩八十餘篇為世所重著達莊論敘無為之貴文多不錄籍嘗於蘇門山遇孫登與商略終古及栖神導氣之術登皆不應籍因長嘯而退至半嶺聞有聲若鸞鳳之音響乎巖谷乃登之嘯也遂歸著大人先生傳其略曰世之所謂君子惟法是脩惟禮是克手執圭璧足履繩墨行欲為目前檢言欲為無窮則少稱鄉黨長聞鄰國上欲圖三公下不失九州牧獨不見羣蝨之處褌中逃乎深縫匿乎壞絮自以為吉宅也行不敢離縫際動不敢出褌襠自以為得繩墨也然炎丘火流焦邑滅都羣蝨處於褌中而不能出也君子之處域內何異夫蝨之處褌中乎此亦籍之胷懷本趣也子渾字長成有父風少慕通達不飾小節籍謂曰仲容已豫吾此流汝不得復爾太康中為太子庶子

咸字仲容父熙武都太守咸任達不拘與叔父籍為竹林之游當世禮法

者識其所爲咸與籍居道南諸阮居道北北阮富而南阮貧七月七日北阮盛曬衣服皆錦綺粲目咸以竿挂大布犢鼻於庭人或怪之答曰未能免俗聊復爾耳歷仕散騎侍郎山濤舉咸典選曰阮咸貞素寡欲深識清濁萬物不能移若在官人之職必絕於時武帝以咸耽酒浮虛遂不用太原郭奕高爽有識量知名於時少所推先見咸心醉不覺歎焉而居母喪縱情越禮素幸姑之婢姑當歸于夫家初云留婢既而自從去時方有客咸聞之遽借客馬追婢既及與婢累騎而還論者甚非之咸妙解音律善彈琵琶雖處世不交人事惟共親知弦歌酣宴而已與從子脩特相善每以得意爲歡諸阮皆飲酒咸至宗人間共集不復用杯觴斟酌以大盆盛酒圓坐相向大酌更飲時有羣豕來飲其酒咸直接去其上便共飲之羣從昆弟莫不以放達爲行籍弗之許荀勗每與咸論音律自以爲遠不及也疾之出補始平太守以壽終二子瞻孚

瞻字千里性清虛寡欲自得於懷讀書不甚研求而默識其要遇理而辯辭不足而旨有餘善彈琴人聞其能多往求聽不問貴賤長幼皆爲彈之神氣沖和而不知向人所在內兄潘岳每令鼓琴終日達夜无忤色由是識者歎其恬澹不可榮辱矣舉止灼然見司徒王戎戎問曰聖人貴名教老莊明自然其旨同異瞻曰將无同戎咨嗟良久即命辟之時人謂之三語掾太尉王衍亦雅重之瞻常群行冒熱渴甚逆旅有井衆人競趨之瞻獨逡巡在後須飲者畢乃進其夷退无競如此東流王越鎮許昌以瞻爲記室參軍與王承謝鯤鄧攸俱在越府越與瞻等書曰禮年八歲出就外傅明始可以加師訓之則十年曰幼學明可漸先王之教也然學之所入淺禮之所安深是以閑習禮容不如式瞻儀度諷誦遺言不若親承音旨小兒眦既无令淑之質不聞道德之風望諸君時以閑豫周旋誨接永嘉中爲太子舍人瞻素執无鬼論物莫能難每自謂此理足可以辯正幽明忽有一客通名詣瞻寒溫畢聊談名理客甚有才辯瞻與之言良久及鬼神之事反覆甚苦客遂屈乃作色曰鬼神古今聖賢所共傳君何得獨言无即僕便是鬼於是變爲異形須臾消滅瞻默然意色大惡後歲餘病卒於倉垣時年三十

孚字遥集其母即胡婢也孚之初生其姑取王延壽魯靈光殿賦曰胡人遥集於上楹而以字焉初辟太傅府遷騎兵屬避亂渡江元帝以爲安東參軍蓬髮飲酒不以王務嬰心時帝既用申韓以救世而孚之徒未能棄也雖然不以事任處之轉丞相從事中郎終日酣縱恒爲有司所按帝每優容之琅邪王裒爲車騎將軍鎮廣陵高選綱佐以孚爲長史帝謂曰卿既統軍府郊壘多事宜節飲也孚答曰陛下不以臣不才委之以戎旅之重臣僶俛從事不敢有言者竊以今王莅鎮威風赫然皇澤遐被賊寇斂迹氛祲既澄日月自朗臣亦何可爝火不息正應端拱嘯詠以樂當年耳遷黃門侍郎散騎常侍嘗以金貂換酒復爲所司彈劾帝宥之轉太子中庶子左衛率領屯騎校尉明帝即位遷侍中從王敦賜爵南安縣侯轉吏部尚書領東海王師稱疾不拜詔就家用之尚書令郗鑒以爲非禮帝曰就用之誠不快不爾便廢才及帝疾大漸溫嶠入受顧命過孚要與同行升車乃告之曰主上遂大漸江左危弱實資羣賢共康世務卿時望所歸今欲屈卿同受顧託孚不答固求下車嶠不許垂至臺門告嶠內迫求暫下便徒步還家初祖約性好財孚性好屐同是累而未判其得失有詣約見正料財物客至屏當不盡餘兩小簏以著背後傾身障之意未能平或有詣阮正見自蠟屐因自歎曰未知一生當着幾量屐神色甚閑暢於是勝負始分咸和初拜丹陽尹時太后臨朝政出舅族孚謂所親曰今江東雖累世而年數實淺主幼時艱運終百六而庾亮年少德信未孚以吾觀之將兆亂矣會廣州刺史劉顗卒遂苦求出王導等以孚疏放非京尹才乃除都督交廣寧三州軍事鎮南將軍領平越中郎將廣州刺史假節未至鎮卒年四十九尋而蘇峻作逆識者以爲知幾無子從孫廣嗣

脩字宣子好易老善清言嘗有論鬼神有无者皆以人死者有鬼脩獨以爲无曰今見鬼者云着生時衣服若人死有鬼衣服有鬼邪論者服焉後遂伐社樹或止之脩曰若社而爲樹伐樹則社移樹而爲社伐樹則社亡矣性簡任不修人事絕不喜見俗人遇便舍去意有所思率爾褰裳不避晨夕至或无言但欣然相對常步行以百錢挂杖頭至酒店

便獨酣暢雖當世富貴而不肯顧家无儋石之儲晏如也與兄弟同志常自得于林阜之間王衍當時談宗自以論易略盡然有所未了研之終莫悟每云不知此没當見能通之者不衍族子敦謂衍曰阮宣子可與言衍曰吾亦聞之但未知其亹亹之處定何如耳及與修談言寡而旨暢衍乃歎服焉梁國張偉志趣不常自隱于屠釣修愛其才美而知其不真偉後爲黄門郎陳留内史果以世事受累修居貧年四十餘未有室王敦等斂錢爲婚皆名士也時慕之者求入錢而不得修所著述甚寡嘗作大鵬贊曰蒼蒼大鵬誕自北溟假精靈鱗神化以生如雲之翼如山之形海運水擊扶搖上征翕然層舉背負太清志存天地不屑雷霆鷽鳩仰笑尺鷃所輕超世高逝莫知其情王敦時爲鴻臚卿謂修曰卿常無食鴻臚丞差有禄能作不修曰亦復可爾耳遂爲之轉太傅行參軍太子洗馬避乱南行至西陽期思縣爲賊所害時年四十二

放字思度祖略齊郡太守父顗淮南内史放少與孚並知名中興除太學博士太子中舍人庶子時雖戎車屢駕而放侍太子常説老莊不及軍國明帝甚友愛之轉黄門侍郎遷吏部郎在銓管之任甚有稱績時成帝幼冲庾氏執政放求爲交州乃除監交州軍事揚威將軍交州刺史行達寧浦逢陶侃將高寶平梁碩自交州還放設饌請寶伏兵殺之寶衆擊放敗走保簡陽城得免到州少時暴發渴見寶爲祟遂卒朝廷甚悼惜之年四十四追贈廷尉放素知名而性清約不營産業爲吏部郎不免饑寒王導庾亮以其名士常供給衣食子晞之南頓太守

裕字思曠宏達不及放而以德業知名弱冠辟太宰掾大將軍王敦命爲主簿甚被知遇裕以敦有不臣之心乃終日酣觴以酒廢職敦謂裕非當世實才徒有虚譽而已出爲溧陽令復以公事免官由是得違敦難論者以此貴之咸和初除尚書郎時事故之後公私弛廢裕遂去職還家居會稽剡縣司徒王導引爲從事中郎固辭不就朝廷將欲徵之裕知不得已乃求爲王舒撫軍長史舒薨除吏部郎不就即家拜臨海太守少時去職司空郗鑒請爲長史詔徵秘書監皆以疾辭復除東陽太守尋徵侍中不就還剡山有肥遁之志有以間王羲之羲之曰此公

近不驚寵辱雖古之沈冥何以過此又云裕骨氣不及逸少簡秀不如真長韶潤不如仲祖思致不如殷浩而兼有諸人之美成帝崩裕赴山陵事畢便還諸人相與追之裕亦審時流必當逐已而疾去至方山不相及劉惔歎曰我入東正當泊安石渚下耳不敢復近思曠傍裕雖不博學論難甚精嘗問謝萬云未見四本論君試爲言之萬叙説既畢裕以傅嘏爲長於是構辭數百言精義入微聞者皆嗟味之裕嘗以人不須廣學正應以禮讓爲先故終日静默无所修綜而物自宗焉在剡曾有好車借无不給有人葬母意欲借而不敢言後裕聞之乃歎曰吾有車而使人不敢借何以車爲遂命焚之在東山久之復徵散騎常侍領國子祭酒俄而復以爲金紫光禄大夫領琅邪王師經年敦逼並无所就御史中丞周閔奏裕及謝安違詔累載並應有罪禁錮終身詔書貰之或問裕曰子屢辭徵聘而宰二郡何邪裕曰雖屢辭王命非敢爲高也吾少无宦情兼拙于人間既不能躬耕自活必有所資故曲躬二郡豈以騁能私計故耳年六十二卒三子傭寧普傭早卒寧鄱陽太守普驃騎諮議參軍傭子歆之中領軍寧子腆秘書監腆弟萬齡及歆之子彌之元熙中並列顯位

嵇康字叔夜譙國銍人也其先姓奚會稽上虞人以避怨徙焉銍有嵇山家于其側因而命氏兄喜有當世才歷太僕宗正康早孤有奇才遠邁不羣身長七尺八寸美詞氣有風儀而土木形骸不自藻飾人以爲龍章鳳姿天質自然恬静寡慾含垢匿瑕寛簡有大量學不師受博覽无不該通長好老莊與魏宗室婚拜中散大夫常修養性服食之事彈琴詠詩自足于懷以爲神仙稟之自然非積學所得至于導養得理則安期彭祖之倫可及乃著養生論又以爲君子无私其論曰夫稱君子者心不措乎是非而行不違乎道者也何以言之夫氣静神虚者心不存於矜尚體亮心達者情不繫於所欲矜尚不存乎心故能越名教而自任自然情不繫于所欲故能審貴賤而通物情物情順通故大道无違越名任心故是非無措也是故言君子則以无措爲主以通物爲美言小人則以匿情爲非以違道爲闕何者匿情矜吝小人之至惡虚

心无措君子之篤行也是以大道言及吾无身吾又何患无以生爲貴者是賢于貴生也由斯而言夫至人之用心固不存有措矣故曰君子行道忘其爲身斯言是矣君子之行賢也不察于有度而後行也任心无邪不議于善而後正也顯情无措不論于是而後爲也是故傲然忘賢而賢與度會忽然任心而心與善遇儻然无措而事與是俱也其略如此蓋其胸懷所寄以高契難期每思郢質所與神交者惟陳留阮籍河内山濤豫其流者河内向秀沛國劉伶籍兄子咸琅邪王戎遂爲竹林之游世所謂竹林七賢也戎自言與康居山陽二十年未嘗見其喜愠之色康嘗採藥游山澤會其得意忽焉忘反時有樵蘇者遇之咸謂神至汲郡山中見孫登康遂從之游登沈默自守无所言說康臨去登曰君性烈而才儁其能免乎康又遇王烈共入山烈嘗得石髓如飴即自服半餘半與康皆凝而爲石又于石室中見一卷素書遽呼康往取輙不復見烈乃歎曰叔夜趣非常而輙不遇命也其神心所感每遇幽逸如此山濤將去選官舉康自代康乃與濤書告絶曰聞足下欲以吾自代雖

事不行知足下故不知之也恐足下羞庖人之獨割引尸祝以自助故爲足下陳其可不老子莊周吾之師也親居賤職柳下惠東方朔達人也安乎卑位吾豈敢短之哉又仲尼兼受不羞執鞭子文无欲卿相而三爲令尹是乃君子思濟物之意也所謂達能兼善而不渝窮則自得而无悶以此觀之故知堯舜之居世許由之巖棲子房之佐漢接輿之行歌其揆一也仰瞻數君可謂能遂其志者也故君子百行殊塗同致循性而動各附所安故有處朝廷而不入出山林而不反之論且延陵高子臧之風長卿慕相如之節意氣所先亦不可奪也吾每讀尚子平臺孝威傳慨然慕之想其爲人加少孤露母兄驕恣不涉經學又讀老莊重增其放故使榮進之心日頹任逸之性轉篤阮嗣宗口不論人過吾每師之而未能及至性過人與物无傷惟飲酒過差耳至爲禮法之士所繩疾之如仇讎幸賴大將軍保持之耳吾以不如嗣宗之資而有慢弛之闕又不識物情闇于機宜无萬石之慎而有好盡之累久與事接疵釁日興雖欲无患其可得乎又聞道士遺言餌朮黃精令人久

壽意甚信之游山澤觀魚鳥心甚樂之一行作吏此事便廢安能舍其所樂而從其所懼哉夫人之相知貴識其天性因而濟之禹不逼伯成子高全其長也仲尼不假蓋于子夏護其短也近諸葛孔明不迫元直以入蜀華子魚不彊幼安以卿相此可謂能相終始真相知者也自卜已審若道盡塗殫則已耳足下无事寃之令轉于溝壑也吾新失母兄之歡意常悽切女年十三男年八歲未及成人況復多疾顧此悢悢如何可言今但欲守陋巷教養子孫時時與親舊敘離闊陳說平生濁酒一盃彈琴一曲志意畢矣豈可見黃門而稱貞哉若趣欲共登王塗期于相致時爲懽益一旦迫之必發狂疾自非重讎不至此也既以解足下并以爲別此書既行知其不可羈屈也性絶巧而好鍛宅中有一柳樹甚茂乃激水圜之每夏月居其下以鍛東平呂安服康高致每一相思輙千里命駕康友而善之後安爲兄所枉訴以事繫獄辭相證引遂復收康康性慎言行一旦縲紲乃作幽憤詩曰嗟余薄祜少遭不造哀煢靡識越在襁褓母兄鞠育有慈无威恃愛肆好不訓不師爰及冠帶

憑寵自放抗心希古任其所尚託好莊老賤物貴身志在守樸養素全真曰予不敏好善闇人子玉之敗屢增惟塵大人含弘藏垢懷恥人之多僻政不由己惟此褊心顯明臧否感悟思愆怛若創痏欲寡其過謗議沸騰性不傷物頻致怨憎昔慙柳惠今愧孫登内負宿心外恧良朋仰慕嚴鄭樂道閑居與世无營神氣晏如咨予不淑嬰累多虞匪降自天寔由頑踈理弊患結卒致囹圄對答鄙訊縶此幽阻實恥訟免時不我與雖曰義直神辱志沮澡身滄浪曷云能補雍雍鳴鴈厲翼北游順時而動得意忘憂嗟我憤歎曾莫能儔事與願違遘茲淹留窮達有命亦又何求古人有言善莫近名奉時恭默咎悔不生萬石周慎安親保榮世務紛紜祗攪余情安樂必誡乃終利貞煌煌靈芝一年三秀予獨何爲有志不就懲難思復心焉内疚庶勗將來无馨无臭採薇山阿散髮巖岫永嘯長吟頤神養壽初康居貧嘗與向秀共鍛于大樹之下以自贍給潁川鍾會貴公子也精練有才辯故往造焉康不爲之禮而鍛不輟良久會去康謂曰何所聞而來何所見而去會曰

聞所聞而來見所見而去會以此憾之及是言于文帝曰嵇康卧龍也不可起公无憂天下顧以康爲慮耳因譖康欲助毋丘儉賴山濤不聽昔齊戮華士魯誅少正卯誠以害時亂教故聖賢去之康安等言論放蕩非毀典謨帝王者所不宜容宜因釁除之以淳風俗帝既昵聽信會遂并害之康將刑東市太學生三千人請以爲師弗許康顧視日影索琴彈之曰昔袁孝尼嘗從吾學廣陵散吾每靳固之廣陵散于今絶矣時年四十海内之士莫不痛之帝尋悟而恨焉初康嘗游乎洛西暮宿華陽亭引琴而彈夜分忽有客詣之稱是古人與康共談音律辭致清辯因索琴彈之而爲廣陵散聲調絶倫遂以授康仍誓不傳人亦不言其姓字康善談理又能屬文其高情遠趣率然玄遠撰上古以來高士爲之傳贊欲友其人于千載也又作太師箴亦足以明帝王之道焉復作聲无哀樂論甚有條理子紹別有傳

向秀字子期河内懷人也清悟有遠識少爲山濤所知雅好老莊之學莊周著内外數十篇歷世方士雖有觀者莫適論其旨統也秀乃爲之隱解發明奇趣振起玄風讀之者超然心悟莫不自足一時也惠帝之世郭象又述而廣之儒墨之迹見鄙道家之言遂盛焉始秀欲注嵇康曰此書詎復須注正是妨人作樂耳及成示康曰殊復勝不又與康論養生辭難往復蓋欲發康高致也康善鍛秀爲之佐相對欣然傍若无人又共呂安灌園於山陽康既被誅秀應本郡計入洛文帝問曰聞有箕山之志何以在此秀曰以爲巢許狷介之士未達堯心豈足多慕帝甚悅秀乃自此役作思舊賦云余與嵇康呂安居止接近其人並有不羈之才嵇意遠而疎呂心曠而放其後並以事見法嵇博綜伎藝于絲竹特妙臨當就命顧視日影索琴而彈之逝將西邁經其舊盧于時日薄虞泉寒冰凄然鄰人有吹笛者發聲寥亮追想曩昔游宴之好感音而歎故作賦曰將命適于遠京兮遂旋反以北徂濟黃河以汎舟兮經山陽之舊居瞻曠野之蕭條兮自余駕乎城隅踐二子之遺迹兮歷窮巷之空廬歎黍離之愍周兮悲麥秀于殷墟追昔以懷今兮心徘徊以躊躇棟宇在而弗毀兮形神逝其焉如昔李斯之受罪兮歎黃犬而長

吟悼嵇生之永辭兮顧日影而彈琴託運遇于領會兮寄餘命于寸陰聽鳴笛之慷慨兮妙聲絶而復尋佇駕言其將邁兮故援翰以寫心後爲散騎侍郎轉黃門侍郎散騎常侍在朝不任職容迹而已卒于位二子純悌

劉伶字伯倫沛國人也身長六尺容貌甚陋放情肆志常以細宇宙齊萬物爲心澹默少言不妄交游與阮籍嵇康相遇欣然神解携手入林初不以家産有无介意常乘鹿車携一壺酒使人荷鍤而隨之謂曰死便埋我其遺形骸如此嘗渴甚求酒于其妻妻捐酒毀器涕泣諫曰君酒太過非攝生之道必宜斷之伶曰善吾不能自禁惟當祝鬼神自誓耳便可具酒肉妻從之伶跪祝曰天生劉伶以酒爲名一飲一斛五斗解酲婦兒之言慎不可聽仍飲酒御肉隗然復醉嘗醉與俗人相忤其人攘袂奮拳而往伶徐曰雞肋不足以安尊拳其人笑而止伶雖陶兀昏放而機應不差未嘗厝意文翰惟著酒德頌一篇其辭曰有大人先生以天地爲一朝萬期爲須臾日月爲扃牖八荒爲庭衢行无轍迹居无室廬幙天席地縱意所如止則操卮執觚動則挈榼提壺惟酒是務焉知其餘有貴介公子搢紳處士聞吾風聲議其所以乃奮袂攘襟怒目切齒陳說禮法是非蜂起先生于是方捧甖承糟銜盃漱醪奮髯箕踞枕麴藉糟无思无慮其樂陶陶兀然而醉怳爾而醒靜聽不聞雷霆之聲熟視不睹泰山之形不覺寒暑之切肌利欲之感情俯觀萬物擾擾焉若江海之載浮萍二豪侍側焉如蜾蠃之與螟蛉嘗爲建威參軍泰始初對策盛言无爲之化時輩皆以高第得調伶獨以无用罷竟以壽終

謝鯤字幼輿陳國陽夏人也祖纘典農中郎將父衡以儒素顯仕至國子祭酒鯤少知名通簡有高識不脩威儀好老易能歌善鼓琴王衍嵇紹並奇之永興中長沙王乂入輔政時有疾鯤者言其將出奔乂欲鞭之鯤解衣就罰曾无忤容既舍之又无喜色太傅東海王越聞其名辟爲掾任達不拘尋坐家僮取官稾除名于時名士王玄阮脩之徒並以鯤初登宰府便至黜辱爲之歎恨鯤聞之方清歌鼓琴不以屑意莫

不服其遠暢而恬于榮辱鄰家高氏女有美色鯤常挑之女投梭折其兩齒時人爲之語曰任達不已幼輿折齒鯤聞之傲然長嘯曰猶不廢我嘯歌越尋更辟之轉參軍事鯤以時方多故乃謝病去職避地於豫章嘗行經空亭中夜宿此亭舊每殺人將曉有黃衣人呼鯤字令開户鯤憺然无懼色便于窓中度手牵之胛斷視之鹿也尋血獲焉爾後此亭无復妖怪左將軍王敦引爲長史以討杜弢功封咸亭侯母憂去職服闋遷敦大將軍長史時王澄在敦坐見鯤談話无勌惟歎謝長史可與言都不眄敦其爲人所慕如此鯤不徇功名无砥礪行居身于可否之閒雖自處若穢而動不累高敦有不臣之迹顯于朝野鯤知不可以道匡弼乃優游寄遇不屑政事從容諷議卒歲而已每與畢卓王尼阮放羊曼桓彝阮孚等縱酒敦以其名高雅相賓禮常使至都明帝在東宮見之甚相親重問曰論者以君方庾亮自謂何如答曰端委廟堂使百僚準則鯤不如亮一丘一壑自謂過之溫嶠常謂鯤子尚曰尊大君豈惟識量淹遠至于神鑒洗滐雖諸葛瑾之喻孫權不過也

及敦將爲逆謂鯤曰劉隗奸邪將危社稷吾欲除君側之惡匡主濟時何如對曰隗誠始禍然城狐社鼠也敦怒曰君庸才豈達大理出鯤爲豫章太守又留不遣藉其才望逼與俱下敦至石頭歎曰吾不復得爲盛德事矣鯤曰何爲其然但使自今以往日忘日去耳初敦謂鯤曰吾當以周伯仁爲尚書令戴若思爲僕射及至都復曰近來人情何如鯤對曰明公之舉雖欲大存社稷然悠悠之言實未達高義周顗戴若思南北人士之望明公舉而用之羣情怗然矣是日敦遣兵收周戴而鯤弗知敦怒曰君麤疏邪二子不相當吾已收之矣鯤與顗素相親重聞之愕然若喪諸己參軍王嶠以敦誅顗諫之甚切敦大怒命斬嶠時人士畏懼莫敢言者鯤曰明公舉大事不戮一人嶠以獻替忤旨便以釁鼓不亦過乎敦乃止敦既誅害忠賢而稱疾不朝將還武昌鯤喻敦曰公大存社稷建不世之勳然天下之心實有未達若能朝天子使君臣釋然萬物之心于是乃服杖衆望以順羣情盡沖退以奉主上如斯則勳侔一匡名垂千載矣敦曰君能保无變乎對曰鯤近日入覲主上側席遲得見公宮省穆然必无虞矣公若入朝鯤請侍從敦勃然曰正復殺君等數百人亦復何損于時竟不朝而去是時朝望被害皆爲其憂而鯤推理安常時進正言敦既不能用內亦不悅軍還使之郡莅政清肅百姓愛之尋卒官時年四十三敦死後追贈太常謚曰康子尚嗣別有傳

胡毋輔之字彥國泰山奉高人也高祖班漢執金吾父原練習兵馬山濤稱其才堪邊任舉爲太尉長史終河南令輔之少擅高名有知人之鑒性嗜酒任縱不拘小節與王澄王敦庾敳俱爲太尉王衍所眤號曰四友澄嘗與人書曰彥國吐佳言如鋸木屑霏霏不絕誠爲後進領袖也辟別駕太尉掾並不就以家貧求試守繁昌令始節酒自厲甚有能名遷尚書郎豫討齊王冏賜爵陰平男累轉司徒左長史復求外出爲建武將軍樂安太守與郡人光逸晝夜酣飲不視郡事成都王穎爲太弟召爲中庶子遂與謝鯤王澄阮脩王尼畢卓俱爲放達常過河南門下飲河南騶王子博箕坐其傍輔之叱使取火子博曰我卒也惟不乏吾

事則巳安復爲人使輔之因就與語歎曰吾不及也薦之河南尹樂廣廣召見甚悅之擢爲功曹其甄拔人物若此東海王越聞輔之名引爲從事中郎復補振威將軍陳留太守王彌經其郡輔之不能討坐免官尋除寧遠將軍揚州刺史不之職越復以爲右司馬本州大中正越薨避亂渡江元帝以爲安東將軍諮議祭酒遷揚武將軍湘州刺史假節到州未幾卒時年四十九子謙之

謙之字子光才學不及父而傲縱過之至酣醉常呼其父字輔之亦不以介意談者以爲狂輔之正酣飲謙之闚而厲聲曰彥國年老不得爲爾將令我尻背東壁輔之歡笑呼入與共飲其所爲如此年未三十卒

畢卓字茂世新蔡鮦陽人也父諶中書郎卓少希放達爲胡毋輔之所知太興末爲吏部郎常飲酒廢職比舍郎釀熟卓因醉夜至其甕閒盜飲之爲掌酒者所縛明旦視之乃畢吏部也遽釋其縛卓遂引主人宴于甕側致醉而去卓嘗謂人曰得酒滿數百斛船四時甘味置兩頭右手持酒盃左手持蟹螯拍浮酒船中便足了一生矣及過江

爲溫嶠平南長史卒官

王尼字孝孫城陽人也或云河内人本兵家子寓居洛陽卓犖不羈初爲護軍府軍士胡毋輔之與琅邪王澄北地傅暢中山劉輿潁川荀邃河東裴遐迭屬河南功曹甄述及洛陽令曹攄請解之攄等以制旨所及不敢輔之等齎羊酒詣護軍門門吏疏名呈護軍護軍歎曰諸名士持羊酒來將有以也尼時以給府養馬輔之等入遂坐馬廐下與尼炙羊飲酒醉飽而去竟不見護軍護軍大驚即與尼長假因免爲兵東嬴公騰辟爲車騎府舍人不就時尚書何綏奢侈過度尼謂人曰綏居乱世矜豪乃爾將死不久人曰伯蔚聞言必相危害尼曰伯蔚比聞我語已死矣未幾綏果爲東海王越所殺初入洛尼詣越不拜越問其故尼曰公无宰相之能是以不拜因數之言甚切又云公負尼物越大驚曰寧有是也尼曰昔楚人亡布謂令尹盜之今尼屋舍資財悉爲公軍人所略尼今饑凍是亦明公之負也越大笑即賜絹五十疋諸貴人聞競往餉之洛陽陷避乱江夏時王澄爲荆州刺史遇之甚厚尼早喪婦有一子无居宅惟畜露車有牛一頭每行輙使御之暮則共宿車上常歎曰滄海横流處處不安也俄而澄卒荆土饑荒尼不得食乃殺牛壞車煑肉噉之既盡父子俱餓死

羊曼字祖延太傅祜兄孫也父暨陽平太守曼少知名本州禮命太傅辟皆不就避難渡江元帝以爲鎮東參軍轉丞相主簿委以機密歷黄門侍郎尚書吏部郎晋陵太守以公事免曼任達頹縱好飲酒温嶠庾亮阮放桓彝同志友善並爲中興名士時州里稱陳留阮放爲宏伯高平郄鑒爲方伯泰山胡毋輔之爲達伯濟陰卞壺爲裁伯陳留蔡謨爲朗伯阮孚爲誕伯高平劉綏爲委伯而曼爲黷伯凡八人號兖州八伯盖擬古之八儁也王敦既與朝廷乖貳羈錄朝士曼爲右長史曼知敦不臣終日酣醉諷議而已敦以其士望厚加禮遇不委以事故得不涉其難敦敗代阮孚爲丹陽尹時朝士過江初拜官相飾供饌曼拜丹陽客來早者得佳設日晏則漸罄不復及精隨客早晚而不問貴賤有羊固拜臨海太守竟日皆美雖晚至者猶獲盛饌論者以固之豐腆乃不如曼之眞率蘇峻作乱加前將軍率文武守雲龍門王師不振或勸曼避峻曼曰朝廷破敗吾安所求生勒衆不動爲峻所害年五十五峻平追贈太常子賁嗣少知名尚明帝女南郡悼公主除秘書郎早卒弟聃

聃字彭祖少不經學時論皆鄙其凡庸先是兖州有八伯之號其後更有四伯大鴻臚陳留江泉以能食爲穀伯豫章太守史疇以大肥爲笨伯散騎郎高平張嶷以狡妄爲猾伯而聃以狼戾爲瑣伯盖擬古之四凶聃初辟元帝丞相府累遷廬陵太守剛克麤暴恃國戚縱恣尤甚睚眦之嫌輙加刑殺疑郡人簡良等爲賊殺二百餘人誅及嬰孩所髡鎖復百餘庾亮執之歸于京都有司奏聃罪當死以景獻皇后是其祖姑應八議成帝詔曰此事古今所无何八議之有猶未忍肆之市朝其賜命獄所兄子賁尚公主自表求解婚詔曰罪不相及古今之令典也聃雖極法于賁何有其特不聽離婚琅邪太妃山氏聃之甥也入殿叩頭請命王導又啓聃罪不容恕宜極重法山太妃憂慼成疾陛下罔極之恩宜蒙生全之宥于是詔下曰太妃惟此一舅發言摧咽乃至吐血情慮深重朕往丁荼毒受太妃撫育之恩同于慈親若不堪難忍之痛以致頓斃朕亦何顔以寄今便原聃生命以慰太妃渭陽之思于是除名頃之遇疾恒見簡良等爲祟旬日而死

光逸字孟祖樂安人也初爲博昌小吏縣令使逸送客冒寒舉體凍濕還遇令不在逸解衣炙之入令被中卧令還大怒將加嚴罰逸曰家貧衣單沾濕无可代若不暫温勢必凍死奈何惜一被而殺一人乎君子仁愛必不爾也故寢而不疑令奇而釋之後爲門亭長迎新令至京師胡毋輔之與荀邃共詣令家望見逸謂邃曰彼似奇才便呼上車與談良久果俊器令怪客不入吏白與光逸語令大怒除逸名斥遣之後舉孝廉爲州從事棄官投輔之輔之時爲太傅越從事中郎薦逸于越越以門寒而不召越後因閑宴責輔之无所舉薦輔之曰前舉光逸公以非世家不召非不舉也越即辟焉書到郡縣皆以爲誤審知是逸乃備禮遣之尋以世難避乱渡江復依輔之初至屬輔之與謝鯤阮放畢卓羊曼桓彝阮孚散髮裸裎閉室酣飲已累日逸將排戶入守者不聽逸便

于户外脱衣露頭于狗竇中窺之而大呌輔之驚曰他人决不能爾必我孟祖也遽呼入遂與飲不舍晝夜時人謂之八達元帝以逸補軍諮祭酒中興建爲給事中卒官

史臣曰夫學非常道則物靡不通理有忘言則在情斯遣其進也抚俗同塵不居名利其退也餐和履順以保天真若乃一其本源體无爲之用分其華葉開寓言之道是以伯陽垂範鳴謙置式欲崇諸已先下于人猶大樂无聲而蹌鸞斯應者也莊生放達其旨而馳辯无窮弃彼榮華則俯輕爵位懷其道術則顧蔑王公舐痔兼車鳴鳶吞腐以兹自口于焉詭物殊異虛舟有同攘臂嵇阮竹林之會劉畢芳樽之友馳騁莊門排登李室若夫儀天布憲百官從軌經禮之外棄而不存是以帝堯縱許由于埃壒之表光武舍子陵于潺湲之瀨松蘿低舉用以優賢巖水澄華兹焉賜隱臣行厥志主有嘉名至于嵇康遺巨源之書阮氏創先生之傳軍諮散髮吏部盜樽豈以世疾名流兹焉自垢臨鍛竈而不迴登廣武而長歎則嵇琴絶響阮氣徒存通其旁徑必彫風俗召以效官居然尸素軌躅之外或有可觀者焉咸能符契情靈各敦終始愴神交于晚笛或相思而動駕史臣是以拾其遺事附于篇云

贊曰老篇爰植孔教提衡各存其趣道貴无名相彼非禮遵乎達生秋水揚波春雲斂映旨酒厥德憑虛其性不詭斯風誰虧王政

列傳第十九　　晉書四十九

曹志　庾峻子珉 敳　郭象　庾純子旉

秦秀

曹志字允恭譙國譙人魏陳思王植之孽子也少好學以才行稱夷簡有大度兼善騎射植曰此保家主也立以為嗣後改封濟北王武帝為撫軍將軍迎陳留王于鄴志夜謁見帝與語自暮達旦甚奇之及帝受禪降為鄄城縣公詔曰昔在前世雖歷運迭興至于先代苗裔傳祚不替或列藩九服式序王官選眾命賢惟德是與蓋至公之道也魏氏諸王公養德藏器壅滯曠久前雖有詔當須簡授而自頃眾職少缺未得式敘前濟北王曹志履德清純才高行潔好古博物為魏宗英朕甚嘉之其以志為樂平太守志在郡上書以為宜尊儒重道請為博士置吏卒遷章武趙郡太守雖累郡職不以政事為意晝則游獵夜誦詩書以聲色自娛當時見者未審其量也咸寧初詔曰鄄城公曹志篤行履素達學通識宜在儒林以弘冑子之教其以志為散騎常侍國子博士帝

嘗閱六代論問志曰是卿先王所作邪志對曰先王有手所作目錄請歸尋按還奏曰按錄无此帝曰誰作志曰以臣所聞是臣族父冏所作以先王文高名著欲令書傳于後是以假託帝曰古來亦多有是顧謂公卿曰父子證明足以為審自今以後可无復疑後遷祭酒齊王攸將之國下太常議崇錫文物時博士秦秀等以為齊王宜內匡朝政不可之藩志又常恨其父不得志于魏因愴然嘆曰安有如此之才如此之親不得樹本助化而遠出海隅晉朝之隆其殆乎哉乃奏議曰伏聞大司馬齊王當出藩東夏備物盡禮同之二伯今陛下為聖君稷契為賢臣內有魯衛之親外有齊晉之輔坐而守安此萬世之基也古之夾輔王室同姓則周公其人也異姓則太公其人也皆身在內五世反葬後雖有五霸代興桓文譎主下有請隧之僭上有九錫之禮終于譎而不正驗于尾大不掉豈與召公之歌棠棣周詩之詠鴟鴞同日論哉今聖朝創業之始始之不諒後事難工幹植不彊枝葉不茂骨鯁不存皮膚不克自羲皇以來豈是一姓之獨有欲結其心者當有磐石之固夫欲享萬世之利者當與天下議之故天之聰明自我人之聰明秦魏欲獨擅其威而財得沒其身周漢能分其利而親踈為之用此自聖主之深慮日月之所照事雖淺當深謀之言雖輕當重思之志備位儒官若言不及禮是志寇竊知忠不言議所不敢志以為當如博士等議議成當上見其從弟高邑公嘉嘉曰兄議甚切百年之後必書晉史目下將見責邪帝覽議大怒曰曹志尚不明吾心況四海乎以議者不指答所問橫造異論策免太常鄭默于是有司奏收志等結罪詔惟免志官以公還第其餘皆付廷尉頃之志復為散騎常侍遭母憂居喪過禮因此篤病喜怒失常九年卒太常奏以惡謚崔褒歎曰魏顆不從乱以病為乱故也今謚曹志而謚其病豈謂其病不為乱乎于是謚為定

庾峻字山甫潁川鄢陵人也祖乘才學洽聞漢司徒辟有道徵皆不就伯父嶷中正簡素仕魏為太僕父遁廉退貞固養志不仕牛馬有蹊藝者恐傷人不貨于市及諸子貴賜拜大中大夫峻少好學有才思嘗游京師聞魏散騎常侍蘇林老疾在家往候之林常就乘學見峻流涕良

久曰尊祖高才而性退讓慈和汎愛清靜寡欲不營當世惟修德行而已鄢陵舊五六萬户聞今裁有數百君二父孩抱經乱獨至今日尊伯為當世令器君兄弟復俊茂此尊祖積德之所由也歷郡功曹舉計掾州辟從事太常鄭袤見峻大奇之舉為博士時重莊老而輕經史峻懼雅道陵遲乃潛心儒典屬高貴鄉公幸太學問尚書義于峻峻援引師說發明經旨申暢疑滯對答詳悉遷祕書丞長安有大獄久不決拜峻侍御史往斷之朝野稱允武帝踐祚賜爵關中侯遷司空長史轉祕書監御史中丞拜侍中加諫議大夫常侍帝講詩中庶子何劭論風雅正變之義峻起難往反四坐莫能屈之是時風俗趣競禮讓陵遲峻上疏曰臣聞黎庶之性人眾而賢寡設官分職則官寡而賢眾為賢眾而多官則妨化以无官而棄賢則廢道是故聖王之御世也因人之性或出或處故有朝廷之士又有山林之士朝廷之士佐主成化猶人之有股肱心膂共為一體也山林之士被褐懷玉太上棲于丘園高節出于眾庶其次輕爵服遠恥辱以全名最下就列位惟无功而能知止彼其清劭足

以抑貪汙退讓足以息鄙事故在朝之士聞其風而悅之將受爵者皆恥躬之不逮斯山林之士避寵之臣所以爲美也先王嘉之節雖離世而德合于主行雖詭朝而功同于政故大者有玉帛之命其次有几杖之禮以厚德載物出處有地既廊廟多賢才而野人亦不失爲君子此先王之弘也秦塞斯路利出一官唯有處士之名而无爵列于朝者商君謂之六蝎韓非謂之五蠹時不知德惟爵是聞故閭閻以公乘侮其鄉人郎中以上爵傲其父兄漢祖反之大暢斯否任蕭曹以天下重四皓于南山以張良之勳而班在叔孫之後蓋公之賤而曹相諮之以政帝王貴德于上俗亦反本于下故田叔等十人漢廷臣无能出其右者而未嘗干祿于時以釋之之貴結王生之韈于朝而其名愈重自非主臣尚德兼愛孰能通天下之志如此其大者乎夫不革百王之弊徒務救世之政文士競智而務入武夫恃力而爭先官高矣而意未滿功報矣其求不已又國无隨才任官之制俗无難進易退之恥位一高雖无功而不見下已貧敗而後見用故因前而升則處士之路塞矣又仕

者黜陟无章是以普天之下先競而後讓舉世之士有進而无退大人溺于勤俗執政撓于羣言衡石爲之失平清濁安可復分昔者先王患向之所以取天下者今之爲弊是故功成必改其物業定必易其教雖以爵祿使下臣无貪陵之行雖以甲兵定功主无窮武之悔也臣愚以爲古者大夫七十懸車今自非元功國老三司上才可聽七十致仕則士无懷祿之嫌矣其父母八十可聽終養則孝莫大于事親矣吏歷試无績依古終身不仕則官无秕政矣能小而不能大可降還涖小則使人以器矣人主進人以禮退人以禮人臣亦量能受爵矣其有孝如王陽臨九折而去官潔如貢禹冠一免而不著及知止如王孫知足如踈廣雖去列位而居東野與人父言依于慈與人子言依于孝此其出言合于國檢危行彰于本朝去勢如脫屣路人爲之隕涕辭寵如金石庸夫爲之興行是故先王許之而聖人貴之夫人之性陵上猶水之趣下也益而不已必決升而不已必困始于匹夫行義不敦終于皇輿爲之敗績固不可不慎也下人并心進趣上宜以退讓去其甚者退讓不可以刑罰使莫若聽朝士時時從志山林徃徃間出无使入者不能復出徃者不能復反然後出處交泰提衡而立時靡有爭天下可得而化矣又疾世浮華不修名實著論以非之文繁不載九年卒詔賜朝服一具衣一襲錢三十萬臨終勑子珉朝卒夕殯幅巾布衣葬勿擇日珉奉遵遺命斂以時服二子珉敳

珉字子琚性淳和好學行已忠恕少歷散騎常侍本國中正侍中封長岑男懷帝之没劉元海也珉從在平陽元海大會因使帝行酒珉不勝悲憤再拜上酒因大號哭賊惡之會有告珉及王儁等謀應劉琨者元海因圖弑逆珉等並遇害初洛陽之未陷也珉爲侍中直于省內謂同僚許遐曰世路如此禍難將及吾當死乎此屋耳及是竟不免焉太元末追謚曰貞

敳字子嵩長不滿七尺而腰帶十圍雅有遠韻爲陳留相未嘗以事嬰心從容酣暢寄通而已處衆人中居然獨立嘗讀老莊曰正與人意闇同太尉王衍雅重之敳見王室多難終知嬰禍乃著意賦以豁情衍賈

誼之服鳥也其詞曰至理歸于渾一兮榮辱固亦同貫存亡既已均齊兮正盡死復何歎物咸定于无初兮俟時至而後驗若四節之素代兮豈當今之得遠且安有壽之與天兮或者情橫多戀宗統竟初不別兮大德亡其情願蠢動皆神之爲兮癡聖惟質所建真人都遺穢累兮性茫蕩而无岸縱軀于遼廓之庭兮委體乎寂寥之館天地短于朝生兮億代促于始旦顧瞻宇宙微細兮眇若豪鋒之半飄颻玄曠之域兮深莫暢而靡玩兀與自然并體兮融液忽而四散從子亮見賦問曰若有意也非賦所盡若无意也復何所賦答曰在有无之間耳遷吏部郎是時天下多故機變屢起敳常靜默无爲參東海王越太傅軍事轉軍諮祭酒時越府多儁異敳在其中常自袖手豫州牧長史河南郭象善老莊時人以爲王弼之亞敳甚知之每曰郭子玄何必減庾子嵩象後爲太傅主簿任事專勢敳謂象曰卿自是當世大才我疇昔之意都已盡矣敳有重名爲搢紳所推而聚斂積實談者譏之都官從事溫嶠奏之敳更器嶠目嶠森森如千丈松雖磥砢多節施之大廈有棟梁

之用時劉輿見任于越人士多爲所搆惟敳縱心事外无迹可閒後以其性儉家富說越令就換錢千萬兾其有吝因此可乘越于衆坐中問于敳而敳乃頹然已醉幘墮机上以頭就穿取徐答云下官家有二千萬隨公所取矣輿于是乃服越甚悅因曰不可以小人之慮度君子之心王衍不與敳交敳卿之不置衍曰君不得爲耳敳曰卿自君我我自卿卿我自用我家法卿自用卿家法衍甚奇之石勒之乱與衍俱被害時年五十

郭象字子玄少有才理好老莊能清言太尉王衍每云聽象語如懸河瀉水注而不竭州郡辟召不就常閑居以文論自娛後辟司徒掾稍至黄門侍郎東海王越引爲太傅主簿甚見親委遂任職當權熏灼內外由是素論去之永嘉末病卒著碑論十二篇先是註莊子者數十家莫能究其旨統向秀于舊註外而爲解義妙演奇致大暢玄風惟秋水至樂二篇未竟而秀卒秀子幼其義零落然頗有別本遷流象爲人行薄以秀義不傳于世遂竊以爲已注乃自注秋水至樂二篇又易馬蹄一篇其餘衆篇或點定文句而已其後秀義別本出故今有向郭二莊其義一也

庾純字謀甫博學有才義爲世儒宗郡補主簿仍參征南府累遷黄門侍郎封關內侯歷中書令河南尹初純以賈充姦佞與任愷共舉充西鎮關中充由是不平充嘗宴朝士而純後至充謂曰君行常居人前今何以在後純曰且有小市井事不了是以來後世言純之先嘗有伍伯者充之先有市魁者充純以此相譏焉充自以位隆望重意殊不平及純行酒充不時飲純曰長者爲壽何敢爾乎充曰父老不歸供養將何言也純因發怒曰賈充天下兇兇由爾一人充曰充輔佐二世蕩平巴蜀有何罪而天下爲之兇兇純曰高貴鄉公何在衆坐因罷充左右欲執純中護軍羊琇侍中王濟佑之因得出充慙怒上表解職純懼上河南尹關內矦印綬上表自劾曰司空公賈充請諸卿校并及臣臣不自量飲酒過多醉乱行酒重酌于公公不肯飲言語往來公遂訶臣父老不歸供養卿爲无天地臣不服罪自引而更忿怒厲聲名公臨時諠譊遂至荒

越禮八十月制誠以衰老之年變難无常也臣不惟生育之恩求養老父而懷祿貪榮烏鳥之不若充爲三公論道興化以教義責臣是也而以枉錯直居下犯上醉酒迷荒昏乱儀度臣得以凡才擢授顯任易戒濡首論誨酒困而臣闇義不服過言盈庭黷慢台司違犯憲度不可以訓請臺免臣官廷尉結罪大鴻臚削爵土勑身不謹伏須罪誅御史中丞孔恂劾純請免官詔曰先王崇尊卑之禮明貴賤之序著温克之德記沈酗之禍所以光宣道化示人軌儀也昔廣漢陵慢宰相獲犯上之刑灌夫託醉肆忿致誅斃之罪純以凡才備位卿尹不惟謙敬之節不忌覆車之戒陵上无禮悖言自口宜加顯黜以肅朝倫遂免純官又以純父老不求供養使據禮典正其臧否太傅何曾太尉荀顗驃騎將軍齊王攸議曰凡斷正臧否宜先稽之禮律八十者一子不從政九十者其家不從政新令亦如之按純父年八十一兄弟六人三人在家不廢侍養純不求供養其于禮律未有違也司空公以純備位卿尹望其有加于人而純荒醉肆其忿怒臣以爲純不遠布孝至之行而近習常人之失應在譏貶司徒石苞議純榮官忘親惡聞格言不忠不孝宜除名削爵土司徒西曹掾劉斌議以爲敦叙風俗以人倫爲先人倫之教以忠孝爲主忠故不忘其君孝故不遺其親若孝必專心于色養則明君不得而臣忠必不顧其親則父母不得而子也是以爲臣者必以義斷其恩爲子者必以情割其義在朝則從君之命在家則隨父之制然後君父兩濟忠孝各序純兄峻以父老求歸峻若得歸純无不歸之埶峻不得歸純无得歸之理純雖自聞同不見聽近遼東太守孫和廣漢太守鄧良皆有老母良无兄弟授之遠郡辛苦自歸皆不見聽且純近爲京尹父在界內時得自啟定省獨于禮法外處其貶黜斌愚以爲非理也禮年八十一子不從政純有二弟在家不爲違禮又令年九十乃聽悉歸今純父實未九十不爲犯令罵辱宰相宜加放斥以明國典聖恩愷悌示加貶退臣愚无所清議河南功曹史龐札等表曰臣郡前尹關內矦純醉酒失常戊申詔書既免尹官以父篤老不求供養下五府依禮典正其臧否臣謹按三王養老之制八十一子不從政九十

其家不從政斯誠使人无闕孝養之道爲臣不違在公之節也先王制禮垂訓莫尚于周當其時也姬公留周伯禽之魯孝子不匱典禮无愆今公府議七十時制八十月制欲以駮奪從政之限削除爵土是爲公旦立法還自越之魯侯爲子即爲罰首也石奮期頤四子列郡近太宰獻王諸子亦在藩外古今同符忠孝並濟臣聞悔吝之疵君子有之尹性少飲多遂至沉醉尹醒聞之悼恨前失執謙引罪深自奏劾求入重法今公府不原所由而謂傲狠是爲重罪過醉之言而没迷復之義也臣聞父子天性愛由自然君臣之交出自義合而求忠臣必于孝子是以先王立禮敬同于父原始要終齊于所生如此猶患人臣罕能致身今公府議云禮律雖有常限至於疾病歸養不奪其志如此則爲禮禁正直而陷入以詐違越王制開其始原尹少履清苦事親色養歷職内外公廉无私此陛下之所以屢發明詔而尹之所以仍見擢授也尹行已也恭率下也敬先衆後已實是宿心一旦由醉責以暴慢按奏狀不忠不孝羣公建議削除爵土此愚臣所以自悲自悼拊心泣

血也按今父母年過八十聽令其子不給限外職誠以得有歸來之緣今尹居在郡内前每表屢蒙定省尹昆弟六人三人在家孝養不廢兄侍中峻家之嫡長往比自表求歸供養詔喻不聽國體法同兄弟无異而虛責尹不求供養如斯臣懼長假飾之名而損忠誠之實也夫礼者所以經國家定社稷也故陶唐之隆順考古典周成之美率由舊章伏惟陛下聖德欽明敦礼崇教疇諮四嶽以詳典制尹以犯違受黜而所由者醉公以敎義是責而所因者忿積忿以立義由醉以得罪礼律不復爲斷文致欲以成法是以愚臣敢冒死亡之誅而耻不伸于盛明之世惟蒙哀察帝復下詔曰自中世以來多爲貴重順意賤者生情故令釋之定國得揚名于前世今議責庾純不惟溫克醉酒沈湎此責人以齊聖也疑賈公亦醉若其不醉終不于百客之中責以不去官供養也大晉依聖人典礼制臣子出處之宜若有八十皆當歸養亦不獨純也古人云由醉之言俾出童羖明不責醉恐失度也所以免純者當爲將來之醉戒耳齊王劉掾議當矣復以純爲國子祭酒加散騎常侍後將軍荀眅于朝會中奏純以前坐不孝免黜不宜升進侍中甄德進曰孝以顯親爲大祿養爲榮詔赦純前愆擢爲近侍兼掌教官此純召不俟駕之日而後將軍眅敢以私議貶奪公論抗言矯情誣罔朝廷宜加貶黜眅坐免官初眅與純俱爲大將軍所辟眅整麗車服純率素而已眅以爲愧恨至是毁純眅既免黜純更以此愧之亟往慰勉之時人稱純通恕遷侍中以父憂去官起爲御史中丞轉尚書除魏郡太守不之官拜少府年六十四卒子旉

旉字允臧少有清節歷位博士齊王攸之就國也下禮官議崇錫之物旉與博士太叔廣劉暾繆蔚郭頤秦秀傅珍等上表諫曰書稱帝堯克明峻德以親九族武王光有天下兄弟之國十有六人同姓之國四十人元勳睦親顯以殊礼而魯衛齊晉大啟土宇並受分器所謂惟善所在親疎一也大晉龍興隆唐周之遠跡王室親屬佐命功臣咸受爵土而四海乂安今吳會已平詔大司馬齊王出統方嶽當遂抚其國家將準古典以垂永制昔周之選建明德以左右王室也則周公爲太宰

康叔爲司寇聃季爲司空及召芮畢毛諸國皆入居公卿大夫之位明股肱之任重守地之位輕也未聞古典以三事之重出之國者漢氏諸侯王位尊勢重在丞相三公上其入讚朝政者乃有兼官其出之國亦不復假台司虛名爲隆寵也昔申无宇曰五大不在邊先儒以爲貴寵公子公孫累世正卿也又曰五細不在庭先儒以爲賤妨貴少陵長遠間親新間舊小加大也不在庭不在朝廷爲政也又曰親不在外羈不在内今棄疾在外鄭丹在内君其少戒之叔向有言公室將卑其枝葉先落公族公室之本而去之諺所謂芘焉而縱尋斧柯者也今使齊王賢邪則不宜以母弟之親尊居魯衛之常職不賢邪不宜大啟土宇表見東海也古礼三公无職坐而論道不聞以方任嬰之惟周室大壞宣王中興四夷交侵救急朝夕然後命召穆公征淮夷故其詩曰徐方不回王曰旋歸宰相不得久在外也今天下已定六合爲家將數延三事與論太平之基而更出之去王城二千里違舊章矣旉草議先以呈父純純不禁太常鄭默博士祭酒曹志並過其事武帝以博士不荅所

問荅所不問大怒事下有司尚書朱整褚䂮等奏專等侵官離局迷罔朝廷崇飾惡言假託无諱請收專等八人付廷尉科罪專父純詣廷尉自首專以議草見示愚淺聽之詔免純罪廷尉劉頌又奏專等大不敬棄市論求平議尚書又奏請報聽廷尉行刑尚書夏侯駿謂朱整曰國家乃欲誅諫臣官立八座正爲此時卿可共駮正之整不從駿怒起曰非所望也乃獨爲駮議左僕射魏舒右僕射下邳王晃等從駿議奏留中七日乃詔曰專等備爲儒官不念奉憲制不指答所問敢肆其誣罔之言以干乱視聽而專是議主應爲戮首但專及家人並自首大信不可奪秦秀傅珍前者虚妄幸而得免復不以爲懼當加罪戮以彰凶慝猶復不忍皆丐其死命秀珍專等並除名後數歲復起爲散騎侍郎終于國子祭酒

秦秀字玄良新興雲中人也父朗魏驍騎將軍秀少敦學行以忠直知名咸寧中爲博士何曾卒下礼官議謚秀議曰故太宰何曾雖階世族之胤而少以高亮嚴肅顯登王朝事親有色養之名在官奏科尹模此

二者實得臣子事上之槩然資性驕奢不循軌則詩云節彼南山惟石巖巖赫赫師尹民具爾瞻言其德行高峻動必以礼耳丘明有言儉德之恭侈惡之大也大晉受命勞謙隱約曾受寵二代顯赫累世暨乎耳順之年身兼三公之位食大國之租荷保傅之貴執司徒之均二子皆金貂卿校列于帝側方之古人責深負重雖舉門盡死猶不稱位而乃驕奢過度名被九域行不履道而享位非常以古義言之非惟失輔相之宜違斷金之利也穢皇代之美壞人倫之敎生天下之醜示後生之傲莫大于此自近世以來宰臣輔相未有受垢辱之聲被有司之劾父子塵累而蒙恩貸若曾者也周公吊二季之陵遲哀大敎之不行于是作謚以紀其終曾參奉之啟手歸全易簀而没蓋明慎終死而後已齊之史氏乱世陪臣耳猶書君賊累死不懲况于皇代守典之官敢畏強盛而不盡礼管子有言礼義廉耻是謂四維四維不張國乃滅亡宰相大臣人之表儀若生極其情死又无貶是則帝室无正刑也王公貴人復何畏哉所謂四維復何寄乎謹按謚法名與實爽曰繆怙乱肆行曰醜曾之行已皆與此同宜謚繆醜公時雖不同秀議而聞者懼焉

秀性忌讒佞疾之如讎素輕鄙賈充及伐吳之役聞其爲大都督謂所親者曰充文按小才乃居伐國大任吾將哭以送師或止秀曰昔蹇叔知秦軍必敗故哭送其子耳今吳君无道國有自亡之形羣率踐境將不戰而潰子之哭也既爲不智乃不赦之罪于是乃止及孫晧降于王濬充未知之方以吳未可平抗表請班師充表與告捷同至朝野以充位居人上智出人下僉以秀爲知言及充薨秀議曰充舍宗族弗授而以異姓爲後悖礼溺情以乱大倫昔鄫養外孫莒公子爲後春秋書莒人滅鄫聖人豈不知外孫親邪但以義推之則无父子耳又按詔書自非功如太宰始封後如太宰所取必己自出如太宰不得以爲比然則以外孫爲後自非元功顯德不之得也天子之礼蓋可然乎絶父祖之血食開朝廷之禍門謚法昏乱紀度曰荒請謚荒公不從王濬有平吳之勳而爲王渾所譖毁帝雖不從无明賞罰以濬爲輔國大將軍天下咸爲之怨秀乃上言曰自大晉啟祚輔國之號率以舊恩此爲王濬无

功之時受九列之顯位立功之後更得寵人之辱號也四海視之孰不失望蜀小吳大平蜀之後二將皆就加三事今濬還而降等天下安得不惑乎吳之未亡也雖以三祖之神武猶躬受其屈以孫晧之虚名足以驚動諸夏每一小出雖聖心知其垂亡然中國輒懷惶怖當爾時有借天子百萬之衆平而有之與國家結兄弟之交臣恐朝野實皆甘之耳今濬舉蜀漢之卒數旬而平吳雖舉吳人之財寶以與之本非己分有焉而據與計校乎後與劉毅等同議齊王攸事忤旨除名尋復起爲博士秀性悻直與物多忤爲博士前後垂二十年卒于官

史臣曰齊獻王以明德茂親經邦論道允釐庶績式叙彝倫武帝納姦諂之邪謀懷終始之遠慮遂乃君茲青土作牧東藩遠邇驚嗟朝野失望曹志等服膺敎義方軌儒門蹇蹇匪躬懍懍體國故能抗言鳳闕忤犯龍鱗身雖斃屈道亦弘矣庾氏世載清德見稱于世汝顗之多奇士斯焉取斯謀甫素疾佞邪而發因醉飽投鼠忌器豈易由言竊人之財猶謂之盜子玄假譽攘善將非盜乎

贊曰魏氏維城濟北知名潁川多士峻亦飛英長岑徇義祭酒遺榮誅庸三爵疇咨斯作象既攘善秀惟瘴惡專獻嘉謀幾趨鼎鑊

列傳第二十　　晉書五十

皇甫謐子方回　摯虞　束皙　王接

皇甫謐字士安幼名靜安定朝那人漢太尉嵩之曾孫也出後叔父徙居新安年二十不好學游蕩无度或以爲癡嘗得瓜果輒進所後叔母任氏任氏曰孝經云三牲之養猶爲不孝汝今年餘二十目不存教心不入道无以慰我因歎曰昔孟母三徙以成仁曾父烹豕以存教豈我居不擇鄰教有所闕何爾魯鈍之甚也修身篤學自汝得之於我何有因對之流涕謐乃感激就鄉人席坦受書勤力不怠居貧躬自稼穡帶經而農遂博綜典籍百家之言沈靜寡欲始有高尚之志以著述爲務自號玄晏先生著禮樂聖眞之論後得風痺疾猶手不輟卷或勸謐修名廣交謐以爲非聖人孰能兼存出處居田里之中亦可以樂堯舜之道何必崇接世利事官鞅掌然後爲名乎作玄守論以答之曰或謂謐曰富貴人之所欲貧賤人之所惡何故委形待於窮而不變乎且道之所貴者理世也人之所美者及時也先生年邁齒變饑寒不贍轉死溝壑其誰知乎謐曰人之所至惜者命也道之所必全者形也性形所不可犯者疾病也若擾全道以損性命安得去貧賤存所欲哉吾聞食人之祿者懷人之憂形強猶不堪況吾之弱疾乎且貧者士之常賤者道之實處常得實沒齒不憂孰與富貴擾神耗精者乎又生爲人所不知死爲人所不惜至矣喑聾之徒天下之有道者也夫一人死而天下號者以爲損也一人生而四海笑者以爲益也然則號笑非益死損生也是以至道不損至德不益何哉體足也如迴天下之念以追損生之禍運四海之心以廣非益之病豈道德之至乎夫唯无損則至堅矣夫唯无益則至厚矣堅故終不損厚故終不薄苟能體堅厚之實居不薄之眞立乎損益之外游乎形骸之表則我道全矣遂不仕耽翫典籍忘寢與食時人謂之書淫或有箴其過篤將損耗精神謐曰朝聞道夕死可矣況命之脩短分定懸天乎叔父有子既冠謐年四十喪所生後母遂還本宗城陽太守梁柳謐從姑子也當之官人勸謐餞之謐曰柳爲布衣時過吾吾送迎不出門食不過鹽菜貧者不以酒肉爲禮今作郡而送之是貴城陽太守而賤梁柳豈中古人之道是非吾心所安也時魏郡召上計掾舉孝廉景元初相國辟皆不行其後鄉親勸令應命謐爲釋勸論以通志焉其辭曰相國晉王辟余等三十七人及泰始登禪同命之士莫不畢至皆拜騎都尉或賜爵關內侯進奉朝請禮如侍臣唯余疾困不及國寵宗人父兄及我寮類咸以爲天下大慶萬姓賴之雖未成禮不宜安寢縱其疾篤猶當致身余惟古今明王之制事无巨細斷之以情實力不堪豈慢也哉乃伏枕而歎曰夫進者身之榮也退者命之實也設余不疾執高箕山尚當容之況余實篤故堯舜之世士或收迹林澤或過門不敢入咎繇之徒兩遂其願者遇時也故朝貴致功之臣野美全志之士彼獨何人哉今聖帝龍興配名前哲仁道不遠斯亦然乎客或以常言見逼或以逆世爲慮余謂上有寬明之主必有聽意之人天網恢恢至否一也何尤於出處哉遂究賓主之論以解難者名曰釋勸客曰蓋聞天以懸象致明地以含通吐靈故黃鍾次序律呂分形是以春華發萼夏繁其實秋風逐暑冬冰乃結人道以之應機乃發三材連利明若符契故士或同升於唐朝或先覺於有莘或通夢以感主或釋釣於渭濱或叩角以干齊或解褐以相秦或冒謗以安鄭或乘駟以救屯或班荊以求友或借術於黃神故能電飛景拔超次邁倫騰高聲以奮遠抗宇宙之清音由此觀之進德貴乎及時何故屈此而不伸今子以英茂之才游精於六藝之府散意於衆妙之門者有年矣既遭皇禪之朝又投祿利之際委聖明之主偶知己之會時清道眞可以沖邁此眞吾生濯髮雲漢鴻漸之秋也韜光逐藪含章未曜龍潛九泉硜然執高棄通道之遠由守介人之局操无乃乖於道之趣乎且吾聞招搖昏迴則天位正五教班叙則人理定如今王

晉列二十一　二

命切至委慮有司上招迕主之累下致駭衆之疑達者貴同何
必獨異羣賢可從何必守意方今同命並臻饑不待飡振藻皇
塗咸秩天官子獨棲遲衡門放形世表遜遯丘園不眄華好惠
不加人行不合道身嬰大疢性命難保若其羲和促轡大火西
頹臨川恨晚將復何階夫貴陰賤璧聖所約也顛倒衣裳明所
箴也子其鑒先哲之洪範副聖朝之虛心沖靈翼於雲路浴天
池以濯鱗排閶闔步玉岑登紫闥侍北辰翻然景曜雜沓英
塵輔唐虞之主化堯舜之人宣刑錯之政配殷周之臣銘功景
鍾參敘彝倫存則鼎食亡爲貴臣不亦茂哉而忽金白之輝曜
忘青紫之班瞵辭容服之光粲抱弊褐之終年无乃勤乎主人
笑而應之曰吁若賓可謂習外觀之暉暉未覩幽人之髣髴也
見俗人之不容未喻聖皇之兼愛也循方圓於規矩未知大形
之无外也故曰天玄而清地靜而寧含羅萬類旁薄羣生寄
身聖世託道之靈若夫春以陽散冬以陰凝泰液含光元氣混蒸

衆品仰化誕制殊徵故進者享天祿處者安丘陵是以寒暑相推
四宿代中陰陽不治運化无窮自然分定兩克厥中二物俱靈是
謂大同彼此无怨是謂至通若乃衰周之末貴詐賤誠牽於權
力以利要榮故蘇子出而六主合張儀入而橫勢成廉頗存而
趙重樂毅去而燕輕公叔沒而魏敗孫臏刖而齊寧蠡種親而
越霸屈子疏而楚傾是以君无常籍臣无定名損義放誠一虛
一盈故馮以彈劒感主女有反賜之說項奮拔山之力蒯陳鼎足
之勢東郭劫於田榮顏闔恥於見逼斯皆棄禮喪真苟榮朝
夕之急者也豈道化之本與若乃聖帝之創化也參德乎二皇
齊風乎虞夏欲溫溫而和暢不欲察察而明切也欲混混若
玄流不欲蕩蕩而名發也欲索索而條解不欲契契而繩結
也欲芒芒而无垠際不欲區區而分別也欲闇然而日章不欲
示白若冰雪也欲醇醇而任德不欲瑣瑣而執法也是以見機
者以動成好遯者无所迫故曰一明一昧得道之槩一弛一張合

禮之方一浮一沉兼得其真故上有勞謙之愛下有不名之臣朝
有聘賢之禮野有遯竄之人是以支伯以幽疾距唐李老寄迹
於西鄰顏氏安陋以成名原思娛道於至貧榮期以三樂感尼
父黔婁定謚於布衾干木偃息以存魏荊萊志邁於江岑君平
因著以道著四皓潛德於洛濱鄭真躬耕以致譽幼安發令乎
今人皆持難奪之節執不迴之意遭拔俗之主全彼人之志故有
獨定之計者不借謀於衆人守不動之安者不假慮於羣賓故
能棄外親之華通內道之真去顯顯之明路入昧昧之埃塵宛
轉萬情之形表排託虛寂以寄身居无事之宅交釋利之人輕
若鴻毛重若泥沈損之不得測之愈深真吾徒之師表余迫疾而
不能及者也子議吾失宿而駭衆吾亦怪子較論而不折中也夫
才不周用衆所斥也寢疾彌年朝所棄也是以胥克之廢丘明列
焉伯牛有疾孔子斯嘆若黃帝創制於九經岐伯剖腹以蠲腸扁
鵲造虢而尸起文摯徇命於齊王醫和顯術於秦晉倉公發祕於

漢皇華佗存精於獨識仲景垂妙於定方徒恨生不逢乎若人故
乞命訴乎明王求絕編於天籙亮我躬之辛苦冀微誠之降霜故
俟罪而窮處其後武帝頻下詔敦逼不已謐上疏自稱草莽臣
曰臣以尪弊迷於道趣因疾抽簪散髮林皐人綱不閑鳥獸爲
羣陛下披榛採蘭并收蒿艾是以阜陶振褐不仁者遠臣惟頑
蒙備食晉粟猶識唐人擊壤之樂宜赴京城稱壽闕外而小人
无良致災速禍久嬰篤疾軀半不仁右脚偏小十有九載又服寒
食藥違錯節度辛苦荼毒于今七年隆冬裸袒食冰當暑煩
悶加以咳逆或若溫瘧或類傷寒浮氣流腫四肢酸重於今困
劣救命呼噏父兄見出妻息長訣仰迫天威扶輿就道所苦加焉
不任進路委身待罪伏枕歎息臣聞韶衛不並奏雅鄭不兼御
故郤子入周禍延王叔虞丘稱賢樊姬掩口君子小人禮不同器
況臣糠麴糅之彫胡庸夫錦衣不稱其服也竊聞同命之士咸以
畢到唯臣疾疢抱釁牀蓐雖貪明時懼斃命路隅設臣不疾已

遭堯舜之世執志箕山猶當容之臣聞上有明聖之主下有輸實
之臣上有在寬之政下有委情之人唯陛下留神垂恕更旌瓌
俊索隱於傅巖收釣於渭濱无令泥滓久濁清流謐辭切言至
遂見聽許歲餘又舉賢良方正並不起自表就帝借書帝送一
車書與之謐雖羸疾而披閱不怠初服寒食散而性與之忤
每委頓不倫嘗悲恚叩刃欲自殺叔母諫之而止濟陰太守蜀
人文立表以命士有贄爲煩請絕其禮幣詔從之謐聞而歎
曰亡國之大夫不可與圖存而以革歷代之制其可乎夫束帛
戔戔易之明義玄纁之贄自古之舊也故孔子稱夙夜強學以
待問席上之珍以待聘士於是乎三揖乃進明致之難也一讓而
退明去之易也若殷湯之於伊尹文王之於太公或身即莘野或
就載以歸唯恐禮之不重豈吝其煩費哉且一禮不備貞女恥
之況命士乎孔子曰賜也爾愛其羊我愛其禮棄之如何政之
失賢於此乎在矣咸寧初又詔曰男子皇甫謐沈靜履素守學

好古與流俗異趣其以謐爲太子中庶子謐固辭篤疾帝初雖
不奪其志尋復發詔徵爲議郎又召補著作郎司隸校尉
劉毅請爲功曹並不應著論爲葬送之制名曰篤終曰玄晏
先生以爲亡存天下之定制人理之必至也故禮六十而制壽至
于九十各有等差防終以素豈流俗之多忌者哉吾年雖未
制壽然嬰疢彌紀仍遭喪難神氣損劣困頓數矣常懼天隕
不期慮終无素是以略陳至懷夫人之所貪者生也所惡者死
也雖貪不得越期雖惡不可逃遁人之死也精歇形散魂无不
之故氣屬于天寄命終盡窮體反眞故尸藏于地是以神不
存體則與氣升降尸不久寄與地合形形神不隔天地之性也
尸與土并反眞之理也今生不能保七尺軀死何故隔一棺之
土然則衣衾所以穢尸棺椁所以隔眞故桓司馬石椁不如速
朽季孫璵璠比之暴骸文公厚葬春秋以爲華元不臣楊王
孫親土漢書以爲賢於秦始皇如令魂必有知則人鬼異制黃

泉之親死多於生必將備其器物用待亡者今若以存況終非
即靈之意也如其无知則空奪生用損之无益而啓奸心是
招露形之禍增亡者之毒也夫葬者藏也藏也者欲人之不
得見也而大爲棺椁備贈存物无異於埋金路隅而書表於
上也雖甚愚之人必將笑之豐財厚葬以啓姦心或剖破棺椁
或牽曳形骸或剝臂捋金環或捫腸求珠玉焚如之形不痛
於是自古及今未有不死之人又无不發之墓也故張釋之曰
使其中有欲雖固南山猶有隙使其中无欲雖无石椁又何
戚焉斯言達矣吾之師也夫贈終加厚非厚死也生者自爲也遂
生意於无益棄死者之所屬知者所不行也易稱古之葬者衣
之以薪葬之中野不封不樹是以死得歸眞亡不損生故吾欲
朝死夕葬夕死朝葬不設棺椁不加纏斂不修沐浴不造新服
殯唅之物一皆絕之吾本欲露形入阬以身親土或恐人情染
俗來久頓革理難今故觕爲之制奢不石椁儉不露形氣絕之

後便即時服幅巾故衣以籧篨裹尸麻約二頭置尸牀上擇不
毛之地穿坑深十尺長一丈五尺廣六尺阬訖舉牀就阬去牀
下尸平生之物皆无自隨唯齎孝經一卷示不忘孝道籧篨之
外便以親土土與地平還其故草使生其上无種樹木削除使
生迹无處自求不知不見可欲則奸不生心終始无怵惕千
載不慮患形骸與后土同體魂爽與元氣合靈眞篤愛之至
也若亡有前後不得移祔祔葬自周公來非古制也舜葬蒼
梧二妃不從以爲一定何必周禮无問師工无信卜筮无拘俗
言无張神坐无十五日朝夕上食禮不墓祭但月朔於家設席以
祭百日而止臨必昏明不得以夜制服常居不得墓次夫古不
崇墓智也今之封樹愚也若不從此是戮尸地下死而重傷
魂而有靈則冤悲沒世長爲恨鬼王孫之子可以爲誡死誓
難違幸无改焉而竟不仕太康三年卒時年六十八子童靈
方回等遵其遺命謐所著詩賦誄頌論難甚多又撰帝王世

紀年歷高士逸士列女等傳玄晏春秋並重於世門人摯虞張
軌牛綜席純皆爲晉名臣
方回少遵父操兼有文才永嘉初博士徵不起避亂荊州閉戶閑
居未嘗入城府蠶而後衣耕而後食先人後己尊賢愛物南
土人士咸崇敬之刺史陶侃禮之甚厚侃每造之著素士服望
門輒下而進王敦遣從弟廙代侃遷侃爲廣州侃將詣敦方回
諫曰吾聞敵國滅功臣亡足下新破杜弢功莫與二欲无危其可
得乎侃不從而行敦果欲殺侃賴周訪獲免廙既至荊州大失
物情百姓叛廙迎杜弢廙大行誅戮以立威以方回爲侃所敬責
其不來詣已乃收而斬之荊土華夷莫不流涕
摯虞字仲洽京兆長安人也父模魏太僕卿虞少事皇甫謐才
學通博著述不倦郡檄主簿虞嘗以死生有命富貴在天天
之所祐者義也人之所助者信也履信思順所以延福違此而
行所以速禍然道長世短禍福舛錯怵迫之徒不知所守蕩而
積憤或迷或放故借之以身假之以事先陳處世不遇之難遂
棄彝倫輕舉遠游以極常人罔惑之情而後引之以正反之以
義推神明之應於視聽之表崇否泰之運於智力之外以明
天任命之不可違故作思游賦其辭曰有軒轅之遐胄兮氏仲
壬之洪裔敷華穎於末葉兮晞靈根於上世準乾坤以幹度
兮儀陰陽以定制匪時運其焉行兮乘大虛而遥曳戴朗月
之高冠兮綴太白之明璜製文霓以爲衣兮襲采雲以爲裳要
華電之煜爚兮珮玉衡之琳琅明景日以鑒形兮信煥曜而重
光至美詭好於凡觀兮脩稀合而靡呈燕石緹襲以華國兮和璞
遐棄於南荊夏像韜塵于市北兮瓶罍抗方於兩楹鸞皇耿
介而偏棲兮蘭桂背時而獨榮闕寒暑以練真兮豈改容而
爽情惑昆吾之易越兮懷暉光之速暮羨一稔而三春兮尚含
英以容豫悼曜靈之靡暇兮限天晷之有度聆鳴蜩之號節兮
恐隕葉于凝露希前軌而增騖兮眷後塵而旋顧徃者倏忽

而不逮兮來者冥昧而未著二儀泊焉其无央兮四節環轉
而靡窮星鳥逝而時反矣夕景潛而且融旻三后之在天兮歎
聖哲之永終諒道脩而命微兮孰舍盈而戢沖握隋珠與蕙若
兮時莫悅而未遑彼未遑其何恤兮懼獨美之有傷蹇委深
而投奧兮庶芬藻之不彰芳處幽而彌馨兮寶在夜而愈光
逼區內之迫脅兮思攄翼乎八荒望雲階之崇壯兮願輕舉而
高翔造庖犧以問象兮辨吉繇於姬文將遠遊於太初兮鑒
形魄之未分四靈儼而爲衛兮六氣紛以成羣驂白獸於商風
兮御蒼龍於景雲簡廝徒於靈圉兮從馮夷而問津召陵陽
於游谿兮旌王子於柏人前祝融以掌燧兮殿玄冥以掩塵形
彯彯而遂遐兮氣亹亹而愈新挹玉膏於萊嵎兮掇芝英於
瀛濱揖太昊以假憇兮聽賦政於三春洪範翕而復張兮百
卉隕而更震睇玉女之紛彯兮執懿筐於扶木覽玄象之韡曅
兮仍騰躍乎陽谷吸朝霞以療饑兮降廩泉而濯足將縱轡
以逍遥兮恨東極之路促詔纖阿而右廻兮覿朱明之赫戲苞羣
神於夏庭兮廻蒼梧而結知纚焦明以承旂兮驅天馬而高馳讓
羲和於丹丘兮誚倒景之亂儀尋凱風而南暨兮謝太陽於炎
離戚溽暑之陶鬱兮余安能乎留斯聞碧雞之長晨兮吾將
徃乎西游奧浮鷁於弱水兮泊舳艫于中流苟精粹之攸存兮
誠沈羽以汎舟軼望舒以陵厲兮羌神漂而氣浮訊碩老於
金室兮采舊聞於前脩識淪陰於危山兮問王母於椒丘觀
玄烏之參趾兮會根壹之神籌擾毚兎於月窟兮詰姮娥
於蓐收爰攬轡而旋驅兮訪北叟之倚伏乘增冰而遂濟兮
凌固陰之所濇探龜蚍於幽穴兮矙囹養之潛育哂倏忽之
躁狂兮喪中黄於耳目偭燭龍而游衍兮窮大明於北陸攀
招搖而上躋兮忽蹈廓而凌虛登閶闔而遺眷兮頫玄黄於
地輿召黔雷以先導兮覲天帝於清都觀渾儀以寓目兮拊
造化之大鑪爰辨惑於上皇兮稽吉凶之元符唐則天而民咨

兮癸亂常而感虞孔揮涕於西狩兮臧考祥於婁句跖肆暴而保乂兮顏屢仁而夙徂何否泰之靡所兮眩榮辱之不圖運可期兮不可思道可知兮不可為求之者勞兮欲之者惑信天任命兮理乃自得且也四位為匠乾巛為均散而為物結而為人陽降陰升一替一興流而為川滯而為陵禍不可攘福不可徵其否兮有豫其泰兮有數成形兮未察靈像兮已固承明訓以發蒙兮審性命之靡求將澄神而守一兮奚飂飂而遐遊斐陳辭以告退兮主悖惘而永歎惟升降之不仍兮詠別易而會難顧大饗以致好兮盡息駕於一飡會司儀於有始兮延嘉賓於九乾陳鈞天之廣樂兮展萬舞之至歡枉矢鑠其在手兮狼弧翔其斯彎睨猩犬於帝側兮殪熊羆於靈軒爾乃清道夙蹕載輪脩祖班命授號轙軔整旆兆司蹕以啓路兮萬靈森而陳庭豐隆軒其警衆兮鉤陳帥以屬兵堪輿竦而進時兮文昌肅以司行抗蚩尤之脩旗兮建雄虹之采旄乘雲車雹鞭之扶輿委移兮駕應龍青虬之容裔陸離俯游光逸景倏爍徽霍兮仰流旌垂旄焱攸攕纚前湛湛而攝進兮後儠儠而方馳且啓行於重陽兮奄税駕乎少儀跨列缺兮闚乾巛揮玉關兮出天門涉漢津兮望崐崘經赤霄兮臨玄根觀品物兮終復魂形已消兮氣猶存眺懸舟之離離兮懷舊都之藹藹仍繁縈而督引兮將遄降而遠邁華雲依霏而翼衞兮日月炫晃而映蓋蹈烟熅兮辭天衢心闓豁兮識故居路遂遒兮情欣欣奄忽歸兮反常閭脩中和兮崇彝倫大道繇兮味琴書樂自然兮識窮達澹无思兮心恒娛舉賢良與夏侯湛等十七人策為下第拜中郎武帝詔曰省諸賢良答策雖所言殊塗皆明於王義有益政道欲詳覽其對究觀賢士大夫用心因詔諸賢良方正直言會東堂策問曰頃日食正陽水旱為災將何所脩以變大眚及法令有不宜於今為公私所患苦者皆何事凡平世在於得才得才者亦借耳目以聽察若有文武器能有

益於時務而未見申叙者各舉其人及有負俗謗議宜先洗濯者亦各言之虞對曰臣聞古之聖明原始以要終體本以正末故憂法度之不當而不憂人物之失所憂人物之失所而不憂災害之流行誠以法得於此則物理於彼人和於下則災消於上其有日月之眚水旱之災則反聽內視求其所由遠觀諸物近驗諸身耳目聽察豈或有蔽其聰明者乎動心出令豈或有傾其常正者乎大官大職豈或有授非其人者乎賞罰黜陟豈或有不得其所者乎河濱山巖豈或有懷道釣築而未感於夢兆者乎方外遐裔豈或有命世傑出而未蒙膏澤者乎推此類也以求其故詢事考言以盡其實則天人之情可得而見咎徵之至可得而救也若推之於物則无忤求之於身則无尤萬物理順內外咸宜祝史正辭言不負誠而日月錯行夭癘不戒此則陰陽之事非吉凶所在也期運度數自然之分固非人事所能供御其亦振廩散滯貶食省用而已矣是故誠遇期運則雖陶唐殷湯有所不變苟非期運則宋衞之君諸侯之相猶能有感唯陛下審其所由以盡其理則天下幸甚臣生長蓽門不逮異物雖有賢才所未接識不敢瞽言妄舉无以疇答聖問擢為太子舍人除聞喜令時天子留心正道又吳寇新平天下乂安上太康頌以美晉德其辭曰於休上古人之資始四隩咸宅萬國同軌有漢不競喪亂靡紀畿服外叛侯衞內圮天難既降時惟鞠凶龍獸爭分裂遐邦備僭岷蜀度逆海東權乃緣間割據三江明明上帝臨下有赫乃宣皇威致天之辟奮武遼隧罪人斯獲撫定朝鮮奄征韓貊文既應期席卷梁益元憝委命九夷重譯卭冉哀牢是焉底績我皇之登二國既平靡適不懷以育羣生吳乃負固放命南冥聲教未暨弗及王靈皇震其威赫如雷霆截彼江沔荆舒以清邈矣聖皇參乾兩離陶化以正取亂以奇耀武六旬輿徒不疲飲至數實千旄无虧洋洋四海率禮和樂穆穆宮廟歌雅詠鑠光天之下莫匪帝略窮髮反

景承正受朔龍馬騤騤風于華陽弓矢櫜服干戈戢藏嚴嚴南金業業餘皇雄劒班朝造舟爲梁聖明有造寔代天工天地不違黎元時邕三務斯協用底厥庸既遠其迹將明其蹤喬山惟嶽望帝之封猗歟聖帝胡不封哉以母憂解職久之召補尚書郎將作大匠陳勰掘地得古尺尚書奏今尺長於古尺宜以古爲正潘岳以爲習用已久不宜復改虞駮曰昔聖人有以見天下之賾而擬其形容象物制器以存時用故參天兩地以正算數之紀依律計分以定長短之度其作之也有則故用之也有徵考步兩儀則天地无所隱其情準正三辰則懸象无所容其謬施之金石則音韻和諧措之規矩則器用合宜一本不差而萬物皆正及其差也事皆反是今尺長於古尺幾於半寸樂府用之律呂不合史官用之歷象失占醫署用之孔穴乖錯此三者度量之所由生得失之所取徵皆絓閡而不得通故宜改今而從古也唐虞之制同律度量衡仲尼之訓謹權審度今兩尺

並用不可謂之同知失而行不可謂之謹不同不謹是謂謬法非所以軌物垂則示人之極凡物有多而易改亦有少而難變亦有改而致煩有變而之簡度量是人所常用而長短非人所戀惜是多而易改者也正失於得反邪於正一時之變永世无二是變而之簡者也憲章成式不失舊物季末苟合之制異端雜亂之用當以時釐改貞夫一者也臣以爲宜如所奏又表論封禪見禮志虞以漢末喪亂譜傳多亡失雖其子孫不能言其先祖撰族姓昭穆十卷上疏進之以爲足以備物致用廣多聞之益以定品違法爲司徒所劾詔原之時太廟初建詔普增位一等後以主者承詔失旨改除之虞上表曰臣聞昔之聖明不愛千乘之國而惜桐葉之信所以重至尊之命而達於萬國之誠也前乙巳赦書遠稱先帝遺惠餘澤普增位一等以酬四海欣戴之心驛書班下被于遠近莫不鳥騰魚躍喜蒙德澤今一旦更以主者思文不審收既往之詔奪已澍之施臣之愚心竊以爲不可詔從之元康中遷吳王友時荀顗撰新禮使虞討論得失而後施行元皇后崩杜預奏諒闇之制乃自上古是以高宗无服喪之文而唯文稱不言漢文限三十六日魏氏以降既虞爲節皇太子與國爲體理宜釋服卒哭便除虞答預書曰唐稱遏密殷云諒闇各舉事以爲名非既葬有殊降周室以來謂之喪服喪服者以服表喪今帝者一日萬機太子監撫之重以宜奪禮葬訖除服變制通理垂典將來何必附之於古使老儒致爭哉皇太孫尚薨有司奏御服齊衰期詔令博士議虞曰太子生舉以成人之禮則殤理除矣太孫亦體君傳重由位成而服全非以年也從之虞又議玉輅兩社事見輿服志後歷秘書監衛尉卿從惠帝幸長安及東軍來迎百官奔散遂流離鄠杜之間轉入南山中糧絕饑甚拾橡實而食之後得還洛歷光祿勳太常卿時懷帝親郊自元康以來不親郊祀禮儀弛廢虞考正舊典法物粲然及洛京荒亂盜竊從橫人饑相

食虞素清貧遂以餒卒虞撰文章志四卷注解三輔決錄又撰古文章類聚區分爲三十卷名曰流別集各爲之論辭理愜當爲世所重虞善觀玄象嘗謂友人曰今天下方亂避難之國其唯涼土乎性愛士人有表薦者恒爲其辭東平太叔廣樞機清辯廣談虞不能對虞筆廣不能答更相嗤笑紛然於世云

束皙字廣微陽平元城人漢太子太傅疏廣之後也王莽末廣曾孫孟達避難自東海徙居沙鹿山南因去疏之足遂改姓焉祖混隴西太守父龕馮翊太守並有名譽皙博學多聞與兄璆俱知名少游國學或問博士曹志曰當今好學者誰乎志曰陽平束廣微好學不倦人莫及也還鄉里察孝廉舉茂才皆不就璆娶石鑒從女棄之鑒以爲憾諷州郡公府不得辟故皙等久不得調太康中郡界大旱皙爲邑人請雨三日而雨注衆爲皙誠感爲作歌曰束先生通神明請天三日甘雨零我

黍以育我稷以生何以疇之報東長生晳與衛恒厚善聞恒遇禍自本郡赴喪嘗爲勸農及蠡諸賦文頗鄙俗時人薄之而性沈退不慕榮利作玄居釋以擬客難其辭曰東晳閒居門人並侍方下帷深譚隱机而咍含毫散藻考撰同異在側者進而問之曰蓋聞道尚變通達者无窮世亂則救其紛時泰則扶其隆振天維以贊百務熙帝載而鼓皇風生則率土樂其存死則宇内哀其終是以君子屈己伸道不耻干時上國有不索何獲之言周易著躍以求進之辭莘老負金鉉以陳烹割之説齊客當康衢而咏白水之詩今先生耽道修藝嶷然山峙潛朗通微洽覽深識夜兼忘寐之勤晝騁鑽玄之思曠年累稔不墮其志鱗翼成而愈伏術業優而不試乃欲闔櫝辭價泥蟠深處求戢琳琅之耀匿首窮魚之渚當唐年而慕長沮邦有道而反甯武識彼迷此愚竊不取若乃士以援登進必待求附勢之黨橫擢則林藪之彦不抽丹墀步紈袴之童東野遺白顛之叟盍亦因子都而事博陸憑鷁首以涉洪流蹈翠雲以駭逸龍振光耀以驚沈鮪徒屈蟠於埳井眄天路而不游學既積而身困夫何爲乎秘丘且歲不我與時若奔駟有來无反難得易失先生不知盱豫之譏悔遲而忘夫朋盍之義務疾亦豈能登海濵而仰東流之水臨虞泉而招西歸之日徒以曲畏爲梏儒學自桎因大道於環堵苦形骸於蓬室豈若託身權戚憑勢假力擇棲芳林飛不待翼夕宿七娥之房朝享五鼎之食匡三正則太階平贊五教而玉繩直孰若茹藿餐蔬終身自匿哉東子曰居吾將導爾以君子之道諭爾以出處之事爾其明受余訊謹聽余志昔元一既啟兩儀肇立離光夜隱望舒晝戢羽族翔林蠍蛁赴濕物從性之所安士樂志之所執或背豐榮以巖栖或排蘭闥而求入在野者龍逸在朝者鳳集雖其軌迹不同而道无貴賤必安其業交不相羨稷契奮庸以宣道巢由洗耳以避禪同垂不朽之稱俱入賢者之流参名比譽誰劣誰優何必貪與二八

爲羣而耻爲七人之疇乎且道睽而通士不同趣吾竊綴處者之末行未敢聞子之高喻將忽蒲輪而不眄夫何權戚之云附哉昔周漢中衰時難自託福兆既開患端亦作朝遊巍峩之宮夕墜崢嶸之壑晝笑夜歎晨華暮落忠不足以衛己禍不可以預度是士諱登朝而競赴林薄或毀名自汙或不食其祿比從政於匪笥之龜譬官者於郊廟之犢公孫泣涕而辭相楊雄抗論於赤族今大晉熙隆六合寧靜蜂蠆止毒熊羆輟猛五刑勿用八紘備整主无驕肆之怒臣无鼇纓之請上下相安率禮從道朝養觸邪之獸庭有指佞之草禍戮可以忠逃寵祿可以順保且夫進无險懼而惟寂之務者率其性也兩可俱是而舍彼趣此者從其志也蓋无爲可以解天下之紛澹泊可以救國家之急當位者事有所窮陳策者言有不入翟璜不能廻西鄰之寇平勃不能正如意之立干木卧而秦師退四皓起而戚姬泣夫如是何舍何執何去何就謂山岑之林爲芳谷底之莽爲臭守分任性惟天所授鳥不假甲於龜魚不假足於獸何必笑孤竹之貧而羨齊景之富耻布衣以肆志寧文裘而拖繡且能約其躬則儋石之稸以豐苟肆其欲則海陵之積不足存道德者則匹夫之身可榮忘大倫者則萬乘之主猶辱將研六籍以訓世守寂泊以鎮俗偶鄭老於海隅匹嚴叟於僻蜀且世以太虚爲輿玄爐爲肆神游莫競之林心存无營之室榮利不擾其覺殷憂不干其寐捐奪者之所貪收躁務之所棄薙聖籍之荒芜總羣言之一至全素履於丘園背纓緌而長逸請子課吾業於千載无聽吾言於今日也張華見而奇之石鑒卒王戎乃辟璆華召晳爲掾又爲司空下邳王晃所辟華爲司空復以爲賊曹屬時欲廣農晳上議曰伏見詔書以倉廩不實關右饑窮欲大興田農以蕃嘉穀此誠有虞戒大禹盡力之謂然農穰可致所由者三一曰天時不愆二曰地利无失三曰人力咸用若必春无霡霂之潤秋繁滂沲之患水旱失中零穰有請雖使

羲和平秩后稷親農理疆畖於原隰勤藨蔉於中田猶不足以致倉庾盈億之積也然地利可以計生人力可以課致詔書之旨亦將欲盡此理乎今天下千城人多游食廢業占空无田課之實較計九州數過萬計可申嚴此防令監司精察一人失課負及郡縣此人力之可致也又州司十郡土狹人繁三魏尤甚而猪羊馬牧布其境內宜悉破廢以供无業業少之人雖頗割徙在者猶多田諸苑牧不樂曠野貪在人間故謂北土不宜畜牧此誠不然案古今之語以爲馬之所生實在冀北大賈牂羊取之清渤故冢之歌起於鉅鹿是其效也可悉徙諸牧以充其地使馬牛猪羊齕草於空虛之田游食之人受業於賦給之賜此地利之可致者也昔騅駁在坰史克所以頌魯僖郤馬務田老氏所以稱有道豈利之所以會哉又如汲郡之吳澤良田數千頃泞水停洿人不墾植聞其國人皆謂通泄之功不足爲難舃鹵成原其利甚重而豪強大族惜其魚捕之饒構說官長終於不破此亦

谷口之謠載在史篇謂宜復下郡縣以詳當今之計荊揚兗豫汙泥之土渠塢之宜必多此類最是不待天時而豐年可獲者也以其雲雨生於畚臿多稌生於決泄不必望朝隮而黃潦臻禜山川而霖雨息是故兩周爭東西之流史起惜漳渠之浸明地利之重也宜詔四州刺史使謹按以聞又昔魏氏徙三郡人在陽平頓丘界今者繁盛合五六千家二郡田地逼狹謂可徙還西州以充邊土賜其十年之復以慰重遷之情一舉兩得外實內寬增廣窮人之業以闢西郊之田此又農事之大益也轉佐著作郎撰晉書帝紀十志遷轉博士著作如故初太康二年汲郡人不準盜發魏襄王墓或言安釐王冢得竹書數十車其紀年十三篇記夏以來至周幽王爲犬戎所滅以事接之三家分仍述魏事至安釐王之二十年蓋魏國之史書大略與春秋皆多相應其中經傳大異則云夏年多殷益干啓位啓殺之太甲殺伊尹文丁殺季歷自周受命至穆王百年非穆王壽百歲也幽

王既亡有共伯和者攝行天子事非二相共和也其易經二篇與周易上下經同易繇陰陽卦二篇與周易略同繇辭則異卦下易經一篇似說卦而異公孫段二篇公孫段與邵陟論易國語三篇言楚晉事名三篇似禮記又似爾雅論語師春一篇書左傳諸卜筮師春似是造書者姓名也瑣語十一篇諸國卜夢妖怪相書也梁丘藏一篇先敘魏之世數次言丘藏金玉事繳書二篇論弋射法生封一篇帝王所封大曆二篇鄒子談天類也穆天子傳五篇言周穆王游行四海見帝臺西王母圖詩一篇畫贊之屬也又雜書十九篇周食田法周書論楚事周穆王美人盛姬死事大凡七十五篇七篇簡書折壞不識名題冢中又得銅劍一枚長二尺五寸漆書皆科斗字初發冢者燒策照取寶物及官收之多燼簡斷札文既殘缺不復詮次武帝以其書付祕書校綴次第尋考指歸而以今文寫之皙在著作得觀竹書隨疑分釋皆有義證遷尚書郎武帝嘗問摯虞三日曲水之義虞對曰漢章帝時平原

徐肇以三月初生三女至三日俱亡村人以爲怪乃招携之水濱洗祓遂因水以汎觴其義起此帝曰必如所談便非好事皙進曰虞小生不足以知臣請言之昔周公城洛邑因流水以汎酒故逸詩云羽觴隨波又秦昭王以三日置酒河曲見金人奉水心之劍曰令君制有西夏乃霸諸侯因此立爲曲水二漢相緣皆爲盛集帝大悅賜皙金五十斤時有人於嵩高山下得竹簡一枚上兩行科斗書傳以相示莫有知者司空張華以問皙皙曰此漢明帝顯節陵中策文也檢驗果然時人伏其博識趙王倫爲相國請爲記室皙辭疾罷歸教授門徒年四十卒元城市里爲之廢業門生故人立碑墓側皙才學博通所著三魏人士傳七代通記晉書紀志遇亂亡失其五經通論發蒙記補亡詩文集數十篇行於世云

王接字祖游河東猗氏人漢京兆尹尊十世孫也父蔚世脩儒史之學魏中領軍曹羲作至公論蔚善之而著至機論辭義甚美

官至夏陽侯相接幼喪父哀毀過禮鄉親皆歎曰王氏有子哉渤海劉原爲河東太守好奇以旌才爲務同郡馮收試經爲郎七十餘薦接於原曰夫騂騮不總轡則非造父之肆明月不流光則非隋侯之掌伏惟明府苞黃中之德耀重離之明求賢與能小无遺錯是以鄙老思獻所知竊見處士王接岐嶷雋異十三而孤居喪盡禮學過目而知義觸類而長斯玉鐿之妙味經世之徽猷也不患玄黎之不啓竊樂春英之及時原即禮命接不受原乃呼見曰君欲慕肥遯之高邪對曰接薄祐少孤而无兄弟母老疾篤故无心爲吏及母終柴毀骨立居墓次積年備覽衆書多出異義性簡率不脩俗操鄉里大族多不能善之唯裴頠雅知焉平陽太守柳澹散騎侍郎裴遐尚書僕射鄧攸皆與接友善後爲郡主簿迎太守温宇宇奇之轉功曹史州辟部平陽從事時泰山羊亮爲平陽太守薦之於司隸校尉王堪出補都官從事永寧初舉秀才友人滎陽潘滔遺接書曰摯虞卞玄仁並謂足下應和鼎味可无以應秀才行接報書曰今世道交喪將遂剝亂而識智之士鉗口韜筆禍敗日深如火之燎原其可救乎非榮斯行欲極陳所見冀有覺悟耳是歲三王義舉惠帝復阼以國有大慶天下秀才一皆不試接以爲恨除中郎補征虜將軍司馬蕩陰之役侍中嵇紹爲亂兵所害接議曰夫謀人之軍軍敗則死之謀人之國國危則亡之古之道也蕩陰之役百官奔北唯嵇紹守職以遇不道可謂臣矣又可稱痛矣今山東方欲大舉宜明高節以號令天下依春秋褒三累之義加紹致命之賞則遐邇向風莫敢不肅矣朝廷從之河間王顒欲還駕長安與關東乖異以接成都王佐難之表轉臨汾公相國及東海王越率諸侯討顒尚書令王堪統行臺上請接補尚書殿中郎未至而卒年三十九接學雖博通特精禮傳常謂左氏辭義贍富自是一家書不主爲經發公羊附經立傳經所不書傳不妄起於文爲儉通經爲長任城何休訓釋甚詳而黜周王魯大體乖硋且志通公羊而往往還爲公羊疾病接乃更注公羊春秋多有新義時祕書丞衛恒考正汲冢書未訖而遭難佐著作郎束皙述而成之事多證異義時東萊太守陳留王庭堅難之亦有證據皙又釋難而庭堅已亡散騎侍郎潘滔謂接曰卿才學理議足解二子之紛可試論之接遂詳其得失摯虞謝衡皆博物多聞咸以爲允當又撰列女後傳七十二人雜論議詩賦碑頌駁難十餘萬言喪亂盡失長子愆期流寓江南緣父本意更注公羊又集列女後傳云

史臣曰皇甫謐素履幽貞閑居養疾留情筆削敦悅丘墳軒冕未足爲榮貧賤不以爲耻確乎不拔斯固有晉之高人者歟洎乎篤終立論薄葬昭儉既戒奢於季氏亦无取於王孫可謂達存亡之機矣摯虞束皙等並詳覽載籍多識舊章奏議觀文詞雅贍可謂博聞之士也或攝官延閣裁成言事之書或莅政秩宗參定禋郊之禮虞既厄於從理皙乃年位不充天之報施何其爽也王接才調秀出見賞知音惜其夭枉未申驥足嗟夫

贊曰士安好逸栖心蓬蓽屬意文雅忘懷榮秩遺制可稱養生乖術摯虞博聞廣微絕羣財成禮度刋緝遺文魏篇式序漢冊斯分祖游後出亦播清芬

列傳第二十一　晉書五十一

郤詵　阮种　華譚　袁甫

郤詵字廣基濟陰單父人也父晞尚書左丞詵博學多才瓌偉倜儻不拘細行州郡禮命並不應泰始中詔天下舉賢良直言之士太守文立舉詵應選詔曰蓋太上以德撫時易簡無文至于三代禮樂大備制度彌繁文質之變其理何由虞夏之際聖明繼踵而損益不同周道既衰仲尼猶曰從周因革之宜又何殊也聖王既沒遺制猶存霸者迭興而翼輔之王道之缺其無補乎何陵遲之不反也豈霸德之淺歟期運不可致歟且夷吾之智而功止于霸何哉夫昔人之爲政革亂亡之弊建不刊之統移風易俗刑措不用豈非化之盛歟何脩而嚮茲朕獲承祖宗之休烈于茲七載而人未服訓政道罔述以古況今何不相逮之遠也雖明之弗及猶思與羣賢慮之將何以辨所聞之疑昧獲至論于讜言乎加自頃戎狄內侵災害屢作邊甿流離征夫苦役豈政刑之謬將有司非其任與各悉乃心究而

論之上明古制下切當今朕之失德所宜振補其正議無隱將敬聽之詵對曰伏惟陛下以聖德君臨猶垂意于博採故招賢正之士而臣等薄陋不足以降大問也是以竊有自疑之心雖致身于闕庭亦僶俛矣伏讀聖策乃知下問之旨篤焉臣聞上古推賢讓位教同德一故易簡而人化三代世及季末相承故文繁而後整虞夏之相因而損益不同非帝王之道異救弊之路殊也周當二代之流承彫偽之極盡禮樂之致窮制度之理其文詳備仲尼因時宜而曰從周非殊論也臣聞聖王之化先禮樂五霸之興勤政刑禮樂之化深政刑之用淺勤之則可以小安墮之則遂陵遲所由之路本近故所補之功不倖也而齊桓失之葵丘夷吾論于小器功止于霸不亦宜乎策曰建不刊之統移風易俗天下洽和何脩而嚮茲臣以爲莫大于擇人而官之也今之典刑匪無一統宰牧之才優劣異績或以之興或以之替此蓋人能弘政非政弘人也舍人務政雖勤何益臣竊觀乎古今而考其美惡古人相與求賢今人相與求爵古之官

人君責之于上臣舉之于下得其人有賞失其人有罰安得不求賢乎今之官者父兄營之親戚助之有人事則通無人事則塞安得不求爵乎賢苟求達達在脩道窮在失義故靜以待之也爵苟可求得在進取失在後時故動以要之也動則爭競爭競則朋黨朋黨則誣罔誣罔則臧否失實真偽相冒主聽用惑姦之所會也靜則貞固貞固則正直正直則信讓信讓則推賢推賢不伐相下无爭主聽用察德之所趣也故能使之靜雖曰高枕而人自正不能禁動雖復夙夜俗不一也且人无愚智咸慕名官莫不飾正於外藏邪於內故邪正之人難得而知也任得其正則衆正益至若得其邪則衆邪亦集物繁其類誰能止之故國亡失世者未嘗不爲衆邪所積也方其初作必始於微微而不絕其終乃著天地不能頓爲寒暑人主亦不能頓爲隆替故寒暑漸于春秋隆替起于得失當今之世宦者无關梁邪門啓矣朝廷不責賢正路塞矣得失之源何以甚此所謂責賢使之相舉也所謂關梁使之相保也賢不舉則

有咎保不信則有罰故古者諸侯必貢士不貢者削貢而不適亦削夫士者難知也不適者薄過也不得不責彊其所不知也罰其所不適深其薄過非恕也且天子于諸侯有不純臣之義斯責之矣施刑之道寧縱不濫之矣今皆反是何也夫賢者天地之紀品物之宗其急之矣故寧濫以得之无縱以失之也今則不然世之悠悠者各自取辨耳故其材行並不可必于公則政事紛亂于私則汙穢狼籍自頃長吏特多此累有亡命而被購懸者矣有縛束而絞戮者矣貪鄙竊位不知誰升之者獸兕出檻不知誰可咎者網漏吞舟何以過此人之于利如蹈水火焉前人雖敗後人復起如彼此无已誰止之者風流日競誰憂之者雖今聖思勞于夙夜所使爲政恒得此屬欲聖世化美俗平亦俟河之清耳若欲善之宜創舉賢之典峻關梁之防其制既立則人慎其舉而不苟則賢者可知知賢而試則官得其人矣官得其人則事得其序事得其序則物得其宜物得其宜則生生豐植人用資給和樂興焉是故寡過而遠刑知恥

以近禮此所以建不刊之統移風易俗刑措而不用也策曰自頃夷狄內侵災眚屢降將所任非其人乎何由而至此臣聞蠻夷猾夏則臯陶作士此欲善其末則先其本也夫任賢則政惠使能則刑恕政惠則下仰其施刑恕則人懷其勇施以殖其財勇以結其心故人居則資贍而知方動則親上而志勇苟思其利而除其害以生道利之者雖死不貳以逸道勞之者雖勤不怨故其命可授其力可竭以戰則剋以攻則拔是以善者慕德而安服惡者畏懼而削迹止戈而武義實在文唯任賢然後无患耳若夫水旱之災自然理也故古者三十年耕必有十年之儲堯湯遭之而人不困有備故也自頃風雨雖頗不時考之萬國或境土相接而豐約不同或頃畝相連而成敗異流故非天之必害于人人實不能均其勞苦失之于人而求之於天則有司惰職而不勸百姓怠業而咎時非所以定人志致豐年也宜勤人事而已臣誠愚鄙不足以奉對聖朝猶進之于廷者將使取諸其懷而獻之乎臣懼不足也若收不知言以致知言臣則可矣是以辭鄙不隱也以對策上第拜議郎母憂去職詵母病苦无車及亡不欲車載柩家貧无以市馬乃于所住堂北壁外假葬開戶朝夕拜哭養雞種蒜竭其方術喪過三年得馬八匹輿柩至冢負土成墳未畢召爲征東參軍從尚書郎轉車騎從事中郎吏部尚書崔洪薦詵爲左丞及在職嘗以事劾洪洪怨詵詵以公正距之語在洪傳洪聞而慙服累遷雍州刺史武帝于東堂會送問詵曰卿自以爲何如詵對曰臣舉賢良對策爲天下第一猶桂林之一枝崑山之片玉帝笑侍中奏免詵官帝曰吾與之戲耳不足怪也詵在任威嚴明斷甚得四方聲譽卒于官子延登爲州別駕

阮种字德猷陳留尉氏人漢侍中胥卿八世孫也弱冠有殊操爲嵇康所重康著養生論所稱阮生即种也察孝廉爲公府掾是時西虜內侵災眚屢見百姓饑饉詔三公卿尹常伯牧守各舉賢良方正直言之士于是太保何曾舉种賢良策曰在昔哲王承天之序光宅宇宙咸用規矩乾坤惠康品類休風流衍彌于千載朕應踐洪

運統位七載于今矣惟德弗嗣不明于政宵興惕厲未燭厥猷子大夫韞櫝道術儼然而進朕甚嘉焉其各悉乃心以闡喻朕志深陳王道之本勿有所隱朕虛心以覽焉种對曰夫天地設位聖人成能王道至深所以行化至遠故能開物成務而功業不匱近无不聽遠无不服德逮羣生澤被區宇聲施无窮而典垂百代故經曰聖人久于其道而天下化成宜師蹤往代襲迹三五矯世更俗以從人望令率土遷義下知所適播醇美之化杜邪枉之路斯誠羣黎之所欣想盛德而幸望休風也又問政刑不宣禮樂不立對曰政刑之宣故由乎禮樂之用昔之明王唯此之務所以防遏暴慢感動心術制節生靈而陶化萬姓也禮以體德樂以詠功樂本于和而禮師于敬矣又問戎蠻猾夏對曰戎蠻猾夏侵敗王略雖古盛世猶有此虞故詩稱獫狁孔熾書歎蠻夷率服自魏氏以來夷虜內附鮮有桀悍侵漁之患由是邊守遂怠鄣塞不設而今醜虜內居與百姓雜處邊吏擾習人又忘戰受方任者又非其材或以狙詐侵侮邊夷或干賞啗利妄加討戮夫以微羈而御悍馬又乃操以煩策其不制者固其理也是以羣醜蕩駭緣間而動雖三州覆敗牧守不反此非胡虜之甚勁蓋用之者過也臣聞王者之伐有征无戰懷遠以德不聞以兵夫兵凶器而戰危事也兵興則傷農衆集則費積農傷則人匱積費則國虛昔漢武之世承文帝之業資海內之富役其材臣以甘心匈奴競戰勝之功貪攻取之利良將勁卒屈於沙漠勝敗相若克不過當夭百姓之命填餓狼之口及其以衆制寡令匈奴遠迹收功祁連飲馬瀚海天下之耗以過大半矣夫虛中國以事夷狄誠非計之得者也是以盜賊蜂起山東不振暨宣元之時趙克國征西零馮奉世征南羌皆兵不血刃摧抑強暴擒其首惡此則折衝厭難勝敗相辨中世之明效也又問咎徵作見對曰陰陽否泰六沴之災則人主脩政以禦之思患而防之建皇極之首詳庶徵之用詩曰敬之敬之天惟顯思天聰明自我人聰明是以人主祖承天命日慎一日也故能應受多福而永世克祚此先王之所以退災消

眚也又問經化之務對曰夫王道之本經國之務必先之以禮義而致人于廉耻禮義立則君子軌道而讓于善廉耻立則小人謹行而不淫于制度賞以勸其能威以懲其廢此先王所以保乂定功化洽黎元而勲業長世也故上有克讓之風則下有不爭之俗朝有矜節之士則野无貪冒之人夫廉耻之于政猶樹蓺之有豐壤良歲之有膏澤其生物必油然茂矣若廉耻不存而惟刑是御則風俗彫弊人失其性錐刀之末皆有爭心雖峻刑嚴辟猶不勝矣其于政也猶農者之殖磽野旱年之望豐穡必不幾矣此三代所以享德長久風醇俗美皆數百年保天之祿而秦二世而弊者蓋其所由之塗殊也又問將使武成七德文濟九功何路而臻于茲凡厥庶事曷後曷先對曰夫文武經德所以成功丕業咸熈庶績者莫先于選建明哲授方任能令才當其官而功稱其職則萬機咸理庶寮不曠書曰天工人其代之然則繼天理物寧國安家非賢无以成也夫賢才之畜于國由良工之須利器巧匠之待繩墨也器用利則斲削易而材不病繩墨設則曲直正而衆形得矣是以人主必勤求賢而佚以任之也賢臣之于主進則忠國愛人退則砥節潔志營職不干私義出心必由公塗明度量以呈其能審經制以效其功此昔之聖王所以恭己南面而化于陶鈞之上者以其所任之賢與所賢之信也方今海內之士皆傾望休光希心紫極唯明主之所趣舍若開四聰之聽廣疇咨之求抽羣英延俊乂考工授職呈能制官朝无素飡之士如此化流罔極樹功不朽矣時种與郤詵及東平王康俱居上第即除尚書郎然毀譽之徒或言對者因緣假託帝乃更延羣士庭以問之詔曰前者對策各指答所問未盡子大夫所欲言故復延見其具陳所懷又比年遭有水旱災眚雖戰戰兢兢未能究天人之理當何修以應其變人遇水旱饑饉者何以救之中間多事未得寧靜思以省息煩務令百姓不失其所若人有所患苦者有宜損益使公私兩濟者委曲陳之又政在得人而知之至難唯有因人視聽耳若有文武隱逸之士各舉所知雖幽賤負俗勿有所限故虛心思聞事實

勿務華辭莫有所諱也种對曰伏惟陛下以聖哲玄覽降卹黎蒸將濟元元同之三代旁求俊乂以輔至化此誠堯舜之用心也臣猥以頑魯之質應清明之舉前者對策不足以疇塞聖詔所陳不究臣誠蒙昧所以爲罪臣聞天生蒸庶樹君以司牧之人君道洽則彝倫攸叙五福來備若政有愆失刑理頗僻則庶徵不應而淫亢爲災此則天人之理而興廢之由也昔之聖王政道備而制先具執人以務致之于本是以雖有水旱之眚而無饑饉之患也自頃陰陽隔并水旱爲災亦猶期運之致不然則亦有司之不帥不能宣承聖德以贊揚大化故和氣未降而人事未叙也方今百姓凋弊公私无儲誠在于休役靜人勸畜務分此其救也人之所患由于役煩網密而信道未孚也役煩則百姓失業網密則下背其誠信道未孚則人无固志此則損益之至務安危之大端也傳曰始與善善進則不善蔑由至孔子曰視其所以觀其所由人焉廋哉若夫文武隱逸之士幽賤負俗之才故非愚臣之所能識謹竭愚以對策奏帝親覽焉及擢爲第一轉中書郎進止有方正己率下朝廷咸憚其威容每爲駁議事皆施用遂爲楷則遷平原相時襄邑衛京自南陽太守遷于河內與种俱拜帝望而歎曰二千石皆若此朕何憂乎种爲政簡惠百姓稱之卒于郡

華譚字令思廣陵人也祖融吳左將軍録尚書事父諝吳黃門郎譚期歲而孤母年十八便守節鞠養勤勞備至及長好學不倦爽慧有口辯爲鄰里所重揚州刺史周浚引爲從事史愛其才器待以賓友之禮太康中刺史嵇紹舉譚秀才將行別駕陳總餞之因問曰思賢之主以求才爲務進取之士以功名爲先何仲舒不仕武帝之朝賈誼失分漢文之時此吳晉之滯論可辯此理而後別譚曰夫聖人在上物无不理百揆之職非賢弗居故山林无匿景衡門不棲遲至承統之王或是中才或復凡人居聖人之器處兆庶之上是以其教日頹風俗漸弊又中才之君所資者偏物以類感必于其黨黨言雖非彼以爲是以所授有顏冉之賢所用有廟廊之器居官者日冀元

凱之功在上者日㞒堯舜之義彼豈知其政漸毀哉朝雖有求賢之
名而无知才之實言雖當彼以爲誣策雖奇彼以爲妄誣則毀
已之言入妄則不忠之責生豈故爲哉淺明不見深理近才不覩遠
體也是以言不用計不施恐死亡之不暇何論功名之立哉故上官昵
而屈原放宰嚭寵而伍員戮豈不哀哉若仲舒抑于孝武賈誼斥
于漢文蓋復是其輕者耳故白起有云非得賢之難用之難非用
之難信之難得賢而不能用用而不能信功業豈可得而成哉譚
至洛陽武帝親策之曰今四海一統萬里同風天下有道莫斯之盛
然北有未羈之虜西有醜施之氐故謀夫未得高枕邊人未獲晏
然將何以長弭斯患混清六合對曰臣聞聖人之臨天下也祖乾綱
以流化順谷風以興仁兼三才以御物開四聰以招賢故勞謙日昃務
在擇才宣明巖穴垂光隱滯俊乂龍躍帝道以光清德鳳翔王化
克舉是以皐陶見舉不仁者遠陸賈重漢遠夷折節今聖朝德音
發于帷幄清風翔乎无外戎旗南指江漢席卷干戈西征羌蠻慕
化誠闡四門之秋興禮教之日也故髦俊聞聲而響赴殊才望險
而雲集虛高館以俟賢設重爵以待士急善過于饑渴用人疾于
應響杜佞諂之門廢鄭聲之樂混清六合寔由乎此雖西北有未
羈之寇殊漠有不朝之虜征之則勞師得之則无益故班固云
有其地不可耕而食得其人不可臣而畜來則懲而禦之去則備而守
之蓋安邊之術也又策曰吳蜀恃險今既蕩平蜀人服化无攜貳之心
而吳人趑雎屢作妖寇豈蜀人敦樸易可化誘吳人輕銳難安易動乎
今將欲綏靜新附何以爲先對曰臣聞漢末分崩英雄鼎峙蜀棲岷
隴吳據江表至大晉龍興應期受命文皇運籌安樂順軌聖上潛
謀歸命向化蜀染化日久風教遂成吳始初附未改其化非爲蜀人敦
愨而吳人易動也然殊俗遠境風土不同吳阻長江舊俗輕悍所安之
計當先籌其人士使雲翔閶闔進其賢才待以異禮明選牧伯致以
威風輕其賦斂將順咸悅可以永保无窮長爲人臣者也又策曰聖人
稱如有王者必世而後仁今天成地平大化无外雖匈奴未羈羌氐驕

黠將修文德以綏之舞干戚以來之故兵戈載戢武夫寢息如此已
可消鋒刃爲田器罷尚方武庫之用未邪對曰夫唐堯歷載頌聲
乃作文武相承禮樂大同清一八紘綏盪无外萬國順軌海內斐然
雖復被髮之鄉徒跣之國皆習章甫而入朝要衣裳以磬折夫大
舜之德猶有三苗之征以周之伐獫狁爲寇雖有文德又須武備
預不虞古之善教安不忘危聖人常誡无爲罷武庫之常職鑠鋒刃
爲田器自可倒戢干戈苞以獸皮將帥之士使爲諸侯于散樂休風未
爲不泰也又策曰夫法令之設所以隨時制也時險則峻法以取平時
泰則寬網以將化今天下太平四方无事百姓承德將就无爲而又
至于律令應有所損益不對曰臣聞五帝殊禮三王異教故或禪讓
以光政或干戈以攻取至于興禮樂以和人流清風以寧俗其歸一也
今誠風教大同四海无虞人皆感化去邪從正夫以堯舜之盛而猶
設象刑殷周之隆而甫侯制律律令之存何妨于政若乃大道四達
禮樂交通凡人脩行黎庶勵節刑罰懸而不用律令存而无施適足
以隆太平之雅化飛仁風乎无外矣又策曰昔帝舜以二八成功文王
以多士興周夫制化在于得人而賢才難得今大統雖同宜搜才實州
郡有貢薦之舉猶未獲出羣卓越之倫將時无其人有而致之未得
其理也對曰臣聞興化立法非賢无以光其道平世理亂非才无以宣
其業上自皇羲下及帝王莫不張皇綱以羅遠飛仁風以被物故得
賢則教興失人則政廢今四海一統萬里同風州郡貢秀孝臺府簡
良才以八紘之廣兆庶之衆豈當无卓越儁逸之才乎譬猶南海
不少明月之寶大宛不乏千里之駒也異哲難見遠數難覩故堯舜
太平之化二八由舜而甫顯殷湯革王之命伊尹負鼎而方用當今
聖朝禮亡國之士接遐裔之人或貂蟬于帷幄或剖符于千里巡狩
必有呂公之遇宵夢必有巖穴之感賢儁之出可企踵而待也時九
州秀孝策无逮譚者譚素以才學爲東土所推同郡劉頌時爲
廷尉見之歎息曰不悟鄉里乃有如此才也博士王濟于衆中嘲
之曰五府初開羣公辟命採英奇于仄陋拔賢儁于巖穴君吳楚

之人亡國之餘有何秀異而應斯舉譚答曰秀異固產于方外不出于中域也是以明珠文貝生于江鬱之濱夜光之璞出乎荊藍之下故以人求之文王生于東夷大禹生于西羌子弗聞乎昔武王剋商遷殷頑民于洛邑諸君得非其苗裔乎濟又曰夫危而不持顛而不扶至于君臣失位國亡无主凡在冠帶將何所取哉答曰吁存亡有運興衰有期天之所廢人不能支徐偃脩仁義而失國仲尼逐魯而逼齊段干偃息而成名諒否泰有時曷人力之所能哉濟甚禮之尋除郎中遷太子舍人本國中正以母憂去職服闋爲鄄城令過濮水作莊子贊以示功曹而廷掾張延爲作答教其文甚美譚異而薦之遂見升擢及譚爲廬江延已爲淮陵太守又舉寒族周訪爲孝廉訪果立功名時以譚爲知人以父墓毀去官尋除尚書郎永寧初出爲郟令于時兵亂之後境内饑饉譚傾心撫䘏司徒王戎聞而善之出穀三百斛以助之譚甚有政績再遷廬江内史加綏遠將軍時石冰之黨陸珪等屯據諸縣譚遣司馬褚敦討平之又遣別軍擊冰都督孟徐獲其驍帥以功封都亭侯食邑千户賜絹千匹陳敏之亂吳士多爲其所逼顧榮先受敏官而潛謀圖之譚不悟榮旨露檄遠近極言其非由此爲榮所怨又在郡政嚴而與上司多忤揚州刺史劉陶素與譚不善因法收譚下壽陽獄鎮東將軍周馥與譚素相親善理而出之及甘卓討馥百姓奔散譚已去遣人視之而更移近馥馥歎曰吾嘗謂華令思是臧子源之儔今果效矣甘卓嘗爲東海王越所捕下令敢有匿者誅之卓投譚而免及此役也卓遣人求之曰華侯安在吾甘揚威使也譚答不知遺絹二匹以遣之使反告卓卓曰此華侯也復求之譚已亡矣後爲紀瞻所薦而爲顧榮所止遏遂數年不得調建興初元帝命爲鎮東軍諮祭酒譚博學多通在府无事乃著書三十卷名曰辨道上牋進之帝親自覽焉轉丞相軍諮祭酒領郡大中正譚薦于寶范珧于朝乃上牋求退曰譚聞霸主遠聽以求才爲務僚屬量身以審已爲分故疏廣告老漢宣不違其志干木偃息文侯就式其廬譚无古人之賢竊有懷遠之慕自登清顯出入二載執筆无贊事之功拾遺无補闕之績過在納言闇于舉善狂冠未賓復乏謀策年向七十志力日衰素食无勞實宜辭退謹奉還所假左丞相軍諮祭酒版不聽建武初授祕書監固讓不拜太興初拜前軍以疾復轉祕書監自負宿名恒怏怏不得志時晉陵朱鳳吳郡吳震並學行清修老而未調譚皆薦爲著作佐郎或問譚曰諺言人之相去如九牛毛寧有此理乎譚對曰昔許由巢父讓天子之貴市道小人爭半錢之利此之相去何啻九牛毛也聞者稱善戴若思弟邈前譚女壻也譚平生時常抑若思而進邈若思每銜之殆用事恒毀譚于帝由是官塗不至譚每懷觖望嘗從容言于帝曰臣已老矣將待死祕閣沒贊之言復存于今帝不懌久之加散騎常侍屬以疾辭及王敦作逆譚疾甚不能入省坐免卒于家贈光祿大夫金章紫綬加散騎常侍謚曰胡二子化茂化字長風爲征虜司馬討沒弢戰沒茂嗣爵

淮南袁甫字公胄亦好學與譚齊名以詞辯稱嘗詣中領軍何勗自言能爲劇縣勗曰唯欲宰縣不爲臺閣職何也甫曰人各有能有不能譬繒中之好莫過錦錦不可以爲帢穀中之美莫過稻稻不可以爲虀是以聖王使人必先以器苟非周材何能悉長黃霸馳名于州郡而息譽于京邑廷尉之材不爲三公自昔然也勗善之除松滋令轉淮南國大農郎中令石珩問甫曰卿名能辯豈知壽陽已西何以恒旱壽陽已東何以恒水甫曰壽陽已東皆是吳人夫亡國之音哀以思鼎足強邦一朝失職憤歎甚積積憂成陰陰積成雨雨久成水故其域恒澇也壽陽已西皆是中國新平強吳美寶皆入志盈心滿用長歡娛公羊有言魯僖甚悅故致旱京師若能抑強扶弱先疏後親則天下和平災害不生矣觀者歎其敏捷年八十餘卒于家

史臣曰夫緝政整俗拔羣才以成務振景觀光俟明主而宣績武皇之世天下乂安朝廷屬意于求賢邁軸有懷于干祿郤詵等並韞價州

里褒然應召對揚天問高步雲衢求之前哲亦足稱矣令思行已
徇義志篤周甘仁者必勇抑斯之謂雖才行夙章而待終祕閣積
薪之恨豈獨古人乎

贊曰郤阮治聞含章體政華生毓德褫巾應命鳥路曾飛龍津泝
泳素業可久高芬斯盛

列傳第二十二　　晉書五十二

列傳第二十三　晉書五十三

御撰

愍懷太子　子虨　臧　尚

愍懷太子遹字熙祖惠帝長子母曰謝才人幼而聰慧武帝愛之恒在左右嘗與諸皇子共戲殿上惠帝來朝執諸皇子手次至太子帝曰是汝兒也惠帝乃止宮中嘗夜失火武帝登樓望之太子時年五歲牽帝裾入闇中帝問其故太子曰暮夜倉卒宜備非常不宜令照見人君也由是奇之嘗從帝觀豕牢言於帝曰豕甚肥何不殺以享士而使久費五穀帝嘉其意即使烹之因撫其背謂廷尉傅祗曰此兒當興我家嘗對羣臣稱太子似宣帝於是令譽流於天下時望氣者言廣陵有天子氣故封爲廣陵王邑五萬户以劉寔爲師孟珩爲友楊準馮蓀爲文學惠帝即位立爲皇太子盛選德望以爲師傅以何劭爲太師王戎爲太傅楊濟爲太保裴楷爲少師張華爲少傅和嶠爲少保元康元年出就東宮又詔曰遹尚幼蒙今出東宮惟當賴師傅羣賢之訓其游處左右宜得正人使共周旋能相長益者於是使太保衛瓘息庭司空泰息略太子太傅楊濟息毖太子少師裴楷息憲太子少傅張華息禕尚書令華廙息恒與太子游處以相輔導焉及長不好學惟與左右嬉戲不能尊敬保傅賈后素忌太子有令譽因此密勑黄門閹宦媚諛於太子曰殿下誠可及壯時極意所欲何爲恒自拘束每見喜怒之際輒歎曰殿下不知用威刑天下豈得畏服太子所幸蔣美人生男又言宜隆其賞賜多爲皇孫造玩弄之器太子從之于是慢弛益彰或廢朝侍恒在後園游戲愛埤車小馬令左右馳騎斷其鞅勒使墮地爲樂或有犯忤者手自捶擊之性拘小忌不許繕壁修墻正瓦動屋而于宮中爲市使人屠酤手揣斤兩重輕不差其母本屠家女也故太子好之又令西園賣葵菜籃子雞麪之屬而收其利東宮舊制月請錢五十萬備于衆用太子恒探取二月以供嬖寵洗馬江統陳五事以諫之太子不納語在統傳中舍人杜錫以太子非賈后所生而后性凶暴深以爲憂每盡忠規勸太子修德進善遠于讒謗太子怒使人以針著錫常所坐

氊中而刺之太子性剛知賈謐恃后之貴不能假借之謐至東宮或捨之而于後庭游戲詹事裴權諫曰賈謐甚有寵于中宮而有不順之色若一旦交搆大事去矣宜深自謙屈以防其變廣延賢士用自輔翼太子不能從初賈后母郭槐欲以韓壽女爲太子妃太子亦欲婚韓氏以自固而壽妻賈午及后皆不聽而爲太子聘王衍小女惠風太子聞衍長女美而賈后爲謐聘之心不能平頗以爲言謐嘗與太子圍碁爭道成都王穎見而訶謐謐意愈不平因此譖太子於后曰太子廣買田業多畜私財以結小人者爲賈后故也密聞其言云皇后萬歲後吾當魚肉之非但如是也若宮車晏駕彼居大位依楊氏故事誅臣等而廢后於金墉如反手耳不如早爲之所更立慈順者以自防衛后納其言又宣揚太子之短布諸遠近於時朝野咸知賈后有害太子意中護軍趙俊請太子廢后太子不聽九年六月有桑生於宮西廂日長尺餘數日而枯十二月賈后將廢太子詐稱上不和呼太子入朝既至后不見置於別室遣婢陳舞賜以酒棗逼飲醉之使黄門侍郎潘岳作書草若禱神之文有如太子素意因醉而書之令小婢承福以紙筆及書草使太子書之文曰陛下宜自了不自了吾當入了之中宮又宜速自了不了吾當手了之并謝妃共要剋期而兩發勿疑猶豫致後患茹毛飲血於三辰之下皇天許當掃除患害立道文爲王蔣爲內主願成當三牲祠北君大赦天下要疏如律令太子醉迷不覺遂依而寫之其字半不成既而補成之后以呈帝帝幸式乾殿召公卿入使黄門令董猛以太子書及青紙詔曰遹書如此今賜死徧示諸公王莫有言者惟張華裴頠證明太子賈后使董猛矯以長廣公主辭白帝曰事宜速決而羣臣各有不同若有不從詔宜以軍法從事議至日西不決后懼事變乃表免太子爲庶人詔許之於是使尚書和郁持節解結爲副及大將軍梁王肜鎮東將軍淮南王允前將軍東武公澹趙王倫太保何劭詣東宮廢太子爲庶人是日太子游玄圃聞有使者至改服出崇賢門再拜受詔步出承華門乘麄犢車澹以兵仗

送太子妃王氏三皇孫於金墉城考竟謝淑妃及太子保林蔣俊明
年正月賈后又使黃門自首欲與太子爲逆詔以黃門首辭班示
公卿又遣澹以千兵防送太子更幽於許昌宮之別坊令治書御史
劉振持節守之先是有童謠曰東宮馬子莫聾空前至臘月纏汝
髮又曰南風起兮吹白沙遙望魯國鬱嵯峨千歲髑髏生齒牙南風
后名沙門太子小字也初太子之廢也妃父王衍表請離婚太子至許
遺妃書曰鄙雖頑愚心念爲善欲盡忠孝之節無有惡逆之心雖
非中宮所生奉事有如親母自爲太子以來勅見禁檢不得見
母自宜城君亡不見存恤恒在空室中坐去年十二月道文疾病困篤
父子之情實相憐愍於時表國家乞加徽號不見聽許疾病既篤爲
之求請恩福無有惡心自道文病中宮三遣左右來視云天教呼汝到
二十八日暮有短函來題言東宮發疏云言天教欲見汝即便作表
求入二十九日早入見國家須臾遣至中宮中宮左右陳舞見語中
宮且來吐不快使住空屋中坐須臾中宮遣陳舞見語聞汝表陛

下爲道文乞王不得王是成國耳中宮遙呼陳舞昨天教與太子酒
棗便持三升酒大盤棗來見與使飲酒噉棗盡鄙素不飲酒即便
遣舞啓說不堪三升之意中宮遙呼曰汝常陛下前持酒可喜何
以不飲天與汝酒當使道文差也便答中宮陛下會同一日見賜
故不敢辭通日不飲三升酒也且實未食恐不堪又未見殿下飲
此或至顛倒陳舞復傳語曰不孝那天與汝酒飲不肯飲中有惡
物邪遂可飲二升餘有一升求持還東宮飲盡逼迫不得已更飲一
升飲已體中荒迷不復自覺須臾有一小婢持封箱來云詔使
寫此文書鄙便驚起視之有一白紙一青紙催促云陛下停待又
小婢承福持筆硯墨黃紙來使寫急疾不容復視實不覺紙上
語輕重父母至親實不相疑事理如此實爲見誣想衆人見明也太
子既廢非其罪衆情憤怨右衛督司馬雅宗室之疏屬也與常從
督許超並有寵於太子二人深傷之說趙王倫謀臣孫秀曰國無
適嗣社稷將危大臣之禍必起而公奉事中宮與賈后親密太子之

廢皆云豫知一旦事起禍必及矣何不先謀之秀言於趙王倫倫深納
焉計既定而秀說倫曰太子爲人剛猛若得志之日必肆其情性矣
明公素事賈后街談巷議皆以公爲賈氏之黨今雖欲建大功於太
子太子雖將含忍宿忿必不能加賞於公當謂公逼百姓之望翻覆
以免罪耳若有瑕釁猶不免誅不若遷延郤期賈后必害太子然後廢
賈后爲太子報讎猶足以爲功乃可以得志倫然之秀因使反間言
殿中人欲廢賈后迎太子賈后聞之憂怖乃使太醫令程據合巴
豆杏仁丸三月矯詔使黃門孫慮齎至許昌以害太子初太子恐
見酖恒自煮食於前慮以告劉振振乃徙太子於小坊中絕不與食
宮中猶於牆壁上過食與太子慮乃逼太子以藥太子不肯服因
如廁慮以藥杵椎殺之太子大呼聲聞于外時年二十三將以庶
人禮葬之賈后表曰遹不幸喪亡傷其迷悖又早短折悲痛之懷
不能自已妾私心冀其刻肌刻骨更思孝道規爲稽顙正其名號
志不遂重以酸恨遹雖罪在莫大猶王者子孫便以匹庶送終情

憐愍特乞天恩賜以王禮妾誠闇淺不識禮義不勝至情冒昧陳
聞詔以廣陵王禮葬之及賈庶人死乃誅劉振孫慮程據等冊復
太子曰皇帝使持節兼司空衛尉伊策故皇太子之靈曰嗚
呼維爾少資岐嶷之質荷先帝殊異之寵大啓土宇奄有淮陵
朕奉遵遺旨越建爾儲副以光顯我祖宗祗爾德行以從保傅事親
孝敬禮無違者而朕昧于凶構致爾于非命之禍俾申生孝己復見
于今賴宰相賢明人神憤怨用啓朕心討厥有罪咸伏其辜何補于
荼毒寃魂酷痛哉是用忉怛悼恨震動于五內今追復皇太子喪禮
反葬京畿祠以太牢魂而有靈尚獲爾心帝爲太子服長子斬衰羣
臣齊衰使尚書和郁率東宮官屬具吉凶之制迎太子喪于許昌
喪之發也大風雷電幃蓋飛裂又爲哀策曰皇帝臨軒使洗馬劉
務告于皇太子之殯曰咨爾遹幼稟英挺芬馨誕茂既茂髫齓高
明逸秀昔爾聖祖嘉爾淑美顯詔仍崇名振同軌是用建爾儲副
永統皇基如何凶戾潛構禍害如茲哀感和氣痛貫四時嗚呼哀哉

爾之降廢寔我不明牝亂沉哉釁結禍成爾之逝矣誰百其形昔之申生含枉莫訟今爾之負抱寃于東悠悠有識孰不哀慟壺關干主千秋悟已異世同規古今一理皇孫啓建降祚爾子雖悴前終庶榮後始窀穸既營將寧爾神華髦電逝戎車雷震芒芒羽蓋翼翼縉紳同悲等痛孰不酸辛庶光來葉永世不泯謚曰愍懷六月己卯葬于顯平陵帝感閻纘之言立思子臺故臣江統陸機並作誄頌焉太子三子虨臧尚並與父同幽金墉

虨字道文永康元年正月薨四月追封南陽王臧字敬文永康元年四月封臨淮王己巳詔曰咎徵數發姦回作變遹既逼廢非命而沒今立臧為皇太孫還妃王氏以母之稱太孫太妃太子官屬即轉為太孫官屬趙王倫行太孫太傅五月倫與太孫俱之東宮太孫自西掖門出車服侍從皆愍懷之舊也到銅駝街宮人哭侍從者皆哽咽路人抆淚焉桑復生于西廂太孫廢乃枯永寧元年正月趙王倫篡位廢為濮陽王與帝俱遷金墉尋被害太安初追謚曰哀

尚字敬仁永康元年四月封為襄陽王永寧元年八月立為皇太孫太安元年三月癸卯薨帝服齊衰期謚曰冲太孫

史臣曰愍懷挺岐嶷之姿表夙成之質武皇鍾愛既深詒厥之謀天下歸心頗有后來之望及于繼明宸極守器春坊四教不勤三朝或闕豹姿未變鳳德已衰信惑姦邪疎斥正士好屠酤之賤役翫苑囿之佚游可謂靡不有初鮮克有終者也既而中宮凶忍久懷危害之心外戚諂諛競進讒邪之說坎牲之謀已搆犢犬之譖遂行一人乏探隱之聰下辟無爭臣之節遂使冤逾楚建酷甚戾園雖復禮備哀榮情深憫慟亦何補于荼毒者哉

贊曰愍懷聰頴諒惟天挺皇祖鍾心庶僚引領寘宮肇建儲德不恢掇蜂搆隙歸胙生災既罹凶忍徒望歸來

陸機 孫拯　弟雲 雲弟耽 從父兄喜

陸機字士衡，吳郡人也。祖遜，吳丞相。父抗，吳大司馬。機身長七尺，其聲如鍾。少有異才，文章冠世，伏膺儒術，非禮不動。抗卒，領父兵為牙門將。年二十而吳滅，退居舊里，閉門勤學，積有十年。以孫氏在吳，而祖父世為將相，有大勳於江表，深慨孫皓舉而棄之，乃論權所以得，皓所以亡，又欲述其祖父功業，遂作辯亡論二篇。其上篇曰：

昔漢氏失御，姦臣竊命，禍基京畿，毒遍宇內，皇綱弛頓，王室遂卑。於是群雄蜂駭，義兵四合，吳武烈皇帝慷慨下國，電發荊南，權略紛紜，忠勇伯世，威稜則夷羿震盪，兵交則醜虜授馘，遂掃清宗祊，蒸禋皇祖。于時雲興之將帶州，飆起之師跨邑，哮闞之群風驅，熊羆之族霧合。雖兵以義動，同盟勠力，然皆苞藏禍心，阻兵怙亂，或師無謀律，喪威稔寇，忠規武節，未有如此其著者也。武烈既沒，長沙桓王逸才命世，弱冠秀發，招攬遺老，與之述業。神兵東驅，奮寡犯眾，攻無堅城之將，戰無交鋒之虜。誅叛柔服而江外底定，飾法脩師則威德翕赫，賓禮名賢而張公為之雄，交御豪俊而周瑜為之傑。彼二君子，皆弘敏而多奇，雅達而聰哲，故同方者以類附，等契者以氣集，江東蓋多士矣。將北伐諸華，誅鉏干紀，旋皇輿於夷庚，反帝坐於紫闥，挾天子以令諸侯，清天步而歸舊物。戎車既次，群凶側目，大業未就，中世而殞。用集我大皇帝，以奇蹤襲於逸軌，叡心因於令圖，從政咨於故實，播憲稽乎遺風，而加之以篤敬，申之以節儉，疇諮俊茂，好謀善斷，束帛旅於丘園，旌命交乎塗巷。故豪彥尋聲而響臻，志士晞光而景騖，異人輻湊，猛士如林。於是張公為師傅，周瑜、陸公、魯肅、呂蒙之疇入為腹心，出作股肱；甘寧、淩統、程普、賀齊、朱桓、朱然之徒奮其威，韓當、潘璋、黃蓋、蔣欽、周泰之屬宣其力；風雅則諸葛瑾、張承、步騭以名聲光國，政事則顧雍、潘濬、呂範、呂岱以器任幹職，奇偉則虞翻、陸績、張溫、張惇以風義舉政，奉使則趙咨、沈珩以敏達延譽，術數則吳範、趙達以禨祥協德，董襲、陳武殺身以衛主，駱統、劉基彊諫以補過，謀無遺計，舉不失策。故遂割據山川，跨制荊吳，而與天下爭衡矣。魏氏嘗藉戰勝之威，率百萬之師，浮鄧

塞之舟，下漢陰之眾，羽楫萬計，龍躍順流，銳師千旅，虎步原隰，謨臣盈室，武將連衡，喟然有吞江滸之志，一宇宙之氣。而周瑜驅我偏師，黜之赤壁，喪旗亂轍，僅而獲免，收跡遠遁。漢王亦憑帝王之號，帥巴漢之人，乘危騁變，結壘千里，志報關羽之敗，圖收湘西之地。而我陸公亦挫之西陵，覆師敗績，困而後濟，絕命永安。續以濡須之寇，臨川摧銳，蓬籠之戰，孑輪不反。由是二邦之將，喪氣挫鋒，勢衄財匱，而吳藐然坐乘其弊，故魏人請好，漢氏乞盟，遂躋天號，鼎峙而立。西界庸益之郊，北裂淮漢之涘，東苞百越之地，南括群蠻之表。於是講八代之禮，蒐三王之樂，告類上帝，拱揖群后。武臣毅卒，循江而守，長棘勁鎩，望飆而奮。庶尹盡規於上，黎元展業於下，化協殊裔，風衍遐圻。乃俾一介行人，撫巡外域，臣象逸駿，擾於外閑，明珠瑋寶，耀於內府，珍瑰重跡而至，奇玩應響而赴，輶軒騁於南荒，衝輣息於朔野，黎庶免干戈之患，戎馬無晨服之虞，而帝業固矣。大皇既沒，幼主蒞朝，姦回肆虐。景皇聿興，虔修遺憲，政無大闕，守文之良主也。降及歸命之初，典刑未滅，故老猶存。大司馬陸公以文武熙朝，左丞相陸凱以謇諤盡規，而施績、范慎以威重顯，丁奉、鍾離斐以武毅稱，孟宗、丁固之徒為公卿，樓玄、賀邵之屬掌機事，元首雖病，股肱猶良。爰逮末葉，群公既喪，然後黔首有瓦解之患，皇家有土崩之釁，曆命應化而微，王師躡運而發，卒散於陳，眾奔於邑，城池無藩籬之固，山川無溝阜之勢，非有工輸雲梯之械，智伯灌激之害，楚子築室之圍，燕人濟西之隊，軍未浹辰而社稷夷矣。雖忠臣孤憤，烈士死節，將奚救哉！夫曹劉之將非一世所選，向時之師無曩日之眾，戰守之道抑有前符，險阻之利俄然未改，而成敗貿理，古今詭趣，何哉？彼此之化殊，授任之才異也。

其下篇曰：昔三方之王也，魏人據中夏，漢氏有岷益，吳制荊揚而奄有交廣。曹氏雖功濟諸華，虐亦深矣，其人怨。劉公因險以飾智，功已薄矣，其俗陋。夫吳，桓王基之以武，太祖成之以德，聰明叡達，懿度弘遠矣。其求賢如弗及，卹人如稚子，接士盡盛德之容，親仁罄丹府之愛。拔呂蒙於戎行，識潘濬於係虜。推誠信士，不恤人之我欺；量能授器，不患權之我偪。執鞭鞠躬，以重陸公之威；悉委武衛，以濟周瑜之師。卑宮菲食，豐功臣之賞；披懷虛己，納謨

士之筭故魯肅一面而自託士燮蒙險而效命高張公之德而省游田之娛賢諸葛之言而割情欲之歡感陸公之規而除刑法之煩奇劉基之議而作三爵之誓屏氣跼蹐以伺子明之疾分滋損甘以育凌統之孤登壇忼慨歸魯子之功削投怨言信子瑜之節是以忠臣競盡其謨志士咸得肆力洪規遠略固不厭夫區區者也故百官苟合庶務未遑初都建鄴群臣請備禮秩天子辭而弗許曰天下其謂朕何宮室輿服蓋慊如也爰及中葉天人之分既定故百度之缺粗修雖醲化懿綱未齒乎上代抑其體國經邦之具亦足以為政矣地方幾萬里帶甲將百萬其野沃其兵練其器利其財豐東負滄海西阻險塞長江制其區宇峻山帶其封域國家之利未巨有弘於茲者也借使守之以道御之有術敦率遺典勤人謹政脩定策守常險則可以長世永年未有危亡之患也或曰吳蜀脣齒之國也夫蜀滅吳亡理則然矣夫蜀蓋藩援之與國而非吳人之存亡也其郊境之接重山積險陸無長轂之徑川阨流迅水有驚波之艱雖有鋭師百萬啓行不過千夫舳艫千里前驅不過百艦故劉氏之伐陸公喻

之長蛇其勢然也昔蜀之初亡朝臣異謀或欲積石以險其流或欲機械以御其變天子揔群議以諮之大司馬陸公以四瀆天地之所以節宣其氣固無可遏之理而機械則彼我所共彼若棄長技以就所屈即荆楚而爭舟檝之用是天贊我也將謹守峽口以待禽耳逮步闡之亂憑寶城以延彊寇資重幣以誘群蠻于時大邦之衆雲翔電發懸旍江介築壘遵渚衿帶要害以止吳人之西巴漢舟師沿江東下陸公偏師三萬北據東坑深溝高壘案甲養威反虜踠迹待戮而不敢北窺生路彊寇敗績宵遁喪師太半分命鋭師五千西禦水軍東西同捷獻俘萬計信哉賢人之謀豈欺我哉自是烽燧罕驚封域寡虞陸公沒而潛謀兆吳釁深而六師駭夫太康之役衆未盛乎曩日之師廣州之亂禍有愈乎向時之難而邦家顛覆宗廟為墟嗚呼人之云亡邦國殄瘁不其然歟易曰湯武革命順乎天玄曰亂不極則治不形言帝王之因天時也古人有言曰天時不如地利易曰王侯設險以守其國言為國之恃險也又曰地利不如人和在德不在險言守險之在人也吳之興也參而

由焉孫卿所謂合其參者也及其亡也恃險而已又孫卿所謂舍其參者也夫四州之萌非無衆也大江以南非乏俊也山川之險易守也勁利之器易用也先政之策易脩也功不興而禍遘何哉所以用之者失也故先王達經國之長規審存亡之至數謙已以安百姓敦惠以致人和寬冲以誘俊乂之謀慈和以結士庶之愛是以其安也則黎元與之同慶及其危也則兆庶與之共患安與衆同慶則其危不可得也危與下同患則其難不足卹也夫然故能保其社稷而固其土宇麥秀無悲殷之思黍離無愍周之感矣至太康末與弟雲俱入洛造太常張華華素重其名如舊相識曰伐吳之役利獲二俊又嘗詣侍中王濟濟指羊酪謂機曰卿吳中何以敵此荅云千里蓴羹未下鹽豉時人稱為名對張華薦之諸公後太傅楊駿辟為祭酒會駿誅累遷太子洗馬著作郎范陽盧志於衆中問機曰陸遜陸抗於君近遠機曰如君於盧毓盧班志默然既起雲謂機曰殊邦遐遠容不相悉何至於此機曰我父祖名播四海寧不知邪議者以此定二陸之優劣吳王晏出鎮淮南以機

為郎中令遷尚書中兵郎轉殿中郎趙王倫輔政引為相國參軍豫誅賈謐功賜爵關中侯倫將篡位以為中書郎倫之誅也齊王冏以機職在中書九錫文及禪詔疑機與焉遂收機等九人付廷尉賴成都王穎吳王晏並救理之得減死徙邊遇赦而止初機有駿犬名曰黃耳甚愛之既而羇寓京師久無家問笑語犬曰我家絶無書信汝能齎書取消息不犬搖尾作聲機乃為書以竹筩盛之而繫其頸犬尋路南走遂至其家得報還洛其後因以為常時中國多難顧榮戴若思等咸勸機還吳機負其才望而志匡世難故不從冏既矜功自伐受爵不讓機惡之作豪士賦以刺焉其序曰夫立德之基有常而建功之路不一何則脩心以為量者存乎我因物以成務者係乎彼存乎我者隆殺止乎其域係乎彼者豐約唯所遭遇落葉俟微飈以隕而風之力蓋寡孟嘗遭雍門以泣而琴之感以末何哉欲隕之葉無所假烈風將墜之泣不足煩哀響也是故苟時啓於天理盡於人庸夫可以濟聖賢之功斗筲可以定列士之業故曰才不半古功已倍之蓋得之於時世也歷觀今古徼一時之功而

居伊尹之位者有矣夫我之自我智士猶嬰其累物之相物昆蟲皆有此情夫以自我之量而挾非常之勳神器暉其顧眄萬物隨其俯仰心玩居常之安耳飽從諛之說豈識乎功在身外任出才表者哉且好榮惡辱有生之大期忌盈害上鬼神猶且不免人主操其常柄天下服其大節故曰天可讎乎而時有袨服荷戟立乎廟門之下援旗誓衆奮於阡陌之上況乎世主制命自下裁物者乎廣樹恩不足以敵怨勤興利不足以補害故曰代大匠斲者必傷手且夫政由甯氏忠臣所以慷慨祭則寡人人主所不久堪是以君奭鞅鞅不悅公旦之舉高平師師側目博陸之勢而成王不遺嫌吝於懷宣帝若負芒刺於背非其然者歟嗟乎光于四表德莫富焉王曰叔父親莫昵焉登帝天位功莫厚焉守節沒齒忠莫至焉而傾側顛沛僅而自全則伊生抱明允以嬰戮文子懷忠敬而齒劒固其所也因斯以言夫以篤聖穆親如彼之懿大德至忠如此之盛尚不能取信於人主之懷止謗於衆多之口過此以往惡覩其可安危之理斷可識矣又況乎饕大名以冒道家之忌運短才而易聖哲所難者

哉身危由於勢過而不知去勢以求安禍積起於寵盛而不知辭寵以招福見百姓之謀已則申宮警守以崇不畜之威懼萬方之不服則嚴刑峻制以賈傷心之怨然後威窮乎震主而怨行乎上下衆心日陊危機將發而方偃仰瞪眄謂足以夸世笑古人之未工忘己事之已拙知曩勳之可矜闇成敗之有會是以事窮運盡必於顛仆風起塵合而禍至常酷也聖人忌功名之過己惡寵祿之踰量蓋為此也夫惡欲之大端賢愚所共有而遊子殉高位於生前志士思垂名於身後受生之分惟此而已夫蓋世之業名莫盛焉率意無違欲莫順焉借使伊人頗覽天道知盡不可益盈難久持超然自引高揖而退則巍巍之盛仰邈前賢洋洋之風俯觀來籍而大欲不止於身至樂無愆乎舊節彌效而德彌廣身逾逸而名逾劭此之不為而彼之必昧然後河海之迹堙為窮流一簣之釁積成山嶽名編凶頑之條身厭荼毒之痛豈不謬哉故聊為賦焉庶使百世少有悟云冏不之悟而竟以敗機又以聖王經國義在封建因採其遠指著五等論曰夫體國經野先王所慎創制垂基思隆

後葉然而經略不同長世異術五等之制始於黃唐郡縣之治創於秦漢得失成敗備在典謨是以其詳可得而言夫王者知帝業至重天下至廣廣不可以偏制重不可以獨任任重必於借力制廣終乎因人故設官分職所以輕其任也並建伍長所以弘其制也於是乎立其封疆之典裁其親疏之宜使萬國相維以成盤石之固宗庶雜居而定維城之業又有以見綏世之長御識人情之大方知其為人不如厚己利物不如圖身安上在於悅下為己存乎利人故易曰悅以使人人忘其勞孫卿曰不利而利之不如利而後利之利也是以分天下以厚樂而己得與之同憂饗天下以豐利而己得與之共害利博則恩篤樂遠則憂深故諸侯享食土之實萬國受傳世之祚夫然則南面之君各務其政九服之內知有定主上之子愛於是乎生下之禮信於是乎結世平足以敦風道衰足以禦暴故彊毅之國不能擅一時之勢雄俊之人無所寄霸王之志然後國安由萬邦之思化主尊賴群后之圖身譬猶衆目營方則天網自昶四體辭難而心膂獲乂蓋三代所以直道四王所以垂業也夫盛衰隆弊

理所固有教之廢興繫乎其人原法期於必諒明道有時而闇故世及之制弊於彊禦厚下之典漏於末折侵弱之釁遘自三季陵夷之禍終乎七雄昔成湯親照夏后之鑒公旦目涉商人之戒文質相濟損益有物然五等之禮不革于時封畛之制有隆爾者豈玩二王之禍而闇經世之筭乎固知百世非可懸御善制不能無弊而侵弱之辱愈於殄祀土崩之困痛於陵夷也是以經始獲其多福慮終取其少禍非謂侯伯無可亂之符郡縣非興化之具故國憂賴其釋位主弱憑於翼戴及承微積弊王室遂卑猶保名位祚垂後嗣皇統幽而不輟神器否而必存者豈非事勢使之然歟降及亡秦棄道任術懲周之失自矜其得尋斧始於所庇制國昧於弱下國慶獨饗其利主憂莫與共害雖速亡趨亂不必一道顛沛之釁實由孤立是蓋思五等之小怨忘萬國之大德知陵夷之可患闇土崩之為痛也周之不競有自來矣國乏令主十有餘世然片言勤王諸侯必應一朝振矜遠國先叛故彊晉收其請隧之圖暴楚頓其觀鼎之志豈劉項之能窺關勝廣之敢號澤哉借使秦人因循其制

雖則無道有與共亡覆滅之禍豈在曩日漢矯秦枉大啟王侯境土踰溢不遵舊典故賈生憂其危朝錯痛其亂是以諸侯阻其國家之富憑其士庶之力勢足者反疾土狹者逆遲六臣犯其弱綱七子衝其漏網皇祖夷於黔徒西京病於東帝是蓋過正之災而非建侯之累也然呂氏之難朝士外顧宋昌策漢必稱諸侯逮至中葉忌其失節割削宗子有名無實天下曠然復襲亡秦之軌矣是以五侯作威不忌萬國新都襲漢易以拾遺也光武中興纂隆皇統而由遵覆車之遺轍養喪家之宿疾僅及數世姦宄充斥卒有彊臣專朝則天下風靡一夫從衡而城池自夷豈不危哉在周之衰難興王室放命者七臣干位者三子嗣王委其九鼎凶族據其天邑鉦鼙震於閫宇鋒鏑流於絳闕然禍止畿甸害不覃及天下晏然以安待危是以宣王興於共和襄惠振於晉鄭豈若二漢階闥蹔擾而四海已沸孽臣朝入而九服夕亂哉遠惟王莽篡逆之事近覽董卓擅權之際億兆悼心愚智同痛然周以之存漢以之亡夫何故哉豈世乏曩時之臣士無匡合之志歟蓋遠續屈於時異雄心挫於卑勢耳故烈士扼腕終委寇讎之手忠人變節以助虐國之桀雖復時有鳩合同志以謀王室然上非奧主下皆市人師旅無先定之班君臣無相保之志是以義兵雲合無救劫殺之禍眾望未改而已見大漢之滅矣或以諸侯世位不必常全昏主暴君有時比迹故五等所以多亂今之牧守皆官方庸能雖或失之其得固多故郡縣易以為政夫德之休明黜陟日用長率連屬咸述其職而淫昏之君無所容過何則其不治哉故先代有以之興矣苟或衰陵百度自悖鬻官之吏以貨準才則貪殘之萌皆群后也安在其不亂哉故後王有以之廢矣且要而言之五等之君為己思政郡縣之長為吏圖物何以徵之蓋企及進取仕子之常志脩己安人良士所希及夫進取之情銳而安人之譽遲是故侵百姓以利己者在位所不憚損實事以養名者官長所夙夜也君無卒歲之圖臣挾一時之志五等則不然知國為己土眾皆我民民安己受其利國傷家嬰其病故前人欲以垂後後嗣思其堂構為上無苟且之心群下知膠固之義使其並賢居政則功有厚薄兩愚處亂則過有深淺然則八代之制幾可

以一理貫秦漢之典殆可以一言蔽也時成都王穎推功不居勞謙下士機既感全濟之恩又見朝廷屢有變難謂穎必能康隆晉室遂委身焉穎以機參大將軍軍事表為平原內史太安初穎與河間王顒起兵討長沙王乂假機後將軍河北大都督督北中郎將王粹冠軍牽秀等諸軍二十餘萬人機以三世為將道家所忌又羇旅入宦頓居群士之右而王粹牽秀等皆有怨心固辭都督穎不許機鄉人孫惠亦勸機讓都督於粹機曰將謂吾為首鼠避賊適所以速禍也遂行穎謂機曰若功成事定當爵為郡公位以台司將軍勉之矣機曰昔齊桓任夷吾以建九合之功燕惠疑樂毅以失垂成之業今日之事在公不在機也穎左長史盧志心害機寵言於穎曰陸機自比管樂擬君闇主自古命將遣師未有臣陵其君而可以濟事者也穎默然機始臨戎而牙旗折意甚惡之列軍自朝歌至于河橋鼓聲聞數百里漢魏以來出師之盛未嘗有也長沙王乂奉天子與機戰於鹿苑機軍大敗赴七里澗而死者如積焉水為之不流將軍賈稜皆死之初宦人孟玖弟超並為穎所嬖寵超領萬人為小都督未戰縱兵大掠機錄其主者超將鐵騎百餘人直入機麾下奪之顧謂機曰貉奴能作督不機司馬孫拯勸機殺之機不能用超宣言於眾曰陸機將反又還書與玖言機持兩端軍不速決及戰超不受機節度輕兵獨進而沒玖疑機殺之遂譖機於穎言其有異志將軍王闡郝昌公師藩等皆玖所用與牽秀等共證之穎大怒使秀密收機其夕機夢黑幰繞車手決不開天明而秀兵至機釋戎服著白帢與秀相見神色自若謂秀曰自吳朝傾覆吾兄弟宗族蒙國重恩入侍帷幄出剖符竹成都命吾以重任辭不獲已今日受誅豈非命也因與穎牋詞甚悽惻既而歎曰華亭鶴唳豈可復聞乎遂遇害於軍中時年四十三二子蔚夏亦同被害機既死非其罪士卒痛之莫不流涕是日昏霧晝合大風折木平地尺雪議者以為陸氏之冤機天才秀逸辭藻宏麗張華嘗謂之曰人之為文常恨才少而子更患其多弟雲嘗與書曰君苗見兄文輒欲燒其筆硯後葛洪著書稱機文猶玄圃之積玉無非夜光焉五河之吐流泉源如一焉其弘麗妍贍英銳漂逸亦一代之絕

乎其為人所推服如此然好游權門與賈謐親善以進趣獲譏所著
文章凡三百餘篇並行於世
孫拯者字顯世吳郡富春人也能屬文仕吳為黃門郎孫晧世侍臣多
得罪惟拯與顧榮以智全吳平後為涿令有稱績機既為孟玖等所
誣收拯考掠兩踝骨見終不變辭門生費慈宰意二人詣獄明拯拯譬
遣之曰吾義不可誣枉知故卿何宜復爾二人曰僕亦安得負君拯遂死
獄中而慈意亦死
雲字士龍六歲能屬文性清正有才理少與兄機齊名雖文章不及機
而持論過之號曰二陸幼時吳尚書廣陵閔鴻見而奇之曰此兒若非龍
駒當是鳳雛後舉雲賢良時年十六吳平入洛機初詣張華華問雲
何在機曰雲有笑疾未敢自見俄而雲至華為人多姿制又好帛繩纏
鬚雲見而大笑不能自已先是嘗著縗絰上船於水中顧見其影因大
笑落水人救獲免雲與荀隱素未相識嘗會華座華曰今日相遇可
勿為常談雲因抗手曰雲間陸士龍隱曰日下荀鳴鶴鳴鶴隱字也雲

又曰既開青雲覩白雉何不張爾弓挾爾矢隱曰本謂是雲龍騤騤
乃是山鹿野麋獸微弩強是以發遲華撫手大笑刺史周浚召為從事
謂人曰陸士龍當今之顏子也俄以公府掾為太子舍人出補浚儀令縣
居都會之要名為難理雲到官肅然下不能欺市無二價人有見殺者
主名不立雲錄其妻而無所問十許日遣出密令人隨後謂曰其去不
出十里當有男子候之與語便縛來既而果然問之具服云與此妻通共
殺其夫聞妻得出欲與語憚近縣故遠相要候於是一縣稱為神明郡
守害其能屢譴責之雲乃去官百姓追思之圖畫形象配食縣社尋
拜吳王晏郎中令晏於西園大營第室雲上書曰臣竊見世祖武皇帝
臨朝拱默訓世以儉即位二十有六載宮室臺榭無所新營屢發明詔
厚戒豐奢國家纂承務在遵奉而世俗陵遲家競盈溢漸漬波蕩遂
已成風雖嚴詔屢宣而侈俗滋廣每觀詔書衆庶歎息清河王昔起墓宅
時手詔追述先帝節儉之教懇切之旨形于四海清河王毀壞成宅以
奉詔命海內聽望咸用欣然臣愚以先帝遺教日以陵替今與國家協

崇大化追闡前蹤者實在殿下先敦素朴而後可以訓正四方凡在崇麗
一宜節之以制然後上厭帝心下允時望臣以凡才特蒙拔擢亦思竭忠效
節以報所受之施且以不慮犯迕敢陳所懷如愚臣言有可采乞垂三省
時晏信任部將使覆察諸官錢帛雲又陳曰伏見令書以部曲將李咸
馮南司馬吳定給使徐泰等覆校諸官市買錢帛簿臣愚以聖德龍
興光有大國選衆官材庶工肆業中尉該太農誕皆清廉淑慎恪居所
司其下衆官悉州閭一介疏闇之咎雖可日聞至於處義用情庶無大
戾今咸南軍旅小人定泰士卒廝賤非有清慎素著忠公足稱大臣所
關猶謂未詳咸等督察然後得信既非開國勿用之義又傷殿下推
誠曠蕩之量雖使咸等能盡節益國而功利百倍至於光輔國美猶未
若開懷信士之無失况所益不過姑息之利而使小人用事大道陵替此
臣所以慷慨也臣備位大臣職在獻可苟有管見敢不盡規愚以宜發
明令罷此等覆察衆事一付治書則大信臨下人思盡節矣雲愛才好
士多所貢達移書太常府薦同郡張贍曰蓋聞在昔聖王承天御世殷薦

明德思和人神莫不崇典謨以教思興礼學以陶遠是以帝堯昭煥而
道協人天西伯質文而周隆二代大晉建皇崇配天地區夏既混礼樂將
庸君侯應歷運之會贊天人之期博延俊茂熙隆載典伏見衛將軍舍
人同郡張贍茂德清粹器思深通初慕聖門棲心重仞啓塗及階遂升堂
奧抽靈匱於秘宮披金縢於玄夏息樂百氏博採其珍辭邁翰林言
敷其藻探微集逸思心洞神論道屬書篇章光覿含奇宰府婆娑公門
棲靜隱跡具論虛藏器聚棠龍蒙錦紬衣被皇皆泉路懸車將邁考盤
下位歲聿屢遷搢紳之士具懷慨恨方今大清闢四門啓籥玄綱括地
天網廣羅慶雲興以招龍和風起而儀鳳誠巖穴耀穎之秋河津託乘
之日也而贍沉淪下位群望悼心若得端委太學錯綜先典垂纓玉階論
道紫宮誠帝室之瑰寶清廟之偉器廣樂九奏必登昊天之庭韶夏六
變必饗上帝之祀矣入為尚書郎侍御史太子中舍人中書侍郎成都王
穎表為清河內史穎將討齊王冏以雲為前鋒都督會冏誅轉大將軍
右司馬穎晚節政衰雲屢以正言忤旨孟玖欲用其父為邯鄲令左長

史盧志等並阿意從之而雲固執不許曰此縣皆公府掾資豈有黃門父居之邪玖深忿怨張昌爲亂潁上雲爲使持節大都督前鋒將軍以討昌會伐長沙王乃止機之敗也并收雲潁官屬江統蔡克棗嵩等上䟽曰統等聞人主聖明臣下盡規苟有所懷不敢不獻昨聞教以陸機後失軍期師徒敗績以法加刑莫不謂當誠足以肅齊三軍威示遠近所謂一人受戮天下知誡者也且聞重教以機圖爲反逆應加族誅未知本末者莫不疑惑夫爵人于朝與衆共之刑人于市與衆棄之惟刑之恤古人所慎今明公興舉義兵以除國難四海同心雲合響應罪人之命懸于漏刻太平之期不且則夕矣機兄弟並蒙拔擢俱受重任不當背罔極之恩而向垂亡之寇去泰山之安而赴累卵之危也直以機計慮淺近不能董攝群帥致果殺敵進退之間事有疑似故令聖鑒未察其實耳刑誅事大言機有反逆之徵宜令王粹牽秀檢校其事令事驗顯然暴之萬姓然後加雲等之誅未足爲晚今此舉措實爲大重得則足令天下情服失則必使四方心離不可不令審諦不可不令詳慎

統等區區非爲陸雲請一身之命實慮此舉有得失之機敢竭愚戇以備誹謗潁不納統等重請潁遲迴者三日盧志又曰昔趙王殺中護軍趙浚赦其子驤驤詣明公而擊趙即前事也蔡克入至潁前叩頭流血曰雲爲孟玖所怨遠近莫不聞今果見殺罪无彰驗將令羣心疑惑竊爲明公惜之僚屬隨克入者數十人流涕固請潁惻然有宥雲色孟玖扶潁入催令殺雲時年四十二有二女无男門生故吏迎喪葬清河修墓立碑四時祠祭所著文章三百四十九篇又撰新書十篇並行于世初雲嘗行逗宿故人家夜暗迷路莫知所從忽望草中有火光于是趣之至一家便寄宿見一年少美風姿共談老子辭致深遠向曉辭去行十許里至故人家云此數十里中无人居雲意始悟却尋昨宿處乃王弼冢雲本无玄學自此談老殊進雲弟耽爲平東祭酒亦有清譽與雲同遇害大將軍參軍孫惠與淮南內史朱誕書曰不意三陸相攜闇朝一旦湮滅道業淪喪痛酷之深荼毒難言國喪儁望悲豈一人其爲州里所痛悼如此後東海王越討潁移檄天下亦以機雲兄弟枉害罪狀潁云

喜字恭仲父瑁吳吏部尚書喜仕吳累遷吏部尚書少有聲名好學有才思嘗爲自敘其略曰劉向省新語而作新序桓譚詠新序而作新論余不自量感子雲之法言而作言道覩賈子之美才而作訪論觀子政洪範而作古今歷覽蔣子通万機而作審機讀幽通思玄四愁而作娛賓九思真所謂忍愧者也其書近百篇吳平又作西州清論傳於世借稱諸葛孔明以行其書也有較論格品篇曰或問予薛瑩最是國士之第一者乎答曰以理推之在乎四五之間問者愕然請問答曰夫孫皓无道肆其暴虐若龍蛇其身沉默其體潛而勿用趣不可測此第一人也避尊居卑祿代耕養玄靜守約沖退澹然此第二人也侃然體國思治心不辭貴以方見憚執政不懼此第三人也斟酌時宜在亂猶顯意不忘忠時獻微益此第四人也溫恭脩慎不爲謟首无所云補從容保寵此第五人也過此已往不足復數故第二已上多淪沒而遠悔吝第三已下有聲位而近咎累是以深識君子晦其明而履柔順也問者曰始聞高論終年啓寤矣太康中下詔曰偽尚書陸喜等十五人南士歸稱並以貞潔不

容皓朝或忠而獲罪或退身脩志放在草野主者可皆隨本位就下拜除敕所在以禮發遣須到隨才授用乃以喜爲散騎常侍尋卒子育爲尚書郎弋陽太守

制曰古人云雖楚有材晉實用之觀夫陸機陸雲實荊衡之杞梓挺珪璋於秀質馳英華於早年風鑒澄爽神情俊邁文藻宏麗獨步當時言論慷慨冠乎終古高詞迥映如朗月之懸光疊意迴舒若重巖之積秀千條析理則電坼霜開一緒連文則珠流璧合其詞深而雅其義博而顯故足遠超枚馬高躡王劉百代文宗一人而已然其祖考重光羽楫吳運文武奕葉將相連華而機以廊廟蘊才瑚璉標器且其承俊乂之慶奉佐時之業申能展用保譽流功屬吳祚傾基金陵畢氣君移國滅家喪臣遷矯翮南辭翻棲火樹飛鱗北逝卒委湯池遂使穴碎雙龍巢傾兩鳳激浪之心未騁遽骨脩鱗陵雲之意將騰先灰勁翮冀翔躍焉可得哉夫賢之立身以功名爲本士之居世以富貴爲先然則榮利人之所貪禍辱人之所惡故居安保名則君子處焉冒危履貴則哲士

去焉是知蘭植中塗必無經時之翠桂生幽壑終保彌年之丹非蘭怨而桂親豈塗害而壑利而生滅有殊者隱顯之勢異也故曰衒美非所罕有常安韜奇擇居故能全性觀機雲之行已也智不逮言矣觀其文章之誡何知易而行難自以智足安時才堪佐命庶保名位無忝前基不知世屬未通運鍾方否進不能闢昏匡亂退不能屛跡全身而奮力危邦竭心庸主忠抱實而不諒謗緣虛而見疑生在已而難長死因人而易促上蔡之犬不誡於前華亭之鶴方悔於後卒令覆宗絕祀良可悲夫然則三世爲將釁鍾來葉誅降不祥殃及後昆是知西陵結其凶端何橋收其禍末其天意也豈人事乎

列傳第二十四　　晉書五十四

列傳第二十五　　晉書五十五

夏侯湛 弟淳 淳子承　潘岳 從子尼　張載 弟協 協弟亢　　御撰

夏侯湛字孝若譙國譙人也祖威魏兗州刺史父莊淮南太守湛幼有盛才文章宏富善構新詞而美容觀與潘岳友善每行止同輿接茵京都謂之連璧少為太尉掾泰始中舉賢良對策中第拜郎中累年不調乃作抵疑以自廣其辭曰當路子有疑夏侯湛者而謂之曰吾聞有其才而不遇者時也有其時而不遇者命也吾子童幼而岐嶷弱冠而著德少而流聲長而垂名拔萃始立而登宰相之朝揮翼初儀而受卿尹之舉盪典籍之華談先王之言入閶闔躡丹墀染彤管吐洪煇干當世之務觸人主之威有效矣而官不過散郎舉不過賢良鳳棲五期龍蟠六年英耀禿落羽儀摧殘而獨雍容藝文蕩駘儒林志不輟著述之業口不釋雅頌之音徒費情而耗力勞神而苦心此術亦以薄矣而終莫之辯宜吾子之陸沉也且以言乎才則吾子優矣以言乎時則子之所與二三公者義則骨肉之固交則明道之觀也富於德貴於官其所發明雖叩牛操築之客傭賃抱關之隸負俗懷譏之士猶將登為大夫顯為卿尹於何有寶咳唾之音愛錙銖之力向若垂一鱗迴一翼令吾子攀其飛騰之勢挂其羽翼之末猶能奮迅於雲霄之際騰驤於四極之外今乃金口玉音漠然沉默使吾子栖遲窮巷守此困極心有窮志貌有饑色吝江河之流不以濯舟船之畔惜東壁之光不以寓貧婦之目抑非二三公之蔽賢也是吾子之拙惑也夏侯子曰噫甚也幸有過人必知之矣吾子所以褒飾之太矣斟酌之喻非小醜之所堪也然過承古人之誨抑因子大夫之忝在弊室也敢布其腹心豈能隱几以覽其旣乎客曰敢祗以聽夏侯子曰吾聞先大夫孔聖之言德之不脩學之不講聞義不能從不善不能改是吾憂也四德具而名位不至者非吾任也是以君子求諸己小人求諸人僕也承門戶之業受過庭之訓是以得接冠帶之末充乎士大夫之列頗闚六經之文覽百家之學弱年而入公朝蒙被而當顯舉進不能拔群出萃卻不能抗排當世志則乍顯乍昧文則乍幽乍蔚知之者則謂之欲逍遙以養生不知之者則謂之欲遑遑以求達此皆未是僕之所匱也僕又聞世有道則士無所執其節世無明則下不在量其力是以當舉而不辭入朝而酬問僕東野之鄙人頑直之陋生也不識當世之便不達朝廷之情不能倚靡容悅出入崎傾逐巧點妍嘔喁辯佞隨群班之次伏簡墨之後當此之時若失水之魚喪家之狗行不勝衣言不出口安能干當世之務觸人主之威適足以露狂簡而增塵垢縱使心有至言言有偏直此委巷之誠非朝廷之欲也今天子以茂德臨天下以八方六合為四境海內無虞万國玄靜九夷之從王化猶洪聲之收清響黎苗之樂函夏若游形之招惠景鄉曲之徒一介之士曾諷急就習甲子者皆奮筆揚文議制論道出草苗起林藪御青瑣入金墉者無日不有充三臺之寺盈中書之閣有司不能竟其文當年不能編其籍此執政之所厭聞也若乃群公百辟卿士常伯被朱佩紫耀金帶白坐而論道者又充路盈寢黃幄玉階之內飽其尺牘矣若僕之言皆糞土之說消磨灰爛垢辱招穢適可充衛士之爨盈埽除之器譬猶投盈寸之膠而欲使江海易色燒一羽之毛而欲令大鑪增勢若燎原之煙彌天之雲噓之不益其熱噏之不減其氣今子見僕入朝聽對便欲坐望高位吐言數百謂陵嶒一世何吾子之失評也僕固脂車以須放秣馬以待却反耕於枳落歸志乎渦瀨從容乎農夫優游乎卒歲矣古者天子晝土以封群后群后受國以臨其邦懸大賞以樂其成列九伐以討其違興衰相形安危相傾故在位者以求賢為務受任者以進才為急今也則九州為一家万國為百郡政有常道法有恒訓因循而禮樂自定揖讓而天下大順夫道學之貴游閭邑之搢紳皆高門之子世臣之胤弘風長譽推成而進悠悠者皆天下之彥也諷詁訓傳詩書講儒墨說玄虛僕皆不如也二三公之簡僕於凡庸之肆顯僕於細猥之中則為功也重矣時而清談則為親也周矣且古之君子不知士則不明不安是以居逸而思危對食而有乾今也則否居位者以善身為靜以寡交為慎以弱斷為重以怯言為信不知士者無公誹不得士者不私愧彼在位者皆稷契咎益伊呂周召之倫叔豹仲熊之儔稽古則踰黃唐經緯則越虞夏蔑昆吾之功嗤桓文之勳抵拟管

仲蹉靈旻嬰其遠則欲升鼎湖近則欲超太平方將保重嗇神獨善其身玄白中虛仡尒養真雖力挾太山將不舉一羽揚波万里將不濯一鱗咳唾成珠玉揮袂出風雲豈肯蹩（蒲結切）躠（先結切）鄙事取才進人此又吾子之失言也子獨不聞夫神人乎噏風飲露不食五穀登太清遊山嶽靡芝草弄白玉不因而獨備无假而自足不與人路同嗜欲不與世務齊榮瘁故能入无窮之門享不死之年以此言之何待進賢客曰聖人有言曰邦有道貧且賤焉恥也今子值有道之世當太平之會不攘袂奮氣發謀出奇使鳴鶴受和好爵見縻抑乃沉身郎署約志勤卑不亦羸哉且伊尹之干成湯寗戚之迕桓公或投己鼎俎或庸身飯牛明廢興之機歌白水之流德入明主義感齊侯故伊尹起庖厨而登阿衡寗戚出車下而階大夫外无微介內无請謁矯身揮手徑躡名位吾子亦何不慕賢以自厲希古以慷慨乎夏侯子曰嗚呼是何言與富與貴是人之所欲非僕之所惡也夫干將之劒陸斷狗馬水截蛟龍而鈆刀不能入泥騏驥驊騮之乘一日而致千里而駑蹇足不能邁畝百鍊之鑑別鬚眉之數而璧土不見泰山鴻鵠一舉橫四海之區出青雲之外而尺鷃不陵桑榆此利鈍之覺優劣之決也夫欲進其身者不過千萬乘而僕以上朝堂杳聞不過顯所知僕以竭心思盡才學意无雅正可準論无片言可採是以頓於鄙劣而莫之能起也以此言之僕何為其不自衒哉子不嫌僕德之不劭而疑其位之不到是猶反鏡而索照登木而下釣僕未以此為不肖也若乃伊尹負鼎以干湯呂尚隱遊以徼文傳說操築以寤主寗戚擊角以要君此非僕所能也莊周騁蕩以放言君平賣卜以自賢接輿陽狂以蔽身梅福棄家以求仙此又非僕之所安也若乃季札抗節於延陵揚雄覃思於太玄伯玉和柔於人懷柳惠三黜於士官僕雖不敏竊頗仿佛其清塵後選補太子舍人轉尚書郎出為野王令以卹隱為急而緩於公調政清務閑優游多暇乃作昆弟誥其辭曰惟正月才生魄湛若曰咨爾弟淳琬瑫謨總瞻古人有言孝乎惟孝友于兄弟死喪之戚兄弟孔懷又曰周之有至德也莫如兄弟於戲古之載于訓籍傳于詩書者厥乃不思不可不行爾其專乃心一乃聽砥礪乃性

以聽我之格言淳等拜手稽首湛若曰嗚呼惟我皇乃祖滕公肇釐厥德厥功以左右漢祖弘濟于嗣君用垂祚于後世世增數登削數汎其好行美德明允相繼冠冕胥及以逮于皇曾祖愍侯寅亮魏祖用康乂厥世遂啓土宇以大綜厥勳于家我皇祖穆侯崇厥基以允釐顯志用恢闡我令業維我后府君侯祗服哲命欽明文思以熙柔我家道丕隆我先緒欽若稽古訓用敷訓典籍乃綜其微言嗚呼自三墳五典八索九丘圖緯六藝及百家衆流罔不探賾索隱鈎深致遠洪範九疇彝倫攸序乃命世立言越用繼尼父之大業斯文在茲且九齡而我王母薛妣登遐我后孝思罔極惟以奉于穆侯之繼室蔡姬以致其子道蔡姬登遐隘于穆侯之命厥礼乃不得成用不祔于祖姑惟乃用騁其永慕厥乃以疾辭位用遜于厥家布衣席稾以終于三載厥乃古訓无文我后丕孝其心用假于厥制以穆于世父使君侯惟伯后聰明叡知昆弟世載德用恭友于我后我惟烝烝是虔罔不克承厥誨用增茂我敦篤以播休美于一世厥乃可不遵惟我用夙夜匪懈日鑽其道而仰之彌高鑽之彌堅我用欲罷不敢豈唯予躬是懼豈遑今跡是奉厥乃晝分而食夜分而寢豈唯今跡是畏是尒猶是儀嗚呼予其敬哉俞予聞之周之有至德有婦人焉我母氏羊姬宣慈愷悌明粹篤誠以撫訓群子厥乃我齓齒則受厥教于書學不遑惟寧敦詩書禮樂孳孳弗倦我有識惟與汝服厥誨惟仁義惟孝友是尚憂深思遠祗以防于微翳義形於色厚愛平恕以濟其寬裕用緝和我七子訓諧我五妹惟我兄弟姊妹束脩慎行用不辱于冠帶寔母氏是憑予其為政蕞尒惟母氏仁之不行是戚予其望色思寬獄之不情教之不泰是訓予其納戒思詳嗚呼惟母氏信著于不言行感于神明若夫恭事于蔡姬敦穆于九族乃高于古之人古之人厥乃千里承師矧我惟父惟母世德之餘烈服膺之弗可及景仰之弗可階汝其念哉俾群弟天祚于我家俾尒咸休明是履淳英哉文明柔順琬乃沉毅篤固惟瑫厥清粹平理謨茂哉儁哲惠亮總其弘肅簡雅瞻乃純鑠惠和惟我家之極不于義訓嗟尒六弟汝其滋義洗心以補予之尤予乃亦不敢忘汝之闕嗚呼小子瞻汝其見予之長於

仁未見予之長於義也贍曰俞以如何湛若曰我之肇于揔角以逮于弱冠暨于今之二毛受文于先載納誨于厳父慈母予其敬己乎廢身而匡予之纖介翼予之小疵使予有過未嘗不知予知之道改惟沖子是賴予親于心愛于中敬于貌厥乃口无擇言柔惠且直廉而不劌肅而不厲厥其成予哉用集我父母之訓庶明厲翼邇可遠在茲贍拜手稽首曰俞湛曰都在脩身在愛人贍曰吁惟聖其難之湛曰都厥不行惟難厥行惟易淳曰俞明而昧崇而卑沖而恒顯而賢同而疑厲而柔和而矜湛曰俞乃言厥有道淳曰俞祗服訓湛曰來琬汝亦昌言琬曰俞身不及於人不敢墮於勤厥故惟新湛曰俞瑫亦昌言瑫曰俞滋敬于己不滋敬于己惟敬乃恃無忘有恥湛曰俞謨亦昌言謨曰俞無忘於不可不虞其形貌以心訪心於虞湛曰俞揔亦昌言揔曰俞若夏憂厥憂以休湛曰俞贍亦昌言贍曰俞復外惟內取諸內不忘諸外湛曰俞休哉淳等拜手稽首湛亦拜手稽首乃歌曰明德復哉家道休哉世祚悠哉百祿周哉又作歌曰訊德恭哉訓翼從哉內外康哉皆拜曰欽哉居邑累年朝野多歎其屈除中書侍郎出補南陽相遷太子僕未就命而武帝崩惠帝即位以為散騎常侍元康初卒年四十九著論三十餘篇別為一家之言初湛作周詩成以示潘岳岳曰此文非徒溫雅乃別見孝悌之性岳因此遂作家風詩湛族為盛門性頗豪侈侯服玉食窮滋極珍及將沒遺命小棺薄斂不脩封樹論者謂湛雖生不砥礪名節死則儉約令終是深達存亡之理

淳字孝沖亦有文藻與湛俱知名官至弋陽太守遭中原傾覆子姪多沒胡寇唯息承渡江

承字文子參安東軍事稍遷南平太守大興末王敦舉兵內向承與梁州刺史甘卓巴東監軍柳純宜都太守譚該等並露檄遠近列敦罪狀會甘卓懷疑不進王師敗績敦悉誅滅異己者收承欲殺之承外兄王廙苦請得免尋為散騎常侍

潘岳字安仁滎陽中牟人也祖瑾安平太守父芘琅邪內史岳少以才穎見稱鄉邑號為奇童謂終賈之儔也早辟司空太尉府舉秀才泰始中武

帝躬耕籍田岳作賦以美其事曰伊晉之四年正月丁未皇帝親率群后籍于千畝之甸禮也於是乃使甸師清畿野廬埽路封人壝宮掌舍設枑青壇蔚其嶽立兮翠幕默以雲布結崇基之靈趾兮啓四塗之廣阼沃野墳腴膏壤平砥清洛濁渠引流激水遐阡繩直邇陌如矢葱犗服于縹軛兮紺轅綴於黛耜儼儲駕於廛左兮俟萬乘之躬履百寮先置位以職分自上下下具惟命臣襲春服之萋萋兮接游車之轔轔微風生於輕幰兮纖埃起乎朱輪森奉璋以階列兮望皇軒而肅震若湛露之晞朝陽兮眾星之拱北辰也於是前驅魚麗屬車鱗萃閶闔洞啓參塗方駟常伯陪乘太僕執轡后妃獻穜稑之種司農撰播殖之器壼掌升降之節宮正設門閭之蹕天子乃御玉輦蔭華蓋衝牙錚鎗綃紈綷縩金根照耀以熠爚兮龍驥騰驤而沛艾表朱玄於離坎兮飛青縞於震兌中黃曄以發輝兮方綵紛其繁會五路鳴鑾九旗揚旆瓊鈒入蘂雲罕晻藹簫管嘲哳以啾嘈兮鼓鞞硡隱以砰礚筍簴嶷以軒翥兮洪鍾越乎區外震震填填塵霧連天以幸乎籍田蟬冕熲以灼灼兮碧色肅其千千似夜光之剖荊璞兮若茂松之依山巔也於是我皇乃降靈壇撫御耦游場染屨洪縻在手三推而舍庶人終畝貴賤以班或五或九于斯時也居靡都鄙人無華夷長幼雜遝以交集士女頒斌而咸戾被褐振裾垂髫總髮躡踵側肩掎裳連襼黃塵為之四合陽光為之潛翳動容發音而觀者莫不抃舞乎康衢謳吟乎聖世情欣樂乎昏作兮慮盡力乎樹藝靡誰督而常勤兮莫之課而自厲躬先勞以悅使兮豈嚴刑而猛制哉有邑老田父或進而稱曰蓋損益隨時理有常然高以下為基人以食為天正其末者端其本善其後者慎其先夫九土之宜弗任四業之務不壹野有菜蔬之色朝乏代耕之秩无儲蓄以虞災徒望歲以自必三代之衰皆此物也今聖上昧旦丕顯夕惕若慄圖匱於豐防儉於逸欽哉欽哉惟穀之卹展三時之弘務致倉廩於盈溢固堯湯之用心而存救之要術也若乃廟祧有事祝宗諏日簠簋普淖則此之自實縮鬯蕭茅又於是乎出黍稷馨香旨酒嘉栗宜其時和年登而神降之吉也古人有言曰聖人之德无以加於孝乎夫孝者天之性人之所由靈也昔

者明王以孝治天下其或繼之者尠哉希矣逮我皇晉實光斯道儀刑孚于万國愛敬盡於祖考故躬稼以供粢盛所以致孝也勸穡以足百姓所以固本也能本而孝盛德大業至矣哉此一役也二美顯焉不亦遠乎不亦重乎敢作頌曰思樂甸畿薄采其芳大君戾止言藉其農其農三推万國以祗耨我公田遂及我私我簠斯盛我簋斯齊我倉如陵我庾如坻念茲在茲永言孝思人力普存祝史正辭神祇攸歆逸豫无期一人有慶兆民賴之岳才名冠世為衆所疾遂棲遟十年出為河陽令負其才而欝欝不得志時尚書僕射山濤領吏部王濟裴楷等並為帝所親遇岳內非之乃題閣道為謠曰閣道東有大牛王濟鞅裴楷鞧和嶠刺促不得休轉懷令時以逆旅逐末廢農姧淫亡命多所依湊敗亂法度勑當除之十里一官攡使老小貧戶守之又差吏掌主依客舍收錢岳議曰謹案逆旅久矣其所由來也行者賴以頓止居者薄收其直交易貿遷各得其所官无役賦因人成利惠加百姓而公无末費語曰許由辭帝堯之命而舍於逆旅外傳曰晉陽處父過甯舍於逆旅魏武皇帝亦以為宜其詩曰逆旅整設以通商賈然則自唐到今未有不得客舍之法唯商鞅尤之固非聖世之所言也方今四海會同九服納貢八方翼翼公私滿路近畿輻湊客舍亦稠冬有溫廬夏有涼蔭芻秣成行器用取給疲牛必投乘涼近進發槅寫鞍皆有所憩又諸劫盜皆起於迥絕止乎人衆十里蕭條則姧軌生心連陌接館則寇情震懾且聞聲有救已發有追不救有罪不追有戮禁暴捕亡恒有司存凡此皆客舍之益而官攡之所乏也又行者貪路告糴炊爨皆以昏晨盛夏晝熱又兼星夜既限早閉不及攡門或避晚關迸逐路隅祗是慢藏誨盜之原苟以客舍多敗法教官守棘攡獨復何人彼河橋孟津解券輸錢高第督察數入校出品郎兩岸相檢猶懼或失之故懸以祿利許以功報今賤吏疲人獨專攡稅管開閉之權藉不校之勢此道路之蠹姧利所殖也率歷代之舊俗獲行留之懽心使客舍洒埽以待征旅擇家而息豈非衆庶顒顒之望請曹列上朝廷從之岳頻宰二邑勤於政績調補尚書度支郎遷廷尉評以公事免楊駿輔政高選吏佐引岳為太傅主簿駿誅除名初

譙人公孫宏少孤貧客田於河陽善鼓琴頗能屬文岳之為河陽愛其才藝待之甚厚至是宏為楚王瑋長史專殺生之政時駿綱紀皆當從坐同署主簿朱振已就戮岳其夕取急在外宏言之瑋謂之假吏故得免未幾選為長安令作西征賦述所經人物山水文清旨詣辭多不錄徵補博士未召以母疾輒去官免尋為著作郎轉散騎侍郎遷給事黃門侍郎岳性輕躁趨世利與石崇等諂事賈謐每候其出與崇輒望塵而拜構愍懷之文岳之辭也謐二十四友岳為其首謐晉書限斷亦岳之辭也其母數誚之曰爾當知足而乾沒不已乎而岳終不能改既仕宦不達乃作閑居賦曰岳讀汲黯傳至司馬安四至九卿而良史書之題以巧宦之目未曾不慨然廢書而歎也曰嗟乎巧誠有之拙亦宜然顧常以為士之生也非至聖无軌微妙玄通者則必立功立事效當年之用是以資忠履信以進德脩辭立誠以居業僕少竊鄉曲之譽忝司空太尉之命所奉之主即太宰魯武公其人也舉秀才為郎逮事世祖武皇帝為河陽懷令尚書郎廷尉評今天子諒闇之際領太傅主簿府誅除名為民俄而復官除長安令遷博士未召拜親疾輒去官免自弱冠涉乎知命之年八徙官而一進階再免一除名一不拜職遷者三而已矣雖通塞有遇抑亦拙之效也昔通人和長輿之論余也固曰拙於用多稱多者吾豈敢言拙則信而有徵方今俊乂在官百工惟時拙者可以絕意乎寵榮之事矣太夫人在堂有羸老之疾尚何能違膝下色養而屑屑從斗筲之役乎於是覽止足之分庶浮雲之志築室種樹逍遙自得池沼足以漁釣舂稅足以代耕灌園鬻蔬供朝夕之膳牧羊酤酪俟伏臘之費孝乎惟孝友于兄弟此亦拙者之為政也乃作閑居賦以歌事遂情焉其辭曰遨墳素之長圃步先哲之高衢雖吾顏之云厚猶內愧於甯蘧有道余不仕無道吾不愚何巧智之不足而拙艱之有餘也於是退而閑居于洛之涘身齊逸民名綴下士背京泝伊面郊後市浮梁黝以逕度靈臺傑其高峙闚天文之秘奧覩人事之終始其西則有元戎禁營玄幕綠徽谿子巨黍異絭同歸礮石雷駭激矢蝱飛以先啓行耀我皇威其東則有明堂辟雍清穆敞閑環林縈映圓海回泉聿追孝以嚴父宗文考以配天祗聖

敬以明順，養更老以崇年。若乃背冬涉春，陰謝陽施，天子有事于柴燎，以郊祖而展義，張鈞天之廣樂，備千乘之萬騎，服振振以齊玄，管啾啾而並吹，煌煌乎，隱隱乎，茲禮容之壯觀，而王制之巨麗也。兩學齊列，雙宇如一，右延國冑，左納良逸，祁祁生徒，濟濟儒術，或升之堂，或入之室，教無常師，道在則是。故髦士投紱，名王懷璽，訓若風行，應猶草靡。此里仁所以為美，孟母所以三徙也。爰定我居，築室穿池，長楊映沼，芳枳樹樆，游鱗瀺灂，菡萏敷披，竹木蓊藹，靈果參差。張公大谷之梨，梁侯烏椑之柿，周文弱枝之棗，房陵朱仲之李，靡不畢植。三桃表櫻胡之別，二柰耀丹白之色，石榴蒲桃之珍，磊落蔓衍乎其側。梅杏郁棣之屬，繁榮藻麗之飾，華實照爛，言所不能極也。菜則蔥韭蒜芋，青筍紫薑，堇薺甘旨，蓼荾芬芳，蘘荷依陰，時藿向陽，綠葵含露，白薤負霜。於是凜秋暑退，熙春寒往，微雨新晴，六合清朗，太夫人乃御版輿，升輕軒，遠覽王畿，近周家園。體以行和，藥以勞宣，常膳載加，舊痾有痊。於是席長筵，列孫子，柳垂陰，車結軌，陸摘紫房，水挂赬鯉，或宴于林，或禊于汜。昆弟班白，兒童稚齒，稱萬壽以獻觴，咸一懼而一喜。壽觴舉，慈顏和，浮杯樂飲，絲竹駢羅，頓足起舞，抗音高歌，人生安樂，孰知其他。退求己而自省，信用薄而才劣。奉周任之格言，敢陳力而就列。幾陋身之不保，而奚擬乎明哲，仰眾妙而絕思，終優游以養拙。

初，芘為琅邪內史，孫秀為小史給岳，而狡黠自喜。岳惡其為人，數撻辱之，秀常銜忿。及趙王倫輔政，秀為中書令。岳於省內謂秀曰：「孫令猶憶疇昔周旋不？」答曰：「中心藏之，何日忘之！」岳於是自知不免。俄而秀遂誣岳及石崇、歐陽建謀奉淮南王允、齊王冏為亂，誅之，夷三族。岳將詣市，與母別曰：「負阿母！」初被收，俱不相知，石崇已送在市，岳後至，崇謂之曰：「安仁，卿亦復爾邪！」岳曰：「可謂白首同所歸。」岳金谷詩云：「投分寄石友，白首同所歸。」乃成其讖。岳母及兄侍御史釋、弟燕令豹、司徒掾據、據弟詵，兄弟之子，已出之女，無長幼一時被害，唯釋子伯武逃難得免。而豹女與其母相抱號呼不可解，會詔原之。

岳美姿儀，辭藻絕麗，尤善為哀誄之文。少時常挾彈出洛陽道，婦人遇之者，皆連手縈繞，投之以果，遂滿車而歸。時張載甚醜，每行，小兒以瓦石擲之，委頓而反。岳從子尼。

尼字正叔。祖勖，漢東海相。父滿，平原內史，並以學行稱。尼少有清才，與岳俱以文章見知。性靜退不競，唯以勤學著述為事。著安身論以明所守，其辭曰：

蓋崇德莫大乎安身，安身莫尚乎存正，存正莫重乎無私，無私莫深乎寡欲。是以君子安其身而後動，易其心而後語，定其交而後求，篤其志而後行。然則動者，吉凶之端也；語者，榮辱之主也；求者，利病之幾也；行者，安危之決也。故君子不妄動也，動必適其道；不徒語也，語必經於理；不苟求也，求必造於義；不虛行也，行必由於正。夫然，用能免或擊之凶，享自天之祐。故身不安則殆，言不從則悖，交不審則惑，行不篤則危。四者行乎中，則憂患接乎外矣。憂患之接，必生於自私，而興於有欲。自私者，不能成其私；有欲者，不能濟其欲，理之至也。欲苟不濟，能無爭乎？私苟不從，能無伐乎？人人自私，家家有欲，眾欲並爭，群私交伐。爭則亂之萌也，伐則怨之府也。怨亂既搆，危害及之，得不懼乎！然棄本要末之徒，知進忘退之士，莫不飾才銳智，抽鋒擢穎，傾側乎勢利之交，馳騁乎當塗之務。朝有彈冠之朋，野有結綬之友，黨與熾於前，榮名扇其後。握權則赴者鱗集，失寵則散者瓦解；求利則託刎頸之權，爭路則搆刻骨之隙。於是浮偽波騰，曲辯雲沸，寒暑殊聲，朝夕異價，駑蹇希奔放之跡，鉛刀競一割之用。至於愛惡相攻，與奪交戰，誹謗噂沓，毀譽縱橫，君子務能，小人伐技，風頹於上，俗弊於下，禍結而恨爭也不彊，患至而悔伐之未辯，大者傾國喪家，次則覆身滅祀。其故何邪？豈不始於私欲而終於爭伐哉！君子則不然。知自私之害公也，故後外其身；知有欲之傷德也，故遠絕榮利；知爭競之遘災也，故犯而不校；知好伐之招怨也，故有功而不德。安身而不為私，故身正而私全；慎言而不適欲，故言濟而欲從；定交而不求益，故交立而益厚；謹行而不求名，故行成而名美。止則立乎無私之域，行則由乎不爭之塗，必將通天下之理，而濟萬物之性。天下猶我，故與天下同其欲；己猶萬物，故與萬物同其利。夫能保其安者，非謂崇生生之厚而耽逸豫之樂也，不忘危而已。有期進者，非謂窮貴寵之榮而藉名位之重也，不忘退而已。存其治者，非謂嚴刑政之威而明司察之禁也，不忘亂而已故寢蓬室隱陋巷披短褐茹藜藿環堵而居易衣而出苟存乎道非不安也雖坐華殿載文軒服黻繡御方丈重門而処成列而行不得與之齊榮用天時分地利甘布衣安藪澤沾躰塗足耕而後食苟崇乎德非不進也雖居高位饗重禄執權衡握機秘功蓋當時勢侔人主不得與之比逸遺意慮没才智忘肝膽棄形器貌若無能志若不及苟正乎心非不治也雖繁計策廣術藝審刑名峻法制文辯流離論議絶世不得與之爭功故安也者安乎道者也進也者進乎德者也治也者治乎心者也未有安身而不能保国家進德而不能處富貴治心而不能治万物者也然思危所以求安慮退所以能進懼亂所以保治戒亡所以獲存也若乃弱志虛心曠神遠致徙倚乎不抜之根浮遊乎無垠之外不自貴於物而物宗焉不自重於人而人敬焉可親而不可慢也可尊而不可遠也親之如不足天下莫之能仰也奉之如易勝而當世莫之能困也達則濟其道而不榮也窮則善其身而不悶也用則立於上而非爭也舍則藏於下而非讓也夫榮之所不能動者則辱之所不能加也利之所不能勸者則

害之所不能嬰也譽之所不能益者則毀之所不能損也今之学者誠能釋自私之心塞有欲之求杜交爭之原去矜伐之態動則行乎至通之路静則入乎大順之門泰則翔乎寥廓之宇否則淪乎渾冥之泉邪気不能干其度外物不能擾其神哀樂不能盪其守死生不能易其真而以造化為工匠天地為陶鈞名位為糟粕勢利為埃塵治其内而不飾其外求諸己而不假諸人忠肅以奉上愛敬以事親可以御一躰可以牧万民可以處富貴可以居賤貧經盛衰而不改則庶幾乎能安身矣初應州辟後以父老辞位致養太康中舉秀才為太常博士歷高陸令淮南王允鎮東参軍元康初拜太子舍人上釋奠頌其辭曰元康元年冬十二月上以皇太子富於春秋而人道之始莫先於孝悌初命講孝經于崇正殿實應天縱生知之量微言奥義發自聖問業終而躰達至三年春閏月将有事於上庠釋奠于先師禮也越二十四日景申侍祠者既齊輿駕次于太學太傅在前少傅在後恂恂乎弘保訓之道宮臣畢從三率備衛濟濟乎肅肅翼翼賛之敬乃埽壇為殿懸幕為宮夫子位于西

序顔回侍于北墉宗伯掌禮司儀辨位二学儒官搢紳先生之徒垂纓佩玉規行矩步者皆端委而陪於堂下以待執事之命設樽篚於兩楹之間陳罍洗於阼階之左几筵既布鍾懸既列我后乃躬拜俯之勤資在三之義謙光之美弥劭闕里之教克崇穆穆焉邕邕焉真先王之徽典不刊之美業允不可替已於是牲饋之事既終享献之礼已畢釋玄衣御春服弛斎禁反故式天子乃命内外群司百辟卿士蕃王三事至于学徒国子咸来観禮我后皆延而與之燕金石簫管之音八佾六代之舞鏗鏘闔闍般辟俛仰可以徽神滌欲移風易俗者罔不畢奏抑淫哇屏鄭衛遠佞邪釋巧辯是日也人无愚智路無遠近離郷越国扶老攜幼不期而俱萃皆延頸以視傾耳以聽希道慕業洗心革志想洙泗之風歌来蘇之恵然後知居室之善著應乎千里之外不言之化洋溢于九有之內於熙乎若典固皇代之壯觀万載之一會也尼昔忝禮官嘗聞俎豆今厠末列親覩盛美瀸漬徽猷沐浴芳潤不知手舞口詠切作頌一篇義近辭陋不足測盛德之形容光聖明之遐度其辭曰三元迭運五德代微黄精

既充素靈乃暉有皇承天造我晋畿祚以大寶登以龍飛宣基誕命景熙遐緒参分自文変終惟武席卷要蠻蕩定荒阻道濟群生化流率土後帝承哉不隆曾構奄有万方光宅宇宙篤生上嗣継期挺秀聖敬日躋濬哲閎茂留精儒術敦悦古訓遵道讓齒降心下問鋪以金聲光以玉潤如日之升如乾之運乃延台保乃命宰臣聖容穆穆侍講誾誾抽演微言啓發道真探幽窮賾温故知新講業既終精義既研聖重師卜日吉奠陳其三牢引其四縣既戒既式乃盥乃薦恂恂孔聖百王攸希亹亹顔生好學無違曰皇儲右躰神合幾兆吉先見知来洞微濬哲二宮藹藹庶寮俊乂鱗萃髦士盈朝如彼和肆莫匪瓊瑤如彼儀鳳樂我韶夏瑤誰剖四門洞開雲部奏樂神人允諧蝉冕燿庭紳珮振謙倫以謙光仁以恩懷我酒惟清我肴惟馨舞以六代歌以九成莘莘冑子祁祁学生洗心自百觀国之榮學由時苗化若偃草博我以文弘我以道万邦蟬蛻翹乃俊造一剖石摛藻絲匪玄黄水閑方圓引之斯流染之斯鮮若金受範若埴在甄上好如雲下效如川昔在周興

王化之始曰文曰武時惟世子今我皇儲齊聖通理緝熙重光於穆不已於穆伊何思文哲后媚茲一人實副元首孝洽家邦光照九有純嘏自晉求世昌阜微微下臣過充近侍猥躡風雲鸞驤龍是厠身澡芳流自玩盛事竭誠作頌祇詠聖志出為宛令在任寬而不縱恤隱勤政厲公平而遺人事入補尚書郎俄轉著作郎為乘輿箴其辭曰易稱有天地然後有人倫有父子然後有君臣傳曰大者天地其次君臣然君臣父子之道天地人倫之本未有以先之者也故天生蒸人而樹之君使司牧之將以導群生之性而理萬物之情豈以寵一人之身極無量之欲如斯而已哉夫古之為君者無欲而至公故有茅茨土階之儉而後之為君有欲而自利故有瑤臺瓊室之侈無欲者天下共推之有欲者天下共爭之推之之極雖禪代猶脫屣爭之之極雖劫殺而不避故曰天下非一人之天下乃天下之天下安可求而得辭而已者乎夫脩諸己而化諸人出乎邇而見乎遠者莫言行之謂也故人主所患莫甚於不知其過而所美莫美於好聞其過若有君於此而曰予必無過唯其言而莫之違斯孔子所謂其庶幾乎一言而喪國者也蓋君子之過如日月之蝕過也人皆見之更也人皆仰之雖以堯舜湯武之盛必有誹謗之木敢諫之鼓盤杅之銘無諱之史所以閑其邪僻而納諸正道其自維持如此之備故箴規之興將以救過補闕然猶依違諷喻使言之者無罪聞之者足以自誡先儒既援古義舉內外之殊而高祖亦序六官論成敗之要義正辭約文盡善矣自虞人箴以至于百官非唯規其所司誠欲人主斟酌其得失焉春秋傳曰命百官箴王闕則亦天子之事也尼以為王者膺受命之期當神器之運總萬機而撫四海簡群才而審所授孜孜於得人汲汲於聞過雖廷爭面折猶將祈請而求焉至於箴規諫之順者豈為獨闕之哉是以不量其學陋思淺因負擔之餘嘗試撰而述之不敢斥至尊之號故以乘輿目篇蓋帝王之事至大而古今之變至衆文繁而義詭意局而辭野將欲希企前賢髣髴崇軌譬猶丘垤之望華岱恒星之繫日月也其不逮明矣頌曰元元遂初芒芒太始清濁同流玄黃錯跱上下弗形尊卑靡紀赫胥伏羲大庭尚矣皇極啓建兩儀既分彝倫未

序萬邦已紛國事明王家奉嚴君各有攸尊德用不勤羲農已降既于夏殷或禪或傳乃質乃文太上無名下知有之仁義不存而人歸孝慈無為無執何欲何思忠信之薄禮刑實滋既盟既誓以侮以欺作誓作盟而人始叛疑煌煌四海藹藹萬乘匪賢莫憑左輔右弼前疑後承一日萬機業業兢兢夫出其言善則千里是應而莫余違亦喪邦有徵樞機之動式以發賢殷監不遠若之何勿徵且厚味腊毒豐屋生災辛作璇室而身與瑤臺糟丘酒池象箸玉杯厥肴伊何龍肝豹胎惟此哲婦職為亂階殷用喪師夏亦不恢非以帝堯在位茅茨不翦周文日昃且不暇食夫德輶如毛而或舉之者鮮故護有懿德武未盡善下世道衰末俗化淺耽樂逸遊荒淫沈湎不式古訓而好是佞辯不遵王路而西復專是踐成敗之効載在先典匪惟陵夷厥世用殄故曰樹君如之何將人是司牧視之猶傷而知其寒煖故能撫之斯柔而敷之斯睦無遠不懷靡幽不服夫豈厭縱一人而玩其耳目內迷聲色外荒馳逐不脩政事而終於顛覆昔唐氏授舜舜亦命禹受終納祖丕承天序赦桀惟湯尅殷伊武故禪代非一姓社稷無常主四嶽三塗九州之阻彭蠡洞庭殷商之旅虞夏之隆非由尺土而紂之百剋卒於絕緒故王者無親唯在擇人傾蓋惟舊白首乃新望由釣夫伊起有莘負鼎鼓刀而謀合聖神夫豈借官左右而取介近臣蓋有國有家者莫不云我聰或此面從莫謂我智聽受未易甘言美疾勦不為累由夷逃寵遠於脫屣從奈何人主位極則侈知人則哲惟帝所難唐朝既泰四族作姦周室既隆而管蔡不虔匪我二聖孰弭斯患若九德咸受俊乂在官君非臣莫治臣非君莫安故書美康哉而易貴金蘭有皇司國敢告納言及趙王倫篡位孫秀專政忠良之士皆罹禍酷尼遂疾篤取假拜掃墳墓聞齊王冏起義乃赴許昌冏引為參軍與謀時務兼管書記事平封安昌公歷黃門侍郎散騎常侍侍中秘書監永興末為中書令時三王戰爭皇家多故尼職居顯要從容而已雖憂虞不及而備嘗艱難永嘉中遷太常卿洛陽將沒攜家屬東出成皐欲還鄉里道遇賊不得前病卒於塢壁年六十餘

張載字孟陽安平人也父收蜀郡太守載性閑雅博學有文章太康初

至蜀省父道經劍閣載以蜀人恃險好亂因著銘以作誡曰巖巖梁
山積石峨峨遠屬荊衡近綴岷嶓南通邛僰北達褒斜狹過彭碣高逾
嵩華惟蜀之門作固作鎮是曰劍閣壁立千仞窮地之險極路之峻世濁
則逆道清斯順閉由往漢開自有晉秦得百二并吞諸侯齊得十二田
生獻籌矧茲狹隘土之外區一人荷戟萬夫趑趄形勝之地匪親勿居昔
在武侯中流而喜山河之固見屈吳起洞庭孟門二國不祀興實由德險亦
難恃自古及今天命不易憑阻作昏鮮不敗績公孫既沒劉氏銜璧覆車
之軌無或重跡勒銘山阿敢告梁益益州刺史張敏見而奇之乃表上其文
武帝遣使鐫之於劍閣山焉載又為榷論曰夫賢人君子將立天下之功
成天下之名非遇其時曷由致之哉故嘗試論之殷湯無鳴條之事則伊
尹有莘之匹夫也周武無牧野之陣則呂牙渭濱之釣翁也若茲之類不可
勝紀蓋聲發響應形動景從時平則才伏世亂則奇用豈不信歟設
使秦莽修三王之法時致隆平則漢祖泗上之健吏光武舂陵之俠客耳
况乎附麗者哉故當其有事也則足非千里不入於輿刃非斬鴻不韜於

鞘是以駑蹇望風而退頑鈍未試而發及其無事也則牛驥共牢利鈍
齊列而無長塗犀華以決之此離朱與瞽者同眼之說也處守平之世
而欲建殊常之勳居太平之際而吐違俗之謀此猶卻步而登山鬻章
甫於越也漢文帝見李廣而歎曰惜子不遇當高帝時萬戶侯豈足道哉
故智無所運其籌勇無所奮其氣則勇怯一也才無所騁其能辯無
所展其說則頑慧均也是以吳榜越船不能無水而浮青虬赤螭不能
無雲而飛故和璧之在荊山隋珠之潛重川非遇其人焉有連城之價照
車之名乎青骹繫於籠中何以効其搏東郭於韝下也白猨玄豹
藏於欞檻何以知其接垂條於千仞也犀舟夫與烏獲訟力非龍文赤鼎
無以明之蓋聶政與荊卿爭勇非謳秦之威孰能辨之故餓夫庸隸拘
關屠釣之倫一旦而都卿相之位建金石之號者或有懷顏孟之術抱伊呂
之略沒世而不齒者此言有事之世易為功無為之時難為名也若斯湮
滅而不稱曾不足以多談况夫庸庸之徒少有不得意者則自以為枉伏
莫不飾小辯立小善以偶時結朋黨聚虛譽以驅俗進之無補於時退

之無損於化而世主相與雷同齊口吹而呴之豈不哀哉今士循常習
故規行矩步積階級累閥閱碌碌然以取世資若夫魁梧儁傑卓躒
俶儻之徒直將伏死嶔岑之下安能與步驟共爭道里乎至如軒冕黻
班之士苟不能匡化輔政佐時益世而徒俯仰取容要榮求利厚自封
之資豐私家之積此沐猴而冠耳尚焉足道哉載又為濛汜賦司隸校
尉傅玄見而嗟歎以車迎之言談盡日為之延譽遂知名起家佐著
作郎出補肥鄉令復為著作郎轉太子中舍人遷樂安相弘農太守長
沙王乂請為記室督拜中書侍郎復領著作載見世方亂無復進仕意
遂稱疾篤告歸卒於家
協字景陽少有儁才與載齊名辟公府掾轉秘書郎補華陰令征北大
將軍從事中郎遷中書侍郎轉河間內史在郡清簡寡欲于時天下已
亂所在寇盜協遂棄絕人事屏居草澤守道不競以屬詠自娛擬諸
文士作七命其辭曰沖漠公子含華隱曜嘉遯龍蟠超世高蹈遊心於浩
然玩志乎眾妙絕景乎大荒之遐阻吞響乎幽山之窮奧於是有華大

夫聞而造焉乃整雲輅驂飛黃越奔沙輾流霜陵扶搖之風躡堅冰之
津旌拂霄崿軌出蒼垠天清泠而無霞野曠朗而無塵臨重岫而攬轡
顧石室而迴輪遂適沖漠公子之所居其居也崢嶸幽藹蕭瑟虛玄溟
海渾濩涌其後嶰谷嶆嶆張其前尋竹竦莖茂陰其壓百籟群鳴籠其
山衡飈發而回日飛礫起而灑天於是登絕巘泝長風陳辭命
公子於巖中曰蓋聞聖人不卷道而背時智士不遺身而匿跡生必耀
華名於玉牒沒則勒鴻伐於金冊今公子違世陸沉避地獨竄有生之懽
滅資父之義廢愁洽百年苦溢千載何異促鱗之遊汀濘短羽之栖翳薈
今將榮子以天人之大寶悅子以縱性之至娛窮地而遊中天而居傾四海
之歡殫九州之腴鑽屈轂之瓠解豨蜀之拘子欲之乎公子曰大夫不遺來
萃荒外雖在不敏敬聽嘉話大夫曰寒山之桐出自太冥含黃鐘以吐幹
據蒼岑而孤生既乃瓊巘嶒陵金岸崥崹右當風谷左臨雲谿上無陵
虛之巢下無跖實之蹊搖則峻挺茗邈嶕嶢晞三春之溢露遡九秋之
鳴飈零雪寫其根霏霜封其條木既繁而後綠草未素而先凋於是

構雲梯陟峥嵘剪𦐇蕤賔之陽柯剖大呂之陰莖營匠斲其樸伶倫
均其聲器舉樂奏促調高張音朗號鍾韻清繞梁追逸響於八風採
奇律於歸昌啓中黄之妙宮發蓐收之變商若乃龍火西頹暄氣初收
飛霜迎節高風送秋羇旅懷土之徒流宕百罹之儔撫促柱則酸鼻
揮危弦則涕流若乃追清哇赴嚴節奏淥水吐白雪激楚迴流風結悲蕡
英之朝落悼望舒之夕缺煢稚爲之擗摽孀老爲之嗚咽王子拂纓而傾
耳六馬嘘天而仰秣此蓋音曲之至妙子豈能從我而聽之乎公子曰余病
未能也大夫曰蘭宮祕宇雕堂綺櫳雲屏爛汗瓊壁青葱應門八襲
琁臺九重表以百常之闕圜以萬雉之墉尓乃嶢榭迎風秀出中天翠
觀岑青彤閣霞駮連長翼臨雲飛陛陵山望玉繩而結極承倒景而開軒
頳素熿爛枌棋嵯峨陰虬負檐陽馬承阿錯以瑶英鏤以金華方疏含
秀圓井吐葩重殿疊起交綺對幌幽堂晝密明室夜朗焦宜飛而風生
尺蠖動而成響若乃目厭常玩體倦帷幄攜公子而雙遊時娛觀於
林麓登翠阜臨丹谷華草錦繁飛采星燭陽葉春青陰條秋綠華實
代新承意恣觀仰折神蘤俯採朝蘭想惠風於衡薄睹椒壁於瑶壇尓
乃浮三翼戲中沚潛鯤駭驚翰起沈絲結飛矰理挂歸鸛於赤霄之表出
華鱗於紫潭之裏然後縱櫂隨風弭楫乘波吹孤竹撫雲和川客唱淮南
之曲榜人奏採菱之歌歌曰乘鷁舟兮爲水嬉臨芳洲兮拔靈芝樂以忘
戚遊以卒時窮夜爲日畢歲爲期此蓋宴居之浩麗子豈能從我而處之
乎公子曰余病未能也大夫曰若乃白商素節月既授衣天凝地閉風厲霜
飛柔條夕勁密葉晨稀將因氣以效殺臨金郊而講師尓乃列輕武整戎
剛建雲髦啓雄芒駕紅陽之飛燕驂唐公之驌驦屯羽隊於外林縱輕
翼於中荒尓乃張脩罠布飛羅凌黄炎挂青巒盡長嶺以爲限帶流
谿以爲關既乃內無疏蹊外無漏跡叩鉦散校舉麾賁獲鼓金機馳鳴
鏑翦翮剛豪客勁翮連騎競騖騁武奮徼貪忽揮霍雲迴風烈聲動響
飛形移影發舉戈林聳揮鋒電滅仰傾雲巢俯殫地穴乃有圓文之豣
斑題之縱鼓騷風生怒目電睒口歎霜刃足撥飛鋒骫林躪石扣拔叢
於是飛黄奮銳賁育逞伎蹴封豨攢馮豕扼貙虎挫解貀鉤爪摧踞

牙擺闌漫狼藉傾榛倒壑隕峭挂山僵跱掩澤藪爲毛林隰爲丹
薄於是徹圍頓網卷旆收弋鳥虞人數獸林衡計鮮論最犒勤息馬韜
弦肴駟連驪酒駕方軒千鍾電釂萬燧星繁陵阜沾流膏谿谷厭芳
烟歡極樂殫迴節而旋此亦畋遊之壯觀子豈能從我而爲之乎公子曰余
病未能也大夫曰楚之陽劍歐冶所營邪谿之鋌赤山之精銷踰羊頭鍱
越鍛成乃鍊乃鑠萬辟千灌豐隆奮椎飛廉扇炭神器化成陽文
陰漫既乃流綺星連浮采豔發光如散電質如耀雪霜鍔水凝冰刃
露潔形冠豪曹名珍巨闕指鄭則三軍白首麾晉則千里流血豈徒
水截蛟鴻陸灑奔駟斷浮翮以爲工絕重甲而稱利云尓而已哉若其靈
寶則舒辟無方奇鋒異模形震薛燭光駭風胡價兼三鄉聲貴二都或
馳名傾秦或夜飛去吳是以功冠萬載威曜無窮揮之者無前擁之者
身雄可以從服九國橫制八戎爪牙景附函夏承風此蓋希世之神兵子
豈能從我而服之乎公子曰余病未能也大夫曰天驥之駿逸態超越稟
氣靈川受精皎月眸矙黑照玄采紺發沫如揮紅汗如振血秦青不能
識其衆尺方堙不能覩其若滅尓乃巾雲軒踐朝霧赴春衢登秋御
虬蛹蟠騰麟超龍驤翔望山載奔視林載赴氣盛怒發星飛電駭志陵九
州勢越四海影不及形塵不暇起浮箭未移再踐千里尓乃踰天根越地隅
適汗漫之所不遊躡章亥之所未跡陽烏爲之頓羽夸父爲之投策斯蓋
天下之儁乘子豈能從我而御之乎公子曰余病未能也大夫曰大梁之黍瓊
山之禾唐稷播其根農帝嘗其華尓乃六禽殊珍四膳異肴窮海之錯
極陸之毛伊公爨鼎庖子揮刀味重九沸和兼芍藥晨鳧露鵠霜鷄
黄雀圜案星亂方丈華錯封熊之蹯翰音之跖燕髀猩脣髦殘象白
靈川之龜萊黄之鮐丹穴之鷚玄豹之胎燀以秋橙酤以春梅接以商王之
箸承以帝辛之杯范公之鱗出自九谿頳尾丹腮紫翼青鬐尓乃命支
離飛霜鍔紅肌綺散素膚雪落婁子之毫不能廁其細秋蟬之翼不
足擬其薄繁肴既闋亦有嘉羞商山之果漢皐之榛析龍眼之房剖椰
子之殼芳旨万選承意代奏乃有荆南烏程豫北竹葉浮蟻星沸飛華
蓱接玄石嘗其味儀氏進其法傾罍一朝可以流湎千日單醪投川可使

三軍告捷斯人神之所歆羨觀聽之所煒曄也子豈能彊起而御之乎公子曰耽爽口之饌甘腊毒之味服腐腸之藥御亡国之器雖子大夫之所榮顧亦吾人之所畏余病未能也大夫曰蓋有晉之融皇風也金華啓徵大人有作繼明代照配天光宅其基德也隆於姬公之處岐其垂仁也富乎有殷之在亳南箕之風不能暢其化離畢之雲无以豐其澤皇道昭煥帝載緝熙導氣以樂宣德以詩教清乎雲官之世政穆乎鳥紀之時王猷四塞函夏謐靜丹冥投鋒青徼釋警却馬於糞車之轅銘德於昆吾之鼎群萌反素時文載郁耕父推畔漁豎讓陸樵夫恥危冠之飾輿臺笑短後之服六合時雍巍巍蕩蕩玄髫巷歌黃髮擊壤解羲皇之繩錯陶唐之象若乃華裔之夷流荒之貊語不傳於輶軒地未被乎正朔莫不駿奔稽顙委質重譯于時昆蚑感惠无思不服苑戲九尾之禽囿棲三足之烏鳴鳳在林夥於黃帝之園有龍遊川盈於孔甲之沼万物烟熅天地交泰義懷靡內化感无外林无被褐山无韋帶皆象刻於百工兆發乎靈蔡搢紳濟濟軒冕藹藹功与造化爭流德与二儀

此大言未終公子蹶然而興曰鄙夫固陋守茲狂狷蓋理有毀之而爭寶之訟解言有怒之而齊王之疾痊向子誘我以聾耳之樂栖我以部家之屋田遊馳蕩利刃駭足既老氏之攸戒非吾人之所欲故靡得而應子至聞皇風載韙時聖道醇舉實為秋摛藻為春下有可封之人上有大哉之君余雖不敏請從後塵世以為工永嘉初復徵為黃門侍郎託疾不就終於家

亢字季陽才藻不逮二昆亦有屬綴又解音樂伎術時人謂載協亢陸機雲曰二陸三張中興初過江拜散騎侍郎秘書監荀崧舉亢領佐著作郎出補烏程令入為散騎常侍復領佐著作述歷贊一篇見律歷志

史臣曰孝若掞蔚春華時標麗藻覩其抵疑詮理本窮通於自天作誥數文流英声於友悌音深致遠殊有大雅之風烈焉安仁思緒雲騫詞鋒景煥前史儕於賈誼先達方之士衡賈論政範源王化之幽賾潘著哀詞賈人靈之情性機文喻海韞蓬山而育蕪岳藻如江濯美錦而增絢混三家以通校為二賢之亞匹矣然其挾彈盈果拜塵趨貴蔑棄倚門之訓乾沒不逞之間斯才也而有斯行也天之所賦何其駁歟正叔含咀藝文履危居正安其身而後動契其心而後言著論究人道之綱裁箴懸乘輿之鑒可謂玉質而金相者矣孟陽鏤石之文見奇於張敏濛汜之詠取重於傅玄為名流之所挹亦當代之文宗矣景陽摛光王府棣萼相輝洎乎二陸入洛三張減價考覈遺文非徒語也

贊曰湛稱弄翰縟彩雕煥才高位卑往哲攸歎岳實含章藻思抑揚趨權冒勢終亦罹殃尼標雅性夙闡詞令載協飛芳棣華增映

列傳第二十五　　晉書五十五

列傳第二十六

江統 子虨 惇　孫楚 子衆 洵 纂 纂子統 統弟綽

江統字應元陳留圉人也祖蕤以義行稱爲譙郡太守封亢父男父祚南安太守統靜默有遠志時人爲之語曰嶷然稀言江應元與鄉人蔡克俱知名襲父爵除山陰令時關隴屢爲氐羌所擾孟觀西討自擒氐帥齊萬年統深惟四夷乱華宜杜其萌乃作徙戎論其辭曰夫夷蠻戎狄謂之四海九服之制地在要荒春秋之義內諸夏而外夷狄以其言語不通贄幣不同法俗詭異種類乖殊或居絕域之外山河之表崎嶇川谷阻險之地與中国壤斷土隔不相侵涉賦役不及正朔不加故曰天子有道守在四夷禹平九土而西戎即叙其性氣貪婪凶悍不仁四夷之中戎狄爲甚弱則畏服强則侵叛雖有賢聖之世大德之君咸未能以通化率導而以恩德柔懷也當其强也以殷之高宗而憊於鬼方有周文王而患昆夷獫狁高祖困於白登孝文軍於霸上及其弱也周公來九譯之貢中宗納單于之朝以元成之微而猶四夷賓服此其已然之效也故匈奴求守邊塞而侯應陳其不可單于屈膝未央望之議以不臣是以有道之君牧夷狄也惟以待之有備禦之有常雖稽顙執贄而邊城不弛固守爲寇賊强暴而兵甲不加遠征期令境內獲安疆埸不侵而已及至周室失統諸侯專征以大兼小轉相殘滅封疆不固而利害異心戎狄乘間得入中国或招誘安撫以爲己用故申繒之禍顛覆宗周襄公要秦遽興姜戎當春秋時義渠大荔居秦晉之域陸渾陰戎處伊洛之間鄋瞞之屬害及濟東侵入齊宋陵虐邢衛南夷與北狄交侵中国不絕若綫齊桓攘之存亡繼絕北伐山戎以開燕路故仲尼稱管仲之力嘉左衽之功逮至春秋之末戰国方盛楚吞蠻氏晉剪陸渾趙武胡服開榆中之地秦雄咸陽滅義渠之等始皇之并天下也南兼百越北走匈奴五嶺長城戎卒億計雖師役煩殷寇賊橫暴然一世之功戎虜奔却當時中国無復四夷也漢興而都長安關中之郡號曰三輔禹貢雍州宗周豐鎬之舊也及至王莽之敗赤眉因之西都荒毀百姓流亡建武中以馬援領隴西太守討叛羌徙其餘種於關中居馮翊河東空地而與華人雜處數歲之後族類蕃息既恃其肥强且苦漢人侵之永初之元騎都尉王弘使西域發調羌氐以爲行衛於是群羌奔駭互相扇動二州之戎一時俱發覆沒將守屠破城邑鄧隲之征棄甲委兵輿尸喪師前後相繼諸戎遂熾至於南入蜀漢東掠趙魏唐突軹關侵及河內及遣北軍中候朱寵將五營士於孟津距羌十年之中夷夏俱斃任尚馬賢僅乃克之此所以爲害深重累年不定者雖由御者之無方將非其才亦豈不以寇發心腹害起肘腋疢篤難療瘡大遲愈之故哉自此之後餘燼不盡小有際會輒復侵叛馬賢狃忕終於覆敗段熲臨衝自西徂東雍州之戎常爲国患中世之寇惟此爲大漢末之乱關中殘滅魏興之初與蜀分隔疆埸之戎一彼一此魏武皇帝令將軍夏侯妙才討叛氐阿貴千万等後因拔棄漢中遂徙武都之種於秦川欲以弱寇强国扞禦蜀虜此蓋權宜之計一時之勢非所以爲万世之利也今者當之已受其敝矣夫關中土沃物豐厥田上上加以涇渭之流溉其舄鹵鄭国白渠灌浸相通黍稷之饒畝號一鍾百姓謠詠其殷實帝王之都每以爲居未聞戎狄宜在此土也非我族類其心必異戎狄志態不與華同而因其衰敝遷之畿服士庶翫習侮其輕弱使其怨恨之氣毒於骨髓至於蕃育衆盛則坐生其心以貪悍之性挾憤怒之情候隙乘便輒爲橫逆而居封域之內無障塞之隔掩不備之人收散野之積故能爲禍滋蔓暴害不測此必然之勢已驗之事也當今之宜宜及兵威方盛衆事未罷徙馮翊北地新平安定界內諸羌著先零罕开析支之地徙扶風始平京兆之氐出還隴右著陰平武都之界廩其道路之糧令足自致各附本種反其舊土使屬国撫夷就安集之戎晉不雜並得其所上合往古即叙之義下爲盛世永久之規縱有猾夏之心風塵之警則絕遠中国隔閡山河雖爲寇暴所害不廣是以充国子明能以數万之衆制群羌之命有征無戰全軍獨克雖有謀謨深計廟勝遠圖豈不以華夷異處戎夏區別要塞易守之故得成其功也哉難者曰方今關中之禍暴兵二載征戍之勞老師十万水旱之害薦饑累荒疫癘之災札瘥夭昏凶逆既戮悔惡初附且款且畏咸懷危懼百姓愁苦異人同慮望寧

息之有期若枯旱之思雨露誠宜鎮之以安豫而子方欲作役起徒興功造事使疲悴之衆從自猜之寇以無穀之人遷之食之虜恐勢盡力屈緒業不卒羌戎離散心不可一前害未及弭而後變復橫出矣荅曰羌戎狡猾擅相號署攻城野戰傷害牧守連兵聚衆載離寒暑矣而今異類瓦解同種土崩老幼繫虜丁壯降散禽離獸迸不能相一子以此等為尚挾餘資悔惡反善懷我德惠而來柔附乎將勢窮道盡智力俱困懼我兵誅以至於此乎曰無有餘力勢窮道盡故也然則我能制其短長之命而令其進退由己矣夫樂其業者不易事安其居者無遷志方其自疑危懼畏怖促遽故可制以兵威使之左右無違也迨其死亡散流離逷未鳩與關中之人戶皆為讎故可遐遷遠處令其心不懷土也夫聖賢之謀事也為之於未有理之於未亂道不著而平德不顯而成其次則能轉禍為福因敗為功值困必濟遇否皆通今子遭敝事之終而不圖更制之始愛易轍之勤而得覆車之軌何哉且關中之人百餘萬口率其少多戎狄居半處之與遷必須口實若有窮乏糝粒不繼者故當傾關中之穀以全其生生之計必無擠於溝壑而不為侵掠之害也今我遷之傳食而至附其種族自使相贍而秦地之人得其半穀此為濟行者以廩糧遺居者以積倉寬關中之逼去盜賊之原除旦夕之損建終年之益若憚暫舉之小勞而忘永逸之弘策惜日月之煩苦而遺累世之寇敵非所謂能開物成務創業垂統崇基拓跡謀及子孫者也并州之胡本實匈奴桀惡之寇也漢宣之世凍餒殘破國內五裂後合為二呼韓邪遂衰弱孤危不能自存依阻塞下委質柔服建武中南單于復求降附遂令入塞居於漠南數世之後亦輒叛戾故何熙梁觀戎車屢征中平中以黃巾賊起發調其兵部衆不從而殺羌渠由是於弥扶羅求助於漢以討其賊仍值世喪亂遂乘釁而作鹵掠趙魏寇至河南建安中又使右賢王去卑誘質呼厨泉聽其部落散居六郡咸熙之際以一部太強分為三率泰始之初又增為四於是劉猛內叛連結外虜近者郝散之變發於穀遠今五部之衆戶至數萬人口之盛過於西戎然其天性驍勇弓馬便利倍於氐羌若有不虞風塵之慮則并州之域

可為寒心滎陽句驪本居遼東塞外正始中幽州刺史毋丘儉伐其叛者徙其餘種始徙之時戶落百數子孫孳息今以千計數世之後必至殷熾今百姓失職猶或亡叛犬馬肥充則有噬齧況於夷狄能不為變但顧其微弱勢力不陳耳夫為邦者患不在貧而在不均憂不在寡而在不安以四海之廣士庶之富豈須夷虜在內然後取足哉此等皆可申諭發遣還其本域慰彼羇旅懷土之思釋我華夏纖介之憂惠此中國以綏四方德施永世於計為長帝不能用未及十年而夷狄亂華時服其深識遷中郎選司以統叔父春為宜春令統因上疏曰故事父祖與官職同名皆得改選而未有身與官職同名不改選之例臣以為父祖改選者蓋為臣子開地不為父祖之身也而身名所加亦施於臣子佐吏係屬朝夕從事官位之號發言所稱若指實而語則違經禮諱尊之義若詭辭避迴則為廢官擅犯憲制今以四海之廣職位之衆名號繁多士人殷富至使有受寵皇朝出身宰牧而令佐吏不得表其官稱子孫不得言其位號所以上嚴君父下為臣子體例不通若易私名以避官職則違春秋不奪人親之義臣以為身名與官職同者宜與觸父祖名為比體例既全於義為弘朝廷從之轉太子洗馬在東宮累年甚被親禮太子頗闕朝覲又奢費過度多諸禁忌統上書諫曰臣聞古之為臣者進思盡忠退思補過獻可替否拾遺補闕是以人主得以舉無失行言無口過德音發聞揚名後世臣等不逮無能云補思竭愚誠謹陳五事如左惟蒙一省再省少垂察納其一曰六行之義以孝為首虞舜之德以孝為稱故太子以朝夕視君膳為職左右就養無方文王之為世子可謂篤於事親者也故能擅三代之美為百王之宗自頃聖體屢有疾患數闕朝侍遠近觀聽者不能深知其故以致疑惑伏願殿下雖有微苦可堪扶輿則宜自力易曰君子終日乾乾蓋自勉強不息之謂也其二曰古之人君雖有聰明之姿叡喆之質必須輔弼之助相導之功故虞舜以五臣興周文以四友隆及成王之為太子也則周召為保傅史佚昭文章故能聞道早備登崇大業刑措不用流聲洋溢伏惟殿下天授逸才聰鑒特達臣謂猶宜時發聖令宣揚德音諮詢保傅訪逮侍

臣觀見賓客得令接盡禮不苟之情沛然交泰殿下之美煥然光明如此則高朗之風扇於前人弘範令軌永爲後式其三曰古之聖王莫不以儉爲德故堯稱采椽茅茨禹稱卑宮惡服漢文身衣弋綈足履革舃以身先物政致太平存爲明主沒見宗祀及諸侯脩之者魯僖以躬儉節用聲列雅頌蚡冒以篳路藍縷用張楚國大夫脩之者文子相魯妾不衣帛晏嬰相齊鹿裘不補亦能匡君濟俗興國隆家庶人脩之者顏回以簞食瓢飲揚其仁聲原憲以蓬戶繩樞邁其清德此皆聖王明君賢臣智士之所履行也故能懸名日月永世不朽蓋儉之福也及到末世以奢失之者帝王則有瑤臺瓊室玉杯象箸肴膳之珍則熊蹯豹胎酒池肉林諸侯爲之者至於丹楹刻桷餘徵百牢大夫有瓊弁玉纓庶人有擊鍾鼎食亦因不亡國喪宗破家失身醜名彰聞以爲後戒竊聞後園鏤飾金銀刻磨犀象畫室之巧課試日精臣等以爲今四海之廣萬物之富以今方古不足爲侈也然上之所好下必從之是故居上者必愼其所好也昔漢光武皇帝時有獻千里馬及寶劍者馬以駕鼓車劍

以賜騎士世祖武皇帝有上雉頭裘者即詔有司焚之都街高世之主不尚尤物故能正天下之俗刑四方之風臣等以爲畫室之功可且減省後園雜作一皆罷遣肅然清靜優游道德則日新之美光于四海矣其四曰以天下而供一人以百里而供諸侯故王侯食籍而衣稅公卿大夫受爵而資祿莫有不贍者也是以士農工商四業不雜交易而退以通有無者庶人之業也周禮三市旦則百族晝則商賈夕則販夫販婦買賤賣貴販鬻菜果收十百之盈以救旦夕之命故爲庶人之貧賤者也樊遲匹夫請學爲圃仲尼不答魯大夫臧文仲使妾織蒲又譏其不仁公儀子相魯則拔其園葵言食祿者不與貧賤之人爭利也秦漢以來風俗轉薄公侯之尊莫不殖園圃之田而收市井之利漸冉相放莫以爲恥乘以古道誠可愧也今西園賣葵菜藍子雞麪之屬虧敗國體貶損令聞其五曰竊見禁土令不得繕脩牆壁動正屋瓦臣以爲此既違典彞義且以拘攣小忌而廢弘廓大道宜可蠲除於事爲宜

朝廷善之及太子廢徙許昌賈后諷有司不聽宮臣追送統與宮臣冒禁至伊水拜辭道左悲泣流漣都官從事悉收統等付河南洛陽獄付郡者河南尹樂廣悉散遣之繫洛陽者猶未釋都官從事孫琰說賈謐曰所以廢徙太子以爲惡故耳東宮故臣冒罪拜辭涕泣路次不顧重辟乃更彰太子之德不如釋之謐語洛陽令曹攄由是皆免及太子薨改葬統作誄敘哀爲世所重後爲博士尚書郎參大司馬齊王冏軍事冏驕荒將敗統切諫文多不載遷廷尉正每州郡疑獄斷處從輕成都王穎請爲記室多所箴諫申論陸雲兄弟辭甚切至以母憂去職服闋爲司徒左長史東海王越爲兗州牧以統爲別駕委以州事與統書曰昔王子師爲豫州未下車辟荀慈明下車辟孔文舉貴州人士有堪應此者不統舉高平郗鑒爲賢良陳留阮脩爲直言濟北程收爲方正時以爲知人尋遷黃門侍郎散騎常侍領國子博士永嘉四年避難奔于成皋病卒凡所造賦頌表奏皆傳於後二子虨惇

虨字思玄本州辟舉秀才平南將軍溫嶠以爲參軍復爲州別駕辟司空郗鑒掾除長山令鑒又請爲司馬轉黃門郎車騎將軍庾冰鎮江州

請爲長史冰薨庾翼以爲諮議參軍俄而復補長史翼薨大將干瓚作難虨討平之除尚書吏部郎仍遷御史中丞侍中吏部尚書永和中代桓景爲護軍將軍出補會稽內史加右軍將軍代王彪之爲尚書僕射哀帝即位疑周貴人名號所宜虨議見禮志帝欲於殿庭立鴻祀又欲躬自籍田虨並以爲禮廢日久儀注不存中興以來所不行謂宜停之爲僕射積年簡文帝爲相每訪政事虨多所補益轉護軍將軍領國子祭酒至官卒子敳歷琅邪內史驃騎諮議敳子恒元熙中爲西中郎長史弟夷尚書

惇字思悛孝友淳粹高節邁俗性好學儒玄並綜每以爲君子立行應依禮而動雖隱顯殊塗未有不傍禮教者也若乃放達不羈以肆縱爲貴者非但動違禮法亦道之所棄也乃著通道崇檢論世咸稱之蘇峻之亂避地東陽山太尉郗鑒檄爲兗州治中又辟太尉掾康帝爲司徒亦辟焉征西將軍庾亮請爲儒林參軍徵拜博士著作郎皆不就邑里宗其道有事必諮而後行東陽太守阮裕長山令王濛皆一時名士並

與愽游處深相欽重養志二十餘年永和九年卒時年四十九友朋
相與刊石立頌以表德美云
孫楚字子荊太原中都人也祖資魏驃騎將軍父宏南陽太守楚才藻
卓絶爽邁不群多所陵傲缺鄉曲之譽年四十餘始參鎮東軍事文
帝遣符劭孫郁使吳將軍石苞令楚作書遺孫皓曰蓋見機而作周易
所貴小不事大春秋所誅此乃吉凶之萌兆榮辱所由生也是故許鄭以
銜璧全國曹譚以無禮取滅載籍既記其成敗古今又著其愚智不復
廣引譬類崇飾浮辭苟以夸大為名更喪忠告之實今粗論事要以
相覺悟昔炎精幽昧歷數將終桓靈失德災釁並興豺狼抗爪牙之
毒生靈罹塗炭之難由是九州絶貫皇綱解紐四海蕭條非復漢有大
祖承運神武應期征討暴亂克寧區夏協建靈符天命既集遂廓洪
基奄有魏域土則神州中嶽器則九鼎猶存世載淑美重光相襲故知
四隩之攸同帝者之壯觀也昔公孫氏承藉父兄世居東裔擁帶燕胡
馮陵險遠講武游盤不供職貢內傲帝命外通南國乘桴滄海交酬貨

賄葛越布于朔土貂馬延于吳會自以控弦十萬奔走之力信能右折
燕齊左震扶桑輮轢沙漠南面稱王宣王薄伐猛銳長驅師次遼陽
而城地不安枹鼓暫鳴而元凶折首於是遠近疆埸列郡大荒收離聚
散大安其居衆庶悅服殊俗款附自茲以降九野清泰東夷獻其樂
器肅慎貢其楛矢曠世不羈應化而至巍巍蕩蕩想所具聞也吳之
先祖起自荊楚遭時擾攘潛播江表劉備震懼亦逃巴岷遂因山陵積
石之固三江五湖浩汗無涯假氣游魂迄茲四紀兩邦合從東西唱和互相
扇動距捍中國自謂三分鼎足之勢可與太山共相終始也相國晉王輔
相帝室文武桓桓志厲秋霜廟勝之算應變無窮獨見之鑒與衆絶慮
主上欽明委以萬機長轡遠御妙略潛授偏師同心上下用力凌威奮伐深入
其阻并敵一向奪其膽氣小戰江由則成都自潰曜兵劍閣則姜維面縛
開地六千領郡三十兵不踰時梁益肅清使竊號之雄稽顙絳闕球琳
重錦充於府庫夫韓并魏徙虢滅虞亡此皆前鑒後事之表又南中呂興
深覩天命蟬蛻內附願為臣妾外失輔車脣齒之援內有羽毛零落之

漸而俳佪危國與延日月此由魏武侯却指山河自以為彊殊不知物
有興亡則所美非其地也方今百僚濟濟儁乂盈朝武臣猛將折衝
萬里國富兵彊六軍精練思復翰飛飲馬南海自頃國家整修器
械興造舟檝簡習水戰樓船萬艘千里相望刳木已來舟車之用未有
如今之殷盛者也驍勇百萬畜力待時役不再舉今日之師也然主相
眷眷未便電發者猶以為愛人治國道家所尚崇城遂卑文王退舍故
先開大信喻以存亡殷勤之旨往使所究也若能審識安危自求多福
蹶然改容祗承往錫追慕南越嬰齊入侍北面稱臣伏聽告策則世祚
江表永為魏藩豐功顯報隆於今日矣若猶侮慢未順王命然後謀力
雲合指麾從風雍梁二州順流而東青徐戰士列江而西荊揚兗豫爭
驅八衝征東甲卒武步秣陵爾乃王輿整駕六戎徐征羽校燭日旌旗
星流龍游曜路歌吹盈耳士卒奔邁其會如林煙塵俱起震天駭地
渴賞之士鋒鏑爭先忽然一旦身首橫分宗祀淪覆取戒萬世引領南
望良助寒心夫療膏肓之疾者必進苦口之藥決狐疑之慮者亦告逆

耳之言如其猶豫迷而不反恐俞附見其已死扁鵲知其無功矣勉思良
圖惟所去就劭等至吳不敢為通楚後遷佐著作郎復參石苞驃騎軍
事楚既負其材氣頗侮易於苞初至長揖曰天子命我參卿軍事因此
而嫌隙遂構苞奏楚與吳人孫世山共訕毀時政楚亦抗表自理紛紜
經年事未判又與鄉人郭奕忿爭武帝雖不顯明其罪然以少賤受責
遂湮廢積年初參軍不敬府主楚既輕苞遂制施敬自楚始也征西將
軍扶風王駿與楚舊好起為參軍轉梁令遷衛將軍司馬時龍見武庫
井中群臣將上賀楚上言曰頃聞武庫井中有二龍群臣或有謂之禎祥
而稱賀者或有謂之非祥無所賀者可謂楚既失之而齊亦未為得也
夫龍或俯鱗潛于重泉或仰攀雲漢游乎蒼昊而今蟠于坎井同於蛙
蝦者豈獨管庫之士或有隱伏廝役之賢沒於行伍故龍見光景有所
感悟願陛下赦小過舉賢才垂夢於傅巖望想於渭濱修學官起淹
滯申命公卿舉獨行君子可惇風厲俗者又舉亮拔秀異之才可以撥煩
理難矯世抗言者無繫世族必先逸賤夫戰勝攻取之勢并兼混一之威

五伯之事韓白之功耳至於制禮作樂闡揚道化甫是士人出筋力之秋
也伏願陛下擇任夫之言惠帝初為馮翊太守元康三年卒初楚與同郡
王濟友善濟為本州大中正訪問銓邑人品狀至楚濟曰此人非鄉所能目
吾自為之乃狀楚曰天才英博亮拔不群楚少時欲隱居謂濟曰當欲
枕石漱流誤云漱石枕流濟曰流非可枕石非可漱楚曰所以枕流欲洗
其耳所以漱石欲厲其齒楚少所推服惟雅敬濟初楚除婦服作詩以
示濟濟曰未知文生於情情生於文覽之悽然增伉儷之重三子衆洵
纂衆及洵俱未仕而早終惟纂子統綽並知名
統字承公幼與綽及從弟盛過江誕任不羈而善屬文時人以為有楚
風征北將軍褚裒聞其名命為參軍辭不就家于會稽性好山水乃求
為鄞令轉在吳寧居職不留心碎務縱意游肆名山勝川靡不窮究
後為餘姚令卒子騰嗣以博學著稱位至廷尉騰弟登少善名理注
老子行於世仕至尚書郎早終
綽字興公博學善屬文少與高陽許詢俱有高尚之志居于會稽游放

山水十有餘年乃作遂初賦以致其意嘗鄙山濤而謂人曰山濤吾所不
解吏非吏隱非隱若以元禮門為龍津則當點額暴鱗矣所居齋前種
一株松恒自守護鄰人謂之曰樹子非不楚楚可憐但恐永無棟梁日耳
綽答曰楓柳雖復合抱亦何所施邪綽與詢一時名流或愛詢高邁則
鄙於綽或愛綽才藻而無取於詢沙門支遁試問綽君何如許荅曰高
情遠致弟子早已伏膺然一詠一吟許將北面矣絶重張衡左思之賦每
云三都二京五經之鼓吹也嘗作天台山賦辭致甚工初成以示友人范
榮期云卿試擲地當作金石聲也榮期曰恐此金石非中宮商然每至
佳句輒云應是我輩語除著作佐郎襲爵長樂侯綽性通率好譏調嘗
與習鑿齒共行綽在前顧謂鑿齒曰沙之汰之瓦石在後鑿齒曰簸之颺
之糠粃在前征西將軍庾亮請為參軍補章安令徵拜太學博士遷
尚書郎揚州刺史殷浩以為建威長史會稽內史王羲之引為右軍長史轉
永嘉太守遷散騎常侍領著作郎時大司馬桓溫欲經緯中國以河南粗
平將移都洛陽朝廷畏溫不敢為異而北土蕭條人情疑懼雖並知不可

莫敢先諫綽乃上疏曰伏見征西大將軍臣溫表便當躬率三軍討除
二寇蕩滌河渭清灑舊京然後神旂電舒朝服濟江反皇居於中土
正玉衡於天極斯超世之宏圖千載之盛事然臣之所懷竊有未安以為
帝王之興莫不藉地利人和以建功業貴能以義平暴因而撫之懷愍
不建淪胥秦京遂令胡戎交侵神州絶綱土崩之釁勢誠由道喪然中
夏蕩蕩一時橫流百郡千城曾無完郛者何哉亦以地不可守投奔有
所故也天祚未革中宗龍飛非惟信順協於天人而已實賴萬里長江
畫而守之耳易稱王公設險以守其國險之時義大矣哉斯已然之明
效也今作勝談自當任道而遺險校實量分不得不保小以固存自喪
亂已來六十餘年蒼生殄滅百不遺一河洛丘墟函夏蕭條井堙木刊阡
陌夷滅生理茫茫永無依歸播流江表已經數世存者長子老孫亡者
丘隴成行雖北風之思感其素心目前之哀實為交切若遷都旋軫之
日中興五陵即復緬成遐域泰山之安既難以理保烝烝之思豈不纏
於聖心哉溫今此舉誠欲大覽始終為國遠圖向无山陵之急亦未首

決大謀獨任天下之至難也今發憤忘食忠慨亮到凡在有心孰不致
感而百姓震駭同懷危懼者豈不以反舊之樂賒而趣死之憂促哉何
者植根於江外數十年矣一朝拔之頓驅踧於空荒之地提挈萬里踰
險浮深離墳墓棄生業富者無三年之量貧者無一餐之飯田宅不可
復售舟車無從而得捨安樂之國適習亂之鄉出必安之地就累卵之危
將頓仆道塗飄溺江川僅有達者夫國以人為本疾寇所以為人衆喪
而寇除亦安所取裁此仁者所宜哀矜國家所宜深慮也自古今帝王之
都豈有常所時隆則宅中而圖大勢屈則遵養以待會使德不可勝家
有三年之積然後始可謀太平之事耳今天時人事有未至者矣一朝欲
一宇宙無乃頓而難舉乎臣之愚計以為且可更遣一將有威名資實
者先鎮洛陽於陵所築二壘以奉衛山陵埽平梁許清一河南運漕之
路既通然後盡力於開墾廣田積穀漸為徙者之資如此賊見亡徵勢必
遠竄如其迷逆不化復欲送死者南北諸軍風馳電赴若身手之救痛
癢率然之應首尾山陵既固中夏小康陛下且端委紫極增脩德政躬

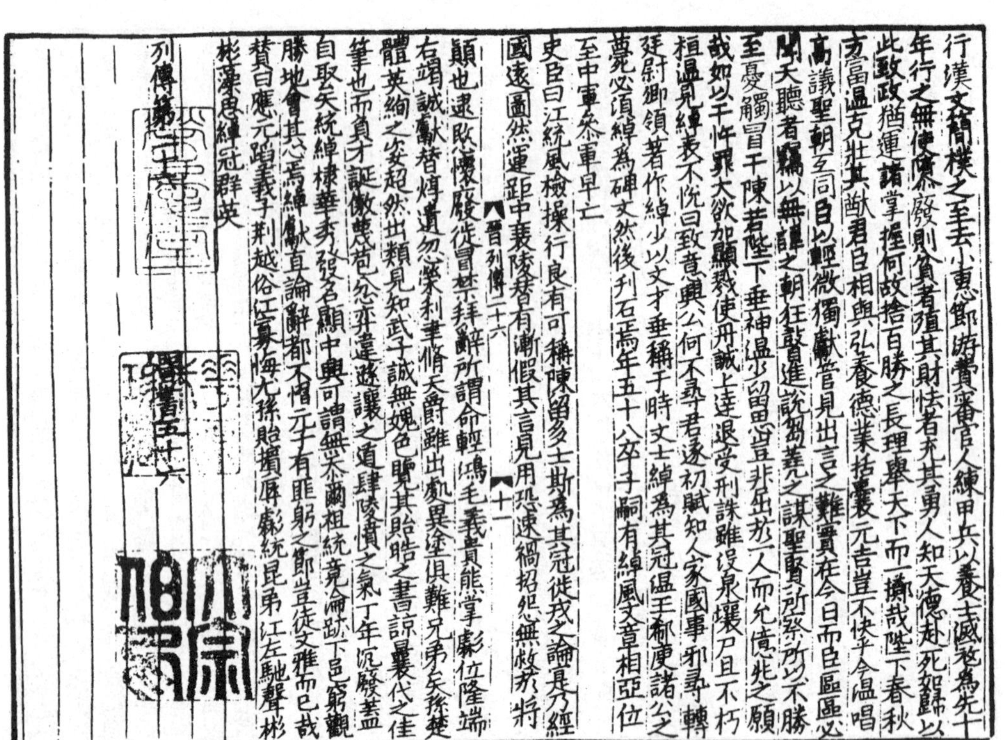

行漢文簡樸之至去小惠節游費審官人練甲兵以養士滅寇為先十年行之無使隳廢則貧者殖其財怯者充其勇人知天德赴死如歸以此致政猶運諸掌握何故捨百勝之長理舉天下而一擲哉陛下春秋方富溫克壯其猷君臣相與弘養德業括囊元吉豈不快乎今溫唱高議聖朝互同自以輕微獨獻管見出言之難實在今日而臣區區必聞天聽者竊以無諱之朝狂瞽進說芻蕘之謀聖賢所察所以不勝至憂觸冒干陳若陛下垂神溫少留思豈非屈於一人而允億兆之願哉如以干忤罪大欲加顯戮使丹誠上達退受刑誅雖沒泉壤尸且不朽桓溫見綽表不悅曰致意興公何不尋君遂初賦知人家國事邪尋轉廷尉卿領著作綽少以文才垂稱于時文士綽為其冠溫王郗庾諸公之薨必須綽為碑文然後刊石焉年五十八卒子嗣有綽風文章相亞位至中軍參軍早亡

史臣曰江統風檢操行良有可稱陳留多士斯為其冠徙戎之論寔乃經國遠圖然運距中衰陵替有漸假其言見用恐速禍招怨無救於將

顛也遐欣懷愍徒冒禁拜辭所謂命輕鴻毛義貴熊掌彪位隆端右竭誠獻替焯遺忽榮利華脩天爵雖出處異塗俱難兄弟矣孫楚體英絢之姿超然出類見知武子誠無愧色覽其貽皓之書諒曩代之佳筆也而負才誕傲蔑苞忿弈違遜讓之道肆陵憤之氣丁年沉廢蓋自取矣統綽棣華秀發名顯中興可謂無忝爾祖統竟論跡下邑窮觀勝地會其心焉綽獻直論辭都不懵元子有匪躬之節豈徒文雅而已哉

贊曰應元蹈義子荊越俗江寡悔尤孫貽擯辱彪統昆弟江左馳聲彬彬藻思綽冠群英

列傳第二十六　晉書五十六

列傳第二十七　晉書五十七

羅憲 兄子尚　滕脩　馬隆

陶璜　吾彥　張光　趙誘

羅憲字令則，襄陽人也。父蒙，蜀廣漢太守。憲年十三能屬文，早知名。師事譙周，周門人稱為子貢。性方亮嚴整，待士無倦，輕財好施，不營產業。仕蜀為太子舍人、宣信校尉，再使於吳，吳人稱焉。時黃皓預政，衆多附之，憲獨介然。皓恚之，左遷巴東太守。時大將軍閻宇都督巴東，拜憲領軍，為宇副貳。魏之伐蜀，召宇西還，憲守永安城。及成都敗，城中擾動，邊江長吏皆棄城走，憲斬亂者一人，百姓乃安。知劉禪降，乃帥所統臨于都亭三日。吳聞蜀敗，遣將軍盛憲西上，外託救援，內欲襲憲。憲曰：「本朝傾覆，吳為脣齒，不恤我難，而邀其利，吾寧當為降虜乎！」乃歸順。於是繕甲完聚，厲以節義，士皆用命。及鍾會、鄧艾死，百城無主，吳又使步協西征，憲大破其軍。孫休怒，又遣陸抗助協。憲距守經年，救援不至，城中疾疫太半。或勸南出牂牁，北奔上庸，可以保全。憲曰：「夫為人主，百姓所仰，既不能存，急而棄之，君子不為也。畢命於此矣。」會荊州刺史胡烈等救之，抗退。加陵江將軍、監巴東軍事、使持節、領武陵太守。泰始初入朝，詔曰：「憲忠烈果毅，有才策器幹，可給鼓吹。」又賜山玄玉佩劍。泰始六年卒，贈使持節、安南將軍、武陵太守，追封西鄂侯，謚曰烈。初，憲侍讌華林園，詔問蜀大臣子弟，後問先輩宜時叙用者，憲薦蜀人常忌、杜軫等，皆西國之良器，武帝並召而任之。子襲，歷給事中、陵江將軍，統其父部曲，至廣漢太守。兄子尚。

尚字敬之，一名仲。父式，牂牁太守。尚少孤，依叔父憲。善屬文。荊州刺史王戎以尚及劉喬為參軍，並委任之。太康末，為梁州刺史。及趙廞反於蜀，尚表曰：「廞非雄才，必無所成，計日聽其敗耳。」乃假尚節，為平西將軍、益州刺史、西戎校尉。性貪，少斷，蜀人言曰：「尚之所愛，非邪則佞；尚之所憎，非忠則正。富擬魯衛，家成市里；貪如豺狼，無復極已。」又曰：「蜀賊尚可，羅尚殺我。平西將軍，反更為禍。」時李特亦起於蜀，攻蜀，殺趙廞，又攻尚於成都。尚退保江陽。初，尚乞師方嶽，荊州刺史宗岱率建平太守孫阜救之，次于江州。岱、阜兵盛，諸為寇所逼者人有奮志。尚乃使兵曹從事任銳偽降，因出密宣告於外，剋日俱擊，遂大破之，斬李特，傳首洛陽。特子雄僭號，都於郫城，尚遣將軍隗伯攻之，不剋。俄而尚卒，雄遂據有蜀土。

滕脩字顯先，南陽西鄂人也。仕吳為將帥，封西鄂侯。孫皓時，代熊睦為廣州刺史，甚有威惠。徵為執金吾。廣州部曲督郭馬等為亂，皓以脩宿有威惠，為嶺表所伏，以為使持節、都督廣州軍事、鎮南將軍、廣州牧，以討之。未剋而王師伐吳，脩率衆赴難，至巴丘而皓已降，乃縞素流涕而還，與廣州刺史閭豐、蒼梧太守王毅各送印綬，詔以脩為安南將軍，廣州牧、持節、都督如故，封武當侯，加鼓吹，委以南方事。脩在南積年，為邊夷所附。太康九年卒，請葬京師，帝嘉其意，賜墓田一頃，謚曰聲。脩之子並上表曰：「亡父脩羈紲吳壤，為所驅馳，幸逢開通，沐浴至化，得從俘虜，握戎馬之要，未覲聖顏，委南藩之重，實由勳勞少聞天聽故也。年衰疾篤，屢乞骸骨，未蒙垂哀，奄至薨隕。臣承遺意，輿櫬還都，瞻望雲闕，實懷痛裂。竊聞博士謚脩曰聲，直彰流播，不稱行績，不勝愚情，冒昧聞許。」帝乃賜謚曰忠。並子含，初為庾冰輕車長史，討蘇峻有功，封夏陽縣開國侯，邑千六百戶，授平南將軍、廣州刺史，在任積年，甚有威惠，卒，謚曰戴。含弟子遯，交州刺史。脩曾孫恬之，龍驤將軍、魏郡太守，戍黎陽，為翟遼所執，死之。

馬隆字孝興，東平平陸人也。少而智勇，好立名節。魏兗州刺史令狐愚坐事伏誅，舉州無敢收者，隆以武吏託稱愚客，以私財殯葬，服喪三年，列植松柏，禮畢乃還，一州以為美談。署武猛從事。泰始中，將興伐吳之役，下詔曰：「吳會未平，宜得猛士以濟武功。雖舊有薦舉之法，未足以盡殊才。其普告州郡，有壯勇秀異、才力傑出者，皆以名聞，將簡其尤異，擢而用之。苟有其人，勿限所取。」兗州舉隆才堪良將。稍遷司馬督。初，涼州刺史楊欣失羌戎之和，隆陳其必敗。俄而欣為虜所沒，河西斷絕，帝每有西顧之憂，臨朝而歎曰：「誰能為我討此虜通涼州者乎？」朝臣莫對。隆進曰：「陛下若能任臣，臣能平之。」帝曰：「必能滅賊，何為不任，顧方略何如耳。」隆曰：「陛下若能任臣，當聽臣自任。」帝曰：「云何？」隆曰：「臣請募勇士三千人，無問所從來率之哉行而西稟陛下威德醜虜何足滅哉帝許之乃以隆為武威太守公卿僉曰六軍既衆州郡兵多但當用之不宜橫設賞募以亂常典隆小將妄說不可從也帝弗納隆募限要引弩三十六鈞弓四鈞立標簡試自旦至中得三千五百人隆曰足矣因請自至武庫選杖武庫令與隆忿爭御史中丞奏劾隆隆曰臣當亡命戰場以報所受武庫令乃以魏時朽杖見給不可復用非陛下使臣滅賊意也帝從之又給其三年軍資隆於是西渡溫水虜樹機能等以衆萬計或乘險以遏隆前或設伏以截隆後隆依八陣圖作偏箱車地廣則鹿角車營路狹則為木屋施於車上且戰且前弓矢所及應弦而倒奇謀間發出敵不意或夾道累磁石賊負鐵鎧行不得前隆卒悉被犀甲無所留礙賊咸以為神轉戰千里殺傷以千數自隆之西音問斷絕朝廷憂之或謂已沒後隆使夜到帝撫掌歡笑詰朝召群臣謂曰若從諸卿言是無秦涼也乃詔曰隆以偏師寡衆奮不顧難冒險能濟其假節宣威將軍加赤幢曲蓋鼓吹隆到武威虜大人猝跋韓且萬能等率萬餘落歸隆前後

誅殺及降附者以萬計又率善戎沒骨能等與樹機能大戰斬之涼州遂平朝議將加隆將士勳賞有司奏隆將士皆先加顯爵不應更授衛將軍楊珧駁曰前精募將士加爵命者此適所以為誘引今隆全軍獨尅西土獲安不得便以前授塞此後功宜皆聽許以明要信乃從珧議賜爵加秩各有差太康初朝廷以西平荒毀宜時興復以隆為平虜護軍西平太守將所領精兵又給牙門一軍屯據西平時南虜成奚每為邊患隆至帥軍討之虜據險距守隆令軍士皆負農器將若田者虜以隆無征討意御衆稍怠隆因其無備進兵擊破之畢隆之政不敢為寇太熙初封奉高縣侯加授東羌校尉積十餘年威信振於隴右時略陽太守馮翊嚴舒與楊駿通親密圖代隆毀隆年老謬耄不宜服戎於是徵隆以舒代鎮氐羌聚結百姓驚懼朝廷恐關隴復擾乃免舒遣隆復職竟卒於官子咸嗣亦驍勇成都王穎攻長沙王乂以咸為鷹揚將軍率兵屯河橋中渚為乂將王瑚所敗沒於陣

胡奮字玄威安定臨涇人也魏車騎將軍陰密侯遵之子也奮性開朗有籌略少好武事宣帝之伐遼東也以白衣侍從左右甚見接待還為校尉稍遷徐州刺史封夏陽子匈奴中部帥劉猛叛使驍騎路蕃討之以奮為監軍假節頓軍陘北為蕃後繼擊猛破之猛帳下將李恪斬猛而降以功累遷征南將軍假節都督荊州諸軍事遷護軍加散騎常侍奮家世將門晚乃好學有刀筆之用所在有聲績居邊特有威惠泰始末武帝怠政事而耽於色大採擇公卿女以充六宮奮女選入為貴人奮唯有一子為南陽王友早亡及聞女為貴人哭曰老奴不死唯有二兒男入九地之下女上九天之上奮既舊臣兼有椒房之助甚見寵待遷左僕射加鎮軍大將軍開府儀同三司時楊駿以后父驕傲自得奮謂駿曰卿恃女更益豪邪歷觀前代與天家婚未有不滅門者但早晚事耳觀卿舉措適所以速禍駿曰卿女不在天家乎奮曰我女與卿女作婢耳何能損益時人皆謂之懼駿雖銜之而不能害後卒於官贈車騎將軍謚曰壯奮兄弟六人兄廣弟烈並知名廣字宣祖位至散騎常侍少府廣子喜字林甫亦以開濟為稱仕至涼州刺史建武將軍假節護

羌校尉烈字武玄為將伐蜀鍾會之反也烈與諸將皆被閉烈子世元時年十八為士卒先攻殺會名馳遠近烈為秦州刺史及涼州叛烈屯於萬斛堆為虜所圍無援遇害

陶璜字世英丹陽秣陵人也父基吳交州刺史璜仕吳歷顯位孫皓時交阯太守孫諝貪暴為百姓所患會察戰鄧荀至擅調孔雀三千頭遣送秣陵既苦遠役咸思為亂郡吏呂興殺諝及荀以郡內附武帝拜興安南將軍交阯太守尋為其功曹李統所殺帝更以建寧爨谷為交阯太守谷又死更遣巴西馬融代之融病卒南中監軍霍弋又遣犍為楊稷代融與將軍毛炅九真太守董元牙門孟幹孟通李松王業爨能等自蜀出交阯破吳軍于古城斬大都督脩則交州刺史劉俊吳遣虞汜為監軍薛珝為威南將軍大都督璜為蒼梧太守距稷戰于分水璜敗退保合浦亡其二將珝怒謂璜曰若自表討賊而喪二帥其責安在璜曰下官不得行意諸軍不相順故致敗耳珝怒欲引軍還璜夜以數百兵襲董元獲其寶物船載而歸珝乃謝之以璜領交州為前部

督璜從海道出於不意徑至交阯元距之諸將將戰璜疑斷牆內有伏兵列長戟於其後兵纔接元僞退璜追之伏兵果出長戟逆之大破元等以前所得寶船上錦物數千匹遺扶嚴賊帥梁奇奇將萬餘人助璜元有勇將解系同在城內璜誘其弟象使為書與系又使象乘璜軺車鼓吹導從而行元等曰象尚若此系必有去志乃就殺之珝璜遂陷交阯吳因用璜為交州刺史璜有謀策周窮好施能得人心滕脩數討南賊不能制璜曰南岸仰吾鹽鐵斷勿與市皆壞為田器如此二年可一戰而滅也脩從之果破賊初霍弋之遣稷昴等與之誓曰若賊圍城未百日而降者家屬誅若過百日救兵不至吾受其罪稷等守未百日糧盡乞降璜不許給其糧使守諸將並諫璜曰霍弋已死不能救稷等必矣可須其日滿然後受降使彼得無罪我受有義內訓百姓外懷鄰國不亦可乎稷等期訖糧盡救兵不至乃納之脩則既為毛炅所殺則子允隨璜南征城既降允求復讎璜不許炅密謀襲璜事覺收炅呵曰晉賊炅厲聲曰吳狗何等為賊允剖其腹曰復能作賊不炅猶罵曰吾志殺汝孫皓汝父何死狗也璜既擒稷等並送之稷至合浦發病死孟幹爨能李松等至建鄴皓將殺之或勸皓幹等忠於所事宜宥之以勸邊將皓從其言將徙之臨海幹等志欲北歸慮東徙轉遠以吳人愛蜀側竹弩言能作之皓留付作部後幹逃至京都松能為皓所殺幹陳伐吳之計帝乃厚加賞賜以為日南太守先是以楊稷為交州刺史毛炅為交阯太守印綬未至而敗即贈稷交州炅及松能子並關內侯九真郡功曹李祚保郡內附璜遣將攻之不尅祚舅黎晃隨軍勸祚令降祚答曰舅自吳將祚自晉臣唯力是視耳踰時乃拔皓以璜為使持節都督交州諸軍事前將軍交州牧武平九德新昌土地阻險夷獠勁悍歷世不賓璜征討開置三郡及九真屬國三十餘縣徵璜為武昌都督以合浦太守脩允代之交土人請留璜以千數於是遣還皓既降晉手書遣璜息融敕璜歸順璜流涕數日遣使送印綬詣洛陽帝詔復其本職封宛陵侯改為冠軍將軍吳既平晉減州郡兵璜上言曰交土荒裔斗絕一方或重譯而言連帶山海又南郡去州海行千有餘里外距林邑纔七

百里夷帥范熊世為逋寇自稱為王數攻百姓且連接扶南種類猥多朋黨相倚負險不賓往隸吳時數作寇逆攻破郡縣殺害長吏臣以尪駑昔為故國所採偏戍在南十有餘年雖前後征討翦其魁桀深山僻穴尚有逋竄又臣所統之卒本七千餘人南土溫濕多有氣毒加累年征討死亡減耗其見在者二千四百二人今四海混同無思不服當卷甲消刃禮樂是務而此州之人識義者寡厭其安樂好為禍亂又廣州南岸周旋六千餘里不賓屬者乃五萬餘戶及桂林不羈之輩復當萬戶至於服從官役纔五千餘家二州脣齒唯兵是鎮又寧州興古接據上流去交阯郡千六百里水陸並通互相維衛州兵未宜約損以示單虛夫風塵之變出於非常臣亡國之餘議不足採聖恩廣厚猥垂飾擢蠲其罪釁改授方任去辱即寵拭目更視誓念投命以報所受臨履所見謹冒瞽陳又以合浦郡土地磽确無有田農百姓唯以采珠為業商賈去來以珠貿米而吳時珠禁甚嚴慮百姓私散好珠禁絕來去人以饑困又所調猥多限每不充今請上珠三分輸二次者輸一麤者蠲除自十月訖二月非採上珠之時聽商旅往來如舊並從之在南三十年威恩著于殊俗及卒舉州號哭如喪慈親朝廷乃以員外散騎常侍吾彥代璜彥卒又以員外散騎常侍顧祕代彥祕卒州人逼祕子參領州事參尋卒參弟壽求領州州人不聽固求之遂領州壽乃殺長史胡肇等又將殺帳下督梁碩碩走得免起兵討壽禽之付壽母令鴆殺之碩乃迎璜子蒼梧太守威領刺史在職甚得百姓心三年卒威弟淑子綏後並為交州自基至綏四世為交州者五人璜弟濬吳鎮南大將軍荊州牧濬弟抗太子中庶子濬子湮字恭之湮弟猷字恭豫並有名湮至臨海太守黃門侍郎猷宣城內史王導右軍長史湮子馥于湖令為韓晃所殺追贈廬江太守抗子回自有傳

吾彥字士則吳郡吳人也出自寒微有文武才幹身長八尺手格猛獸旅力絕群仕吳為通江吏時將軍薛珝杖節南征軍容甚盛彥觀之慨然而歎有善相者劉札謂之曰以君之相後當至此不足慕也初為小將給吳大司馬陸抗抗奇其勇略將拔用之患眾情不允乃會諸將密

使人陽狂拔刀跳躍而來坐上諸將皆懼而走唯彥不動舉几禦之衆服其勇乃擢用焉稍遷建平太守時王濬將伐吳造船於蜀彥覺之請增兵為備皓不從彥乃輒為鐵鎖橫斷江路及師臨境緣江諸城皆望風降附或見攻而拔唯彥堅守大衆攻之不能剋乃退舍禮之吳亡彥始歸降武帝以為金城太守帝嘗從容問薛瑩曰孫皓所以亡國者何也瑩對曰歸命侯臣皓之君吳昵近小人刑罰妄加大臣大將無所親信人人憂恐各不自安敗亡之釁由此而作矣其後帝又問彥對曰吳主英俊宰輔賢明帝笑曰君明臣賢何為亡國彥曰天祿永終曆數有屬所以為陛下擒此蓋天時豈人事也張華時在坐謂彥曰君為吳將積有歲年蔑爾無聞竊所惑矣彥厲聲曰陛下知我而卿不聞乎帝甚嘉之轉在敦煌威恩甚著遷鴈門太守時順陽王暢驕縱前後內史皆誣之以罪及彥為順陽內史彥清身率下威刑嚴肅衆皆畏懼暢不能誣乃更薦之冀其去職遷員外散騎常侍帝嘗問彥陸喜陸抗二人誰多也彥對曰道德名望抗不及喜立功立事喜不及抗會交州刺史陶璜卒

以彥為南中都督交州刺史重餉陸機兄弟機將受之雲曰彥本微賤為先公所拔而答詔不善安可受之機乃止因此每毀之長沙孝廉尹虞謂機等曰自古由賤而興者乃有帝王何但公卿若何元幹侯孝明唐儒宗張義允等並起自寒微皆內侍外鎮人無譏者卿以士則答詔小有不善毀之無已吾恐南人皆將去卿卿便獨坐也於是機等意始解毀言漸息矣初陶璜之死也九真戍兵作亂逐其太守九真賊帥趙祉圍郡城彥悉討平之在鎮二十餘年威恩宣著南州寧靖自表求代徵為大長秋卒於官

張光字景武江夏鍾武人也身長八尺明眉目美音聲少為郡吏家世有部曲以牙門將伐吳有功遷江夏西部都尉轉北地都尉初趙王倫為關中都督氐羌反叛太守張損戰沒郡縣吏士少有全者光以百餘人戍馬蘭山北賊圍之百餘日光撫厲將士屢出奇兵擊賊破之光以兵少路遠自分敗沒會梁王肜遣司馬索靖將兵迎光舉軍悲泣遂還長安肜表光處絕圍之地有耿恭之忠宜加甄賞以明獎勸於是擢授新平太守加鼓吹屬雍州刺史劉沈被密詔討河間王顒光起兵助沈

沈時委任秦州刺史皇甫重重自以關西大族心每輕光謀多不用及二州軍潰為顒所擒顒謂光曰前起兵欲作何策光正色答曰但劉雍州不用鄙計故令大王得有今日也顒壯之引與歡宴彌日表為右衛司馬陳敏作亂除光順陽太守加陵江將軍率步騎五千詣荊州討之刺史劉弘雅敬重光稱為南楚之秀時江夏太守陶侃與敏大將錢端相距於長岐將戰襄陽太守皮初為步軍使光設伏以待之武陵太守苗光為水軍藏舟艦於沔水皮初等與賊交戰光發伏兵應之水陸同奮賊衆大敗弘表光有殊勳遷材官將軍梁州刺史先是秦州人鄧定等二千餘家饑餓流入漢中保于城固漸為抄盜梁州刺史張殷遣巴西太守張燕討之定窘急偽乞降於燕并餽燕金銀燕喜為之緩師定密結李雄雄遣衆救定燕退定遂進逼漢中太守杜正沖東奔魏興殷亦棄官而遁光不得赴州止於魏興乃結諸郡守共謀進取燕唱言曰漢中荒敗迫近大賊剋復之事當俟英雄正沖曰張燕受賊金銀不時進討阻兵緩寇致喪漢中實燕之罪也光於是發怒呵燕令出斬之以徇綏撫荒

殘百姓悅服光於是却鎮漢中時逆賊王如餘黨李運楊武等自襄陽將三千餘家入漢中光遣參軍晉邈率衆於黃金距之邈受運重賂勸光納運光從邈言使居城固既而邈以運多珍貨又欲奪之復言於光曰運之徒屬不事佃農但營器杖意在難測可掩而取之光又信焉遣邈率衆討運不剋光乞師於氐王楊茂搜茂搜遣子難敵助之難敵求貨於光光不與楊武乃厚賂難敵謂之曰流人寶物悉在光處今伐我不如伐光難敵大喜聲言助光內與運同光不之知也遣息援率衆助邈運與難敵夾攻邈等援為流矢所中死賊遂大盛光嬰城固守自夏迄冬憤激成疾佐吏及百姓咸勸光退據魏興光按劍曰吾受國厚恩不能翦除寇賊今得自死便如登仙何得退還也聲絕而卒時年五十五百姓悲泣遠近傷惜之有二子孟萇邁少辟太宰掾邁多才略有父風州人推邁權領州事與賊戰沒別駕范曠及督護王喬奉光妻息率其衆還據魏興其後義陽太守任愔為梁州光妻子歸本郡南平太守應詹白都督王敦稱光在梁州能興微繼絕威振巴漢值中原傾覆征鎮失守外無救助內關資儲以寡敵衆經年抗

御厲節不撓宜應追論顯贈以慰存亡敦不能從

趙誘字元孫淮南人也世以將顯州辟主簿值刺史郗隆被齊王冏檄使起兵討趙王倫隆欲承檄舉義而諸子姪並在洛陽欲坐觀成敗恐為冏所討進退有疑會群吏計議誘說隆曰趙王篡逆海內所病今義兵飈起其敗必矣今為明使君計莫若自將精兵徑赴許昌上策也不然且可留後遣猛將將兵會盟亦中策也若遣小軍隨形助勝下策耳隆曰我受二帝恩無所偏助正欲保州而已誘與治中留寶主簿張褒等諫隆若無所助變難將生州亦不可保也隆猶豫不決遂為其下所害誘還家杜門不出左將軍王敦以為參軍加廣武將軍與甘卓周訪共討華軼破之又擊杜弢於西湘太興初復與卓攻弢滅之累功賜爵平阿縣侯代陶侃為武昌太守時杜曾迎第五猗於荊州作亂敦遣誘與襄陽太守朱軌共距之猗既愍帝所遣加有時望為荊楚所歸誘等苦戰皆沒敦甚悼惜之表贈征虜將軍秦州刺史謚曰敬子龔與誘俱死元帝為晉王下令贈新昌太守龔弟胤字伯舒王敦使周訪擊杜曾胤請從行訪憚曾之彊欲先以胤餌曾使其衆疲而後擊之胤多梟首級王導引為從事中郎南頓王宗反胤殺宗於是王導庾亮並倚杖之轉冠軍將軍遷西豫州刺史卒於官

史臣曰忠為令德貞曰事君徇國家而竭身歷夷險而一節羅憲滕脩濯纓入仕指巴東而受脈出嶺嶠而揚麾屬鼎命淪胥本朝失守留巴丘而流涕集都亭而大臨古之忠烈亦无輩于茲孝興之智勇玄威之武藝滅醜虜於河西制凶酋於徑北審楊欣之必敗識楊駿之速禍陶璜吾彥逸足齊驅毛炅屈其深謀陸抗奇其殊略薪槱之任清規自遠鼓鞞之臣厥聲彌劭景武南楚秀士元孫累葉將門赴死喻於登仙效誠陳於上策音而俱斃貞則斯存

贊曰憲居王壘才博流譽脩赴石門惠政攸著孝興玄威操履無違愚墳畢禮楊門致譏璜謀超絕彥材雄傑潛師襲董觀兵勦辟惟趙與張神略多方作尉北地立功西湘

列傳第二十八　　晉書五十八

周處 子玘 玘子勰 玘弟札 札兄子莚　周訪 子撫 撫子楚 楚子瓊 瓊子虓 撫弟光 光子仲孫

周處，字子隱，義興陽羨人也。父魴，吳鄱陽太守。處少孤，未弱冠，膂力絕人，好馳騁田獵，不脩細行，縱情肆欲，州曲患之。處自知為人所惡，乃慨然有改勵之志，謂父老曰：「今時和歲豐，何苦而不樂耶？」父老歎曰：「三害未除，何樂之有！」處曰：「何謂也？」答曰：「南山白額猛獸，長橋下蛟，并子為三矣。」處曰：「若此為患，吾能除之。」父老曰：「子若除之，則一郡之大慶，非徒去害而已。」處乃入山射殺猛獸，因投水搏蛟，蛟或沈或浮，行數十里，而處與之俱，經三日三夜，人謂死，皆相慶賀。處果殺蛟而反，聞鄉里相慶，始知人患己之甚，乃入吳尋二陸。時機不在，見雲，具以情告，曰：「欲自脩而年已蹉跎，恐將無及。」雲曰：「古人貴朝聞夕改，君前途尚可，且患志之不立，何憂名之不彰！」處遂勵志好學，有文思，志存義烈，言必忠信克己。朞年，州府交辟，仕吳為東觀左丞。孫皓末，為無難督。及吳平，王渾登建鄴宮釃酒，既酣，謂吳人曰：「諸君亡國之餘，得無慼乎？」處對曰：「漢末分崩，三國鼎立，魏滅於前，吳亡於後，亡國之慼，豈惟一人！」渾有慚色。入洛，稍遷新平太守。撫和戎狄，叛羌歸附，雍土美之。轉廣漢太守。郡多滯訟，有經三十年而不決者，處詳其枉直，一朝決遣。以母老罷歸。尋除楚內史，未之官，徵拜散騎常侍。處曰：「古人辭大不辭小。」乃先之楚。而郡既經喪亂，新舊雜居，風俗未一，處敦以教義，又檢尸骸無主及白骨在野收葬之，然始就徵，遠近稱歎。及居近侍，多所規諷。遷御史中丞，凡所糾劾，不避寵戚。梁王肜違法，處深文案之。及氐人齊萬年反，朝臣惡處強直，皆曰：「處，吳之名將子也，忠烈果毅。」乃使隸夏侯駿西征。伏波將軍孫秀知其將死，謂之曰：「卿有老母，可以此辭也。」處曰：「忠孝之道，安得兩全！既辭親事君，父母復安得而子乎？今日是我死所也。」萬年聞之曰：「周府君昔臨新平，我知其為人，才兼文武，若專斷而來，不可當也。如受制於人，此成擒耳。」既而梁王肜為征西大將軍、都督關中諸軍事。處知肜不平，必當陷己，自以人臣盡節，不宜辭憚，乃悲慨即路，志不生還。中書令陳準知肜將逞宿憾，乃言於朝曰：「駿及梁王皆是貴戚，非將率之才，進不求名，退不畏咎。

周處吳人，忠勇果勁，有怨無援，將必喪身。宜詔孟觀以精兵萬人為處前鋒，必能殄寇。不然，肜當使處先驅，其敗必也。」朝廷不從。時賊屯梁山，有眾七萬，而駿逼處以五千兵擊之。處曰：「軍無後繼，必至覆敗，雖在亡身，為國取恥。」肜復命處進討，乃與振威將軍盧播、雍州刺史解系攻萬年於六陌。將戰，處軍人未食，肜促令速進，而絕其後繼。處知必敗，賦詩曰：「去去世事已，策馬觀西戎。藜藿甘粱黍，期之克令終。」言畢而戰，自旦及暮，斬首萬計。弦絕矢盡，播、系不救。左右勸退，處按劍曰：「此是吾效節授命之日，何退之為！且古者良將受命，鑿凶門以出，蓋有進無退也。今諸軍負信，勢必不振。我為大臣，以身徇國，不亦可乎！」遂力戰而沒。追贈平西將軍，賜錢百萬，葬地一頃，京城地五十畝為第，又賜王家近田五頃。詔曰：「處母年老，加以遠人，朕每愍念，給其醫藥酒米，賜以終年。」處著默語三十篇及風土記，并撰集吳書。時潘岳奉詔作關中詩曰：「周殉師令，身膏齊斧。人之云亡，貞節克舉。」又西戎校尉閻纘亦上詩云：「周全其節，令問不已。身雖云沒，書名良史。」及元帝為晉王，將加處策謚，太常賀循議曰：「處履德清方，才量高出；歷守四郡，安人立政；入司百僚，貞節不撓；在戎致身，見危授命：此皆忠賢之茂實，烈士之遠節。按謚法執德不回曰孝。」遂以謚焉。有三子：玘、靖、札。靖早卒。玘、札並知名。

玘字宣佩。強毅沈斷有父風，而文學不及。閉門潔己，不妄交游，士友咸望風敬憚焉，故名重一方。弱冠，州郡命，不就。刺史初到，召為別駕從事，虛己備禮，方始應命。累薦名宰府，舉秀才，除議郎。太安初，妖賊張昌、丘沈等聚眾於江夏，百姓從之如歸。惠帝使監軍華宏討之，敗于障山。昌等浸盛，殺平南將軍羊伊，鎮南大將軍、新野王歆等所在覆沒。昌別率封雲攻徐州，石冰攻揚州，刺史陳徽出奔，冰遂略有揚土。玘密欲討冰，潛結前南平內史王矩，共推吳興太守顧祕都督揚州九郡軍事，及江東人士同起義兵，斬冰所置吳興太守區山及諸長史。冰遣其將羌毒領數萬人距玘，玘臨陣斬毒。時右將軍陳敏自廣陵率眾助玘，斬冰別率趙驤於蕪湖，因與玘俱前攻冰於建康。冰北走投封雲，雲司馬張統斬雲、冰以降，徐、揚並平。玘不言功賞，散眾還家。陳敏反于揚州，以玘為

安豐太守加四品將軍玘稱疾不行密遣遣　告鎮東將軍劉準令發兵
臨江已為內應翦髮為信準在壽春遣督護衡彥率衆而東時敏弟
昶為廣武將軍歷陽內史以吳興錢廣為司馬玘密諷廣殺昶玘與顧
榮甘卓等以兵攻敏敏衆奔潰單馬北走追獲之於江乘界斬之於建
康夷三族東海王越聞其名召為參軍詔補尚書郎散騎郎並不行元
帝初鎮江左以玘為倉曹屬初吳興人錢璯亦起義兵討陳敏越命為
建威將軍使率其屬會于京都璯至廣陵聞劉聰逼洛陽畏懦不
敢進帝促以軍期璯乃謀反時王敦遷尚書當應徵與璯俱西璯陰欲
殺敦藉以舉事敦聞之奔告帝璯遂殺度支校尉陳豐焚燒邸閣自
號平西大將軍八州都督劫孫皓子充立為吳王既而殺之來寇玘縣　帝
遣將軍郭逸都尉宋典等討之並以兵少未敢前玘復率合鄉里義衆
與逸等俱進討璯斬之傳首于建康玘三定江南開復王略帝嘉其勳
以玘行建威將軍吳興太守封烏程縣侯吳興寇亂之後百姓饑饉盜
賊公行玘甚有威惠百姓敬愛之朞年之間境內寧謐帝以玘頻興義

兵　勳誠並茂乃以陽羨及長城之西鄉丹楊之永世別為義興郡以彰
其功焉玘宗族彊盛人情所歸帝疑憚之于時中州人士佐佑王業而
玘自以為不得調內懷怨望復為刁協輕之恥恚愈甚時鎮東將軍祭
酒東萊王恢亦為周顗所侮乃與玘陰謀誅諸執政推玘及戴若思與
諸南士共奉帝以經緯世事先是流人帥夏鐵等寓于淮泗恢陰書與
鐵令起兵已當與玘以三吳應之建興初鐵已聚衆數百人臨淮太守
蔡豹斬鐵以聞恢聞鐵死懼罪奔于玘玘殺之埋于豕牢帝聞而秘之
召玘為鎮東司馬未到復改授建武將軍南郡太守玘既南行至蕪湖
又下令曰玘奕世忠烈義誠顯著孤所欽嘉今以為軍諮祭酒將軍如
故進爵為公祿秩僚屬一同開國之例玘忿於迴易又知其謀泄遂憂
憤發背而卒時年五十六將卒謂子勰曰殺我者諸傖子能復之乃吾
子也吳人謂中州人曰傖故云耳贈輔國將軍謚曰忠烈子勰嗣
勰字彥和常緘父言時中國亡官失守之士避亂來者多居顯位駕御
吳人吳人頗怨勰因之欲起兵潛結吳興郡功曹徐馥馥家有部曲勰

使馥矯稱叔父札命以合衆豪俠樂亂者翕然附之以討王導刁協為名
孫皓族人弼亦起兵於廣德以應之馥殺吳興太守袁琇有衆數千將
奉札為主時札以疾歸家聞而大驚乃告亂於義興太守孔侃勰知札
不同不敢發兵馥黨懼攻馥殺之孫弼衆亦潰宣城太守陶猷滅之元
帝以周氏奕世豪望吳人所宗故不窮治撫之如舊勰為札所責失志
歸家淫侈縱恣每謂人曰人生幾時但當快意耳終於臨淮太守勰弟
彝少知名元帝辟為丞相掾早亡
札字宣季性矜險好利外方內荏少以豪右自處州郡辟命皆不就察
孝廉除郎中大司馬齊王冏參軍出補句容令遷吳國上軍將軍辟東
海王越參軍不就以討錢璯功賜爵漳浦亭侯元帝為丞相表札為
寧遠將軍歷陽內史不之職轉從事中郎徐馥平以札為奮武將軍吳
興內史錄前後功改封東遷縣侯進號征虜將軍監揚州江北軍事東
中郎將鎮涂中未之職轉右將軍都督石頭水陸軍事札腳疾不堪拜
固讓經年有司彈奏不得已乃視職加散騎常侍王敦舉兵攻石頭札

開門應敦故王師敗績敦轉札為光祿勳尋補尚書頃之遷右將軍會
稽內史時札兄靖子懋晉陵太守清流亭侯懋弟莚征虜將軍吳興內
史莚弟贊大將軍從事中郎武康縣侯贊弟縉太子文學都鄉侯次兄
子勰臨淮太守烏程公札一門五侯並居列位吳士貴盛莫與為比王敦
深忌之後莚喪母送者千數敦益憚焉及敦疾錢鳳以周氏宗彊與沈
充權勢相侔欲自託於充謀滅周氏使充得專威揚土乃說敦曰夫有國
者患於彊逼自古釁難恒必由之今江東之豪莫彊周沈公萬世之後二
族必不靜矣周彊而多俊才宜先為之所後嗣可安國家可保耳敦納之
時有道士李脫者妖術惑衆自言八百歲故號李八百自中州至建鄴以
鬼道療病又署人官位時人多信事之弟子李弘養徒灊山云應讖當
王故敦使廬江太守李恒告札及其諸兄子與脫謀圖不軌時莚為敦諮
議參軍即營中殺莚及脫弘又遣參軍賀鸞就沈充盡掩殺札兄弟
子既而進軍會稽襲札札先不知卒聞兵至率麾下數百人出距之兵
散見殺札性貪財好色惟以業產為務兵至之日庫中有精杖外白以

酏兵札猶惜不與以獘者給之其鄙吝如此故士卒莫為之用及敦死札莚故吏並詣闕訟周氏之寃宜加贈謚事下八坐尚書卞壼議以札石頭之役開門延寇遂使賊敦恣亂札之責也追贈意所未安懋莚兄弟宜復本位司徒王導議以札在石頭忠存社稷義在亡身至於往年之事自臣等有識以上與札情豈有異此言實貫於聖鑒論者見姦逆既彰便欲徵往年已有不臣之漸即復使爾要當時衆所未悟既悟其姦萌札與臣等便以身許國死而後已札亦尋取梟夷朝廷檄命既下大事既定便正以為逆黨邪正失所進退無據誠國體所宜深惜臣謂宜與周顗戴若思等同例尚書令郗鑒議曰夫褒貶臧否宜令體明例通今周戴以死節復位周札以開門同例事異賞均意所疑惑如司徒議謂往年之事自有識以上皆與札不異此為邪正坦然有在昔宋文失禮華樂荷不臣之罰齊靈嬖孽高厚有從昏之戮以古況今譙王周戴宜受若此之責何加贈復位之有乎今據已顯復則札宜貶責明矣導重議曰省今君議必札之開門與譙王周戴異今札開門直

出風言章實事邪使以風言定褒貶意莫若原情考徵也論者謂札知隗協亂政信敦匡救苟匡救信姦佞除即所謂流四凶族以隆人主巍巍之功耳如此札所以忠於社稷也後敦悖謬出所不圖札亦闔門不同以此滅族是其死於為義也夫信敦當時之匡救不圖將來之大逆惡隗協之亂政不失為臣之貞節者于時朝士豈惟周札邪若盡謂不忠懼有誣乎譙王周戴各以死衛國斯亦人臣之節也但所見有同異然期之於必忠故宜申明耳即如今君議宋華齊高其在隗協矣昔子糾之難召忽死之管仲不死若以死為賢則管仲當貶若以不死為賢則召忽死為失先典何以兩通之明為忠之情同也死雖是忠之一目亦不必為忠皆當死也漢祖遺約非劉氏不王非功臣不侯違命天下共誅之後呂后王諸呂周勃從之王陵廷爭可不謂忠乎周勃誅呂尊文安漢社稷忠莫尚焉則王陵又何足言而前史兩為美談固知死與不死爭與不爭苟原情盡意不可定於一槩也且札闔棺定謚違逆黨順受戮凶邪不負忠義明矣鑒又駁不同而朝廷竟從導議追贈札衛尉

遣使者祠以少牢札長子澹太宰府掾次子稚察孝廉不行

莚卓犖有才幹拜征虜將軍吳興太守遷黃門侍郎徐馥之役莚族兄續亦聚衆應之元帝議欲討之王導以為兵少則不足制寇多遣則根本空虛黃門侍郎周莚忠烈至到為一郡所敬意謂直遣莚足能殺續於是詔以力士百人給莚使輕騎還陽羨莚即日取道晝夜兼行既至郡將入遇續於門莚謂續曰宜與君共詣孔府君有所論續不肯入莚逼牽與俱坐定莚謂太守孔侃曰府君何以置賊在坐續衣裏帶小刀便操刃逼莚莚叱郡傳教吳曾何不與手曾有膽力便以刀環築續殺之莚因欲誅勰札距不許委罪於從兄邵誅之莚不歸家省母遂長驅而去母狼狽追之其忠公如此遷太子右衛率及王敦作難加冠軍將軍都督會稽吳興義興晉陵東陽軍事率水軍三千人討沈充未發而王師敗績莚聞札開城納敦憤咤慷慨形于辭色尋遇害敦平後與札同被復官初莚於姑孰立屋五間而六梁一時躍出墮地衡獨立柱頭零節之上甚危雖以人功不能然也後竟覆族莚弟縉少無行檢嘗在建康

烏衣道中逢孔氏婢時與同寮二人共載便令左右捉婢上車其強暴若此

周訪字士達本汝南安成人也漢末避地江南至訪四世吳平因家廬江尋陽焉祖纂吳威遠將軍父敏左中郎將訪少沈毅謙而能讓果於斷割周窮振乏家無餘財為縣功曹時陶侃為散吏訪薦為主簿相與結友以女妻侃子瞻訪察孝廉除郎中上甲令皆不之官鄉人盜訪牛於冢間殺之訪得之密埋其肉不使人知及元帝渡江命參鎮東軍事時有與訪同姓名者罪當死吏誤收訪訪奮擊收者數十人皆散走而自歸於帝帝不之罪尋以為揚烈將軍領兵一千二百屯尋陽鄂陵與甘卓趙誘討華軼所統廣武將軍丁乾與軼所統武昌太守馮逸交通訪收斬之逸來攻訪訪率衆擊破之逸遁保柴桑訪乘勝進討軼遣其黨王約傅札等萬餘人助逸大戰於湓口約等又敗訪與甘卓等會於彭澤與軼水軍將朱矩等戰又敗之軼將周廣燒城以應訪軼衆潰訪執軼斬之遂平江州帝以訪為振武將軍尋陽太守加鼓吹曲蓋復命訪

與諸軍共征杜弢弢作桔槹打官軍船艦訪作長岐棖以距之桔槹不得為害而賊從青草湖密抄官軍又遣其將張彥陷豫章焚燒城邑王敦時鎮湓口遣督護繆蕤李恒受訪節度共擊彥蕤於豫章石頭與彥交戰彥軍退走訪率帳下將李午等追彥破之臨陣斬彥時訪為流矢所中折前兩齒形色不變及暮訪與賊隔水賊衆數倍自知力不能敵乃密遣人如樵採者而出於是結陣鳴鼓而來大呼曰左軍至士卒皆稱萬歲至夜令軍中多布火而食賊謂官軍益至未曉而退訪謂諸將曰賊必引退然終知我無救軍當還掩人宜促渡水北既渡斷橋訖而賊果至隔水不得進於是遂歸湘州訪復以舟師造湘城軍達富口而弢遣杜弘出海昏時湓口騷動訪步上柴桑偷渡與賊戰斬首數百賊退保廬陵訪追擊敗之賊嬰城自守尋而軍糧為賊所掠退住巴丘糧廩未既至復圍弘於廬陵弘大擲寶物於城外軍人競拾之弘因陣亂突圍而出訪率軍追之獲鞍馬鎧杖不可勝數弘入南康太守將率兵逆擊又破之奔于臨賀帝又進訪龍驤將軍王敦表為豫章太守加征討都督

賜爵尋陽縣侯時梁州刺史張光卒愍帝以侍中第五猗為征南大將軍監荊梁益寧四州出自武關賊率杜曾摯瞻胡混等並迎猗奉之聚兵數萬破陶侃於石城攻平南將軍荀崧於宛不剋引兵向江陵王敦以從弟廙為荊州刺史令督護征虜將軍趙誘襄陽太守朱軌陵江將軍黃峻等討曾而大敗於女觀湖誘軌並遇害曾遂逐廙徑造沔口大為寇害威震江沔元帝命訪擊之訪有衆八千進至沌陽曾等銳氣甚盛訪曰先人有奪人之心軍之善謀也使將軍李恒督左甄許朝督右甄訪自領中軍高張旗幟曾果畏訪先攻左右甄曾勇冠三軍訪甚惡之自於陣後射雉以安衆心令其衆曰一甄敗鳴三鼓兩甄敗鳴六鼓趙胤領其父餘兵屬左甄力戰敗而復合胤馳馬告訪訪怒叱令更進胤號哭還戰自旦至申兩甄皆敗訪聞鼓音選精銳八百人自行酒飲之敕不得妄動聞鼓音乃進賊未至三十步訪親鳴鼓將士皆騰躍奔赴曾遂大潰殺千餘人訪夜追之諸將請待明日訪曰曾驍勇能戰向之敗也彼勞我逸是以剋之宜及其衰乘之可滅鼓行而進遂定漢沔曾等走固武當訪以功遷南中郎將督梁州諸軍梁州刺史屯襄陽訪謂其僚佐曰昔城濮之役晉文以得臣不死而有憂色今不斬曾禍難未已於是出其不意又擊破之曾遁走訪部將蘇溫收曾詣軍并獲第五猗胡混摯瞻等送於王敦又白敦說猗逼於曾不宜殺敦不從而斬之進位安南將軍持節都督刺史如故初王敦懼杜曾之難謂訪曰擒曾當相論為荊州刺史及是而敦不用至王廙去職詔以訪為荊州敦以訪名將勳業隆重有疑色其從事中郎郭舒說敦曰鄙州雖遇寇難荒弊實為用武之國若以假人將有尾大之患公宜自領訪為梁州足矣敦從之訪大怒敦手書譬釋并遺玉環玉椀以申厚意訪投椀於地曰吾豈賈豎可以寶悅乎陰欲圖之既在襄陽務農訓卒勤於採納守宰有缺輒補然後言上敦患之而憚其強不敢有異訪威風既著遠近悅服智勇過人為中興名將性謙虛未嘗論功伐或問訪曰人有小善鮮不自稱卿功勳如此初無一言何也訪曰朝廷威靈將士用命訪何功之有士以此重之訪練兵簡卒欲宣力中原與李矩郭默相結慨然有平

河洛之志善於撫納士衆皆為致死聞敦有不臣之心訪恒切齒敦雖懷逆謀故終訪之世未敢為非初訪少時遇善相者廬江陳訓謂訪與陶侃曰二君皆位至方嶽功名略同但陶得上壽周當下壽優劣更由年耳訪小侃一歲太興三年卒時年六十一帝哭之甚慟詔贈征西將軍謚曰壯立碑於本郡二子撫光撫字道和彊毅有父風而將御不及元帝辟為丞相掾父喪去官服闋襲爵除鷹揚將軍武昌太守王敦命為從事中郎與鄧嶽俱為敦爪牙甘卓遇害敦以撫為沔北諸軍事南中郎將鎮沔中及敦作逆撫領二千人從之敦敗撫與嶽俱亡走撫弟光將資遺其兄而陰欲取嶽撫怒曰我與伯山同亡何不先斬我會嶽至撫出門遙謂之曰何不速去今骨肉尚欲相危況他人乎嶽迴艇而走撫遂共入西陽蠻中蠻酋向蠶納之初嶽為西陽欲伐諸蠻蠶及是諸蠻皆怨將殺之蠶不聽曰鄧府君窮來歸我我何忍殺之由是俱得免明年詔原敦黨嶽撫詣闕請罪有詔禁錮之咸和初司徒王導以撫為從事中郎出為寧遠將軍江夏相蘇峻作逆率所領從溫嶠討之峻平遷監

河北軍事南中郎將鎮襄陽石勒將郭敬率騎攻撫撫不能守率所領奔于武昌坐免官尋遷振威將軍豫章太守後代毋丘奧監巴東諸軍事益州刺史假節將軍如故尋進征虜將軍加督寧州諸軍事永和初桓溫征蜀進撫督梁州之漢中巴西梓潼陰平四郡軍事鎮彭模擊破蜀餘寇隗文鄧定等斬偽尚書僕射王誓平南將軍王潤以功遷平西將軍隗文鄧定等復反立范賢子賁為帝初賢為李雄國師以左道惑百姓人多事之賁遂有眾一萬撫與龍驤將軍朱壽擊破斬之以功進爵建城縣公征西督護蕭敬文作亂殺征虜將軍楊謙據涪城自號益州牧桓溫使督護鄧遐助撫討之不能拔引退溫又令梁州刺史司馬勳等會撫伐之敬文固守自二月至于八月乃出降撫斬之傳首京師升平中進鎮西將軍在州三十餘年興寧三年卒贈征西將軍謚曰襄子楚嗣

楚字元孫起家參征西軍事從父入蜀拜鷹揚將軍犍為太守父卒以楚監梁益二州假節襲爵建城公世在梁益甚得物情時梁州刺史司馬勳作逆楚與朱序討平之進冠軍將軍太和中蜀盜李金銀廣漢妖賊李弘並聚眾為寇偽稱李勢子當以聖道王年號鳳皇又隴西人李高詐稱李雄子破涪城梁州刺史楊亮失守楚遣其子討平之是歲楚卒謚曰定子璵嗣

璵勁烈有將略歷數郡代楊亮為梁州刺史建武將軍領西戎校尉初氐人竇衝求降朝廷以為東羌校尉後衝反欲入漢川安定人皇甫釗京兆人周勳等謀納衝璵密知之收釗勳等斬之尋卒子虓嗣

虓字孟威少有節操州召為祭酒後歷位至西夷校尉領梓潼太守寧康初苻堅將楊安寇梓潼虓固守涪城遣步騎數千送母妻從漢水將抵江陵為堅將朱彤邀而獲之虓遂降于安堅欲以為尚書郎虓曰蒙國厚恩以至今日但老母見獲失節於此母子獲全秦之惠也雖公侯之貴不以為榮況郎任乎堅乃止自是每入見堅輒箕踞而坐呼之為氐賊堅不悅屬元會威儀甚整堅因謂虓曰晉家元會何如此虓攘袂厲聲曰戎狄集聚譬猶犬羊相群何敢比天子及呂光征西域堅出餞

之戎士三十萬旌旗數百里又問虓曰朕眾力何如虓曰戎夷已來未之有也堅黨以虓不遜屢請除之堅待之彌厚虓乃密書與桓沖訛賊姦計太元三年虓潛至漢中堅追得之後又與堅兄子苞謀襲堅事泄堅引虓問其狀虓曰昔漸離豫讓燕智之微臣猶漆身吞炭不忘忠節況虓世荷晉恩豈敢忘也生為晉臣死為晉鬼復何問乎堅曰今殺之適成其名矣遂撻之徙于太原後堅復陷順陽魏興獲二守皆執節不撓堅歎曰周孟威不屈於前丁彥遠潔己於後吉祖沖不食而死皆忠臣也虓竟以病卒於太原其子興迎致其喪冠軍將軍謝玄親臨哭之因上疏曰臣聞旌善表功崇義明節所以振揚聲教垂美來葉故西夷校尉梓潼太守周虓執心忠烈厲節冠庭遂嬰禍荒裔殯黃泉壤臣每悲其志以為蘇武之賢不復過也前宣告并州訪求虓喪柩其家負荷數千始得來至郎以資送還遂其舊隴伏願聖朝追其志表其殊節使負霜之志不墜於地則榮慰存亡惠被幽顯矣孝武帝詔曰虓厲志貞亮無愧古烈未及拔身奄隕厥命甄表義節國之典也贈龍驤將軍益州刺史賻錢二十萬布百匹又贍賜其家

光少有父風年十一見王敦敦謂曰貴郡未有將誰可用者光曰明公不恥下問竊謂無復見勝敦笑以為寧遠將軍尋陽太守及敦舉兵光率千餘人赴之既至敦已死光未之知求見敦王應祕不言以疾告光退曰今我遠來而不得見王公公其死乎遽見其兄撫曰王公已死兄何為與錢鳳作賊眾並愕然其夕眾散錢鳳走出至闔廬洲捕鳳詣闕贖罪故得不廢蘇峻作逆隨溫嶠力戰有功峻平賜爵曲江男遷官子仲孫興寧初督寧州軍事振武將軍寧州刺史在州貪暴人不堪命桓溫以梁益多寇周氏世有威稱復除仲孫監益州梁州之三郡寧康初楊安寇蜀仲孫失守免官後徵為光祿勳卒初陶侃微時丁艱將葬家中忽失牛而不知所在遇一老父謂曰前崗見一牛眠山汙中其地若葬位極人臣矣又指一山云此亦其次當世出二千石言訖不見侃尋牛得之因葬其處以所指別山與訪訪父死葬焉果為刺史著稱寧益自訪以下三世為益州四十一年如其所言云

史臣曰夫仁義豈有常蹈之即君子背之即小人周子隱以跅弛之材負不羈之行比凶蛟猛獸縱毒鄉閭終能克己厲精朝聞夕改輕生重義徇國亡軀可謂志節之士也宣佩奮茲忠勇屢殄妖氛威略冠於本朝庸績書於王府既而結憾朝宰潛構異圖忿不思難斯為隘矣終於憤恚豈不惜哉札莚等負儁逸之材以雄豪自許始見疑於朝廷終獲戾於權右彊弗如弱信有徵矣而札受委扞城乃開門揖盜去順效逆彼實有之後雖假手凶徒可謂罪人斯得朝廷議加榮贈不其僭乎有晉之刑政陵夷用此道也周訪器兼文武任在折衝戡定湘羅克清江漢謀孫翼子杖節擁旄西蜀仰其威風中興推為名將功成名立不亦美哉士威陷迹虜廷抗辭偽主雖圖史所載何以加焉

贊曰平西果勁始邪末正勇足除殘忠能致命宣佩懋功三定江東札雖啓敵莚實懷忠尋陽緯武擁旄持斧曰子曰孫重規疊矩士威抗烈心存舊主

列傳第二十八　　晉書五十八

列傳第二十九

晉書五十九　御撰

汝南王亮（子粹 矩 羕 宗 熙）　楚王瑋　趙王倫　齊王冏（鄭方）

長沙王乂　成都王穎　河間王顒　東海王越

自古帝王之臨天下也，皆欲廣樹藩屏，崇固維城。唐虞以前，憲章蓋闕，夏殷以後，遺迹可知。然而玉帛會于塗山，雖云萬國；至於分疆胙土，猶或未詳。洎乎周室，粲焉可觀，封建親賢，並為列國。當其興也，周召贊其升平；及其衰也，桓文輔其危亂。故得卜世之祚克昌，卜年之基惟永。逮王赧即世，天祿已終，虛位無主，三十餘載。爰及暴秦，并吞天下，懲衰周之削弱，忽帝業之遠圖，謂王室之陵遲，由諸侯之彊大，於是罷侯置守，獨尊諸己，至乎子弟，並為匹夫。惟欲肆虐陵威，莫顧謀孫翼子。枝葉微弱，宗祏孤危，內無社稷之臣，外闕藩維之助。陳項一呼，海內沸騰，隕身於望夷，繫頸於軹道，事不師古，二世而滅。漢祖勃興，爰革斯弊，於是分王子弟，列建功臣，錫之山川，誓以帶礪。然而矯枉過直，懲羹吹齏，土地封疆，踰越往古。始則韓彭葅醢，次乃吳楚稱亂。然雖克滅權偪，猶足維翰王畿。洎成哀之後，戚藩陵替，君臣乘茲間隙，竊位偷安。光武雄略緯天，慷慨下國，遂能除凶靜亂，復禹配天，休祉盛於兩京，鼎祚隆於四百。宗支繼絕之力，可得而言。魏武忘經國之宏規，行忌刻之小數，功臣無立錐之地，子弟君不使之人，徒分茅社，實傳虛爵，本根無所庇廕，遂乃三葉而亡。有晉思改覆車，復隆盤石，或出擁旄節，莅嶽牧之榮，入踐台階，居端揆之重。然而付託失所，授任乖方，政令不恒，賞罰斯濫。或有材而不任，或無罪而見誅，朝為伊周，夕為莽卓。機權失於上，禍亂作於下。楚趙諸王，相仍構釁，徒興晉陽之甲，竟匪勤王之師。始則為身擇利，利未加而害及；初邇無心，憂國國非憂而奚拯。遂使昭陽興廢，有甚奕棊；乘輿幽縶，更同羑里。胡羯陵侮，宗廟丘墟，良可悲也。夫為國之有藩屏，猶濟川之有舟楫，安危成敗，義實相資。舟楫且完，波濤不足稱其險；藩屏式固，禍亂何以成其階。向使八王之中，一藩繫賴，如梁王之禦大敵，若朱虛之除大憝，則外寇焉敢憑陵，內難奚由竊發。縱令天子暗劣，鼎臣奢放，雖或顛沛，未至土崩。何以言之？琅邪辟彼諸王，權輕

衆寡，度長絜大，不可同年，遂能匹馬濟江，奄有吳會，存重宗社，百有餘年。雖曰天時，抑亦人事。豈如趙倫、齊冏之輩，河間、東海之徒，家國俱亡，身名並滅，善惡之數，此非其效歟！西晉之政亂朝危，雖由時主，然而煽其風，速其禍者，咎在八王，故序而論之，總為其傳云耳。

汝南文成王亮，字子翼，宣帝第四子也。少清警有才用，仕魏為散騎侍郎、萬歲亭侯，拜東中郎將，進封廣陽鄉侯。討諸葛誕於壽春，失利，免官。頃之，拜左將軍，加散騎常侍、假節，出監豫州諸軍事。五等建，改封祁陽伯，轉鎮西將軍。武帝踐阼，封扶風郡王，邑萬戶，置騎司馬，增參軍掾屬，持節、都督關中雍涼諸軍事。會秦州刺史胡烈為羌虜所害，亮遣將軍劉旂、騎督敬琰赴救，不進，坐是貶為平西將軍。旂當斬，亮與軍司曹冏上言節度之咎由亮而出，乞丐旂死。詔曰：「高平困急，計城中及旂足以相拔，就不能徑至，尚當深進。今奔突有投而坐視覆敗，故加旂大戮。今若罪不在旂，當有所在。」有司又奏免亮官，削爵土。詔惟免官。頃之，拜撫軍將軍。是歲，吳將步闡來降，假亮節、都督諸軍事以納之。尋加侍中之服。咸寧初，以扶風池陽四千一百戶為太妃伏氏湯沐邑，置家令、丞、僕，後改食南郡枝江。太妃嘗有小疾，祓於洛水，亮兄弟三人侍從，並持節鼓吹，震耀洛濱。武帝登陵雲臺望見，曰：「伏妃可謂富貴矣。」其年，進號衛將軍，加侍中。時宗室殷盛，無相統攝，乃以亮為宗師，本官如故，使訓導觀察，有不遵禮法，小者正以義方，大者隨事聞奏。三年，徙封汝南，出為鎮南大將軍、都督豫州諸軍事、開府、假節，之國，給追鋒車，皁輪犢車，錢五十萬。頃之，徵亮為侍中、撫軍大將軍，領後軍將軍，統冠軍、步兵、射聲、長水等營，給兵五百人，騎百匹。遷太尉、錄尚書事、領太子太傅，侍中如故。及武帝寢疾，為楊駿所排，乃以亮為侍中、大司馬、假黃鉞、大都督、督豫州諸軍事，出鎮許昌，加軒懸之樂，六佾之舞。封子羕為西陽公。未發，帝大漸，詔留亮委以後事。楊駿聞之，從中書監華廙索詔視，遂不還。帝崩，亮懼駿疑己，辭疾不入，於大司馬門外叙哀而已，表求過葬。駿欲討亮，亮知之，問計於廷尉何勗，勗曰：「今朝廷皆歸心於公，公何不討人而懼為人所討！」或說亮率所領入廢駿，亮不能用，夜馳赴許昌，故

得免及駿誅詔曰大司馬汝南王亮體道沖粹通識政理宣翼之績顯於本朝二南之風流于方夏將憑遠猷以康王化其以亮為太宰錄尚書事入朝不趨劒履上殿增掾屬十人給千兵百騎與太保衛瓘對掌朝政亮論賞誅楊駿之功過差欲以苟悅衆心由是失望楚王瑋有勳而好立威亮憚之欲奪其兵權瑋甚憾乃承賈后旨誣亮與瓘有廢立之謀矯詔遣其長史公孫宏與積弩將軍李肇夜以兵圍之帳下督李龍白外有變請距之亮不聽俄然楚兵登牆而呼亮驚曰吾無二心何至於是若有詔書其可見乎宏等不許促兵攻之長史劉準謂亮曰觀此必是姦謀府中俊乂如林猶可盡力距戰又弗聽遂為肇所執而歎曰我之忠心可破示天下也如何無道枉殺不辜是時大熱兵人坐亮于車下時人憐之為之交扇將及日中無敢害者瑋出令曰能斬亮者賞布千匹遂為亂兵所害投于北門之壁鬢髮耳鼻皆悉毀焉及瑋誅追復亮爵位給東園溫明祕器朝服一襲錢三百萬布絹三百匹喪葬之禮如安平獻王孚故事廟設軒懸之樂有五子粹矩羕宗熙粹字茂弘早卒矩字延明拜世子為屯騎校尉與父亮同被害追贈典軍將軍諡懷王子祐立是為威王

祐字永猷永安中從惠帝北征帝遷長安祐反國及帝還洛以征南兵八百人給之特置四部牙門永興初率衆依東海王越討劉喬有功拜揚武將軍以江夏雲杜益封并前二萬五千戶越征汲桑表留祐領兵三千守許昌加鼓吹麾旗越還祐歸國永嘉末以寇賊充斥遂南渡江元帝命為軍諮祭酒建武初為鎮軍將軍太興末領左軍將軍太寧中進號衛將軍加散騎常侍咸和元年薨贈侍中特進子恭王統立以南頓王宗謀反被廢其後成帝哀亮一門殄絕詔統復封累遷祕書監侍中薨追贈光祿勳子義立官至散騎常侍薨子遵之立義熙初梁州刺史劉稚謀反推遵之為主事泄伏誅弟楷之子蓮扶立宋受禪國除

羕字延年太康末封西陽縣公拜散騎常侍亮之被害也羕時年八歲鎮南將軍裴楷與之親姻竊之以逃一夜八遷故得免及瑋誅進爵為王歷步兵校尉左軍驍騎將軍元康初進封郡王永興初拜侍中以長沙王乂黨廢為庶人惠帝還洛復羕封為撫軍將軍又以汝南期思西陵益其國永嘉初拜鎮軍將軍加散騎常侍領後軍將軍復以邾蘄春益之并前三萬五千戶隨東海王越東出鄄城遂南渡江元帝承制更拜撫軍大將軍開府給千兵百騎詔與南頓王宗統流人以實中州江西荒梗復還及元帝踐阼進位侍中太保以羕屬尊元會特為設牀太興初錄尚書事尋領太宗師加羽葆斧鉞班劒六十人進位太宰及王敦平領太尉明帝即位以羕宗室元老特為之拜羕放縱兵士刼鈔所司奏免羕官詔不問及帝寢疾羕與王導同受顧命輔成帝時帝幼沖詔羕依安平獻王孚故事設牀帳於殿上帝親迎拜咸和初坐弟南頓王宗免官降為弋陽縣王及蘇峻作亂羕詣峻稱述其勳峻大悅矯詔復羕爵位峻平賜死世子播播弟充及息崧並伏誅國除咸康初復其屬籍以羕孫珉為奉車都尉奉朝請

宗字延祚元康中封南頓縣侯尋進爵為公討劉喬有功進封王增邑五千并前萬戶為征虜將軍與兄羕俱過江元帝承制拜散騎常侍愍

帝之在西都以宗為平東將軍元帝即位拜撫軍將軍領左將軍明帝踐阼加長水校尉轉左衛將軍與虞胤俱為帝所昵委以禁旅宗與王導庾亮志趣不同連結輕俠以為腹心導亮並以為言帝以宗戚屬每容之及帝疾篤宗胤密謀為亂亮排闥入升御牀流涕言之帝始悟轉為驃騎將軍胤為大宗正宗遂怨望形於辭色咸和初御史中丞鍾雅劾宗謀反庾亮使右衛將軍趙胤收之宗以兵距戰為胤所殺貶其族為馬氏徙妻子于晉安既而原之三子綽超演廢為庶人咸康中復其屬籍綽為奉車都尉奉朝請

熙初封汝陽公討劉喬有功進爵為王永嘉末沒於石勒

楚隱王瑋字彥度武帝第五子也初封始平王歷屯騎校尉太康末徙封於楚出之國都督荊州諸軍事平南將軍轉鎮南將軍武帝崩入為衛將軍領北軍中候加侍中行太子少傅楊駿之誅也瑋屯司馬門瑋少年果銳多立威刑朝廷忌之汝南王亮太保衛瓘以瑋性很戾不可大任建議使與諸王之國瑋甚忿之長史公孫宏舍人岐盛並薄於行為

瑋所昵璀等惡其為人慮致禍亂將收盛盛知之遂與宏謀因積弩將軍李肇矯稱瑋命譖亮瓘於賈后而后不之察使惠帝為詔曰太宰太保欲為伊霍之事王宜宣詔令淮南長沙成都王屯宮諸門廢二公夜使黃門齎以授瑋瑋欲覆奏黃門曰事恐漏泄非密詔本意也瑋乃止遂勒本軍復矯詔召三十六軍手令告諸軍曰天禍晉室凶亂相仍間者楊駿之難實賴諸君剋平禍亂而二公潛圖不軌欲廢陛下以絕武帝之祀今輒奉詔免二公官吾今受詔都督中外諸軍諸在直衛者皆嚴加警備其在外營便相率領逕詣行府助順討逆天所福也懸賞開封以待忠效皇天后土實聞此言又矯詔使亮瓘上太宰太保印綬侍中貂蟬之國官屬皆罷遣之又矯詔赦亮瓘官屬曰二公潛謀欲危社稷今免還第官屬以下一無所問若不奉詔便軍法從事能率所領先出降者封侯受賞朕不食言遂收亮瓘殺之岐盛說瑋可因兵勢誅賈模郭彰匡正王室以安天下瑋猶豫未決會天明帝用張華計遣殿中將軍王宮齎騶虞幡麾眾曰楚王矯詔眾皆釋杖而走瑋左右無復一人窘迫不知所為惟一奴年十四駕牛車將赴秦王柬帝遣謁者詔瑋還營執之於武賁署遂下廷尉詔以瑋矯制害二公父子又欲誅滅朝臣謀圖不軌遂斬之時年二十一其日大風雷雨霹靂詔曰周公決二叔之誅漢武斷昭平之獄所不得已者廷尉奏瑋已伏法情用悲痛吾當發哀瑋臨死出其懷中青紙詔流涕以示監刑尚書劉頌曰受詔而行謂為社稷今更為罪託體先帝受枉如此幸見申列頌亦歔欷不能仰視公孫宏岐盛並夷三族瑋性開濟好施能得眾心及此莫不隕涕百姓為之立祠賈后先惡瓘亮又忌瑋故以計相次誅之永寧元年追贈驃騎將軍封其子範為襄陽王拜散騎常侍後為石勒所害

趙王倫字子彝宣帝第九子也母曰柏夫人魏嘉平初封安樂亭侯五等建改封東安子拜諫議大夫武帝受禪封琅邪郡王坐使散騎將劉緝買工所將盜御裘廷尉杜友正緝棄市倫當與緝同罪有司奏倫爵重屬親不可坐諫議大夫劉毅駁曰王法賞罰不阿貴賤然後可以齊禮制而明典刑也倫知裘非常蔽不語吏與緝同罪當以親貴議減不得闕而不論宜自於一時法中如友所正帝是毅駁然以倫親親故下詔赦之及之國行東中郎將宣威將軍咸寧中改封於趙遷平北將軍督鄴城守事進安北將軍元康初遷征西將軍開府儀同三司鎮關中倫刑賞失中氐羌反叛徵還京師尋拜車騎將軍太子太傅深交賈郭謟事中宮大為賈后所親信求錄尚書張華裴頠固執不可又求尚書令華頠復不許愍懷太子廢使倫領右軍將軍時左衛司馬督司馬雅及常從督許超並嘗給事東宮二人傷太子無罪與殿中中郎士猗等謀廢賈后復太子以華頠不可移難與圖權倫執兵之要性貪冒可假以濟事乃說倫嬖人孫秀曰中宮凶妬無道與賈謐等共廢太子今國無嫡嗣社稷將危大臣將起大事而公名奉事中宮與賈郭親善太子之廢皆云豫知一朝事起禍必相及何不先謀之乎秀許諾言於倫倫納焉遂告通事令史張林及省事張衡殿中侍御史殷渾右衛司督路始使為內應事將起而秀知太子聰明若還東宮將與賢人圖政量已必不得志乃更說倫曰太子為人剛猛不可私請明公素事賈后時議皆以公為賈氏之黨今雖欲建大功於太子太子含宿怒必不加賞於明公矣當謂逼百姓之望翻覆以免罪耳此乃所以速禍也今且緩其事賈后必害太子然後廢后為太子報讎亦足以立功豈徒免禍而已倫從之秀乃微泄其謀使謐黨頗聞之倫秀因勸謐等早害太子以絕眾望太子既遇害倫秀之謀益甚而超雅懼後難欲悔其謀乃辭疾秀復告右衛佽飛督閭和和從之期四月三日景夜一籌以鼓聲為應至期乃矯詔敕三部司馬曰中宮與賈謐等殺吾太子今使車騎入廢中宮汝等皆當從命賜爵關中侯不從誅三族於是眾皆從之倫又矯詔開門夜入陳兵道南遣翊軍校尉齊王冏將三部司馬百人排閤而入華林令駱休為內應迎帝幸東堂遂廢賈后為庶人幽之于建始殿收吳太妃趙粲及韓壽妻賈午等付暴室考竟詔尚書以廢后事仍收捕賈謐等召中書監侍中黃門侍郎八坐皆夜入殿執張華裴頠解結杜斌等於殿前殺之尚書始疑詔有詐郎師景露版奏請手詔

倫等以為沮眾斬之以徇明日倫坐端門屯兵北向遣尚書和郁持節送賈庶人于金墉誅趙粲叔父中護軍趙浚及散騎侍郎韓豫等內外群官多所黜免倫尋矯詔自為使持節大都督督中外諸軍事相國侍中王如故一依宣文輔魏故事置左右長史司馬從事中郎四人參軍十人掾屬二十人兵萬人以其世子散騎常侍荂領冗從僕射子馥前將軍封濟陽王虔黃門郎封汝陰王詡散騎侍郎封霸城侯孫秀等封皆大郡並據兵權文武官封侯者數千人百官總己聽於倫倫素庸下無智策復受制於秀秀之威權振於朝廷天下皆事秀而無求於倫秀起自琅邪小史累官於趙國以諂媚自達既執機衡遂恣其姦謀多殺忠良以逞私欲司隸從事游顥與殷渾有隙渾誘顥奴晉興偽告顥有異志秀不詳察即收顥及襄陽中正李邁殺之厚待晉興以為己部曲督前衛尉石崇黃門郎潘岳皆與秀有嫌並見誅於是京邑君子不樂其生矣淮南王允齊王冏以倫秀驕僭內懷不平秀等亦深忌焉乃出冏鎮許奪允護軍允發憤起兵討倫允既敗滅倫加九錫增封五萬戶倫偽為

飾讓詔遣百官詣府敦勸侍中宣詔然後受之加荂撫軍將軍領軍將軍馥鎮軍將軍領護軍將軍虔中軍將軍領右衛將軍詡為侍中又以孫秀為侍中輔國將軍相國司馬右率如故張林等並居顯要增相府兵為二萬人與宿衛同又隱匿兵士眾過三萬起東宮三門四角華檐斷宮東西道為外徼或謂秀曰散騎常侍楊準黃門侍郎劉逵欲奉梁王肜以誅倫會有星變乃徙肜為丞相居司徒府轉準逵為外官倫無學不知書秀亦以狡黠小才貪淫昧利所共立事者皆邪佞之徒惟競榮利無深謀遠略荂淺薄鄙陋馥虔闇很強戾詡愚嚚輕訬而各乖異互相憎毀秀子會年二十為射聲校尉尚帝女河東公主公主母喪未朞便納聘禮會形貌短陋奴僕之下者初與富室兒於城西販馬百姓忽聞其尚主莫不駭愕倫秀並惑巫鬼聽妖邪之說秀使牙門趙奉詐為宣帝神語命倫早入西宮又言宣帝於北芒為趙王佐助於是別立宣帝廟於芒山謂逆謀可成以太子詹事裴劭左軍將軍卞粹等二十人為從事中郎掾屬又二十人秀等部分諸軍分布腹心使散騎常侍義

陽王威兼侍中出納詔命矯作禪讓之詔使使持節尚書令滿奮僕射崔隨為副奉皇帝璽綬以禪位于倫倫偽讓不受於是宗室諸王群公卿士咸假稱符瑞天文以勸進倫乃許之左衛王輿與前軍司馬雅等率甲士入殿譬喻三部司馬示以威賞皆莫敢違其夜使張林等屯守諸門義陽王威及駱休等逼奪天子璽綬夜漏未盡內外百官以乘輿法駕迎倫惠帝乘雲母車鹵簿數百人自華林西門出居金墉城尚書和郁兼侍中散騎常侍琅邪王睿中書侍郎陸機從到城下而反使張衡衛帝實幽之也倫從兵五千人入自端門登太極殿滿奮崔隨樂廣進璽綬於倫乃僭即帝位大赦改元建始是歲賢良方正直言秀才孝廉良將皆不試計吏及四方使命之在京邑者太學生年十六以上及在學二十年皆署吏郡縣二千石令長赦日在職者封侯郡綱紀並為孝廉縣綱紀為廉吏以世子荂為太子馥為侍中大司農領護軍京兆王虔為侍中大將軍領軍廣平王詡為侍中撫軍將軍霸城王孫秀為侍中中書監驃騎將軍儀同三司張林等諸黨皆登卿將並列大封

其餘同謀者咸超階越次不可勝紀至於奴卒廝役亦加以爵位每朝會貂蟬盈坐時人為之諺曰貂不足狗尾續而以苟且之惠取悅人情府庫之儲不充於賜金銀冶鑄不給於印故有白版之侯君子恥服其章百姓亦知其不終矣倫親祠太廟還遇大風飄折麾蓋孫秀既立非常之事倫敬重焉秀住文帝為相國時所居內府事無巨細必諮而後行倫之詔令秀輒改革有所與奪自書青紙為詔或朝行夕改者數四百官轉易如流矣時有雉入殿中自太極東階上殿驅之更飛西鍾下有頃飛去又倫於殿上得異鳥問皆不知名累日向夕宮西有素衣小兒言是服劉鳥倫使錄小兒并鳥閉置牢室明旦開視戶如故並失人鳥所在倫目上有瘤時以為妖焉時齊王冏河間王顒成都王穎並擁強兵各據一方秀知冏等必有異圖乃選親黨及倫故吏為三王參佐及郡守秀本與張林有隙雖外相推崇內實忌之及林為衛將軍深怨不得開府潛與荂牋具說秀專權動違眾心而功臣皆小人撓亂朝廷可一時誅之荂以書白倫倫以示秀秀勸倫誅林倫從之於是倫請宗室會

於華林園召林秀及王輿入因收林殺之誅三族及三王起兵討倫檄
至倫秀始大懼遣其中堅孫輔為上軍將軍積弩李嚴為折衝將軍
率兵七千自延壽關出征虜張泓左軍蔡璜前軍閭和等率九千人自
堮坂關出鎮軍司馬雅揚威莫原等率八千人自成皐關出召東平王
楙為使持節衛將軍都督諸軍以拒義師使楊珍晝夜詣宣帝別廟祈
請輒言宣帝謝陛下某日當破賊拜道士胡沃為太平將軍以招福祐
秀家日為淫祀作厭勝之文使巫祝選擇戰日又令近親於嵩山著羽衣
詐稱仙人王喬作神仙書述倫祚長久以惑衆秀欲遣馥虔領兵助諸軍
戰馥虔不肯虔素親愛劉輿秀乃使輿說虔虔然後率衆八千為三軍
繼援而泓雅等連戰雖勝義軍散而輒合雅等不得前許超等與成都
王穎軍戰于黃橋殺傷萬餘人泓徑造陽翟又於城南破齊王冏輜重殺
數千人遂據城保郄閣而冏軍已在潁陰去陽翟四十里冏分軍渡潁
攻泓等不利泓乘勝至于潁上夜臨潁而陣冏縱輕兵擊之諸軍不動
而孫輔徐建軍夜亂徑歸洛自首輔建之走也不知諸軍督尚存乃云

齊王兵盛不可當泓等已沒倫大震祕之而召虔及超還會泓敗冏露
布至倫大喜乃復遣超而虔還已至庾倉超還濟河將士疑阻銳氣內
挫泓等悉其諸軍濟潁進攻冏營冏出兵擊其別率孫髦司馬譚孫輔
皆破之士卒散歸洛陽泓等收衆還營秀等知三方日急詐傳破冏營
執得冏以誑惑其衆令百官皆賀而士猗伏胤孫會皆杖節各不相從
倫復授太子詹事劉琨節督河北將軍率步騎千人催諸軍戰會等與
義軍戰于激水大敗退保河上劉琨燒斷河橋自義兵之起百官將士
咸欲誅倫秀以謝天下秀知衆怒難犯不敢出省及聞河北軍悉敗憂
懣不知所為義陽王威勸秀至尚書省與八坐議征戰之備秀從之使
京城四品以下子弟年十五以上皆詣司隸從倫出戰內外諸軍悉欲劫
殺秀威懼自崇禮闥走還下舍許超士猗孫會等軍既並還乃與秀
謀或欲收餘卒出戰或欲焚燒宮室誅殺不附己者挾倫南就孫旂孟
觀等或欲乘船東走入海計未決王輿反之率營兵七百餘人自南掖門
入敕宮中兵守衛諸門三部司馬為應於內輿自往攻秀秀閉中書南

門輿放兵登牆燒屋秀及超猗遽走出左衛將軍趙泉斬秀等以徇收
孫奇於右衛營付廷尉誅之執前將軍謝惔黃門令駱休司馬督王潛
皆於殿中斬之三部司馬兵於宣化闥中斬孫弼以徇時司馬馥在秀
坐輿使將士囚之于散騎省以大戟守省閤八坐皆入殿中坐東除樹
下王輿屯雲龍門使倫為詔曰吾為孫秀等所誤以怒三王今已誅秀
其迎太上復位吾歸老于農畝傳詔以騶虞幡敕將士解兵文武官皆
奔走莫敢有居者黃門將倫自華林東門出及荂皆還汶陽里第於是
以甲士數千迎天子于金墉百姓咸稱萬歲帝自端門入升殿御廣室
送倫及荂等付金墉城初秀懼西軍至復召虔還是日宿九曲詔遣使
者免虔官虔懼棄軍將數十人歸于汶陽里梁王肜表倫父子凶逆宜
伏誅百官會議于朝堂皆如肜表遣尚書袁敞持節賜倫死飲以金屑
苦酒倫慚以巾覆面曰孫秀誤我孫秀誤我於是收荂馥虔詡付廷尉
獄考竟馥臨死謂虔曰坐爾破家也百官是倫所用者皆斥免之臺省
府衛僅有存者自兵興六十餘日戰所殺害僅十萬人凡與倫為逆豫

謀大事者張林為秀所殺許超士猗孫弼謝惔殷渾與秀為王輿所誅張衡
閭和孫髦高越自陽翟還伏胤戰敗還洛陽皆斬于東市蔡璜自陽翟降
齊王冏還洛自殺王輿以功免誅後與東萊王蕤謀殺冏又伏法
齊武閔王冏字景治獻王攸之子也少稱仁惠好振施有父風初攸有疾
武帝不信遣太醫診候皆言無病及攸薨帝往臨喪冏號踊訴父病為
醫所誣詔即誅醫由是見稱遂得為嗣元康中拜散騎常侍領左軍將
軍翊軍校尉趙王倫密與相結廢賈后以功轉游擊將軍冏以位不滿
意有恨色孫秀微覺之且憚其在內出為平東將軍假節鎮許昌倫篡
遷鎮東大將軍開府儀同三司欲以寵安之冏因衆心怨望潛與離狐
王盛潁川王處穆謀起兵誅倫倫遣腹心張烏覘之烏反曰齊無異志
冏既有成謀未發恐事泄乃與軍司管襲殺穆送首於倫以安其意謀
定乃收襲殺之遂與豫州刺史何勗龍驤將軍董艾等起軍遣使告
成都河間常山新野四王移檄天下征鎮州郡縣國咸使聞知揚州刺
史郗隆承檄猶豫未決參軍王邃斬之送首于冏屯軍陽翟倫遣其將

間和張泓孫輔出堮坂與冏交戰冏軍失利堅壘自守會成都軍破倫
衆於黃橋冏乃出軍攻和等大破之及王輿廢倫惠帝反正冏誅討賊
黨既畢率衆入洛頓軍通章署甲士數十萬旌旗器械之盛震於京都
天子就拜大司馬加九錫之命備物典策如宣景文武輔魏故事冏於是
輔政居攸故宮置掾屬四十人大築第館北取五穀市南開諸署毀壞
廬舍以百數使大匠營制與西宮等鑿千秋門牆以通西閣後房施鍾
懸前庭舞八佾沈于酒色不入朝見坐拜百官符勑三臺選舉不均惟
寵親昵以車騎將軍何勗領中領軍封葛旟牟平公路秀小黃公衛
毅陰平公劉真安鄉公韓泰封丘公號曰五公委以心膂殿中御史桓豹
奏事不先經冏府即考竟之於是朝廷側目海內失望矣南陽處士鄭
方露版極諫主簿王豹屢有箴規冏並不能用遂奏豹殺之有白頭公
入大司馬府大呼言有兵起不出甲子旬即收殺之冏驕恣日甚終無
悛志前賊曹屬孫惠復上諫曰惠聞天下五難四不可而明公皆以居
之矣捐宗廟之主忽千乘之重躬貫甲冑犯冒鋒刃此一難也奮三百
之卒決全勝之策集四方之衆致英豪之士此二難也舍殿堂之尊居
單幕之陋安頭塵之慘同將士之勞此三難也驅烏合之衆當凶強之
敵任神武之略無疑阻之懼此四難也檄六合之內著盟信之誓升幽
宮之帝復皇祚之業此五難也大名不可久荷大功不可久任大權不
可久執大威不可久居未有行其五難而不以為難遺其不可而謂之
為可惠竊所不安也自永熙以來十有一載人不見德惟戮是聞公族
構篡奪之禍骨肉遭梟夷之刑群王被囚檻之困妃主有離絕之哀
歷觀前代國家之禍至親之亂未有今日之甚者也良史書過後嗣何
觀天下所以不去於晉符命長存於世者主無嚴虐之暴朝無酷烈之
政武帝餘恩獻王遺愛聖慈惠和尚經人心四海所係實在於茲今明
公建不世之義而未為不世之讓天下惑之思求所悟長沙成都魯衛之
密國之親親與明公計功受賞尚不自先今公宜放桓文之勳邁臧札
之風芻狗萬物不仁其化崇親推近功遂身退委萬機於二王命方嶽
於群后燿義讓之旗鳴思歸之鑾宅大齊之墟振泱泱之風垂拱青徐

之域高枕營丘之藩金石不足以銘高八音不足以贊美姫文不得專
聖於前大伯不得獨賢於後今明公忘亢極之悔忽窮高之凶棄五嶽
之安居累卵之危外以權勢受疑內以百揆損神雖處高臺之上逍遙
重仞之墉及其危亡之憂過於穎翟之慮群下竦戰莫之敢言惠以衰
亡之餘遭陽九之運甘矢石之禍赴大王之義脫褐冠冑從戎于許契闊
戰陣功無可記當隨風塵待罪初服屈原放斥心存南郢樂毅適趙志
戀北燕況惠受恩偏蒙識養雖復暫違情隆二日是以披露血誠冒昧
干迕言入身戮義讓功舉退就鈇鑕此惠之死賢於生也冏不納亦不加
罪翊軍校尉李含奔于長安詐云受密詔使河間王顒誅冏因導以利
謀顒從之上表曰王室多故禍難罔已大司馬冏雖唱義有興復皇位
之功而定都邑克寧社稷實成都王之勳力也而冏不能固守臣節實
協異望在許昌營有東西掖門官置治書侍御史長史司馬直立左右
如侍臣之儀京城大清篡逆誅夷而率百万之衆來繞洛城阻兵經年不
一朝覲百官拜伏晏然南面壞樂官市署用自增廣輒取武庫祕杖
嚴列不解故東萊王蕤知其逆節表陳事狀而見誣陷加罪黜徙以樹私
黨僭立官屬幸妻嬖妾名號比之中宮沉湎酒色不恤群黎董艾放縱无
所畏忌中丞按奏而取退免張偉惚恫擁停詔可葛旟小豎維持國命
操弄王爵貨賂公行群姦聚黨擅斷殺生密署腹心實為貨謀斥罪忠
良伺闚神器臣受重任蕃衛方嶽見冏所行實懷激憤即日翊軍校尉
李含乘驛密至宣騰詔旨臣伏讀感切五情若灼春秋之義君親無將冏擁
彊兵樹置私黨權官要職莫非腹心雖復重責之誅恐不義服今輒勒
兵精卒十萬與州征並協忠義共會洛陽驃騎將軍長沙王乂同奮忠誠
廢冏還第有不順命軍法從事成都王穎明德茂親功高勳重往歲去
就允合衆望宜為宰輔代冏阿衡之任顒表既至冏大懼會百寮曰昔
孫秀作逆篡逼帝主社稷傾覆莫能禦難孤糾合義衆掃除元惡臣
子之節信著神明二王今日聽信讒言造構大難當賴忠謀以和不協耳
司徒王戎司空東海王越說冏委權崇讓冏從事中郎葛旟怒曰趙庶
人聽任孫秀移天易日當時喋喋莫敢先唱公蒙犯矢石躬貫甲冑攻

圍陷陣得濟今日討功行封事將未徧三臺納言不恤王事賞報稽緩責不在府讒言僭逆當共誅討虛承偽書令公就第漢魏以來王侯就第寧有得保妻子者乎議者可斬於是百官震悚無不失色長沙王乂徑入宮發兵攻冏府冏遣董艾陳兵宮西乂又遣宋洪等放火燒諸觀閣及千秋神武門冏令黃門令王湖悉盜騶虞幡唱云長沙王矯詔乂又稱大司馬謀反助者誅五族是夕城內大戰飛矢雨集火光屬天帝幸上東門矢集御前群臣死者相枕明日冏敗乂擒冏至殿前帝惻然欲活之乂叱左右促牽出冏猶再顧遂斬於閶闔門外徇首六軍諸黨屬皆夷三族幽其子淮陵王超樂安王冰濟陽王英于金墉暴冏尸於西明亭三日而莫敢收斂冏故掾屬荀闓等表乞殯葬許之初冏之盛也有一婦人詣大司馬府求寄產吏詰之婦人曰我截齊便去耳識者聞而惡之時又謠曰著布袙腹為齊持服俄而冏誅永興初詔以冏輕陷重刑前勳不宜堙沒乃赦其三子超冰英還第封超為縣王以繼冏祀歷員外散騎常侍光熙初追冊冏曰咨故大司馬齊王冏王昔以宗藩穆胤紹世緒于東國作翰許京允鎮靜我王室誕率義徒同盟觸澤克成元勳大濟潁東朕用應嘉茂績謂篤爾勞俾式先典以疇茲顯懿廓士殊分跨兼吳楚崇禮備物寵侔蕭霍庶馮翼戴之重永隆邦家之望而恭德不建取侮二方有司過舉致王于戮古人有言曰用其法猶思其人況王功濟朕身勳存社稷追惟既往有悼於厥心哉今復王本封命嗣子還紹厥緒禮秩典度一如舊制使使持節大鴻臚即墓賜策祠以太牢魂而有靈祗服朕命肆寧爾心嘉茲寵榮子超嗣爵永嘉中懷帝下詔重述冏唱義元勳還贈大司馬加侍中假節追謚及洛陽傾覆超兄弟皆沒于劉聰冏遂無後太元中詔以故南頓王宗子柔之襲封齊王紹攸冏之祀歷散騎常侍元興初會稽王道子將討桓玄詔柔之兼侍中以騶虞幡宣告江荊二州至姑孰為玄前鋒所害贈光祿勳子建之立宋受禪國除

鄭方者字子回慷慨有志節博涉史傳卓犖不常鄉閭有識者歎其奇而未能薦達及冏輔政專恣方發憤步詣洛陽自稱荆楚逸民獻書於冏曰方聞聖明輔世夙夜祗懼泰而不驕所以長守貴也今大王安不慮危耽于酒色燕樂過度其失一也大王檄命當使天下穆如清風宗室骨肉永無纖介今則不然其失二也四夷交侵邊境不靜大王自以功業興隆不以為念其失三也大王興義群庶競赴天下雖寧人勞窮苦不聞大王振救之令其失四也又與義兵歃血而盟事定之後賞不踰時自清泰已來論功未分此則食言其失五也大王建非常之功居宰衡之任讒謗盈塗人懷怨怒方以狂愚冒死陳誠冏含忍答之云孤不能致五闕若無子則不聞其過矣未幾而敗焉

長沙厲王乂字士度武帝第六子也太康十年受封拜員外散騎常侍及武帝崩乂時年十五孺慕過禮會楚王瑋奔喪諸王皆近路迎之乂獨至陵所號慟以俟瑋拜步兵校尉及瑋之誅二公也乂守東掖門會騶虞幡出乂投弓流涕曰楚王被詔是以從之安知其非瑋既誅乂以同母貶為常山王之國乂身長七尺五寸開朗果斷才力絕人虛心下士甚有名譽三王之舉義也乂率國兵應之過趙國房子令距守乂殺之進軍為成都後係常山內史程恢將貳於乂乂到鄴斬恢及其五子至洛拜撫軍大將軍領左軍將軍頃之遷驃騎將軍開府復本國乂見齊王冏漸專權嘗與成都王穎俱拜陵因謂穎曰天下者先帝之業也王宜維之時聞其言者皆憚之及河間王顒將誅冏傳檄以乂為內主冏遣其將董艾襲乂乂將左右百餘人手斫車幰露乘馳赴宮閉諸門奉天子與冏相攻起火燒冏府連戰三日冏敗斬之并誅諸黨與二千餘人顒本以乂弱冏彊冀乂為冏所擒然後以乂為辭宣告四方共討之因廢帝立成都王已為宰相專制天下既而乂殺冏其計不果乃潛使侍中馮蓀河南尹李含中書令卞粹等襲乂乂並誅之顒遂與穎同伐京都穎遣刺客圖乂時長沙國左常侍王矩侍直見客色動遂殺之詔以乂為大都督以距顒連戰自八月至十月朝議以乂穎兄弟可以辭說而釋乃使中書令王衍行太尉光祿勳石陋行司徒使說穎令與乂分陝而居穎不從乂因致書於穎曰先帝應乾撫運統攝四海勤身苦已克成帝業六合清泰慶流子孫孫秀作逆反易天常卿興義眾還復

帝位齊王恃功肆行非法上無宰相之心下無忠臣之行遂其讒惡離逖骨肉主上怨傷尋已蕩除吾之與卿友于十人同產皇室受封外都各不能闡敷王教經濟遠略今卿復與太尉共起大眾阻兵百萬重圍宮城群臣同忿聊即命將示宣國威未擬摧殄自投溝澗蕩平山谷死者日萬酷痛無罪豈國恩之不慈則用刑之有常卿所遣陸機不樂受卿節鉞將其所領私通國家相求逆者當前一尺卻行一丈卿宜還鎮以寧四海令宗族無羞子孫之福也如其不然念骨肉分裂之痛故復遺書穎復書曰文景受圖武皇乘運庶幾堯舜共康政道恩隆洪業本枝百世豈期骨肉豫禍后族專權楊賈縱毒齊趙內篡幸以誅夷而未靜息每憂王室心悸肝爛羊玄之皇甫商等恃寵作禍能不興慨於是征西羽檄四海雲應本謂仁兄同其所懷便當內擒商等收級遠送如何迷惑自為戎首上矯君詔下離愛弟推移輦轂妄動兵威還任豺狼棄戮親善行惡求福如何自勉前遣陸機董督節鉞雖黃橋之退而溫南收勝一彼一此未足增慶也今武士百萬良將銳猛要當與兄整頓海內若能從太尉之命斬商等首投戈退讓自求多福穎亦自歸鄴都與兄同之奉覽來告緬然慷慨慎哉大兄深思進退也乂前後破穎軍斬獲六七萬人戰久糧乏城中大饑雖曰疲弊將士同心皆願效死而乂奉上之禮未有虧失張方以為未可克欲還長安而東海王越慮事不濟潛與殿中將收乂送金墉城乂表曰陛下篤睦委臣朝事臣小心忠孝神祇所鑒諸王承謬率眾見責朝臣無正各慮私困收臣別省送臣幽宮臣不惜軀命但念大晉衰微枝黨欲盡陛下孤危若臣死國寧亦家之利但恐快凶人之志無益於陛下耳殿中左右恨乂功垂成而敗謀劫出之更以距穎越懼難作欲遂誅乂黃門郎潘滔勸越密告張方方遣部將郅輔勒兵三千就金墉收乂至營炙而殺之乂冤痛之聲達於左右三軍莫不為之垂涕時年二十八乂將殯於城東官屬莫敢往故掾劉佑獨送之步持喪車悲號斷絕哀感路人張方以其義士不之問也初乂執權之始洛下謠曰草木萌牙殺長沙乂以正月二十五日廢二十七日死如謠言焉永嘉中懷帝以乂子碩嗣拜散騎常侍後沒于劉聰

成都王穎字章度武帝第十六子也太康末受封邑十萬戶後拜越騎校尉加散騎常侍車騎將軍賈謐嘗與皇太子博爭道穎在坐厲聲呵謐曰皇太子國之儲君賈謐何得無禮謐懼由此出穎為平北將軍鎮鄴轉鎮北大將軍趙王倫之篡也進征北大將軍加開府儀同三司及齊王冏舉義穎發兵應冏以鄴令盧志為左長史頓丘太守鄭琰為右長史黃門郎程牧為左司馬陽平太守和演為右司馬使兗州刺史王彥冀州刺史李毅督護趙驤石超等為前鋒羽檄所及莫不響應至朝歌眾二十餘萬趙驤至黃橋為倫將士猗許超所敗死者八千餘人士眾震駭穎欲退保朝歌用盧志王彥策又使趙驤率眾八萬與王彥俱進倫復遣孫會劉琨等率三萬人與猗超合兵距驤等精甲耀日鐵騎前驅猗既戰勝有輕驤之心未及溫十餘里復大戰猗等奔潰穎遂過河乘勝長驅左將軍王輿殺孫秀幽趙王倫迎天子反正及穎入京都誅倫使趙驤石超等助齊王冏攻張泓於陽翟泓等遂降冏始率眾入洛自以首建大謀遂擅威權穎營于太學及入朝天子親勞焉穎拜謝曰此大司馬臣冏之勳臣無豫焉見訖即辭出不復還營便謁太廟出自東陽城門遂歸鄴遣信與冏別冏大驚馳出送穎至七里澗及之穎住車言別流涕不及時事惟以太妃疾苦形於顏色百姓觀者莫不傾心至鄴詔遣兼太尉王粹加九錫殊禮進位大將軍都督中外諸軍事假節加黃鉞錄尚書事入朝不趨劍履上殿穎拜受徽號讓殊禮九錫表論興義功臣盧志和演董洪王彥趙驤等五人皆封開國公侯又表稱大司馬前在陽翟與強賊相持既久百姓創痍饑餓凍餒宜急振救乞差發郡縣車一時運河北邸閣米十五萬斛以振陽翟饑人盧志言於穎曰黃橋戰亡者有八千餘人既經夏暑露骨中野可為傷惻昔周王葬枯骨故詩云行有死人尚或墐之況此等致死王事乎穎乃造棺八千餘枚以成都國秩為衣服斂祭葬於黃橋北樹枳籬為之塋域又立都祭堂刊石立碑紀其赴義之功使亡者之家四時祭祀有所仍表其門閭加常戰士二等又命河內溫縣埋藏趙倫戰死士卒萬四千餘人穎形美而神昏不知書然器性敦厚委事於志故得成其美焉及齊王冏驕

修無禮於是衆望歸之詔遣侍中馮蓀中書令卞粹喻穎入輔政并使
受九錫穎猶讓不拜尋加太子太傅穎嬖人孟玖不欲還洛又程太妃
愛戀鄴都以此議久不決留義募將士既久咸怨曠思歸或有輒去者
乃題鄴城門云大事解散蠶欲遽請且歸赴時務昔以義來今以義
去若復有急更相語穎知不可留因遣之百姓乃安及冏敗穎懸執朝政
事無巨細皆就鄴諮之後張昌擾乱荊土穎拜表南征所在響赴既恃
功驕奢百度弛廢甚於冏時穎方恣其欲而憚長沙王乂在內遂与河間
王顒表請誅后父羊玄之左將軍皇甫商等檄乂使就第乃与顒將張方
伐京都以平原內史陸機為前鋒都督前將軍假節穎次朝歌每夜矛
戟有光若火其壘井中皆有龍象進軍屯河南阻清水為壘造浮橋以
通河北以大木函盛石沉之以繫橋名曰石鼈陸機戰敗死者甚衆機
又為孟玖所譖穎收機斬之夷其三族語在機傳於是進攻京城時常
山人王輿合衆万餘欲襲穎會乂被執其黨斬輿降穎既入京師復旋
鎮于鄴增封二十郡拜丞相河間王顒表穎宜為儲副遂廢太子覃立

為皇太弟丞相如故制度一依魏武故事乘輿服御皆迁于鄴表罷
宿衛兵屬相府更以王官宿衛穎僭侈日甚有無君之心委任孟玖
手大失衆望永興初左衛將軍陳眕殿中中郎逯苞成輔及長沙故將
上官巳等奉大駕討穎馳檄四方赴者雲集軍次安陽衆十餘万鄴中
震懼穎欲走其掾步熊有道術曰勿動南軍必敗穎會其衆問計東安
王繇乃曰天子親征宜罷甲縞素出迎請罪司馬王混參軍崔曠勸穎
距戰穎從之乃遣奮武將軍石超率衆五万次于蕩陰眕二弟匡規自
鄴赴王師云鄴中皆已離散由是不甚設備超衆奄至王師敗績矢及
乘輿侍中嵇紹死於帝側左右皆奔散乃棄天子於稾中超遂奉帝幸
鄴穎改元建武害東安王繇署置百官殺生自己立郊於鄴南平北將
軍王浚寧北將軍東嬴公騰殺穎所置幽州刺史和演穎徵浚浚屯冀
州不進与騰及烏丸羯朱襲穎候騎至鄴穎遣幽州刺史王斌及石超
李毅等距浚為羯朱等所敗鄴中大震百寮奔走士卒分散穎懼將帳
下數十騎擁天子与中書監盧志單車而走五日至洛羯朱追至朝歌

不及而還河間王顒遣張方率甲卒二万救穎至洛方乃挾帝擁穎及
豫章王并高光盧志等歸于長安顒廢穎歸藩以豫章王為皇太弟
穎既廢河北思之鄴中故將公師藩汲桑等起兵以迎穎衆情翕然顒
復拜穎鎮軍大將軍都督河北諸軍事給兵千人鎮鄴穎至洛而東海王
越率衆迎大駕所在鋒起穎以北方盛彊懼不可進自洛陽奔關中值
大駕還洛穎自華陰趣武關出新野帝詔鎮南將軍劉弘南中郎將劉
陶收捕穎於是棄母妻單車与二子盧江王普中都王廓渡河赴朝歌
收合故將士數百人欲就公師藩頓丘太守馮嵩執穎及普廓送鄴范
陽王虓幽之而无他意屬虓暴薨虓長史劉輿見穎為鄴都所服慮
為後患祕不發喪偽令人為臺使稱詔夜賜穎死穎謂守者田徽曰范
陽王亡乎徽曰不知穎曰卿年幾徽曰五十穎曰知天命不徽曰不知穎
曰我死之後天下安乎不安乎我自放逐於今三年身體手足不見洗
沐取數斗湯來其二子号泣穎勅人將去乃散髮東首臥命徽縊之時
年二十八二子亦死鄴中哀之穎之敗也官屬並奔散惟盧志隨從不

怠論者稱之其後汲桑害東嬴公騰稱為穎報讎遂出穎棺載之於軍
中每事啓靈以行軍令桑敗棄棺於故井中穎故臣收之改葬于洛陽
懷帝加以縣王礼穎死後數年開封間有傳穎子年十餘歲流離百姓
家東海王越遣人殺之永嘉中立東萊王蕤子遵為穎嗣封華容縣王
後沒於賊國除

河間王顒字文載安平獻王孚孫太原烈王瓌之子也初襲父爵咸寧
二年就国三年改封河間少有清名輕財愛士与諸王俱來朝武帝歎
顒可以為諸国儀表元康初為北中郎將監鄴城九年代梁王肜為平
西將軍鎮關中石函之制非親親不得都督關中顒於諸王為踈特以
賢舉及趙王倫篡位齊王冏謀討之前安西參軍夏侯奭自稱侍御史
在始平合衆得數千人以應冏遣信要顒顒遣主簿房陽河間国人張
方討擒奭及其黨十數人於長安市腰斬之及冏檄至顒執冏使送之於
倫倫徵兵於顒顒遣方率關右健將赴之方至華陰顒聞二王兵盛乃
加長史李含龍驤將軍領督護席遠等追方軍迴以應二王義兵至

潼關而倫秀已誅天子反正含方各率衆還及冏論功雖怒顒初不同而終能濟義進位侍中太尉加三賜之禮後含為翊軍校尉與冏參軍皇甫商司馬趙驤等有憾遂奔顒詭稱受密詔伐冏因說利害顒納之便發兵遣使邀成都王穎以含為都督率諸軍屯陰盤前鋒次于新安去洛百二十里檄長沙王乂討冏及冏敗顒以含為河南尹使與馮蓀卞粹等潛圖害乂商知含前矯妄及與顒陰謀具以告乂乂乃誅含等顒聞含死即起兵以討商為名使張方為都督領精卒七萬向洛方攻商商距戰而潰方遂進攻西明門乂率中軍左右衛擊之方衆大敗死者五千餘人方初於駃水橋西為營於是築壘數重外引廩穀以足軍資乂復從天子出攻方戰輒不利及乂死方還長安詔以顒為太宰大都督雍州牧顒廢皇太子覃立成都王穎為太弟改年大赦左衛將軍陳眕奉天子伐穎顒又遣方率兵二萬救鄴天子已幸鄴方屯兵洛陽及王浚等伐穎穎挾天子歸洛陽方將兵入殿中逼帝幸其壘掠府庫將焚宮廟以絕衆心盧志諫乃止方又逼天子幸長安顒乃選置百官

改秦州為定州及東海王越起兵徐州西迎大駕關中大懼方謂顒曰方所領猶有十餘萬衆奉送大駕還洛宮使成都王反鄴公自留鎮關中方北討博陵如此天下可小安無復舉手者顒慮事大難濟不許乃假劉喬節進位鎮東大將軍遣成都王穎揔統樓褒王闡等諸軍據河橋以距越王浚遣督護劉根將三百騎至河上闡出戰為根所殺穎頓軍張方故壘范陽王虓遣鮮卑騎與平昌博陵衆襲河橋樓褒西走追騎至新安道路死者不可勝數初越以張方劫遷車駕天下怨憤唱義與山東諸侯尅期奉迎先遣說顒令送帝還都與顒分陝而居顒欲從之而方不同及東軍大捷成都等敗顒乃令方親信將郅輔夜斬方送首以示東軍尋變計更遣刁默守潼關乃咎輔殺方又斬輔顒先遣將呂朗等據滎陽范陽王虓司馬劉琨以方首示朗於是朗降時東軍既盛破刁默以入關顒懼又遣馬瞻郭偉於霸水禦之瞻等戰敗散走顒乘單馬逃于太白山東軍入長安大駕旋以太弟太保梁柳為鎮西將軍守關中馬瞻等出詣柳因共殺柳於城內瞻等與始平太守梁邁合從迎顒於南山顒初不肯入府長安令蘇衆記室督朱永勸顒表稱柳病卒輒知方事弘農太守裴廙秦國內史賈龕安定太守賈疋等起義討顒斬馬瞻梁邁等東海王越遣督護麋晃率國兵伐顒至鄭顒將牽秀距晃晃斬秀并其二子義軍據有關中顒保城而已永嘉初詔書以顒為司徒乃就徵南陽王模遣將梁臣於新安雍谷車上扼殺之并其三子詔以彭城元王植子融為顒嗣改封樂成縣王薨無子建興中元帝又以彭城康王釋子欽為融嗣

東海孝獻王越字元超高密王泰之次子也少有令名謙虛持布衣之操為中外所宗初以世子為騎都尉與駙馬都尉楊邈及琅邪王伷子繇俱侍講東宮拜散騎侍郎歷左衛將軍加侍中討楊駿有功封五千戶侯遷散騎常侍輔國將軍尚書右僕射領游擊將軍復為侍中加奉車都尉給溫信五十人別封東海王食六縣永康初為中書令徙侍中遷司空領中書監成都王穎攻長沙王乂乂固守洛陽殿中諸將及三部司馬疲於戰守密與左衛將軍朱默夜收乂別省逼越為主啓惠帝免

乂官事定越稱疾遜位帝不許加守尚書令太安初帝北征鄴以越為大都督六軍敗越奔下邳徐州都督東平王楙不納越徑還東海成都王穎以越兄弟宗室之美下寬令招之越不應命帝西幸以越為太傅與太宰顒夾輔朝政讓不受東海中尉劉洽勸越發兵以備穎越以洽為左司馬尚書曹馥為軍司既起兵楙懼乃以州與越越以司空領徐州都督以楙領兗州刺史越三弟並據方任征伐輒選刺史守相朝士多赴越而河間王顒挾天子發詔罷越等皆令就國越唱義奉迎大駕還復舊都率甲卒三萬西次蕭縣豫州刺史劉喬不受越命遣子祐距之越軍敗范陽王虓遣督護田徽以突騎八百迎越遇祐於譙祐衆潰越進屯陽武山東兵盛關中大懼顒斬送張方首求和尋變計距越越率諸侯及鮮卑許扶歷駒次宿歸等步騎迎惠帝反洛陽詔越以太傅錄尚書以下邳濟陽二郡增封及懷帝即位委政於越吏部郎周穆清河王覃舅越之姑子也與其妹夫諸葛玫共說越曰主上之為太弟張方意也清河王本太子為群凶所廢先帝暴崩多疑東宮公盍思

伊霍之舉以寧社稷乎言未卒越曰此豈宜言邪叱左右斬之以致穆世家罪止其身因此表除三族之法帝始親萬機留心庶事越不悅求出藩帝不許越遂出鎮許昌永嘉初自許昌率苟晞及冀州刺史丁劭討汲桑破之越還于許長史潘滔說之曰兖州天下樞要公宜自牧乃轉苟晞為青州刺史由是與晞有隙尋詔越為丞相領兖州牧督兖豫司冀幽并六州越辭丞相不受自許遷于鄄城越恐清河王覃終為儲副矯詔收付金墉城尋害之王彌入許越遣左司馬王斌率甲士五千人入衛京都鄄城自壞越惡之移屯濮陽又遷于滎陽召田甄等六率甄不受命越遣監軍劉望討甄初東嬴公騰之鎮鄴也攜并州將田甄甄弟蘭任祉祁濟李惲薄盛等部眾萬餘人至鄴遣就穀冀州號為乞活及騰敗甄等邀破汲桑於赤橋越以甄為汲郡蘭為鉅鹿太守甄求魏郡越不許甄怒故召不至望既渡河甄退李惲薄盛斬田蘭率其眾降甄祉濟棄軍奔上黨越自滎陽還洛以太學為府疑朝臣貳己乃誣帝舅王延等為亂遣王景率甲士三千人入宮收延等付廷尉殺之越

解兖州牧領司徒越既與苟晞構怨又以頃興事多由殿省乃奏宿衛有侯爵者皆罷之時殿中武官並封侯由是出者略盡皆泣涕而去乃以東海國上軍將軍何倫為右衛將軍王景為左衛將軍領國兵數百人宿衛越自誅王延等大失眾望而多有猜嫌散騎侍郎高韜有憂國之言越誣以訕謗時政害之而不自安乃戎服入見請討石勒且鎮集兖豫以援京師帝曰今逆虜侵逼郊畿王室蠢蠢莫有固志朝廷社稷倚賴於公豈可遠出以孤根本對曰臣今率眾邀賊勢必滅之賊滅則不逞消殄　東諸州職貢流通此所以宜暢國威藩屏之宜也若端坐京輦以失據會則釁弊日滋所憂逾重遂行留妃裴氏世子鎮軍將軍毗及龍驤將軍李惲并何倫等守衛京都表以行臺隨軍率甲士四萬東屯于項王公卿士隨從者甚眾詔加九錫越乃羽檄四方曰皇綱失御社稷多難孤以弱才備當大任自頃胡寇內逼偏裨失利帝鄉便為戎州冠帶奄成殊域朝廷上下以為憂懼皆由諸侯蹉跎遂及此難投袂忘履討之已晚人情奉本莫不義奮當須合會之眾以俟戰守之備宗廟主上相賴匡救檄至之日便望風奮發忠臣戰士效誠之秋也所徵皆不至而苟晞又表討越語在晞傳越以豫州刺史馮嵩為左司馬自領豫州牧越專擅威權圖為霸業朝賢素望選為佐吏名將勁卒充于己府不臣之迹四海所知而公私罄乏所在寇亂州郡攜貳上下崩離禍結釁深遂憂懼成疾永嘉五年薨于項秘不發喪以襄陽王範為大將軍統其眾還葬東海石勒追及於苦縣寧平城將軍錢端出兵距勒戰死軍潰勒命焚越柩曰此人亂天下吾為天下報之故燒其骨以告天地於是數十萬眾勒以騎圍而射之相踐如山王公士庶死者十餘萬王彌弟璋焚其餘眾并食之天下歸罪於越帝發詔貶越為縣王何倫李惲聞越之死秘不發喪奉妃裴氏及毗出自京邑從者傾城所經暴掠至洧倉又為勒所敗毗及宗室三十六王俱沒于賊李惲殺妻子奔廣宗何倫走下邳裴妃為人所略賣於吳氏太興中得渡江欲招魂葬越元帝詔有司詳議博士傅純曰聖人制禮以事緣情設冢槨以藏形而事之以凶立廟祧以安神而奉之以吉送形而往迎精而還此

墓廟之大分形神之異制也至於室廟寢廟祊祭非一處所以廣求神之道而獨不於墓明非神之所處也今亂形神之別錯廟墓之宜違禮制義莫大於此於是下詔不許裴妃不奉詔遂葬越於廣陵太興末墓毀改葬丹徒初元帝鎮建鄴裴妃之意也帝深德之數幸其第以第三子沖奉越後薨無子成帝以少子奕繼之哀帝徙奕為琅邪王而東海無嗣隆安初安帝更以會稽忠王次子彥璋為東海王繼沖為曾孫為桓玄所害國除

史臣曰昔高辛撫運釁起參商宗周嗣曆禍纏管蔡詳觀曩冊逖聽前古亂臣賊子昭鑒在焉有晉纂興載崇藩翰分茅錫瑞道光恒典儀台飾袞禮備彝章汝南以純和之姿失於無斷楚隱習果銳之性遂成凶很或位居朝右或職參近禁俱為女子所詐相次受誅雖曰自貽良可哀也倫實庸瑣見欺孫秀潛構異圖煽成姦慝乃使元良遘怨酷上宰陷誅夷乾耀以之暫傾皇綱於焉中圮遂裂冠毀冕幸百六之會綰璽揚纛窺九五之尊夫神器焉可偷安鴻名豈容妄假而欲託茲淫祀

享彼天年凶闇之極未之有也冏名父之子唱義勤王摧偽業於既成拯皇輿於已墜策勳考績良足可稱然而臨禍忘憂逞心縱欲曾不知樂不可極盈難久持笑古人之未工忘己事之已拙向若採王豹之奇策納孫惠之嘉謀高謝袞章永表東海雖古之伊霍何以加焉長沙材力絕人忠概邁俗投弓掖門落落壯夫之氣馳車魏闕懍懍烈士之風雖復陽九數屯在三之情無奪撫其遺節終始可觀穎既入總大權出居重鎮中臺藉以成務東夏資其宅心乃協契河間共圖進取而顒任李含之狙詐杖張方之陵虐遂使武閔喪元長沙授首逞其無君之志矜其不義之彊鑾駕北巡異乎有征無戰乘輿西幸非由望秩觀風若火燎原猶可撲滅矧茲安忍能無及乎東海糺合同盟創為義舉匡復之功未立陵暴之釁已彰罄彼車徒固求出鎮既而帝京寡弱狡寇憑陵遂令神器劫遷宗祏顛覆數十萬眾並垂餌於豺狼三十六王咸隕身於鋒刃禍難之極振古未聞雖及焚如猶為幸也自惠皇失政難起蕭牆骨肉相殘黎元塗炭胡塵驚而天地閉戎兵接而宮廟隳支屬肇其禍端戎羯乘其間隙悲夫詩所謂誰生厲階至今為梗其八王之謂矣

贊曰亮總朝政瑋懷職競讒巧乘間豔妻過聽構釁連禍遄遭非命倫實下愚敢竊龍圖亂常奸位遄及嚴誅偉哉武閔首創宏謨德之不建良可悲夫長沙奉國始終靡慝功虧一簣奄罹殘賊章度勤王效立名揚含從闕右犯順爭彊事窮勢蹙俱為亂亡元超作輔出征入撫敗國喪師無君陵主焚如之變抑惟自取

列傳第二十九

列傳第三十

解系 弟結 結弟育　孫旂　孟觀　牽秀
繆播 從弟胤　皇甫重　張輔　李含
張方　閻鼎　索靖 子綝　賈疋

解系字少連濟南著人也父修魏琅邪太守梁州刺史考績爲天下第一武帝受禪封梁鄒侯系及二弟結育並清身絜己甚得聲譽時荀勗門宗彊盛朝野畏憚之勗諸子謂系等曰我與卿爲友應向我公拜勗又曰我與尊先使君親厚系曰不奉先君遺教公若與先君厚往日哀頓當垂書問親厚之誨非所敢承勗父子大慚當世壯之後辟公府掾歷中書黃門侍郎散騎常侍豫州刺史遷尚書出爲雍州刺史揚烈將軍西戎校尉假節會氐羌叛與征西將軍趙王倫討之倫信用佞人孫秀與系爭軍事更相表奏朝廷知系守正不撓而召倫還系表殺秀以謝氐羌不從倫秀譖之系坐免官以白衣還第闔門自守及張華裴頠之被誅也倫秀以宿憾收系兄弟梁王肜救系等倫怒曰我於水中見蟹且惡之況此人兄弟輕我邪此而可忍孰不可忍肜苦爭之不得遂害之幷戮其妻子後齊王冏起義時以裴解爲冤首倫秀既誅冏乃奏曰臣聞興微繼絕聖主之高政貶惡嘉善春秋之美談是以武王封比干之墓表商容之閭誠幽明之故有以相通也孫秀逆亂滅佐命之國誅骨鯁之臣以斲喪王室肆其虐戾功臣之後多見泯滅至如張華裴頠各以見憚取誅於時系結同以羔羊被害歐陽建等無罪而死百姓憐之陛下更日月之光照布惟新之明命然此等未蒙恩理昔欒郤降在皁隸而春秋傳其人幽王絕功臣之後棄賢者子孫而詩人以爲刺臣備忝右職思竭股肱獻納愚誠若合聖意可羣官通議八坐議以系等清公正直爲姦邪所疾無罪橫戮冤痛已甚如大司馬所啓彰明枉直顯宣當否使冤魂無愧無恨爲恩大矣永寧二年追贈光祿大夫改葬加弔祭焉

結字叔連少與系齊名辟公府掾累遷黃門侍郎歷散騎常侍豫州刺史魏郡太守御史中丞時孫秀亂關中結在都坐議秀罪應誅秀由是致憾及系被害結亦同戮女適裴氏明日當嫁而禍起裴氏欲認活之女曰家既若此我何活爲亦坐死朝廷遂議革舊制女不從坐由結女始也後贈結光祿大夫改葬加弔祭

結弟育字稚連名亞二兄歷公府掾太子洗馬尚書郎衛軍長史弘農太守與二兄俱被害妻子徙邊

孫旂字伯旗樂安人也父歷魏晉際爲幽州刺史右將軍旂絜靜少自脩立察孝廉累遷黃門侍郎出爲荊州刺史名位與二解相亞永熙中徵拜太子詹事轉衛尉坐武庫火免官歲餘出爲兗州刺史遷平南將軍假節旂子弼及弟子髦輔琰四人並有吏材稱於當世遂與孫秀合族及趙王倫起事夜從秀開神武門下觀閱器杖兄弟旬月相次爲公府掾尚書郎弼又爲中堅將軍領尚書左丞輔爲上將軍領射聲校尉髦爲武衛將軍領太子詹事琰爲武威將軍領太子左率皆賜爵開國郡侯推崇旂爲車騎將軍開府初旂以弼等受署爲朝遣小息回責讓弼等以過差之事必爲家禍弼等終不從旂制之不可但慟哭而已及齊王冏起義四子皆伏誅襄陽太守宗岱承冏檄斬旂夷三族弟尹守文旗歷陳留陽平太守早卒

孟觀字叔時渤海東光人也少好讀書解天文惠帝即位稍遷殿中中郎賈后悖妒姑之禮陰欲誅楊駿而廢太后因駿專權數言之於帝又使人諷觀會楚王瑋將討駿觀受賈后旨宣語頗加誣其事及駿誅以觀爲黃門侍郎特給親信四十人遷積弩將軍封上谷郡公氐帥齊萬年反於關中衆數十萬諸將覆敗相繼中書令陳準監張華以趙王在關中雍容貴戚進不貪功退不懼罪士卒雖衆不爲之用周處喪敗職此之由上下離心難以勝敵以觀沉毅有文武材用乃啓觀討之觀所領宿衛兵皆趫捷勇悍幷統關中士卒身當矢石大戰十數皆破之生擒萬年威懾氐羌轉東羌校尉徵拜右將軍趙王倫纂位以觀所在著績署爲安南將軍監河北諸軍事假節屯宛觀子平爲淮南王允前鋒將軍討倫戰死孫秀以觀杖兵在外假言平爲允兵所害贈積弩將軍以安觀義軍既起多勸觀應齊王冏觀以紫宮帝坐無他變謂倫應

之遂不從衆議而為倫守及帝反正永饒冶令空桐機斬觀首傳于洛陽遂夷三族

牽秀字成叔武邑觀津人也祖招魏鴈門太守秀博辯有文才性豪俠弱冠得美名為太保衛瓘尚書崔洪所知太康中調補新安令累遷司空從事中郎與帝舅王愷素相輕侮愷諷司隸荀愷奏秀夜在道中載高平國守士田興妻秀即表訴被誣論愷穢行文辭亢厲以譏抵外戚于時朝臣雖多證明其行而秀盛名美譽由是而損遂坐免官後司空張華請為長史秀任氣好為將帥張昌作亂長沙王乂遣秀討昌秀出關因奔成都王穎穎伐乂以秀為冠軍將軍與陸機王粹等共為河橋之役機戰敗秀證成其罪又諂事黃門孟玖故見親於穎惠帝西幸長安以秀為尚書秀少在京輦見司隸劉毅奏事而扼腕慷慨自謂居司直之任當能激濁揚清處鼓鞞之間必建將帥之勳及在常伯納言亦未曾有規獻弼違之奇也河間王顒甚親任之關東諸軍奉迎大駕以秀為平北將軍鎮馮翊秀與顒將馬瞻等將輔顒以守關中顒密遣使就東海王越求迎越遣將麋晃等迎顒時秀擁衆在馮翊晃不敢進顒長史楊騰前不應越軍懼越討之欲取秀以自効與馮翊大姓諸嚴詐稱顒命使秀罷兵秀信之騰遂殺秀於萬年

繆播字宣則蘭陵人也父悅光祿大夫播才思清辯有意義高密王泰為司空以播為祭酒累遷太弟中庶子惠帝幸長安河間王顒欲挾天子令諸侯東海王越將起兵奉迎天子以播父時故吏委以心膂播從弟右衛率胤顒前妃之弟也越遣播胤詣長安說顒令奉帝還洛約與顒分陝為伯播胤素為顒所敬信既相見虛懷從之顒將張方自以罪重懼為誅首謂顒曰今據形勝之地國富兵彊奉天子以號令誰敢不服顒惑方所謀猶豫不決方惡播胤為越游說陰欲殺之播等亦慮方為難不敢復言時越兵鋒甚盛顒深憂之播胤乃復說顒急斬方以謝可不勞而安顒從之於是斬方以謝山東諸侯顒後悔之又以兵距越屢為越所敗帝反舊都播亦從太弟還洛契闊艱難深相親狎及帝崩太弟即帝位是為懷帝以播為給事黃門侍郎俄轉侍中徙中書令任遇日隆專管詔命時越威權自已帝力不能討心甚惡之以播胤等有公輔之量又盡忠於國故委以心膂越懼為已害因入朝以兵入宮執播等於帝側帝歎曰姦臣賊子無世無之不自我先不自我後哀哉起執播等手涕泗歔欷不能自禁越遂害之朝野憤惋咸曰善人國之紀也而加虐焉其能終乎及越薨帝贈播衛尉祠以少牢

胤字休祖安平獻王外孫也與播名譽略齊初為尚書郎後遷太弟左衛率轉魏郡太守及王浚軍逼鄴石超等大敗胤奔東海王越於徐州越使胤與播俱入關而所說得行大駕東還越以胤為冠軍將軍南陽太守胤從藍田出武關之南陽前守衛展距胤不受胤乃還洛懷帝即位拜胤左衛將軍轉散騎常侍太僕卿既而與播及帝舅王延尚書何綏太史令高堂沖並參機密為東海王越所害

皇甫重字倫叔安定朝那人也性沈果有才用為司空張華所知稍遷新平太守元康中華版為秦州刺史齊王冏輔政以重弟商為參軍冏誅長沙王乂又以為參軍時河間王顒鎮關中其將李含先與商重有隙每銜之及此說顒曰商為乂所任重終不為人用宜急除之以去一方之患可表遷重為內職因其經長安乃執之重知其謀乃露檄上尚書以顒信任李含將欲為亂召集隴上士衆以討含為名乂以兵革累興今始寧息表請遣使詔重罷兵徵含為河南尹含既就徵重不奉詔顒遣金城太守游楷隴西太守韓稚等四郡兵攻之頃之成都王穎與顒起兵共攻乂以討后父尚書僕射羊玄之及商為名乂以商為左將軍河東太守領萬餘人於鈌門距張方為方所破顒軍遂進乂既屢敗乃使商間行齎帝手詔使游楷盡罷兵令重進軍討顒商行過長安至新平遇其從甥從甥素憎商以告顒顒捕得商殺之乂既敗重猶堅守閉塞外門城內莫知而四郡兵築土山攻城重輒以連弩射之所在為地窟以防外攻權變百端外軍不得近城將士為之死戰顒知不可拔乃上表求遣御史宣詔喻之令降重知非朝廷本意不奉詔獲御史騶人問曰我弟將兵來欲至未騶云已為河間王所害重失色立殺騶於是城內知無外救遂共殺重先是重被圍急遣養子昌請救於東海王

越越以顯新廢成都王穎與山東連和不肯出兵昌乃與故殿中人楊篇詐稱越命迎羊后於金墉城入宮以后令發兵討張方奉迎大駕事起倉卒百官初皆從之俄而又共誅昌

張輔字世偉南陽西鄂人漢河間相衡之後也少有幹局與從母兄劉喬齊名初補藍田令不為豪彊所屈時彊弩將軍龐宗西州大姓護軍趙浚宗婦族也故僮僕放縱為百姓所患輔繩之殺其二奴又奪宗田二百餘頃以給貧戶一縣稱之轉山陽令太尉陳準家僮亦暴横輔復擊殺之累遷尚書郎封宜昌亭侯轉御史中丞時積弩將軍孟觀與明威將軍郝彥不協而觀因軍事害彥又賈謐潘岳石崇等共相引重及義陽王威有詐冒事輔並糾劾之梁州刺史楊欣有姊喪未經旬車騎長史韓預彊聘其女為妻輔為中正貶預以清風俗論者稱之及孫秀執權威構輔於秀秀惑之將繩輔以法輔與秀牋曰輔徒知希慕古人當官而行不復自知小為身計今義陽王誠弘恕不以介意然輔母年七十六常見憂慮恐輔將以怨疾獲罪願明公留神

省察輔前後行事是國之愚臣而已秀雖凶狡知輔雅正為威所誣乃止後遷馮翊太守是時長沙王乂以河間王顒專制關中有不臣之跡言於惠帝密詔雍州刺史劉沈秦州刺史皇甫重使討顒於是沈等與顒戰於長安輔遂將兵救顒沈等敗績顒德之乃以輔代重為秦州刺史當赴顒之難金城太守游楷亦皆有功轉梁州刺史不之官楷聞輔之還不時迎輔陰圖之又殺天水太守封尚欲揚威西土召隴西太守韓稚會議未決稚子朴有武幹斬異議者即收兵伐輔輔與稚戰於遮多谷口輔軍敗績為天水故帳下督富整所殺初輔嘗著論云管仲不若鮑叔鮑叔知所奉知所投管仲奉主而不能濟所奔又非濟事之國三歸反坫皆鮑不為又論班固司馬遷云遷之著述辭約而事舉敘三千年事唯五十萬言班固敘二百年事乃八十萬言煩省不同不如遷一也良史述事善足以獎勸惡足以監誡人道之常中流小事亦無取焉而班皆書之不如二也毀貶晁錯傷忠臣之道不如三也遷既造創固又因循難易益不同矣又遷為蘇秦張儀范雎蔡澤作傳逞辭流離亦足以明其大才故述辯士則辭藻華靡敘實錄則隱核名檢此所以遷稱良史也又論魏武帝不及劉備樂毅減於諸葛亮詞多不載

李含字世容隴西狄道人也僑居始平少有才幹兩郡並舉孝廉安定皇甫商州里年少少恃豪族以含門寒微欲與結交含距而不納商恨焉遂諷州以短檄召含為門亭長會州刺史郭奕素聞其賢下車擢含為別駕遂處群僚之右尋舉秀才薦之公府自太保掾轉秦國郎中令司徒選含領始平中正秦王柬薨含依臺儀葬訖除喪尚書趙浚有內寵疾含不事已遂奏含不應除喪本州大中正傅祗以名義貶含中丞傅咸上表理含曰臣州秦國郎中令始平李含忠公清正才經世務實有史魚秉直之風雖以此不能協和流俗然其名行峻厲不可得掩二郡並舉孝廉異行尚書郭奕臨州含寒門少年而奕超為別駕太保衛瓘辟含為掾每語臣曰李世容當為晉匪躬之臣秦王之薨悲慟感人百僚會喪皆所目見而今以含俯就王制謂之背戚居榮奪其中正

天王之朝既葬不除藩國之喪既葬而除藩國欲同不除乃當責引尊準卑非所宜言耳今天朝告于上欲令藩國服于下此為藩國之義隆而天朝之禮薄也又云諸王公皆終喪禮寧盡乃敘明以喪制宜隆務在敦重也夫寧盡乃敘明以哀其病耳異於天朝制使終喪未見斯文國制既葬而除既除而祔爰自漢魏迄于聖晉文皇升遐武帝崩徂世祖過哀陛下毀頓銜疚諒闇以終三年率土臣妾豈無攀慕遂服之心實以國制不可而踰故於既葬不敢不除天王之喪釋除於上藩國之臣獨遂于下此不可安復以秦王無後含應為喪主而王喪既除而祔則應吉祭因曰王未有廟主不應除服秦王始封無所連祔靈主所居即便為廟不問國制云何而以無廟為貶以含今日之所行移博士使案禮文必也放勛之徂遏密三載世祖之崩數旬即吉引古繩今闔世有貶何但李含不應除服今也無貶王制故也聖上諒闇哀聲不輟股肱近侍猶宜心喪不宜便行婚娶歡樂之事而莫云者豈不以大制不可而曲邪且前以含有王喪上為差代尚書勑王葬日在近葬訖含應攝職不聽差代

然訖含猶躊躇司徒屢罰訪問踧含攝職而隨擊之此為臺勑府符陷含於惡若謂臺府為傷教義則當據正不正符勑唯含是貶含之困躓尚足惜乎國制不可偏耳又含自以隴西人雖戶屬始平非所綜悉自初見使為中正反覆言辭說非始平國人不宜為中正後為郎中令又自以選官引臺府為比以讓常山太守蘇韶辭意懇切形于文墨含之固讓乃在王未薨之前葬後躊躇窮於對罰而攝職耳臣從弟祗為州都意在欲隆風教議含已過不良之人遂相扇動冀挾名義法外致案足有所邀中正龐騰便割含品臣雖無祁大夫之德見含為騰所侮謹表以聞乞朝廷以時博議無令騰得妄弄刀尺帝不從含遂被貶退割為五品歸長安歲餘光祿差含為壽城邸閣督司徒王戎表含曾為大臣雖見割削不應降為此職詔停後為始平令及趙王倫篡位或謂孫秀曰李含有文武大才無以資人秀以為東武陽令河間王顒表請含為征西司馬甚見信任頃之轉為長史顒誅夏侯奭送齊王冏使與趙王倫遣張方率衆赴倫皆含謀也後顒聞三王兵盛乃加含龍驤將軍統席薳等鐵騎迴遣張方軍以應義師天子反正含至潼關而還初梁州刺史皇甫商為趙王倫所任倫敗去職詣顒顒慰撫之甚厚含諫顒曰商倫之信臣懼罪至此不宜數與相見商知而恨之及商當還都顒置酒餞行商因與含忿爭顒和釋之後含被徵為翊軍校尉時商參齊王冏軍事而夏侯奭兄在冏府稱奭立義被西藩枉害含心不自安冏右司馬趙驤又與含有隙冏將閱武含懼驤因兵討之乃單馬出奔于顒矯稱受密詔顒即夜見之乃說顒曰成都王至親有大功還藩甚得衆心齊王越親而專執威權朝廷側目今檄長沙王令討齊使先聞於齊齊必誅長沙因傳檄以加齊罪則冏可擒也既去齊立成都除逼建親以安社稷大勳也顒從之遂表請討冏拜含為都督統張方等率諸軍以向洛陽含屯陰盤而長沙王乂誅冏含等旋師初含之本謀欲并去乂冏使權歸於顒含因得肆其宿志既長沙勝齊顒穎猶各守藩志望未允顒表含為河南尹時商復被乂任遇商兄重時為秦州刺史含疾商滋甚復與重構隙顒自含奔還之後委以心膂復慮重襲

已乃使兵圍之更相表罪侍中馮蓀黨顒請召重還商說乂曰河間之奏皆李含所交構也若不早圖禍將至矣且河間前舉由含之謀乂乃殺含

張方河間人也世貧賤以材勇得幸於河間王顒累遷兼振武將軍永寧中顒表討齊王冏遣方領兵二萬為前鋒及冏被長沙王乂所殺顒及成都王穎復表討乂遣方率衆自函谷入屯河南惠帝遣左將軍皇甫商距之方以潛軍破商之衆遂入城乂奉帝討方于城內方軍望見乘輿於是小退方止之不得衆遂大敗殺傷滿于衢巷方退壁于十三里橋人情挫衄無復固志多勸方夜遁方曰兵之利鈍是常貴因敗以為成耳我更前作壘出其不意此用兵之奇也乃夜潛進逼洛城七里乂既新捷不以為意忽聞方壘成乃出戰敗績東海王越等執乂送于金墉城方使郅輔取乂還營炙殺之於是大掠洛中官私奴婢萬餘人而西還長安顒加方右將軍馮翊太守蕩陰之役顒又遣方鎮洛陽上官巳苗願等距之大敗而退清河王覃夜襲巳願巳願出奔方乃入洛陽覃於廣陽門迎方而拜方駞下車扶止之於是復廢皇后羊氏及帝自鄴還洛方遣息羆以三千騎奉迎將渡河橋方又以所乘陽燧車青蓋素升三百人為小鹵簿迎帝至芒山下方自帥萬餘騎奉雲母輿及旌旗之飾衛帝而進初方見帝將拜帝下車自止之方在洛既久兵士暴掠發哀獻皇女墓軍人喧喧無復留意議欲西遷尚匿其跡欲須天子出因刼移都乃請帝謁廟帝不許方遂悉引兵入殿迎帝帝見兵至避之於竹林中軍人引帝出方於馬上稽首曰胡賊縱逸宿衛單少陛下今日幸臣壘臣當捍禦寇難致死無二於是軍人便亂入宮閣爭割流蘇武帳而為馬帴方奉帝至弘農顒遣司馬周弼報方欲廢太弟方以為不可帝至長安以方為中領軍錄尚書事領京兆太守時豫州刺史劉喬檄稱潁川太守劉輿迫脅范陽王虓距逆詔命及東海王越等起兵於山東乃遣方率步騎十萬往討之方屯兵霸上而劉喬為虓等所破顒聞喬敗大懼將罷兵恐方不從遲疑未決初方從山東來甚微賤長安富人郅輔厚相供給及貴以輔為帳下督甚昵之顒參軍畢垣河間冠族為方所侮忿而說顒曰張方久屯霸上聞山東賊盛盤桓不進宜防

其未萌其親信郅輔具知其謀矣而繆播等先亦構之顒因使召輔垣
迎說輔曰張方欲反人謂卿知之王若問卿何辭以對輔驚曰實不聞方
反為之若何垣曰王若問卿但言爾爾不然必不免禍輔既入顒問之曰
張方反卿知之乎輔曰爾顒曰遣卿取之可乎又曰爾顒於是使輔送
書於方因令殺之輔既昵於方持刀而入守閤者不疑因火下發函便
斬方頭顒以輔為安定太守初繆播等議斬方送首與越冀東軍可
罷及聞方死更爭入關顒頗恨之又使人殺輔

史臣曰晉氏之禍難薦臻實始藩翰解系等以干時之用處危亂之辰
並託迹府朝參謀王室或抗忠盡節或飾詐懷姦雖邪正殊途而咸至
誅戮豈非時艱政紊利深禍速者乎古人所以危邦不入亂邦不居戒
懼於此也

閻鼎字台臣天水人也初為太傅東海王越參軍轉卷令行豫州刺史
事屯許昌遭母喪乃於密縣間鳩聚西州流人數千欲還鄉里值京師
失守秦王出奔密中司空荀藩藩弟司隸校尉組及中領軍華恒河南

尹華薈在密縣建立行臺以密近賊南趣許潁司徒左長史劉疇在密
為塢主中書令李暅太傅參軍騶捷劉蔚鎮軍長史周顗司馬李述
皆來赴疇僉以鼎有才用且手握彊兵勸藩假鼎冠軍將軍豫州刺史
蔚等為參佐鼎少有大志因西土人思歸欲立功鄉里乃與撫軍長史王
毗司馬傅遜懷翼戴秦王之計謂疇捷等曰山東非霸王之處不如關中河
陽令傅暢遺鼎書勸奉秦王過洛陽謁拜山陵徑據長安綏合夷晉
興起義眾剋復宗廟雪社稷之恥鼎得書便欲詣洛流人謂北道近河
懼有抄截欲南自武關向長安疇等皆山東人咸不願西入荀藩及疇
捷等並逃散鼎追藩不及暅等見殺唯顗述走得免遂奉秦王行止上
洛為山賊所襲殺百餘人率餘眾西至藍田時劉聰向長安為雍州刺
史賈疋所逐走還平陽疋遣人奉迎秦王遂至長安而與大司馬南陽
王保衛將軍梁芬京兆尹梁綜等並同心推戴立王為皇太子登壇告
天立社稷宗廟以鼎為太子詹事總攝百揆梁綜與鼎爭權鼎殺綜
以王毗為京兆尹鼎首建大謀立功天下始平太守麴允撫夷護軍索
綝並害其功且欲專權馮翊太守梁緯北地太守梁肅並綜母弟綝之
姻也謀欲除鼎乃證其有無君之心專戮大臣請討之遂攻鼎鼎出奔
雍為氐竇首所殺傳首長安

索靖字幼安敦煌人也累世官族父湛北地太守靖少有逸群之量與
鄉人氾衷張甝索紾索永俱詣太學馳名海內號稱敦煌五龍四人並
早亡唯靖該博經史兼通內緯州辟別駕郡舉賢良方正對策高第
傅玄張華與靖一面皆厚與之相結拜駙馬都尉出為西域戊己校尉
長史太子僕同郡張勃特表以靖才藝絕人宜在臺閣不宜遠出邊塞
武帝納之擢為尚書郎與襄陽羅尚河南潘岳吳郡顧榮同官咸器服
焉靖與尚書令衛瓘俱以善草書知名帝愛之瓘筆勝靖然有楷法遠
不能及靖靖在臺積年除鴈門太守遷魯相又拜酒泉太守惠帝即位
賜爵關內侯靖有先識遠量知天下將亂指洛陽宮門銅駝歎曰會見
汝在荊棘中耳元康中西戎反叛拜靖大將軍梁王肜左司馬加蕩寇將
軍屯兵粟邑擊賊敗之遷始平內史及趙王倫篡位靖應三王義舉以

左衛將軍討孫秀有功加散騎常侍遷後將軍太安末河間王顒舉兵
向洛陽拜靖使持節監洛城諸軍事游擊將軍領雍秦涼義兵與賊
戰大破之靖亦被傷而卒追贈太常時年六十五後又贈司空進封安
樂亭侯謚曰莊靖著五行三統正驗論辯理陰陽氣運又撰索子晉詩
各二十卷又作草書狀其辭曰聖皇御世隨時之宜倉頡既生書契是
為科斗鳥篆類物象形叡哲變通意巧滋生損之隸草以崇簡易百官
畢脩事業並麗蓋草書之為狀也婉若銀鉤漂若驚鸞舒翼未發若
舉復安蟲蛇虬蟉或往或還類阿那以羸形歘奮亹而桓桓及其逸遊
盻嚮乍正乍邪騏驥暴怒逼其轡海水窊隆揚其波芝草蒲陶還相繼棠
棣融融載其華玄熊對踞于山嶽飛燕相追而差池舉而察之又似乎和
風吹林偃草扇樹枝條順氣轉相比附窈嬈廉苫隨體散布紛擾擾以
猗靡中持疑而猶豫玄螭狡獸嬉其間騰猨飛鼬相奔趣凌魚奮尾蛟
龍反據投空自竄張設牙距或若登高望其類或若既往而中顧或若
倜儻而不群或若自檢於常度於是多才之英篤藝之彥役心精微耽

此文憲守道兼權觸類生變離析八體靡形不判去繁存微大象未亂上理開元下周謹案騁辭放手雨行冰散高音翰厲溢越流漫忽班班而成章信奇妙之煥爛體磥落而壯麗姿光潤以粲粲命杜度運其指使伯英迴其腕著絕勢於紈素垂百世之殊觀先時靖行見姑臧城南石地曰此後當起宮殿至張駿於其地立南城起宗廟建宮殿焉靖有五子鯁綏璆聿綝皆舉秀才聿安昌鄉侯卒少子綝最知名

綝字巨秀少有逸群之量靖每曰綝廊廟之才非簡札之用州郡吏不足汙吾兒也舉秀才除郎中嘗報兄讎手殺三十七人時人壯之俄轉太宰參軍除好畤令入為黃門侍郎出參征西軍事轉長安令在官有稱及成都王穎劫遷惠帝幸鄴穎為王浚所破帝遂播越河間王顒使張方及綝東迎乘輿以功拜鷹揚將軍轉南陽王模從事中郎劉聰侵掠關東以綝為奮威將軍以禦之斬聰將呂逸又破聰黨劉豐遷新平太守聰將蘇鐵劉五斗等劫掠三輔除綝安西將軍馮翊太守綝有威恩華戎嚮服賊不敢犯及懷帝蒙塵長安又陷模被害綝泣曰與其俱死寧為伍子胥乃赴安定與雍州刺史賈疋扶風太守梁綜安夷護軍麴允等糾合義眾頻破賊黨修復舊館遷定宗廟進救新平小大百戰綝手擒賊帥李羌與閻鼎立秦王為皇太子及即尊位是為愍帝綝遷侍中太僕以首迎大駕升壇授璽之功封弋居伯又遷前將軍尚書右僕射領吏部京兆尹加平東將軍進號征東尋又詔曰朕昔遇厄運遭家不造播越宛楚爰失舊京幸宗廟寵靈百辟宣力得從藩衛託乎群公之上社稷之不隕實公是賴其贊百揆傳弼朕躬其授衛將軍領太尉位特進軍国之事悉以委之及劉曜侵逼王城以綝為都督征東大將軍持節討之破曜呼日逐王呼延莫以功封上洛郡公食邑萬戶拜夫人荀氏為新豐君子石元為世子賜子弟二人鄉亭侯劉曜入關芟麥苗綝又擊破之自長安伐劉聰聰將趙染杖其累捷有自矜之色帥精騎數百與綝戰大敗之染單馬而走轉驃騎大將軍尚書左僕射錄尚書承制行事劉曜復率眾入馮翊帝累徵兵於南陽王保保左右議曰蝮蛇在手壯士解其腕且斷隴道以觀其變從事中郎裴詵曰蛇已螫頭

頭可截不保以胡崧行前鋒都督須諸軍集乃當發麴允欲挾天子趣保綝以保必逞私欲乃止自長安以西不復奉朝廷百官饑乏採稆自存時三秦人尹桓解武等數千家盜發漢霸杜二陵多獲珍寶帝問綝曰漢陵中物何乃多邪綝對曰漢天子即位一年而為陵天下貢賦三分之一供宗廟一供賓客一充山陵漢武帝饗年久長比崩而茂陵不復容物其樹皆已可拱赤眉取陵中物不能減半于今猶有朽帛委積珠玉未盡此二陵是儉者耳亦百世之誡也後劉曜又率眾圍京城綝與麴允固守長安小城胡崧承檄奔命破曜于靈臺崧慮国家威舉則麴索功盛乃案兵渭北遂還槐里城中饑窘人相食死亡逃奔不可制唯涼州義眾千人守死不移帝使侍中宋敞送牋降於曜綝潛留敞使其子說曜曰今城中食猶足支一歲未易可剋也若許綝以車騎儀同萬戶郡公者請以城降曜斬而送之曰帝王之師以義行也孤將軍十五年未嘗以譎詭敗人必窮兵極勢然後取之今索綝所說如是天下之惡一也輒相為戮之若審兵食未盡者便可勉強固守如其糧竭兵微亦宜早悟天命孤恐霜威一震玉石俱摧及帝出降綝隨帝至平陽劉聰以其不忠於本朝戮之於東市

賈疋字彥度武威人魏太尉詡之曾孫也少有志略器望甚偉見之者莫不悅附特為武夫之所瞻仰願為致命初辟公府遂歷顯職遷安定太守雍州刺史丁綽貪橫失百姓心乃譖疋于南陽王模模以軍司謝班伐之疋奔瀘水與胡彭蕩仲及氐竇首結為兄弟聚眾攻班綽奔武都疋復入安定殺班愍帝以疋為驃騎將軍雍州刺史封酒泉公時諸郡百姓饑饉白骨蔽野百無一存疋帥戎晉二萬餘人將伐長安西平太守竺恢亦固守劉粲聞之使劉曜劉雅及趙染距疋先攻恢不剋疋邀擊大敗之曜中流矢退走疋追之至于甘泉旋自渭橋襲蕩仲殺之遂迎秦王奉為皇太子後蕩仲子夫護帥群胡攻之疋敗走夜墮于澗為夫護所害疋勇略有志節以匡復晉室為己任不幸顛隊時人咸痛惜之

史臣曰自永嘉蕩覆寓內橫流億兆靡依人神乏主于時武皇之胤唯

有建興衆望攸歸曾無與二閻鼎等忠存社稷志在經綸乃契闊艱難扶持幼孺遂得纂堯承緒祀夏配天校績論功有足稱矣然而抗滔天之巨寇接彫弊之餘基威略未申尋至傾覆昔宗周遭犬戎而東徙有晉遭獯狄而西遷彼既靈慶悠長此則禍難遄及豈愍皇地非奧主將綝允材謝輔臣何脩短之殊途而成敗之異數者也

贊曰懷惠不競戚藩力爭狙詐參謀憑凶亂政爲惡不已並罹非命解繆忠肅無聞餘慶愍皇纂戎寔賴群公鼎圖福始綝遂凶終

列傳第三十　　晉書六十

周浚 子嵩 謨 從父弟馥　成公簡　苟晞

華軼　劉喬 孫耽 耽子柳

周浚字開林汝南安成人也父裴少府卿浚性果烈以才理見知有人倫鑒識鄉人史曜素微賤衆所未知浚獨引之為友遂以妹妻之曜竟有名於世浚初不應州郡之辟後仕魏為尚書郎累遷御史中丞拜折衝將軍揚州刺史封射陽侯隨王渾伐吳攻破江西屯戍与孫晧中軍大戰斬偽丞相張悌等首級數千俘馘萬計進軍屯于橫江時聞龍驤將軍王濬既破上方別駕何惲說浚曰張悌率精銳之卒悉吳國之衆殄滅於此吳之朝野莫不震懾今王龍驤既破武昌兵威甚盛順流而下所向輒克土崩之勢見矣竊謂宜速渡江直指建鄴大軍卒至奪其膽氣可不戰而擒浚善其謀便使白渾惲曰渾闇於事機而欲慎己免咎必不我從浚固使白之渾果曰受詔但令江北抗衡吳軍不使輕進貴州雖武豈能獨平江東今者違命勝不足多若其不勝為罪已重且詔令龍驤受我節度但當具君舟楫一時俱濟耳渾曰龍驤克萬里之寇以既濟之功來受節度未之聞也且握兵之要可則奪之所謂受命不受辭也今渡江必全克獲將有何慮若疑於不濟不可謂智知而不行不可謂忠實鄙州上下所以恨恨也渾執不聽居無何而濬至渾召之不來乃直指三江山孫晧遂降於濬渾深恨之而欲与濬爭功惲牋与浚曰書貴克讓易大謙光斯古文所詠道家所崇前破張悌吳人失氣龍驤因之陷其區宇論其前後我實緩師動則為傷事則不及而今方競其功彼既不吞聲將虧雍穆之弘興矜爭之鄙斯愚情之所不取也浚得牋即諫止渾渾不能納遂相表奏浚既濟江與渾共行吳城壘綏撫新附以功進封成武侯食邑六千戶賜絹六千匹明年移鎮秣陵時吳初平屢有逃亡者頻討平之賓禮故老搜求俊乂甚有威德吳人悅服初吳之未平也浚在弋陽南北為互市而諸將多相襲奪以為功吳將蔡敏守于沔中其兄珪為將在秣陵与敏書曰古者兵交使在其間軍國固當舉信義以相高而聞疆埸之上往往有襲奪互市甚不可行弟慎無為小利而忘大備也候者得珪書以呈浚浚曰君子也及渡江求珪得之問其本曰汝南人也浚戲之曰吾固疑吳無君子而卿果吾鄉人遷侍中武帝問浚卿宗後生稱誰為可荅曰臣叔父子恢稱重臣宗從父子馥稱清臣宗帝並召用浚轉少府以本官領將作大匠改營宗廟訖增邑五百戶後代王渾為使持節都督揚州諸軍事安東將軍卒于位三子顗嵩謨顗嗣爵別有傳云

嵩字仲智狷直果俠每以才氣陵物元帝作相引為參軍及帝為晉王又拜奉朝請嵩上疏曰臣聞取天下者常以無事及其有事未足以取天下故古之王者必應天順時義全而後取讓成而後得是以享世長久重光萬載也今議者以殿下化流江漢澤被六州功濟蒼生欲推崇尊號臣謂今梓宮未反舊京未清義夫泣血士女震動宜深明周公之道先雪社稷大恥盡忠言嘉謀之助以時濟弘仁之功崇謙謙之美推後己之誠然後揖讓以謝天下誰敢不應誰敢不從由是忤旨出為新安太守嵩怏怏不悅臨發与散騎郎張嶷在侍中戴邈坐褒貶朝士又詆毀邈邈密表之帝召嵩入面責之曰卿矜豪傲慢敢輕忽朝廷由吾不德故耳嵩跪謝曰昔唐虞至聖四凶在朝陛下雖盛明御世亦安能無碌碌之臣乎帝怒收付廷尉廷尉華恒以嵩大不敬棄市論嶷以扇和減罪除名時顗方貴重帝隱忍之補廬陵太守不之職更拜御史中丞是時帝以王敦勢盛漸疎忌王導等嵩上疏曰臣聞明君思隆其道故賢智之士樂在其朝忠臣將明其節故量時而後仕樂在其朝故無過任之譏將明其節故無過寵之謗是以君臣並隆功格天地近代以來德廢道衰君懷術以御臣臣挾利以事君君臣交利而禍亂相尋故得失之迹難可詳言臣請較而明之夫傅說之相高宗申召之輔宣王管仲之佐齊桓衰范之翼晉文或宗師其道垂拱受成委以權重終致匡主未有憂其逼己還為國蠹者也始田氏擅齊王莽篡漢皆藉封土之彊假累世之寵因闇弱之主資母后之權樹比周之黨階絕滅之勢然後乃能行其私謀以成篡奪之禍耳豈遇立功之主為天人所相而能運其姦計以濟其不軌者哉光武以王族奮於閭閻因時之望收攬

英奇遂續漢業以美中興之勳及天下既定頹廢黜功臣者何哉武力之士不達國體以立一時之功不可久假以權勢其興廢之事亦可見矣近者三國鼎峙並以雄略之才命世之能皆委賴俊哲終成功業貽之後嗣未有從忿失遺方來之恨者也今王導王廙等方之前賢猶有所後至於忠素竭誠義以輔上共隆洪基翼成大業亦昔之亮也雖陛下乘奕世之德有天人之會割據江東奄有南極龍飛海嶼興復舊物此亦群才之明豈獨陛下之力也今王業雖建羯寇未梟天下蕩蕩不賓者衆公私匱竭倉庾未充梓宮沈淪妃后不反正委賢任能推轂之日也功業垂就晉祚方隆而一旦聽孤臣之言惑疑似之說乃更以危為安以疎易親放逐舊德以佞伍賢遠虧既往之明顧傷伊管之交傾巍巍之望喪如山之功將令賢智杜心義士喪志近招當時之患遠遺來世之笑夫安危在號令存亡在寄任以古推今豈可不寒心而哀歎哉臣兄弟受遇無彼此之嫌而臣干犯時諱觸忤龍鱗者何誠念社稷之憂欲報之於陛下也古之明王思聞其過悟逆旅之言以明成敗之由故採納愚言以考虛實上為宗廟無窮之計下收億兆元元之命臣不勝憂憤竭愚以聞疏奏帝感悟故導等獲全王敦既害顗而使人弔嵩嵩曰亡兄天下人為天下人所殺復何所弔敦甚銜之懼失人情故未加害用為從事中郎嵩王應嫂父也以顗橫遇禍意恒憤憤嘗衆中云應不宜統兵敦密使妖人李脫誣嵩及周莚潛相署置遂害之嵩精於事佛臨刑猶於市誦經云謨以顗故頻居顯職王敦死後詔贈戴若思譙王承等而未及顗時謨為後軍將軍上疏曰臣亡兄顗昔蒙先帝顧眄之施特垂表啓以參戎佐顯居上列遂管朝政並與群后共隆中興仍典選曹重蒙寵授忝位師傅得與陛下揖讓抗禮恩結特隆加以鄙族結婚帝室義深任重庶竭股肱以報所受凶逆所忌惡直醜正身陷極禍忠不忘君守死善道有隕無二顗之云亡誰不痛心況臣同生能不哀結王敦無君由來實久元惡之甚古今無二幸賴陛下聖聰神武故能摧破凶彊撥亂反正以寧區宇前軍事之際聖恩不遺取顗息閔得充近侍臣時面啓欲令閔還襲臣亡父侯爵時卞壼庾亮並侍御坐壼云事了當

論顯贈時未淹久言猶在耳至於譙王承甘卓已蒙清復王澄久遠猶在論議況顗忠以衛主身死王事雖嵇紹之不違難何以過之至今不聞復封加贈褒顯之言不知顗有餘責獨負殊恩為朝廷急於時務不暇論及此臣所以痛心疾首重用哀歎者也不勝辛酸冒陳愚款疏奏不報謨復重表然後追贈顗官謨歷少府丹楊尹侍中中護軍封西平侯卒贈金紫光祿大夫謚曰貞

馥字祖宣浚從父弟也父蕤安平太守馥少與友人成公簡齊名俱起家為諸王文學累遷司徒左西屬司徒王渾表馥理識清正兼有才幹主定九品檢括精詳臣委任責成褒貶允當請補尚書郎許之稍遷司徒左長史吏部郎選舉精密論望益美轉御史中丞侍中拜徐州刺史加冠軍將軍假節徵為廷尉惠帝幸鄴成都王穎以馥守河南尹陳眕上官巳等奉清河王覃為太子加馥衛將軍錄尚書馥辭不受覃令馥與上官巳合軍馥以巳小人縱暴終為國賊乃共司隸蒲充等謀共除之謀泄為巳所襲奮被害馥走得免及巳為張方所敗召馥還攝河南尹既東海王越迎大駕以馥為中領軍未就遷司隸校尉加散騎常侍假節都督諸軍於澠池帝還宮出為平東將軍都督揚州諸軍事代劉準為鎮東將軍與周玘等討陳敏滅之以功封永寧伯馥自經世故每欲維正朝廷忠情懇至以東海王越不盡臣節每言論厲然越深憚之馥覩群賊孔熾洛陽孤危乃建策迎天子遷都壽春永嘉四年與長史吳思司馬殷識上書曰不圖厄運遂至於此戎狄交侵畿甸危逼臣輒與祖納裴憲華譚孫惠等三十人伏思大計僉以殷人有屢遷之事周王有岐山之徙方今王都罄乏不可久居河朔蕭條崤函險澀宛都屢敗江漢多虞於今平夷東南為愈淮揚之地北阻塗山南抗靈嶽名川四帶有有重險之固是以楚人東遷遂宅壽春徐邳東海亦足戍禦且運漕四通無患空乏雖聖上神聰元輔賢明居儉守約用保宗廟未若相土遷宅以享永祚臣謹選精卒三萬奉迎皇駕輒檄前北中郎將裴憲行使持節監豫州諸軍事東中郎將風馳即路荊湘江揚各先運四年米租十五萬斛布絹各十四萬匹以供大駕令王浚苟晞共平河朔臣等勠力以啓

南路遷都弭寇其計並得皇輿來巡臣宜轉據江州以俟王略知無不為古人所務敢竭忠誠庶報萬分朝遂夕隕猶生之願越與苟晞不協韻不先白於越而直上書越大怒先是越召韻及淮南太守裴碩韻不肯行而令碩率兵先進碩貳於韻乃舉兵稱韻擅命已奉越密旨圖韻遂襲之為韻所敗碩退保東城求救于元帝帝遣揚威將軍甘卓建威將軍郭逸攻韻于壽春安豐太守孫惠帥眾應之使謝摛為檄摛韻之故將也韻見檄流涕曰必謝摛之辭摛聞之遂毀草旬日而韻眾潰奔于項為新蔡王確所拘憂憤發病卒初華譚之失廬江也往壽春依韻及韻軍敗歸于元帝帝問曰周祖宣何至於反譚對曰周韻雖死天下上有直言之士韻見寇賊滋蔓王威不振故欲移都以紓國難方伯不同遂致其伐曾不踰時而京都淪沒若使從韻之謀或可後亡也原情求實何得為反帝曰韻位為征鎮握兵方隅召而不入危而不持亦天下之罪人也譚曰然韻振纓中朝素有俊彥之稱出據方嶽實有偏任之重而高略不舉往往失和危不能持當與天下共受其責然謂之反不亦誣乎帝意始解韻有二子密矯密字泰玄性虛簡時人稱為清士位至尚書郎矯字正玄亦有才幹

成公簡字宗舒東郡人也家世二千石性朴素不求榮利潛心味道罔有干其志者默識過人張茂先每言簡清靜比楊子云默識擬張安世後為中書郎時韻已為司隸校尉遷鎮東將軍簡自以才高而在韻之下謂韻曰楊雄為郎三世不徙而王莽董賢位列三司古今一揆耳韻甚慚之官至太子中庶子散騎常侍永嘉末奔苟晞與晞同沒

苟晞字道將河內山陽人也少為司隸部從事校尉石鑒深器之東海王越為侍中引為通事令史累遷陽平太守齊王冏輔政晞參冏軍事拜尚書右丞轉左丞廉察諸曹八坐以下皆側目憚之及冏誅晞亦坐免長沙王乂為驃騎將軍以晞為從事中郎惠帝征成都王穎以為北軍中候及帝還洛陽晞奔范陽王虓虓承制用晞行兗州刺史汲桑之破鄴也東海王越出次官渡以討之命晞為前鋒桑素憚之於城外為柵以自守晞將至頓軍休士先遣單騎示以禍福桑眾大震棄柵宵遁嬰城固守晞陷其九壘遂定鄴而還西討呂朗等滅之後高密王泰討青州賊劉根破汲桑故將公師藩敗石勒於河北威名甚盛時人擬之韓白進位撫軍將軍假節都督青兗諸軍事封東平郡侯邑萬戶晞練於官事文簿盈積斷決如流人不敢欺其從母依之奉養甚厚從母子求為將晞距之曰吾不以王法貸人將無後悔邪固欲之晞乃以為督護後犯法晞杖節斬之從母叩頭請救不聽既而素服哭之流涕曰殺卿者兗州刺史哭弟者苟道將其杖法如此晞見朝政日亂懼禍及己而多所交結每得珍物即貽都下親貴兗州去洛五百里恐不鮮美募得千里牛每遣信旦發暮還初東海王越以晞復其讎恥甚德之引升堂結為兄弟越司馬潘滔等說曰兗州要衝魏武以之輔相漢室苟晞有大志非純臣也久令處之則患生心腹矣若遷于青州厚其名號晞必悅公自牧兗州經緯諸夏藩衛本朝此所謂謀之於未有為之於未亂也越以為然乃遷晞征東大將軍開府儀同三司加侍中假節都督青州諸軍事領青州刺史進為郡公晞乃多置參佐轉易守令以嚴刻立功日加斬戮流血成川人不堪命號曰屠伯頓丘太守魏植為流人所逼眾五六萬大掠兗州晞出屯無鹽以弟純領青州刑殺更甚於晞百姓號小苟酷於大苟晞尋破植時潘滔及尚書劉望等共誣陷晞晞怒表求滔等首又請越從事中郎劉洽為軍司越皆不許晞於是昌言曰司馬元超為宰相不平使天下淆亂苟道將豈可以不義使之韓信不忍衣食之惠死於婦人之手今將誅國賊尊王室桓文豈遠哉乃移告諸州稱己功伐陳越罪狀時懷帝惡越專權乃詔晞曰朕以不德戎車屢興上懼宗廟之累下愍兆庶之困當賴方嶽為國藩翰公威振赫然梟斬藩桑走降喬即魏植之徒復以誅除豈非高識明斷朕用委成加王彌石勒為社稷之憂故有詔委統六州而公謙分小節稽違大命非所謂與國同憂也今復遣詔便施檄六州協同大舉翦除國難稱朕意焉晞復移諸征鎮州郡曰天步艱險禍難殷流劉元海造逆於汾陰石世龍階亂於三魏薦食幾甸覆喪鄴都結壘近郊仍震兗豫害三刺史殺二都督郡守官長堙沒數十百姓流離肝腦塗地晞以虛薄忝荷國

重是以弭節海隅援枹曹衛很被中詔委以關東督統諸軍欽承詔命尅今月二日當西經濟黎陽即日得滎陽太守丁嶷白事李惲陳午等救懷諸軍與羯大戰皆見破散懷城已陷河內太守裴整為賊所執宿衛闕乏天子蒙難宗廟之危甚於累卵承問之日憂歎累息晞以為先王選建明德庸以服章所以藩固王室无俾城壞是以舟檝不固齊桓責楚襄王逼狄晉文致討夫翼獎皇家宣力本朝雖陷湯火大義所甘加諸方牧俱受榮寵義同畢力以報国恩晞雖不武首啓戎行秣馬裹糧以俟方鎮凡我同盟宜同赴救顯立名節在此行矣會皇彌遣曹嶷破琅邪北攻齊地苟純城守嶷衆轉盛連營數十里晞還登城望之有懼色与賊連戰輒破之後簡精銳与賊大戰會大風揚塵晞遂敗績棄城夜走嶷追至東山部衆皆降嶷晞單騎奔高平收邸閣募得數千人帝又密詔晞討越晞復上表曰殿中校尉李初至奉被手詔肝心若裂東海王越得以宗臣遂執朝政委任邪佞寵樹姦黨至使前長史潘滔從事中郎畢邈主簿郭象等操弄天權刑賞由己尚書何綏中書令繆播太

僕繆胤黃門侍郎應紹皆是聖詔親所抽拔而滔等妄構陷以重戮帶甲臨宮誅討后弟前翊除宿衛私樹国人崇獎魏植招誘逋亡覆喪州郡王塗圮隔方貢乖絶宗廟闕蒸嘗之饗聖上有約食之匱鎮東將軍周馥豫州刺史馮嵩前北中郎將裴憲並以天朝空曠權臣專制事難之興慮在且久各率士馬奉迎皇輿思隆王室以盡臣礼而滔邈等劫越出關矯立行臺逼徙公卿擅為詔令縱兵寇抄茹食居人交尸塞路暴骨盈野遂令方鎮失職城邑蕭條淮豫之萌陷離塗炭臣雖憤懣守局東嵎自奉明詔三軍奮厲卷甲長驅次于倉垣即日承司空博陵公浚書稱殿中中郎劉權齎詔勑浚与臣共尅大舉輒遣前鋒征虜將軍王讚徑至項城使越稽首歸政斬送滔等伏願陛下寬宥宗臣聽越還国其餘逼迫宜蒙曠蕩輒寫詔宣示征鎮顯明義舉遣揚烈將軍閻弘步騎五千鎮衛宗廟五年帝復詔晞曰太傅信用姦佞阻兵專權內不遵奉皇憲外不協比方州遂令戎狄充斥所在犯暴留軍何倫抄掠宮寺劫剥公主殺害賢士悖乱天下不可忍聞雖惟親親宜明九伐詔至之日

其宣告天下率齊大舉桓文之績一以委公其思盡諸宜善建弘略道澀故練寫副手筆示意晞表曰奉被手詔委臣征討喻以桓文紙練兼備伏讀跪歎五情惶怛自頃宰臣專制委杖佞邪內擅朝威外殘兆庶矯詔專征遂圖不軌縱兵寇掠陵踐宮寺前司隸校尉劉暾御史中丞溫畿右將軍杜育並見攻劫廣平武安公主先帝遺體咸被逼辱逆節虐亂莫此之甚輒祗奉前詔部分諸軍遣王讚率陳午等將兵詣項龔行天罰初越疑晞與帝有謀使遊騎於成皐間獲晞使果得詔令及朝廷書遂大構嫌隙越出牧豫州以討晞復下檄說晞罪惡遣從事中郎楊瑁為兗州與徐州刺史裴盾共討晞晞使騎收河南尹潘滔滔夜遁乃執尚書劉曾侍中程延斬之會越薨盾敗詔晞為大將軍大都督督青徐兗豫荊揚六州諸軍事增邑二萬戶加黃鉞先官如故晞以京邑荒饉日甚寇難交至表請遷都遣從事中郎劉會領舡數十艘宿衛五百人獻穀千斛以迎帝朝臣多有異同俄而京師陷晞與王讚屯倉垣豫章王端及和郁等東奔晞晞率群官尊端為皇太子置行臺端承制以晞領太

子太傅都督中外諸軍錄尚書自倉垣徙屯蒙城讚屯陽夏晞出於孤位至上將志頗盈滿奴婢將千人侍妾數十終日累夜不出庭戶刑政苛虐縱情肆欲遼西閻亨以書固諫晞怒殺之晞從事中郎明預有疾居家聞之乃轝病諫晞曰皇晉遭百六之數當危難之機明公親稟廟算將為國家除暴閻亨美士奈何無罪一旦殺之晞怒曰我自殺閻亨何關人事而轝病來罵我左右為之戰慄預曰以明公以禮見進預欲以禮自盡今明公怒預其若遠近怒明公何昔堯舜之在上也以和理而興桀紂之在上也以惡逆而滅天子且猶如此況人臣乎願明公且置是怒而思預之言晞有慙色由是衆心稍離莫為致用加以疾疫饑饉其將溫畿傅宣皆叛之石勒攻陽夏滅王讚馳襲蒙城執晞署為司馬月餘乃殺之晞無子弟純亦遇害

華軼字彥夏平原人魏太尉歆之曾孫也祖表太中大夫父澹河南尹軼少有才氣聞於當世汎愛博納衆論美之初為博士累遷散騎常侍東海王越牧兗州引為留府長史永嘉中歷振威將軍江州刺史雖逢

喪亂每崇典禮置儒林祭酒以弘道訓乃下教曰今大義頹替禮典無宗朝廷滯議莫能攸正常以慨然宜特立此官以弘其事軍諮祭酒杜夷棲情玄遠確然絕俗才學精博道行優備其以爲儒林祭酒俄被越檄使助討諸賊軼遣前江夏太守陶侃爲揚武將軍率兵三千屯夏口以爲聲援軼在州甚有威惠州之豪士接以友道得江表之歡心流亡之士赴之如歸時天子孤危四方瓦解軼有匡天下之志每遣貢獻入洛不失臣節謂使者曰若洛都道斷可輸之琅邪王以明吾之爲司馬氏也軼自以受洛京所遣而爲壽陽所督時洛京尚存不能祗承元帝教命郡縣多諫之軼不納曰吾欲見詔書耳時帝遣揚烈將軍周訪率衆屯彭澤以備軼訪過姑孰著作郎干寶見而問之訪曰大府受分令屯彭澤彭澤江州西門也華彥夏有憂天下之誠而不欲碌碌受人控御頃來紛紜粗有嫌隙今又無故以兵守其門將成其釁吾當屯尋陽故縣既在江西可以扞禦北方又無嫌於相逼也尋洛都不守司空荀藩移檄而以帝爲盟主既而帝承制改易長吏軼又不從命於是遣左將軍王敦都督甘卓周訪宋典趙誘等討之軼遣別駕陳雄屯彭澤以距敦自爲舟軍以爲外援武昌太守馮逸次于湓口訪擊逸破之前江州刺史衛展不爲軼所禮心常怏怏至是與豫章太守周廣爲內應潛軍襲軼軼衆潰奔于安城追斬之及其五子傳首建鄴初廣陵高悝寓居江州軼辟爲西曹掾尋而軼敗悝藏匿軼二子及妻崎嶇經年既而遇赦悝攜之出首帝嘉而宥之

劉喬字仲彥南陽人也其先漢宗室封安衆侯傳襲歷三代祖廙魏侍中父阜陳留相喬少爲秘書郎建威將軍王戎引爲參軍伐吳之役戎使喬與參軍羅尚濟江破武昌還授滎陽令遷太子洗馬以誅楊駿功賜爵關中侯拜尚書右丞豫誅賈謐封安衆男累遷散騎常侍齊王冏爲大司馬初嵇紹爲冏所重每下階迎之喬言於冏曰裴張之誅朝臣畏憚孫秀故不敢不受財物嵇紹今何所逼忌故畜裴家車牛張家奴婢邪樂彥輔來公未嘗下牀何獨加敬於紹冏乃止紹謂喬曰大司馬何故不復迎客喬曰似有正人言以鄉不足迎者紹曰正人爲誰喬曰其則不遠紹默然頃之遷御史中丞冏腹心董艾勢傾朝廷百僚莫敢忤旨喬二旬之中奏劾艾罪釁募者六艾諷尚書右丞苟晞免喬官復爲屯騎校尉張昌之亂喬出爲威遠將軍豫州刺史與荊州刺史劉弘共討昌進左將軍惠帝西幸長安喬與諸州郡舉兵迎大駕東海王越承制轉喬安北將軍冀州刺史以范陽王虓領豫州刺史喬以虓非天子命不受代發兵距之潁川太守劉輿昵於虓喬上尚書列輿罪惡河間王顒得喬所上乃宣詔使鎮南將軍劉弘征東大將軍劉準平南將軍彭城王繹與喬并力攻虓於許昌輿弟琨率衆救虓未至而虓敗乃與琨俱奔河北未幾琨率突騎五千濟河攻喬喬劫琨父蕃以檻車載之據考城以距虓衆不敵而潰喬復收散卒屯于平氏河間王顒進喬鎮東將軍假節以其長子祐爲東郡太守又遣劉弘劉準彭城王繹等率兵援喬弘與喬牋曰適承范陽欲代明使君明使君受命本朝列居方伯當官而行同獎王室橫見遷代誠爲不允然古人有言牽牛以蹊人之田信有罪矣而奪之牛罰亦重矣明使君不忍亮直狷介之忿甘爲戎首竊以爲過何者至人之道用行舍藏跨下之辱猶宜俯就況於換代之嫌纖介之釁哉范陽國屬親使君庶姓周之宗盟疏不間親曲直既均責有所在廉蔺區區戰國之將猶能升降以利社稷況命世之士哉今天下紛紜主上播越正是忠臣義士同心勠力之時弘實闇劣過蒙國恩願與使君共戴盟主雁行下風埽除凶寇救蒼生之倒懸反北辰於太極此功未立不宜乖離備蒙顧遇情隆於常披露丹誠不敢不盡春秋之時諸侯相伐復爲和親者多矣願明使君迴既往之恨追不二之蹤解連環之結脩如初之好范陽亦將悔前之失思崇後信矣東海王越將討喬弘又與越書曰適聞以吾州將擅舉兵逐范陽當討之誠明同異懲禍亂之宜然吾竊謂不可何者今北辰遷居元首移幸群后抗義以謀王室吾州將荷國重恩列位方伯亦伐鼓即戎勠力致命之秋也而范陽代之吾州將不從由代之不允但矯枉過正更以爲罪甘昔齊桓赦射鉤之讎而相管仲晉文忘斬袪之怨而親勃鞮方之於今當何有哉且君子躬自厚而薄責於人今奸臣弄權朝廷困逼此四海之所

危懼宜釋私嫌共存公義含垢匿瑕忍所難忍以大逆爲先奉迎爲急不可思小怨忘大德也苟崇忠恕共明分局連旗推鋒各致臣節吾州將必輸寫肝膽以報所蒙實不足計一朝之謬發赫然之怒使韓盧東郭相困而爲豺狼之擒也吾雖庶姓負乘過分實願足下率齊內外以康王室竊恥同儕自爲蠹害負獻所懷惟足下圖之又上表曰范陽王虓欲代豫州刺史喬喬舉兵逐虓司空東海王越以喬不從命討之臣以爲喬忝受殊恩顯居州司自欲立功於時以徇國難無他罪闕而范陽代之代之爲非然喬亦不得以虓之非專威輒討誠應顯戮以懲不恪然自頃兵戈紛亂猜禍鋒生疑隙構於群王災難延于宗子權柄隆於朝廷逆順效於成敗今夕爲忠明旦爲逆翩其反而互爲戎首載籍以來骨肉之禍未有如今者也臣竊悲之痛心疾首今邊陲無備豫之儲中華有杼軸之困而股肱之臣不惟國體職競尋常自相楚剝爲害轉深積毀銷骨萬一四夷乘虛爲變此亦猛獸交鬬自效於卞莊者矣臣以爲宜速發明詔詔越等令兩釋猜嫌各保分局自今以後其有

不被詔書擅興兵馬者天下共伐之詩云誰能執熱逝不以濯若誠濯之必無灼爛之患永有泰山之固矣時河間王顒方距關東倚喬爲助不納其言東海王越移檄天下帥甲士三萬將入關迎大駕軍次於蕭喬懼遣子祐距越於蕭縣之靈璧劉琨分兵向許昌許昌人內之琨自滎陽率兵迎越遇祐衆潰見殺喬衆遂散與五百騎奔平氏帝還洛陽大赦越復表喬爲太傅軍諮祭酒越薨復以喬爲都督豫州諸軍事鎭東將軍豫州刺史卒於官時年六十三愍帝末追贈司空子挺潁川太守挺子耽

耽字敬道少有行檢以義尚流稱爲宗族所推博學明習詩禮三史歷度支尚書加散騎常侍在職公平廉愼所莅著績桓玄耽女壻也及玄輔政以耽爲尚書令加侍中不拜改授特進金紫光祿大夫尋卒追贈左光祿大夫開府耽子柳

柳字叔惠亦有名譽少登清官歷尚書左右僕射時右丞傅迪好廣讀書而不解其義柳唯讀老子而已迪每輕之柳云卿讀書雖多而無所解可謂書簏矣時人重其言出爲徐兗江三州刺史卒贈右光祿大夫開府儀同三司喬弟乂始安太守乂子成丹楊尹

史臣曰周浚人倫鑒悟周馥理識精詳華軼動顧禮經劉喬志存諒直用能歷官內外咸著勳庸而祖宣獻策遷都乖忤於東海彥良係心宸極獲罪於琅邪乃被以惡名加其顯戮豈不哀哉向若遷祉於伊川建社於淮服據方城之險藉全楚之資簡練吳越之兵漕引淮海之粟縱未能祈天永命猶足以紓難緩亡嗟乎不用其良覆俾我悖其此之謂也苟晞擢自庸微位居上將釋位之功未立奔亡之禍已彰假手世龍以至屠戮斯所謂殺人多矣能無及此乎

贊曰開林才理爰登貴仕績著折衝化行江汜軼旣尊主馥亦勤王時獲戾違天不祥喬爲戎首未識行藏道將鞠旅威名克舉貪虐有聞忠勤未取

列傳第三十一　　晉書六十一

列傳第三十二

御撰

劉琨 琨子羣 輿子演 琨兄輿 祖逖 兄納

劉琨字越石中山魏昌人漢中山靜王勝之後也祖邁有經國之才為相國參軍散騎常侍父蕃清高沖儉位至光祿大夫琨少得儁朗之目與范陽祖納俱以雄豪著名年二十六為司隸從事時征虜將軍石崇河南金谷澗中有別廬冠絕時輩引致賓客日以賦詩琨預其間文詠頗為當時所許祕書監賈謐參管朝政京師人士無不傾心石崇歐陽建陸機陸雲之徒並以文才降節事謐琨兄弟亦在其間號曰二十四友太尉高密王泰辟為掾頻遷著作郎太學博士尚書郎趙王倫執政以琨為記室督轉從事中郎倫子荂即琨姊壻也故琨父子兄弟並為倫所委任及篡荂為皇太子琨為荂詹事三王之討倫也以琨為冠軍假節與孫秀子會率宿衞兵三萬距成都王穎戰于黃橋琨大敗而還焚河橋以自固及齊王冏輔政以其父兄皆有當世之望故特宥之拜兄輿為中書郎琨為尚書左丞轉司徒左長史冏敗范陽王虓鎮許昌引為司馬及惠帝幸長安東海王越謀迎大駕以琨父蕃為淮北護軍豫州刺史劉喬攻范陽王虓於許昌也琨與汝南太守杜育等率兵救之未至而虓敗琨與虓俱奔河北琨之父母遂為劉喬所執琨乃說冀州刺史溫羨使讓位於虓及虓領冀州遣琨詣幽州乞師於王浚得突騎八百人與虓濟河共破東平王楙於廩丘南走劉喬始得其父母又斬石超降呂朗因統諸軍奉迎大駕於長安以勳封廣武侯邑二千戶永嘉元年為并州刺史加振威將軍領匈奴中郎將琨在路上表曰臣以頑蔽志望有限因緣際會遂忝過任九月末得發道嶮山峻胡寇塞路輒以少擊眾冒險而進頓伏艱危辛苦備嘗即日達壺口關臣自涉州疆目覩困乏流移四散十不存二攜老扶弱不絕於路及其在者鬻賣妻子生相捐棄死亡委厄白骨橫野哀呼之聲感傷和氣群胡數萬周匝四山動足遇掠開目覩寇唯有壺關可得告糴而此二道九州之險數人當路則百夫不敢進公私往反沒喪者多嬰守窮城不得薪采耕牛既盡又乏田器以臣愚短當此至難憂如循環不遑寢食臣伏

思此州雖云邊朔實迩皇畿南通河內東連司冀北捍殊俗西禦彊虜是勁弓良馬勇士精銳之所出也當須委輸乃全其命今上尚書請此州穀五百萬斛絹五百萬匹綿五百萬斤願陛下時出臣表速見聽處朝廷許之時東嬴公騰自晉陽鎮鄴并土饑荒百姓隨騰南下餘戶不滿二萬寇賊縱橫道路斷塞琨募得千餘人轉鬬至晉陽府寺焚毀僵尸蔽地其有存者饑羸無復人色荊棘成林豺狼滿道琨翦除荊棘收葬枯骸造府朝建市獄寇盜互來掩襲恒以城門為戰場百姓負楯以耕屬鞬而耨琨撫循勞徠甚得物情劉元海時在離石相去三百許里琨密遣離間其部雜虜降者萬餘落元海甚懼遂城蒲子而居之在官未期流人稍復雞犬之音復相接矣琨父蕃自洛赴之人士奔迸者多歸於琨琨善於懷撫而短於控御一日之中雖歸者數千去者亦以相繼然素奢豪嗜聲色雖暫自矯勵而輒復縱逸河南徐潤者以音律自通遊於貴勢琨甚愛之署為晉陽令潤恃寵驕恣干預琨政奮威護軍令狐盛性亢直數以此為諫并勸琨除潤琨不納初單于猗㐌以救東嬴公騰之功琨表其弟猗盧為代郡公與劉希合眾於中山王浚以琨侵己之地數來擊琨琨不能抗由是聲實稍損徐潤又譖令狐盛於琨曰盛將勸公稱帝矣琨不之察便殺之琨母曰汝不能弘經略駕豪傑專欲除勝己以自安當何以得濟如是禍必及我不從盛子泥奔于劉聰具言虛實聰大喜以泥為鄉導屬上黨太守襲醇降于聰鴈門烏丸復反琨親率精兵出禦之聰遣子粲及令狐泥乘虛襲晉陽太原太守高喬以郡降聰琨父母並遇害琨引猗盧并力攻粲大敗之死者十五六琨乘勝追之更不能剋猗盧以為聰未可滅遺琨牛羊車馬而去留其將箕澹段繁等戍晉陽琨志在復讎而屈於力弱泣血尸立撫慰傷痍移居陽邑城以招集亡散愍帝即位拜大將軍都督并州諸軍事加散騎常侍假節琨上疏謝曰陛下略臣大愆錄臣小善猥蒙天恩光授殊寵顯以蟬冕之榮崇以上將之位伏省詔書五情飛越臣聞晉文以郤縠為元帥而定霸功高祖以韓信為大將而成王業咸有敦詩閱禮之德戎昭果毅之威故能振豐功於荊南拓洪基於河北況臣凡陋

擬蹤前哲俯懼折鼎雖在覆餗昔曹沫三北而收功於柯盟馮異垂翅而奮翼於澠池皆能因敗為成以功補過陛下宥過之恩已隆而臣自新之善不立臣雖不逮預聞前訓恭讓之節臣猶庶幾所以冒承寵命者實欲沒身報國輒死自効要以致命寇場盡其臣節至於龍榮之施非言辭所謝又謁者史蘭殿中中郎王春等繼至奉詔臣俯尋聖旨伏紙飲淚臣聞夷險流行古今代有靈厭皇德曾未悔禍蟻狄縱毒於神州夷裔肆虐於上國七廟闕禋祀之饗百官喪彝倫之序梓宮淪辱山陵未兆率土永慕忠同考妣陛下龍姿日茂叡質彌光升區宇於既頹崇社稷於已替四海之內肇有上下九服之萌復覩典制伏惟陛下蒙塵于外越在秦郊蒸嘗之敬在心桑梓之思未克臣備位歷年才質駑下丘山之釁已彰豪釐之效未著頃以時宜權假位號竟無殄戎之績而有負乘之累當肆刑書以明黜陟是以臣前表上聞敢緣愚款奉先朝之班苟存偏師之職赦其三敗之愆收其一功之用得騁志虜場快意大逆雖身膏野草無恨黃壚陛下偏恩過隆曲蒙擢拔遂授上將位

兼常伯征討之務得從事宜拜命驚惶五情戰悸懼於隕越以為朝羞昔申胥不徇伯舉而成公壻之勳伍員不從城父而濟入郢之庸臣雖頑凶無覬古人其於被堅執銳致身寇讎所謂天地之施羣生莫謝不勝受恩至深謹拜表陳聞及麴允敗劉曜斬趙冉琨又表曰逆胡劉聰敢率犬羊馮陵輦轂人神發憤遐邇奮怒伏省詔書相國南陽王保太尉涼州刺史軌糾合二州同恤王室冠軍將軍允護軍將軍綝總齊六軍戮力國難王旅大捷俘馘千計旌旗首於晉路金鼓振於河曲崤函無虔劉之警汧隴有安業之慶斯誠宗廟社稷陛下神武之所致含氣之類莫不引領況臣之心能無踊躍臣前表當與鮮卑猗盧剋今年三月都會平陽會匈羯石勒以三月三日徑掩薊城大司馬博陵公浚受其偽和為勒所虜勒勢轉盛欲來襲臣城塢駭懼志在自守又猗盧國內欲生姦謀幸盧警慮尋皆誅滅遂使南北顧慮用愆成舉臣所以泣血宵吟扼腕長歎者也勒據襄國與臣隔山寇騎朝發夕及臣城同惡相求其從實繁自東北八州勒滅其七先朝所授存者唯臣是以

勒朝夕謀慮以圖臣為計闚伺間隙寇抄相尋戎士不得解甲百姓不得在野天網雖張靈澤未及唯臣孑然與寇為伍自守則稽聰之誅進討則勒襲其後進退唯谷首尾狼狽徒懷憤踊力不從願慚怖征營痛心疾首形留所在神馳寇庭秋穀既登胡馬已肥前鋒諸軍並有至者臣當首啟戎行身先士卒臣與二虜勢不並立聰勒不梟臣無歸志庶憑陛下威靈使微意獲展然後隕首謝國沒而無恨三年帝遣兼大鴻臚趙廉持節拜琨為司空都督并冀幽三州諸軍事琨上表讓司空受都督剋期與猗盧討劉聰尋猗盧父子相圖盧及兄子根皆病死部落四散琨子遵先質於盧眾皆附之及是遵與箕澹等帥盧眾三萬人馬牛羊十萬悉來歸琨琨由是復振率數百騎自平城撫納之屬石勒攻樂平太守韓據據請救於琨而琨自以士眾新合欲因其銳以威勒箕澹諫曰此雖晉人久在荒裔未習恩信難以法御今內收鮮卑之餘穀外抄殘胡之牛羊且閉關守險務農息士既服化感義然後用之則功可立也琨不從悉發其眾命澹領步騎二萬為前驅琨自為後繼勒先

據險要設伏以擊澹大敗之一軍皆沒并土震駭尋又炎旱琨窮蹙不能復守幽州刺史鮮卑段匹磾數遣信要琨欲與同獎王室琨由是率眾赴之從飛狐入薊匹磾見之甚相崇重與琨結婚約為兄弟是時西都不守元帝稱制江左琨乃令長史溫嶠勸進於是河朔征鎮夷夏一百八十人連名上表語在元紀令報曰豺狼肆毒荐覆社稷億兆顒顒延首罔繫是以居于王位以答天下庶以剋復聖主掃蕩讎恥豈可猥當隆極此孤之志誠著於遐邇者也公受奕世之寵極人臣之位忠允義誠精感天地實賴遠謀共濟艱難南北迥邈同契一致萬里之外心存咫尺公其撫寧華戎致罰醜類動靜以聞建武元年琨與匹磾期討石勒匹磾推琨為大都督歃血載書檄諸方守俱集襄國琨匹磾進屯固安以俟眾軍匹磾從弟末波納勒厚賂獨不進乃沮其計琨匹磾以勢弱而退是歲元帝轉琨為侍中太尉其餘如故并贈名刀琨答曰謹當躬自執佩馘截二虜匹磾奔其兄喪琨遣世子羣送之而末波率眾要擊匹磾而敗走之羣為末波所得末波厚禮之許以琨為幽州刺史共

結盟而龍驤匹磾密遣使齎羣書請琨為內應而為匹磾邏騎所得時琨別屯故征北府小城不之知也因來見匹磾匹磾以羣書示琨曰意亦不疑公是以白公耳琨曰與公同盟志獎王室仰憑威力庶雪國家之恥若兒書密達亦終不以一子之故負公而忘義也匹磾雅重琨初無害琨志將聽還屯其中弟叔軍好學有智謀為匹磾所信謂匹磾曰吾胡夷耳所以能服晉人者畏吾衆也今我骨肉構禍是其良圖之日若有奉琨以起吾族盡矣匹磾遂留琨琨之庶長子遵懼誅與琨左長史楊橋并州治中如綏閉門自守匹磾諭之不得因縱兵攻之琨將龍季猛迫於乏食遂斬橋綏而降初琨之去晉陽也慮及危亡而大恥不雪亦知夷狄難以義伏冀輸寫至誠僥倖萬一每見將佐發言慷慨悲其道窮欲率部曲死於賊壘斯謀未果竟為匹磾所拘自知必死神色怡如也為五言詩贈其別駕盧諶曰握中有懸璧本自荊山球惟彼太公望昔是渭濱叟鄧生何感激千里來相求白登幸曲逆鴻門賴留侯重耳憑五賢小白相射鉤能隆二伯主安問黨與讎中夜撫枕歎想與數子遊

吾衰久矣夫何其不夢周誰云聖達節知命故無憂宣尼悲獲麟西狩涕孔丘功業未及建夕陽忽西流時哉不我與去矣如雲浮朱實隕勁風繁英落素秋狹路傾華蓋駭駟摧雙輈何意百鍊剛化為繞指柔琨詩託意非常攄暢幽憤遠想張陳感鴻門白登之事用以激諶諶素無奇略以常詞酬和殊乖琨心重以詩贈之乃謂琨曰前篇帝王大志非人臣所言矣然琨既忠於晉室素有重望被拘經月遠近憤歎匹磾所署代郡太守辟閭嵩與琨所署鴈門太守王據後將軍韓據連謀密作攻具欲以襲匹磾而韓據女為匹磾兒妾聞其謀而告之匹磾於是執王據辟閭嵩及其徒黨悉誅之會王敦密使匹磾殺琨匹磾又懼衆反己遂稱有詔收琨初琨聞敦使至謂其子曰處仲使來而不我告是殺我也死生有命但恨讎恥不雪無以下見二親耳因歔欷不能自勝匹磾遂縊之時年四十八子姪四人俱被害朝廷以匹磾尚彊當為國討石勒不舉琨哀三年琨故從事中郎盧諶崔悅等上表理琨曰臣聞經國之體在於崇明典刑立政之務在於固慎關塞況方岳之臣殺生之柄而可不正其枉直以杜其姦邪哉竊見故司空廣武侯琨在惠帝擾攘之際值羣后鼎沸之難戮力皇家義誠彌厲躬統華夷親受矢石石超授首呂朗面縛社稷克寧鑾輿反駕奉迎之勳琨實為隆此琨効忠之一驗也其後并州刺史東嬴公騰以晉川荒匱移鎮臨漳太原西河盡徙三魏琨受任并州屬承其敝到官之日遺戶無幾當易危之勢處難濟之土鳩集傷痍撫和戎狄數年之間公私漸振會京都失守羣逆縱逸邊萌頓仆苟懷宴安咸以為并州之地四塞為固且可閉關守險畜資養徒抗辭厲聲忠亮奮發以為天子沈辱而不隕身死節情非所安遂乃跂履山川東西征討屠各乘虛晉陽沮潰琨父母罹屠戮之殃門族受殲夷之禍向使琨從州人之心為自守之計則聖朝未必加誅而族黨可以不喪及猗盧敗亂晉人歸奔琨於平城納其初附將軍箕澹又以為此雖晉人久在荒裔難以法整不可便用琨又讓之義形於色假從澹議偷於苟存則晏然於并土必不亡身於燕薊也琨自以備位方嶽綱維不舉無緣虛荷大任坐居三司是以陛下登

阼使引愆告遜前後章表具陳誠款尋令從事中郎臣續澹以章綬節傳奉還本朝與匹磾使榮邵期一時俱發又匹磾以琨王室大臣懼奪己威重忌琨之形漸彰於外琨知其如此慮不可久欲遣妻息大小盡詣京城以其門室一委陛下有征舉之會則身充一卒若匹磾縱凶慝則妻息可免具令臣澹密宣此旨求詔敕路次令相迎衛會王成從平陽逃來說南陽王保稱號隴右士衆甚盛當移關中匹磾聞此私懷顧望留停榮邵欲遣前兼鴻臚邊邈奉使詣保懼澹獨南言其此事遂不許引路冊誠赤心卒不上達匹磾兄眷喪亡嗣子幼弱欲因奔喪奪取其國又自以欺國陵家懷邪樂禍恐父兄宗黨不容其罪是以卷甲櫜弓陰圖作亂欲害其從叔驎從弟末波等以取其國匹磾親信密告驎波驎波乃遣人距之匹磾僅以身免百姓謂匹磾已沒皆憑向琨若琨于時有害匹磾之情則居然可擒不復勞於人力自此之後上下並離匹磾遂欲盡勸胡晉徙保上谷琨深不然之勸移厭次南憑朝廷匹磾不能納反禍害父息四人從兄二息同時并命琨未遇害知匹磾

必有禍心語臣等云受國厚恩不能剋報雖才略不及亦由遇此厄運人誰不死死生命也唯恨下不能效節於一方上不得歸誠於陛下辭旨慷慨動於左右匹磾既害琨橫加誣謗言琨欲闚神器謀圖不軌琨免述頤頑凶之思又無信布懼誅之情踦嶇亂亡之際夾肩異類之間而有如此之心哉雖臧獲之愚廝養之智猶不為之況在國士之列忠節先著者乎匹磾之害琨稱陛下密詔琨信有罪陛下加誅自當肆諸市朝與衆棄之不令殊俗之豎戮台輔之臣亦已明矣然則擅詔有罪雖小必誅矯制有功雖大不論正以興替之根咸在於此開塞之由不可不閉故也而匹磾無所顧忌怙亂專殺虛假王命虐害鼎臣辱諸夏之望敗王室之法是可忍也孰不可忍若聖朝猶加隱忍未明大體則不逞之人襲匹磾之跡殺生自由好惡任意陛下將何以誅之哉折衝厭難唯存戰勝之將除暴討亂必須知略之臣故古語云山有猛獸藜藿為之不採非虛言矣自河以北幽并以南醜類有所顧憚者唯琨而已琨受害之後羣凶欣欣莫不得意哉行中州曾無纖介此又華夷小大所以長歎者也伏惟陛下叡聖之隆中興之緒方將平章典刑以經序萬國而琨受害非所寃痛已甚未聞朝廷有以甄論昔壺關三老訟衛太子之罪谷永劉向辨陳湯之功下足以明功罪之分上足以悟聖主之懷臣等祖考以來世受殊遇入侍翠帷出簪彤管弗克負荷播越遐荒與琨周旋接事終始是以仰慕三臣在昔之義謹陳本末冒以上聞仰希聖朝曲賜哀察太子中庶子溫嶠又上疏理之帝乃下詔曰故太尉廣武侯劉琨忠亮開濟乃誠王家不幸遭難志節不遂朕甚悼之往以戎事未加弔祭其下幽州便依舊弔祭贈侍中太尉謚曰愍琨少負志氣有縱橫之才善交勝己而頗浮誇與范陽祖逖為友聞逖被用與親故書曰吾枕戈待旦志梟逆虜常恐祖生先吾著鞭其意氣相期如此在晉陽嘗為胡騎所圍數重城中窘迫無計琨乃乘月登樓清嘯賊聞之皆悽然長歎中夜奏胡笳賊又流涕歔欷有懷土之切向曉復吹之賊並棄圍而走子羣嗣

羣字公度少拜廣武侯世子隨父在晉陽遭逢寇亂數領偏軍征討性清慎有裁斷得士類懽心及琨為匹磾所害琨從事中郎盧諶等率餘衆奉羣依末波溫嶠前後表稱姨弟劉羣內弟崔悅盧諶等皆在末波中翹首南望愚謂此等並有文思於人之中少可愍惜如蒙録召繼絕興亡則陛下更生之恩望古無二咸康二年成帝詔徵羣等為末波兄弟愛其才託以道險不遣石季龍滅遼西羣及諶悅同没胡中季龍皆優禮之以羣為中書令至冉閔敗後羣遇害時勒及季龍得公卿人士多殺之其見擢用終至大官者唯有河東裴憲渤海石璞榮陽鄭系潁川荀綽北地傅暢及羣悅諶等十餘人而已

輿字慶孫雋朗有才局與琨並尚書郭弈之甥名著當時京都為之語曰洛中弈弈慶孫越石辟宰府尚書郎兄弟素侮孫秀及趙王倫輔政秀執權並免其官妹適倫世子荂荂與秀不協復以輿為散騎侍郎齊王冏輔政以輿為中書侍郎東海王越范陽王虓之舉兵也以輿為潁川太守及河間王顒擁劉喬討虓於許昌矯詔曰潁川太守劉輿迫脅范陽王虓距逆詔命多樹私黨擅劫郡縣合聚兵衆輿兄弟昔因趙王婚親擅弄權勢凶狡無道久應誅夷以遇赦令得全首領小人不忌為惡日滋輒用苟晞為兗州斷截王命鎮南大將軍弘平南將軍彭城王繹征東大將軍準各勒所領徑會許昌與喬并力今遣右將軍張方為大都督督建威將軍呂朗陽平太守刁默率步騎十萬同會許昌以除輿兄弟敢有舉兵距違王命誅及五族能殺輿兄弟送首者封三千戶縣侯賜絹五千匹虓之敗輿與之俱奔河北虓既鎮鄴以輿為征虜將軍魏郡太守虓薨東海王越將召之或曰輿猶膩也近則汙人及至越疑而御之輿密視天下兵簿及倉庫牛馬器械水陸之形皆默識之是時軍國多事每會議自潘滔以下莫知所對輿既見越應機辯畫越傾膝酬接即以為左長史越既總録以輿為上佐賓客滿筵文案盈机遠近書記日有數千終日不倦或以夜繼之皆人人歡暢莫不悅附命議如流酬對款備時人服其能比之陳遵時稱越府有三才潘滔大才劉輿長才裴邈清才越誅繆播王延等皆輿謀也延愛妾荊氏有音伎延尚未殯輿便娉之未及迎又為太傅從事中郎王儁所爭奪御史中丞傅宣

勍奏越不問輿而免儁官輿乃說越遣琨鎮并州為越北面之重洛陽
未敗病疽卒時年四十七追贈驃騎將軍先有功封定襄侯謚曰貞
子演嗣
演字始仁初辟太尉掾除尚書郎以父憂去職服闋襲爵太尉東海王
越引為主簿遷太子中庶子出為陽平太守自洛奔琨琨以為輔國將
軍魏郡太守琨將討石勒以演領勇士千人行北中郎將兗州刺史鎮
廩丘演斬王桑走趙固得衆七千人為石勒所攻演距戰勒退元帝拜
為都督後將軍假節後為石季龍所圍求救於邵續段龕龕為騎救之季
龍走隨龕屯厭次被害弟濟為琨領兵路逢烏桓賊戰沒濟弟挹初為
太傅東海王越掾與琨俱被害挹弟啓啓弟述與琨子群俱在末波中
後並入石季龍啓為季龍尚書僕射後歸國穆帝拜為前將軍加給事
中永和九年隨中軍將軍殷浩北伐為姚襄所敗啓戰沒述為季龍侍
中隨啓歸國拜驃騎將軍
祖逖字士稚范陽遒人也世吏二千石為北州舊姓父武晉王掾上谷
太守逖少孤兄弟六人兄該納等並開爽有才幹逖性豁蕩不修儀檢
年十四五猶未知書諸兄每憂之然輕財好俠慷慨有節尚每至田舍
輒稱兄意散穀帛以賙貧乏鄉黨宗族以是重之後乃博覽書記該涉
古今往來京師見者謂逖有贊世才具僑居陽平年二十四陽平辟察
孝廉司隸再辟舉秀才皆不行與司空劉琨俱為司州主簿情好綢繆
共被同寢中夜聞荒雞鳴蹴琨覺曰此非惡聲也因起舞逖琨並有英
氣每語世事或中宵起坐相謂曰若四海鼎沸豪桀並起吾與足下當
相避於中原耳辟齊王冏大司馬掾長沙王乂驃騎祭酒轉主簿累遷
太子中舍人豫章王從事中郎從惠帝北伐王師敗績於蕩陰遂退還
洛大駕西幸長安關東諸侯范陽王虓高密王略平昌公模等競召之
皆不就東海王越以逖為典兵參軍濟陰太守母喪不之官及京師大
亂逖率親黨數百家避地淮泗以所乘車馬載同行老疾躬自徒步藥
物衣糧與衆共之又多權略是以少長咸宗之推逖為行主達泗口元
帝逆用為徐州刺史尋徵軍諮祭酒居丹徒之京口逖以社稷傾覆常

懷振復之志賓客義徒皆暴桀勇士逖遇之如子弟時揚土大饑此輩
多為盜竊攻剽富室逖撫慰問之曰比復南塘一出不或為吏所繩逖
輒擁護救解之談者以此少逖然自若也時帝方拓定江南未遑北伐
逖進說曰晉室之亂非上無道而下怨叛也由藩王爭權自相誅滅遂
使戎狄乘隙毒流中原今遺黎既被殘酷人有奮擊之志大王誠能發
威命將使若逖等為之統主則郡國豪桀必因風嚮赴沉溺之士欣於
來蘇庶幾國恥可雪願大王圖之帝乃以逖為奮威將軍豫州刺史給
千人廩布三千匹不給鎧仗使自招募仍將本流徙部曲百餘家渡江
中流擊楫而誓曰祖逖不能清中原而復濟者有如大江辭色壯烈衆
皆慨歎屯于江陰起冶鑄兵器得二千餘人而後進初北中郎將劉演
距于石勒也流人塢主張平樊雅等在譙演署平為豫州刺史雅為譙
郡太守又有董瞻于武謝浮等十餘部衆各數百皆統屬平逖誘浮使
取平浮譎平與會遂斬以獻逖帝嘉逖勳使運糧給之而道遠不至軍
中大饑進據太丘樊雅遣衆夜襲逖遂入壘拔戟大呼直趣逖幕軍士
大亂逖命左右距之督護董昭與賊戰走之逖率衆追討而張平餘衆
助雅攻逖蓬陂塢主陳川自號寧朔將軍陳留太守逖遣使求救於川
川遣將李頭率衆援之逖遂克譙城初樊雅之據譙也逖以力弱求助
於南中郎將王含含遣桓宣領兵助逖逖既克譙宣等乃去石季龍聞
而引衆圍譙含又遣宣救逖季龍聞宣至而退宣遂留助逖討諸屯塢
未附者李頭之討樊雅也力戰有勳逖時獲雅駿馬頭甚欲之而不敢
言逖知其意遂與之頭感逖恩遇每歎曰若得此人為主吾死無恨川
聞而怒遂殺頭頭親黨馮寵率其屬四百人歸于逖川益怒遣將魏碩
掠豫州諸郡大獲子女車馬逖遣將軍衛策邀擊於谷水盡獲所掠者
皆令歸本軍無私焉川大懼遂以衆附石勒逖率衆伐川石季龍領兵
五萬救川逖設奇以擊之季龍大敗收兵掠豫州徙陳川還襄國留桃
豹等守川故城住西臺逖遣將韓潛等鎮東臺同一大城賊從南門出
入放牧逖軍開東門相守四旬逖以布囊盛土如米狀使千餘人運上
臺又令數人擔米偽為疲極而息於道賊果逐之皆棄擔而走賊既獲

米謂逖士衆豐飽而胡戍饑久益懼無復膽氣石勒將劉夜堂以驢千頭運糧以饋桃豹逖遣韓潛馮鐵等追擊於汴水盡獲之桃豹宵遁退據東燕城逖使潛進屯封丘以逼之馮鐵據二臺逖鎮雍丘數遣軍要截石勒勒屯戍漸慼候騎常獲濮陽人逖厚待遣歸咸感逖恩德率鄉里五百家降逖勒又遣精騎萬人距逖復為逖所破勒鎮戍歸者甚多時趙固上官巳李矩郭默等各以詐力相攻擊逖馳使和解之示以禍福遂受逖節度逖愛人下士雖疏交賤隸皆恩禮遇之由是黃河以南盡為晉土河上堡固先有任子在胡者皆聽兩屬時遣遊軍偽抄之明其未附諸塢主感戴胡中有異謀輒密以聞前後克獲亦由此也其有微功賞不踰日躬自儉約勸督農桑克己務施不畜資產子弟耕耘負擔樵薪又收葬枯骨為之祭醊百姓感悅嘗置酒大會耆老中坐流涕曰吾等老矣更得父母死將何恨乃歌曰幸哉遺黎免俘虜三辰既朗遇慈父玄酒忘勞甘瓠脯何以詠恩歌且舞其得人心如此故劉琨與親故書盛贊逖威德詔進逖為鎮西將軍石勒不敢窺兵河南使成皋縣脩逖母墓因與逖書求通使交市逖不報書而聽互市收利十倍於是公私豐贍士馬日滋方當推鋒越河掃清冀朔會朝廷將遣戴若思為都督逖以若思是吳人雖有才望無弘致遠識且已翦荊棘收河南地而若思雍容一旦來統之意甚怏怏且聞王敦與劉隗等構隙慮有內難大功不遂感激發病乃致妻孥汝南大木山下時中原士庶咸謂逖當進據武牢而反置家險阨或諫之不納逖雖內懷憂憤而圖進取不輟營繕武牢城城北臨黃河西接成皋四望甚遠逖恐南無堅壘必為賊所襲乃使從子汝南太守濟率汝陽太守張敞新蔡內史周閎率衆築壘未成而逖病甚先是華譚庾闡問術人戴洋洋曰祖豫州九月當死初有妖星見于豫州之分歷陽陳訓又謂人曰今年西北大將當死逖亦見星曰為我矣方平河北而天欲殺我此乃不祐國也俄卒於雍丘時年五十六豫州士女若喪考妣譙梁百姓為之立祠冊贈車騎將軍王敦久懷逆亂畏逖不敢發至是始得肆意焉尋以逖弟約代領其衆約別有傳逖兄納

納字士言最有操行能清言文義可觀性至孝少孤貧常自炊爨以養母平北將軍王敦聞之遺其二婢辟為從事中郎有戲之曰奴價倍婢納曰百里奚何必輕於五羖皮邪轉尚書三公郎累遷太子中庶子歷官多所駁正有補於時齊王冏建義趙王倫收冏弟北海王寔及前黃門郎弘農董祚弟艾與冏俱起皆將害之納上疏救焉並見宥後為中護軍太子詹事封晉昌公以洛下將亂乃避地東南元帝作相引為軍諮祭酒納好弈棊王隱謂之曰禹惜寸陰不聞數棊對曰我亦忘憂耳隱曰蓋聞古人遭逢則以功達其道若其不遇則以言達其道古必有之今亦宜然當晉未有書而天下大亂舊事蕩滅君少長五都游宦四方華裔成敗皆當聞見何不記述而有裁成應仲遠作風俗通崔子真作政論蔡伯喈作勸學篇史游作急就章猶皆行於世便成沒而不朽僕雖無才非志不立故疾沒世而無聞焉所以自彊不息也況國史明乎得失之跡俱取散愁此可兼濟何必圍棊然後忘憂也納喟然歎曰非不悅子之道力不足耳乃言之於帝曰自古小國猶有史官況於大府安可不置因舉隱稱清純亮直學思沈敏五經羣史多所綜悉且好學不倦從善如流若使脩著一代之典褒貶與奪誠一時之儁也帝以問記室參軍鍾雅雅曰納所舉雖有史才而今未能立也事遂停然史官之立自納始也初弟約與逖同母偏相親愛納與約異母頗有不平乃密以啓帝稱約懷陵上之性抑而使之可也今顯侍左右假其權勢將為亂階人謂納與約異母忌其寵貴乃露其表以示約約憎納如讎朝廷因此棄納納既閑居但清談披閱文史而已及約為逆朝野歎納有鑒裁焉溫嶠以納州里父黨敬而拜之嶠既為時用盛言納有名理除光祿大夫納嘗問梅陶曰君鄉里立月旦評何如陶曰善褒惡貶則佳法也納曰未益時王隱在坐因曰尚書稱三載考績三考黜陟幽明何得一月便行褒貶陶曰此官法也月旦私法也隱曰易稱積善之家必有餘慶積不善之家必有餘殃稱家者豈不是官必須積久善惡乃著公私何異古人有言貞良而亡先人之殃酷烈而存先人之勳累世乃著豈但一月若必月旦則顏回食埃不免貪汙盜跖引少則為清

廉朝種暮穫善惡未定矣時梅陶及鍾雅數說餘事納輒困之因曰君汝潁之士利如錐我幽冀之士鈍如槌持我鈍槌捶君利錐皆當摧矣陶雅並稱有神錐不可得槌納曰假有神錐必有神槌雅無以對卒於家

史臣曰劉琨弱齡本無異操飛纓賈謐之館借箸馬倫之幕當於是日實佻巧之徒歟祖逖散穀周貧聞雞暗舞思中原之燎火幸天步之多艱原其素懷抑為貪亂者矣及金行中毀乾維失統三后流亡遞縈居厲之禍六戎橫噬交肆長蛇之毒於是素絲改色跅弛易情各運奇才並騰英氣遇時屯而感激因世亂以驅馳陳力危邦犯疾風而表勁勵其貞操契寒松而立節咸能自致三鉉成名一時古人有言曰世亂識忠良蓋斯之謂矣天不祚晉方啓戎心越石區區獨禦鯨鯢之銳推心異類竟終幽圄痛哉士稚叶迹中興剋復九州之半而炎星告釁笙軷徒招惜矣

贊曰越石才雄臨危效忠枕戈長息投袂徼功踦嶇汾晉契闊獯戎見欺段氏于嗟道窮祖生烈烈夙懷奇節扣楫中流誓清凶孽鄰醜景附遺萌載悅天妖是徵國恥奚雪

列傳第三十二　晉書六十二

邵續　李矩　段匹磾
魏浚 浚族子該　郭默

邵續字嗣祖魏郡安陽人也父乘散騎侍郎續朴素有志烈博覽經史善談理義妙解天文初為成都王穎參軍穎將討長沙王乂續諫曰續聞兄弟如左右手今明公當天下之敵而欲去一手乎續竊惑之穎不納後為苟晞參軍除沁水令時天下漸亂續去縣還家糾合亡命得數百人王浚假續綏集將軍樂陵太守屯厭次以續子乂為督護續綏懷流散多歸附之石勒既破浚遣乂還招續續以孤危無援權附於勒勒亦以乂為督護既而段匹磾在薊遺書要續俱歸元帝續從之其下諫曰今棄勒歸匹磾任子危矣續垂泣曰我出身為國豈得顧子而為叛臣哉遂絕於勒勒乃害乂續懼勒攻先求救於匹磾匹磾遣弟文鴦救續文鴦未至勒已率八千騎圍續勒素畏鮮卑及聞文鴦至乃棄攻具東走續與文鴦追勒至安陵不及虜勒所署官并驅三千餘家又遣騎

入散勒北邊略常山亦二千家而還匹磾既殺劉琨夷晉多叛遂率其徒依續勒南和令趙領等率廣川渤海千餘家背勒歸續而帝以續為平原樂安太守右將軍冀州刺史進平北將軍假節封祝阿子續遣兄子武邑內史存與文鴦率匹磾眾就食平原為石季龍所破續先與曹嶷亟相侵掠嶷因存等敗乃破續屯田又抄其戶口續首尾相救疲於奔命大興初續遣存及文鴦屯濟南黃巾固因以逼嶷嶷懼求和俄而匹磾率眾攻段末杯石勒知續孤危遣季龍乘虛圍續季龍騎至城下掠其居人續率眾出救季龍伏騎斷其後遂為季龍所得使續降其城續呼其兄子竺等曰吾志雪國難以報所受不幸至此汝等努力自勉便奉匹磾為主勿有二心時帝既聞續沒下詔曰邵續忠烈在公義誠慷慨綏集荒餘憂國亡身功勳未遂不幸陷沒朕用悼恨于懷所統任重宜時有代其部曲文武已共推其息緝為營主續之忠誠著于公私今立其子足以安眾一以續本位即授緝使摠率所統效節國難雪其家仇季龍遣使送續於勒勒使使徐光讓之曰國家應符撥亂八表宅心遺晉怖威遠竄揚越而續蟻封海阿跋扈王命以夷狄不足為君邪何無上之甚也國有常刑於分甘乎續對曰晉末饑亂奔控無所保合鄉宗庶全老幼屬大王龍飛之始委命納質精誠無感不蒙慈恕歸遺晉仍荷寵授誓盡忠節實無二心且受彼厚榮而復二三其趣者恐亦不容于明朝矣周文生於東夷大禹出於西羌帝王之興蓋惟天命所屬德之所招當何常邪伏惟大王聖武自天道隆虞夏凡在含生孰不延首神化恥隔皇風而況因乎使囚去真即偽不得早叩天門者大王負囚囚不負大王也釁鼓之刑囚之恒分但恨天實為之謂之何哉勒曰其言慨至孤愧之多矣夫忠于其君者乃吾所求也命張賓延之于館厚撫之尋以為從事中郎令自後諸剋敵擒俊皆送之不得輒害冀獲如續之流初季龍之攻續也朝廷有王敦之逼不遑救恤續既為勒所執身灌園鬻菜以供衣食勒屢遣察之歎曰此真高人矣不如是安足貴乎嘉其清苦數賜穀帛每臨朝嗟歎以勵群臣續被獲之後存及竺緝等與匹磾嬰城距寇而帝又假存揚武將軍武邑太守勒屢遣

季龍攻之戰守疲苦不能自立久之匹磾及其弟文鴦與竺緝等悉見獲惟存得潰圍南奔道為賊所殺續竟亦遇害

李矩字世迴平陽人也童齔時與群兒聚戲便為其率計畫指授有成人之量及長為吏送故縣令於長安征西將軍梁王肜以為牙門伐氐齊萬年有殊功封東明亭侯還為本郡督護太守宋胄欲以所親吳畿代之矩謝病去畿恐矩復還陰使人刺矩會有人救之故得免屬劉元海攻平陽百姓奔走矩素為鄉人所愛乃推為塢主東屯滎陽後移新鄭矩勇毅多權略志在立功東海王越以為汝陰太守永嘉初使矩與汝南太守袁孚率眾脩洛陽千金堨以利運漕及洛陽不守太尉荀藩奔陽城衛將軍華薈奔成皋時大饑賊帥侯都等每略人而食之藩薈部曲多為所噉矩討都等滅之乃營護藩薈各為立屋宇輸穀以給之及藩承制建行臺假矩滎陽太守矩招懷離散遠近多附之石勒親率大眾襲矩矩遣老弱入山令所在散牛馬因設伏以待之賊爭取牛馬伏發齊呼聲動山谷遂大破之斬獲甚眾勒乃退藩表元帝加矩冠

軍將軍軺車幢蓋進封陽武縣侯領河東平陽太守時饑饉相仍又多
疫癘矩垂心撫恤百姓頼焉會長安羣賊東下所在多虜掠矩遣部將
擊破之盡得賊所略婦女千餘人諸將以非矩所部欲遂留之矩曰俱
是國家臣妾焉有彼此乃一時遣之時劉琨所假河内太守郭默為劉
元海所逼乞歸於矩矩將使其甥郭誦迎致之而不敢進會劉琨遣參
軍張肇率鮮卑范勝等五百餘騎往長安屬默被圍道路不通將還依
邵續行至矩營矩謂肇曰默是劉公所授公家之事知無不為屠各舊
畏鮮卑遂邀肇為聲援肇許之賊望見鮮卑不戰而走誦潛遣輕舟濟
河使勇士夜襲賊留營又大破之默遂率其屬歸于矩後劉聰
遣從弟暢步騎三萬討矩屯于韓王故壘相去七里遣使招矩時暢卒
至矩未暇為備遣使奉牛酒詐降于暢潛匿精勇見其老弱暢不以為
虞大饗渠帥人皆醉飽矩謀夜襲之兵士以賊眾皆有懼色矩令郭誦
禱鄭子産祠曰君昔相鄭惡鳥不鳴凶胡臭羯何得過庭使巫揚言東
里有教當遣神兵相助將士聞之皆踴躍爭進乃使誦及督護楊璋等

選勇敢千人夜掩暢營獲鎧馬甚多斬首數千級暢僅以身免先是
郭默聞矩被攻遣弟芝率眾援之既而聞破暢芝復馳來赴矩矩乃與
芝馬五百匹分軍為三道夜追賊復大獲而旋先是聰使其將趙固鎮
洛陽長史周振與固不恊密陳固罪矩之破暢也帳中得聰書勑暢平
矩訖過洛陽收固斬之便以振代固矩送以示固固即斬振父子遂率
騎一千來降矩還令守洛後數月聰遣其太子粲率劉雅生等步騎十
萬屯孟津北岸分遣雅生攻趙固於洛固奔陽城山遣弟告急矩遣郭
誦屯洛口以救之誦使將張皮簡精卒千人夜渡河粲候者告有兵至
粲恃其眾不以為虞旣而誦等奄至十道俱攻粲眾驚擾一時奔潰殺
傷太半因據其營獲其器械軍資不可勝數及旦粲見皮等人少更與
雅生悉餘眾攻之苦戰二十餘日不能下矩進救之使壯士三千泛舟
迎皮賊臨河列陣作長鉤以鉤船連戰數日不得渡矩夜遣部將格增
潛濟入皮壘與皮選精騎千餘而殺所獲牛馬焚燒器械夜突圍而出
奔武牢聰追之不及而退聰因憤恚發病而死帝嘉其功除矩都督河

南三郡軍事安西將軍滎陽太守封脩武縣侯及劉粲嗣位昏虐日甚
其將靳準乃起兵殺粲并其宗族發聰冢斬其尸遣使歸矩稱劉元海
屠各小醜因大晉事故之際作亂幽并矯稱天命至令二帝幽沒虜庭
輒率眾扶侍梓宮因請上聞矩馳表于帝帝遣太常韓胤等奉迎梓宮
未至而準已為石勒劉曜所沒矩以眾少不足立功每慷慨憤歎及帝
踐阼以為都督司州諸軍事司州刺史改封平陽縣侯將軍如故時弘
農太守尹安振威將軍宋始等四軍並屯洛陽各相疑阻莫有固志矩
默各遣千騎至洛以鎮之安等乃同謀告石勒勒遣石生率騎五千至
洛陽矩默軍皆退還俄而四將復背勒遣使乞迎默又遣步卒五百人
入洛石生以四將相謀不能自安乃虜宋始一軍渡河而南百姓相率
歸矩於是洛中遂空矩乃表郭誦為揚武將軍陽翟令阻水築壘且耕
且守為滅賊之計屬趙固死石生遣騎襲誦誦多計略賊至輒設伏破
之虜掠無所得生怒又自率四千餘騎暴掠諸縣因攻誦壘接戰須臾
退軍塢坂誦率勁勇五百追及生於磐石脂故亭又大破之矩以誦功多

表加赤幢曲蓋封吉陽亭侯郭默欲侵祖約矩禁之不可遂為約所破
石勒遣其養子忩襲默默懼後患未已將降於劉曜遣參軍鄭雄詣
矩謀之矩距而不許後勒遣其將石良率精兵五千襲矩矩逆擊不
利郭誦弟元復為賊所執賊遣元以書說矩曰去年東平曹嶷西賓猗
盧矩如牛角何不歸命矩以示誦誦曰昔王陵母在賊猶不改意弟當
何論勒復遣誦麈尾馬鞭以示殷勤誦不荅勒將石生屯洛陽大掠河
南矩默大饑默因復說矩降曜矩旣為石良所破遂從默計遣使於曜
曜遣從弟岳軍于河陰欲與矩謀攻石生勒使將圍岳岳閉門不敢出
默後為石忩所敗自密南奔建康矩聞之大怒遣其將郭誦等齎書
與默又勑誦曰汝識脣亡之談不迎接郭默皆由於卿臨難逃走其必
留之誦追及襄城默自知負矩棄妻子而遁誦擁其餘眾而歸矩待其
妻子如初劉岳以外救不至降于石季龍矩所統將士有陰欲歸勒者
矩知之而不能討乃率眾南走將歸朝廷眾皆道亡惟郭誦及參軍郭方
功曹張景主簿苟遠將軍騫韜江霸梁志司馬尚季孔李瓌段秃等

百餘人棄家送矩至於魯陽縣矩墜馬卒葬襄陽之峴山

段匹磾東郡鮮卑人也種類勁健世為大人父務勿塵遣軍助東海王越征討有功王浚表為親晉王封遼西公嫁女與務勿塵以結鄰援懷帝即位以務勿塵為大單于匹磾為左賢王率眾助國征討假撫軍大將軍務勿塵死弟涉復辰以務勿塵子疾陸眷襲號劉曜逼洛陽王浚遣督護王昌等率疾陸眷及弟文鴦從弟末杯攻石勒於襄國勒敗還壘末杯追入壘門為勒所獲勒質末杯遣使求和於疾陸眷疾陸眷將許之文鴦諫曰受命討勒寧以末杯一人故縱成擒之寇既失浚意且有後憂必不可許疾陸眷不聽以鎧馬二百五十匹金銀各一簏贖末杯勒歸之又厚以金寶綵絹報疾陸眷疾陸眷令文鴦與石季龍同盟約為兄弟遂引騎還昌等不能獨守亦還建武初匹磾推劉琨為大都督結盟討勒并檄涉復辰疾陸眷末杯等三面俱集襄國琨匹磾進屯固安以候眾軍勒懼遣間使厚賂末杯然末杯既思報其舊恩且因匹磾在外欲襲奪其國乃間匹磾於涉復辰疾陸眷曰以父兄而從子

弟邪雖一旦有功匹磾獨收之矣涉復辰等以為然引軍而還匹磾亦止會疾陸眷病死匹磾自薊奔喪至于右北平末杯宣言匹磾將篡出軍擊敗之末杯遂害涉復辰及其子弟黨與二百餘人自立為單于及王浚敗匹磾領幽州刺史劉琨自并州依之復與匹磾結盟俱討石勒匹磾復為末杯所敗士眾離散懼琨圖己遂害之於是晉人離散矣匹磾不能自固北依邵續末杯又攻敗之匹磾被瘡謂續曰吾夷狄慕義以至破家君若不忘舊要與吾進討君之惠也續曰賴公威德續得效節今公有難豈敢不俱遂并力追末杯斬獲略盡又令文鴦北討末杯弟於薊城及還去城八十里聞續已沒眾懼而散復為石季龍所遮文鴦以新親兵數百人力戰破之始得入城季龍復抄城下文鴦登城臨見欲出擊之匹磾不許文鴦曰我以勇聞故百姓杖我見人被略而不救非丈夫也令眾失望誰復為我致死乎遂將壯士數十騎出戰殺胡甚多遇馬乏伏不能起季龍呼曰大兄與我俱是戎狄久望共同天不違願今日相見何故復戰請釋杖文鴦罵曰汝為寇虐久應合死吾兄不用吾計故令汝得至此吾寧死不為汝擒遂下馬苦戰槊折執刀力戰不已季龍軍四面解馬羅披自鄣前捉文鴦文鴦戰自辰至申力極而後被執城內大懼匹磾欲單騎歸朝續弟樂安內史洎勒兵不許洎復欲執臺使王英送於季龍匹磾正色責之曰卿不能遵兄之志逼吾不得歸朝亦以甚矣復欲執天子使者我雖胡夷所未聞也因謂英曰匹磾世受重恩不忘忠孝今日事逼欲歸罪朝廷而見逼迫忠款不遂若得假息未死之日心不忘本遂渡黃河南匹磾著朝服持節賓從出見季龍曰我受國恩志在滅汝不幸吾國自亂以至於此既不能死又不能為汝敬也勒及季龍素與匹磾結為兄弟季龍起而拜之匹磾到襄國又不為勒禮常著朝服持晉節經年國中謀推匹磾為主事露被害文鴦亦遇酖而死惟末波存焉及死弟牙立牙死其後從祖就陸眷之孫遼立自務勿塵已後值晉喪亂自稱位號據有遼西之地而臣御晉人其地西盡幽州東界遼水然所統胡晉可三萬餘家控弦可四五萬騎而與石季龍遞相侵掠連兵不息竟為季龍所破徙其遺黎數

萬家於司雍之地其子蘭復聚兵與季龍為患久之及石氏之亡末波之子勤鳩集胡羯得萬餘人保枉人山自稱趙王附于慕容儁俄為冉閔所敗徙于繹幕僭即尊號儁遣慕容恪擊之勤懼而降

魏浚東郡東阿人也寓居關中初為雍州小吏河間王顒敗亂之際以為武威將軍後為度支校尉有幹用永嘉末與流人數百家東保河陰之硤石時京邑荒儉浚劫掠得穀麥獻之懷帝帝以為揚威將軍平陽太守度支如故以亂不之官及洛陽陷屯于洛北石梁塢撫養遺眾漸脩軍器其附賊者皆先解喻說大晉運數靈長行已建立歸之者甚眾其有恃遠不從命者遣將討之服從而已不加侵暴於是遠近咸悅襁負至者漸眾劉琨承制假浚河南尹時太尉荀藩建行臺在密縣浚詣藩諮謀軍事藩甚悅要李矩同會矩將夜赴之矩官屬以浚不可信不宜夜往矩曰忠臣同心將何疑乎及會客主盡歡浚因與矩相結而去劉曜忌浚得眾率眾軍圍之劉演郭默遣軍來救曜分兵逆於河北乃伏兵深隱處以邀演默軍大破之盡虜演等騎浚夜遁走為

曜所得遂死之追贈平西將軍族子該領其衆

該一名玄本僑居京兆陰盤河間王顒之伐趙王倫以該爲將兵都尉及劉曜攻洛陽隨浚赴難先領兵守金墉城故得無他曜引去餘衆依之時杜預子尹爲弘農太守屯宜陽界一泉塢數爲諸賊所抄掠尹要該共距之該遣其將馬瞻將三百人赴尹瞻知其無備夜襲尹殺之迎該據塢塢人震懼並服從之乃與李矩郭默相結以距賊荀藩即以該爲武威將軍統城西雍涼人使討劉曜元帝承制加冠軍將軍河東太守督護河東河南平陽三郡曜嘗攻李矩該破之及矩將迎郭默該遣軍助之又與河南尹任愔相連結後漸饑弊曜寇日至欲率衆南徙衆不從該遂單騎走至南陽帝又以爲前鋒都督平北將軍雍州刺史馬瞻率該餘衆降曜曜徵發既苦瞻又驕虐部曲遣使呼該該密往赴之其衆殺瞻而納該該遷於新野率衆助周訪討平杜曾詔以該爲順陽太守王敦之反也梁州刺史甘卓不從欲觀該去就試以敦旨動之該曰我本去賊惟忠於国今王公舉兵向天子非吾所宜與也遂距而不應及蘇峻反率衆救臺軍次石頭受陶侃節度峻未平該病篤還屯卒於道葬于武陵從子雄統其衆

郭默河內懷人少微賤以壯勇事太守裴整爲督將永嘉之乱默率遺衆自爲塢主以漁舟抄東歸行旅積年遂致巨富流人依附者漸衆撫循將士甚得其歡心默婦兄同郡陸嘉取官米數石餉妹默以爲違制將殺嘉嘉懼奔石勒默乃自射殺婦以明無私遣使謁劉琨琨加默河內太守劉元海遣從子曜討默曜列三屯圍之欲使饑死默送妻子爲質并請糴焉糴畢設守曜怒沉默妻子于河而攻之默遣弟芝求救於劉琨琨知默狡猾留之而緩其救默更遣人告急會具芝之出城給馬使強與俱歸默乃遣芝質於石勒勒以默多詐封默書与劉曜默使人伺得勒書旨便突圍投李矩後與矩并力距劉石事見矩傳太興初除潁川太守默與石怱戰敗矩轉處窮默深憂懼解印綬其叅軍殷嶠謂之曰李使君遇吾甚厚今遂棄去無顏謝之三日可白吾去也乃奔陽翟矩聞之大怒遣其將郭誦追默至襄城及之默棄家人單馬馳去默至京都明帝授征虜將軍劉遐卒以默爲北中郎將監淮北軍事假節遐故部曲李龍等謀反詔默與右衛將軍趙胤討平之朝廷將徵蘇峻懼其爲亂召默拜後將軍領屯騎校尉初戰有功及六軍敗績南奔鄱陽議於曲阿北大業里作壘以分賊勢使默守之峻遣韓晃等攻默甚急壘中頗乏水默懼分人馬出外乃潛從南門出留具堅守會峻死圍解徵爲右軍將軍默樂爲邊將不願宿衛及赴召謂平南將軍劉胤曰我能禦胡而不見用右軍主禁兵若疆埸有虞被使出征方始配給將卒無素恩信不著以此臨敵少有不敗矣時當爲官擇才若人臣自擇官安得不亂乎胤曰所論事雖然非小人所及也當發求賢於胤時胤被詔免官不即歸罪方自申理而驕侈更甚遠近怪之初默之被徵距蘇峻也下次尋陽見胤參佐張滿等輕默倮露視之默常切齒至是胤臘日餉默酒一器肫一頭默對信投之水中忿憤益甚又僑人蓋肫先略取祖煥所殺孔煒女爲妻煒家求之張滿等使還其家肫不与因与胤滿有隙至是肫謂默曰劉江州不受免密有異圖與長史司馬張滿荀楷等日夜計謀反逆已形惟忌郭侯一人云當先除郭侯而後起事禍將至矣宜深備之默既懷恨便率其徒候旦門開襲胤胤將吏欲距默默呵之曰我被詔有所討動者誅及三族遂入至內寢胤尚與妾臥默牽下斬之出取胤僚佐張滿荀楷等誣以大逆傳胤首于京師詐作詔書宣視內外掠胤女及諸妾并金寶還船初云下都俄而遂停胤故府招桓宣王愆期愆期懼逼勸默爲平南江州默從之愆期因逃廬山桓宣固守不應司徒王導懼不可制乃大赦天下梟胤首於大航以默爲西中郎將豫州刺史武昌太守鄧嶽馳白太尉陶侃侃聞之投袂起曰此必詐也即日率衆討默上疏陳默罪惡導聞之乃收胤首詔庾亮助侃討默默欲南據豫章而侃已至城下築土山以臨之諸軍大集圍之數重侃惜默驍勇欲活之遣郭誦見默默許降而默將張丑宋侯等恐爲侃所殺故致進退不時得出攻之轉急宋侯遂縛默求降即斬于軍門同黨死者四十人傳首京師

史臣曰邵李魏郭等諸將契闊喪亂之辰驅馳戎馬之際威懷足以

容衆勇略足以制人乃保據危城折衝千里招集義勇抗禦仇讎雖艱阻備嘗皆乃心王室而矩能以少擊衆戰勝獲多遂使玄明憤恚世龍挫衄惜其寡弱功虧一簣方之數子其最優乎默既拔迹危亡參陪朝伍忿因睚眦禍及誅夷非夫狂悖豈宜至此段匹磾本自遐方而係心朝廷始則盡忠國難終乃抗節虜廷自蘇子卿以來一人而已越石之見誅段氏實以威名匹磾之取戮世龍亦由衆望禍福之應何其速哉詩云無言不酬無德不報此之謂也

贊曰邵李諸將寔惟忠壯蒙犯艱危驅馳亭鄣力小任重功虧身喪匹磾勁烈隕身全節默實凶殘自貽罪戾

列傳第三十三　晉書六十三

列傳第三十四　　晉書六十四　　御撰

武十三王　　元四王　　簡文三子

武帝二十六男楊元后生毗陵悼王軌惠帝秦獻王柬審美人生城陽懷王景楚隱王瑋長沙厲王乂徐才人生城陽殤王憲匱才人生東海沖王祗趙才人生始平哀王裕趙美人生代哀王演李夫人生淮南忠壯王允吳孝王晏嚴保林生新都懷王該陳美人生清河康王遐諸姬生汝陰哀王謨程才人生成都王穎王才人生孝懷帝楊悼后生渤海殤王恢餘八子不顯母氏並早夭又無封國及追謚今並略之其瑋乂穎自有傳

毗陵悼王軌字正則初拜騎都尉年二歲而夭太康十年追加封謚以楚王瑋子義嗣

秦獻王柬字弘度沈敏有識量泰始六年封汝南王咸寧初徙封南陽王拜左將軍領右軍將軍散騎常侍武帝嘗幸宣武場以三十六軍兵簿令柬料校之柬一省便擿脫謬帝異之於諸子中尤見寵愛以左將軍

居齊獻王故府甚貴寵為天下所屬目性仁訥無機辯之譽太康十年徙封於秦邑八萬戶于時諸王封中土者皆五萬戶以柬與太子同產故特加之轉鎮西將軍西戎校尉假節與楚淮南王俱之國及惠帝即位來朝拜驃騎將軍開府儀同三司加侍中錄尚書事進位大將軍時楊駿伏誅柬既痛舅氏覆滅甚有憂危之慮屢述武帝旨請還藩而汝南王亮留柬輔政及亮與楚王瑋被誅時人謂柬有先識元康元年薨時年三十朝野痛惜之葬禮如齊獻文王攸故事廟設軒懸之樂無子以淮南王允子郁為嗣與允俱被害永寧二年追謚曰悼又以吳王晏子鄴嗣懷帝崩鄴入纂帝位國絕

城陽懷王景字景度出繼叔父城陽哀王兆後泰始五年受封六年薨

東海沖王祗字敬度泰始九年五月受封殤王薨復以祗繼兆其年薨時年三歲

始平哀王裕字濬度咸寧三年受封其年薨年七歲無子以淮南王允子迪為嗣太康十年改封漢王為趙王倫所害

淮南忠壯王允字欽度咸寧三年封濮陽王拜越騎校尉太康十年徙封淮南仍之國都督揚江二州諸軍事鎮東大將軍假節元康九年入朝初愍懷之廢議者將立允為太弟會趙王倫廢賈后詔遂以允為驃騎將軍開府儀同三司侍中都督如故領中護軍允性沈毅宿衛將士皆敬服之倫既有篡逆志允陰知之稱疾不朝密養死士潛謀誅倫倫甚憚之轉為太尉外示優崇實奪其兵也允稱疾不拜倫遣御史逼允收官屬以下劾以大逆允恚視詔乃孫秀手書也大怒便收御史將斬之御史走而獲免斬其令史二人厲色謂左右曰趙王欲破我家遂率國兵及帳下七百人直出大呼曰趙王反我將攻之佐淮南王者左袒於是歸之者甚眾允將赴宮尚書左丞王輿閉東掖門允不得入遂圍相府允所將兵皆淮南奇才劍客也與戰頻敗之倫兵死者千餘人太子左率陳徽勒東宮兵鼓譟於內以應允結陣於承華門前弓弩齊發射倫飛矢雨下主書司馬眭祕以身蔽倫箭中其背而死倫官屬皆隱樹而立每樹輒中數百箭自辰至未徽兄淮時為中書令遣麾騶

虞幡以解鬪倫子虔為侍中在門下省密要壯士約以富貴於是遣司馬督護伏胤領騎四百從宮中出舉空版詐言有詔助淮南王允允不之覺開陣內之下車受詔為胤所害時年二十九初倫兵敗皆相傳曰已擒倫矣百姓大悅既而聞允死莫不歎息允三子皆被害坐允夷滅者數千人及倫誅齊王冏上表理允曰故淮南王允忠孝篤誠憂國忘身討亂奮發幾於克捷遭天凶運奄至隕沒逆黨讒惡并害三子冤魂酷毒莫不悲酸自興義兵淮南國人自相率領眾過萬人人懷慷慨愍國統滅絕發言流涕自輒以息超繼允後以慰存亡有詔改葬賜以殊禮追贈司徒冏敗超被幽金墉城後更以吳王晏子祥為嗣拜散騎常侍洛京傾覆為劉聰所害

代哀王演字宏度太康十年受封少有廢疾不之國演常止于宮中薨無子以成都王穎子廓為嗣改封中都王後與穎俱死

新都王該字玄度咸寧三年受封太康四年薨時年十二無子國除

清河康王遐字深度美容儀有精彩武帝愛之既受封出繼叔父城陽

哀王兆太康十年增封渤海郡歷右將軍散騎常侍前將軍元康初進撫軍將軍加侍中遐長而懦弱無所是非性好內不能接士大夫及楚王瑋之舉兵也使遐收衞瓘而瓘故吏榮晦遂盡殺瓘子孫遐不能禁為世所尤永康元年薨時年二十八四子覃籥銓端覃嗣立及冲太孫薨齊王冏表曰東宮曠然冢嗣莫繼天下大業帝王神器必建儲副以固洪基今者後宮未有孕育不可庶幸將來而虛天緒非祖宗之遺志社稷之長計也禮兄弟之子猶子故漢成無嗣繼由定陶孝和之絕安以紹興此先王之令典往代之成式也清河王覃神姿岐嶷慧智早成康王正妃周氏所生先帝衆孫之中於今為嫡昔薄姬賢明文則承位覃外祖恢世載名德覃宜奉宗廟之重統無窮之祚以寧四海顒顒之望覃兄弟雖並出紹可簡令歸還為國亂不替其嗣輒諮大將軍穎及群公卿士咸同大願請具禮儀擇日迎拜遂立覃為皇太子既而河間王顒脅遷大駕表成都王穎為皇太弟廢覃復為清河王初覃為清河世子所佩金鈴欻生隱起如麻粟祖母陳太妃以為不祥毀而賣之占者以金是晉行大興之祥覃為皇胤是其瑞也毀而賣之象覃見廢不終之驗也永嘉初前北軍中候任城呂雍度支校尉陳顏等謀立覃為太子事覺幽於金墉城未幾被害時年十四葬以庶人禮籥初封新蔡王覃薨還封清河王銓初封上庸王懷帝即位更封豫章王三年立為皇太子洛京傾覆沒于劉聰端初封廣川王銓之為皇太子也轉封豫章禮秩如皇子拜散騎常侍平南將軍都督江州諸軍事假節當之國會洛陽陷沒端東奔苟晞於蒙晞立為皇太子七十日為石勒所沒

汝陰哀王謨字令度太康七年薨時年十一無後國除

吳敬王晏字平度太康十年受封食丹楊吳興并吳三郡歷射聲校尉後軍將軍與兄淮南王允共攻趙王倫允敗收晏付廷尉欲殺之傅祗於朝堂正色而爭於是群官並諫倫乃貶為賓徒縣王後徙封代王倫誅詔復晏本封拜上軍大將軍開府加侍中長沙王乂成都王穎之相攻也乂以晏為前鋒都督數交戰永嘉中為太尉大將軍晏為人恭愿才不及中人於武帝諸子中最劣又少有風疾視瞻不端後轉增劇不堪朝覲及洛京傾覆晏亦遇害時年三十一愍帝即位追贈太保五子長子不顯名與晏同沒餘四子祥鄴固衍祥嗣淮南王允鄴即愍帝固初封漢王改封濟南衍初封新都王改封濟陰為散騎常侍皆沒于賊

渤海殤王恢字思度太康五年薨時年二歲追加封謚

元帝六男宮人荀氏生明帝及琅邪孝王裒石婕妤生東海哀王冲王才人生武陵威王晞鄭夫人生琅邪悼王煥及簡文帝

琅邪孝王裒字道成母荀氏以微賤入宮元帝命虞妃養之裒初繼叔父長樂亭侯渾後徙封宣城郡公拜後將軍及帝為晉王有司奏立太子帝以裒有成人之量過於明帝從容謂王導曰立子以德不以年導曰世子宣城俱有朗儁之目固當以年於是太子位遂定更封裒琅邪嗣恭王後改食會稽宣城邑五萬二千戶拜散騎常侍使持節都督青徐兗三州諸軍事車騎將軍徵還京師建武元年薨年十八贈車騎大將軍加侍中及妃山氏薨祔葬穆帝更贈裒太保子哀王安國立未踰年薨

東海哀王冲字道讓元帝以東海王越世子毗沒于石勒不知存亡乃以冲繼毗後稱東海世子以毗陵郡增本封邑萬戶又改食下邳蘭陵以越妃裴氏為太妃拜長水校尉高選賓佐以沛國劉耽為司馬潁川庾懌為功曹吳郡顧和為主簿永昌初遷中軍將軍加散騎常侍及東海太妃薨因發毗喪冲即王位以滎陽益東海國轉車騎將軍徙驃騎將軍咸康七年薨年三十一贈侍中驃騎大將軍儀同三司無子成帝臨崩詔曰哀王無嗣國統將絕朕所哀怛其以小晚生奕繼哀王為東海王以道遠罷滎陽更以臨川郡益東海及哀帝以琅邪王即尊位徙奕為琅邪王東海國闕無嗣奕後入纂大業桓溫廢之復為東海王既而貶為海西公東海國又闕嗣隆安三年安帝詔以會稽忠王次子彥璋為東海王繼哀王為曾孫改食吳興郡為桓玄所害國除

武陵威王晞字道叔出繼武陵王喆後太興元年受封咸和初拜散騎常侍後以湘東增武陵國除左將軍遷鎮軍將軍加散騎常侍康帝

即位加侍中特進建元初領祕書監穆帝即位轉鎮軍大將軍遷太宰太和初加羽葆鼓吹入朝不趨贊拜不名劒履上殿固讓晞無學術而有武幹爲桓温所忌及簡文帝即位温乃表晞曰晞體自皇極故寵靈光世不能率由王度脩己慎行而聚納輕剽苞藏亡命又息綜矜忍虐加于人袁眞叛逆事相連染頃日猜懼將成亂階請免晞官以王歸藩免其世子綜官解子璉散騎常侍璉以梁王隨晞晞既見黜送馬八十五匹三百人杖以歸温温又逼新蔡王晃使自誣与晞綜及著作郎殷涓太宰長史庾藉掾曹秀舍人劉彊等謀逆遂收付廷尉請誅之簡文帝不許温於是奏徙新安郡家屬悉從之而族誅殷涓等廢晃徙衡陽郡太元六年晞卒于新安時年六十六孝武帝三日臨于西堂詔曰感惟摧慟便奉迎靈柩并殷移妃應氏及故世子梁王諸喪家屬悉還還復下詔曰故前武陵王體自皇極剋己思愆仰惟先朝仁宥之旨豈可情禮靡寄其追封新寧郡王邑千戶晞三子綜璉遵以遵嗣追贈綜給事中璉散騎郎十二年追復晞武陵國綜璉各復先官璉還繼

梁國

梁王璉字賢明出繼梁王翹官至永安太僕與父晞俱廢薨子龢嗣太元中復國薨子珍之嗣桓玄篡位國人孔璞奉珍之奔于壽陽桓玄敗珍之歸朝廷大將軍武陵王令曰梁王珍之理悟貞立蒙險違難撫義懷順載奔闕庭值亖方擾亂在危克固且可通直散騎郎累遷游擊將軍左衛太常劉裕伐姚泓請爲諮議參軍裕將弱王室誣其罪害之

忠敬王遵字茂遠初襲封新寧時年十二受拜流涕哀感左右右將軍桓伊嘗詣遵遵曰門何爲通桓氏左右曰伊與桓温疎宗相見無嫌遵曰我聞人姓木邊便欲殺之况諸桓乎由是少稱聰惠及晞追復封武陵王以遵嗣歷位散騎常侍祕書監太常中領軍桓玄用事拜金紫光祿大夫玄篡貶爲彭澤侯遣之國行次石頭夜濤水入淮船破未得發會義旗興復還國第朝廷稱受密詔使遵揔攝萬機加侍中大將軍移入東宮內外畢敬遷轉百官稱制書又教稱令書安帝反正更拜太保加班劒二十人義熙四年薨時年三十五詔賜東園温明祕器朝服一具衣一襲錢百萬布千匹策贈太傅葬加殊禮子定王季度立拜散騎侍郎薨子球之立宋興國除

琅邪悼王煥字耀祖母有寵元帝特所鍾愛初繼帝弟長樂亭侯渾後封顯義亭侯尚書令刁協奏昔魏臨淄侯以邢顒爲家丞劉楨爲庶子今侯幼弱宜選明德帝令曰臨淄萬戶封又植亦有美才能同遊田蘇者今晚生矇弱何論於此間封此兒不以寵稚子也亡弟當應繼嗣不獲已耳家丞庶子足以攝祠祭而已豈宜屈賢才以受無用乎及煥疾篤帝爲之徹膳乃下詔封爲琅邪王嗣恭王後俄而薨年二歲帝悼念無已將葬以煥既封列國加以成人之禮詔立凶門柏歷備吉凶儀服營起陵園功役甚衆琅邪國右常侍會稽孫霄上疏諫曰臣聞法度典制先王所重吉凶之禮事貴不過是以世豐不使奢放凶荒必務約殺朝聘嘉會足以展庠序之儀殯葬送終務以稱哀榮之情上無奢泰之譏下無匱竭之困故華元厚葬君子謂之不臣嬴博至儉仲尼稱其合禮明傷財害時古人之所譏節省簡約聖賢之所嘉也語曰上之化下如風靡草京邑翼翼四方所則明教化法制不可不慎也陛下龍飛踐阼興微濟弊聖懷勞謙務從簡儉憲章舊制猶欲節省禮典所無而反尚飾此臣愚情竊所不安也棺槨輿服旒翣之屬禮典舊制不可廢闕凶門柏歷禮典所無天晴可不用遇雨則無益此至宜節省者也若琅邪一國一時所用不爲大費臣在機近義所不言今天臺所居王公百寮聚在都輦凡有喪事皆當供給材木百數竹薄千計凶門兩表衣以細竹及材價直既貴又非表凶哀之宜如此過飾宜從麤簡又案禮記國君之葬棺椁之間容柷大夫容壺士容甒以壺甒爲差則柷財大於壺明矣槨周於棺椁不甚大也語曰葬者藏也藏欲深而固也椁大則難爲堅固無益於送終而有損於財力凶荒殺禮經國常典既減殺而猶過舊此爲國之所厚惜也又禮將葬遷柩于廟祖而行及墓即窆葬之日即反哭而虞如此則柩不宿於墓上也聖人非不哀親之在土而無情於丘墓蓋以墓非安神之所故脩虞於殯宮始則營草宮於山陵遷神柩於墓側又非典也非禮之事不可以訓萬國臣子愚至

賤忽求革前之非可謂狂瞽不知忌諱然今天下至弊自古所希宗廟
社稷遠託江表半州之地凋殘以甚加之荒旱百姓困瘁非但不足死
亡是懼此乃陛下至仁之所矜愍可憂之至重也正是匡矯末俗改張
易調之時而猶當竭已罷之人營無益之事殫已困之財脩無用之費
此固臣之所不敢安也今琅邪之於天下國之最大若割損非禮之事
務遵古典上以彰聖朝簡易之至化下以表萬世無窮之規則此芻蕘
之言有補萬一塵露之微有增山海表寢不報永昌元年立煥母弟昱
爲琅邪王即簡文帝也咸和二年徙封會稽以康帝爲琅邪王康帝即
位哀帝爲琅邪王哀帝即位廢帝爲琅邪王廢帝即位又以簡文帝攝
行琅邪王國祀簡文登阼國遂無嗣帝臨崩封少子道子爲琅邪王太
元十七年道子爲會稽王更以恭帝爲琅邪王恭帝即位於是琅邪
國除

簡文帝七子王皇后生會稽思世子道生皇子俞生胡淑儀生臨川獻
王郁皇子朱生王淑儀生皇子天流李夫人生孝武帝會稽文孝王道

子俞生朱生天流並早夭今並略之

會稽思世子道生字延長帝爲會稽王立道生爲世子拜散騎侍郎給
事中性疎躁不修行業多失禮度竟以幽廢而卒時年二十四無後
及孝武帝即位帝晝日見道生及臨川獻王郁郁曰大郎饑乏辛苦言
竟不見帝傷感因以西陽王羕玄孫珣之爲後珣之歷吳興太守劉裕
之伐關中以爲諮議參軍時帝道方謝珣之爲宗室之美與梁王珍之
俱被害

臨川獻王郁字深仁幼而敏慧道生初以無禮失旨郁數勸以敬慎之
道道生不納郁爲之流涕簡文帝深器異之年十七而薨久之追謚獻
世子寧康初贈左將軍加散騎常侍追封郡王以武陵威王曾孫寶爲
嗣追尊其母胡淑儀爲臨川太妃

寶字弘文歷秘書監太常左將軍散騎常侍護軍將軍宋興以爲金
紫光祿大夫降爲西豐侯食邑千戶

會稽文孝王道子字道子出後琅邪孝王少以清澹爲謝安所稱年十
歲封琅邪王食邑一萬七千六百五十一戶攝會稽國五萬九千一百
四十戶太元初拜散騎常侍中軍將軍進驃騎將軍後公卿奏道子
親賢莫二宜正位司徒固讓不拜使錄尚書六條事尋加開府領司徒
及謝安薨詔曰新喪哲輔華戎未一自非明賢懋德莫能綏御內外司
徒琅邪王道子體道自然神識穎遠實當旦奭之重宜總二南之任可
領揚州刺史錄尚書假節都督中外諸軍事衛府文武一以配驃騎府
讓不受數年領徐州刺史太子太傅公卿又奏宜進位丞相揚州牧假
黃鉞羽葆鼓吹並讓不受于時孝武帝不親萬機但與道子酣歌爲務
姏姆尼僧尤爲親暱並竊弄其權凡所幸接皆出自小豎郡守長吏多
爲道子所樹立既爲揚州總錄勢傾天下由是朝野奔湊中書令王國
寶性卑佞特爲道子所寵昵官以賄遷政刑謬亂又崇信浮屠之學用
度奢侈下不堪命太元以後爲長夜之宴蓬首昏目政事多闕桓玄
嘗候道子正遇其醉賓客滿坐道子張目謂人曰桓溫晚塗欲作賊云
何玄伏地流汗不得起長史謝重舉板答曰故宣武公黜昏登聖功超

伊霍紛紜之議宜裁之聽覽道子頷曰儂知儂知因舉酒屬玄玄乃得
起由是玄益不自安切齒於道子時朝政既紊左衛領營將軍會稽
許榮上疏曰今臺府局吏直衛武官及僕隸婢兒取母之姓者本臧獲
之徒無鄉邑品第皆得命議用爲郡守縣令並帶職在內委事於小吏
手中僧尼乳母競進親黨又受貨賂輒臨官領衆無衛霍之才而比方
古人爲患一也臣聞佛者清遠玄虛之神以五誡爲教絕酒不淫而今
之奉者穢慢阿尼酒色是耽其違二矣夫致人於死未必手刃害之若
政教不均暴濫無罪必夭天命其違三矣盜者未必躬竊人財江乙母
失布罪由令尹今禁令不明劫盜公行其違四矣在上化下必信爲本
昔年下書敕使盡規而衆議兼集無所採用其違五矣尼僧成群依
傍法服五誡麤法尚不能遵況精妙乎而流惑之徒競加敬事又侵漁
百姓取財爲惠亦未合布施之道也又陳太子宜出臨東宮克奬德業
疏奏並不省中書郎范甯亦深陳得失帝由是漸不平於道子然外每
優崇之國寶即甯之甥以諂事道子甯奏請黜之國寶懼使陳郡袁

恍之因尼妙音致書與太子母陳淑媛說國寶忠謹宜見親信帝因發怒斬恍之國寶甚懼復譖寗於帝帝不獲已流涕出寗爲豫章太守道子由是專恣嬖人趙牙出自優倡茹千秋本錢塘捕賊吏因賂諂進道子以牙爲魏郡太守千秋驃騎諮議參軍牙爲道子開東第築山穿池列樹竹木功用鉅萬道子使宮人爲酒肆沽賣於水側與親昵乘船就之飲宴以爲笑樂帝嘗幸其宅謂道子曰府內有山因得遊矚甚善也然脩飾太過非示天下以儉道子無以對唯唯而已左右侍臣莫敢有言帝還宮道子謂牙曰上若知山是板築所作爾必死矣牙曰公在牙何敢死營造彌甚千秋賣官販爵聚貲貨累億又道子既爲皇太妃所愛親遇同家人之禮遂恃寵乘酒時失禮敬帝益不能平然以太妃之故加崇禮秩博平令吳興聞人奭上疏曰驃騎諮議參軍茹千秋協附宰相起自微賤竊弄威權衒賣天官其子壽齡爲樂安令贓私狼藉畏法奔逃竟無罪罰傲然還縣又尼姏屬類傾動亂時穀賤人饑流殣不絕由百姓單貧役調深刻又振武將軍庾恒鳴角京邑主簿戴良夫苦諫被囚殆至没命而恒以醉酒見怒良夫以執忠廢棄又權寵之臣各開小府施置吏佐無益於官有損於國疏奏帝益不平而逼於太妃無所廢黜乃出王恭爲兗州殷仲堪爲荊州王珣爲僕射王雅爲太子少傅以張王室而潛制道子也道子復委任王緒由是朋黨競扇友愛道盡太妃每和解之而道子不能改中書郎徐邈以國之至親唯道子而已宜在敦穆從容言於帝曰昔漢文明主猶悔淮南世祖聰達負愧齊王兄弟之際實宜深慎帝納之復委任道子如初時有人爲雲中詩以指斥朝廷曰相王沉醉輕出教命捕賊千秋干豫朝政王愷守常國寶馳競荊州大度散誕難名盛德之流法護王寗仲堪仙民特有言詠東山安道執操高抗何不徵之以爲朝匠荊州謂王忱也法護即王珣寗即王恭仙民即徐邈字安道戴逵字也及恭帝爲琅邪王道子受封會稽國并宣城爲五萬九千戶安帝踐阼有司奏道子宜進位太傅揚州牧中書監假黃鉞備殊禮固辭不拜又解徐州詔內外衆事動靜諮之帝既冠道子稽首歸政王國寶始總國權勢傾朝廷王恭

乃舉兵討之道子懼收國寶付廷尉并其從弟琅邪內史緒悉斬之以謝於恭恭即罷兵道子乞解中外都督錄尚書以謝方岳詔不許道子世子元顯時年十六爲侍中心惡恭請道子討之乃拜元顯爲征虜將軍其先衞府及徐州文武悉配之會道子妃薨帝下詔曰會稽王妃尊賢莫二朕義同所親今葬加殊禮一依琅邪穆太妃故事元顯夙令光懋乃心所寄誠孝性蒸蒸至痛難奪然不以家事辭王事陽秋之明義不以私限違公制中代之變禮故閔子要絰山王逼屈良以至感由中執容者外有禮無時賢哲斯順須妃葬畢可居職如故于時王恭威振內外道子甚懼復引譙王尚之以爲腹心尚之說道子曰藩伯彊盛宰相權輕宜密樹置以自藩衞道子深以爲然乃以其司馬王愉爲江州刺史以備恭與尚之等日夜謀議以伺四方之隙王恭知之復舉兵以討尚之爲名荊州刺史殷仲堪豫州刺史庾楷廣州刺史桓玄並應之道子使人說楷曰本情相與可謂斷金往年帳中之飲結帶之言寧可忘邪卿今棄舊交結新援忘王恭疇昔陵侮之恥乎若乃欲委體而臣之若恭得志以卿爲反覆之人必不相信何富貴可保禍敗亦旋及矣楷怒曰王恭昔赴山陵相王憂懼無計我知事急即勒兵而至去年之事亦俟命而奮我事相王無相負者既不能距恭反殺國寶自爾已來誰復敢攘袂於君之事乎庾楷實不能以百口助人屠滅當與天下同舉誅鉏姦臣何憂府不開爵不至乎時楷已應恭檄正徵士馬信反朝廷憂懼於是內外戒嚴元顯攘袂慷慨謂道子曰去年不討王恭致有今役今若復從其欲則太宰之禍至矣道子日飲醇酒而委事於元顯元顯雖年少而聰明多涉志氣果銳以安危爲己任尚之爲之羽翼時相傳會者皆謂元顯有明帝神武之風於是以爲征討都督假節統前將軍王珣左將軍謝琰及將軍桓之才毛泰高素等伐恭滅之既而楊佺期桓玄殷仲堪等復至石頭元顯於竹里馳還京師遣丹陽尹王愷鄱陽太守桓放之新蔡內史何嗣潁川太守溫詳新安太守孫泰等發京邑士庶數萬人據石頭以距之道子將出頓中堂忽有驚馬蹂藉軍中因而擾亂赴江而死者甚衆仲堪既知王恭敗死狼狽西走與桓

玄屯于尋陽朝廷嚴兵相距內外騷然詔元顯甲杖百人入殿尋加散
騎常侍中書令又領中領軍持節都督如故會道子有疾加以昏醉元顯
知朝望去之謀奪其權諷天子解道子揚州司徒而道子不之覺元顯
自以少年頓居權重慮有譏議於是以琅邪王領司徒元顯自為揚州
刺史既而道子酒醒方知其職於是大怒而無如之何廬江太守會稽
張法順以刀筆之才為元顯謀主交結朋援多樹親黨自桓謙以下諸
貴遊皆斂衽請交元顯性苛刻生殺自已法順屢諫不納又發東土諸
郡免奴為客者號曰樂屬移置京師以充兵役東土囂然人不堪命天
下苦之矣既而孫恩乘釁作亂加道子黃鉞元顯為中軍以討之又加
元顯錄尚書事然道子更為長夜之飲政無大小一委元顯時謂道子
為東錄元顯為西錄西府車騎塡湊東第門下可設雀羅矣元顯無良
師友正言弗聞諂譽日至或以為一時英傑或謂為風流名士由是自
謂無敵天下故驕侈日增帝又以元顯有翼亮之功加其所生母劉氏
為會稽王夫人金章紫綬會洛陽覆沒道子以山陵幽辱上疏送章

綬請歸藩不許及太皇太后崩詔道子乘輿入殿元顯因諷禮官下議
稱已德隆望重既錄百揆內外群僚皆應盡敬於是公卿皆拜于時軍
旅荐興國用虛竭自司徒已下日廩七升而元顯聚斂不已富過帝室
及謝琰為孫恩所害元顯求領徐州刺史加侍中後將軍開府儀同三
司都督十六州諸軍事封其子彥璋為東海王尋以星變元顯解錄復
加尚書令會孫恩至京口元顯柵斷石頭率兵距戰頻不利道子無他
謀略唯日禱蔣侯廟為厭勝之術既而孫恩遁于北海桓玄復據上流
致牋於道子曰賊造近郊以風不得進以雨不致火食盡故去耳非力
屈也昔國寶卒後王恭不乘此威入統朝政足見其心非侮於明公也
而謂之非忠今之貴要腹心有時流清望者誰乎豈可云無佳勝直是
不能信之耳用理之人然後可以信義相期求利之徒豈有所惜而更
委信邪爾來一朝一夕遂成今日之禍矣阿衡之重言何容易求福則
立至干忤或致禍在朝君子豈不有懷但懼害及身耳玄忝任在遠是
以披寫事實元顯覽而大懼張法順謂之曰桓玄承藉門資素有豪氣

既幷殄揚專有荊楚然桓氏世在西藩人或為用而第下之所控引止
三吳耳孫恩為亂東土塗地編戶饑饉公私不贍玄必乘此縱其姦凶
竊用寒心元顯曰為之柰何法順曰玄始據荊州人情未輯方就綏撫
未遑他計及其如此發兵誅之使劉牢之為前鋒而第下以大軍繼進
桓玄之首必懸於麾下矣元顯以為然遣法順至京口謀於牢之而牢
之有疑色法順還說元顯曰觀牢之顏色必貳於我未若召入殺之不
爾敗人大事元顯不從道子亦拜侍中太傅置左右長史司馬從事中
郎四人崇異之儀備盡盛典其驃騎將軍僚佐文武即配太傅府加元
顯侍中驃騎大將軍開府征討大都督十八州諸軍事儀同三司加黃
鉞班劍二十人以伐桓玄竟以牢之為前鋒法順又言於元顯曰自舉
大事未有威斷桓謙兄弟每為上流耳目斬之以孤荊楚之望且事之
濟不繼在前軍而牢之反覆萬一有變則禍敗立至可令牢之殺謙兄
弟以示不貳若不受命當逆為其所元顯曰非牢之無以當桓玄且始
事而誅大將人情必動二三不可于時揚土饑虛運漕不繼玄斷江路

商旅遂絕於是公私匱乏士卒唯給粰橡大軍將發玄從兄驃騎長史
石生馳使告玄玄進次尋陽傳檄京師罪狀元顯俄而玄至西陽帝戎
服餞元顯于西池始登舟而玄至新亭元顯棄船退屯國子學堂明日
列陣於宣陽門外元顯佐吏多散走或言玄已至大桁劉牢之遂降于
玄元顯迴入宣陽門牢之參軍張暢之率衆逐之衆潰元顯奔入相府
唯張法順隨之問計於道子道子對之泣玄遣太傅從事中郎毛泰收
元顯送于新亭縛於舫前而數之元顯答曰為王誕張法順所誤於是
送付廷尉并其六子皆害之玄又奏道子酣縱不孝當棄市詔徙安
成郡使御史杜竹林防衛竟承玄旨酖殺之時年三十九帝三日哭於
西堂及玄敗大將軍武陵王遵承制下令曰故太傅公阿衡二世契闊
皇家親賢之重地無與二驃騎大將軍內揔朝維外宣威略志蕩世難
以寧國祚天未靜亂禍酷備鍾悲動區宇痛貫人鬼感惟永往心情
崩隕今皇祚反正幽顯式敘宜崇明國躰以述舊典便可追崇太傅為
丞相加殊禮一依安平獻王故事追贈驃騎為太尉加羽葆鼓吹丞

相墳塋鬱然飄薄非所須南道清通便奉迎神柩太尉宜便遷改可
下太史詳吉日定宅兆於是遣通直常侍司馬珣之迎道子柩于安成
時寇賊未平喪不時達義熙元年合葬于王妃陵追謚元顯曰忠以臨
川王寶子脩之爲道子嗣尊妃王氏爲太妃義熙中有稱元顯子秀熙
避難蠻中而至者太妃請以爲嗣於是脩之歸于別第劉裕意其詐
而案驗之果散騎郎滕羨奴勺藥也竟坐棄市太妃不悟哭之甚慟脩
之復爲嗣薨謚悼王無子國除

史臣曰泰始之受終也乃憲章往昔稽古前王廣誓山河大開藩屏文
昭武穆方駕於魯衛應韓磐石犬牙連衡於吳楚齊代然而作法於亂
付託非才何曾歎經国之無謀郭欽識危亡之有兆及宮車晏駕墳土
未乾國難荐臻朝章弛廢重以八王繼亂九服沸騰戎羯交馳乘輿幽
逼瑶枝瓊萼隨鋒鏑而消亡朱芾綠車與波塵而殄瘁遂使茫茫禹迹
咸窟穴於豺狼慄慄周餘竟沉淪於塗炭嗚呼運極數窮一至于此詳
觀載籍未或前聞道子地則親賢任惟元輔耽荒麴蘖信惑讒諛遂
使尼媼竊朝權姦邪制國命始則彝倫攸斁終乃宗社淪亡元顯以童
丱之年受棟梁之寄專制朝廷陵蔑君親奮庸瑣之常材抗姦凶之
巨寇喪師殄國不亦宜乎斯則元顯爲安帝之孫強道子實晉朝之宰
嚭者也列代之崇建維城用藩王室有晉之分封子弟實樹乱階詩云
懷德惟寧宗子維城無俾城壞無獨斯畏城既壞矣畏也宜哉典午之
喪亂弘多寔此之由矣

贊曰帝子分封嬰此鞠凶札瘥繼及禍難仍鍾泰猷聰悟清河內顧
淮南忠勇宣城識度道子昏凶遂傾国祚

列傳第三十四　晉書六十四

王導　子悅 恬 洽 協 劭 薈　洽子珣 珉　劭子謐

王導字茂弘光祿大夫覽之孫也父裁鎮軍司馬導少有風鑒識量清遠年十四陳留高士張公見而奇之謂其從兄敦曰此兒容貌志氣將相之器也初襲祖爵即丘子司空劉寔尋引為東閤祭酒遷祕書郎太子舍人尚書郎並不行後參東海王越軍事時元帝為琅邪王與導素相親善導知天下已亂遂傾心推奉潛有興復之志帝亦雅相器重契同友執帝之在洛陽也導每勸令之國會帝出鎮下邳請導為安東司馬軍謀密策知無不為及徙鎮建康吳人不附居月餘士庶莫有至者導患之會敦來朝導謂之曰琅邪王仁德雖厚而名論猶輕兄威風已振宜有以匡濟者會三月上巳帝親觀禊乘肩轝具威儀敦導及諸名勝皆騎從吳人紀瞻顧榮皆江南之望竊覘之見其如此咸驚懼乃相率拜於道左導因進計曰古之王者莫不賓禮故老存問風俗虛已傾心以招俊乂況天下喪亂九州分裂大業草創急於得人者乎顧榮

賀循此土之望未若引之以結人心二子既至則無不來矣帝乃使導躬造循榮二人皆應命而至由是吳會風靡百姓歸心焉自此之後漸相崇奉君臣之禮始定俄而洛京傾覆中州士女避亂江左者十六七導勸帝收其賢人君子與之圖事時荊揚晏安戶口殷實導為政務在清靜每勸帝克己勵節匡主寧邦於是尤見委杖情好日隆朝野傾心號為仲父帝嘗從容謂導曰卿吾之蕭何也對曰昔秦為無道百姓厭亂巨猾陵暴人懷漢德革命反正易以為功自魏氏以來迄于太康之際公卿世族豪侈相高政教陵遲不遵法度群公卿士皆厭於安息遂使姦人乘釁有虧至道然否終斯泰天道之常大王方立命世之勳一匡九合管仲樂毅於是乎在豈區區國臣所可擬議願深弘神慮廣擇良能顧榮賀循紀瞻周玘皆南土之秀願盡優禮則天下安矣帝納焉永嘉末遷丹楊太守加輔國將軍導上牋曰昔魏武達政之主也荀文若功臣之最也封不過亭侯倉舒愛子之寵贈不過別部司馬以此格萬物得不局跡乎今者臨郡不問賢愚豪賤皆加重號輒有鼓蓋動見相準時有不得者或為恥辱天官混雜朝望頹毀導忝荷重任不能崇浚山海而開剏亂源饕餮竊名位取紊彝典謹送鼓蓋加崇之物請從導始庶令雅俗區別羣望無惑帝下令曰導德重勳高孤所深倚誠宜表彰殊禮而更約己沖心進思盡誠以身率眾宜順其雅志式允開塞之機拜寧遠將軍尋加振威將軍愍帝即位徵吏部郎不拜晉國既建以導為丞相軍諮祭酒桓彝初過江見朝廷微弱謂周顗曰我以中州多故來此欲求全活而寡弱如此將何以濟憂懼不樂往見導極談世事還謂顗曰向見管夷吾無復憂矣過江人士每至暇日相要出新亭飲宴周顗中坐而歎曰風景不殊舉目有江河之異皆相視流涕惟導愀然變色曰當共戮力王室克復神州何至作楚囚相對泣邪眾收淚而謝之俄拜右將軍揚州刺史監江南諸軍事遷驃騎將軍加散騎常侍都督中外諸軍領中書監錄尚書事假節刺史如故導以敦統六州固辭中外都督後坐事除節于時軍旅不息學校未修導上書曰夫風化之本在於正人倫人倫之政存乎設庠序庠序設五教明

德禮洽通彝倫攸敘而有恥且格父子兄弟夫婦長幼之序順而君臣之義固矣易所謂正家而天下定者也故聖王蒙以養正少而教之使化霑肌骨習以成性遷善遠罪而不自知行成德立然後裁之以位雖王之世子猶與國子齒使知道而後貴其取才用士咸先本之於學故周禮卿大夫獻賢能之書于王王拜而受之所以尊道而貴士也人知士之貴由道存則退而脩其身以及家正其家以及鄉學於鄉以登朝反本復始各求諸己敦樸之業著浮偽之競息教使然也故以之事君則忠用之莅下則仁孟軻所謂未有仁而遺其親義而後其君者也自頃皇綱失統頌聲不興于今將二紀矣傳曰三年不為禮禮必壞三年不為樂樂必崩而況如此之久乎先進忘揖讓之容後生惟金鼓是聞干戈日尋俎豆不設先王之道彌遠華偽之俗遂滋非所以端本靖末之謂也殿下以命世之資屬陽九之運禮樂征伐翼成中興誠宜經綸稽古建明學業以訓後生漸之教義使文武之道墜而復興俎豆之儀幽而更彰方今戎虜扇熾國恥未雪忠臣義夫所以扼腕拊心苟禮儀膠

固導風漸著則化之所感者深而德之所被者大使帝典闕而復補皇綱弛而更張獸心革面饕餮檢情揖讓而服四夷緩帶而天下從得乎其道豈難也哉故有虞舞干戚而化三苗魯僖作泮宮而服淮夷桓文之霸皆先教而後戰今若聿遵前典興復道教擇朝之子弟並入于學選明博脩禮之士而為之師化成俗定莫尚於斯帝甚納之及帝登尊號百官陪列命導升御牀共坐導固辭至于三四曰若太陽下同萬物蒼生何由仰照帝乃止進驃騎大將軍儀同三司以討華軼功封武岡侯進位侍中司空假節錄尚書領中書監會太山太守徐龕反帝訪可以鎮撫河南者導舉太子左衛率羊鑒既而鑒敗抵罪導上疏曰徐龕叛戾久替天誅臣創議征討謬舉羊鑒鑒闇懦覆師有司極法聖恩降天地之施全其首領然臣受重任總錄機衡使三軍挫衄臣之責也乞自貶黜以穆朝倫詔不許尋代賀循領太子太傅時中興草創未置史官導始啟立於是典籍頗具時孝懷太子為胡所害始奉諱有司奏天子三朝舉哀群臣一哭而已導以為皇太子副貳宸極普天有情宜同三朝之哀從之及劉隗用事導漸見疏遠任真推分澹如也有識咸稱導善處興廢焉王敦之反也劉隗勸帝悉誅王氏論者為之危心導率群從昆弟子姪二十餘人每旦詣臺待罪帝以導忠節有素特還朝服召見之導稽首謝曰逆臣賊子何世無之豈意今者近出臣族帝跣而執之曰茂弘方託百里之命於卿是何言邪乃詔曰導以大義滅親可以吾為安東時節假之及敦得志加導守尚書令初西都覆沒海內思主群臣及四方並勸進於帝時王氏彊盛有專天下之心敦憚帝賢明欲更議所立導固爭乃止及此役也敦謂導曰不從吾言幾致覆族導猶執正議敦無以能奪自漢魏已來賜謚多由封爵雖位通德重先無爵者例不加謚導乃上疏稱武官有爵必謚卿校常伯無爵不謚甚失制度之本意也從之自後公卿無爵而謚導所議也初帝愛琅邪王裒將有奪嫡之議以問導導曰夫立子以長且紹又賢不宜改革帝猶疑之導日夕陳諫故太子卒定及明帝即位導受遺詔輔政解揚州遷司徒一依陳群輔魏故事王敦又舉兵內向時敦始寢疾導便

率子弟發哀衆聞謂敦死咸有奮志及帝伐敦假導節都督諸軍領揚州刺史敦平進封始興郡公邑三千戶賜絹九千匹進位太保司徒如故劒履上殿入朝不趨讚拜不名固讓帝崩導復與庾亮等同受遺詔共輔幼主是為成帝加羽葆鼓吹班劒二十人及石勒侵阜陵詔加導大司馬假黃鉞出討之軍次江寧帝親餞于郊俄而賊退解大司馬庾亮將徵蘇峻訪之於導導曰峻猜險必不奉詔且山藪藏疾宜包容之固爭不從亮遂召峻既而難作六軍敗績導入宮侍帝峻以導德望不敢加害猶以本官居己之右峻又逼乘輿幸石頭導爭之不得峻日來帝前肆醜言導深懼有不測之禍時路永匡術賈寧並說峻令殺導盡誅大臣更樹腹心峻敬導不納故永等貳於峻導使參軍袁耽潛諷誘永等謀奉帝出奔義軍而峻衛御甚嚴事遂不果導乃攜二子隨永奔于白石及賊平宗廟宮室並為灰燼溫嶠議遷都豫章三吳之豪請都會稽二論紛紜未有所適導曰建康古之金陵舊為帝里又孫仲謀劉玄德俱言王者之宅古之帝王不必以豐儉移都苟弘衛文大帛之冠則無往不可若不績其麻則樂土為虛矣且北寇游魂伺我之隙一旦示弱竄於蠻越求之望實懼非良計今特宜鎮之以靜群情自安由是嶠等謀並不行導善於因事雖無日用之益而歲計有餘時帑藏空竭庫中惟有綀數千端鬻之不售而國用不給導患之乃與朝賢俱制綀布單衣於是士人翕然競服之綀遂踊貴乃令主者出賣端至一金其為時所慕如此六年冬蒸詔歸胙於導曰無下拜導辭疾不敢當初帝幼冲見導每拜又常與導書手詔則云惶恐言中書作詔則曰敬問於是以為定制自後元正導入帝猶為之興焉時大旱導上疏遜位詔曰夫聖王御世動合至道運無不周故能人倫攸敘萬物獲宜朕荷祖宗之重託於王公之上不能仰陶玄風俯洽宇宙亢陽踰時兆庶胥怨邦之不臧惟予一人公體道明哲弘猷深遠勳格四海翼亮三世國典之不墜實仰山甫補之而猥崇謙光引咎克讓元首之愆寄責宰輔祇增其闕博綜萬機不可一日有曠公宜遺履謙之近節遵經國之遠略門下速遣侍中以下敦喻導固讓詔累逼之然後視事導簡素

寡欲倉無儲穀衣不重帛帝知之給布萬匹以供私費導有羸疾不堪
朝會帝幸其府縱酒作樂後令輿車入殿其見敬如此石季龍掠騎至
歷陽導請出討之加大司馬假黃鉞中外諸軍事置左右長史司馬給
布萬匹俄而賊退解大司馬復轉中外大都督進位太傅又拜丞相依
漢制罷司徒官以并之冊曰朕夙罹不造肆陟帝位未堪多難禍亂荐
興公文貫九功武經七德外緝四海內齊八政天地以平人神以和業
同伊尹道隆姬旦仰思唐虞登庸儁乂申令群官允釐庶績朕思憑
高謨弘濟遠猷維稽古建爾于上公永爲晉輔往踐厥職敬敷道訓以
亮天工不亦休哉公其戒之是歲妻曹氏卒贈金章紫綬初曹氏性妬
導甚憚之乃密營別館以處衆妾曹氏知將往焉導恐妾被辱遽令
命駕猶恐遲之以所執麈尾柄驅牛而進司徒蔡謨聞之戲導曰朝廷
欲加公九錫導弗之覺但謙退而已謨曰不聞餘物惟有短轅犢車長
柄麈尾導大怒謂人曰吾往與群賢共游洛中何曾聞有蔡克兒也于
時庾亮以望重地逼出鎮於外南蠻校尉陶稱間說亮當舉兵內向或
勸導密爲之防導曰吾與元規休戚是同悠悠之談宜絕智者之口則
如君言元規若來吾便角巾還第復何懼哉又與稱書以爲庾公帝之
元舅宜善事之於是讒間遂息時亮雖居外鎮而執朝廷之權既據
上流擁彊兵趣向者多歸之導內不能平常遇西風塵起舉扇自蔽徐
曰元規塵污人自漢魏以來群臣不拜山陵導以元帝睠同布衣匪惟
君臣而已每一崇進皆就拜不勝哀戚由是詔百官拜陵自導始也咸
和五年薨時年六十四帝舉哀於朝堂三日遣大鴻臚持節監護喪事
賵襚之禮一依漢博陸侯及安平獻王故事及葬給九游轀輬車黃屋
左纛前後羽葆鼓吹武賁班劍百人中興名臣莫與爲比冊曰蓋高位
以酬明德厚爵以答懋勳至乎闔棺標跡莫尚號謚風流百代於是
乎在惟公邁達沖虛玄鑒劭邈夷淡以約其心體仁以流其惠棲遲務
外則名儁中夏應期濯纓則潛筭獨運昔我中宗肅祖之基中興也下
帷委誠而策定江左拱己宅心而庶績咸熙故能威之所振寇虐改心
化之所鼓檮杌易質調陰陽之和通彝倫之紀遼隴承風丹穴景附隆

高世之功復宣武之績舊物不失公協其猷若乃荷負顧命保朕冲
人遭遇艱圮夷險委順拯其淪墜而濟之以道扶其顛傾而弘之以仁
經緯三朝而蘊道彌曠方賴高謨以穆四海昊天不弔奄忽薨殂朕用
震慟于心雖有郼之殞保衡有周之喪二南曷諭茲懷今遣使持節謁
者僕射任瞻錫謚曰文獻祠以太牢魂而有靈嘉茲寵榮二弟穎敞
少與導俱知名時人以穎方溫太真以敞比鄧伯道並早卒導六子悅
恬洽協劭薈

悅字長豫弱冠有高名事親色養導甚愛之導常共悅弈棋爭道導
笑曰相與有瓜葛那得爲爾邪導性儉節帳下甘果爛敗令棄之云勿
使大郎知悅少侍講東宮歷吳王友中書侍郎先導卒謚貞世子先是
導夢人以百萬錢買悅潛爲祈禱者備矣尋掘地得錢百萬意甚惡
之一皆藏閉及悅疾篤導憂念特至不食積日忽見一人形狀甚偉被
甲持刀導問君是何人曰僕是蔣侯也公兒不佳欲爲請命故來耳公
勿復憂因求食遂噉數升食畢勃然謂導曰中書患非可救者言訖不
見悅亦殞絕悅與導語恒以慎密爲端導還臺及行悅未嘗不送至車
後又恒爲母曹氏襞斂箱篋中物悅亡後導還臺自悅常所送處哭至
臺門其母長封作篋不忍復開悅無子以弟恬子混爲嗣襲導爵丹
楊尹卒贈太常子瑕嗣尚鄱陽公主歷中領軍尚書卒子恢嗣義熙末
爲游擊將軍

恬字敬豫少好武不爲公門所重導見悅輒喜見恬便有怒色州辟別
駕不行襲爵即丘子性傲誕不拘禮法謝万嘗造恬既坐少頃恬便入
內万以爲必厚待已殊有喜色恬久之乃沐頭散髮而出據胡牀於庭
中曬髮神氣傲邁竟無賓主之禮万悵然而還晚節更好士多技藝善
弈棊爲中興第一遷中書郎帝欲以爲中書令導固讓從之除後將
軍魏郡太守加給事中領兵鎮石頭導薨去官俄起爲後將軍復鎮石
頭轉吳國會稽內史加散騎常侍卒贈中軍將軍謚曰憲

洽字敬和導諸子中最知名與荀羨俱有美稱弱冠歷散騎中書郎中
軍長史司徒左長史建武將軍吳郡內史徵拜領軍尋加中書令固讓

表疏十上穆帝詔曰敬和清裁貴令昔爲中書郎吾時尚小數呼見意甚親之今所以用爲令既機任須才且欲時時相見共講文章侍以友臣之義而累表固讓甚違本懷其催洽令拜苦讓遂不受升平二年卒於官年三十六二子珣珉

珣字元琳弱冠與陳郡謝玄爲桓溫掾俱爲溫所敬重嘗謂之曰謝掾年四十必擁旄杖節王掾當作黑頭公皆未易才也珣轉主簿時溫經略中夏竟無寧歲軍中機務並委珣焉文武數萬人悉識其面從討袁眞封東亭侯轉大司馬參軍琅邪王友中軍長史給事黃門侍郎珣兄弟皆謝氏壻以猜嫌致隙太傅安既與珣絕婚又離珉妻由是二族遂成仇釁時希安旨乃出珣爲豫章太守不之官除散騎常侍不拜遷秘書監安卒後遷侍中孝武帝深杖之轉輔國將軍吳國內史在郡爲士庶所悅徵爲尚書右僕射領吏部轉左僕射加征虜將軍復領太子詹事時帝雅好典籍珣與殷仲堪徐邈王恭郗恢等並以才學文章見昵於帝及王國寶自媚於會稽王道子而與珣等不協帝慮晏駕後怨隙必生故出恭恢爲方伯而委珣端右珣夢人以大筆如椽與之既覺語人云此當有大手筆事俄而帝崩哀冊謚議皆珣所草隆安初國寶用事謀黜舊臣遷珣尚書令王恭赴山陵欲殺國寶珣止之曰國寶雖終爲禍亂要罪逆未彰今便先事而發必大失朝野之望況擁彊兵竊發於京輦誰謂非逆國寶若遂不改惡布天下然後順時望除之亦無憂不濟也恭乃止既而謂珣曰比來視君一似胡廣珣曰王陵廷爭陳平慎默但問歲終何如耳恭尋起兵國寶將殺珣等僅而得免語在國寶傳二年恭復舉兵假珣節進衛將軍都督琅邪水陸軍事事平上所假節加散騎常侍四年以疾解職歲餘卒時年五十二追贈車騎將軍開府謚曰獻穆桓玄與會稽王道子書曰珣神情朗悟經史明徹風流之美公私所寄雖逼嫌謗才用不盡然君子在朝弘益自多時事艱難忽爾喪失歎懼之深豈但風流相悼而已其崎嶇九折風霜備經雖賴明公神鑒亦識會居之故也卒以壽終殆無所哀但情發去來寘之未易耳玄輔政改贈司徒初珣既與謝安有隙在東聞安薨便出京師詣

族弟獻之曰吾欲哭謝公獻之驚曰所望於法護於是直前哭之甚慟法護珣小字也珣五子弘虞柳孺曇首宋世並有高名

珉字季琰少有才藝善行書名出珣右時人爲之語曰法護非不佳僧彌難爲兄僧彌珉小字也時有外國沙門名提婆妙解法理爲珣兄弟講毗曇經珉時尚幼講未半便云已解即於別室與沙門法綱等數人自講法綱歎曰大義皆是但小未精耳辟州主簿舉秀才不行後歷著作散騎郎國子博士黃門侍郎侍中代王獻之爲長兼中書令二人素齊名世謂獻爲大令珉爲小令太元十三年卒時年三十八追贈太常二子朗練義熙中並歷侍中

協字敬祖元帝撫軍參軍襲爵武岡侯早卒無子以弟劭子謐爲嗣

謐字稚遠少有美譽與譙國桓胤太原王綏齊名拜祕書郎襲父爵遷祕書丞歷中軍長史黃門郎侍中及桓玄舉兵詔謐銜命詣玄玄深敬昵焉拜建威將軍吳國內史未至郡玄以爲中書令領軍將軍吏部尚書遷中書監加散騎常侍領司徒及玄將篡以謐兼太保奉璽冊詣玄玄篡封武昌縣開國公加班劍二十人初劉裕爲布衣衆未之識也惟謐獨奇貴之嘗謂裕曰卿當爲一代英雄及裕破桓玄謐以本官加侍中領揚州刺史錄尚書事謐既受寵桓氏常不自安護軍將軍劉毅嘗問謐曰璽綬何在謐益懼會王綏以桓氏甥自疑謀反父子兄弟皆伏誅謐從弟諶少驍果輕俠欲誘謐還吳起兵爲亂乃說謐曰王綏無罪而義旗誅之是除時望也兄少立名譽加位地如此欲不危得乎謐懼而出奔劉裕牋詣大將軍武陵王遵遣人追躡謐既還委任如先加謐班劍二十人義熙三年卒時年四十八追贈侍中司徒謚曰文恭三子瓘球琇入宋皆至大官

劭字敬倫歷東陽太守吏部郎司徒左長史丹陽尹劭美姿容有風操雖家人近習未嘗見其墮替之容桓溫甚器之遷吏部尚書尚書僕射領中領軍出爲建威將軍吳國內史卒贈車騎將軍謚曰簡三子穆默恢穆臨海太守默吳國內史加二千石恢右衛將軍穆三子簡智超默二子鑒惠義熙中並歷顯職

蕃字敬文恬虛守靖不競榮利少歷清官除吏部郎侍中建威將軍吳國內史時年饑粟貴人多餓死蕃以私米作饘粥以飴餓者所濟活甚衆徵補中領軍不拜徙尚書領中護軍復爲征虜將軍吳國內史頃之桓沖表請蕃爲江州刺史固辭不拜轉督浙江東五郡左將軍會稽內史進號鎮軍將軍加散騎常侍卒於官贈衛將軍子歆歷太子中庶子司徒左長史以母喪居于吳王恭舉兵假歆建武將軍吳國內史令起軍助爲聲援歆即墨絰合衆誅殺異己仍遣前吳國內史虞嘯父等入吳興義興聚兵輕俠赴者萬計歆自謂義兵一動勢必未寧可乘間而取富貴而曾不旬日國寶賜死恭罷兵符歆去職歆大怒迴衆討恭恭遣司馬劉牢之距戰于曲阿歆衆潰奔走遂不知所在長子泰爲恭所殺少子華以不知歆存亡憂毀布衣蔬食後從兄謐言其死所華始發喪入仕初導渡淮使郭璞筮之卦成璞曰吉無不利淮水絕王氏滅其後子孫繁衍竟如璞言

史臣曰飛龍御天故資雲雨之勢帝王興運必俟股肱之力軒轅聖人也杖師臣而授圖商湯哲后也託負鼎而成業自斯已降罔不由之源夫典午發蹤本于陵寡金行撫運無德在時九土未宅其心四夷已承其弊既而中原蕩覆江左嗣興兆著玄石之圖乖少康之祀夏時無思晉之士異文叔之興劉輔佐中宗艱哉甚矣茂弘策名枝屏叶情交好負其才智恃彼江湖思建剋復之功用成翌宣之道於是王敦內侮憑天邑而狼顧蘇峻連兵指宸居而隼擊實賴元宰固懷匪石之心潛運忠謨竟翦吞沙之寇乃誠貫日主垂餌以終全貞志陵霜國綴旒而不滅觀其開設學校存乎沸鼎之中爰立章程在乎櫛風之際雖則世道多故而規模弘遠矣比夫蕭曹弼漢六合爲家奭望匡周萬方同軌功未半古不足爲儔至若夷吾體仁能相小國孔明踐義善翊新邦撫事論情抑斯之類也提挈三世終始一心稱爲仲父蓋其宜矣恬珣踵德副呂虔之贈刀謐乃隤聲忝劉毅之徵璽語曰深山大澤有龍有蛇寔斯之謂也

贊曰贇嘯欻馳龍升雲映武崗矯矯匡時緝政懿績克宣忠規靡競契叶三王榮逾九命貽刀表祥筮水流慶赫矣門族重光斯盛

列傳第三十五　　晉書六十五

劉弘　陶侃兄子臻　臻弟輿

劉弘字和季沛國相人也祖馥魏揚州刺史父靖鎭北將軍弘有幹略政事之才少家洛陽與武帝同居永安里又同年共研席以舊恩起家太子門大夫累遷率更令轉太宰長史張華甚重之由是爲寧朔將軍假節監幽州諸軍事領烏丸校尉甚有威惠寇盜屛迹爲幽朔所稱以勳德兼茂封宣城公太安中張昌作亂轉使持節南蠻校尉荆州刺史率前將軍趙驤等討昌自方城至宛新野所向皆平及新野王歆之敗也以弘代爲鎭南將軍都督荆州諸軍事餘官如故弘遣南蠻長史陶侃爲大都督參軍蒯恒爲義軍督護牙門將皮初爲都戰帥進據襄陽張昌幷軍圍宛敗趙驤軍弘退屯梁侃初等累戰破昌前後斬首數萬級及到官昌懼而逃其衆悉降荆土平初弘之退也范陽王虓遣長水校尉張奕領荆州弘至奕不受代擧兵距弘弘遣軍討奕斬之表曰臣以凡才謬荷國恩作司方州奉辭伐罪不能奮揚雷霆折衝萬里軍退於宛分受顯戮猥蒙含宥被遣之職即進達所鎭而范陽王虓先遣前長水校尉張奕領荆州臣至不受節度擅擧兵距臣今張昌姦黨初平昌未梟擒益梁流人蕭條猥集無賴之徒易相扇動飆風駭蕩則滄海橫波苟患失之無所不至比須表上慮失事機輒遣軍討奕即梟其首奕雖貪亂欲爲荼毒由臣劣弱不勝其任令奕肆心以勞資斧敢引覆餗之刑甘受專輒之罪詔曰將軍文武兼資前委方夏宛城不守咎由趙驤將軍所遣諸軍剋滅羣寇張奕貪禍距違詔命將軍致討傳首闕庭雖有不請之嫌古人有專之之義其恢宏奧略鎭綏南海以副推轂之望焉張昌竄于下雋山弘遣軍討昌斬之悉降其衆時荆部守宰多缺弘請補選帝從之弘乃敘功銓德隨才補授甚爲論者所稱乃表曰被中詔敕臣隨資品選補諸缺吏夫慶賞刑威非臣所專且知人則哲聖帝所難非臣闇蔽所能斟酌然万事有機豪氂宜愼謹奉詔書差所應用蓋崇化莫若貴德則所以濟屯故太上立德其次立功也頃者多難淳朴彌凋臣輒以徵士五朝補零陵太守庶以懲波蕩之弊養退讓

之操臣以不武前退於宛長史陶侃參軍蒯恒牙門皮初戮力致討蕩滅姦凶侃恒各以始終軍事初爲都戰帥忠勇冠軍漢沔清肅實初等之勳也司馬法賞不踰時欲人知爲善之速福也若不超報無以勸徇功之士慰熊羆之志臣以初補襄陽太守侃爲府行司馬使典論功事恒爲山都令詔惟令臣以散補空缺然沅鄉令虞潭忠誠烈正首唱義擧舉善以教不能者勸臣輒特轉潭補醴陵令南郡廉吏仇勃母老疾困賊至守衞不移以致拷掠幾至隕命尚書令史郭貞張昌以爲尚書郎欲訪以朝議遁逃不出昌質其妻子避之彌遠勃孝篤著於臨危貞忠厲於強暴雖各四品皆可以訓獎臣子長益風教臣輒以勃爲歸鄉令貞爲信陵令皆功行相參循名校實條列行狀公文具上朝廷以初雖有功襄陽又是名郡名器宜愼不可授初乃以前東平太守夏侯陟爲襄陽太守餘並從之陟弘之壻也弘下教曰夫統天下者宜與天下同心化一國者宜與一國爲任若必姻親然後可用則荆州十郡安得十女壻然後爲政哉乃表陟姻親舊制不得相監皮初之勳宜見酬報詔聽之弘於是勸課農桑寬刑省賦歲用有年百姓愛悅弘嘗夜起聞城上持更者歎声甚苦遂呼省之兵年過六十羸疾無襦弘愍之乃謫罰主者遂給韋袍複帽轉以相付舊制峴方二山澤中不聽百姓捕魚弘下教曰礼名山大澤不封與共其利今公私幷兼百姓無復厝手地當何謂邪速改此法又酒室中云齊中酒聽事酒猥酒同用麴米而優劣三品投醪當與三軍同其薄厚自今不得分別時益州刺史羅尚爲李特所敗遣使告急請糧弘移書贍給而州府綱紀以運道懸遠文武匱乏欲以零陵一運米五千斛與尚弘曰諸君未之思耳天下一家彼此無異吾今給之則無西顧之憂矣遂以零陵米三萬斛給之尚賴以自固于時流人在荆州十餘萬户羇旅貧乏多爲盜賊弘乃給其田種糧食擢其賢才隨資敘用時總章大樂伶人避亂多至荆州或勸可作樂者弘曰昔劉景升以礼壞樂崩命杜夔爲天子合樂樂成欲庭作之夔曰爲天子合樂而庭作之恐非將軍本意吾常爲之歎息今主上蒙塵吾未能展效臣節雖有家伎猶不宜聽況御樂哉乃下郡縣使安

慰之須朝廷旋返送還本署論平張昌功應封次子一人縣侯弘上疏固讓許之進拜侍中鎮南大將軍開府儀同三司惠帝幸長安河間王顒挾天子詔弘為劉喬繼援弘以張方殘暴知顒必敗遣使受東海王越節度時天下大乱弘專督江漢威行南服前廣漢太守辛冉說弘以從横之事弘大怒斬之河間王顒使張光為順陽太守南陽太守衞展說弘曰彭城王前東奔有不善之言張光太宰腹心宜斬光以明向背弘曰宰輔得失豈張光之罪危人自安君子弗為也展深恨之陳敏寇揚州引兵欲西上弘乃解南蠻以授前北軍中候蔣超統江夏太守陶侃武陵太守苗光以大衆屯于夏口又遣治中何松領建平宜都襄陽三郡兵屯巴東為羅尚後繼又加南平太守應詹寧遠將軍督三郡水軍繼蔣超侃與敏同郡又同歲舉吏或有間侃者弘不疑之乃以侃為前鋒督護委以討敏之任侃遣子及兄子為質弘遣之曰賢叔征行君祖母年高便可歸也匹夫之交尚不負心何況大丈夫乎陳敏竟不敢闚境永興三年詔進號車騎將軍開府及餘官如故弘每有興廢手書守相丁寧款密所以人皆感悅爭赴之咸曰得劉公一紙書賢於十部從事及東海王越奉迎大駕弘遣參軍劉盤為督護率諸軍會之盤既旋弘自以老疾將解州及校尉適分授所部未及表上卒于襄陽士女嗟痛若喪所親矣初成都王穎南奔欲之本国弘距之及弘卒弘司馬郭勸欲推穎為主弘子璠追遵弘志於是墨絰率府兵討勸戰於濁水斬之襄沔肅清初東海王越疑弘與劉喬貳于己雖下節度心未能安及弘距穎璠又斬勸朝廷嘉之越手書與璠賛美之表贈弘新城郡公謚曰元以高密王略代鎮寇盜不禁詔起璠為順陽內史江漢之間翕然歸心及略薨山簡代之簡至知璠得衆心恐百姓逼以為主表陳之由是徵璠為越騎校尉璠亦深慮逼迫被書便輕至洛陽然後遣迎家累僑人侯脫路難等相率衞送至都然後辭去南夏遂乱父老追思弘雖甘棠之詠召伯无以過也

陶侃字士行本鄱陽人也吳平徙家廬江之尋陽父丹吳揚武將軍侃早孤貧為縣吏鄱陽孝廉范逵嘗過侃時倉卒无以待賓其母乃截

髮得雙髲以易酒肴樂飲極歡雖僕從亦過所望及逵去侃追送百餘里逵曰卿欲仕郡乎侃曰欲之困於無津耳逵過廬江太守張夔稱美之夔召為督郵領樅陽令有能名遷主簿會州部從事之郡欲有所按侃閉門部勒諸吏謂從事曰若鄙郡有違自當明憲直繩不宜相逼若不以禮吾能禦之從事即退夔妻有疾將迎醫於數百里時正寒雪諸綱紀皆難之侃獨曰資於事父以事君小君猶母也安有父母之疾而不盡心乎乃請行衆咸服其義長沙太守萬嗣過廬江見侃虛心敬悅曰君終當有大名命其子與之結友而去夔察侃為孝廉至洛陽數詣張華華初以遠人不甚接遇侃每往神無忤色華後與語異之除郎中伏波將軍孫秀以亡國支庶府望不顯中華人士恥為掾屬以侃寒宦召為舍人時豫章國郎中令楊晫侃州里也為鄉論所歸侃詣之晫曰易稱貞固足以幹事陶士行是也與同乘見中書郎顧榮榮甚奇之吏部郎溫雅謂晫曰奈何與小人共載晫曰此人非凡器也尚書樂廣欲會荊揚士人武庫令黃慶進侃於廣人或非之慶曰此子終當遠到復何疑也慶後為吏部令史舉侃補武岡令與太守呂岳有嫌棄官歸為郡小中正會劉弘為荊州刺史將之官辟侃為南蠻長史遣先向襄陽討賊張昌破之弘既至謂侃曰吾昔為羊公參軍謂吾其後當居身處今相觀察必繼老夫矣後以軍功封東鄉侯邑千户陳敏之亂弘以侃為江夏太守加鷹揚將軍侃備威儀迎母官舍鄉里榮之敏遣其弟恢來寇武昌侃出兵禦之隨郡內史扈瓌間侃於弘曰侃與敏有鄉里之舊居大郡統彊兵脫有異志則荊州無東門矣弘曰侃之忠能吾得之已久豈有是乎侃潛聞之遽遣子洪及兄子臻詣弘以自固弘引為參軍資而遣之又加侃為督護使與諸軍并力距恢侃乃以運船為戰艦或言不可侃曰用官物討官賊但須列上有本末耳於是擊恢所向必破侃戎政齊肅凡有虜獲皆分士卒身無私焉後以母憂去職嘗有二客來弔不哭而退化為雙鶴沖天而去時人異之服闋參東海王越軍事江州刺史華軼表侃為揚武將軍使屯夏口又以臻為參軍軼與元帝素不平臻懼難作託疾而歸白侃曰華彥夏有憂天下之志

而才不足且與琅邪不平難將作矣侃怒遣瑧還軼瑧遂東歸於帝帝見之大悅命瑧為參軍加侃奮威將軍假赤幢曲蓋軺車鼓吹侃乃與華軼告絕頃之遷龍驤將軍武昌太守時天下饑荒山夷多斷江劫掠侃令諸將詐作商船以誘之劫果至生獲數人是西陽王羕之左右侃即遣兵逼羕令出向賊侃整陣於釣臺為後繼羕縛送帳下二十人侃斬之自是水陸肅清流亡者歸之盈路侃竭資振給焉又立夷市於郡東大收其利而帝使侃擊杜弢令振威將軍周訪廣武將軍趙誘受侃節度侃令二將為前鋒兄子輿為左甄擊賊破之時周顗為荊州刺史先鎮潯水城賊掠其良口侃使部將朱伺救之賊退保泠口侃謂諸將曰此賊必更步向武昌吾宜還城晝夜三日行可至卿等誰能忍饑鬬邪部將吳寄曰要欲十日忍饑晝當擊賊夜分捕魚足以相濟侃曰卿健將也賊果增兵來攻侃使朱伺等逆擊大破之獲其輜重殺傷甚衆遣參軍王貢告捷於王敦敦曰若無陶侯便失荊州矣伯仁方入境便為賊所破不知那得刺史貢對曰鄙州方有事難非陶龍驤莫可敦

然之即表拜侃為使持節寧遠將軍南蠻校尉荊州刺史領西陽江夏武昌鎮于沌口又移入沔江遣朱伺等討江夏賊殺之賊王沖自稱荊州刺史據江陵王貢還至竟陵矯侃命以杜曾為前鋒大督護進軍斬沖悉降其衆侃召曾不到貢又恐矯命獲罪遂與曾舉兵反擊侃督護鄭攀於沌陽破之又敗朱伺於沔口侃欲退入溳中部將張奕將貳於侃詭說曰賊至而動衆必不可侃惑之而不進無何賊至果為所敗賊鉤侃所乘艦侃窘急走入小船朱伺力戰僅而獲免張奕竟奔于賊侃坐免官王敦表以侃白衣領職侃復率周訪等進軍入湘使都尉楊舉為先驅擊杜弢大破之屯兵于城西侃之佐史辭詣王敦曰州將陶使君孤根特立從微至著忠允之功所在有效出佐南夏輔翼劉征南前遇張昌後屬陳敏侃以偏旅獨當大寇無征不克羣醜破滅近者王如亂北杜弢跨南二征奔走一州星馳其餘郡縣所在土崩侃招攜以禮懷遠以德子來之衆前後累至奉承指授獨守危阨人往不動人離不散往年董督徑造湘城志陵雲霄神機獨斷徒以軍少糧懸不果

獻捷然杜弢慴懼來覺身首未經信宿建平流人迎賊俱叛侃即迴軍遡流芟夷醜類至使西門不鍵華圻無虞者侃之功也明將軍愍此荊楚救命塗炭使侃統領窮殘之餘寒者衣之饑者食之比屋相慶有若挾纊江濱孤危地非重險非可單軍獨能保固故移就高祚以避其衝賊輒易先至大衆在後侃距戰經日殺其名帥賊尋犬羊相結并力來攻侃以忠臣之節義無退顧被堅執銳身當戎行將士奮擊莫不用命當時死者不可稱數賊衆參伍更息更戰侃以孤軍一隊力不獨御量宜取全以俟後舉而主者責侃重加黜削侃性謙沖功成身退今奉還所受唯恐稽遲然某等區區實恐理失於內事敗於外豪釐之差將致千里使荊蠻乖離西嵎不守脣亡齒寒侵逼無限也敦於是奏復侃官弢將王貢精卒三千出武陵江誘五谿夷以舟師斷官運徑向武昌侃使鄭攀及伏波將軍陶延夜趣巴陵潛師掩其不備大破之斬千餘級降萬餘口貢遁還湘城賊中離阻杜弢遂疑張奕而殺之衆情益懼降者滋多王貢復挑戰侃遙謂之曰杜弢為益州吏盜用庫錢父死不奔

喪卿本佳人何為隨之也天下寧有白頭賊乎貢初橫腳馬上侃言訖貢斂容下腳辭色甚順侃知其可動復令諭之截髮為信貢遂來降而弢敗走進克長沙獲其將毛寶高寶梁堪而還王敦深忌侃功將還江陵欲詣敦別皇甫方回及朱伺等諫以為不可侃不從敦果留侃不遣左轉廣州刺史平越中郎將以王廙為荊州侃之佐吏將士詣敦請留侃敦怒不許侃將鄭攀蘇溫馬儁等不欲南行遂西迎杜曾以距廙敦意攀承侃風旨被甲持矛將殺侃出而復迴者數四侃正色曰使君之雄斷當裁天下何此不決乎因起如廁諮議參軍梅陶長史陳頒言於敦曰周訪與侃親姻如左右手安有斷人左手而右手不應者乎敦意遂解於是設盛饌以餞之侃便夜發敦引其子瞻為參軍侃既達豫章見周訪流涕曰非卿外援我殆不免侃因進至始興先是廣州人背刺史郭訥迎長沙人王機為刺史機復遣使詣王敦乞為交州敦從之而機未發會杜弘據臨賀因機乞降勸弘取廣州弘遂與溫邵及交州秀才劉沉俱謀反或勸侃且住始興觀察形勢侃不聽直至廣州弘

遣使偽降侃知其詐先於封口起發石車俄而弘率輕兵而至知侃有備乃退侃追擊破之執劉沉於小桂又遣部將許高討機斬之傳首京都諸將皆請乘勝擊溫邵侃笑曰吾威名已著何事遣兵但一函紙自足耳於是下書諭之邵懼而走追獲於始興以功封柴桑侯食邑四千戶侃在州無事輒朝運百甓於齋外暮運於齋內人問其故荅曰吾方致力中原過爾優逸恐不堪事其勵志勤力皆此類也太興初進號平南將軍尋加都督交州軍事及王敦舉兵反詔侃以本官領江州刺史尋轉都督湘州刺史敦得志上侃復本職加散騎常侍時交州刺史王諒為賊梁碩所陷侃遣將高寶進擊平之以侃領交州刺史錄前後功封次子夏為都亭侯進號征南大將軍開府儀同三司及王敦平遷都督荊雍益梁州諸軍事領護南蠻校尉征西大將軍荊州刺史餘如故楚郢士女莫不相慶侃性聰敏勤於吏職恭而近禮愛好人倫終日斂膝危坐閫外多事千緒萬端罔有遺漏遠近書疏莫不手荅筆翰如流未嘗壅滯引接疏遠門無停客常語人曰大禹聖者乃惜寸陰至於衆

人當惜分陰豈可逸遊荒醉生無益於時死無聞於後是自棄也諸參佐或以談戲廢事者乃命取其酒器蒱博之具悉投之於江吏將則加鞭朴曰樗蒱者牧豬奴戲耳老莊浮華非先王之法言不可行也君子當正其衣冠攝其威儀何有亂頭養望自謂弘達邪有奉饋者皆問其所由若力作所致雖微必喜慰賜參倍若非理得之則切厲訶辱還其所饋嘗出遊見人持一把未熟稻侃問用此何為人云行道所見聊取之耳侃大怒曰汝既不佃而戲賊人稻執而鞭之是以百姓勤於農殖家給人足時造船木屑及竹頭悉令舉掌之咸不解所以後正會積雪始晴聽事前餘雪猶濕於是以屑布地及桓溫伐蜀又以侃所貯竹頭作丁裝船其綜理微密皆此類也既蘇峻作逆京都不守侃子瞻為賊所害平南將軍溫嶠要侃同赴朝廷初明帝崩侃不在顧命之例深以為恨荅嶠曰吾疆場外將不敢越局嶠固請之因推為盟主侃乃遣督護龔登率衆赴嶠而又追迴嶠以峻殺其子重遣書以激怒之侃妻龔氏亦固勸自行於是便戎服登舟星言兼邁瞻喪至不臨五月與溫

嶠庾亮等俱會石頭諸軍即欲決戰侃以賊盛不敢爭鋒當以歲月智計擒之累戰無功諸將請於查浦築壘監軍部將李根建議請立白石壘侃不從曰若壘不成卿當坐之根曰查浦地下又在水南唯白石峻極險固可容數千人賊來攻不便滅賊之術也侃笑曰卿良將也乃從根謀夜脩曉訖賊見壘大驚賊攻大業壘侃將救之長史殷羨曰若遣救大業步戰不如峻則大事去矣但當急攻石頭峻必救之而大業自解侃又從羨言峻果棄大業而救石頭諸軍與峻戰陳陵東侃督護竟陵太守李陽部將彭世斬峻於陣賊衆大潰峻弟逸復聚衆侃與諸軍斬逸於石頭初庾亮少有高名以明穆皇后之兄受顧命之重蘇峻之禍職亮是由及石頭平懼侃致討亮用溫嶠謀詣侃拜謝侃遽止之曰庾元規乃拜陶士行邪王導入石頭城令取故節侃笑曰蘇武節似不如是導有慚色使人屏之侃旋江陵尋以為侍中太尉加羽葆鼓吹封長沙郡公邑三千戶賜絹八千匹加都督交廣寧七州軍事以江陵偏遠移鎮巴陵遣諮議參軍張延討五谿夷降之屬後將軍郭默矯詔襲

殺平南將軍劉胤輒領江州侃聞之曰此必詐也遣將軍宋夏陳脩率兵據湓口侃以大軍繼進默遣使送妓婢絹百匹寫中詔呈侃參佐多諫曰默不被詔豈敢為此事若進軍宜待詔報侃厲色曰國家年小不出胷懷且劉胤為朝廷所禮雖方任非才何緣猥加極刑郭默虓勇所在暴掠以大難新除威綱寬簡欲因隙會騁其從橫耳發使上表討默與王導書曰郭默殺方州即用為方州害宰相便為宰相乎導荅曰默居上流之勢加有船艦成資故苞含隱忍使其有地一月潛嚴足下軍到是以得風發相赴豈非遵養時晦以定大事者邪侃省書笑曰是乃遵養時賊也侃既至默將宗侯縛默父子五人及默將張丑詣侃降侃斬默等默在中原數與石勒等戰賊畏其勇聞侃討之兵不血刃而擒也益畏侃蘇峻將馮鐵殺侃子奔于石勒勒以為戍將侃告勒以故勒召而殺之詔侃都督江州領刺史增置左右長史司馬從事中郎四人掾屬十二人侃旋于巴陵因移鎮武昌侃命張夔子隱為參軍范逵子珧為湘東太守辟劉弘曾孫安為掾屬表論梅陶凡微時所荷一

殄咸報遣子斌與南中郎將桓宣西伐樊城走石勒將郭敬使兄子臻竟陵太守李陽等共破新野遂平襄陽拜大將軍劒履上殿入朝不趨讚拜不名上表固讓曰臣非貪榮於疇昔而虛讓於今日事有合於時宜臣豈敢與陛下有違理有益於聖世臣豈與朝廷作異臣常欲除諸浮長之事遣諸虛假之用非獨臣身而已若臣杖國威靈梟雄斬勦則又何以加咸和七年六月疾篤又上表遜位曰臣少長孤寒始願有限過蒙聖朝歷世殊恩陛下睿鑒龍靈彌泰有始必終自古而然臣年垂八十位極人臣啓手啓足當復何恨但以陛下春秋尚富餘寇不誅山陵未反所以憤慨兼懷不能已已臣雖不知命年時已邁國恩殊特賜封長沙隕越之日當歸骨國土臣父母舊葬今在尋陽緣存處亡無心分違已勒國臣修遷改之事刻以來秋奉迎窀穸葬事訖乃告老下藩不圖所患遂爾綿篤伏枕感結情不自勝臣間者猶為犬馬之齒尚可小延欲為陛下西平李雄北吞石季龍是以遣毌丘奧於巴東授桓宣於襄陽良圖未敘於此長乖此方之任內外之要願陛下速選臣代使

必得良才奉宣王猷遵成臣志則臣死之日猶生之年陛下雖聖姿天縱英奇日新方事之殷當賴羣儁司徒導鑒識經遠光輔三世司空鑒簡素貞正內外惟允平西將軍亮雅量詳明器用周時即陛下之周召也獻替疇諮敷融政道地平天成四海幸賴謹遣左長史殷羨奉送所假節麾幢曲蓋侍中貂蟬太尉章荊江州刺史印傳棨戟仰戀天恩悲酸感結以後事付右司馬王愆期加督護統領文武侃輿車出臨津就船明日薨于樊谿時年七十六成帝下詔曰故使持節侍中太尉都督荊江雍梁交廣益寧八州諸軍事荊江二州刺史長沙郡公經德蘊哲謀猷弘遠作藩于外八州肅清勤王于內皇家以寧乃者桓文之勳伯舅是憑方賴大猷俾屏予一人前進位大司馬禮秩策命未及加崇昊天不弔奄忽薨殂朕用震悼于厥心今遣兼鴻臚追贈大司馬假蜜章祠以太牢魂而有靈嘉茲寵榮又策謚曰桓祠以太牢侃遺令葬國南二十里故吏刊石立碑畫像於武昌西侃在軍四十一載雄毅有權明悟善決斷自南陵迄于白帝數千里中路不拾遺及蘇峻之役庾亮輕進

失利亮司馬殷融詣侃謝曰將軍為此非融等所裁將軍王章至曰章自為之將軍不知也侃曰昔殷融為君子王章為小人今王章為君子殷融為小人侃性纖密好問頗類趙廣漢嘗課諸營種柳都尉夏施盜官柳植之於已門侃後見駐車問曰此是武昌西門前柳何因盜來此種施惶怖謝罪時武昌號為多士殷浩庾翼等皆為佐吏侃每飲酒有定限常歡有餘而限已竭浩等勸更少進侃悽懷良久曰年少曾有酒失亡親見約故不敢踰議者以武昌北岸有邾城宜分兵鎮之侃每不答而言者不已侃乃渡水獵引將佐語之曰我所以設險而禦寇正以長江耳邾城隔在江北內無所倚外接羣夷夷中利深晉人貪利夷不堪命必引寇虜乃致禍之由非禦寇也且吳時此城乃三萬兵守今縱有兵守之亦無益於江南若羯虜有可乘之會此又非所資也後庾亮戍之果大敗季年懷止足之分不與朝權未亡一年欲遜位歸國佐吏等苦留之及疾篤將歸長沙軍資器仗牛馬舟船皆有定簿封印倉庫自加管鑰以付王愆期然後登舟朝野以為美談將出府門顧謂愆

期曰老子婆娑正坐諸君輩尚書梅陶與親人曹識書曰陶公機神明鑒似魏武忠順勤勞似孔明陸抗諸人不能及也謝安每言陶公雖用法而恒得法外意其為世所重如此然媵妾數十家僮千餘珍奇寶貨富於天府或云侃少時漁於雷澤網得一織梭以挂于壁有頃雷雨自化為龍而去又夢生八翼飛而上天見天門九重已登其八唯一門不得入閽者以杖擊之因墜地折其左翼及寤左腋猶痛又嘗如廁見一人朱衣介幘斂板曰以君長者故來相報君後當為公位至八州都督有善相者師圭謂侃曰君左手中指有豎理當為公若徹於上貴不可言侃以針決之見血灑壁而為公字以紙裛手公字愈明及都督八州據上流握強兵潛有窺窬之志每思折翼之祥自抑而止侃有子十七人唯洪瞻夏琦旗斌稱範岱見舊史餘者並不顯洪辟丞相掾早卒瞻字道真少有才器歷廣陵相廬江建昌二郡太守遷散騎常侍都亭侯為蘇峻所害追贈大鴻臚謚愍悼世子以夏為世子及送侃喪還長沙夏與斌及稱各擁兵數千以相圖既而解散斌先往長沙悉取國

中器仗財物夏至殺斌庾亮上疏曰斌雖醜惡罪在難忍然王憲有制
骨肉至親親運刀鋸以刑同躰傷父母之恩無惻隱之心應加放黜以
懲暴虐亮表未至都而夏病卒詔復以瞻息弘襲侃爵仕至光祿勳
卒子綽之嗣綽之卒子延壽嗣宋受禪降為吳昌侯五百戶琦司空掾
旗歷位散騎常侍郴縣開國伯咸和末為散騎侍郎性甚凶暴卒子
定嗣卒子襲之嗣卒子謙之嗣宋受禪國除斌尚書郎稱東中郎將南
平太守南蠻校尉假節性虓勇不倫與諸弟不協後加建威將軍咸康
五年庾亮以稱為監江夏隨義陽三郡軍事南中郎將江夏相以本所
領二千人自隨到夏口輕將二百人下見亮亮大會吏佐責稱前後
罪惡稱拜謝因罷出亮使人於閤外收之棄市亮上疏曰案稱大司馬
侃之孽子父亡不居喪位荒耽于酒昧利偷榮擅攝五郡自謂監軍輒
召王官聚之軍府故車騎將軍劉弘曾孫安寓居江夏及將楊恭趙韶
並以言色有忤稱放聲當殺安恭懼自赴水而死韶於獄自盡將軍郭
開從稱往長沙赴喪稱疑開附其兄弟乃反縛懸頭於帆檣仰而彈之

鼓棹渡江二十餘里觀者數千莫不震駭又多藏匿府兵收坐應死臣
猶未忍直上且免其司馬稱肆縱醜言無所顧忌要結諸將欲阻兵構
難諸將遑懼莫敢酬荅由是姦謀未即發露臣以侃勳勞王室是以
依違容掩故表為南中郎將與臣相近思欲有以匡救之而稱豺狼愈
甚發言激切不忠不孝莫此之甚苟利社稷義有專斷輒收稱伏法
範最知名太元初為光祿勳岱散騎侍郎
臻字彥遐有勇略智謀賜爵當陽亭侯咸和中為南郡太守領南蠻校
尉假節卒官追贈平南將軍謚曰肅
臻弟輿果烈善戰以功累遷武威將軍初賊張弈本中州人元康中被
差西征遇天下亂遂留蜀至是率三百餘家欲就杜弢為侃所獲諸將
請殺其丁壯取其妻息輿曰此本官兵數經戰陣可赦之以為用侃赦
之以配輿及侃與杜弢戰敗賊以桔槔打沒官軍船艦軍中失色輿率
輕舸出其上流以擊之所向輒尅賊又率衆將焚侃輜重輿又擊破之
自是每戰輒尅賊望見輿軍相謂曰避陶武威無敢當者後與杜弢戰
輿被重創卒侃哭之慟曰喪吾家寶三軍皆為之垂泣詔贈長沙太守
史臣曰古者明王之建國也下料疆宇列為九州輔相玄功咨于四岳
所以仰希齊政俯寄宣風備連率之儀威騰閫外揔頒條之務禮縟區
中委稱其才甘棠以之流詠據非其德鵜餉以是興嗟中朝叔世要荒
多阻分符建節並紊天綱和季以同里之情申盧綰之契居方牧之地
振吳起之風自幽徂荊亟斂豺狼之迹舉賢登善窮擬孔翠之毛由是
吏民畢力華夷順命一州清晏恬波於沸海之中百城安堵靜祲於稽
天之際猶獨稱善政何其寡歟易云貞固足以幹事於征南見之矣士
行望非世族俗異諸華拔萃陬落之間比肩髦儁之列超居外相宏揔
上流布澤懷邊則嚴城靜柝釋位匡主則淪鼎再寧元規以戚里之崇
挹其膺而下拜茂弘以保衡之貴服其言而動色望隆分陜理則宜然
至於時屬雷屯富踰天府潛有包藏之志顧思折翼之祥悖矣夫子曰
人無求備斯言之信於是有徵
贊曰和季承恩建旟南服威靜荊塞化揚江澳戮力天朝匪忘忠肅長
沙勤王擁旆戎場任隆三事功宣一匡繄賴之重匪伊舟航

列傳第三十六　　晉書六十六